USA
Westen

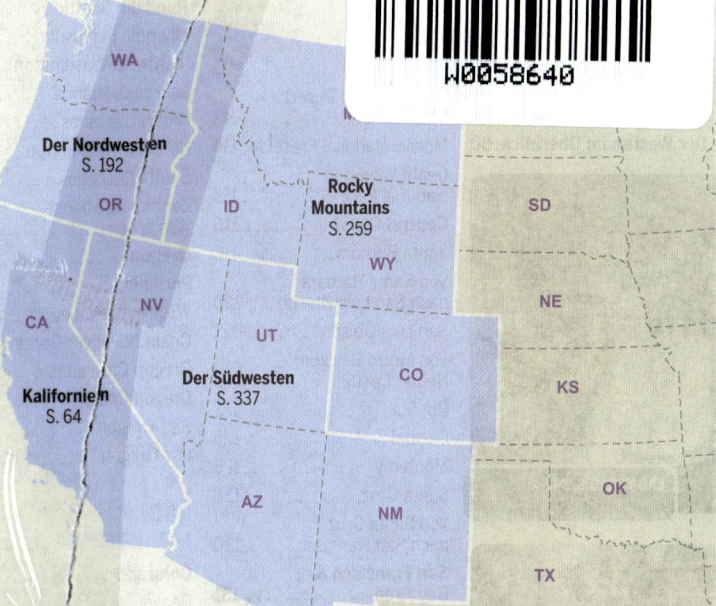

W0058640

Der Nordwesten
S. 192

Rocky Mountains
S. 259

WA

OR

ID

WY

SD

NE

NV

CA

UT

CO

KS

Der Südwesten
S. 337

Kalifornien
S. 64

AZ

NM

OK

TX

Amy C. Balfour,
Sandra Bao, Sara Benson, Becky Ohlsen, Greg Ward

MITCHELL FUNK / GETTY IMAGES ©

LAS VEGAS S. 342

WONWOO LEE / GETTY IMAGES ©

SAN FRANCISCO S. 131

REISEZIELE IM WESTEN DER USA

Inhalt

USA WESTEN VERSTEHEN

PRAKTISCHE INFORMATIONEN

SONDERSEITEN

Willkommen im Westen der USA

*Landschaften und Legenden locken
Abenteurer in den Westen der USA, wo
zu einem schönen Tag auch gutes Essen,
Weinproben in den Weingütern und eine
Prise Wild-West-Romantik gehören.*

Tolle Natur

Nein, es sind keine Übertreibungen. Wer die Landschaften im Westen der USA beschreibt, gerät zwangsläufig ins Schwärmen: Sie sind atemberaubend, großartig, einmalig ... und noch dazu ein riesiger Abenteuerspielplatz. Surfer, Kajakfahrer und Strandfans pilgern zur Pazifikküste, die sich von den sonnigen Gestaden San Diegos nordwärts über die Klippen Zentralkaliforniens bis zu den felsigen Stränden Oregons und Washingtons erstreckt. Rote Felsen, Schluchten und Wüsten voller Kaktusfeigen locken Wanderer und Radfahrer in den Südwesten, wo der 446 km lange Grand Canyon das größte Naturwunder ist. Und in den Rocky Mountains kann man herrlich Ski fahren, eisklettern und mit dem Mountainbike das Terrain erkunden.

Regionales Essen & Wein

Die regionalen Spezialitäten sind vielfältig, haben jedoch eines gemeinsam: frische Zutaten aus der Region – ein Trend, der im Westen der USA entstand. Dieses Umweltbewusstsein wurde auch von den Winzern übernommen, die zunehmend entsprechende Anbauprinzipien anwenden. Und Washington, Oregon, Zentralkalifornien und Arizona sind inzwischen ebenso berühmt für ihre Weine wie Napa und Sonoma.

Urbane Oasen

Die Städte im Westen haben alle ihren ganz eigenen Charme: L. A. hat Glamour, San Diego eine ungezwungene Freundlichkeit und San Francisco eine lebenskünstlerische Coolness zu bieten. In Seattle treffen heiße Trends auf Bodenständigkeit, in Denver kosmopolitischer Chic auf Western-Charme und in Phoenix herausgeputzte Innenhöfe auf Wellness-Oasen. Und dann gibt's da noch Las Vegas, die in Neonfarben glitzernde Spielwelt, wo man in der Elvis Chapel heiraten, die Flitterwochen in Paris verbringen und sein Haus verwetten kann – und all das an nur einem einzigen Wochenende.

Geschichte hautnah

Die Museen können warten. Zuerst kraxelt man auf der Leiter hinauf in eine aus dem Fels geschlagene Höhlenwohnung, stöbert in den Ruinen einer Pony-Express-Station oder besucht einen Gottesdienst in der Kirche einer spanischen Mission aus dem 18. Jh. Aber das ist noch nicht alles: Im Westen warten auch verfallene Forts, verlassene Bergwerksstädte und ein ehemaliges Titan-Raketensilo. Beim Besuch derartiger historischer Stätten gewinnt man einen unmittelbaren Einblick in die teilweise gar nicht so ferne Vergangenheit der Region.

Warum ich den Westen der USA liebe

von Amy C. Balfour, Autorin

An jeder Wegbiegung locken hier neue Abenteuer oder ein hinreißender Ausblick. Den Grand Canyon erblickte ich (abgesehen von einem Besuch als Kleinkind) nach einem irren Marsch von meinem Auto zum Mather Point während eines Roadtrips quer durchs Land. Seither lässt mich der Westen nicht mehr los. Ich habe dann sieben Jahre in Los Angeles verbracht und die Stadt als Ausgangspunkt zur Erkundung der Strände, Wüsten, Berge und wunderbaren Nationalparks, aber auch der vielen tollen Restaurants genutzt. Der Westen ist schon eine besondere Region, die einen längeren Aufenthalt lohnt.

Mehr über unsere Autoren steht auf S. 539

Herbst im Havasu Canyon (S. 384)

Der Westen der USA

San Juan Islands
Paddeltour in die Vergangenheit (S. 216)

Seattle
Espresso, Mikrobrauereien und die Space Needle (S. 197)

Glacier National Park
Vom Eis zerfurchte Täler und Grizzlys (S. 327)

Yellowstone National Park
Wölfe und der Geysir Old Faithful (S. 309)

Columbia River Gorge
Viel Grün, Wasserfälle und Windsurfer (S. 241)

Höhenstufen

4880 m
3660 m
2740 m
1520 m
610 m
300 m
150 m
0 m
−150 m

500 km
300 Meilen

Rocky Mountain National Park
Wapitis und Dickhornschafe (S. 276)

Monument Valley
Zerfurchte Härtlinge und goldene Felsnadeln (S. 412)

Santa Fe
Kunst, wohin man auch schaut (S. 424)

Grand Canyon National Park
Geologisches Wunder (S. 377)

Saguaro National Park
Ein Meer aus Kakteen (S. 392)

Zion National Park
Wandern in den Narrows und auf den Angels Landing (S. 415)

San Francisco
Alcatraz, tolles Essen und die Golden Gate Bridge (S. 131)

Los Angeles
Erst an den Strand, dann nach Hollywood (S. 68)

Disneyland
Mickey Mouse sagt „Hereinspaziert!" (S. 92)

Las Vegas
Megaresorts und Glücksspiel locken die Massen (S. 342)

Nebraska

Kansas

Texas

Wyoming

Colorado

New Mexico

Utah

Nevada

Arizona

Kalifornien

MEXIKO

PAZIFIK

Mountains

Divide

Great Salt Lake

Colorado River

CHEYENNE
Julesburg
Wray
Burlington
Limon
Lamar
La Junta
Boulder
DENVER
Colorado Springs
Rocky Mountain National Park
Laramie
Medicine Bow
Craig
Silverthorne
Poncha Springs
Colorado City
Pagosa Springs
Raton
Clayton
Amarillo
Santa Rosa
Montezuma
SANTA FE
Taos
Albuquerque
Vaughn
Hondo
Roswell
Hobbs
Carlsbad
San Antonio
Hatch
Deming
Lordsburg
Ciudad Juárez
El Paso

Diamondville
Evanston
Dutch John
Vernal
Duchesne
Price
Arches National Park
Green River
Moab
Escalante
Monticello
Navajo Tribal Park
Monument Valley
Kayenta
Second Mesa
Shiprock
Durango
Silverton
Ouray
Grand Junction
Gallup
Glenwood
Glenwood

Tremonton
West Wendover
SALT LAKE CITY
Scipio
Salina
Beaver
Cedar City
Kanab
Page
Flagstaff
Holbrook
Show Low
Springerville
Duncan
Tombstone

Wells
Eureka
Ely
Modena
Zion National Park
Grand Canyon National Park
Grand Canyon Village
Seligman
Jerome
Wickenburg
Casa Grande
PHOENIX
Tucson
Saguaro National Park
Nogales

Ash Springs
Mesquite
Las Vegas
Kingman
Lake Havasu City
Gila Bend
Lukeville

Tonopah
Beatty
Boulder City
Baker
Needles
Martinez Lake
Yuma
San Luis

Luning
Coaldale
Death Valley Junction
Mojave
Barstow
Palm Springs
Anaheim
Mexicali

Reno
CARSON CITY
Mammoth Lakes
Fresno
Lone Pine
Long Beach
San Diego
Tijuana

Nevada City
Yosemite Village
Tulare
Laguna Beach

Williams
SACRAMENTO
Oakland
San Jose
Monterey
Big Sur
San Luis Obispo

Bodega Bay
San Francisco

Wendover

Baker
Silverton

Der Westen der USA
Top 25

Yellowstone National Park

1 Der prächtige Nationalpark (S. 309) feierte kürzlich sein 125. Jubiläum. Doch was macht seinen Reiz aus? An Nummer eins stehen wohl die geologischen Naturwunder: Geysire, Thermalquellen, Fumarolen und Schlammsprudel. Dann wären da noch der Mt. Washburn, von dem sich ein herrlicher Rundblick bietet, ein gewaltiger Wasserfall, ein historisches Gästehaus und viele Bisons, Wapitis, Elche und Bären – selbst der Bestand der berühmten Mackenzie-Wölfe umfasst immerhin wieder rund 95 Tiere. Und schließlich gibt es noch den einmaligen Old Faithful: der heißgeliebte Geysir sprüht immer noch seine Fontänen zur Freude der Massen in den Himmel. Grand Prismatic Spring (S. 310)

San Francisco

2 Der Wandel prägt die Stadt, die derzeit enorm boomt. Inmitten des hektischen Wachstums, des Nebels und des Klapperns der altmodischen Cable Cars laden die vielfältigen Viertel San Franciscos (S. 131) mit großartigen Indie-Läden, Spitzenrestaurants und einem unkonventionellen Nachtleben zu ausgedehnten Streifzügen ein. Zu den Highlights zählen ein Blick in die Zellen von Alcatraz, ein Bummel über die Golden Gate Bridge und ein Abendessen im Ferry Building. Und mindestens einmal sollte man schon mit der Cable Car gefahren sein. Wer einmal um eine Ecke gebogen ist und plötzlich hinab aufs Meer blickt, den lässt die Stadt nicht mehr los. Golden Gate Bridge (S. 143)

IGNACIO PALACIOS / GETTY IMAGES ©

JOE DANIEL PRICE / GETTY IMAGES ©

Grand Canyon National Park

3 Was zuerst fasziniert, ist die Unermesslichkeit des Canyons (S. 377) – der 2 Mrd. alte Riss in der Landschaft legt gebieterisch die Geheimnisse der Erde bloß. Aber die künstlerischen Launen von Mutter Natur – in Sonnenlicht getauchte Grate, blutrote Felskuppen, üppige Oasen und das lange Band des Flusses – sind es, die Besucher verzaubern. Der Canyon lässt sich aktiv zu Fuß, per Fahrrad, per Floß oder auf dem Rücken eines Maultiers erkunden. Man kann sich aber auch einfach am Rim Trail niederlassen und dem Farbenspiel des Canyons zuschauen.

Las Vegas

4 Wenn man glaubt, nun habe man verstanden, dass der Westen erhaben und erbaulich ist, stolpert man über Vegas (S. 342). Unter den Neonlichtern des Strip wird ein berauschendes Spektakel geboten – tanzende Fontänen, feuerspeiender Vulkan und Eiffelturm inklusive. In den Spielhöllen zeigt sich der Charme von seiner gefährlichsten Seite, denn die klimatisierten, bunten Säle kennen nur ein Ziel: den Besuchern das Geld aus der Tasche zu ziehen. Wer kann, hält sich an die guten Restaurants, den Cirque du Soleil, das Slotzilla und das Mob Museum. Das Venetian (S. 349)

Highways an der Pazifikküste

5 Ein Roadtrip vom Feinsten! In Kalifornien führen der Hwy 1 (Pacific Coast Highway; S. 38), der Hwy 101 und die I-5 vorbei an Klippen, schrägen Strandorten und Metropolen: dem entspannten San Diego, dem rockigen Los Angeles und dem flippigen San Francisco. Nördlich der Redwood-Wälder geht's auf dem Hwy 101 nach Oregon mit seinen windzerzausten Kaps, Gezeitenbecken und – *Twilight*-Fans aufgepasst! – dem Ecola State Park, dem Vorgeschmack auf La Push. Und dann wartet da noch Washington mit dem wilden, feuchten Olympic National Park. Pacific Coast Highway bei Big Sur

Los Angeles

6 Der ständige Zustrom von Träumern, Erfolgshungrigen und Gaunern verleiht der schillernden Küstenstadt (S. 68) eine energiegeladene Atmosphäre. Man kann im Filmstudio die Tricks des Filmemachens studieren, in der akustisch perfekten Walt Disney Concert Hall Sinfonien lauschen, durch die Gärten und Galerien des Getty Museum schlendern oder im Griffith Observatory in die Sterne schauen. Wer mehr auf irdische Stars steht, findet sie im Grove. Nach einer Pause am Strand hat man den für L. A. so typischen Schimmer auf der Haut. Die Walt Disney Concert Hall (S. 72) von Frank Gehry

Portland

7 Sind die Träume der 1990er-Jahre in Portland noch am Leben (S. 226)? Die Figuren aus der preisgekrönten Indie-Serie *Portlandia* glauben das. Und ihre satirischen Sticheleien machen klar: Portland ist skurril, aber liebenswert und mit seinen Studenten, Künstlern, Radfahrern, Hipstern, jungen Familien, alten Hippies, Öko-Freaks und Normalos so freundlich, wie eine Großstadt nur sein kann. Tolles Essen, geniale Musik, Kultur ohne Ende und ein stark ausgeprägtes Umweltbewusstsein runden das Ganze ab. Doch Vorsicht, wer hier vorbeischaut, will vielleicht gar nicht mehr weg!

Yosemite National Park

8 Man schlendert über Wiesen voller Wildblumen, in Tälern, die durch Gletscher, Lawinen und Erdbeben geschaffen wurden – die Natur scheint hier alles eine Nummer größer gemacht zu haben: Donnernde Wasserfälle tosen über nackte Klippen, man erblickt riesige Granitkuppen und uralte Haine von Riesenmammutbäumen, den größten Bäumen der Erde. Atemberaubende Ausblicke bieten sich in einer Vollmondnacht vom Glacier Point (S. 181) oder im Sommer bei einer Fahrt auf der schwindelerregenden Tioga Rd im Hochland.

Route 66

9 Kommt man in Seligman, Arizona zum Snow-Cap-Drive-In, weiß man schon, dass jetzt irgendein Lausbubenstreich folgt, z. B. ein Spritzer falscher Senf oder merkwürdiges Wechselgeld. Das ist zwar etwas aufgesetzt, aber man ist irgendwie enttäuscht, wenn der Besitzer einen nicht auf die Schippe nimmt. Derartige Schrullen machen die durch Kalifornien, Arizona und New Mexico führende Mutter aller Straßen (S. 36) unvergesslich. Bettelnde Esel, das Wigwam Motel oder die Neonschilder von Tucumcari schlagen 08/15-Konsum à la McBurger allemal.

EDUCATION IMAGES / UIG / GETTY IMAGES ©

VICTORIA DITKOVSKY / SHUTTERSTOCK ©

Faszinierende Stätten der amerikanischen Ureinwohner

10 Um etwas über die frühesten Bewohner des Kontinents zu erfahren, kann man in die antiken Felsbehausungen der frühen Pueblo-Indianer im Mesa Verde National Park (S. 298) hineinklettern oder Petroglyphen in Sedona (S. 371) studieren. Einblicke in die heutige Kultur der Ureinwohner vermittelt ein Besuch der Hopi Reservation oder der Navajo Nation in Arizona. Dort und in diversen Museen entdeckt man, dass viele Muster, die moderne Korbwaren, Teppiche und Schmuckstücke zieren, eine religiöse Bedeutung haben.

Seattle

11 Das kreative Seattle (S. 197) hat die unheimliche Angewohnheit, lokal ausgebrütete Ideen in weltweit bekannte Marken zu verwandeln. Mit seiner berühmten Musikszene, seiner lebhaften Kaffeekultur und der Vorliebe für IT-Innovationen hat es sich seinen Platz im Olymp der US-Metropolen erobert. Während Seattles Trendsetter schon das nächste große Ding austüfteln, wachen die Traditionalisten über den Geist der Stadt mit ihren Vierteln, der eigenständigen kulinarischen Kultur und dem besten Markt des Landes, dem Pike Place. Pike Place Market (S. 200)

DANITA DELIMONT / GETTY IMAGES ©

San Juan Islands

12 Wer mit der Fähre zu den San Juan Islands (S. 216) unterwegs ist, macht eine Reise in die Vergangenheit. Der Archipel liegt nördlich vom Puget Sound zwischen Washington und Vancouver Island. Von den mehr als 450 „Inseln" – die meisten sind nicht mehr als aus dem Wasser ragende Felsen – sind nur etwa 60 bewohnt und nur vier werden regelmäßig von Fähren bedient. Hier hat die Natur das Sagen und jede Insel ihren eigenen geografischen Charakter. Was man so unternehmen kann? Rad oder Kajak fahren, Orkas beobachten – oder einfach mal entspannen.
Segelboote in der Nähe von Orcas Island (S. 218)

Phoenix

13 „Und was ist mit mir?". Phoenix (S. 361) beantwortet diese Frage mit einem stilvollen Lächeln. Schicke Resorts kümmern sich um Flitterwöchner und Familien. Derweil haben Golfer die Wahl unter mehr als 200 Plätzen. Und für weitere elegante Zerstreuung sorgen Luxus-Spas, wöchentliche Art-Walks, erstklassige Museen und Kunst, Kunsthandwerk und Musikinstrumente amerikanischer Ureinwohner. Da man außerdem in der Stadt elegant draußen speisen, schick shoppen und durchschnittlich 211 Sonnentage genießen kann, ist ein wenig Hedonismus wohl verzeihlich.
Golfplatz, Scottsdale (S. 363)

Disneyland & Disney California Adventure

14 In Disneyland (S. 92) tanzen Zeichentrickfiguren immer noch über die Main Street, U.S.A, der Space Mountain rast durch die Dunkelheit und das Feuerwerk explodiert über dem Sleeping Beauty Castle, während Puppen „It's a small world" singen. Nebenan zeigt Disney California Adventure das Beste des US-Staats in Form eines nachgebauten Hollywood-Studios, einer Strandpromenade und einer Terrasse, auf der man prima kalifornischen Wein schlürfen kann. Besonders eindrucksvoll ist hier wie dort die ausgeprägte Liebe zum Detail.

Boulder

15 Boulder (S. 272) liegt an den Ausläufern der Rocky Mountains. Diese zauberhafte Lage im Verbund mit seiner progressiven Seele lockt ein fetziges Völkchen von Unternehmern, Hippies und Hardcore-Sportlern an. Viele Radfahrer zieht es zum Boulder Creek Bike Path, der zu zahlreichen Parks führt. Das pralle Leben ist die Fußgängerpromenade Pearl Street Mall, besonders nachts, wenn die Studenten der University of Colorado und der Naropa University hier gemeinsam feiern. Ja, in vielerlei Hinsicht ist nicht Denver, sondern Boulder das wichtigste Touristenzentrum des US-Staates. Flatirons (S. 272)

Columbia River Gorge

16 Die Columbia River Gorge (S. 241) ist ein verblüffendes geologisches Wunder, das entstand, als sich die mächtigen Cascades erhoben und der Columbia River sich tief in den Fels eingrub. Die Schlucht ist zugleich die Grenze zweier Bundesstaaten: Im Norden liegt Washington, südlich davon Oregon. Es gibt unzählige Wasserfälle und Wandermöglichkeiten und eine Fülle an Obstwiesen mit Apfel-, Pfirsich- und Kirschbäumen. Wer dagegen auf Windsurfen oder Kiteboarden steht, ist im sportlichen Städtchen Hood River richtig. Ob Apfelliebhaber oder Adrenalin-Junkie – diese Schlucht bietet für jeden etwas.

15

16

Navajo Nation

17 „Mag ich in Schönheit wandeln" lautet die letzte Zeile eines Navajo-Gebets. Im Navajo-Reservat (S. 386) zeigt sich die Schönheit in vielen Formen – die berühmteste ist das Monument Valley mit seinen Härtlingen und Felsnadeln wie aus einer anderen Welt. Von großer Schönheit ist auch der Canyon de Chelly, wo Bauern nahe alten Klippenbehausungen heute noch ihr Land bewirtschaften. Ein Glücksfall sind aber auch die Menschen hier – von Dozenten, die über die Navajo-Clans aufklären, bis hin zu Guides, die tolle Fototipps geben. Monument Valley (S. 412)

Santa Fe & Taos

18 Eine alte Stadt (S. 424) mit junger Seele. Freitagabends strömen die Massen in die Canyon Rd, schwatzen mit Künstlern, trinken Wein und erkunden mehr als 80 Galerien. Kunst und Geschichte vereinen sich stilvoll in den Museen der Stadt, erstklassige Restaurants und Läden in deren Straßen. Und das alles spielt sich auch noch vor einem türkisblauen Himmel ab. Künstler trifft man auch in Taos (S. 433), doch ist die Stimmung hier schräger – Skihasen, Ökofreaks, die ihre Passivhäuser im Eigenbau hochziehen, und ein paar Promis sorgen für bunte Tupfer. Santa Fe

California Wine Country

19 Im Golden State gibt's mehr als 100 Weinbaugebiete. Weingüter in sanft gewellter Landschaft locken Traveller in die Täler Nordkaliforniens: Wie wär's mit einem erstklassigen Cabernet im mondänen Napa (S. 161), einem Picknick im entspannten Sonoma (S. 163) oder einem Outdoor-Abenteuer mit edlem Pinot Noir am Russian River (S. 165)? Weiter südlich strömen Tagesausflügler in die hübschen Weinberge östlich von Santa Barbara (S. 120), einem idyllischen Gebiet, das 2004 durch den Film *Sideways* berühmt geworden ist. Napa Valley (S. 161)

Bergstädte

20 Typisch Westen: Naturburschen in Karohemden oder Schneehosen schneien in ein Bergstädtchen herein, um in einer Brauereikneipe ein Ale zu kippen. Viele dieser Städtchen sind zugleich Einfallstore zu den schönsten Nationalparks der USA. Wir empfehlen besonders Flagstaff (S. 373) im Norden Arizonas. Zu den Highlights zählen ein munterer Ale Trail, innovative Restaurants mit frischer Kost, ein Observatorium und der hinreißende Museum Club an der Route 66. Ach ja, der Grand Canyon liegt auch nur 130 km weiter nördlich. Museum Club (S. 376)

Rocky Mountain National Park

21 Angesichts der vielen Wohnmobile, die über die Trail Ridge Rd kriechen, wirkt der Rocky Mountain National Park (S. 276) gern einmal überlaufen. Sobald man dann aber den Wanderweg vor sich hat, entfaltet sich die majestätische, ungezähmte Pracht des Parks – ein unvergessliches Erlebnis! Von der epischen Tour auf den Longs Peak bis hin zu familienfreundlichen Kurztrips zu den Calypso Falls – für jeden Geschmack ist etwas dabei. Und mitunter fühlt man sich so, als habe man die ganze Gegend für sich allein. Long Peak

Die Wüsten

22 Der an eine menschliche Figur erinnernde Saguaro-Kaktus ist eines der ewigen Symbole des Westens. Heimisch in der Sonora-Wüste, ist er erprobt im Überlebenskampf in einer unerbittlichen, aber wundersam schönen Landschaft. Über den Südwesten und Kalifornien erstrecken sich vier Wüsten: Sonora, Mojave, Chihuahua und Great Basin. Jede ist Heimat gut angepasster Reptilien, Säugetiere und Pflanzen. Eine Vielfalt, die einen Spaziergang durch die Wüste, etwa im Saguaro National Park (S. 392), zu einem einmaligen Erlebnis macht. Sonora-Wüste

Zion & Bryce Canyon National Parks

23 Riesige rote Felsen leuchten im Zion National Park (S. 415), eingerahmt von hübschen Wasserfällen, schmalen Canyons und hängenden Gärten. Das üppige Wunderland liegt im Schatten von Angels Landing, dessen Gipfel in einer der schönsten Tageswanderungen Nordamerikas zu erreichen ist. Panoramafans sollten nordwärts zum Bryce Canyon National Park (S. 414) fahren: Hier schimmern rotgoldene Felsnadeln wie Bäume in einem magischen Steinwald – ein hypnotischer Ort, der an einen Tolkien-Roman erinnert.

Zion National Park

Glacier National Park

24 Ja, es ist wahr: Die Gletscher im Glacier National Park (S. 327) schmelzen langsam dahin. Von einst rund 150 Gletschern im Jahr 1850 sind gerade noch 25 übrig geblieben. Dennoch lohnt der weitläufige Nationalpark in Montana einen längeren Besuch. Wer gern Auto fährt, kann sich an der 80 km langen Going-to-the-Sun-Road versuchen. Auf Wanderer hingegen warten über 1120 km an Wanderwegen. Während man ganz sicher Moose, Pilze und Wildblumen erspäht, braucht man für die Sichtung von Wapitis, Wölfen und Grizzlybären etwas mehr Glück.

Kleinbrauereien

25 Kleinbrauereien (S. 476) sind eine Besonderheit des Westens – von Missoula bis Moab trifft man sie in jedem noch so kleinen Städtchen an. Auch wenn die Brauereien meistens sehr mit ihrem Heimatort verbunden sind, haben sie auch einige Gemeinsamkeiten: ausgelassene Biertrinker, aromatische Biere mit Namen, die von örtlichen Begebenheiten inspiriert sind, und Trinkstuben mit dem Odeur von Schweiß und Abenteuer. Beispiel gefällig? Wer rund um Boulder wandert, radelt oder klettert, kann danach bei einem Pearl Street Porter im Mountain Sun Pub & Brewery (S. 275) chillen.

Gut zu wissen

Weitere Infos gibt's im Abschnitt „Praktische Informationen" (S. 495)

(S. 495)

Währung
US-Dollar (US$)

Sprache
Englisch

Visa
Besucher aus Deutschland, Österreich und der Schweiz benötigen für Besuche unter 90 Tagen kein Visum. Die vorherige ESTA-Registrierung online ist obligatorisch.

Geld
Geldautomaten gibt es quasi überall. Kreditkarten werden meist für Hotelreservierungen und Mietwagen benötigt.

Handys
In den USA funktionieren nur Tri- und Quadband-Handys. Die Netzabdeckung in abgelegenen oder bergigen Gebieten ist nicht überall gut.

Zeit
Die 11 US-Staaten folgen entweder der Mountain Standard Time (MEZ −8 Std.) oder der Pacific Standard Time (MEZ −9 Std.). S. auch S. 507.

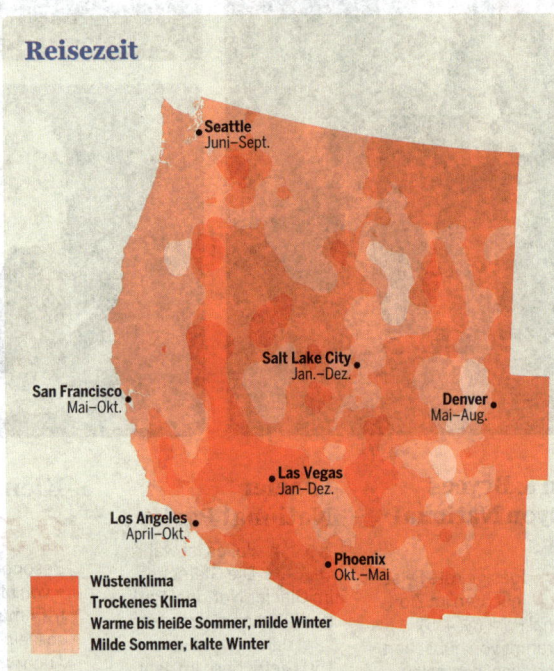

Reisezeit

Seattle Juni–Sept.
Salt Lake City Jan.–Dez.
San Francisco Mai–Okt.
Denver Mai–Aug.
Las Vegas Jan.–Dez.
Los Angeles April–Okt.
Phoenix Okt.–Mai

Wüstenklima
Trockenes Klima
Warme bis heiße Sommer, milde Winter
Milde Sommer, kalte Winter

Hauptsaison
(Juni–Aug., Sept.–April)
➡ Geschäftigste Zeit; sonnige Tage und hohe Übernachtungspreise.
➡ An der Südküste können im Mai und Juni Wolken aufziehen.
➡ Hochsaison in den Bergen ist Januar bis März, in der Wüste September bis April.

Zwischensaison
(April & Mai, Sept. & Okt.)
➡ An der Küste und in den Bergen fallen die Preise; die Besuchermassen dünnen sich aus.
➡ Mild; ideal, um Nationalparks zu besuchen.
➡ Frühlingsblumenblüte; buntes Herbstlaub.

Nebensaison
(Nov.–März)
➡ An der Küste sinken die Preise für Unterkünfte.
➡ Kurze, eher dunkle und winterliche Tage mit Schneefällen im Norden und stärkeren Regenfällen

Infos im Internet

American Southwest (www.americansouthwest.net) Parks und Landschaften.

Lonely Planet (www.lonelyplanet.com/usa) Reiseinfos, Unterkünfte und Foren.

National Park Service (www.nps.gov) Auskünfte zu Nationalparks und -monumenten.

Recreation.gov (www.recreation.gov) Campingreservierungen auf föderal verwaltetem Land.

Roadside America (www.roadsideamerica.com) Einmalige und skurrille Attraktionen.

Wichtige Telefonnummern

Um reguläre Anschlüsse zu erreichen, wählt man die Ortsvorwahl gefolgt von der siebenstelligen Telefonnummer.

Landesvorwahl USA	☎1
Vorwahl für Auslandsgespräche aus den USA	☎011
Notfall	☎911
Hotline für Opfer von Sexualdelikten	☎800-656-4673
Telefonauskunft	☎411
Straßenbedingungen	☎511

Wechselkurse

Eurozone	1 €	1,10 US$
	1 US$	0,91 €
Schweiz	1 SFr	1,01 US$
	1 US$	0,99 SFr

Aktuelle Wechselkurse sind unter www.xe.com abrufbar.

Tagesbudget

Günstig – weniger als 100 US$

➡ Campingplätze und Bett im Schlafsaal: 12–45 US

➡ Gratis-Aktivitäten: (Strand, Parkkonzerte): 0 US$

➡ Essen auf Märkten, in Taquerias, an Imbissständen: 3–12 US$

➡ Bus, U-Bahn: 0–5 US$

Mittelteuer – 100–200 US$

➡ Kleine, familiäre Motels, günstige Ketten: 60–100 US$

➡ Museen, National und State Parks: 5–25 US$

➡ Diners, gute lokale Restaurants: 12–35 US$

➡ Mietauto (ohne Benzin und Versicherung): ab 30 US$/Tag

Teuer – über 200 US$

➡ B & Bs, Boutiquehotels, Resorts: ab 190 US$

➡ Essen in Spitzenrestaurants (ohne Wein): 25–55 US$

➡ Guide anheuern, Top-Shows: ab 100 US$

➡ Mietcabrio: ab 70 US$/Tag

Öffnungszeiten

Die Öffnungszeiten variieren saisonal; viele Sehenswürdigkeiten und Visitor Centers haben in der Hauptsaison länger geöffnet. Hier die Zeiten in der Hauptsaison:

Banken Mo–Do 8.30–16.30, Fr bis 17.30 Uhr (manche auch Sa 9–12 Uhr)

Bars So–Do 17–24, Fr & Sa bis 2 Uhr

Cafés 7.30–20 Uhr

Restaurants 11–14.30 & 17–21 Uhr; in Utah bleiben viele Restaurants So geschl.

Geschäfte Mo–Sa 10–18, So 12–17 Uhr

Ankunft am …

Denver International Airport (DEN; S. 272) Die Website (www.flydenver.com) enthält Infos zum neuen Hotel & Transit Center (geplant ab April 2016). Das Projekt umfasst einen Pendlerzug nach Denver Downtown, der 35 Min. unterwegs sein wird. Ein Taxis nach Downtown kostet 56 US$ und 89 US$ nach Boulder.

Los Angeles International Airport (LAX; S. 91) Taxis kosten ca. 46 US$ nach Downtown, Tür-zu-Tür-Shuttles mit mehreren Personen 16 US$; Gratis-Shuttle G zur Metro Rail Green Line Aviation Station und Gratis-Shuttle C zum Metro Bus Center; FlyAway-Bus nach Downtown-L.A. ab 8 US$.

Seattle-Tacoma International Airport (SEA; S. 210) Light-Rail-Züge (Mo–Sa 5–1, So 6–24 Uhr; 2,25–3 US$) fahren regelmäßig ab dem 4. Stock des Parkhauses nach Downtown; Taxis findet man im 3. Stock des Parkhauses; Fahrten kosten 46 US$ nach Downtown.

Unterwegs vor Ort

Auto Die beste Option, um die Städte zu verlassen und National Parks und abgelegenere Gebiete zu erkunden. Es wird rechts gefahren.

Bus Billiger und langsamer als Züge; gute Alternative, wenn man in Städte will, die nicht von Amtrak bedient werden.

Zug Trotz häufiger Verspätungen sind die Züge von Amtrak eine bequeme Option, um an der Pazifikküste entlangzufahren. Verbindungen quer durchs Land nach Chicago gibt's ab San Francisco und Los Angeles.

Mehr zu **Unterwegs vor Ort** gibt es auf S. 511 ➡

Wie wär's mit ...

Geologie

Grand Canyon Ein 446 km langer Fluss durchschneidet 2 Mrd. Jahre alte Felsen, deren Schichten sich rund 1600 m hoch auftürmen. (S. 377)

Yellowstone National Park Geysire, in allen Farben schillernde heiße Quellen, ein schlummernder Supervulkan – der Nationalpark bietet eine wahrlich spektakuläre Show. (S. 309)

Arches National Park Man fährt, wandert oder radelt vorbei an Bögen, Durchbrüchen und Rippen aus Sandstein sowie einem vom Absturz bedrohten Felsbrocken. (S. 409)

White Sands National Monument Die kalkweißen Gipsdünen sind atemberaubend. (S. 442)

Carlsbad Caverns Ein rund 2 km langer Weg führt hinunter zum Big Room – einer veritablen Kathedrale im Erdinneren, versteckt in einem riesigen Höhlensystem. (S. 444)

Chiricahua National Monument Ein zerklüftetes Wunderland aus Felsen, die Regen und Wind zu Nadeln, Brücken und balancierenden Felsen ausgeformt haben. (S. 395)

Vulkane Die Verschiebung der Erdkruste erzeugte mächtige Vulkane im Bundesstaat Washington. Man kann um den Mt. Rainier wandern oder sich am Mt. St. Helens über den verheerenden Ausbruch von 1980 informieren. (S. 223)

Stätten des Wilden Westens

Der Südwesten, besonders Arizona und New Mexico, ist das beste Ziel, wenn man in den Fußstapfen der Cowboys und Revolverhelden wandeln will – die Stätten sind jeweils nur eine Tagesfahrt voneinander entfernt.

Lincoln Billy the Kids altes (Schieß-)Revier im Lincoln-County-Rinderkrieg. (S. 443)

Tombstone Die staubige Stadt ist berühmt für die Schießerei am O.K. Corral. Hier befinden sich auch der Boot-Hill-Friedhof und das Bird Cage Theater. (S. 394)

Whiskey Row Ein Block mit Saloons aus der viktorianischen Ära im Zentrum von Prescott, der Feuersbrünste, Filmemacher und Touristen überlebt hat. (S. 370)

Pony-Express-Stationen Die Route 50 durch Nevada, bekannt als Loneliest Road, folgt der Route des Pony Express; an der Straße stehen noch mehrere verfallene Stationen. (S. 359)

Virginia City Hier begann nach der Entdeckung der Comstock Lode ein Silberrausch. Virginia City erlangte traurige Berühmtheit in Mark Twains halbautobiografischem Buch *Durch Dick und Dünn*. (S. 359)

Dampfzug In einem Dampfzug, der seit über 125 Jahre zwischen Durango und Silverton unterwegs ist, tuckert man durch den Wilden Westen. (S. 299)

Einmaligem Nervenkitzel

Half Dome Man sollte sich gut an den Stahlseilen festhalten, wenn man den markantesten Gipfel im Yosemite National Park bezwingt! (S. 181)

Raften durch den Grand Canyon Der Colorado River dröhnt 446 km lang durch die tiefe Schlucht. (S. 382)

Carlsbad Caverns Der Aufzug fährt in weniger als einer Minute eine Strecke in die Tiefe hinab, die der Höhe des Empire State Building entspricht. (S. 444)

Angels Landing Senkrecht tief abfallende Felswände markieren den extrem schmalen Weg zur Spitze des Angels Landing im Zion National Park. (S. 415)

Stratosphere Wer will, kann vom Dach eines 110-stöckigen Kasinos mit dem Fallschirm springen. Wo? Natürlich in Las Vegas! (S. 348)

Audrey Headframe Park In Jerome, Arizona, kann man auf

eine durchsichtige Plattform über einem 580 m tiefen Minenschacht treten. Schwindelfreie blicken hinunter. (S. 371)

Film- & TV-Drehorte

Los Angeles Hier stand Hollywoods Wiege. Die Filmgeschichte verfolgt einen auf Schritt und Tritt, vom Mulholland Dr bis nach Malibu. (S. 68)

Monument Valley Im Schatten der berühmten Monolithen wandelt man in den Fußstapfen von John Wayne. (S. 412)

Las Vegas Eine Handvoll Bad Boys und ihre waghalsigen Aktionen brachten die Stadt der Sünde mit Filmen wie *Ocean's Eleven* und *Hangover* wieder zurück auf die Leinwand. (S. 342)

Moab & Umgebung Die Regisseure von *Thelma & Louise* und *127 Hours* drehten hier ihre dramatischsten Szenen. (S. 407)

Albuquerque Steuerliche Anreize locken Produktionsfirmen an. Die Stadt war Kulisse für die TV-Serie *Better Call Saul* und dem Vorgänger *Breaking Bad*. (S. 418)

Fabelhaftes Essen

San Francisco Echte Taquerias und Trattorias, erstklassige vietnamesische Restaurants, wunderbare Bauernmärkte und bahnbrechende Chefköche – Feinschmecker haben die Qual der Wahl. (S. 148)

Chez Panisse Mit Gerichten aus regionalen Zutaten der Bay Area revolutionierte Chefköchin Alice Waters in den 1970er-Jahren die kalifornische Küche. (S. 160)

Food Trucks In Los Angeles zündete der Funke zu dieser gastronomischen Revolution, doch ist dieser inzwischen nach San

Oben: Ein Gourmetparadies: das Ferry Building (S. 132) in San Francisco
Unten: Durango & Silverton Narrow Gauge Railroad (S. 299), Colorado

Francisco (S. 150) und Portland (S. 234) übergesprungen.

Grüne Chilis Die Chilis aus der Stadt Hatch sind der ganze Stolz New Mexicos. Die würzige Paste wird auf Enchiladas gestrichen, auf Cheeseburger gehäuft und beim Hatch Chile Festival gefeiert. (S. 29)

Las Vegas Mit berühmten Chefköchen, dekadenten Buffets und asiatischen Restaurants mit aromatischen Gerichten ist tolles Essen in Sin City kein Glücksspiel. (S. 349)

Aufstrebende Wein-Regionen

Verde Valley Wine Country Heimat einer aufstrebenden Weinstraße in Arizona, die sich durch Cottonwood, Jerome und Cornville schlängelt. (S. 371)

Willamette Valley Aus der fruchtbaren Region im Umland von Portland, OR, stammen einige der leckersten Pinot Noirs der Welt. (S. 238)

Walla Walla Angesagtes Weinanbaugebiet im US-Staat Washington, mit gleichnamiger Stadt als hübschem Mittelpunkt. (S. 224)

Santa Barbara Wine Country Seit den 1980er-Jahren wird hier Wein angebaut. Das Klima ist sowohl in Küstennähe als auch weiter im Landesinneren für Pinot-Weine ideal. (S. 120)

Wandern

Grand Canyon Rim to Rim Wer die klassische, rund 27 km lange Wanderung auf dem South Kaibab Trail und dem North Kaibab Trail zwischen dem Süd- und dem Nordrand des Grand Canyons gemeistert hat, darf gerne damit prahlen. (S. 377)

Red Rock Country Wanderungen zu den energetischen Wirbeln in Sedona, den Hoodoos im Bryce Canyon und den Felsbögen in den Nationalparks Arches und Canyonlands. (S. 409 & 410).

Rocky Mountain National Park Der Longs Peak kriegt zwar den meisten Glanz ab, aber es gibt einige weitere Rundwanderwege, für die man am besten zwei, drei Übernachtungen einplant. (S. 276)

Wonderland Trail Auf der 150 km langen Strecke rund um den Gipfel des Mt. Rainier wandert man inmitten spektakulärer Natur. (S. 223)

Palm Springs & Wüsten Abgelegene Palmoasen wollen erobert, Salzebenen durchquert und die Canyons der Ureinwohner Amerikas auf einer geführten Tour entdeckt werden. (S. 108)

Los Angeles Stadtwanderungen vom Feinsten: Von den Gipfelwegen hat man einen wunderbaren Blick auf die Küste und den bei Promis beliebten Runyon Canyon. (S. 83)

Highline Trail Auf diesem hinreißenden Weg im Glacier National Park begegnet man Dickhornschafen, Wildblumen und schneebedeckten Gipfeln. Ein Abstecher führt zu Stellen mit Blick auf den Gletscher. (S. 328)

Nationalparks

Beim Campen im Yellowstone liege man in einer gewaltigen, schönen Kathedrale, meinte Theodore Roosevelt einst. Ein ähnlich hohes Lob gebührt allen berühmten Nationalparks im Westen – sie mögen sich in ihrer Gestalt unterscheiden, nicht aber in ihrer Erhabenheit und Pracht.

Yellowstone National Park Eine Wucht: Seen, Wasserfälle, Berge, Geysire, Quellen und Tiere in Hülle und Fülle. (S. 309)

Grand Canyon National Park Ja, ja, 2 Mrd. Jahre Erdgeschichte sind sicher beeindruckend – aber diese Aussicht … die haut einen um! (S. 377)

Glacier National Park Man kommt der Gletscher wegen und bleibt wegen der Going-to-the-Sun Road, der prächtigen alten Lodges und der Tiere. (S. 327)

Yosemite National Park Flankiert vom El Capitan und dem Half Dome gleicht das Yosemite Valley tatsächlich einer Kathedrale, aber auch das üppige Hinterland der Sierra Nevada lässt Traveller jauchzen. (S. 180)

Süd-Utah Es ist einfach zu viel der roten Pracht, um ein paar Favoriten hervorzuheben. Also am besten selbst entscheiden, und zwar hier: Arches (S. 409), Canyonlands (S. 410), Bryce (S. 414), Zion (S. 415) und Capitol Reef (S. 412). Alle anschauen!

Kurioses

Route 66 Diese zweispurige Ode an Amerika ist von zahlreichen verrückten Attraktionen unmittelbar am Straßenrand gesäumt, besonders im Westen von Arizona. (S. 36)

Burning Man Festival Eine temporäre Stadt in der Wüste von Nevada, die jedes Jahr eine Woche lang mehr als 66 000 Feierwütige anzieht. (S. 358)

Roswell Ist 1947 bei Roswell, NM, ein UFO abgestürzt? Museen und ein UFO-Festival erkunden, ob die Wahrheit irgendwo da draußen ist. (S. 444)

Seattle's Public Sculptures In Fremont sollte man nach einem

Balboa Park (S. 97), San Diego

autofressenden Troll, einem Hund mit Menschengesicht und nach Leuten Ausschau halten, die für ewige Zeiten auf den Zug warten. (S. 202)

Venice Boardwalk Ein schrilles Panoptikum mit Kettensägen-Gauklern, Konsumenten medizinischen Marihuanas und knapp bekleideten Schlangenbeschwörern. (S. 80)

Frozen Dead Guy Days Das Fest gilt einem kryogenisch eingefrorenen Norweger, der seit mehr als 20 Jahren in Nederland, Colorado, auf Eis liegt. (S. 28)

The Loneliest Road Eine singende Sanddüne und ein zerzauster, mit Schuhen behängter Baum sind schräge Attraktionen am Hwy 50 in Nevada. (S. 359)

Mini Time Machine Museum of Miniatures Die Exponate in diesem skurrilen Museum in Tucson, Arizona, sind wirklich winzig. (S. 390)

Historische Stätten

Dinosaur National Monument In einem von Nordamerikas größten Dinosaurierfundorten kann man ein 150 Mio. Jahre altes Fossil berühren. (S. 406)

Mesa Verde Man klettert hinauf zu Klippenhäusern, in denen vor über 700 Jahren die frühen Pueblo-Indianer lebten. (S. 298)

Manzanar National Historic Site Dieses japanisch-amerikanische Internierungslager aus dem Zweiten Weltkrieg dokumentiert ein schmerzhaftes Kapitel der japanisch-amerikanischen Vergangenheit. (S. 188)

Little Bighorn Battlefield National Monument Auf dem Schlachtfeld unterlag General George Custer gegen die Lakota Sioux. (S. 323)

Los Alamos Der Ort war im Zweiten Weltkrieges top secret, arbeiteten doch die Wissenschaftler hier an der Entwicklung der Atombombe. (S. 432)

Museen

Getty Center & Villa Die Kunstmuseen in West-L. A. und Malibu sind so schön wie die Aussicht auf den Pazifik. (S. 78 & S. 80)

Los Angeles County Museum of Art Über 150 000 Kunstwerke aus aller Welt umspannen alle Epochen der Kunstgeschichte und sprengen alle Grenzen. (S. 77)

California Academy of Sciences Das Museum in SF hat ein ökozertifiziertes Design mit einem vierstöckigen Regenwald und lebendigem Dach. (S. 143)

Balboa Park San Diegos beliebtester Park lädt zum Museums-

Hopping ein – zu sehen gibt es großartige Kunst-, Geschichts- und Wissenschaftsausstellungen. (S. 97)

Heard Museum Dokumentiert die Geschichte und Kultur der Indianerstämme im Südwesten. (S. 362)

EMP Museum Im Experience Music Project in Seattle gibt's ein bisschen Fantasy, ein bisschen Science Fiction und viel Rock'n'Roll. (S. 201)

Spas & Resorts

Truth or Consequences Über Thermalquellen am Rio Grande errichtet, blubbern die Becken mit heilsamer Erdwärme. (S. 439)

Ojo Caliente Mineral Springs Resort & Spa Vier Arten von mineralischem Wasser verwöhnen die Gäste in den Becken dieses 145 Jahre alten Resorts nördlich von Santa Fe. (S. 433)

Phoenix & Scottsdale Flitterwöchner, Familien, Golfer – innerhalb weniger Kilometer der Camelback Rd findet jeder „sein" Resort. (S. 365)

Las Vegas Mandalay Bay, Cosmopolitan und andere Spitzenhotels bieten Luxus und Komfort. (S. 348)

Sheraton Wild Horse Pass Resort & Spa Das Resort in der Gila River Indian Community greift Indianisches auf. (S. 366)

Monat für Monat

Januar

Ski- und Snowboard-Fahrer strömen in die Skiorte. Palm Springs und die Wüsten im Süden empfangen Gäste, die wärmeres Wetter und Landschaften voller Saguaro-Kakteen lieben.

Tournament of Roses

Am Neujahrstag (www.tournamentofroses.com) findet ein Umzug mit blumengeschmückten Wagen, Blaskapellen und tänzelnden Pferden statt. Das Spektakel lockt kurz vor dem College-Footballspiel im Rose Bowl etwa 700 000 Zuschauer nach Pasadena.

Sundance Film Festival

Ende Januar rollt Park City in Utah den roten Teppich für Indie-Filmemacher, Schauspieler und Cineasten aus. Eine Woche lang laufen bei dem Filmfestival die allerneusten Streifen (www.sundance.org/festival).

Cowboy-Poesie

In Elvo, Nevada, treffen sich eine Woche lang die Cowboys, um Gedichte vorzutragen und Folklorevorführungen (www.westernfolklife.org) zu geben. Das Event wurde 1985 ins Leben gerufen und hat zu Poesielesungen in der gesamten Region angeregt.

Februar

Die Skisaison erreicht ihren Höhepunkt. Aber auch wer nicht die Abhänge hinunterdüsen möchte, findet in der Region viel Zerstreuung: Wüstenwildblumen blühen, Wale ziehen vor der kalifornischen Küste vorbei und Ferienranches im südlichen Arizona satteln die Pferde.

Karneval in Colorado

Mardi Gras trifft die Berge in Breckenridge (www.gobreck.com/events/mardi-gras). Hier feiern die Leute mit einem Straßenumzug, Livejazz und Feuertänzern.

Juwelen- und Mineralienshow in Tucson

Bei der größten Mineralien- und Juwelenshow der USA (www.tgms.org/calendar) verkaufen am zweiten Februarwochenende 250 Händler Schmuck, Fossilien, Kunsthandwerk und unzählige Steine. Ferner im Programm: Seminare und eine Stille Auktion.

Oregon Shakespeare Festival

Tausende Theaterfans feiern die neunmonatige Saison in Ashland, die im Februar beginnt und erstklassige Dramen zeigt (S. 253; www.osfashland.org).

März

Wenn der Frühling erwacht, drehen sich die Gedanken junger Männer nur noch um Bier, Jetskis und Partys! Der Spring Break ist angesagt und die Studenten strömen in Scharen zu den Seen in Arizona. Die Familien gehen Skifahren oder besuchen die Parks in den wärmeren Gegenden.

Spring Whale-Watching Week

An der Pazifikküste (S. 52) ziehen Grauwale vorbei.

Rund um Depoe Bay in Oregon gibt es an speziellen Aussichtspunkten teilweise organisierte, von Fachleuten begleitete Treffen zum Beobachten der Wale. Die Wanderung der Wale Richtung Norden kann man dann im Juni beobachten.

 Cactus League

Im März und Anfang April zieht es die Fans von Major-League-Baseball nach Südarizona, wo in Phoenix und Tucson zur Vorbereitung in Cactus League (www.cactusleague.com) ein paar der besten Profiteams auflaufen.

Frozen Dead Guy Days

Sargrennen, Bowlen mit eingefrorenen Puten, Eistauchen und Biergelage – Nederland in Colorado feiert das kryogen eingefrorene Maskottchen der Stadt, „Grandpa Bredo" (http://frozendeadguydays.org).

April

In den hoch gelegenen Wüsten Kaliforniens blühen die Wildblumen, Zugvögel bevölkern die Naturschutzgebiete im südlichen Arizona. In den Skiorten bricht die die Nebensaison an (Ostern ausgenommen).

 **Coachella Music & Arts Festival**

Bei dem Musikfest (www.coachella.com), das an zwei aufeinanderfolgenden Wochenenden Mitte April stattfindet, geben sich Indie-Rockbands, kultige DJs, Rapper-Superstars und Popdiven außerhalb von Palm Springs ein Stelldichein.

 **Gathering of Nations**

Mehr als 3000 Tänzer und Sänger von US-amerikanischen und kanadischen Indianerstämmen treten Ende April in Albuquerque bei diesem riesigen Powwow (www.gatheringofnations.com) gegeneinander an. Und an einem indianischen Markt beteiligen sich mehr als 800 Künstler und Kunsthandwerker.

Mai

Eine prima Zeit, um die meisten Nationalparks zu besuchen: Sie sind schon auf die Massen des Sommers eingestellt, die aber erst ab dem Memorial-Day-Wochenende (letztes im Mai) anrücken.

Cinco de Mayo

Der Sieg der mexikanischen Streitkräfte über die französische Armee in der Schlacht von Puebla am 5. Mai 1862 wird ausgelassen mit Margaritas und Musik gefeiert. Ganz besonders stilvoll geht's in Denver, Los Angeles und San Diego zu (S. 265).

Bay to Breakers

Zehntausende rennen am dritten Sonntag im Mai in San Francisco kostümiert, nackt und/oder mit einem Bier vom Embarcadero zum Ocean Beach. Das Rennen gibt's schon seit 1912. (S. 146)

Boulder Creek Festival

Der Sommer beginnt am Wochenende des Memorial Day in den Rockys mit Essen, Trinken, Musik, einem

Gummientenrennen und herrlichem Sonnenschein. Es endet mit Bolder Boulder, einem 10 km langen, enthusiastisch gefeierten Wettrennen (S. 273).

Sasquatch!

Fans von Indie-Musik kommen am Memorial-Day-Wochenende nahe der Columbia River Gorge im Gorge Amphitheater von George, Washington, zusammen, um kostenlos Musik zu hören (www.sasquatchfestival.com).

Juni

Für den Großteil des Westens beginnt jetzt die Hauptsaison. Die schroffen Bergpässe sind freigegeben, die Flüsse schwellen aufgrund der Schneeschmelze an und in den Bergen blühen die Wildblumen. Manchmal macht sich über den Stränden der südlichen Kalifornien der June Gloom (ein grauer Nebel) breit.

Pride Month

Den ganzen Juni über finden in Kalifornien Schwulen- und Lesbenfeiern mit Kostümumzügen, Coming-out-Partys, Livemusik u. v. m. statt. Die größten und ausgelassensten Veranstaltungen gibt es in Los Angeles (http://lapride.org) und San Francisco.

Telluride Bluegrass Festival

Mitte Juni mischt man sich am besten unter die Festivalbesucher im wunderschönen, von Bergen umringten Telluride in Colorado und genießt erstklassigen Bluegrass. (S. 295)

Juli

Urlauber strömen zu den Stränden, Themenparks, Gebirgsresorts, State und National Parks. Die glühend heißen Wüstenparks meidet man am besten.

⭐ Aspen Music Festival

Von Anfang Juli bis Mitte August präsentieren hochrangige Interpreten klassischer Musik spektakuläre Shows (www.aspenmusic festival.com), während kleinere studentische Orchester unter der Leitung renommierter Dirigenten Leben auf die Straßen bringen.

🎆 Independence Day

Überall im Westen wird der Unabhängigkeitstag am 4. Juli mit Rodeos, Musikfesten, Paraden und Feuerwerken gefeiert.

🎆 Comic-Con International

Die „Nerd Prom" ist das landesweit größte jährliche Treffen (nicht nur) der Comicszene (www.comic-con. org), bei der Liebhaber von Comics, Science-Fiction-Filmen und -Serien, Animation und Pop-Kultur Mitte Juli in San Diego alles finden, was ihr Herz erfreut.

⭐ Cheyenne Frontier Days

Mit Kälberfangen, Reiten und einem Umzug wird bei diesem Rodeo in Wyoming (www.cfdrodeo.com) seit 115 Jahren der amerikanische Cowboy gefeiert.

🍺 Oregon Brewers Festival

Bei diesem lustigen Bierfest (www.oregonbrewfest.com),

das in Portland am letzten vollen Juliwochenende stattfindet, versammeln sich rund 85 000 Kleinbrauereifans an den Ufern des Willamette River, um zu essen, zu trinken, zu fachsimpeln und auf die Pauke zu hauen.

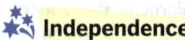

August

Überall im Südwesten kann man auf den Kunstmärkten, Märkten und zeremoniellen Treffen mehr über die Kultur der amerikanischen Ureinwohner erfahren. In Colorado und Arizona sind Rodeos sehr beliebt.

🏃 Sturgis Motorcycle Rally

Die ausgelassene Zusammenkunft von Motorradfans (www.sturgismotor-cyclerally.com) feierte 2015 seinen 75. Geburtstag. Bei dem Fest im südlichen South Dakota kann man Anfang August seine Maschine auf Touren bringen.

🎆 Old Spanish Days Fiesta

Anfang August steigt in Santa Barbara das Fest der frühen Rancho-Kultur mit Paraden, einem Rodeo, Kunsthandwerksausstellungen und Shows (www. oldspanishdays-fiesta.org).

👁 Perseiden

Mitte August erreichen die jährlichen Meteoritenschauer ihren Höhepunkt – die beste Zeit, um mit bloßem Auge oder auch mithilfe einer Digitalkamera Sternschnuppen zu beobachten. Infos gibt's unter http://darksky.org. Den großartigsten Blick auf das

Spektakel hat man ganz ohne Lichtverschmutzung in den Wüsten im Süden.

👁 Santa Fe Indian Market

Das berühmteste Festival von Santa Fe wird in der dritten Augustwoche auf der historischen Plaza der Stadt durchgeführt. Mehr als 1100 Künstler aus über 220 Stämmen und Pueblos stellen hier ihre Werke zur Schau. (S. 427)

September

Die letzte Jubelstimmung des Sommers kommt am Labor-Day-Wochenende auf. Besonders schön ist es jetzt im Nordwesten, wo die Nächte kühl, die Tage aber noch sonnig sind. In den Rockies breiten sich die Herbstfarben aus.

🍴 Hatch Chile Festival

Am Labor-Day-Wochenende veranstalten die Freunde der scharfen Paprika in Hatch, New Mexico, einen Umzug, einen Mariachi-Wettbewerb und zahlreiche Chili-Esswettbewerbe (www.hatchchilefest.com).

⭐ Burning Man

Das Open-Air-Festival in der Wüste ist nicht nur eine große Kunstausstellung, sondern gleichzeitig auch ein Ort intensiver Selbstdarstellung und eine Tauschbörse. Den krönenden Abschluss bildet das Verbrennen der Figur des Burning Man. Während des Festivals in der Woche vor dem Labor Day entsteht mitten in der Wüste Nevadas eine vergängliche Zeltstadt. (S. 358)

🍷 Great American Beer Festival

Das dreitägige Bierfestival in Denver (Ende Sept. oder Anfang Okt.) ist so beliebt, dass es immer weit im Voraus ausverkauft ist. 700 US-amerikanische Brauereien nehmen daran teil und bieten über 3500 Biersorten an. (S. 265)

☆ Bumbershoot

Die größte Kunst- und Kulturveranstaltung in Seattle präsentiert Anfang September Hunderte von Musikern, Künstlern, Komiker, Autoren und Theaterensembles auf verschiedenen Bühnen.

Oktober

Schillernde Espen in all ihrer Herbstpracht locken Jahr für Jahr Traveller nach Colorado und in den Norden von New Mexico. Dämonen, Geister und Feierwütige freuen sich auf Halloween am 31. Oktober.

🎆 International Balloon Fiesta

Anfang Oktober lohnt sich in Albuquerque, New Mexiko, der Blick in den Himmel, denn hier gibt's dann die weltweit größte Ansammlung von Heißluftballons. (S. 420)

◉ Sedona Arts Festival

Bei dieser Kunstshow (www.sedonaartsfestival. org) Anfang Oktober werden reichlich Schmuck, Keramik, Glas und Skulpturen gezeigt. 125 Künstler stellen dann ihre Werke in der Red Rock High School in Sedona aus.

☆ Litquake

Autorenlesungen, Diskussionen und Literaturevents (www.litquake.org) wie der legendäre Pub Crawl prägen Mitte Oktober das kulturellen Leben in San Francisco.

🎆 Halloween Carnaval

Ein Partyvolk aus mehreren Hunderttausend Menschen strömt kostümiert nach L.A. ins Schwulen- und Lesbenviertel West Hollywood, wo den ganzen Tag Straßenfeste, Tanz, Liveunterhaltung und Spaß für Kids angesagt sind (www.weho.org/visitors/events-in-the-city/halloween-carnaval).

November

Im ganzen Westen sinken die Temperaturen. In den meisten Küstengebieten, Wüsten und Naturparks ist jetzt deutlich weniger los – mit Ausnahme von Thanksgiving. Die Skisaison beginnt.

🎆 Día de los Muertos

Die mexikanischen Gemeinden ehren am 2. November ihre Verstorbenen mit Kostümparaden, Totenschädeln aus Zucker, Friedhof-Picknicks, Kerzenprozessionen und prächtig geschmückten Altären.

🍷 Wine Country Thanksgiving

Mehr als 160 Weingüter im Willamette Valley (www.willamettewines.co) öffnen Ende November drei Tage lang ihre Tore für die Öffentlichkeit.

🎿 Yellowstone Ski Festival

Die Woche der Thanksgiving-Feiern in West Yellowstone (http://yellowstoneskifestival.squarespace.com) ist eine tolle Zeit für Ski-Cracks wie -Newbies. Zu den Highlights gehören Ski-Kliniken und Rennen. Auch die nordische Skisaison startet in dieser Zeit.

Dezember

Dies ist die Zeit für Krippenspiele, festliche Beleuchtung und alles andere, was irgendwie mit Weihnachten zusammenhängt. Die Feierlichkeiten dauern bis Silvester an. In den Skiresorts muss man mit einem großen Ansturm und höheren Preisen rechnen.

🎆 Weihnachtsbeleuchtung

In den Gemeinden werden Boote, Parks und Einkaufszentren mit zahllosen blinkenden Lichterketten geschmückt. In Kalifornien kann man in Newport Beach und San Diego farbenfrohe Bootsparaden erleben, während in Los Angeles der Zoo im Griffith Park mit beleuchteten Figuren geschmückt ist. Wunderschön beleuchtet sind auch die Desert Botanical Gardens in Phoenix und das Tlaquepaque Arts & Crafts Village in Sedona.

🎆 Snow Daze

Vail in Colorado eröffnet die Wintersportsaison mit einem einwöchigen Fest (www.vail.com/events/snowdaze.aspx) mit einem Expo-Dorf, Partys und einer Menge Liveauftritten bekannter Künstler.

Reiserouten

 Eine Fahrt durch die Red Rocks

Die Kamera bekommt auf dieser Tour, bei der die größten Wahrzeichen des Südwestens im Zentrum stehen, mächtig zu tun. Man erlebt die berühmteste Stadt der Region, ihren größten Canyon und eine atemberaubende Landschaft mit roten Felsen.

Los geht's in **Las Vegas,** wo man den Strip ein paar Tage lang erkundet. Wenn man genug von der Party hat, geht es Richtung Osten, vorbei am **Hoover Dam**, zum **Grand Canyon National Park**. Für Amerikas berühmtesten Park braucht man schon ein paar Tage. Ein einmaliges Erlebnis sind der Abstieg vom South Rim auf dem Rücken eines Maultiers und die anschließende Übernachtung auf der Phantom Ranch am Grund der Schlucht. Vom Grand Canyon fährt man nach Nordosten zum **Monument Valley**, dessen Landschaft direkt aus einem Hollywood-Western zu stammen scheint, und weiter zu den Nationalparks in der Südostecke Utahs – sie gehören zu den eindrucksvollsten im Land. Man wandert durch die formenreichen Slot Canyons im **Canyonlands National Park**, fährt außerhalb von **Moab** auf dem Slickrock Trail oder macht ein Foto vom Balanced Rock im **Arches National Park**. Auf dem spektakulären Hwy 12 geht's nach Westen, bis er auf die I-15 führt. Weiter im Süden kann man dann im **Valley of Fire State Park** bei Sonnenuntergang meditieren, ehe man schließlich wieder Las Vegas erreicht.

Die Westküste hinunter

4 WOCHEN

Einen Baum umarmen, auf einer Welle reiten und die Frische der West-Coast-Küche schmecken – diese Freuden erwarten Naturbegeisterte bei einer Fahrt von Seattle nach San Diego.

Mit frisch geröstetem Kaffee startet der Tag im koffeinsüchtigen **Seattle,** bevor man die großen Märkte, kleinen Brauereien und langen Ufer der Stadt erkundet. Weiter führt die Fahrt südwärts zum **Mt. Rainier National Park**, wo unterhalb des schneebedeckten Gipfels erstklassige Wanderwege verlaufen. Im topmodernen **Portland** findet man große Parks, umweltbewusste Einwohner und eine progressive Haltung vor, Food Carts, viele Cafés und ein tolles Nachtleben. Bei der Fahrt ostwärts entlang der **Columbia River Gorge** bestaunt man Wasserfälle und genießt frische Produkte aus der Region. Weiter im Süden lädt **Mt. Hood** im Winter zum Skifahren und im Sommer zum Wandern ein. Weitere Abenteuer warten bei den über 3000 m **Sisters** und dem kristallblauen **Crater Lake**. Im sonnigen **Ashland** schaut man sich ein Shakespeare-Stück an, bevor es über die Berge zur nebelverhangenen Küste geht. Über den Hwy 199 geht's hinüber nach Kalifornien, wo man in den **Redwood National & State Parks** durch majestätische, uralte Wälder wandert.

Die Küste entlang führt die Fahrt südwärts durchs schrille **Arcata** und das am Ozean gelegene **Eureka**, man verliert sich an der **Lost Coast** und fährt auf dem Hwy 1 durchs idyllische **Mendocino** mit seiner zerklüfteten Küste. Eine Weinprobe vor herrlicher Kulisse lockt ins **Napa** und **Sonoma Valley.** Von dort geht's weiter südwärts ins romantische, hügelige und allezeit freigeistige **San Francisco**. Auf dem malerischen Hwy 1 passiert man das ins Surfen verliebte **Santa Cruz**, das stattliche **Monterey** an der gleichnamigen Bucht und das von Hippies geprägte **Big Sur**. Im Nu erreicht man das surreal anmutende **Hearst Castle** und die entspannte College-Stadt **San Luis Obispo**. Im mediterranen **Santa Barbara** kann man shoppen und Weine verkosten und dann in Ventura mit der Fähre auf die **Channel Islands** mit ihrer reichen Tierwelt übersetzen. In **Los Angeles** überlässt man sich seinen Hollywood-Fantasien, wandert durch den hügeligen Griffith Park und lässt sich durch die palmengesäumten Viertel der Stadt treiben. Schließlich zieht man weiter gen Süden, wandert in den Uferklippen von **Laguna Beach** und erreicht das zauberhafte **San Diego**.

Oben: Grand Teton National Park (S. 317), Wyoming

Unten: Silverton (S. 297), Colorado

ALAN COPSON / GETTY IMAGES ©

Rocky Mountain High

Badesachen, Mountainbike und Wanderstiefel zusammenpacken, denn es geht hinauf zur Kontinentalen Wasserscheide. Die ersten zwei Tage genießt man die Kleinbrauereien und die Mountainbike-Pfade in **Durango**, einem Gebirgsstädtchen, wie es im Buche steht. Von hier fährt man auf dem Million Dollar Hwy (Hwy 550) nach Norden durch die San Juan Mountain Range, besucht **Silverton** und nimmt ein Bad in den Thermalquellen in **Ouray**. Ein Abstecher nach **Telluride** lohnt sich, wenn gerade ein Fest stattfindet – und im Sommer gibt's fast an jedem Wochenende eins. Von Montrose fährt man auf dem Hwy 50 gen Osten. Dann geht's weiter nach Norden zum Hwy 24. Die erste Woche endet stilvoll mit einer Übernachtung im noblen **Vail**.

Kajakfahren, Klettern und Leute beobachten stehen in **Boulder** auf dem Programm. Dann geht's zum Wandern und Reiten in den **Rocky Mountain National Park**. Auf jeden Fall sollte man auch die Fahrt über die Trail Ridge Rd wagen, die einen atemberaubenden Blick in die Berge bietet. Weiter geht's auf der I-25 nach Norden. In Wyoming nimmt man die I-80 nach Westen zum Hwy 287. Ihm folgt man bis **Lander** und klettert ein bisschen auf den Felsen rum. Es geht weiter Richtung Norden nach **Jackson Hole**, ein weiteres Städtchen, in dem man viel Spaß haben kann. Vielleicht schaut man sich ein Rodeo an oder macht eine Raftingtour auf dem Snake River. Auch ist es hier nicht weit zum **Grand Teton National Park**, wo man an einem idyllischen See entspannen und in den Bergen wandern kann. Als Nächstes ist der gewaltige **Yellowstone National Park** dran, dessen Highlights Geysire, Bisons und tolle Wanderungen sind.

Die letzte Woche beginnt mit einer Fahrt auf dem Beartooth Hwy nach Montana. Dort wechselt man auf die I-90 Richtung Westen nach **Bozeman** und **Missoula**. Beide Orte sind ideal, um sich vor dem Endspurt noch einzudecken. Natur satt gibt's im **Bob Marshall Wilderness Complex**. Auch der **Glacier National Park** verdient einen Besuch, denn noch sind die rund 25 Gletscher vorhanden – doch wer weiß, wie lange das noch so bleibt. Bei einer Wanderung kann man sich nach Tieren in freier Natur umschauen. Zum Abschluss unternimmt man noch eine Fahrt auf der tollen Going-to-the-Sun-Road.

Große Rundtour durch den Westen

Diese Tour deckt die Highlights im Westen ab: entlang der kalifornischen Küste, vorbei an den üppigen Landschaften des Nordwestens, den Skiorten in den Rockies, dem glühenden Red Rock im Südwesten und zum Schluss zurück nach Kalifornien.

Vom **San Diego** folgt man zunächst dem Hwy 1 nach Norden durch die Surfer-Dörfer des **Orange County** mit einem Abstecher nach **Disneyland** bis nach **L.A.** Auf dem Hwy 1 geht es weiter die Küste hinauf. Erster Halt ist im glänzenden **Santa Barbara**. Nachdem man das **Hearst Castle** bestaunt hat, geht's weiter nordwärts durch das bewaldete **Big Sur**. In der Künstlerhochburg **San Francisco** kann man essen, shoppen und Alcatraz besichtigen, bevor man wieder zurück auf den Hwy 1 fährt. Nachdem man die riesigen Bäume in den **Redwood National and State Parks** bewundert hat, fährt man weiter nach Oregon und nimmt sich Zeit für etwas Outdoor-Spaß in **Bend**. Die Landschaft auf dem Weg nach Westen an der **Columbia River Gorge** entlang ist einfach prächtig. Danach sind ein paar Tage **Portland** angesagt, wo man das Bier und die tolle Aussicht genießt. In **Seattle** geht's erst mal die Space Needle hinauf. Dann führt die Fahrt weiter gen Osten ins weit offene Montana mit den Naturwundern des **Glacier National Park**. Von dort geht's nach Süden zum **Yellowstone National Park** und unter majestätischen Bergen rauscht man weiter in den **Grand Teton National Park**, bevor ein Schlenker nach Südosten durch die weiten Prärien Wyomings folgt.

In Colorado holt man erst im Outdoor-Zentrum **Boulder** tief Luft und lässt sich dann vom Großstadtleben in **Denver** verführen. Auf dem Programm stehen jetzt die Bergwerksorte in den San Juan Mountains und der **Mesa Verde National Park**. Südlich davon, in New Mexico, eignen sich die Künstlerzentren **Taos** und **Santa Fe** perfekt zum Souvenirshoppen. In **Albuquerque** gibt's zur Stärkung einen Chili-Eintopf, anschließend geht's über die Route 66 Richtung Westen nach Arizona, mit Stopp am **Meteor Crater** und am **Grand Canyon National Park**. Die Fahrt geht weiter nach Westen nach **Las Vegas**. Schließlich führt der Weg nach Zentralkalifornien in die Nationalparks **Death Valley**, **Sequoia & Kings Canyon** und **Yosemite**. Die Tour endet mit einem Glas kalifornischen Wein in San Francisco.

Reiseplanung

Route 66 & Scenic Drives

Bodenschätze lockten Abenteurer im 19. und 20. Jh. in den Westen. Heute liegt der Reiz hingegen in den Schätzen über der Erde – den herrlichen Ausblicken, die sich beim Fahren bieten. Von Nebenstraßen in der Wüste über Küsten-Highways und abenteuerliche, schwindelerregende Gebirgsstraßen bis hin zur legendären Mother Road – der Westen hat jede Menge malerischer Straßentouren auf Lager.

Alles dabei?

Vorbereitung ist das A und O bei einem Roadtrip, besonders im Westen der USA, wo die Straßen einsam sind und das Wetter launisch ist.

Im Fahrzeug sollten ein Ersatzreifen, ein Werkzeugkasten (mit Wagenheber, Starthilfekabel etc.) und ein Verbandskasten vorhanden sein – Mietwagen ggf. damit nachrüsten.

Gute Karten sind unabdingbar, vor allem wenn man abseits der Highways unterwegs ist: In abgelegenen Regionen ist auf GPS kein 100%iger Verlass!

Extra Wasser mitnehmen – das braucht man, falls das Auto in der Wüste eine Panne hat.

Regelmäßig tanken: Die nächste Tankstelle kann lange auf sich warten lassen.

Führerschein und Versicherungsnachweis sollte man stets griffbereit haben.

Top-Restaurants unterwegs

Turquoise Room (S. 388), Route 66, Winslow, AZ

Hell's Backbone Grill (S. 413), Highway 12, Boulder, UT

Asylum Restaurant (S. 371), Highway 89/89A, Jerome, AZ

Frontier (S. 421), Route 66, Albuquerque, NM

Santa Barbara Shellfish Co (S. 118), Pacific Coast Highway, Santa Barbara, CA

Route 66

Ein Wigwam-Motel, ein Meteoritenkrater, bettelnde Burros (Packesel). Und ein mit Solarenergie betriebenes Riesenrad mit Blick auf den Pazifik. „Get your kitsch on Route 66" wäre ein passender Slogan für den rauen Abschnitt der Mother Road durch Kalifornien, Arizona und New Mexico. Die Straße liegt etwas abseits, doch die Leute dort freuen sich, wenn man vorbeikommt.

Auf zur Route 66!

Geschichte, Landschaften und die offene Straße – diese spannende Kombination macht eine Tour auf der Route 66 so genial. Man sollte beachten, dass die I-40 und die Route 66 sich in Großteilen von New Mexico und Arizona überschneiden.

In New Mexico bereiten die Neonschilder von Tucumcari ein fröhliches Willkommen im Westen und lassen Abenteuerstimmung aufkommen – die richtige Stimmung, bevor man ins Blue Hole in Santa Rosa abtaucht. Zunächst gibt's einen köstlichen Chilieintopf im Frontier in Albuquerque, dann geht's ab ins 1937 gegründete El Rancho Motel (S. 424) in Gallup, in dem bereits John Wayne übernachtet hat! In Arizona lockt ein Abstecher vom Highway für eine großartige Fahrt durch

Scenic Drives

| | 0 ━━━━━━━━━━ 1000 km |
| | 0 ━━━━━━━━━━ 500 Meilen |

1 Route 66
2 Pacific Coast Highway
3 Highway 89/89A
4 Million Dollar Highway
5 Beartooth Highway
6 Highway 12
7 High Road to Taos
8 Going-to-the-Sun Road
9 Historic Columbia River Highway

den Petrified Forest National Park (S. 388). Man wird mit wundervollen Ausblicken auf die Painted Desert belohnt. Näher hinsehen lohnt sich im südlichen Teil des Parks, wo unweit der Hauptstraße 225 Mio. Jahre alte Fossilienholzblöcke liegen. Übernachten kann man in einem Beton-Tipi in Holbrook, westlich des Parks. Der nächste Halt ist die von den Eagles besungene *Take It Easy*-Stadt Winslow. Nach dem obligatorischen Fotoknipsen gibt's ein tolles Abendessen im Turquoise Room (S. 36) des La Posada Hotel. Der Meteor Crater (S. 376) östlich von Flagstaff ist ein riesiges Loch im Boden – und ein guter Ort, um durchzuatmen. Von hier verläuft die Route 66 parallel zu den Eisenbahnschienen ins lebhafte Flagstaff. Unterwegs kommt man an dem wundervollen Museum Club (S. 376) vorbei, einem hüttenartigen Gebäude, in dem einfach jeder Spaß hat. Dann folgt Williams, eine Stadt an der Bahnlinie mit Motels mit Innenhöfen und viel Kleinstadtcharme.

Das schrullige kleine Dorf Seligman begrüßt Reisende mit Retro-Motels, einem Spritzer unechtem Senf im Snow-Cap Drive In und einem Roadkill Cafe – was übersetzt soviel bedeutet wie „totgefahrenes Tier" und zum Motto *you kill it, we grill it* passt. Alte Burma-Shave-Wer-

beschilder locken einen mit lustigen Botschaften zu den Grand Canyon Caverns, wo man 21 Stockwerke unter der Erde eine Höhlenwanderung unternehmen und auch übernachten kann. Die nun folgenden Highlights an der Strecke sind ein bunt gemischter Krämerladen in Hackberry, das Route 66 Museum (S. 388) in Kingman und die auf Heu versessenen Esel unter der sengenden Sonne von Oatman.

Die gleißende Sonne begleitet einen auch in Kalifornien, wo die Mother Road in die Mojave-Wüste eintaucht, vorbei an Geisterstädten, auf die einsame Bahnschilder hinweisen. In Victorville gibt's in Emma Jeans Holland Burger Café (www.hollandburger.com) den scharf gewürzten „Brian Burger". Im modischen Pasadena steigt die Stimmung, ehe die Straße den Pazifik erreicht. Am Santa Monica Pier (S. 80) dreht man eine Runde auf dem mit Solarstrom betriebenen Riesenrad und gönnt sich zum Abschluss der Fahrt den weiten Blick in den Sonnenuntergang.

Reisezeit

Eine Tour auf der Route 66 bietet sich besonders zwischen Mai und September an, wenn es warm ist und diverse Outdoor-Aktivitäten zur Wahl stehen.

GESCHICHTE DER ROUTE 66

Die 1926 geschaffene Route 66 erstreckte sich von Chicago nach Los Angeles und verband bei ihrem Verlauf durch acht US-Staaten unzählige Kleinstädte und Landstraßen. Sie erlangte traurige Berühmtheit während der Weltwirtschaftskrise, als auf ihr ruinierte Farmer aus der Dust Bowl über die Great Plains gen Westen zogen. Der Spitzname „Mother Road" fand sich erstmals in dem Roman *Die Früchte des Zorns*, mit dem John Steinbeck dieser Ära ein Denkmal setzte. Nach dem Zweiten Weltkrieg ging es zunächst etwas vergnügter zu, als sich die US-Amerikaner, beflügelt von neuem Wohlstand, hinter das Lenkrad setzten, um ihr Land zu erkunden. Nat King Cole nahm 1946 den Song *Get Your Kicks on Route 66* auf und machte die Straße damit noch bekannter. Aber just als alles gut in Schwung gekommen war, begann die Bundesregierung mit dem Aufbau der Interstates, die schließlich das Aus für die Mother Road brachten. Als letzte Stadt an der Route 66 erhielt 1984 auch Williams in Arizona eine Interstate-Umgehung.

Die Route

Die Fahrt beginnt in Tucumcari, NM, und führt westwärts durch Arizona und Kalifornien bis nach Barstow in Kalifornien quasi parallel zur I-40. Nach Barstow führt die Route 66 südwärts durch San Bernardino auf der I-15 und knickt dann westwärts nach Pasadena ab, von wo aus man der I-110 zum Santa Monica Blvd westwärts in die Küstenstadt Santa Monica folgt.

Dauer & Strecke

Dauer: Wer es eilig hat, kann die Tour in zwei oder drei Tagen bewältigen. Mehr Spaß macht es, wenn man sechs Tage einplant.

Strecke: Rund 1250 Meilen (2010 km), je nach gewählter Route.

Pacific Coast Highway

Sonnenbrille aufgesetzt, das Fenster heruntergekurbelt und den Lieblingssong aus dem Autoradio in die Landschaft schallen lassen: Die Highways, die Kanada und Mexiko an der Westküste verbinden, wurden schließlich zum Cruisen geschaffen. Und der nahezu schon übertrieben malerische Pacific Coast Hwy (PCH) ist der schönste von allen.

Auf zum Pacific Coast Highway!

Auf der epischen Strecke an der Westküste, die durch Kalifornien, Oregon und Washington führt, besucht man kosmo-

politische Städte, Surferparadiese und charmante Küstenenklaven, die entdeckt werden wollen. Für viele Traveller ist aber die großartige Landschaft das eigentliche Highlight: wilde, einsame Strände, raue Klippen und brechende Wellen, sanfte Hügel und Wälder voller Redwood- und Eukalyptusbäume. Aber die Strecke sieht nicht nur wunderbar aus, sie hat auch Persönlichkeit – und neben dem Highway gibt's jede Menge Abenteuer für Surfer, Kajakfahrer, Gerätetaucher und Wanderer.

Die besonderen Leckerbissen? Da sind zunächst einmal die Städte. Die Küstenhighways verbinden einige der hinreißendsten Metropolen an der Westküste miteinander, angefangen vom surfverrückten San Diego in Südkalifornien über das hedonistische Los Angeles bis zum unkonventionellen San Francisco. Noch weiter im Norden lohnt sich ein Abstecher ins kunstsinnige und politisch progressive Seattle im Bundesstaat Washington.

Wer urbane Gebiete meiden will, hält sich an die Orte dazwischen. In Südkalifornien passiert der PCH die Bilderbuchstrände des Orange County („OC") und von Santa Barbara (die „Amerikanische Riviera"). Weiter im Norden führt der Hwy 1 durchs verrückte Santa Cruz, zugleich Universitätsstadt und Surferparadies, und dann an der Küste von Big Sur und nördlich von Mendocino durch Redwoodwälder. Weiter im Norden folgen im Küstenstaat Oregon Sanddünen, Erholungsorte am Meer und Fischerdörfer und schließlich in Washington die unberührte Natur der Olympic Peninsula mit gemäßigten Regenwäldern und die idyllisch ländlichen, mit Fähren erreichbaren San Juan Islands.

Reisezeit

Die Strecke kann man zu jeder Jahreszeit gut fahren, im Norden aber muss man im Winter natürlich mit Regen und Schnee rechnen. Die Hauptsaison ist in der Regel von Juni bis Ende August – das ist allerdings nicht unbedingt die beste Zeit für eine Reise, da im Frühsommer viele Abschnitte der Küste im Nebel, dem „June Gloom", liegen können. Idealere Bedingungen können die Zwischensaisons bieten: Die Zeiträume vor dem Memorial Day (April & Mai) sowie nach dem Labor Day (Sept. & Okt.) zeichnen sich durch viel Sonnenschein, kühle Nächte und weniger Andrang als in der Hauptsaison aus.

Die Route

Die Highways haben eine Gesamtlänge von fast 1500 Meilen (2400 km) von Grenze zu Grenze, also von Tijuana in Mexiko bis hinauf zur kanadischen Provinz British Columbia. In Kalifornien wechselt die Küstenstrecke zwischen der I-5, dem Hwy 101 und dem Hwy 1 (im Zweifel einfach immer an der Küste bleiben!), in Oregon und Washington verläuft sie durchgängig auf dem Hwy 101.

Dauer & Strecke

Dauer: Auch wenn kein längerer Aufenthalt vorgesehen ist, braucht man zumindest etwa vier Tage, weil dichter Verkehr und zweispurige Straßen zum langsameren Fahren zwingen. Um alles zu sehen und zu genießen, sollte man aber schon zehn bis 14 Tage einplanen.

Strecke: Rund 1500 Meilen (2400 km).

Highway 89/89A: Von Wickenburg zum Oak Creek Canyon

Der Hwy 89 und seine Nebenstrecke, der Hwy 89A, führen durch einige der malerischsten und interessantesten Regionen in Arizona. Die hier beschriebene Strecke führt von Norden über die Weaver und Mingus Mountains hinunter nach Sedona und zum Oak Creek Canyon.

Auf zum Highway 89/89A!

Diese Strecke ist unsere Lieblingstour in Arizona. Sie mag nicht die schönste oder wildeste Strecke sein, doch vermittelt sie einen griffigen Einblick in den Wilden Westen – ganz so, als ob man mit der Zeitmaschine in die Vergangenheit reisen würde. Aber die Route bleibt nicht im 19. Jh. kleben – nein, weit gefehlt: Hier findet man Kunstwege, einen Weinpfad, stilvolle Geschäfte und tolle Restaurants, die der Region einem modernen Touch verpassen.

Wer sich für Cowboy-Geschichte interessiert, sollte etwas Zeit in Wickenburg und auf dessen Ferienranches verbringen. Der Hwy 89 führt über den Hwy 93 aus der Stadt heraus und nach kurzer Zeit zu den Weaver Mountains, wo er auf einer Strecke von gut 6 km um 762 m ansteigt. In Yarnell auf der Spitze des Berges wird die Straße wieder ebener – hier kam es im Sommer 2013 zu einem verheerenden Brand. Weiter geht's an Viehherden und Felstürmen vorbei ins Peeples Valley. Von hier aus erreicht man die berüchtigte Whiskey Row von Prescot mit dem historischen Palace Saloon. Thumb Butte ist ein kaum zu verfehlendes Wahrzeichen westlich des Zentrums; und auf dem Weg aus der Stadt passiert man die ungewöhnlichen Felsen von Granite Dells.

Nun folgt man dem Hwy 89A nach Jerome. Höchste Konzentration ist angeraten! Die eng am Mingus Mountain verlaufenden Serpentinen dulden keine Ablenkungen. Wer sich traut, schaut nach Osten, um einen faszinierenden Ausblick auf das Verde Valley zu erhaschen. Ihren kurvigen Höhepunkt erreicht die Zick-Zack-Route in Jerome, einer früheren Bergbaustadt, die förmlich am Hang des Cleopatra Hill zu kleben scheint. Hier warten Kunstgalerien, Verkaufs- und Verkostungsräume, skurrile Pensionen und eine ungewöhnliche hohe Anzahl von Geistern. Im Audrey Headframe Park kann in einen 582 m tiefen Schacht blicken und dann das Bergbaumuseum im benachbarten Jerome State Historic Park besuchen.

Auf dem Weg nach Old Town Cottonwood führt der Hwy 89A durch eine weitere Bergbaustadt: Clarkdale. In Richtung Sedona lohnen sich Abstecher zu Weingütern an der Page Springs Rd oder eine Rundfahrt durch die Stadt über den Cathedral Rock und die Red Rock Loop Rd. Sedona ist ein Erholungsort, ein hübsches Städtchen zum Dinieren und Einkaufen von Kunst und Navajo-Teppichen. Die Tour endet am Oak Creek Canyon, dessen namensgebendes Flüsschen im Schatten eines riesigen Korridors aus roten Felsen durch üppiges Grün plätschert.

Reisezeit

Diese Tour ist im Frühjahr, Sommer und Herbst am angenehmsten; den winterlichen Schneefällen geht man besser aus dem Weg – allerdings verirren sich auch noch im April Schneeflocken in die Berge. Im Hochsommer ist der Aufenthalt im tief gelegenen, glühend heißen Wickenburg kein Vergnügen.

Die Route

Von Wickenburg aus folgt man dem Hwy 93 zum Hwy 89 und fährt dann weiter nordwärts nach Prescott. Nördlich der Stadt wechselt man auf den Hwy 89A, der bis Sedona führt!

Dauer & Strecke

Dauer: Die Strecke lässt sich an einem halben Tag bewältigen. Um sie aber richtig zu genießen, sollten zwei bis drei Tage eingeplant werden.

Strecke: 134 Meilen (216 km).

Million Dollar Highway

Die Strecke zwischen Ouray und Silverton im südlichen Colorado ist eine der schönsten Gebirgsstraßen der USA. Dieser Teil des 236 Meilen (380 km) langen San Juan Skyway und Abschnitt der US 550 ist als Million Dollar Hwy bekannt: Das Straßenbett soll mit goldhaltigem Erz ausgefüllt sein.

Auf zum Million Dollar Highway!

Auf 25 Meilen (40 km) schlängelt sich die Fahrbahn über drei Gebirgspässe, bietet dabei einen Blick auf viktorianische Wohnhäuser, schneebedeckte Berggipfel, die Eingänge von Minenschächten und eine von Felsen gesäumte Schlucht. Der Reiz aber liegt nicht nur in der wunderbaren Aussicht, sondern auch im Nervenkitzel, den die Strecke verheißt. Haarnadelkurven, gelegentliche Felsrutsche und die schmale, sich an Hänge schmiegende Strecke sorgen dafür, dass die Fahrt teilweise weniger an eine Kaffeefahrt als vielmehr an ein Rallye-Abenteuer erinnert.

ABSTECHER VOM MILLION DOLLAR HIGHWAY

Die Strecke zwischen Ouray und Telluride misst 50 Meilen (80 km) – wenn man sich an die befestigte Straße hält. Abenteuerlustige, die zwingend über einen Geländewagen verfügen müssen, können stattdessen die unbefestigte, 16 Meilen (25,7 km) lange Straße über den Imogene Pass nehmen. Auf dieser alten Bergwerksstraße überquert man Wildbäche und holpert über Bergwiesen und einen der höchsten Pässe im Bundesstaat; zudem passiert man unterwegs auch eine alte Mine. Wer übrigens meint, durch diese „Abkürzung" Zeit zu sparen, ist auf dem Holzweg: Die Fahrt dauert drei Stunden.

Das charmante, von hoch aufragenden Gipfeln umgebene Ouray liegt auf fast 2375 m Höhe. Die nahe Uncompahgre Gorge ist ein steiler, felsiger Canyon, der für seine Möglichkeiten zum Eisklettern bekannt ist. Wer länger in dem Ort verweilt, kann zu einer Wanderung aufbrechen oder ein Bad in den hiesigen Thermalquellen nehmen. Hinter Ouray schmiegt sich der 1884 nach dreijähriger Bauzeit fertiggestellte Million Dollar Hwy an den Rand der Schlucht und windet sich an alten, in die Hänge geschlagenen Bergwerken vorbei. Aufpassen muss man auf die masochistischen Radler, die über die schmalen Gebirgspässe preschen. In Silverton sollte man Halt machen und die mit Espen bewachsenen Berge auf sich wirken lassen. Und wenn möglich sollte man zusehen, wie der Dampfzug der Durango & Silverton Narrow Gauge Railroad (S. 299) in die Stadt getuckert kommt.

Reisezeit

Der Sommer ist die beste Reisezeit. Im Winter sind die höheren Pässe manchmal gesperrt; und wenn nicht, braucht man Schneeketten. Auch im Sommer kann durchaus noch Schnee liegen, wohl aber nicht auf der Straße.

Die Route

Von Ouray folgt man dem Hwy 550 südwärts nach Silverton.

Oben: Apache Trail
(S. 45), Arizona

Unten: Pacific Coast
Highway (S. 38),
Kalifornien

MICHELE FALZONE / GETTY IMAGES ©

Dauer & Strecke

Dauer: Die Strecke lässt sich zwar in wenigen Stunden bewältigen, mehr hat man aber davon, wenn man sich einen ganzen Tag Zeit nimmt.

Strecke: 25 Meilen (40 km).

Beartooth Highway

Eine Straße, viele Meinungen: Der himmelhohe Beartooth Hwy ist die beste Zufahrt zum Yellowstone, die aufregendste Motorradtour im Westen und der malerischste Highway der USA. Und vermutlich treffen alle zu.

Auf zum Beartooth Highway!

Manchmal möchte man einfach einen Ort finden, der so schön ist, dass man anhalten, aussteigen, sich auf die Brust schlagen oder schütteln und einfach „Yeah" brüllen muss. Im Westen der USA ist der Beartooth Hwy dafür der richtige Ort.

Von Red Lodge, MT, führt die abenteuerliche Strecke in das Gletschertal des Rock Creek Canyon über eine Reihe von Haarnadelkurven hinauf und gewinnt dabei in wenigen Kilometern erstaunliche 1500 m an Höhe. Am Rock Creek Vista Point Overlook sollte man Halt machen, um die wunderbare Aussicht zu genießen – der kurze Spazierweg zum Aussichtspunkt ist auch für Rollstuhlfahrer geeignet. Die Straße setzt sich auf dem Hochplateau an der „Mae West Curve" vorbei bis nach Wyoming fort.

In Twin Lakes hat man einen Blick auf das kesselförmige Tal; bis ins Frühjahr hinein befördert zudem ein Skilift Wagemutige zu einer extremen Skipiste. Nach einer Reihe von Serpentinen kommen im Nordwesten das Hellroaring Plateau und der schroffe Bears Tooth (3539 m) in Sicht. Die Strecke, die durch alpine Tundra führt, erreicht am Beartooth Pass West Summit mit 3345 m ihren höchsten Punkt. Hier oben findet man selbst im Juni oder Juli mitunter noch über 4 m hohe Schneewehen vor.

Vorbei an weiteren Seen führt die Strecke hinter dem Beartooth Butte, einem großen Brocken des Sedimentgesteins, das früher die Beartooths bedeckte, wieder ins Tiefland hinunter. Am Clark's Fork finden sich mehrere ausgezeichnete Stellen zum Angeln, ehe die Straße wieder nach Montana zurückgeht und über den 2486 m hohen Colter Pass Cooke City erreicht. Der nordöstliche Zugang zum Yellowstone Park ist 4 Meilen (6,4 km) von Cooke City entfernt.

Reisezeit

Wer nicht nur im Auto sitzen, sondern auch etwas wandern möchte, sollte den Ausflug möglichst im August unternehmen.

Die Route

Von Red Lodge folgt man Hwy 212 westwärts – durch Wyoming hindurch – nach Cooke City in Montana!

Dauer & Strecke

Dauer: Auf dem kurvenreichen Beartooth Hwy ist gemächliches Fahren Pflicht, man sollte schon einen ganzen Vor- oder Nachmittag einplanen.

Strecke: 68 Meilen (109 km).

Highway 12

Utahs wohl vielfältigste und schönste Straße führt durch abgelegene, zerklüftete Canyon-Landschaften und verbindet mehrere Nationalparks und State Parks im US-Staat der roten Felsen. An der Strecke gibt's auch einige fantastische Restaurants.

Auf zum Highway 12!

Mit seinen purpurnen Canyons, weitläufigen Wüsten, dichten Wäldern und luftigen Gipfeln eignet sich der Hwy 12 im Süden Utahs hervorragend für abenteuerlustige Entdecker. Der Trip beginnt am Bryce Canyon National Park, dessen rotgoldene Felsnadeln den passenden Startpunkt für die farbenprächtige Reise setzen.

In Richtung Osten fahrend, erwartet einen das erste Highlight in Form des Kodachrome Basin State Park (http://stateparks.utah.gov/parks/kodachrome-basin), in dem versteinerte Geysire und Dutzende rote, rosafarbene und weiße Sandsteinkamine aufragen – einige sind über 50 m hoch. Nun fährt man durch das winzige Escalante und erreicht nach 13 km den Aussichtspunkt Head of the Rocks Overlook auf dem Aquarius Plateau. Von hier blickt man auf riesige Tafelberge, hohe Bergkuppen, tiefe Schluchten und wogende, glattgeschliffene Felsrücken, die in allen Rottönen schimmern.

Das nahe Grand Staircase-Escalante National Monument (S. 413) ist mit fast 7689 km² der größte Park im Südwesten. Die Lower Calf Creek Recreation Area, abseits von Hwy 12 im Park gelegen, bietet einen Picknickbereich und einen hübschen Campingplatz. Hier beginnt auch die 9,6 km lange Rundwanderung zu den beeindruckenden, 38 m hohen Wasserfällen der Lower Calf Creek Falls. Auch die schmale Hogback Ridge zwischen Escalante und Boulder ist sehr beeindruckend.

Als interessantester Abschnitt der Route gelten die Serpentinen und versteinerten Sanddünen zwischen Boulder und Torrey. Dabei hat diese Region nicht nur tolle Ausblicke zu bieten. In Boulder lohnt sich z.B. ein Zwischenstopp, um im Hell's Backbone Grill (S. 413) eine herrliche, aus regionalen Zutaten zubereitete Mahlzeit zu genießen; danach locken noch hausgemachte Kuchen ins Burr Trail Grill & Outpost. Oder man lässt sich ein köstliches Southwestern-Gericht im Cafe Diablo (S. 413) weiter nördlich in Torrey schmecken.

Reisezeit

Das beste Wetter und die besten Streckenbedingungen – vor allem bei der Fahrt über den 3353 m hohen Boulder Mountain – bietet der Hwy 12 zwischen Mai und Oktober.

Die Route

Vom US Hwy 89 in Utah geht es auf dem Hwy 12 ostwärts zum Bryce Canyon National Park! Die Straße wendet sich am Kodachrome Basin State Park nach Norden und führt weiter nach Torrey.

Dauer & Strecke

Dauer: Die Strecke lässt sich problemlos in einigen wenigen Stunden abfahren. Wer die Region besser kennenlernen will, sollte zwei oder drei Tage einplanen.

Strecke: 124 Meilen (200 km).

High Road to Taos

Die malerische Nebenstraße (www.newmexico.org/high-road-to-taos-trail) im Norden von New Mexico verbindet Santa Fe mit Taos. Sie führt durch Dörfer mit Adobehäusern und vorbei an von Bergen flankierten Aussichtspunkten in und bei den Truchas Peaks.

Auf zur High Road to Taos!

Santa Fe und Taos sind bekannte Künstlergemeinden. Zwei solch zauberhafte Orte voller Galerien, Studios und Museen sollten doch auch durch eine landschaftlich schöne Straße verbunden sein – und tatsächlich wird die bergige High Road to Taos diesem Anspruch gerecht.

Von Santa Fe folgt man Hwy 84/285 nach Norden. Dann fährt man auf den Hwy 503 in Richtung Nambe, wo man zu Wasserfällen wandern oder einfach am gleichnamigen See meditieren kann. Von hier führt die Straße nach Norden ins malerische Chimayo. Die Mauern im El Santuario de Chimayo (S. 432), das auch „Lourdes von Amerika" genannt wird, sind von herrenlosen Krücken gesäumt. 1816 wurde diese Lehmkapelle mit zwei Türmen über einem Ort erbaut, der wundersame heilende Kräfte haben soll. Man sollte sich Zeit nehmen, um die Gemeinde zu erkunden und die edlen Web- und Schnitzarbeiten in den familiengeführten Galerien zu bewundern.

Unweit von Truchas, einem Dorf aus Galerien und jahrhundertealten Adobehäusern, befindet sich der High Road Marketplace (www.highroadmarketplace.com); die Kooperative am SR 676 verkauft eine Vielzahl an Kunstwerken regionaler Künstler. Wer den Hwy 76 zur Kirche von San José de Gracia (www.nps.gov/nr/travel/amsw/sw43.htm) hinauffährt – einer der wohl schönsten Kirchen der USA aus dem 18. Jh. –, kann hier gut erhaltene Originalgemälde und -schnitzereien bewundern. Als nächstes erreicht man Picuris Pueblo (www.picurispueblo.org), das einst zu den mächtigsten Pueblos der Region gehörte. Die Route endet in Penasco, einem der Tore zur Pecos Wilderness und Heimat des experimentellen Penasco Theatre (www.penascotheatre.org). Von hier aus folgt man den Hwys 75 und 518 bis nach Taos.

Reisezeit

Hauptsaison ist der Sommer – aber auch im Frühling ist die Fahrt dank der Blütenpracht bezaubernd, während sich im Herbst die Landschaft als eine Show aus buntem Laub präsentiert. Da die Strecke durch die Berge führt, ist lediglich der Winter für eine Fahrt nicht gerade ideal.

Die Route

Von Santa Fe aus nimmt man den Hwy 84/285 westwärts nach Pojoaque und biegt dann rechts auf den Hwy 503 Richtung Nambe ab. Vom Hwy 503 geht es auf den Hwy 76 und dann auf den Hwy 75, bevor schließlich der Hwy 518 nach Taos führt.

Dauer & Strecke

Dauer: Ohne Pause sollte diese Fahrt einen halben Tag dauern, mit ein wenig Sightseeing und einem kleinen Einkaufsbummel wird daraus aber gut und gern ein ganzer Tag.

Strecke: 85 Meilen (137 km).

Going-to-the-Sun Road

Die 53 Meilen (85 km) lange Going-to-the-Sun Road ist ein weiterer heißer Anwärter auf den Titel der spektakulärsten Straße Amerikas. Als einzige befestigte Straße führt sie durch den Glacier National Park in Montana.

Auf zur Going-to-the-Sun Road!

Gletscher! Grizzlybären! Ja, die Going-to-the-Sun Road (S. 328) provoziert Ausrufezeichen und das völlig zu Recht. Die im Jahr 1933 fertiggestellte Straße durchquert eine raue, aber wunderschöne Berglandschaft und führt in zahlreichen Kurven über die hoch gelegene kontinentale Wasserscheide, die üblicherweise schneebedeckt ist.

Vom Westeingang des Parks aus schmiegt sich die Straße an den schimmernden Lake McDonald. Vor einem liegt nun der hochragende Garden Wall, der 2700 m hohe Grat der Kontinentalscheide, die die östliche Flanke des Parks von dessen westlicher trennt. Die Straße überquert die Kontinentalscheide über den Logan Pass (2097 m). Von hier aus folgt der gut 12 km lange Highline Trail (einfache Strecke) dem Felsrückgrat des Parks und bietet eine großartige Aussicht auf Gletschertäler, schroffe Gipfel, Wildblumen und Tiere in freier Wildbahn. Und Letztere sind

absolut sehenswert: Schneeziegen, Dickhornschafe und Elche kann man erspähen, vielleicht auch einen Grizzlybär oder einen der scheuen Vielfraße. Hinter dem Logan Pass kommt die Straße am Jackson Glacier Overlook vorbei, wo man die schmelzenden Monolithe des Parks bestaunen kann. Nach Ansicht von Experten dürften angesichts der globalen Erwärmung die letzten Gletscher des Parks bis zum Jahr 2030 verschwunden sein. Höchste Zeit also, sie zu besichtigen!

Reisezeit

Die schneereiche Straße wird erst spät im Jahr frei gegeben und früh wieder gesperrt; die Strecke ist in der Regel zwischen Mitte Juni und Mitte September befahrbar. 2011 wurde die Strecke allerdings aufgrund ungewöhnlich starker Schneefälle erst am 13. Juli geöffnet.

Die Route

Vom Westeingang des Glacier National Park folgt man der Going-to-the-Sun Road östlich nach St. Mary.

Dauer & Strecke

Dauer: Die hängt ganz von den Straßenbedingungen ab, aber einen halben Tag muss man schon einplanen.

Strecke: 53 Meilen (85,3 km).

DIE GOING-TO-THE-SUN-ROAD: WAHRZEICHEN UND LEGENDE

Die Going-to-the-Sun Road wurde nach dem Going-to-the-Sun Mountain benannt. Nach einer Legende – oder einer Geschichte, die in den 1880er-Jahren zusammenfabuliert wurde – soll ein Gott den Stammesmitgliedern der Blackfeet einst das Jagen beigebracht haben. Nach der Lehrstunde hinterließ er ein Abbild von sich auf dem Berg, um den Stamm zu inspirieren, und stieg dann wieder zur Sonne hinauf. Heute ist die Straße ein National Historic Landmark und zugleich ein National Civil Engineering Landmark – die einzige Straße im Land, die beide Titel auf sich vereint.

NOCH MEHR PANORAMASTRAßEN

Lust auf weitere Straßentouren? Hier noch weitere empfehlenswerte Routen:

Turquoise Trail, NM Diese Nebenstraße von Tijeras (bei Albuquerque) nach Santa Fe war jahrtausendelang ein wichtiger Handelsweg. Heute kommt man unterwegs an Kunstgalerien, Läden (mit Türkisschmuck) und einem Bergbaumuseum vorbei. Von der I-40 folgt man Hwy 14 nordwärts zur I-25 (s. auch www.turquoisetrail.org).

Apache Trail, AZ Das ist nicht gerade eine sonntägliche Spazierfahrt, sondern vielmehr ein 45 Meilen (72,4 km) langer, wilder Ritt. Von Apache Junction östlich von Phoenix führt der Hwy 88 an einer Geisterstadt, an den Wildblumen im Lost Dutchman State Park und an drei Seen im Salt River vorbei. Mitten auf der Strecke passiert man einen nervenaufreibenden, unbefestigten Abschnitt, auf dem es auf weniger als 5 km mehr als 300 Höhenmeter bergab geht. Also gut aufpassen!

The Loneliest Road Der Hwy 50 schneidet mitten durch den glühendheißen Bauch Nevadas, er erstreckt sich von Fallon ostwärts zum Great Basin National Park und der Staatsgrenze von Utah. Der einsame Highway führt vorbei an einer singenden Sanddüne, Pony-Express-Stationen und Bergwerksstädtchen. Die Middlegate Station bietet sich mit ihren schmackhaften Burgern als Boxenstopp an.

Eastern Sierra Scenic Byway, CA Vom Topaz Lake führt der Hwy 395 Richtung Süden an der Ostflanke der mächtigen Sierra Nevada entlang zum Little Lake. In der Region gibt es einige 14 000er-Gipfel (14 000 Fuß = 4267 m), eisblaue Seen, Kiefernwälder, Wüstenbecken und Thermalquellen zu bewundern.

Historic Columbia River Highway

Üppiges Grün und die Geschichte der Erschließung des Westens sind die Themen auf dem US 30, einer sorgsam geplanten Nebenstraße, die östlich von Portland an der Columbia River Gorge folgt.

Auf zum Historic Columbia River Highway!

Am Historic Columbia River Hwy reiht sich ein Wasserfall an den anderen. Die ursprüngliche, 1922 fertiggestellte Straße verband Portland mit The Dalles. Als erste befestigte Straße im Nordwesten wurde sie genau geplant: Aussichtspunkte wurden sorgfältig gewählt, Steinwände und Brücken geschmackvoll in die Landschaft eingefügt.

Bemerkenswert ist auch die Geschichte der Route: Lewis und Clark zogen hier 1805 auf ihrem Weg zum Pazifik vorbei. 50 Jahre später endete der Treck der Pioniere auf dem Oregon Trail mit der Überwindung der tückischen Gewässer. Heute sind zwar Teile der ursprünglichen Straße geschlossen oder von der US 84 ersetzt worden, aber viele Abschnitte der US 30 können noch befahren und einige geschlossene Sektionen per pedes oder Rad erkundet werden.

Ein Highlight an der Strecke ist der Portland Women's Forum Park, von wo aus man einen der schönsten Blicke in die Schlucht hat. Östlich davon liegt das 1916 errichtete Vista House, das zu Ehren der Pioniere des Oregon Trail gebaut wurde. Das Haus thront auf dem Crown Point, einem weiteren Aussichtspunkt. Keinesfalls sollte man die Multnomah Falls verpassen, den mit 196 m höchsten Wasserfall Oregons.

Reisezeit

Die Wasserfälle führen zwischen Februar und Mai das meiste Wasser. Für Wanderungen bietet sich vor allem der Sommer an.

Die Route

Um den historischen Highway zu erreichen, muss man auf der I-84 östlich von Portland Exit 17, 28 oder 35 nehmen. Der westliche Abschnitt der ursprünglichen Fernstraße endet bei Multnomah Falls. Dort wechselt man auf die I-84 und fährt ostwärts bis zum Exit 69 bei Mosier, wo man auf den Hwy 30 zurückkehrt.

Dauer & Strecke

Dauer: Ein Tag.

Strecke: 100 Meilen (161 km).

Reiseplanung

Outdoor-Aktivitäten

Ob Stubenhocker, Wochenendtarzan oder Ironman/-maiden, der Westen bietet Outdoorspaß für alle – und das vor hinreißender Landschaftskulisse. Man kann nach Kolibris fahnden, durch Stromschnellen paddeln, über versteinerte Dünen brausen, über Pulverschneehänge wedeln, auf mächtigen Wellen reiten oder zu Fuß in den mächtigsten Canyon der Erde vorstoßen.

Beste Outdoor-Aktivitäten

Top-Outdoor-Erlebnisse

Raften auf dem Colorado River – und zwar mitten durch den Grand Canyon, AZ

Wanderung zum Gipfel des Half Dome im Yosemite National Park, CA,

Radtour in den Maroon Bells, Aspen, CO

Klettern im Joshua Tree National Park, CA

Nervenkitzel am Angels Landing, Zion National Park, UT

Skifahren in Vail, CO

Kajakfahren vor den San Juan Islands, WA

Gletscher bestaunen im Glacier National Park, MT

Wildtiere beobachten

Bären: Glacier National Park, MT

Wapitis, Bisons und Wölfe: Yellowstone National Park, WY

Vögel: Patagonia-Sonoita Creek Preserve, AZ

Wale und Delfine: Monterey Bay, CA

Campen

Camper haben die Qual der Wahl. In Colorado kann man sein Zelt an Bergseen und Bächen aufstellen, in Süd-Arizona unter Saguaro-Kakteen und in Kalifornien an prächtigen Sandstränden.

Standards

Einfache Campingplätze haben meist Feuerstellen, Picknicktische, Trinkwasser sowie Plumps- oder Kompostiertoiletten. Man findet sie vor allem in National Forests (USFS) oder in vom Bureau of Land Management (BLM) verwalteten Gebieten.

Erschlossene Campingplätze bieten mehr Komfort, sie haben u. a. WCs, Grills und gelegentlich auch warme Duschen und Münz-Waschmaschinen. Es gibt sie in der Regel in State und National Parks.

Stromanschluss für Wohnmobile und **Müllsammelstellen** gibt es auf vielen privaten Campingplätzen, aber nur auf wenigen Campingplätzen auf öffentlichem Land.

Private Campingplätze sind in den meisten Fällen für Wohnmobile gedacht. Sie haben warme Duschen, Swimmingpools, WLAN und Hütten für Familien. Zeltstellplätze sind hier eher rar und wenig einladend.

Nur zu Fuß erreichbare Campingplätze bieten mehr Ruhe und Privatsphäre. Einige auf öffentlichem Land sind für Fernwanderer und Radfahrer reserviert.

NATIONALPARKS IM WESTEN DER USA

PARK	HIGHLIGHTS	AKTIVITÄTEN	BESTE ZEIT
Arches (S. 409)	mehr als 2000 Sandsteinbögen	Panoramafahrten, Tageswanderungen	Frühjahr–Herbst
Bryce Canyon (S. 414)	leuchtend bunte, erodierte Felsnadeln (Hoodoos)	Tages- & Backcountry-Wanderungen, Ausritte	Frühjahr–Herbst
Canyonlands (S. 410)	klassische Südwest-Landschaft der Canyons, Mesas & Buttes	malerische Panoramen, Backcountry-Wanderungen, Raftings	Frühjahr–Herbst
Carlsbad Caverns (S. 444)	weitläufige Höhlensysteme; Kolonie von Bulldoggfledermäusen	Höhlentouren, Backcountry-Wanderungen	Frühjahr–Herbst
Death Valley (S. 115)	heiße, spektakuläre Wüste & einmalige Ökologie	Panoramafahrten, Tageswanderungen	Frühjahr
Glacier (S. 327)	eindrucksvolle Gletscherlandschaft, Schneeziegen	Tages- & Backcountry-Wanderungen, Panoramafahrten	Sommer
Grand Canyon (S. 377)	spektakulärer, 446 km langer und 1600 m tiefer Canyon	Tages- & Backcountry-Wanderungen, Touren mit Mulis, Flussfahrten	Frühjahr–Herbst
Grand Teton (S. 317)	hochragende Granitgipfel; Elche, Bisons, Wölfe	Tages- & Backcountry-Wanderungen, Klettern, Angeln	Frühjahr–Herbst
Mesa Verde (S. 298)	antike Felsbehausungen, historische Stätten, Mesas & Canyons	kurze Wanderungen	Frühjahr–Herbst
Olympic (S. 211)	gemäßigte Regenwälder, Bergwiesen, Mt. Olympus	Tages- & Backcountry-Wanderungen	Frühjahr–Herbst
Petrified Forest (S. 388)	versteinerte Bäume, Petroglyphen, Painted-Desert-Landschaft	Tageswanderungen	Frühjahr–Herbst
Redwood (S. 171)	unberührter Wald aus Küstenmammutbäumen, den höchsten Bäumen der Erde; Wapitis	Tages- & Backcountry-Wanderungen	Frühjahr–Herbst
Rocky Mountain (S 276)	beeindruckende Gipfel, Gebirgstundra, die kontinentale Wasserscheide; Wildtiere wie Wapitis, Dickhornschafe, Elche, Biber	Tages- & Backcountry-Wanderungen, Skilanglauf	Sommer–Herbst
Saguaro (S. 392)	Wüstenlandschaft mit riesigen Saguaro-Kakteen	Tages- & Backcountry-Wanderungen	Frühjahr–Herbst
Sequoia & Kings Canyon (S. 184)	Riesenmammutbaum-Haine, Granitcanyon	Tages- & Naturwanderungen, Skilanglauf	Sommer–Herbst
Yellowstone (S. 309)	Geysire & Thermalbecken, eindrucksvolle Canyons; viele Wildtiere	Tages- & Backcountry-Wanderungen, Radfahren, Skilanglauf	ganzjährig
Yosemite (S. 180)	Tal mit nackten Granitwänden, Wasserfälle, Bergwiesen	Tages- & Backcountry-Wanderungen, Klettern, Skifahren	ganzjährig
Zion (S. 415)	gewaltiger Canyon mit roten Felsen, Virgin River	Tages- & Backcountry-Wanderungen, Canyoning	Frühjahr–Herbst

Oben: Wildwasser-Rafting (S. 52), Colo-rado River

Unten: Angels Landing Trail, Zion National Park (S. 415)

Preise & Reservierungen

Viele öffentliche und private Campingplätze nehmen Reservierungen für einige oder alle ihrer Stellplätze an, auf manchen werden die Stellplätze nach dem Prinzip „Wer zuerst kommt, mahlt zuerst" vergeben. Die einfachsten Campingplätze sind kostenlos, bei gut zugänglichen Wohnmobilparks zahlt man für einen Platz mit Stromanschluss bis zu 50 US$ oder mehr; der Rest liegt preislich irgendwo dazwischen.

Folgende Adressen helfen bei der Suche nach Campingplätzen und geben Auskunft über ihre Ausstattung. Online erfährt man, ob etwas frei ist und kann reservieren:

Recreation.gov (www.recreation.gov) Reservierung von Stellplätzen und Hütten in Nationalparks, National Forests, auf BLM-Land usw.

ReserveAmerica (www.reserveamerica.com) Reservierung von Stellplätzen in State Parks, Regional Parks und auf einigen privaten Campingplätzen. Die Telefonnummern für die einzelnen Bundesstaaten sind auf der Website zu finden.

Kampgrounds of America (KOA; www.koa.com) Kette verlässlicher, aber recht teurer privater Campingplätze mit kompletter Ausstattung, auch für Wohnmobile.

Wandern

An tollen Wanderwegen herrscht im Westen wahrlich kein Mangel. Fitness wird überall großgeschrieben und im Umfeld der meisten Metropolen gibt es zumindest einen großen Park mit Wanderwegen. Nationalparks und National Monuments sind ideale Orte für kürzere wie auch längere Wanderungen. Wer bei einer Tour unterm Sternenzelt übernachten will, muss sich dafür rechtzeitig eine Genehmigung („Backcountry Permit") beschaffen – ganz besonders an Orten wie dem Grand Canyon, wo vor allem im Sommer die Kontingente früh erschöpft sein können.

Infos im Internet

Das Buch *Wilderness Survival* von Gregory Davenport ist der wahrscheinlich beste Ratgeber zum Überleben in fast jeder Notlage.

American Hiking Society (www.americanhiking. org) Links zu örtlichen Wanderclubs und zu Ferienjobs beim Anlegen neuer Wege.

Backpacker (www.backpacker.com) Erstklassiges landesweites Magazin für Fernwanderer, egal ob Anfänger oder alte Hasen.

Rails-to-Trails Conservancy (www.railstotrails. org) Die Organisation baut stillgelegte Bahnstrecken zu Wander- und Radwegen um; Streckenbeurteilungen unter www.traillink.com.

Survive Outdoors (www.surviveoutdoors.com) Tipps zu Sicherheit und Erster Hilfe, außerdem hilfreiche Fotos gefährlicher Tiere.

Gebühren & Genehmigungen

➡ State Parks erheben in der Regel eine Tagesgebühr von 5 bis 15 US$; oft gibt es Ermäßigungen von bis zu 100 %, wenn man zu Fuß oder mit dem Fahrrad unterwegs ist.

➡ Die Eintrittsgebühr für Nationalparks beträgt durchschnittlich 10 bis 25 US$ pro Fahrzeug und gilt für sieben aufeinanderfolgende Tage; in einigen Nationalparks ist der Eintritt auch frei. „Tage der offenen Tür" werden auf der Website des National Park Service www.nps.gov/findapark/feefreeparks.htm) angekündigt.

➡ Mit dem Pass „America the Beautiful" (80 US$) hat man ein Jahr lang unbegrenzten Zutritt zu Nationalparks, National Forests und Erholungsgebieten unter Bundesverwaltung.

➡ Für längere eintägige, vor allem aber für mehrtägige Wanderungen sind häufig Genehmigungen („Wilderness Permits") erforderlich, die in den Rangerstationen und Besucherzentren der Parks ausgestellt werden. In Spitzenzeiten – meist zwischen Spätfrühjahr und Frühherbst – kann der Zugang mittels Tagesquoten reguliert sein.

➡ Manche dieser Genehmigungen können vorab reserviert werden, weshalb die Kontingente für sehr beliebte Wanderstrecken (z. B. Half Dome, Mt. Whitney) schon mehrere Monate im Voraus erschöpft sein können.

➡ Wer im Wald rund um Sedona, AZ, wandern will, braucht einen Red Rock Pass (5/15 US$ pro Tag/Woche), erhältlich bei den USFS-Rangerstationen, an Kiosks (an den Startpunkten einiger Wege) und bei der Sedona Chamber of Commerce (S. 373). Anstatt des Red Rock Pass wird auch der National Park Interagency Pass akzeptiert.

Radfahren

Radfahren wird in den USA immer beliebter, einzelne Städte legen Radwege an und geben sich ein fahrradfreundlicheres

TOP-WANDERSTRECKEN IM WESTEN DER USA

Wenn man zehn Wanderer nach ihrer Lieblingsroute im Westen fragt, wird man zehn verschiedene Antworten erhalten. Angesichts der Weite des Landes und der riesigen Entfernungen überrascht das auch nicht sonderlich. Bei den folgenden Empfehlungen darf man trotzdem sicher sein, nicht daneben zu liegen.

South Kaibab/North Kaibab Trail, Grand Canyon, AZ (S. 380) Eine mehrtägige Wanderung durch den Canyon am Colorado River entlang und zurück, hinauf zu seinem Rand.

Longs Peak Trail, Rocky Mountain National Park, CO (S. 277) Sehr beliebter, 24 km langer Rundweg zum felsigen Gipfel des 4346 m hohen Longs Peak mit Ausblick auf schneebedeckte Berge.

Angels Landing, Zion National Park, UT (S. 415) Nach einer waghalsigen Kletterei über einen schmalen Grat mit steilem Abgrund auf beiden Seiten werden Wanderer mit einem weiten Blick über den Zion Canyon belohnt. Der Rundweg hat eine Länge von 8,7 km.

Mt. Washburn Trail, Yellowstone National Park, WY (S. 314) Vom Dunraven Pass aus führt der von Wildblumen gesäumte Weg knapp 5 km hinauf zum Gipfel des 3122 m hohen Mt. Washburn, von dem man eine schöne Aussicht genießt. Unterwegs sollte man nach Dickhornschafen Ausschau halten.

Pacific Crest Trail (PCT; www.pcta.org) Der Weg verläuft über 4264 km von Kanada bis nach Mexiko, folgt dabei dem Kamm der Cascades und der Sierra Nevada und durchquert dabei nahezu alle Ökosysteme Nordamerikas.

Half Dome im Yosemite National Park, CA (S. 181) Der Weg ist anstrengend, offenbart dafür aber wunderbare Blicke ins Yosemite Valley … und am Ende weiß man zufrieden, was man vollbracht hat. Man braucht eine Wandergenehmigung.

Enchanted Valley Trail, Olympic National Park, WA (S. 212) Ein Blick auf die Berge, umherschweifende Wildtiere und üppiger Regenwald erwarten einen auf der 21 km langen Wanderung in abgelegener Natur.

Great Northern Traverse, Glacier National Park, MT (S. 327) Der 93 km lange Weg führt mitten durchs Grizzlyland und überquert die kontinentale Wasserscheide.

Big Loop, Chiricahua National Monument, AZ (S. 395) Die 15 km lange Wanderung im Südosten von Arizona führt auf verschiedenen Wegen an einer „Armee" wundersamer Felspfeiler vorbei, die Apachenkrieger einst als Versteck benutzten.

Tahoe Rim Trail, Lake Tahoe, CA (S. 189) Der 265 km lange Allzweckweg umkreist hoch oben den See und bietet einen tollen Ausblick in die Sierra.

Image. Eine wachsende Zahl von grünen Bändern durchziehen urbane Flächen und ihr Umland. Radbegeisterte gibt's überall und zahlreiche Veranstalter bieten geführte Touren jeder Länge und jedes Schwierigkeitsgrads an.

In vielen Bundesstaaten gibt es mehrtägige, gesellige Fahrradveranstaltungen, so z. B. „Ride the Rockies" (www.ridetherockies.com) in Colorado. Gegen eine Teilnahmegebühr kann man sich dem Pulk auf der malerischen, gut ausgebauten Strecke anschließen; derweil wird das Gepäck zu dem für die Übernachtung vorgesehenen Campingplatz transportiert.

Eine erstklassige Radlerrevier ist Maroon Bells in Aspen, Colorado; eine weitere wundervolle Fahrt führt hinauf zum Mt. Lemmon in Arizona (www.fs.usda.gov/main/coronado) – der kräftezehrende, 45 km lange Anstieg beginnt im Talgrund der Sonora-Wüste und endet am 2791 m hohen Gipfel. Fahrräder kann man auch am Südrand des Grand Canyon im Grand Canyon National Park (S. 377) ausleihen. Weitere hübsche Radelrouten sind der Hermit Rd nach Hermit's Rest oder der Greenway Trail, der ständig verlängert wird (www.nps.gov/grca/planyourvisit/bicycling.htm).

Die fahrradfreundlichsten Städte

San Francisco, CA Bei einer Radtour über die Golden Gate Bridge landet man in den wunderschönen, wenn auch erstaunlich hügeligen Marin Headlands.

Boulder, CO Das Mekka für Frischluft-Enthusiasten bietet viele tolle Radwege, darunter auch den rund 26 km langen Boulder Creek Trail.

Portland, OR Eine Schatztruhe voller toller Radtouren (auf Straßen und querfeldein).

Surfen

Die besten Wellen Nordamerikas brechen sich an der Küste Kaliforniens. Es gibt viele Surfspots – vom schrägen und entspannten Santa Cruz (S. 128) bis zum nicht gerade für Newbies geeigneten San Franciscos Ocean Beach (S. 142) oder dem unkonventionellen Bolinas, 48 km weiter nördlich. Im Süden warten in San Diego (S. 103), La Jolla (S. 102), Malibu (S. 79) und Santa Barbara (S. 117) starke Wellen und Santa-Ana-Winde; außerdem gibt es dort wärmeres Wasser, weniger Weiße Haie und eine hippe, für Südkalifornien typische Strandszene. Die besten Bedingungen findet man zwischen September und November vor. An der Küste von Oregon und Washington gibt's endlos lange und einsame Strände und überall kleine Surfergemeinden.

Die schönsten Surf-Spots in Kalifornien

Huntington Beach (alias Surf City, USA) ist so etwas wie die Surferhauptstadt Kaliforniens: Pausenlos Sonnenschein und perfekte Brecher, besonders im Winter bei wenig Wind, locken die Surfer an.

MOUNTAINBIKE-FREAKS AUFGEPASST!

Mountainbiker finden ihr Dorado in Crested Butte, CD, Moab, UT, Bend, OR, Ketchum, IN, und Marin, CA – letzteres ist der Ort, wo Gary Fisher und Co. dem Sport überhaupt erst begründeten, indem sie auf selbst gebastelten Rädern die felsigen Flanken des Mt. Tamalpais hinunterbrausten. Infos zu Strecken und Ausrüstung findet man im Magazin *Bicycling* (www.bicycling.com/mountain-bike) oder bei der IMBA (www.imba.com/destinations). Hier eine Auswahl unserer Favoriten:

Kokopelli's Trail, UT (www.blm.gov) Eine der besten Mountainbikestrecken im Südwesten erstreckt sich über 225 km auf gebirgigem Terrain zwischen Loma, CD, und Moab, UT. Zu weiteren Optionen in der Nähe zählen die von Hütte zu Hütte führende, 331 km lange Tour von Telluride, CD, nach Moab, UT, und die kürzere, aber sehr herausfordernde und in doppelter Hinsicht atemberaubende 61 km lange Strecke von Aspen nach Crested Butte.

Sun Top Loop, WA (www.visitrainier.com) Die rund 35 km lange Strecke im Bundesstaat Washington bietet anstrengende Steigungen, einen herrlichen Blick auf den Mt. Rainier und die umliegenden Gipfel an den Westhängen der Cascade Mountains.

Downieville Downhill, Downieville, CA (www.sierracountychamber.com) Dieser Weg in der Nähe der gleichnamigen Ortschaft in den Ausläufern der Sierra im Tahoe National Forest ist nichts für Mountainbiker mit schwachen Nerven: Die Abfahrt verläuft an Klippen oberhalb des Flusses und durch alte Kiefernwälder – und bewältigt auf einer Strecke von knapp 33 km einen Höhenunterschied von 1280 m!

McKenzie River Trail, Willamette National Forest, OR (www.fs.usda.gov/activity/willamette/recreation) Der 40 km lange Singletrail windet sich durch dichte Wälder und vulkanische Formationen. Der Ort McKenzie liegt rund 50 Meilen (80 km) östlich von Eugene.

Porcupine Rim, Moab, UT (www.blm.gov/ut) Die 48 km lange, ehrwürdige Schleife durch die Wüste hält wundervolle Ausblicke und haarsträubende Abfahrten parat. Die Strecke ist wirklich schwierig und sollte nur von erfahrenen Bikern angegangen werden. Viel Wasser mitnehmen!

WALBEOBACHTUNG

Unter allen Säugetieren legen Grau- und Buckelwale bei ihren Wanderungen die längsten Strecken zurück – mehr als 8000 km von der Arktis nach Mexiko und wieder zurück. Die meisten Tiere passieren die Küste der beiden Nordweststaaten Washington und Oregon zwischen November und Februar (südwärts) sowie März und Juni (nordwärts). Grauwale kann man vor der kalifornischen Küste von Dezember bis April erspähen, während Blau-, Buckel- und Pottwale im Sommer und Herbst vorbeiziehen. Fernglas nicht vergessen! Zu den besten Stellen zählen:

Depoe Bay & Newport, Oregon (S. 250) Gute Stelle für Walbeobachtungen; Tourboote vorhanden.

Long Beach & Westport, Washington (S. 80) Beobachtungen vom Strand aus.

Puget Sound & San Juan Islands, Washington (S. 216) Mit ortsansässiger Schwertwal-Population.

Klamath River Overlook, Kalifornien (S. 179) Walbeobachtungspunkt auf einer Klippe.

Point Reyes Lighthouse, Kalifornien (S. 159) Grauwale ziehen im Dezember und Januar vorbei.

Monterey, Kalifornien (S. 126) Walsichtungen ganzjährig möglich.

Channel Islands National Park, Kalifornien (S. 119) Man kann Wale bei einer Tour oder durch das Teleskop im Turm des Besucherzentrums beobachten.

Cabrillo National Monument, Point Loma, Kalifornien (S. 102) Die beste Stelle in San Diego, um zwischen Januar und März die Wanderung der Grauwale zu beobachten.

Huntington Beach, Orange County (S. 95) Das Zentrum der Surferwelt ist ideal, um einen Einblick in die Szene zu gewinnen und ein paar Unterrichtsstunden zu nehmen.

Oceanside Beach, Oceanside Im Sommer verheißt der familienfreundliche Strand, der zu den schönsten Südkaliforniens zählt, eine der beständigsten Brandungen weltweit.

Rincon, Santa Barbara Einer der besten Surfspots des Planeten: Praktisch jeder Champion in dieser Sportart hat sich in Rincon bereits blicken lassen.

Steamer Lane und Pleasure Point, Santa Cruz An diesen beiden netten Spots gibt es elf Weltklasse-Breaks, darunter den Pointbreak über felsigem Untergrund.

Swami's, Encinitas Der beliebte Surfstrand unter dem Seacliff Roadside Park bietet vielseitige Breaks, sodass man immer mit fantastischen Wellen rechnen kann.

Infos im Internet

Surfline (www.surfline.com) Umfassender Atlas, Live-Webcams und Surfberichte über das Gebiet von San Diego bis Mavericks.

Surfer (www.surfermag.com) Web-Magazin aus Orange County mit Reiseberichten, Equipment-Bewertungen, Blogs und Videos.

Surfrider (www.surfrider.org) Surfer mit grünem Gewissen können sich dieser gemeinnützigen Organisation anschließen, die sich dem Schutz der Küsten verschrieben hat.

Rafting

Optionen für malerische und spektakuläre Wildwasserfahrten gibt's im Westen der USA allerhand. In Kalifornien locken der Tuolumne River und der American River mit mittelschweren bis sehr schweren Stromschnellen, während in Idaho der Middle Fork des Salmon River (S. 335) alles bietet, was das Rafter-Herz begehrt: eine reiche Fauna, prickelnde Stromschnellen, Wasserfälle, Thermalquellen und die Geschichte der Siedler obendrein. Der North Fork des Owyhee River, der sich aus dem Hochplateau im Südwesten von Oregon bis in die Prärien Idahos schlängelt, ist populär und entzückt mit hohen Hoodoos. In Utah kann man nördlich von Moab bei einer leichten Fahrt auf dem Colorado River (S. 382) nach Wildtieren Ausschau halten oder sich im Canyonlands National Park (S. 410) an eine Wildwasserfahrt durch Kategorie-V-Stromschnellen inmitten roter Felsen heranwagen.

Wer einen Platz für eine Fahrt auf dem Colorado River durch den Grand Canyon (S. 382) ergattern will – und das ist das Rafting-Abenteuer schlechthin! –, muss mindestens ein Jahr im Voraus reservieren. Übrigens: Auch wer sich nicht auf nervenaufreibende Stromschnellen einlassen will, kann Spaß haben: Viele Flüsse haben Abschnitte, auf denen man sich gemächlich auf einem Floß oder in einem Reifen *(tube)* treiben lassen kann.

Kajak- & Kanufahren

Zur Erkundung ruhiger Gewässer ganz ohne Stromschnellen und Wellenbrecher sind Kajaks oder Kanus ideal. Für große Seen oder das offene Meer sollte es ein seetüchtiges Kajak sein. Zum Transport von sperrigem Gepäck sind diese Wasserfahrzeuge jedoch nicht immer geeignet.

Will man eine malerische Tour mit einem Kajak unternehmen, kann man praktisch überall an der kalifornischen Küste sein Boot in die Wellen schieben. Beliebte Stellen sind u. a. La Jolla (S. 102) und die State Parks an der Küste, unmittelbar nördlich von Santa Barbara (S. 116). Im Nordwesten garantieren die Gewässer rund um die San Juan Islands (S. 216) und die Olympic Peninsula (S. 211) sowie der Puget Sound Kajakspaß von Weltklasse. Mondschein-Paddeltouren sind in der Richardson Bay bei Sausolito in Kalifornien möglich. Durchschnittlich 32 US$ kostet es, ein seetüchtiges Kajak für zwei Stunden zu leihen. Anbieter mit guter Reputation werden einen über die Gezeiten und die Windbedingungen auf der vorgesehenen Route informieren.

Im Nordwesten, wo das Wasser von eisbedeckten Vulkanen herabströmt, sind auch Wildwasser-Kajakfahrten beliebt. Auf dem Upper Sgakit River kann man dabei nach Weißkopfseeadlern spähen, während es auf dem Klickitat River durch wilde, abgelegene Schluchten geht. In der Nähe von Portland sind der Clackamas River und der North Santiam River lohnende Ziele. Was Wildwasserfahrten in städtischer Umge-

bung angeht, sind Colorados Wildwasserparks nicht zu toppen; nicht verpassen sollte man die Wildwasserparks in Boulder (S. 272) und Denver (S. 264) .

Infos im Internet

American Canoe Association (www.american canoe.org) Infos über Kajak- und Kanufahrten.

American Whitewater (www.americanwhitewater.org) Die Gruppe setzt sich für nachhaltigen Freizeitspaß und den Schutz ungezähmter Flüsse ein.

Canoe & Kayak (www.canoekayak.com) Fachzeitschrift für Paddelsportler.

Kayak Online (www.kayakonline.com) Tipps zum Kauf von Ausrüstung und hilfreiche Links zu Kajakherstellern, Schulen und Verbänden.

Skifahren & Wintersport

In allen Bundesstaaten im Westen gibt es Skiresorts, selbst in Arizona. Einige der besten Skigebiete sind in Colorado beheimatet, aber auch Kalifornien und Utah punkten mit alpinem Wintersport von Weltklasse. Die Skisaison dauert in der Regel von Mitte Dezember bis April, in manchen Resorts aber auch länger. Im Sommer verwandeln sich viele Resorts dank ihrer Sessellifte in Tummelplätze von Mountainbikern und Wanderern. Pauschalangebote (mit Anreise, Hotelunterkunft und Liftti-ckets) können direkt über die Resorts oder über Reisebüros und Online-Webportale problemlos gebucht werden und sind vor allem dann eine gute Wahl, wenn man in erster Linie Ski fahren möchte.

Wo auch immer man auf die Bretter steigt – billig ist der Spaß nicht. Am günstigsten wedelt man die Pisten werktags hinunter. Wer sich für Mehrtagestickets oder weniger bekannte Ableger von Resort wie Alpine Meadows (www.squawalpine.com) in der Nähe von Lake Tahoe entscheidet, kann die Reisekasse schonen. Günstiger sind auch Skigebiete, die überwiegend von Einheimischen frequentiert werden, z. B. die Santa Fe Ski Area (www.skisantafe.com) oder Wolf Creek, CD (www.wolfcreekski.com).

Die besten Skiresorts

➡ **Schnee, Höhenlage und Ambiente:** Vail, CO (S. 283), Squaw Valley, CA (S. 190), und das mondäne Aspen, CO (S. 286).

➡ **Entspannte Szene und steile Abfahrten:** Alta, UT (S. 403), Telluride, CO (S. 294), Jackson, WY (S. 306), und Taos, NM (S. 435).

Snowboarden

Auf den Pulverschneehängen überall in den USA ist das Snowboarden so populär wie der klassische alpine Skisport – und zwar dank des „Schneesurf"-Pioniers Jake Burton Carpenter, der Mitte der 1970er-Jahre in seiner Vermonter Garage eine Werkstatt einrichtete und mit dem Bau von Snowboards begann. Snowboarder tummeln sich also zwar fast überall im Westen der USA, so z. B. in Sun Valley (S. 332), Tahoe (S. 189) und Taos (S. 435). In den Sommermonaten bietet sich ein Trip zum Mt. Hood in Oregon (S. 243) an – mehrere Resorts in der Gegend veranstalten dann Snowboard-Camps.

Skilanglauf & Schneeschuhwandern

In den meisten Skiresorts gibt's auch Loipen. Im Winter finden sich in den Arealen von vielen Nationalparks, National Forests und städtischen Parks präparierte Langlauf- und Schneeschuhwege und auch Schlittschuhbahnen.

Ein erstklassiges Netz an Routen für Langläufer und Schneeschuhwanderer findet sich in der kalifornischen Royal Gorge (S. 191), Nordamerikas größtem nordischen Skigebiet, und im herrlichen, vom Massenandrang verschonten Methow Valley (S. 220) in Washington. Wer abseits gespurter Wege auf Ski- oder Schneeschuhwanderungen gehen will, kommt überall in der Sierra Nevada (S. 180) mit ihren vielen Skihütten auf seine Kosten. In den San Juan Mountains (www.sanjuanhuts.com) in Colorado verteilen sich auf die insgesamt 100 km langen Wege fünf Skihütten; ferner verwaltet die 10th Mountain Division Association (www.huts.org) mehr als zwei Dutzend Hütten in den Rocky Mountains. Hübsche Gegenden für winterliche Erkundungstouren sind die Südkante des Grand Canyon (S. 377) und der umliegende Kaibab National Forest (S. 379).

Infos im Internet

Cross-Country Ski Areas Association (www.xcski.org) Umfassende Infos und Hinweise zur Ausrüstung für Langläufer und Schneeschuhwanderer in ganz Nordamerika.

Cross Country Skier (www.crosscountryskier.com) Magazin zum nordischen Skisport mit Reportagen und der Vorstellung von Reisezielen.

Powder (www.powdermag.com) Online-Format des Skisportmagazins *Powder*.

Ski Resorts Guide (www.skiresortsguide.com) Ausführlicher Resort-Führer mit Infos zu Unterkünften u. v. m.

SkiNet (www.skinet.com) Onlineportal der Zeitschriften *Ski* und *Skiing*.

SnoCountry Mountain Reports (www.snocountry.com) Schnee- und Wetterbericht für Nordamerika, Veranstaltungskalender, News und Links zu Resorts.

Klettern & Canyoning

In Kalifornien können Kletterfans im Yosemite National Park (S. 181) ihren Mut an erstklassigen Felswänden, Granitkuppeln und Findlingen beweisen; die Saison dauert dort von April bis Oktober. Kletterer strömen auch in den Joshua Tree National Park (S. 111), eine extraterrestrisch wirkende Landschaft in der sonnenversengten Wüste Südkaliforniens. Inmitten der schroffen Monolithe und der ältesten Bäume des Landes finden sich 8000 Routen über Steilwände, steile Kanten und unzählige Spalten. Für Anfänger bieten Veranstalter in beiden Parks geführte Klettertouren und -unterricht an.

Im Zion National Park (S. 415) in Utah lernt man bei mehrtägigen Canyoning-Kursen die hohe Kunst des Absteigens: das Abseilen an nackten Sandsteinklippen hinunter in prächtige, baumbestandene Red-Rock-Canyons. Für manche der anspruchsvolleren Stellen braucht man einen Neoprenanzug, denn es geht an den Flanken tosender Wasserfälle hinab in eiskalte Wasserbecken.

Zum Eisklettern empfiehlt sich der Ouray Ice Park (S. 293) abseits des Million Dollar Highway im Südwesten von Colorado. In dem schmalen Slot Canyon befinden sich mit dickem Eis gepanzerte, bis zu 60 m hohe Wände und Wasserfälle.

Weitere tolle Kletterspots sind:

Grand Teton National Park, WY (S. 317) ist geeignet für Kletterer aller Leistungsklassen: Für Anfänger gibt's Einführungskurse. Erfahrenere Bergsteiger können sich zweitägigen Expeditionen

UND WAS NOCH?

AKTIVITÄTEN	ORT?	BESCHREIBUNG?	INFOS IM INTERNET
Reiten	Freizeit-Ranches im südlichen Arizona	Wildwest-Landschaft; die meisten Ranches bleiben im Sommer wegen der Hitze geschlossen	www.azdra.com
	Südrand des Grand Canyon, AZ	Ausritte mit Themen-schwerpunkt; herrliche Sonnenuntergänge	www.apachestables.com
	Santa Fe, NM	Ausritte für Kinder und in der Abenddämmerung	www.bishopslodge.com
	Telluride, CO	ganzjährig Ausritte in die hügelige Landschaft	www.ridewithroudy.com
	Durango, CO	Tagesritte und mehrtägige Ausritte mit Campen in der Weminiuche Wilderness	www.vallecitolakeoutfitter.com
	Yosemite National Park, CA	Ausritte im Yosemite Valley, den Tuolumne Meadows und in der Nähe von Wawona	www.yosemitepark.com
	Florence, OR	romantische Ausritte zum Strand	www.oregonhorsebackriding.com
Tauchen	Blue Hole near Santa Rosa, NM	24,7 m tiefer artesischer Brunnen; das blaue Wasser mündet in eine fast 40 m lange Höhle	www.santarosanm.org
	La Jolla Underwater Park, CA	gut geeignet für Anfänger; Schnorchler tummeln sich in der nahen La Jolla Cove	www.sandiego.gov/lifeguards/beaches
	Channel Islands National Park, CA	Kelpwälder und Meereshöh-len vor den Küsteninseln	www.nps.gov/chis
	Point Lobos State Reserve, CA	fantastische Tauchmöglich-keiten vor der Küste; flache Riffe, Höhlen, Seelöwen, Seehunde, Otter	www.pointlobos.org
	Puget Sound, WA	klares Wasser, vielfältiges Meeresleben (Riesen-kraken!)	www.underwatersports.com
Ballonfahren	Sedona, AZ	im Heißluftballon übers Red-Rock-Country schwe-ben; Sektpicknick	www.northernlightballoon.com
	Napa Wine Country, CA	mit bunten Ballons über den Weinbergen schweben	www.balloonrides.com; www.napavalleyballoons.com

zum Gipfel des Grand Teton anschließen – der 4197 m hohe Gipfel bietet eine majestätische Aussicht.

City of Rocks National Reserve, ID (S. 441) Hier führen mehr als 500 Kletterrouten auf

windgepeitschte Granitfelsen und spektakuläre Felsspitzen, die 60 Stockwerke über dem Boden thronen.

Bishop, CA (S. 187) Das verschlafene Städtchen in der Eastern Sierra ist der Ausgangspunkt für großartige Kletterpartien in der nahe gelegenen Owens River Gorge und in den Buttermilk Hills.

Red Rock Canyon, NV (S. 355) 16 km westlich von Las Vegas liegt eines der weltweit schönsten Sandstein-Kletterparadiese.

Rocky Mountain National Park, CO (S. 276) Alpiner Kletterspaß unweit von Boulder.

Flatirons, CO (S. 273) Gute Mehrseillängentouren, ebenfalls in der Nähe von Boulder.

Infos im Internet

American Canyoneering Association (www.canyoneering.net) Canyon-Datenbank mit Links zu Kletterkursen, Klettervereinen vor Ort und mehr.

Climbing (www.climbing.com) Bietet seit 1970 topaktuelle News und Infos zum Klettern.

SuperTopo (www.supertopo.com) Kletterführer, topografische Karten und Routenbeschreibungen zum Download.

Reiseplanung
Mit Kindern reisen

Der Westen der USA ist ein großartiges Reiseziel für abenteuerlustige Familien, das fantastische Attraktionen für alle Altersstufen bereithält: Vergnügungsparks, Zoos, Wissenschaftsmuseen, tolle Campingplätze, Wanderwege in Naturschutzgebieten, Bodyboard-Surfen am Strand und Radtouren durch malerische Wälder. Selbst die meisten National und State Parks haben kindgerechte Programme.

Der Westen für Kinder

Im vorliegenden Reiseführer wird auf kinder- und familienfreundliche Sehenswürdigkeiten und Aktivitäten, Unterkünfte, Restaurants und Unterhaltungsangebote mit dem Familien-Symbol (▥) hingewiesen.

Essen

Die Restaurantbranche setzt auf Familienservice, Kinder sind fast überall willkommen. Der Nachwuchs bekommt oft spezielle Kindermenüs (kleinere Portionen zu niedrigeren Preisen), mitunter isst er bis zu einer gewissen Altersgrenze sogar gratis. Restaurants stellen in der Regel Hochstühle und Sitzerhöhungen zur Verfügung. Mancherorts gibt's auch Malstifte und Puzzles.

Restaurants ohne Kindermenüs haben nicht unbedingt etwas gegen kleine Gäste; bei teureren Lokalen kann dies jedoch der Fall sein. Aber: Wer attraktivere Lokale früh besucht, isst meist relativ stressfrei. Man kann nachfragen, ob die Küche kleinere Portionen zubereiten oder normale Gerichte auf zwei Teller aufteilen kann und ob dies extra berechnet wird.

Unterkunft

Motels und Hotels haben meist Doppelzimmer, die ideal für Familien sind. Manchmal

Die besten Regionen für Kinder

Grand Canyon & südliches Arizona

Es locken Wanderungen in den Grand Canyon, Planschvergnügen im Oak Creek und Saguaro-Kakteen außerhalb von Tucson. Auch Wasserparks, Ferienranches und Geisterstädte halten die Kleinen bei Laune.

Los Angeles & südliches Kalifornien

In Hollywood kann man die Handabdrücke von Promis begutachten, im Hancock Park die Teergruben von La Brea bestaunen, in Burbank eine Studioführung mitmachen und in Santa Monica an den Strand pilgern. In Orange County und San Diego warten jede Menge Themenparks.

Colorado

Der gesamte Bundesstaat präsentiert sich kinderfreundlich: Es gibt Museen in Denver, Outdoor-Spaß in den Rocky Mountains, Raften in der Nähe von Buena Vista und Salida sowie überall Skiorte.

kann man sich gegen einen Aufpreis auch
Beistell- oder Gitterbetten bringen lassen.
Das sind oft multifunktionale, transporta-
ble Klappvarianten (Reisebett), die allerdings nicht alle Kinder mögen. Viele Hotels
haben Verbindungstüren. Einige lassen
Kinder bis zwölf oder gar 18 Jahre gratis
übernachten. Viele B&Bs akzeptieren
keine Kids – daher unbedingt gleich beim
Buchen erkundigen! Die meisten Resorts
sind kinderfreundlich und offerieren entsprechende Freizeitprogramme. Aber auch
hier gilt: Besser beim Buchen nachfragen!

Betreuung

Resorts beschäftigen häufig Babysitter,
die auf Abruf bereitstehen – andernfalls
einfach bei der Rezeption oder dem Portier
um Vermittlung bitten! Babysitter sollten
offiziell zugelassen sein und zu einer Fir-
ma gehören. Ebenfalls wichtig sind der
Stundensatz pro Kind, die eventuelle Min-
destgebühr und Zusatzkosten für Anfahrt
oder Essen. Die meisten Touristeninformationen führen Verzeichnisse mit Betreu-
ungs- sowie Freizeitoptionen, Ärzten usw.

Ermäßigungen

Rabatte werden normalerweise für Kinder bis zwölf oder 16 Jahren gewährt und
betragen bis zu 50 % des vollen Preises;
es gibt sie oft bei geführten Touren, Ein-
trittsgeldern und der Nutzung öffentlicher
Verkehrsmittel. Bei einigen Sehenswürdigkeiten werden auch Familienrabatte
angeboten. Für Kids unter zwei Jahren ist
der Eintritt oft frei.

Highlights für Kinder

Outdoor-Abenteuer

Yellowstone National Park Hier kann man mächtige Geysire bewundern, Tiere beobachten und
herrlich wandern. (S. 309)

Grand Canyon National Park Das riesige Naturwunder ist auch für Kids ein fesselnder Anblick.
Wissbegierige Kinder können den Rangern Löcher
in den Bauch fragen, aktive wandern oder Rad
fahren. (S. 377)

Olympic National Park In einem der wenigen
gemäßigten Regenwälder des Planeten lässt sich
ungezähmte Wildnis erkunden. (S. 211)

Oak Creek Canyon Im Slide Rock State Park
(Arizona) macht es besonders viel Spaß, über die
roten Felsen zu flitzen. (S. 370)

Themenparks

Disneyland Am bezaubernd gestalteten Disneyland, der Heimat von Micky Maus im Herzen des
Orange County, CA, verblüfft vor allem die Liebe
zum Detail. (S. 92)

Legoland Kleine Kinder begeistern sich an den
aus Legoklötzen gebauten Figuren und den
leichten, harmlosen Rides, die über den Vergnügungspark in Carlsbad, Kalifornien, verstreut sind.
(S. 108)

Universal Studios Im Epizentrum der US-Filmin-
dustrie warten Action-Rides zu Hollywood-Filmen,
Shows mit Spezialeffekten und eine Minibahntour
hinter die Kulissen in Los Angeles. (S. 77)

Aquarien & Zoos

Arizona-Sonora Desert Museum Kojoten,
Kakteen und Shows sind Highlights dieses Natur-
kundemuseums mit Innen- und Außenbereichen
in Tucson – genau das Richtige für kleine Naturforscher. (S. 389)

Monterey Bay Aquarium Im größten Meeres-
schutzgebiet an Kaliforniens Zentralküste können
die Bewohner der Tiefe beobachtet werden.
(S. 126)

Aquarium of the Pacific Das Hightech-Aquarium
in Long Beach deckt ein Artenspektrum von der
Baja California bis hin zum kühlen Nordpazifik ab;
ein Haibecken gibt's auch. (S. 80)

San Diego Zoo Der riesige Zoo beherbergt mehr
als 3700 große und kleine Tiere. (S. 99)

Für Regentage

Museen in Los Angeles Im Griffith Observatory
(S. 76) können Kids (echte) Sterne ansehen, im
Natural History Museum (S. 74) und im Page
Museum (S. 77) bei den La Brea Tar Pits Dino-
Knochen bestaunen und dann im coolen California
Science Center (S. 75) selber aktiv werden.

Museen in San Francisco Die San Francisco Bay
Area ist ein riesiges Klassenzimmer für Kinder –
vor allem dank dem interaktiven Exploratorium
(S. 132) ✿ und der umweltfreundlichen California
Academy of Science. (S. 143)

Pacific Science Center Das Center in Seattle hat
faszinierende, interaktive Ausstellungen, ein IMAX-
Kino, ein Planetarium und Lasershows. (S. 206)

New Mexico Museum of Natural History & Science Sehenswert ist die Hall of Jurassic Super-giants in Albuquerque. (S. 420)

Mini Time Machine Museum of Miniatures Viele Regentage wird man in Tucson wahrscheinlich nicht erleben. Falls aber der Monsun doch einmal zuschlägt, lohnt sich eine Erkundung dieses Museums mit winzigen, aber sehr detailverliebten Gebäuden und Szenen. (S. 390)

Reiseplanung

Beim Planen eines Familienurlaubs im Westen der USA sind Wetter und Menschenmassen die wichtigsten Faktoren. Die Hochsaison fällt auf die Monate Juni bis August, wenn Schulferien sind und die Temperaturen Spitzenwerte erreichen. In dieser Zeit ist mit hohen Preisen und riesigem Besucherandrang zu rechnen – und damit mit langen Warteschlangen vor Vergnügungs- und Wasserparks, komplett ausgebuchten Resorts und verstopften Straßen. Für beliebte Reiseziele sollte man daher weit im Voraus buchen. Dasselbe gilt für Wintersportgebiete (z. B. Rockies, Lake Tahoe) in der Spitzensaison von Januar bis März.

Was kommt ins Gepäck?

➡ Man wird viel Zeit draußen verbringen, also ausreichend Sonnencreme mitbringen!

➡ Zum Wandern braucht man eine Babytrage (für Kinder unter einem Jahr) oder eine Rückentrage (für Kinder bis zu vier Jahren) mit Schattenverdeck. Sie können in der gesamten Region gekauft oder ausgeliehen werden.

➡ Ältere Kinder brauchen feste Schuhe und Wassersandalen zum Spielen im Wasser.

➡ Um die Probleme mit den Hotelbetten zu minimieren, bringt man am besten eine tragbare Krippe für Babys und Schlafsäcke für ältere Kinder mit.

➡ Handtücher (für unterwegs)

➡ Regenkleidung

➡ ein warmer Fleecepullover (selbst im Sommer, die Wüstennächte können kalt sein)

AUF DEM LAND & IN DER LUFT

➡ Viele öffentliche Toiletten haben Wickeltische (manchmal auch in den Herren-WCs) und auf den Flughäfen gibt's geschlechtsneutrale „Familien"-Einrichtungen.

➡ Die Autovermietungen sollten Kindersitze zur Verfügung stellen, da diese in jedem Bundesstaat vorgeschrieben sind – allerdings muss man bei der Buchung explizit danach fragen und um die 13 US$ extra pro Tag zahlen.

➡ Auf Inlandsflügen dürfen Kinder unter zwei Jahren gratis mitfliegen. Kinder ab zwei Jahren benötigen einen Sitzplatz, Rabatte sind unwahrscheinlich. Ganz selten bieten Resorts (wie Disneyland) Aktionen an, bei denen Kinder kostenlos fliegen. Amtrak gewährt zurzeit Kindern zwischen 2 und 12 Jahren 50 % Rabatt auf den niedrigsten Zugpreis, sofern sie mit einem zahlenden Erwachsenen reisen.

➡ Sonnenhüte (besonders wenn man zeltet)

➡ Insektenschutzmittel.

Bücher & Infos im Internet

Travel with Children Für allgemeine Infos und Tipps empfiehlt sich dieser Führer von Lonely Planet.

Kids in the Wild: A Family Guide to Outdoor Recreation (Cindy Ross und Todd Gladfelter) Tipps für Outdoor-Aktivitäten.

A Trailside Guide: Parents' Guide to Hiking & Camping (Alice Cary)

Family Travel Files (www.thefamilytravelfiles.com) Nach Alter gestaffelte maßgeschneiderte Urlaubsideen, Ortsporträts und Reisehinweise.

Kids.gov Gigantisches, vielfältiges Infoportal der US-Regierung mit Lieder und Aktivitäten zum Downloaden sowie Links zu kindgerechten Infoseiten großer Museen wie der Smithsonian Institution und dem MOMA.

Der Westen im Überblick

Welche Assoziationen weckt der Begriff „Der Westen"? Saguaro-Kakteen oder der Grand Canyon? Das trifft natürlich zu – auf Arizona. Doch der Westen der USA hat noch viel mehr zu bieten: Kaliforniens sonnenverwöhnte Strände, üppige Wälder im Nordwesten, Wanderwege durchs Grüne in den Rockies sowie Utahs purpurrote Buttes (Härtlinge) und zerklüftete Hoodoos (Felsnadeln) – Landschaften für alle Stimmungen und Abenteuergelüste.

Kulturinteressierte können Stätten der Ureinwohner in Arizona und New Mexico erkunden. L.A., Phoenix, San Francisco und Seattle stehen für Luxusshopping, Spitzenrestaurants und Großstadttrubel. Auf Geschichtsfans warten Utahs Mormonendörfer, Kaliforniens spanische Missionen und Wildwest-Städte an fast jeder Ecke. Und was, wenn die Post abgehen soll? Zwei Wörter: Las Vegas!

Kalifornien

Strände
Outdoor-Abenteuer
Essen & Wein

Tolle Strände

Kalifornien protzt mit Stränden – im Norden schroff und unberührt, im Süden wunderschön und voller Menschen. Entlang der ganzen Küstenlinie (über 1770 km) kann man überall prima surfen, Seekajak fahren oder einfach nur strandwandern.

Wilde Outdoor-Aktivitäten

Schussfahrten auf verschneiten Hängen, Wildwasserrafting, Paddeln um Küsteninseln, Wasserfallwanderungen, Klettern an Felsbrocken in der Wüste ... in Kalifornien besteht kein Mangel an Unternehmungen, sondern an Zeit, um sie alle unterzubekommen.

Spitzenküche

Fruchtbare Felder, talentierte Köche und unersättlicher Hunger nach Neuem machen Kalifornien zum Top-Gastroziel. Also worauf noch warten: Bauernmärkte wollen durchforstet, Pinots oder Chardonnays auf tollen Weingütern verkostet und Essen aus frischesten Zutaten genossen werden!

S. 64

Der Nordwesten

**Radfahren
Essen & Wein
Nationalparks**

Power in die Pedale

Man kann auf den Sträßchen der friedlichen San Juan Islands radeln, auf dem Hwy 101 die klippengesäumte Küste von Oregon erkunden oder per Drahtesel die Straßen des sehr fahrradfreundlichen Portland „er-fahren", das unzählige Radwege, Themenrouten und Fahrradshows zu bieten hat.

Regionale Produkte & Spitzenweine

Die kulinarische Szene im Nordwesten ist nicht mehr „im Kommen", sondern schon längst in voller Pracht angekommen. In Portland und Seattle, kombinieren Chefköche Fisch aus heimischen Gewässern mit Gemüse aus den paradiesischen Tälern um den Columbia River. Washingtons Weine werden nur von den kalifornischen übertroffen.

Klassische Parks

Von den vier Nationalparks gehören drei zu den US-amerikanischen Klassikern: Olympic, Mt. Rainier und Crater Lake. Jünger ist der 1968 geschaffene North Cascades National Park.

S. 192

Rocky Mountains

**Outdoor-Abenteuer
Die Kultur des Westens
Spektakuläre
Landschaften**

Spaß in rauer Natur

Adrenalinjunkies sind in den Rockies goldrichtig: Die Berge bieten Top-Bedingungen zum Skifahren, Wandern und Mountainbiken. Im Angebot sind u. a. Hunderte von Abfahrten, Gruppenausfahrten und eine bestens ausgebaute Infrastruktur mit Parks, Trails und Hütten.

Moderne Cowboys

Die heutigen freiheitsliebenden Bewohner der Rockies, die einst Stetsons und Prärieklamotten trugen, sind heute meist in Lycra zu sehen, wenn sie sich aufs Mountainbike schwingen oder in einem sonnigen Freiluftcafé ein Bier oder einen Latte trinken. Das Leben macht hier immer noch Spaß und folgt einem gemächlichen Rhythmus.

Alpines Wunderland

Die schneebedeckten, roten Rockies mit ihren schroffen Gipfeln und klaren Flüssen sind äußerst majestätisch. Sie empfangen Besucher mit viel sauberer Bergluft und ein paar der berühmtesten Parks des Planeten.

S. 259

Der Südwesten

**Naturlandschaften
Einheimische Kulturen
Essen**

Das Land der roten Felsen

Der Südwesten ist berühmt für den Grand Canyon, die spektakulären Steintürme des Monument Valley, die karmesinroten Gewölbe von Moab und die feuerroten Monolithen von Sedona – und das sind nur einige der vielen geologischen Wunder, die in großartigen Nationalparks, Landschaften und Wäldern warten.

Pueblos & Reservate

Wer die Hopi und Navajo oder eines der 19 Pueblo-Völker New Mexicos besucht, bekommt einen guten Einblick in das Leben der amerikanischen Ureinwohner. Hier kann man prima Kunsthandwerk bestaunen und kaufen.

Gutes Essen

Wir empfehlen Chili-Hühnchen-Enchilada in New Mexico, Hotdog in Tucson oder ein herzhaftes Steak aus der Region. Und in Vegas kann man sich ein kostspieliges und extravagantes Essen vom Buffet gönnen. Für Gourmets empfehlen sich die Lokale abseits des Strips.

S. 337

Reiseziele

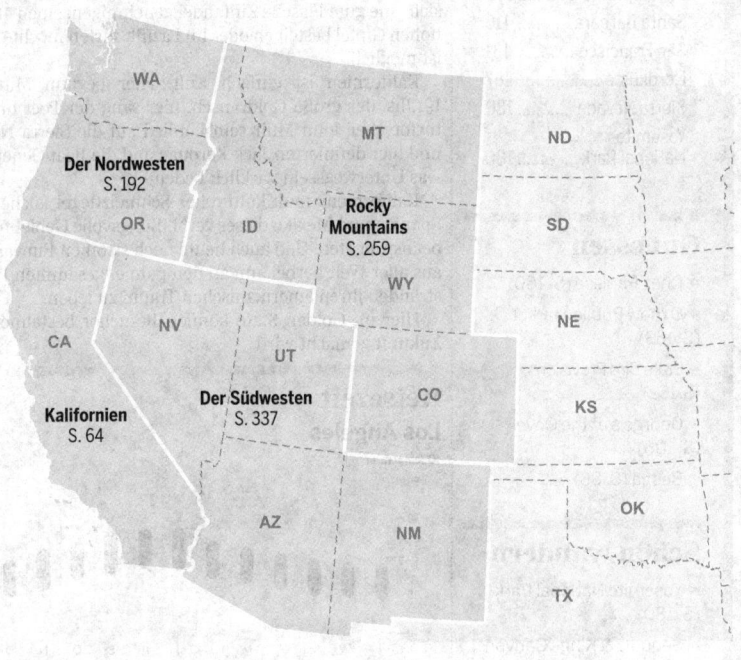

Kalifornien

Gut essen

➡ Chez Panisse (S. 160)
➡ Oxbow Public Market (S. 163)
➡ State Bird Provisions (S. 152)
➡ George's at the Cove (S. 106)
➡ Bestia (S. 86)

Schön wandern

➡ Yosemite National Park (S. 180)
➡ Sequoia & Kings Canyon National Parks (S. 184)
➡ Marin County (S. 158)
➡ Redwood National & State Parks (S. 171)
➡ Death Valley National Park (S. 115)

Auf nach Kalifornien!

Boheme und Hightech, dazu die überwältigende Leidenschaft für genussvolles Leben – Kalifornien übertrifft die Erwartungen, die Hollywood weckt, noch um Längen. Ob man sich eine gute Flasche Zinfandel genehmigen, einen 4000 m hohen Gipfel besteigen oder im Pazifik surfen möchte – alles ist möglich.

Kalifornien ist einfach Kult. Hier begann Mitte des 19. Jhs. der große Goldrausch, hier sang der Poet und Naturforscher John Muir sein Loblied auf die Sierra Nevada, und hier definierten Jack Kerouac und die Beat Generation, was Unterwegssein wirklich bedeutet.

Kaliforniens multikultureller Schmelztiegel köchelt, seit Spanien und Mexiko dieses verheißungsvolle Gebiet für sich beanspruchten. Und auch heute noch strömen Einwanderer aus aller Welt herbei, um an den palmengesäumten Pazifikstränden ihren amerikanischen Traum zu leben.

Hier im Golden State können Besucher bestaunen, wie Zukunft gemacht wird.

Reisezeit

Los Angeles

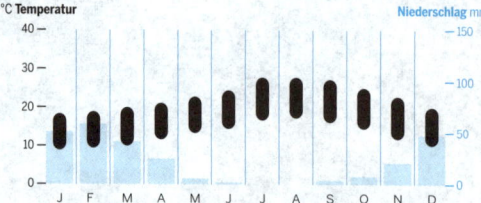

Juni–Aug. Meist sonnig, gelegentlich Küstennebel. In den Sommerferien strömen die Massen herbei.

April–Mai & Sept.–Okt. Nachts kühler, tagsüber nur selten Wolken. Zeit für Schnäppchen.

Nov.–März In den Skigebieten und in den warmen Wüstenregionen Südkaliforniens ist Hauptsaison.

Geschichte

Bei der Ankunft der ersten europäischen Siedler im 16. Jh. nannten mehr als 100 000 Ureinwohner dieses Land, das heutige Kalifornien, Heimat. Die spanischen Konquistadoren bezeichneten es als „Alta California" (Oberes Kalifornien). Nachdem sie es vergeblich nach einer sagenhaften „Goldstadt" durchsucht hatten, überließen sie das Gebiet praktisch sich selbst. Erst während der Missionsperiode (1769–1833) unternahmen die Spanier dort ernsthafte Besiedlungsversuche. Insgesamt 21 katholische Missionen wurden gegründet, größtenteils von dem franziskanischen Pater Junípero Serra. Gleichzeitig entstanden auch Militärforts *(presidios)*, die die Briten und Russen fernhalten sollten.

1821 erlangte Mexiko seine Unabhängigkeit von Spanien und herrschte kurz über Kalifornien, nur um es im Mexikanisch-Amerikanischen Krieg (1846–1848) an die noch jungen USA zu verlieren. Nur wenige Wochen vor Unterzeichnung des Vertrags von Guadalupe Hidalgo wurde das erste Gold gefunden. Die Zahl der nichtindigenen Bewohner verfünffachte sich 1850 auf 93 000, und Kalifornien wurde im selben Jahr der 31. Bundesstaat der USA. Die transkontinentale Eisenbahn wurde 1869 mithilfe Tausender chinesischer Fremdarbeiter fertiggestellt. Sie erschloss neue Märkte und verstärkte die Einwanderung in den Golden State.

Das Erdbeben von San Francisco im Jahr 1906 war quasi nur ein Schluckauf, und Kalifornien nahm weiterhin exponentiell an Größe, Vielfalt und Bedeutung zu. Mexikanische Immigranten strömten zu Zeiten der Mexikanischen Revolution (1910–1920) ins Land und milderten später den Arbeitskräftemangel im Zweiten Weltkrieg. Die Militärindustrie wuchs, während viele japanischstämmige Amerikaner wegen antiasiatischer Ressentiments illegal in Lagern, u. a. in Manzanar in der östlichen Sierra, interniert wurden.

Dank seiner Größe, des gebündelten Reichtums, der vielen verschiedenen Einwanderer und technischer Innovation war Kalifornien seit jeher gesellschaftlich avantgardistisch. Seit Anfang des 20. Jhs. hypnotisiert Hollywood die Welt mit seiner cineastischen Traumwelt. Auf die banale Selbstgefälligkeit seiner Nachkriegsvororte reagierte San Francisco mit Beat-Poesie in den 1950er-, freier Hippieliebe in den 1960er- und Gay Pride in den 1970er-Jahren.

KALIFORNIEN IN …

… einer Woche

Kalifornien kompakt: Los geht's im sandigen **Los Angeles**, gefolgt von einem Abstecher nach **Disneyland**. Dann geht es die windige Central Coast hinauf, mit Zwischenstopps in **Santa Barbara** und **Big Sur**. In **San Francisco** steht eine ordentliche Prise Großstadtkultur an. Von dort geht's landeinwärts, um im **Yosemite National Park** die Natur zu bestaunen, und schließlich wieder zurück nach L. A.

… zwei Wochen

Grundsätzlich ist die Reiseroute die gleiche wie bei einer Woche, nur dass man sich mehr Zeit nehmen kann. Als zusätzliche Abstecher locken das **Wine Country** in Nordkalifornien, der **Lake Tahoe** hoch oben in der Sierra Nevada, die tollen Strände von **Orange County** und das entspannte **San Diego**, aber auch der **Joshua Tree National Park** nahe dem schicken Wüsten-Resort **Palm Springs**.

… einem Monat

Über die bereits angegebenen Ziele hinaus sind noch weitere Ausflüge möglich. Von San Francisco aus fährt man die neblige North Coast hinauf, angefangen mit der **Point Reyes National Seashore** in Marin County. Man schlendert durch die viktorianischen Städtchen **Mendocino** und **Eureka**, verliert sich auf der **Lost Coast** und wandert durch die mit Farnen bewachsenen **Redwood National & State Parks**. Im Binnenland schießt man ein Erinnerungsfoto des **Mt. Shasta**, fährt durch den **Lassen Volcanic National Park** und zieht durch Kaliforniens historisches **Gold Country**. Man folgt dem Kamm der **Eastern Sierra** und fährt schließlich auf kurvenreicher Straße hinunter in den **Death Valley National Park**.

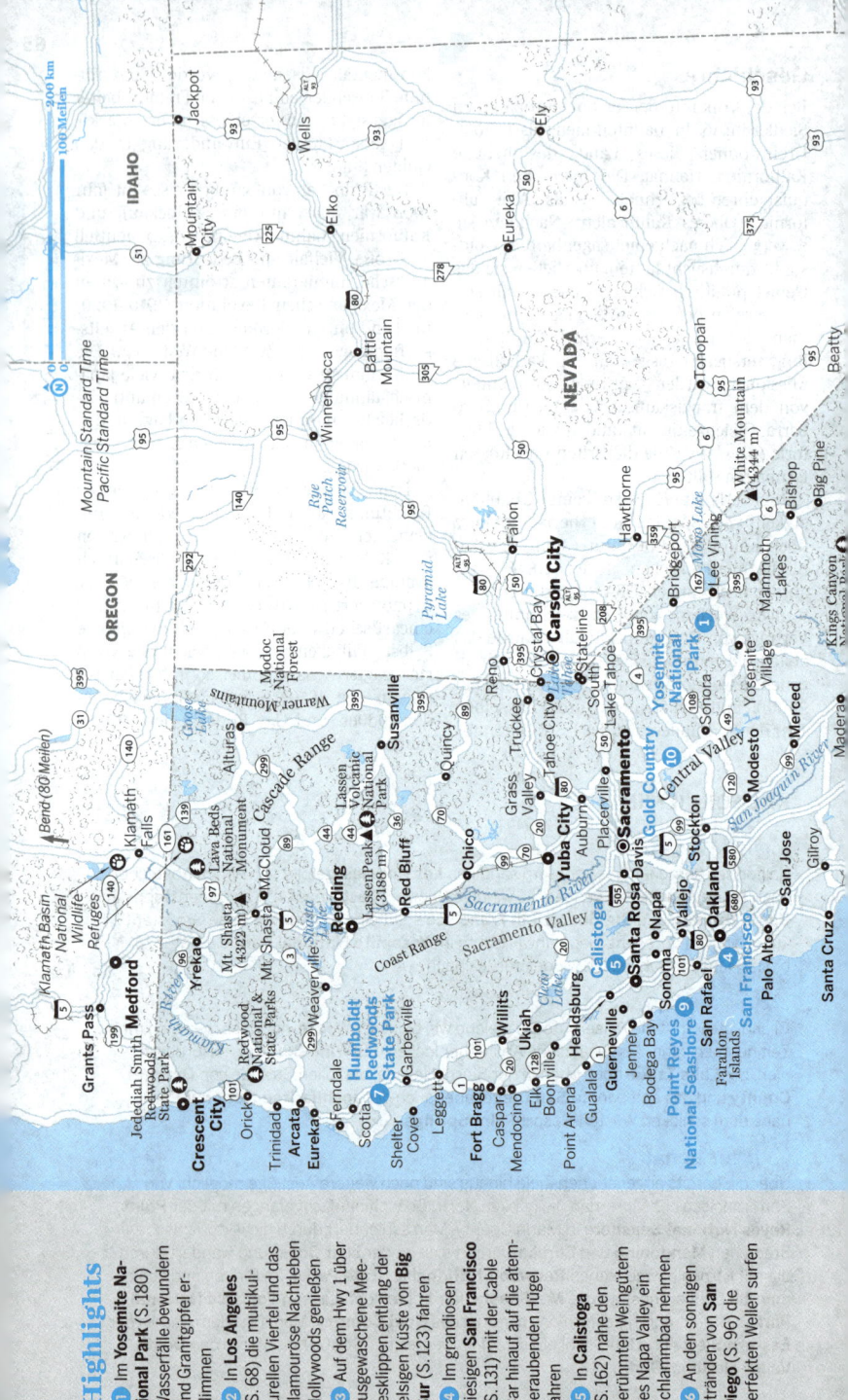

Highlights

1 Im **Yosemite National Park** (S. 180) Wasserfälle bewundern und Granitgipfel erklimmen

2 In **Los Angeles** (S. 68) die multikulturellen Viertel und das glamouröse Nachtleben Hollywoods genießen

3 Auf dem Hwy 1 über ausgewaschene Meeresklippen entlang der felsigen Küste von **Big Sur** (S. 123) fahren

4 Im grandiosen diesigen **San Francisco** (S. 131) mit der Cable Car hinauf auf die atemberaubenden Hügel fahren

5 In **Calistoga** (S. 162) nahe den berühmten Weingütern des Napa Valley ein Schlammbad nehmen

6 An den sonnigen Stränden von **San Diego** (S. 96) die perfekten Wellen surfen

IDAHO

OREGON

NEVADA

Mountain Standard Time
Pacific Standard Time

200 km
100 Meilen

Jackpot

Wells

Mountain City

Elko

Eureka

Ely

Battle Mountain

Winnemucca

Carson City

Hawthorne

Tonopah

Beatty

Big Pine

Bishop

White Mountain (4344 m)

Kings Canyon National Park

Mammoth Lakes

Lee Vining

Mono Lake

Bridgeport

Yosemite Village

Yosemite National Park 1

Sonora

Madera

Merced

Central Valley 10

Modesto

Stockton

Davis

Sacramento

Gold Country

Placerville

Auburn

Yuba City 🔟

Grass Valley

Truckee

Reno

South Lake Tahoe

Stateline

Crystal Bay

Quincy

Susanville

Chico

Red Bluff

Lassen Peak (3188 m) ▲

Lassen Volcanic National Park

Redding

Weaverville

Mt. Shasta (4322 m) ▲ Mt. Shasta

McCloud

Lava Beds National Monument

Alturas

Modoc National Forest

Warner Mountains

Goose Lake

Klamath Falls

Medford

Grants Pass

Yreka

Jedediah Smith Redwoods State Park

Crescent City

Redwood National & State Parks

Orick

Trinidad

Arcata

Eureka

Ferndale

Scotia

Humboldt Redwoods State Park 7

Garberville

Shelter Cove

Leggett

Fort Bragg

Caspar

Mendocino

Elk

Boonville

Point Arena

Gualala

Ukiah

Willits

Clear Lake

Healdsburg

Guerneville

Jenner

Bodega Bay

Point Reyes National Seashore 9

San Rafael

Farallon Islands

Calistoga 5

Santa Rosa

Napa

Sonoma

Vallejo

Oakland

San Francisco 4

Palo Alto

San Jose

Gilroy

Santa Cruz

Sacramento River

Sacramento Valley

Coast Range

Cascade Range

Klamath River

Trinity River

Eel River

Russian River

San Joaquin River

Klamath Basin National Wildlife Refuges

Rye Patch Reservoir

Pyramid Lake

Lake Tahoe

Bend (80 Meilen)

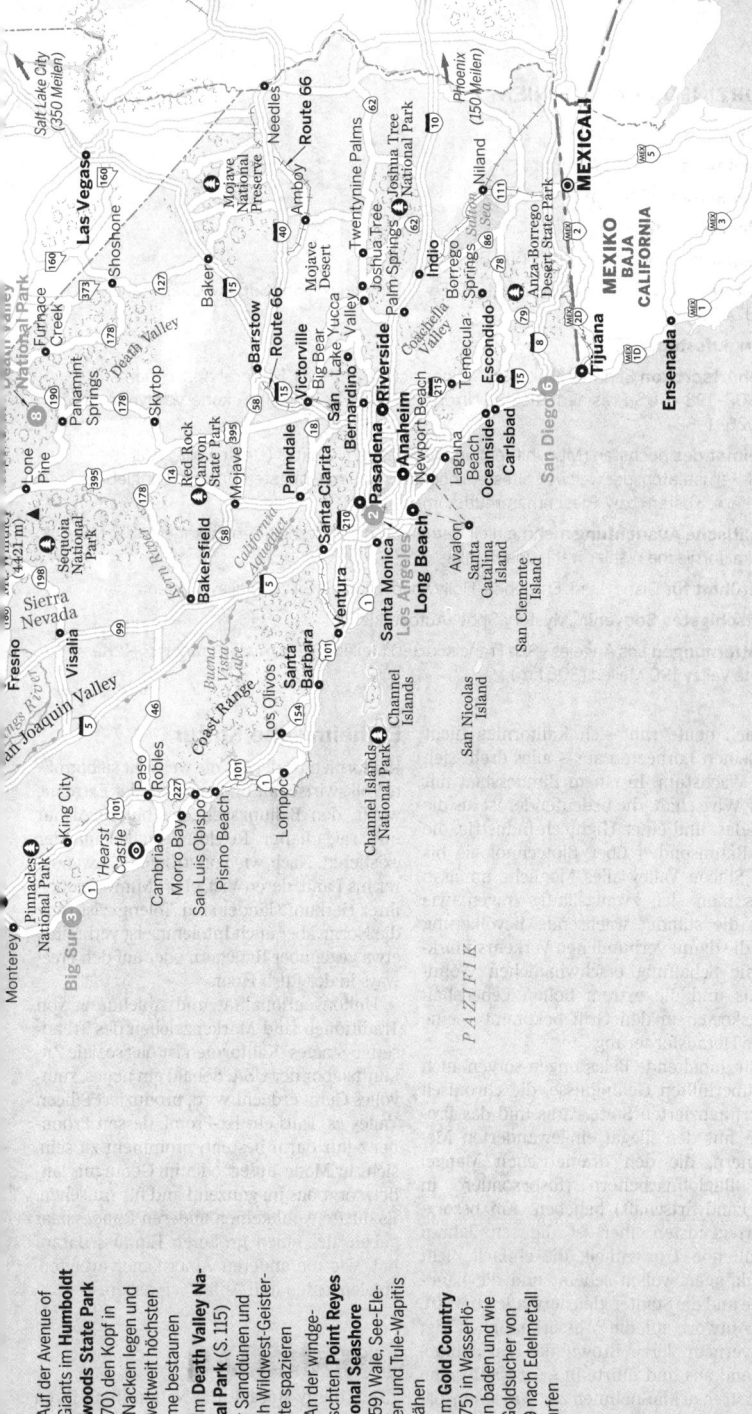

7 Auf der Avenue of the Giants im **Humboldt Redwoods State Park** (S. 170) den Kopf in den Nacken legen und die weltweit höchsten Bäume bestaunen

8 Im **Death Valley National Park** (S. 115) über Sanddünen und durch Wildwest-Geisterstädte spazieren

9 An der windgepeitschten **Point Reyes National Seashore** (S. 159) Wale, See-Elefanten und Tule-Wapitis erspähen

10 Im **Gold Country** (S. 175) in Wasserlöchern baden und wie ein Goldsucher von 1849 nach Edelmetall schürfen

KURZINFOS KALIFORNIEN

Spitzname Golden State

Staatsmotto Eureka („Heureka")

Bevölkerung 38,8 Mio.

Fläche 403 932 km²

Hauptstadt Sacramento (479 686 Ew.)

Weitere Städte Los Angeles (3 884 307 Ew.), San Diego (1 355 896 Ew.), San Francisco (837 442 Ew.)

Verkaufssteuer 7,5 %

Geburtsort von Schriftsteller John Steinbeck (1902–1968), Fotograf Ansel Adams (1902–1984), US-Präsident Richard Nixon (1913–1994), Popkultur-Ikone Marilyn Monroe (1926–1962)

Heimat des höchsten (Mt. Whitney) und des tiefsten Punktes (Death Valley) der US-Kernstaaten, der weltweit ältesten, höchsten und mächtigsten Bäume (Langlebige Kiefern, Küsten- bzw. Riesenmammutbäume)

Politische Ausrichtung mehrheitlich Demokraten, Minderheit Republikaner, jeder fünfte kalifornische Wähler wählt unabhängig

Berühmt für Disneyland, Erdbeben, Hollywood, Hippies, Silicon Valley, Surfen

Kitschigstes Souvenir „Mystery Spot"-Autoaufkleber

Entfernungen Los Angeles–San Francisco 380 Meilen (611 km), San Francisco–Yosemite Valley 190 Meilen (306 km)

Auch heute ruht sich Kalifornien nicht auf seinen Lorbeeren aus – alles dreht sich ums Wachstum. In einem Bundesstaat mit einer Wirtschaft, die bedeutender ist als die Kanadas, und einer Hightech-Industrie, die von Raumsonden über Biotechnologie bis zum Silicon Valley alles Mögliche umfasst, muss man sich zwangsläufig fragen, wie man die ständig wachsende Bevölkerung und die damit verbundenen Verkehrsinfarkte, die Schaffung erschwinglichen Wohnraums und die extrem hohen Lebenshaltungskosten in den Griff bekommt – eine echte Herausforderung.

Für anhaltende Belastungen sorgen auch die überfüllten Gefängnisse, die chronisch unterfinanzierten State Parks und das Problem mit den illegal eingewanderten Mexikanern, die den dramatischen Mangel an Billiglohnarbeitern (insbesondere in der Landwirtschaft) beheben. Am besorgniserregendsten aber ist die seit Jahren anhaltende Trockenheit, die einfach nicht abzuklingen wollen scheint und die Landwirte und die Städter gleichermaßen betrifft. Als Antwort auf die Wasserknappheit rief Gouverneur Jerry Brown den Ausnahmezustand aus und führte in ganz Kalifornien sehr strenge Maßnahmen zur Wassereinsparung ein.

Einheimische Kultur

Kalifornien ist derzeit die weltweit siebtgrößte Volkswirtschaft und ein Staat der Extreme, wo in den Ballungsgebieten bittere Armut und sagenhafter Reichtum nebeneinander existieren. Nach wie vor strömen Einwanderer ins Land, deren Viertel oft Miniversionen ihrer Herkunftsländer sind. Toleranz ist zwar die Norm, aber auch Intoleranz ist verbreitet, etwa gegenüber Rauchern oder auf den Freeways in der Rush Hour.

Unkonventionalität und Ablehnung von Traditionen sind Markenzeichen des Trendsetter-Staates. Kalifornien ist das soziale Zukunftslabor der USA. Sobald ein neues, sinnvolles Gerät erdacht wird, produziert Silicon Valley es. Falls ein Ex-Promi, dessen Prominenz nur darin besteht, prominent zu sein, sich zur Mode äußert oder im Gefängnis landet, sorgt das im ganzen Land für Aufsehen. Es dürfte wohl keinen anderen Bundesstaat geben, der einen größeren Einfluss darauf hat, wie die anderen Amerikaner arbeiten, spielen, essen und Abfall verwerten.

LOS ANGELES

L.A. County spiegelt die Nation in all ihren Extremen wider. Seine Bewohner gehören zu den reichsten und ärmsten im Land, viele sind seit Langem hier ansässig, andere gerade erst angekommen. In dem Gebiet leben Elegante und Ungehobelte, Schöne und Verschönerte, Gebildete und Schwachköpfe. Und sogar die Landschaft präsentiert sich als ein Mikrokosmos der USA mit filmreifen Stränden und schneebedeckten Bergen, mit Wolkenkratzern, Vorstadtsiedlungen und Wildnis, durch die Pumas streifen.

Wer glaubt, dass er Los Angeles durchschaut hat, und die Stadt auf Promiluder, Smog, Staus, Bikini-Girls und Möchtegern-Pop-Sternchen reduziert, sollte noch einmal genauer hinschauen. L.A. definiert sich durch simple, lebensbejahende Momente: einen coolen Jazz-Age-Cocktail nach Mitternacht, einen Spaziergang im Griffith Park mit seinen Salbeisträuchern, einen rosafarbenen Sonnenuntergang mit Trommelmusik am Venice Beach oder einfach nur durch den Genuss eines leckeren Tacos.

Hollywood und Downtown L.A. erleben gerade eine Renaissance, und Kunst, Musik, Gastronomie und Mode laufen auf Hochtouren. Je genauer man „La-La Land" erkundet, umso mehr wird man es lieben.

Geschichte

Das Jäger-und-Sammler-Leben der indigenen Tongva (Gabrieleño) und Chumash endete mit der Ankunft spanischer Missionare und Kolonisten im späten 18. Jh. Die erste zivile Siedlung der Spanier, das 1781 gegründete El Pueblo de Nuestra Señora la Reina de Los Ángeles del Río de Porciúncula, blieb noch Jahrzehnte lang nicht mehr als ein abgelegenes Bauerndorf. Erst 1850 erhielt Los Angeles das Stadtrecht.

Das Abebben des kalifornischen Goldrauschs, der Bau der transkontinentalen Eisenbahn, das Aufblühen des Zitrusfrüchteanbaus, die Entdeckung von Öl, die Schaffung des Hafens, die Entstehung der Filmindustrie und der Bau des California Aqueduct waren Faktoren, die die Stadt rapide wachsen ließen. Nach dem Zweiten Weltkrieg verdoppelte sich die Bevölkerung von knapp 2 Mio. im Jahr 1950 auf heute annähernd 4 Mio.

◉ Sehenswertes

Downtown L.A. ist ca. 20 km vom Pazifik entfernt und hat Geschichte, intellektuelle Kunst und Kultur zu bieten. Nordwestlich von Downtown wartet das wieder hippe Hollywood auf Besucher, während urbaner Designerschick und eine schwul-lesbische Szene West Hollywood prägen. Südlich von WeHo ist die Museum Row der Hauptanziehungspunkt von Mid-City. Weiter westlich befinden sich das noble Beverly Hills, Westwood in der Nähe vom Campus der University of California, Los Angeles (UCLA), und

---

LOS ANGELES IN...

Die Entfernungen in L.A. sind gigantisch. Angesichts des dichten Verkehrs sollte man viel Zeit einplanen und den Tag nicht allzu sehr vollstopfen.

...einem Tag

Zunächst sollte man sich auf dem **Original Farmers Market** für den Tag stärken. Danach kann man dann auf dem **Hollywood Walk of Fame** am Hollywood Blvd die Sterne der Stars suchen. Echte Promis sieht man vielleicht in den trendigen Boutiquen auf dem paparazziverseuchten **Robertson Boulevard**, wenn man nicht ein Quäntchen Natur im **Griffith Park** vorzieht. Nun fährt man nach Westen zum tollen **Getty Center** oder hinaus zum **Venice Boardwalk**, um sich den Rummel an der Küste anzuschauen. Schließlich sieht man in **Santa Monica** zu, wie die Sonne im Pazifik versinkt.

...zwei Tagen

Am zweiten Tag geht's in die sich schnell entwickelnde Downtown von L.A. Im **El Pueblo de Los Angeles** erkundet man die Wurzeln der Stadt und katapultiert sich dann mit dem Anblick der bombastischen **Walt Disney Concert Hall**, die den **Cultural Corridor** der Grand Ave krönt, direkt in die Zukunft. Nach dem Mittagessen vertritt man sich zwischen den historischen Gebäuden der Downtown, den Galerien im **Arts District** und in **Little Tokyo** etwas die Beine. Im **LA Live**, dem schicken Entertainment-Center von South Park, durchstöbert man das multimediale **Grammy Museum** und mischt sich dann unter echte Promis, die im **Staples Center** nebenan den LA Lakers zujubeln. Abends besucht man dann einen der Clubs in **Hollywood** und tobt sich dort auf dem Dancefloor aus.

Großraum Los Angeles

KALIFORNIEN LOS ANGELES

Angeles National Forest

San Gabriel Mountains

San Fernando

Golden State Fwy

Ronald Reagan Fwy

NORTHRIDGE

San Fernando Valley

Bob Hope Airport

Burbank

Los Angeles Zoo & Botanical Gardens

Gamble House

Pasadena

Ventura County

Los Angeles County

Los Angeles River

Ventura Fwy

San Diego Fwy

University of California, Los Angeles

Universal Studios Hollywood

Autry National Center

Griffith Park

Griffith Observatory

Norton Simon Museum

Malibu Creek State Park

Woodland Hills

Topanga State Park

s. Karte Beverly Hills, West Hollywood & Mid-City (S. 78)

Hollywood

s. Karte Holly-wood (S. 76)

Santa Monica Mountains National Recreation Area

Will Rogers State Historic Park

Getty Center

Santa Monica Blvd

West Hollywood

Beverly Hills

s. Karte Down-town Los An-geles (S. 72)

Getty Villa

Pacific Coast Hwy

Santa Monica

Venice

Culver City

EXPOSITION PARK

Natural History Museum of Los Angeles County & California Science Center

EAST LOS ANGELES

Malibu

s. Karte Santa Moni-ca & Venice (S. 81)

Sony Pictures Studios

SOUTH LOS ANGELES

Marina del Rey

Los Angeles International Airport

Inglewood

Harbor Fwy

WATTS

Watts Towers

Long Beach Fwy

Santa Monica Bay

Compton

Western Ave

Hermosa Beach

Redondo Beach

Torrance

Long Beach Airport

PAZIFIK

Sepulveda Blvd

Museum of Latin American Art

Palos Verdes Hills

Aquarium of the Pacific

Long Beach

SAN PEDRO

USS Iowa

Queen Mary

Seal Beach

San Pedro Bay

Fähren nach Catalina Island

Fähren nach Catalina Island

Los Angeles River

Rio Hondo

West L.A. Zu den Orten mit Strandzugang gehören das kinderfreundliche Santa Monica, Venice mit seiner Schickimicki-Einwohnerschaft, Malibu mit seinen Stars und das pulsierende Long Beach. Pasadena mit seinem vielen Grün liegt nordöstlich von Downtown.

Downtown

Jahrzehntelang waren das historische Zentrum der Stadt und das wichtigste Geschäfts- und Verwaltungsviertel nachts und an den Wochenenden leer und verlassen. Das hat sich aber geändert. Heute strömen

Parkplätze gibt's rund um Little Tokyo und Chinatown.

⊙ El Pueblo de Los Angeles & Umgebung

Das kompakte, bunte und autofreie historische Viertel führt einen in die spanisch-mexikanische Vergangenheit der Stadt. Sein Rückgrat bildet die fröhliche **Olvera St** (Karte S. 72; www.calleolvera.com;), in der man sich mit handgefertigtem Folklore-Schnickschnack eindecken, Tacos futtern und mit Zucker bestreute Churros verschlingen kann.

„New" **Chinatown** (Karte S. 72; www.china townla.com) liegt etwa 800 m nördlich am Broadway und an der Hill St. Hier gibt's jede Menge Dim-Sum-Restaurants, Heilkräuterhandlungen, Kuriositätenläden und in der Chung King Rd avantgardistische Kunstgalerien.

La Plaza de Cultura y Artes   MUSEUM
(Karte S. 72; ☎ 213-542-6200; www.lapca.org; 501 N Main St; ⊙ Mo, Mi & Do 12–17, Fr–So 12–18 Uhr) **GRATIS** In diesem Museum werden die Erfahrungen der mexikanischstämmigen Einwohner von Los Angeles chronologisch geschildert, vom Mexikanisch-Amerikanischen Krieg, als die Grenze durch das ursprüngliche Pueblo-Land verlief, über die Zoot Suit Riots bis zu Cesar Chavez und der Chicana Movement.

Avila Adobe   MUSEUM
Museumsdorf, wie die Menschen früher gelebt habe
(Karte S. 72; ☎ 213-628-1274; http://elpueblo.la city.org; Olvera St; ⊙ 9–16 Uhr) **GRATIS** Das älteste Haus in L.A. wurde 1818 von einem wohlhabenden Ranchero und einstigen Bürgermeister von L.A. errichtet und später zu einer Pension mit Restaurant umgebaut. Das restaurierte und mit schweren Eichenmöbeln eingerichtete Haus kann auf eigene Faust besichtigt werden, es bietet einen guten Einblick in das Leben zu Beginn des 19. Jhs.

Union Station   HISTORISCHES BAUWERK
(Karte S. 72; www.amtrak.com; 800 N Alameda St; P) Die Union Station, die an der Stelle von L.A.s ursprünglicher Chinatown errichtet wurde, eröffnete ihre Tore 1939 als größter Bahnhof Amerikas. Sie ist ein glamouröses Beispiel des Mission-Revival-Stils mit Art-déco-Elementen. Die Haupthalle mit ihrem Marmorfußboden, mit ihrer an Kathedralen erinnernden Decke, mit Original-Ledersesseln und großartigen Kandelabern ist atemberaubend.

die Massen zu Kunst-Performances und in Unterhaltungsstätten. Yuppies und Künstler sind in Lofts eingezogen, es gibt Bars, Restaurants und Kunstgalerien. Am leichtesten lässt sich Downtown zu Fuß erkunden, verbunden mit ein paar kurzen Metro-Rail- und DASH-Minibus-Fahrten. Die billigsten

KALIFORNIEN LOS ANGELES

Downtown Los Angeles

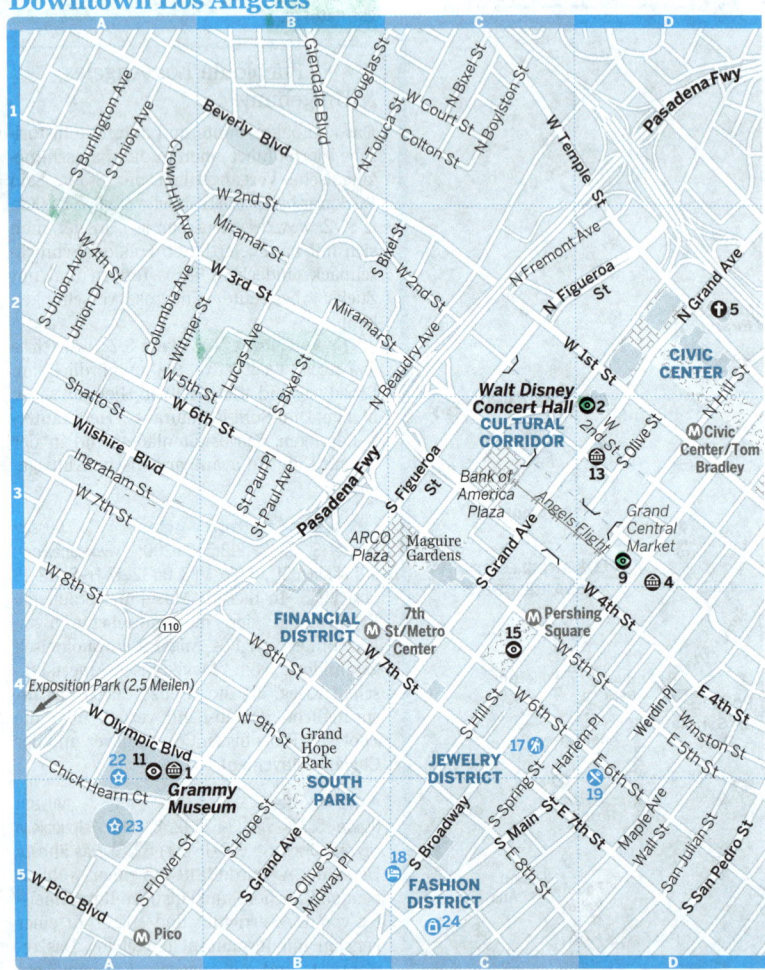

⊙ Civic Center & Cultural Corridor

★ **Walt Disney Concert Hall**　GEBÄUDE
(Karte S. 72; ☏ Infos 213-972-7211, Tickets 323-850-2000; www.laphil.org; 111 S Grand Ave; ⊙ Führungen in der Regel Di–Sa 12 & 13 Uhr; P) GRATIS
Dieses kultige Konzerthaus ist eine Komposition aus Stahl, Musik und psychedelischer Architektur und die Heimspielstätte des Los Angeles Philharmonic Orchestra. Es traten hier aber auch schon moderne Bands wie Phoenix und Jazzmusiker wie Sonny Rollins auf. Frank Gehry hat wahrhaft alle Register

seines Könnens gezogen: Das Gebäude ist eine der Schwerkraft trotzende Skulptur mit gebogenen, sich zu blähen scheinenden Wänden aus Edelstahl.

Museum of Contemporary Art　MUSEUM
(MOCA; Karte S. 72; ☏ 213-626-6222; www.moca.org; 250 S Grand Ave; Erw./Kind 12 US$/frei, Do 17–20 Uhr frei; ⊙ Mo & Fr 11–17, Do 11–20, Sa & So 11–18 Uhr) In dem von Arata Isozaki entworfenen postmodernen Gebäude ist eine Sammlung von Werken untergebracht, die von den 1940er-Jahren bis zur Gegenwart reichen. Zu sehen sind u. a. Werke Mark Rothko, Dan Flavin, Joseph Cornell und anderen hochka-

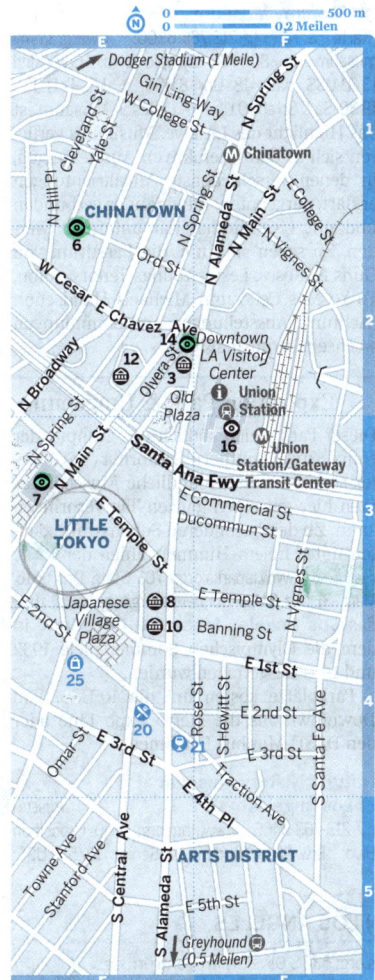

rätigen zeitgenössischen Künstlern. Die Galerien befinden sich zwar im Untergeschoss, sind durch Oberlichter aber sehr hell.

Cathedral of
Our Lady of the Angels
KIRCHE

(Karte S. 72; ☎ 213-680-5200; www.olacathedral.org; 555 W Temple St; ⊙ Mo–Fr 6.30–18, Sa 9–18, So 7–18 Uhr; 🅿) GRATIS In der 2002 von José Rafael Moneo errichteten Cathedral of Our Lady of the Angels wurden gotische Proportionen mit modernem Design verbunden. Das weiche Licht, das durch die Alabasterfenster in den Innenraum dringt, lässt diesen heiter und feierlich wirken.

Enorme Wandteppiche, die so detailliert gearbeitet sind wie ein Fresko von Michelangelo, zieren das Hauptschiff.

City Hall
HISTORISCHES BAUWERK

(Karte S. 72; ☎ 213-978-1995; www.lacity.org; 200 N Spring St; ⊙ Mo–Fr 9–17 Uhr) GRATIS Bis 1966 war die 1928 erbaute City Hall das höchste Gebäude in L.A. Auch war es schon in den Fernsehserien *Superman* sowie in dem Science-Fiction-Thriller *Krieg der Welten* (1953) zu sehen. An klaren Tagen hat man von der Aussichtsterrasse einen schönen Blick auf die Stadt, die Berge und auf die über die Jahrzehnte immer weiter wachsende Downtown.

⊙ Little Tokyo

In Little Tokyo gibt's unzählige Einkaufszentren, buddhistische Tempel, traditionelle Gärten, authentische Sushibars und Nudelrestaurants sowie eine interessante Zweigstelle des **MOCA** (Karte S. 72; ☎ 213-626-6222; www.moca.org; 152 N Central Ave; Erw./Kind unter 12 Jahren/Student 12 US$/frei/7 US$; ⊙ Mo & Fr 11–17, Do 11–20, Sa & So 11–18 Uhr).

Japanese American National Museum
MUSEUM

(Karte S. 72; ☎ 213-625-0414; www.janm.org; 100 N Central Ave; Erw./Kind 9/5 US$; ⊙ Di–Mi & Fr–So 11–17, Do 12-20 Uhr) Dieses Museum ist das erste des Landes, das dem Leben der japanischen Einwanderer gewidmet ist. Die Galerien, die sich mit dem schmerzlichen Kapitel der Internierungslager im Zweiten Weltkrieg befassen, sind beeindruckend. Danach kann man im ruhigen Garten über das Gesehene sinnieren oder im gut sortierten Andenkenladen stöbern. Donnerstags ist der Eintritt von 17 bis 20 Uhr frei, an jedem dritten Donnerstag im Monat sogar den ganzen Tag.

⊙ South Park

South Park ist nicht wirklich ein Park, sondern ein aufstrebendes Viertel in Downtown L.A. rund um das **LA Live** (Karte S. 72; www.lalive.com; 800 W Olympic Blvd), ein Gastronomie- und Veranstaltungszentrum mit dem Staples Center (S. 89) und dem **Nokia Theatre** (Karte S. 72; ☎ 213-763-6030; www.nokiatheatrelive.com; 777 Chick Hearn Ct).

★ Grammy Museum
MUSEUM

(Karte S. 72; ☎ 213-765-6800; www.grammymuseum.org; 800 W Olympic Blvd; Erw./Kind 13/11 US$, nach 18 Uhr 8 US$; ⊙ Mo–Fr 11.30–19.30, Sa & So ab 10 Uhr; ♿) Dieses Museum ist das Highlight des LA Live. Musikfans verlieren sich in den interaktiven Ausstellungen, in denen verschiedenste Musikrichtungen erklärt, dargeboten, miteinander verbunden und mit Live-Bildmaterial untermalt werden. Zu sehen sind u.a. die Bassdrum von Guns N' Roses, Lester Youngs Tenorsaxofon, Yo Yo Mas Cello und Michaels Handschuh (Achtung: Ausstellungen und Sammlungen wechseln turnusmäßig!).

⊙ Exposition Park & Umgebung

Dieser Park gleich südlich des Campus der University of Southern California (USC) bietet so viele kinderfreundliche Museen, das man hier gut einen ganzen Tag verbringen kann. Zu den besonderen Sehenswürdigkeiten unter freiem Himmel zählen der **Rose Garden** (www.laparks.org; 701 State Dr; ⊙ 16. März–31. Dez. 9 Uhr–Sonnenuntergang) **GRATIS** und das **Los Angeles Memorial Coliseum**, in dem die Olympischen Sommerspiele 1932 und 1984 ausgetragen wurden.

Parkplätze kosten um die 10 US$. Von Downtown aus die Metro Expo Line oder den DASH Minibus F nehmen!

Natural History Museum of Los Angeles
MUSEUM

(☎ 213-763-3466; www.nhm.org; 900 Exposition Blvd; Erw./Kind/Student & Senior 12/5/9 US$;

DIE HISTORISCHE DOWNTOWN VON LOS ANGELES

Der **Pershing Square** (Karte S. 72; www.laparks.org; 532 S Olive St) im Zentrum des historischen Bereichs von Downtown war der erste öffentliche Park von Los Angeles (1866). Heute bietet der von Hochhäusern umgebene Park Kunst im öffentlichen Raum, Sommerkonzerte und Kino unterm Sternenhimmel.

Ganz in der Nähe befinden sich einige original erhaltene Gebäude aus der Zeit um 1900. Einen Besuch lohnt auch das 1893 errichtete **Bradbury Building** (Karte S. 72; www.laconservancy.org; 304 S Broadway; ⊙ Lobby in der Regel 9–17 Uhr), dessen prächtiges, mit Galerien versehenes Atrium in mehreren Filmen, z. B. in *Blade Runner*, *(500) Days of Summer* und *The Artist* zu sehen war.

Im frühen 20. Jh. war der Broadway eine glamouröse Einkaufs- und Kinomeile, wo Megastars wie Charlie Chaplin aus ihren Limousinen stiegen, um in den prächtigen Filmpalästen Premieren beizuwohnen. Einige, darunter das **United Artists Theatre** (Karte S. 72; ☎ 213-623-3233; www.acehotel.com/losangeles/theatre; 929 S Broadway) von 1927, wurden restauriert und sind heute wieder Schauplätze von Filmvorführungen und Live-Shows. Hinein kommt man am Wochenende auch im Rahmen eines Stadtspaziergangs (Reservierung empfehlenswert) der **Los Angeles Conservancy** (☎ Infos 213-430-4219, Reservierungen 213-623-2489; www.laconservancy.org; Erw./Kind 10/5 US$).

⏱9.30–17 Uhr; ♿) Von Dinos bis zu Diamanten, von Bären bis zu Käfern und von Fauchschaben bis zu afrikanischen Elefanten – ein Besuch in diesem Museum führt einen rund um den Globus und Millionen Jahre zurück in die Vergangenheit. Das Ganze befindet sich in einem wunderschönen, 1913 errichteten Gebäude im spanischen Renaissance-Stil. Es war die Kulisse der Columbia University in Tobey McGuires erstem *Spider-Man*-Film – ja, genau hier wurde Peter Parker von der radioaktiven Spinne gebissen.

California Science Center   MUSEUM
(☑Filmprogramm 213-744-2109, Infos 323-724-3623; www.californiasciencecenter.org; 700 Exposition Park Dr; Film im IMAX-Kino Erw./Kind 8,25/5 US$; ⏱10–17 Uhr; ♿) GRATIS Der Erdbebensimulator, der Kükenbrutkasten und die riesige Techno-Puppe Tess lassen in diesem interaktiven Multimedia-Museum mit seinen Knöpfen, Schaltern und Hebeln jeden wieder zum Kind werden. Unbedingt sehenswert ist auch das Space Shuttle *Endeavour*, das man nur mit vorheriger Reservierung (2 US$) besichtigen kann.

Watts Towers   DENKMAL
(☑213-847-4646; www.wattstowers.us; 1761-1765 E 107th St; Erw./Kind unter 13 Jahren/13–17 Jahre & Senior 7 US$/frei/3 US$; ⏱Fr 11–15, Sa 10.30–15, So 12.30–15 Uhr; 🅿) Die grandiosen Watts Towers gehören zu den größten Monumenten der Volkskunst weltweit. 1921 beschloss der italienische Einwanderer Simon Rodia, „etwas Großes zu schaffen" und verbrachte dann 33 Jahre damit, diese skurrile, abstrakte Skulptur aus einem bunt gemischten Sortiment von Fundstücken wie grünen 7-Up-Flaschen, Muscheln, Felsen, Tonscherben etc. zu kreieren.

⊙ Hollywood

Genau wie manch alternder Filmstar hat sich auch Hollywood liften lassen. Zwar ist der Glamour seines goldenen Zeitalters in der Mitte des 20. Jhs noch nicht zurückgekehrt, aber so schäbig wie noch vor einigen Jahren ist es hier nicht mehr. Der **Hollywood Walk of Fame** (Karte S. 76; www.walkoffame.com; Hollywood Blvd) ehrt mehr als 2400 Berühmtheiten mit Sternen im Bürgersteig.

Die Metro Red Line hält unter dem **Hollywood & Highland** (Karte S. 76; www.hollywoodandhighland.com; 6801 Hollywood Blvd;

⏱Mo–Sa 10–22, So 10–19 Uhr) GRATIS, einem mehrstöckigen Einkaufszentrum mit schönem Blick auf den Hügel mit dem **Hollywood Sign**, das 1923 als Werbung für eine neue Wohnsiedlung namens Hollywoodland angebracht wurde. Auf dem zur Mall gehörenden Parkplatz zahlt man (mit Einkaufsstempel) für zwei Stunden 2 US$ (max. 15 US$/Tag).

TCL Chinese Theatre   HISTORISCHES GEBÄUDE
(Karte S. 76; ☑323-463-9576; www.tclchinesetheatres.com; 6925 Hollywood Blvd; Führung & Kino-Ticket Erw./Kind/Senior 13,50/6,50/11,50 US$) Wer schon immer mal in George Clooneys Fußstapfen treten wollte, ist hier richtig. Seine Fußabdrücke befinden sich auf dem Vorplatz dieses weltberühmten Kinos. In dem exotisch anmutenden Filmtheater im Stil einer Pagode – mit Tempelglocken und Himmelstein-Hunden aus China – werden seit 1927 Filme vorgeführt. Als erster Film flimmerte hier *König der Könige* von Cecil B. DeMille über die Leinwand.

Hollywood Museum   MUSEUM
(Karte S. 76; ☑323-464-7776; www.thehollywoodmuseum.com; 1660 N Highland Ave; Erw./Kind 15/5 US$; ⏱Mi–So 10–17 Uhr) In dem stattlichen, von Art déco geprägten Max Factor Building aus dem Jahr 1914 zeigt das leicht muffige Museum als Hommage an die Filmstars kitschige Poster, Kostüme und Drehkulissen. Hier haben die ersten Make-up-Künstler den Gesichtern von Marilyn Monroe und Judy Garland etwas Magisches verliehen.

Dolby Theatre   THEATER
(Karte S. 76; www.dolbytheatre.com; 6801 Hollywood Blvd; Führung Erw./Kind, Senior & Student 19/15 US$; ⏱10.30–16 Uhr) Die Academy Awards werden im Dolby Theatre überreicht. Hier fanden auch das *American Idol*-Finale, die Verleihung der ESPY Awards, die Wahl der Miss USA und kürzlich auch ein Neil-Young-Residency-Programm statt. Im Rahmen der Führungen besichtigt man den Zuschauerraum, eine VIP-Lounge und bekommt eine echte Oscar-Trophäe zu sehen.

Hollywood Forever Cemetery   FRIEDHOF
(☑323-469-1181; www.hollywoodforever.com; 6000 Santa Monica Blvd; ⏱8–17 Uhr; 🅿) Hollywood Forever ganz in der Nähe von Paramount weist eine üppige Landschaftsgestaltung auf: mit gewaltigen Grabsteinen, monumentalen Mausoleen und unzähligen Grab-

Hollywood

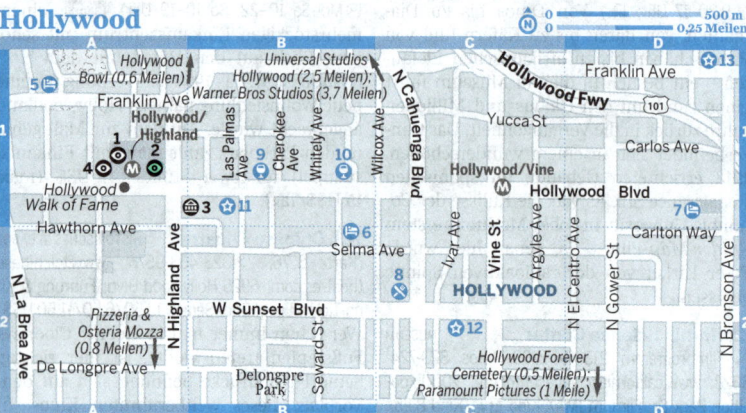

Hollywood

stätten von Superstars. Hier liegen u.a. Cecil B. DeMille, Rudolph Valentino, die *femme fatale* Jayne Mansfield sowie die Punk-Rock-Legenden Johnny und Dee Dee Ramone. Eine Liste mit Lageplan aller Berühmtheiten, die hier ihre letzte Ruhestätte gefunden haben, ist für 5 US$ im Blumenladen (9–17 Uhr) erhältlich.

Griffith Park

Amerikas größter **Stadtpark** (☎323-913-4688; www.laparks.org/dos/parks/griffithpk; 4730 Crystal Springs Dr; ⊙5–22.30 Uhr, Wanderwege Sonnenaufgang–Sonnenuntergang; P🚻) **GRATIS** ist fünfmal so groß wie der New Yorker Central Park. Man findet hier ein Freiluftkino, einen Zoo, ein Observatorium, ein Museum, ein Karussell, alte Kleinbahnen, Kinderspielplätze, Golf- und Tennisanlagen und mehr als 80 km an Wanderwegen, die auch zu der originalen Höhle aus der Fernsehserie *Batman* führen.

★ Griffith Observatory   MUSEUM
(☎213-473-0800; www.griffithobservatory.org; 2800 E Observatory Rd; Vorstellung im Planetarium Erw./Kind 7/3 US$; ⊙Di–Fr 12–22, Sa & So 10–22 Uhr; P🚻) **GRATIS** Das historische Gebäude aus dem Jahr 1935 bietet von seinem Sitz hoch oben an den Südhängen des Mt. Hollywood einen tollen Blick ins Universum. Das Observatorium besitzt das fortschrittlichste Planetarium der Welt. Anhand von astronomischen Exponaten werden die Entwicklung des Teleskops und ultraviolette Röntgenstrahlen erklärt, die für die Darstellung unseres Sonnensystems verwendet werden. Sehenswert ist auch die Camera obscura im Erdgeschoss.

Los Angeles Zoo &
Botanical Gardens   ZOO
(☎323-644-4200; www.lazoo.org; 5333 Zoo Dr; Erw./Kind/Senior 18/13/15 US$; ⊙10–17 Uhr, Weihnachten geschl.; P🚻) Im Los Angeles Zoo kann man mit 1100 Flossen, Federn oder Pelz tragenden Tieren (über 250 Spezies) Bekanntschaft machen und sich immer auch

in irgendein Neugeborenes verlieben. Dieser Zoo, der 1912 als Zufluchtsstätte für alte Zirkustiere ins Leben gerufen wurde, wird heute jedes Jahr von über 1 Mio. Menschen besucht.

Autry National Center MUSEUM
(☏ 323-667-2000; www.autrynationalcenter.org; 4700 Western Heritage Way; Erw./Kind/Senior & Student 10/4/6 US$, 2. Di im Monat Eintritt frei; ☺ Di–Fr 10–16, Sa & So 10–17 Uhr; ℗) Wer schon immer mal wissen wollte, wie der Westen wirklich gewonnen wurde, sollte diesem ausgezeichneten Museum einen Besuch abstatten. Hier sieht man das Gute, das Schlechte und das Hässliche, das die Ausbreitung gen Westen mit sich brachte und selbst die widerwilligsten Museumsgänger in ihren Bann ziehen wird. Kids können hier Gold schürfen und eine Postkutsche erkunden. Es finden regelmäßig Podiumsdiskussionen, Symposien, Filmvorführungen und andere kulturelle Veranstaltungen statt.

☉ West Hollywood & Mid-City

In WeHo flattern Regenbogenfahnen stolz über den Santa Monica Blvd, und Promis beglücken die Klatschreporter mit ihren Eskapaden in den Clubs am legendenumwobenen **Sunset Strip**. Die Boutiquen auf dem Robertson Blvd und an der Melrose Ave versorgen Hollywood-Stars und -Sternchen mit fescher, ultraschicker Mode. WeHo ist außerdem ein Nährboden für avantgardistisches Wohndesign, Mode und Kunst, vor allem im **West Hollywood Design District** (http://westhollywooddesigndistrict.com). In der Mid-City weiter südlich säumen einige der besten Museen der Stadt die **Museum Row**, einen kurzen Abschnitt des Wilshire Blvd östlich der Fairfax Ave.

★ Los Angeles County Museum of Art MUSEUM
(LACMA; Karte S. 78; ☏ 323-857-6000; www.lacma.org; 5905 Wilshire Blvd; Erw./Kind 15 US$/frei; ☺ Mo, Di & Do 11–17, Fr 11–21, Sa & So 10–19 Uhr; ℗) Das LACMA ist das bedeutendste Kunstmuseum der Stadt. Es ist vollgestopft mit Werken großer Künstler wie Rembrandt, Cézanne, Magritte, Mary Cassat und Ansel Adams, um nur einige wenige zu nennen. Außerdem kann man Unmengen Keramikgegenstände aus China, Holzschnitte aus Japan, präkolumbianische Kunst sowie antike Skulpturen aus Griechenland, Rom und Ägypten bewundern.

Page Museum & La Brea Tar Pits MUSEUM
(Karte S. 78; www.tarpits.org; 5801 Wilshire Blvd; Erw./Kind/Student & Senior 12/5/9 US$, Sept.–Juni 1. Di im Monat Eintritt frei; ☺ 9.30–17 Uhr; ℗ ♿) Mammuts und Säbelzahntiger zogen in prähistorischer Zeit durch die Savanne der Region L.A. Das weiß man, da in den La

---

UNIVERSAL STUDIOS HOLLYWOOD

Die **Universal Studios Hollywood** (www.universalstudioshollywood.com; 100 Universal City Plaza, Universal City; Eintritt ab 87 US$, unter 3 Jahren frei; ☺ tgl., wechselnde Öffnungszeiten; ℗ ♿) gehören zu den weltweit ältesten ununterbrochen betriebenen Filmstudios. Sie wurden erstmals 1915 der Öffentlichkeit zugänglich gemacht, als Studiochef Carl Laemmle Besucher einlud, für 0,25 US$ (inkl. Lunchpaket) bei den Dreharbeiten von Stummfilmen zuzuschauen.

100 Jahre später präsentiert Universal einen Unterhaltungsmix aus recht harmlosem – und manchmal altmodischem – Nervenkitzel wie Live-Action-Shows, Fahrgeschäfte und Attraktionen. Die Wahrscheinlichkeit, hier Filmaufnahmen mitzuerleben oder gar einen echten Hollywood-Star zu sehen, ist gleich null.

Ein guter Auftakt ist die 45-minütige **Studio-Tour** in den Waggons einer riesigen Tram. Auf der Fahrt kommt man vorbei an Tonbühnen, Sets im Freien und an **King Kong 360 3-D**, dem größten 3-D-Erlebnis weltweit. Außerdem muss man eine recht kitschige Haiattacke à la *Der weiße Hai* überstehen.

Zu den Dutzenden weiteren Attraktionen gehören der **Simpsons Ride**, ein computeranimierter Spaß, die Sturzfahrt hinunter zu den Dinos des **Jurassic Park** und der Kampf gegen die Decepticons in **Transformers: The Ride 3-D**. Auf der **Special-Effects-Bühne** wird Besuchern die Kunst des Filmemachens nähergebracht.

Parkplätze kosten ab 17 US$ (nach 15 Uhr ab 10 US$). Kostenlose Shuttle-Busse verkehren zwischen den Studios und der Metro Red Line.

Beverly Hills, West Hollywood & Mid-City

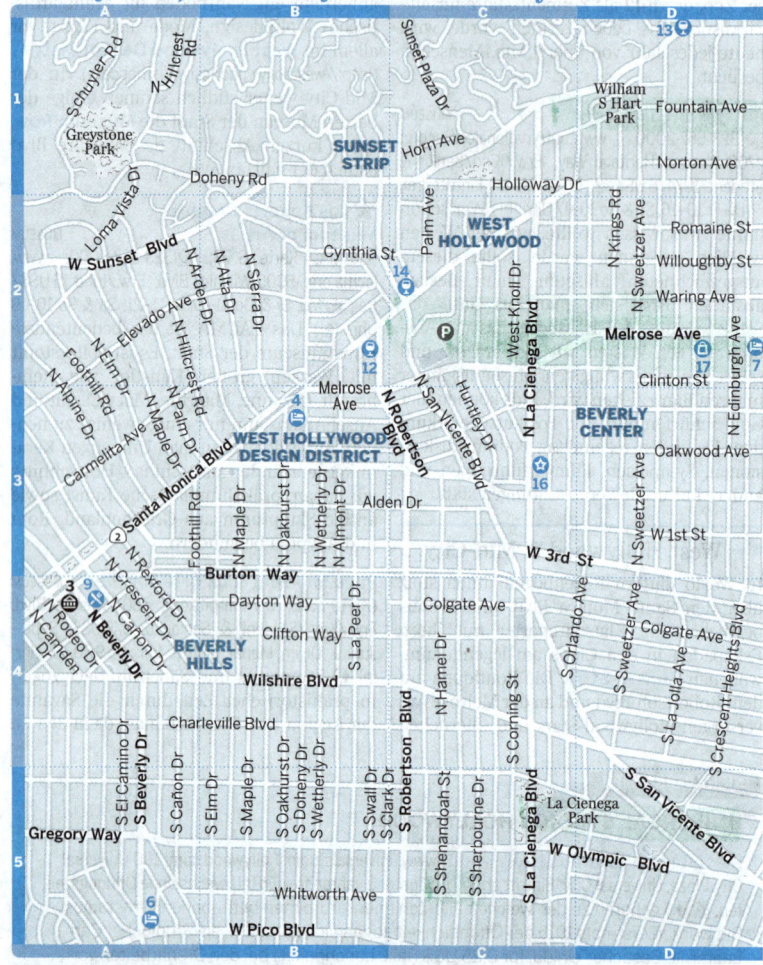

Brea Tar Pits – eine der weltweit ergiebigsten und berühmtesten Fossilienfundstätte – ein archäologischer Schatz aus Schädeln und Knochen ausgebuddelt wurde.

Beverly Hills & Westside

Beim Begriff Beverly Hills denkt man unwillkürlich an Maseratis, sorgfältig gepflegte Villen und superreiche Millionäre. Ein Bummel über die teuren und protzigen **Rodeo Drive** ist ein Muss. Entlang dieser drei Blocks durchforsten weibliche Mode-Klone die Boutiquen der internationalen Modedesigner. Die **Via Rodeo** ist eine Kopfstein-

pflasterstraße mit Freiluftcafés, die sich perfekt zum Leutegucken eignen.

Auf mehreren städtischen Parkplätzen und in Parkhäusern kann man zwei Stunden kostenlos parken.

★ Getty Center   MUSEUM

(☎ 310-440-7300; www.getty.edu; 1200 Getty Center Dr, am I-405 Fwy; ⏰ Di–Fr & So 10–17.30, Sa 10–21 Uhr; Ⓟ) GRATIS Das Milliarden teure Getty Center hoch oben über der Stadt bietet gleich ein dreifaches Vergnügen: eine traumhafte Kunstsammlung (mit Werken von Renaissance-Meistern bis zu David Hockney), die avantgardistische Architektur

Beverly Hills, West Hollywood & Mid-City

rien, in denen Filmvorführungen und Diskussionen mit der Besetzung von so tollen Serien wie *Key & Peele* und *How I Met Your Mother* stattfanden.

Hammer Museum MUSEUM
(http://hammer.ucla.edu; 10899 Wilshire Blvd; ⊙Di–Fr 11–20, Sa & So 11–17 Uhr) GRATIS Das einstige Prestigeprojekt des verstorbenen Ölmagnaten Armand Hammer ist zu einem hoch angesehenen Kunstmuseum geworden. Zu der Auswahl aus Hammers persönlicher Sammlung gehören u.a. relativ unbedeutende Werke von Monet, Van Gogh und Mary Cassat. Wirklich sehenswert in diesem Museum sind die avantgardistischen zeitgenössischen Werke von unterschätzten, umstrittenen einheimischen Künstlern. Am allerbesten ist aber der freie Eintritt.

◉ Malibu

Malibu erstreckt sich auf 43 spektakulären Kilometern am Pacific Coast Hwy entlang und ist seit Langem ein Synonym für Surfen und Hollywood-Stars. Heutzutage wirkt es aber weit weniger schick als einen

von Richard Meier und der je nach Jahreszeit unterschiedlich gestaltete Garten. Der Eintritt ist frei, aber der Parkplatz kostet 15 US$ (nach 17 Uhr 10 US$).

Paley Center for Media MUSEUM
(Karte S. 78; ☏ 310-786-1000; www.paleycenter. org; 465 N Beverly Dr; erwünschte Spende Erw./ Kind 10/5 US$; ⊙Mi–So 12–17 Uhr; P) Die Hauptattraktion ist das unglaubliche Archiv mit Radio- und Fernsehsendungen ab 1918. Wie wär's mit dem amerikanischen Beatles-Debüt in der *Ed Sullivan Show*? Der Mondlandung? Dem Pilotfilm von *All In The Family*? Außerdem gibt's noch zwei Audito-

die Hochglanzmagazine glauben machen wollen. Trotzdem geben sich hier seit den 1930er-Jahren Promis die Klinke in die Hand. Viele Berühmtheiten wohnen hier und werden manchmal beim Einkaufen in **Malibu Country Mart** (www.malibucountry mart.com; 3835 Cross Creek Rd) gesichtet.

Der bergige **Malibu Creek State Park** (www.parks.ca.gov; Las Virgenes/Malibu Canyon Rd) ist einer von Malibus Naturattraktionen. Es ist ein beliebter Drehort für Film und Fernsehen mit unzähligen Wanderwegen (Parkplatz 12 US$) und einigen berühmten Stränden wie dem treffend benannten **Surfrider** in der Nähe vom Malibu Pier, dem geheimnisvollen **El Matador**, dem Familienliebling **Zuma Beach** und dem wilden **Point Dume** (Parken am Strand 3–12,50 US$).

★ **Getty Villa** MUSEUM
(☎ 310-430-7300; www.getty.edu; 17985 Pacific Coast Hwy; ⊙ Mi–Mo 10–17 Uhr; P) GRATIS Dieses grandiose Museum, das sich selbst als Getty Villa Malibu bezeichnet, befindet sich gar nicht in Malibu, sondern eigentlich in Pacific Palisades. Das Gebäude ist der Nachbau einer römischen Villa aus dem 1. Jh. Die fast 26 ha bilden eine fantastische Kulisse für die exquisiten griechischen, römischen und etruskischen Antiquitäten, die von dem Ölmagnaten J. Paul Getty gesammelt wurden. Die Besichtigung ist nur mit Tickets mit genauer Terminvorgabe möglich, die man vorab online reservieren muss. Parkplätze kosten 15 US$.

◉ Santa Monica

Die „Schöne am Strand" verbindet urbane Coolness mit relaxter Atmosphäre. Traveller, Teenager und Straßenkünstler sorgen auf der autofreien, von Ladenketten gesäumten **Third Street Promenade** für Trubel. Mehr Lokalkolorit bieten die schicke **Montana Avenue** oder die vielschichtige **Main Street**, das Zentrum des Viertels, das früher den Spitznamen „Dogtown" trug und die Geburtsstätte des Skateboardens ist.

In den meisten öffentlichen Parkhäusern im Zentrum kann man 90 Minuten lang kostenlos parken.

Santa Monica Pier AREAL
(Karte S. 81; ☎ 310-458-8900; www.santamonica pier.org; 🚻) Der Santa Monica Pier stammt aus dem Jahr 1908 und war früher das absolute Ende der legendären Route 66. Auch heute noch gehört dieses Wahrzeichen zu

den verlockendsten der Stadt und ist bei Touristen überaus beliebt. Es gibt Spielhallen, einen Jahrmarkt, ein altmodisches Karussell, ein Riesenrad, eine Achterbahn und ein Aquarium. In den Sommermonaten werden außerdem kostenlose Konzerte *(Twilight Dance Series)* und Kino unterm Sternenhimmel geboten.

◉ Venice

Freakshow, Menschenzoo und irrer Karneval: der **Venice Boardwalk** (Ocean Front Walk) ist ein absolutes Muss für jeden, der L.A. besucht. In diesem Hexenkessel der Gegenkultur kann man sich Zöpfe flechten lassen, sich eine Qi-Gong-Rückenmassage gönnen oder eine gestrickte Baskenmütze in Rastafarifarben kaufen. Begegnungen mit Bodybuildern, einem Schlangenbeschwörer in knapper Badehose oder einem singenden Sikh auf Rollschuhen sind keine Seltenheit, vor allem an heißen Sommernachmittagen.

Wer genug vom Trubel hat, findet landeinwärts an den **Venice Canals** Ruhe. Die Kanäle sind ein Überbleibsel aus den frühen Tagen von Venice, als italienische Gondoliere hier noch mit Touristen durch die künstlich angelegten Wasserwege schipperten. Der funkige, total angesagte **Abbot Kinney Blvd** ist eine von Palmen gesäumte Straße mit Restaurants, Cafés, Kunstgalerien und schicken Läden, die Vintage-Möbel und handgefertigte Mode anbieten.

Nahe dem Abbot Kinney Blvd gibt's Straßenparkplätze. Das Parken am Strand kostet zwischen 4 und 18 US$.

◉ Long Beach

Long Beach erstreckt sich entlang der südlichen Seite des L.A. County. Hier befindet sich der nach Singapur und Hongkong drittgrößte Containerhafen der Welt. In Downtown, d.h. in der beliebten **Pine Ave** mit ihren Restaurants und Bars und an der neu gestalteten Uferpromenade, ist davon allerdings nicht viel zu spüren.

In weniger als einer Stunde ist man mit der Metro Blue Line aus Downtown L.A. in Long Beach. Mit den kostenlosen Minibussen von **Passport** (www.lbtransit.com) kann man bequem die wichtigsten Sehenswürdigkeiten abklappern.

Aquarium of the Pacific AQUARIUM
(☎ Tickets 562-590-3100; www.aquariumofpacific. org; 100 Aquarium Way; Erw./Kind/Senior 29/15/

Santa Monica & Venice

⊙ **Sehenswertes**
1 Santa Monica Pier A2

⬤ **Schlafen**
2 HI Los Angeles-Santa Monica A2
3 Sea Shore Motel......................................A3
4 Shore Hotel...A2

⊗ **Essen**
5 Abbot's Pizza Company......................B5

⊙ **Ausgehen & Nachtleben**
6 Copa d'Oro...A2
7 Townhouse & Delmonte
   Speakeasy A5

ser prächtige britische Luxusliner, auf dem es spuken soll, ist Long Beachs „Flaggschiff". Noch größer und luxuriöser als die *Titanic*, transportierte der Ozeanriese zwischen 1936 und 1966 Angehörige der königlichen Familie, Würdenträger, Einwanderer, Truppen des Zweiten Weltkriegs und Urlauber. Sicher, es ist eine Touristenfalle, aber es macht Spaß, sich die Exponate anzuschauen und sich vorzustellen, wie gepflegte Herren elegant gekleidete Damen zum Cocktail in die Art-déco-Lounge oder zum Abendessen in den prächtigen Grand Salon führten.

USS Iowa MUSEUM, GEDENKSTÄTTE
(☏ 877-446-9261; www.pacificbattleship.com; 250 S Harbor Blvd, Berth 87; Erw./Kind 18/10 US$; ⊙10–17 Uhr, Juni–Aug. 9–17 Uhr; 🅿) Über eine Gangway betritt man das ausgemusterte Pazifik-Schlachtschiff, auf dem man eine Audiotour machen kann. Im Zweiten Weltkrieg beförderte es Franklin D. Roosevelt (FDR) und General Douglas MacArthur, und auch während des Kalten Krieges war es im Einsatz. Parken kostet pro Stunde 1 US$.

Museum of Latin American Art MUSEUM
(www.molaa.org; 628 Alamitos Ave; Erw./Kind/Senior & Student 9/frei/6 US$, So Eintritt frei; ⊙Mi, Do, Sa & So 11–17, Fr 11–21 Uhr; 🅿) Das tolle Museum bietet einen Einblick in die Kunst Lateinamerikas seit 1945: Bronzestatuetten von Cecilia Míguez, beeindruckende Ureinwohnerporträts von Eduardo Kingman und spirituelle Gemälde von Arnaldo Roche Rabell, um nur einige der herausragenden Exponate der Dauerausstellung zu nennen.

26 US$; ⊙9–18 Uhr; ♿) Das Aquarium of the Pacific gehört zu den faszinierendsten Erlebnissen in Long Beach. In dem großen Hightech-Aquarium kann man pfeilschnelle Haie, tanzende Quallen und spielende Seelöwen bewundern. Über 12 000 Tiere leben hier in vier der Natur nachempfundenen Habitaten: den Buchten und Lagunen von Baja California, dem eisig kalten Nordpazifik, tropischen Korallenriffen und heimischen Algenwäldern. Parken kostet 8 US$.

Queen Mary SCHIFF
(www.queenmary.com; 1126 Queens Hwy; Führung Erw./Kind ab 26/15 US$; ⊙10–18.30 Uhr; 🅿) Die-

⊙ **Pasadena**

Reich und vornehm erstreckt sich Pasadena unterhalb der hohen San Gabriel Mountains. Das urbane Los Angeles wirkt hier weltenweit entfernt. Pasadena ist berühmt für seine schönen Arts-&-Crafts-Bauten vom Anfang des 20. Jhs. und die Tournament of Roses Parade am Neujahrstag.

Man kann zwischen den Läden, Cafés, Bars und Restaurants der Old Town Pasadena am Colorado Blvd östlich der Pasadena Ave herumschlendern. Die Züge der Metro Gold Line verbinden Pasadena mit Downtown L.A. (20 Min.).

★ **Huntington Library** MUSEUM, GARTEN
(☎ 626-405-2100; www.huntington.org; 1151 Oxford Rd, San Marino; Erw. werktags/Wochenende & Feiertage 23/25 US$, Kind 10 US$, 1.Do im Monat Eintritt frei; ⏰ Juni–Aug. Mi–Mo 10.30–16.30 Uhr, Sept.–Mai Mo & Mi–Fr 12–16.30, Sa, So & Feiertag ab 10.30 Uhr; P) Hier kann man die zenartige Ruhe eines japanischen Gartens in sich aufsaugen, die kesse Pose von Thomas Gainsboroughs *Knabe in Blau* studieren und die angestrahlte Gutenberg-Bibel auf Pergament aus dem Jahr 1455 bewundern. Man fragt sich, wo man mit der Besichtigung dieses eleganten Landsitzes beginnen soll... Das Vermächtnis des Eisenbahnmagnaten Henry Huntington gehört zu den herrlichsten und inspirierendsten Orten in L.A.

Um am ersten Donnerstag im Monat kostenlos rein zu kommen, muss man sein Ticket vorab bestellen.

Gamble House ARCHITEKTUR
(☎ Infos 626-793-3334, Tickets 800-979-3370; www.gamblehouse.org; 4 Westmoreland Pl, Pasadena; Führung Erw./Kind 15 US$/frei; ⏰ Führungen Do–So 12–15, Souvenirshop Di–Sa 10–17, So 11.30–17 Uhr; P) Das Gamble House von 1908 beeindruckt vor allem durch die Liebe zum Detail. Charles und Henry Greene schufen dieses Meisterwerk der Arts-&-Crafts-Architektur für den Procter-&-Gamble-Erben David Gamble. Das ganze Gebäude ist ein einziges Kunstwerk. Sockel, Möbel und Ausstattung sind in puncto Design und Thema der südkalifornischen Landschaft nachempfunden.

Norton Simon Museum MUSEUM
(www.nortonsimon.org; 411 W Colorado Blvd, Pasadena; Erw./Kind 10 US$/frei; ⏰ Mo, Mi & Do 12–17, Fr & Sa 11–20 Uhr; P) Rodins *Denker* ist nur die Ouvertüre zu der üppigen Kunstsammlung dieses exquisiten Museums. Norton Simon (1907–1993) war ein Industrieller mit einer Leidenschaft für Kunst und steckte seine Millionen in eine ansehnliche Sammlung westlicher Kunst und asiatischer Skulpturen.

🏃 Aktivitäten

Radfahren & Inlineskaten

Radeln oder skaten auf dem asphaltierten South Bay Bicycle Trail, der auf der 22 Meilen (35 km) langen Strecke zwischen Santa Monica und Pacific Palisades meist parallel zum Strand verläuft, stärkt in reizvoller Umgebung die Kondition. In den belebten Strandorten gibt's jede Menge Läden, die Räder und Skates vermieten. Achtung: An den Wochenenden ist hier der Teufel los.

Schwimmen & Surfen

Prima Badestrände sind der Leo Carrillo State Park in Malibu, der Santa Monica State Beach und der Hermosa Beach von South Bay. Der Surfrider Beach in Malibu

---

ABSTECHER

EIN BESUCH IN DEN FILM- & FERNSEHSTUDIOS

Für Hollywood-Besucher besteht die Hälfte des Vergnügens in der Hoffnung, einen Star zu Gesicht zu bekommen. Gute Chancen hat man als Zuschauer einer Sitcom oder Game-Show, die in der Regel zwischen August und März aufgenommen werden. Kostenlose Tickets gibt's bei Audiences Unlimited (☎ 818-260-0041; www.tvtickets.com).

Einen echten Blick hinter die Kulissen bekommt man bei einer Shuttle-Tour, die die Warner Bros Studios (☎ 877-492-8687, 818-972-8687; www.wbstudiotour.com; 3400 W Riverside Dr, Burbank; Führung ab 54 US$; ⏰ Mo–Sa 8.15–16 Uhr, So wechselnde Öffnungszeiten) und Paramount Pictures (☎ 323-956-1777; www.paramountstudiotour.com; 5555 Melrose Ave; Führung ab 53 US$; ⏰ Führung Mo–Fr 9.30–14 Uhr, Sa & So wechselnde Zeiten) anbieten, oder bei einem Rundgang durch die Sony Pictures Studios (☎ 310-244-8687; www.sony picturesstudiostours.com; 10202 W Washington Blvd; Führung 38 US$; ⏰ Führung normalerweise Mo–Fr 9.30, 10.30, 13.30 & 14.30 Uhr). Auf all diesen Führungen besucht man die Studiohallen und das Studiogelände (Außenkulissen) sowie die Bereiche Garderobe und Maske. Reservierung (es gilt ein Mindestalter) und Vorlage eines Ausweises sind erforderlich.

ist ein legendärer Surfspot. Der Preis für einen Parkplatz variiert saisonal.

Bezogen auf die Wassertemperaturen ist der „nie endende Sommer" leider nur ein Mythos. Die meiste Zeit im Jahr sollte man sich nur mit Neoprenanzug in den Pazifik wagen. Ab Juni ist die Temperatur erträglich und erreicht mit rund 21°C im August ihren Höchstwert. Die Wasserqualität ist unterschiedlich; Infos findet man auf der Beach Report Card unter http://brc.health ebay.org.

Wandern

Wer mitten zwischen den gestählten Körpern im Runyon Canyon Park oberhalb von Hollywood wandern geht, sollte unbedingt seinen Promi-Radar aktivieren. Auch im Griffith Park gibt's diverse Wanderwege. Wer längere Ausflüge unternehmen möchte, macht sich auf in die Santa Monica Mountains, wo der Will Rogers State Historic Park, der Topanga State Park und der Malibu Creek State Park ausgezeichnete Ausgangspunkte zum Wandern in schöner Natur sind (Parkplatz 8–12 US$).

☞ Geführte Touren

★ **Esotouric**   BUSTOUR
(☏323-223-2767; www.esotouric.com; Tour 58 US$) Im Rahmen der unkonventionellen, aufschlussreichen und unterhaltsamen Stadtspaziergänge und Bustouren lernt man sowohl die schrecklichen als auch die faszinierenden Schattenseiten von L.A. kennen. Die Thementouren führen zu Orten berühmter Verbrechen (Fall der schwarzen Dahlie), gefeierter Autoren (von Chandler bis Bukowski) und mehr.

Dearly Departed   BUSTOUR
(☏855-600-3323; www.dearlydepartedtours.com; Tour 48–75 US$) Diese seit Langem angebotenen, manchmal gruseligen, oft urkomischen Touren führen zu Orten, an denen Promis die Löffel abgaben, George Michael die Hosen runterließ, Hugh Grant gewisse Dienste in Anspruch nahm und die Charles Manson Gang Sharon Tate ermordete. Nichts für Kids!

TMZ Tours   BUSTOUR
(Karte S. 76; ☏855-486-9868; www.tmz.com/tour; 6925 Hollywood Blvd; Erw./Kind 55/45 US$; ⊙ca.10 Touren tgl.) Schamgefühl? Fehlanzeige. Will man wirklich Promis beobachten, einen flüchtigen Blick in ihr Haus werfen, sich auf ihre Kosten lustig machen? Dann sollte man

LOS ANGELES MIT KINDERN

Kinder bei Laune zu halten, ist in Los Angeles kinderleicht. Der weitläufige Los Angeles Zoo (S. 76) im familienfreundlichen Griffith Park (S. 76) ist da eine sichere Bank. Dinofans sind von den La Brea Tar Pits (S. 77) und dem Natural History Museum (S. 74) begeistert, während angehende Naturforscher vom Griffith Observatory (S. 76) und dem California Science Center (S. 75) magisch angezogen werden. Mit Meereslebewesen lockt das Aquarium of the Pacific (S. 80) in Long Beach. Der Vergnügungspark am Santa Monica Pier (S. 80) bietet Spaß für Kinder aller Altersstufen. Eher etwas für Teens und Twens sind die Universal Studios in Hollywood (S. 77). Im benachbarten Orange County finden sich die stets beliebten Themenparks Disneyland (S. 92) und Knott's Berry Farm (S. 94).

an einer der von Paparazzi ausgedachten Touren teilnehmen. Auf der zweistündigen Tour trifft man höchstwahrscheinlich ein paar TMZ-Stars – vielleicht sitzt sogar ein berühmter Teilnehmer im Bus!

✦ Feste & Events

Zu den monatlichen Straßenfesten mit geöffneten Galerien und Läden sowie dem Stelldichein von Food-Trucks gehören der **Downtown Art Walk** (Karte S. 72; www.downtownartwalk.org; ⊙2. Do im Monat 12–21 Uhr) GRATIS und der **First Friday** in Venice (www.abbotkinney1stfridays.com).

Rose Parade   UMZUG
(www.tournamentofroses.com; ⊙Jan.) Neujahrsumzug mit blumengeschmückten Wagen durch Pasadena. Tolle Fotos aus nächster Nähe kann man nach dem Umzug am Victory Park schießen. Nicht das eigene Auto nehmen, sondern mit der Metro Rail Gold Line zum Memorial Park fahren!

Academy Awards   FILM
(www.oscars.org; ⊙Feb.–März) Von der überdachten Tribüne neben dem roten Teppich des Dolby Theatre kann man seine Stars anhimmeln. Wer zu den 600 Glücklichen gehören will, muss sich schon im September um einen Platz bewerben. Die Preisverleihung findet Ende Februar oder Anfang März statt.

West Hollywood
Halloween Carnaval STRASSENFEST
(www.visitwesthollywood.com; ☉ Okt.) Das ausgelassene Straßenfest an Halloween zieht 350 000 Feierlustige an – viele von ihnen in übertriebenen und/oder nicht jugendfreien Kostümen. Es wird viel getanzt, gut gegessen und geflirtet.

🛏 Schlafen

Wer das Strandleben genießen will, sollte sich in Santa Monica, Venice oder Long Beach eine Bleibe suchen. Coole Partylöwen werden sich in Hollywood oder WeHo an wohlsten führen, Kulturfreaks in Downtown L.A. In den angegebenen Preisen ist die Übernachtungssteuer (12–14 %) nicht enthalten.

Downtown

Ace Hotel HOTEL $$$
(Karte S.72; ☎ 213-623-3233; www.acehotel.com/losangeles; 929 S Broadway Ave; Zi./Suite ab 250/400 US$) Man kann nicht leugnen, dass das neueste Downtown-Hotel mit seinem entweder entzückend coolen, etwas zu hippen oder recht selbstbewussten Touch unter allgemeinem Applaus eröffnet wurde. Und die Macher kümmern sich wahrhaft um ihr Projekt. Einige Zimmer sind klein wie Abstellkammern, aber die „mittelgroßen" sind recht angenehm.

Hollywood

USA Hostels Hollywood HOSTEL $
(Karte S.76; ☎ 323-462-3777; www.usahostels.com; 1624 Schrader Blvd; B 30–40 US$, Zi. ohne Bad 81–104 US$; ❄ @ 🛜) Das gesellige Hostel ist nur wenige Schritte von Hollywoods Partymeile entfernt. Die Zimmer wirken etwas beengt, aber bei den vom Hostelpersonal organisierten Grill-und Comedy-Abenden sowie auf den *All you can drink*-Touren in einer Limousine (25 US$) schließt man schnell neue Bekanntschaften. Es gibt mehrere kostenlose Annehmlichkeiten, beispielsweise kann man sich zum Frühstück Pfannkuchen backen. Die Veranda vor dem Haus ist als gemütliche Lounge hergerichtet, und ein kostenloser Shuttle zum Strand fehlt natürlich auch nicht.

Vibe Hotel HOSTEL $
(Karte S.76; ☎ 323-469-8600; www.vibehotel.com; 5920 Hollywood Blvd; B 22–25 US$, Zi. 85–95 US$; P @ 🛜) Aus dem funkigen Motel ist jetzt ein Hostel mit Schlafsälen für beide Geschlechter und Schlafsälen nur für Frauen geworden. Jeder Schlafsaal verfügt über einen Flachbildfernseher und eine Kochecke. Die neu eingerichteten Privatzimmer sind für drei Personen ausgelegt. Hier übernachten nette Leute aus aller Welt.

Magic Castle Hotel HOTEL $$
(Karte S.76; ☎ 323-851-0800; http://magic castlehotel.com; 7025 Franklin Ave; Zi. ab 174 US$; P ❄ @ 🛜 🚲) In diesem seit Langem beliebten Hotel sind die Wände zwar recht dünn, dafür gibt es aber große, moderne Zimmer, ausgesprochen nettes Personal und einen kleinen Pool im Hof, wo man mit frischen Backwaren und Gourmetkaffee wunderbar den Tag beginnen kann. Man sollte fragen, ob man sich den sagenumwobenen, nur für Mitglieder zugänglichen Magic Club in einem benachbarten Herrenhaus anschauen darf. Parkplätze kosten 11 US$.

West Hollywood & Mid-City

Pali Hotel BOUTIQUEHOTEL $$
(Karte S.78; ☎ 323-272-4588; www.pali-hotel.com; 7950 Melrose Ave; Zi. ab 179 US$; P @ 🛜) Das rustikale, mit Holz verkleidete Äußere, die glänzenden Betonfußböden in der Lobby, das Spa mit Thai-Massage (30 Min./35 US$) und die 32 modernen, in zwei Farbtönen gestalteten Zimmer mit Flachbild-TVs an den Wänden und genügend Platz für ein Sofa muss man einfach mögen. Einige Zimmer haben eine Terrasse. Alles in allem ein fantastisches Preis-Leistungs-Verhältnis!

Farmer's Daughter Hotel MOTEL $$
(Karte S.78; ☎ 323-937-3930; www.farmersdaughterhotel.com; 115 S Fairfax Ave; Zi. ab 209 US$; P ❄ @ 🛜 🚲) Tagesdecken aus Jeansstoff und Schaukelstühle verleihen diesem sexy Hotel den Touch eines Bauernhauses. Lange vor der Renovierung übernachtete die junge Charlize Theron hier mit ihrer Mutter und setzte alles daran, in Hollywood Karriere zu machen. Abenteuerlustige Turteltäubchen buchen den No Tell Room mit Spiegeln am Kopfende des Bettes und an der Decke.

Beverly Hills

Beverly Terrace Hotel HOTEL $$
(Karte S.78; ☎ 310-274-8141; www.hotelbeverlyterrace.com; 469 N Doheny Dr; Zi. ab 199 US$; P 🛜) Die etwas ältere, aber sehr gute Unterkunft im europäischen Stil befindet sich am Rand von West Hollywood und somit in

der Nähe des Santa Monica Blvd. Die Zimmer sind nicht riesig, aber modern im Stil der 1950er-Jahre in sanften Grün-, frischen Blau- und leuchtenden Rottönen eingerichtet. Die Dachterrasse bietet einen schönen Blick auf die Hollywood Hills. Parkplätze kosten 12 US$.

★ **Mr. C** HOTEL **$$$**
(Karte S. 78; ☎ 877-334-5623; www.mrchotels.com; 1224 Beverwil Dr; Zi. ab 320 US$) Der seit Langem bestehende Hotelturm wurde von den Cipriani-Brüdern umgebaut. Mit viel Liebe und Leidenschaft wurde alles bis hin zum kleinsten Detail in den Zimmern neu gestaltet. Die Zimmer auf den Etagen mit geraden Zahlen sind in Weiß, die auf den Etagen mit ungeraden Zahlen in Braun gehalten. Alle haben Marmorbäder, Ledersofas und Sitzecken. Die Zimmer nach Norden bieten einen spektakulären Blick.

Santa Monica

HI Los Angeles-Santa Monica HOSTEL **$**
(Karte S. 81; ☎ 310-393-9913; www.hilosangeles.org; 1436 2nd St; B 38–49 US$, Zi. ohne Bad 99–159 US$; ✳@🖙) Preiswerte Unterkunft in beneidenswerter Lage nahe an Strand und Promenade. Sie hat 200 Betten in nach Geschlechtern getrennten Schlafsälen und winzige Doppelzimmer mit Gemeinschaftsbad. Alles ist sauber und sicher, und es gibt viele öffentliche Bereiche zum Relaxen und Surfen im Internet. Wer aber auf Lust auf Party hat, ist in Venice oder Hollywood besser aufgehoben.

Sea Shore Motel MOTEL **$$**
(Karte S. 81; ☎ 310-392-2787; www.seashoremotel.com; 2637 Main St; Zi. ab 140 US$; P✳🖙) Die freundliche Unterkunft in Familienhand in der angesagten Main St (Achtung: Straßenlärm!) ist nur einen Steinwurf vom Strand entfernt. Die gefliesten Zimmer sind einfach. Für Familien bieten sich die gemütlichen, modernen Suiten mit Küche und Balkon in einem separaten Gebäude in der Nähe an.

Shore Hotel HOTEL **$$$**
(Karte S. 81; ☎ 310-458-1515; www.shorehotel.com; 1515 Ocean Ave; Zi. ab 309 US$) ✒ Das große, moderne Hotel mit klaren Linien gehört zu den Newcomern in der Ocean Ave und ist das einzige Hotel in Santa Monica, das für energiesparende und umweltfreundliche Planung (LEED) mit Gold ausgezeichnet wurde. Ein typisches Beispiel für den Blick

auf die Umwelt ist der wunderschöne Garten voller trockenheitsresistenter Pflanzen. Die aus viel Holz und Glas bestehenden Zimmer haben alle eigene Terrassen.

Long Beach

Dockside Boat & Bed B&B **$$**
(☎ 562-436-3111; www.boatandbed.com; Rainbow Harbor, Dock 5, 330 S Pine Ave; Zi. ab 175 US$; P🖙) Hier wird man von den Wellen in den Schlaf gewiegt. Die privaten Jachten mit Retro-Charme der 1970er-Jahre haben eine Kombüse und eine Hightech-TV-/Hi-Fi-Anlage. Die Boote liegen in Downtown Long Beach direkt an der kürzlich erweiterten Amüsiermeile – es könnte also lauter werden. Das Frühstück wird aufs Boot gebracht.

Pasadena

★ **Bissell House B&B** B&B **$$**
(☎ 626-441-3535; www.bissellhouse.com; 201 S Orange Grove Ave, South Pasadena; Zi. 159–259 US$; P🖙⛱) Antiquitäten, Holzböden und knisterndes Kaminfeuer machen dieses romantische viktorianische B&B in der Millionaire's Row zu einer Bastion der Wärme und Gastfreundlichkeit. Der von einer Hecke umgebene Garten mutet wie ein Heiligtum an. Es gibt einen Pool, in dem man sich an heißen Tagen wunderbar abkühlen kann. Das Prince-Albert-Zimmer hat eine tolle Tapete und eine Badewanne mit Krallenfüßen. Alle sieben Zimmer haben ein eigenes Bad.

Essen

Aufgrund der rund 140 Nationalitäten, die in L.A. vertreten sind, gibt's für Gourmets viele ethnische Viertel zu erkunden, u.a. Little Tokyo und Chinatown in Downtown, Koreatown in Mid-City, Thai Town östlich von Hollywood, das mexikanisch geprägte Boyle Heights in East L.A. und Little Osaka in Westside.

Downtown

Für einen preiswerten Happen zwischendurch sollte man den internationalen Imbissständen im **Grand Central Market** (Karte S. 72; www.grandcentralmarket.com; 317 S Broadway; ⊙ So–Mi 8–18, Do–Sa 8–21 Uhr) einen Besuch abstatten.

Cole's SANDWICHES **$**
(Karte S. 72; www.213nightlife.com/colesfrench dip; 118 E 6th St; Sandwiches 6–9 US$; ⊙ So–Mi

11–22, Do 11–24, Fr & Sa 11–1 Uhr) Das lässige alte Lokal ist für seine French Dip Sandwiches bekannt, die bereits 1908 eingeführt wurden und damals nur einen Nickel kosteten. Und was genau gibt es nun zu essen? Baguette mit Unmengen Lamm-, Rind-, Puten-, Schweinefleisch- oder Pastramischeiben. Das Ganze wird dann ein- oder zweimal in Jus getaucht.

Sushi Gen JAPANISCH $$

(Karte S.72; 213-617-0552; www.sushigen. org; 422 E 2nd St; Sushi 11–2 US$1; 11.15–14 & 17.30–21.45 Uhr) Früh kommen, um einen Tisch zu ergattern! In diesem klassischen Sushi-Lokal bekommt man nicht die super-kreativen Sushi-Rollen. Hinter dem hellen Holztresen stehen sieben Köche und bereiten u.a. dicke, zarte Lachsscheiben, butterweiches Toro und traumhaften japanischen Snapper zu. Das Sashimi-Mittags-Special (18 US$) ist ein echtes Schnäppchen.

★ Bestia ITALIENISCH $$$

(213-514-5724; http://bestiala.com; 2121 7th Pl; Gerichte 10–29 US$; So–Do 17–23, Fr & Sa 17–24 Uhr) Die begehrtesten Tische der Stadt stehen in diesem neuen, sensationellen italienischen Restaurant im Arts District. Die Antipasti reichen von knusprigem Lamm-Pancetta über Seeigel-Crudo bis zu Crostino mit Kalbstatar. Ach ja, Lammherz steht auf der Karte. Vegane Anwandlungen darf man hier nicht haben.

Hollywood & Griffith Park

★ Yuca's MEXIKANISCH $

(323-662-1214; www.yucasla.com; 2056 Hillhurst Ave; Speise 4–10 US$; Mo–Sa 11–18 Uhr) Die Lage dieser Imbissbude ist definitiv nicht der Grund, weshalb es die Leute hierher zu dem Stand auf den Parkplatz zieht. Dann müssen es wohl die Tacos, die *tortas,* Burritos und anderen mexikanischen Klassiker sein, die der Herrera-Familie 2005 den begehrten James Beard Award bescherten.

Life Food Organic ROHKOST $

(Karte S.76; www.lifefoodorganic.com; 1507 N Cahuenga Ave; Gerichte 4–14 US$; 7.30–21 Uhr) Hier wird das gesündeste Essen überhaupt aufgetischt. Wie wär's mit einem Schokoladenmandelmilchshake, einem vegetarischen Chili-Burger mit Sesam-Seetang-Salat und einer Schokoladencremetorte als Dessert? Nichts davon ist gekocht! Man kann im Lokal essen, die meisten Gäste nehmen sich ihre Speisen aber mit.

Pizzeria & Osteria Mozza ITALIENISCH $$$

(323-297-0100; www.mozza-la.com; 6602 Melrose Ave; Pizza 11–19 US$, Hauptgerichte abends 27–38 US$; Pizzeria tgl. 12–24, Osteria Mo–Fr 17.30–23, Sa 17–23, So 17–22 Uhr) Die Osteria Mozza bietet italienische Küche vom Feinsten. Die Speisen werden aus marktfrischen, saisonalen Zutaten bereitet. Da dies ein Lokal von Mario Batali ist, kann man sich auf die eine oder andere Überraschung (*chitarra freddi* in Sepiatinte mit Kalifornischem Taschenkrebs, Seeigel und Jalapeño) und eine immer hervorragende Qualität gefasst machen. Reservierung empfehlenswert.

West Hollywood & Mid-City

Original Farmers Market MARKT $

(Karte S.78; www.farmersmarketla.com; 6333 W 3rd St; Hauptgerichte 6–12 US$; Mo–Fr 9–21, Sa 9–20, So 10–19 Uhr;) Auf dem Farmers Market bekommt man den ganzen Tag leckeres Essen, auch Kids fühlen sich hier wohl. Im Angebot ist alles von Eintopfgerichten über Nudeln à la Singapur bis hin zu Tacos.

Pingtung ASIATISCH $

(Karte S.78; 323-866-1866; www.pingtung la.com; 7455 Melrose Ave; Gerichte 6–12 US$; So–Do 11.30–22, Fr & Sa 11.30–23 Uhr;) Das neue panasiatische Café in der Melrose Ave serviert Dim Sum (Klöße mit Wildkrabben), Seetang- und grünen Papaya-Salat sowie Reisschalen mit Curry-Huhn und Rindfleisch vom Grill. Hier schmeckt alles hervorragend. Es gibt einen einladenden Innenhof mit vielen Plätzen, WLAN und gutes Bier vom Fass.

★ Mercado MEXIKANISCH $$

(Karte S.78; 323-944-0947; www.mercado restaurant.com; 7910 W 3rd St; Gerichte 9–26 US$; Mo–Mi 17–22, Do & Fr 17–23, Sa 11–15 & 16–23, So 11–15 & 16–22 Uhr) In diesem Lokal mit weiß getünchten Steinwänden, von der Decke hängenden Vogelkäfiglüstern und einer schicken marmornen Tequila-Bar kommen grandiose *nuovo*-mexikanische Speisen aus der Küche. *Carnitas,* das langsam geschmorte Schweinefleisch, zergeht auf der Zunge. Außerdem gibt's Rind vom Spieß, Maiskolben vom Grill sowie schmackhafte Tacos und Enchiladas. Die *hora feliz* (Happy Hour) gehört zu den besten in der Stadt.

Nate'n Al FEINKOST $$

(Karte S.78; 310-274-0101; www.natenal.com; 414 N Beverly Dr; Gerichte 7–13 US$; 7–21 Uhr;

⚓) Elegante Senioren, geschwätzige Mädchen, geschäftige Führungskräfte und sogar Larry King sorgen dafür, dass in diesem typisch New Yorker „Deli" seit 1945 stets reger Betrieb herrscht. Auf der ellenlangen Speisekarte stehen Corned Beef, Räucherlachs und andere Klassiker. Superlecker ist das frisch vor Ort hergestellte Pastrami.

🍴 Santa Monica & Venice

Lemonade KALIFORNISCH $
(http://lemonadela.com; 1661 Abbot Kinney Blvd; Gerichte 8–13 US$; ⏱11–21 Uhr) Das erste der hiesigen innovativen Marktcafés bietet eine Reihe knackiger Salate (Wassermelone mit Rettich und Chili oder Schweinefleisch mit Tamarinde und pikanten Karotten), Suppen mit Lamm und geschmorten Feigen oder in Miso geschmorte Rinderrippchen. Außerdem gibt es sechs verschiedene Limonaden, z. B. Blaubeer-Minze oder Wassermelone-Rosmarin. Leckere Süßspeisen fehlen natürlich auch nicht.

Abbot's Pizza Company PIZZA $
(Karte S. 81; ☎310-396-7334; www.abbotspizza co.com; 1407 Abbot Kinney Blvd; Pizza-Stück 3–5 US$, Pizza 12–29 US$; ⏱So–Do 11–23, Fr & Sa 11–24 Uhr; ⚓) In dieser winzigen Pizzeria treffen sich Gäste mit Flipflops an den Füßen, um die süchtig machenden, knusprigen Pizzas mit Tequila-Limetten-Huhn, Portobello-Champignons, Ziegenkäse und anderen kleinen Leckereien zu genießen. Die Pizzas kommen in atemberaubender Geschwindigkeit aus dem Ofen.

Father's Office KNEIPENESSEN $$
(☎310-736-2224; www.fathersoffice.com; 1018 Montana Ave; Gerichte 5–15 US$; ⏱Mo–Mi 17–22, Do 17–23, Fr 16–23, Sa 12–23, So 12–22 Uhr) Der immer volle Gastropub ist berühmt für seine Burger: Trocken abgehangenes Rindfleisch, zusätzlich geräucherter Schinken, süße karamellisierte Zwiebeln und eine geniale Kombination aus Gruyère und Blauschimmelkäse. Dazu gibt's Pommes frites, die in einem Mini-Einkaufswagen serviert werden, und einen Krug vor Ort gebrautes Bier. Die Wahl fällt schwer, denn es gibt drei Dutzend Fassbiere. Ein Muss!

🍴 Long Beach

Pier 76 SEAFOOD $$
(☎562-983-1776; www.pier76fishgrill.com; 95 Pine Ave; Hauptgerichte 8–19 US$; ⏱11–21 Uhr) Tolles Fischrestaurant mit erschwinglichen Preisen in Downtown Long Beach. Man bestellt sich am Tresen Gelbschwanzmakrele, Lachs, Forelle, Goldmakrele oder Heilbutt. Der Fisch wird dann glasiert und gegrillt zusammen mit zwei Beilagen serviert. Sowohl die Pommes als auch der Grünkohlsalat sind empfehlenswert. Außerdem gibt's Fisch-Tacos, Sandwiches, hawaiianischen Fischsalat, Ceviche und sogar Hummer (19 US$).

🍴 Pasadena

Ración SPANISCH $$$
(☎626-396-3090; www.racionrestaurant.com; 119 W Green St; Gerichte 5–45 US$; ⏱Mo 18–22, Di–Do 11.30–15 & 18–22, Fr & Sa bis 23, So 17.30–22 Uhr) In dem baskisch angehauchten Restaurant werden Tapas wie Geflügelwurst, gefüllter Tintenfisch, in Bier geschmorter Oktopus und sautierte Krabben in Salsa Verde sowie selbst geräucherter Gelbflossenthunfisch mit Sardellen-Vinaigrette serviert. Das Angebot von *raciones* (größere Platten) reicht von Wildfisch (nach Marktangebot) mit alten Bohnensorten bis zu langsam geschmortem Lammmagen.

🍷 Ausgehen & Nachtleben

Hollywood war schon vor der Rat-Pack-Ära eine tolle Ausgehmeile. Kreative Cocktails stehen in den neu gestalteten Kneipen in Downtown L.A. und in den raueren Stadtvierteln an erster Stelle. An den Stränden findet man die ganze Palette von Surferkneipen bis zu Cocktail-Lounges mit Kerzenlicht.

Wer all seine Vorurteile über L.A. bestätigt sehen will, braucht nur einen der exklusiven Nachtclubs in Hollywood zu besuchen. Die Türsteher gewähren allerdings nur Einlass, wenn man mit einer heißen Braut oder einem dicken Portemonnaie kommt.

★No Vacancy BAR
(Karte S. 76; ☎323-465-1902; www.novacancy-la.com; 1727 N Hudson Ave; ⏱20–2 Uhr) Das ehemalige Victorian gehört jetzt zu den heißesten Nachtclubs in L.A. Selbst der Eingang hat was Theatralisches: Über eine alte Treppe erreicht man einen schmalen Flur und dann den Raum einer in ein Fischernetz gehüllten, überaus gastfreundlichen Dame. Sie drückt auf einen Knopf, und schon zeigt sich eine weitere Treppe, die hinunter in das Wohnzimmer und hinaus auf den Hof führt.

Bar Marmont BAR
(Karte S. 78; ☎323-650-0575; www.chateau marmont.com/barmarmont.php; 8171 Sunset Blvd;

🕐 18–2 Uhr) Elegant, aber nicht überkandidelt; Oldtimer, aber noch immer beliebt. Hohe Räume, Profilwände und hervorragende Martinis. Hier treffen sich Berühmte und Möchtegern-VIPs. Wenn man den richtigen Moment abpasst, trifft man Tom Yorke oder vielleicht Lindsay Lohan. Man sollte diese Bar werktags besuchen. Die Wochenenden sind für Amateure.

Angel City Brewery BRAUEREI
(Karte S. 72; 📞 213-622-1261; www.angelcity brewery.com; 216 S Alameda St; 🕐 Mo–Mi 16–22, Do & Fr 16–24, Sa 12–24, So 12–22 Uhr) Diese wunderbare Kleinbrauerei ist die einzige dieser Art in ganz L.A. Hier werden helle und dunkle Biere hergestellt. Die Brauerei am Rand des Arts District kann an den Wochenenden im Rahmen von Führungen besichtigt werden. Wer nur ein Bier trinken will, kann dies jederzeit im zugehörigen Public House tun, wo manchmal Livemusik geboten wird. Seinen Hunger kann man mit Leckerem von den Food-Trucks stillen.

Copa d'Oro BAR
(Karte S. 81; www.copadoro.com; 217 Broadway; 🕐 Mo–Mi 17.30–24, Do–Sa 17.30–2 Uhr) Die Cocktailkarte wurde von dem talentierten Vincenzo Marianella kreiert. Er kennt seine Spirituosen und hat seinem Team beigebracht, süchtig machende Cocktails aus hochwertigen Alkoholsorten mit frischen Kräutern, Früchten, Säften und sogar etwas Gemüse zu mixen. Die Rockmusik und das glatte, dunkel gehaltene Ambiente tun dem Genuss keinen Abbruch.

Tiki-Ti BAR
(📞 323-669-9381; www.tiki-ti.com; 4427 W Sunset Blvd; 🕐 Mi–Sa 16–2 Uhr) Die kleine Bar im Tropenstil wird sowohl von grauhaarigen Senioren als auch von flotten Bienen gern besucht, die hier die süßen und starken Drinks genießen (unbedingt Rae's Mistake probieren; Rae heißt der Gründer der Bar!). Das Unterwasser-Dekor ist surreal. Nur Barzahlung.

Townhouse & Delmonte Speakeasy BAR
(Karte S. 81; www.townhousevenice.com; 52 Windward Ave; 🕐 Mo–Do 17–2, Fr–So 12–2 Uhr) Im Obergeschoss befindet sich eine coole, dunkle und total anrüchige Bar mit Billardtischen, Séparées und guten alkoholischen Getränken. Unten ist die Flüsterkneipe, in der DJs Pop, Funk und Electro auflegen, Comedians auftreten und Jazzmusiker jammen. Hier hat man mit Sicherheit immer eine gute Zeit.

Musso & Frank Grill BAR
(Karte S. 76; www.mussoandfrankgrill.com; 6667 Hollywood Blvd) Im Musso & Frank Grill, Tinseltowns ältestem Lokal (seit 1919), riecht es förmlich nach Hollywood-Geschichte. Hier trank schon Charlie Chaplin seine Wodka-Gimlets an der Bar, und Raymond

SCHWULEN- & LESBENSZENE IN L.A.

Der „Boystown" genannte Santa Monica Blvd in West Hollywood (WeHo) ist das absolute Zentrum der Schwulenszene. Dort gibt es Dutzende dynamischer Bars, Cafés, Restaurants, Fitnessstudios und Clubs. In den Bars in Silver Lake tummeln sich neben Leder- und Jeansträgern auch Hipster. Auch in Venice und Long Beach gibt's eine entspannte Szene.

Out & About (www.outandabout-tours.com) veranstaltet an den Wochenenden Spaziergänge zu den Wahrzeichen der schwul-lesbischen Kultur in der Stadt. Die Festivalsaison beginnt im Mai mit dem **Long Beach Pride** (http://longbeachpride.com), im Juni findet dann WeHos **L.A. Pride** (http://lapride.org) statt.

Abbey (Karte S. 78; www.abbeyfoodandbar.com; 692 N Robertson Blvd; Hauptgerichte 9–13 US$; 🕐 Mo–Do 11–2, Fr 10–2, Sa & So 9–2 Uhr) Die Gay-Bar mit Restaurant in WeHo bietet eine schöne Terrasse, eine coole Lounge, einen Dancefloor und kräftige Martinis. Ein Dutzend weitere Bars und Nachtclubs sind nur einen Katzensprung entfernt.

Micky's (Karte S. 78; www.mickys.com; 8857 Santa Monica Blvd; 🕐 So–Do 17–2, Fr & Sa 17–4 Uhr) Ein zweistöckiger, für WeHo typischer Tanzclub mit Go-Go-Boys, teuren Drinks, Attitüde und viel fürs Auge. Besondere Veranstaltungen stehen auf der Website.

Akbar (www.akbarsilverlake.com; 4356 W Sunset Blvd; 🕐 16–2 Uhr) Grandiose Jukebox, Kasbah-Atmosphäre und ein Silver-Lake-Publikum, das nahezu stündlich wechselt: Schwule, Heteros und Hipster, die aber nicht so hip sind, dass sie nerven.

Chandler schrieb seine Bücher in den Sitznischen mit den hohen Rückenlehnen.

☆ Unterhaltung

Tickets mit Rabatt oder zum halben Preis gibt's bei **Goldstar** (www.goldstar.com) oder **LA Stage Tix** (www.lastagetix.com), bei Letzterem jedoch nur Theaterkarten.

★Hollywood Bowl   KONZERTE
(☎323-850-2000; www.hollywoodbowl.com; 2301 N Highland Ave; Proben Eintritt frei, wechselnde Vorstellungen; ☺Juni–Sept.) Was wäre ein Sommer in L.A. ohne einen Besuch dieser Musiklocation? Musik unterm Sternenhimmel – von den Sinfonikern bis hin zu großen Namen wie Baaba Maal, Sigur Ros, Radiohead und Paul McCartney. Das riesige Freiluft-Amphitheater mit dem grandiosen Klang gibt es schon seit 1922.

★Upright Citizens Brigade Theatre   COMEDY
(Karte S.76; ☎323-908-8702; http://franklin. ucbtheatre.com; 5919 Franklin Ave; Tickets 5–10 US$) Die in New York von den *Saturday-Night-Life*-Zöglingen Amy Poehler und Ian Roberts zusammen mit Matt Besser und Matt Walsh gegründete Sketch-Comedy-Truppe hat sich 2005 in Hollywood geklont. Angeblich ist dies das beste Improvisationstheater der Stadt.

Dodger Stadium   BASEBALL
(☎866-363-4377; www.dodgers.com; 1000 Elysian Park Ave; ☺April–Sept.) Nur wenige Clubs können es in puncto Geschichte (Jackie Robinson, Sandy Koufax, Kirk Gibson und Vin Scully), Erfolg und treuen Fans mit den Dodgers aufnehmen. Die neuen Besitzer haben die Organisation für grob 2 Mrd. US$ gekauft – ein Rekordpreis für amerikanischen Mannschaftssport.

Staples Center   BASKETBALL
(Karte S.72; ☎213-742-7340; www.staplescenter.com; 1111 S Figueroa St; ♿) Zum Zeitpunkt der Recherchen waren die **LA Lakers** (☎213-742-7340; www.nba.com/lakers; Tickets 50–250 US$) zwar vom Glück verlassen, aber das erfolgreichste NBA-Team schafft es noch immer, die 19 000 Sitze zu füllen. Die Plätze unten, von denen der allgegenwärtige Jack Nicholson einen in Beschlag nimmt, kosten pro Spiel mehr als 5000 US$.

Largo at the Coronet   LIVEMUSIK, THEATER
(Karte S.78; ☎310-855-0530; www.largo-la. com; 366 N La Cienega Blvd) Schon in den ers-ten Tagen der Fairfax Ave war das Largo ein Ort für anspruchsvolle Popkultur (hier wurde Zach Galifinakis zum Star). Das Largo ist jetzt Teil des Coronet Theatre Complex und bietet hochkarätige Comedy beispielsweise von Sarah Silverman und Jon Hodgman. Außerdem werden u. a. Anspruchsvolles von Brad Meldau und seinem Jazz-Piano und Akustik-Balladen von Andrew Bird geboten.

Arclight Cinemas   KINO
(Karte S.76; ☎323-464-1478; www.arclightcinemas.com; 6360 W Sunset Blvd; Tickets 14–16 US$) Das Multiplex-Kino mit 14 Sälen ist das beste weit und breit. Es gibt reservierte Plätze, und die Chance, einen Star zu treffen, ist nicht schlecht. Wenn man Zeit hat, ins Kino zu gehen, dann ist ein Besuch des beeindruckenden Cinerama Dome von 1963 ein Muss. Weitere Pluspunkte: Es gibt Filmvorführungen für Besucher über 21 Jahren, in denen Alkohol erlaubt ist, und Veranstaltungen, auf denen man Regisseuren, Schriftstellern und Schauspielern Fragen stellen kann. Parkplätze kosten 3 US$ für vier Stunden.

El Rey   LIVEMUSIK
(Karte S.78; www.theelrey.com; 5515 Wilshire Blvd; Eintrittspreise variieren) Der alte Art-déco-Tanzpalast mit viel rotem Samt und Kronleuchtern ist mit einem umwerfenden Soundsystem ausgestattet und bietet von überall einen guten Blick auf die Bühne. Obwohl es Platz für 800 Besucher gibt, vermittelt das El Ray doch einen recht traulichen Eindruck. Beliebte Location für Indie-Künstler wie Black Joe Lewis & the Honeybears und andere Rockgruppen.

American Cinematheque   KINO
(Karte S.76; www.americancinematheque.com; 6712 Hollywood Blvd; Erw./Senior & Student 11/9 US$) In dem gemeinnützigen Kino **Egyptian Theatre** (Karte S.76; www.egyptiantheatre.com; 6712 Hollywood Blvd) werden prämierte Filme, Retrospektiven und ausländische Streifen gezeigt. Regisseure, Drehbuchautoren und Schauspieler geben sich nach einem Film des Öfteren ein Stelldichein, um Fragen zu beantworten.

Kirk Douglas Theatre   THEATER
(www.centertheatregroup.org; 9820 Washington Blvd) Dank einer größeren Geldspritze der Douglas-Familie wurde ein altertümliches Kino in ein Theater mit 300 Sitzplätzen umgebaut. Seit der Eröffnung in 2004 ist es ein wichtiger Bestandteil von Culver Citys wachsender Kunstszene. Hier werden hauptsäch-

lich brandneue Stücke einheimischer Dramatiker gezeigt.

★ **Echo** LIVEMUSIK

(www.attheecho.com; 1822 W Sunset Blvd; Eintrittspreise variieren) Eastsider auf der Suche nach einem ungewöhnlichen Soundmix treffen sich in dieser funkigen Location, die eigentlich nicht mehr ist als eine stickige Bar mit Bühne und Raucherhof. Hier treten Indie-Bands auf. Außerdem gibt's regelmäßig Clubabende. Die Funky Sole Party, die jeden Samstag stattfindet, ist immer ein Wahnsinnsspaß.

🔒 Shoppen

Der Rodeo Drive in Beverly Hills ist zwar die berühmteste Einkaufsmeile in L.A., aber die Stadt hat Shoppingsüchtigen noch weitaus mehr zu bieten. Modefreaks und Paparazzi zieht es an den Robertson Blvd in der Mid-City, Promis in die nahe gelegene 3rd St. Ausgefallene und einzigartige Boutiquen säumen die Main St in Santa Monica, den Abbot Kinney Blvd in Venice und den Sunset Blvd in Silver Lake.

Fashion District MODE

(Karte S. 72; www.fashiondistrict.org) Die Absolventen des Fashion Institute of Design & Merchandising (FIDM) präsentieren in diesem aus 90 Häuserblocks bestehenden Nirwana für Shoppingsüchtige oft ihre eigenen Marken oder arbeiten für etablierte Labels. Der Fashion District wird begrenzt von der Main St und der Wall St sowie von der 7th St und dem Pico Blvd. Die niedrigsten Preise gibt's in der basarähnlichen Santee Alley, besonders fetzige Klamotten findet man im Gerry Building und im Cooper Design Space.

Melrose Avenue MODE

(Karte S. 78; Melrose Ave) Auf der beliebten Shoppingmeile zwischen Fairfax Ave und La Brea Ave kann man wunderbar Leute beobachten und natürlich auch shoppen. Hier sieht man Haare (und Menschen) aller Farbschattierungen und Stile und bekommt alles von Gothic-Schmuck über maßgeschneiderte Sneakers und Medizinalhanf bis hin zu ausgestopften Stachelschweinen.

Fred Segal MODE

(Karte S. 78; ☏ 323-651-4129; www.fredsegal.com; 8100 Melrose Ave; ⊙ Mo–Sa 10–19, So 12–18 Uhr) Promis und Schöne suchen in diesem Labyrinth von Edelboutiquen nach dem Neuesten von Babakul, Aviator Nation und Robbi & Nikki – und all dies unter einem verdammt

schicken Dach mit leicht arrogantem Touch. „Schnäppchen" gibt's nur beim zweiwöchigen Ausverkauf im September.

It's a Wrap! VINTAGE

(www.itsawraphollywood.com; 3315 W Magnolia Blvd, Burbank; ⊙ Mo–Fr 10–20, Sa & So 11–18 Uhr) Hier gibt's moderne, ausrangierte Bühnengarderobe, die bei TV- und Filmproduktionen von Promis getragen wurden. Und was heißt das nun? Tolle Preise für Mainstream-Designer-Label und auch für Freizeit- und Ausgehklamotten, die anlässlich von Shows wie *Nurse Jackie* und *Scandal* getragen wurden! Anzüge und Denim-Kleidung sind ein Schnäppchen. Neues wird nach Shows sortiert aufgehängt.

Raggedy Threads VINTAGE

(Karte S. 72; ☏ 213-620-1188; www.raggedythreads.com; 330 E 2nd St; ⊙ Mo–Sa 12–20, So 12–18 Uhr) Ein gigantischer Laden mit amerikanischen Vintage-Klamotten ganz in der Nähe der Haupteinkaufsmeile in Little Tokyo. Es gibt viele schöne, ziemlich verschlissene Jeansteile und Overalls, weiche T-Shirts, ein paar viktorianische Kleider und eine wunderschöne Türkis-Sammlung zu günstigen Preisen. Im Angebot ist auch eine Sammlung sensationeller Brillengestelle und Uhren.

Rose Bowl Flea Market MARKT

(www.rgcshows.com; 1001 Rose Bowl Dr, Pasadena; Eintritt ab 8 US$; ⊙ 2. So im Monat 9–16.30 Uhr, letzter Einlass um 15 Uhr) Kaliforniens Markt für ungewöhnliche Dinge findet im Rose Bowl Stadion statt. Hier treffen sich jeden Monat über 2500 Verkäufer und 15 000 Käufer. Spaß ist hier Programm.

ℹ️ Praktische Informationen

GEFAHREN & ÄRGERNISSE

Am niedrigsten sind die Verbrechensraten in West L.A., in Beverly Hills, in den Strandorten (mit Ausnahme von Venice und Long Beach) sowie in Pasadena. Allein und nach Einbruch der Dunkelheit sollte man die „Skid Row" in Downtown – ungefähr das Gebiet zwischen 3rd, Alameda, 7th und Main St – meiden.

GELD

Travelex (☏ 310-659-6093; www.travelex.com; US Bank, 8901 Santa Monica Blvd, West Hollywood; ⊙ Mo–Do 9.30–17, Fr 9–18, Sa 9–13 Uhr)

Travelex (☏ 310-260-9219; www.travelex.com; 201 Santa Monica Blvd, Suite 101, Santa Monica; ⊙ Mo–Do 9–17, Fr 9–18 Uhr)

INFOS IM INTERNET

Discover Los Angeles (http://discoverlosangeles.com) Offizielle Website der Touristeninformation.

Experience LA (www.experiencela.com) Umfassender Kulturveranstaltungskalender.

LAist (http://laist.com) Tratsch zu Kunst, Unterhaltung, Gastronomie und Popkultur.

MEDIEN

KCRW 89.9 FM (www.kcrw.org) Der in Santa Monica ansässige Sender des National Public Radio (NPR) bringt Avantgarde- und Indie-Musik sowie interessante Berichte.

LA Weekly (www.laweekly.com) Kostenloses alternatives Magazin mit Nachrichten und Veranstaltungskalender.

Los Angeles Magazine (www.lamag.com) Monatlich erscheinendes Hochglanz-Lifestyle-Magazin mit nützlichem Restaurant- und Barführer.

Los Angeles Times (www.latimes.com) Kaliforniens führende Tageszeitung wurde bereits mit zahlreichen Pulitzer-Preisen ausgezeichnet.

MEDIZINISCHE VERSORGUNG

Cedars-Sinai Medical Center (☏ 310-423-3277; http://cedars-sinai.edu; 8700 Beverly Blvd, West Hollywood; ⊘ 24 Std.) Rund um die Uhr geöffnete Notaufnahme.

TELEFON

Im L. A. County gelten mehrere Ortsvorwahlen. Stets müssen vor der siebenstelligen Anschlussnummer die ☏ 1+(Ortsvorwahl) gewählt werden.

TOURISTENINFORMATION

Downtown LA Visitor Center (Karte S. 72; www.discoverlosangeles.com; 800 N Alameda St, Downtown; ⊘ Mo–Fr 8.30–17 Uhr)

Hollywood Visitor Information Center (Karte S. 76; ☏ 323-467-6412; http://discoverlosangeles.com; Hollywood & Highland Complex, 6801 Hollywood Blvd, Hollywood; ⊘ Mo–Sa 10–22, So 10–19 Uhr) Im Gang zum Dolby Theatre.

Santa Monica Visitor Information Center (Karte S. 81; ☏ 800-544-5319; www.santamonica.com; 2427 Main St, Santa Monica) Mitarbeiter der Touristeninformation fahren auf Segways über die Promenade.

❶ An- & Weiterreise

AUTO

Die üblichen internationalen Autovermieter haben Vertretungen am LAX-Flughafen und in der ganzen Stadt.

BUS

Der **Greyhound-Hauptbusbahnhof** (☏ 213-629-8401; www.greyhound.com; 1716 E 7th St) befindet sich in einer zwielichtigen Ecke in Downtown L. A. Wenn es sich vermeiden lässt, sollte man nicht nach Einbruch der Dunkelheit hier ankommen.

FLUGZEUG

Das Haupttor nach L. A. ist der Los Angeles International Airport (www.lawa.org/lax; 1 World Way), der zweitgrößte Flughafen der USA. Der kostenlose Shuttle-Bus A verkehrt auf der unteren Ebene (Ankunft) zwischen den neun Terminals. Auch die Shuttles von Hotels und Autovermietern halten dort.

Der kleinere **Long Beach Airport** (www.lgb.org; 4100 Donald Douglas Dr, Long Beach) und der **Bob Hope Airport** (www.burbankairport.com; 2627 N Hollywood Way, Burbank) in Burbank wickeln hauptsächlich Inlandsflüge ab.

ZUG

Die Amtrak-Züge nutzen die historische **Union Station** (☏ 800-872-7245; www.amtrak.com; 800 N Alameda St) in Downtown L. A. Der Regionalzug Pacific Surfliner fährt in Richtung Süden nach San Diego (37 US$, 2¾ Std.) und in Richtung Norden nach Santa Barbara (31 US$, 2¾ Std.) und San Luis Obispo (41 US$, 5½ Std.).

❶ Unterwegs vor Ort

AUTO & MOTORRAD

Autofahren muss in L. A. nicht mühsam sein, allerdings sollte man sich wochentags in der Rushhour (ungefähr 7–10 & 15–19 Uhr) auf den schlimmsten Verkehr der ganzen USA einstellen.

Motels haben in der Regel kostenlose Parkplätze, die meisten Hotels nehmen zwischen 10 und 40 US$. Für den von Restaurants, Hotels und Nachtclubs angebotenen Parkservice muss man zwischen 5 und 10 US$ hinblättern.

VOM/ZUM FLUGHAFEN

Die Tür-zu-Tür-Shuttles von **Prime Time** (☏ 800-733-8267; www.primetimeshuttle.com) und **Super Shuttle** (☏ 800-258-3826; www.supershuttle.com) starten an der unteren Ebene der LAX-Terminals und fahren u. a. nach Santa Monica (21 US$), Hollywood (27 US$) und Downtown L. A. (16 US$).

Fahrzeugabfertiger am Straßenrand besorgen einem am LAX ein Taxi. Nach Downtown L. A. gilt eine Pauschale (46,50 US$). Sonst gelten die üblichen Taxameterpreise (inkl. 4 US$ Flughafenaufschlag), d. h. 30 bis 35 US$ nach Santa Monica, 50 US$ nach Hollywood plus Trinkgeld.

LAX FlyAway Buses (☏ 866-435-9529; www.lawa.org/FlyAway; einfache Strecke 8 US$) fahren von frühmorgens bis spätabends stündlich nach Santa Monica (8 US$, 40 Min.) oder Hollywood (8 US$, 60–90 Min.) und rund um die Uhr alle 30 Minuten zur Union Station (8 US$, 35 Min.) in Downtown L. A.

Andere öffentliche Verkehrsmittel sind langsamer und unbequemer, dafür aber billiger. Vor der unteren Ebene des LAX-Terminals fährt der kostenlose Shuttle-Bus C zum Metro Bus Center, einem Knotenpunkt für Busse in alle Gebiete von L. A. Alternativ kann man mit dem Shuttle-Bus G zur Aviation Station fahren und dort in die Metro Green Line einsteigen.

ÖFFENTLICHE VERKEHRSMITTEL

Wenn man nicht in Eile ist, kommt man in den Touristenvierteln von L. A. durchaus mit öffentlichen Verkehrsmitteln aus – das gilt aber nicht unbedingt, wenn man von einem für Touristen interessanten Viertel in das nächste möchte.

Bei der Online-Reiseplanung hilft L. A.s **Metro** (☎ 323-466-3876; www.metro.net). Das Unternehmen betreibt 200 Buslinien und die folgenden sechs U-Bahn bzw. Straßenbahnlinien.

Blue Line Von Downtown (7th St/Metro Center) Nach Long Beach.

Expo Line Von Downtown (7th St/Metro Center) über Exposition Park nach Culver City (und ab Anfang 2016 nach Santa Monica).

Gold Line Von East L. A. über Little Tokyo, Union Station und Chinatown nach Pasadena.

Green Line Von Norwalk über Aviation Station nach Redondo Beach.

Purple Line Von Downtown L. A. (Union Station) nach Koreatown.

Red Line Von Downtown L. A. (Union Station) über Hollywood und Universal City nach North Hollywood.

Eine Fahrt im Metro-Zug oder -Bus kostet 1,75 US$. Im Bus muss man beim Fahrer mit passendem Kleingeld bezahlen. Die Metro „TAP Card", mit der man unbegrenzt fahren kann, kostet 7/25 US$ pro Tag/Woche. „TAP Cards" sind an den Fahrkartenautomaten in den Metro-Rail-Bahnhöfen erhältlich. Tageskarten bekommt man auch in Bussen.

Lokale **DASH-Minibusse** (☎ 213-808-2273, 323-808-2273; www.ladottransit.com; 0,50 US$/Strecke; ⊙ 6.30–19 Uhr) fahren in Downtown L. A., Hollywood und anderen Stadtvierteln. Unterschiedliche Fahrpläne; an den Wochenenden fahren sie seltener. **Big Blue Bus** (☎ 310-451-5444; www.bigbluebus. com; Ticket ab 1 US$) verkehrt in großen Teilen von West L. A., u. a. in Santa Monica, Venice, Westwood, Culver City und LAX. Rapid 10 Express verbindet Santa Monica mit Downtown L.A. (2 US$, 45 Min.–1¾ Std.).

TAXI

Aufgrund der Größe von L. A. und des dichten Verkehrs sind Taxifahrten teuer. Die Taxis fahren mit Taxameter. Der Fahrpreis beträgt 2,85 US$ Grundgebühr plus 2,70 US$ pro Meile. Taxis bestellt man sich am besten telefonisch, vor Flughäfen, Bahnhöfen und großen Hotels warten sie allerdings auf Fahrgäste.

KALIFORNISCHE SÜDKÜSTE

Disneyland & Anaheim

Als Mutter aller Themenparks an der Westküste und wie es heißt „glücklichster Ort auf Erden" bildet Disneyland eine Parallelwelt, die blitzsauber, bezaubernd und irrwitzig zugleich ist. Das Ganze ist eine ausgeklügelte Hyperrealität mit stets fröhlichen Beschäftigten – die heißen hier „Cast Members" – und täglichen Umzügen. Über 16 Mio. Kids, Eltern, Großeltern, Flitterwöchner und Traveller aus aller Herren Länder passieren jedes Jahr die Eingangstore.

Disneyland wurde 1955 mit einem großen Spektakel eröffnet, und das prosaische Anaheim wuchs drum herum. Heute umfasst das Disneyland Resort den ursprünglichen Disneyland Park und den neueren Themenpark Disney California Adventure. Abgesehen von dem Disney-Giganten hat Anaheim selbst allerdings kaum Attraktionen zu bieten.

◉ Sehenswertes & Aktivitäten

Wer alle Rides (Fahrgeschäfte) in beiden Themenparks erleben will, benötigt mindestens zwei Tage, da die Wartezeiten vor Top-Attraktionen eine Stunde und mehr betragen können. Um die Wartezeit (vor allem im Sommer) zu reduzieren, sollte man werktags noch vor der Öffnungszeit kommen, sein Ticket online kaufen und ausdrucken und das Fastpass-System nutzen, das einem für ausgewählte Rides und Attraktionen einen festen Zeitpunkt zuteilt. Die saisonalen Öffnungszeiten und die Termine von Paraden, Shows und Feuerwerk stehen auf der Website.

Disneyland Park THEMENPARK
(☎ 714-781-4565; http://disneyland.disney.go.com; 1313 Disneyland Dr; Erw./Kind 99/93 US$, Tageskarte für beide Parks 155/149 US$; ⊞) Das makellose, mustergültige Disneyland entspricht noch immer Walts ursprünglichen Plänen. Es gibt unzählige Fahrgeschäfte, und viele der Attraktionen stehen in engem Zusammenhang mit dem Namen Disney: Main Street USA, Sleeping Beauty Castle, Tomorrowland.

Disney California Adventure THEMENPARK
(DCA; ☑714-781-4400, 714-781-4565; www.disney
land.com; 1313 Harbor Blvd, Anaheim; Erw./
Kind 99/93 US$, Tageskarte für beide Parks
155/149 US$; 🚇) Der größere und weniger
überlaufene California Adventure Park feiert die Natur und die kulturelle Pracht des
Golden State. Es gibt aber nicht so viele Attraktionen, und außerdem fehlt es dem Park
an Fantastischem. Die besten Rides sind der
virtuelle Drachenflug Soarin' Over California und der berühmte Twilight Zone Tower
of Terror, in dem man in einem Fahrstuhl
55 m in die Tiefe saust.

🛏 Schlafen

Kettenmotels und -hotels gibt es in Anaheim
wie Sand am Meer.

HI Fullerton HOSTEL $
(☑714-738-3721; www.hihostels.com; 1700 N Harbor Blvd, Fullerton; B 26–29 US$, Zi. 52–56 US$/
Pers.; ⊙Mitte Juni–Mitte Sept.; P☕❄@📶)
Knapp 10 km nördlich von Disneyland bietet die zweistöckige, im Brea Dam State
Park gelegene Hazienda einer alten Milch-
farm 20 Betten in gemischten und in nach
Geschlechtern getrennten Schlafsälen sowie
die typischen Jugendherbergsannehmlich-
keiten. Im Preis enthalten sind ein kontinentales Frühstück und der Parkplatz. Wer von
Disneyland kommt, läuft zur Ecke Harbor
Blvd/Ball Rd und steigt dort in OCTA-Bus
43 (2 US$, 30 Min.).

★ Anabella HOTEL $$
(☑714-905-1050; www.anabellahotel.com; 1030
W Katella Ave; Zi. 89–199 US$, Suite 109–199 US$;
P@📶❄🚇) Der fast 3 ha große Komplex,
auf dem früher drei getrennte Motels standen, hat den Charme eines ruhigen Country
Clubs. Die Gäste werden völlig mühelos in
der Bahn von der Lobby zu ihrer Unterkunft
gefahren. Die großen Zimmer mit Holzfuß-
boden, Mini-Kühlschrank und TV-/Hi-Fi-
System haben einen Touch von spanischem
Kolonialstil. Die Kinderzimmer der Suiten
weisen Stockbetten und Disney-Dekor auf.

Alpine Inn MOTEL $$
(☑714-535-2186; www.alpineinnanaheim.com; 715
W Katella Ave; Zi. 60–190 US$; P☕❄@📶🚇)
Liebhaber von Kitsch werden diese Berg-
hütte mit 42 Zimmern, „Schneedach" und
„Eiszapfen" – selbstverständlich umgeben
von Palmen – lieben. Die direkt neben dem
DCA gelegene Unterkunft bietet Blick auf
ein Riesenrad. Das Motel gibt's seit ca. 1958.

Die klimatisierten Zimmer sind zwar schon
etwas in die Jahre gekommen, aber sauber.
Das einfache, im Zimmerpreis enthaltene
kontinentale Frühstück wird in der Lobby
serviert.

Paradise Pier Hotel HOTEL $$$
(☑Infos 714-999-0990, Reservierungen 714-956-
6425; http://disneyland.disney.go.com/paradise-pier
-hotel; 1717 S Disneyland Dr; DZ ab 240 US$;
P❄@📶🚇🐶) Auf der Sonnenterrasse des
Paradise Pier Hotel – des kleinsten (472 Zim-
mer), günstigsten und vielleicht witzigsten
der drei Disney Hotels – gibt's Sonnenschein,
Surfbretter und eine gigantische Rutsche.
Kinder werden die Stranddeko und das
Spielzimmer lieben, ganz zu schweigen vom
Dachpool und dem Videoraum für Kids mit
kleinen Adirondack-Stühlen.

🍴 Essen & Ausgehen

In den Themenparks gibt es Dutzende Gas-
tronomiebetriebe. Es gehört dazu, die Es-
sensstände nach Jahrmarktsleckereien wie
riesigen Truthahnkeulen und mit Zucker
bestäubten Churros abzuklappern. Bei **Disney Dining** (☑714-781-3463; http://disneyland.
disney.go.com/dining) kann man telefonisch
einen Tisch oder ein Essen mit Disney-Figu-
ren reservieren.

Im Disneyland Park ist Alkohol verboten,
nicht aber im DCA und in Downtown Disney. Kostenbewusste Besucher und Familien
mit Kindern verstauen mitgebrachtes Essen
und Getränke (kein Glas!) in den Schließfä-
chern (7–15 US$/Tag), die sich in der Main
Street, USA, in Disneyland, in der Buena
Vista Street im DCA und vor dem Haupteing-
gang der beiden Parks befinden.

In der Fußgängerzone Downtown Disney
neben den Parks gibt's vorwiegend typische,
aber familienfreundliche Kettenrestaurants.
Gleiches gilt für den Anaheim GardenWalk
(www.anaheimgardenwalk.com; 400 W
Disney Way; ⊙11–21 Uhr), eine Freiluftmall
direkt östlich der Parks. Wer keinen Appetit
auf Mickey-Mouse-Essen hat, fährt in den
Anaheim Packing District (3 Meilen; 5 km
nordöstl.), nach Old Towne Orange (7 Meilen; 11 km südöstl.), Little Arabia (3 Meilen;
5 km westl.) oder Little Saigon (8 Meilen;
13 km südwestl.).

Earl of Sandwich SANDWICHES $
(☑714-817-7476; Downtown Disney; Hauptgerichte 4–7 US$; ⊙So–Do 8–23, Fr & Sa 8–24 Uhr) In
diesem Sandwich-Lokal in der Nähe vom
Disneyland Hotel werden getoastete Sand-

KNOTT'S BERRY FARM

Was, Disney hat nicht gereicht? Noch mehr Fahrgeschäfte und Zuckerwatte gibt's in **Knott's Berry Farm** (☏ 714-220-5200; www.knotts.com; 8039 Beach Blvd, Buena Park; Erw./Kind 67/37 US$; ⊙ ab 10 Uhr, Schließung zw. 18–23 Uhr; ♿). In diesem Old-West-Vergnügungspark mit seinen ziemlich heftigen Rides können jugendliche Tempofanatiker testen, wie mutig sie wirklich sind. Für Unbehagen im Magen sorgen u. a. die „Schreimaschine" Boomerang, der hölzerne GhostRider und der Xcelerator im Stil der 1950er-Jahre. Kleine Kinder werden sich über die zahmere Action im Camp Snoopy freuen. Von Ende September bis Oktober ist es abends Halloween angesagt, dann verwandelt sich der Park in die „Knott's Scary Farm".

Wem die Sommerhitze zu viel wird, der kann sich gleich nebenan im Wasserpark **Soak City Orange County** (☏ 714-220-5200; www.soakcityoc.com; 8039 Beach Blvd, Buena Park; Erw./Kind 3–11 Jahre 38/27 US$; ⊙ Mitte Mai–Mitte Sept. 10–17, 18 od. 19 Uhr) abkühlen. Zeit und Geld spart, wer sein Ticket für beide Parks zu Hause online kauft und ausdruckt. Parkplätze kosten 15 US$.

wiches über den Tresen gereicht, die sowohl großen, als auch kleinen Gästen schmecken. Das Sandwich „Original 1762" ist mit Roastbeef, Cheddar und Meerrettich belegt. Lecker ist auch das „Chipotle-Chicken". Pizzas, Salate und Frühstücksgerichte fehlen ebenfalls nicht.

Café Orleans CAJUN, KREOLISCH $$
(New Orleans Sq; Hauptgerichte 16–20 US$; ⊙ saisonal wechselnde Öffnungszeiten; ♿) Das Südstaaten-Restaurant ist bekannt für seine Monte-Cristo-Sandwiches, die mittags serviert werden. Frühstück gibt's je nach Saison.

★**Carthay Circle** AMERIKANISCH $$$
(Buena Vista St; Hauptgerichte mittags 24–32 US$, abends 34–47 US$; ⊙ mittags & abends) Das neue, an einen Country-Club in Hollywood erinnernde Carthay Circle ist in beiden Parks das beste Restaurant. Es gibt Steaks, Seafood, Pasta, eine gute Weinkarte und nette Bedienung. Einer am Tisch muss unbedingt frittierte Gebäckstücke bestellen, die

mit weißem Cheddar, Bacon und Jalapeños gefüllt sind und mit Aprikosen-Honig-Butter serviert werden. Unbedingt nachfragen, ob es Pauschalangebote gibt, z. B. Abendessen mit der World of Color Show!

Napa Rose KALIFORNISCH $$$
(☏ 714-300-7170; Grand Californian Hotel & Spa; Hauptgerichte 39–45 US$, 4-Gänge-Festpreismenü ab 90 US$; ⊙ 17.30–22 Uhr; ♿) Das beste Restaurant im Disneyland Resort hat riesige Bleiglasfenster, Stühle mit hohen Lehnen im Arts-&-Crafts-Stil und hohe Decken. Aus der Küche kommen saisonale „California Wine Country"-Speisen (d. h. aus NorCal) – fast wie im Schloss von Dornröschen. Kindermenüs gibt's ebenfalls. Reservierung erforderlich! Das Hotel betritt man vom DCA oder von Downtown Disney.

ℹ Praktische Informationen

In beiden Parks gibt es Geldautomaten, Geldwechselbuden und medizinische Versorgung.
Disneyland Resort (☏ Live Assistance 714-781-7290, Infos vom Band 714-781-4565; www.disneyland.com)
MousePlanet (www.mouseplanet.com) Alles über Disney aus einer Hand, wöchentlich aktualisierte Infos und Diskussionsforen.
MouseWait (www.mousewait.com) Kostenlose App mit minütlichen Updates zu den Wartezeiten und Ereignissen in den Parks.

ℹ Anreise & Unterwegs vor Ort

Das Disneyland Resort liegt an der I-5 (Santa Ana Fwy), ca. 50 km südöstlich von Downtown L. A.

Busse von **Disneyland Resort Express** (☏ 800-828-6699; www.graylineanaheim.com; ⊙ 8–20 Uhr) verkehren zwischen LAX (einfache Strecke/hin & zurück 30/48 US$) und den Hotels in der Gegend um Disneyland; ein Kind fährt pro zahlendem Erwachsenen kostenlos.

Das Anaheim Regional Transportation Intermodal Center (ARTIC) beim Angel Stadium ist nur eine kurze Bus- oder Taxifahrt gen Osten von Disneyland entfernt. **Amtrak**-Züge (☏ 800-872-7245; www.amtrak.com; 2626 E Katella Ave) auf der Strecke zwischen L. A.s Union Station (15 US$, 40 Min.) und San Diego (28 US$, 2¼ Std.) halten fast stündlich in Anaheim. Die Pendlerzüge von **Metrolink** (☏ 800-371-5465; www.metrolinktrains.com; 2626 E Katella Ave), die L. A.s Union Station (8,75 US$, 50 Min.) starten, halten am gleichen Bahnhof.

Anaheim Resort Transit (ART; ☏ 888-364-2787; www.rideart.org; Erw./Kind 3/1 US$, Tageskarte 5/2 US$) bietet häufige Busverbindungen zwischen dem Disneyland Resort und vielen Hotels und Motels in der Gegend. Die ersten Shuttle-Busse fahren eine Stunde, bevor Disneyland öffnet, Betriebszeiten sind im Sommer täglich von 7 bis 24 Uhr.

Eine kostenlose Tram fährt vom Hauptparkplatz (ab 17 US$/Tag) des Disneyland Resorts nach Downtown Disney. Von dort ist es nur kurzer Fußmarsch zu den Parks.

Strände im Orange County

Viele, die *O.C., California* oder *Real Housewives* gesehen haben, glauben zu wissen, was sie von der riesigen Vorstadtansammlung zwischen L.A. und San Diego mit der prächtigen 68 km langen Küstenlinie zu erwarten haben. In Wirklichkeit hat aber jeder Strandort im Orange County sein ganz eigenes Flair. Gut gebaute Typen mit einem fetten Hummer als fahrbarem Untersatz und Botox-Schönheiten leben hier Seite an Seite mit lässigen Surfern und freakigen Künstlern.

Das altmodische **Seal Beach** gleich hinter der Grenze zwischen dem L.A. County und dem Orange County ist ein erfrischend unkommerzielles Städtchen mit einem malerischen, gut zu Fuß erkundbaren Zentrum. Knapp 10 Meilen (16 km) weiter südlich auf dem Pacific Coast Hwy (Hwy 1) kommt **Huntington Beach** – alias „Surf City, USA" – der Inbegriff des südkalifornischen Surfer-Lebensstils. In den Bars und Cafés in HBs Main St gibt's Fischtacos und Happy-Hour-Specials zuhauf, und ganz in der Nähe befindet sich das winzige **Surfing Museum** (www.surfingmuseum.org; 411 Olive Ave; Spende erwünscht; ⊙ Mi–Fr & So 12–17, Di 12–20, Sa 12–19 Uhr).

Als nächstes kommt die schickste der Strandgemeinden von O.C.: **Newport Beach** mit seinen unzähligen Jachten. Familien und Teenager zieht es zur Balboa Peninsula mit ihren Stränden, dem alten Holzpier und dem witzigen Vergnügungszentrum. In der Nähe des 1906 errichteten Balboa Pavilion legt die **Balboa Island Ferry** (www.balboaislandferry.com; 410 S Bay Front; Erw./Kind 1/0,50 US$, Auto mit Fahrer 2 US$; ⊙ So–Do 6.30–24, Fr & Sa 6.30–2 Uhr) zur Balboa Island ab, wo man historische Strandhäuser bewundern und in der Marine Ave in Boutiquen stöbern kann.

Auf der Fahrt weiter nach Süden führt der Hwy 1 vorbei an den wilden Stränden des **Crystal Cove State Park** (☏ 949-494-3539; www.parks.ca.gov; 8471 N Coast Hwy; Auto 15 US$, Stellplatz 25–75 US$; ⊙ 6 Uhr–Sonnenuntergang)

und schließlich hinunter zum **Laguna Beach**, O.C.s kultiviertester Küstengemeinde. Einsame Strände, spiegelglattes Wasser und mit Eukalyptusbäumen bewachsene Hügel sorgen für Riviera-Atmosphäre. Kunstgalerien säumen die engen Straßen des „Dorfs" und den Coastal Hwy mit dem **Laguna Art Museum** (☏ 949-494-8971; www.lagunaartmuseum.org; 307 Cliff Dr; Erw./Kind/Student & Senior 7/frei/5 US$, 1. Do im Monat 17–21 Uhr Eintritt frei; ⊙ Fr–Di 11–17, Do 11–21 Uhr), in dem moderne und zeitgenössische kalifornische Werke bewundert werden können. Mitten im Ortszentrum am **Main Beach** kann man die Schönheit der Natur in sich aufsaugen.

Weitere 10 Meilen (16 km) südlich befindet sich landeinwärts die **Mission San Juan Capistrano** (☏ 949-234-1300; www.missionsjc.com; 26801 Ortega Hwy, San Juan Capistrano; Erw./Kind 9/6 US$; ⊙ 9–17 Uhr), eine der am schönsten restaurierten spanischen Kolonialmissionen Kaliforniens mit Blumengärten, einem Hof mit Springbrunnen und der bezaubernden Serra Chapel aus dem Jahr 1778.

🍴 Schlafen & Essen

Die auf der Seeseite des Pacific Coast Hwy (Hwy 1) liegenden Motels und Hotels sind überraschend teuer, vor allem an den Wochenenden im Sommer. An den Freeways weiter landeinwärts sind die Unterkünfte bedeutend preiswerter.

★ **Crystal Cove Beach Cottages**   HÜTTE **$$**
(☏ Reservierungen 800-444-7275; www.crystalcovebeachcottages.com; 35 Crystal Cove, Newport Beach; Zi. ohne Bad 42–127 US$, Hütte 162–249 US$; ⊙ Check-in 16–21 Uhr; ♿) Um eine dieser historischen Hütten zu ergattern, muss man sechs Monate vor dem geplanten Aufenthalt am ersten Tag des Monats buchen – oder beten, dass irgendjemand in letzter Minute absagt.

Shorebreak Hotel   BOUTIQUEHOTEL **$$$**
(☏ 714-861-4470; www.shorebreakhotel.com; 500 Pacific Coast Hwy, Huntington Beach; Zi. 189–495 US$; P❄@🛜🐾) Wenn man das angesagteste Hotel in H.B., das nur ein paar Schritte vom Pier entfernt ist, betritt, sollte man zuerst mal sein Surfbrett in einem der Schließfächer verstauen. Das Shorebreak hat einen Surf-Concierge, ein Fitness-Center und ein Yogastudio, in der Lobby stehen Sitzsäcke, in den geometrisch gemusterten Zimmern mit Klimaanlage Rattan- und Holzmöbel. Einige der Zimmer sind haustierfreundlich. Den Sundowner genießt man

NICHT VERSÄUMEN

LAGUNAS FESTIVAL OF ARTS

Hallo, hat sich das Bild da gerade bewegt? Willkommen beim **Pageant of the Masters** (☏ 800-487-3378; www.foapom.com; 650 Laguna Canyon Rd; Tickets ab 15 US$; ⊗ Mitte Juli–Aug. tgl. 20.30 Uhr). Hier werden auf einer Freiluftbühne berühmte Gemälde bis ins kleinste Detail von kostümierten Schauspielern nachgestellt. Das Schauspiel fand erstmals 1933 als Beiwerk zu Laguna Beachs **Festival of Arts** (www.foapom.com; 650 Laguna Canyon Rd; Eintritt 7–10 US$; ⊗ Juli & Aug. normalerweise 10–23.30 Uhr) statt und ist seither ein echter Publikumsmagnet. Besonders toll ist es, wenn sich die Gemälde wieder auflösen.

auf der Terrasse des Restaurants Zimzala im Obergeschoss. Parkplätze kosten 27 US$.

Sugar Shack CAFÉ $

(www.hbsugarshack.com; 213½ Main St, Huntington Beach; Hauptgerichte 4–10 US$; ⊗ Mo–Di & Do–Fr 6–14, Mi 6–20, Sa & So 6–15 Uhr; 🖶) Wer in diese Institution in H.B. will, sollte sich auf Warteschlangen gefasst machen oder wirklich früh kommen – dann kann man hier außerdem Surfer treffen, die gerade in ihre Neoprenanzüge schlüpfen. Frühstück wird den ganzen Tag über serviert, sowohl draußen auf der Terrasse, als auch drinnen, wo man am Tresen oder an Zweiertischen sitzen kann. Die Wände sind mit Fotos von Surflegenden tapeziert, was fast den Eindruck vermittelt, in einem Schrein gelandet zu sein.

★ Bear Flag Fish Company SEAFOOD $$

(☏ 949-673-3434; www.bearflagfishco.com; 3421 Via Lido, Newport Beach; Hauptgerichte 8–15 US$; ⊗ Di–Sa 11–21, So & Mo 11–20 Uhr; 🖶) *Das* Lokal für große Portionen panierter, gegrillter Fisch-Tacos, Ahi-Burritos, absolut frischer Ceviche und Austern. Man nimmt sich die gewünschte Speise aus der Eistruhe und sucht sich einen Platz an einem der Picknicktische. Frischere Meeresfrüchte bekommt man nur, wenn man sie selbst fängt und gleich an Bord verputzt.

242 Cafe Fusion Sushi JAPANISCH $$$

(www.fusionart.us; 242 N Coast Hwy, Laguna Beach; Hauptgerichte 18–45 US$; ⊗ So–Do 16.30–22, Fr & Sa 16.30–22.30 Uhr) Miki Izumisawa, die einzige Sushi-Chefköchin im Orange County, bereitet aus Bioreis die besten, äußerst

kunstvoll präsentierten Sushi-Rollen und -Scheiben in Laguna. Da in diesem Lokal nur für etwa zwei Dutzend Gäste Platz ist, sollte man sich auf Wartezeiten gefasst machen oder früh kommen. Die „sexy" Handroll – pikanter Ahi-Thunfisch und Jakobsmuschel mit Minze, Koriander, Avocado und knuspriger Kartoffel – ist was ganz Besonderes für ein Date.

San Diego

Die Bewohner San Diegos bezeichnen ihre Stadt schamlos als „Amerikas tollste Stadt". Und diese kesse Selbstgefälligkeit ist verständlich: Es gibt hier perfektes, sonniges Wetter und Strände, die in null Komma nichts mit dem Auto zu erreichen sind. Obwohl San Diego mit 1,38 Mio. Einwohnern die achtgrößte Stadt der USA und (nach L.A.) die zweitgrößte Kaliforniens ist, gibt es wohl kaum eine entspanntere Metropole.

Als im Zweiten Weltkrieg der japanische Angriff auf Pearl Harbor die US-Marine veranlasste, ihre Pazifikflotte von Hawaii in den Naturhafen von San Diego zu verlegen, wuchs die Stadt in rasantem Tempo. Militär, Tourismus, Bildungs- und wissenschaftliche Forschungseinrichtungen (vor allem im Bereich der Medizin und der Ozeanografie) sowie Hightech-Unternehmen in den landeinwärts gelegenen Tälern formten das Bild der Stadt unweit der Grenze zu Mexiko.

⊙ Sehenswertes

Mittelpunkt der kompakten Innenstadt von San Diego ist das historische Gaslamp Quarter, in dem abends viel los ist. Coronado erreicht man über eine beeindruckende Brücke. Balboa Park mit seinen Museen (und dem San Diego Zoo) liegt nördlich der Downtown. Weiter westlich liegen das touristische Old Town und der Wasserspielplatz Mission Bay. Entlang der Küste in nördlicher Richtung versprühen Ocean Beach, Mission Beach und Pacific Beach den relaxten SoCal-Vibe, das hübsche La Jolla liegt dagegen etwas privilegierter. Der Freeway I-5 führt von Nord nach Süd durch die Region.

⊙ Downtown & Embarcadero

In Downtown gab es einst eine berüchtigte Meile mit Saloons, Spielhöllen und Bordellen, die unter dem Namen Stingaree bekannt war. Sie wurde wunderschön restauriert, heißt jetzt Gaslamp Quarter und beherbergt unzählige Restaurants, Bars, Clubs, Boutiquen und Galerien.

Am Nordrand von Downtown hat sich **Little Italy** zu einem der angesagtesten Viertel zum Wohnen, Ausgehen und Shoppen gemausert.

★ USS Midway Museum — MUSEUM

(Karte S. 100; 619-544-9600; www.midway. org; 910 N Harbor Dr; Erw./Kind 20/10 US$; 10–17 Uhr, letzter Einlass 16 Uhr;) Der riesige Flugzeugträger USS *Midway* gehörte von 1945 bis 1991 zu den Flaggschiffen der Marine und spielte zuletzt eine wichtige Rolle im ersten Golfkrieg. Auf dem Flugdeck des massigen Schiffs kann man etwa 25 restaurierte Flugzeuge besichtigen, u. a. eine F-14 Tomcat und einen F-4-Phantom-Kampfjet. Eine im Eintrittspreis enthaltene Audiotour führt die Besucher über die Oberdecks zur Brücke, in die Einsatzzentrale des Admirals, in die Arrestzelle und in das Flugkontrollzentrum „pri-fly", eine Art Tower.

Maritime Museum — MUSEUM

(Karte S. 100; 619-234-9153; www.sdmaritime. org; 1492 N Harbor Dr; Erw./Kind 16/8 US$; Ende Mai–Anfang Sept. 9–21 Uhr, Anfang Sept.–Ende Mai 9–20 Uhr;) Dieses Museum kann man gar nicht verfehlen. Es ist an den 30 m hohen Masten des Rahseglers *Star of India* mit Eisenrumpf zu erkennen. Der auf der Isle of Man gebaute und 1863 vom Stapel gelassene Windjammer wurde auf der England-Indien-Handelsroute eingesetzt, brachte Auswanderer nach Neuseeland, wurde ein Handelsschiff mit Heimathafen auf Hawaii und endete schließlich als Frachtschiff in Alaska. Es ist zwar ein stattliches Schiff, aber man darf an Bord nichts Romantisches oder Glamouröses erwarten.

Museum of Contemporary Art — MUSEUM

(MCASD Downtown; Karte S. 100; 858-454-3541; www.mcasd.org; 1001 Kettner Blvd; Erw./Kind unter 25 Jahren/Senior 10/frei/5 US$, 3. Do im Monat 17–19 Uhr Eintritt frei; Do–Di 11–17 Uhr, 3. Do im Monat bis 19 Uhr) Das im Financial District in Downtown angesiedelte Museum präsentiert seit den 1960er-Jahren eine sich ständig ändernde Vielfalt innovativer Kunstwerke. Gleiches gilt für die Zweigstelle in **La Jolla** (MCASD; Karte S. 98; 858-454-3541; www.mcasd.org; 700 Prospect St, La Jolla; Erw./ Kind 10 US$/frei, 3. Do im Monat 17–19 Uhr Eintritt frei; Do–Di 11–17 Uhr, 3. Do im Monat bis 19 Uhr). Infos über die jeweiligen Ausstellungen stehen auf der Website. Gegenüber vom Haupt-

gebäude beherbergt ein edel renovierter Teil des Bahnhofs von San Diego eine Dauerausstellung mit Werken von Jenny Holzer und Richard Serra. Die Eintrittskarten für alle Standorte sind sieben Tage lang gültig.

⊙ Coronado

Coronado Island ist eigentlich eine Halbinsel und mit dem Festland über eine 3,5 km lange Brücke verbunden. Die Hauptattraktion der Halbinsel ist das Hotel del Coronado (S. 104), das für seine viktorianische Architektur und sein illustres Gästebuch bekannt ist, in dem Namen wie Thomas Edison, Babe Ruth und Marilyn Monroe zu finden sind (hier und nicht in Miami wurde der Filmklassiker *Manche mögen's heiß* gedreht).

Die **Coronado Ferry** (Karte S. 100; 619-234-4111; www.flagshipsd.com; Tickets 4,75 US$; 9–22 Uhr) verkehrt stündlich zwischen dem Broadway Pier (990 N Harbor Dr) am Embarcadero und dem Convention Center in Downtown. Alle Fähren legen in Coronado am Ende der 1st St an. Dort vermietet **Bikes & Beyond** (Karte S. 98; 619-435-7180; www.bikes-and-beyond.com; 1201 1st St, Coronado; Std./Tag ab 8/30 US$; 9 Uhr–Sonnenuntergang) Fahrräder und Tandems, die ideal sind, um Coronados weiße Sandstrände zu erkunden, die sich am **Silver Strand** entlang gen Süden erstrecken.

⊙ Balboa Park

Der Balboa Park ist eine städtische Oase mit mehr als einem Dutzend Museen, prächtigen Gärten, schöner Architektur, Veranstaltungsstätten und einem Zoo. Gebäude im Beaux-Arts- und im spanischen Kolonialstil aus dem frühen 20. Jh. (ein Überbleibsel der Weltausstellungen) säumen die Plazas an der von Osten nach Westen verlaufenden Promenade El Prado.

Eine kostenlose Tram fährt die Besucher im Park herum. Es macht aber sehr viel mehr Spaß, durch den botanischen Garten zu schlendern, vorbei am **Spreckels Organ Pavilion** (Karte S. 98; http://spreckelsorgan. org) von 1915, an den Läden und Galerien des **Spanish Village Art Center** (Karte S. 98; 11–16 Uhr) GRATIS und den international gestalteten Ausstellungspavillons am **United Nations Building**.

Im Balboa Park Visitors Center (S. 107) sind Karten, Infos über Veranstaltungen und ermäßigte Karten für Attraktionen erhältlich. Die kostenlosen Parkplätze beim Park Blvd

0   5 km

Torrey Pines
State Beach

Legoland
(17 Meilen)

Torrey Pines
State Natural
Reserve

San Diego Zoo
Safari Park
(17 Meilen)

🛈 18

University of
California, San
Diego (UCSD)

La Jolla
Village Dr

Marine Corps
Air Station
(MCAS) Miramar

805

Scripps
Pier

🔅 31

◉ 4

5

23

17

Torrey Pines Rd

LA JOLLA

52

29

1

**Museum of Contemporary Art
San Diego – La Jolla**

Clairemont Mesa Blvd

163

**PACIFIC
BEACH**

Balboa Ave

15

Pacific
Beach

La Jolla Blvd

Soledad Mountain Rd

Mission Blvd

Garnet Ave

19

Grand Ave

Crystal Pier

10

16

Mission
Bay

Linda Vista Rd

805

163

Mission
Beach

Ingraham St

**MISSION
VALLEY**

Friars Rd

8

3 ◉

◉ 12

405

**OLD
TOWN**

**UNIVERSITY
HEIGHTS**

Ocean Beach
Park

8

7

**MISSION
HILLS**

**NORTH
PARK**

Ocean Beach
Pier

25

8

University Ave

28

Newport
Ave

20

Nimitz Blvd

Sunset Cliffs Blvd

**OCEAN
BEACH**

San Diego
International
Airport

Pacific Hwy

Washington St

24

163

**San Diego
Zoo**

2 13

30th St

Park Blvd

Ocean
Beach

22

209

Harbor Dr

30

10

11

Balboa
Park

**SOUTH
PARK**

27

Catalina Blvd

Harbor
Island

26

21

5

9 14

Broadway

94

Shelter
Island

Market St

15

Sunset Cliffs
Park

209

PAZIFIK

North Island
Naval
Air Station

🛈 15

Orange
Ave

75

Harbor Dr

5

s. Karte Downtown San Diego (S. 100)

Cabrillo Memorial Dr

Coronado

Coronado Bay
Bridge

Coronado
Visitors Center

6

75

Silver Strand Blvd

San Diego
Bay

Mexiko
(15 Meilen)

5 ◆

Point
Loma

Mexiko
(16 Meilen)

Großraum San Diego

sind an den Wochenenden schnell besetzt. Von Downtown ist der Balboa Park mit MTS-Bus 7 (2,25 US$, 20 Min.) zu erreichen.

★ San Diego Zoo   ZOO

(Karte S. 98; ☏ 619-231-1515; http://zoo.san diego.org; 2920 Zoo Dr; Tageskarte Erw./Kind ab 48/38 US$, 2-Tageskarte für Zoo und/oder Safari Park Erw./Kind 86/66 US$; ⊙ Mitte Juni–Anfang Sept. 9–21 Uhr, Anfang Sept.–Mitte Juni 9–17 Uhr; P ✈) ✎ Dieser zu Recht berühmte Zoo ist SoCals größte Attraktion. In wunderschön gestalteter Landschaft leben hier in möglichst originalgetreuen Nachbildungen der natürlichen Lebensräume mehr als 3000 Tiere, die zu mehr als 800 Arten gehören. Der Schwesterpark San Diego Zoo Safari Park (S. 107) befindet sich im nördlich gelegenen San Diego County.

Es lohnt sich, möglichst früh zu kommen, denn viele Tiere sind morgens am aktivsten – einige erwachen dann aber auch nachmittags noch einmal zu neuem Leben. Anhand der am Eingang erhältlichen Karten kann man sich leicht orientieren und findet schnell seine Lieblingstiere.

Reuben H. Fleet Science Center   MUSEUM

(Karte S. 98; ☏ 619-238-1233; www.rhfleet.org; 1875 El Prado; Erw./Kind inkl. IMAX-Film 20/17 US$; ⊙ Mo–Do 10–17, Fr–So 10–18 Uhr; ✈) Das Museum gehört zu den beliebtesten Orten im Balboa Park und beherbergt interaktive Exponate und einen Raum für Kids. Hier kann man gigantische Strukturen aus Keva-Hölzern basteln und die **Gallery of Illusions and Perceptions** besuchen. Das Highlight ist das **Giant Dome Theater**, in dem täglich mehrere verschiedene Filme gezeigt werden. Die halbkugelförmige Rundumleinwand und das aus 152 hochmodernen Lautsprechern bestehende Soundsystem sorgen für Sinneseindrücke von ziemlich cool bis überwältigend.

San Diego Natural History Museum   MUSEUM

(Karte S. 98; ☏ 619-232-3821; www.sdnhm.org; 1788 El Prado; Erw./Kind 19/11 US$; ⊙ 10–17 Uhr; ✈) Das „Nat" beherbergt in wunderschönen Räumen 7,5 Mio. Ausstellungsstücke, u. a. Felsen, Fossilien und ausgestopfte Tiere sowie ein beeindruckendes Dinosaurierskelett und eine Ausstellung über die kalifornische Bruchlinie. Kinder werden die Filme über die Welt der Natur in dem riesigen Kino mit der Riesenleinwand besonders mögen. Die Filme wechseln häufig. An den meisten Wochenenden werden besondere Kinderprogramme angeboten. Sonderausstellungen

KALIFORNIEN KALIFORNISCHE SÜDKÜSTE

Downtown San Diego

(manchmal gegen Aufpreis) reichen thematisch von Piraten bis hin zu Tutanchamun. Das Museum organisiert auch Exkursionen und Naturspaziergänge im Balboa Park und anderswo.

Museum of Man
MUSEUM

(Karte S. 98; ☏ 619-239-2001; www.museumof man.org; Plaza de California, 1350 El Prado; Erw./Kind/Student 12,50/5/8 US$; ⏱ So–Mi 10–17, Do–Sa 10–20.30 Uhr) Das einzige anthropologische Museum des Countys beherbergt Ausstellungen über das alte Ägypten, die Maya und das hiesige indigene Volk der Kumeyaay sowie über die Entwicklung der Menschheit und den menschlichen Lebenszyklus. In den letzten Wechselausstellungen wurde von Frauen-Empowerment bis hin zu Bier so ziemlich alles gezeigt. Besonders schön sind auch die Korb- und Keramiksammlungen. Im Museumsladen wird u. a. Kunsthandwerk aus Zentralamerika verkauft.

Timken Museum of Art
MUSEUM

(Karte S. 98; ☏ 619-239-5548; www.timkenmu seum.org; 1500 El Prado; ⏱ Di–Sa 10–16.30, So 12–16.30 Uhr) GRATIS Das Timken Museum, der Standort der Putnam-Sammlung, lohnt den Besuch unbedingt. Das kleine, aber feine Museum zeigt Werke von Rembrandt, Rubens, El Greco, Cézanne und Pissarro sowie eine wundervolle Sammlung russischer Ikonen. Das 1965 errichtete Gebäude steht in krassem Gegensatz zum allgegenwärtigen spanischen Kolonialstil.

San Diego Museum of Art
MUSEUM

(SDMA; Karte S. 98; ☏ 619-232-7931; www.sd smart.org; 1450 El Prado; Erw./Kind 12/4,50 US$; ⏱ Mo–Di & Do–Sa 10–17, So 12–17 Uhr, Mitte Juli–Mitte Sept. Fr auch 17–20 Uhr) Das SDMA ist das größte Museum der Stadt. Die Sammlung umfasst Arbeiten zahlreicher europäischer Meister von der Renaissance bis hin zur Moderne (jedoch keine berühmten Werke), amerikanische Landschaftsgemälde und

Balboa
Park
Ash St
A St
B St
Park Blvd
San Diego
City College
C St
City
College
8th Ave
9th Ave
E St
F St
13th Ave
14th Ave
15th Ave
16th Ave
17th Ave
G St
EAST
VILLAGE
Market St
Park Blvd
Island Ave
10th Ave
11th Ave
J St
K St
L St
Imperial Ave
12th & Imperial
Transit Center Ⓜ Ⓖ Greyhound

ri-Baum (ein wohlriechender immergrüner Baum mit breiten Laubblättern) schmückt den Eingang dieses Museums mit seiner bunten Sammlung aus Volkskunst, Trachten, Spielzeug, Schmuck, Gerätschaften und anderen handgefertigten Gegenständen von traditionellen Kulturen aus aller Welt. Außerdem gibt's Wechselausstellungen von Perlschmuck bis hin zu Surfbrettern. Besondere Veranstaltungen und Ausstellungen sind auf der Website verzeichnet.

◉ Old Town & Mission Valley

1769 gründete ein Trupp von spanischen Soldaten und Missionaren unter der Führung des Franziskanerpaters Junípero Serra die erste von 21 kalifornischen Missionskirchen auf San Diegos Presidio Hill. 1821, als Kalifornien unter mexikanischer Herrschaft stand, wurde die Gegend unterhalb des Presidio (Fort) Kaliforniens erste offizielle mexikanische Siedlung.

Old Town State Historic Park
HISTORISCHE STÄTTE
(Karte S. 98; ☏ 619-220-5422; www.parks.ca. gov; 4002 Wallace St; ⊙ Center & Museen Okt.– April 10–16 Uhr, Mai–Sept. Fr–So 10–17 Uhr; P 🚻) GRATIS Das in diesem Park am Südende der Plaza stehende **Robinson-Rose House** be-

---

mehrere fantastische Stücke in den Asien-Galerien. Es werden auch oft Wanderausstellungen gezeigt. Im **Skulpturengarten** sind Werke von Alexander Calder und Henry Moore zu bewundern.

San Diego Air & Space Museum
MUSEUM
(Karte S. 98; ☏ 619-234-8291; www.sandiegoair andspace.org; 2001 Pan American Plaza; Erw./ Kind 18/9 US$; ⊙ 10–16.30 Uhr; 🚻) Das runde Gebäude am Südende der Plaza beherbergt ein ausgezeichnetes Museum mit vielen Exponaten über die Entwicklung der Luftfahrt – Originale, Nachbauten, Modelle – und Erinnerungsstücke von legendären Piloten wie Charles Lindbergh und dem Astronauten John Glenn. In dem neuen 3-D-/4-D-Kino werden Filme gezeigt.

Mingei International Museum
MUSEUM
(Karte S. 98; ☏ 619-239-0003; www.mingei.org; 1439 El Prado; Erw./Kind 10/7 US$; ⊙ Di–So 10–17 Uhr; 🚻) Ein seltener Neuseeländischer Kau-

herbergt ein ausgezeichnetes historisches Museum. Ein Diorama zeigt, wie das Original-*pueblo* einst aussah. Im **Visitor Center** des Parks ist der *Old Town San Diego State Historic Park Tour Guide & Brief History* (3 US$) erhältlich. Hier beginnen jeden Tag um 11 und 14 Uhr (kostenlose) Führungen.

Mission Basilica
San Diego de Alcalá   KIRCHE
(☎619-281-8449; www.missionsandiego.com; 10818 San Diego Mission Rd; Erw./Kind 3/1 US$; ⊘9–16.30 Uhr; ℗) Nachdem die erste Mission in Kalifornien 1769 auf dem Presidio Hill in der Nähe der heutigen Old Town errichtet wurde, beschloss Padre Junípero Serra 1774, sie etwa 10 km weiter flussaufwärts zu verlegen, wo das Wasser besser und der Boden fruchtbarer war. So entstand die heutige Mission Basilica San Diego de Alcalá. 1784 erbauten die Missionare eine solide Kirche aus Lehmziegeln und Holz, die aber bei einem Erdbeben 1803 zerstört wurde. Reste der sofort wieder aufgebauten Kirche stehen noch heute an einem Hang über dem Mission Valley.

Junípero Serra Museum   MUSEUM
(Karte S. 98; ☎619-232-6203; www.sandiego history.org; 2727 Presidio Dr; Erw./Kind 6/3 US$; ⊘ganzjährig Sa & So 10–17 Uhr, Anfang Juni–Anfang Sept. auch Fr 10–17 Uhr; ℗♿) Dieses Museum in einem der bedeutendsten historischen Gebäude der Stadt wartet mit einer kleinen, aber interessanten Sammlung von Gebrauchsgegenständen und Bildern aus der Zeit der Missionare und der Ranchos auf. Außerdem vermittelt es einen guten Eindruck der ersten Tage europäischer Siedlungen bis 1929, dem Jahr der Museumsgründung.

◉ Point Loma

Cabrillo National Monument   DENKMAL
(Karte S. 98; ☎619-557-5450; www.nps.gov/ cabr; 1800 Cabrillo Memorial Dr; 5 US$/Auto; ⊘9–17 Uhr; ℗) Oben auf dem Hügel an der Spitze der Halbinsel befindet sich San Diegos schönster Ort, um in die Geschichte einzutauchen, eine tolle Aussicht zu genießen und Wanderungen durch die Natur zu unternehmen. Zudem ist er der beste Platz, um die Wanderung der Grauwale (Jan.–März) vom Land aus zu beobachten. Hier kann man glatt vergessen, dass man in einer Metropole ist.

Das **Visitor Center** bietet klassische informative Vorträge über die Reise des portugiesischen Entdeckers Juan Rodríguez Cabrillo zur kalifornischen Küste im Jahre 1542 an. Außerdem gibt's Ausstellungsstücke über die ersten kalifornischen Ureinwohner und die Naturgeschichte dieser Gegend.

◉ Mission Bay & Strände

In San Diegos drei Strandorten blüht der Hedonismus: Armeen gebräunter, straffer Körper tummeln sich im Sand.

Westlich der amöbenförmigen Mission Bay sind der surferfreundliche **Mission Beach** und sein nördlicher Nachbar **Pacific Beach** (PB) durch den autofreien **Ocean Front Walk** verbunden, der von Skatern, Joggern und Radfahrern wimmelt. Südlich von Mission Bay gibt's im bohemehaften **Ocean Beach** (OB) ein Angelpier, Beachvolleyballfelder und gute Surfbedingungen. An der Hauptstraße, der **Newport Ave**, finden sich jede Menge raubeinige Bars, lässige Restaurants, Tattoo-Shops und Läden, die Surfausrüstung, alte Klamotten und Trödel verkaufen.

Belmont Park   VERGNÜGUNGSPARK
(Karte S. 98; ☎858-458-1549; www.belmont park.com; 3146 Mission Blvd; 3–6 US$/Ride, Tageskarte Erw./Kind 29/18 US$; ⊘tgl. ab 11 Uhr, wechselnde Schließzeiten; ℗) Im kleinen Belmont Park gibt's eine historische Holzachterbahn, einen Wellensimulator und eine Schwimmhalle.

SeaWorld San Diego   THEMENPARK
(Karte S. 98; ☎800-257-4268; www.seaworld sandiego.com; 500 SeaWorld Dr; Erw./Kind 3–9 Jahre 89/83 US$; ⊘tgl.; ℗♿) SeaWorld wurde 1964 in San Diego eröffnet und war jahrelang Kaliforniens beliebtester Themenpark. Viele Besucher verbringen den ganzen Tag hier und pendeln zwischen typischen wasserlastigen Rides, Tierbegegnungen und Ausstellungen hin und her. Die bekannteste Attraktion des Parks ist zugleich auch die umstrittenste: Shows mit dressierten Delfinen, Seelöwen und Killerwalen. Nachdem 2013 der Dokumentarfilm *Blackfish* herauskam, wurde viel darüber diskutiert, dass in der SeaWorld Orcas in Gefangenschaft gehalten werden. In der Folge fielen die Besucherzahlen, und es gab jede Menge negative Schlagzeilen.

◉ La Jolla

Der Nobelvorort La Jolla (span. für „Juwel", la-*hoi*-jah ausgesprochen) mit schimmernden Stränden und einem schicken Zentrum mit Boutiquen und Cafés schmiegt sich an einen der schönsten Küstenstreifen von SoCal. Zu den Attraktionen am Meer gehören der **Children's Pool** (in dem sich jetzt keine Kinder mehr, sondern bellende Seelöwen tummeln), Kajakfahrten und das Erkunden von Meereshöhlen in der **La Jolla Cove** sowie Schnorcheln im **San Diego-La Jolla Underwater Park**.

Torrey Pines State Natural Reserve PARK

(☎858-755-2063; www.torreypine.org; 12600 N Torrey Pines Park Rd; ⏲7.15 Uhr–Sonnenuntergang, Visitor Center Okt.–April 10–16 Uhr, Mai–Sept. 9–18 Uhr; P) In diesem Naturschutzgebiet zwischen der N Torrey Pines Rd und dem Ozean und vom **Torrey Pines Gliderport** (Karte S. 98; ☎858-452-9858; www.flytorrey.com; 2800 Torrey Pines Scenic Dr; 20 Min. Paragliding 175 US$, Tandem-Drachenflug 225 US$/Pers.) bis nach Del Mar stehen die letzten Torrey-Kiefern *(Pinus torreyana)* auf amerikanischem Festland. Diese Kiefernart hat sich den geringen Niederschlägen und dem sandigen, steinigen Boden angepasst. Die steil aufragenden Sandsteinwände sind zu spektakulären Strukturen erodiert. Der Blick über das Meer nach Norden und die Walbeobachtung sind einfach atemberaubend. An Wochenenden und Feiertagen bieten Ranger geführte Spaziergänge durch die Natur an. Mehrere Wanderwege führen durch den Park und hinunter zum Strand. Parkgebühren variieren pro Fahrzeug zwischen 4 US$ pro Stunde und 15 US$ pro Tag.

Birch Aquarium at Scripps AQUARIUM

(Karte S. 98; ☎858-534-3474; www.aquarium.ucsd.edu; 2300 Expedition Way; Erw./Kind 17/12,50 US$; ⏲9–17 Uhr; P) Meereswissenschaftler arbeiteten schon 1910 in dem Birch Aquarium in der Scripps Institution of Oceanography (SIO). Durch großzügige Spenden der Scripps-Familie wurde die Einrichtung zu einem der weltgrößten Meeresforschungsinstitute. Es gehört jetzt zur University of California, San Diego (UCSD). An der N Torrey Pines Rd wartet das Aquarium mit brillanten Ausstellungen auf. In der **Hall of Fishes** wird in mehr als 30 Becken das Leben in den Gewässern vom Pazifischen Nordwesten bis zu den Tropen präsentiert.

Aktivitäten

San Diego bietet hervorragende Surf- und Windsurfreviere, allerdings können die einheimischen Cracks schon mal nerven. Surfinfos gibt's telefonisch unter ☎619-221-8824.

Pacific Beach Surf Shop SURFEN

(Karte S. 98; ☎858-373-1138; www.pbsurfshop.com; 4150 Mission Blvd; ⏲Laden 9–19 Uhr, Unterricht stündl. bis 16 Uhr) In der angegliederten Pacific Beach Surf School kann man in freundlicher Atmosphäre surfen lernen oder sich einfach nur einen Neoprenanzug und ein Surfbrett (Soft- oder Glasfaserboard) leihen. Wer Unterricht braucht, muss vorher anrufen.

Surf Diva SURFEN

(Karte S. 98; ☎858-454-8273; www.surfdiva.com; 2160 Avenida de la Playa; ⏲Laden 8.30–18 Uhr, je nach Jahreszeit) Die tollen Surf-Diven bieten Surfkurse ab 75 US$ an und vermieten Bretter und Neoprenanzüge.

Flagship Cruises BOOTFAHREN

(Karte S. 100; ☎619-234-4111; www.flagshipsd.com; 990 N Harbor Dr; Touren Erw./Kind ab 23/11,50 US$;) Die Hafenrundfahrten und Walbeobachtungstouren starten am Embarcadero und dauern zwischen einer und mehreren Stunden.

Schlafen

Im Sommer steigen die Preise ins Unermessliche, vor allem an den Stränden. Kettenhotels und -motels sind im Hinterland an den größeren Freeways und im Mission Valley zuhauf zu finden. Die im Folgenden genannten Preise versehen sich inklusive Übernachtungssteuer (10,5 %).

Downtown & Umgebung

★**USA Hostels San Diego** HOSTEL $

(Karte S. 100; ☎619-232-3100; www.usahostels.com; 726 5th Ave; B/Zi. ohne Bad ab 33/79 US$; @) Das gesellige Hostel in einem ehemaligen Hotel aus viktorianischen Zeiten bietet viel Atmosphäre und ist äußerst farbenfroh gestaltet. Es gibt freundliche Zimmer, eine Gemeinschaftsküche, eine Lounge zum Chillen und Feiern sowie Grillplätze am Strand. Im Preis enthalten sind Bettzeug, Schließfach und Frühstückspfannkuchen. Tolle Lage mitten im Gaslamp Quarter mit seinem Nachtleben. Keine Klimaanlage.

La Pensione Hotel BOUTIQUEHOTEL $$

(Karte S. 98; ☎619-236-8000; www.lapensionehotel.com; 606 W Date St; Zi. ab 150 US$; P) Der Name täuscht. Das La Pensione in Little Italy ist keine Pension, sondern ein nettes, freundliches, kürzlich renoviertes Hotel mit 68 Zimmern mit französischen Betten und Bad, die rund um einen mit Fresken geschmückten Innenhof angeordnet sind. Das Hotel ist nur einen Steinwurf von den Lokalen und Galerien dieses Viertels entfernt, auch die meisten Attraktionen in Downtown sind nicht allzu weit weg. Unten gibt's ein schönes Café. Parkplätze kosten 15 US$.

Hotel Solamar BOUTIQUEHOTEL **$$**
(Karte S. 100; ☎877-230-0300, 619-819-9500; www.hotelsolamar.com; 435 6th Ave; Zi. 169–299 US$; P ❄ @ ☎ ≋) Eine grandiose Alternative im Gaslamp Quarter, die einen nicht gleich in den Ruin treibt. Vom Pool mit Bar auf der Dachterrasse genießt man einen tollen Blick auf die Hochhäuser. Die schicken, in Marineblau gehaltenen Zimmer haben einen witzigen Touch von Neo-Rokoko. Es gibt ein Fitnessstudio, ein Yogazimmer, Leihräder und abends eine Weinstunde, in der die Gäste kostenlos ein Gläschen Wein genießen können. Parkplätze kosten 45 US$.

Strände

Pearl MOTEL **$$**
(Karte S. 98; ☎619-226-6100, 877-732-7574; www.thepearlsd.com; 1410 Rosecrans St; Zi. 129–169 US$; P ❄ ☎ ≋) Das moderne Pearl aus der Mitte des letzten Jahrhunderts passt eher nach Palm Springs als nach San Diego. Die 23 Zimmer in dem Gebäude von 1959 sind in sanften Blautönen gehalten und mit abgefahrenen Surfmotiven geschmückt. In jedem Zimmer gibt es einen Goldfisch. Am Pool ist eigentlich immer etwas los (z. B. werden mittwochs Filme gezeigt). In der coolen, mit Veloursteppichen ausgestatteten Lobby kann man *Jenga* oder *Mensch ärgere Dich nicht* spielen. Wer einen leichten Schlaf hat, sollte nach einem Zimmer hinten fragen.

Inn at Sunset Cliffs HOTEL **$$**
(Karte S. 98; ☎866-786-2453, 619-222-7901; www.innatsunsetcliffs.com; 1370 Sunset Cliffs Blvd; Zi./Suite ab 175/289 US$; P ❄ @ ☎ ≋) In dieser Unterkunft am Südzipfel des Ocean Beach wird man morgens von den Wellen geweckt, die gegen die felsige Küste schlagen. Das entzückende Hotel aus dem Jahr 1965 hat einen Innenhof voller Blumen und einen kleinen beheizten Pool. Die 24 luftigen Zimmer sind klein. Die meisten haben schöne Bäder mit Steinfliesen, einige Suiten haben voll eingerichtete Küchen. Auch wenn die Meeresluft hier und da Spuren an den Außenfassaden hinterlassen hat, ist es doch schwer, diese schöne Unterkunft nicht zu mögen. Parkplatz gratis.

★ **Hotel del Coronado** LUXUSHOTEL **$$$**
(Hotel Del; Karte S. 98; ☎619-435-6611; www.hoteldel.com; 1500 Orange Ave; Zi. ab 289 US$; P ⊖ ❄ @ ☎ ≋ 👨‍👧 🐾) San Diegos Hotelikone mit über 100-jähriger Geschichte bietet echtes Coronado-Flair mit Pool, einem komplett ausgestatteten Wellnessbereich, Boutiquen, Restaurants, schön gepflegten Grünanlagen, einem weißen Sandstrand und im Winter mit einer Schlittschuhbahn. Selbst die einfachen Zimmer haben luxuriöse Marmorbäder. Achtung: Die Hälfte der Betten steht nicht im Hotel aus der viktorianischen Zeit (368 Zimmer), sondern in einem siebenstöckigen Nebengebäude aus den 1970er-Jahren. Authentisches Coronado-Feeling garantiert natürlich nur ein Zimmer im Originalhotel. Parkplätze kosten 37 US$.

★ **Crystal Pier Hotel & Cottages** COTTAGE **$$$**
(Karte S. 98; ☎858-483-6983, 800-748-5894; www.crystalpier.com; 4500 Ocean Blvd; DZ 185–525 US$; P ☎ 👨‍👧) Die entzückenden, wunderschönen und unvergleichlichen Cottages stehen direkt auf dem Pier über dem Wasser. Fast alle der 29 Cottages mit Küche, von denen die meisten aus dem Jahr 1936 stammen, bieten einen tollen Blick aufs Meer. In den neueren, größeren Häuschen können bis zu sechs Personen übernachten. Wer im Sommer eines der Häuschen ergattern möchte, muss acht bis elf Monate im Voraus reservieren. Die Dauer des Mindestaufenthalts variiert je nach Saison. Es gibt keine Klimaanlage. Ein Parkplatz ist im Preis enthalten.

Essen

Generell finden sich Steakhäuser und Meeresfrüchtetempel vor allem am Ufer von Downtown, Gastropubs mit ausgelassener Stimmung im Gaslamp Quarter, zwanglose Meeresfrüchte- und Burgerlokale an den Stränden, angesagte Restaurants in den Vierteln rund um den Balboa Park – und Tacos und Margaritas gibt's praktisch überall.

Downtown & Umgebung

Basic PIZZERIA **$**
(Karte S. 100; ☎619-531-8869; www.barbasic.com; 410 10th Ave; kleine/große Pizzas ab 9/14 US$; ⏲11.30–2 Uhr) Hipster aus dem East Village

lieben die knusprigen Pizzas aus dem Steinofen, die in dem hohen Raum (einer ehemaligen Lagerhalle) serviert werden. Die kleinen Pizzas sind zwar recht groß, aber trotzdem recht leicht. Als Belag gibt's das Übliche, aber auch Neues wie Pie'n'Mash mit Mozzarella, Kartoffelbrei und Schinkenspeck. Dazu trinkt man ein Kleinbrauereibier (was sonst?) oder einen der leckeren Cocktails.

★ Puesto at the Headquarters

MEXIKANISCH **$$**

(Karte S.100; ☑610-233-8800; www.eatpuesto. com; 789 W Harbor Dr, The Headquarters; Hauptgerichte 11–19 US$; ⊙11–22 Uhr) In diesem vornehmen Lokal kommt umwerfendes mexikanisches Street Food aus der Küche. Die Tacos werden traditionell, aber mit viel Einfallsreichtum zubereitet, z.B. Hühnchen-Tacos (mit Hibiskus, Chipotle, Ananas und Avocado) und Tacos mit Kartoffel-Soja-Chorizo-Füllung. Weitere Leckerbissen sind Krebs-Guacamole, (in Chili-Sauce geschmorte) Barbacoa-Rinderrippchen und eine mexikanische Obstschale (Südfrüchte mit Chili, Meersalz und Limette).

Bencotto

ITALIENISCH **$$**

(Karte S.98; ☑619-450-4786; www.lovebencotto. com; 750 W Fir St; Hauptgerichte 14–26 US$; ⊙So–Do 11.30–21.30, Fr & Sa 11.30–22.30 Uhr; ℗) Im Bencotto mischt sich das alte mit dem neuen Little Italy – modernes, kantiges, mehrstöckiges, künstlerisch angehauchtes Design mit viel Grün. Auch das Essen ist fantastisch, angefangen beim frisch geschnittenen Schinken bis hin zur Pasta *a modo tuo* (nach Wunsch des Gastes). Außerdem gibt's über 100 Varianten von Pasta mit Sauce.

Juniper & Ivy

MODERN-AMERIKANISCH **$$$**

(Karte S.98; ☑619-269-9036; www.juniperand ivy.com; 2228 Kettner Blvd; kleine Teller 9–17 US$, Hauptgerichte 19–36 US$; ⊙So–Do 16–22, Fr & Sa 16–23 Uhr) Chefkoch Richard Blais hat *das* In-Restaurant eröffnet. Die Speisekarte mit Gerichten aus der Molekularküche wechselt täglich. Wie wär's mit Garnelen und Schweinefleisch-Rigatoni, Bio-Steak mit Räuchkartoffeln, Steinpilzen, Zwiebelringen und Kimchi-Ketchup und als Dessert hausgemachten Yodels-Snackkekse? Das Lokal befindet sich in einer schick umgebauten Lagerhalle.

✕ Balboa Park & Umgebung

Hash House a Go Go

AMERIKANISCH **$$**

(Karte S.98; ☑619-298-4646; www.hashhouse agogo.com; 3628 5th Ave, Hillcrest; Hauptgerichte morgens 9–18 US$, abends 15–29 US$; ⊙Mo–Fr 7.30–14, Sa & So 7.30–14.30 & Di–Do 17.30–21, Fr–So 17.30–21.30 Uhr; ⊞) In diesem stets gut besuchten Bungalow gibt's Pies und Bratensaft direkt aus Indiana, riesige Portionen Eggs Benedict, Pfannkuchen so groß wie Wagenräder und sieben Sorten Bratkartoffeln. Das Frühstück ist so reichhaltig, dass man den ganzen Tag satt ist. Man sollte abends zurückkommen, um die ebenfalls hervorragenden Burger, Brathähnchen und preisgekrönten Sandwiches mit Hackfleisch zu probieren. Wen wundert's also, dass die Speisen in diesem Lokal *twisted farm food* (abgewandelte Bauerngerichte) genannt werden?

Urban Solace

KALIFORNISCH **$$**

(Karte S.98; ☑619-295-6464; www.urbansolace. net; 3823 30th St, North Park; Hauptgerichte mittags 10–23 US$, abends 17–27 US$; ⊙Mo–Do 11–22, Fr 11–23, Sa 10.30–23, So 9.30–14.30 & 16–21 Uhr) Die jungen, hippen Gourmets von North Park genießen hier kreativ zubereitete Hausmannskost wie Rispengras-Burger, *not your mama's* Lammhackfleisch mit Feigen, Pinienkernen und Feta, „Duckaroni" (Makkaroni mit Käse und Enten-Confit) sowie Hähnchen mit Klößen. Trotz des grandiosen Essens herrscht hier eine überraschend relaxte Stimmung – vielleicht liegt das an den kreativen Cocktails.

Prado

KALIFORNISCH **$$$**

(Karte S.98; ☑619-557-9441; www.prado-balboa.com; House of Hospitality, 1549 El Prado; Hauptgerichte mittags 12–21 US$, abends 22–35 US$; ⊙Mo–Fr 11.30–15, Sa & So ab 11–15, So & Di–Do 17–21, Fr & Sa 17–22 Uhr) In einem der schönsten Speisesäle San Diegos zaubert einer der berühmtesten Chefköche von San Diego erlesene kalifornische Gerichte: frisch gebackene Sandwiches, Hähnchen mit Orecchiette, Schweinerippchen. Mittags kann man gediegen auf der Veranda speisen, wer nachmittags Appetit auf einen Cocktail oder Aperitif hat, geht in die Bar.

✕ Strände

Hodad's

BURGER **$**

(Karte S.98; ☑619-224-4623; www.hodadies. com; 5010 Newport Ave, Ocean Beach; Gerichte 4–13 US$; ⊙So–Do 11–21, Fr & Sa 11–22 Uhr) Schon zu Flower-Power-Zeiten 1969 wurden in O.B.s legendärem Burgerlokal leckere Shakes, bergeweise Zwiebelringe und köstliche, in Papier eingewickelte Hamburger serviert. An den Wänden hängen Nummernschilder, aus den Lautsprechern dröhnt Grunge oder Surf-Rock, und der bärtige, tätowierte Kellner macht es sich beim Aufnehmen der Bestellung schon mal neben den Gästen auf der Bank bequem. Kein Hemd? Keine Schuhe? Kein Problem, Kumpel!

Point Loma Seafoods SEAFOOD $
(Karte S. 98; www.pointlomaseafoods.com; 2805 Emerson St; Hauptgerichte 7–16 US$; ⊗Mo–Sa 9–19, So 10–19 Uhr; P⛵) Dieser Fischmarkt mit Delikatessenladen (die Meeresfrüchte kommen direkt frisch vom Schiff auf den Tresen) serviert Seafood-Sandwiches, Salate, Gebratenes und eiskaltes Bier. Man bestellt an der Theke und schnappt sich einen Platz an einem der Picknicktische auf der Terrasse im Obergeschoss mit Blick auf den Hafen. Die Institution in San Diegos Shelter Island Marina datiert aus den Tagen portugiesischer Fischer. Es sind auch leckeres Sushi und Speisen *to go* von Ceviche bis Muschelsuppe im Angebot.

Whisknladle KALIFORNISCH $$
(Karte S. 98; ☎858-551-7575; www.wnlhosp.com; 1044 Wall St; Hauptgerichte mittags 14–21 US$, abends 15–36 US$; ⊗Mo–Do 11.30–21, Fr 11.30–22, Sa 10–22, So 10–21.30 Uhr) Feinschmecker und Schleckermäuler lieben das Slow Food im Whisknladle. Es werden nur regionale, frisch vom Bauernhof gelieferte Zutaten verwendet. Die Gerichte, die man sich auch gut mit anderen teilen kann, werden auf einer luftigen überdachten Veranda serviert. Hier wird alles selbst gemacht, vom Pökeln übers Einlegen bis zum Marinieren. Die Speisekarte wechselt täglich, ist aber immer gut – ebenso die Cocktails (London's Burning ist ein Mix aus Gin und Jalapeño-Wasser).

⭐ **George's at the Cove** KALIFORNISCH $$$
(Karte S. 98; ☎858-454-4244; www.georgesatthecove.com; 1250 Prospect St, La Jolla; Hauptgerichte 13–50 US$; ⊗Mo–Do 11–22, Fr–So 11–23 Uhr) Wer es mal krachen lassen will, ist hier richtig. Die angebotene europäisch-kalifornische Küche ist ebenso spektakulär wie die Lage des Restaurants direkt am Meer. Dank der nicht enden wollenden Fantasie von Chefkoch Trey Foshée stand das George's schon auf so ziemlich jeder Liste der Top-Restaurants in Kalifornien und eigentlich auch der ganzen USA. Hier hat man die Wahl zwischen drei Lokalitäten in verschiedenen Preisklassen: Ocean Terrace, George's Bar und George's California Modern.

🍷 Ausgehen & Nachtleben

Im Gaslamp Quarter in Downtown gibt's die wildesten Bars und heißesten Nachtclubs. Das schwul-lesbische Nachtleben spielt sich in Hillcrest und North Park ab.

Bang Bang BAR
(Karte S. 100; www.bangbangsd.com; 526 Market St; ⊗Mo & Di geschl.) In Gaslamps heißester neuer Location im Laternenschein legen einheimische und weltbekannte DJs auf. Außerdem gibt's Sushi und asiatische Snacks wie Klöße und panierte Shrimps sowie fantasievolle Cocktails (von denen einige in riesigen Bechern kredenzt werden und die man sich teilen sollte). Und nicht zu vergessen: Die Toiletten sind Gedenkstätten für Ryan Gosling und Hello Kitty – in einem Wort: spitze!

Noble Experiment BAR
(Karte S. 100; ☎619-888-4713; http://nobleexperimentsd.com; 777 G St; ⊗Di–So 19–2 Uhr) Diese Location ist im wahrsten Sinne des Wortes eine Entdeckung. Man öffnet eine versteckte Tür und betritt eine moderne Flüsterkneipe, deren Wände mit kleinen goldenen Totenschädeln und deren Decken mit klassischen Gemälden geschmückt sind und auf deren Karte etwa 400 Cocktails (ab 12 US$) stehen. Es gibt nur eine Schwierigkeit: das Reinkommen. Man sollte sich einen Text für die Reservierung überlegen, und das Personal wird einem sagen, ob es zur gewünschten Zeit möglich ist und wie man die Bar findet.

Ballast Point Tasting Room & Kitchen KNEIPE
(Karte S. 98; ☎619-255-7213; www.ballastpoint.com; 2215 India St; ⊗11–23 Uhr) Die neueste und witzigste Niederlassung der in San Diego ansässigen Brauerei wurde 2013 eröffnet. Hier wird genügend „Forschung und Wissenschaft" für das gesamte Unternehmen betrieben. Die Kostproben (3 Gläser à 0,1 l) für 5 US$ sind der Renner. Dazu kann man ein Menü bestellen, das z. B. aus hausgemachten Brezeln, in Bier gedünsteten Muscheln, Salat und einem Grillgericht besteht.

☆ Unterhaltung

Arts Tix (Karte S. 100; ☎858-381-5595; www.sdartstix.com; 28 Horton Plaza) verkauft Tickets mit Rabatt oder zum halben Preis für Theater, Comedy-Shows und mehr.

Casbah LIVEMUSIK
(Karte S. 98; ☎619-232-4355; www.casbahmusic.com; 2501 Kettner Blvd; Eintritt 5–45 US$) Im

Casbah haben Bands von den Smashing Pumpkins bis hin zu den Death Cab for Cutie auf ihrem Weg in die Charts gerockt, und noch heute ist dies eine gute Location, um Stars von Morgen zu hören.

La Jolla Playhouse
THEATER

(Karte S. 98; ☑ 858-550-1010; www.lajollaplay house.org; 2910 La Jolla Village Dr; Ticket 20–75 US$) Dieses Theater im Mandell Weiss Center for the Performing Arts ist schon mit Dutzenden Produktionen am Broadway gelandet, u. a. mit *Jersey Boys, Peter und die Sternenfänger* und mit *Memphis*, dem Tony-Gewinner 2010.

🛈 Praktische Informationen

GELD

TravelEx (☑ 858-457-2412; www.travelex.com; Westfield UTC, 4417 La Jolla Village Dr; ☺ Mo–Fr 10–19, Sa 10–18, So 11–16 Uhr) Geldwechsel.

INFOS IM INTERNET

Gaslamp Quarter Association (http://gas lamp.org) Alles Wissenswerte über das belebte Viertel und auch über versteckte Parkplätze.

San Diego Tourism (www.sandiego.org) Infos über Sehenswürdigkeiten, Aktivitäten, Stadtviertel und vieles mehr. Das Reservieren von Hotelzimmern ist hier ebenfalls möglich.

MEDIEN

San Diego Magazine (www.sandiegomagazine. com) Monatliches Hochglanzmagazin.

San Diego Reader (www.sandiegoreader.com) Das kostenlose Heft informiert über Unterhaltung, Essen, Bier und mehr.

U-T San Diego (www.utsandiego.com) Die größte Tageszeitung der Stadt.

MEDIZINISCHE VERSORGUNG

Scripps Mercy Hospital (☑ 619-294-8111; www.scripps.org; 4077 5th Ave) Hat eine rund um die Uhr geöffnete Notaufnahme.

TOURISTENINFORMATION

Balboa Park Visitors Center (Karte S. 98; ☑ 619-239-0512; www.balboapark.org; House of Hospitality, 1549 El Prado; ☺ 9.30–16.30 Uhr) Die Touristeninformation im House of Hospitality verkauft Übersichtspläne vom Park und ermäßigte Pässe für Museen und den Zoo.

Coronado Visitors Center (Karte S. 98; ☑ 866-599-7242, 619-437-8788; www.corona dovisitorcenter.com; 1100 Orange Ave; ☺ Mo–Fr 9–17, Sa & So 10–17 Uhr)

🛈 An- & Weiterreise

Alle großen Autovermieter haben Schalter am Flughafen. Das kleinere, selbständige Unterneh-

men **West Coast Rent a Car** (☑ 619-544-0606; www.sandiegoautos.org; 834 W Grape St; ☺ Mo–Sa 9–18 Uhr) vermietet auch an Menschen unter 25 Jahre und holt Kunden kostenlos vom Flughafen ab.

Busse von **Greyhound** (Karte S. 100; ☑ 800-231-2222, 619-515-1100; www.greyhound.com; 1313 National Ave) fahren stündlich direkt nach Los Angeles (19 US$, 2 Std.).

Auf dem **San Diego International Airport** (SAN; Karte S. 98; www.san.org; 3325 N Harbor Dr; ☎), 3 Meilen (4,8 km) nordwestlich von Downtown, starten und landen vor allem Inlandsflüge sowie Flüge von/nach Mexiko.

Der *Pacific Surfliner* von **Amtrak** (☑ 800-872-7245; www.amtrak.com) fährt vom historischen **Union Station** (Santa Fe Depot; 1050 Kettner Blvd, Downtown) mehrmals täglich nach Los Angeles (37 US$, 2¾ Std.) und Santa Barbara (42 US$, 5¾ Std.).

🛈 Unterwegs vor Ort

MTS-Bus 992 „The Flyer" (2,25 US$) fährt täglich zwischen 5 und 23 Uhr alle 15 bis 30 Minuten vom Flughafen ins Zentrum. Flughafen-Shuttles wie **Super Shuttle** (☑ 800-258-3826; www.supershuttle.com) fahren zwischen 8 und 13 US$ nach Downtown; im Voraus buchen! Die Taxifahrt vom Flughafen ins Zentrum kostet durchschnittlich 10 bis 16 US$ plus Trinkgeld.

Das **Metropolitan Transit System** (MTS; ☑ 619-233-3004; www.sdmts.com) betreibt die städtischen Busse (2,25–2,50 US$) und Trolleys (2,50 US$) und fährt auch nach Süden zur mexikanischen Grenze. Im **Transit Store** (Karte S. 100; 102 Broadway; ☺ Mo–Fr 9–17 Uhr) von MTS sind regionale Pässe (1/2/3/4 Tage 5/9/12/15 US$) erhältlich. Tageskarten bekommt man auch direkt im Bus (Aufpreis 2 US$).

Bei Taxis mit Taxameter beträgt der Grundpreis 2,80 US$, die Meile kostet 3 US$.

Rund um San Diego

San Diego Zoo Safari Park
ZOO

(☑ 760-747-8702; www.sdzsafaripark.org; 15500 San Pasqual Valley Rd, Escondido; Eintritt Erw./Kind 48/38 US$, 2-Tagespass Zoo und/od. Safaripark 86/66 US$; ☺ Ende Aug.–Mitte Juni 9–17 Uhr, Ende Juni–Mitte Aug. 9–19 Uhr; ⊞) In diesem fast 730 ha großen Zoo tummeln sich Giraffen, Löwen und Nashörner mehr oder weniger frei in einem Tal. Wer Spaß an Safari-Feeling hat, sollte in die Africa Tram steigen und mit ihr den zweitgrößten Kontinent in nur 25 Minuten durchqueren.

Der Park befindet sich in Escondido, etwa 35 Meilen (55 km) nordöstlich von Downtown San Diego. Hin kommt man über den

I-15 Fwy bis zur Ausfahrt E Via Rancho Pkwy; von dort folgt man den Schildern. Parkplätze kosten 12 US$.

Legoland

Legoland THEMENPARK

(☎ 760-918-5346; http://california.legoland.com; 1 Legoland Dr, Carlsbad; Erw./Kind ab 87/81 US$; ⊙ ganzjährig fast tgl. geöffnet, Öffnungszeiten variieren; ℗ 🚻) Die Karussells, Shows und Attraktionen in diesem lustigen Themenpark zielen vor allem auf Kinder im Grundschulalter ab. Der Nachwuchs kann hier nach Dinoknochen buddeln, Hubschrauber fliegen und den „Führerschein" machen. Familien mit kleinen Kindern können in dem brandneuen, farbenfrohen **Lego-Themenhotel** (☎ 760-918-5346, 877-534-6526; http://california. legoland.com/legoland-hotel; 5885 The Crossings Dr; Zi. inkl. Frühstück ab 369 US$; ℗ 🍴 ❄ @ 🛜 ♿ 🚻) übernachten.

Von Downtown San Diego fährt man ca. 33 Meilen (53 km) über den I-5 Fwy nach Norden bis zur Ausfahrt Cannon Rd in Carlsbad. Parkplätze kosten 15 US$.

PALM SPRINGS & WÜSTEN

Das einsame Wüstengebiet zwischen dem mondänen Palm Springs und dem faszinierendem Death Valley nimmt 25 % der Fläche Kaliforniens ein. Obwohl auf den ersten Blick vielleicht nur grauenhaft öde, offenbart die Wüste bald eine perfekte Schönheit: Verwitterte Vulkangipfel, sinnliche Sanddünen, violett getönte Berge, Kaktusgärten, unzählige Sterne am Nachthimmel, umherflitzende Eidechsen unter Felskolossen und winzige Wildblumen, die im Frühling aus dem steinharten Boden sprießen. Die Ruhe, Spiritualität und Eleganz der kalifornischen Wüsten üben auf Künstlertypen, Filmstars, Kletterer und Allrad-Abenteurer gleichermaßen einen unwiderstehlichen Reiz aus.

Palm Springs

Hey Baby, das Rat Pack ist zurück – oder zumindest sein Lieblingstreff. In den 1950er- und 1960er-Jahren war das rund 160 km östlich von L.A. gelegene Palm Springs (45 000 Ew.) die swingende Sommerfrische von Sinatra, Elvis und anderen Stars. Nachdem das Rat Pack jedoch seine Sachen gepackt hatte, hielten Rentner in Golfklamotten Einzug in Palm Springs. Seit Kurzem hat eine neue Generation den charmanten Retro-Schick des Ortes mit seinen nierenförmigen Pools, seinen Bungalows von Stararchitekten, seinen Boutiquehotels mit Vintage-Deko und seinen Bars, in denen perfekt gemixte Martinis serviert werden, wiederentdeckt. Heute mischen sich in Palm Springs ganz gelassen Rentner mit Hipstern, Wanderern und einer stolzen schwul-lesbischen Gemeinde.

⊙ Sehenswertes & Aktivitäten

Palm Springs ist das Zentrum im Coachella Valley, in dem sich mehrere Wüstenstädte am Hwy 111 reihen. Durch Palm Springs' kompakte Downtown läuft der Palm Canyon Dr als Einbahnstraße nach Süden und der Indian Canyon Dr parallel dazu nach Norden.

★ **Palm Springs Aerial Tramway** SEILBAHN

(☎ 888-515-8726; www.pstramway.com; 1 Tram Way; Erw./Kind 24/17 US$; ⊙ Mo–Fr ab 10, Sa & So ab 8 Uhr, letzte Bergfahrt So–Do 20, Fr & Sa 21 Uhr, letzte Talfahrt Di–Do 21.45, Fr &Sa 22.30 Uhr) Die Seilbahn mit sich drehenden Gondeln befindet sich nördlich vom Zentrum und ist das Highlight eines jeden Aufenthalts in Palm Springs. In weniger als 15 Minuten klettert sie über 1800 Höhenmeter durch fünf Vegetationszonen von der Sonora-Wüste hinauf auf die San Jacinto Mountains. Während des 4 km langen Aufstiegs erlebt man angeblich dieselben Temperaturunterschiede wie auf einer Fahrt von Mexiko nach Kanada. Wenn man oben aussteigt und den Pinienwald betritt, kann es bis zu 22 °C kälter sein – also warme Kleidung nicht vergessen!

Sunnylands GEBÄUDE

(☎ 760-202-2222; www.sunnylands.org; 37977 Bob Hope Dr, Rancho Mirage; Eintritt frei, Führung 20–40 US$; ⊙ Do–So 9–16 Uhr, Juli Aug. geschl.) Sunnylands ist das Mid-Century-Modern-Anwesen von Walter und Leonore Annenberg, einer der einflussreichsten Familien Amerikas. Auf ihrem Wintersitz in Rancho Mirage empfingen die Annenbergs sieben US-Präsidenten, Könige, Hollywood-Stars und internationale Staatschefs.

Im neuen Visitor Center wird ein Film gezeigt, im Museum gibt's Wechselausstellungen über das Anwesen. Auch ein toller Wüstengarten fehlt nicht. Führungen durch das prächtige Haus mit der Kunstsammlung, seiner tollen Architektur und schönen Einrichtung sollte man frühestmöglich buchen.

Palm Springs Art Museum MUSEUM
(☎760-322-4800; www.psmuseum.org; 101 Museum Dr; Erw./Kind 12,50 US$/frei, Do 16–20 Uhr Eintritt frei; ⏲Di–Mi & Fr–So 10–17, Do 12–20 Uhr) In diesem Museum bekommt man einen guten Einblick in die Entwicklung der amerikanischen Malerei, Bildhauerei, Fotografie und Glaskunst im letzten Jahrhundert. Neben gut kuratierten Wechselausstellungen lohnt sich die ständige Sammlung besonders wegen ihrer modernen Gemälde und Skulpturen – sie umfasst u.a. Werke von Henry Moore, Ed Ruscha, Mark di Suvero und anderen bedeutenden Künstlern. Auch die atemberaubende Glaskunst von Dale Chihuly und William Morris sowie die Sammlung präkolumbianischer Figuren sind sehr sehenswert.

Living Desert Zoo & Gardens ZOO
(☎760-346-5694; www.livingdesert.org; 47900 Portola Ave, Palm Desert, am Hwy 111; Erw./Kind 20/10 US$; ⏲Okt.–Mai 9–17 Uhr, Juni–Sept. 8–13.30 Uhr; 👪) In diesem unglaublichen Zoo kann man eine Vielzahl von Wüstenpflanzen und -tieren sowie Ausstellungen über die Geologie der Wüste und die Kultur der Indianer bewundern. Zu den Highlights gehören das Wildtier-Krankenhaus und das „afrikanische“ Dorf mit Fairtrade-Markt und „Geschichten-Hain“. Kamelritte, eine Runde auf dem Karussell der bedrohten Tierarten und die Fahrt mit dem Hop-on-Hop-off-Shuttle kosten extra. Der Besuch ist ebenso lehrreich wie unterhaltsam und die 20-minütige, 15 Meilen (24 km) lange Fahrt hinunter ins Tal wirklich wert.

Indian Canyons WANDERN
(☎760-323-6018; www.indian-canyons.com; 38520 S Palm Canyon Dr; Erw./Kind 9/5 US$, 90-minütige geführte Wanderung 3/2 US$; ⏲Okt.–Juni 8–17 Uhr, Juli–Sept. nur Fr–So) Die Ströme aus den San Jacinto Mountains halten die reiche Pflanzenvielfalt in den Oasen rund um Palm Springs am Leben. Diese von Schatten spendenden Fächerpalmen und hoch aufragenden Klippen gesäumten Canyons, die seit Jahrhunderten das Zuhause amerikanischer Ureinwohner und heute Teil der Agua Caliente Indian Reservation sind, sind ein Paradies für Wanderer.

Smoke Tree Stables REITEN
(☎760-327-1372; www.smoketreestables.com; 2500 S Toledo Ave; 1-/2-stündige geführte Ausritte 50/100 US$) Dieser Anbieter in der Nähe der Indian Canyons organisiert Ausritte von einstündigen Ausflügen bis zu Ganztagstouren für Anfänger und erfahrene Reiter. Reservierung erforderlich.

Schlafen

Die im Folgenden angegebenen Preise beziehen sich auf die Hauptsaison im Winter. An Werktagen und im Sommer sind die Preise niedriger. Motels säumen den Hwy 111 südöstlich des Zentrums. Vor allem an Wochenenden sollte man im Voraus buchen.

Caliente Tropics MOTEL $
(☎760-327-1391; www.calientetropics.com; 411 E Palm Canyon Dr; Zi. werktags/Wochenende ab 54/109 US$; P❄📶🏊👪🐾) Früher planschte Elvis im Pool dieser besten Option in der Budgetklasse, einer nett herausgeputzten Motorlodge im Tiki-Stil von 1964. In den geräumigen, in warmen Farben gehaltenen Zimmern entschwebt man auf wunderbaren Matratzen ins Land der Träume.

★**Orbit In** BOUTIQUEHOTEL $$
(☎877-966-7248, 760-323-3585; www.orbitin.com; 562 W Arenas Rd; Zi. ab 149 US$; P❄📶🏊) In dieser fabelhaften Retro-Unterkunft kann man während der „Orbitini“-Happy-Hour mit abgespreiztem kleinem Finger in die 1950er-Jahre zurückreisen. Die Zimmer liegen rund um einen Meerwasserpool mit Whirlpool und Feuerstelle und sind mit teuren Mid-Century-Modern-Möbeln (Eames, Noguchi & Co.) eingerichtet. Auf der langen

WORLD'S BIGGEST DINOSAURS

World's Biggest Dinosaurs (☎951-922-0076; www.cabazondinosaurs.com; 50770 Seminole Dr, Cabazon; Erw./Kind 9/8 US$; ⏲10–20 Uhr; NS wechselnde Öffnungszeiten) Westlich von Palm Springs wird man in der Nähe der Outlet-Malls von Cabazon seinen Augen nicht trauen. Claude K. Bell, ein Bildhauer der Knott's Berry Farm (S. 94), verbrachte mehr als zehn Jahre damit, diese Betonriesen herzustellen. Heute gehören sie christlichen Kreationisten. Im Souvenirladen findet man daher neben dem in Naturkundemuseen üblichen Dinosaurierkram auch einige Schriften über die angeblichen Falschmeldungen und Schwindeleien der Evolutionsforscher und der Darwinisten. Hin kommt man über den I-10 Fwy W, Ausfahrt zur Main St in Cabazon.

Liste der Gratis-Extras stehen Leihfahrräder sowie tagsüber Limos und Snacks.

Ace Hotel & Swim Club
HOTEL $$

(📞760-325-9900; www.acehotel.com/palmsprings; 701 E Palm Canyon Dr; Zi. ab 200 US$; 🅿️❄️ @🛜♨️💺🐾) *Palm Springs goes Hollywood* – mit allem Pomp, aber ohne Arroganz. Das ehemalige Howard-Johnson-Motel hat sich mittlerweile in einen angesagten Hipster-Treff verwandelt. Die Zimmer (viele mit Terrasse) muten wie prächtige Zelthütten an und bieten alles für den gehobenen Lifestyle (riesige Flachbild-TVs, MP3-Anschlüsse). Es gibt einen Pool, an dem immer was los ist, das **Feel Good Spa** (📞760-866-6188; www.ace hotel.com/palmsprings/spa; 701 E Palm Canyon Dr), ein Restaurant und eine Bar.

Del Marcos Hotel
BOUTIQUEHOTEL $$

(📞760-325-6902; www.delmarcoshotel.com; 225 W Baristo Rd; Zi. inkl. Frühstück 139–269 US$; ❄️🛜♨️💺) In diesem von William F. Cody 1947 entworfenen Schmuckstück wird man auf dem Weg zum Meerwasserpool und zu den unglaublich schicken Zimmern von cooler Musik begleitet. Das Hotel ist nur ein paar Schritte von den Geschäften und Lokalen im Zentrum von Palm Springs entfernt.

El Morocco Inn & Spa
BOUTIQUEHOTEL $$

(📞760-288-2527, 888-288-9905; www.elmorocco inn.com; 66810 4th St, Desert Hot Springs; 179–219 US$; ❄️🛜♨️) In dem atemberaubend schönen Refugium, in dem alle Zeichen auf Romantik stehen, folgt man dem Ruf der Kasbah. Zwölf exotisch eingerichtete Zimmer liegen rund um eine Poolterrasse, auf der der engagierte Gastgeber zur Happy Hour kostenlose „Moroccotinis" serviert. Weitere Annehmlichkeiten sind das Spa, eine riesige DVD-Bibliothek und köstlicher, hausgemachter Pfefferminz-Eistee.

✖️ Essen

Einige Restaurants haben im extrem heißen Sommer kürzere Öffnungszeiten oder bleiben sogar ein paar Wochen ganz geschlossen.

Tyler's Burgers
BURGER $

(www.tylersburgers.com; 149 S Indian Canyon Dr; Gerichte 3–9 US$; 🕐Mo–Sa 11–16 Uhr; 🍴) In diesem kleinen Lokal im Zentrum von Palm Springs gibt's die besten Burger überhaupt. Warteschlangen sind praktisch unvermeidbar, was vermutlich auch der Grund für den außergewöhnlich gut bestückten Zeitschriftenständer ist. Nur Barzahlung.

★ Cheeky's
KALIFORNISCH $$

(📞760-327-7595; www.cheekysps.com; 622 N Palm Canyon Dr; Hauptgerichte 8–13 US$; 🕐Mi–Mo 8–14 Uhr, letzte Platzierung 13.30 Uhr) 🐾 Die Warteschlangen können lang und der Service kann so mittel sein, aber die Gerichte aus farmfrischen Zutaten sprühen nur so vor Kreativität. Die Speisekarte wechselt wöchentlich, aber cremige Rühreier, Fritata mit Rucola-Pesto und Bacon stehen immer mal wieder auf der Karte.

Sherman's
FEINKOST, BÄCKEREI $$

(📞760-325-1199; www.shermansdeli.com; 401 E Tahquitz Canyon Way; Hauptgerichte 9–19 US$; 🕐7–21 Uhr; 🍴) Jede Gemeinde mit Pensionären braucht einen guten jüdischen Feinkostladen. Das Sherman's mit der luftigen Terrasse auf dem Bürgersteig lockt mit 40 Sandwichvarianten (das warme Pastrami-Sandwich ist großartig), köstlichen knusprigen Grillhähnchen, Bagels mit Lachs und zum Reinsetzen leckeren Pies Gäste aller Altersklassen an. An den Wänden hängen Porträtfotos berühmter Stammgäste, u. a. von Don Rickles.

Trio
KALIFORNISCH $$$

(📞760-864-8746; www.triopalmsprings.com; 707 N Palm Canyon Dr; Hauptgerichte mittags 11–26 US$; abends 14–29 US$; 🕐So–Do 11–22, Fr & Sa 11–23 Uhr) Das Erfolgsgeheimnis des modernistischen Restaurants aus den 1960er-Jahren: aufgepeppte amerikanische Hausmannskost (grandioser Yankee-Schmorbraten!), auffällige Kunst und Panoramafenster. Das Drei-Gänge-Abendmenü für 19 US$ (bis 18 Uhr) ist ein echtes Schnäppchen.

🍷 Ausgehen & Nachtleben

Die Arenas Rd östlich des Indian Canyon Dr ist das Zentrum des schwul-lesbischen Nachtlebens.

Birba
BAR

(www.birbaps.com; 622 N Palm Canyon Dr; 🕐So & Mi–Do 17–23, Fr & Sa 17–24 Uhr) Die fabelhafte Drinnen-und-Draußen-Bar serviert Cocktails und Pizzas. Deckenhohe Glasschiebetüren trennen den langen Marmortresen von einer von Hecken umgebenen Terrasse mit in den Boden eingelassenen Feuerstellen.

Koffi
CAFÉ

(www.kofficoffee.com; 515 N Palm Canyon Dr; Snacks & Drinks 3–6 US$; 🕐5.30–19 Uhr; 🛜) Diese cool-minimalistische, unabhängige Café-Bar versteckt sich zwischen den Kunstgalerien auf dem N Palm Canyon Dr und serviert starken Biokaffee. Eine Zweigstelle befindet sich in Palm Springs, 1700 S Camino Real, in der Nähe vom Ace Hotel.

🔒 Shoppen

Kunstgalerien, Läden für modernes Design und Modeboutiquen, darunter das sagenhafte **Trina Turk** (☑ 760-416-2856; www.trinaturk.com; 891 N Palm Canyon Dr; ⊙ Mo–Fr 10–17, Sa bis 18, So 11–17 Uhr), finden sich „uptown" am North Palm Canyon Dr. Retro-Fans können sich in den Secondhand- und Kommissionsläden im Zentrum und am Hwy 111 umsehen. Die örtliche Version des Rodeo Dr ist El Paseo in Palm Desert.

❶ Praktische Informationen

Palm Springs Library (www.palmspringsca. gov; 300 S Sunrise Way; ⊙ Mo & Do 10–18, Di & Mi 10–20, Fr & Sa 10–17 Uhr; @ ☎) Kostenloses WLAN und Computer mit Internetzugang.

Palm Springs Official Visitors Center (☑ 760-778-8418; www.visitpalmsprings.com; 2901 N Palm Canyon Dr; ⊙ 9–17 Uhr) Das gut sortierte Visitors Center mit netten Angestellten befindet sich 3 Meilen (5 km) nördlich des Stadtzentrums in einer 1965 von Albert Frey entworfenen Tankstelle an der Abzweigung zur Seilbahn.

❶ Anreise & Unterwegs vor Ort

Der **Palm Springs International Airport** (PSP; ☑ 760-318-3800; www.palmspringsairport. com; 3400 E Tahquitz Canyon Way) liegt ca. 3 Meilen (4,8 km) östlich der Downtown und wird von inländischen und kanadischen Fluglinien genutzt. Größere Autovermieter haben hier Filialen.

Dreimal wöchentlich halten **Amtrak**-Züge von/nach Los Angeles (41 US$, 2¾ Std.) an der personalfreien, etwas gruseligen North Palm Springs Station, die sich 5 Meilen (9,6 km) nördlich der Downtown befindet. Mehrmals täglich stoppen hier auch **Greyhound**-Busse auf dem Weg von/nach Los Angeles (27 US$, 2½–3½ Std.).

SunLine (☑ 800-347-8628; www.sunline.org; Einzelfahrschein/Tageskarte 1/3 US$) betreibt die langsamen Regionalbusse im Tal.

Joshua Tree National Park

Wie Erfindungen aus einem Buch von Dr. Seuss heißen die seltsamen Josua-Palmlilien (eigentlich baumhohe Yuccapalmen) die Besucher in dem Naturpark an der Grenze zwischen der Sonora- und der Mojave-Wüste willkommen. Die meisten Attraktionen, da-

runter auch alle Josua-Palmlilien, befinden sich in der Nordhälfte. Der Nationalpark ist beliebt, weil man hier Klettertouren und Tageswanderungen machen kann – toll vor allem im Frühling, wenn die Josua-Palmlilien cremefarbene Blüten treiben. Viele Künstler ließen sich schon vom mystischen Flair der kahlen Felslandschaft inspirieren; das berühmteste Beispiel ist die Band U2.

👁 Sehenswertes & Aktivitäten

Das sagenhafte **Wonderland of Rocks** beherrscht den Norden des **Parks** (☑ 760-367-5500; www.nps.gov/jotr; 7-Tage-Pass 20 US$/ Auto) und ist genauso wie das **Hidden Valley** ein Mekka für Kletterer. Der Blick von **Keys View** reicht an klaren Tagen über die San-Andreas-Verwerfung hinweg bis nach Mexiko und ist bei Sonnenuntergang am schönsten. Wer sich für die Geschichte der Pioniere interessiert, besucht die **Keys Ranch** (☑ Reservierungen 760-367-5522; Führung Erw./Kind 10/5 US$; ⊙ Führungen zu unterschiedlichen Zeiten, Reservierung erforderlich). Wanderer können Oasen mit Kalifornischen Washingtonpalmen wie die **49 Palms Oasis** (hin & zurück 4,8 km) und die **Lost Palms Oasis** (hin & zurück 11,6 km) erkunden. Zu den kinderfreundlichen Naturwanderwegen gehören **Barker Dam** (Rundkurs 1,8 km), der an Petroglyphen der Ureinwohner vorbeiführt, **Skull Rock** (Rundkurs 2,7 km) und **Cholla Cactus Garden** (Rundkurs 0,4 km). Die holprige, 18 Meilen (29 km) lange **Geology Tour Road** ist eine malerische Strecke für Geländewagen, die auch Mountainbiker in Angriff nehmen können.

🛏 Schlafen

Im Park selbst gibt's nur Campingplätze. Der Hwy 62 ist von Budget- und Mittelklassemotels gesäumt.

Campingplätze im Joshua Tree National Park CAMPING $
(www.nps.gov/jotr; Stellplatz für Zelt & Wohnmobil 10–15 US$; 🏕 🚻) Von den acht Campingplätzen im Park verfügen nur Cottonwood und Black Rock über Trinkwasser, Toiletten mit Wasserspülung und Abfallsammelstellen. Indian Cove und Black Rock akzeptieren Reservierungen, bei den anderen gilt „Wer zuerst kommt, mahlt zuerst". Keiner der Plätze hat Duschen. Wildcampen (kein offenes Feuer) ist 1,6 km von den Startpunkten der Wanderwege und Straßen sowie 30 m von Wasserquellen entfernt erlaubt, man

ABSTECHER

PIONEERTOWN

Knapp 5 Meilen (8 km) nordwestlich des Hwy 62 in Yucca Valley wurde **Pioneertown** 1946 als Kulisse für einen Hollywoodfilm errichtet. Seither hat sich hier nicht allzu viel verändert. Von April bis Oktober finden sonntags um 14.30 Uhr nachgestellte Schießereien statt. Gegrilltes, billiges Bier, Livemusik und Spelunken-Atmosphäre gibt's im **Pappy & Harriet's Pioneertown Palace** (☑760-365-5956; www.pappyandharriets. com; 53688 Pioneertown Rd; Hauptgerichte 8–29 US$; ⊙Do–So 11–2, Mo 17–2 Uhr). Übernachten kann man im **Pioneertown Motel** (☑760-365-7001; www. pioneertown-motel.com; 5040 Curtis Rd; Zi. 70–120 US$; ❋ ❂ ❀). Die einfachen Zimmer, in denen einst Filmstars schliefen, sind voller Western-Andenken.

muss sich aber an einem der zwölf Campingstellen an den Ausgangspunkten der Wanderwege selbst registrieren. **Joshua Tree Outfitters** (☑760-366-1848; www.joshua treeoutfitters.com; 61707 Hwy 62) verleiht hochwertige Campingausrüstung.

Harmony Motel   MOTEL $
(☑760-367-3351; www.harmonymotel.com; 71161 Twentynine Palms Hwy, Twentynine Palms; Zi. 75–85 US$; Ⓟ ❋ @ ❂ ❀) Das Motel aus den 1950er-Jahren, in dem U2 übernachteten, als sie an ihrem Album *The Joshua Tree* arbeiteten, hat einen kleinen Pool und große, fröhlich gestrichene Zimmer, einige mit Küchenzeile.

★ **Spin & Margie's Desert Hide-a-Way**   INN $$
(☑760-366-9124; www.deserthideaway.com; 64491 Hwy 62; Suite 145–175 US$; ❋ ❂) In der hübschen Unterkunft im Hacienda-Stil kann man nach einem langen Tag auf der Straße seine innere Ruhe wiederfinden. Die fünf frisch gestrichenen Suiten sind eine exzentrische Sinfonie aus Wellblech, alten Nummernschildern und Cartoon-Kunst. Jede Suite verfügt über eine eigene Küche und einen Flachbild-TV mit DVD- und CD-Player. Die fachkundigen, geselligen Besitzer sorgen für einen entspannten Aufenthalt. Die Unterkunft befindet sich an der unbefestigten Sunkist Rd, etwa 3 Meilen (5 km) östlich des Zentrums von Joshua Tree.

Joshua Tree Inn   MOTEL $$
(☑760-366-1188; www.joshuatreeinn.com; 61259 Twentynine Palms Hwy, Joshua Tree; Zi./Suite inkl. Frühstück ab 89/159 US$; ⊙Rezeption 15–20 Uhr; ❋ ❂ ❀) Das abgefahren-coole Motel mit den unzähligen Glyzinien, bei dem man sofort an Rockstars denken muss, hat elf geräumige Zimmer hinter türkisfarbenen Türen, die zu einem Wüstengarten-Innenhof mit grandiosem Blick hinausführen. 1973 erlangte es zweifelhaften Ruhm, als die Rocklegende Gram Parsons in Zimmer Nr. 8 an einer Überdosis starb. Heute ist das Zimmer zu seinen Ehren dekoriert. Weitere berühmte Gäste waren u.a. John Wayne, Donovan und Emmylou Harris.

✕ Essen

Crossroads Cafe   AMERIKANISCH $
(☑760-366-5414; 61715 Twentynine Palms Hwy, Joshua Tree; Hauptgerichte 5–12 US$; ⊙Mo–Sa 7–21, So 7–20 Uhr; ➶) Das beliebte Crossroads ist genau der richtige Ort für ein kohlenhydratreiches Frühstück, frische Sandwiches und bunte Gartensalate, die sowohl Allesesser (Burger, Reuben-Sandwiches) als auch Veganer (Spinatsalat) glücklich machen.

Pie for the People   PIZZA $$
(☑760-366-0400; www.pieforthepeople.com; 61740 Hwy 62, Joshua Tree; Pizzas 11–25 US$; ⊙Mo–Do 11–21, Fr & Sa 11–22, So 11–20 Uhr; ➶) Die dünnen, knusprigen Pizzas kann man mitnehmen oder sich servieren lassen. Die Geschmacksrichtungen reichen von normaler Pizza bis zur David-Bowie-Pizza: weißer Pizza mit Mozzarella, in Guinness karamellisierten Zwiebeln, Jalapeños, Ananas, Schinkenspeck und süßer Pflaumensauce. Essen kann man seine Pizza unter den freigelegten Dachsparren in dem Speiseraum aus Holz und Wellblech oder im Hof unter einem Baum.

ⓘ Praktische Informationen

Parkinfos gibt's in den NPS-Besucherzentren in **Joshua Tree** (6554 Park Blvd, Joshua Tree; ⊙8–17 Uhr), **Oasis** (74485 National Park Dr, Twentynine Palms; ⊙8.30–17 Uhr) und **Cottonwood** (Cottonwood Springs, 8 Meilen bzw. 13 km nördl. des I-10 Fwy; ⊙8.30–16 Uhr) sowie im **Black Rock Nature Center** (9800 Black Rock Canyon Rd; ⊙Okt.–Mai Sa–Do 8–16, Fr 12–20 Uhr; ➶). Außer Toiletten gibt's im Park keine Einrichtungen, Trinkwasser und Essen muss man also mitbringen. Benzin und Lebensmittel bekommt man in den drei am Twentynine Palms Hwy (Hwy 62) gelegenen Städten am Nordrand des Parks: in Yucca Valley mit den meisten Einrichtungen (Banken, Supermärkte etc.), im lässigen Joshua Tree mit Outdoor-Ausrüstern und Geschäften mit Internetzugang und in Twentynine Palms, dem größten Marinestützpunkt der USA.

Anza-Borrego Desert State Park

Der von einem Urmeer und tektonischen Kräften geformte Anza-Borrego ist der größte State Park der USA außerhalb Alaskas. Um das einzige Geschäftszentrum des Parks – das winzige Borrego Springs (3429 Ew.) – liegt ein fast 2500 km² großes Gelände aus Bergen, Canyons und Ödland. Man findet hier eine ungeheure Vielzahl von Tieren und Pflanzen sowie interessante historische Relikte von indigenen Völkern, spanischen Entdeckern und Goldrausch-Pionieren. Die meisten Besucher kommen zu Beginn des Frühjahrs in den Park, wenn die Wildblumen in voller Blüte stehen. Im Sommer sind Erkundungstouren bei Tag wegen der höllischen Hitze gefährlich.

Sehenswertes & Aktivitäten

Das **Visitor Center** (760-767-4205; www. parks.ca.gov; 200 Palm Canyon Dr, Borrego Springs; 15. Okt.–15. Mai tgl. 9–17 Uhr, 16. Mai–14. Sept. nur Sa & So) des Parks mit diversen naturhistorischen Ausstellungsstücken, Infomaterial und aktuellen Infos zum Straßenzustand befindet sich 2 Meilen (3,2 km) westlich von Borrego Springs. Die Fahrt durch den Park ist kostenlos. Wer aber zelten, wandern oder picknicken will, muss eine Tageskarte (5 US$/Auto) kaufen. Für die Schotterstraßen in der Wildnis (500 Meilen; 800 km) benötigt man einen Geländewagen. Bei Wandertouren ausreichend Trinkwasser mitnehmen!

Zu den Highlights im Park gehören der **Fonts Point** mit Blick auf die Wüste, der **Clark Dry Lake**, wo man wunderbar Vögel beobachten kann, der **Elephant Tree Discovery Trail** in der Nähe der Split Mountain Wind Caves und das **Blair Valley** mit den Piktogrammen amerikanischer Ureinwohner und verschiedenen Spuren von Pionieren. Weiter südlich kann man es sich in den Thermalquellen des **Agua Caliente Regional Park** (760-765-1188; www.sdcounty. ca.gov/parks/; 39555 Rte S2; Eintritt 5 US$/Auto; Sept.–Mai 9.30–17 Uhr) so richtig gut gehen lassen.

Schlafen & Essen

Man darf überall im Park ohne Genehmigung wild campen, sofern ein Mindestabstand von 30 m zu Gewässern und Straßen eingehalten wird (Lagerfeuer verboten).

30 Meilen (48 km) südwestlich von Borrego Springs lockt die Goldgräberstadt **Julian** (www.julianca.com) mit B&Bs im Country-Stil und ihrem berühmten Apfelkuchen.

Borrego Palm Canyon Campground
CAMPING $
(800-444-7275; www.reserveamerica.com; Stellplatz für Zelt/Wohnmobil 25/35 US$; P) Der Campingplatz in der Nähe des Visitor Center hat hervorragende Toiletten, dicht beieinander liegende Zeltstellplätze und ein Amphitheater für Ranger-Programme.

Palm Canyon Hotel & RV Resort
MOTEL $$
(760-767-5341; www.palmcanyonrvresort.com; 221 Palm Canyon Dr, Borrego Springs; DZ 65–310 US$; P) Wer auf der Suche nach Old-West-Flair ist, sollte in diesem einladenden Motel einchecken. Aber nicht verwirren lassen: Das Haus wurde erst in den 1980ern gebaut! Es ist etwa 1 Meile (1,6 km) vom Visitor Center des Parks entfernt und verfügt über zwei Pools, an denen man wunderbar relaxen kann, sowie über ein Restaurant und einen Saloon zum Auftanken.

★ Borrego Valley Inn
INN $$$
(760-767-0311; www.borregovalleyinn.com; 405 Palm Canyon Dr; Zi. 180–320 US$; P) Das kleine, makellose Hotel, das mit allerlei Südwest-Schnickschnack und indianischen Webarbeiten vollgepackt ist, ist ein trauliches Spa-Resort – perfekt für Erwachsene. Die 15 Zimmer verteilen sich auf einem 4 ha großen Gelände. Es gibt einen FKK-Pool, die meisten Zimmer haben eine Kochecke, und es darf nirgendwo geraucht werden.

Carlee's Place
AMERIKANISCH $$
(760-767-3262; 660 Palm Canyon Dr; Hauptgerichte mittags 8–14 US$, abends 12–27 US$; 11–21 Uhr) Auch wenn die Einrichtung aussieht, als sei sie seit den 1970er-Jahren nicht erneuert worden, so ist das Carlee's doch bei den Einheimischen wegen seiner Burger, Pasta und Steaks beliebt. Auch der Billardtisch, die Livemusik und die Karaoke-Abende locken viele Gäste an.

Praktische Informationen

Am Palm Canyon Dr in Borrego Springs gibt's Banken mit Geldautomaten, Tankstellen, einen

ABSEITS DER ÜBLICHEN PFADE

SALTON SEA & SALVATION MOUNTAIN

Östlich von Anza-Borrego und südlich von Joshua Tree erwartet Besucher ein höchst unerwarteter Anblick: der **Salton Sea** (☎ 760-393-3810; www. parks.ca.gov; 5 US$/Auto; ☺ Visitor Center Okt.–Mai 10–16 Uhr, Juni–Sept. nur Fr–So), Kaliforniens größter See mitten in der größten Wüste des Bundesstaates. Nachdem der Colorado 1905 über seine Ufer getreten war, mussten 1500 Arbeiter 0,5 Mio. t Gestein bewegen, um ihn wieder in sein Flussbett zu bringen. Der Wasserspiegel des künstlichen Sees, der keinen natürlichen Abfluss hat, liegt 67 m unter dem Meeresspiegel, und sein Wasser ist 50 % salzhaltiger als der Pazifik – ein ökologischer Alptraum, für den keine Lösung in Sicht ist.

Ein noch seltsamerer Anblick in der Nähe des Ostufers des Sees ist der **Salvation Mountain** (www.salvationmoun tain.us), ein 30 m hoher, bunt mit Acrylfarbe bemalter und mit Fundstücken und christlichen Botschaften verzierter Hügel aus von Hand angerührtem Lehm. Diese Vision des Volkskünstlers Leonard Knight (1931–2014) befindet sich in Niland, etwa 3 Meilen (knapp 5 km) östlich des Hwy 111, und ist über die Main St/ Beal Rd zu erreichen.

Supermarkt, eine Post und eine Bibliothek mit kostenlosem Internetzugang und WLAN.

Mojave National Preserve

Wer auf der Suche nach der Mitte des Nirgendwo ist, liegt mit der Wildnis des **Mojave National Preserve** (☎ 760-252-6100; www. nps.gov/moja) GRATIS sicher nicht falsch. Die rund 6474 km² große Einöde aus Sanddünen, Josua-Palmlilien und Schlackekegeln vulkanischen Ursprungs ist Lebensraum der gefährdeten Wüstenschildkröten. Achtung: Tankstellen gibt's hier nicht!

Südöstlich von Baker und dem I-15 Fwy führt die Kelbaker Rd durch eine gespenstische Landschaft aus Schlackekegeln, ehe sie das **Kelso Depot** erreicht, einen Bahnhof aus den 1920er-Jahren im Mission-Revival-Stil. Drinnen befinden sich heute die Hauptstelle des **Visitor Center** (☎ 760-252-6108; ☺ 9–17 Uhr) (☎ 760-252-6108; ☺ 9–17 Uhr)

des Parks mit ausgezeichneten naturkundlichen und kulturgeschichtlichen Exponaten sowie ein altmodischer Mittagsimbiss. Weitere 11 Meilen (17,7 km) Richtung Südwesten liegen die „singenden" **Kelso Dunes**. Bei günstigen Bedingungen erzeugt der wandernde Sand ein tiefes Dröhnen. Dieses lässt sich manchmal auch spontan auslösen, wenn man die Dünenflanken hinabrennt.

Am Kelso Depot zweigt die Kelso–Cima Rd nach Nordosten ab. Nach 19 Meilen (30,6 km) führt die Cima Rd zurück zur I-15 und rund um den **Cima Dome**, einen 460 m hohen Granitfelsen mit Lava-Vorsprüngen. An seinen Hängen wächst der weltweit größte **Josua-Palmlilien-Wald**. Rund 6 Meilen (9,7 km) nordwestlich von Cima beginnt der Weg zum **Teutonia Peak** (hin & zurück 4,8 km), von dem aus man sich die gesamte Gegend anschauen kann.

Weiter östlich ist die teilweise befestigte Mojave Rd ein Schleichweg zu den beiden mit Trinkwasser versehenen **Campingplätzen** (Stellplatz 12 US$; keine Reservierung möglich) Mid Hills (keine Wohnmobile) und Holein-the-Wall. Sie liegen an der holperigen, 12 Meilen (19,2 km) langen, unbefestigten **Wild Horse Canyon Rd**, die sich für Panoramafahrten anbietet und nahe dem **Visitor Center** (☎ 760-252-6104; ☺ Okt.–April Mi–So 9–16 Uhr, Mai–Sept. Sa 10–16 Uhr) von Hole-in-the-Wall und dem durch einen schmalen Canyon führenden **Rings Loop Trail** endet. Beide Straßen sind in der Regel auch mit normalen Autos befahrbar.

🛏 Schlafen & Essen

Campen auf freiem Gelände und am Straßenrand ist im Park an bestimmten Stellen erlaubt. Wo diese sich befinden, erfährt man im Visitor Center oder in der kostenlosen Parkzeitung.

Historisches Ambiente bietet das **Hotel Nipton** (☎ 760-856-2335; http://nipton. com; 107355 Nipton Rd; Hütte/Zi. ohne Bad ab 65/80 US$; ☺ Rezeption 8–18 Uhr; ☎); die Anlage an einem einsamen Eisenbahnvorposten nordöstlich vom Schutzgebiet umfasst eine 100 Jahre alte Adobe-Villa mit rustikalen Zimmern sowie diverse Zelthütten. Einchecken müssen Gäste in dem Laden neben einem einfachen mexikanisch-amerikanischen Café.

Abseits der I-15 ist Baker (35 Meilen bzw. 56 km nordwestl. von Kelso) die nächstgelegene Ortschaft mit schlichten Motels und Fast-Food-Restaurants.

Death Valley National Park

Allein schon der Name beschwört Höllenbilder einer gnadenlosen, kahlen und lebensfeindlichen Einöde alttestamentarischen Ausmaßes herauf. Bei näherer Betrachtung entpuppt sich das Death Valley aber als eine Landschaft voller vom Wasser geformter Canyons, vom Wind verwehter Sanddünen, zerklüfteter Berge und einer vielfältigen Tier- und Pflanzenwelt. Der Park ist eine Region der Superlative – hier gibt es die landesweit höchsten Temperaturen (57°C), dem tiefsten Punkt (Badwater, 86 m unter dem Meeresspiegel) und dem größten US-amerikanischen Nationalpark außerhalb Alaskas (über 12 949 m²). Die meisten Besucher kommen im Frühling, wenn die Wildblumen blühen.

◉ Sehenswertes & Aktivitäten

Im Sommer sollten nur befestigte Straßen benutzt werden, Outdoor-Erkundungen sollte man auf die frühen Morgenstunden und den späten Nachmittag beschränken. Die heißeste Zeit des Tages verbringt man am besten in den höheren Regionen des Parks.

Von **Furnace Creek**, dem zentralen Anlaufpunkt des **Parks** (☑760-786-3200; www. nps.gov/deva; 7-Tage-Pass 20 US$/Auto), geht's südostwärts zum **Zabriskie Point**, von dem aus man bei Sonnenuntergang einen spektakulären Blick auf das goldene Ödland des Tals genießen kann, in dem Erosionen Wellen, Falten und Rinnen geformt haben. 20 Meilen (32 km) weiter südöstlich kann man von **Dante's View** sowohl den höchsten (Mt. Whitney, 4421 m) als auch den tiefsten (Badwater) Punkt der kontinentalen USA sehen.

Badwater, diese zeitlose, von rissigen Salzebenen geprägte Landschaft, liegt 17 Meilen (27 km) südlich von Furnace Creek. An der Strecke bieten sich kurze Wanderungen zum **Golden Canyon** und zur **Natural Bridge** an. Der fast 9 Meilen (15 km) lange Abstecher **Artists Drive** führt durch einen engen Canyon und ist besonders schön am späten Nachmittag, wenn die erodierten Hügel in einem Feuerwerk von Farben erstrahlen.

Nordwestlich von Furnace Creek kann man in der Nähe des Stovepipe Wells Village über die an die Sahara erinnernden **Mesquite-Flat-Sanddünen** marschieren – bei Vollmond ein magisches Erlebnis – und an

den glatten Marmorwänden des **Mosaic Canyon** klettern.

Etwa 55 Meilen (85 km) nordwestlich von Furnace Creek befindet sich das skurrile **Scotty's Castle** (☑877-444-6777; www. recreation.gov; Führung Erw./Kind ab 15/7,50 US$; ⊙ Gelände 8.30–16.15 Uhr, Führungstermine variieren, Mitte Mai–Mitte Aug. Di–Do geschl.), in dem kostümierte Führer die Old-West-Geschichten des Hochstaplers „Death Valley Scotty" zu neuem Leben erwecken (Reservierung empfohlen). 5 Meilen (8 km) westlich von Grapevine Junction kann man den **Ubehebe Crater** und seinen jüngeren Bruder umrunden.

8 Meilen (13 km) westlich von Stovepipe Wells beginnt die malerische Strecke zum **Emigrant Canyon**, von der Abzweigungen zu Geisterstädten abgehen. Die Straße endet nach einem fast 3 Meilen (5 km) langen, unbefestigten Abschnitt an den historischen, an Bienenstöcke erinnernden **Charcoal Kilns**. Ganz in der Nähe beginnt die 13,5 km lange Rundwanderung zum **Wildrose Peak** (2760 m). Am Westrand des Parks liegt das abgelegene **Panamint Springs** mit einem tollen Rundumblick und einem 3,2 km langen Rundweg zu den kleinen Darwin Falls.

Zu den Aktivitäten, die auf der Ranch des Furnace Creek Ranch Resorts angeboten werden, gehören Ausritte, Golf, Mountainbiketouren und Baden in Thermalquellen. Wer die Gegend im Geländewagen erkunden möchte, kann sich bei **Farabee's Jeep Rentals** (☑760-786-9872; http://farabeesjeep rentals.com; Jeep mit 2/4 Türen inkl. 200 Meilen 195/235 US$; ⊙ Mitte Sept.–Ende Mai) in der Nähe des Furnace Creek Inn ein passendes Gefährt mieten.

🛏 Schlafen & Essen

Die Unterkünfte im Park sind oft ausgebucht, vor allem an den Wochenenden und im Frühling, wenn die Wildblumen blühen.

Der nächstgelegene Ort mit einigen Motels ist Beatty, NV (40 Meilen; 65 km nordöstlich von Furnace Creek). Weitaus mehr Unterkünfte gibt's aber in Las Vegas, NV (125 Meilen; 201 km südöstl.) und Ridgecrest, CA (125 Meilen; 201 km südwestl.).

Ranch at Furnace Creek   RESORT $$
(☑760-786-2345; www.furnacecreekresort.com; Hwy 190, Furnace Creek; Hütte 130–162 US$, Zi. 162–213 US$; ₽ ⊖ ❄ 🛜 ≋ 🛗) Das weitläufige, auf Familien zugeschnittene Resort mit unterschiedlichen motelartigen Gebäuden

ABSTECHER

RHYOLITE

4 Meilen (6,4 km) westlich von Beatty, Nevada, befindet sich die Abzweigung zur Geisterstadt **Rhyolite** (www.rhyolite site.com; abseits Hwy 374; ☉ Sonnenaufgang–Sonnenuntergang) GRATIS, die den turbulenten Aufstieg und Niedergang so vieler Städte im Westen aus der Goldrauschzeit widerspiegelt. Sehenswert sind z. B. das „Flaschenhaus" von 1906 und die Überreste der dreistöckigen Bank. Das bizarre **Goldwell Open Air Museum** (www.goldwellmuseum.org; abseits Hwy 374; ☉ 24 Std.) GRATIS nebenan ist eine schräge Kunstinstallation, die 1984 von dem belgischen Künstler Albert Szukalski begonnen wurde.

wurde aufgemöbelt und hat jetzt schicke, in Wüstenfarben gehaltene Zimmer mit modernen Bädern. Fenstertüren öffnen sich zu Terrassen mit gemütlichen Sitzmöbeln. Auf dem Gelände gibt's einen Spielplatz, einen von einer Quelle gespeisten Pool, Tennisplätze, Restaurants, Geschäfte und das **Borax Museum** (☎ 760-786-2345; ☉ Okt.–Mai 9–21 Uhr, im Sommer wechselnde Öffnungszeiten) GRATIS.

Stovepipe Wells Village   MOTEL $$
(☎ 760-786-2387; www.escapetodeathvalley.com; Hwy 190, Stovepipe Wells; Stellplatz für Wohnmobil 33 US$, Zi. 117–176 US$; P✳@🛜🏊🏋🐾) Die 83 frisch renovierten Zimmer in diesem Touristendorf auf Meereshöhe sind mit hochwertiger Bettwäsche unter bunten Tagesdecken mit fröhlichen Indianermustern, Kunstwerken mit Death-Valley-Thema, Kaffemaschinen und TVs ausgestattet. Der kleine Pool bringt Abkühlung, und im **Toll Road Restaurant** (Hauptgerichte abends 13–26 US$; ☉ 7–10 & 18–22 Uhr; 🛜🐾) im Cowboy-Stil bekommt man jeden Tag morgens und abends etwas zu essen.

Cynthia's   HOSTEL, INN $$
(☎ 760-852-4580; www.discovercynthias.com; 2001 Old Spanish Trail Hwy, Tecopa; B 22–25 US$, Zi. 75–118 US$, Tipi 165–225 US$; ☉ Check-in 15–20 Uhr; P🛜) Die schöne, von der freundlichen Cynthia geführte Unterkunft bietet etwas für jeden Geldbeutel. Sie ist ca. 3 Meilen (5 km) von Tecopa entfernt. Hier hat man die Qual der Wahl – es gibt farbenfrohe, erlesen dekorierte Zimmer in Vintage-Wohnwagen, Schlafsaalbetten und Indianer-Tipis (etwas weiter entfernt) mit dicken Teppichen, Feuerstellen und bequemen Doppelbetten.

Inn at Furnace Creek   HOTEL $$$
(☎ 760-786-2345; www.furnacecreekresort.com; Hwy 190; Zi./Suite ab 345/450 US$; ☉ Mitte Okt.–Mitte Mai; P✳❄@🛜🏊) In diesem eleganten Hotel aus dem Jahr 1927 im Missionsstil rollt man morgens aus dem Bett, schiebt die Vorhänge zur Seite und kann schon die Farben der Wüste zählen. Nach einem schweißtreibenden Tag voller Erkundungstouren kann man hier herrlich faul die Aussicht genießen und mit einem Cocktail in der Hand aus von Quellen gespeisten Pool relaxen. Die Lobby erstrahlt im Retro-Look der 1930er-Jahre.

❶ Praktische Informationen

Sieben Tage gültige Pässe (20 US$/Auto) sind an den SB-Zahlstationen überall im Park erhältlich. Gegen Vorlage der Quittung bekommt man im **Visitor Center** (☎ 760-786-3200; www. nps.gov/deva; ☉ Mitte Okt.–Mitte Juni 8–17 Uhr, Mitte Juni–Mitte Okt. 9–18 Uhr) in Furnace Creek eine kostenlose Karte und eine Broschüre. Hier gibt's auch einen Gemischtwarenladen, eine teure Tankstelle, eine Post, einen Geldautomaten, einen Waschsalon und Duschen. Stovepipe Wells Village, 30 Autominuten nordwestlich, hat einen Gemischtwarenladen, eine teure Tankstelle, einen Geldautomaten und Duschen. Im Park ist der Handy-Empfang schlecht bis nicht vorhanden.

CENTRAL COAST

Keine Reise durch Kalifornien wäre komplett, ohne dass man die surreale Schönheit der Central Coast bestaunt hätte, die sich entlang einer der legendärsten US-Straßen erschließt: Der Hwy 1 passiert – oft in Sichtweite des Pazifiks – das vornehme Santa Barbara, das altmodische Pismo Beach, das studentische San Luis Obispo, das fantastische Hearst Castle, den faszinierenden Big Sur, das kitschige Carmel, das bodenständige Monterey und den Hippietreff Santa Cruz. (Und wie ihre Weine will diese idyllische Küstengegend ganz langsam genossen werden!)

Santa Barbara

In Santa Barbara ist das Leben süß. Dieses von perlweißen Stränden umgebene Shangri-La duftet nach Zitrusfrüchten und Jasmin, an den weiß getünchten Gebäuden mit roten Ziegeldächern spanischer Art blühen Bougainvilleen. Die hässlichen Ölfördertürme draußen im Meer sollte man einfach ignorieren. An der State St, der Hauptstraße im Stadtzentrum, und in der Funk Zone, südlich der Eisenbahngleise, gibt es unzählige Restaurants, Bars, Kunstgalerien und Boutiquen.

🅞 Sehenswertes

★ Mission Santa Barbara KIRCHE
(www.santabarbaramission.org; 2201 Laguna St; Erw./Kind 5–15 Jahre 7/2 US$; ⊙10–17 Uhr, letzter Einlass 16.15 Uhr; P) Kaliforniens „Königin der Missionen" thront auf einem Hügel über der Stadt (1,6 km nordwestl. des Stadtzentrums). Die imposante dorische Fassade, eine architektonische Hommage an eine Kapelle im alten Rom, ist von zwei ungewöhnlichen Glockentürmen gekrönt. Im Inneren der Steinkirche von 1820 sind umwerfende Malereien der Chumash zu bewundern. Hinter der Kirche befindet sich ein gruseliger Friedhof – über der Tür nach draußen hängen geschnitzte Totenschädel – mit 4000 Chumash-Gräbern und den aufwendigen Mausoleen der frühen Siedler in Kalifornien.

Santa Barbara County Courthouse HISTORISCHES GEBÄUDE
(☎805-962-6464; www.santabarbaracourthouse.org; 1100 Anacapa St; ⊙Mo–Fr 8–16.45, Sa & So 10–16.15 Uhr) GRATIS Das 1929 im spanisch-maurischen Revival-Stil erbaute Gerichtsgebäude hat handbemalte Decken und schmiedeeiserne Kronleuchter und ist mit Fliesen aus Tunesien und Spanien verziert. Im stillen Wandgemälderaum im 1. Stock kann man sich Impressionen aus der spanischen Kolonialgeschichte anschauen. Danach kann man den 26 m hohen Glockenturm El Mirador hinaufklettern und durch die Bogen den Panoramablick auf die Stadt, das Meer und die Berge genießen. Wer mag, kann das Gebäude auf eigene Faust erkunden, aber die kostenlosen, von ehrenamtlichen Führern angebotenen Touren lohnen sich (tgl. 14 Uhr, werktags 10.30 Uhr).

Santa Barbara Museum of Art MUSEUM
(☎805-963-4364; www.sbmuseart.org; 1130 State St; Erw./Kind 6–17 Jahre 10/6 US$, Do 17–20 Uhr frei; ⊙Di–Mi & Fr–So 11–17, Do 11–20 Uhr) Das sorgfältig kuratierte, kleine Kunstmuseum zeigt Werke europäischer und amerikanischer Meister wie Matisse und Diego Rivera sowie moderne Fotografie, klassische Werke aus der Antike und nachdenklich stimmen-

de moderne Kunst. Im 1. Stock sind eindrucksvolle asiatische Kunstsammlungen, darunter ein kompliziertes, farbenfrohes tibetanisches Sand-Mandala und die Eisen-Leder-Rüstung eines japanischen Kriegers zu bestaunen. Führungen beginnen im Allgemeinen täglich um 13 Uhr. Außerdem gibt's einen Raum für Kinder mit Exponaten zum Anfassen, einen Museumsladen und ein Café.

Santa Barbara Maritime Museum MUSEUM
(☎805-962-8404; www.sbmm.org; 113 Harbor Way; Erw./Kind 6–17 Jahre 7/4 US$, 3. Do im Monat frei; ⊙10–17 Uhr, Ende Mai–Anfang Sept. 10–18 Uhr; P🚶) Das vollgepackte, zweistöckige Museum am Hafen feiert die von Salzwasser geprägte Geschichte der Stadt mit nautischen Artefakten, Erinnerungsstücken und interaktiven Exponaten, z.B. einem Hochseeanglerstuhl, von dem aus man eine Marlin-Trophäe „an Land ziehen" kann. Man kann eine virtuelle Reise durch den Santa Barbara Channel unternehmen, auf einem Surfbrett stehen oder sich im Kino Dokumentarfilme über Tiefseetauchen anschauen. Auf dem öffentlichen Parkplatz kann man 90 Minuten kostenlos parken, oder man steigt an der Stearns Wharf in das Wassertaxi Lil' Toot.

🏃 Aktivitäten

Die **Stearns Wharf** aus dem Jahr 1872 mit Blick auf die gut besuchten städtischen Strände ist der älteste ununterbrochen betriebene Holzpier an der Westküste. Heute ist sie übersät von Touristenshops und Restaurants. Außerhalb der Stadt am Hwy 101 locken die größeren, von Palmen gesäumten **staatlichen Strände** von Carpinteria, 12 Meilen (19 km) östlich, sowie von El Capitan und Refugio, mehr als 20 Meilen (32 km) westlich.

Wheel Fun Rentals RADFAHREN
(www.wheelfunrentals.com; 23 E Cabrillo Blvd; ⊙März–Okt. 8–20 Uhr, Nov.–Feb. 8–18 Uhr; 🚶) Hier werden Beach-Cruiser (10 US$), Mountainbikes (11 US$) und 2-/4-Sitzer-Familienkutschen (29/39 US$) stundenweise vermietet. Preisnachlass bei Halb- und Ganztagsanmietung.

Santa Barbara Sailing Center KAJAKFAHREN
(☎805-962-2826; www.sbsail.com; abseits des Harbor Way; Einer-/Zweierkajak 10/15 US$/Std., Kajaktour 2 Std. 50 US$; 🚶) Der preiswerteste Kajakverleih und die billigsten geführten Touren. Paddelunterricht nach vorheriger

Vereinbarung. Die saisonal unterschiedlichen Öffnungszeiten erfährt man telefonisch.

Condor Express BOOTSFAHRT

(☑ 805-882-0088, 888-779-4253; www.condor cruises.com; 301 W Cabrillo Blvd; Bootsfahrt 2½ Std. Erw./Kind 5–12 Jahre 50/30 US$, 4½ Std. ab 99/50 US$; 👶) Die Walbeobachtungstouren finden an Bord des Hochgeschwindigkeitskatamarans *Condor Express* statt. Es wird versprochen, dass die Teilnehmer Wale sehen. Wenn das beim ersten Mal nicht klappt, bekommen sie einen Gutschein und können einen zweiten Versuch starten.

🛏 Schlafen

Der Preisschock ist sicher: Selbst einfache Motelzimmer kosten im Sommer über 200 US$. Preiswertere Motels gibt's am oberen Abschnitt der State St, nördlich des Stadtzentrums und am Hwy 101.

Santa Barbara Auto Camp CAMPING $$

(☑ 888-405-7553; http://autocamp.com/sb; 2717 De La Vina St; DZ 175–215 US$; P ✳ 🛜 👶 🐾) 🍃 Hier schläft man in einem von fünf alten, metallisch glänzenden Airstream-Wohnwagen, die am oberen Ende der State St nördlich des Stadtzentrums stehen. Die fünf von Architekten designten Wohnwagen sind besonders herausgeputzt: Es gibt Badewannen mit Krallenfüßen, riesige Doppelbetten für Kids und voll eingerichtete Küchen. Den Gästen stehen Cruiserbikes kostenlos zur Verfügung. Rechtzeitig buchen! Mindestaufenthalt zwei Nächte. Haustiere 25 US$.

Agave Inn MOTEL $$

(☑ 805-687-6009; http://agaveinnsb.com; 3222 State St; Zi. inkl. Frühstück ab 119 US$; P ✳ 👶) Im Herzen noch immer ein Motel, vermittelt diese Budgetboutiqueunterkunft eine fröhliche Atmosphäre à la Mexiko-Pop trifft Moderne. Die Farben hier könnten direkt aus einem Frida-Kahlo-Gemälde stammen. Flachbildfernseher, Mikrowelle, kleine Kühlschränke und Klimaanlagen machen diese Unterkunft zu einer grandiosen Option. Die familienfreundlichen Zimmer haben Kochnischen und ausziehbare Schlafsofas. Kontinentales Frühstück ist im Preis enthalten.

Harbor House Inn MOTEL $$

(☑ 888-474-6789, 805-962-9745; www.harbor houseinn.com; 104 Bath St; Zi. ab 180 US$; P 🛜 👶) Die hellen Wohnstudios in diesem umgebauten Motel unten am Hafen haben Holzfußböden und nettes Stranddesign.

Einige verfügen über voll eingerichtete Küchen und Grillstellen. Eine Klimaanlage gibt es allerdings nicht. Im Preis enthalten sind ein Willkommensfrühstückskorb (Mindestaufenthalt 2 Nächte), Badelaken, Stühle, Sonnenschirme und Räder mit Dreigangschaltung. Haustiere kosten 20 US$ extra.

⭐ Inn of the Spanish Garden BOUTIQUEHOTEL $$$

(☑ 866-564-4700, 805-564-4700; www.spanish gardeninn.com; 915 Garden St; DZ inkl. Frühstück ab 309 US$; P ✳ @ 🛜 👶) Das Hotel im spanischen Kolonialstil bietet lässige Eleganz, erstklassigen Service und einen unglaublich romantischen Innenhof, der den Gästen das Gefühl vermittelt, in ihrer eigenen Villa zu leben. Luxusbettwäsche, Bäder mit übergroßen Wannen, Zimmerservice: Hier ist einfach alles hervorragend. An dem kleinen, von Palmen gesäumten Pool oder bei einer Massage im eigenen Zimmer kann man wunderbar die Seele baumeln lassen.

✖ Essen

Lilly's Taquería MEXIKANISCH $

(http://lillystacos.com; 310 Chapala St; kleine Gerichte ab 1,60 US$; ⊙ So–Mo & Mi–Do 10.30–21, Fr & Sa 10.30–22 Uhr) In der Mittagszeit bildet sich fast immer eine Schlange rund um diese Taco-Bude in der Innenstadt, aber es geht trotzdem schnell. Also mit der Bestellung nicht lange zögern! *Adobada* (mariniertes Schweinefleisch) und *lengua* (Rinderzunge) sind immer eine hervorragende Wahl. In Goleta, westlich vom Flughafen am Hwy 101, gibt's eine Zweigstelle.

Santa Barbara Shellfish Company SEAFOOD $$

(www.sbfishhouse.com; 230 Stearns Wharf; Gerichte 4–19 US$; ⊙ 11–21 Uhr; P 👶) „Aus dem Meer in die Pfanne und auf den Teller" lautet das Motto dieser Seafood-Bude am Ende des Piers, die eher eine Imbisstheke als ein Restaurant mit Stühlen und Tischen ist. Einfach die Möwen wegjagen, draußen an einem der Picknicktische Platz nehmen und in Knoblauch gebackene Muscheln, Krabbenküchlein und frittierte Shrimps im Kokosmantel genießen! Köstliche Hummerkrebssuppe, Blick aufs Meer… Die Bude ist seit über 25 Jahren genau an dieser Stelle in Betrieb.

⭐ Lark KALIFORNISCH $$$

(☑ 805-284-0370; www.thelarksb.com; 131 Anacapa St; Portionen zum Teilen 5–32 US$, Hauptgerich-

CHANNEL ISLANDS NATIONAL PARK

Der abgelegene, raue **Channel Islands National Park** (www.nps.gov/chis) wird wegen seiner einzigartigen Flora und Fauna auch „Kaliforniens Galápagos" genannt. Die Inseln bieten grandiose Möglichkeiten zum Schnorcheln, Tauchen und Kajakfahren. Im Frühling, wenn die Wildblumen blühen, ist es hier besonders schön. Im Sommer und Herbst ist es knochentrocken, aber dafür ist das Wasser im Herbst ruhig, und der Wind weht auch nicht allzu stark. Im Winter kann es recht stürmisch sein.

Die nur eine einstündige Bootsfahrt vom Festland entfernte Insel Anacapa ist mit ihren leichten Wanderstrecken und ihrer unvergesslichen Aussicht für einen Tagesausflug am besten geeignet. Santa Cruz ist die größte Insel und bietet sich für Ausflüge mit Übernachtung an. Hier kann man campen, Kajak fahren und wandern. Da die Überfahrt zu den anderen Inseln weiter draußen länger dauert, muss man mehrere Tage einplanen. San Miguel versinkt oft im Nebel. Das winzige Santa Barbara ist ein Tummelplatz von Seevögeln und Robben – genau wie Santa Rosa, wo es außerdem noch geschützte Torrey-Kiefern gibt.

Die Boote legen vom Ventura Harbor abseits des Hwy 101 ab. In dem dortigen **Visitor Center** (☎805-658-5730; www.nps.gov/chis; 1901 Spinnaker Dr, Ventura; ⏱8.30–17 Uhr; ♿) des Parks sind Infos und Karten erhältlich. Der größte Anbieter von Bootstouren ist **Island Packers** (☎805-642-1393; www.islandpackers.com; 1691 Spinnaker Dr, Ventura; Bootsfahrt 3 Std. Erw./Kind 3–12 Jahre ab 36/26 US$); im Voraus buchen! Stellplätze auf den einfachen Campingplätzen müssen vorab über Recreation.gov (S. 504) reserviert werden. Verpflegung und Wasser nicht vergessen!

te 24–38 US$; ⏱Di–So 17–22 Uhr, Bar 17–24 Uhr) 🍴 Im Santa Barbara County gibt es keinen besseren Ort, um die vielen Erzeugnisse zu probieren, die der Boden und das Meer an diesem Küstenstreifen von SoCal zu bieten haben. Der Chefkoch in diesem nach einem alten Pullman-Waggon benannten Restaurant in der Funk Zone passt seine Speisekarte den Jahreszeiten an und präsentiert einzigartige Geschmackskombinationen wie gebratene Oliven mit Chorizo-Aioli-Muscheln in Zitronengrasbrühe. Reservierung erforderlich.

🍷 Ausgehen & Nachtleben

Santa Barbaras Nachtleben findet hauptsächlich im unteren Abschnitt der State St und in der Funk Zone statt. Entlang des **Urban Wine Trail** (www.urbanwinetrailsb.com) gibt's ein Dutzend Weinstuben. Der kostenlose wöchentlich erscheinende *Santa Barbara Independent* (www.independent.com) enthält einen Veranstaltungskalender.

Figueroa Mountain Brewing Co   BAR
(www.figmtnbrew.com; 137 Anacapa St; ⏱11–23 Uhr) Vater und Sohn – beide Brauer – sind mit ihrem hopfigen und mit einer Goldmedaille ausgezeichneten IPA, ihrem dänischen Red Lager und ihrem Double-IPA von Santa Barbaras Wine Country in die Funk Zone umgezogen. Hier kann man sein Pint auf der

Terrasse des Schankraums schlürfen und dabei akustische Darbietungen genießen. Der Eingang befindet sich in der Yanonali St.

ℹ Praktische Informationen

Santa Barbara Car Free (www.santabarbara carfree.org) Tipps zum umweltbewussten Reisen und zu lohnenden Rabatten.

Santa Barbara Visitors Center (☎805-965-3021, 805-568-1811; www.santabarbaraca. com; 1 Garden St; ⏱Mo–Sa 9–17, So 10–17 Uhr, Nov.–Jan. bis 16 Uhr) Bei dem hilfsbereiten, aber sehr beschäftigten Personal sind Karten und Broschüren erhältlich. Auf der Website kann man sich kostenlose Karten für Touren auf eigene Faust und Wegbeschreibungen runterladen: berühmte Filmsets, Weinstraßen, Kunstgalerien und Outdoor-Abenteuer. Parkplätze mit Parkuhren befinden sich ganz in der Nähe.

ℹ Anreise & Unterwegs vor Ort

Vom **Busbahnhof** in Downtown (☎805-965-7551; www.greyhound.com; 224 Chapala St) fahren täglich ein paar Greyhound-Busse nach L. A. (17 US$, 2–3 Std.) und über San Luis Obispo (31 US$, 2 Std.) nach Santa Cruz (59 US$, 6 Std.) und nach San Francisco (63 US$, 9 Std.).

Vom **Bahnhof** (☎800-872-7245; www.amtrak. com; 209 State St) südlich des Stadtzentrums rollen Amtrak-Züge nach L. A. (31 US$, 2¾ Std.) und nach San Luis Obispo (35 US$, 2¾ Std.).

Metropolitan Transit District (MTD; ☎805-963-3366; www.sbmtd.gov) betreibt innerstädtische Busse (1,75 US$) sowie elektrische Shuttles (0,50 US$), die von der State St in Downtown zur Stearns Wharf und am Strand über den Cabrillo Blvd fahren.

Von Santa Barbara nach San Luis Obispo

Über Hwy 101 kann man in nur zwei Stunden nach San Luis Obispo rasen, man kann aber auch einen ganzen Tag damit zubringen, Abstecher zu Weingütern, historischen Missionen und versteckten Stränden zu machen.

Der Hwy 154 führt als idyllische Nebenstraße nördlich von Santa Barabara ins **Wine Country** (www.sbcountywines.com) zu den guten Tropfen des Santa Ynez Valley und Santa Maria Valley. Wer umweltbewusste Weingüter besichtigen will, macht eine Tour mit **Sustainable Vine** (☑ 805-698-3911; www.sustainablevine.com) 🏃 (150 US$) oder folgt dem ländlichen **Foxen Canyon Wine Trail** (www.foxencanyonwinetrail.com) nach Norden zu Weingütern mit Kultstatus. In dem Ort **Los Olivos** gibt's neben zwei Dutzend anderen Weinverkostungskellern das **Los Olivos Wine Merchant & Café** (☑ 805-688-7265; www.losolivoscafe.com; 2879 Grand Ave; Hauptgerichte morgens 9–12 US$, mittags & abends 12–29 US$; ⏱ tgl. 11.30–20.30, Sa & So auch 8–10.30 Uhr), ein nettes kalifornisch-mediterranes Bistro mit Weinbar.

Weiter südlich befindet sich der von dänischen Einwanderern gegründete Ort **Solvang** (www.solvangusa.com) mit Windmühlen und Bäckereien wie aus dem Märchenbuch. Wer Hunger hat, kann sich im **Succulent Café** (☑ 805-691-9444; www.succulentcafe.com; 1555 Mission Dr; Hauptgerichte morgens & mittags 9–13 US$, abends 19–29 US$; ⏱ morgens Sa & So 8.30–12, mittags Mo & Mi–Fr 11–15, Sa & So 12–15, abends Mi–Mo 17–21 Uhr) 🏃 stärken: mit Frühstücksbrötchen, Buttermilchsandwiches mit Brathähnchen oder knackig frischen Salaten. Auf dem **El Rancho Market** (http:// elranchomarket.com; 2886 Mission Dr; ⏱ 6–23 Uhr), östlich von Solvangs spanischer **Mission** (☑ 805-688-4815; www.missionsantaines.org; 1760 Mission Dr; Erw./Kind unter 12 Jahren 5 US$/frei; ⏱ 9–16.30 Uhr) aus dem 19. Jh., bekommt man Mittagspicknicks und Gegrilltes zum Mitnehmen.

Über den Hwy 246 in westlicher Richtung vom Hwy 101 erreicht man nach etwa 15 Meilen (24 km) den **La Purísima Mission State Historic Park** (☑ 805-733-3713; www.

lapurisimamission.org; 2295 Purísima Rd, Lompoc; 6 US$/Auto; ⏱ 9–17 Uhr; ♿) 🏃. Die sorgfältig restaurierte Mission gehört zu den stimmungsvollsten kalifornischen Missionen aus der spanischen Kolonialzeit und weist blühende Gärten, Viehpferche und Gebäude aus Lehmziegeln auf. Südlich von Lompoc windet sich unweit vom Hwy 1 die Jalama Rd über ca. 14 Meilen (22 km) zum vom Wind gepeitschten **Jalama Beach County Park** (☑ Infos vom Band 805-736-3616; http://cosb.countyofsb.org/parks/; 9999 Jalama Rd, Lompoc; 10 US$/Auto). Wer eine der einfachen Hütten mit kleiner Küche auf dem irrwitzig beliebten **Campingplatz** (www.sbparks.org/reservations; Stellplatz für Zelt/Wohnmobil ab 23/38 US$, Hütte 110–210 US$) ergattern möchte, sollte rechtzeitig buchen.

Wo der Hwy 1 wieder auf den Hwy 101 trifft, liegt **Pismo Beach** mit einem schönen, langen Sandstrand und einem **Schmetterlingshain** (www.monarchbutterfly.org; ⏱ Sonnenaufgang–Sonnenuntergang; ♿) GRATIS, in dessen Eukalyptusbäumen wandernde Monarchfalter von Ende Oktober bis Februar rasten. Der in der Nähe gelegene **North Beach Campground** (☑ Reservierung 800-444-7275; www.reserveamerica.com; 399 S Dolliver St; Stellplatz für Zelt & Wohnmobil 35 US$; ♿🐕) verfügt über Strandzugang und Warmwasserduschen. Dutzende Motels und Hotels säumen das Meeresufer und den Hwy 101, aber besonders an Wochenenden sind die Zimmer schnell ausgebucht. Die **Pismo Lighthouse Suites** (☑ 805-773-2411; www.pismolighthousesuites.com; 2411 Price St; Suite inkl. Frühstück ab 275 US$; @🛜📶♿🐕) bieten alles, was Urlauberfamilien brauchen, sogar ein riesiges Schachbrett im Freien. In der Nebensaison nach Preisnachlässen fragen! Unweit des Piers von Pismo bekommt man bei **Old West Cinnamon Rolls** (861 Dolliver St; Snacks 2–5 US$; ⏱ 6.30–17.30 Uhr) süße Leckereien. Oben auf dem Hügel im **Cracked Crab** (☑ 805-773-2722; www.crackedcrab.com; 751 Price St; Hauptgerichte 12–45 US$; ⏱ So–Do 11–21, Fr & Sa 11–22 Uhr; ♿) muss man sich schnell ein Plastiklätzchen umbinden, bevor die frischen Meeresfrüchte eimerweise auf dem mit Fleischerpapier belegten Tisch landen.

Der nicht allzu weit entfernte Ort **Avila Beach** hat eine sonnige Uferpromenade, einen stimmungsvoll knarrenden, alten Angelpier aus Holz und einen historischen **Leuchtturm** (☑ Reservierung von Wanderungen 805-541-8735, von Trolleytouren 855-533-7843;

www.sanluislighthouse.org; Eintritt Leuchtturm Erw./Kind unter 12 Jahren 5 US$/frei, Trolleytour inkl. Eintritt pro Erw./Kind 3–12 Jahre 20/15 US$; ☺ geführte Wanderungen normalerweise Mi & Sa 8.45–13 Uhr, Trolleytouren normalerweise Mi & Sa 12, 13 & 14 Uhr). Wenn man wieder auf dem Hwy 101 ist, kann man an der **Avila Valley Barn** (www.avilavalleybarn.com; 560 Avila Beach Dr; ☺ Mitte März–Ende Dez. normalerweise 9–18 Uhr; ♿) saftiges Obst pflücken und Ziegen füttern und dann in den **Sycamore Mineral Springs** (☎ 805-595-7302; www.sycamore springs.com; 1215 Avila Beach Dr; 1 Std./Pers. 13,50–17,50 US$; ☺ 8–24 Uhr, letzte Reservierung 22.45 Uhr) von einer mit heißem Wasser gefüllten Wanne aus die Sterne betrachten.

San Luis Obispo

Auf halber Strecke zwischen L.A. und San Francisco liegt das ruhige Städtchen San Luis Obispo. Die Studenten der CalPoly-Universität bringen eine gesunde Portion Leben in die Straßen, Bars und Cafés. Besonders viel los ist während des wöchentlich stattfindenden **Bauernmarkts** (www.downtownslo. com; ☺ Do 18–21 Uhr; ♿♿) ✐, wenn sich die Higuera St im Zentrum in eine Partymeile mit Livemusik und Grillständen verwandelt.

Wie mehrere andere kalifornische Städte wuchs auch SLO rund um eine spanisch-katholische **Mission** (☎ 805-543-6850; www.mis sionsanluisobispo.org; 751 Palm St; Spende 2 US$; ☺ Ende März–Okt. 9–17 Uhr, Nov.–Mitte März 9–16 Uhr), die 1772 von Junípero Serra gegründet wurde. SLO ist nur einen Steinwurf von den florierenden **Weingütern im Edna Valley** (www.slowine.com) entfernt, die für fruchtigen Chardonnay und samtigen Pinot Noir bekannt sind.

🛏 Schlafen

Die Monterey St nördlich des Zentrums ist SLOs Motelmeile. Budgetunterkünfte und Mittelklassemotels und -hotels säumen den Hwy 101.

HI Hostel Obispo   HOSTEL $
(☎ 805-544-4678; www.hostelobispo.com; 1617 Santa Rosa St; B 27–31 US$, Zi. ab 60 US$, alle Zi ohne Bad; ☺ Check-in 16.30–22 Uhr; @☎) ✐ An einer von Bäumen gesäumten Straße in Bahnhofsnähe residiert das solarbetriebene, avocadofarbene Hostel in einem umgebauten viktorianischen Haus, was ihm ein bisschen B&B-Charme verleiht. Zu den Annehmlichkeiten gehören eine Küche, ein

Fahrradverleih (ab 10 US$/Tag) und zum Frühstück kostenlose Sauerteigpfannkuchen und Kaffee. BYOT (*bring your own towel*; eigene Handtücher mitbringen).

Madonna Inn   HOTEL $$
(☎ 805-543-3000; www.madonnainn.com; 100 Madonna Rd; Zi. 189–309 US$; ❄ @ ☎ ☒ ♿) Die total tuntige Hotelpraline ist schon vom Hwy 101 zu sehen. Touristen aus Japan, Urlauber aus dem Mittleren Westen und Kitsch liebende Hipster sind von den 110 Themenzimmern begeistert, z. B. vom Yosemite Rock, Caveman und dem knallrosa Floral Fantasy (Fotos gibt's online). Das Urinal in den Männerzimmern ist ein bizarrer Wasserfall. Der beste Grund für einen Zwischenstopp ist die märchenhafte Bäckerei.

🍴 Essen & Ausgehen

Im Stadtzentrum gibt's jede Menge Cafés, Restaurants, Weinbars, Brauereikneipen und das mit Solarenergie betriebene **Palm Theatre** (☎ 805-541-5161; www.thepalmtheatre. com; 817 Palm St; Ticket 5–8 US$) ✐, in dem Indie-Filme gezeigt werden.

Firestone Grill   BARBECUE $
(www.firestonegrill.com; 1001 Higuera St; Gerichte 4–10 US$; ☺ So–Mi 11–22, Do–Sa 11–23 Uhr; ♿) Wer Wartezeiten, lange Schlangen und Sports-Bar-Service verkraftet, bekommt schließlich ein authentisches Steak-Sandwich à la Santa Maria auf getoastetem Knoblauchbrötchen und einen Korb superknusprige Pommes.

Big Sky Café   KALIFORNISCH $$
(www.bigskycafe.com; 1121 Broad St; Hauptgerichte abends 11–22 US$; ☺ Mo–Do 7–21, Fr 7–22, Sa 8–22, So 7–21 Uhr; ♿) ✐ Das Big Sky hat zwar große Räume, recht lange warten muss man aber meist trotzdem. Das Motto hier lautet: „Analoges Essen für eine digitale Welt". Vegetarier haben fast genauso viel Auswahl wie Fleischfans, und viele der Zutaten stammen aus der Region. Einige der abends servierten Hauptgerichte sind ein bisschen langweilig, aber dafür bekommt das Frühstück (tgl. bis 13 Uhr) Top-Noten.

Luna Red   FUSION $$$
(☎ 805-540-5243; www.lunaredslo.com; 1023 Chorro St; Portionen zum Teilen 6–20 US$, Hauptgerichte 20–39 US$; ☺ Mo–Mi 11–21, Do & Fr 11–23.30, Sa 9–23.30, So 9–21 Uhr; ♿) ✐ Lokale Produkte vom Land und aus dem Meer prägen die kalifornisch, asiatisch und mediterran ausgerichtete Speisekarte, hinzu

kommen hausgemachter Käse und Produkte vom Bauernmarkt. Cocktails und Laternen verstärken den Eindruck von gehobenem Ambiente im Restaurant. Der Brunch wird auf der Gartenterrasse mit Blick auf die Mission serviert. Reservierung empfohlen.

ℹ Praktische Informationen

San Luis Obispo Car Free (http://slocarfree. org) Hilfreiche Website mit Tipps zum umweltbewussten Reisen und zu Preisnachlässen.

San Luis Obispo Visitor Center (☏ 805-781-2777; www.visitslo.com; 895 Monterey St; ⊙ So–Mi 10–17, Do–Sa 10–19 Uhr) Kostenlose Straßenkarten und Broschüren für Traveller.

ℹ Anreise & Unterwegs vor Ort

Die Amtrak-Züge aus Santa Barbara (28–35 US$, 2¾ Std.) und L. A. (41 US$, 5½ Std.) halten am **Bahnhof** von SLO (☏ 800-872-7245; www.amtrak.com; 1011 Railroad Ave). Von dort erreicht man Downtown nach einem zehnminütigen Marsch. Der Busbahnhof liegt 3,5 Meilen (fast 6 km) südwestlich vom Stadtzentrum am Hwy 101. Von dort fahren täglich ein paar **Greyhound**-Busse (☏ 800-231-2222; www. greyhound.com; 1460 Calle Joaquin) nach Santa Barbara (31 US$, 2 Std.), L.A. (33 US$, 5¼ Std.), Santa Cruz (46 US$, 3¾ Std.) und San Francisco (59 US$, 6¾ Std.). Um ins Zentrum zu kommen, muss man ein Taxi rufen.

Die im gesamten County verkehrenden Busse der **SLO RTA** (RTA; ☏ 805-541-2228; www.slorta.org; einfache Strecke 1,50–3 US$, Tageskarte 5 US$) fahren am Wochenende nur eingeschränkt. Knotenpunkt ist das **Transit Center** (Ecke Palm St & Osos St) in Downtown.

Von Morro Bay zum Hearst Castle

Etwa 12 Meilen (19 km) nordwestlich von San Luis Obispo kommt am Hwy 1 Morro Bay in Sicht, ein Fischerstädtchen, in dem der **Morro Rock**, ein aus dem Meer emporragender Vulkangipfel, einen ersten Vorgeschmack auf die sich anschließende dramatische Küstenlandschaft bietet. (Die Kraftwerkschlote im Hintergrund sollte man einfach ignorieren.) Bootstouren beginnen am **Embarcadero** mit seinen unzählige Touristenläden. Hier kann man auch Kajaks mieten. Das **Giovanni's** (www.giovannisfishmarket.com; 1001 Front St; Hauptgerichte 6–15 US$; ⊙ 9–18 Uhr; 👶) ist ein klassischer Seefood-Laden, in dem extrem leckere Knoblauchpommes und Fish & Chips serviert werden. Mittelklassemotels ballen sich wei-

ter oben rund um die Harbor St und die Main St sowie am Hwy 1.

In der Nähe bieten sich fantastische State Parks zu Küstenwanderungen und zum **Campen** (☏ Reservierungen 800-444-7275; www. reserveamerica.com; Stellplatz für Zelt & Wohnmobil 20–50 US$; 👶 🐕) an. Südlich des Embarcadero liegt der **Morro Bay State Park** (☏ 805-772-2694; www.parks.ca.gov; Eintritt frei, Museum Erw./Kind unter 17 Jahren 3 US$/frei; ⊙ Museum 10–17 Uhr) mit einem für Kids interessanten Naturkundemuseum. Weiter südlich in Los Osos, westlich des Hwy 1, wartet der wildere **Montaña de Oro State Park** (☏ 805-772-7434; www.parks.ca.gov; 3550 Pecho Valley Rd, Los Osos; ⊙ 6–22 Uhr) **GRATIS** mit Küstenklippen, Gezeitenbecken, Sanddünen, Gipfelwanderungen und Mountainbikestrecken auf Besucher. Der spanische Name („Goldberg") rührt vom kalifornischen Mohn her, der hier im Frühling die Hänge bedeckt.

Nördlich des Zentrums von Morro Bay passiert der Hwy 1 den bei Surfern beliebten kalifornisch-mexikanischen **Taco Temple** (2680 Main St; Hauptgerichte 8–20 US$; ⊙ Mi–Mo 11–21 Uhr; 👶), in dem man nur mit Bargeld bezahlen kann, und **Ruddell's Smokehouse** (www.smokerjim.com; 101 D St; Gerichte 4–13 US$; ⊙ 11–18 Uhr; 👶 🐕) am Strand von Cayucos, wo Räucherfisch-Tacos serviert werden. Altmodische Motels säumen die Ocean Ave in Cayucos, u.a. das niedliche **Seaside Motel** (☏ 805-995-3809; www.seasidemotel.com; 42 S Ocean Ave; DZ 80–160 US$; 📞) in Familienhand. Im **Shoreline Inn on the Beach** (☏ 805-995-3681; www.cayucosshorelineinn.com; 1 N Ocean Ave; Zi. 139–199 US$; 👶 🐕) wird man vom Rauschen der Brandung in den Schlaf gewiegt.

Nördlich von Harmony (gerade mal 18 Ew.) führt der Hwy 46 nach Osten in die Weinberge des **Paso Robles Wine Country** (www.pasowine.com). Genug Wein getrunken? Dann ist die **Firestone Walker Brewing Company** (☏ 805-225-5911; www.firestonebeer. com; 1400 Ramada Dr; ⊙ Verkostungsraum Mo–Do 10–17, Fr–So 10–18 Uhr, Führungen 10.30–15.30 Uhr) unweit des Hwy 101 in Paso Robles genau das Richtige. Man kann die Brauerei im Rahmen von Führungen (3 US$; Reservierung empfohlen) besichtigen oder aber im Schankraum eines der hier gebrauten Biere probieren.

Fährt man auf dem Hwy 1 weiter gen Norden, erreicht man das idyllische **Cambria** mit seinen Unterkünften am unglaublich schönen Moonstone Beach. Das **Blue Dol-**

phin Inn (☏ 805-927-3300; www.cambriainns.com; 6470 Moonstone Beach Dr; Zi. ab 199 US$; 📶📺) bietet moderne Zimmer mit romantischen Kaminen. Weiter landeinwärts stehen Travellern im **HI Cambria Bridge Street Inn** (☏ 805-927-7653; www.bridgestreetinncambria.com; 4314 Bridge St; B ab 32 US$, Zi. 57–95 US$, alle ohne Bad; ⊙ Check-in 17–21 Uhr; 📶) Hostelbetten im Ambiente eines großmütterlichen B&Bs zur Verfügung. Das altmodische **Cambria Palms Motel** (☏ 805-927-4485; www.cambriapalmsmotel.com; 2662 Main St; Zi. 109–149 US$; ⊙ Check-in 15–21 Uhr; 📶) bietet saubere, gut geschnittene Zimmer und Cruiser-Räder. Der Käse- und Weinladen **Indigo Moon** (☏ 805-927-2911; www.indigomooncafe.com; 1980 Main St; Mittagessen 9–14 US$, Abendessen 14–33 US$; ⊙ 10–21 Uhr) serviert mittags an luftigen Bistrotischen knackig frische Salate und Sandwiches. Das **Linn's Easy as Pie Cafe** (www.linnsfruitbin.com; 4251 Bridge St; Gerichte 6–11 US$; ⊙ Okt.–April 10–18 Uhr, Mai–Sept. 10–19 Uhr; 🚲) mit seiner sonnigen Terrasse und dem Take-away-Tresen ist für seinen Olalliebeeren-Pie bekannt.

Etwa 10 Meilen (16 km) nördlich von Cambria steht auf einem Hügel das **Hearst Castle** (☏ Infos 805-927-2020, Reservierungen 800-444-4445; www.hearstcastle.org; 750 Hearst Castle Rd, San Simeon; Führung Erw./Kind 5–12 Jahre ab 25/12 US$; ⊙ tgl. außer Thanksgiving, Weihnachten & Neujahr ab 9 Uhr, wechselnde Schließzeiten), Kaliforniens berühmtestes Monument für Reichtum und Ehrgeiz. Der Medien-Tycoon William Randolph Hearst empfing auf seinem Anwesen voller europäischer Antiquitäten, schimmernder Teiche und blühender Gärten Hollywood-Stars und gekrönte Häupter. Man sollte versuchen, Führungen vorab zu buchen. Ansonsten ist frühzeitiges Erscheinen angesagt.

Auf der anderen Seite des Hwy 1 verkauft der **Sebastian's Store** (☏ 805 SLO-San Simeon Rd; Hauptgerichte 7–12 US$; ⊙ 11–17 Uhr, Küche schließt um 16 Uhr) mit Blick über einen historischen Walfang-Pier Hearst-Ranch-Rindfleisch-Burger und gigantische Sandwiches für ein improvisiertes Strandpicknick. Auf der Fahrt auf dem Hwy 1 gen Süden passiert man Budget- und Mittelklassemotels in San Simeon, die man getrost vergessen kann. Nach 5 Meilen (8 km) erreicht man den **Hearst San Simeon State Park** (☏ Reservierungen 800-444-7275; www.reserveamerica.com; Hwy 1; Stellplatz für Zelt & Wohnmobil 20–25 US$), in dem einfache, erschlossene Stellplätze am Ufer eines Baches angeboten werden.

Weiter nördlich am Point Piedras Blancas lebt eine riesige **Kolonie von See-Elefanten**, die sich hier fortpflanzen, mausern, schlafen, vergnügen und gelegentlich auch am Strand bekriegen. Unbedingt ausreichend Abstand zu diesen Wildtieren halten, die sich auf dem Sand schneller bewegen können als jeder Mensch! Der ausgeschilderte Aussichtspunkt mit Erklärungstafeln befindet sich ca. 4,5 Meilen (7 km) nördlich vom Hearst Castle. Die Tiere leben hier zwar das ganze Jahr, aber die besonders spannende Brunft- und Wurfzeit ist von Januar bis März. Die nahe gelegene **Piedras Blancas Light Station** (☏ 805-927-7361; www.piedrasblancas.gov; Führung Erw./Kind 6–17 Jahre 10/5 US$; ⊙ Führungen normalerweise Mitte Juni–Aug. Mo–Sa 9.45 Uhr, Sept.–Mitte Juni Di, Do & Sa 9.45 Uhr) von 1875 bietet einen außergewöhnlich malerischen Anblick. Die Termine und den Treffpunkt der Führungen vorab telefonisch erfragen! (Reservierungen sind nicht möglich.)

Big Sur

Viel ist schon geschrieben worden über die raue Schönheit und Kraft dieses 160 km langen, zerklüfteten Küstenabschnitts südlich von Monterey Bay. Big Sur bezeichnet mehr einen Gemütszustand denn einen Ort, den man auf einer Karte findet. Hier gibt es keine Ampeln, Banken oder Einkaufsmeilen. Wenn die Sonne untergegangen ist, sind der Mond und die Sterne die einzige Straßenbeleuchtung – sofern der Sommernebel die nicht auch noch ausgelöscht hat.

Unterkünfte, Verpflegung und Benzin sind hier rar und entsprechend teuer. Da die Zimmernachfrage das ganze Jahr über vor allem an den Wochenenden hoch ist, empfiehlt es sich, vorab zu buchen. Der kostenlose, sehr informative *Big Sur Guide* (www.bigsurcalifornia.org) ist fast überall erhältlich. In den in Big Sur gelegenen State Parks berechtigt die Parkquittung (10 US$/Auto) zum Eintritt am gleichen Tag in alle Parks außer Limekiln.

Etwa 25 Meilen (40 km) vom Hearst Castle entfernt liegt das winzige Gorda mit dem **Treebones Resort** (☏ 877-424-4787, 805-927-2390; www.treebonesresort.com; 71895 Hwy 1; DZ ohne Bad ab 265 US$; 📶📺), wo man in Jurten an der Steilküste übernachtet. Einfache Campingplätze des United States Forest Service (USFS) gibt's ganz in der Nähe vom Hwy 1 am schattigen **Plaskett Creek**

PINNACLES NATIONAL PARK

Der **Pinnacles National Park** (☎831-389-4486; www.nps.gov/pinn; 10 US$/Auto) ist nach den Felsnadeln benannt, die aus den mit Chaparral bewachsenen Hügeln in den Himmel ragen. Mit seinen zerklüfteten Monolithen, Canyons mit nackten Felswänden und den uralten vulkanischen Überresten ist der Park geologisch besonders spektakulär. Neben Wander- und Klettertouren sind die Talus-Höhlen und die vom Aussterben bedrohten Kalifornischen Kondore die größten Attraktionen. Am besten besucht man den Park im Frühjahr oder Herbst, denn im Sommer herrschen große Hitze und extreme Trockenheit. Ein **Campingplatz** (☎877-444-6777; www.recreation.gov; Stellplatz für Zelt/Wohnmobil 23/36 US$; 🏊👶🏊) mit je nach Saison benutzbarem Pool befindet sich in der Nähe des Osteingangs des Parks abseits des Hwy 25 etwa 30 Meilen (48 km) nordwestlich von King City am Hwy 101.

(☎Reservierungen 877-477-6777; www.recreation.gov; Hwy 1; Stellplatz für Zelt & Wohnmobil 25 US$) und in Ozeannähe am **Kirk Creek** (☎Reservierungen 877-444-6777; www.recreation.gov; Hwy 1; Stellplatz für Zelt & Wohnmobil 25 US$).

10 Meilen (16 km) nördlich von Lucia befindet sich das New-Age-Camp **Esalen Institute** (☎888-837-2536; www.esalen.org; 55000 Hwy 1), das für seine Esoterik-Workshops und Thermalwasserpools mit Meerblick bekannt ist. Mit Reservierung (☎831-667-3047 tgl. 9–12 Uhr) kann man nachts von 1 bis 3 Uhr nackt baden (30 US$, nur Kreditkarten). Einfach surreal!

3 Meilen (4,8 km) weiter nördlich verstecken sich im **Julia Pfeiffer Burns State Park** (☎831-667-2315; www.parks.ca.gov; Hwy 1; 10 US$/Auto; ⏱30 Min. vor Sonnenaufgang–30 Min. nach Sonnenuntergang; 🚶) die 24 m hohen McWay Falls, Kaliforniens einziger Küstenwasserfall. Von dem Aussichtspunkt kann man wunderbar fotografieren, wie er über die Granitfelsen in das Meer oder – je nach Gezeitenstand – auf den Strand stürzt.

Nach weiteren 7 Meilen (11 km) gen Norden erreicht man die unkonventionelle **Henry Miller Memorial Library** (☎831-667-2574; www.henrymiller.org; 48603 Hwy 1; ⏱11–18

Uhr), das Kunstzentrum und die Seele der Big-Sur-Boheme. Hier gibt's einen übervollen Buchladen, es werden Live-Konzerte, Open-Mike-Abende und Filme unterm Sternenhimmel geboten. Gegenüber spielt das Essen angesichts des grandiosen Rundumblicks im hoch oben auf der Klippe thronenden **Nepenthe** (übersetzt „Insel ohne Sorgen") (☎831-667-2345; www.nepenthebigsur.com; 48510 Hwy 1; Hauptgerichte 15–42 US$; ⏱11.30–16.30 & 17–22 Uhr) nur eine Nebenrolle.

Weiter nördlich informieren die Ranger der **Big Sur Station** (☎831-667-2315; www.fs.usda.gov/lpnf; 47555 Hwy 1; ⏱8–16 Uhr, Nov.–März Mo & Di geschl.) über Camping- und Wandermöglichkeiten, so auch über die beliebte Wanderung zu den **Sykes Hot Springs** (einfache Strecke 16 km). Gleich südlich zweigt auf der anderen Seite des Hwy 1 die schmale, kurvige Sycamore Canyon Rd ab, die in 2 Meilen (3,2 km) zum halbmondförmigen **Pfeiffer Beach** (www.fs.usda.gov/lpnf; Ende der Sycamore Canyon Rd; 10 US$/Auto; ⏱9–20 Uhr; 🅿) hinunterführt, vor dem ein hoher Felsbogen aus dem Meer ragt. Wegen der starken Strömung ist es hier zum Schwimmen zu gefährlich, man kann in dem violetten (!) Sand aber wunderbar die Seele baumeln lassen.

Als nächstes kommt der **Pfeiffer Big Sur State Park** (☎831-667-2315; www.parks.ca.gov; 47225 Hwy 1; 10 US$/Auto; ⏱30 Min. vor Sonnenaufgang–30 Min. nach Sonnenuntergang; 🚶) mit sonnigen Wanderwegen kreuz und quer durch Redwood-Wälder. Wer auf dem **Campingplatz** (☎Reservierungen 800-444-7275; www.reserveamerica.com; 47225 Hwy 1; Stellplatz für Zelt & Wohnmobil 35–50 US$; 🚶🏊) keinen Stellplatz reserviert hat, kann in der weitläufigen, altmodischen **Big Sur Lodge** (☎831-667-3100; www.bigsurlodge.com; 47225 Hwy 1; DZ 205–395 US$; 🏊🚶) übernachten. Hier gibt's rustikale Doppel-Cottages (teilweise mit Küche und Kamin mit Holzfeuerung), ein einfaches Restaurant und einen gut sortierten Gemischtwarenladen.

Gleich nördlich am Hwy 1 befindet sich das kommerzielle Zentrum von Big Sur mit privaten Campingplätzen, rustikalen Hütten, Motels, Tankstellen und Geschäften. Das **Glen Oaks Motel** (☎831-667-2105; www.glenoaksbigsur.com; 47080 Hwy 1; DZ 225–390 US$; 📶) 🍴, eine umgestaltete 1950er-Jahre-Motorlodge aus Redwood und Lehmziegeln, vermietet romantische Holzhütten und Cottages. Burritos und Frucht-Smoothies bekommt man hinten an der Theke des **Gemischtwarenladens** (www.bigsurriverinn.com; 46840 Hwy 1; Hauptgerichte 8–10 US$; ☺11–19 Uhr; 🚻) im Big Sur River Inn. Das **Maiden Publick House** (☎831-667-2355; Village Center Shops, Hwy 1; ☺12–2 Uhr) punktet mit einer ellenlangen Bierkarte und Jamsessions. Weiter südlich in der Nähe der Post kann man sich im **Big Sur Deli** (www.bigsurdeli.com; 47520 Hwy 1; Gerichte 2–7 US$; ☺7–20 Uhr) ein Picknick zusammenstellen. Der Laden gehört zum geselligen **Big Sur Taphouse** (www.bigsurtaphouse.com; 47520 Hwy 1; ☺Mo–Do 12–22, Fr & Sa 12–24, So 10–22 Uhr; 🛜), einer auf Bier spezialisierten Bar mit Brettspielen und Kneipenessen.

Ein Muss ist auch der weiter im Norden gelegene **Andrew Molera State Park** (☎831-667-2315; www.parks.ca.gov; Hwy 1; 10 US$/Auto; ☺30 Min. vor Sonnenaufgang–30 Min. nach Sonnenuntergang; 🚻) mit einer wundervollen Mischung aus Wanderwegen, grasbewachsenen Wiesen, Wasserfällen, Ozeanklippen und rauen Stränden. Im **Discovery Center** (☎831-624-1202; www.ventanaws.org/discovery_center/; ☺Mai–Anfang Sept. Sa & So 10–16 Uhr; 🚻) 🖉 GRATIS des Parks erfährt man alles über den bedrohten Kalifornischen Kondor. Vom Schotterparkplatz führt ein fast 500 m langer Weg zu einem sehr einfachen **Campingplatz** (www.parks.ca.gov; Hwy 1; Stellplatz für Zelt 25 US$; keine Reservierung).

6 Meilen (knapp 10 km) vor der berühmten **Bixby Creek Bridge** lohnt sich eine Führung durch die 1889 errichtete **Point Sur Lightstation** (☎831-625-4419; www.pointsur.org; abseits des Hwy 1; Erw./Kind 6–17 Jahre ab 12/5 US$; ☺Führungen normalerweise Nov.–März Mi 13, Sa & So 10 Uhr, April–Okt. Mi & Sa 10 & 14, So 10 Uhr, Juli & Aug. auch Do 10 Uhr). Die Termine der Führungen – darunter auch die der saisonal angebotenen Mondscheinwanderungen – und die Wegbeschreibungen zum Treffpunkt erfährt man telefonisch oder online. Unbedingt früh kommen, weil die Teilnehmerzahl begrenzt ist und Reservierungen nicht möglich sind!

Carmel

Der frühere Künstlertreff am Meer, das idyllische Carmel-by-the-Sea, hat heute das Flair eines gepflegten Countryclubs. Von jedem Café an der Ocean Ave, der ruhigen Hauptstraße des Ortes, kann man beobachten, wie Hut tragende Damen mit Einkaufstüten schicker Labels und adrette Herren in offenen Cabrios unterwegs sind.

⊙ Sehenswertes & Aktivitäten

Der oft nebelverhangene, städtische **Carmel Beach** ist ein prächtiger, halbmondförmiger weißer Sandstrand, an dem die lieben Vierbeiner ohne Leine laufen dürfen.

San Carlos Borroméo de Carmelo Mission   KIRCHE
(www.carmelmission.org; 3080 Rio Rd; Erw./Kind 7–17 Jahre 6,50/2 US$; ☺9.30–19 Uhr) Die ursprüngliche Mission von Monterey wurde 1770 von dem spanischen Franziskanerpater Junípero Serra gegründet, aber der karge Boden und der unsittliche Einfluss der spanischen Soldaten führten nur zwei Jahre später zum Umzug nach Carmel. Heute ist die Mission eine der schönsten Kaliforniens, eine Oase der Ruhe inmitten eines Blumengartens. Die ehemalige Lehmkirche wurde später durch eine Gewölbebasilika aus Steinen ersetzt, die in den Santa Lucia Mountains gebrochen wurden. Die Museumsexponate sind über die ganze idyllische Anlage verteilt.

Point Lobos State Natural Reserve   PARK
(☎831-624-4909; www.pointlobos.org; Hwy 1; 10 US$/Auto; ☺8–19 Uhr, schließt von Anfang Nov.–Mitte März 30 Min. nach Sonnenuntergang; 🚻) Sie bellen, sie baden und sind gar lustig anzuschauen: Seelöwen sind ganz offensichtlich die Stars hier im Punta de los Lobos Marinos (Point of the Sea Wolves), fast 4 Meilen (6,5 km) südlich von Carmel, wo spektakulär felsige Küstenlinien ausgezeichnete Gezeitenbecken aufweisen. Der Weg

---

ⓘ FAHREN AUF DEM HWY 1

Die Fahrt auf dem schmalen, zweispurigen Highway durch Big Sur kann ziemlich lange dauern. Für die Strecke vom Hearst Castle zur Monterey Bay sollte man ohne Zwischenstopp mindestens zweieinhalb Stunden einplanen – wesentlich mehr, wenn man unterwegs anhalten und die Gegend erkunden will. Nach Einbruch der Dunkelheit ist die Fahrt riskant und außerdem sinnlos, weil man von der tollen Landschaft nichts sieht. Auf Radfahrer achten und bitte unbedingt die ausgeschilderten Ausweichstellen benutzen, um schnellere Fahrzeuge vorbei zu lassen! Aktuelle Infos über den Straßenzustand und vorübergehende Sperrungen erhält man telefonisch unter ☎800-427-7623.

über das gesamte Gelände ist knapp 10 km lang, aber auch kürzere Strecken haben ihren Reiz, u.a. Bird Island, schattige Zypressenhaine, die historische Whaler's Cabin und der Devil's Cauldron, ein Strudelbecken, das bei Flut richtig was zu bieten hat.

✕ Essen & Ausgehen

Bruno's Market & Deli FEINKOST, MARKT $
(www.brunosmarket.com; Ecke 6th Ave & Junípero Ave; Sandwiches 6–9 US$; ⊙7–20 Uhr) Der kleine Feinkostsupermarkt verkauft an der Theke leckere Sandwiches mit saftigem, über Eichenholz gegrilltem Rindfleisch und alle Zutaten für ein zünftiges Picknick am Strand, u.a. Sparkys Root Beer aus Pacific Grove.

Mundaka SPANISCH, TAPAS $$
(☎831-624-7400; www.mundakacarmel.com; San Carlos St, zw. Ocean Ave & 7th Ave; kleine Gerichte 6–25 US$; ⊙So–Mi 17.30–22, Do–Sa 17.30–23 Uhr) Der versteckt gelegene steinerne Innenhof ist ein vornehmer Zufluchtsort für Carmels spießiger Meute von „Frischverheirateten und Halbtoten". Hier genießt man spanische Tapas und hausgemachte Sangria und lauscht Weltmusikklängen.

Monterey

In Monterey dreht sich alles ums Meer. Die Arbeiterstadt lockt Besucher mit einem tollen Aquarium an, das der Unterwasserwelt der Bucht angemessen huldigt. Die Monterey Bay ist seit 1992 ein staatliches Meeresschutzgebiet und schreit geradezu danach, im Rahmen eines Kajak-, Boots-, Tauchoder Schnorcheltrips erkundet zu werden. Der historische Zentrumsbezirk bewahrt Kaliforniens Wurzeln mit restaurierten Gebäuden aus spanisch-mexikanischen Tagen. Zeitraubende Touristenfallen sind dagegen Fisherman's Wharf und Cannery Row. Letztere verewigte John Steinbeck einst in Romanform – zu einer Zeit, als das Viertel noch hektisches und stinkendes Zentrum der Sardinenkonservenindustrie war, die Monterrey bis in die 1950er-Jahre ernährte.

⊙ Sehenswertes

★ **Monterey Bay Aquarium** AQUARIUM
(☎Infos 831-648-4800, Tickets 866-963-9645; www.montereybayaquarium.org; 886 Cannery Row; Erw./Kind 3–12 Jahre/Jugendl. 13–17 Jahre 40/ 25/30 US$; ⊙Juni tgl. 9.30–18 Uhr, Juli–Aug. Mo–Fr 9.30–18, Sa & So 9.30–20 Uhr, Sept.–Mai tgl. 10–17 od. 18 Uhr; ⊕) ✎ Eines der faszinie-

rendsten Erlebnisse in Monterey ist der Besuch des riesigen Aquariums, das auf dem Gelände der ehemals größten Büchsensardinenfabrik der Stadt erbaut wurde. Hier werden alle Arten von Wasserlebewesen präsentiert, von Seesternen, die auch der Nachwuchs toll findet, und schleimigen Seeschnecken bis hin zu munteren Seeottern und überraschend flinken, 360 kg schweren Thunfischen. Das Aquarium ist aber mehr als nur eine beeindruckende Ansammlung von Glasbecken – gut durchdachte Schautafeln erklären den kulturellen und historischen Kontext der Bucht.

Monterey State Historic Park HISTORISCHE STÄTTE
(☎Audiotouren 831-998-9458, Infos 831-649-7118; www.parks.ca.gov) ✔GRATIS In Old Monterey steht eine außergewöhnliche Ansammlung von Backstein- und Lehmziegelbauten aus dem 19. Jh., die alle als Monterey State Historic Park verwaltet werden. Die Gebäude kann man im Rahmen einer 3,2 km langen Audiotour bewundern, die recht bedeutungsschwer „Path of History" genannt wird. Man kann Dutzende Häuser besichtigen, von denen einige zauberhafte Gärten haben. Nicht alle Häuser sind zur gleichen Zeit geöffnet, was von einem Zeitplan abhängt, der durch die einschneidenden Kürzungen im Staatsparkhaushalt bestimmt wird.

Point Pinos Lighthouse LEUCHTTURM
(☎831-648-3176; www.pointpinoslighthouse.org; 90 Asilomar Ave; empfohlene Spende Erw./Kind 6–17 Jahre 2/1 US$; ⊙Do–Mo 13–16 Uhr) Der älteste ununterbrochen betriebene Leuchtturm an der Westküste warnt Schiffe schon seit 1855 vor der gefährlichen Stelle an der Monterey Peninsula. Drinnen gibt's ein paar bescheidene Exponate zur Geschichte des Leuchtturms und Fundstücke von Schiffen, die hier leider trotzdem auflicfcn.

Monarch Grove Sanctuary PARK
(www.ci.pg.ca.us; an der Ridge Rd, zw. Lighthouse Ave & Short St; ⊙Sonnenaufgang–Sonnenuntergang; ⊕) ✔GRATIS Zwischen Oktober und Februar sammeln sich mehr als 25000 wandernde Monarchfalter im Dickicht der großen Eukalyptusbäume im Hinterland. In der Hauptsaison beantworten freiwillige Führer gern alle Fragen.

🏃 Aktivitäten

Das ganze Jahr über starten an der Fisherman's Wharf Walbeobachtungstouren.

Beliebt ist auch das Radeln oder Wandern auf dem asphaltierten **Monterey Peninsula Recreation Trail**, der an der Cannery Row vorbei die Küste entlangführt und bei Lovers Point in Pacific Grove endet. Der hochgejubelte **17-Mile Drive** (www.pebblebeach.com; Auto/Fahrrad 10 US$/frei) ist eine Mautstraße, die Monterey und Pacific Grove mit Carmel-by-the-Sea verbindet.

**Adventures
by the Sea**　　　　RADFAHREN, KAJAKFAHREN
(☑831-372-1807; www.adventuresbythesea.com; 299 Cannery Row; Kajak oder Fahrrad 30 US$/Tag, SUP-Ausrüstung 50 US$, Touren ab 60 US$; ⊕) Das Unternehmen verleiht Beachcruiser, E-Bikes und Wassersportgeräte und veranstaltet Touren. Es gibt mehrere Filialen in der Cannery Row und in **Downtown** (☑831-372-1807; www.adventuresbythesea.com; 210 Alvarado St; ⊕).

Aquarius Dive Shop　　　　TAUCHEN
(☑831-375-1933; www.aquariusdivers.com; 2040 Del Monte Ave; Schnorchel-/Tauchausrüstung 35/65 US$, geführte Tauchgänge ab 65 US$) Der Fünf-Sterne-PADI-Laden verleiht Tauchausrüstung, erteilt Unterricht und organisiert geführte Tauchgänge in der Monterey Bay.

Sanctuary Cruises　　　　WALBEOBACHTUNG
(☑831-917-1042; www.sanctuarycruises.com; 7881 Sandholdt Rd; Erw./Kind bis 12 Jahre 50/40 US$; ⊕) ✎ Von Moss Landing, 20 Meilen (32 km) nördlich von Monterey, startet das mit Biodiesel betriebene Boot zu empfehlenswerten Wal- und Delfinbeobachtungstouren (Reservierung erforderlich).

🛏 Schlafen

Einfache Motels (im Sommer mit exorbitanten Preisen) säumen die Munras Ave südlich von Downtown und die N Fremont St östlich vom Hwy 1.

HI Monterey Hostel　　　　HOSTEL $
(☑831-649-0375; www.montereyhostel.org; 778 Hawthorne St; B 27–37 US$, DZ 79–199 US$, alle ohne Bad; ⊙Check-in 16–22 Uhr; @🎧) Das einfache, saubere Hostel, das vier Blocks von der Cannery Row und dem Aquarium entfernt ist, verfügt über nach Geschlechtern getrennte und gemischte Schlafsäle sowie Doppelzimmer (Preise telefonisch erfragen!). Hier stopfen sich Backpacker zum Frühstück mit selbst gemachten Pfannkuchen voll. Reservierung dringend empfohlen! Hin kommt man von der Transit Plaza im Stadtzentrum mit MST-Bus 1.

Monterey Hotel　　　　HISTORISCHES HOTEL $$
(☑831-375-3184; www.montereyhotel.com; 406 Alvarado St; Zi. 80–220 US$; 🎧) Im Herzen von Downtown und nur ein paar Schritte von der Fisherman's Wharf entfernt bietet dieses Gebäude von 1904 fünf Dutzend kleine, etwas lärmgebeutelte, aber frisch renovierte Zimmer mit Möbeln im viktorianischen Stil und Lamellenjalousien. Es gibt keinen Aufzug. Parkplätze kosten 17 US$.

★**InterContinental–Clement**　　　HOTEL $$$
(☑831-375-4500,866-781-2406; www.ictheclement monterey.com; 750 Cannery Row; Zi. ab 250 US$; ❄@🎧⊕) Wie die exklusive Version einer Sommerresidenz eines Millionärs aus Neuengland thront dieses Hotel mit allem Drum und Dran über der Cannery Row. Wer richtig luxuriös und romantisch wohnen möchte, sollte eine Suite mit Meerblick, Balkon und Kamin buchen und morgens im Erdgeschoss im C Restaurant am Strand frühstücken. Parkplätze kosten 23 US$.

✗ Essen

Restaurants, Bars und Livemusiktreffs säumen die Cannery Row und die Alvarado St in Downtown.

**LouLou's Griddle
in the Middle**　　　　AMERIKANISCH $$
(www.loulousgriddle.com; Municipal Wharf 2; Hauptgerichte 8–16 US$; ⊙normalerweise Mi–Mo 7.30–15 & 17–20.30 Uhr; ⊕🐾) Der skurrile Diner am Ende der Municipal Wharf ist bekannt für seine riesigen Pfannkuchen und Omeletts mit mexikanischer Sauce *pico de gallo* zum Frühstück und seine frischen Meeresfrüchte zum Mittagessen. Die Tische im Freien sind ideal für Hundebesitzer und ihre Vierbeiner.

Red House Cafe　　　　CAFÉ $$
(☑831-643-1060; www.redhousecafe.com; 662 Lighthouse Ave; Hauptgerichte morgens & mittags 8–14 US$, abends 12–23 US$; ⊙tgl. 8–14.30, Di–So 17–21 Uhr; ⊕) In diesem Schindelhaus vom Ende des 9. Jhs. treffen sich die Einheimischen, um Hausmannskost mit dem besonderen Touch zu genießen, z. B. getoastete Zimt-Brioche, mit Fontina überbackene Auberginen-Sandwiches oder Spinat-Käse-Ravioli in heller Zitronenbuttersauce. Und wie wär's mit Aprikosen-Pekan-Haferkeksen zum Nachttisch? Reservierung empfehlen.

★**Passionfish**　　　　SEAFOOD $$$
(☑831-655-3311; www.passionfish.net; 701 Lighthouse Ave, Pacific Grove; Hauptgerichte 16–32 US$;

⊙ So–Do 17–21, Fr & Sa 17–22 Uhr) 🍽 Hier werden frische Meeresfrüchte aus nachhaltigem Fang kunstvoll und kreativ präsentiert. Auf der sich je nach Saison ändernden Speisekarte stehen langsam gegarte Fleischgerichte und Vegetarisches aus der Region. In dem in Erdtönen gehaltenen Restaurant stehen die Tische dicht beieinander, sodass man leicht mit den Nachbarn ins Gespräch kommt. Die guten Weine aus aller Welt sind erschwinglich. Es gibt zweimal mehr chinesische Teesorten als offene Weine.

Reservierung sehr empfehlenswert.

❶ Praktische Informationen

Monterey Visitors Center (☎ 831-657-6400, 888-221-1010; www.seemonterey.com; 401 Camino El Estero; ⊙ Mo–Sa 9–18, So 9–17 Uhr, schließt Nov.–März 1 Std. früher) Kostenlose Touristenbroschüren; nach der *Monterey County Literary & Film Map* fragen!

❶ Anreise & Unterwegs vor Ort

Die Linien der Regional- und Nahverkehrsbusse von **Monterey-Salinas Transit** (MST; ☎ 888-678-2871; www.mst.org; einfache Strecke 1,50–3,50 US$, Tageskarte 10 US$) laufen im Zentrum an der **Transit Plaza** (Ecke Pearl St & Alvarado St) zusammen. Von dort fahren auch die Busse nach Pacific Grove, Carmel, Big Sur (im Sommer tgl., sonst nur an den Wochenenden) und Salinas (mit Anschluss an Greyhound-Busse und Amtrak-Züge). Im Sommer verkehren Trolleys kostenlos zwischen dem Zentrum von Monterey und der Cannery Row.

Santa Cruz

Hier trifft südkalifornische Strand- auf nordkalifornische Gegenkultur. Dank der vielen Studenten wird die Revoluzzerstadt des alten Schlags jugendlicher, hipper und linksliberaler. Einige befürchten, dass der Verrücktheitsgrad abnehmen könnte, wenn man sich aber die Freakshow (das ist freundlich gemeint) in der Pacific Ave anschaut, braucht man sich da keine Sorgen zu machen.

◎ Sehenswertes & Aktivitäten

Die meiste Action konzentriert sich auf den **Main Beach**, etwa 1,5 km südlich von Downtown. Die Einheimischen bevorzugen die weniger überlaufenen Strände beim E Cliff Dr.

★ Santa Cruz
Beach Boardwalk   VERGNÜGUNGSPARK
(☎ 831-423-5590; www.beachboardwalk.com; 400 Beach St; 3–6 US$/Fahrt, Tageskarte 32–40 US$;

⊙ April–Anfang Sept. tgl., Öffnungszeiten variieren saisonal; 🚼) Der älteste Vergnügungspark an der Westküste wurde 1907 direkt am Strand gegründet und hat eine wunderbar altamerikanische Atmosphäre. Der Duft von Zuckerwatte vermischt sich mit der salzigen Seeluft, und jauchzende Kids hängen kopfüber in den Karussells. Zu den berühmten Fahrgeschäften mit besonderem Nervenkitzel gehören der Giant Dipper, eine Holzachterbahn von 1924, und das Looff Karussell von 1911, die beide unter Denkmalschutz stehen. Im Sommer werden mitten in der Woche Filme gezeigt, und freitagabends gibt es Konzerte von Rock-Veteranen, von denen man dachte, sie seien eigentlich schon tot.

Santa Cruz Surfing Museum   MUSEUM
(www.santacruzsurfingmuseum.org; 701 W Cliff Dr; Eintritt gegen Spende; ⊙ 4. Juli–Anfang Sept. Mi–Mo 10–17 Uhr, Anfang Sept.–3. Juli Do–Mo 12–16 Uhr) An der Küste, etwa 1,5 km südwestlich des Kais, steht ein alter Leuchtturm, der vollgestopft ist mit Surf-Memorabilia, einschließlich alter Surfbretter aus Redwood. Passenderweise befindet sich der Leuchtturm mit dem Museum oberhalb von zwei beliebten Surfspots.

Natural Bridges State Beach   STRAND
(www.parks.ca.gov; 2531 W Cliff Dr; 10 US$/Auto; ⊙ 8 Uhr–Sonnenuntergang; 🚼) Der bei Familien beliebte Strand am Ende des W Cliff Dr bietet schöne Sonnenuntergänge, viel Sand, Gezeitenpools und von Mitte Oktober bis Mitte Februar viele Monarchfalter.

Seymour Marine Discovery Center   MUSEUM
(☎ 831-459-3800; http://seymourcenter.ucsc.edu; 100 Shaffer Rd; Erw./Kind 3–16 Jahre 8/6 US$; ⊙ ganzjährig Di–So 10–17 Uhr, Juli & Aug. auch Mo 10–17 Uhr; 🚼) 🍽 Das in der Nähe des Natural Bridges State Beach gelegene Bildungszentrum für Kinder gehört zum Long Marine Laboratory der UCSC. Interaktive naturwissenschaftliche Exponate umfassen Gezeitenbecken und Aquarien, draußen kann man das größte Blauwalskelett der Welt bestaunen. Einstündige Führungen gibt's jeden Tag um 13, 14 und 15 Uhr, halbstündige Führungen für Familien mit Kindern werden um 11 Uhr angeboten. Man muss sich eine Stunde vor Führungsbeginn persönlich in eine Liste eintragen lassen (keine Reservierungen).

Venture Quest   KAJAKFAHREN
(☎ 831-425-8445, 831-427-2267; www.kayaksanta cruz.com; Municipal Wharf; Kajakmiete/-tour ab

30/55 US$; ⊙ Ende Mai–Ende Sept. Mo–Fr 10–19 Uhr, Ende Mai–Ende Sept. Sa & So 9–19 Uhr, Ende Mai–Mitte Mai Öffnungszeiten variieren) Kajakverleih in günstiger Lage am Kai. Angeboten werden auch Walbeobachtungstouren und Ausflüge zu Meereshöhlen, Paddeltrips bei Mondschein und Kajaksegelausflüge. Kajaksurfunterricht müssen im Voraus gebucht werden.

O'Neill Surf Shop   SURFEN
(☑ 831-475-4151; www.oneill.com; 1115 41st Ave; Miete Neoprenanzug/Surfbrett ab 10/20 US$; ⊙ Mo–Fr 9–20, Sa & So 8–20 Uhr) Wenn man gen Osten Richtung Pleasure Point läuft, kommt man zu dem Vorzeigeladen des weltweit berühmten Surfbrettherstellers. Filialen gibt es auch an der Strandpromenade und in Downtown.

Richard Schmidt Surf School   SURFEN
(☑ 831-423-0928; www.richardschmidt.com; 849 Almar Ave; Gruppenunterricht 2 Std./Einzelunterricht 1 Std. 90/120 US$) Preisgekrönte, bewährte Surfschule. Das erforderliche Equipment ist im Preis enthalten. An den im Sommer stattfindenden Surfcamps können Erwachsene und Kinder gleichermaßen teilnehmen.

🛏 Schlafen

Motels säumen die Ocean St nahe der Downtown, die Mission St am Uni-Campus und den Hwy 1 Richtung Süden. Stellplätze auf State-Park-Campingplätzen (☑ Reservierungen 800-444-7275; www.reserveamerica.com; Stellplatz für Zelt & Wohnmobil 35–65 US$; 🖐 🐾) an den Stränden abseits des Hwy 1 und in den Redwood-Wäldern am Hwy 9 können reserviert werden.

HI Santa Cruz Hostel   HOSTEL $
(☑ 831-423-8304; www.hi-santacruz.org; 321 Main St; B 26–29 US$; Zi. 60–110 US$, alle ohne Bad; ⊙ Check-in 17–22 Uhr; @) Budget-Traveller lieben dieses niedliche Hostel in den 100 Jahre alten Carmelita Cottages. Inmitten von Blumengärten steht es nur zwei Blocks vom Strand entfernt. Nachteile: Um 24 Uhr ist Sperrstunde, tagsüber ist geschlossen (11–17 Uhr), und die maximale Dauer des Aufenthalts beträgt drei Nächte. Reservierung unbedingt erforderlich. Parken an der Straße kostet 2 US$.

★ Adobe on Green B&B   B&B $$
(☑ 831-469-9866; www.adobeongreen.com; 103 Green St; Zi. inkl. Frühstück 169–219 US$; 🖥) 🖉 Ruhe und Frieden lautet das Motto in dieser Unterkunft in der Nähe der Pacific Ave. Die

Gastgeber sind praktisch unsichtbar, aber ihre Aufmerksamkeit ist überall zu spüren – anhand der boutiquehotelähnlichen Annehmlichkeiten in den geräumigen, schicken Zimmern mit Solarstrom genauso wie beim umfangreichen Frühstück mit Zutaten aus dem hauseigenen Biogarten.

Pelican Point Inn   INN $$
(☑ 831-475-3381; www.pelicanpointinn-santacruz. com; 21345 E Cliff Dr; Suite 139–219 US$; 🖥 🖐 🐾) Die geräumigen Apartments in der Nähe des kinderfreundlichen Strandes sind ideal für Familien und mit allem ausgestattet, was man für einen faulen Urlaub so braucht, auch mit Kochnische. Man kann auch wochenweise mieten. Haustiergebühr 20 US$.

Dream Inn   HOTEL $$$
(☑ 866-774-7735, 831-426-4330; www.dreaminnsantacruz.com; 175 W Cliff Dr; Zi. 249–479 US$; ✳ @ 🖥 ❄ 🖐) Von dem Hotel in spektakulärer Lage auf einem Hügel genießt man den Blick auf den Anleger. Dieses Boutiquehotel ist die schickste Unterkunft in ganz Santa Cruz. Die Zimmer bieten alle modernen Annehmlichkeiten, und der Strand ist nur ein paar Schritte entfernt. Auf keinen Fall die Happy Hour in der dem Aquarius Restaurant zugehörigen Bar mit Meerblick verpassen! Parkplätze kosten 25 US$.

🍴 Essen

Die Downtown ist voller Cafés, die o. k. sind. Preiswertere Take-aways und Lokale mit internationaler Küche gibt's in der Mission St in der Nähe des Uni-Campus und in der 41st Ave im benachbarten Capitola.

Picnic Basket   FEINKOST $
(http://thepicnicbasketsc.com; 125 Beach St; Gerichte 3–10 US$; ⊙ 7–21 Uhr, NS kürzere Öffnungszeiten; 🖐) Das Lokal auf der dem Ufer abgewandten Seite der Strandpromenade verkauft kreativ belegte Sandwiches, z. B. Rote Bete mit Limonen-Couscous oder getoastetes Käsesandwich mit Frucht-Chutney, hausgemachte Suppen, Frühstücksburritos und Backwaren. Die Bedienung ist manchmal etwas säuerlich, dafür ist das Eis aber umso süßer. Hier werden nur Zutaten aus der Gegend verarbeitet.

Pono Hawaiian Grill   FUSION $$
(www.ponohawaiiangrill.com; 120 Union St; Hauptgerichte 7–15 US$; ⊙ So–Mi 11–22, Do–Sa 11–23 Uhr) Die Küche in der Reef Bar richtet sich nach „Island Time" und serviert frischen Ahi-Thunfisch, Lachs, Schalentiere und

Veggie-*poke* (Rohkostsalat) – in einer Schale oder auf einem Teller verteilt mit zwei Reiskugeln, Makkaroni oder grünem Salat. Der Loco-Moco-Burrito mit scharfer Bratensauce ist der absolute Hit.

Soif
BISTRO $$$
(☎ 831-423-2020; www.soifwine.com; 105 Walnut Ave; kleine Gerichte 5–17 US$, Hauptgerichte 19–25 US$; ⊙ So–Do 17–21, Fr & Sa 17–22 Uhr) *Bon vivants* schwärmen von der aufregenden Sammlung von drei Dutzend internationalen Weinen, gepaart mit einer erlesenen, saisonal geprägten europäisch-kalifornischen Küche. Es erwarten einen Gaumenfreuden wie gerösteter Rote-Bete-Salat mit Saubohnen und Ahorn-Vinaigrette oder schwarze Linguini mit pikanter Chorizo.

🍷 Ausgehen & Nachtleben

Downtown quillt über von Bars, Livemusik-Lounges, coolen Nachtclubs und Cafés. Weitere Locations und aktuelle Events sind dem kostenlosen Boulevardblatt *Good Times Santa Cruz* (www.gtweekly.com) zu entnehmen.

★ Verve Coffee Roasters
CAFÉ
(www.vervecoffeeroasters.com; 1540 Pacific Ave; ⊙ 6.30–21 Uhr; 🖥) Wer frisch gerösteten Espresso oder eine Tasse Filterkaffee trinken möchte, sollte sich unter die Surfer und Hipster in diesem Industrie-Zen-Café mischen. Sortenreine Getränke und hauseigene Mischungen sind hier vorherrschend.

Caffe Pergolesi
CAFÉ
(www.theperg.com; 418 Cedar St; ⊙ 7–23 Uhr; 🖥) Auf der großen, schattigen Veranda dieses alten viktorianischen Hauses kann man bei einem starken Kaffee, Tee oder Bier über die neuesten Verschwörungstheorien diskutieren. An einigen Abenden wird Livemusik geboten.

Discretion Brewing
BRAUEREI
(www.discretionbrewing.com; 2703 41st Ave, Soquel; ⊙ 11.30–21 Uhr) Hier gibt's Roggen-IPA (India Pale Ale), englisches Ale und traditionelle belgische und deutsche Biere vom Fass. In der Nähe des Hwy 1.

ℹ Praktische Informationen

KPIG 107.5 FM (www.kpig.com) Spielt den klassischen Santa-Cruz-Soundtrack – will heißen Bob Marley, Janis Joplin und Willie Nelson.
Santa Cruz Visitor Center (☎ 831-425-1234; www.santacruzca.org; 303 Water St; ⊙ Mo–Fr 9–12 & 13–16, Sa & So 11–15 Uhr; ⓐ) Kostenlose Computernutzung mit Internetzugang, Karten und Broschüren.

ℹ Anreise & Unterwegs vor Ort

Die Linien der Regional- und Nahverkehrsbusse von **Santa Cruz Metro** (☎ 831-425-8600; www.scmtd.com; einfache Strecke/Tageskarte 2/6 US$) laufen im Zentrum am **Metro Center** (920 Pacific Ave) zusammen. Von dort fahren Greyhound-Busse ein paarmal täglich nach San Francisco (20 US$, 3 Std.), San Luis Obispo (46 US$, 3¾ Std.), Santa Barbara (59 US$, 6 Std.) und L. A. (65 US$, 8¾ Std.). Im Sommer verkehren Trolleys (0,25 US$) zwischen Downtown, dem Main Beach und dem Pier.

Von Santa Cruz nach San Francisco

Der kurvige, 70 Meilen (113 km) lange Küstenabschnitt des Hwy 1 ist malerischer als jeder andere Freeway. Er führt vorbei an naturbelassenen Stränden, Biofarmen und Küstendörfern, die wie verstreute Diamanten in der rauen Landschaft liegen.

Das **Año Nuevo State Reserve** (☎ Infos 650-879-0227, Tourreservierungen 800-444-4445; www.parks.ca.gov; am Hwy 1; Eintritt 10 US$/Auto, 2½-stündige geführte Touren 7 US$/Pers.; ⊙ April–Nov. 8.30–17 Uhr, letzter Einlass 15.30 Uhr, geführte Touren nur Mitte Dez.–März) ca. 20 Meilen (32 km) nordwestlich von Santa Cruz ist die saisonale Heimat einer riesigen Kolonie von See-Elefanten. Wer im Winter, wenn sich die Tiere lautstark paaren und die Kühe kalben, an einer geführten Wanderung teilnehmen möchte, muss lange im Voraus buchen.

Weiter nördlich steht das **HI Pigeon Point Lighthouse Hostel** (☎ 650-879-0633; www.norcalhostels.org/pigeon; 210 Pigeon Point Rd; B 26–31 US$, DZ/3BZ ab 76/104 US$, alle ohne Bad; ⓐ) an der windumtosten Küste. Das Hostel in den historischen Wohnhäusern der Leuchtturmwärter ist ziemlich beliebt, sodass man rechtzeitig reservieren sollte. Wer mehr Komfort braucht, fährt 4 Meilen (6,5 km) zurück nach Süden und übernachtet im **Costanoa** (☎ 877-262-7848, 650-879-1100; www.costanoa.com; 2001 Rossi Rd; Zelt/Hütte ohne Bad ab 89/179 US$, Lodge-Zi. 203–291 US$; 🖥) in einem Zeltbungalow oder einer Hütte mit Kamin.

Wenn man 5 Meilen (8 km) nördlich vom Pigeon Point am **Pescadero State Beach** (www.parks.ca.gov; abseits des Hwy 1; 8 US$/Auto; ⊙ 8 Uhr–Sonnenuntergang) abbiegt, erreicht man nach ein paar Kilometern landeinwärts das Dorf Pescadero. Im Bäcker-Deli der **Arcangeli Grocery Co.** (Norm's Market; www.normsmarket.com; 287 Stage Rd; ☺10–18 Uhr) bekommt man alles für ein leckeres Picknick. Ganz in der Nähe bietet der Familienbetrieb **Harley Farms Cheese Shop** (☎650-879-0480; http://harleyfarms.com; 250 North St; 2-stündige Führung Erw./Kind 20/10 US$; ☺10–17 Uhr; ♿) Führungen durch die Ziegenfarm an (Reservierung erforderlich).

Weitere 15 Meilen (24 km) weiter nördlich liegt an der belebten Half Moon Bay der 4 Meilen (6,5 km) lange **Half Moon Bay State Beach** (www.parks.ca.gov; am Hwy 1; 10 US$/Auto; ☺8 Uhr–Sonnenuntergang; ♿) mit malerischen Campingplätzen. Aufs Wasser kommt man mit **Half Moon Bay Kayak** (☎650-773-6101; www.hmbkayak.com; 2 Johnson Pier; Kajak/SUP ab 25 US$/Std.; ☺Mi–Mo 9–17 Uhr, letzte Anmietung 15.30 Uhr). Draußen vor dem Pillar Point Harbor, wo es eine ordentliche Brauereikneipe mit einer Terrasse zum Genießen des Sonnenuntergangs gibt, treffen sich am gefährlichen **Mavericks** im Winter die weltbesten Surfer. Im dem niedlichen Zentrum von Half Moon Bay säumen nette Geschäfte, Cafés und Restaurants die Main St, die landseitig vom Hwy 1 abzweigt.

Nördlich von Moss Beach am Hwy 1 findet man im **Fitzgerald Marine Reserve** (☎650-728-3584; www.fitzgeraldreserve.org; 200 Nevada Ave; ☺8 Uhr–Sonnenuntergang; ♿) ✏GRATIS geschützte Gezeitenbecken mit einer bunten Meeresfauna – man sollte den Besuch auf die Ebbe abstimmen. 1 Meile (1,6 km) weiter nördlich steht das **HI Point Montara Lighthouse Hostel** (☎650-728-7177; www.norcalhostels.org/montara; Ecke Hwy 1 & 16th St; B 27–30 US$, Zi. 78–107 US$, alle ohne Bad; @☎) ✏ auf einem Felsen über dem Ozean (Reservierung unbedingt erforderlich). Von dort sind es durch den Pacifica Tunnel und den Devil's Slide Tunnel kaum 20 Meilen (32 km) bis nach San Francisco.

SAN FRANCISCO & BAY AREA

San Francisco

Wer schon immer wissen wollte, was passiert, wenn Grenzen überschritten werden, findet hier die Antwort. Nur allzu oft begannen hier gute Zeiten und soziale Revolutionen – vom fieberhaften Goldrauch bis zu glückseligen Hippie-Happenings. Bewusst-

seinserweiternde Drogen, neueste Technologien, die Schwulenbewegung, grüne Unternehmen, Redefreiheit und kulinarische Experimente sind in San Francisco schon seit Langem eine Selbstverständlichkeit.

In dieser Stadt ist alles erlaubt: einige Städte überraschen, aber in San Francisco überrascht man sich selbst. Also aufbrezeln, Klamotten an und rein in diese fabelhafte Stadt, die morgens oft in Nebel gehüllt ist. Ciao Hemmungen – hallo San Francisco!

Geschichte

Ehe das Gold alles veränderte, war San Francisco eine spanische Kolonialmission, die von indigenen Zwangsarbeitern aus den Gemeinden der Ohlone und Miwok errichtet wurde. Der Goldrausch von 1849 verwandelte das 800-Seelen-Dorf in eine Hafenstadt mit 100 000 Menschen – Goldsuchern, Hochstaplern, Prostituierten und Normalos.

Frustrierte Bergleute richteten ihren Zorn gegen die chinesische Gemeinde der Stadt, die von 1877 bis 1943 durch rassistische Gesetze gezwungen wurde, nur in Chinatown zu leben und zu arbeiten. Ende des 19. Jhs. hatten chinesische Arbeitskräfte kaum andere Möglichkeiten, als sich beim gefährlichen Eisenbahnbau zu verdingen – für die Gangster-Könige, die sich ihren Weg durch den Westen sprengten, gruben und rodeten und prächtige Villen auf dem Nob Hill errichteten. 1906 lag San Francisco nach dem Erdbeben und anschließenden Bränden in Schutt und Asche, aber die Einwohner bauten die Stadt erstaunlich schnell wieder auf (15 Gebäude/Tag). Schon 1915 konnte die wieder aufgebaute Stadt die Panama-Pacific International Exposition in großem Stil feiern.

Im Zweiten Weltkrieg wurden in San Francisco Soldaten unter dem Vorwurf der Homosexualität und der Gehorsamsverweigerung unehrenhaft entlassen, was den Ruf der Stadt als Zentrum der Gegenkultur begründete. 1967 brachte der „Summer of Love" freies Essen, freie Liebe und freie Musik ins Hippie-Haight, und wagemutige schwule Aktivisten schufen eine offene, stolze Schwulengemeinde in Castro. San Franciscos unkonventionelle Denkweise steht auch heute hinter dem Boom der sozialen Netzwerke, Apps und Biotechnologie.

☉ Sehenswertes

San Franciscos 43 Hügel halten Beine und Fantasie auf Trab, und unterwegs raubt einem die Aussicht manchmal den Atem.

⊙ Embarcadero

★ Ferry Building
HISTORISCHES GEBÄUDE

(Karte S. 140; ☏ 415-983-8030; www.ferrybuilding
marketplace.com; Market St & The Embarcadero;
⊙ Mo–Fr 10–18, Sa 9–18, So 11–17 Uhr; P 🚻; 🚊 2,
6, 9, 14, 21, 31, Ⓜ Embarcadero, Ⓑ Embarcadero)
In diesem Gourmetzentrum blüht der Hedonismus: Feinschmecker verpassen beim
Genuss von Austern aus der Region und
Champagner gern ihre Fähre. Starköche lassen sich oft auf dem Bauernmarkt (S. 149)
blicken, der das ganze Jahr rund um das Gebäude stattfindet.

★ Exploratorium
MUSEUM

(Karte S. 140; ☏ 415-528-4444; www.explorato
rium.edu; Pier 15; Erw./Kind 29/19 US$, Di 18–22
Uhr, 15 US$; ⊙ Di–So 10–17 Uhr, über 18 Jahre nur
Do 18–22 Uhr; P 🚻; Ⓜ F) 🅿 Steckt hinter
Skateboarden eine Wissenschaft? Läuft das
Wasser in australischen Toiletten gegen den
Uhrzeigersinn ab? In diesem spannenden
interaktiven Museum bekommt man Antworten auf all die Fragen, die man sich in
der Schule nicht zu stellen getraut hat. Hier
mischt sich Wissenschaft mit Kunst, hier
wird die menschliche Wahrnehmung er-
gründet – das Exploratorium gibt Denkan-
stöße, wie man die Welt um sich herum be-
greifen kann. Außerdem ist die Lage einfach
umwerfend – ein ca. 3,5 ha großer verglaster
Pier ragt in die San Francisco Bay. Viele Bereiche unter freiem Himmel kann man rund
um die Uhr kostenlos erkunden.

⊙ Union Square & Civic Center

Der von Luxuswarenhäusern umgebene **Uni-
on Square** (Karte S. 140; Kreuzung von Geary St,
Powell St, Post St & Stockton St; 🚋 Powell-Mason,
Powell-Hyde, Ⓜ Powell, Ⓑ Powell) verdankt sei-
nen Namen dem Demos, der vor 150 Jahren – zu
Zeiten des amerikanischen Bürgerkriegs –
hier zugunsten der Union stattfanden. Vom
Café des **Emporio Rulli** (Karte S. 140; ☏ 415-
433-1122; www.rulli.com; Union Sq; ⊙ 7–19 Uhr;
Ⓜ Powell, Ⓑ Powell) aus kann man bei einem
Espresso wunderbar Leute beobachten.

★ Asian Art Museum
MUSEUM

(Karte S. 140; ☏ 415-581-3500; www.asianart.org;
200 Larkin St; Erw./Kind/Student 15/frei/10 US$, 1.
So im Monat Eintritt frei; ⊙ Di–So 10–17, Do 10–21
Uhr; 🚻; Ⓜ Civic Center, Ⓑ Civic Center) In diesem
Museum geht die Fantasie auf drei Stock-
werken auf eine lange Reise durch 6000
Jahre asiatischer Kunst, von antiken per-
sischen Miniaturen bis hin zu topaktueller
japanischer Mode. Mit 18 000 Werken ist die
Sammlung die größte ihrer Art außerhalb
Asiens. Außerdem wird ein hervorragendes
Programm für alle Altersgruppen angebo-
ten: Schattenspiele und Yoga für die Kleinen,
Multikulti-Events mit DJs und mehr.

Powell St Cable Car Turnaround
AREAL

(Karte S. 140; Ecke Powell St & Market St; 🚋 Powell-
Mason, Mason-Hyde, Ⓜ Powell, Ⓑ Powell) Man sollte einen Moment an der Ecke Powell St und
Market St stehen bleiben und zuschauen, wie
der Fahrer aus der ankommenden Cable Car
springt und das Gefährt gaaanz laaangsam
per Hand auf der hölzernen Drehscheibe
in die entgegengesetzte Richtung dreht. Da
Cable Cars nicht rückwärts fahren können,
müssen die Wagen am Endbahnhof Powell
St von Hand gewendet werden. Zwischen
lärmenden Straßenkünstlern und Weltun-
tergangspredigern stehen die Fahrgäste
hier von vormittags bis zum frühen Abend
Schlange, um einen Platz zu ergattern.

⊙ Chinatown

Die chinesische Gemeinde hat seit 1848 Auf-
ständen, Alkoholschmugglern, Gangstern
und Erdbeben getrotzt.

Chinese Historical
Society of America
MUSEUM

(CHSA; Karte S. 140; ☏ 415-391-1188; www.chsa.
org; 965 Clay St; ⊙ Di–Fr 12–17, Sa 11–16 Uhr; 🚊 1,
8, 30, 45, 🚋 California St, Powell-Mason, Mason-
Hyde) GRATIS In diesem 1932 von Julia Morgan
(der Chefarchitektin des Hearst Castle) als
Chinatowns YWCA errichteten Gebäude
erfährt man, wie die Chinesen in Amerika
während des Goldrauschs, während des
Baus der transkontinentalen Bahnlinie oder
zur Zeit der Beatniks lebten. Die CHSA-His-
toriker haben faszinierende Stücke wie *qi-
pao*-Seidenkleider aus den 1920ern ausge-
graben, die von Prominenten von Shanghai
bis San Francisco getragen wurden. Zu den
Exponaten gehören auch alte Ansichten von
Chinatown sowie eine Opium-Höhle der
Panama-Pacific International Expo, die 1915
in San Francisco stattfand. Die Ausstellungs-
besucher wurden eingeladen, sich in Chinatown „unters gemeine Volk zu mischen".

⊙ North Beach

City Lights KULTURZENTRUM, HISTORISCHES BAUWERK
(Karte S. 140; ☏ 415-362-8193; www.citylights.
com; 261 Columbus Ave; ⊙ 10–24 Uhr; 🚻; 🚊 8,

SAN FRANCISCO IN ...

... einem Tag

Seit dem Goldrausch beginnen alle San-Francisco-Abenteuer in **Chinatown**, wo sich noch immer Glück finden lässt – zumindest in Glückskeksen. Nachdem man sich mit ein paar Dim Sums gestärkt hat, kann man im **City Lights Bookstore** in Beatpoesie schwelgen. Weiter geht's vorbei an den italienischen Straßencafés nach **North Beach**, wo man auf den **Coit Tower** klettern sollte, um den Rundumblick über Stadt und Bucht zu genießen. Wie wär's danach mit einem Besuch des **Asian Art Museum** im Civic Center? Die hier ausgestellten Kunstwerke nehmen einen in nur einer Stunde mit auf eine Reise durch die Jahrhunderte und über die Ozeane. Vor der gruseligen Spättour nach **Alcatraz** sollte man im **Ferry Building** ein frühes Abendessen zu sich nehmen. Wer sich danach in den Clubs von **SoMa** ins Nachtleben stürzen will, sollte nicht allzu lange auf der Gefängnisinsel bleiben.

... zwei Tagen

Tag zwei beginnt in **The Mission** mit den Wandbildern auf Garagentoren in der **Balmy Alley**, danach lädt die **Mission Dolores** zum Nachdenken ein. Nachdem man ein paar Burritos verputzt hat, geht's nach **The Haight**, wo man in Vintage-Boutiquen Flashbacks erlebt und sich den Schauplatz des Summer of Love anschauen kann: den **Golden Gate Park**. Vom Dach des **de Young Museum** genießt man den Blick über die Bucht, spaziert dann in der **California Academy of Sciences** durch die Wildnis und bietet schließlich dem heulenden Wind auf der **Golden Gate Bridge** die Stirn.

10, 12, 30, 41, 45, 🚋 Powell-Mason, Powell-Hyde). Seit Gründer und Poet Lawrence Ferlinghetti zusammen mit Geschäftsführer Shigeyoshi Murao 1957 vor Gericht ihr Recht durchsetzten, Allen Ginsbergs großartiges Gedicht *Howl* (deutsch: *Das Geheul*) zu veröffentlichen, herrschen im City Lights Redefreiheit und freigeistiges Denken vor. Im sonnendurchfluteten Poetry Room im Obergeschoss kann man im besonders ausgewiesenen Poet's Chair sein Recht auf freie Lektüre wahrnehmen und in neu veröffentlichten Versen schmökern.

Beat Museum   MUSEUM
(Karte S. 140; ☎ 800-537-6822; www.kerouac. com; 540 Broadway; Erw./Student 8/5 US$, Spaziergang 25 US$; ⏲ Museum 10–19 Uhr, Spaziergänge Mo, Mi & Sa 14–16 Uhr; 🚌 8, 10, 12, 30, 41, 45, 🚋 Powell-Mason) Hier gibt's die komplette Beat-Erfahrung, ohne dass gegen das Gesetz verstoßen würde. Zu den über 1000 Exponaten der obsessiven Sammlung dieses Museums gehören Außergewöhnliches (die verbotene Ausgabe von Ginsbergs *Howl*) und Lächerliches (die Wackelkopfpuppen von Kerouac, bei deren Anblick man nur den Kopf schütteln kann). Im Erdgeschoss werden die Filme aus der Beatnik-Zeit gezeigt; man sitzt auf klapprigen Kinostühlen, die nach großen Literaten, Haustieren und Hasch duften. Im Obergeschoss kann man den einzelnen Beat-Schreibern seine Ehre erweisen.

Zweistündige Spaziergänge führen durchs Museum und zu Orten der Beat-Geschichte und -Literatur.

🅾 Russian Hill & Nob Hill

Lombard Street *mit den blumen*   STRASSE
(Karte S. 140; 900er-Block der Lombard St; 🚋 Powell-Hyde) Die acht Spitzkehren hat man bestimmt schon auf Tausenden Fotos gesehen. Das Fremdenverkehrsamt hat ihr den Spitznamen „kurvenreichste Straße der Welt" verpasst, was tatsächlich aber nicht richtig ist. Eigentlich verdient die Vermont St in Potrero Hill diesen Namen, aber die Lombard St ist mit ihrem roten Ziegelpflaster und den liebevoll gepflegten Blumenbeeten halt malerischer. Die Straße war nicht immer so kurvig. Bis die Automobile aufkamen, ging sie den Berg gerade hinunter.

Cable Car Museum   HISTORISCHE STÄTTE
(Karte S. 140; ☎ 415-474-1887; www.cablecar museum.org; 1201 Mason St; Spende erbeten; ⏲ April–Sept. 10–18 Uhr, Okt.–März 10–17 Uhr; ♿; 🚋 Powell-Mason, Powell-Hyde) **GRATIS** Was ist das für ein Summen unter den Gleisen der Cable Car? Es ist der Klang der Seile, die die Wagen ziehen und die in dem seit Langem existierenden Maschinenhaus der Cable Cars zusammenkommen. Mechanikfreaks werden im Cable Car Museum aus dem Staunen nicht rauskommen: Griffe, Maschi-

liegt auf der Strecke der nördlichen Cable-Ca Bahn

San Francisco & Bay Area

0 — 20 km
0 — 10 Meilen

Sacramento
(30 Meilen)

Occidental
Freestone
Bohemian
Hwy
Bodega
Bay
Tomales
Santa Rosa
Sebastopol
Glen Ellen
Yountville
Sonoma
COUNTY
Sonoma
Valley
Napa
Valley

PETALUMA
MARIN
COUNTY
Inverness
Point Reyes
Station
Novato
Point Reyes
National
Seashore
Olema
Drakes Bay
Point
Reyes

Napa
COUNTY
American
Canyon
Vallejo

SOLANO
COUNTY
Fairfield

Grizzly
Bay
Crockett
Benicia
Pittsburg
Martinez
Concord
Pleasant
Hill
Walnut
Creek
Mount
Diablo
State Park
Danville

San Pablo
Bay
Suisun Bay

San Rafael
Richmond
Larkspur
Stinson
Beach
Bolinas
Mill Valley
Tiburon
Sausalito

San Pablo
Albany
Berkeley
Oakland
Alameda

San
Francisco

SAN FRANCISCO
COUNTY

s. Karte Großraum San Francisco (S. 136)

Farallon National
Wildlife Refuge

Daly City

Pacifica
San
Bruno
San
Francisco
International
Airport
San Mateo
Montara
Moss Beach
Half Moon Bay
Woodside
Foster
City
San
Lorenzo
Redwood City
Palo Alto

Oakland
International
Airport
Castro
Valley
Hayward
ALAMEDA
COUNTY
Fremont
Newark
San
Ramon
Sunol
Milpitas

Mineta
San José
International
Airport
San Jose

San Gregorio
La Honda
Pescadero
SAN MATEO
COUNTY
Saratoga
Los Gatos
SANTA
CLARA
COUNTY

PAZIFIK

Pigeon
Point
Año Nuevo
State Reserve
Big Basin
Redwoods
State Park
Boulder
Creek
SANTA CRUZ
COUNTY

San
Francisco
Bay

Davenport
Henry Cowell
Redwoods
State Park
Santa
Cruz
Capitola

Monterey
Bay

Silverado Trail
Petaluma River

nen, Bremsmechanismen… Man kann Originalwagen aus den 1870er-Jahren bestaunen, zuschauen, wie die Seile über riesige Bohrtrommeln surren – die physikalischen Leistungen sind heute noch genauso überwältigend wie 1873, als Andrew Hallidie all dies erfand.

◉ Fisherman's Wharf

Maritime National Historical Park HISTORISCHE STÄTTE
(Karte S.140; www.nps.gov/safr; 499 Jefferson St, Hyde St Pier; 7-Tageskarte Erw./Kind 5 US$/frei; ◷ Okt.–Mai 9.30–17 Uhr, Juni–Sept. 9.30–17.30 Uhr; ▥; 🚌19, 30, 47, 🚋 Powell-Hyde, Ⓜ F) Vier der historischen Schiffe in diesem Nationalpark sind schwimmende Museen und gehören zu den authentischsten Attraktionen der Fisherman's Wharf. Zu den Highlights der am Hyde St Pier festgemachten Schiffe zählen der Schoner *Alma* von 1891, das Dampfschiff *Eureka* aus dem Jahr 1890, der Schaufelradschlepper *Eppleton Hall* und das Eisenrumpf-Vollschiff *Balclutha*, das Kohle nach San Francisco brachte. Der Spaziergang am Pier ist kostenlos, zahlen muss man erst an Bord der Schiffe.

Maritime Museum MUSEUM
(Aquatic Park Bathhouse; Karte S.140; www.maritime.org; 900 Beach St; ◷10–16 Uhr; ▥; 🚌19, 30, 47, 🚋 Powell-Hyde) GRATIS Als monumentaler Hinweis an Seeleute, die dringend ein Bad brauchen, ist das kürzlich renovierte, 1939 erbaute schiffsförmige Wahrzeichen der stromlinienförmigen Moderne mit Kunstwerken geschmückt, die von der Works Progress Administration (WPA) in Auftrag gegeben wurden: mit verspielten Robben- und Froschskulpturen von Beniamino Bufano, surrealen Unterwasserwandbildern von Hilaire Hiler und kürzlich wieder freigelegten Holzreliefs von Richard Ayer. Der berühmte afroamerikanische Künstler Sargent Johnson schuf das verblüffende Markisenvordach aus grünem Schiefer und die faszinierenden Wassermosaiken der Veranda.

◉ The Marina & Presidio

Crissy Field PARK
(Karte S.136; www.crissyfield.org; 1199 East Beach; 🅿; 🚌30, PresidiGo-Shuttle) Der ehemalige Militärflugplatz ist heute ein Naturschutzgebiet am Wasser mit grandiosem Blick auf die Golden Gate Bridge. Wo einst Militärflugzeuge zur Landung ansetzten,

NICHT VERSÄUMEN

ALCATRAZ

Alcatraz (Karte S.136; 🖉 Alcatraz Cruises 415-981-7625; www.alcatrazcruises.com; Tour tagsüber Erw./Kind/Fam. 30/18/90 US$, abends Erw./Kind 37/22 US$; ◷ Call Center 8–19 Uhr, Start der Fähren am Pier 33 halbstündl. 8.45–15.50 Uhr, abends 17.55 & 18.30 Uhr) Über 150 Jahre sorgte dieser Ort dafür, dass Unschuldigen ein Kälteschauer und Schuldigen kalter Angstschweiß über den Rücken lief. Alcatraz war das erste Militärgefängnis der USA, ein Hochsicherheitsgefängnis für Schwerkriminelle wie Al Capone und ein heiß umkämpftes Territorium von indigenen Aktivisten und dem FBI. Keinem Gefangenen ist es jemals gelungen, lebend aus Alcatraz zu fliehen, da aber der Transport von Wachen und Versorgungsgütern mehr verschlang, als für die Unterbringung der Insassen im Ritz erforderlich gewesen wäre, wurde das Gefängnis 1963 letztendlich geschlossen.

Tagestouren beinhalten die Hin- und Rückfahrt zur Insel und eine faszinierende Audio-Führung, in der Gefangene und Wärter vom Leben auf dem „Felsen" erzählen. Die schaurigen Spättouren werden von einem Park-Ranger geleitet. Die Tickets hierfür müssen mindestens einen Monat im Voraus bestellt werden.

drängen sich jetzt Vogelbeobachter im ruhigen Schilf der Gezeitenmarsch. Jogger tummeln sich auf den Wegen am Strand, und der einzige Sicherheitsalarm wird von jungen Hunden ausgelöst, die argwöhnisch die Surfer beschnüffeln. An nebligen Tagen kann man in der ökozertifizierten Warming Hut in Naturführern blättern und einen Fair-Trade-Kaffee genießen.

Presidio Officers' Club HISTORISCHES GEBÄUDE
(Karte S.136; 🖉415-561-4165; www.presidioofficersclub.com; 50 Moraga Ave; ◷Di–So 10–18; 🚌 PresidiGo-Shuttle) GRATIS Das älteste Gebäude in Presidio stammt aus dem späten 18. Jh.; es wurde 2015 vollständig renoviert und erstrahlt jetzt in all seiner grandiosen spanisch-maurischen Lehmziegelarchitektur. In der Heritage Gallery (Eintritt frei) wird Presidios Geschichte erzählt, von den amerikanischen Ureinwohnern bis heute. In der Moraga Hall – dem früheren Offi-

Großraum San Francisco

ziersclub – kann man es sich am Kamin gemütlich machen (Gratis-WLAN). Donnerstag- und freitagabends finden im Club interessante Events und Lesungen statt. Details sind der Website zu entnehmen.

Baker Beach   STRAND

(Karte S. 136; ☉ Sonnenaufgang–Sonnenuntergang; ℗; 🚌 29, PresidiGo-Shuttle) Wie wär's mit einem Picknick zwischen vom Wind zerzausten Pinien? Vielleicht mag auch jemand von schroffen Felsen aus die Angel ins Wasser werfen oder sich am kilometerlangen Baker Beach unbekleidet sonnen? Und all das mit spektakulärem Blick auf die Brücke! An den Wochenenden ist vor allem an nebelfreien Tagen immer viel los. Wer sich nackt in der Sonne aalen will (vorwiegend heterosexuelle Frauen und schwule Männer), sollte das Nordende des Strands aufsuchen. Familien tummeln sich am Südende in der Nähe des Parkplatzes. Vorsicht: Strömung und bibberkaltes Wasser!

◉ The Mission & The Castro

⭐ **Balmy Alley**   STRASSENKUNST

(Karte S. 136; ☎ 415-285-2287; www.precitaeyes.org; zw. 24th & 25th St; 🚌 10, 12, 14, 27, 48, Ⓑ 24th St Mission) Angeregt von Diego Riveras Wandbildern im San Francisco der 1930er-Jahre und erbost von der US-amerikanischen Mittelamerikapolitik machten sich *muralistas* (Wandmaler) in den 1970er-Jahren daran, die politische Landschaft zu verändern, indem sie ein Garagentor nach dem anderen mit Wandbildern bemalten. Seit 30 Jahren können jetzt in der Balmy Alley Wandgemälde bewundert werden, von einem ersten Gemälde zu Ehren des El-Salavador-Aktivisten Erzbischof Óscar Romero bis zu einer Hommage an Frida Kahlo, Georgia O'Keefe und andere bahnbrechende Künstlerinnen.

Mission Dolores   KIRCHE

(Misión San Francisco de Asís; ☎ 415-621-8203; www.missiondolores.org; 3321 16th St; Erw./Kind

Großraum San Francisco

5/3 US$; Nov.–April 9–16 Uhr, Mai–Okt. 9–16.30 Uhr; 22, 33, 16th St Mission, J) Dem ältesten Gebäude verdankt die Stadt ihren Namen: der weiß getünchten, aus Lehmziegeln erbauten Misión San Francisco de Asís. Die Mission wurde 1776 gegründet und 1782 von zwangsverpflichteten Ohlone und Miwok neu gebaut. Auf dem Friedhof steht eine Hütte zum Gedenken der 5000 Ohlone und Miwok, die 1814 und 1826 während Masernepidemien in der Mission starben. Heute steht die bescheidene Lehmziegelmission im Schatten der benachbarten prächtigen Basilika von 1913, deren Buntglasfenster an die 21 kalifornischen Missionen erinnern.

GLBT History Museum MUSEUM
(415-621-1107; www.glbthistory.org/museum; 4127 18th St; Eintritt 5 US$, 1. Mi im Monat Eintritt frei; Mo–Sa 11–19, So 12–17 Uhr; Herbst–Frühjahr Di geschl.; Castro) Amerikas erstes Museum zur Geschichte der Schwulen zeigt u. a. Harvey Milks Wahlkampfbroschüren, Streichholzheftchen aus lange verschwundenen Badehäusern, Fotos der ersten Aktivisten sowie schonungslose Darstellungen über die verschiedenen Aspekte schwuler Geschichte – dazu gehören auch elektronische Medien, die persönliche Geschichten im Kampf um Schwulenrechte und die Akzeptanz in der Gesellschaft widerspiegeln.

Dolores Park PARK
(http://sfrecpark.org/destination/mission-dolores -park/; Dolores St, zw. 18th St & 20th St; ; 14, 33, 49, 16th St Mission, J) Halbprofessionelles Sonnenbaden, Taco-Picknicks und jedes Jahr an Ostern ein Hunky Jesus Contest: Im Dolores Park zeigt sich San Fran-

cisco von seiner sonnigen Seite. Hier gibt's für jeden etwas, von Streetball und Tennis bis zu einem Spielplatz mit Maya-Pyramide (Sorry, Kids: Blutopfer sind hier nicht erlaubt!). Politische Proteste und sonstige beliebte Aktivitäten finden das ganze Jahr über statt, im Sommer werden kostenlos Filme und Auftritte der Mime Troupe geboten. Von der im Südwesten gelegenen Ecke hat man einen tollen Blick durch Palmen aufs Stadtzentrum.

The Haight & Umgebung

Haight & Ashbury WAHRZEICHEN
(6, 7, 33, 37, 43) Die legendäre Kreuzung war der Mittelpunkt der psychedelischen 1960er-Jahre und ist auch heute noch ein Magnet der Gegenkultur. An ganz normalen Samstagen kann man hier Petitionen der Green Party unterschreiben, Gedichte in Auftrag geben, Hare Krishna auf dem Keyboard und Bob-Dylan-Songs auf dem Banjo hören. Die oben angebrachte Uhr zeigt immer 4.20 Uhr – die „International Bong-Hit Time" der Haschischraucher. Sie wurde kürzlich von einem Uhrmacher repariert, aber schon nach einer Woche stand sie brav wieder auf 4.20 Uhr.

Alamo Square Park PARK
(www.sfparksalliance.org/our-parks/parks/alamo -square; Hayes St & Scott St; Sonnenaufgang–Sonnenuntergang; ; 5, 21, 22, 24) Die pastellfarben gestrichenen „Painted Ladies" entlang der berühmten Postcard Row an der Ostseite verblassen im Vergleich zu den bunten viktorianischen Nachbarn entlang der Nordwestseite des 1857 auf einem Hügel

Alcatraz

Mit der Fähre von Pier 33 fährt man 2,4 km durch die Bucht, um das berüchtigtste ehemalige Gefängnis der USA zu erreichen. Sobald man am **Ferry Dock & Pier** 1 gelandet ist, beginnt der 528 m lange Marsch zur Spitze der Insel und zum Gefängnis. Wer nicht laufen will, wartet auf die Tram (2-mal stündl).

Beim Aufstieg zum **Wachgebäude** 2 zeigt sich, wie steil die Insel ist: Ehe Alcatraz als Gefängnis diente, war es eine Festung. In den 1850ern trug das Militär die Küste zu fast vertikalen Klippen ab. Schiffe konnten danach nur in einem einzigen Hafen anlegen, der von den Hauptgebäuden durch eine Schleuse getrennt war. Drinnen kann man durch den Bodenrost einen Blick aufs ursprüngliche Gefängnis werfen.

Ehrenamtliche Helfer pflegen die **Officer's Row Gardens** 3 – ein Kontrast zu den überwachsenen Rosenbüschen um die ausgebrannte Hülle des **Hauses des Direktors** 4. Auf dem Hügel, beim Eingangstor zum **Hauptzellenblock** 5, blitzt immer wieder Schönes auf, z. B. **der Blick auf die Golden Gate Bridge** 6. **Historische Zeichen und Graffiti** 7 sind über dem Haupttor des Verwaltungsgebäudes zu bemerken. Nun geht es hinein in das Gefängnis, um die **ehemalige Zelle von Frank Morris** 8, dem berühmtesten Ausbrecher aus Alcatraz, zu besichtigen.

TOP-TIPPS

→ Besuche ohne Führung müssen mindestens einen Monat im Voraus gebucht werden, Abendtouren mit Ranger noch früher. Infos über Gartentouren: www.alcatrazgardens.org.

→ Lange Fußwege einplanen! Vom Kai führt ein steiler Weg zum Zellenblock. Die meisten verbringen ein, zwei Stunden auf der Insel. Es muss nur die Fahrt zur Insel im Voraus gebucht werden, nicht die Rückfahrt.

→ Auf der Insel gibt es nur Wasser. Man kann Essen mitbringen; Picknick ist nur am Kai erlaubt. Das Wetter ist wechselhaft und oft windig: warm anziehen!

EMMA DUINFORD / GETTY IMAGES ©

ADMINISTRATION BUILDING

Historische Zeichen & Graffiti
Die amerikanischen Ureinwohner, die die Insel von 1969 bis 1971 besetzt hielten, versahen den Wasserturm mit dem Graffito „Home of the Free Indian Land". Über dem Tor zum Zellenblock sieht man, wie sie bei dem Wappen mit Adler und Fahne die roten und weißen Streifen veränderten, um damit das Wort „Free" zu schreiben.

Haus des Direktors
Während der Besetzung durch die Ureinwohner wurden das Haus des Direktors und weitere Gebäude durch Brände zerstört. Die Regierung beschuldigte die Besetzer, diese wiederum gaben Agents Provocateurs die Schuld, die die Nixon-Regierung eingeschleust habe, um die öffentliche Sympathie für die Besetzer zu untergraben.

Parade Grounds

DAVID CLAPP / GETTY IMAGES ©

Ferry Dock & Pier
Eine riesige Wandkarte hilft, sich auf der Insel zurechtzufinden. Im nahegelegenen Bldg. 64 informieren Kurzfilme und Ausstellungen über die Geschichte des Gefängnisses und über Einzelheiten der Besetzung der Insel durch amerikanische Ureinwohner.

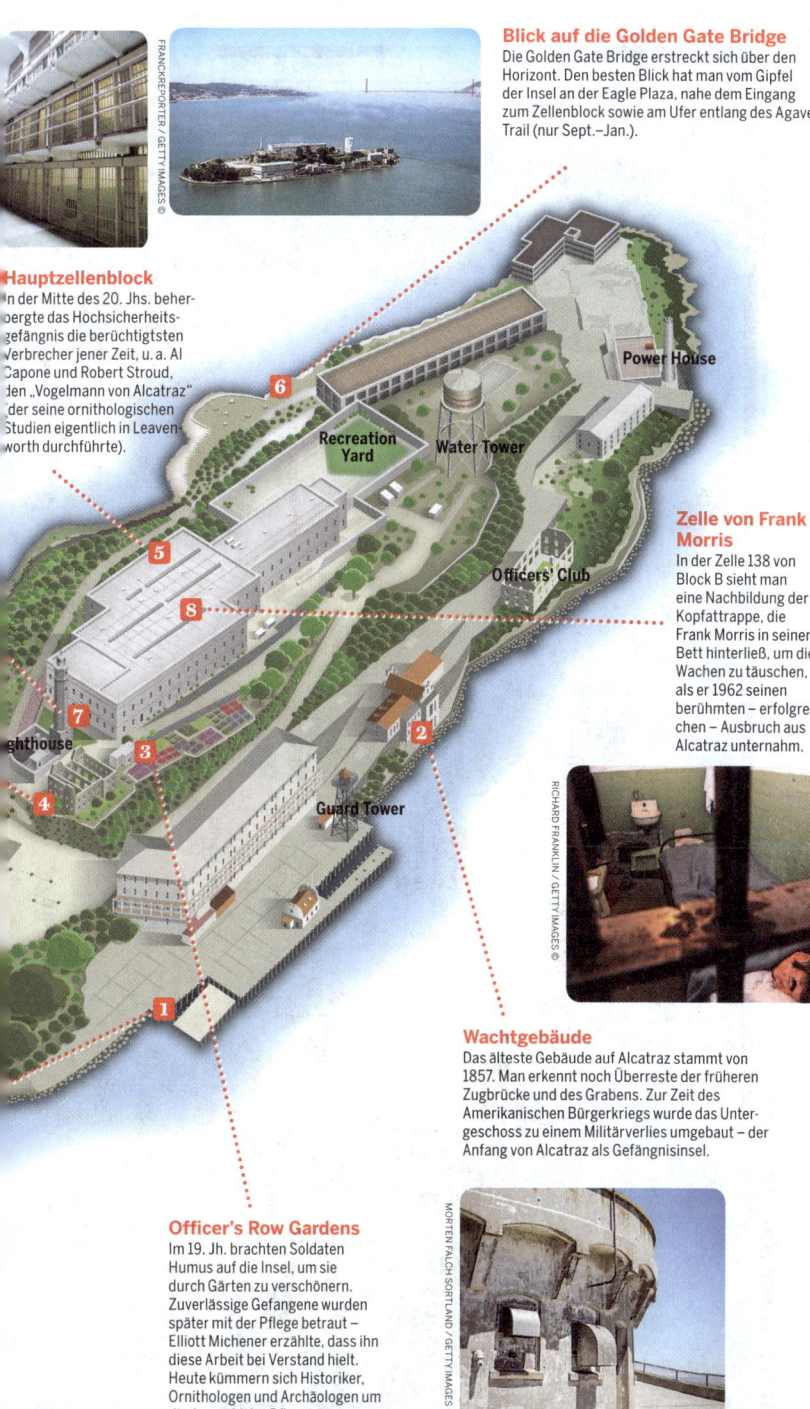

Blick auf die Golden Gate Bridge
Die Golden Gate Bridge erstreckt sich über den Horizont. Den besten Blick hat man vom Gipfel der Insel an der Eagle Plaza, nahe dem Eingang zum Zellenblock sowie am Ufer entlang des Agave Trail (nur Sept.–Jan.).

FRANCRÉPORTER / GETTY IMAGES ©

Hauptzellenblock
In der Mitte des 20. Jhs. beherbergte das Hochsicherheitsgefängnis die berüchtigtsten Verbrecher jener Zeit, u. a. Al Capone und Robert Stroud, den „Vogelmann von Alcatraz" (der seine ornithologischen Studien eigentlich in Leavenworth durchführte).

Power House

6

Recreation Yard

Water Tower

5

8

Officers' Club

Zelle von Frank Morris
In der Zelle 138 von Block B sieht man eine Nachbildung der Kopfattrappe, die Frank Morris in seinem Bett hinterließ, um die Wachen zu täuschen, als er 1962 seinen berühmten – erfolgreichen – Ausbruch aus Alcatraz unternahm.

7

ghthouse

3

2

4

Guard Tower

RICHARD FRANKLIN / GETTY IMAGES ©

1

Wachtgebäude
Das älteste Gebäude auf Alcatraz stammt von 1857. Man erkennt noch Überreste der früheren Zugbrücke und des Grabens. Zur Zeit des Amerikanischen Bürgerkriegs wurde das Untergeschoss zu einem Militärverlies umgebaut – der Anfang von Alcatraz als Gefängnisinsel.

MORTEN FALCH SORTLAND / GETTY IMAGES ©

Officer's Row Gardens
Im 19. Jh. brachten Soldaten Humus auf die Insel, um sie durch Gärten zu verschönern. Zuverlässige Gefangene wurden später mit der Pflege betraut – Elliott Michener erzählt, dass ihn diese Arbeit bei Verstand hielt. Heute kümmern sich Historiker, Ornithologen und Archäologen um die Auswahl der Pflanzen.

Downtown San Francisco

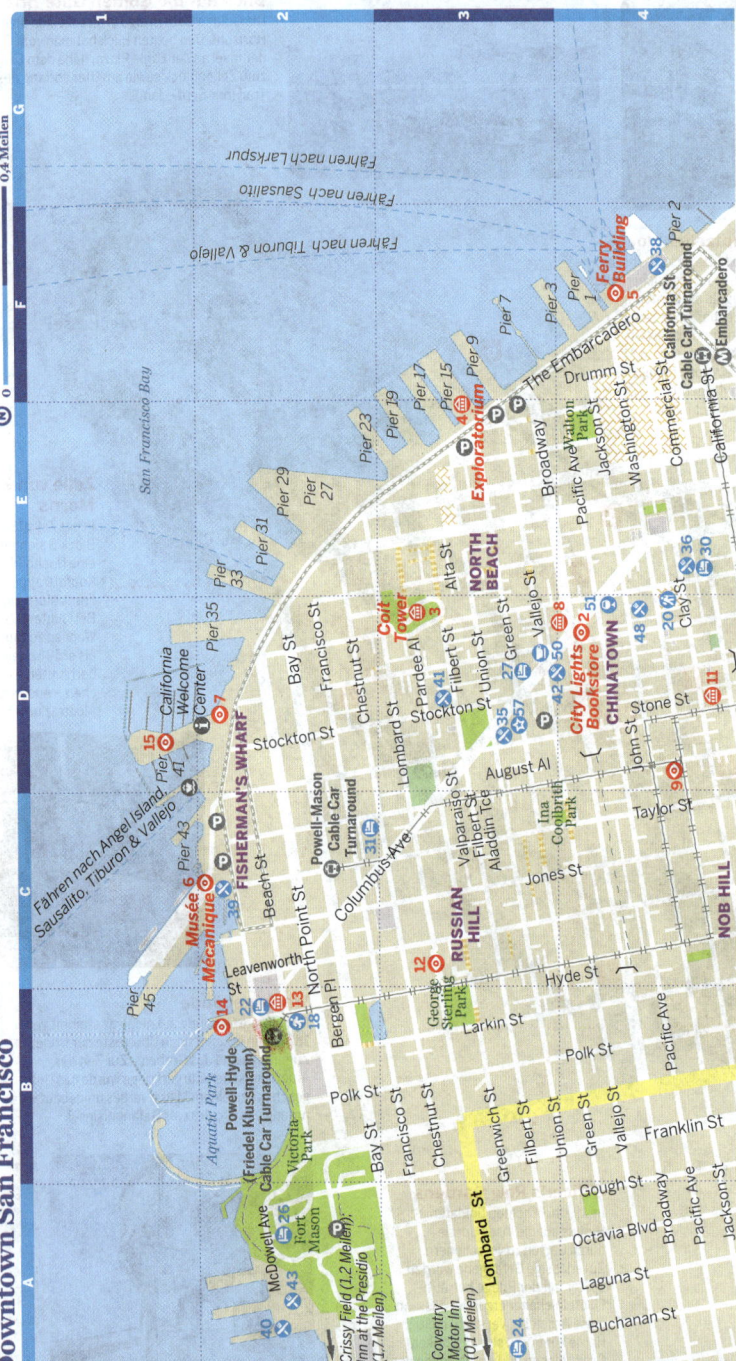

San Francisco Bay

Fähren nach Larkspur

Fähren nach Sausalito

Fähren nach Tiburon & Vallejo

Fähren nach Angel Island, Sausalito, Tiburon & Vallejo

Ferry Building

The Embarcadero

Pier 7

Pier 3

Pier 9

Pier 15

Pier 17

Pier 19

Pier 23

Pier 27

Pier 29

Pier 31

Pier 33

Pier 35

Pier 39

Pier 41

Pier 43

Pier 45

California Welcome Center

FISHERMAN'S WHARF

Musée Mécanique

Exploratorium

Coit Tower

NORTH BEACH

City Lights Bookstore

CHINATOWN

RUSSIAN HILL

NOB HILL

Aquatic Park

Powell-Hyde (Friedel Klussmann) Cable Car Turnaround

Victoria Park

Fort Mason

McDowell Ave

Crissy Field (1,2 Meilen), Inn at the Presidio (1,7 Meilen)

Coventry Motor Inn (0,1 Meilen)

Powell-Mason Cable Car Turnaround

Columbus Ave

Cable Car Turnaround

California Cable Car Turnaround

Drumm St

Broadway

Jackson St

Washington St

Pacific Ave

Commercial St

California St

Embarcadero

Stone St

John St

Taylor St

Jones St

Hyde St

Larkin St

Polk St

Van Ness Ave

Franklin St

Gough St

Octavia Blvd

Laguna St

Buchanan St

George Sterling Park

Bergen Pl

North Point St

Beach St

Leavenworth St

Bay St

Francisco St

Chestnut St

Lombard St

Greenwich St

Filbert St

Union St

Green St

Vallejo St

Broadway

Pacific Ave

Jackson St

Stockton St

Pardee Al

Filbert St

Union St

Green St

Vallejo St

Alta St

Valparaiso St

Filbert Tce

Aladdin St

Ina Coolbrith Park

Wallon Park

Lombard St

Bay St

Francisco St

Chestnut St

Lombard St

Greenwich St

Filbert St

Union St

Green St

Gough St

August Al

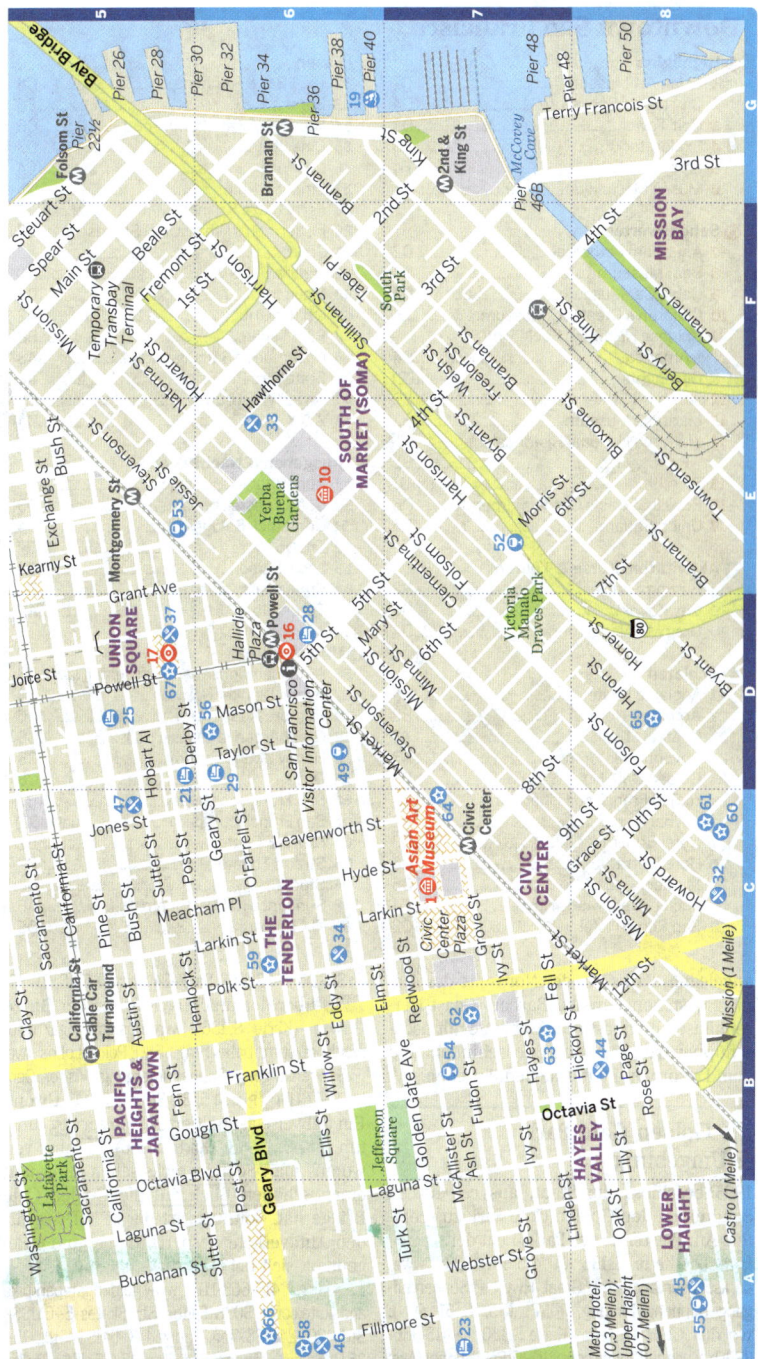

Downtown San Francisco

angelegten Parks. An der Nordseite des Alamo Sq stehen barocke Barbary-Coast-Herrenhäuser, bombastische Gebäude mit fischschuppenartig verlegten Dachschindeln und dem Dekor von Pfefferkuchenhäuschen.

Golden Gate Park & Umgebung

1865 beschloss die Stadt, aus ca. 400 ha Sanddünen den Golden Gate Park zu schaffen. Am Westende des Parks liegt der Ocean Beach (Karte S. 136; 415-561-4323; www.parksconservancy.org; Great Hwy; Sonnenaufgang–Sonnenuntergang; N; 5, 18, 31, N N), wo das Cliff House (Karte S. 136; 415-386-3330; www.cliffhouse.com; 1090 Point Lobos Ave; So–Do 9–23, Fr & Sa 9–24 Uhr; 5, 18, 31, 38) GRATIS über der prächtigen Ruine der Sutro Baths (Karte S. 136; www.nps.gov/goga/historyculture/sutro-baths.htm; 680 Point Lobos Ave; Sonnenaufgang–Sonnenuntergang; Visitor Center 9–17 Uhr; N; 5, 31, 38) GRATIS thront. Ein teilweise asphaltierter Wanderweg führt um Lands End (Karte S. 136) herum, von wo aus man Schiffswracks sehen kann und einen schönen Blick auf die Golden Gate Bridge hat. Sonntags ist der JFK Drive für den Autoverkehr gesperrt – eine gute Gelegenheit, sich bei Golden Gate Park Bike & Skate (415-668-1117; www.goldengateparkbikeandskate.com; 3038 Fulton St; Skates 5–6 US$/Std., 20–24 US$/Tag; Fahrrad 3–5 US$/Std., 15–25 US$/Tag, Tandem Std./Tag 15/75 US$, Trolley

Fahradveleih

mit Picknickgeschirr für 2 Pers. 6/25 US$; ⊙ Sommer 10–18 Uhr, Winter 10–19 Uhr; ♿; 🚍5, 21, 31, 44) einen fahrbaren Untersatz zu mieten.

★ Golden Gate Bridge   BRÜCKE

(Karte S.136; www.goldengatebridge.org/visitors; beim Lincoln Blvd; Richtung Norden frei, Richtung Süden Maut 6 US$, automatische Abrechnung über das Nummernschild, Details unter www.goldengate. org/tolls; 🚍28, alle Golden-Gate-Transit-Busse) Die Einwohner von San Francisco vertreten ihre Meinung leidenschaftlich. Über ihr berühmtes Wahrzeichen sind sich aber alle einig: Es war gut, dass die Marine gescheitert ist – sie wollte nämlich eine Konstruktion mit gelb gestreiften Betonpfeilern – und dass letztendlich das Art-déco-Design der Architekten Gertrude und Irving Murrow und des Ingenieurs Joseph B. Strauss verwirklicht wurde.

★ California Academy of Sciences   MUSEUM

(Karte S.136; ☎415-379-8000; www.calacademy. org; 55 Music Concourse Dr; Erw./Kind 34,95/ 24,95 US$; ⊙Mo–Sa 9.30–17, So 11–17 Uhr; 🅿♿; 🚍5, 6, 7, 21, 31, 33, 44, Ⓜ N) 🍃 Das grüne, mit LEED-Zertifikat ausgezeichnete Gebäude des Architekten Renzo Piano von 2008 ist ein Wahrzeichen, das unter einem „lebendigen Dach" aus kalifornischen Wildblumen in einem vierstöckigen Regenwald und einem Aquarium auf zwei Ebenen 40000 sonderbare und wundervolle Tiere beherbergt. Wenn die Pinguine schlafen, setzt bei den „Academy Sleepovers" (109 US$; für Kids zwischen 5 und 17 Jahren mit erwachsenem Anstandswauwau; 18–8 Uhr inkl. Snack & Frühstück) wildes Treiben ein. Menschen über 21 Jahren können sich bei den „NightLife Thursdays" (12 US$) bei Regenwald-Cocktails im Flirten üben.

de Young Museum   MUSEUM

(☎415-750-3600; http://deyoung.famsf.org/; 50 Hagiwara Tea Garden Dr; Erw./Kind 10/6 US$, mit Muni-Ticket 2 US$ Rabatt, 1. Di im Monat Eintritt frei, Online-Buchungsgebühr 1 US$/Ticket; ⊙Di–So 9.30–17.15 Uhr, April–Nov. 9.30–20.45 Uhr; 🚍5, 7, 44, Ⓜ N) Folgt man der künstlichen Verwerfungslinie im Bürgersteig – ein Werk des Bildhauers Andy Goldsworthy –, kommt man zu dem eleganten Gebäude von Herzog & de Meuron, dessen grün oxidierte Kupferverkleidung mit dem Park verschmilzt. Von dem getarnten Äußeren sollte man sich keinesfalls täuschen lassen: Mit Zeremonialmasken aus Ozeanien, aber auch Abend-

kleidern von Oscar de la Renta erweitern die Ausstellungen drinnen den künstlerischen Horizont – ganz zu schweigen von James Turrells kuppelförmiger Installation *Skyspace* in einem Hügel im Skulpturengarten.

Legion of Honor   MUSEUM

(Karte S.136; ☎415-750-3600; http://legionof honor.famsf.org; 100 34th Ave; Erw./Kind 10/6 US$, mit Muni-Ticket 2 US$ Rabatt, 1. Di im Monat Eintritt frei; ⊙Di–So 9.30–17.15 Uhr; ♿; 🚍1, 2, 18, 38) Das Museum ist so exzentrisch und interessant wie San Francisco selbst. Die Exponate reichen von Monets *Seerosen* bis zu Klanglandschaften von John Cage, von antiken Elfenbeinschnitzereien aus dem Irak bis zu Comics von R. Crumb. Im Obergeschoss kann man grandiose Werke von alten Meistern und Impressionisten bewundern. Auf keinen Fall versäumen sollte man die Sammlungen der Achenbach Foundation: 90000 Grafiken von Rembrandt bis Ed Ruscha. *Nett, aber 1x rächt!*

Japanese Tea Garden   GÄRTEN

(☎Reservierungen für Teezeremonie 415-752-1171; www.japaneseteagardensf.com; 75 Hagiwara Tea Garden Dr; Erw./Kind 8/2 US$, Mo, Mi & Fr vor 10 Uhr Eintritt frei; ⊙März–Okt. 9–18 Uhr, Nov.–Febr.

Nebenan liegt der Rose garden, der ist umsonst

NICHT VERSÄUMEN

COIT TOWER

Der tolle Blick vom **Coit Tower** (Karte S.140; ☎415-249-0995; http:// sfrecpark.org/destination/telegraph-hill -pioneer-park/coit-tower; Telegraph Hill Blvd; Fahrstuhlfahrt (Touristen) Erw./Kind 8/5 US$; ⊙Mai–Okt. 10–18 Uhr, Nov.–April 9–17 Uhr; 🚍39), einem weiteren Ausrufezeichen in San Franciscos Skyline, entlockt Besuchern einen Schrei des Entzückens – vor allem, wenn man zuvor die steile Holztreppe von der **Filbert St** zum Telegraph Hill hinaufgestiegen ist. Von der offenen Aussichtsplattform des Turms hat man einen fantastischen Panoramablick auf die ganze Stadt. Die Wandmalereien aus den 1930er-Jahren, welche die Lobby schmücken, preisen die Arbeiter. Einst wurden diese Bilder als kommunistisch verteufelt, heute sind sie eine beliebte Sehenswürdigkeit. Weitere Wandmalereien, die sich im Treppenhaus verstecken, kann man mittwochs und samstags um 11 Uhr im Rahmen einer kostenlosen Führung bestaunen.

9–16.45 Uhr; P ♿; 🚌5, 7, 44, Ⓜ N) Seit 1894 leuchtet dieser 2 ha große Garten und Bonsai-Hain im Frühling mit der Kirschblüte, färbt sich im Herbst mit den Ahornblättern leuchtend rot und lässt im meditativen „Zen Garden" alle Zeit vergessen.

🏃 Aktivitäten

Fahrradverleih teuer

Blazing Saddles   RADFAHREN

(Karte S.140; 📞415-202-8888; www.blazingsaddles.com/san-francisco; 2715 Hyde St; Fahrrad 8–15 US$/Std., 32–88 US$/Tag, E-Rad 48–88 US$/Tag; ⏰8–20 Uhr; ♿; 🚎Powell-Hyde) Blazing Saddles ist für San-Francisco-Besucher genau das Richtige. Das Hauptgeschäft befindet sich in der Hyde St, rund um Fisherman's Wharf gibt's sechs Verleihstationen, was total praktisch ist, wenn man auf dem Embarcadero oder zur Golden Gate Bridge radeln will. Es werden auch E-Bikes vermietet. Ein großes Plus ist, dass die Räder rund um die Uhr zurückgegeben werden können. Wer online reserviert, bekommt 10 % Rabatt. Im Mietpreis sind alle Extras (Gepäckspanner, Lenkertaschen etc.) enthalten.

City Kayak   KAJAKFAHREN

(Karte S.140; 📞415-294-1050; www.citykayak.com; Pier 40, South Beach Harbor; Kajak 35–65 US$/Std., 3 Std. Unterricht & Kajak 59 US$, Touren 58–98 US$; ⏰Verleih Do–Mo 11–15 Uhr, Rückgabe spätestens 17 Uhr; 🚌30, 45, Ⓜ N, T) Wer San Francisco nicht vom Wasser aus gesehen hat, hat die Stadt nicht gesehen. Anfänger können Unterricht nehmen und allein oder in Begleitung in den ruhigen Gewässern in der Nähe der Bay Bridge paddeln. Erfahrene Kajakfahrer wagen sich auf die unruhige See unweit der Golden Gate Bridge (auf Wettermeldungen achten!). Sportliche Romantiker aufgepasst: Die ruhigen Mondscheintouren sind ideal für Heiratsanträge! Weitere Details stehen auf der Website.

👉 Geführte Touren

★ Precita Eyes Mission Mural Tours   STADTSPAZIERGANG

(📞415-285-2287; www.precitaeyes.org; Erw. 15–20 US$, Kind 3 US$; ⏰Termine s. Website; ♿; 🚌12, 14, 48, 49, 🚌24th St Mission) Von Wandmalern geführte Stadtspaziergänge zu 60 bis 70 Wandgemälden in einem Umkreis von sechs bis zehn Blocks um die mit Wandmalereien übersäte Balmy Alley. Die Spaziergänge dauern im Allgemeinen 90 Minuten. Die zweieinhalbstündigen Classic Mural Walks gehen mehr ins Detail. Die Erlöse der gemeinnützigen Organisation wandern in den Erhalt der Wandgemälde.

Drag Me Along Tours   STADTSPAZIERGANG

(Karte S.140; http://www.dragmealongtours.com; Spaziergang beginnt am Portsmouth Sq; Spaziergang 20 US$; ⏰meist So 11–13 Uhr; 🚌1, 8, 10, 12, 30, 41, 45, 🚋California, Powell-Mason, Powell-Hyde) Auf diesem Spaziergang wird San Franciscos schlüpfrige Barbary Coast von einer Bona-fide-Legende vorgestellt: dem Variété-Star aus Zeiten des Goldrauschs Gräfin Lola Montez, die jetzt als Dragqueen durch den Historiker Rick Shelton wiedererschaffen wurde. Ihre Hoheit führt ihre Gäste durch die Gassen Chinatowns, in denen viktorianische Damen sich einen Ruf machten und ihn auch wieder verloren, und zum Jackson Sq mit seinen Saloons, in denen Seeleute schanghait wurden und in denen man mit Barbary-Coast-Persönlichkeiten bekannt gemacht wird, die hier zockten, liebten und auf großem Fuß lebten.

Nur für Erwachsene, Reservierung erforderlich, nur Barzahlung.

Haight-Ashbury Flower Power Walking Tour   STADTSPAZIERGANG

(📞415-863-1621; www.haightashburytour.com; Erw./Kind unter 10 Jahren 20 US$/frei; ⏰Di & Sa 10.30, Fr 14 Uhr; 🚌6, 71, Ⓜ N) Der lange, abgefahrene Trip führt durch zwölf Blocks Hippie-Geschichte und folgt den Spuren von Jimi, Jerry und Janis – wer die Nachnamen nicht kennt, hat die Tour eindeutig nötig! Der zweistündige Spaziergang beginnt an der Ecke Stanyan St und Waller St. Reservierung erforderlich.

Public Library City Guides   STADTSPAZIERGANG

(📞415-557-4266; www.sfcityguides.org; Spende/Trinkgeld willkommen) GRATIS Ehrenamtliche Lokalhistoriker leiten nach Vierteln und Themen unterteilte Spaziergänge. Angeboten werden z. B.: „Art Deco Marina", „Gold Rush Downtown", „Secrets of Fisherman's Wharf" und „Telegraph Hill Stairway Hike".

🎉 Feste & Events

Chinesisches Neujahr   KULTUR

(www.chineseparade.com; ⏰Feb.) Ein 61 m langer Drache, Löwentänzer und starr lächelnde Teilnehmerinnen der Miss-Chinatown-Wahl feiern das Lunar New Year. Böller und ganze Legionen kleiner Kampfkünstler machen diese Parade Ende Februar zu einem Winter-Highlight in San Francisco.

viel Ramsch, aber ganz nett durch die Hotstobe von Chinatown zu laufe

Mittagessen

Stadtspaziergang
Von Chinatown zum Hafen

START DRAGON GATE IN CHINATOWN
ENDE FERRY BUILDING
LÄNGE/DAUER 4 KM; 5 STD

Nett für Kinder

Los geht's am ❶ **Dragon Gate** in Chinatown und vorbei an den Drachenlaternen in der Grant St zum ❷ **Old St Mary's Sq**, wo sich vor dem Feuer 1906 ein Bordell befand. Heute zeigen Skateboarder hier ihre Tricks unter den Augen Sun Yat-Sens. Die Statue stammt von Beniamino Bufano (1929). An den wimpelgeschmückten Tempelbalkonen am ❸ **Waverly Place** vorbei führt der Weg zum Museum der ❹ **Chinese Historical Society of America** (S. 132) in dem von Julia Morgan als Chinatowns YWCA entworfenen Gebäude.

In der ❺ **Spofford Alley** klappern Mahjongg-Steine; es sind Musik und das Geschwätz der Kosmetikerinnen zu hören. Zu Zeiten der Prohibition lieferten sich Alkoholschmuggler hier Revierkämpfe, und Sun Yat-Sen plante 1911 im Haus 36 den Sturz der letzten chinesischen Dynastie. Die einst bordellgesäumte ❻ **Ross Alley** wurde in *Karate*

Kid II und *Indiana Jones und der Tempel des Todes* zum Filmset. In Nr. 56 kann man in der ❼ **Golden Gate Fortune Cookie Factory** sehen, wie der Spruch in den Keks kommt.

Zurück in der Grant Ave nimmt man die Abkürzung durch die Jack Kerouac Alley, wo der trinkfreudige Schriftsteller oft um die Häuser zog. Für einen Stopp eignet sich der ❽ **City Lights Bookstore** (S. 132) in der Columbus Ave, wo sich für Beat-Poesie und das Recht auf freie Meinungsäußerung eingesetzt wurde. Danach geht's zum ❾ **Beat Museum** (S. 133) und man genießt einen Espresso im ❿ **Caffe Trieste**, in dem Francis Ford Coppola das Drehbuch zu *Der Pate* schrieb.

Jetzt geht's zum ⓫ **Coit Tower** (S. 143), um den Blick über die Bucht und die Wandbilder zu bewundern. Über die ⓬ **Filbert Street Steps** führt der Weg vorbei an Papageien und Cottages zur ⓭ **Levi's Plaza**, benannt nach dem Miterfinder der Jeans. Über den Embarcadero erreicht man das ⓮ **Exploratorium** (S. 132). Am ⓯ **Ferry Building** (S. 132) mit dem Bauernmarkt kann man am Meer zu Mittag essen.

SAN FRANCISCO MIT KINDERN

Obwohl auf San Franciscos Einwohner pro Kopf weniger Kinder als in jeder anderen US-amerikanischen Stadt kommen – es gibt mehr Hunde als Kids –, bietet die Stadt doch viele familienfreundliche Attraktionen, z. B. die California Academy of Sciences (S. 143) im Golden Gate Park, das Exploratorium (S. 132) am Wasser, das Crissy Field (S. 135), das **Musée Mécanique** (Karte S. 140; ☎ 415-346-2000; www.museeme chanique.org; Pier 45, Shed A; ☺ Mo–Fr 10–19, Sa & So 10–20 Uhr; 🚻; 🚌 47, 🚋 Powell-Mason, Powell-Hyde, Ⓜ F) und den **Pier 39** (Karte S. 140; www.pier39.com; Beach St & Embarcadero; 🅿 🚻; 🚌 47, 🚋 Powell-Mason, Ⓜ F) mit seinen bellenden Seelöwen und dem handbemalten italienischen Karussell.

Im **Children's Creativity Museum** (Karte S. 140; ☎ 415-820-3320; http://creativity. org/; 221 4th St; Eintritt 12 US$; ☺ Di–So 10–16 Uhr; 🚻; 🚌 14, Ⓜ Powell, Ⓑ Powell) in SoMa gibt's Technologie zu sehen, die für Schulen zu cool ist: Roboter, Videospiele mit Live-Action und Workshops über 3-D-Animation.

Im **Aquarium of the Bay** (Karte S. 140; www.aquariumofthebay.org; Pier 39; Erw./Kind/ Fam. 21,95/12,95/64 US$; ☺ Ende Mai–Anfang Sept. 9–20 Uhr, NS kürzere Öffnungszeiten; 🚻; 🚌 49, 🚋 Powell-Mason, Ⓜ F) am Pier 39 spaziert man unter Wasser durch Glasröhren, während Haie darüber ihre Kreise ziehen. Danach können dann Tiere im Gezeitenpool gestreichelt werden.

Bay to Breakers   SPORT
(www.baytobreakers.com; Startgeld ab 64 US$; ☺ Mai) Am dritten Sonntag im Mai rennen kostümierte und spärlich bekleidete Läufer vom Embarcadero zum Ocean Beach, während als Lachse verkleidete Jogger stromaufwärts rennen.

SF Pride Celebration   KULTUR
(☺ Juni) Ein Tag reicht der Szene in San Francisco nicht zum Feiern: Der Juni beginnt mit dem **International LGBT Film Festival** (www.frameline.org; ☺ Mitte Juni) und endet am letzten Junisamstag mit dem **Dyke March** (www.dykemarch.org) zur Pink Party in Castro und 1 Mio. ausgelassener Besucher bei der Pride Parade.

Hardly Strictly Bluegrass   MUSIK
(http://www.hardlystrictlybluegrass.com; ☺ Okt.) Anfang Oktober tobt der Westen beim kostenlosen Bluegrass-Fest im Golden Gate Park: drei Tage Top-Konzerte auf drei Bühnen.

🛏 Schlafen

Boutique- und Luxushotels gibt's zuhauf am Union Sq, in Nob Hill und SoMa. Fisherman's Wharf und The Marina haben vorwiegend Motels und Kettenhotels zu bieten. Ausgefallene Gasthäuser, kleine Hotels und gemütliche B & Bs sind in weniger touristischen Gegenden zu finden.

Parken kostet 35 bis 55 US$ pro Nacht.

Die im Folgenden genannten Preise verstehen sich ohne Hotelsteuer (15,5 %). Hostels sind von dieser Steuer ausgenommen.

🛏 Embarcadero, SoMa, Union Square & Civic Center

Adelaide Hostel   HOSTEL $
(Karte S. 140; ☎ 415-359-1915, 877-359-1915; www. adelaidehostel.com; 5 Isadora Duncan Lane; B 37–50 US$, Zi. 120–220 US$; @ 🛜; 🚌 38) Das Adelaide mit seinen 22 modernen Zimmern mit Marmorbad – aber auch mit Rostflecken und Wollmäusen – versteckt sich am Ende einer kleinen Gasse. Zu den Extras gehören Frühstück, Gruppenaktivitäten und zwei Gemeinschaftsbereiche (einer davon ist ruhig). Guter Service, nette Leute. Achtung: Die Privatzimmer können sich auch in den nahe gelegenen Hotels Dakota oder Fitzgerald befinden – das Fitzgerald ist eindeutig vorzuziehen!

Golden Gate Hotel   HOTEL $$
(Karte S. 140; ☎ 415-392-3702; www.golden gatehotel.com; 775 Bush St; Zi. 215 US$, ohne Bad 145 US$; @ 🛜; 🚌 2, 3, 🚋 Powell-Hyde, Powell-Mason) Das wie eine altmodische Pension anmutende Golden Gate mit seinen freundlichen Inhabern und einfachen Zimmern mit bunt zusammengewürfelten Möbeln befindet sich in einem edwardianischen Hotel von 1913 oben auf einem Hügel über Tenderloin. Die kleinen, sauberen, gemütlichen Zimmer haben fast alle ein eigenes Bad (einige mit Badewannen mit Krallenfüßen). Enorme Croissants, hausgemachte Kekse und eine verschmuste Katze sorgen nach einem langen Sightseeing-Tag für Gemütlichkeit.

★ **Marker** BOUTIQUEHOTEL **$$**
(Karte S. 140; ☏ 844-736-2753, 415-292-0100; http://themarkersanfrancisco.com; 501 Geary St; Zi. ab 209 US$; ❄@🕿📺; 🚍 38, 🚋 Powell-Hyde, Powell-Mason) ✎ Das schicke Marker hat viele schöne Details, farbenfrohe Zimmer – knallrote Lackmöbel, marineblauer Samt und violett leuchtende Seide – und tolle Annehmlichkeiten wie hochwertige Bettwäsche, ergonomische Arbeitsbereiche, zahlreiche Steckdosen sowie große Kommoden, Schränke und Bäder. Zu den Extras zählen ein Spa mit Jacuzzi, ein kleiner Fitnessraum und abends ein Weinempfang, außerdem kann man mit der Adresse prahlen.

Hotel Zetta HOTEL **$$$**
(Karte S. 140; ☏ 415-543-8555, 855-212-4187; www.hotelzetta.com; 55 5th St; Zi. ab 324 US$; ❄@🕿📺❄; Ⓑ Powell St, Ⓜ Powell St) ✎ Das 2013 eröffnete umweltbewusste Hotel der Viceroy-Gruppe in der Downtown ist auf spieleverliebte Technikfreaks eingestellt: Es gibt ein „Spielzimmer" im Zwischengeschoss mit Billardtisch, Shuffleboard und einer zwei Stockwerke hohen Plinko-Wand über der mit Kunstwerken geschmückten Lobby. Die überdurchschnittlich großen Zimmer haben niedrige Plattform-Betten mit gepolsterten, mit schwarzem Leder überzogenen Kopfteilen und internetfähige Flachbild-TVs, an die auch die eigenen Geräte angeschlossen werden können.

🏠 North Beach

Pacific Tradewinds Hostel HOSTEL **$**
(Karte S. 140; ☏ 415-433-7970, 888-734-6783; http://san-francisco-hostel.com; 680 Sacramento St; B 38 US$; ⊙ Empfang 8–24 Uhr; @🕿; 🚍 1, 🚋 California St, Ⓑ Montgomery) San Franciscos attraktivstes Hostel ohne Privatzimmer hat blauweißes Seefahrtsdekor, eine voll eingerichtete Küche, blitzsaubere Duschen aus Glasbausteinen und keine Sperrstunde. Die Etagenbetten sind in der Wand verankert, sodass nicht alles wackelt, wenn sich der Mitschläfer umdreht. Das Hostel liegt im 4. Stock, einen Fahrstuhl gibt es nicht. Aber es lohnt sich, sein Gepäck nach oben zu wuchten! Toller Service, freundliches Personal.

San Remo Hotel HOTEL **$**
(Karte S. 140; ☏ 415-776-8688; www.sanremohotel.com; 2237 Mason St; Zi. ohne Bad 119–159 US$; @🕿📺; 🚍 30, 47, 🚋 Powell-Mason) Das 1906 erbaute San Remo bietet viel altmodischen charme und ein sehr gutes Preis-Leistungs-Verhältnis. Die Zimmer sind mit kunterbuntem Jahrhundertwende-Mobiliar einfach eingerichtet und haben nur Gemeinschaftsbäder. Alles erinnert an ein angesehenes Gasthaus im alten Stil. Achtung: Die preiswertesten Zimmer haben nur Fenster zum Korridor, nicht nach draußen! In den Familiensuiten können bis zu fünf Personen übernachten. Kein Fahrstuhl.

Hotel Bohème BOUTIQUEHOTEL **$$**
(Karte S. 140; ☏ 415-433-9111; www.hotelboheme.com; 444 Columbus Ave; Zi. 225–295 US$; @🕿; 🚍 10, 12, 30, 41, 45) Das Boutiquehotel ist eine Ode an die Beat-Ära mit sanften Farben, chinesischen Sonnenschirmen als Lampen und an den Wänden überall alten Fotos aus Beat-Zeiten. Die Zimmer sind ziemlich klein, einige liegen zur lauten Columbus Ave (die Zimmer nach hinten raus sind ruhiger). Die Bäder sind winzig, aber dafür wohnt man mitten im munteren North Beach. Kein Fahrstuhl.

🏠 Fisherman's Wharf, The Marina & Presidio

★ **HI San Francisco Fisherman's Wharf** HOSTEL **$**
(Karte S. 140; ☏ 415-771-7277; www.sfhostels.com; Bldg. 240, Fort Mason; B inkl. Frühstück 30–42 US$, Zi. 75–109 US$; 🅿@🕿; 🚍 28, 30, 47, 49) Die praktische Downtown-Lage wird hier gegen eine wunderschöne parkähnliche Umgebung mit Traumblick auf die San Francisco Bay eingetauscht. Das Hostel in einem ehemaligen Armeehospital hat sehr preiswerte Privatzimmer und Schlafsäle (einige nicht nach Geschlechtern getrennt) mit vier bis 22 Betten (die Etagenbetten 1 und 2 sollte man meiden, sie stehen an der Tür). Riesige Gemeinschaftsküche. Es gibt keine Sperrstunde, aber tagsüber auch keine Heizung – also warme Kleidung mitbringen! Begrenzte Anzahl kostenloser Parkplätze.

Coventry Motor Inn MOTEL **$$**
(Karte S. 140; ☏ 415-567-1200; www.coventrymotorinn.com; 1901 Lombard St; Zi. 160–225 US$; 🅿❄🕿♿; 🚍 22, 28, 30, 43) Von den vielen Motels in der Lombard St (Hwy 101) bietet das unprätentiöse Coventry mit seinen geräumigen, gepflegten (wenn auch schlichten) Zimmern sowie Extras wie Klimaanlage (gut für einen ruhigen Schlaf) und überdachte Parkplätze das beste Preis-Leistungs-Verhältnis. Für Eltern wichtig: Es gibt viel Platz,

wo Kinder sich ausbreiten können, aber keinen Pool.

★ Inn at the Presidio HOTEL $$$

(☎ 415-800-7356; www.innatthepresidio.com; 42 Moraga Ave; Zi. 270–360 US$; P @ 🛜 🐾; �888 43, PresidiGo-Shuttle) 🏊 Das dreistöckige, 1903 als Junggesellenquartier für Armeeoffiziere in The Presidio errichtete rote Backsteinhaus wurde 2012 zu einer schicken Nationalpark-Lodge mit viel Leder, Leinen und Holz umgebaut. Es verfügt über große, vornehme Zimmer mit Federbetten und Laken aus ägyptischer Baumwolle. In den Suiten gibt's Kamine und rundherum viel Natur mit Wanderwegen. Ein Taxi ins Stadtzentrum kostet 25 US$.

Argonaut Hotel BOUTIQUEHOTEL $$$

(Karte S.140; ☎ 415-563-0800; www.argonaut hotel.com; 495 Jefferson St; Zi. ab 439 US$, mit Blick ab 489 US$; ❄ 🛜 ♿ 🐾; �888 19, 47, 49, 🚋 Powell-Hyde) 🏊 Das 1908 als Konservenfabrik in Fisherman's Wharf errichtete Gebäude ist heute ein Tophotel mit 100 Jahre alten Holzbalken und unverputzten Backsteinwänden. In den fast schon übertrieben nautisch eingerichteten Zimmern gibt's Spiegel in Bullaugenform und elegante dunkelblaue Teppiche. Alle Zimmer haben zwar die Annehmlichkeiten eines Luxushotels – ultrakomfortable Betten, iPod-Docking-Stationen –, aber leider sind einige winzig und bekommen nicht viel Sonnenlicht ab.

🛏 The Mission & The Castro

Inn San Francisco B&B $$

(☎ 415-641-0188; www.innsf.com; 943 S Van Ness Ave; Zi. 215–255 US$, ohne Bad 165–225 US$, Cottage 385–475 US$; P @ 🛜 ♿ 🐾; �888 14, 49) 🏊 Das B&B in The Mission befindet sich in einer eleganten, gepflegten und mit Antiquitäten vollgestopften viktorianischen Villa im italienischen Stil von 1872. Alle Zimmer sind mit frischen Schnittblumen versehen und haben bequeme Matratzen und Federbetten, einige Zimmer haben auch einen Whirlpool. Im Garten steht ein separates Cottage, in dem bis zu sechs Personen übernachten können. Es gibt einen englischen Garten und ein rund um die Uhr geöffnetes Redwood-Badebecken (eine Seltenheit). Da die Anzahl der Parkplätze begrenzt ist, sollte man vorab reservieren. Kein Fahrstuhl.

Inn on Castro B&B $$

(☎ 415-861-0321; www.innoncastro.com; 321 Castro St; Zi. inkl. Frühstück 235–275 US$, ohne Bad 165–

185 US$, Apt. für Selbstversorger 235–290 US$; 🛜; Ⓜ Castro) Als Hommage an die Disko-Ära im Castro ist diese edwardianische Stadtvilla mit hochmodernen Möbeln aus den 1970er-Jahren eingerichtet. Die Zimmer sind retro-cool und picobello. Das außergewöhnliche Frühstück wird vom Betreiber selbst zubereitet. In der Nähe werden auch einige Apartments zu sensationellen Preisen vermietet. Kein Fahrstuhl. Schwulen- und lesbenfreundliche Unterkunft.

🛏 The Haight

Metro Hotel HOTEL $

(☎ 415-861-5364; www.metrohotelsf.com; 319 Divisadero St; Zi. 88–100 US$; @ 🛜; �888 6, 24, 71) Das an einer Durchgangsstraße zwischen Upper und Lower Haight gelegene einfache, schmucklose Hotel bietet preiswerte, saubere Zimmer mit Bad, eine Gartenterrasse und eine rund um die Uhr besetzte Rezeption. In einigen Zimmern stehen zwei Doppelbetten, in einem Zimmer können bis zu sechs Personen übernachten (150 US$). Das Hotel befindet sich zwar in einer Wohngegend, aber man kann die Bars und Restaurants in The Haight trotzdem zu Fuß erreichen. Kein Fahrstuhl.

Chateau Tivoli B&B $$

(Karte S.140; ☎ 415-776-5462; www.chateautivo li.com; 1057 Steiner St; Zi. 175–300 US$, ohne Bad 130–200 US$; 🛜 ♿; �888 5, 22) In dem prächtigen, beeindruckenden Chateau an einer kleineren Durchgangsstraße unweit des Alamo Sq wohnten einst Isadora Duncan und Mark Twain. Obwohl das zweifarbige Satteldach inzwischen ausgeblichen ist, verleihen die schönen Türmchen, Simse und die grandiosen Holzverzierungen dem Haus noch immer viel Charme. Die Zimmer besitzen Seele und Charakter – sogar der Geist einer Operndiva aus viktorianischer Zeit soll hier spuken. Es gibt keinen Fahrstuhl und keine Fernseher.

🍴 Essen

Hunger sollte man schon mitbringen, denn in San Francisco gibt es mehr Restaurants pro Kopf als in jeder anderen Stadt der USA. Die meisten Spitzenrestaurants sind recht klein, sodass man unbedingt im Voraus reservieren sollte. Günstig essen kann man in den Taquerias in The Mission, in den Dim-Sum-Lokalen in Chinatown, in den Delis in North Beach und an den überall in der Stadt vorhandenen Food-Trucks.

Embarcadero & SoMa

Ferry Plaza Farmers Market MARKT $
(Karte S. 140; ☎ 415-291-3276; www.cuesa.org;
Market St & The Embarcadero; ⊙ Di & Do 10–14, Sa
8–14 Uhr; Ⓜ Embarcadero) Der Markt im Ferry
Building bietet Bioprodukte aus Kalifornien,
traditionell verarbeitetes Fleisch und Gour-
met-Produkte zu erschwinglichen Preisen,
aber auch teurer. An den Wochenenden
findet sich hier eine große Auswahl ausgezeichneter Food-Trucks.

1601 Bar & Kitchen KALIFORNISCH, FUSION $$
(Karte S. 140; ☎ 415-552-1601; http://1601sf.
com/; 1601 Howard St; Hauptgerichte 12–22 US$;
⊙ Di–Do 18–22, Fr & Sa 18–23 Uhr; 🚌 9, 12, 47,
Ⓜ Van Ness) Neuer-Sternekoch-Alarm:
Brian Fernando macht aus sri-lankischen
Inspirationen kalifornische Begierden. Die
zarte Heilbutt-Ceviche in Kokosmilch macht
auf der Stelle süchtig, der Ziegeneintopf
mit rotem Basmatireis für Zwei ist genau
das Richtige für ein erstes Date, und den
Schweinebauch mit hausgemachten Pom-
mes und Bockshornklee-Essig kann man
auch zum Frühstück genießen. Raffinesse
ohne Überheblichkeit kostet hier die Hälfte
(76 US$) von dem, was für die anderswo im
Stadtzentrum angebotenen Verkostungsme-
nüs verlangt wird.

★ Benu KALIFORNISCH, FUSION $$$
(Karte S. 140; ☎ 415-685-4860; www.benusf.
com; 22 Hawthorne St; Verkostungsmenü 228 US$;
⊙ Platzierung Di–Sa 17.30–20.30 Uhr; 🚌 10, 12, 14,
30, 45) San Francisco hat schon seit mehr
als 150 Jahren eine raffinierte Fusion-Küche
zu bieten, aber nur Chefkoch und Inhaber
Corey Lee verwendet für seine Gerichte kalifornische Zutaten und pazifische Aromen.
Serviert wird das Ganze dann mit der Fi-
nesse eines DJ-Superstars. Kalifornische Taschenkrebse mit Trüffelcreme machen Lees
falsche Haifischflossensuppe so „echt", dass
man glaubt, es schwämme der weiße Hai
darin. Das Menü ist zwar schon recht teuer
(zzgl. 20 % Service), dennoch sollte man sich
die von dem Star-Sommelier Yoon Ha zum
Menü ausgewählten Weine nicht entgehen
lassen (160 US$).

Union Square, Civic Center & Hayes Valley

Sweet Woodruff KALIFORNISCH $
(Karte S. 140; ☎ 415-292-9090; www.sweetwood
ruffsf.com; 798 Sutter St; Hauptgerichte 8–14 US$;

⊙ Mo–Fr 8–21.30, Sa & So 9.30–21.30 Uhr; 🚌; 🚌 2,
3, 🚋 California) Die kleine Schwester des
mit einem Michelin-Stern ausgezeichneten
Sons & Daughters ist ein äußerst beliebtes
Ladenlokal, in dem aus Zutaten von der re-
stauranteigenen Farm erschwingliche kleine
Gerichte gezaubert werden. Es gibt kaum
Service und nur eine winzige Küche, aus
der Sauerteig-Pfannkuchen, hausgemachte
Suppen, Knochen mit Knochenmark und Ei
sowie Vegetarisches wie Rote-Bete-Burger
kommen.

Brenda's French Soul Food KREOLISCH, SÜDSTAATEN $$
(Karte S. 140; ☎ 415-345-8100; www.frenchsoul
food.com; 652 Polk St; Hauptgerichte mittags
9–13 US$, abends 12–17 US$; ⊙ Mo & Di 8–15,
Mi–Sa 8–22, So 8–20 Uhr; 🚌 19, 31, 38, 47, 49) Die
Köchin und Besitzerin Brenda Buenviaje
mischt kreolische New-Orleans-Küche und
französische Raffinesse zu „Französischem
Soul-Food". Es gibt aufgepeppte Klassi-
ker wie Beignets, Kekse und Grütze, tolles
Hangtown Fry (Eier mit Speck und gebra-
tenen Austern) sowie gebratenes Hähnchen
mit Blattkohl und Peperoni-Gelee. Auf der
zwielichtigen Straße bilden sich immer
lange Schlangen – wer nicht warten kann,
geht einfach zwei Häuser weiter, wo Brenda
Sandwiches zum Mitnehmen verkauft.

Rich Table KALIFORNISCH $$$
(Karte S. 140; ☎ 415-355-9085; http://richtab
lesf.com; 199 Gough St; Hauptgerichte 12–30 US$;
⊙ So–Do 17.30–22, Fr & Sa 17.30–22.30 Uhr; 🚌 5,
6, 7, 21, 47, 49, Ⓜ Van Ness) Im Rich Table
darf man sich auf ein Geschmacksabenteu-
er gefasst machen: Es gibt Donuts aus ge-
trockneten Steinpilzen, Oktopus-Confit und
total abgefahrene Rote-Bete-Marshmallows.
Das Koch- und Eigentümerpaar Sarah und
Evan Rich kreiert aus regionalen Produkten
erlesene, verspielte Amuse-Bouches wie das
Dirty Hippie: zarte Ziegenmilch-Pannacotta
mit Hanfsamen – eine Speise, die genauso ausgefallen und bezaubernd ist wie die
Trommelgruppen am Hippie Hill.

Chinatown & North Beach

Liguria Bakery BÄCKEREI $$
(Karte S. 140; ☎ 415-421-3786; 1700 Stockton
St; Focaccia 4–5 US$; ⊙ Di–Fr 8–13, Sa 7–13 Uhr;
🚌 🚌; 🚌 8, 30, 39, 41, 45, 🚋 Powell-Mason) Über-
nächtigte Kunststudenten und italienische
Großmütter stehen um 8 Uhr wegen der
Zimt-Rosinen-Focaccia an, die warm aus

dem 100 Jahre alten Ofen kommt. Lang-schläfern bleibt um 9 Uhr nur noch die Wahl zwischen Tomate und klassisch mit Rosma-rin und Knoblauch. Wer um 11 Uhr kommt, geht leer aus. Man bekommt die Leckerei in Wachspapier oder Picknick-Schachteln – man sollte sich aber keine Hoffnung ma-chen, dass man sich etwas für später aufbe-wahrt. Nur Barzahlung.

Molinari FEINKOST $

(Karte S. 140; ☎ 415-421-2337; www.molinarisala me.com; 373 Columbus Ave; Sandwiches 10–12,50 US$; ⊙ Mo–Fr 9–18, Sa 9–17.30, So 10–16 Uhr; ☒ 8, 10, 12, 30, 39, 41, 45, 🚋 Powell-Mason) Man schnappt sich eine Nummer und ein knuspriges Brötchen, dann wartet man, bis die Nummer aufgerufen wird. Das witzige Personal mit Papierhüten auf dem Kopf be-legt das Brötchen mit hauchdünnem *pros-ciutto di Parma*, milchig-weißem Büffel-mozzarella, zart marinierten Artischocken oder Scheiben der legendären hausgeräu-cherten Salami. Das warm aus der Pani-ni-Presse kommende Sandwich kann man dann an einem der Tische auf dem Gehsteig oder am Washington Sq verputzen.

City View CHINESISCH $

(Karte S. 140; ☎ 415-398-2838; http://cityviewdim sum.com; 662 Commercial St; Gerichte 3–8 US$; ⊙ Mo–Fr 11–14.30, Sa & So 10–14.30 Uhr; 🚇; ☒ 1, 8, 10, 12, 30, 45, 🚋 California St) Man sucht sich einen Platz in dem sonnigen Speisesaal und wählt von den Wagen, auf denen köstliche Klöße aus Krabben und Lauch, nach Kno-blauch duftender chinesischer Brokkoli, scharfe Spareribs, mit Kokos bestäubte Puddingtörtchen und eine leckere Dim-Sum-Speisen stehen. Wer einen Platz in dem sonnigen Speisesaal oben ergattern und als Erster von den Wagen bedient werden will, sollte vor dem Mittagsansturm eintreffen.

Cinecittà PIZZERIA $$

(Karte S. 140; ☎ 415-291-8830; www.cinecittares taurant.com; 663 Union St; Pizza 12–15 US$; ⊙ So–Do 12–22, Fr & Sa 12–23 Uhr; 🚇 🚇; ☒ 8X, 30, 39, 41, 45, 🚋 Powell-Mason) In dem winzigen Lokal duftet es verlockend nach römischer Pizza mit dünnem Boden, die von der römischen Inhaberin Romina zubereitet und mit ein paar kessen Bemerkungen serviert wird. Die Stammgäste entscheiden sich für die römische Trastevere (mit frischem Mozza-rella, Rucola und Schinken) oder die neapo-litanische O Sole Mio (mit Kapern, Oliven, Mozzarella und Sardellen). Amerikanische Biere gibt's vom Fass, der Hauswein kostet

zwischen 16 und 19 Uhr 5 US$, und Romin-as Tiramisu ist das beste in San Francisco.

Z & Y CHINESISCH $$

(Karte S. 140; ☎ 415-981-8988; www.zandyrestau rant.com; 655 Jackson St; Hauptgerichte 9–20 US$; ⊙ Mo–Do 11–22, Fr–So 11–23 Uhr; ☒ 8, 10, 12, 30, 45, 🚋 Powell-Mason, Powell-Hyde) Schluss mit langweiligen Süß-Sauer-Gerichten und mit-telmäßigem *mu-shu*, hier sind sensationelle Szechuan-Gerichte angesagt: Mit würzigem Schweinefleisch gefüllte Klöße, heiße grü-ne Bohnen, hausgemachte *tantan*-Nudeln mit Erdnuss-Chili-Sauce und in scharfem Chiliöl gedünsteter Fisch unter roten Sze-chuan-Chilischoten. Man sollte früh kom-men und darauf eingestellt sein, warten zu müssen. Aber das Warten lohnt sich!

🍴 Fisherman's Wharf, The Marina & Presidio

Off the Grid FOOD-TRUCK $

(Karte S. 140; www.offthegridsf.com; Speisen 5–12 US$; ⊙ Fort Mason Center April–Okt. Fr 17–22 Uhr, Presidio April–Okt. Do 17–21 Uhr, April–Nov. So 11–16 Uhr; 🚇; ☒ 22, 28) Etwa 30 Food-Trucks treffen sich freitagabends am Fort Mason Center (2 Marina Blvd), sonntagmittags zum Picknick in Presidio und donnerstagabends zum Twilight at the Presidio (beide am Main Post Lawn) zu San Franciscos größtem mo-bilen Gourmet-Happening. Früh kommen, um die größte Auswahl zu haben und War-tezeiten zu minimieren! Nur Barzahlung.

Fisherman's Wharf Crab Stands SEAFOOD $

(Karte S. 140; Taylor St; Hauptgerichte 5–15 US$; 🚇 F) Am Ende der Taylor St, dem Epizen-trum der Fisherman's Wharf, hantieren muskulöse Männer an Imbissständen mit großen, dampfenden Kesseln, in denen sich Kalifornische Taschenkrebse befinden. Taschenkrebssaison ist normalerweise im Winter und Frühjahr, Shrimps und andere Meeresfrüchte gibt's das ganze Jahr.

★ Greens VEGETARISCH, KALIFORNISCH $$

(Karte S. 140; ☎ 415-771-6222; www.greensres taurant.com; Bldg A, Fort Mason Center, Ecke Marina Blvd & Laguna St; Mittagessen 15–18 US$, Abend-essen 18–25 US$; ⊙ Di–Fr 11.45–14.30 & 17.30–21, Sa ab 11, So 10.30–14 & 17.30–21, Mo 17.30–21 Uhr; 🚇 🚇; ☒ 28) 🌿 Fleischfans werden gar nicht merken, dass in dem herzhaften Chili mit schwarzen Bohnen und in den anderen schmackhaften vegetarischen Gerichten aus Zutaten von einer Zen-Farm in Marin gar kein Fleisch enthalten ist. Ach ja, und dann ist da auch noch der Blick auf die Golden Gate Bridge. In dem dazugehörigen Café bekommt man Mittagessen zum Mitnehmen. Sitzplätze – auch zum Sonntags-Brunch – gibt's nur auf Reservierung.

The Mission & The Castro

★ La Taqueria   MEXIKANISCH $
(☎ 415-285-7117;   2889 Mission St;   Burritos 6–8 US$; ⏱ Mo–Sa 11–21, So 11–20 Uhr; ♿; 🚌 12, 14, 48, 49, Ⓑ 24th St Mission) Der beste Burrito in ganz San Francisco kommt ohne fragwürdigen Safranreis, Spinattortilla oder Mango-Salsa aus, stattdessen gibt's Mehltortillas mit perfekt gegrilltem Fleisch, langsam gegarten Bohnen und klassischer *tomatillo-* oder *mesquite*-Salsa. Wer keine Bohnen will, muss einen Aufpreis zahlen, da dann mehr Fleisch drin ist. Pikante Pickles und *crema* (mexikanischer Sauerrahm) vervollständigen den Burrito-Genuss.

Craftsman & Wolves   BÄCKEREI, KALIFORNISCH $
(☎ 415-913-7713; http://craftsman-wolves.com; 746 Valencia St; Gebäckstücke 3–7 US$; ⏱ Mo–Do 7–19, Fr 7–20, Sa 8–20, So 8–19 Uhr; 🚌 14, 22, 33, 49, Ⓑ 16th St Mission, Ⓜ J) Ein normales Frühstück kann mit dem Rebel Within nicht standhalten: Das ist ein herzhafter Muffin mit Asiago-Käse, Wurststücken und innendrin einem weichgekochten Ei. Die besten Muntermacher, die man in San Francisco bekommen kann, sind Zimtplätzchen mit Highwire-Macchiato und *matcha* (grüner Tee), thailändische Kokos-Curry-Scones, geeiste Erbsensuppe und Rosé aus der Provence – ein tolles Mittagessen. Erlesene Würfel aus Haselnuss und *horchata* (Zimtreis) sind genau das Richtige für Zwischendurch, Nebeltage und kleine Auszeiten.

Mission Chinese   FUSION $$
(Lung Shan; ☎ 415-863-2800; www.missionchinese food.com; 2234 Mission St; Hauptgerichte 12–20 US$; ⏱ Do–Mo 11.30–15 & 17–22.30, Di & Mi 17–22.30 Uhr; 🚌 14, 33, 49, Ⓑ 16th St Mission) Gourmets und Fans von chinesischem Essen zum Mitnehmen treffen sich in Danny Bowiens Kultlokal. Der Schweinebauch mit eingelegter Ananas und die pikanten Nudeln mit Lammbäckchen reichen für Zwei – sofern einem scharfes Essen nichts ausmacht – und beruhigen das Gewissen: 0,75 US$ vom Preis eines jeden Hauptgerichts gehen an die San Francisco Food Bank. Das Korkengeld für Wein beträgt 10 US$; höchstens acht Personen.

★ Frances   KALIFORNISCH $$$
(☎ 415-621-3870; www.frances-sf.com; 3870 17th St; Hauptgerichte 22–30 US$; ⏱ So–Do 17–22, Fr & Sa 17–22.30 Uhr; Ⓜ Castro) Die Köchin und Besitzerin Melissa Perello hat einen Michelin-Stern eingeheimst, dann der Downtown den Rücken zugewandt und dieses großartige Bistro eröffnet. Die saisonalen Speisen sind als luxuriös-aromatisch zu umschreiben: samtweiche Gnocchi mit Schafsmilch-Ricotta, knusprigen Croutons und Brokkolini oder gegrillte Calamares mit eingelegten Meyer-Zitronen. Und dazu gibt's offenen Wein direkt aus dem Wine Country.

Commonwealth   KALIFORNISCH $$$
(☎ 415-355-1500;   www.commonwealthsf.com; 2224 Mission St; kleine Gerichte 13–18 US$; ⏱ So–Do 17.30–22, Fr & Sa 17.30–23 Uhr; ♿; 🚌 14, 22, 33, 49, Ⓑ 16th St Mission) Hier, wo man es wenigsten erwartet, nämlich in einer umgebauten Kneipe aus Betonziegeln im Mission District, kommt wild-kreatives Essen von der Farm direkt auf den Tisch. Chefkoch Jason Fox serviert abenteuerliche, erlesene Kompositionen mit Instagram-Effekt wie *uni* (Seeigel) und Popcorn auf Blumenkohlpudding oder Gänseleberpastete mit einer Kruste aus Haferflocken und würzigem Rhabarber. Die leckeren Gerichte enthalten Unmengen erdige Aromen. Das Festpreismenü kostet 75 US$, wovon 10 US$ für wohltätige Zwecke gespendet werden.

The Haight & Fillmore

Rosamunde Sausage Grill   FAST FOOD $
(Karte S.140; ☎ 415-437-6851; http://rosamunde sausagegrill.com; 545 Haight St; Würstchen 7–7,50 US$; ⏱ So–Mi 11.30–22, Do–Sa 11-30–23 Uhr; 🚌 6, 7, 22, Ⓜ N) Hier kann man sein Date mit einem günstigen Abendessen beeindrucken. Man packt einfach Bratwürste (klassisch oder z. B. aus Ente und Feige) und kostenlose Beilagen wie gebratene Paprika, geröstete Zwiebeln, körnigen Senf und Mango-Chutney auf seinen Teller und genießt das Ganze an einem der 45 Fassbiere im Toronado (S. 153) nebenan. Wer mit einem Mittagsmahl Eindruck schinden will, sollte reservieren oder muss sich dienstags ab 11.30 Uhr in die Schlange stellen, um einen der riesigen Burger (6 US$) zu bekommen.

Magnolia Brewpub   KALIFORNISCH, AMERIKANISCH $$
(☎ 415-864-7468;   www.magnoliapub.com;   1398 Haight St; Hauptgerichte 14–26 US$; ⏱ Mo–Do

11–24, Fr 11–1, Sa 10–1, So 10–24 Uhr; 🚌6, 7, 33, 43) 🍴 Bio-Kneipenkost und Hausbierproben halten die Gespräche an den Gemeinschaftstischen in Gang. Gleichzeitig stillen Prather-Ranch-Burger aus Fleisch von mit Gras gefütterten Rindern auch den größten Heißhunger. Sie werden in Séparées serviert, und es scheint, als wäre der Summer of Love wieder allgegenwärtig – nur mit besserem Essen. Der Kater-Brunch aus Quinoa-Haschee mit Bierhefe ist heilsam, aber ein Glas Cole Porter lässt die Grateful Dead wieder erwachen.

⭐ **State Bird Provisions** KALIFORNISCH $$$
(Karte S.140; 📞415-795-1272; http://statebirdsf.com; 1529 Fillmore St; Gerichte 9–26 US$; ⏱So–Do 17.30–22, Fr & Sa17.30–23 Uhr; 🚌22, 38) Auch schon vor der Verleihung des James Beard Award standen die Gäste um 17.30 Uhr vor dem State Bird Schlange, um einen Platz zu ergattern. So etwas gab es hier nicht mehr, seit dem Auftritt der Dead im benachbarten Fillmore Auditorium. Das Highlight ist ein verführerisches Spiel mit Dim-Sums, die kreativ mit saisonalen Zutaten aus der Region und Aromen wie Fenchelsamen oder Garum zubereitet werden. Man sollte unterschiedliche Speisen bestellen und genau 60 Tage im Voraus einen Tisch reservieren.

🍴 Golden Gate Park & Umgebung

Outerlands KALIFORNISCH $$
(Karte S.136; 📞415-661-6140; www.outerlandssf.com; 4001 Judah St; Sandwiches & kleine Gerichte 7–14 US$, Hauptgerichte 18–22 US$; ⏱Di–Fr 10–15, Sa & So 9–15, Di–So 17.30–22 Uhr; 🅿🧒; 🚌18, Ⓜ️N) 🍴 Wenn der windige Ocean Beach melancholisch macht, kann man sich in diesem Strandbistro mit kalifornischer Biohausmannskost verwöhnen lassen. Zum Brunch gibt's holländische Pfannkuchen in der Eisenpfanne mit hausgemachtem Ricotta, zu Mittag gegrillte Käsesorten mit einer Surfer-Aufwärmsuppe (12 US$) und zum Abendessen kreative, leichte Gerichte wie Muscheleintopf mit Meskal-Brühe (hungrige Surfer bestellen sich selbst gebackenes Sauerteigbrot). Reservierung erforderlich.

Burma Superstar BURMESISCH $$
(Karte S.136; 📞415-387-2147; www.burmasuperstar.com; 309 Clement St; Hauptgerichte 11–28 US$; ⏱So–Do 11.30–15.30 & 17–21.30, Fr & Sa bis 22 Uhr; 🚌1, 2, 33, 38, 44) O.k., da steht eine Schlange, aber warum bleiben alle? Das liegt wohl an dem duftenden *moh hinga* (Wels-Curry) und den klassischen birmanischen Grüntee-Salaten mit Limetten und getrockneten Shrimps. Reservierungen werden nicht angenommen. Man kann darum bitten, angerufen zu werden, wenn ein Tisch frei wird, sodass man in der Zwischenzeit im Green Apple Books in birmanischen Kochbüchern schmökern kann.

🍷 Ausgehen & Nachtleben

Für einen Zug durch die Kneipen eignen sich die Saloons in North Beach oder die Bars im Mission District rund um die Valencia St und die 16th St. In The Castro gibt's historische Schwulenbars, in SoMa Clubs, in der Downtown und rund um den Union Sq Kneipen und Flüsterkneipen, und in den Bars in The Haight tummelt sich ein gemischtes, alternatives Völkchen.

⭐ **Smuggler's Cove** BAR
(Karte S.140; 📞415-869-1900; www.smugglerscovesf.com; 650 Gough St; ⏱17–1.15 Uhr; 🚌5, 21, 47, 49, ⓂCivic Center) Yo-ho-ho und 'ne Buddel voll Rum – oder vielleicht doch lieber einen Dead Reckoning mit Angostura, Rum aus Nicaragua, Portwein und Vanillelikör? Man kann sich auch mit jemandem die lodernde Scorpion Bowl teilen. Piraten haben in dieser wie ein Schiffswrack wirkenden Tiki-Bar an der Barbary Coast wahrhaft die Qual der Wahl. Angesichts von über 400 Rumsorten und 70 Cocktails aus aller Welt sitzt man hier bestimmt nicht lange auf dem Trockenen.

Comstock Saloon BAR
(Karte S.140; 📞415-617-0071; www.comstocksaloon.com; 155 Columbus Ave; ⏱Mo–Fr 12–2, Sa 16–2, So 16–24 Uhr; 🚌8, 10, 12, 30, 45, 🚋Powell-Mason) Sich in dem Marmortrog unter der Bar zu erleichtern, sollte man tunlichst unterlassen. Dennoch werden in diesem viktorianischen Saloon aus dem Jahr 1907 die goldenen Tage der Barbary Coast zu neuem Leben erweckt. Wie wär's mit einem Pisco Punch oder dem Martini-Vorläufer Martinez (Gin, Wermut, Magenbitter und Maraschino-Likör)? Sitznischen oder Plätze im hinteren Zimmer sollte man reservieren, wenn man Ragtime-Jazz hören bzw. abends Pastete im Topf und eimerweise Shrimps verputzen möchte.

Ritual Coffee Roasters CAFÉ
(📞415-641-1011; www.ritualroasters.com; 1026 Valencia St; ⏱Mo–Do 6–20, Fr 6–22, Sa 7–22, So 7–20 Uhr; 🚌14, 49, 🅱24th St Mission) Sekten würden

sich eine solche Ergebenheit, wie sie dem Ritual und den vor Ort gerösteten Bohnen entgegengebracht wird, wünschen. Hier stehen treue Kunden Schlange nach einem Cappuccino mit hübschem Muster im Schaum und nach Filterkaffee mit ausgeprägtem Aroma. Wenn es heißt, dass Röstungen mit Grapefruitschalen oder Haselnuss verglichen werden können, so ist das nicht übertrieben. Steckdosen sind rar gesät, hier wird Wert auf Gespräche zwischen Menschen gelegt, sodass man den Worten seines Gegenübers, den Debatten über Kunst und politischen Protestplänen lauschen kann.

Local Edition BAR
(Karte S.140; 415-795-1375; www.localeditionsf.com; 691 Market St; Mo–Fr 17–2, Sa 19–2 Uhr; Montgomery, Montgomery) In dieser neuen Bar im Untergeschoss des historischen Hearst-Verlagshauses erfährt man, was es in der Cocktail-Szene der Stadt Neues gibt. Die Beleuchtung ist so schummrig, dass man am liebsten in die Tasten der Schreibmaschine hauen würde. Aber all das ist vergessen und vergeben, wenn einem The Pulitzer – ein Scotch-Sherry-Cocktail – in den Kopf steigt.

Toronado KNEIPE
(Karte S.140; 415-863-2276; www.toronado.com; 547 Haight St; 11.30–2 Uhr; 6, 7, 22, N) Glory Hallelujah! Biertrinker, eure Gebete wurden erhört. Auf der Kreidetafel stehen mehr als 45 Biere vom Fass und Hunderte weitere in Flaschen, darunter spektakuläre, nur saisonal erhältliche Sorten aus Kleinbrauereien. Nur Barzahlung. Zu dem von Trappistenmönchen gebrauten Ale bestellt man sich am besten Würstchen aus dem Rosamunde (S.151) nebenan. Hier kann es recht laut zugehen, sodass man sein Gegenüber nur schwer versteht, aber dafür hört man ja die Engel singen.

Elixir BAR
(415-522-1633; www.elixirsf.com; 3200 16th St; Mo–Fr 15–2, Sa 12–2, So 10–2 Uhr; 14, 22, 33, 49, 16th St Mission, J) Trinken ist gut für die Umwelt: Das Elixir in einem Wildwest-Saloon von 1858 ist San Franciscos erste Bar mit Umweltzertifikat. Hier gibt's Cocktails aus farmfrischen Biosäften mit Bio- und sogar biodynamischen Spirituosen aus kleinen Chargen, z.B. heimtückisch wohlschmeckende Negronis mit Biobasilikum oder Kumquat-Caipirinhas. Am Ende spielt man dann zur Musik aus der Jukebox auf der Luftgitarre. Mittwochs lautet das Motto „Für eine gute Sache trinken". Die

Einnahmen gehen an wohltätige Einrichtungen.

Trick Dog BAR
(415-471-2999; www.trickdogbar.com; 3010 20th St; 15–2 Uhr; 12, 14, 49) Hier trinkt man kreative, von hiesigen Spleens inspirierte Cocktails: à la Sehenswürdigkeiten der Stadt, chinesische Diner, Hits der 1970er-Jahre, Sternzeichen. Alle sechs Monate gibt's im Trick Dog ein neues Motto und eine völlig neue Karte, was beweist, dass man auch einem alten Hund neue Tricks beibringen und Klassiker wie den Manhattan immer noch verbessern kann. Wer einen Barhocker ergattern will, sollte früh kommen. Man kann aber auch in das stimmungsvoll beleuchtete Loft gehen und dort erstklassige Bar-Happen genießen.

El Rio CLUB
(415-282-3325; www.elriosf.com; 3158 Mission St; Eintritt 8 US$; 13–2 Uhr; 12, 14, 27, 49, 24th St Mission) Auf der Tanzfläche tummelt sich ein bunter Mix aus coolen und funkigen Gästen, das ganze Regenbogenspektrum ist hier vertreten. Zu den Highlights zählen Mayhem Karaoke (mit dem passenden Namen) am Mittwoch, Ping-Pong-Marathons am Donnerstag und Gratis-Austern am Freitag um 17.30 Uhr sowie das einmal im Monat stattfindende Event Drag Star Daytime Realness. Umwerfende Margaritas. Hinten im Garten wird schamlos geflirtet. Nur Barzahlung.

☆ Unterhaltung

Am Union Sq verkauft **TIX Bay Area** (Karte S.140; www.tixbayarea.org; 350 Powell St) Last-Minute-Theaterkarten zum halben Preis.

★ SFJAZZ Center JAZZ
(Karte S.140; 866-920-5299; www.sfjazz.org; 201 Franklin St; Tickets 25–120 US$; wechselnde Anfangszeiten; 5, 6, 7, 21, 47, 49, Van Ness) Jazzgrößen aus dem ganzen Land und Jazzlegenden aus Argentinien wie aus dem Jemen treten im neuesten und größten Jazzzentrum der USA auf. Unten im Lab kann man Neuaufnahmen von klassischen Jazzalben wie *Ah Um* und *Getz/Gilberto* hören. Karten für Aufführungen auf der ungewöhnlichen Hauptbühne muss man vorab besorgen. Geboten werden z.B. Auftritte von Laurie Anderson zusammen mit David Coulter oder die Performance des Pianisten Jason Moran mit Skateboardern, die passende Bewegungen auf Rampen improvisieren.

★American Conservatory Theater
THEATER

(ACT; Karte S. 140; ☎ 415-749-2228; www.act-sf. org; 415 Geary St; ☺ Theaterkasse Mo 12–18, Di–So bis Vorstellungsbeginn; ⬛ 8, 30, 38, 45, Ⓟ Powell-Mason, Powell-Hyde, Ⓑ Powell, Ⓜ Powell) Bahnbrechende Aufführungen zeigt das ACT in dem aus der Zeit um die Jahrhundertwende stammenden Theater. Hier fanden die Premiere von Tony Kushners *Engel in Amerika* und Robert Wilsons *Black Rider* mit dem Libretto von William S. Burroughs und der Musik von Tom Waits statt. Große Dramatiker wie Tom Stoppard, David Mamet und Sam Shepard zeigen in diesem Haus ihre Werke. Experimentelles steht dagegen im neuem **Strand Theater** (Karte S. 140; 1127 Market St) auf dem Programm, das zum ACT dazugehört.

San Francisco Opera
OPER

(Karte S. 140; ☎ 415-864-3330; www.sfopera. com; War Memorial Opera House, 301 Van Ness Ave; Tickets 10–350 US$; ⬛ 21, 45, 47, Ⓑ Civic Center, Ⓜ Van Ness) San Francisco ist seit den Tagen des Goldrauschs opernbegeistert, und heute kann sich die San Francisco Opera in puncto Weltpremieren mit der Met in New York messen. Aufgeführt werden Opern, die im Zweiten Weltkrieg in Italien spielen *(Two Women oder La Ciociara)*, Stephen-King-Thriller *(Dolores Claiborne)* und Werke über chinesische Kurtisanen unter der Qing-Dynastie *(Traum der Roten Kammer)*. Keinesfalls verpassen sollte man Verdi-Opern mit dem in der Toskana geborenen musikalischen Leiter Nicola Liusotti. Nach 10 Uhr und zwei Stunden vor Vorstellungsbeginn werden Karten für Stehplätze für die Aufführungen am gleichen Tag verkauft (10 US$).

San Francisco Ballet
TANZ

(Karte S. 140; ☎ Tickets 415-865-2000; www.sf ballet.org; War Memorial Opera House, 301 Van Ness Ave; Tickets 15–160 US$; ☺ Theaterkasse Mo–Fr 10–16 Uhr; ⬛ 5, 21, 47, 49, Ⓜ Van Ness, Ⓑ Civic Center) Das älteste Ballett-Ensemble Amerikas tanzt jedes Jahr über 100-mal, vom *Nussknacker* (die USA-Premiere war hier) bis hin zu modernen Mark-Morris-Originalen. Die meisten Aufführungen finden von Januar bis Mai im War Memorial Opera House statt, gelegentlich aber auch im Yerba Buena Center for the Arts. Stehplatztickets für Aufführungen am gleichen Tag gibt's für 15 bis 20 US$ an der Theaterkasse (Di–Fr 12 Uhr, Wochenende 10 Uhr).

Fillmore Auditorium
LIVEMUSIK

(Karte S. 140; ☎ 415-346-6000; http://thefillmore. com; 1805 Geary Blvd; Eintritt 20–50 US$; ☺ Theaterkasse So 10–15, an Veranstaltungsabenden 30 Min. vor Einlass bis 22 Uhr; ⬛ 22, 38) Jimi Hendrix, Janis Joplin, The Doors – sie alle sind schon im Fillmore aufgetreten. Heute kann man in dem historischen, 1250 Stehplätze umfassenden Saal die Indigo Girls, Duran Duran oder Tracy Chapman bewundern (wer nett ist und sich seinen Weg sanft bahnt, kann sich vielleicht bis an die Bühne vorquetschen). Unbedingt anschauen sollte man sich die unbezahlbare Sammlung psychedelischer Poster in der Wandelhalle im Obergeschoss.

Great American Music Hall
LIVEMUSIK

(Karte S. 140; ☎ 415-885-0750; www.gamh.com; 859 O'Farrell St; Shows 16–26 US$; ☺ Theaterkasse Mo–Fr & an Veranstaltungsabenden 10.30–18 Uhr; ⬛ 19, 38, 47, 49) In diesem ehemaligen Bordell von 1907 gibt jeder sein Bestes – The Dead ließen sich blicken, die Supergruppe Huun Huur Tu präsentierte tuwinischen Kehlkopfgesang und John Waters seine fantastischen Weihnachtskompositionen. Ein Abendessen mit bevorzugtem Einlass und super Plätzen auf dem Rang mit toller Sicht auf die Show kostet 25 US$ extra. Man kann sich aber auch unten ins Gedränge stürzen und abrocken.

Beach Blanket Babylon
KABARETT

(BBB; Karte S. 140; ☎ 415-421-4222; www.beach blanketbabylon.com; 678 Green St; Eintritt 25–100 US$; ☺ Shows Mi, Do & Fr 20, Sa 18.30 & 21.30, So 14 6 17 Uhr; ⬛ 8, 30, 39, 41, 45, Ⓟ Powell-Mason) Schneewittchen sucht in San Francisco nach ihrem Märchenprinzen: Was kann da schiefgehen? Die Disney-Parodie – ein Musical-Comedy-Kabarett – wird hier schon seit 1974 präsentiert, und aktuelle Witze und Perücken so groß wie Umzugswagen sorgen stets für Entzücken. Außer bei den sonntäglichen Matinees müssen die Zuschauer mindestens 21 Jahre alt sein und sollten nichts gegen anzüglichen Humor haben. Reservierung und frühes Erscheinen sind erforderlich, wenn man einen guten Platz ergattern möchte.

Independent
LIVEMUSIK

(☎ 415-771-1421; www.theindependentsf.com; 628 Divisadero St; Tickets 12–45 US$; ☺ Theaterkasse Mo–Fr 11–18, Show-Abende bis 21.30 Uhr; ⬛ 5, 6, 7, 21, 24) Das trauliche Independent hat tolle Shows zu bieten: zu Indie-Träumen (Magnetic Fields, Death Cab for Cutie), Rocklegenden (Meat Puppets, Luscious Jackson), Alternative Pop (The Killers, Imagine Dragons) und Comedians (Dave Chapelle, Comedians of Comedy). Schlechte Belüftung, aber preiswerte Drinks. An den Filmabenden mit Gratis-Show muss man mindestens zwei Getränke bestellen.

Castro Theatre KINO
(☎ 415-621-6120; www.castrotheatre.com; 429 Castro St; Erw./Kind 11/8,50 US$; ⊗ wechselnde Spielzeiten; Ⓜ Castro) Vor Beginn der Abendveranstaltung tönt die Mighty Wurlitzer-Orgel aus dem Orchestergraben, das Publikum klatscht Beifall, und am Ende singen alle: *San Francisco open your Golden Gate / You*

let no stranger wait outside your door... Wenn ein Kult-Klassiker wie *Was geschah wirklich mit Baby Jane?* auf dem Programm steht, ist rege Teilnahme garantiert. Ansonsten ist das Publikum aber brav und aufmerksam.

Roxie Cinema KINO
(☎ 415-863-1087; www.roxie.com; 3117 16th St; reguläre Filmvorführung/Matinee 10/7,50 US$; ⊗ wechselnde Spielzeiten; ☐ 14, 22, 33, 49, Ⓑ 16th St Mission) Das kleine, gemeinnützige Nachbarschaftskino hat einen guten internationalen Ruf, weil es Dokumentarfilme und umstrittene Filme zeigt, die anderswo verboten sind. Karten für Filmfestival-Premieren,

---

SCHWULEN-, LESBEN-, BI- & TRANSSEXUELLENSZENE IN SAN FRANCISCO

Egal woher man kommt, wen man liebt oder wer der Vater ist: Wer hier und homosexuell ist, ist willkommen und fühlt sich schnell zu Hause. In Castro schlägt das Herz der schwulen Szene, aber auch South of Market (SoMa) ist gut bestückt mit Lederbars und Clubs. The Mission ist das bevorzugte Viertel von Frauen und Transsexuellen aller Art.

Im *Bay Area Reporter* (alias BAR; www.ebar.com) finden sich Community-News und Veranstaltungen. Die *San Francisco Bay Times* (www.sfbaytimes.com) enthält Infos über Events, die die ganze Szene interessieren, und das kostenlose *Gloss Magazine* (www.glossmagazine.net) gibt Tipps zum Nachtleben.

Über 1,5 Mio. Menschen kommen Ende Juni zur SF Pride (S. 146), die mit Umzügen und Partys einhergeht. Wo eine Tanzfete steigt, erfährt man auf der wöchentlich aktualisierten Website von **Honey Soundsystem** (Karte S. 140; http://hnysndsystm.tumblr.com/).

Blackbird (☎ 415-503-0630; www.blackbirdbar.com; 2124 Market St; ⊗ Mo–Fr 15–2, Sa & So 14–2 Uhr; Ⓜ Church) Castros erste Wahl unter den Lounges bietet gute Cocktails, Billardtische und einen allseits beliebten Fotoautomaten.

Hi Tops (http://hitopssf.com; 2247 Market St; ⊗ Mo–Mi 16–24, Do & Fr 16–2, Sa 11–2, So 12–2 Uhr; Ⓜ Castro) In Castros angesagtester Sportsbar für nette Schwule gibt's Großbildleinwände, ein Shuffleboard und Kneipenessen.

Cafe Flore (☎ 415-621-8579; www.cafeflore.com; 2298 Market St; ⊗ So–Do 7–1, Fr & Sa 7–2 Uhr; ☎; Ⓜ Castro) Wer auf der sonnigen Terrasse des Flore noch nicht abgehangen hat, kennt The Castro nicht.

Stud (Karte S. 140; www.studsf.com; 399 9th St; Eintritt 5–8 US$; ⊗ Di 12–2, Do–Sa 17–3, So 17–24 Uhr; ☐ 12, 19, 27, 47) *Der* Treffpunkt von SoMas Schwulenszene seit 1966. Hier ist immer was los, vor allem am "Club Some Thing"-Freitag.

Oasis (Karte S. 140; ☎ 415-795-3180; www.sfoasis.com/; 298 11th St; Tickets 10–30 US$; ☐ 9, 12, 14, 47, Ⓜ Van Ness) Die Drag-Shows im Oasis in SoMa sind so unverblümt und witzig, dass man Tränen lacht. Danach kann man sich auf der Tanzfläche austoben.

EndUp (Karte S. 140; ☎ 415-646-0999; www.theendup.com; 401 6th St; Eintritt 5–20 US$; ⊗ Do 22–Fr 4, Fr 23–Sa 11, Sa 22–Mo 4, Mo 22–Di 4 Uhr; ☐ 12, 19, 27, 47) Schwules/heterosexuelles Publikum und Dance-Marathons, die auch dann nicht zu Ende sind, wenn die Sonne über der Auffahrt zum Fwy 101 aufgeht.

Aunt Charlie's Lounge (Karte S. 140; ☎ 415-441-2922; www.auntcharlieslounge.com; 133 Turk St; Eintritt frei–5 US$; ⊗ Mo–Fr 12–2, Sa 10–2, So 10–24 Uhr; ☐ 27, 31, Ⓜ Powell, Ⓑ Powell) Klassische Drag-Bar mit Kneipenambiente und zwielichtigem Glamour sowie altem Pulp-Fiction-Vibe.

seltene Neuinszenierungen und die Übertragung der jährlichen Oscar-Verleihung (Reservierung online) sind schnell vergriffen – dann kann man sich aber immer noch einen Dokumentarfilm in dem winzigen Little Roxy nebenan anschauen. Keine Werbung, zu jedem Film gibt's einen Einführungsvortrag.

Sundance Kabuki Cinema
KINO

(Karte S.140; ☑ 415-346-3243; www.sundance cinemas.com; 1881 Post St; Erw. 10,50–15 US$, Kind 9,75–13 US$; 🚌 2, 3, 22, 38) 🚶 Kinobesuch vom Feinsten. Man reserviert sich einen der bequemen Sitze, geht an die Bar und bestellt sich Wein und überraschend gutes Essen zum Film. Im Kabuki, einer Multiplex-Initiative von Robert Redfords Sundance Institute, werden Filme mit großen Namen gezeigt. Hier finden auch Festivals statt. Außerdem ist es ein grünes Kino: Sitze aus Recycling-Materialien, Altholz-Dekor, in der Region hergestellte Pralinen und Alkohol. Parkplätze mit Parkscheinentwertung.

🛍 Shoppen

Aggregate Supply
KLEIDUNG, GESCHENKE

(☑ 415-474-3190; www.aggregatesupplysf.com; 806 Valencia St; ☺ Mo–Sa 11–19, So 12–18 Uhr; 🚌 14,

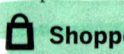

DIE BESTEN EINKAUFSGEGENDEN IN SAN FRANCISCO

Rustikal-schicke Boutiquen, gut bestückte Küchenausstatter und sagenhafte Outfitter sind über die ganze Stadt verteilt. Die Einheimischen wissen, was sie wo finden. Hier eine kurze Übersicht:

Ferry Building Lebensmittel, Wein und Küchenutensilien.

Hayes Valley Unabhängige Modedesigner, Haushaltswaren, Geschenkartikel.

Valencia Street Buchläden, lokale Design-Kollektive, Kunstgalerien, Antiquitäten und Trödel aller Art.

Haight Street Hanfläden, Musik, Vintage, Skate- und Surfzubehör.

Union Square Kaufhäuser, Megamarken, Discounter, Apple-Store.

Russian Hill & The Marina Schicke Klamotten, Accessoires, Haushaltswaren, Geschenkartikel.

Grant Avenue Souvenirs in Chinatown, ausgefallene Boutiquen in North Beach.

33, 49, 🅱 16th St Mission) Hier sind moderne Wildwest-Klamotten angesagt. Aggregate Supply handelt mit cooler West-Coast-Mode und Wohndekor. Sachen von einheimischen Designern und Indie-Produzenten nehmen einen Ehrenplatz ein, darunter Vintage-Steingutbecher von Heath, karierte Hemdjacken von Turk+Taylor und raffinierte Halsketten mit umfunktionierten Rodeo-Sattel-Troddeln. Authentischere Souvenirs als die von Aggregate Supply selbst kreierten T-Shirts mit kalifornischem Pop-up-Design und die nach nordkalifornischen Wäldern duftenden Bioseifen gibt's wohl nirgendwo.

Betabrand
KLEIDUNG

(☑ 800-694-9491; www.betabrand.com; 780 Valencia St; ☺ Mo–Fr 11–19, Sa 11–20, So 12–18 Uhr; 🚌 14, 22, 33, 49, 🅱 16th St Mission) Bei Betabrand werde Modeentscheidungen von der Masse getroffen: Experimentelle Entwürfe werden zur Abstimmung online gestellt und die Sieger dann in kleinen Serien produziert. Zu den neuesten Kreationen gehören bürofeine Yoga-Hosen, Diskokugel-Windjacken und Sommerkleider mit lächelndem Emoji-Sch… häufeln. Einige Sachen sind leicht daneben, z.B. der *suitsy*, ein kompletter einteiliger Geschäftsanzug, aber bei diesen Preisen kann man schon mal ein Risiko eingehen.

Local Take
GESCHENKE

(www.localtakesf.com; 3979 B 17th St; ☺ 11–19 Uhr; Ⓜ Castro) 🚶 Dieser großartige kleine Laden in der Nähe des F-Market-Terminus hat perfekte Mitbringsel: SF-spezifisch und in der Region hergestellt. Besonders beliebt sind u.a. der Sutro Tower in Miniaturausgabe, T-Shirts mit besonderen Schauplätzen, Cable-Car- und Golden-Gate-Bridge-Schmuck, Stadtpläne aus Holz, Strickmützen und tolle, einzigartige Gürtelschnallen.

ℹ Praktische Informationen

GEFAHREN & ÄRGERNISSE

In Tenderloin und SoMa sollte man aufpassen.

GELD

Currency Exchange International (☑ 415-974-6600; www.sanfranciscocurrencyexchange. com; Westfield Center, 865 Market St, Level 1; ☺ Mo–Sa 10–20.30, So 11–19 Uhr; Ⓜ Powell St, 🅱 Powell St) Gute Wechselkurse. Zentrale Lage in der Nähe des Union Sq.

INFOS IM INTERNET

7x7 (www.7x7.com) Neueste Restaurants, Bars, Stil- und Techniktrends.

SFGate (www.sfgate.com) Nachrichten, Kunst, Unterhaltung und Veranstaltungskalender.

MEDIEN

KPFA 94.1 FM (www.kpfa.org) Alternative Nachrichten, Musik und Kultur.

KPOO 89.5 FM (www.kpoo.com) Lokaler Sender mit Jazz, Blues, Soul und Weltmusik.

KQED 88.5 FM (www.kqed.org) NPR-Tochter mit Nachrichten, Diskussionen, Kunst und Bildungsprogramm.

San Francisco Chronicle (www.sfgate.com) Größte Tageszeitung der Stadt.

SF Weekly (www.sfweekly.com) Wöchentlich erscheinendes kostenloses Boulevardblatt mit Artikeln über Kulinarik, Kunst, Unterhaltung und Events.

MEDIZINISCHE VERSORGUNG

San Francisco General Hospital (☑ Notfall 415-206-8111, Zentrale 415-206-8000; www.sfdph.org; 1001 Potrero Ave; ⊙ 24 Std.; 🚇 9, 10, 33, 48) Die erste Adresse bei schweren Verletzungen. Hilft unversicherten Patienten; einen psychiatrischen Dienst gibt's auch. Außer einem Identitätsnachweis sind keine weiteren Unterlagen erforderlich.

TOURISTENINFORMATION

San Francisco Visitor Information Center (Karte S. 140; ☑ 415-391-2000; www.sanfrancisco.travel; Hallidie Plaza, Market St & Powell St, untere Ebene; ⊙ Mo–Fr 9–17, Sa & So 9–15 Uhr; 🚋 Powell-Mason, Powell-Hyde, Ⓜ Powell St, Ⓑ Powell St) Hier gibt's praktische Touristen-Infos in mehreren Sprachen und Fahrkarten für die öffentlichen Verkehrsmittel sowie interaktive Touchscreens, Hochglanzbroschüren und Stadtpläne.

❶ An- & Weiterreise

BUS

Bis 2017 bleibt das **Temporary Transbay Terminal** (Karte S. 140; Howard St & Main St) als San Franciscos Hauptbusbahnhof in Betrieb. Von hier fahren Busse von **AC Transit** (☑ 511; www.actransit.org) zur East Bay, von **Golden Gate Transit** (☑ 415-455-2000, 511; www.goldengatetransit.org) nach Norden ins Marin County sowie ins Sonoma County und von **SamTrans** (☑ 800-660-4287; www.samtrans.com) nach Süden nach Palo Alto und den Hwy 1 hinunter. **Greyhound** (☑ 800-231-2222; www.greyhound.com) fährt täglich mehrmals nach Los Angeles (59 US$, 8–12 Std.) und in zahlreiche andere Orte.

FLUGZEUG

Der **San Francisco International Airport** (SFO; www.flysfo.com; S McDonnell Rd) befindet sich 14 Meilen (22 km) südlich des Stadtzentrums am Hwy 101 und ist mit dem Bay Area Rapid Transit (BART) zu erreichen. Der **Oakland International Airport** (OAK; www.oaklandairport.com; 1 Airport Dr; ☎) auf der anderen Seite der Bucht bedient hauptsächlich Inlandflüge und ist in einer 40-minütigen BART-Fahrt zu erreichen. Den 45 Meilen (70 km) südlich der Stadt gelegenen **Mineta San José International Airport** (www.flysanjose.com; 1701 Airport Blvd, San Jose) erreicht man über den Hwy 101.

ZUG

Zwei Fernzüge von **Amtrak** (☑ 800-872-7245; www.amtrakcalifornia.com), der *Coast Starlight* (Los Angeles–Seattle) und der *California Zephyr* aus Chicago machen Halt in Oaklands Jack London Sq. Ähnliches gilt für die innerhalb von Kalifornien verkehrenden Züge *Capitol Corridor* und *San Joaquin* nach/aus Sacramento, Letzterer hat in Merced Anschluss an die Busse ins Yosemite Valley. Kostenlose Amtrak-Shuttle-Busse fahren zum Ferry Building und zur CalTrain-Station.

CalTrain (www.caltrain.com; Ecke 4th St & King St) verbindet San Francisco mit Städten im Silicon Valley und mit San Jose.

❶ Unterwegs vor Ort

Transitinfos zur Bay Area gibt's telefonisch unter ☑ 511 oder online unter http://511.org.

AUTO & MOTORRAD

Einen Parkplatz am Straßenrand zu ergattern, kann schwieriger sein, als seine große Liebe zu finden, und die Ableser der Parkuhren sind erbarmungslos. Parken in städtischen Parkhäusern kostet 1 bis 5,50 US$ pro Stunde bzw. ca. 16 bis 36 US$ pro Tag. Weitere Infos gibt's online unter www.sfmta.com.

VOM/ZUM SAN FRANCISCO INTERNATIONAL AIRPORT

Die Fahrt zwischen der SFO **BART** Station (Bay Area Rapid Transit; www.bart.gov; einfache Strecke 8,65 US$) des International Terminal ins Stadtzentrum von San Francisco dauert 30 Minuten. Ein Taxi vom SFO in die Downtown kostet zwischen 40 und 55 US$ plus Trinkgeld.

SuperShuttle (☑ 800-258-3826; www.supershuttle.com) fährt mit Kleinbussen ins Stadtzentrum (17 US$/Pers.).

ÖFFENTLICHE VERKEHRSMITTEL

Muni (Municipal Transit Agency; ☑ 511; www.sfmta.com) betreibt Busse, Straßenbahnen und die Cable-Car-Linien. Ein einfacher Fahrschein für Bus oder Straßenbahn kostet 2,25 US$. Für eine Fahrt in der Cable Car muss man 7 US$ hinblättern. Beim Einsteigen nach Gratis-Umsteigekarten fragen (gilt nicht für die Cable Cars)!

Mit dem **Visitor Passport** (1-/3-/7-Tage 17/26/35 US$) kann man alle MUNI-Verkehrsmittel – auch die Cable Cars – unbegrenzt oft benutzen. Der Pass ist am Endbahnhof der Cable Car in der Powell St (S. 132), im San Francisco Visitor Information Center (S. 157) und am Union Square beim TIX-Bay-Area-Kiosk (S. 153) erhältlich.

Der neun Tage gültige **City Pass** (www.city pass.com; Erw./Kind 94/69 US$) umfasst die Nutzung der MUNI-Verkehrsmittel, eine Bay-Rundfahrt und den Zutritt zu drei Sehenswürdigkeiten.

Der BART verbindet San Francisco mit dem East Bay. Es geht unter der Market St die Mission St entlang und gen Süden in Richtung SFO und Millbrae, wo dann Anschluss zum CalTrain besteht.

SCHIFF/FÄHRE

Blue & Gold Fleet (415-705-8200; www.blueandgoldfleet.com) betreibt Fähren vom Ferry Building und/oder Pier 41 nach Sausalito (11,50 US$), zur Angel Island (9 US$) und zum Jack London Sq in Oakland (6,40 US$).

Golden Gate Ferry (415-455-2000, 511; http://goldengateferry.org) schippert vom Ferry Building nach Sausalito (11,25 US$) im Marin County.

TAXI

Eine Meile kostet ca. 2,75 US$, der Grundpreis beträgt 3,50 US$. Ein Taxi auf der Straße anzuhalten, kann schwierig sein. Man sollte sich die App **Flywheel** (http://flywheel.com) auf sein Handy laden, dann wird man prompt bedient.

Marin County

Im lockeren Marin County ragen auf der goldbraun leuchtenden Landzunge direkt jenseits der Golden Gate Bridge majestätische Redwood-Bäume in den Himmel. Der südlichste Ort ist das kleine Sausalito (www.sausalito.org) direkt an der Bucht – ein tolles Ziel für Radtouren über die Brücke (nach San Francisco zurück geht's mit der Fähre). In der Nähe des Hafens mit seinen pittoresken, unkonventionellen Hausbooten gibt's im **Bay Model Visitors Center** (Karte S. 136; 415-332-3871; www.spn.usace.army.mil/Missions/Recreation/BayModelVisitorCenter.aspx; 2100 Bridgeway Blvd; Di–Sa 9–16 Uhr, Sommer Sa & So 10–17 Uhr; GRATIS eine gigantische hydraulische Nachahmung der gesamten Bucht plus Delta.

Marin Headlands

Die vielen Wanderwege durch die windumtosten, schroffen Headlands gewähren einen tollen Blick auf die Bucht und die Stadt. Zum **Visitor Center** (Karte S. 136; 415-331-1540; www.nps.gov/goga/marin-head lands.htm; Fort Barry; 9.30–16.30 Uhr) nimmt man nördlich der Golden Gate Bridge die Ausfahrt Alexander Ave, fährt unter dem Freeway durch, biegt nach links ab und folgt den Schildern.

Zu den Attraktionen westlich des Hwy 101 gehören das **Point Bonita Lighthouse** (Karte S. 136; www.nps.gov/goga/pobo.htm; an der Field Rd; Sa–Mo 12.30–15.30 Uhr) GRATIS, die **Nike Missle Site SF-88** (Karte S. 136; 415-331-1453; www.nps.gov/goga/nike-missile -site.htm; an der Field Rd; Do–Sa 12.30–15.30 Uhr) GRATIS aus der Zeit des kalten Krieges und das informative **Marine Mammal Center** (Karte S. 136; 415-289-7325; www.marine mammalcenter.org; 2000 Bunker Rd; 10–17 Uhr;) GRATIS oberhalb des **Rodeo Beach** (Karte S. 136). Östlich des Hwy 101 in Fort Baker befindet sich das interaktive und bei Kids beliebte **Bay Area Discovery Museum** (Karte S. 136; 415-339-3900; www.baykids museum.org; 557 McReynolds Rd; Eintritt 14 US$, 1. Mi im Monat Eintritt frei; Di–So 9–17 Uhr;).

Auf einem bewaldeten Hügel in der Nähe des Visitor Centers belegt das **HI Marin Headlands Hostel** (Karte S. 136; 415-331-2777; www.norcalhostels.org/marin; Fort Barry, Bldg 941; B 26–30 US$, Zi. 72–92 US$, alle ohne Bad; @) zwei Militärgebäude aus dem Jahr 1907. Wer historischen Luxus wünscht, bucht in der LEED-zertifizierten Lodge **Cavallo Point** (Karte S. 136; 888-651-2003, 415-339-4700; www.cavallopoint.com; 601 Murray Circle; Zi. ab 359 US$;) in Fort Baker ein Zimmer mit Kamin und Blick auf die Bucht.

Muir Woods National Monument

10 Meilen (16 km) nordwestlich der Golden Gate Bridge kann man in dem 220 ha großen **Muir Woods National Monument** (Karte S. 136; 415-388-2595; www.nps.gov/muwo; 1 Muir Woods Rd, Mill Valley; Erw./Kind 10 US$/frei; 8 Uhr–Sonnenuntergang) durch einen uralten Bestand der höchsten Bäume der Welt wandern. Einfache Wanderwege führen zum Cathedral Grove mit seinen 1000 Jahre alten Redwood-Bäumen. Am Eingang serviert die **Muir Woods Trading Company** (Karte S. 136; 415-388-7059; www.muirwoods tradingcompany.com; 1 Muir Woods Rd, Mill Valley; kleine Gerichte 3–11 US$; tgl. ab 9 Uhr, Schließzeiten zw. 16 & 19 Uhr;) im Café leichte Mittagsgerichte, Snacks und Getränke. Wer den Menschenmassen entgehen will,

sollte frühmorgens oder abends direkt vor Sonnenuntergang kommen. Den Hwy 101 bis zum Exit Hwy 1 nehmen und dann den Schildern folgen!

Von April bis Oktober verkehrt der **Muir Woods Shuttle** (Route 66F; www.marintransit. org; hin & zurück Erw./Kind 5 US$/frei; ⊘ April– Okt. Wochenende & feiertags) an den Wochenenden und Feiertagen (im Sommer in der Hauptsaison tgl.) zwischen dem Hwy 101 und dem Fähranleger in Sausalito.

Mt. Tamalpais State Park

Der majestätische Mt. Tam (784 m) ist ein schöner Tummelplatz für Wanderer und Mountainbiker. Der **Mt. Tamalpais State Park** (Karte S.136; ☏ 415-388-2070; www. parks.ca.gov/mttamalpais; Parkplatz 8 US$) umfasst 2550 ha Parklandschaft mit einem mehr als 320 km langen Wanderwegenetz. Man sollte unbedingt zum Aussichtspunkt am East Peak Summit fahren. Vom Hwy 1 führt der Panoramic Hwy durch den Park über Muir Woods zum Küstenstädtchen **Stinson Beach** mit seinem halbmondförmigen Sandstrand.

An der **Pantoll Station** (☏ 415-388-2070; www.parks.ca.gov/?page_id=471; 801 Panoramic Hwy; ⊘ wechselnde Öffnungszeiten; ☎), dem Sitz der Parkverwaltung, beginnen viele Wanderwege. Hier gibt's auch einen **Campingplatz** (Karte S.136; Panoramic Hwy; Stellplatz für Zelt 25 US$). Hier gilt: Wer zuerst kommt, mahlt zuerst. Im Voraus buchen muss man, wenn man eine rustikale Hütte (ohne Strom und fließendes Wasser) oder einen Stellplatz im nur zu Fuß zu erreichenden **Steep Ravine** (☏ 800-444-7275; www.reserveamerica. com; Nov.–Sept.; Stellplatz für Zelt 25 US$, Hütte 100 US$) beim Hwy 1 südlich von Stinson Beach haben will. Eine weitere Option ist das abgelegene **West Point Inn** (Karte S.136; ☏ Infos 415-388-9955, Reservierungen 415-646-0702; www.westpointinn.com; 100 Old Railroad Grade Fire Rd, Mill Valley; Zi. pro Erw./ Kind 50/25 US$). Hier muss man Schlafsack, Handtücher und Proviant mitbringen. Reservierung erforderlich.

Point Reyes National Seashore

Die windumtoste Halbinsel **Point Reyes National Seashore** (www.nps.gov/pore) GRATIS ragt auf einer anderen tektonischen Platte 16 km weit ins Meer. Über ihre 260 km² verteilen sich Strände, Lagunen und bewaldete Hügel. Im **Bear Valley Visitor Center**

(☏ 415-464-5100; www.nps.gov/pore; ⊘ Mo–Fr 10–17, Sa & So 9–17 Uhr), 1 Meile (1,6 km) westlich von Olema, gibt's Landkarten, Infos und naturkundliche Exponate. Der knapp 1 km lange **Earthquake Trail**, der die San-Andreas-Verwerfung überquert, beginnt ganz in der Nähe.

Das **Point Reyes Lighthouse** (☏ 415-669-1534; ⊘ Leuchtturm Fr–Mo 10–16.30 Uhr, Linsenraum Fr–Mo 14.30–16 Uhr) GRATIS thront auf dem westlichsten Zipfel der Halbinsel – ein idealer Ort, um im Winter Wale zu beobachten. An der Pierce Point Rd beginnt der **Tomales Point Trail** (hin & zurück 16 km), der auf sturmumtosten Klippen vorbei an Tule-Wapiti-Herden zur Nordspitze der Halbinsel führt. Paddeltouren in der Tomales Bay organisiert **Blue Waters Kayaking** (☏ 415-669-2600; www.bluewaterskayaking.com; Verleih/Touren ab 50/68 US$; ♿), los geht's in Inverness und Marshall.

Naturliebhaber übernachten in der einzigen Unterkunft im Park, dem **HI Point Reyes Hostel** (☏ 415-663-8811; www.norcal hostels.org/reyes; 1390 Limantour Spit Rd; B 26–29 US$, Zi. 87–130 US$, alle ohne Bad; @♿), ✈, vom Visitor Center 8 Meilen (13 km) landeinwärts. In dem Küstenort Inverness bieten die **Cottages at Point Reyes Seashore** (☏ 415-669-7250; www.cottagespointreyes.com; 13275 Sir Francis Drake Blvd; Zi.129–239 US$; ☎❄♿) eine familienfreundliche Unterkunft mitten im Wald. Infos über freie Zimmer in gemütlichen Inns, Cottages und B&Bs gibt's bei der **West Marin Chamber of Commerce** (☏ 415-663-9232; www.point reyes.org).

2 Meilen (3,2 km) nördlich von Olema gibt's in dem winzigen Ort **Point Reyes Station** nette Bäckereien, Cafés und Restaurants. Leckereien für ein Mittagspicknick bekommt man bei der **Tomales Bay Foods & Cowgirl Creamery** (www.cowgirlcreamery. com; 80 4th St; Sandwiches 6–12 US$; ⊘ Mi–So 10–18 Uhr; ☏) ✈ oder 2 Meilen (3,2 km) westlich des Ortes im **Perry's Deli** (http:// perrysinvernessparkgrocery.com; 12301 Sir Francis Drake Blvd, Inverness Park; Sandwiches 5–11 US$; ⊘ Mo–Do 7–20, Fr & Sa 7–21, So 8–20 Uhr).

Berkeley

Als Geburtsstätte der Free Speech Movement (Bewegung für Meinungsfreiheit) in den 1960er-Jahren und Standort der ehrwürdigen University of California ist Berkeley definitiv kein Mauerblümchen. Nackt herumzulaufen, ist nicht mehr erlaubt, aber „Berserkeley" ist noch immer das radikale Zentrum der Bay Area, bevölkert von Uni-Studenten, Punk-Skatern und alternden, Birkenstock tragenden Hippies. Die Stadtgrenze ist gekennzeichnet durch Schilder mit der Aufschrift „Nuclear Free Zone".

◉ Sehenswertes & Aktivitäten

Die zum Südtor des Campus führende **Telegraph Ave** ist eine fröhliche, belebte Straße mit unzähligen preiswerten Cafés, Musikläden, Straßenhändlern und Straßenmusikanten.

University of California, Berkeley
UNIVERSITÄT

(www.berkeley.edu) Die „Cal" ist eine der Spitzenunis des Landes und wird von 35 000 sehr unterschiedlichen und politikbewussten Studenten besucht. Das **Visitor Services Center** (☎510-642-5215; http://visitors.berkeley.edu; 101 Sproul Hall; ⊙ Führungen normalerweise Mo–Sa 10 & So 13 Uhr) erteilt Infos und veranstaltet kostenlose Campusführungen (Reservierung erforderlich). Das hiesige Wahrzeichen ist der **Campanile** (Sather Tower; http://visitors.berkeley.edu/camp/; Erw./Kind 3/2 US$; ⊙ Mo–Fr 10–15.45, Sa 10–16.45, So 10–13.30 & 15–16.45 Uhr; ♿) von 1914, den man bequem mit dem Fahrstuhl (3 US$) erklimmen kann. In der **Bancroft Library** (☎510-642-3781; www.bancroft.berkeley.edu; ⊙ Mo–Fr 10–17 Uhr) ist das kleine Goldnugget ausgestellt, mit dem 1848 der Goldrausch in Kalifornien begann.

🛏 Schlafen

Mittelklassehotels säumen die University Ave westlich des Stadtzentrums.

Downtown Berkeley Inn
MOTEL $$

(☎510-843-4043; www.downtownberkeleyinn.com; 2001 Bancroft Way; Zi. 79–129 US$; ❄🐾) Das Budgetmotel im Boutique-Stil hat 27 große Zimmer mit entsprechend großen Flachbildfernsehern.

Hotel Shattuck Plaza
HOTEL $$$

(☎510-845-7300; www.hotelshattuckplaza.com; 2086 Allston Way; Zi. ab 195 US$; ❄@🐾) Nach der 15 Mio. US$ teuren umweltgerechten Sanierung des 100 Jahre alten Schmuckstücks ist der Downtown ist das friedliche Hotel richtig schick geworden. Das Foyer mit Tapeten im viktorianischen Stil wird von roten italienischen Glaslampen beleuchtet, auf dem Boden prunkt ein Peace-Zeichen

aus Fliesen (kein Witz!). Die komfortablen Zimmer sind mit Federbetten ausgestattet, und in dem luftigen, mit Säulen bestückten Restaurant bekommt man alle Mahlzeiten. Die Zimmer auf der der Shattuck Ave abgewandten Seite sind die ruhigsten. Die Cityscape-Zimmer gewähren einen tollen Blick auf die Bucht.

🍴 Essen & Ausgehen

Ippuku
JAPANISCH $$

(☎510-665-1969; www.ippukuberkeley.com; 2130 Center St; kleine Platten 5–20 US$; ⊙ So–Do 17–22, Fr & Sa 17–23 Uhr) Die japanischen Stammgäste schwärmen vom Ippuku, das sie an *izakayas* (japanische Kneipen, in denen man auch essen kann) in Tokio erinnert. Es hat sich auf *shōchū*, ein alkoholisches Getränk aus Reis oder Gerste, spezialisiert. Auf der Speisekarte stehen Fleischspieße und Gemüse sowie hausgemachte Nudeln. Man sitzt an traditionellen Tatami-Tischen (bitte Schuhe ausziehen!) oder in gemütlichen Sitzecken. Unbedingt reservieren!

★ Chez Panisse
KALIFORNISCH $$$

(☎ Café 510-548-5049, Restaurant 510-548-5525; www.chezpanisse.com; 1517 Shattuck Ave; Café Hauptgerichte abends 19–32 US$, Restaurant Festpreismenü abends 75–125 US$; ⊙ Café Mo–Do 11.30–14.45 & 17–22.30, Fr & Sa 11.30–15 & 17–23.30 Uhr, Restaurant Platzierung Mo–Sa 17.30 & 20 Uhr) 🥢 Feinschmecker pilgern scharenweise in diesen Tempel von Alice Waters, der Erfinderin der kalifornischen Cuisine. Das Restaurant ist in einem schönen Arts-&-Crafts-Haus im Gourmet Ghetto untergebracht. Entweder man geht aufs Ganze und gönnt sich im Erdgeschoss ein Menü zum Festpreis, oder man besucht das preiswertere und nicht ganz so formelle Café im Obergeschoss. Einen Monat im Voraus reservieren!

Jupiter
KNEIPE

(www.jupiterbeer.com; 2181 Shattuck Ave; ⊙ Mo–Do 11.30–1, Fr 11.30–1.30, Sa 12–1.30, So bis 24 Uhr) Die Kneipe im Stadtzentrum hat viele regionale Biere aus Kleinbrauereien, einen Biergarten, gute Pizzas und bietet an den meisten Abenden Livemusik. Vom Obergeschoss aus sieht man die geschäftige Shattuck Ave aus der Vogelperspektive.

☆ Unterhaltung

Freight & Salvage Coffeehouse
LIVEMUSIK

(☎510-644-2020; www.thefreight.org; 2020 Addison St; ♿) Der legendäre Club im Künstlerviertel in Downtown hat fast 50 Jahre auf dem Buckel. Er bietet großartige traditionelle Folk- und Weltmusik für alle Altersstufen. Menschen unter 21 Jahren kommen für den halben Preis rein.

Berkeley Repertory Theatre THEATER
(☑ 510-647-2949; www.berkeleyrep.org; 2025 Addison St; Tickets 40–100 US$) Das hoch angesehene Ensemble bringt seit 1968 gewagte Inszenierungen klassischer und moderner Stücke auf die Bühne. Zuschauer unter 30 Jahren bezahlen für die meisten Vorstellungen nur die Hälfte.

❶ Anreise & Unterwegs vor Ort

BART-Züge (☑ 511, 510-465-2278; www.bart. gov) fahren von den Downtown Berkeleys, die nicht weit vom Campus entfernt ist, nach San Francisco (3,90 US$, 25 Min.). AC Transit (S. 157) betreibt Stadtbusse in und um Berkeley (2,10 US$) und nach San Francisco (4,20 US$, 40 Min.).

NORD-KALIFORNIEN

Im nördlichen Kalifornien (Northern California) präsentiert sich der Golden State mit riesigen Redwoods, die sich aus dem Küstennebel recken, den Weingütern des Wine Country und den versteckten Thermalquellen von seiner wilden Seite. Der dramatischen Kulisse aus Land und Meer entspricht die unglaubliche Verschiedenheit der Einwohner: Man findet hier Holzbarone und Bäume umarmende Hippies, Rastafaris mit Dreadlocks und Bio-Rancher, Cannabis-Farmer und politische Radikale jeder Richtung. Neben der Landschaft verlocken Spitzenweine, Restaurants mit frischen, regionalen Zutaten, Nebelwanderungen unter den größten Bäumen der Welt und ausufernde Gespräche, die mit einem *Hey, dude!* beginnen, zum Besuch der Region.

Wine Country

Amerikas erste Weinanbauregion gehört zu den besten weltweit. Jahrhundertealte Eichen und sanfte Weinberge, soweit das Auge reicht… Dahinter stehen üppige Redwood-Wälder, durch die sich Flüsse bis hinunter zum Meer schlängeln. In Napa findet man mit Kunstwerken ausgestattete Probierstuben, die von berühmten Architekten entworfen wurden und entsprechende Preise haben. Im bodenständigen Sonoma dagegen probiert man die Weine in Schuppen

und lernt wahrscheinlich auch den Hund des Winzers kennen.

❶ Anreise & Unterwegs vor Ort

Sowohl das Napa als auch das Sonoma Valley sind von San Francisco aus über den Hwy 101 oder die I-80 in weniger als einer Autostunde zu erreichen.

Die Anreise in die Täler mit öffentlichen Verkehrsmitteln (hauptsächlich mit Bussen und vielleicht auch in Kombination mit BART-Zügen oder Fähren) dauert lange und ist kompliziert, aber machbar. Gleiches gilt für Rundreisen vor Ort. Tipps für die Planung und Fahrpläne stehen auf der Website http://511.org.

Fahrräder vermieten **Wine Country Cyclery** (☑ 707-966-6800; www.winecountrycyclery. com; 262 W Napa St, Sonoma; Rad 30–65 US$/ Tag; ⊙ 10–18 Uhr), **Napa Valley Bike Tours** (☑ 707-251-8687; www.napavalleybiketours. com; 6500 Washington St, Yountville; Rad 45–90 US$/Tag, Touren ab 109 US$; ⊙ 8.30–17 Uhr), **Calistoga Bike Shop** (☑ 707-942-9687; www.calistogabikeshop.com; 1318 Lincoln Ave, Calistoga; Rad pro Std./Tag ab 12/39 US$; ⊙ 10–18 Uhr) und **Spoke Folk Cyclery** (☑ 707-433-7171; www.spokefolk.com; 201 Center St, Healdsburg; Rad pro Std./Tag ab 15/40 US$; ⊙ Mo–Fr 10–18, Sa & So 10–17 Uhr).

Napa Valley

Mehr als 200 Weingüter drängen sich im fast 50 km langen Napa Valley an den drei Hauptstrecken. Der **Hwy 29** mit seinen Verkehrsstaus an den Wochenenden ist gesäumt von berühmten Weingütern. Der parallel verlaufende **Silverado Trail**, auf dem man schneller vorankommt, hat Boutique-winzereien, bizarre Architektur und kultverdächtigen Cabernet Sauvignon zu bieten. Die berühmten Weingüter am **Carneros Hwy** (Hwy 121), der nach Westen Richtung Sonoma Valley führt, sind auf Schaumweine und Pinot Noir spezialisiert.

Am Südende des Tals liegt **Napa**, das Geschäftszentrum des Tals. Dem Ort mangelt es etwas an ländlichem Charme, er hat im Zentrum aber trendige Restaurants und Probierstuben. Im **Napa Valley Welcome Center** (☑ 855-847-6272, 707-251-5895; www. visitnapavalley.com; 600 Main St; ⊙ 9–17 Uhr; ♿) sind Pässe für Weinproben und Lagepläne der Weingüter erhältlich.

Fährt man auf dem Hwy 29 weiter gen Norden, erreicht man das winzige **Yountville**, eine ehemalige Postkutschenstation. Hier gibt es mehr mit Michelin-Sternen ausgezeichnete Restaurants pro Kopf als in

San Francisco. Weitere 10 Meilen (16 km) nördlich stockt der Verkehr im reizenden **St. Helena**, wo man wunderbar bummeln und shoppen kann, wenn man denn einen Parkplatz findet. Am nördlichen Zipfel des Tals gibt's im netten **Calistoga** Thermal- und Schlammbäder, die vulkanische Asche vom nahen Mt. St. Helena benutzen.

◉ Sehenswertes & Aktivitäten

Bei vielen Weingütern im Napa Valley muss man reservieren. Man sollte pro Tag nicht allzu viele Einkehrschwünge einplanen.

★ Hess Collection
WEINGUT, GALERIE
(☎707-255-1144; www.hesscollection.com; 4411 Redwood Rd, Napa; Museum Eintritt frei, Weinprobe 20 US$, Führung frei–65 US$; ☉10–17.30 Uhr, letzte Weinprobe 17 Uhr, Führungen 10.30–15 Uhr) 🖋 Kunstliebhaber sollten keinesfalls die Hess Collection verpassen. Deren Galerien mit verschiedensten Kunstformen und Großgemälden zeigen z.B. Werke von Francis Bacon und Robert Motherwell. In der höhlenartigen Probierstube sollte man neben bekannten Sorten wie Cabernet Sauvignon und Chardonnay auch den Viognier probieren. Hess liegt oberhalb des Tales, die Anfahrt erfolgt über eine kurvenreiche Straße. Reservierung empfohlen. Flaschen kosten 20 bis 100 US$. (Achtung: Hess Collection nicht mit Hess Select, der Lebensmittelkette, verwechseln!)

★ Frog's Leap
WEINGUT
(☎707-963-4704; www.frogsleap.com; 8815 Conn Creek Rd, Rutherford; Weinprobe 20 US$, inkl. Führung 25 US$; ☉10–16 Uhr, nur nach Vereinbarung; 🖴🐾) 🖋 Pfade winden sich hier durch zauberhafte Gärten und Obstplantagen, und mittendrin liegt ein Gehöft von 1884 mit Scheune, Katzen und Hühnern. Die Atmosphäre ist locker, bodenständig und spaßbetont. Das Gut macht vor allem mit seinem Sauvignon Blanc von sich reden, aber auch der Merlot verdient Aufmerksamkeit. Außerdem gibt's hier einen trockenen, dezenten und für Napa untypischen Cabernet.

Nur Bioweine. Anmeldung erforderlich. Flaschen kosten zwischen 22 und 42 US$.

Castello di Amorosa
WEINGUT, BURG
(☎707-967-6272; www.castellodiamorosa.com; 4045 Hwy 29, Calistoga; Eintritt & Weinprobe 20–45 US$, inkl. Führung 35–75 US$; ☉März–Okt. 9.30–18 Uhr, Nov.–Feb. 9.30–17 Uhr) Die perfekte Nachahmung einer italienischen Burg aus dem 13. Jh. war erst nach 14 Jahren fertig.

In dieser Zeit entstanden ein Burggraben, Mauern aus handbehauenen Steinen, Deckenfresken von italienischen Künstlern, Kreuzgewölbe-Katakomben im römischen Stil und eine Folterkammer mit historischen Gerätschaften. Verkostungen sind ohne Voranmeldung möglich, aber eine Führung lohnt sich auf jeden Fall. Und der Wein? Es gibt ein paar anständige italienische Sorten wie einen samtweichen toskanischen Cuvée und einen verschnittenen Merlot, der ausgezeichnet zu Pizza passt. Flaschen kosten zwischen 29 und 95 US$.

Casa Nuestra
WEINGUT
(☎707-963-5783, 866-844-9463; www.casanuestra.com; 3451 Silverado Trail N, St. Helena; Weinprobe 10 US$; ☉10–16.30 Uhr, nur nach Vereinbarung; 🖴) 🖋 Eine Friedensfahne und ein Porträt von Elvis begrüßen die Besucher des altmodischen Familienbetriebs. Das Weingut produziert ungewöhnliche Cuvées und interessante unverschnittene Weine (u.a. einen guten Chenin Blanc). Der Wein wird biologisch angebaut, die Sonne liefert den Strom. Hier kann man gratis unter Trauerweiden zwischen glücklichen Ziegen picknicken (vorher anrufen und eine Flasche kaufen!). Flaschen kosten zwischen 20 und 60 US$.

di Rosa Art + Nature Preserve
GALERIE, GARTEN
(☎707-226-5991; www.dirosaart.org; 5200 Hwy 121, Napa; Eintritt 5 US$, Führung 12–15 US$; ☉Mi-So 10–16 Uhr) Zum 88 ha großen di Rosa Preserve westlich des Stadtzentrums gehören auch die Carneros-Weinberge mit grasenden Schafen aus Metallschrott. Außerdem gibt's in den Galerien eine umwerfende Sammlung nordkalifornischer Kunst und draußen tolle Skulpturengärten. Wer an einer Führung teilnehmen will, sollte reservieren.

Indian Springs Spa
SPA
(☎707-942-4913; www.indianspringscalistoga.com; 1712 Lincoln Ave; ☉nach Vereinbarung 9–20 Uhr) Calistogas Originalresort ist das am längsten ohne Unterbrechung in Kalifornien betriebene Spa. Es besitzt Schlammwannen aus Beton und baut selbst Asche ab. Zu den Anwendungen zählen u.a. Bäder im heißen Quellwasser des riesigen Pools. Tolle Gurken-Bodylotion!

Culinary Institute of America at Greystone
KOCHKURS
(☎707-967-2320; www.ciachef.edu/california; 2555 Main St; Hauptgerichte 25–29 US$, Kochvorführung 20 US$; ☉Kochvorführungen Sa & So 13.30

Uhr) In dem Weingut von 1889 sind jetzt eine Kochschule, ein Kulinarikladen mit allerlei Apparaturen und Kochbüchern sowie ein gutes Restaurant untergebracht. An den Wochenenden gibt's Kochvorführungen, die Weinseminare werden von Koryphäen wie Karen MacNeil, der Autorin von *The Wine Bible*, abgehalten.

Schlafen

Das beste Preis-Leistungs-Verhältnis bieten werktags Motels, die aber nicht gerade berauschend sind.

Maison Fleurie   INN $$
(707-944-2056; www.maisonfleurienapa.com; 6529 Yount St, Yountville; Zi. 170–395 US$; ✻ @ 🛜 🛏) Die Zimmer des mit Efeu bewachsenen Landgasthofs befinden sich in einem 100 Jahre alten Wohn- und Kutschenhaus, das im provenzalischen Stil dekoriert ist. Extras sind üppiges Frühstück (im Preis enthalten), Wein und *hors d'oeuvres* am Nachmittag sowie ein Whirlpool.

El Bonita   MOTEL $$
(707-963-3216; www.elbonita.com; 195 Main St, St. Helena; Zi. 169–239 US$; ✻ @ 🛜 🛏 🏊) Wer in diesem gefragten Motel übernachten möchte, sollte rechtzeitig reservieren. Hier warten moderne Zimmer (die im hinteren Bereich sind die ruhigsten), ein ansprechendes Gelände, ein Whirlpool und eine Sauna auf Gäste.

Indian Springs Resort   RESORT $$
(707-942-4913; www.indianspringscalistoga.com; 1712 Lincoln Ave, Calistoga; Zi./Cottage ab 239/359 US$; ✻ 🛜 🏊 🏊) Das Indian Springs ist Calistogas ultimatives Oldschool-Resort mit zentraler Wiese mit Palmen, Shuffleboard, Boccia, Hängematten und Weber-Grills – ähnlich wie ein traditionelles Resort in Florida. In einigen Cottages können bis zu sechs Personen übernachten. Außerdem gibt es motelartige Spitzenklassezimmer (nur für Erwachsene) sowie einen riesigen Pool mit heißem Quellwasser.

Essen

Viele Restaurants im Wine Country haben im Winter verkürzte Öffnungszeiten. Wer mittags oder abends einen Tisch haben möchte, sollte reservieren.

⭐ Oxbow Public Market   MARKT $
(707-226-6529; http://oxbowpublicmarket.com; 610 & 644 1st St, Napa; kleine Gerichte 3 US$; ⏱ Mi–Mo 9–19, Di 9–20 Uhr, einige Restaurants öffnen später) In diesem Feinkostmarkt kann man in die nordkalifornische Gourmet-Szene eintauchen. Besonders empfehlenswert sind die Hog Island Oyster Co, die Hausmannskost in Todd Humphries Starkoch-Restaurant Kitchen Door, die venezolanischen Maisbrot-Sandwiches im Pica Pica, die köstlichen kalifornisch-mexikanischen Tacos im C Casa, die italienischen Gebäckstücke im Ca' Momi, der Espresso im Ritual Coffee und das Bio-Eis von Three Twins.

Bouchon Bakery   BÄCKEREI $
(707-944-2253; www.thomaskeller.com; 6528 Washington St, Yountville; kleine Gerichte ab 3 US$; ⏱ 7–19 Uhr) Perfekte französische Backwaren und starker Kaffee – ganz wie in Paris! Hier ist immer eine Schlange, nur selten kann man einen Sitzplatz ergattern. Also einfach einpacken lassen!

Gott's Roadside   AMERIKANISCH $$
(707-963-3486; http://gotts.com; 933 Main St, St. Helena; Hauptgerichte 8–16 US$; ⏱ Mai–Sept. 10–22 Uhr, Okt.–April 8–21 Uhr; 🚗) Mit den Zehen im Gras futtert man hier köstliche Burger mit Rindfleisch oder Ahi-Thun, Cobb-Salat und Fisch-Tacos. Der Originalname des klassischen Drive-in-Lokals, „Taylor's Auto Refresher", steht noch immer auf dem Schild am Straßenrand. Um am Wochenende lange Wartezeiten zu vermeiden, kann man einfach telefonisch oder online vorbestellen. Im Oxbow Public Market gibt's einen Ableger.

⭐ French Laundry   KALIFORNISCH $$$
(707-944-2380; www.frenchlaundry.com; 6640 Washington St, Yountville; Festpreismenü abends 295 US$; ⏱ Platzierung Fr–So 11–13, tgl. 17.30–21.15 Uhr) Thomas Kellers Restaurant French Laundry ist die Krönung der kalifornischen Küche – ein hochkarätiges kulinarisches Erlebnis, das den Vergleich mit der Weltspitze nicht scheuen muss. Man muss genau zwei Monate im Voraus um 10 Uhr reservieren oder sich exakt um 24 Uhr auf OpenTable.com einloggen. Am besten keinen Tisch für die Zeit vor 19 Uhr bestellen, die ersten Gäste werden etwas zu schnell abgefertigt. Von diesem Essen wird man für den Rest seines Lebens schwärmen.

Sonoma Valley

Im Sonoma Valley mit seinen über 40 Weingütern am Hwy 12 geht es lockerer und weniger kommerziell zu als im Napa Valley.

Und anders als in Napa, muss man hier auch keine Termine vereinbaren, wenn man Weine probieren möchte. Es gibt übrigens drei Sonomas: Mit dem Begriff können die Stadt, das Tal und das County gemeint sein.

⊙ Sehenswertes & Aktivitäten

Sonoma war früher die Hauptstadt der kurzlebigen Bear Flag Republic. Heute ist die **Sonoma Plaza** – der größte Stadtplatz Kaliforniens – gesäumt von historischen Hotels, gut besuchten Restaurants, schicken Geschäften und einem **Visitor Center** (☑866-966-1090, 707-996-1090; www.sonomavalley.com; 453 1st St E; ⊙Mo–Sa 9–17, So 10–17 Uhr).

Bartholomew Park Winery   WEINGUT
(☑707-939-3026; www.bartpark.com; 1000 Vineyard Lane, Sonoma; Weinprobe 10–30 US$; ⊙11–16.30 Uhr) 🖋 Das tolle Weingut im 162 ha großen Bartholomew Park kann man gut per Fahrrad erreichen. In dem Naturschutzgebiet kann man im Schatten von Eichen picknicken und wunderbare Wanderungen mit Blick aufs Tal unternehmen. Die Weinberge wurden ursprünglich 1857 angelegt. Heute bringen sie biozertifizierten zitronigen Sauvignon Blanc, weicheren Cabernet Sauvignon als das Napa Valley und intensiven Zinfandel hervor. Flaschen kosten zwischen 21 und 48 US$.

Gundlach-Bundschu Winery   WEINGUT
(☑707-939-3015; www.gunbun.com; 2000 Denmark St, Sonoma; Weinprobe 10–25 US$, inkl. Führung 30–50 US$; ⊙11–16.30 Uhr, Juni–Mitte Okt. 11–17.30 Uhr) 🖋 Kaliforniens ältestes Weingut in Familienhand sieht zwar aus wie ein Schloss, ist aber doch recht bodenständig. Es wurde 1858 von einem bayrischen Einwanderer gegründet. Die Markenzeichen sind Gewürztraminer und Pinot Noir. „GunBun" war aber auch die erste amerikanische Winzerei, die sortenreinen Merlot herstellte. Die Anfahrt erfolgt über eine kurvenreiche Straße, die sich auch perfekt zum Radeln eignet. Vor Ort kann man picknicken und wandern. Außerdem gibt's einen kleinen See. Wer den Weinkeller mit seinen 1800 Fässern besichtigen möchte, muss vorab reservieren. Eine Flasche kostet zwischen 21 und 90 US$.

Benziger   WEINGUT
(☑707-935-3000, 888-490-2739; www.benziger.com; 1883 London Ranch Rd, Glen Ellen; Weinprobe 15–40 US$, Führung 25–50 US$; ⊙10–17 Uhr, Tramfahrt 11–15.30 Uhr; 🚼🐾) 🖋 Neulinge in puncto Wein besuchen am besten zuerst Benziger und Sonomas besten Wein-Crashkurs. Die lohnenden Führungen (für die man nicht im Voraus reservieren muss) in einer offenen Tram (abhängig vom Wetter) gehen durch biodynamisch bewirtschaftete Rebreihen, und es werden insgesamt fünf Weine verkostet. Man kann hier wunderbar picknicken, außerdem gibt es einen Spielplatz – das ist also genau das Richtige für Familien. Die in großen Mengen hergestellten Weine sind solide (die älteren Jahrgänge sind empfehlenswert). Der Hit aber ist die Führung. Flaschen kosten zwischen 15 und 80 US$.

Jack London State Historic Park   STATE PARK
(☑707-938-5216; www.jacklondonpark.com; 2400 London Ranch Rd, Glen Ellen; 10 US$/Auto, Eintritt Cottage Erw./Kind 4/2 US$; ⊙Park 9.30–17 Uhr, Museum 10–17 Uhr, Cottage 12–16 Uhr) Napa hat Robert Louis Stevenson, Sonoma Jack London. In diesem 5,6 km² großen Park wandeln die Besucher auf den Spuren, die aus den letzten Jahren des Schriftstellers stammen. Man sollte unbedingt in das ausgezeichnete Museum gehen. Kilometerlange Wanderwege (einige dürfen sogar mit Mountainbikes befahren werden) schlängeln sich auf Höhen zwischen 180 und 700 m durch Eichenwälder. Ein leichter, 3,2 km langer Rundwanderweg führt zu einem See, an dem man wunderbar picknicken kann. Vorsicht vor Eichenblättrigem Giftsumach!

Cline Cellars   WEINGUT
(☑707-940-4030; www.clinecellars.com; 24737 Arnold Dr, Sonoma; Weinprobe 0–20 US$; ⊙Weinkeller 10–18 Uhr, Museum 10–16 Uhr) 🖋 An lauen Tagen genießt man ein Picknick am Teich, an Regentagen macht man es sich in dem Farmhaus aus den 1850er-Jahren am Kamin gemütlich und probiert einen Zinfandel oder Mouvedre. Im California Mission Museum kann man in den 1930er-Jahren geschaffene, originalgetreue Mini-Nachbauten von 21 spanischen Kolonialmissionen bewundern.

Kunde   WEINGUT
(☑707-833-5501; www.kunde.com; 9825 Hwy 12, Kenwood; Weinprobe 10–25 US$, inkl. Führung 30–40 US$; ⊙10.30–17 Uhr) 🖋 Es lohnt sich, im Voraus eine der Führungen durch das nachhaltig bewirtschaftete Weingut, eine Weinprobe oben auf dem Berg oder eine der monatlich stattfindenden geführten Wanderungen zu reservieren.

🛏 Schlafen

In Santa Rosa am nördlichen Ende des Tals gibt's günstige Motels und Hotels.

Sonoma Hotel   HISTORISCHES HOTEL $$
(☑707-996-2996; www.sonomahotel.com; 110 W Spain St; Zi. ab 160 US$; ❄🤙) Das charmante historische Hotel aus den 1880er-Jahren ist mit Bauernmöbeln eingerichtet. Es hat ein gutes Preis-Leistungs-Verhältnis und steht direkt an der Plaza. Doppelfenster sorgen dafür, dass der Straßenlärm draußen bleibt. Aufzug und Parkplätze sucht man vergeblich.

★ Beltane Ranch   B&B $$
(☑707-833-4233; www.beltaneranch.com; 11775 Hwy 12, Glen Ellen; DZ 205–295 US$; 🤙) 🖋 Inmitten von Pferdekoppeln und Weinbergen fühlt man sich ins Sonoma des 19. Jhs. zurückversetzt. Die freundliche, zitronengelbe Ranch aus den 1890er-Jahren hat doppelte Veranden mit Schaukelstühlen und weißen Korbmöbeln. Obwohl sie eigentlich ein B&B ist, hat doch jedes Zimmer im amerikanischen Landhausstil seinen eigenen Eingang – so man immer seine Ruhe. Es gibt weder Telefon noch TV – also keinerlei Ablenkung von der ländlichen Glückseligkeit.

✗ Essen & Ausgehen

Fremont Diner   AMERIKANISCH, SÜDSTAATEN $$
(☑707-938-7370; www.thefremontdiner.com; 2698 Fremont Dr, Sonoma; Hauptgerichte 9–22 US$; ⊗Mo–Mi 8–15, Do–So 8–21 Uhr; 🚼) 🖋 Zu Spitzenzeiten bilden sich vor diesem Diner, der seine Zutaten direkt vom Bauernhof bezieht, lange Warteschlangen. Die Tische drinnen sind vorzuziehen, aber natürlich akzeptiert man notfalls auch gern einen Picknick-Tisch im Zelt. Aus der Küche kommen Ricotta-Pfannkuchen mit echtem Ahornsirup, Hühnchen, Waffeln, Baguette-Brötchen mit Austern, Leckeres vom Grill und in der Pfanne gebackenes Maisbrot. Um die Schlangen zu umgehen, sollte man sehr früh oder spät kommen.

fig cafe
& winebar   FRANZÖSISCH, KALIFORNISCH $$
(☑707-938-2130; www.thefigcafe.com; 13690 Arnold Dr, Glen Ellen; Hauptgerichte 14–26US$, 3-Gänge-Festpreismenü abends 36 US$; ⊗Sa & So Brunch 10–14.30, So–Do abends 17–21, Fr & Sa 17–21.30 Uhr) Im fig gibt's herzhafte, kalifornisch-provenzalische Hausmannskost: kurz gebratene Calamares mit pikantem Zitro-

nen-Aioli, Enten-Confit und *moules-frites* (Miesmuscheln mit Pommes frites). Die ordentlichen Weinpreise und der Wochenend-Brunch sind ein guter Grund, gern zurückzukommen.

Hopmonk Tavern   KNEIPENESSEN $$
(☑707-935-9100; www.hopmonk.com; 691 Broadway, Sonoma; Hauptgerichte 11–23 US$; ⊗So–Do 11.30–21, Fr & Sa 11.30–21.30 Uhr) Angesagter Gastropub mit Biergarten. Im Angebot sind über ein Dutzend hauseigene und fremde Biere vom Fass, die in jeweils passenden Gläsern serviert werden. Freitags bis sonntags gibt's Livemusik.

★ Cafe La Haye   KALIFORNISCH $$$
(☑707-935-5994; www.cafelahaye.com; 140 E Napa St, Sonoma; Hauptgerichte 18–30 US$; ⊗Di–Sa 17.30–21 Uhr; 🍸) 🖋 Eine von Sonomas besten Adressen, wenn es um die moderne amerikanische Küche geht. Das La Haye bezieht seine Zutaten aus einem Umkreis von maximal 100 km. Der Speiseraum ist stets rappelvoll, und der Service ist manchmal fast schon etwas nachlässig. Aber das schlichte, schmackhafte Essen macht das La Haye für viele Feinschmecker zum Restaurant der ersten Wahl. Lange im Voraus reservieren!

Russian River Valley

Redwood-Bäume ragen über die Weingüter im Russian River Valley, das ca. 75 Meilen (120 km) nordwestlich von San Francisco (Anfahrt über die Hwys 101 & 116) im westlichen Sonoma County liegt.

Das für seine Apfelplantagen und Farmtouren bekannte **Sebastopol** hat mit seinen Buchläden, Kunstgalerien und Boutiquen im Zentrum und seinen Antiquitätenläden weiter im Süden ein modernes, intellektuelles Gesicht bekommen. Wie wär's mit einem Bummel über den überdachten Markt **Barlow** (☑707-824-5600; thebarlow.net; 6770 McKinley St; ⊗8.30–21.30 Uhr; 🚼), wo Lebensmittelhersteller, Winzer, Kaffeeröster, Schnapsbrenner und Indie-Chefköche ihre Produkte anbieten, oder mit einer Farmtour per Auto oder Rad direkt zur Quelle (www.farmtrails.org)?

Guerneville ist der wichtigste Ort am Fluss – hier brummen die Harleys, und es gibt schwulenfreundliche Kneipen. Alte Redwood-Bäume kann man im **Armstrong Redwoods State Reserve** (☑Infos 707-869-2015, Besucherzentrum 707-869-2958; www.parks.

ca.gov; 17000 Armstrong Woods Rd; 8 US$/Auto; ☺8 Uhr–Sonnenuntergang; 🖼) bestaunen. Direkt nebenan befindet sich der **Bullfrog Pond Campground** (📞707-869-2015; www. stewardscr.org; Stellplatz mit/ohne Reservierung 35/25 US$; 🖼🖼), auf dem man auch ohne Reservierung einen Platz bekommt. Mit **Burke's Canoe Trips** (📞707-887-1222; www. burkescanoetrips.com; 8600 River Rd, Forestville; Kanu-/Kajakverleih inkl. Shuttle 65/45 US$, nur Barzahlung; ☺Mo–Fr 10–18, Sa & So 9–18 Uhr) kann man flussabwärts paddeln. Weiter im Südosten befinden sich die **Iron Horse Vineyards** (📞707-887-1507; www.ironhorsevineyards.com; 9786 Ross Station Rd, Sebastopol; Weinprobe 20 US$, inkl. Führung 25–50 US$; ☺10–16.30 Uhr), wo man oben auf dem Hügel wunderbar ein Glas Schaumwein genießen kann (Führungen vorab buchen!). Weitere ausgezeichnete Weingüter, von denen viele für ihren preisgekrönten Pinot Noir bekannt sind, reihen sich an der ländlichen **Westside Rd**, die dem Flusslauf nach Healdsburg folgt, aneinander. Im **Visitor Center** (📞877-644-9001, 707-869-9000; www.russianriver.com; 16209 1st St, Guerneville; ☺Mo–Sa 10–16.45 Uhr & Mai–Okt. So 10–15 Uhr) in Guerneville sind Lagepläne der Weingüter und Infos über Unterkünfte erhältlich. Es lohnt sich, im netten **Boon Eat + Drink** (📞707-869-0780; http://eatatboon.com; 16248 Main St; Hauptgerichte mittags 14–18 US$, abends 15–26 US$; ☺Mo, Di, Do & Fr mittags 11–15 Uhr, Sa & So Brunch 10–15 Uhr, So–Do abends 17–21, Fr & Sa 17–22 Uhr) auf einen Tisch zu warten. Die gleichen Leute betreiben auch das schicke **Boon Hotel + Spa** (📞707-869-2721; www.boonhotels.com; 14711 Armstrong Woods Rd; Zi.165–275 US$; 🖼🖼🖼) 🖼, eine minimalistische Oase mit Salzwasserpool.

Südlich des Flusses schlängelt sich der 10 Meilen (16 km) lange, kurvige Bohemian Hwy, der einen sehr passenden Namen besitzt, ins winzige **Occidental**, wo das **Howard Station Cafe** (📞707-874-2838; www. howardstationcafe.com; 3611 Bohemian Hwy; Hauptgerichte 6–13 US$; ☺Mo–Fr 7–14.30, Sa 6 So 7–15 Uhr; 🖼🖼) zu einem herzhaften Frühstück, z.B. Blaubeerpfannkuchen aus Maismehl (nur Barzahlung), und die **Barley & Hops Tavern** (📞707-874-9037; www.barleyn hops.com; 3688 Bohemian Hwy; Hauptgerichte 10–15 US$; ☺Mo–Do 16–21.30, Fr & Sa 11–22, So 11–21.30 Uhr) zu einem Craft-Bier einladen. Ein paar Kilometer weiter südlich liegt **Freestone** mit der phänomenalen Bäckerei **Wild Flour Bread** (www.wildflourbread.com; 140 Bohemian Hwy, Freestone; Gebäckstücke ab 3 US$;

☺Fr–Mo 8.30–18.30 Uhr) und dem Spa **Osmosis** (📞707-823-8231; www.osmosis.com; 209 Bohemian Hwy, Freestone; ☺nach Vereinbarung), in dem man sich ein Bad mit Kiefern-Enzymen gönnen kann.

Healdsburg & Umgebung

Mehr als 100 Weingüter liegen in einem Umkreis von 20 Meilen (32 km) in den Tälern rund um Healdsburg mit seinen gehobenen Restaurants, Probierstuben und schicken Hotels rund um die mit vielen Bäumen bestandene Plaza. Weinprobenpässe und Karten sind im **Visitor Center** (📞07-433-6935; www.healdsburg.com; 217 Healdsburg Ave, Healdsburg; ☺Mo–Fr 10–16, Sa & So 10–15 Uhr) erhältlich. Im **Shed** (📞707-431-7433; healdsburgshed.com; 25 North St; Gerichte 3–15 US$; ☺Mi–Mo 8–19 Uhr; 🖼) 🖍, dem Feinkostzentrum, kann man sich mit kalifornischen Gerichten aus lokalen Zutaten verwöhnen lassen. Im rustikal eingerichteten **Dry Creek General Store** (📞707-433-4171; www. drycreekgeneralstore1881.com; 3495 Dry Creek Rd; Sandwiches 8–10 US$; ☺Mo–Do 6.30–18, Fr & Sa 6.30–18.30, So 7–18 Uhr) in der Nähe der Weingüter kann man gut zu Mittag essen. Übernachtungsmöglichkeiten bieten das altmodische **L&M Motel** (📞707-433-6528; www.landmmotel.com; 70 Healdsburg Ave; Zi. 150–180 US$; 🖼🖼🖼🖼🖼) und die romantischen **Healdsburg Modern Cottages** (📞707-395-4684; www.healdsburgcottages.com; 425 Foss St; DZ 250–500 US$; 🖼🖼🖼).

Im Dry Creek Valley, westlich vom Hwy 101 und von Healdsburg, warten Bilderbuchweingüter auf Farmen darauf, von Travellern entdeckt zu werden. Einfach ein Fahrrad mieten, und los geht's! Bei den biodynamisch bewirtschafteten **Preston Vineyards** (www.prestonvineyards.com; 9282 W Dry Creek Rd; Weinprobe 10 US$; ☺11–16.30 Uhr; 🖼) 🖍 und **Quivira Vineyards** (📞707-431-8333; www.quivirawine.com; 4900 W Dry Creek Rd; Weinprobe 15 US$, inkl. Führung 25 US$; ☺11–17 Uhr; 🖼🖼) 🖍 kann man nach Zitrusfrüchten schmeckenden Sauvignon Blanc und Zinfandel mit Anklängen an Pfeffer probieren. Mit dem Auto kann man Richtung Russian River fahren und auf dem Weingut **Porter Creek Vineyards** (📞707-433-6321; www.por tercreekvineyards.com; 8735 Westside Rd, Healdsburg; Weinprobe 10 US$; ☺10.30–16.30 Uhr; 🖼) 🖍 einen erdigen Pinot Noir und fruchtigen Viognier probieren. Hier genießt man den Wein an einer Theke, die aus einer alten Bowlingbahn gezimmert wurde.

Nordwestlich von Healdsburg am Hwy 101 führt der Hwy 128 durch das **Anderson Valley**, das für seine Obstplantagen und Familien-Weingüter wie **Navarro** (☑707-895-3686; www.navarrowine.com; 5601 Hwy 128, Philo; ◷9–18 Uhr, Nov.–März 9–17 Uhr) **GRATIS** und **Husch** (www.huschvineyards.com; 4400 Hwy 128, Philo; ◷10–18 Uhr, Nov.–März 10–17 Uhr) **GRATIS** bekannt ist. Außerhalb von **Boonville** mit seinen Straßencafés, Bäckereien und Feinkostläden bietet sich ein Zwischenstopp in der mit Solarenergie betriebenen **Anderson Valley Brewing Company** (☑707-895-2337; www.avbc.com; 17700 Hwy 253, Boonville; Verkostung ab 2 US$, Führung & Frisbee-Golf frei; ◷Verkostungsstube Sa–Do 11–18, Fr 11–19 Uhr, Führungen tgl. 13.30 & 15 Uhr) 🏌 an, wo man Frisbee-Golf spielen und ein Bier genießen kann.

Nordküste

Die Metropole San Francisco ist zwar nur ein paar Autostunden entfernt, aber an diesem schroffen Ende des Kontinents mit seiner mit Schaum geschmückten, zerklüfteten, kühlen Pazifikküste, an der nur ein paar winzige Ortschaften liegen, fühlt man sich um Lichtjahre von San Francisco entfernt. Bewaldete Täler grenzen an das düster donnernde Meer. Neben Farmen gibt's hier an Kaliforniens bizarrster Küste Hippies, Kleinbrauereien, Marihuana-Farmen und – wofür die Region vor allem bekannt ist – die weltweit höchsten Bäume. Die anstrengende Fahrt auf dem kurvenreichen, schmalen Highway entlang der Küste, wird mit jedem Kilometer spannender.

Auf dem Coastal Hwy 1 nach Mendocino

Dieser stellenweise gefährliche Abschnitt des Hwy 1 führt in Serpentinen vorbei an Fischerdörfern und versteckten Stränden. Von Haltebuchten aus kann man den Horizont über dem Pazifik nach wandernden Walen absuchen und eine Küste bestaunen, deren Felsformationen ständig von einer starken Brandung umspült werden. Für die 110 Meilen (177 km) lange Strecke von Bodega Bay nach Fort Bragg braucht man ohne Zwischenstopp mindestens drei Stunden. Nachts oder wenn Nebel aufzieht, braucht man stahlharte Nerven und sehr viel länger.

Bodega Bay ist die erste Perle einer Kette verschlafener Fischerdörfer. Hier spielt Hitchcocks 1963 gedrehter Psychothriller

Die Vögel. Heute sind am Himmel zwar keine blutrünstigen Krähen mehr zu sehen, aber seinen Picknickkorb sollte man dennoch im Auge behalten, während man die Felsbogen, stürmischen Buchten und mit Wildblumen übersäten Klippen im **Sonoma Coast State Park** (www.parks.ca.gov; 8 US$/Auto) erkundet, dessen Strände über das 10 Meilen (16 km) nördlich gelegene Jenner hinausragen. Das **Bodega Bay Sportfishing Center** (☑707-875-3495; www.bodegacharters.com; 1410 Bay Flat Rd) veranstaltet im Winter Walbeobachtungstouren (Erw./Kind 50/35 US$). Landratten wandern zum Bodega Head oder schwingen sich bei **Chanslor Riding Stables** (☑707-875-2721, 707-875-3333; www.horsenaroundtrailrides.com; 2660 N Hwy 1; Ausritt ab 40 US$) in den Sattel.

Wo der breite, träge Russian River in den Pazifik mündet, liegt **Jenner**, eine Ansammlung von Geschäften und Restaurants auf den Küstenhügeln. Freiwillige Helfer schützen die an der Flussmündung lebenden Seehunde in der Wurfzeit zwischen März und August und beantworten Fragen der Besucher. **Water Treks Ecotours** (☑707-865-2249; http://watertreks.com; Kajaks ab 30 US$; ◷Mo–Do 10–15, Fr–Sa 9–17 Uhr) am Hwy 1 verleiht Kajaks; Reservierung empfohlen.

12 Meilen (19 km) nördlich von Jenner liegt der **Fort Ross State Historic Park** (☑707-847-3437; www.fortross.org; 19005 Hwy 1; 8 US$/Auto; ◷Fr–Mo 10–16.30 Uhr) mit den vom Salz zerfressenen Gebäuden eines 1812 eingerichteten Handelspostens und einer russisch-orthodoxen Kirche. Der ruhige Ort hat eine fesselnde Geschichte: Dies war einst der südlichste Punkt der Handelsexpeditionen des russischen Zarenreichs in Nordamerika. Das kleine, nach Holz duftende Museum beherbergt historische Exponate und bietet Schutz vor den an den Klippen wütenden Winden.

Ein paar Kilometer weiter nördlich befindet sich der **Salt Point State Park** (☑707-847-3221; www.parks.ca.gov; 8 US$/Auto; ◷Park Sonnenaufgang–Sonnenuntergang, Visitor Center April–Okt. Sa & So 10–15 Uhr) mit unzähligen Wanderwegen, Gezeitenpools und zwei **Campingplätzen** (☑800-444-7275; www.reserveamerica.com; Stellplatz für Zelt & Wohnmobil 25–35 US$; ♿). Im benachbarten **Kruse Rhododendron State Natural Reserve** leuchten zwischen April und Juni rosa Blumen in den dunstig grünen Wäldern. Kühe grasen auf den Wiesen oben auf Klippen, die sich gen Norden bis zur **Sea Ranch** (www.

tsra.org) erstrecken, wo öffentlich zugängliche Wanderwege vom Parkplatz (7 US$/Auto) runter zu winzigen Stränden führen.

2 Meilen (3,2 km) nördlich des Ortes Point Arena lohnt sich ein Abstecher zum 1908 errichteten, vom Wind umtosten **Point Arena Lighthouse** ($\square$877-725-4448, 707-882-2809; www.pointarenalighthouse.com; 45500 Lighthouse Rd; Erw./Kind 7,50/1 US$; $\odot$10–15.30 Uhr, Ende Mai–Anfang Sept.10–16.30 Uhr). Wer die 145 Stufen hinaufsteigt, kann die blinkende Fresnel-Linse in Augenschein nehmen und kommt in den Genuss eines atemberaubenden Blickes über die Küste. 8 Meilen (13 km) nördlich der Stelle, an der der Hwy 128 den Little River überquert, liegt der **Van Damme State Park** ($\square$707-937-5804; www.parks.ca.gov; 8001 N Hwy 1, Little River; 8 US$/Auto; $\odot$8–21 Uhr). Dort führt der beliebte **Fern Canyon Trail** (hin & zurück 8 km) durch einen saftig grünen Fluss-Canyon mit jungen Redwood-Bäumen. Wer noch 1,6 km in die eine oder andere Richtung wandert, kommt in einen Zwergwald. Auf dem **Campingplatz** ($\square$800-444-7275; www.reserveamerica.com; Stellplatz für Zelt & Wohnmobil 25–35 US$; $\square$$\square$) im Park gibt's Münz-Warmwasserduschen.

In **Mendocino**, einem historischen Dorf auf einer spektakulären Landspitze, bummeln Baby-Boomer durch Straßen mit Giebelhäusern, die an New England erinnern – mit B&Bs in Wassertürmen, urigen Geschäften und Kunstgalerien. Im **Mendocino Headlands State Park** (www.parks.ca.gov) GRATIS führen unbefestigte Wege vorbei an Brombeersträuchern, Wildblumen und Zypressen, die über den Felsklippen und der tosenden Brandung Wache stehen. Das **Ford House Museum & Visitor Center** ($\square$707-537-5397; http://mendoparks.org; 45035 Main St; $\odot$11–16 Uhr) befindet sich ganz in der Nähe. Gleich südlich des Ortes kann man mit **Catch a Canoe & Bicycles, Too!** ($\square$707-937-0273; www.catchacanoe.com; Stanford Inn by the Sea, 44850 Comptche-Ukiah Rd; Kajak & Kanu Erw./Kind ab 28/14 US$; $\odot$9–17 Uhr) den Big River hinaufpaddeln. Die nördlich des Ortes gelegene **Point Cabrillo Light Station** ($\square$707-937-6123; www.pointcabrillo.org; 45300 Lighthouse Rd; $\odot$Park Sonnenaufgang–Sonnenuntergang, Leuchtturm 11–16 Uhr) GRATIS aus dem Jahr 1909 eignet sich im Winter perfekt zur Walbeobachtung.

🛌 Schlafen

Jedes zweite Gebäude in Mendocino scheint ein teures B&B zu sein (vorab reservieren!).

In Fort Bragg, 10 Meilen (16 km) nördlich, gibt es preisgünstigere Motels.

Gualala Point Regional Park CAMPING **$**
($\square$707-567-2267; http://parks.sonomacounty.ca.gov; 42401 Hwy 1, Gualala; Stellplatz für Zelt & Wohnmobil 35 US$; $\square$) Schattiger Platz mit Redwood-Bäumen und duftenden kalifornischen Lorbeerbäumen. Ein kurzer Weg verbindet den an einem Bach gelegenen Campingplatz mit dem windumtosten Strand. Die Qualität der Stellplätze, darunter auch einige abgelegene, die nur zu Fuß zu erreichen sind, macht diesen Drive-in-Campingplatz zum besten an diesem Küstenabschnitt.

Andiron HÜTTE **$$**
($\square$707-937-1543; http://theandiron.com; 6051 N Hwy 1, Little River; Zi. 109–199 US$; $\square$$\square$$\square$) 🍴 Die Cottages im hippen Retro-Design der 1950er-Jahre sind eine erfrischend verspielte Option zu Mendocinos ansonsten biederer Rosen- und Spitzendeckchen-Ästhetik. Jede Hütte hat zwei Zimmer, die wiederum ein bestimmtes Motto haben: „Read" ist vollgestopft mit alten Bücher, bequemen Sesseln und hippen Retro-Brillen, „Write" ist mit einer riesigen Tafel und einer alten Schreibmaschine mit Farbband geschmückt.

Alegria B&B **$$$**
($\square$707-937-5150; www.oceanfrontmagic.com; 44781 Main St, Mendocino; Zi. 239–299 US$; $\square$) Perfekt für einen romantischen Aufenthalt: Vom Bett aus sieht man die Küste, von der Terrasse den Ozean, und alle Zimmer haben Holzkamine. Draußen führt ein herrlicher Pfad zu einem schönen gelb-grauen Strand. Die überaus freundlichen Gastgeber servieren in dem Esszimmer mit Blick aufs Meer ein umwerfendes Frühstück. Preiswertere Zimmer gibt's auf der gegenüberliegenden Straßenseite im hellen, einfachen **Raku House** (www.rakuhouse.com; Zi. 159–189 US$).

Mar Vista Cottages HÜTTE **$$$**
($\square$707-884-3522, 877-855-3522; www.marvistamendocino.com; 35101 S Hwy 1, Gualala; Cottage 185–305 US$; $\square$$\square$$\square$) 🍴 Die elegant renovierten, einfachen, stilvollen Fischerhütten aus den 1930er-Jahren sind ein Paradebeispiel für Nachhaltigkeit. Hier herrscht Harmonie bis ins kleinste Detail: Die Bettwäsche wird auf einer Wäscheleine über Lavendel getrocknet, die Gäste können sich aus dem Biogemüsegarten alles fürs Abendessen holen, und überall gackern Hühner und legen Frühstückseier. Zu bestimmten Zeiten muss man mindestens zwei Nächte bleiben.

🍴 Essen & Ausgehen

Selbst in kleinen Küstenorten gibt's meistens eine Bäckerei, einen Feinkost- und einen Naturkostladen sowie mehrere Straßencafés und Restaurants.

⭐ Franny's Cup & Saucer   BÄCKEREI $
(www.frannyscupandsaucer.com; 213 Main St, Point Arena; Gebäckstücke ab 2 US$; ⊙ Mi–Sa 8–16 Uhr) Die niedlichste Patisserie an diesem Küstenstreifen wird von Franny und ihrer Mutter Barbara (einer ehemaligen Mitarbeiterin des Chez Panisse) betrieben. Die frischen Beerentorten und die kreativen hausgemachten Schoko-Desserts sehen so schön aus, dass man sie kaum antasten mag, und gleich nach dem ersten Bissen wird man sich mehr bestellen. Mehrmals im Jahr werden alle Register gezogen, und es wird ein Sonntags-Brunch (25 US$) im Garten veranstaltet.

Spud Point Crab Company   SEAFOOD $
(www.spudpointcrab.com; 1910 Westshore Rd, Bodega Bay; Gerichte 4–12 US$; ⊙ 9–17 Uhr; 🖮) In der Tradition klassischer Krabbenlokale am Hafen serviert das Spud Point salzig-süße Krabbencocktails und *echte* Muschelsuppe an Picknicktischen mit Blick auf den Jachthafen. Hin kommt man über die Bay Flat Rd.

Café Aquatica   CAFÉ $
(📞 707-865-2251; 10439 Hwy 1, Jenner; kleine Gerichte 3–10 US$; ⊙ 8–17 Uhr; 🖦) Von einem solchen Café hat man hier an der North Coast wohl schon lange geträumt: Hier gibt's frische Backwaren, starken Biokaffee und redselige Einheimische. Der Blick von der Veranda über den Russian River und das zigeunerhafte Hüttendekor verleiten zum Bleiben.

Piaci Pub & Pizzeria   ITALIENISCH $$
(www.piacipizza.com; 120 W Redwood Ave, Fort Bragg; Hauptgerichte 8–18 US$; ⊙ Mo–Do 11–21.30, Fr & Sa 11–22, Sa 16–21.30 Uhr) Diese Pizzeria, die für ihre raffinierten Pizzas aus dem Holzkohlenofen und die vielen Biere von Kleinbrauereien bekannt ist, ist ein Muss in Fort Bragg. Die „Gustoso" mit Ziegenkäse, Pesto und je nach Saison auch Birnen hat eine wunderbar dünne, knusprige Kruste. In dem kleinen, lauten, lustigen Lokal herrscht eher eine Atmosphäre wie in einer Bar und nicht so sehr die wie in einem Restaurant. Zu Spitzenzeiten ist mit Warteschlangen zu rechnen.

North Coast
Brewing Company   BRAUEREI $$
(📞 707-964-2739; www.northcoastbrewing.com; 455 N Main St, Fort Bragg; Hauptgerichte 16–25 US$; ⊙ Restaurant So–Do 16–22, Fr & Sa 16–23 Uhr, Bar tgl. ab 14 Uhr) Auch wenn die dicken, blutigen Steaks und mehrere Specials beweisen, dass in dieser Brauerei das Essen genauso ernst genommen wird wie das Trinken, sind die eigentlichen Renner die Burger und Pommes mit Knoblauch, die hervorragend zu der fantastischen Auswahl von Kleinbrauereibieren passen. Genau das Richtige für Bierliebhaber!

Café Beaujolais   KALIFORNISCH $$$
(📞 707-937-5614; www.cafebeaujolais.com; 961 Ukiah St, Mendocino; Hauptgerichte mittags 10–18 US$, abends 23–38 US$; ⊙ Mi–So 11.30–14.30, abends tgl. ab 17.30 Uhr) 🌿 Mendocinos beliebtes kalifornisch-französisches Kultrestaurant residiert in einem Haus aus dem Jahr 1893, das in einen einfarbigen, städtisch-schicken Speisesaal umgebaut wurde. Hier kann man wunderbar im Kerzenschein Händchen halten. Wegen der raffinierten, kreativen Gerichte kommen die Gäste sogar aus San Francisco angereist. Die Speisekarte setzt auf regionale Zutaten und wechselt je nach Saison. Die kross gebratene Petaluma-Entenbrust ist einfach nur himmlisch.

ℹ️ Anreise & Unterwegs vor Ort

Bus 95 der **Mendocino Transit Authority** (MTA; 📞 707-462-1422; http://mendocinotransit.org; einfache Strecke meist 1,50–6 US$) verkehrt täglich zwischen Fort Bragg und Santa Rosa (23 US$, 2½ Std.). Bus 65 ein- oder zweimal täglich über den Hwy 1 zwischen Santa Rosa und Point Arena (8,25 US$, 3 Std.). Von Santa Rosa kommt man mit Bus 101 von Golden Gate Transit (S. 157) nach San Francisco (12,50 US$, 2½ Std., alle 30–60 Min.). An Werktagen pendelt der MTA-Bus 60 viermal zwischen Fort Bragg und Mendocino (1,50 US$, 1 Std.), zwei der Busse fahren täglich außer sonntags weiter nach Point Arena (4,50 US$, 2¼ Std.).

Auf dem Hwy 101 zur Avenue of the Giants

Um in den abgelegensten und wildesten Teil der North Coast hinter dem „Redwood Curtain" zu gelangen, sollte man den kurvigen Hwy 1 gegen den im Landesinneren verlaufenden Hwy 101 eintauschen, der einen hier und da zwingt, in kleinen Orten an roten Ampeln anzuhalten. Abstecher an der Strecke sind die großen Redwood-Wälder hinter Leggett und die verlassene Wildnis der Lost Coast.

Obwohl **Ukiah** hauptsächlich ein Ort ist, um zu tanken oder einen Happen zu essen, so lohnt sich doch die 30-minütige Fahrt gen Westen zu den **Orr Hot Springs** (707-462-6277; www.orrhotsprings.org; 13201 Orr Springs Rd; Tageskarte Erw./Kind 30/20 US$; 10–22 Uhr, nur nach Vereinbarung), in denen man auch nackt baden kann.

Gleich nördlich des winzigen **Leggett** am Hwy 101 kann man in der **Standish-Hickey State Recreation Area** (707-925-6482; www.parks.ca.gov; 69350 Hwy 101; 8 US$/Auto;) im Eel River baden und auf Wanderwegen durch ursprüngliche und nachgewachsene Redwood-Wälder wandern. Südlich von **Garberville** liegt in der **Richardson Grove State Park** (707-247-3318; www.parks.ca.gov; 1600 Hwy 101, Garberville; 8 US$/Auto) mit alten, geschützten Redwood-Bäumen am Flussufer. In beiden Parks gibt's erschlossene **Campingplätze** (800-444-7275; www.reserveamerica.com; Stellplatz für Zelt & Wohnmobil 35–45 US$;).

Die **Lost Coast** lockt Wanderer mit der rauesten Küstenlandschaft Kaliforniens. „Verloren" ging die Küste, als der Highway um die Berge der King Range herumgeführt wurde, die wenige Kilometer vom Ozean entfernt 1220 m in den Himmel ragen. Von Garberville führt eine steile, kurvige, 23 Meilen (37 km) lange Asphaltstraße nach **Shelter Cove**. Das hiesige Hauptversorgungszentrum ist aber kaum mehr als ein kleiner Ort am Meer mit einem Gemischtwarenladen, Cafés und relativ teuren Unterkünften mit Meerblick.

Der 212 km² große **Humboldt Redwoods State Park** (707-946-2409; www.parks.ca.gov) GRATIS am Hwy 101 schützt einige der ältesten Redwood-Bäume Kaliforniens, u. a. mehr als die Hälfte der 100 größten Bäume der Welt. Die prächtigen Baumgruppen können mit denen im viel weiter nördlich gelegenen Redwood National Park durchaus mithalten. Wer keine Zeit für eine Wanderung hat, sollte doch zumindest die beeindruckende **Avenue of the Giants** entlangfahren. Die zweispurige, 31 Meilen (50 km) lange Straße verläuft parallel zum Hwy 101. Wer hier **campen** (800-444-7275; www.reserveamerica.com; Stellplatz für Zelt & Wohnmobil 20–35 US$;) will, muss vorab reservieren. Im **Visitor Center** (707-946-2263; www.humboldtredwoods.org; April–Okt. 9–17 Uhr, Nov.–März 10–16 Uhr) sind Wanderinfos und Karten erhältlich.

🛏 Schlafen & Essen

Campingplätze und Wohnmobilparks gibt es am Hwy 101 zuhauf, und noch der kleinste Ort hat zumindest einen Lebensmittelladen mit Deli, einen Espressoausschank, ein von Hippies geführtes Café und ein paar Motels. Die rustikalen Hüttenanlagen und ältlichen Motels an der Avenue of the Giants sind mittelmäßig.

Inn of the Lost Coast
INN $$
(707-986-7521, 888-570-9676; www.innofthelostcoast.com; 205 Wave Dr, Shelter Cove; Zi. 180–300 US$;) Shelter Coves familienfreundlichstes Hotel hat saubere Zimmer – einige davon mit einfacher Kochgelegenheit – mit atemberaubendem Blick aufs Meer und Kamin. Im Erdgeschoss gibt's Pizza zum Mitnehmen und ein Café sowie eine Tischtennisplatte und einen Whirlpool.

Benbow Inn
HISTORISCHES HOTEL $$$
(707-923-2124; www.benbowinn.com; 445 Lake Benbow Dr, Garberville; DZ 150–395 US$;) Das Gasthaus aus den 1920er-Jahren erstrahlt in rustikaler Eleganz. Das erste Luxusresort des Redwood Empires ist ein National Historic Landmark. Einst tummelten sich Hollywood-Stars in der Lobby im Tudor-Stil, wo man am knisternden Kaminfeuer Schach spielen und nachmittags kostenlos Tee und Scones genießen kann.

Saucy
PIZZA $$
(707-462-7007; http://saucyukiah.com; 108 W Standley St, Ukiah; Hauptgerichte 11–19 US$; Mo–Do 11.30–21, Fr 11.30–22, Sa 12–22 Uhr) Ja, hier gibt es tatsächlich kunstvolle, kreativ belegte Pizzas mit kalabrischer Liebeswurst (kein Witz), Fenchelsamen und Mandel-Basilikum-Pesto. Aber auch die Suppen, Salate, Pasta und Vorspeisen sind umwerfend – Nanas Hackfleischbällchen sind göttlich, und die „munter machende" Minestrone wird ihrem Namen voll und ganz gerecht. Das Kleinstadt-Ambiente hat durchaus etwas Stil, ist gleichzeitig aber auch burschikos.

Woodrose Café
FRÜHSTÜCK, AMERIKANISCH $$
(www.woodrosecafe.com; 911 Redwood Dr, Garberville; Gerichte 10–18 US$; 8–14 Uhr;) Garbervilles heiß geliebtes Café serviert in einem gemütlichen Raum Bio-Omeletts, vegetarische Scrambles und Buchweizen-Pfannkuchen mit *echtem* Ahornsirup. Mittags gibt's knackige Salate, Sandwiches mit Biofleisch und gute Burritos. Viele glutenfreie Optionen.

❶ Anreise & Unterwegs vor Ort

Greyhound-Busse fahren täglich von San Francisco nach Ukiah (39 US$, 3 Std.) und Garberville (53 US$, 5½ Std.). Werktags verkehren in paar Busse von **Redwood Transit System** (☏ 707-443-0826; www.redwoodtransit.org) zwischen Garberville und Eureka (5,50 US$, 1¾ Std.) mit ein paar Zwischenstopps an der Avenue of the Giants.

Auf dem Highwayy 101 von Eureka nach Crescent City

Wer die ausufernden Einkaufszentren am Rand von Eureka passiert hat, kommt in die Old Town mit schönen viktorianischen Gebäuden, Antiquitätenläden und Restaurants. An Bord der blau-weißen **Madaket** (☏ 707-445-1910; www.humboldtbaymaritimemuseum.com; kommentierte Tour Erw./Kind 18/10 US$) aus dem Jahr 1910 kann man eine Hafenrundfahrt machen. Los geht's am Ende der C St. Bei der Cocktailfahrt zu Sonnenuntergang bekommt man seinen Drink an Kaliforniens kleinster Bar mit Alkohollizenz. Das **Visitor Center** (☏ 707-442-3738; www.eurekachamber.com; 2112 Broadway; ◷ Mo–Fr 8.30–17 Uhr; @ 🛜) befindet sich südlich des Stadtzentrums am Hwy 101.

An der Nordseite der Humboldt Bay liegt **Arcata**, eine nach Patschuli duftende Hippie-Hochburg linker Politik. Die Trucks fahren mit Biodiesel zum wöchentlichen **Bauernmarkt** (www.humfarm.org; ◷ April–Nov. Sa 9–14 Uhr) auf der Hauptplaza, die von Galerien, Geschäften, Cafés und Bars gesäumt ist. Wer ein Bad in den **Finnish Country Sauna & Tubs** (☏ 707-822-2228; http://cafemokkaarcata.com; 495 J St; 30-minütiges Bad Erw./Kind 9,75/2 US$; ◷ So–Do 12–23, Fr & Sa 12–1 Uhr) nehmen will, muss vorab reservieren. Nordöstlich des Zentrums befindet sich die umweltbewusste, sozial verantwortliche **Humboldt State University** (HSU; www.humboldt.edu; 1 Harpst St).

16 Meilen (26 km) nördlich von Arcata thront das Städtchen **Trinidad** auf einer Klippe mit atemberaubend schönem Blick auf den Fischereihafen. Nachdem man den Bewohnern des Gezeitenbeckens im **HSU Telonicher Marine Laboratory** (☏ 707-826-3671; www.humboldt.edu/marinelab; 570 Ewing St; Audiotour 1 US$; ◷ Mo–Fr 9–16.30 Uhr, Mitte-Sept.–Mitte Mai Sa & So 10–17 Uhr; ♿) einen Besuch abgestattet hat, kann man an Sandstränden spazieren gehen oder kurze Wanderungen um Trinidad Head herum unternehmen. Am Patrick's Point Dr nördlich

der Stadt gibt's bewaldete Campingplätze, Hütten und Lodges. Der **Patrick's Point State Park** (☏ 707-677-3570; www.parks.ca.gov; 4150 Patrick's Point Dr; 8 US$/Auto) hat eindrucksvolle felsige Strände mit viel Treibgut, den authentischen Nachbau eines Dorfes der Yurok und einen **Campingplatz** (☏ Reservierungen 800-444-7275; www.reserveamerica.com; Stellplatz für Zelt & Wohnmobil 35–45 US$) mit Münz-Warmwasserduschen zu bieten.

Auf der Fahrt nach Norden führt der Hwy 101 am **Thomas H. Kuchel Visitor Center** (☏ 707-464-6101; www.nps.gov/redw; Hwy 101; ◷ Juni–Aug. 9–18 Uhr, Sept.–Okt. & März–Mai 9–17 Uhr, Nov.–Feb. 9–16 Uhr) des Redwood National Parks vorbei. Der Redwood National Park bildet zusammen mit den drei State Parks Prairie Creek, Del Norte und Jedediah Smith eine Weltnaturerbestätte. Sie umfasst mehr als 40 % aller alten, noch existierenden Redwood-Wälder. Der Besuch des Nationalparks ist kostenlos, in den State Parks muss man eine Tagesnutzungsgebühr von 8 US$ zahlen. Dort befinden sich auch erschlossene **Campingplätze** (☏ Reservierungen 800-444-7275; www.reserveamerica.com; Stellplatz für Zelt & Wohnmobil 35 US$).

Dieses Flickwerk aus National und State Parks erstreckt sich gen Norden bis zur Grenze von Oregon. Mittendrin liegen vereinzelt ein paar Ortschaften. Im Süden erreicht man zunächst den **Redwood National Park** (www.nps.gov/redw; ♿) GRATIS, in dem sich ein 1,6 km langer Naturlehrpfad durch den Lady Bird Johnson Grove schlängelt.

6 Meilen (10 km) nördlich von Orick führt der 10 Meilen (16 km) lange Newton B. Drury Scenic Parkway parallel zum Hwy 101 durch den **Prairie Creek Redwoods State Park**. Roosevelt-Wapitis grasen auf der Wiese vor dem **Visitor Center** (☏ 707-488-2039; www.parks.ca.gov; ◷ Mai–Sept. 9–17 Uhr, übriges Jahr wechselnde Öffnungszeiten; ♿), an dem auch einige Wanderwege beginnen. 3 Meilen (5 km) weiter südlich führt die vorwiegend unbefestigte Davison Rd nach Nordwesten zum Gold Bluffs Beach und endet schließlich am Beginn des Wanderwegs zum üppig bewachsenen **Fern Canyon**.

Nördlich des winzigen Klamath passiert der Hwy 101 die **Trees of Mystery** (☏ 707-482-2251; www.treesofmystery.net; 15500 Hwy 101, Klamath; Erw./Kind 15/8 US$; ◷ Juni–Aug. 8.30–18.30 Uhr, Sept.–Mai 9.30–16.30 Uhr; ♿), eine kitschige Attraktion am Straßenrand. Als nächstes kommt der **Del Norte Coast**

Redwoods State Park mit jungfräulichen Redwood-Wäldern und einer unberührten Küste. Der Damnation Creek Trail (hin & zurück 7 km) führt an Redwood-Bäumen vorbei etwa 300 m hinunter zu einem versteckten, felsigen Strand, den man am besten bei Ebbe besucht. Der Startpunkt liegt an einem Parkplatz am Hwy 101 bei MM 16.

Das öde Crescent City mit seinem Fischereihafen liegt an einer halbmondförmigen Bucht. 1964 wurde mehr als die Hälfte der Stadt von einer Flutwelle zerstört und danach mit hässlichen Zweckbauten wieder aufgebaut. Bei Ebbe kann man vom Südende der A St hinüber laufen zum 1856 errichteten Battery Point Lighthouse (☎ 707-467-3089; www.delnortehistory.org; Erw./Kind 3/1 US$; ⊙ April–Sept. tgl. 10–16 Uhr, Okt.–März nur Sa & So).

Der Jedediah Smith Redwoods State Park, der nördlichste Park dieser Gruppe, liegt nordöstlich von Crescent City. Die Redwood-Bäume stehen hier so dicht, dass nur wenige Wege durch den Park führen. Einige leichte Wanderwege beginnen in der Nähe der Schwimmstellen am Fluss am Hwy 199, und auch die Fahrt über die holprige, unbefestigte, 10 Meilen (16 km) lange Panoramastraße Howland Hill Rd lohnt sich. Im Crescent City Information Center (☎ 707-465-7335; www.nps.gov/redw; 1111 2nd St; ⊙ April–Okt. 9–17 Uhr, Nov.–März 9–16 Uhr) sind Karten und Infos über die Redwood National & State Parks erhältlich.

🛏 Schlafen

Am Hwy 101 sowie u. a. auch in Eureka, Arcata und Crescent City steht Travellern eine bunte Mischung aus Budget- und Mittelklassemotels zur Verfügung.

Curly Redwood Lodge   MOTEL $
(☎ 707-464-2137; www.curlyredwoodlodge.com; 701 Hwy 101 S, Crescent City; Zi. 69–100 US$; ❄ 📶) Die Redwood Lodge ist ein wahres Wunderwerk: Sie wurde vollständig aus dem Holz eines einzigen Curly-Redwood-Baums mit einem Durchmesser von ca. 5 m gebaut und getäfelt. Das schrittweise restaurierte und polierte Hotel wurde allmählich zu einem echten Juwel und ist eine wahre Augenweide für Liebhaber des Kitschs der 1950er-Jahre. Es gibt saubere, große, gemütliche Zimmer (man sollte sich eines aussuchen, das nicht allzu dicht an der Straße liegt). Wer eine wirklich moderne Bleibe sucht, ist hier an der falschen Adresse.

★ Historic Requa Inn   HISTORISCHES HOTEL $$
(☎ 707-482-1425; www.requainn.com; 451 Requa Rd, Klamath; Zi. 119–199 US$; 📶) 🍴 Das gemütlich knarrende, helle, total umweltbewusste Landgasthaus von 1914 mit Blick über die Mündung des Klamath ist eine äußerst beliebte Unterkunft an der North Coast. Viele der bezaubernd altmodischen Zimmer im ländlichen Stil bieten einen traumhaften Blick auf den Fluss, genau wie der Speisesaal, in dem modern-amerikanische Gerichte aus regionalen Biozutaten serviert werden.

Carter House Inns   B&B $$$
(☎ 707-444-8062; http://carterhouse.com; 301 L St, Eureka; Zi. 179–385 US$; 📶🐾) In den Zimmern des vor Kurzem im viktorianischen Stil erbauten Hotels finden sich feinste Bettwäsche und allerlei moderne Annehmlichkeiten, die Suiten sind mit Whirlpools und Marmorkaminen ausgestattet. Die Eigentümer betreiben auch noch vier weitere aufwendig dekorierte Unterkünfte: Ein einstöckiges Haus, zwei romantische Cottages für Flitterwöchner und die Nachbildung eines Herrenhauses aus den 1880er-Jahren aus San Francisco, das der Besitzer eigenhändig gebaut hat.

🍴 Essen & Ausgehen

In Arcata gibt's die größte Restaurantauswahl – von Biosaftbars über vegane Cafés bis hin zu Bistros mit kalifornischer und internationaler Fusion-Küche.

Wildberries Marketplace   MARKT, FEINKOST $
(www.wildberries.com; 747 13th St, Arcata; Sandwiches 4–10 US$; ⊙ 7–24 Uhr; 🅿) Wildberries Marketplace ist Arcatas bester Lebensmittelmarkt mit Bioprodukten, Feinkosttheke, Bäckerei und Saftbar.

★ Brick & Fire   KALIFORNISCH $$
(☎ 707-268-8959; www.brickandfirebistro.com; 1630 F St, Eureka; Hauptgerichte abends 14–23 US$; ⊙ Mo & Mi–Fr 11.30–21, Sa & So 17–21 Uhr) Eurekas bestes Restaurant ist ein trauliches, in warmen Farben gehaltenes, unkonventionelles Lokal, in dem fast immer viel los ist. Auf der Speisekarte stehen knusprig dünne Pizzas, knackige Salate (den mit Birnen und Blauschimmelkäse probieren!) und eine ständig wechselnde Auswahl von Vorspeisen und Hauptgerichten. Es werden Zutaten aus der Region und Wildpilze verwendet. Aus der umfangreichen Weinkarte sucht die geschulte Bedienung auf Wunsch den zum Essen passenden Wein aus.

Lost Coast Brewery BRAUEREI
([☎]707-445-4480; www.lostcoast.com; 617 4th St,
Eureka; ⊙So–Do 11–22, Fr & Sa 11–23 Uhr; [☏])
Die Liste der Biere in Eurekas farbenfroher
Brauerei reißt echte Biersnobs vielleicht
nicht gerade vom Hocker (und kann auch
nicht mit einigen anderen an der Küste
Schritt halten), dennoch gibt's u.a. gutes
Downtown Brown Ale, Great White und
Lost Coast Pale Ale. Nach ein paar Gläschen
sieht dann auch das Kneipenessen aus der
Fritteuse recht lecker aus.

**Redwood Curtain
Brewing Company** BRAUEREI
(www.redwoodcurtainbrewing.com; 550 S G St,
Arcata; ⊙So–Di 12–23, Mi–Sa 12–24 Uhr) Die
neuere, erst 2010 eröffnete Brauerei ist ein
winziges Juwel. Im Sortiment ist eine bunte
Mischung aus hitverdächtigen Kleinbrau-
ereibieren, zu denen Wheat Thins (Knab-
bergebäck) und Goldfish-Cracker gereicht
werden. An den meisten Donnerstagen und
Samstagen gibt's Livemusik.

❶ Anreise & Unterwegs vor Ort

Von Arcatas **Greyhound-Busdepot** ([☎] 707-825-
8934; 925 E St Ecke 9th St) verkehren täglich
Busse über Eureka, Garberville, Ukiah und Santa
Rosa nach San Francisco (57 US$, 7 Std.). Mehr-
mals täglich halten zudem Busse von Redwood
Transit System (S. 171) in Eureka und Arcata
am Hwy 101 (Trinidad-Scotia-Strecke) (3 US$,
2½ Std.).

Sacramento

In Kaliforniens Hauptstadt stehen in der
Rushhour die SUVs der Politiker Stoßstange an Stoßstange mit den schmutzigen
Pick-ups der Farmer. „Sac" wurde 1839 gegründet, als der exzentrische Schweizer Aus-
wanderer John Sutter hier ein Fort errichtete. Als 1848 in den nahen Ausläufern der
Sierra Gold entdeckt wurde, explodierte die
Bevölkerungszahl. Nach viel parlamentari-
schem Hin und Her wurde Sacramento 1854
schließlich die Hauptstadt Kaliforniens.

Old Sacramento ist noch immer ein Be-
suchermagnet. Mit seinen hölzernen Gehwegen am Flussufer macht das Viertel den
Eindruck einer typischen Touristenfalle.
Interessantere Restaurants und Kulturein-
richtungen befinden sich in den gitterartig
angelegten Straßen von Downtown und in
Midtown, wo eine aufstrebende Kunstszene
daran arbeitet, dass die Stadt ihren Ruf als
Kuhkaff verliert.

⊙ Sehenswertes

**California State
Railroad Museum** MUSEUM
([☎]916-323-9280; www.csrmf.org; 125 I St; Erw./
Kind 10/5 US$; ⊙Fr–Mi 10–17, Do 10–20 Uhr; [♿])
Das Museum am Nordrand von Old Sac beherbergt eine beeindruckende Sammlung
von kleinen, maßstabsgetreuen Eisenbahnwaggons und Lokomotiven. Die beschönig-
ten Darstellungen über die Kämpfe derje-
nigen, die die Gleise verlegten, sind etwas
langweilig. Dafür lassen aber die komplett
eingerichteten Pullman-Schlafwagen und
die alten Speisewagen das Herz eines jeden Eisenbahnfans umso höher schlagen.
Am Fahrkartenhäuschen der Sacramento
Southern Railroad in der Front St auf der
anderen Seite der Plaza startet ein restau-
rierter Personenzug (Erw./Kind 12/6 US$)
zu einer 40-minütigen Spritztour am Fluss
entlang.

Je nach Wetterlage fahren die Züge von
April bis September an den Wochenenden
von 11 bis 16 Uhr stündlich.

California State Capitol HISTORISCHES GEBÄUDE
([☎]916-324-0333; http://capitolmuseum.ca.gov;
1315 10th St; ⊙Mo–Fr 8–17, Sa & So 9–17 Uhr)
GRATIS Wenn man die glänzende Kuppel des
California State Capitol sieht, weiß man,
dass man in Sacramento ist. Im West Wing
hängt ein Gemälde von Arnold Schwarzen-
egger im Anzug neben den Porträts der
anderen Gouverneure. Der 16 ha große **Capitol Park** mit seinen Gärten und Gedenkstätten ist vielleicht noch interessanter als
das Gebäude selbst. Bis 16 Uhr finden stündlich Führungen statt.

California Museum MUSEUM
([☎]916-653-0650; www.californiamuseum.org;
1020 O St; Erw./Kind 9/6,50 US$; ⊙Di–Sa 10–17,
So 12–17 Uhr; [♿]) In dem modernen Museum
befindet sich die California Hall of Fame –
wohl der einzige Ort, an dem man gleichzeitig César Chávez, Mark Zuckerberg und
Amelia Earhart treffen kann. Die Ausstellung *California Indians* mit Artefakten und
mündlich überlieferten Geschichten von
über 100 verschiedenen Stämmen ist ein
wahres Highlight.

Crocker Art Museum MUSEUM
([☎]916-808-7000; https://crockerartmuseum.org;
216 O St; Erw./Kind 10/5 US$; ⊙Di, Mi & Fr–So
10–17, Do 10–21 Uhr) Das Museum in dem ver-
schnörkelten viktorianischen Herrenhaus
(mit Anbauten) der Familie Crocker über-

wältigt sowohl durch seine umwerfende (alte und neue) Architektur als auch durch seine Sammlungen, darunter brillante Werke kalifornischer Maler und europäischer Meister. Die Sammlung der zeitgenössischen Kunst wird mit großem Enthusiasmus präsentiert.

🛏 Schlafen

Da die Hotels auf Geschäftsreisende eingestellt sind, gibt es an den Wochenenden Preisnachlässe. An den Freeways und in den Vorstädten rund ums Zentrum befinden sich viele Kettenhotels der Budget- und Mittelklasse.

HI Sacramento Hostel   HOSTEL $

(☑ 916-443-1691; http://norcalhostels.org/sac; 925 H St; B 30–33 US$, Zi. mit/ohne Bad ab 86/58 US$; ⊙ Check-in 14–22.30 Uhr; ✳@☎) Das in einem prächtigen viktorianischen Herrenhaus untergebrachte Hostel bietet ein beeindruckendes Ambiente zu supergünstigen Preisen. Von hier sind das Capitol, Old Sac und der Bahnhof gut zu Fuß zu erreichen, es gibt einen Salon mit Klavier und einen großen Speisesaal. Da das Hostel ein internationales Publikum anlockt, wird man auf der Suche nach einer Mitfahrgelegenheit nach San Francisco oder zum Lake Tahoe bestimmt fündig. Parkplätze (5 US$) stehen nur begrenzt zur Verfügung.

★ Citizen Hotel   BOUTIQUEHOTEL $$

(☑ Infos 916-447-2700, Reservierungen 916-492-4460; www.jdvhotels.com; 926 J St; Zi. ab 159 US$; ✳@☎✳) Die elegante, ultrahippe Renovierung durch die Hotelgruppe Joie de Vivre hat aus dem lange leer stehenden Citizen urplötzlich einen der coolsten Unterkünfte in dieser Gegend gemacht. Die gepflegten Zimmer sind mit Luxusbettwäsche und kräftig gemustertem Dekor ausgestattet. Das gehobene Restaurant **Grange Sacramento** (☑ 916-492-4450; www.grangesacramento.com; 926 J St; Hauptgerichte abends 19–39 US$; ⊙ Mo–Fr 6.30–10.30 & 11.30–14, Sa & So 8–14, Mo–Do 17.30–22, Fr & Sa 17.30–23, So 17.30–22 Uhr; ☎) im Erdgeschoss serviert Gerichte mit Zutaten frisch von der Farm.

Delta King   B&B $$

(☑ 916-444-5464; www.deltaking.com; 1000 Front St; DZ inkl. Frühstück ab 145 US$; ✳☎) Es ist ein Vergnügen, an Bord des abends wie ein Weihnachtsbaum leuchtenden *Delta King*, einem Schaufelraddampfer von 1927, der in Old Sac vor Anker liegt, zu übernachten.

🍴 Essen & Ausgehen

Weitere Restaurants und Bars finden sich in Midtown, vor allem in der J St östlich der 16th St.

La Bonne Soupe Cafe   FEINKOST $

(☑ 916-492-9506; 920 8th St; kleine Gerichte 5–8 US$; ⊙ Mo–Sa 11–15 Uhr) Die göttlichen Suppen und Sandwiches werden mit so viel Liebe zubereitet, dass die Schlange der Hungrigen mittags bis vor die Tür reicht. Wer es sehr eilig hat, ist hier fehl am Platz: In dem bescheidenen Lunch-Imbiss wird Wert auf Qualität gelegt, nicht auf Schnelligkeit.

Mulvaney's B&L   MODERN-AMERIKANISCH $$$

(☑ 916-441-6022; www.mulvaneysbl.com; 1215 19th St; Hauptgerichte 32–40 US$; ⊙ Di–Fr 11.30–14.30, Di–Sa 17–22 Uhr) 🌿 „Saisonales auf dem Tisch" lautet hier das Motto. Auf der täglich wechselnden Speisekarte dieses schicken Restaurants in einer umgebauten Feuerwache stehen u. a. leckere Pasta und Gerichte mit Fleisch vom Grill.

Rubicon Brewing Company   BRAUEREI

(www.rubiconbrewing.com; 2004 Capitol Ave; ⊙ Mo–Do 11–23.30, Fr & Sa 11–12.30, So 11–23 Uhr) Die Betreiber sind mit Ernst bei der Sache und brauen eine berauschende Auswahl von Bieren selbst. Das Monkey Knife Fight Pale Ale passt perfekt zu den leckeren Chicken Wings.

ℹ Anreise & Unterwegs vor Ort

Der **Sacramento International Airport** (SMF; www.sacramento.aero/smf; 6900 Airport Blvd) liegt etwa 11 Meilen (17 km) nordwestlich vom Stadtzentrum unweit der I-5 und fertigt vorwiegend Inlandsflüge ab.

Die Busse von **Greyhound** (☑ 800-231-2222; www.greyhound.com; 420 Richards Blvd) halten 2 Meilen (3,2 km) nordwestlich der Downtown und fahren täglich mehrmals nach San Francisco (20 US$, 2–2½ Std.).

Vom **Bahnhof** (☑ 877-974-3322; www.capitol corridor.org; 401 I St) im Stadtzentrum fahren mehrere Amtrak-Züge: der häufig verkehrende *Capitol Corridor* in die San Francisco Bay Area (29 US$, 2 Std.), der dreimal täglich verkehrende *San Joaquin* mit Anschluss an die Busse ins Yosemite Valley (38 US$, 5 Std.) und die täglich verkehrenden Fernzüge *Coast Starlight* und *California Zephyr*.

Sacramento Regional Transit (RT; ☑ 916-321-2877; www.sacrt.com; einfache Strecke/Tageskarte 2,50/6 US$) ist für den Bus- und Straßenverkehr in der Stadt verantwortlich.

Gold Country

Es ist kaum zu glauben, dass hier alles angefangen haben soll – die verschlafenen Dörfer in hügeliger Landschaft und die malerischen, von Eichen gesäumten Nebenstraßen verraten nichts von der wilden, chaotischen und oft gewalttätigen Gründung Kaliforniens. Nachdem James Marshall 1848 in Sutter's Creek ein Funkeln entdeckt hatte, nahm der Goldrausch seinen Lauf, und es stürmten 300 000 „49ers" in die Ausläufer der Sierra. Die Goldgier nahm keine Rücksicht auf die strengen Moralvorstellungen der viktorianischen Gesellschaft, die die gesetzlosen Boomtowns bevölkerte und Umweltschäden anrichtete.

Für Geschichtsfans ist die Reise hierher bestimmt spannend, denn verblasste historische Hinweistafeln erzählen von Blutrausch und Banditenwesen. Friedlicher gestimmte Traveller können hier in Schwimmlöchern baden, auf Mountainbike-Pisten Berge runterrasen oder in den eisigen Fluten der Flüsse raften.

Der Hwy 50 trennt die Northern und Southern Mines voneinander. Bindeglied ist der kurvenreiche Hwy 49 mit vielen Aussichtspunkten auf die berühmten Hügel. Anregungen für Touren in der Region gibt's bei der **Gold Country Visitors Association** (www.calgold.org).

❶ Anreise & Unterwegs vor Ort

Ein paar öffentliche Busse fahren sporadisch einige der Orte an.

In der Gegend der Northern Mines fahren täglich mehrere Busse von **Gold Country Stage** (☑ 888-660-7433, 530-477-0103; www.goldcountrystage.com; Ticket 1,50–3 US$) von Nevada City nach Grass Valley nach Auburn, wo es Anschluss an **Amtrak**-Züge (☑ 800-872-7245; www.amtrak.com; 277 Nevada St) gibt. Busse von **Placer County Transit** (☑ 530-885-2877; www.placer.ca.gov/transit; Ticket 1,25 US$) verkehren stündlich zwischen Auburn und Sacramento.

In der Gegend der Southern Mines verkehren (nur an Werktagen) zweimal täglich Busse von **Amador Transit** (☑ 209-267-9395; http:// amadortransit.com; Ticket 1–3 US$; ⊗ Mo–Fr) zwischen Sutter Creek und Sacramento, Amador City, Plymouth und Jackson. Ein paar Busse von **Calaveras Transit** (☑ 209-754-4450; http:// transit.calaverasgov.us; Ticket 2 US$) fahren täglich nach Jackson, Mokelumne Hill, Angels Camp und Murphys. Die nur werktags verkehrenden Busse und Trolleys von **Tuolumne Coun**ty Transit (☑ 209-532-0404; www.tuolumne countytransit.com; Ticket 1,50 US$; ⊗ Mo–Fr) bedienen Sonora, Columbia und Jamestown.

Northern Mines

Nevada City, die als „Königin der Northern Mines" bekannte Stadt, hat schmale Straßen mit liebevoll restaurierten Gebäuden, winzigen Theatern, Kunstgalerien, Cafés und Geschäften. Im **Visitor Center** (☑ 530-265-2692; www.nevadacitychamber.com; 132 Main St; ⊗ Mo–Fr 9–17, Sa 11–16, So 11–15 Uhr) sind Infos und Karten für Spaziergänge auf eigene Faust erhältlich. In den **Tahoe National Forest Headquarters** (☑ 530-265-4531; www.fs.usda.gov/tahoe; 631 Coyote St; ⊗ Mo–Fr 8–16.30 Uhr) am Hwy 49 bekommt man Infos zu Campingplätzen, Wandermöglichkeiten und Wildnisgenehmigungen.

Etwas mehr als 1 Meile (1,6 km) östlich von **Grass Valley** denn Hwy 49 bezeichnet der **Empire Mine State Historic Park** (☑ 530-273-8522; www.empiremine.org; 10791 E Empire St; Erw./Kind 7/3 US$; ⊗ 10–17 Uhr) die Stelle einer der ergiebigsten Goldminen Kaliforniens. Zwischen 1850 und 1956 wurden hier ca. 170 t Gold mit einem heutigen Marktwert von 6 Mrd. US$ gefördert.

Wenn man im Sommer bei Hitze eine Reihe parkender Autos am Rand des Hwy 49 sieht, ist das ein Hinweis auf Schwimmlöcher. Eine der besten Stellen für einen Sprung ins kühle Nass liegt in der **Auburn State Recreation Area** (☑ 530-885-4527; www.parks.ca.gov; 10 US$/Auto; ⊗ 7 Uhr–Sonnenuntergang), wo der North Fork und der Middle Fork des American River zusammenfließen. Die Schwimmstelle ist ein paar Kilometer östlich von **Auburn** an der I-80, rund 25 Meilen (40 km) südlich von Grass Valley.

In **Coloma** begann Kaliforniens Goldrausch. Der am Fluss gelegene **Marshall Gold Discovery State Historic Park** (☑ 530-622-3470; http://marshallgold.org; 8 US$/ Auto; ⊗ 8–17 Uhr, Ende Mai–Anfang Sept. 8–19 Uhr, Museum 10–17 Uhr, Nov.–März 10–16 Uhr; ♿) ist eine Hommage an James Marshalls folgenschwere Entdeckung. Hier kann man restaurierte Gebäude bestaunen und bekommt sogar die Möglichkeit, selbst Gold zu waschen. Auf einem Hügel steht eine Statue von Marshall, der mittellos als Mündel des Bundesstaates starb.

🍴 Schlafen & Essen

Nevada City hat die größte Auswahl von Restaurants und historischen B&Bs. Motels säumen den Hwy 49 in Grass Valley und die I-80 in Auburn.

★ **Outside Inn** MOTEL, HÜTTE **$$**
(☑ 530-265-2233; www.outsideinn.com; 575 E Broad St, Nevada City; DZ 79–210 US$; ❋ 🛜 ✉ 🚗 🐾) Die beste Wahl für aktive Entdecker: Die Mitarbeiter des außergewöhnlich freundlichen und fröhlichen Motels mit zwölf Zimmern und drei Hütten lieben die Natur und können tolle Tipps zu Wanderrouten geben. Einige Quartiere haben eine Terrasse mit Blick auf einen kleinen Bach. Alle Zimmer verfügen über hübsche Steppdecken und Zugang zu einem Grillplatz. Das Motel ist nur zehn Gehminuten von der Innenstadt entfernt.

Broad Street Inn INN **$$**
(☑ 530-265-2239; www.broadstreetinn.com; 517 W Broad St, Nevada City; Zi. 115–125 US$; ❋ 🛜 🐾)
🍴 Diese Unterkunft mit sechs Zimmern ist etwas Besonderes, denn hier konzentriert man sich auf das Wesentliche (keine komischen alten Puppen, keine vergilbten Spitzendeckchen). Die Zimmer sind modern, hell und elegant eingerichtet und haben ein gutes Preis-Leistungs-Verhältnis.

Ikedas MARKT **$**
(www.ikedas.com; 13500 Lincoln Way; Sandwiches 6–9 US$; ⊘ Mo–Do 11–19, Fr–So 10–20 Uhr; ☑) Wer durch diesen Teil Kaliforniens fährt und keine Zeit für Entdeckungstouren hat, sollte an diesem großen Verkaufsstand an der I-80, ein paar Kilometer nördlich des Stadtzentrums, einen Zwischenstopp einlegen. Die saftigen Rindfleisch- und Tofuburger, die hausgemachten Pies und der in der Pfirsichsaison frisch zubereitete Pfirsich-Shake sind extrem lecker.

★ **New Moon Café** KALIFORNISCH **$$$**
(☑ 530-265-6399; www.thenewmooncafe.com; 203 York St; Hauptgerichte abends 23–38 US$; ⊘ Di–Fr 11.30–14, Di–So 17–20.30 Uhr) 🍴 Peter Selaya setzt in dem eleganten Restaurant auf Biozutaten aus der Region. Die Speisekarte wechselt mit der Saison. Wer im Frühjahr oder Sommer hier einkehrt, sollte sich für den per Hand geangelten Fisch oder die frischen hausgemachten Ravioli in Mondform entscheiden.

Southern Mines

In den Orten der Southern Mines zwischen Placerville und Sonora herrscht nur wenig Verkehr, und die staubigen Straßen riechen noch immer nach Wildem Westen – auch dank der hier ansässigen kunterbunten Mischung aus Harleyfahrern und Goldsuchern (kein Witz). Einige der Orte wie **Plymouth** (Ol' Pokerville), **Volcano** und **Mokelumne Hill** sind echte Geisterstädte, die langsam in fotogene Zeugen der Vergangenheit zerfallen. Andere Orte wie **Sutter Creek**, **Murphys** und **Angels Camp** wurden als Vorzeigemodelle des viktorianischen Amerika herausgeputzt. Hier kann man sich wunderbar abseits der ausgetretenen Pfade bewegen und Weingüter in Familienhand sowie Höhlen entdecken, deren geologische Wunder für die darüber liegenden Souvenirläden entschädigen.

Ein kurzer Abstecher vom Hwy 49 führt zum **Columbia State Historic Park** (☑ 209-588-9128; www.parks.ca.gov; 11255 Jackson St, Columbia; ⊘ Museum April–Sept. 10–17 Uhr, Okt.–März 10–16 Uhr; 🚗) GRATIS. In den Blocks mit authentischen Gebäuden aus den 1850er-Jahren trifft man kostümierte Ladenbesitzer und Straßenmusikanten. In der Nähe von Sonora befindet sich der **Railtown 1897 State Historic Park** (☑ 209-984-3953; www.railtown1897.org; 18115 5th Ave, Jamestown; Erw./Kind 5/3 US$, inkl. Zugfahrt 15/10 US$; ⊘ April–Okt. 9.30–16.30 Uhr, Nov.–März 10–15 Uhr, Zugfahrten April–Okt. Sa & So 10.30–15 Uhr; 🚗), in dem Zugfahrten durch die umliegenden Hügel angeboten werden, in denen Hollywood-Western wie *Zwölf Uhr mittags* gedreht wurden.

🛏 Schlafen & Essen

Ältlich-plüschige B & Bs, Cafés und Eisdielen gibt es in fast jedem Ort. Die meisten Motels gibt's in Sonora, das nur etwa eine Autostunde vom Yosemite National Park entfernt ist, und in Placerville.

Indian Grinding Rock State Historic Park CAMPING **$**
(☑ Reservierungen 800-444-7275; www.reserveamerica.com; 148881 Pine Grove-Volcano Rd, Pine Grove; Stellplatz für Zelt & Wohnmobil 30 US$) Der wunderschöne Campingplatz im Indian Grinding Rock State Historic Park mit Zeltstellplätzen und Stromanschlüssen für Wohnmobile bietet Frischwasser, Sanitäranlagen und 22 nicht im Voraus buchbare Stellplätze unter Bäumen.

City Hotel HOTEL **$$**
(☑ Infos 209-532-1479, Reservierungen 800-444-7275; www.reserveamerica.com; 22768 Main St, Columbia; Zi. 85–115 US$; ❋ 🛜) Von allen res-

taurierten viktorianischen Hotels in der Gegend ist das City Hotel das eleganteste. Die Zimmer bieten einen schönen Blick auf die schattige Main St und grenzen an hübsche Aufenthaltsräume. In dem von der Kritik gelobten Restaurant (Hauptgerichte 15–30 US$) fühlt sich auch ein Twain-Imitator zu Hause, und der benachbarte **What Cheer Saloon** ist eine stimmungsvolle Gold-Country-Kneipe mit Ölgemälden mit wollüstigen Damen und gestreiften Tapeten.

Imperial Hotel B&B $$
(☎209-267-9172; www.imperialamador.com; 14202 Hwy 49, Amador City; Zi. 105–155 US$, Suite 125–195 US$; ✾🤚) Das 1879 erbaute Hotel gehört seit seiner gelungenen Modernisierung zu den einfallsreichsten Varianten der ansonsten für diese Gegend so typischen mit Antiquitäten überladenen Hotels. Es gibt eine vornehme Bar und ein sehr gutes Restaurant mit saisonal ausgerichteten Speisen (Hauptgerichte abends 14–30 US$). An den Wochenenden und in der Ferienzeit muss man mindestens zwei Nächte buchen.

Volcano Union Inn HISTORISCHES HOTEL $$
(☎209-296-7711; www.volcanounion.com; 21375 Consolation St, Volcano; Zi. inkl. Frühstück 119–139 US$; ✾🤚) Das zu bevorzugende der beiden historischen Hotels in Volcano hat vier liebevoll modernisierte Zimmer mit schiefen Fußböden. Zwei der Zimmer verfügen über einen Balkon zur Straße. Die Flachbild-TVs und anderer moderner Schnickschnack passen nicht so ganz in das alte Gebäude, dennoch ist es eine angenehme Unterkunft. Der **Union Pub** (Hauptgerichte abends 12–28 US$) im Haus bietet hervorragendes Essen – und kann ab und zu mit einem Fiedler punkten.

Cozmic Café & Pub GESUND $
(www.ourcoz.com; 594 Main St; kleine Gerichte 4–10 US$; ⊙7–20 Uhr; 🤚) In diesem Lokal in dem historischen Placerville-Soda-Works-Gebäude stehen vegetarische und gesunde Speisen aus Biozutaten sowie frische Smoothies auf der Speisekarte. Außerdem gibt's eine gute Auswahl von Bieren aus Kleinbrauereien und an den Wochenenden Livemusik; dann ist bis spät abends geöffnet.

Northern Mountains

Die entlegenen, einsamen und unglaublich schönen Northern Mountains gehören zu den am wenigsten besuchten Ecken Kaliforniens. Hier gibt es wilde Gegenden, eine endlose Parade von Landschaftswundern, klare Seen, rauschende Flüsse und Wüsten. Die höchsten Gipfel – Lassen, Shasta und die Trinity Alps – haben in geologischer Hinsicht nur wenig gemeinsam, aber überall kann man unter funkelnden Sternen wild zelten. Die kleinen Orte in dieser Gegend haben nichts Besonderes zu bieten, sind aber recht praktisch, um sich neuen Proviant für weitere Abenteuer in der Wildnis zu beschaffen.

Von Redding zum Mt. Shasta

Nördlich von Redding schauen Autofahrer die meiste Zeit auf den **Mt. Shasta**, einen 4322 m hohen, schneebedeckten Goliath am Südende der vulkanischen Cascades Range. Der Anblick des dramatisch in den Himmel ragenden Berges lässt das Herz eines jeden Bergsteigers höher schlagen.

Den Touristenbroschüren sollte man keinen Glauben schenken: Redding, der größte Ort der Region, ist ziemlich langweilig. Der beste Grund für einen Abstecher von der I-5 ist die **Sundial Bridge**, eine grandiose Fußgängerbrücke mit Glasboden, die von dem neofuturistisch arbeitenden spanischen Architekten Santiago Calatrava entworfen wurde. Sie führt über den Sacramento River zum **Turtle Bay Exploration Park** (☎800-887-8532; www.turtlebay.org; 844 Sundial Bridge Dr; Erw./Kind 16/12 US$, nach 15.30 Uhr 11/7 US$; ⊙Mo–Sa 9–17, So 10–17 Uhr, Anfang Nov.–Mitte März bis 16 Uhr; 🖮), einem kinderfreundlichen Wissenschafts- und Naturzentrum mit botanischem Garten.

6 Meilen (10 km) westlich von Redding kann man am Hwy 299 im **Shasta State Historic Park** (☎520-243-8194; www.parks.ca.gov; Museum Erw./Kind 3/2 US$; ⊙Di–So 10–17 Uhr) eine echte Stadt aus der Zeit des Goldrauschs erkunden. 2 Meilen (3,2 km) weiter westlich befindet sich die **Whiskeytown National Recreation Area** (☎530-246-1225; Hwy 299 am JFK Memorial Dr, Whiskeytown; ⊙10–16 Uhr) mit dem **Whiskeytown Lake**, an dem es Sandstrände, Wanderwege zu Wasserfällen, Wassersportmöglichkeiten und Campingplätze gibt. Im verschlafenen **Weaverville**, 35 Meilen (56 km) weiter westlich, schützt der **Joss House State Historic Park** (☎530-623-5284; www.parks.ca.gov; 630 Main St; Führung Erw./Kind 4/2 US$; ⊙Führungen Do–So stündl. 10–16 Uhr) einen 1874 erbauten, kunstvoll verzierten Tempel chinesischer Einwanderer.

Nördlich von Redding überquert die I-5 den tiefblauen **Shasta Lake**, Kaliforniens größten Stausee, der durch den riesigen **Shasta Dam** (☏ 530-275-4463; www.usbr.gov/mp/ncao/shasta/; 16349 Shasta Dam Blvd; ⊙ Visitor Center 8–17 Uhr, Führungen 9–15.30 Uhr) GRATIS entstanden und von Hausboothäfen und Wohnmobilparks gesäumt ist. Hoch oben in den Kalksteinmegalithen am Nordufer des Sees befinden sich die prähistorischen **Lake Shasta Caverns** (☏ 530-238-2341; http://lakeshastacaverns.com; 20359 Shasta Caverns Rd, Lakehead; 2-stündige Führung Erw./Kind 24/14 US$; ⊙ Führungen Mai–Anfang Sept. alle 30 Min. 9–16 Uhr, April–Ende Mai & Anfang–Ende Sept. stündl. 9–15 Uhr, Okt.–März 10, 12 & 14 Uhr; ⏾). Teil der Höhlenführungen ist auch eine Fahrt im Katamaran.

Weitere 35 Meilen (56 km) nördlich liegt an der I-5 **Dunsmuir**, eine winzige historische Eisenbahnsiedlung mit malerischem Stadtzentrum und dynamischen Kunstgalerien. 6 Meilen (10 km) südlich von der I-5 hat der **Castle Crags State Park** (☏ 530-235-2684; www.parks.ca.gov; 8 US$/Auto; ⊙ Sonnenaufgang–Sonnenuntergang) **Stellplätze** im Wald (☏ Reservierungen 800-444-7275; www.reserveamerica.com; Stellplatz für Zelt & Wohnmobil 15–30 US$) zu bieten. Vom höchsten Punkt des **Crags Trail**, eines 9 km langen Rundwanderwegs, hat man eine atemberaubende Sicht auf den Mt. Shasta.

9 Meilen (14,5 km) nördlich von Dunsmuir lockt **Mt. Shasta City** Kletterer, Neu-Hippies und Naturfreaks an, die die Schönheit des majestätisch aufragenden Berges bewundern. Der im Allgemeinen oberhalb von Bunny Flat von Juni bis Oktober geöffnete und schneefreie **Everitt Memorial Hwy** führt hinauf auf fast 2500 m. Von dort oben kann man wunderbar den Sonnenuntergang genießen. Vom Ort aus fährt man einfach auf der Lake St gen Osten. Wer ein erfahrener Bergsteiger ist und bis in Höhen von über 3000 m steigen will, benötigt einen Summit Pass (20 US$), der in der **Mt. Shasta Ranger Station** (☏ 530-926-4511; www.fs.usda.gov/stnf; 204 W Alma St; ⊙ Mo–Fr 8–16.30 Uhr) erhältlich ist. Dort gibt es auch Wetterberichte und topografische Karten. Ausrüstung vermietet der Outdoor-Laden **Fifth Season** (☏ 530-926-3606; http://thefifthseason.com; 300 N Mt. Shasta Blvd; ⊙ Mo–Fr 9–18, Sa 8–18, So 10–17 Uhr) im Ortszentrum. **Shasta Mountain Guides** (☏ 530-926-3117; http://shastaguides.com) veranstaltet mehrtägige Bergwanderungen (ab 550 US$).

🛏 Schlafen

Motels gibt's überall, so auch in Mt. Shasta City. Die meisten Kettenunterkünfte befinden sich in Redding in der Nähe der großen Highways. Campingplätze gibt's en masse, vor allem auf öffentlichem Land.

★ McCloud River Mercantile Hotel INN $$

(☏ 530-964-2330; www.mccloudmercantile.com; 241 Main St, McCloud; Zi. 129–250 US$; 🛜) Wer die Treppen zur ersten Etage des Mercantile im Zentrum von McCloud hinaufsteigt, sollte versuchen, sich angesichts der hohen Decken, des unverputzten Mauerwerks und der perfekten Kombination aus Alt und Neu nicht Hals über Kopf in dieses Hotel zu verlieben. Die unterschiedlichen Zimmer mit offenen Bädern sind mit Antiquitäten eingerichtet.

Shasta MountInn B&B $$

(☏ 530-926-1810; www.shastamountinn.com; 203 Birch St, Mt. Shasta City; Zi. 150–175 US$; 🛜) Das helle viktorianische Farmhaus aus dem Jahr 1904 wirkt nur von außen alt, innen ist es locker minimalistisch, in kräftigen Farben und mit eleganter Dekoration gestaltet. Die luftigen Zimmer haben traumhafte Betten und bieten einen wunderbaren Blick auf den leuchtenden Berg. Gäste können sich in dem großen Garten, auf der Rundum-Terrasse und in der Sauna sowie im Whirlpool im Freien erholen. Wem das zum Relaxen nicht reicht, der macht es sich auf der perfekt platzierten Hollywood-Schaukel bequem.

Railroad Park Resort INN, CAMPING $$

(☏ 530-235-4440; www.rrpark.com; 100 Railroad Park Rd, Dunsmuir; Stellplatz für Zelt/Wohnmobil ab 29/37 US$, DZ 135–165 US$; ❄🛜🅿🐕) 2 Meilen (3,2 km) südlich der Stadt, nahe der I-5, können Besucher in umgerüsteten alten Eisenbahnwaggons und Güterwagen übernachten. Kids werden von dem Gelände begeistert sein, denn sie können zwischen Lokomotiven herumrennen und in den zentral gelegenen Pool springen. Die Luxusgüterwagen, die Boxcars, sind mit Antiquitäten und freistehenden Badewannen mit Krallenfüßen ausgestattet. Die normalen Güterwagen haben eine schlichtere Ausstattung und sind etwas preiswerter.

🍴 Essen & Ausgehen

Dunsmuir Brewery Works KNEIPENESSEN $

(☏ 530-235-1900; www.dunsmuirbreweryworks.com; 5701 Dunsmuir Ave, Dunsmuir; Hauptgerichte 10–15 US$; ⏰ Di–So 11–21 Uhr; ☎) Die kleine Kneipe einer Kleinbrauerei lässt sich kaum beschreiben, ohne dass man dabei ins Schwärmen gerät. Das beginnt schon beim Bier: Die frischen Ales und Porter sind wunderbar ausgewogen, und das IPA (India Pale Ale) muss auch ziemlich gut sein, denn die Stammgäste trinken es ohne Unterlass. Dazu empfiehlt sich ein leckeres Bargericht: warmer Kartoffelsalat, Bratwurst oder ein dicker Burger aus Fleisch vom Angusrind.

Yaks AMERIKANISCH $
(www.yaks.com; 4917 Dunsmuir Ave, Dunsmuir; Hauptgerichte 8–18 US$; ⏰ Mo–Sa 11–21, So 11–20 Uhr; ☎) Hinter dem Hitching-Post-Schild an der I-5 versteckt sich eine Location, wo man jede Diät vergessen kann. Frühstück bedeutet hier kubanisches Pfefferhacksteak oder hausgemachte Arme Ritter mit Zimt und Baileys-Bourbon-Sirup. Mittags gibt's eine riesige Burger-Auswahl (z. B. auch mit Kaffeegewürz). Die Gerichte kann man mitnehmen, wenn man möchte.

Berryvale Grocery MARKT, FEINKOST $
(www.berryvale.com; 305 S Mt. Shasta Blvd, Mt. Shasta City; kleine Gerichte 4–11 US$; ⏰ Laden 8–20 Uhr, Café 8–19 Uhr; ☁) 🍴 In diesem Markt bekommen Gesundheitsbewusste Lebensmittel und Bioprodukte. Das hervorragende Café serviert guten Kaffee und eine große Auswahl schmackhafter, vorwiegend vegetarischer Salate, Sandwiches und Wraps.

★**Café Maddalena** EUROPÄISCH, NORDAFRIKANISCH $$$
(☎ 530-235-2725; www.cafemaddalena.com; 5801 Sacramento Ave, Dunsmuir; Hauptgerichte 15–26; US$ ⏰ Feb.–Dez. Do-So 17–21 Uhr) Das schlichte, elegante Café hat Dunsmuir einen Platz auf der kulinarischen Landkarte verschafft. Die wöchentlich wechselnde Speisekarte stammt aus der Hand des Kochs Bret LaMott (berühmt aus dem Trinity Café) und bietet Gerichte aus Südeuropa und Nordafrika. Zu den Highlights gehören in der Pfanne gebratener Königslachs mit Basilikumrahmsauce und sautiertes Kaninchen mit Karotten und Morchelsauce

ℹ️ Anreise & Unterwegs vor Ort

Der Coast Starlight von Amtrak hält in Redding und Dunsmuir, allerdings mitten in der Nacht. Die Busse von **Greyhound** (☎ 800-231-2222; www.greyhound.com) fahren dreimal täglich über die I-5 von Weed, 10 Meilen(16 km) nördlich

von Mt. Shasta, nach Redding (27 US$, 80 Min.) und Sacramento (63 US$, 4½–5½ Std.).Die Busse von **STAGE** (☎ 530-842-8295; www.co.siskiyou.ca.us; Ticket 1,75–6 US$) verkehren mehrmals täglich auf der I-5 zwischen Weed, Mt. Shasta City, McCloud und Dunsmuir.

Northeast Corner

Das **Lava Beds National Monument** (☎ 530-667-8113; www.nps.gov/labe; 7-Tageskarte 15 US$/Auto) war die Stätte der letzten großen Indianerkriege in Kalifornien und von vulkanischen Zerstörungen, die sich über ca. 500 000 Jahre hinzogen. Heute ist es ein stiller Zeuge für jahrhundertelange Unruhen. Dieser Park hat wirklich alles zu bieten: Lavaströme, Asche- und Schlackenkegel, Vulkankrater und erstaunliche Lavaröhren. Hier, wo einst der Modoc-Krieg tobte, kann man heute in den Fels geritzte Zeichnungen und an Höhlenwände gemalte Piktogramme der amerikanischen Ureinwohner bewundern. Infos und Karten sind im **Visitor Center** (☎ 530-667-8113; www.nps.gov/labe; Tulelake; ⏰ Ende Mai–Anfang Sept. 8–18 Uhr, Mitte Sept.–Mitte Mai 8–17 Uhr) erhältlich, wo man sich auch das für die Erforschung der Höhlen erforderliche Equipment kaufen kann (Taschenlampen werden gestellt). In der Nähe befindet sich ein einfacher **Campingplatz** (Stellplatz für Zelt & Wohnmobil 10 US$; ☁), wo es Trinkwasser gibt. In dem staubigen Ort Tulelake, 20 Meilen (32 km) nördlich des Parks am Hwy 139, gibt's einfache Motels, ein paar Diner und eine Tankstelle.

Der aus sechs separaten Schutzgebieten in Kalifornien und Oregon bestehende **Klamath Basin National Wildlife Refuge Complex** ist eine wichtige Zwischenstation für Zugvögel auf der Pazifikroute und ein bedeutendes Winterquartier für Weißkopfseeadler. Frühjahr und Herbst sind die Höhepunkte der Zugvogelzeit, dann sind über 1 Mio. Vögel am Himmel zu sehen. Das **Visitor Center** (☎ 530-667-2231; http://klamathbasinrefuges.fws.gov; 4009 Hill Rd, Tulelake; ⏰ Mo–Fr 8–16.30, Sa & So 9–16 Uhr) GRATIS befindet sich am Hwy 161 etwa 4 Meilen (6,5 km) südlich der Grenze zu Oregon. Die 10 Meilen (16 km) langen Autotouren durch die Schutzgebiete Lower Klamath und Tule Lake bieten ausgezeichnete Möglichkeiten, Vögel zu beobachten. Im Schutzgebiet Upper Klamath gibt's eine 15 km lange Kanustrecke, die am **Rocky Point Resort** (☎ 541-356-2287; www.rockypointoregon.com; 28121 Rocky Point Rd, Klamath Falls, OR; Kanu & Kajak pro Std./½ Tag/ganzer Tag 20/45/60 US$) beginnt. Benzin, Essen und Unterkünfte sind in Klamath Falls, OR, am Hwy 97 vorhanden.

Im eindrucksvollen **Lassen Volcanic National Park** (☎ 530-595-4480; www.nps.gov/lavo; 7-Tagekarte 20 US$/Auto) lassen sich hydrothermale Schwefelteiche, brodelnde Schlammtöpfe und dampfende Becken betrachten, was wunderbar vom **Bumpass Hell Boardwalk** aus geht. Wer will, kann den **Lassen Peak** (3187 m), den weltweit größten Lavadom, in Angriff nehmen. Es ist ein anstrengender, aber nicht allzu schwieriger Rundwanderweg von 8 km. Der Park hat zwei Zugänge: Der eine befindet sich eine Autostunde östlich am Hwy 44 in der Nähe des beliebten **Manzanita Lake Campground** (☎ Reservierungen 877-444-6777; www.recreation.gov; Stellplatz für Zelt & Wohnmobil 15–24 US$, Hütte 69–95 US$; 🚻🐾), der zweite liegt eine 40-minütige Autofahrt nordwestlich des Lake Almanor am Hwy 89 beim **Kohm Yah-ma-nee Visitor Center** (☎ 530-595-4480; www.nps.gov/lavo; ⊙ 9–17 Uhr, Nov.– März Mo & Di geschl.; 🚻) 🅿. Der durch den Park führende Hwy 89 ist meistens schneefrei und von Juni bis Oktober für Autos geöffnet.

SIERRA NEVADA

Die mächtige Sierra Nevada, die der Schriftsteller und Naturforscher John Muir als „Range of Light" (Gebirge des Lichts) bezeichnete, bildet das Rückgrat Kaliforniens. Die 644 km lange Phalanx aus zerklüfteten, von Gletschern und Erosion geformten Gipfeln lockt Outdoor-Fans an und fordert sie heraus. Mit ihren drei Nationalparks (Yosemite, Sequoia und Kings Canyon) ist die Sierra ein faszinierendes, wildes Wunderland der Superlative: Hier finden sich der höchste Gipfel der kontinentalen USA (ohne Alaska), der Mt. Whitney, der mächtigste Wasserfall Nordamerikas (Yosemite Falls) sowie die ältesten und höchsten Bäume (alte Grannen-Kiefern und Riesenmammutbäume) der Welt.

Yosemite National Park

Dieser Nationalpark ist nicht umsonst so berühmt: Zwischen seinen schwindelerregend hohen Granitgipfeln donnern diesige Wasserfälle zu Tal, und Wildblumen machen die Wiesen zu einem bunten Farbenmeer. Zudem wirken die majestätischen Silhouetten von El Capitan und Half Dome vor dem hellblauen Himmel fast furchteinflößend. Hier sind wir winzig kleine Menschen rundum von einer Traumlandschaft umgeben.

Doch leider macht das Kreischen und Dröhnen eines weiteren voll besetzten Touristenbusses urplötzlich alle Magie zunichte. So geht man den unvermeidlichen Menschenmassen möglichst gut aus dem Weg:

➡ Der Sommer ist keine gute Zeit, um herzukommen: Am schönsten wirkt der Park im Frühling – vor allem, wenn die Wasserfälle im Mai anschwellen. Der Herbst ist herrlich ruhig, und auch Wintertage mit Schnee können ihren Reiz haben.

➡ Das Auto stehen lassen: Schon wenn man eine kurze Strecke auf irgendeinem Weg geht, lässt man die autoabhängigen Horden hinter sich.

➡ Den Jetlag ignorieren: Entweder schon vor Sonnenaufgang aufstehen oder Mond und Sterne bei Nachtwanderungen bewundern!

⊙ Sehenswertes

Die Haupteingänge zum **Park** (☎ 209-372-0200; www.nps.gov/yose; 7 Tage gültiger Eintritt 30 US$/Auto) sind in Arch Rock (Hwy 140), Wawona (Hwy 41) und Big Oak Flat (Hwy 120 West). Der Tioga Pass (Hwy 120 Ost) ist saisonal gesperrt.

⊙ Yosemite Valley

Dieses dramatische Tal wurde vom gewundenen Merced River gegraben. Wer von seinem Boden nach oben blickt, dem ist nach Singen zumute: wegen des wogenden Wiesengrüns, der stattlichen Kiefern, der tosenden Wasserfälle und der stillen, kühlen Wasserflächen, in denen sich gewaltige Granitmonolithen spiegeln. Im oft überlaufenen und im Verkehr erstickenden **Yosemite Village** befindet sich das größte Visitor Center (S. 184) des Parks, ein Museum (⊙ Sommer 9–17, Winter 10–16 Uhr, oft von 12–13 Uhr geschl.) **GRATIS**, eine Fotoausstellung, ein Filmtheater, ein Gemischtwarenladen und weitere Service-Einrichtungen. **Curry Village** ist ein weiteres Zentrum. Hier gibt's öffentliche Duschen und Läden, die Outdoor- und Campingausrüstung vermieten und verkaufen.

Während der Schneeschmelze im Frühling werden die berühmten Wasserfälle des Tals zu donnernden Katarakten. Im Spätsommer sind die meisten hingegen nicht viel mehr als zahme Rinnsale. Als

Nordamerikas höchste Wasserfälle stürzen die **Yosemite Falls** (740 m) über drei Stufen in die Tiefe. Zu ihrer Basis führt ein rollstuhlgerechter Weg. Mehr Einsamkeit und ein ganz neuer Blickwinkel belohnen für den strapaziösen Aufstieg über den Serpentinenweg bis zum oberen Rand (hin & zurück 11 km). Andere Wasserfälle im Tal sind ähnlich eindrucksvoll. Nach dem anstrengenden Erklimmen der Granitstufen am **Vernal Fall** erreicht man keuchend dessen obere Fallkante. Dort schweift der Blick über Regenbögen im Gischtnebel hinunter in die Tiefe.

Der gigantische **El Capitan** (2307 m) ist ein nicht zu übersehendes Paradies für Sportkletterer. Der prächtige **Half Dome** (2693 m) thront als Yosemites spirituelles Herz über dem Tal. Beliebteste Foto-Location ist der **Tunnel View** oben am Hwy 41 bei der Einfahrt ins Tal.

◉ Glacier Point

Der spektakuläre Glacier Point (2200 m) überragt die Talsole um über 914 m. Hier oben befindet man sich praktisch auf Augenhöhe mit dem Half Dome. Vom Yosemite Valley aus ist diese Stelle in einer Autofahrt (ca. 1 Std.) auf der Glacier Point Rd erreichbar, die vom Hwy 41 abzweigt und normalerweise von Mai bis November befahrbar ist. Wer lieber wandert, absolviert den strapaziösen **Four-Mile Trail** (einfache Strecke tatsächlich 7,4 km) oder den weniger frequentierten **Panorama Trail** (einfache Strecke 13,7 km) mit vielen Wasserfällen. Wer nur vom Glacier Point bergab laufen will, reserviert einen Platz im Shuttle-Bus (Erw./Kind 25/15 US$).

◉ Wawona

Eine Autostunde südlich des Yosemite Valley liegt Wawona. Dort befindet sich das **Pioneer Yosemite History Center** (Kutschfahrt Erw./Kind 5/4 US$; ⊘ 24 Std., Kutschfahrten Juni–Sept. Mi–So; [🚐]) GRATIS mit einer überdachten Brücke, historischen Gebäuden und der Möglichkeit, in einer von Pferden gezogenen Postkutsche zu fahren. Weiter südlich ist der in den Himmel ragende **Mariposa Grove** mit dem Grizzly Giant und anderen riesigen Sequoia-Bäumen. Von Frühjahr bis Herbst fahren normalerweise kostenlose Shuttle-Busse hierher. Achtung: Der Hain ist bis Frühjahr 2017 wegen Renaturierungsarbeiten für Besucher nicht zugänglich.

◉ Tuolumne Meadows

Nach 90 Minuten Autofahrt vom Yosemite Valley aus kommen die Tuolumne Meadows (2621 m; sprich: *two*-lu-mi), die größte subalpine Wiese der Sierra Nevada, in Sicht, die Wanderer, Backpacker und Kletterer in die nördliche Wildnis des Parks locken. Mit Wildblumenfeldern, azurblauem Wasser, schroffen Granitgipfeln, blanken Felskuppeln und vergleichsweise niedrigeren Temperaturen bildet sie einen starken Gegenpol zum Tal. Die Seen dieses vielfältigen Wander- und Kletterparadieses sind beliebte Reviere zum Baden oder Picknicken. Hierher führt die malerische, nur saisonal befahrbare Tioga Rd. Westlich von Wiese und **Tenaya Lake** liegt der **Olmsted Point** mit weitem Panoramablick auf den Half Dome.

◉ Hetch Hetchy

40 Meilen (65 km) nordwestlich des Yosemite Valley befindet sich der wohl umstrittenste Staudamm in der Geschichte der USA. Obwohl das Hetch Hetchy Valley in seinem Ursprungszustand nicht mehr besteht, ist es doch noch immer schön und selten überlaufen. Ein 8,5 km langer Weg (hin & zurück) führt über den Damm und durch einen Tunnel zum Becken der **Wapama Falls**. Dort steht man aufregend nah an einer Wasserwand, die in den glitzernden Stausee stürzt.

🏃 Aktivitäten

Bei rund 1300 km recht unterschiedlicher Wanderwege hat man die Qual der Wahl. Die leichten Wege auf dem Talboden sind oft stark überlaufen. Weiter oben entgeht man den Massen. Die ultimative Wanderung zum Gipfel des **Half Dome** (hin & zurück 22–26 km) ist recht anstrengend, außerdem muss man sich vorab (selbst für Tageswanderungen) eine Genehmigung besorgen, was einem Lotteriespiel gleicht. Ohne Genehmigung lohnt sich die Wanderung über den **Mist Trail** zur Oberkante des Vernal Fall (hin & zurück 3,9 km) oder des Nevada Fall (hin & zurück 8,7 km).

Wer in der Wildnis übernachten will, benötigt ganzjährig eine Genehmigung (ab 10 US$). Ein Quotensystem begrenzt die Anzahl der Wanderer, die pro Tag an den verschiedenen Ausgangspunkten starten. Reservierungen sind bis 26 Wochen im Voraus möglich. Man kann sein Glück aber auch

KALIFORNIEN SIERRA NEVADA

noch ab 11 Uhr am Tag vor der geplanten Wanderung im **Yosemite Valley Wilderness Center** ([☎]209-372-0745; Yosemite Village; [🕐]Mai–Sept. 8–17 Uhr) oder in einem der anderen Zentren, die Genehmigungen ausstellen, versuchen.

Yosemite Mountaineering School   BERGSTEIGEN
([☎]209-372-8344; Curry Village; [🕐]April–Okt.) Im Angebot sind erstklassige Kletterkurse für Anfänger und Fortgeschrittene sowie geführte Klettertouren und Leihausrüstung.

🛏 Schlafen & Essen

Die **DNC** ([☎]801-559-4884; www.yosemitepark.com) hat im Park das Monopol für Kost und Logis, auch für Fast-Food-Lokale und Snackbars. In der Hauptsaison (Mai–Sept.) muss man Unterkünfte (bis zu 366 Tage) im Voraus buchen. Im Sommer errichtet die DNC im Yosemite Valley Zelthütten im **Housekeeping Camp** (4BZ 106 US$; [🕐]April–Okt.) am Flussufer und rund um das geschäftige **Tuolumne Meadows Lodge** (Zelthütte 123 US$; [🕐]Mitte Juni–Mitte Sept.) sowie die ruhigere **White Wolf Lodge** (Zelthütte 126 US$, Hütte mit Bad 158 US$; [🕐]Juli–Mitte Sept.) an der Tioga Rd.

Curry Village   HÜTTEN **$$**
(Zelthütte 121–126, Hütte 193 US$, ohne Bad 146 US$; [📶][❄]) Die 1899 als Sommercamp im Nadelwald gegründete Anlage besteht aus Hunderten dicht gedrängten Wohneinheiten. Die Segeltuchhütten sind im Grunde genommen aufgemotzte Zelte. Wem etwas mehr Komfort, Ruhe und Privatsphäre wichtig sind, sollte sich für eine der gemütlichen Holzhütten mit Tagesdecken, Vorhängen und altmodischen Postern entscheiden. Im **Stoneman House** (Zi. 202 US$) gibt's noch 18 hübsche Zimmer im Motelstil und eine Suite für bis zu sechs Personen.

Wawona Hotel   HISTORISCHES HOTEL **$$**
(Zi. 226 US$, ohne Bad 155 US$; [🕐]Mitte März–Dez.; [📶][❄]) Das National Historic Landmark von 1879 ist eine Ansammlung von sechs schön geweißten Gebäuden im New-England-Stil mit breiten Veranden. Die 104 Zimmer – ohne Telefon und TV – sind mit Möbeln im viktorianischen oder einem anderen historischen Stil eingerichtet. Die Bewohner von etwa der Hälfte der Zimmer teilen sich Gemeinschaftsbäder. Für den Weg dorthin werden hübsche Bademäntel zur Verfügung gestellt.

★ **Ahwahnee Hotel**   HISTORISCHES HOTEL **$$$**
(Zi. ab 458 US$; [@][📶][❄]) Die *crème de la crème* der Unterkünfte in Yosemite: Das prächtige historische Anwesen beeindruckt mit hohen Decken, türkischen Kilims in den Fluren und stimmungsvollen Lounges mit

---

CAMPEN IM YOSEMITE NATIONAL PARK

Von Mitte März bis Mitte Oktober oder November braucht man für viele Campingplätze im Park eine **Reservierung** ([☎]518-885-3639, 877-444-6777; www.recreation.gov). Die Vergabe beginnt fünf Monate im Voraus, und die Stellplätze sind dann regelmäßig online innerhalb von Minuten ausgebucht. Auf allen Plätzen gibt's bärensichere Schließfächer und eingefasste Feuerstellen, auf den meisten auch Trinkwasser.

Im Sommer sind fast alle Campingplätze laut und völlig überlaufen, vor allem **North Pines** (Stellplatz für Zelt & Wohnmobil 26 US$; [🕐]April–Okt.; [❄]), **Lower Pines** (Stellplatz für Zelt & Wohnmobil 26 US$; [🕐]April–Okt.; [❄]) und **Upper Pines** (Stellplatz für Zelt & Wohnmobil 26 US$; [🕐]ganzjährig; [❄]) im Yosemite Valley sowie **Tuolumne Meadows** (Stellplatz für Zelt & Wohnmobil 26 US$; [🕐]Juli–Sept.; [❄]) abseits der Tioga Rd und **Wawona** (Stellplatz für Zelt & Wohnmobil 18–26 US$; [🕐]ganzjährig; [❄]) am Flussufer.

Die folgenden Plätze sind ganzjährig geöffnet, die Vergabe erfolgt nach dem Motto „Wer zuerst kommt, mahlt zuerst": **Camp 4** (Gemeinschaftszeltstellplatz 6 US$/Pers.; [🕐]ganzjährig), ein im Tal gelegener Treff für Kletterer, **Bridalveil Creek** (Stellplatz für Zelt & Wohnmobil 18 US$; [🕐]Juli–Anfang Sept.; [❄]) abseits der Glacier Point Rd und **White Wolf** (Stellplatz für Zelt & Wohnmobil 18 US$; [🕐]Juli–Anfang Sept.; [❄]) abseits der Tioga Rd. Diese Plätze sind vor allem an den Wochenenden oft schon vor 12 Uhr voll.

Wer Lust auf eine ruhigere und urtümlichere Erfahrung hat, für den sind die einfachen Campingplätze (ohne Trinkwasser) **Tamarack Flat** (Stellplatz für Zelt 12 US$; [🕐]Ende Juni–Sept.; [❄]) abseits der Tioga Rd, **Yosemite Creek** (Stellplatz für Zelt 12 US$; [🕐]Juli–Anfang Sept.; [❄]) und **Porcupine Flat** (Stellplatz für Zelt & Wohnmobil 12 US$; [🕐]Juli–Mitte Okt.; [❄]) eine gute Wahl. Auch hier gilt die Devise: „Wer zuerst kommt, mahlt zuerst."

gigantischen Kaminen. Wem das nötige Kleingeld für dieses Nonplusultra fehlt, der sollte wenigstens zum Nachmittagstee vorbeischauen oder sich einen Drink an der Bar oder ein Gourmet-Mahl gönnen.

Yosemite Lodge at the Falls   MOTEL $$$

(Zi. ab 235 US$; @🖥☎✉) 🖉 Dieser Gebäudekomplex steht nur ein paar Schritte von den Yosemite Falls entfernt und birgt viele verschiedene Lokale, eine gesellige Bar, einen großen Pool und weitere nette Annehmlichkeiten. Dank der kürzlich erfolgten umweltbewussten Renovierung haben die angenehmen Zimmer jetzt einen Hauch von Lodge mit rustikalen Holzmöbeln und beeindruckenden Naturfotos. Alle Zimmer verfügen über Kabel-TV, Telefon, Kühlschrank und Kaffeemaschine sowie eine Terrasse oder einen Balkon mit einem wunderschönen Ausblick.

Degnan's Loft   PIZZA $

(Yosemite Village; Hauptgerichte 8–12,50 US$; ⊙Ende Mai–Sept. 11–21 Uhr; 🖉🏇) Wer die Treppe zu diesem geselligen Lokal mit der hohen Balkendecke und dem gleich zu mehreren Seiten hin offenen Kamin hinaufsteigt, kann sich es sich unter dem schaukelnden Liftsessel gemütlich machen und recht anständige Salate, Lasagne und Pizzas in sich reinschaufeln.

★Mountain Room Restaurant   AMERIKANISCH $$$

(🖥209-372-1403; Yosemite Lodge; Hauptgerichte 17–36 US$; ⊙17.30–21.30 Uhr; 🖉🏇) 🖉 Die Fenstertische in diesem zwanglosen und doch eleganten, modernen Steakhouse mit schönen Naturfotos an den Wänden sind heiß begehrt, denn von dort hat man einen Wahnsinnsblick auf die Yosemite Falls. Die Köche kreieren die besten Speisen im ganzen Park, beispielsweise aus der Rinderschulter geschnittene Flat-Iron-Steaks und leckere Bachforellen. Reservierungen werden nur für Gruppen ab acht Personen entgegengenommen. Legere Kleidung ist hier o. k.

🏕 Außerhalb des Yosemite National Parks

Zu den umliegenden Ortschaften mit einem gemischten Sortiment von Motels, Hotels, Lodges und B&Bs gehören Fish Camp, Oakhurst, El Portal, Midpines, Mariposa, Groveland und Lee Vining in der Eastern Sierra.

❶ DER UNÜBERWINDLICHE TIOGA PASS

Der Hwy 120 ist die einzige Straßenverbindung zwischen dem Yosemite National Park und der Eastern Sierra und führt über den Tioga Pass (3031 m). Auf den meisten Karten wird diese Straße als „im Winter gesperrt" markiert, was zwar richtig, aber auch irreführend ist: In der Regel bleibt die Tioga Rd vom ersten starken Schneefall im Oktober oder November bis in den Mai oder Juni geschlossen. Aktuelle Infos zum Straßenzustand gibt's telefonisch unter 🖥209-372-0200 oder online unter www.nps.gov/yose/planyourvisit/conditions.htm.

★Yosemite Bug Rustic Mountain Resort   HOSTEL, HÜTTE $

(🖥209-966-6666, 866-826-7108; www.yosemitebug.com; 6979 Hwy 140, Midpines; B 30 US$, Zelthütte 45–75 US$, Zi. mit/ohne Bad ab 150/75 US$; @🖥🏇) 🖉 Das Highlight der nahezu nicht existenten Ortschaft Midpines ist diese schöne Oase, die sich etwa 25 Meilen (40 km) von Yosemite entfernt auf einem bewaldeten Berg versteckt. Es handelt sich eher um einen geselligen Berggasthof als um ein Hostel: Abends vor dem Schlafengehen sitzen hier Jung und Alt beieinander, erzählen sich Geschichten, hören Musik und genießen die leckeren, frisch zubereiteten Speisen sowie Bier und Wein in dem mit viel Holz eingerichteten Café.

★Evergreen Lodge   HÜTTE, CAMPING $$$

(🖥209-379-2606; www.evergreenlodge.com; 33160 Evergreen Rd; Zelt 90–125 US$, Hütte 180–415 US$; @🖥✉🏇) 🖉 Außerhalb des Parks in der Nähe des Eingangs zum Hetch Hetchy bietet das klassische, 90 Jahre alte Resort liebevoll dekorierte, gemütliche Hütten im Wald (in jeder Hütte gibt's Brettspiele). Die angebotenen Unterkünfte reichen von rustikal bis luxuriös, alle Hütten haben eigene Veranden – störende Telefone und Fernseher sucht man vergeblich. Wer wenig Komfort braucht, kann es sich in einem der nett eingerichteten Zelte gemütlich machen.

Vor Ort befindet sich alles, was man benötigen könnte: ein Wirtshaus (mit Billardtisch), ein Gemischtwarenladen, ein fantastisches Restaurant, das täglich drei Mahlzeiten serviert, Livemusik, Hufeisen, Tischtennisplatte, ein großes Schachbrett

NICHT VERSÄUMEN

DIE WÄLDER DER RIESEN

In Kalifornien kann man unter den weltweit ältesten (langlebige Grannen-Kiefern) und unter den höchsten Bäumen (Küstenmammutbäume) stehen, die voluminösesten Bäume unseres Planeten gehören aber zu den Riesenmammutbäumen (*Sequoiadendron giganteum*). Diese Bäume wachsen nur an den westlichen Hängen der Sierra Nevada und sind am häufigsten in den Nationalparks Sequoia, Kings Canyon und Yosemite zu finden. John Muir nannte sie einst „Meisterstücke der Natur in den Wäldern", und niemand, der sich einmal den Nacken verrenkt hat, um sie in ihrer ganzen Größe zu sehen, wird dem widersprechen. Diese Bäume können eine Höhe von fast 90 m und einen Umfang von 30 m erreichen, sie sind geschützt durch eine bis zu 60 cm dicke Rinde. Das Giant Forest Museum im Sequoia National Park beherbergt eine Ausstellung über die ungewöhnliche Ökologie dieser Bäume.

im Freien und eine Zipline für Kids. Es werden auch alle möglichen geführten Wanderungen und Outdoor-Aktivitäten angeboten. Viele der Angebote sind familienfreundlich. Ausrüstung kann ausgeliehen werden.

❶ Praktische Informationen

Die Läden in Yosemite Village, Curry Village und Wawona haben alle Geldautomaten. Autofahrer sollten außerhalb des Parks tanken. In Wawona und Crane Flat kann man ganzjährig zu sehr hohen Preisen tanken, in Tuolumne Meadows nur im Sommer. Der Handyempfang ist im Park lückenhaft. In der kostenlosen Parkzeitung sind WLAN-Hot-Spots und Prepaid-Internet-Terminals verzeichnet.

Yosemite Medical Clinic (☑ 209-372-4637; 9000 Ahwahnee Dr, Yosemite Village; ☺ Ende Mai–Ende Sept. tgl. 9–19 Uhr, Ende Sept.– Ende Mai Mo–Fr 9–17 Uhr) Notdienst rund um die Uhr.

Yosemite Valley Visitor Center (☑ 209-372-0200; Yosemite Village; ☺ 9–17 Uhr) Hauptbüro mit Ausstellungen und kostenlosen Filmvorführungen im Kino.

❶ Anreise & Unterwegs vor Ort

Von den Greyhound- und Amtrak-Bahnhöfen in Merced fahren Busse vom **Yosemite Area Regional Transportation System** (YARTS; ☑ 877-

989-2787; www.yarts.com) ganzjährig über den Hwy 140 via Hwy 140 ins Yosemite Valley und halten in den Orten an der Strecke. Im Sommer fahren YARTS-Busse vom Yosemite Valley über Tuolumne Meadows auf dem Hwy 120 und dem Hwy 395 nach Mammoth Lakes. Die einfache Strecke (inkl. Parkeintritt) kostet ab Merced 13 US$ und ab Mammoth Lakes 18 US$.

Im Yosemite Valley fahren ganzjährig kostenlose Shuttle-Busse, im Sommer auch in den Gegenden um Tuolumne Meadows/Tioga Rd. Leihräder (Std./Tag 12/34 US$) gibt's in der Saison im Tal in Curry Village und in der Yosemite Lodge at the Falls.

Im Winter sind die Highways zum Park zwar offen (mit Ausnahme der Tioga Rd/Hwy 120), aber es kann vorkommen, dass man Schneeketten braucht. Die Glacier Point Rd ist nur bis zum Skigebiet Badger Pass befahrbar, es gibt kostenlose Shuttle-Busse vom Yosemite Valley.

Sequoia & Kings Canyon National Parks

In diesen benachbarten Nationalparks sind die Riesenmammutbäume höher (bis zu 27 Stockwerke!) und zahlreicher als sonst irgendwo in der Sierra Nevada. Die zähen und oft vom Feuer leicht verkohlten Bäume werden locker so breit wie zwei Freewayspuren. Gigantisch sind hier auch die Berge – beispielsweise der Mt. Whitney (4421 m), der höchste Berg der USA außerhalb Alaskas. Und schließlich ist da auch noch der gewaltige Kings Canyon, den Gletschereis und ein kraftvoller Fluss nach und nach in den Granit geschnitten haben. Wer Ruhe und Einsamkeit sucht und Tiere (z. B. Schwarzbären) aus der Nähe beobachten will, kann sich beim Wandern hier schnell in der Wildnis verlieren.

☉ Sehenswertes

Sequoia wurde 1890 als Nationalpark ausgewiesen, Kings Canyon 1940. Obwohl es zwei unterschiedliche **Parks** (☑ 559-565-3341; www.nps.gov/seki; 7 Tage gültiger Eintritt 20 US$/ Auto) sind, werden sie als eine Einheit verwaltet. Für beide gilt eine gemeinsame Eintrittsgebühr. Von Süden führt der Hwy 198 gleich hinter dem Ort Three Rivers bei Ash Mountain in den Sequoia National Park, von wo aus er als kurvenreicher Generals Hwy hinauf zum Giant Forest läuft. Von Westen führt der Hwy 180 nahe dem Grant Grove in den Kings Canyon National Park und dann die Schlucht hinunter nach Cedar Grove.

☉ Sequoia National Park

In dem 7,8 km² großen **Giant Forest** sollte man unbedingt versuchen, einen Baum zu umarmen. In diesem unter Naturschutz stehenden Hain ragt der **General Sherman Tree**, der größte Baum der Welt, in den Himmel. Nach dem Umarmversuch kann man sich mit lahmen Flügeln und harzigen Fingern auf einem der Wanderwege durch den Wald von den Menschenmassen entfernen (Karte nicht vergessen!).

Lohnend ist auch ein Abstecher zum **Mineral King Valley**, einem Goldgräber- und Holzfällercamp aus dem späten 19. Jh., das von zerklüfteten Gipfeln und Bergseen umgeben ist. Die 25 Meilen (40 km) lange Panoramafahrt mit fast 700 haarsträubenden Haarnadelkurven ist normalerweise von Ende Mai bis Ende Oktober möglich.

Giant Forest Museum   MUSEUM
(☑ 559-565-4480; Generals Hwy, an der Crescent Meadow Rd; ⊙ 9–16.30 Uhr; ♿) GRATIS Zur Einführung in die verblüffende Ökologie und Geschichte der Riesenmammutbäume ist dieses winzige, moderne Museum, das für Groß und Klein interessant ist, bestens geeignet. Anhand interaktiver Exponate erfährt man alles über die einzelnen Lebensabschnitte der riesigen Bäume, die über 3000 Jahre alt werden können, und über die Brandzyklen, durch die Samen freigegeben werden, die dann auf dem kargen Boden sprießen. Das Museum befindet sich in einem historischen Gebäude aus den 1920ern, das von Gilbert Stanley Underwood, dem berühmten Architekten des Ahwahnee Hotel in Yosemite, entworfen wurde.

Crystal Cave   HÖHLE
(☑ 559-565-3759; www.explorecrystalcave.com; Crystal Cave Rd, am Generals Hwy; Führung Erw./Kind/Jugendl. ab 16/5/8 US$; ⊙ Mai–Nov.; ♿) Die 1918 entdeckte Höhle beherbergt Marmorformationen, die schätzungsweise 10 000 Jahre alt sind. Tickets für die 50-minütigen Einführungstouren (werden in der Reihenfolge des Eintreffens der Besucher vergeben) sind nur direkt in den Visitor Centers Lodgepole und Foothills, nicht an der Höhle erhältlich. Jacke nicht vergessen!

☉ Kings Canyon National Park & Scenic Byway

Gleich nördlich von Grant Grove Village strotzt der **General Grant Grove** nur so vor majestätischen Giganten. Jenseits davon führt der Hwy 180 über 30 Meilen (48 km) in Serpentinen hinunter in den **Kings Canyon**, vorbei an kantigen Felswänden mit Wasserfällen. Die Straße trifft auf den Kings River, dessen Donnern von den über 2400 m hohen Granitwänden des Canyons widerhallt, der zu den tiefsten Schluchten Nordamerikas gehört.

Cedar Grove unten im Canyon ist der letzte Außenposten der menschlichen Zivilisation, bevor die raue Schönheit der Sierra Nevada beginnt. Eine beliebte Tageswanderung (einfache Strecke 7,5 km) führt von Roads End zu den tosenden **Mist Falls**. Bei Vogelliebhabern beliebt ist der einfache Naturwanderweg (Rundweg 2,5 km) rund um die **Zumwalt Meadow** direkt westlich von Roads End. Ausschau halten nach tapsigen Schwarzbären und herum hopsenden Maultierhirschen!

Die landschaftlich schöne Strecke vom Hume Lake nach Cedar Grove Village ist im Allgemeinen von Mitte November bis Ende April gesperrt.

Boyden Cavern   HÖHLE
(☑ 888-956-8243; www.caverntours.com/BoydenRt. htm; Hwy 180; Führung Erw./Kind ab 14,50/8,75 US$; ⊙ Ende April–Sept.; ♿) Die Höhle ist zwar kleiner und nicht so beeindruckend wie die Crystal Cave im Sequoia National Park, aber dafür muss man sich hier das Ticket auch nicht im Voraus besorgen, wenn man die schönen, märchenhaft anmutenden Formationen besichtigen will. Es reicht, wenn man kurz vor Beginn der 45-minütigen Standardführung vor Ort ist. Los geht's in der Hauptsaison im Sommer zwischen 10 und 17 Uhr stündlich. Den Höhleneingang erreicht man nach einem kurzen Marsch über einen steilen befestigten Weg.

☘ Aktivitäten

Die fast 1300 km langen Wanderwege beweisen es: Hierher kommt man zum Wandern. Cedar Grove und Mineral King bieten die besten Zugänge in die Wildnis. Wege in höheren Lagen werden im Allgemeinen gegen Sommeranfang geöffnet. Für Wildnistouren mit Übernachtung benötigt man eine Genehmigung (15 US$/Trip), die von Ende Mai bis Ende September nach einem Quotensystem vergeben wird. Für beliebte Routen also rechtzeitig reservieren!

Im Sommer kann man sich im **Hume Lake**, der sich in einem National Forest am Hwy 180 befindet, und in beiden Parks in Schwimmlöchern am Flussufer abkühlen. Im Winter kann man Skilanglauf- oder Schneeschuhtouren durch den Wald mit riesigen Sequoias unternehmen. Das erforderliche Equipment gibt's im Grant Grove Village und in der Wuksachi Lodge.

🛏 Schlafen & Essen

Stellplatzreservierungen (S. 504) sind nur von Frühlingsende bis Herbstanfang für die Campingplätze Lodgepole, Potwisha und Buckeye Flat (Stellplatz für Zelt & Wohnmobil 22 US$) im Sequoia National Park möglich. Auf den zehn weiteren erschlossenen Plätzen (Stellplatz für Zelt & Wohnmobil 10–20 US$) in den Parks gilt: Wer zuerst kommt, mahlt zuerst. Potwisha, Azalea und der abgelegene Campingplatz South Fork sind ganzjährig geöffnet. Sind alle Plätze komplett belegt, kann man auf die Gebiete im National Forest ausweichen.

Die Märkte in Lodgepole, Grant Grove und Cedar Grove haben ein begrenztes Lebensmittelangebot. Die Snackbars in Lodgepole und Cedar Grove servieren ordentliche, preiswerte Gerichte. In Grant Grove gibt's ein einfaches Restaurant und einen Espressoausschank.

Vor dem Südeingang des Sequoia National Park säumen meist recht abgewohnte Hütten und Kettenmotels sowie bodenständige Lokale den Hwy 198 in der Ortschaft Three Rivers.

Wuksachi Lodge   LODGE $$
(☎ 559-565-4070, 866-807-3598; www.visitsequoia.com; 64740 Wuksachi Way, am Generals Hwy; Zi. 185–290 US$; 🖥 📶) Die 1999 erbaute Wuksachi Lodge ist die gediegenste Übernachtungs- und Speisemöglichkeit im Park. Aber nicht zu viel erwarten! Die holzverkleidete Lobby lockt mit einem Kamin und schönem Waldblick, aber die reizlosen Zimmer im Motelstil mit Kaffeemaschine, kleinen Kühlschränken, Eichenmöbeln und dünnen Wänden haben einen eher institutionellen Charme. Die Lage in der Nähe von Lodgepole Village ist allerdings unschlagbar.

John Muir Lodge   LODGE $$
(☎ 559-335-5500, 866-807-3598; www.visitsequoia.com; am Hwy 180, Grant Grove Village; Zi. ab 170 US$; 🖥 📶) Dies ist ein stimmungsvolles Holzhaus mit historischen Schwarzweißfotos an den Wänden. In der ganzjährig geöffneten Lodge mitten im Wald kann man sein müdes Haupt ganz wunderbar betten. Auf den breiten Veranden stehen Holzschau-

kelstühle, in den einfachen Zimmern grob gehauene Holzmöbel. Auf den Betten liegen Patchwork-Tagesdecken. An kühlen Abenden kann man es sich bei einem Brettspiel an dem großen Kamin gemütlich machen.

Cedar Grove Lodge   LODGE $$
(☎ 559-565-3096, 866-807-3598; www.visitsequoia.com; Hwy 180, Cedar Grove Village; Zi. ab 130 US$; ⊘ Anfang Mai–Mitte Okt.; ❄ 📶 📶) Dies ist im ganzen Canyon die einzige Möglichkeit, in einem Haus zu übernachten. Die am Fluss gelegene Lodge bietet 21 langweilige Zimmer im Motelstil. Der vor Kurzem durchgeführten Modernisierung ist ein Teil des altbackenen Dekors zum Opfer gefallen. Die drei Zimmer im Erdgeschoss verfügen über schattige, möblierte Terrassen mit tollem Blick auf den Fluss und Kochnischen. In allen Zimmern gibt's Telefon und TV.

ℹ Praktische Informationen

Lodgepole Village und Grant Grove Village sind die wichtigsten Anlaufstellen im Park. In beiden gibt es Visitor Centers, Postämter, Märkte, Geldautomaten, Waschsalons und öffentliche Duschen (nur im Sommer).

Die folgenden Visitor Centers gibt's ganzjährig:
Foothills Visitor Center (☎ 559-565-4212; 47050 Generals Hwy; ⊘ 8–16.30 Uhr) In Ash Mountain.
Lodgepole Visitor Center (☎ 559-565-4436; am Generals Hwy, Lodgepole Village; ⊘ Anfang Mai–Anfang Okt. 8–17 Uhr, Hauptsaison 7–19 Uhr) Beim Giant Forest.
Kings Canyon Visitor Center (☎ 559-565-4307; Hwy 180, Grant Grove Village; ⊘ Ende Mai–Anfang Sept. 8–12 & 13–17 Uhr, außerhalb der Saison kürzere Öffnungszeiten) In Grant Grove.

Nur in der Saison geöffnete Visitor Centers:
Cedar Grove Visitor Center (☎ 559-565-3793; Hwy 180, Cedar Grove Village; ⊘ Ende Mai–Ende Sept. 9–17 Uhr) Im Kings Canyon.
Mineral King Ranger Station (☎ 559-565-3768; Mineral King Rd; ⊘ Ende Mai–Ende Sept. 8–16 Uhr)

Die kostenlose Parkzeitung informiert über weitere Serviceeinrichtungen für Besucher, u. a. WLAN-Hot-Spots.

Benzin gibt's zu stolzen Preisen am Hume Lake (ganzjährig) und in Stony Creek (im Winter geschl.) außerhalb des Parks auf dem Gelände des National Forest.

ℹ Anreise & Unterwegs vor Ort

Von Ende Mai bis Anfang September fahren kostenlose Shuttle-Busse durch die Gegend um den Giant Forest, um Lodgepole/Wuksachi und die Foothills im Sequoia National Park sowie um Grant Grove im Kings Canyon. Der **Sequoia Shuttle** (☑ 877-287-4453; www.sequoiashuttle. com; hin & zurück inkl. Parkeintritt 15 US$; ⊙ Ende Mai–Ende Sept.) verbindet den Giant Forest mit Three Rivers und Visalia (mit Anschluss an Amtrak-Züge), während **Big Trees Transit** (☑ 800-325-7433; www.bigtreestransit.com; hin & zurück inkl. Parkeintritt 15 US$; ⊙ Ende Mai–Anfang Sept.) Grant Grove mit Fresnos Flughafen und den Bahnhöfen von Amtrak und Greyhound verbindet. Im Preis der Hin- und Rückfahrt ist der Parkeintritt enthalten (Reservierung erforderlich).

Eastern Sierra

In den leeren, majestätischen Weiten grenzen gezackte Gipfel an die Wüste – ein dramatischer Gegensatz, der für einen spektakulären Landschaftsmix sorgt. Der Hwy 395 folgt dem gesamten Verlauf des Ostrands der Sierra Nevada. An der Strecke gibt es Abzweigungen zu Kiefernwäldern, Wiesen voller Wildblumen, idyllischen Seen, Thermalquellen und von Gletschern ausgehöhlten Schluchten. Wanderer, Backpacker, Mountainbiker, Angler und Skifahrer ziehen sich gern hierher zurück.

Im **Bodie State Historic Park** (☑ 760-647-6445; www.parks.ca.gov/bodie; Rte 270; Erw./ Kind 5/3 US$; ⊙ Mitte Mai–Okt. 9–18 Uhr, Nov.– Mitte Mai 9–16 Uhr) stehen verwitterte Gebäude aus der Zeit des Goldrauschs auf einer staubigen, windigen Ebene und werden vor dem Verfall geschützt. Um hinzukommen, nimmt man etwa 7 Meilen (11 km) südlich von Bridgeport den Hwy 270 und fährt 13 Meilen (21 km) gen Osten (die letzten 3 Meilen bzw. 5 km sind unbefestigt). Im Winter und zu Beginn des Frühjahrs ist die Zufahrtstraße meist wegen Schnees gesperrt.

Weiter südlich liegt der **Mono Lake** (www. monolake.org). Hier ragen außerirdisch wirkende Tuffsteintürme wie hingetupfte Sandburgen aus dem alkalischen Wasser. Das **Mono Basin Scenic Area Visitor Center** (☑ 760-647-3044; www.fs.usda.gov/inyo; ⊙ 8–17 Uhr, Frühjahr & Herbst verkürzte Öffnungszeiten, Dez.–März geschl.) am Hwy 395 gewährt einen tollen Blick und hat erklärende Exponate. Die besten Fotomotive gibt's am 1,6 km langen Naturlehrpfad in der **South Tufa Area** (Erw./Kind 3 US$/frei). Vom in der Nähe gelegenen Ort Lee Vining führt der Hwy 120 über den nur saisonal geöffneten Tioga Pass gen Westen in den Yosemite National Park.

Auf dem weiteren Weg nach Süden lohnt sich ein Abstecher vom Hwy 395 auf den malerischen 16 Meilen (25 km) langen **June Lake Loop**, wenn man nicht gleich bis **Mammoth Lakes** durchfahren will. Das ganzjährig beliebte Resort liegt im Schatten des 3368 m hohen **Mammoth Mountain** (☑ 760-934-2571, Wetterbericht 24 Std. 888-766-9778; www.mammothmountain.com; Liftkarte Erw./Kind 7–12 Jahre/Jugendl. 13–18 Jahre/Senior 105/35/82/89 US$) mit seinen erstklassigen Skipisten. Im Sommer verwandeln sich die Hänge in einen Mountainbike-Park. Auf der Fahrt mit der Gondel kann man den wunderbaren Blick genießen. In der Gegend rund um das Mammoth Lakes Basin und die Reds Meadow kann man campen und Tageswanderungen unternehmen. Bei Reds Meadow ragen die 18 m hohen Basaltsäulen des **Devils Postpile National Monument** (☑ 760-934-2289; www.nps.gov/depo; Shuttle Tageskarte Erw./Kind 7/4 US$; ⊙ Ende Mai–Okt.) in den Himmel, sie sind vulkanischen Ursprungs. Liebhaber von Thermalquellen können an der Benton Crossing Rd in einfachen Becken baden oder das dampfende Wasser der **Hot Creek Geological Site** bestaunen – beide Stätten befinden sich am Hwy 395 südöstlich der Stadt. Hilfreiche Karten und Infos bekommt man in der Stadt im **Mammoth Lakes Welcome Center & Ranger Station** (☑ 760-924-5500, 888-466-2666; www.visitmammoth.com; ⊙ 8–17 Uhr).

Weiter südlich führt der Hwy 395 hinunter ins Owens Valley. In **Bishop**, dem Städtchen mit Pionier-Flair, gibt's zwei kleinere Attraktionen: die **Mountain Light Gallery** (☑ 760-873-7700; www.mountainlight.com; 106 S Main St; ⊙ Mo–Sa 10–17, So 11–16 Uhr) GRATIS und das historische **Laws Railroad Museum** (☑ 760-873-5950; www.lawsmuseum.org; Silver Canyon Rd, am Hwy 6; Spende 5 US$; ⊙ Anfang Sept.–Ende Mai 10–16 Uhr, Ende Mai–Anfang Sept. 9.30–16 Uhr; ⛔). Von Bishop aus kommt man zu den besten Angelgründen und Kletterrevieren in der Eastern Sierra, hier ist auch der Hauptausgangspunkt für Treks mit Packpferden.

Man sollte einen halben Tag für die grandiose Fahrt zum **Ancient Bristlecone Pine Forest** einplanen. Die knorrigen, außerirdisch anmutenden Bäume – es sind die Ältesten der Erde – stehen in über 3000 m Höhe an den Hängen der White Mountains. Die Straße (im Winter und Frühjahr wegen Schnees gesperrt) ist bis zum **Visitor Center** (☑ 760-873-2500; www.fs.usda.gov/inyo; Pers./

Auto 3/6 US$; ☺ Ende Mai–Anfang Nov. Fr–Mo 10–16 Uhr) beim Schulman Grove, wo mehrere Wanderwege beginnen, asphaltiert. Vom Hwy 395 in Big Pine fährt man zunächst auf dem Hwy 168 12 Meilen (19 km) nach Osten und folgt dann der White Mountain Rd weitere 10 Meilen (16 km) bergauf.

Richtung Süden führt der Hwy 395 zur **Manzanar National Historic Site** (☎ 760-878-2194; www.nps.gov/manz; 5001 Hwy 395, Independence; ☺ Sonnenaufgang–Sonnenuntergang, Visitor Center 9–16.30 Uhr, April–Okt. 9–17.30 Uhr; ♿) GRATIS, die an das Lager erinnert, in dem während des Zweiten Weltkriegs nach dem Angriff auf Pearl Harbor 10 000 japanischstämmige Amerikaner ungerechtfertigterweise interniert waren. Informative Ausstellungen und ein kurzer Film beschreiben anschaulich das Leben im Lager; die Stätte kann man auf einer kurzen Autotour auf eigene Faust erkunden.

Noch weiter südlich kann man in Lone Pine schließlich einen Blick auf den **Mt. Whitney** (4421 m), den höchsten Berg in den USA außerhalb Alaskas, werfen. Die 12 Meilen (19 km) lange Fahrt über die malerische **Whitney Portal Rd** (im Winter bis zum Frühjahrsanfang geschl.) ist absolut spektakulär. Für den äußerst beliebten Aufstieg zum Gipfel benötigt man eine Genehmigung (15 US$/Pers.), die jährlich nach dem Lotterieprinzip vergeben wird. Im **Eastern Sierra Interagency Visitor Center** (☎ 760-876-6222; www.fs.fed.us/r5/inyo; Ecke Hwy 395 & Hwy 136; ☺ 8–17 Uhr) direkt südlich der Stadt sind Wildnisgenehmigungen, Infos über Outdoor- und Freizeitaktivitäten sowie Bücher und Landkarten erhältlich.

Die bizarren Felsen der **Alabama Hills** westlich von Lone Pine dienten bereits als Kulisse für Hollywood Western. Alte Erinnerungsstücke und Filmplakate sind in der Stadt im **Museum of Western Film History** (☎ 760-876-9909; www.museumofwesternfilmhistory.org; 701 S Main St; Erw./Kind 5 US$/frei; ☺ Mo–Sa 10–17, So 10–16 Uhr, Sommer längere Öffnungszeiten) zu bewundern.

🛏 Schlafen

Campingplätze gibt's in der Eastern Sierra en masse. Fürs Campen in der Natur braucht man eine Genehmigung, die in den Ranger-Stationen erhältlich ist. Die meisten Motels finden sich in Bishop, Lone Pine und Bridgeport. Mammoth Lakes hat ein paar Motels, Hotels und Dutzende Gästehäuser, B & Bs, Apartments und Ferienwohnungen.

Überall sollte man im Sommer unbedingt vorab reservieren.

El Mono Motel   MOTEL $
(☎ 760-647-6310; www.elmonomotel.com; 51 Hwy 395, Lee Vining; Zi. 69–99 US$; ☺ Mitte Mai–Okt.; ☎) In dieser freundlichen, mit Blumen geschmückten Unterkunft neben einem ausgezeichneten Café kann man sich ein Brettspiel schnappen oder Höhenluft und Sonnenschein genießen. Die elf einfachen, mit lebendiger, farbenfroher Kunst und Stoffen ausgestatteten Zimmer (einige mit Gemeinschaftsbad) in diesem seit 1927 bestehenden Motel sind oft ausgebucht.

**Whitney Portal
Hostel & Hotel**   HOSTEL, MOTEL $
(☎ 760-876-0030; www.whitneyportalstore.com; 238 S Main St; B/DZ 25/85 US$; ✳🎧🌐♿) Beliebt als Basis für Ausflüge zum Mt. Whitney und ideal, um nach der Rückkehr zu duschen (es gibt öffentliche Duschen)! In den Hostel-Zimmern finden sich die billigsten Betten in der ganzen Stadt, für Juli und August müssen sie Monate im Voraus gebucht werden. Es gibt keinen Gemeinschaftsraum für die Bewohner der mit Teppichboden ausgelegten, nach Geschlechtern getrennten Schlafsäle mit Stockbetten, aber dafür gibt's Annehmlichkeiten wie Handtücher, Fernseher, Kochnischen und Kaffeeautomaten. Der größte Teil dieser Unterkunft besteht aus schicken, modernen Motelzimmern, viele mit Blick auf den Mt. Whitney und seine Nachbarn.

**Dow Hotel &
Dow Villa Motel**   HOTEL, MOTEL $$
(☎ 760-876-5521; www.dowvillamotel.com; 310 S Main St; Hotelzi. mit/ohne Bad 87/69 US$, Motelzi. 115–173 US$; ✳@🎧🌐♿) John Wayne und Errol Flynn gehören zu den Stars, die in diesem altehrwürdigen Hotel übernachtet haben. Das 1922 errichtete Gebäude wurde inzwischen unter Erhaltung seines rustikalen Charmes restauriert. Die Zimmer im neueren Motelbereich haben Klimaanlagen, sind komfortabler und heller, aber auch eher Standard.

Tamarack Lodge   LODGE, HÜTTE $$$
(☎ 760-934-2442; www.tamaracklodge.com; 163 Twin Lakes Rd; Zi. mit/ohne Bad 219/169 US$, Hütte ab 299 US$; @🎧♿) ✎ Das seit 1924 bestehende, charmante, ganzjährig geöffnete Resort am Lower Twin Lake hat einen gemütlichen Kamin, eine Bar und ein ausgezeichnetes Restaurant, elf rustikale Zimmer

und 35 Hütten von sehr einfach bis luxuriös. Alle verfügen über voll eingerichtete Küchen, eigene Bäder, Veranden und Holzöfen. In manchen können bis zu zehn Personen schlafen. (Resort-Gebühr 20 US$/Tag).

✗ Essen & Ausgehen

Alabama Hills Cafe
DINER $

(111 W Post St; Hauptgerichte 8–14 US$; ⊙7–14 Uhr; 🖉) Hier frühstückt jeder gern: Die Portionen sind groß, das Brot ist frisch gebacken, und die herzhaften Suppen und selbst gemachten Obstkuchen verführen dazu, das Frühstück bis zum Mittagessen auszudehnen.

Mammoth Tavern
KNEIPENESSEN $$

(www.mammothtavern.com; 587 Old Mammoth Rd; Hauptgerichte 12–35 US$; ⊙Di–So 15.30–23 Uhr) Angenehm warmes Licht, holzgetäfelte Wände bis zur kuppelförmigen Decke und ein unglaublicher Blick auf die schneebedeckte Sherwin Range machen die großen Fernsehleinwände eigentlich überflüssig. Der Newcomer in der hiesigen Restaurantszene bietet Hausmannskost wie Shepherd's Pie, Austern, knackige Salate und knoblauchlastige Fleischbällchen aus Putenfleisch. Und dazu gibt's leckere Cocktails nach Art des Hauses, Biere aus der Region, interessante Whiskeys und über zwei Dutzend offene Weine.

Whoa Nellie Deli
KALIFORNISCH $$

(☎760-647-1088; www.whoanelliedeli.com; Tioga Gas Mart, Hwy 120 & Hwy 395, Lee Vining; Hauptgerichte 10–22 US$; ⊙Ende April–Okt. 6.30–21 Uhr; 🖷) Nachdem der bekannte Koch die kulinarische Landkarte um dieses verblüffende Tankstellenrestaurant bereichert hat, ist er nach Mammoth gezogen. Aber die Einheimischen sind der Meinung, dass das Essen hier noch immer verdammt gut ist. Aus der Küche kommen köstliche Fisch-Tacos, Hackbraten aus Wildbüffelfleisch und andere Leckereien. An zwei Abenden der Woche wird Livemusik geboten.

Mammoth Brewing Company Tasting Room
BRAUEREI

(www.mammothbrewingco.com; 18 Lake Mary Rd; ⊙So–Do 10–21.30, Fr & Sa 10–22.30 Uhr) In dieser großen, zentral gelegenen Brauerei gibt's ein Dutzend Biere vom Fass (Probe 5–7 US$), u.a. spezielle saisonabhängige Biere, die anderswo nicht erhältlich sind. Ein IPA 395 oder Double Nut Brown kann man sich für den Weg mitnehmen. Gutes Baressen.

June Lake Brewing
KLEINBRAUEREI

(www.junelakebrewing.com; 131 S Crawford Ave, June Lake; ⊙Mi–Mo 11–20, Fr & Sa 11–21 Uhr; 🖷) June Lake Brewing ist eine brandneue Attraktion in dieser Gegend. In dem Verkostungsraum gibt es zehn Biere vom Fass, u.a. „SmoKin" Porter, Deer Beer Brown Ale und ein paar sehr gute IPAs. Die Braumeister schwören, dass das Wasser des June Lake den gewissen Unterschied ausmacht (Verkostung 4–6 US$).

Lake Tahoe

Der in unzähligen Grün- und Blautönen schimmernde Lake Tahoe ist der zweittiefste See der USA. Die Fahrt auf der 72 Meilen (116 km) langen malerischen Uferstraße rund um den See ist faszinierend, aber auch ganz schön anstrengend. Das Nordufer ist ruhig und exklusiv, das Westufer zerklüftet und urtümlich, das Ostufer weitgehend unberührt, und das Südufer ist mit seinen grellen Casinos und den vielen Familien hektisch. Die spitzen Gipfel rund um den See (1906 m), der sich über die Grenze zwischen Kalifornien und Nevada erstreckt, sind das ganze Jahr ein beliebter Outdoor-Spielplatz.

Im Sommer sowie an Feiertagen und Winterwochenenden ist es in Tahoe rappelvoll, dann sollte man sowohl Stellplätze auf Campingplätzen als auch alle anderen Unterkünfte unbedingt reservieren.

❶ Praktische Informationen

Lake Tahoe Visitors Authority (☎530-541-5255; www.tahoesouth.com; 3066 Lake Tahoe Blvd, South Lake Tahoe; ⊙9–17 Uhr) und **North Lake Tahoe Visitors' Bureaus** (☎800-468-2463; www.gotahoenorth.com) betreiben diverse Besucher- und Infozentren.

❶ Anreise & Unterwegs vor Ort

South Tahoe Airporter (☎775-325-8944, 866-898-2463; www.southtahoeexpress.com; Erw./Kind 4–12 Jahre 30/17 US$) betreibt mehrmals täglich Shuttle-Busse vom Reno-Tahoe International Airport in Nevada nach Stateline. **North Lake Tahoe Express** (☎866-216-5222; www.northlaketahoeexpress.com; 49 US$/Pers.) verkehrt zwischen dem Flughafen von Reno und Truckee, Northstar, Squaw Valley und anderen Ortschaften am Nordufer.

Vom **Amtrak-Bahnhof** (☎800-872-7245; www.amtrak.com; 10065 Donner Pass Rd) in Truckee fahren täglich Züge nach Reno (13 US$, 1¼ Std.) und Sacramento (41 US$, 4½ Std.). Zweimal täglich fahren Busse von **Greyhound**

(☎ 800-231-2222; www.greyhound.com) nach Reno (16 US$, 1 Std.), Sacramento (40 US$, 2½ Std.) und San Francisco (41 US$, 5¾ Std.). Amtrak-Busse verbinden täglich South Lake Tahoe mit Sacramento (34 US$, 2¾ Std.).

Tahoe Area Rapid Transit (TART; ☎ 530-550-1212; www.laketahoetransit.com; einfache Strecke/Tageskarte 1,75/3,50 US$) fährt mit Regionalbussen von Truckee an Ziele am Nord- und Westufer. South Lake Tahoe wird von **BlueGO** (☎ 530-541-7149; www.tahoetranspor tation.org/transit; einfache Strecke/Tageskarte 2/5 US$) angefahren. Im Sommer verbinden die seltener verkehrenden Busse von **Emerald Bay Trolley** (einfache Strecke 2 US$) BlueGo mit TART.

Auf der I-80, dem US 50 und anderen Highways in den Bergen braucht man im Winter oft Schneeketten. Bei starken Schneefällen werden diese Straßen vorübergehend auch geschlossen. Angaben über den Straßenzustand oder Straßensperrungen bekommt man telefonisch unter ☎ 800-427-7623.

South Lake Tahoe & Westufer

Die altmodischen Motels und Lokale am stark befahrenen Hwy 50 in South Lake Tahoe sind immer gut besucht. Das Glücksspiel in den Kasinohotels von Stateline gleich hinter der Grenze zu Nevada lockt Tausende an, ebenso das erstklassige Skiresort **Heavenly** (☎ 775-586-7000; www.skiheavenly.com; 4080 Lake Tahoe Blvd, South Lake Tahoe; Erw./Kind 5–12 Jahre/Jugendl. 13–18 Jahre 99/59/89 US$; ◷ Mo–Fr 9–16, Sa, So & feiertags 8.30–16 Uhr; ⊕). Im Sommer hat man bei einer Fahrt mit Heavenlys **Seilbahn** (Erw./Kind 42/20 US$) einen grandiosen Blick auf den See und die **Desolation Wilderness**. Diese kahle, wunderschöne Landschaft mit nackten Granitgipfeln, Gletschertälern und Bergseen ist bei Wanderern sehr beliebt. Karten, Infos und Wildnisgenehmigungen (5–10 US$/Erw.) gibt's im **USFS Taylor Creek Visitor Center** (☎ 530-543-2674; www.fs.usda.gov/ltbmu; Visitor Center Rd, am Hwy 89; ◷ Ende Mai–Sept. 8–17 Uhr, Okt. 8–16 Uhr), das sich 3 Meilen (4,8 km) nördlich der Y-förmigen Kreuzung der Hwys 50 und 89 in der **Tallac Historic Site** (www.tahoeheritage.org; Tallac Rd; Führung Erw./Kind 10/5 US$; ◷ Mitte Juni–Sept. tgl. 10–16 Uhr, Ende Mai–Mitte Juni nur Fr & Sa; ☎) GRATIS befindet, einer schicken geschützten Ferienanlage aus dem frühen 20. Jh.

Von der sandigen, zum Baden geeigneten **Zephyr Cove** (www.zephyrcove.com; 760 Hwy 50; 10 US$/Auto; ⊕) hinter der Grenze zu Nevada oder von der Ski Run Marina im Ort schippert **Lake Tahoe Cruises** (☎ 800-238-2463; www.zephyrcove.com; Erw./Kind ab 51/15 US$) ganzjährig übers „Große Blau". Wer selbst paddeln will, wendet sich an **Kayak Tahoe** (☎ 530-544-2011; www.kayak tahoe.com; 3411 Lake Tahoe Blvd; Einer-/Zweierkajak 1 Std. 25/35 US$, Tag 65/85 US$, Unterricht & Touren ab 40 US$; ◷ Juni–Sept. 9–17 Uhr). Zu den schicken Boutiquemotels gehören das **Alder Inn** (☎ 530-544-4485; www.thealderinn.com; 1072 Ski Run Blvd; Zi. 99–150 US$; ☎ ✉) und das hippe **Basecamp Hotel** (☎ 530-208-0180; www.basecamphotels.com; 4143 Cedar Ave; DZ 109–229 US$, Schlafsaal für 8 Pers. 209–299 US$; ☎ ✉) ✹ mit Whirlpool auf dem Dach. Alternativ kann man auch sein Zelt auf dem **Fallen Leaf Campground** (☎ Infos 530-544-0426, Reservierungen 877-444-6777; www.recreation.gov; 2165 Fallen Leaf Lake Rd; Stellplatz für Zelt & Wohnmobil 33–35 US$, Jurte 84 US$; ◷ Mitte Mai–Mitte Okt.; ☎) am See aufstellen. Zum Auftanken bieten sich die Biogerichte im vegetarierfreundlichen **Sprouts** (www.sproutscafetahoe.com; 3123 Harrison Ave; Hauptgerichte 7–10 US$; ◷ 8–21 Uhr; ⊕⊕) oder ein Burger mit Erdnussbutter und Knoblauchfritten in der **Burger Lounge** (☎ 530-542-2010; www.burgerloungeintahoe.com; 717 Emerald Bay Rd; Gerichte 4–10 US$; ◷ Juni–Sept. tgl. 10–20 Uhr, Okt.–Mai Mi–So 11–19 Uhr; ⊕) an.

Der Hwy 89 schlängelt sich nordwestwärts am dicht bewaldeten Westufer entlang zum **Emerald Bay State Park** (☎ 530-541-6498; www.parks.ca.gov; 10 US$/Auto; ◷ Ende Mai–Sept.), wo Granitfelsen und Kiefern eine fjordartige Bucht umrahmen. Ein steiler, 1,6 km langer Weg führt hinunter zum **Vikingsholm Castle** (Führung Erw./Kind 10/8 US$; ◷ Ende Mai–Sept. 11–16 Uhr), einer skandinavischen Villa aus den 1920er-Jahren. Von dort führt der 7,2 km lange **Rubicon Trail** nordwärts am Seeufer entlang und vorbei an einem alten Leuchtturm und kleinen Buchten zum **DL Bliss State Park** (☎ 530-525-7277; www.parks.ca.gov; 10 US$/Auto; ◷ Ende Mai–Sept.; ⊕) mit seinen Sandstränden. Weiter nördlich vermieten **Tahoma Meadows B&B Cottages** (☎ 866-525-1553, 530-525-1553; www.tahomameadows.com; 6821 W Lake Blvd, Tahoma; Cottage 99–389 US$; ☎ ⊕ ✉) reizende Hütten im ländlichen Stil.

Nord- & Ostufer

Das Geschäftszentrum **Tahoe City** ist ideal, um sich zu stärken, seine Vorräte aufzufüllen und Outdoor-Ausrüstung auszuleihen. Von hier ist es nicht weit nach **Squaw Valley USA**

(✆530-452-4331; www.squaw.com; 1960 Squaw Valley Rd, am Hwy 89, Olympic Valley; Erw./Kind unter 13 Jahren/Jugendl. 13–22 Jahre 114/66/94 US$; ♿), dem Mega-Skiresort, in dem 1960 die Olympischen Winterspiele stattfanden. Zum Après-Ski geht's wieder nach Tahoe in die holzvertäfelte **Bridgetender Tavern & Grill** (www.tahoebridgetender.com; 65 W Lake Blvd; ⏰11–23 Uhr, Fr & Sa 11–24 Uhr). Morgens kann man im heimeligen **Fire Sign Cafe** (www.firesigncafe.com; 1785 W Lake Blvd; Hauptgerichte 7–13 US$; ⏰7–15 Uhr; 🅿♿), 2 Meilen (3,2 km) weiter südlich, Eggs Benedict und frisch geräucherten Lachs genießen.

Im Sommer kann man in **Tahoe Vista** und **Kings Beach** schwimmen oder Kajak fahren. Übernachten kann man in der **Cedar Glen Lodge** (✆530-546-4281; www.tahoecedarglen.com), die rustikale Hütten und Zimmer mit Kochecke bietet, oder im gepflegten, kompakten **Hostel Tahoe** (✆530-546-3266; www.hosteltahoe.com; 8931 N Lake Blvd; B 35 US$, DZ/4BZ 70/85 US$, alle inkl. Steuer; @📶) 🅿. Östlich von Kings Beach mit zwanglosen Uferlokalen führt der Hwy 28 rüber nach Nevada. Im **Crystal Bay Club Casino** (✆775-833-6333; www.crystalbaycasino.com; 14 Hwy 28) kann man einer Livemusikshow beiwohnen. Wer aber Bars und Bistros sucht, in denen mehr los ist, fährt weiter nach **Incline Village**.

Mit seinen wilden Stränden, Seen und kilometerlangen Mehrzweckwegen ist der **Lake Tahoe-Nevada State Park** (www.parks.nv.gov; 7–12 US$/Auto) der Besuchermagnet an der Ostküste. Im Sommer planschen viele im türkisblauen Wasser von **Sand Harbor**. Der fast 21 km lange **Flume Trail**, ein heiliger Gral aller Mountainbiker, endet südlich bei **Spooner Lake**. In Incline Village vermietet **Flume Trail Bikes** (✆775-298-2501; http://flumetrailtahoe.com; 1115 Tunnel Creek Rd, Incline Village; Mountainbike 35–85 US$/Tag, Shuttle 15 US$) Räder und bietet einen Shuttle-Service an.

Truckee & Umgebung

Nördlich vom Lake Tahoe an der I-80 ist Truckee nicht etwa ein Rastplatz für Trucker, sondern ein blühendes Bergstädtchen mit einem historischen Viertel voller Cafés mit Bioprodukten, trendiger Boutiquen und Restaurants. Skihasen können in der Gegend zwischen mehreren Resorts wählen. Dazu gehören z. B. das glamouröse **Northstar California** (✆530-562-1010; www.northstarcalifornia.com; 5001 Northstar Dr, abseits des Hwy 267, Truckee; Erw./Kind 5–12 Jahre/Jugendl. 13–22 Jahre 116/69/96 US$; ⏰8.30–16 Uhr; ♿), das von Walt Disney mitbegründete kinderfreundliche **Sugar Bowl** (✆530-426-9000; www.sugarbowl.com; 629 Sugar Bowl Rd, an der Donner Pass Rd, Norden; Erw./Kind 6–12 Jahre/Jugendl. 13–22 Jahre 82/30/70 US$; ⏰9–16 Uhr; ♿) und das Langläuferparadies **Royal Gorge** (✆530-426-3871; www.royalgorge.com; 9411 Pahatsi Rd, abseits der I-80, Exit Soda Springs/Norden, Soda Springs; Erw./Jugendl. 13–22 Jahre 29/22 US$; ⏰in der Schneesaison 9–17 Uhr; ♿🐕).

Westlich vom Hwy 89 befindet sich der Donner Summit, wo die berühmt-berüchtigte Donner Party im harten Winter 1846/47 steckenblieb. Weniger als die Hälfte der Menschen überlebte – einige nur, weil sie das Fleisch der Toten aßen. Die schauerliche Geschichte wird im Museum innerhalb des **Donner Memorial State Park** (✆530-582-7892; www.parks.ca.gov; Donner Pass Rd; 8 US$/Auto; ⏰Museum 10–17 Uhr, Sept.–Mai Di & Mi geschl.; ♿) nacherzählt, in dem man auch **Campen** (✆530-582-7894, Reservierungen 800-444-7275; www.reserveamerica.com; Stellplatz für Zelt & Wohnmobil 35 US$; ⏰Ende Mai–Ende Sept.; ♿) kann. Der **Donner Lake** in der Nähe ist ein beliebtes Ziel von Badelustigen und Paddlern.

Am Stadtrand von Truckee bietet das mit Ökozertifikat ausgezeichnete **Cedar House Sport Hotel** (✆866-582-5655, 530-582-5655; www.cedarhousesporthotel.com; 10918 Brockway Rd; Zi. 180–295 US$; @📶🐕) 🅿 stilvolle Boutiquezimmer und ein hervorragendes Restaurant. Ein großes Glas Donner Party Porter kann man sich in der **Fifty Fifty Brewing Co** (www.fiftyfiftybrewing.com; 11197 Brockway Rd; ⏰So–Do 11.30–21, Fr & Sa 11.30–21.30 Uhr) genehmigen.

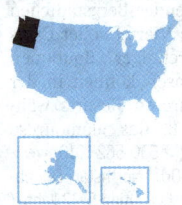

Der Nordwesten

Gut essen

➡ Sitka & Spruce (S. 207)

➡ Toulouse Petit (S. 206)

➡ Saffron Mediterranean Kitchen (S. 225)

➡ Andina (S. 234)

➡ Chow (S. 246)

Schön übernachten

➡ Ace Hotel (S. 205)

➡ Davenport Hotel (S. 221)

➡ Kennedy School (S. 231)

➡ Timberline Lodge (S. 243)

➡ Moore Hotel (S. 204)

Auf in den Nordwesten!

Der Nordwesten der USA ist Ausdruck einer besonderen Geisteshaltung. Wo schneebedeckte Vulkane von immergrünen Bäumen umrahmt werden, gedeihen Subkulturen und entstehen neue Trends. Aus zündenden Ideen, hastig auf Servietten gekritzelt, werden die erfolgreichen Unternehmen von morgen. Historisch hat diese Region nicht viel zu bieten, dafür kann man in hochdynamischen Städten wie Seattle und Portland einen Blick in die Zukunft werfen. Bekannt sind diese beiden Städte auch für Food Carts und Straßenbahnen, Kleinbrauereien und Kaffeekultur, grüne Lungen am Stadtrand und Skulpturen in den Straßen.

Der Nordwesten lockt mit seiner unglaublich sauberen Luft, die man am liebsten in Flaschen mit nach Hause nehmen möchte. Und mit der Küste am Westende des Kontinents, an der man die kraftvolle Weite des größten Ozeans der Welt erlebt und es Bäume gibt, die älter sind als die Renaissancepaläste in Italien.

Reisezeit
Seattle

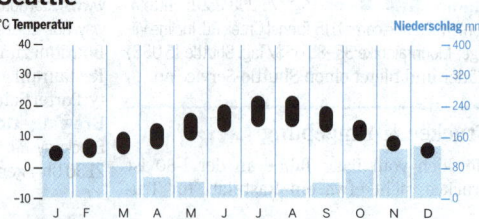

Jan.–März Schneesicherste Zeit zum Skifahren in den Cascades und deren Umgebung.

Mai Festival-Saison: Portland Rose, International Film Festival, Oregon Shakespeare Festival.

Juli–Sept. Top zum Wandern: zwischen der Schneeschmelze und den ersten Stürmen im Herbst.

Geschichte

Als im 18. Jh. die Europäer in den Nordwesten vordrangen, waren an der Pazifikküste schon lange Indianerstämme wie die Chinook und die Salish ansässig. Im Inland, auf den trockenen Hochebenen zwischen den Cascades (Kaskadenkette) und den Rocky Mountains, lebten die Spokane, die Nez Percé und andere Stämme, die je nach Jahreszeit zwischen den Flusstälern und dem milden Hochland hin- und herzogen.

300 Jahre nach der Entdeckung der Neuen Welt durch Kolumbus begannen spanische und britische Forscher, auf der Suche nach der sagenumwobenen Nordwestpassage die nördliche Pazifikküste zu erkunden. 1792 durchsegelte Kapitän George Vancouver als erster die Gewässer des Puget Sound und erklärte die ganze Region zu britischem Herrschaftsgebiet. Zur selben Zeit entdeckte der Amerikaner Robert Gray die Mündung des Columbia River. Und 1805 durchquerten die Forscher Lewis und Clark die Rocky Mountains, zogen am Columbia River entlang abwärts zum Pazifik und festigten den amerikanischen Anspruch auf die Region.

Die britische Hudson's Bay Company gründete 1824 in Washington Fort Vancouver als Hauptquartier für die Columbia-Region. Das ermöglichte Massen von Siedlern die Zuwanderung, hatte auf die Kultur und Lebensweise der Indianer allerdings einen zerstörerischen Effekt, der vor allem vom Alkohol und von eingeschleppten Krankheiten ausging.

1843 stimmten die Siedler von Champoeg, das am Willamette River südlich von Portland liegt, für die Einrichtung einer provisorischen, von der Hudson's Bay Company unabhängigen Regierung und damit zugleich für den Anschluss an die Vereinigten Staaten, die das Gebiet 1846 formal per Vertrag von den Briten erwarben. Im Lauf des folgenden Jahrzehnts kamen rund 53 000 neue Siedler über den 3220 km langen Oregon Trail in den Nordwesten.

Die Eisenbahn ebnete der Region den Weg in die Zukunft. Bis 1914 waren Landwirtschaft und Holz die Säulen der Wirtschaft. Mit der Eröffnung des Panamakanals und dem Ausbruch des Ersten Weltkriegs wurde der Handel in den Pazifikhäfen dann sehr viel lebendiger. Werften entstanden am Puget Sound, der Flugzeugbauer Boeing richtete bei Seattle ein Werk ein.

Durch große Dammbauprojekte in den 1930er- und 1940er-Jahren konnte man billig Elektrizität erzeugen und Gebiete bewässern. Der Zweite Weltkrieg erhöhte erneut die Nachfrage nach Flugzeugen und Schiffen, die Landwirtschaft blühte weiter auf. Nach dem Krieg wuchs die Bevölkerung von Washington auf das Doppelte der Einwohnerzahl von Oregon an, besonders stark in der Gegend um den Puget Sound.

In den 1980er- und 1990er-Jahren hat sich der wirtschaftliche Schwerpunkt durch den Aufschwung der Hightech-Industrie mit den Speerspitzen Microsoft in Seattle und Intel in Portland verlagert.

DER NORDWESTEN IN…

…vier Tagen

An den ersten beiden Tagen ist man vollauf damit beschäftigt, sich in **Seattle** die Hauptattraktionen wie den Pike Place Market und das Seattle Center anzusehen. Am dritten Tag geht es weiter nach **Portland**, wo man ganz in der Manier der Einheimischen mit dem Rad die Bars, Cafés, Lokale und Läden abklappert.

…einer Woche

In eine ganze Woche passen noch Highlights wie der **Mt. Rainier**, der **Olympic National Park**, die **Columbia River Gorge** und der **Mt. Hood**. Oder man erkundet die spektakuläre Oregon Coast (am besten die Gegend rund um den **Cannon Beach**) oder die historische Hafenstadt **Port Townsend** auf der Olympic Peninsula.

…zwei Wochen

Der **Crater Lake** ist einfach unvergesslich und kann mit einem Trip nach **Ashland** (und zum dortigen Shakespeare-Festival) verbunden werden. Auf keinen Fall sollte man die himmlischen **San Juan Islands** in der Nähe der Wassergrenze zu Kanada auslassen, ebenso nicht **Bend**, das größte Outdoor-Zentrum der Region. Wer gerne Wein trinkt, für den ist **Walla Walla** in Washington ein Mekka. Das **Willamette Valley** hingegen ist das Pinot-Noir-Paradies Oregons.

Highlights

1 In den ruhigeren Ecken auf den **San Juan Islands** (S. 216) Rad und Kajak fahren

2 Die traumhafte **Oregon Coast** (S. 247) erkunden, vom malerischen Astoria bis zum entzückenden Port Orford

3 In Washingtons **Olympic National Park** (S. 211) Bäume bewundern, die älter sind als die Renaissanceschlösser Europas

4 Dem tollsten Freiluftspektakel im pazifischen Nordwesten beiwohnen: dem theatralischen **Pike Place Market** (S. 200) in Seattle

5 Gestärkt mit Bier, Kaffee und Imbissleckereien durch die grünen ruhigen Viertel von **Portland** (S. 226) schlendern

6 Die unglaublich tiefblauen Gewässer und das malerische Panorama des **Crater Lake National Park** (S. 247) bewundern

7 Im Outdoor-Mekka **Bend** (S. 244) mountainbiken, klettern oder Ski fahren

8 In den Weinregionen um **Walla Walla** (S. 225) köstliche Rot- und Weißweine probieren

Produktion mit Wasserkraft und Bewässerungsanlagen entlang des Columbia River haben in den letzten paar Jahrzehnten das Ökosystem des Flusses bedroht, und auch die Holzgewinnung hat ihre Spuren hinterlassen. Gleichwohl hat die Region ihre Umweltbilanz verbessert, indem sie ein paar der umweltfreundlichsten Firmen des Landes angelockt hat und ihre Großstädte zu den grünsten der USA gemacht hat. In puncto Umweltschutz gehören die beiden Nordweststaaten zu den zu den engagiertesten Regionen der USA.

Einheimische Kultur

Das stereotype Bild des Bewohners des amerikanischen Nordwestens zeigt ihn als lässig gekleideten, Café Latte schlürfenden Städter, der einen Hybridwagen fährt, als Demokraten wählt und einen iPod trägt, aus dem unermüdlich Grunge- und Indie-Musik à la Nirvana ertönt. Aber wie bei den meisten kurzlebigen Verallgemeinerungen ist die Wirklichkeit sehr viel komplexer.

Gewiss, Seattle und Portland, die urbanen Zentren des Nordwestens, sind für ihre feine Kaffeekultur und unzähligen kleinen Brauereikneipen bekannt. Aber weiter im Osten, im trockenen und weitaus weniger grünen Landesinneren, verläuft das Leben viel traditioneller als in den Städten an der Küste. Hier, im Südosten Washingtons finden in den Kleinstädten, die sich entlang des Columbia River Valley und in den trockenen Steppen verstecken, wilde Rodeos statt, die Touristenzentren locken mit Cowboy-Kultur und ein Pott Kaffee ist einfach nur ein Pott Kaffee, der nichts mit dem neumodischen Chai Latte oder den Frappés zu tun hat, die in den Städten zelebriert werden.

Im Gegensatz zu der hart arbeitenden Ostküste der USA ist das Leben im Westen lockerer und weniger hektisch. Die Leute hier arbeiten um zu leben – und leben nicht um zu arbeiten. Nach einem verregneten Winter nutzen die Bewohner des pazifischen Nordwestens jede Entschuldigung, um aus dem Arbeitsalltag auszubrechen und einige Stunden (oder auch ganze Tage) im Freien zu verbringen. An den ersten Sommertagen Ende Mai oder Anfang Juni können Besucher einer wahren Völkerwanderung von enthusiastischen Wanderern und Radfahrern beiwohnen, die in die berühmten Nationalparks und in die Wildnis strömen, für die diese Region zu recht bekannt ist.

Kreativität ist eine weitere starke Eigenschaft der Bewohner des Nordwestens. Hier wurde die moderne Rockmusik neu definiert und das neueste Computerprogramm von Microsoft geschrieben. Der Nordwesten hat sich in den letzten Jahrzehnten durch gefeierte Fernsehserien (z. B. *Frasier* und *Portlandia*), weltbekannte Persönlichkeiten (z. B. Bill Gates) und eine innovative Musikszene, die alles vom Grunge-Rock bis hin zum Riot-Grrrl-Feminismus umfasst, international neu positioniert.

Die Menschen in dieser Region sind sehr tolerant, z. B. wenn es um den Konsum leichter Drogen – der private Gebrauch von Marihuana ist mittlerweile in Washington und Oregon legal –, die Rechte von Homosexuellen und die Sterbehilfe geht. Die Bevölkerung, die bei Präsidentschaftswahlen üblicherweise die Demokraten wählt, ist auch mit Feuer und Flamme dabei, einen grüneren Lebensstil voranzutreiben: Es wird recyclt, was geht, viele Restaurants kochen mit regionalen Bio-Zutaten und die Walbeobachtungsschiffe fahren mit Biodiesel. Greg Nickels, der ehemalige Bürgermeister von Seattle und frühe Vorkämpfer des Umweltschutzes, ist mittlerweile ein führender Experte in Sachen Klimawandel. Und das fortschrittliche Portland wird regelmäßig zu einer der nachhaltigsten und radfahrerfreundlichsten Städte der USA gewählt.

ℹ Anreise & Unterwegs vor Ort

AUTO

Am bequemsten kommt man mit dem Auto durch den Nordwesten. In der ganzen Region gibt es größere und kleinere Autovermietungen. Die I-5 ist die wichtigste Nord-Süd-Achse. In Washington führt die I-90 von Seattle ostwärts nach Spokane und Idaho. In Oregon zweigt die I-84 von Portland an der Columbia River Gorge gen Osten ab und führt nach Boise in Idaho.

BUS

Greyhound-Busse (www.greyhound.com) fahren entlang der I-5 von Bellingham im Norden Washingtons runter nach Medford im Süden Oregons. Es gibt auch Verbindungen zwischen den USA und Kanada. Ost-West-Verbindungen führen nach Spokane, Yakima, Tri-Cities (Kennewick, Pasco und Richland in Washington), Walla Walla und Pullman in Washington sowie nach Hood River und Pendleton in Oregon. Private Unternehmen fahren die meisten kleineren Dörfer und Städte in der Region an, oftmals mit Verbindungen zu Greyhound oder Amtrak.

FLUGZEUG

Der Seattle-Tacoma International Airport (S. 210), kurz Sea-Tac genannt, und der Portland International Airport (S. 238) sind die größten Flughäfen der Gegend und bedienen viele nordamerikanische und einige internationale Reiseziele.

SCHIFF/FÄHRE

Die Washington State Ferries (www.wsdot.wa.gov/ferries) verbinden Seattle mit Bainbridge und den Vashon Islands. Weitere WSF-Routen führen von Whidbey Island nach Port Townsend auf der Olympic Peninsula und von Anacortes über die San Juan Islands nach Sidney in British Columbia (BC). Victoria Clipper (www.clipper vacations.com) bietet Verbindungen von Seattle nach Victoria, BC, das auch von Port Angeles aus angesteuert wird. Fähren von **Alaska Marine Highway** (www.dot.state.ak.us/amhs) schippern von Bellingham, WA, nach Alaska.

ZUG

Amtrak (www.amtrak.com) bietet Verbindungen nach Vancouver, BC, im Norden und nach Kalifornien im Süden an und verbindet dabei Seattle, Portland und weitere große Stadtzentren mit den Cascades und den Coast-Starlight-Routen. Der berühmte *Empire Builder* fährt von Seattle und Portland (wird in Spokane zusammengeführt) ostwärts nach Chicago.

WASHINGTON

Die Cascade Mountains (Cascades) ziehen sich wie ein Rückgrat durch Washington und teilen den Staat der Gegensätze in zwei Welten. Die Küste im Westen mit Seattle als Zentrum ist feucht, urban, liberal und berühmt für ihre üppigen immergrünen Wälder. Die sich zwischen den weniger bekannten Städten Spokane und Yakima im Osten erstreckenden Ebenen sind trocken, ländlich, konservativ und mit endlosen Steppen übersät.

Von den beiden Hälften ist es der Westen, der die wichtigsten Sehenswürdigkeiten Washingtons bietet. Der abgeschiedenere Osten hingegen ist unbekannter, unterschätzt und voller Überraschungen.

Seattle

Man nehme die Intelligenz von Portland in Oregon und paare sie mit der Schönheit von Vancouver in British Columbia – das Ergebnis dürfte in etwa so aussehen wie Seattle. Es ist kaum zu glauben, dass die größte Metropole des Nordwestens bis in die 1980er-Jahre nur als US-Stadt „zweiter Klasse" galt. Seitdem hat sie die Mischung aus wagemutiger Innovationsfreude und unerschrockenem In-

KURZINFOS WASHINGTON

Spitzname Evergreen State

Bevölkerung 7 Mio.

Fläche 184 775 km^2

Hauptstadt Olympia (48 340 Ew.)

Weitere Städte Seattle (653 000 Ew.), Spokane (210 800 Ew.), Yakima (93 300 Ew.), Bellingham (83 000 Ew.), Walla Walla (32 000 Ew.)

Verkaufssteuer 6,5 %

Geburtsort von Sänger und Schauspieler Bing Crosby (1903–1977), Gitarrist Jimi Hendrix (1942–1970), Computer-Guru Bill Gates (geb. 1955), Politikkommentator Glen Beck (geb. 1964), Musikikone Kurt Cobain (1967–1994)

Heimat von Mt. St. Helens, von Microsoft, Starbucks, Amazon und dem Evergreen State College

Politik Demokratische Gouverneure seit 1985

Berühmt für Grunge, Kaffee, *Grey's Anatomy*, *Twilight*, Vulkane, Äpfel, Wein, Niederschlag

Staatsgemüse Süßzwiebeln aus Walla Walla

Entfernungen Seattle–Portland 174 Meilen (280 km); Spokane–Port Angeles 365 Meilen (587 km)

dividualismus zu einem der größten Trendsetter der Dotcom-Ära gemacht, dessen Speerspitze aus dem unglaublichen Bündnis aus Café Latte schlürfenden Computerfreaks und selbstverliebten Musikern besteht.

Sich ständig neu zu erfinden, ist die moderne Zauberformel dieser Stadt, in der der Grunge Eingang in die Geschichtsbücher gefunden hat und flotte, unabhängige Kaffeeröstereien mit dem Weltkonzern Starbucks um Marktanteile konkurrieren.

Das mancherorts überraschend elegante, andernorts hypertrendige Seattle ist bekannt für den starken Zusammenhalt in den einzelnen Stadtvierteln, die erstklassige Universität, monströses Verkehrschaos und proaktive Bürgermeister, die sich als grüne Umweltpolitiker verdient machen. Auch wenn die Stadt in jüngster Zeit eine eigene Popkultur hervorgebracht hat, fehlt ihr noch der Mythos einer Metropole wie New York oder Paris. Immerhin hat es den „Berg". Der ist besser

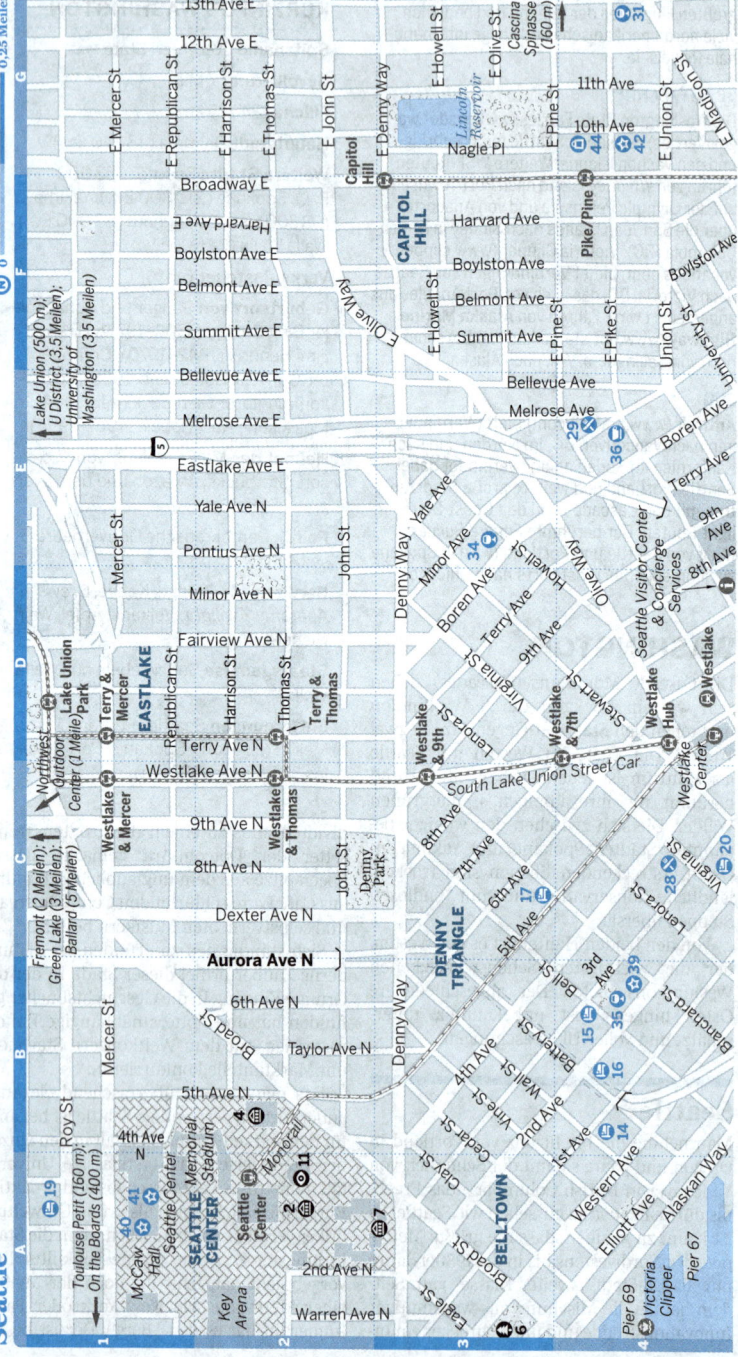

13th Ave E

12th Ave E

E Republican St

E Harrison St

E Thomas St

E John St

E Howell St

E Olive St

Cascina
Spinasse
(160 m)

E Mercer St

E Denny Way

11th Ave

10th Ave

E Union St

E Madison St

E Pine St

Capitol
Hill

**CAPITOL
HILL**

Pike/Pine

Nagle Pl

Broadway E

Harvard Ave E

Harvard Ave

E Howell St

Boylston Ave E

Boylston Ave

E Pine St

Belmont Ave E

Belmont Ave

Summit Ave E

Summit Ave

E Pike St

Bellevue Ave E

Bellevue Ave

University St

Melrose Ave E

Melrose Ave

E Olive Way

Boylston Ave

Union St

Boren Ave

Terry Ave

9th Ave

8th Ave

Lake Union (500 m);
U District (3,5 Meilen);
University of
Washington (3,5 Meilen)

Eastlake Ave E

Yale Ave N

Yale Ave

Minor Ave

Denny Way

Howell St

Olive Way

Seattle Visitor Center
& Concierge
Services

Westlake

Pontius Ave N

Minor Ave N

Boren Ave

Terry Ave

9th Ave

Virginia St

Stewart St

Westlake
& 7th

Westlake
Hub

Fairview Ave N

Harrison St

Thomas St

EASTLAKE

Lake Union
Park

Terry &
Mercer

Terry &
Thomas

Westlake
& 9th

Lenora St

Westlake

South Lake Union Street Car

Westlake
Center

Northwest
Outdoor
Center (1 Meile)

Republican St

Terry Ave N

Westlake Ave N

Westlake
& Mercer

Westlake
& Thomas

8th Ave

7th Ave

Mercer St

9th Ave N

8th Ave N

John St

Denny
Park

6th Ave

5th Ave

Bell St

**DENNY
TRIANGLE**

Virginia St

Fremont (2 Meilen);
Green Lake (3 Meilen);
Ballard (5 Meilen)

Dexter Ave N

Aurora Ave N

Denny Way

4th Ave

Blanchard St

6th Ave N

Taylor Ave N

Battery St

3rd
Ave

Broad St

Mercer St

5th Ave N

4th Ave
N

Roy St

Toulouse Petit (160 m);
On the Boards (400 m)

Seattle Center

McCaw
Hall

**SEATTLE
CENTER**

Seattle
Center

Monorail

Seattle Memorial Stadium

2nd Ave N

Vine St

Wall St

Cedar St

Clay St

4th Ave

2nd Ave

1st Ave

Western Ave

Elliott Ave

Alaskan Way

BELLTOWN

Key
Arena

Warren Ave N

Eagle St

Broad St

Pier 69

Pier 67

Victoria
Clipper

500 m

0,25 Meilen

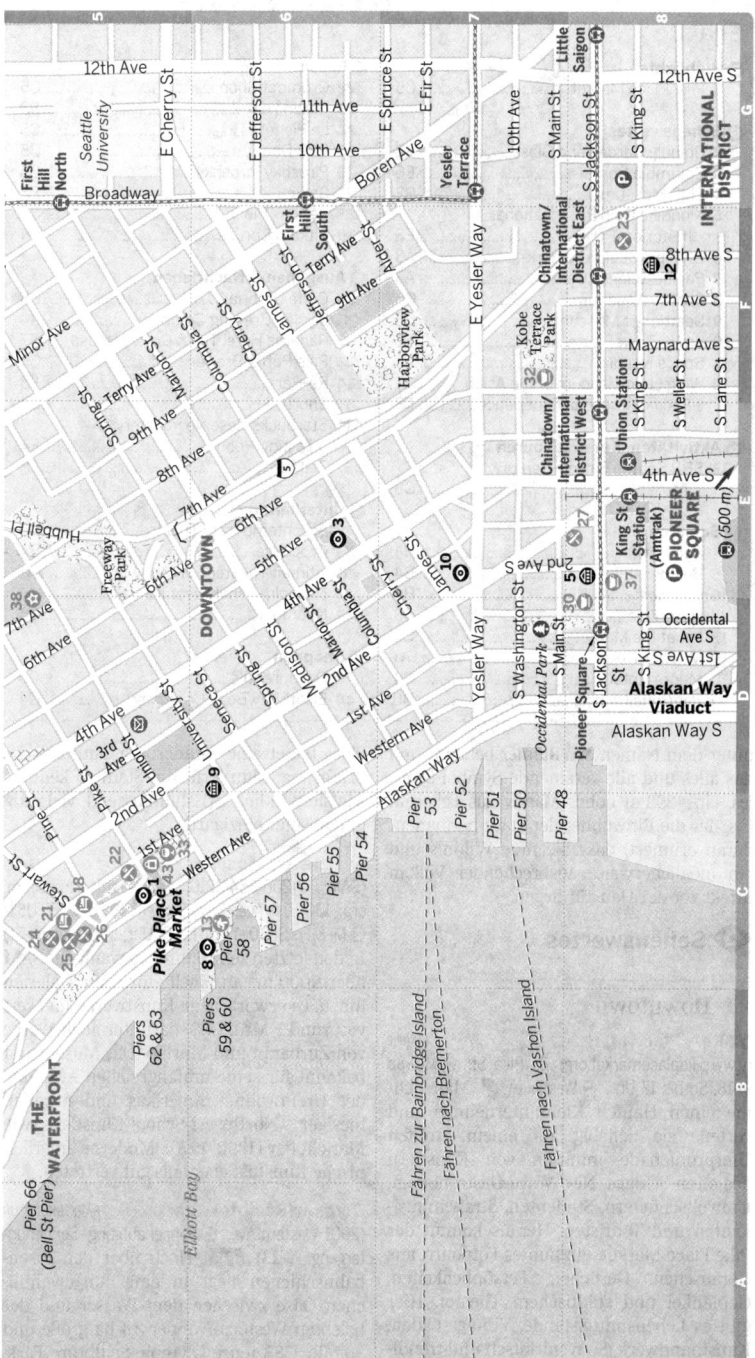

Seattle

unter dem Namen Mt. Rainier bekannt und das alles und alle vereinende Symbol Seattles, ein 4392 m hohes Massiv aus Fels und Eis, das die Einwohner der Stadt permanent daran erinnert, dass die raue Wildnis und ein möglicherweise ausbrechender Vulkan direkt vor der Haustür liegen.

◉ Sehenswertes

◉ Downtown

★ Pike Place Market   MARKT
(www.pikeplacemarket.org; 85 Pike St; ⊙ Mo–Sa 9–18, So bis 17 Uhr; 🚇 Westlake) 🅿 Man nehme einen Haufen Kleinunternehmer und verteile sie beliebig auf einem Streifen Uferpromenade inmitten von Künstlern des alten Schlags, New-Wave-Gastronomen, Umweltschützern, Studenten, Straßenmusikanten und Touristen. Heraus kommt der Pike Place Market, ein buntes Potpourri aus Geräuschen, Gerüchen, Persönlichkeiten, Gepländel und städtischem Theater. Hier gibt es Lebensmittelstände, Vintage-Läden, Kunsthandwerk, Souvenirkitsch und trendige Esslokale. Der seit 1907 existierende Pike

Place bietet eine wunderbare, authentische Erfahrung. Man lernt die Stadt so kennen, wie sie wirklich ist: allumfassend, vielseitig und absolut einzigartig.

Seattle Art Museum   MUSEUM
(SAM; 📞 206-654-3210; www.seattleartmuseum. org; 1300 1st Ave; Erw./Student 19,50/12,50 US$; ⊙ Mi & Fr–So 10–17, Do bis 21 Uhr; 🚇 University St) In den letzten zehn Jahren gewann das SAM über 9000 m² an Fläche für seine Galerien hinzu, es erwarb neue Kunstwerke im Wert von rund 1 Mrd. US$, darunter auch Werke von Zurbarán und Murillo. Das Museum ist bekannt für seine umfangreichen Artefakte der Ureinwohner Amerikas und Arbeiten hiesiger Northwest-School-Künstler wie Mark Tobey (1890–1976). Moderne amerikanische Kunst ist ebenfalls gut vertreten.

Olympic Sculpture Park   PARK, SKULPTUR
(2901 Western Ave; ⊙ Sonnenaufgang–Sonnenuntergang; 🚌 13) **GRATIS** Hoch über den Eisenbahnschienen liegt in einer ungewöhnlichen Oase zwischen dem Wasser und der belebten Western Ave der 3,4 ha große und 85 Mio. US$ teure Olympic Sculpture Park.

Er lohnt einen Besuch schon allein wegen seiner Aussicht über die Elliott Bay. Der Park beherbergt mehrere große zeitgenössische Skulpturen und ist bei Joggern und Hundebesitzern beliebt.

International District

„International" bedeutet hier „asiatisch", gehören doch die Geschäfte und Restaurants östlich des Pioneer Square überwiegend Chinesen, Vietnamese und Filipinos.

Wing Luke Museum of the Asian Pacific American Experience   MUSEUM

(☎ 206-623-5124; www.wingluke.org; 719 S King St; Erw./Kind 15/10 US$; ⊙ Di–So 10–17 Uhr; ⎆ Chinatown/International District E) Dieses Museum dokumentiert die Kultur der Einwanderer aus Asien und dem Pazifikraum. Dabei liegt der Schwerpunk auf so heiklen Themen wie der Ansiedlung chinesischer Einwanderer in den 1880er-Jahren und der Internierung japanischstämmiger Einwohner im Zweiten Weltkrieg. Gezeigt werden auch Kunstausstellungen sowie die Originalwohnung einer Einwandererfamilie. Wer möchte, kann an einer Führung teilnehmen. An jedem ersten Donnerstag im Monat ist der Eintritt kostenlos (10–20 Uhr).

Seattle Center

Seit über 50 Jahren können im **Seattle Center** (☎ 206-684-8582; www.seattlecenter. com; 400 Broad St; ⎆ Monorail) die Überbleibsel der futuristischen Weltausstellung bewundert werden, die 1962 als „Ausstellung des 21. Jhs." (Century 21 Exposition) in Seattle stattfand. Und was für Überbleibsel das sind! Die Ausstellung war mit 10 Mio. Besuchern ein voller Erfolg – auch in finanzieller Hinsicht, was damals eher die Ausnahme war. Sie inspirierte Hollywood zu dem sehr kitschigen, unter die Haut gehenden Elvis-Film *Ob blond – ob braun* (1963).

Space Needle   WAHRZEICHEN

(☎ 206-905-2100; www.spaceneedle.com; 400 Broad St; Erw./Kind 21/13 US$; ⊙ Juni–Aug. 8 Uhr–Mitternacht, Sept.–Mai verkürzte Öffnungszeiten; ⎆ Seattle Center) Dieser schnittige und hypermoderne Turm wurde für die Weltausstellung (1962) errichtet und ist seitdem das Wahrzeichen der Stadt. Die Space Needle überragt das Areal der Weltausstellung, das Seattle Center, und zieht jedes Jahr über 1 Mio. Besucher an, die auf die futuristische

HÖHER ALS DIE SPACE NEEDLE

Columbia Center (☎ 206-386-5564; www.skyviewobservatory.com; 701 5th Ave; Erw./Student 15/9 US$; ⊙ 9–22 Uhr) Alle stürmen zur Space Needle, dabei ist sie nicht der höchste von Seattles verlockenden Aussichtspunkten. Diese Ehre gebührt dem geschmeidigen Columbia Center mit seinen getönten Scheiben, das 1985 erbaut wurde. Mit 284 m ist es das höchste Gebäude im Nordwesten der USA. Von der schicken Aussichtsplattform im 73. Stock hat man eine grandiose Aussicht auf Fähren, Autos, Inseln und – hehe, jawohl – die Space Needle!

Aussichtsplattform und in das noble, rotierende Restaurant wollen. Es lohnt sich, ein Kombiticket zu kaufen, das auch zum Besuch des Museums Chihuly Garden and Glass berechtigt (36 US$).

EMP Museum   MUSEUM

(☎ 206-770-2700; www.empmuseum.org; 325 5th Ave N; Erw./Kind 25/16 US$; ⊙ Juni–Aug. 10–19 Uhr, Sept.–Mai bis 17 Uhr; ⎆ Seattle Center) Dieses Museum verbindet supermoderne Architektur mit Rock-Geschichte. Es wurde von Paul Allen, dem Mitbegründer von Microsoft gegründet, und von der Musik des in Seattle geborenen Kultgitarristen Jimi Hendrix inspiriert. Mittlerweile behandelt die Sammlung auch die Geschichte von Popkultur und Science Fiction. Online gibt's billigere Tickets.

Chihuly Garden and Glass   MUSEUM

(☎ 206-753-4940; www.chihulygardenandglass. com; 305 Harrison St; Erw./Kind 25/16 US$; ⊙ So–Do 8–21, Fr & Sa bis 22 Uhr; ⎆ Seattle Center) Das Museum bestätigt die Stellung Seattles als das Venedig Nordamerikas. Die ausgezeichnete, 2012 eröffnete Ausstellung widmet sich dem Leben und Werk des energiegeladenen einheimischen Glasbildhauers Dale Chihuly und raubt Besuchern fast den Atem. Sie zeigt Chihulys farbenfrohe, kreative Entwürfe in einem luftigen Glasatrium und landschaftlich gestalteten Gärten. Die Öffnungszeiten variieren je nach Jahreszeit des Jahres – mehr Infos gibt's auf der Website.

Capitol Hill

Millionäre und Punk-Musiker – das wohlhabende und liberale Capitol Hill ist zu Recht bekannt für alternative Musik, experimen-

DER NORDWESTEN SEATTLE

NICHT VERSÄUMEN

PIONEER SQUARE

Besuchern aus Augsburg oder Köln wird es putzig erscheinen: Der Pioneer Square ist der älteste Stadtteil Seattles. Die meisten Gebäude stammen aus der Zeit nach dem Brand von 1889, einem verheerenden Inferno, dem 25 Straßenzüge zum Opfer fielen, darunter der gesamte Geschäftsbezirk. Die roten Backsteinhäuser wurden im sogenannten Richardson-Stil errichtet, einem von der Romanik inspirierten Architekturstil, der damals groß in Mode war. In den Anfangsjahren, als das Viertel dank des Wirtschaftsbooms florierte, wurde aus der Hauptstraße, der Yesler Way, die erste *skid row* – eine Anspielung auf die Holzstämme, die wie auf einer Rutsche zur Sägemühle von Henry Yesler unten am Pier gezogen wurden. Als es mit der Holzindustrie bergab ging, wurde die Straße zur Heimat der Obdachlosen. Seitdem bezeichnet der Ausdruck *skid row* in den USA heruntergekommene, von Armut geprägte Gegenden einer Stadt.

Dem engagierten Einsatz der Öffentlichkeit ist es zu verdanken, dass das Viertel in den 1960er-Jahren nicht der Abrissbirne zum Opfer fiel, und nun als Pioneer Square–Skid Road Historic District unter Denkmalschutz steht.

Heute ist der Stadtteil beides: historisch und heruntergekommen. Allerdings haben sich hier auch viele Kunstgalerien, Cafés und ein reges Nachtleben angesiedelt. Das Wahrzeichen des alten Stadtkerns ist der zweistöckige Smith Tower (206-622-4004; www.smithtower.com; 506 2nd Ave), der 1914 errichtet wurde und bis 1931 das höchste Gebäude westlich des Mississippis war. Weitere Highlights sind die Pergola von 1909 (Ecke Yesler Way & James St), ein schmucker, schmiedeeiserner Unterstand, der an einen Eingang einer Pariser Metrostation erinnert, und der Occidental Park (zwischen S Washington & S Main Sts; Pioneer Sq) mit dem vom Chinook- Künstler Duane Pasco geschnitzten Totempfählen.

Der Klondike Gold Rush National Historical Park (206-553-3000; www.nps. gov/klse; 319 2nd Ave S; 9–17 Uhr; International District/Chinatown) GRATIS, eine Zweigstelle der Visitor Centres im Stadtzentrum, zeigt Ausstellungsstücke, Fotos und Zeitungsausschnitte aus der Zeit des Goldrauschs am Klondike River im Jahr 1897. In dieser Zeit deckten sich Schürfer in der Boomtown Seattle mit Vorräten ein, ehe sie ins Yukon Territory in Kanada weiterzogen.

telles Theater, unabhängige Cafés und eine sehr lebendige Schwulen- und Lesbenszene. Hier kann man seinem Hund ein Kräuterbad spendieren, auf dem Broadway ethnisches Kunsthandwerk erstehen und sich im kunterbunten Pike-Pine Corridor unter junge Punks und alte Hippies mischen (oder auch nicht). Der Straßenzug zwischen Broadway und E John St ist das Epizentrum des Stadtteils, um das sich unzählige Restaurants, Brauereikneipen, Boutiquen und schummrige, aber nicht schmuddelige Bars drängen.

Fremont

In Fremont mischen sich in einem ungewöhnlichen städtischen Bündnis junge Hipster unter alte Hippies. Die Gegend konkurriert mit Capitol Hill um den Titel als Seattles respektlosestes Viertel. Sie ist voller Ramschläden und städtischer Skulpturen und hat einen gesunden Sinn für die eigene Schrullen.

Waiting for the Interurban DENKMAL
(Ecke N 34th St & Fremont Ave N) Seattles beliebtestes öffentliches Kunstwerk *Waiting for the Interurban* wurde aus recyceltem Aluminium gegossen. Es stellt eine Figurengruppe von sechs Menschen dar, die auf einen Zug warten, der niemals kommt. Hin und wieder kleiden die Einwohner die Menschengruppe liebevoll ein, je nach Anlass – dem Wetter, einem Geburtstag oder einem Sieg der Baseballmannschaft Mariners. Das eindeutig menschliche Antlitz des Hundes trägt die Gesichtszüge von Armen Stepanian, dem ehemaligen Bürgermeister von Fremont, der es gewagt hatte, die Skulptur abzulehnen.

Fremont Troll SKULPTUR
(Ecke N 36th St & Troll Ave) Der Fremont Troll lauert unterhalb des nördlichen Endes der Aurora Bridge, an der N 36th St. Die Schaffer des Trolls, die Künstler Steve Badanes, Will Martin, Donna Walter und Ross Whitehead, gewannen im Jahr 1990 einen Wettbewerb, der vom Fremont Arts Council ge-

sponsert wurde. Der 5,5 m große Riese, der mit seiner linken Hand einen VW-Käfer zerquetscht, ist mittlerweile ein beliebter Platz für nächtliche Biergelage.

⊙ Der U-District

Im U-dub, einem Viertel voller junger, lernbegieriger Auswärtiger, ist der wunderschöne, grüne Campus der University of Washington direkt neben der schäbigeren „Ave" platziert, einer ungewöhnlichen Straße mit billigen Boutiquen, Spelunken und Ethno-Restaurants.

Burke Museum   MUSEUM
(☎206-543-5590; www.burkemuseum.org; Ecke 17th Ave NE & NE 45th St; Eintritt 10 US$; ⊙10–17 Uhr; ▣70) Das Burke Museum ist eines der besten naturgeschichtlichen Museen im Nordwesten. Die Sammlung beinhaltet eine imposante Anzahl an Fossilien, darunter ein 20 000 Jahre alter Säbelzahntiger. Genauso fesselnd ist der Fokus auf über einem Dutzend verschiedener indigener Kulturen Amerikas. An jedem ersten Donnerstag im Monat ist der Eintritt kostenlos (bis 20 Uhr).

⊙ Ballard

Ballard ist eine ehemalige Seefahrergemeinde mit spürbarem skandinavischem Erbe. Hier fühlt man sich immer noch wie in einer kleinen Stadt, die von einer größeren umschlossen wird. Das Viertel ist traditionell rau, nüchtern und unkommerziell. Und obwohl hier langsam immer mehr moderne Wohnungen entstehen, ist es immer noch ein guter Ort, um ein handgebrautes Bier zu trinken oder sich eine Liveband anzusehen.

Hiram M Chittenden Locks   KANAL
(3015 NW 54th St; ⊙Schleusen 24 Std. Mai–Sept. Treppe & Gärten 7–21, Besucherzentrum 10–18 Uhr; ▣62) An sonnigen Tagen schimmert Seattle rund um die Hiram M Chittenden Locks wie

---

ⓘ SEATTLE CITY PASS

Wer die Space Needle, das Seattle Aquarium, den Woodland Park Zoo und den Chihuly Garden and Glass (und andere Sehenswürdigkeiten) besuchen möchte, sollte sich überlegen, den Seattle City Pass (www.citypass.com/seattle) zu kaufen, mit dem man fast 50 % der Eintrittskosten spart.

---

ein impressionistisches Gemälde. Hier stürzt das Süßwasser des Lake Washington und des Lake Union 7 m hinunter ins Salzwasser des Puget Sound. Heute passieren jährlich 100 000 Boote den 1911 erbauten Kanal und seine Schleusen. Besucher können durch Unterwasserfenster eine Fischtreppe betrachten, durch die botanischen Gärten schlendern und ein kleines Museum besuchen.

🏃 Aktivitäten

Radfahren

Der 30 km lange **Burke-Gilman Trail** ist ein sehr beliebter Radweg, der von Ballard zum Log Boom Park in Kenmore in Seattles Eastside führt. Dort geht er in den 20 km langen **Sammamish River Trail** über, der am Weingut Chateau Ste Michelle in Woodinville vorbeiführt, ehe er am Marymoor Park in Redmond endet.

Auf dem beliebten Rundweg um den **Green Lake**, gleich nördlich von Fremont bzw. 5 Meilen (9 km) nördlich vom Stadtzentrum, treten noch mehr Radler in die Pedale. Der 4,5 km lange **Elliott Bay Trail** führt von Belltown am Wasser entlang zur Smith Cove.

Im Internet und in Fahrradläden ist die *Seattle Bicycling Guide Map* erhältlich, die vom **Transportation Bicycle & Pedestrian Program** (www.seattle.gov/transportation/bikemaps.htm) der Stadt Seattle herausgegeben wird.

Fahrradverleih und Touren offeriert **Recycled Cycles** (☎206-547-4491; www.recycledcycles.com; 1007 NE Boat St; Fahrradverleih pro Tag 40–50 US$; ⊙Mo–Fr 10–20, Sa & So bis 18 Uhr; ▣66), ein netter Laden im U-District, der auch Anhänger und Fahrradequipment für Kinder hat. Oder man geht zu **SBR Seattle Bicycle Rental & Tours** (☎800-349-0343; www.seattlebicyclerentals.com; Pier 58; Fahrradverleih pro Std 10–15 US$, pro Tag 45–65 US$; ⊙Mi–Mo 11–19 Uhr; ▣University St), der faire Preise hat und Tagestouren veranstaltet (online buchen!).

Wassersport

Seattle hat nicht nur ein dichtes Radwegenetz – das an Venedig erinnernde Zentrum ist von einer Vielzahl Wasserwege durchzogen, auf denen man prima paddeln kann. So verbindet der **Lakes to Locks Water Trail** den Lake Sammamish nicht nur mit dem Lake Washington und dem Lake Union, sondern über die Hiram M Chittenden Locks auch mit dem Puget Sound. Karten und Infos zu den Einstiegsstellen gibt's auf der Website der **Washington Water Trails Association** (www.wwta.org).

Northwest Outdoor Center
KAJAK

(☎ 206-281-9694; www.nwoc.com; 2100 Westlake Ave N; ab 15 US$/Std.; ⊞ 62) Der Veranstalter am Lake Union verleiht nicht nur Kajaks, sondern bietet auch Touren und Kurse im Meer- und Wildwasserkajakfahren an.

👉 Geführte Touren

Seattle Free Walking Tours
STADTSPAZIERGANG

(www.seattlefreewalkingtours.org) Dieses gemeinnützige Unternehmen wurde 2012 von zwei Weltenbummlern gegründet. Die Touren führen ins Stadtzentrum oder zum Pike Place Market. Die vorgeschlagene Spende beträgt 15 US$.

Seattle by Foot
STADTSPAZIERGANG

(☎ 206-508-7017; www.seattlebyfoot.com; Touren 25–35 US$) Das Unternehmen bietet verschiedene Touren zu den Cafés und Kneipen der Stadt, sowie dem Stadtzentrum und dem Fremont-Viertel. Wer online bucht, erhält 5 US$ Rabatt.

🎉 Feste & Events

Seattle International Film Festival
FILM

(SIFF; www.siff.net) Das größte Filmfestival der Stadt nimmt Mitte Mai ein halbes Dutzend Kinos in Beschlag und hat zusätzlich ein eigenes Kino in der McCaw Hall's **Nesholm Family Lecture Hall** (321 Mercer St).

Seafair
VOLKSFEST

(www.seafair.com) Dieses Festival auf dem Wasser zieht Ende Juli/Anfang August die Massen an. Zu den Events gehören ein Hydroplane-Rennen, ein Fackelumzug, eine Luft-Show, Konzerte und sogar ein Milk Carton Derby (selber nachschlagen!).

Bumbershoot
MUSIK, THEATER

(www.bumbershoot.com) Großes Kunst- und Kulturereignis im Seattle Center am Labor-Day-Wochenende im September. Es gibt Livemusik, Komödie, Theater, Bildende Künste und Tanz.

🛏 Schlafen

Im Sommer, wenn die Hotels voll sind und die Preise durch die Decke schießen, unbedingt im Voraus buchen.

Moore Hotel
HOTEL $

(☎ 206-448-4851; www.moorehotel.com; 1926 2nd Ave; Zi. mit eigenem Bad/Gemeinschaftsbad ab 112/87 US$; 🛈; ⊞ Westlake) Es ist zwar al-

NICHT VERSÄUMEN

DISCOVERY PARK

Der **Discovery Park** (www.seattle.gov/parks/environment/discovery.htm; ⊞ 33) ist eine ehemalige Militäranlage, die in einen wilden Küstenpark umgewandelt wurde. Dieser prägt das Stadtbild noch nicht allzu lange – offiziell wurde er 1973 eröffnet, erst 2012 zog sich das amerikanische Militär daraus zurück. Der Park umfasst mit 2,2 km² die größte Grünfläche der Stadt und ist durchsetzt mit Klippen, Wiesen, Sanddünen, Wald und Stränden. Hier haben die Bewohner Seattles einen willkommenen Platz zum Durchatmen – und er ist Lebensraum für Flora und Fauna. Im **Discovery Park Environmental Learning Center** (☎ 206-386-4236; 3801 W Government Way; ⏱ 8.30–17 Uhr) in der Nähe des Government-Way-Eingangs gibt es Karten des Parks, der 5 Meilen (8 km) nordwestlich von Downtown Seattle im Viertel Magnolia liegt. Hin geht's mit Bus 33 ab der Haltestelle 3rd Ave & Union St in Downtown.

tertümlich – und angeblich spukt es hier –, aber das zentral gelegene, angesagte, verrückte Moore bietet 119 geräumige Zimmer zu Budgetpreisen. In zwei Zimmern haben bis zu acht Personen Platz; die Suiten sind mit Küchenzeilen ausgestattet. Das niedliche Café serviert fantastischen Kaffee. Im Sommer im Voraus reservieren.

Hotel Hotel
HOSTEL $

(☎ 206-257-4543; www.hotelhotel.co; 3515 Fremont Ave N; B 29–35 US$, Zi. 79–99 US$; @ 🛈; ⊟ 26) Dieses schicke Hostel hat das Flair eines Boutiquehotels. Die Wände sind in dunklen Erdfarben gehalten und hier und da finden sich coole Retroelemente. Die Schlafsäle sind schön und geräumig, die Bäder in den Zimmern mit modernen Schiebetüren ausgestattet. Alle Zimmer haben Holzböden. Hier gibt's außerdem eine Küche; alternative isst man eine Holzofenpizza unten im Bar-Restaurant.

City Hostel Seattle
HOSTEL $

(☎ 206-706-3255; www.hostelseattle.com; 2327 2nd Ave; B/DZ ab 29/79 US$; @ 🛈; ⊞ Westlake) Jedes der großartigen Zimmer in diesem zentral gelegenen „Art Hostel" ist mit farbenfrohen Wandgemälden ausgestattet, die von einheimischen Künstlern gemalt wurden. Zu den Extras gehören ein Gemeinschaftsraum, ein Whirlpool, ein hauseigenes Kino und ein „All you can eat"-Frühstück.

★ Ace Hotel HOTEL $$
(📞 206-448-4721; www.acehotel.com; 2423 1st Ave; Zi. mit eigenem Bad/Gemeinschaftsbad ab 219/119 US$; 🅿 ✳ 🛜 ✽; 🚇 13) Das modische Ace Hotel besticht durch minimalistisches Dekor, Bäder mit Schiebetüren und Pendleton-Wolldecken. Einige Zimmer sind sogar mit Plattenspielern ausgestattet. Das kontinentale Frühstück ist kostenlos, Parkplätze kosten allerdings 26 US$.

Pensione Nichols PENSION $$
(📞 206-441-7125; www.pensionenichols.com; 1923 1st Ave; Zi. ab 180 US$; 🛜 ✽) Wer eine heimelige Unterkunft in der Nähe des Pike Place sucht, ist in dieser gemütlichen Pension bestens aufgehoben. Die innen liegenden Zimmer sind ruhig, aufgrund der Oberlichter aber dennoch hell, von den Deluxe-Zimmern kann man das Treiben auf der Straße beobachten. In den mit Küchen ausgestatteten Apartment-Suiten haben vier bis sechs Personen Platz. Von dem Gemeinschaftszimmer, in dem das kontinentale Frühstück serviert wird, hat man eine tolle Aussicht aufs Wasser.

Maxwell Hotel BOUTIQUEHOTEL $$
(📞 206-286-0629; www.themaxwellhotel.com; 300 Roy St; Zi. ab 240 US$; 🅿 ✳ @ 🛜 ✽; 🚇 Rapid Ride D-Line) Das Maxwell im Viertel Lower Queen Anne hat eine riesige Designer-Lobby. Die 139 wunderbar modernen Zimmer sind mit Parkettböden und skandinavischen Betten ausgestattet. Es gibt außerdem einen kleinen Pool, einen Fitnessraum und Mieträder (kostenlos).

★ Inn at the Market BOUTIQUEHOTEL $$$
(📞 206-443-3600; www.innatthemarket.com; 86 Pine St; Zi. mit/ohne Blick aufs Wasser ab 385/325 US$; 🅿 ✳ @ 🛜 ✽; 🚇 Westlake) Einen Block entfernt vom Pike Place Market liegt dieses Boutiquehotel. Viele der 71 eleganten und geräumigen Zimmer sind mit großen Fenstern oder kleinen Balkons versehen. Es gibt eine fantastische Gemeinschaftsterrasse mit Blick auf das Markttreiben und den Puget Sound. Im nahe gelegenen Fitnessstudio gibt es ein Schwimmbad. Parkplätze kosten 32 US$.

Hotel Five BOUTIQUEHOTEL $$$
(📞 206-448-0924; www.hotelfiveseattle.com; 2200 5th Ave; Zi. ab 285 US$; 🅿 ✳ 🛜; 🚇 13) In diesem trendigen Hotel sorgen Retromöbel

aus den 1970er-Jahren und schrille Farbakzenten für ein umwerfend modernes Ambiente. Die superbequemen Betten helfen garantiert bei Schlaflosigkeit und der große Empfangsbereich eignet sich hervorragend zum Chillen, vor allem nachmittags, wenn kostenlose Cupcakes und Kaffee serviert werden. Online gibt's oft gute Schnäppchen.

Belltown Inn HOTEL $$$
(📞 206-529-3700; www.belltown-inn.com; 2301 3rd Ave; Zi. ab 239 US$; 🅿 ✳ @ 🛜; 🚇 Westlake) Die Zimmer in dem zentral gelegenen, modernen Hotel sind nicht besonders geräumig, aber äußerst komfortabel und bieten eine gute Ausstattung (einige haben Küchenzeilen). Es gibt eine Dachterrasse und einen Fahrradverleih (kostenlos). Im Sommer ist das Hotel bei Bootsausflüglern beliebt – unbedingt im Voraus reservieren.

✖ Essen

Das beste Essen zum kleinen Preis gibt es auf dem Pike Place Market. Hier kann man aus frischen Erzeugnissen, Backwaren, Feinkost und Gerichten aus aller Welt auswählen – und das alles zum Mitnehmen.

★ Salumi SANDWICHES $
(📞 206-621-8772; www.salumicuredmeats.com; 309 3rd Ave S; Sandwiches 8,50–11 US$; ⏰ Mo 11–13.30, Di–Fr bis 15.30 Uhr; 🚇 International District/Chinatown) Wer hier essen möchte, sollte sich auf lange Wartezeiten einstellen. Das Salumi ist für seine köstlichen Sandwiches mit Salami oder Rauchfleisch, gegrilltem Lamm, Schweineschulter, Fleischbällchen etc. bekannt und beliebt. Für Vegetarier gibt's das saisonale Vegetarier-Angebot oder Sandwiches mit Auberginen und Balsamico. Die Wurst- und Käsesorten können auch separat gekauft werden.

Green Leaf VIETNAMESISCH $
(📞 206-340-1388; www.greenleaftaste.com; 418 8th Ave S; Pho 9 US$, Angebote 10–12 US$; ⏰ 11–22 Uhr; 🚇 Chinatown/International District E) Im beliebten Green Leaf in Chinatown kommen die Gerichte blitzschnell aus der winzigen Küche in den kleinen, überfüllten Speisesaal. Gäste wählen zwischen der traditionellen *pho* (Nudelsuppe mit Rindfleisch) oder einem der ausgezeichneten Reis- oder Nudelgerichte. Eine weitere Filiale gibt's in Belltown (2800 1st Ave).

Piroshky Piroshky BÄCKEREI $
(www.piroshkybakery.com; 1908 Pike Pl; Snacks 3–6 US$; ⏰ 8–18 Uhr; 🚇 Westlake) Das Piros-

hky serviert seine köstlichen süßen und salzigen russischen Kuchen und Pasteten in einem Lokal, das die Größe eines begehbaren Kleiderschrankes hat. Hervorragend sind die geräucherte Lachs- oder die Sauerkraut-Zwiebel-Pastete. Anschließend gibt's ein Schokoladen-Haselnuss-Gebäck oder eine frische Rhabarber-Pirogge.

Crumpet Shop   BÄCKEREI $

(☎206-682-1598; www.thecrumpetshop.com; 1503 1st Ave; Teekuchen 3–6 US$; ⊙Mo–Do 7–15, Fr–So bis 16 Uhr; ⊠Westlake) In dieser legeren Bäckerei im Pike Place Market wird dem beliebten britischen *crumpet* (Teekuchen aus Hefe) eine amerikanische Note verliehen: mit aufwendigen Belägen wie Pesto, Wildlachs oder Zitronenquark. Der familiengeführte Crumpet Shop ist seit fast 40 Jahren im Geschäft. Die Biozutaten verleihen dem Ganzen eine äußerst regionale Note; für von Heimweh geplagte Briten gibt es *marmite* (Würzpaste).

★ Toulouse Petit   CAJUN, KREOLISCH $$

(☎206-432-9069; www.toulousepetit.com; 601 Queen Anne Ave N; Hauptgerichte 13–17 US$; ⊙8–2 Uhr; ⊠13) Dieses überlaufene Lokal in der Queen Anne Avenue ist für seine generösen Happy Hours, preiswerten Brunchs und ausgelassene Atmosphäre beliebt. Hier gibt's etwas für jeden Geschmack: Auf der vielfältigen Karte stehen gegrilltes Rib-Eye-Steak, Süßwasser-Garnelen, hausgemachte Gnocchi mit Artischockenherzen u. v. m.

Revel   ASIATISCH $$

(☎206-547-2040; www.revelseattle.com; 403 N 36th St; kleine Gerichte 12–16 US$; ⊙Mo–Fr 11–14 & 17–22, Sa & So 10–14 & 17–22 Uhr) Wer

in dieses schicke und moderne Restaurant kommt, erkennt auf den ersten Blick, dass es sich nicht um ein typisch asiatisches Lokal handelt. Auf der Karte stehen nur wenige, aber köstliche Gerichte, z. B. mit Rippchen gefüllte Knödel oder Rindfleisch mit Zitronengras und Koriandernudeln. Die Gerichte sind klein und werden in der Regel häppchenweise gemeinsam gegessen, begleitet von ein oder zwei ausgefallenen Cocktails.

Serious Pie   PIZZA $$

(☎206-838-7388; www.tomdouglas.com; 316 Virginia St; Pizzas 16–18 US$; ⊙11–23 Uhr; ⊠Westlake) Im überlaufenen Serious Pie können Gäste fantastische Pizzas mit so ungewöhnlichen Belägen wie Muscheln, Kartoffeln, weich gekochten Eiern, Trüffelkäse u. v. m. ordern. In der Stadt gibt es mehrere Filialen.

Jack's BBQ   BBQ $$

(☎206-467-4038; www.jacksbbq.com; 3924 Airport Way S; Hauptgerichte 12–23 US$; ⊙Di–Sa 11–21 Uhr) Eines der besten BBQ-Lokale in Seattle. In dem lockeren, familienfreundlichen Lokal im Süden (Richtung Flughafen) wird das Grillgut wie die obligatorischen Rippchen langsam über Holzglut gegart – zart und köstlich. Dienstags gibt es riesige Beef Ribs (im Voraus reservieren).

Pink Door   ITALIENISCH $$

(☎206-443-3241; www.thepinkdoor.net; 1919 Post Alley; Hauptgerichte 18–27 US$; ⊙Mo–Do 11.30–16 & 17–23, Fr & Sa 11.30–24, So 16–22 Uhr) Dieses gehobene italienische Restaurant zu finden, ist allein schon ein Abenteuer. In einer geschäftigen Nebenstraße vom Pike Place Markt sollte man Ausschau halten nach einer unbeschrifteten rosa Tür. Hier ist Pasta die

SEATTLE MIT KINDERN

Mit Kindern sollte man schnurstracks – und vorzugsweise mit der Monorail – zum Seattle Center fahren. Hier lassen Imbissstände, Straßenkünstler, Springbrunnen und Grünflächen den Tag im Nu vergehen. Ein absolutes Muss ist das **Pacific Science Center** (☎206-443-2001; www.pacificsciencecenter.org; 200 2nd Ave N; Erw./Kind nur Ausstellungen 19,50/14,50 US$, mit IMAX 23,50/18,50 US$; ⊙Mo–Fr 10–17, Sa & So bis 18 Uhr; 🚸; Ⓜ Seattle Center), das mit Virtual Reality, Lasershows, Hologrammen, einem IMAX-Kino und einem Planetarium nicht nur unterhält, sondern auch bildet. Und zwar Groß wie Klein!

Im Stadtzentrum am Pier 59 befindet sich das **Seattle Aquarium** (☎206-386-4300; www.seattleaquarium.org; 1483 Alaskan Way, am Pier 59; Erw./Kind 4–12 Jahre 23/16 US$; ⊙9.30–17 Uhr; 🚸; ⊠University St). Hier macht's Spaß, mehr über die Natur der Nordweststaaten zu erfahren. Noch besser ist der **Woodland Park Zoo** (☎206-548-2500; www.zoo.org; 5500 Phinney Ave N; Erw./Kind 3–12 Jahre Mai–Sept. 20/12,25 US$, Okt.–April 13,75/9,25 US$; ⊙Mai–Sept. 9.30–18 Uhr, Okt.–April bis 16 Uhr; 🚸; ⊠5) im Viertel Green Lake. Der Zoo, eine der größten Touristenattraktionen Seattles überhaupt, schafft es immer wieder unter die Top Ten des Landes.

Spezialität. Außerdem gibt es einige Meeresfrüchte- und Fleischgerichte. Verwendet werden vorwiegend saisonale Bio-Zutaten.

Le Pichet
FRANZÖSISCH **$$**

(📞 206-256-1499; www.lepichetseattle.com; 1933 1st Ave; Hauptgerichte 11–25 US$; ⏱ 8–24 Uhr; 🚊 Westlake) Nördlich vom Pike Place Market liegt dieses niedliche, sehr französische Bistro, das Pasteten, Käse, Weine und *chocolat* in äußerst parisischem Ambiente serviert werden. Zum Abendessen gibt es so Köstlichkeiten wie Wildschweinschulter oder gegrillte Kaninchenwürste.

Sitka & Spruce
MODERN-AMERIKANISCH **$$$**

(📞 206-324-0662; www.sitkaandspruce.com; 1531 Melrose Ave; kleine Gerichte 8–33 US$; ⏱ Mo–Fr 11.30–14 & 17–22, Sa 10–14 & 17–23, So 10–14 & 17–21 Uhr; 🚊 10) In einem marktartigen Gebäude im trendigen Capitol Hill befindet sich dieses leckere Lokal, das für seine lockere Atmosphäre, ständig wechselnden Gerichte und gute Weinauswahl bekannt ist. Auf der Karte stehen hausgemachte Wurstsorten, Spitzmorcheln und Kräuterseitlinge. Alle Zutaten werden von lokalen Erzeugern bezogen. Unbedingt reservieren.

Cascina Spinasse
ITALIENISCH **$$$**

(📞 206-251-7673; www.spinasse.com; 1531 14th Ave; Hauptgerichte 28–31 US$; ⏱ So–Do 17–22, Fr & Sa bis 23 Uhr; 🚊 11) Das Spinasse hat sich auf die Küche der norditalienischen Region Piemont spezialisiert. Auf den Teller kommen saisonal inspirierte Gerichte, z. B. geröstete Morcheln gefüllt mit Schweinefleisch oder in Milch geschmortes Huhn mit gerösteten Babyartischocken. Die Karte erlesener Weine beinhaltet eine Reihe von beeindruckenden Rotweinen aus dem Piemont.

🍸 Ausgehen & Nachtleben

Wenn es um Kaffeekultur geht, ist Starbucks nur die Spitze des Eisbergs. In der Stadt gibt es noch jede Menge kleinere unabhängige Ketten, von denen viele ihre eigene Rösterei betreiben. Gute Adressen sind Uptown Espresso, Caffe Ladro und Espresso Vivace.

Im Viertel Capitol Hill locken Cocktailbars, Tanzclubs und Livemusik. An der Hauptstraße in Ballard reihen sich alte und neue Backsteintavernen aneinander, in denen tagsüber eine ältere, trinkfeste Klientel und abends Indie-Rocker hocken. Belltown hat sich von schmuddelig zu schäbig-schick hochgearbeitet und bietet den Vorteil einer hohen Kneipendichte.

⭐ Starbucks Reserve Roastery & Tasting Room
KAFFEE

(www.starbucks.com/roastery; 1124 Pike St; Kaffee 3–12 US$; ⏱ 7–23 Uhr) Die Starbucks-Rösterei, zugleich größte Filiale des Unternehmens, wird oft mit Willy Wonkas Schokoladenfabrik verglichen. Das mehrstöckige Gebäude ist ein Mekka für Koffeinjunkies. Am Eingang wird man von einem Angestellten begrüßt, der Besuchern eine Karte des Gebäudes in die Hände drückt. Im Hintergrund drehen sich Kaffeebohnen in riesigen Röstmaschinen. Das skandinavisch inspirierte Interieur aus Glas, Holz, Kupfer und Beton ist der perfekte Ort, um einen mit viel Liebe zubereiteten West Java Preanger (12 US$) zu genießen.

⭐ Fremont Brewing
BRAUEREI

(📞 206-420-2407; www.fremontbrewing.com; 3409 Woodland Park Ave N; ⏱ 11–21 Uhr; 🚊 26) 🍺 Hipster und Radfahrer tummeln sich in der trendigen Brauerei, die für ihre preisgekrönten Bio-Biere berühmt ist. An sonnigen Tagen sollte man sich unbedingt an einen der Gemeinschaftstische im Biergarten setzen. Es gibt kostenlose Brezeln und Äpfel, aber kein richtiges Essen.

Noble Fir
BAR

(📞 206-420-7425; www.thenoblefir.com; 5316 Ballard Ave NW; ⏱ Di–Do 16–24, Fr & Sa bis 1, So 13–21 Uhr; 🚊 17) Die vermutlich erste Bar, die sich thematisch dem Wandern in der Wildnis verschrieben hat. Das schicke Noble Fir ist ein lichtdurchflutetes, glänzendes Fleckchen im Ballard-Viertel mit ellenlanger Bierkarte, die einen alle Pläne für Outdoor-Abenteuer vergessen lässt. Wer kein Bier mag, kann auf die feinen Weine oder starken Apfelweine sowie auf Wurst- und Käseplatten ausweichen.

Zeitgeist
CAFÉ

(📞 206-583-0497; www.zeitgeistcoffee.com; 171 S Jackson St; ⏱ Mo–Fr 6–19, Sa 7–19, So 8–18 Uhr; 📶; 🚊 Pioneer Sq) Das wohl beste Indie-Café in Seattle hat u. a. leckere *doppio macchiatos* und süße Mandelcroissants (und andere köstliche Gebäckstücken). Die Atmosphäre ist dank unverputzter Backsteinmauern und riesiger Fenster luftig-industriell – perfekt zum Leutebeobachten. Den Hunger stillen Suppen, Salate und Sandwiches.

Pike Pub & Brewery
BRAUEREI

(📞 206-622-6044; www.pikebrewing.com; 1415 1st Ave; ⏱ 11–24 Uhr; 🚊 University St) Der 1989 südlich des Pike Place Market eröffnete Pike Pub gehörte zu den Vorkämpfern kleiner Lokalbrauereien. Noch heute gibt's hier gutes

Kneipenessen (Hauptgerichte 11–20 US$) und hopfige Biere in einem aufwendig dekorierten, mehrstöckigen, belebten Gebäude. Kostenlose Führungen.

Elysian Brewing Company BRAUEREI
(☎ 206-860-1920; www.elysianbrewing.com; 1221 E Pike St; ⏱ Mo–Fr 11.30–2, Sa & So 12–2 Uhr; 🚇 Pike-Pine) Die riesigen Fenster des Elysian im hippen Capitol Hill eignen sich klasse zum Leutegucken. Das Elysian ist eine der besten Brauereikneipen in Seattle und vor allem wegen seiner würzigen Kürbis-Fassbiere bekannt, die es nur im Herbst gibt. Weitere Filialen verteilen sich übers Stadtgebiet.

Panama Hotel Tea & Coffee House CAFÉ
(☎ 206-515-4000; www.panamahotel.net; 607 S Main St; ⏱ 8–21 Uhr; 🚇 Chinatown/International District W) Das Panama, ein historisches Gebäude aus dem Jahr 1910, beherbergt das einzige verbliebene japanische Badehaus in den USA und dient gleichzeitig als Gedenkstätte für die japanischstämmigen Einwohner, die während des Zweiten Weltkrieges in Internierungslager gepfercht wurden. Im wunderbar relaxten Café gibt es viele verschiedene Teesorten und Lavazza-Kaffee; überdies gehört es zum National Treasure.

Caffè Umbria CAFÉ
(☎ 206-624-5847; www.caffeumbria.com; 320 Occidental Ave S; ⏱ Mo–Fr 6–19, Sa 7–18, So 8–17 Uhr; 🚇 Pioneer Sq) Das Umbria hat europäisches Flair. Hier gibt es Riesen-Cappuccinos, redseliges Klientel, hübsche italienische Fliesen und Baguettes, die so frisch sind, dass sie direkt aus Mailand hergebeamt worden sein müssen. Nicht zu vergessen die wunderbaren Gebäckstücke und das hausgemachte Eis. Perfekt für Italophile und Starbucks-Hasser.

Shorty's BAR
(☎ 206-441-5449; www.shortydog.com; 2222 2nd Ave; ⏱ 12–2 Uhr; 🚇 13) Im Shorty's dreht sich alles um Bier, Flipper und Musik – vorwiegend Punk und Metal. Das Überbleibsel aus Belltowns schäbigeren Tagen wehrt sich dagegen, ein Anachronismus zu werden: Das Licht bleibt schummrig und die Musik laut. In jeden Tisch ist ein Flipperautomat eingebaut und es gibt ein paar einfache Snacks (Hot Dogs, Nachos), um das Bier aufzusaugen.

Blue Moon BAR
(☎ 206-675-9116; www.bluemoonseattle.wordpress.com; 712 NE 45th St; ⏱ Mo–Fr ab 14 Uhr, Sa ab 12 Uhr, So ab 13 Uhr, jeweils bis open end; 🚇 66) Das Blue Moon ist eine legendäre Gegenkultur-Bar

nahe der Uni, die 1934 eröffnet wurde, um die Aufhebung der Prohibitionsgesetze zu feiern. Die Bar hält viel auf ihre literarischen Gäste wie Dylan Thomas, Allen Ginsberg und Tom Robbins. Statt Literaturzirkeln finden hier jedoch heute eher Comedy-, Open-Mic- und Vinyl-Revival-Events statt.

Re-Bar SCHWULE & LESBEN
(☎ 206-233-9873; www.rebarseattle.com; 1114 Howell St; 🚇 70) In diesem sagenumwobenen Indie-Club fanden viele wichtige Kultur-Events Seattles statt (z. B. Album-Veröffentlichungen von Nirvana). Die Re-Bar heißt schwule, lesbische, heterosexuelle, bisexuelle und unentschlossene Nachtschwärmer gleichermaßen auf seiner belebten Tanzfläche willkommen. Die Re-Bar veranstaltet auch unkonventionelle Burlesque-Shows und Dichterwettstreite – und viele andere abgedrehte Events.

☆ Unterhaltung

Im *Stranger,* in der *Seattle Weekly* und in den Tageszeitungen finden sich Veranstaltungstipps.

Livemusik

Crocodile LIVEMUSIK
(☎ 206-441-4618; www.thecrocodile.com; 2200 2nd Ave; 🚇 13) Das Crocodile ist nahezu schon so lange im Geschäft, um als eine Institution von Seattle durchzugehen. Die lärmige Musikhalle mit Platz für 560 Leute eröffnete 1991 – gerade rechtzeitig, um die Grunge-Welle mitzunehmen. Seitdem hat hier schon jeder Musiker aus der Alternativeszene Seattles gespielt, der etwas auf sich hält – 1992 traten z. B. Nirvana unangekündigt als Vorband von Mudhoney auf.

Tractor Tavern LIVEMUSIK
(☎ 206-789-3599; www.tractortavern.com; 5213 Ballard Ave NW; 🚇 17) Die elegante Tractor Tavern ist die erste Adresse für Folk- und Akustikmusik. Hier spielen auch einheimische Liedermacher und regionale Bands sowie bekanntere Gruppen. Die bevorzugten Genres heißen Country, Rockabilly, Folk, Blues und Old-Time. Die Tavern ist ein intimer Veranstaltungsort mit kleiner Bühne und fantastischer Akustik. Hin und wieder gibt's Square-Dance-Aufführungen – das Tüpfelchen auf dem „i".

Neumo's LIVEMUSIK
(☎ 206-709-9442; www.neumos.com; 925 E Pike St; 🚇 Pike-Pine) In dieser Spielstätte in Capitol Hill gibt es Punk, Hip-Hop und Alternative

GRUNGE & ANDERE SUBKULTUREN

Wie der Blitz schlug der Grunge in den 1990er-Jahren in Seattle ein. Die Mischung aus Wut und Angst der Generation X, gepaart mit einer – nun ja – fragwürdigen Einstellung zur Körperhygiene, gärte schon seit Jahren. Ende der 1970er-Jahre entstand in Portland der Hardcore-Punk, mit dem heimische Bands wie die Wipers einen Gegenpol zum kommerziellen Rock schufen. Ein anderer Stil entwickelte sich in Olympia, wo die DIY-Musiker von Beat Happening sich mit gespielter Unschuld über das Establishment lustig machten. Als Sammelbecken einer unzufriedenen Jugend wurde Seattle zur Hochburg des Grunge, in der Bands wie Pearl Jam, Soundgarden oder Alice in Chains Erfolg hatten. Weltweit bekannt wurde das Genre 1991, als Nirvana mit ihrem Album *Nevermind* tatsächlich den King of Pop Michael Jackson von Platz eins der Charts verdrängten! Da diese Musikrichtung aber gar nicht erfolgreich sein sollte, verschwand sie aufgrund des plötzlichen Ansehens schnell wieder in der Versenkung. Seit Mitte der 1990er-Jahren beschränken sich diese und andere Subkulturen daher auf den Nordwesten der USA, wobei die Musik nicht weniger überzeugend ist.

auf die Ohren. Hier waren schon Radiohead und Bill Clinton zu Gast (nicht zusammen!). Es kann heiß und schwitzig werden – das ist nicht immer etwas für die Nase. Aber hey, so ist nun mal der Rock'n'Roll.

Theater

A Contemporary Theatre THEATER
(ACT; ☑206-292-7676; www.acttheatre.org; 700 Union St; ☒University St) Dieses Theater beheimatet eines der drei großen Ensembles in der Stadt. Die 30 Mio. US$ teuren Räumlichkeiten am Kreielsheimer Place werden für Vorführungen mit Seattles besten Schauspielern und gelegentlich für Shows von weltbekannten Theatergrößen genutzt. Die Sitzplätze verteilen sich terrassenförmig rund um die Bühne. Der Innenraum ist mit wunderschönen architektonischen Verzierungen geschmückt.

Intiman Theater Company THEATER
(☑206-441-7178; www.intiman.org; 201 Mercer St; ☒Seattle Center) Hier bringt der künstlerische Direktor Andrew Russell großartige Inszenierungen von Shakespeare, Ibsen und anderen Dramaturgen auf die Bühne.

On the Boards TANZ, THEATER
(☑206-217-9888; www.ontheboards.org; 100 W Roy St; ☒13) Das gemeinnützige On the Boards ist im kuscheligen Behnke Center for Contemporary Performance untergebracht. Gezeigt werden innovative und manchmal auch verrückte Tanz- und Musikshows.

Shoppen

Die wichtigsten Einkaufsmeilen befinden sich in Downtown zwischen der 3rd und der 6th Ave sowie zwischen University und Stewart St. Im Labyrinth des Pike Place Market gibt's neben Galerien und kleinen Geschäften auch jede Menge Stände, an denen Kunst und Kunsthandwerk verkauft wird. Rund um den Pioneer Square und in Capitol Hill befinden sich kleine Souvenir- und Secondhandläden. Die folgenden Geschäfte findet man wirklich nur in Seattle:

DeLaurenti's ESSEN
(☑206-622-0141; 1435 1st Ave; ⊙Mo–Sa 9–18, So 10–17 Uhr; ☒University St) Erstaunliche Auswahl an Weinen, Käse, Würstchen, Schinken und Pasta, Kapern, Olivenölen und Anchovis. Die Sandwichtheke verkauft hervorragende Paninis, Salate und Pizzastücke.

Elliott Bay Book Company BÜCHER
(☑206-624-6600; www.elliottbaybook.com; 1521 10th Ave; ⊙Mo–Fr 10–22, Sa bis 23, So 11–21 Uhr; ☒Pike-Pine) Dieser beliebte Bücherladen hat über 150 000 Titel auf Lager, die sich in einem geräumigen, luftigen Raum mit Holzbalken verteilen. Gemütliche Ecken laden zum stundenlangen Schmökern ein.

❶ Praktische Informationen

MEDIEN

KEXP 90.3 FM (www.kexp.org) Legendärer Lokalsender mit Indie-Musik.

Seattle Times (www.seattletimes.com) Größte Tageszeitung des Bundesstaates.

Stranger (www.thestranger.com) Unverblümte und intelligente kostenlose Wochenzeitung, die von Dan Savage (bekannt von der „Savage Love"-Kolumne) herausgegeben wird.

MEDIZINISCHE VERSORGUNG

Harborview Medical Center (☑206-744-3000; www.uwmedicine.org/harborview; 325

9th Ave) Komplette medizinische Versorgung mit Notaufnahme.

NOTFALL

Polizei (☎206-625-5011; www.seattle.gov/police)

POST

Post Office (☎206-748-5417; www.usps.com; 301 Union St; ☉Mo–Fr 8.30–17.30 Uhr)

TOURISTENINFORMATION

Seattle Visitor Center & Concierge Services (☎206-461-5840; www.visitseattle.org; Ecke Pike St & 7th Ave, Washington State Convention Center; ☉Juni–Sept. tgl. 9–17 Uhr, Okt.–Mai Mo–Fr) Am Eingang des Pike Place Market gibt es außerdem eine Infokiosk.

An- & Weiterreise

BUS

Mehrere Intercity-Busse halten an verschiedenen Punkten in Seattle.

Bellair Airporter Shuttle (☎866-235-5247; www.airporter.com) Busse fahren vom Stadtzentrum von Seattle und vom Sea-Tac Airport nach Anacortes (mit Anschlüssen an die Fähren zu den San Juan Island) und Bellingham.

Greyhound (☎206-628-5526; www.greyhound.com; 503 S Royal Brougham Way) Verbindet Seattle mit Städten im ganzen Land, z. B. Chicago, Spokane und San Francisco, sowie mit Vancouver in British Columbia (BC).

Quick Shuttle (☎800-665-2122; www.quickcoach.com; ☎) Mehrere schnelle Verbindungen täglich nach Vancouver, BC.

FLUGZEUG

Vom **Seattle-Tacoma International Airport** (SEA; ☎206-787-5388; www.portseattle.org/Sea-Tac; 17801 International Blvd; ☎), 13 Meilen (21 km) südlich von Seattle an der I-5, gehen täglich Flüge u. a. nach Europa und in diverse Städte in den USA und Kanada. Häufig werden Portland, OR, und Vancouver, BC angeflogen.

SCHIFF/FÄHRE

Victoria Clipper (☎206-448-5000; www.clippervacations.com; 2701 Alaskan Way, Pier 69) Betreibt mehrere Hochgeschwindigkeitsfähren zu den San Juan Islands und nach Victoria, BC. Im Angebot sind auch Pauschaltouren.

Washington State Ferries (WSF; ☎888-808-7977; www.wsdot.wa.gov/ferries) Infos zu Strecken, Preisen und Fahrplänen gibt es auf der Website. Die Preise sind abhängig von der Strecke, Größe der Fähre und Dauer der Fahrt. Je nachdem, von welchem Anleger man abfährt, wird entweder für die einfache Strecke oder für die Hin- und Rückfahrt bezahlt. Unbedingt im Voraus buchen, da dies für einige Ziele (z. B. die San Juan Islands) fast schon obligatorisch ist.

ZUG

King Street Station (☎206-296-0100; www.amtrak.com; 303 S Jackson St) Amtrak hält in Seattle an der King Street Station. Drei große Züge fahren durch die Stadt: der *Amtrak Cascades* (Vancouver–Seattle–Portland–Eugene); der landschaftliche reizvolle *Coast Starlight* (Seattle–Oakland–Los Angeles) und der *Empire Builder* (quer durch den Kontinent nach Chicago).

Unterwegs vor Ort

AUTO & MOTORRAD

Seattle liegt auf einem schmalen Streifen zwischen den Bergen und dem Meer und ist ein schlimmer Verkehrsengpass. Die fürchterlichen Staus von Seattle sind berühmt-berüchtigt. Auf der I-5 gibt es eine Schnellspur für Fahrzeuge, in denen zwei oder mehr Personen sitzen. Am besten meidet man die zähen Rush Hours.

VOM/ZUM FLUGHAFEN

Es gibt verschiedene Möglichkeiten, die 21 km lange Strecke vom Flughafen ins Stadtzentrum von Seattle zu bewältigen. Die beste ist die neue Stadtbahn, die von Sound Transit (www.soundtransit.org) betrieben wird.

Die Seattles Link Light Rail verkehrt von 5 bis 24 Uhr alle 10 bis 15 Minuten zwischen dem Sea-Tac Airport und dem Stadtzentrum (Westlake Center). Die Fahrt dauert 36 Minuten. Weitere Haltestellen gibt es am Pioneer Square und im International District.

Der **Shuttle Express** (☎425-981-7000; www.shuttleexpress.com) hält im 3. Stock des Flughafenparkhauses, kostet rund 18 US$, und ist vor allem bequem, wenn man viel Gepäck hat.

Taxis warten ebenfalls im 3. Stock des Flughafenparkhauses. Eine Fahrt ins Stadtzentrum kostet rund 46 US$ (ohne Trinkgeld).

ÖFFENTLICHE VERKEHRSMITTEL

Die Busse werden von Metro Transit (www.metro.kingcounty.gov), Teil des King County Department of Transportation, betrieben.

In Seattle gibt es ein Leihfahrradsystem (www.prontocycleshare.com) mit 50 Stationen.

Monorail (☎206-905-2620; www.seattlemonorail.com; Erw./Kind 5–12 Jahre 2,25/1 US$) Verkehrt nur zwischen zwei Haltestellen: dem Seattle Center und dem Westlake Center.

Seattle Streetcar (www.seattlestreetcar.org) Fährt alle 15 Minuten vom Stadtzentrum (Westlake) zur South Lake Union. An den Haltestellen kann man in diverse Busse umsteigen. Eine Erweiterung des Streckennetzes ist geplant.

TAXI

Alle Taxis verlangen denselben Preis, der vom King County vorgegeben wird: 2,60 US$ für die Anfahrt plus 2,70 US$/Meile.

Seattle Orange Cab (☑206-522-8800; www.orangecab.net)
Seattle Yellow Cab (☑206-622-6500; www.seattleyellowcab.com)

Rund um Seattle

Olympia

Klein, aber oho: Olympia, die Hauptstadt des Bundesstaats, ist in puncto Musik, Politik und Freizeitangebot ein echter Kraftprotz. Dies erkennt man schon auf den ersten Blick: Straßenkünstler schmettern auf der 4th Ave akustische Grunge-Klänge, elegant gekleidete Büro-Typen stolzieren über den Rasen am Legislative Building und an jeder Ecke sieht man in GoreTex gehüllte Outdoor-Fans, die in Olympia übernachten, bevor es in die Olympic Mountains geht. Das fortschrittliche Evergreen State College, an dem u. a. Matt Groening, Schöpfer der *Simpsons,* studierte, hat der Stadt lange einen künstlerischen Touch verliehen, während die Bars und Second-Hand-Gitarrenläden ein Sprungbrett für die Riot-Grrrl-Musik und den Grunge darstellten.

⊙ Sehenswertes & Aktivitäten

Washington State Capitol WAHRZEICHEN
(☑360-902-8880; 416 Sid Snyder Ave SW; ⊗Mo-Fr 7–17.30, Sa & So 11–16 Uhr) GRATIS Die Anlage des Capitols befindet sich in einem 12 ha großen Park mit Blick auf den Capitol Lake im Vordergrund und die Olympic Mountains im Hintergrund. Highlight ist jedoch das prächtige **Legislative Building** (1927), ein überwältigendes Gebäude aus poliertem Marmor und Säulen, das gekrönt wird von einer 87 m hohen Kuppel, die nur ein bisschen kleiner ist als ihr Namensvetter in Washington, D. C. Es werden kostenlose Führungen angeboten.

Olympia Farmers Market MARKT
(☑360-352-9096; www.olympiafarmersmarket.com; 700 N Capitol Way; ⊗April–Okt. Do–So 10–15 Uhr, Nov. & Dez. Sa & So) ✐ Nur der Pike Place in Seattle ist größer und atmosphärischer als dieser Markt. Hier kann man nach Herzenslust Kräuter, Gemüse, Blumen, Backwaren und die berühmten Austern kaufen.

🛌 Schlafen & Essen

Fertile Ground Guesthouse PENSION $$
(☑360-352-2428; www.fertileground.org; 311 9th Ave SE; EZ/DZ ab 110/120 US$; 🕿) Diese gemütliche, heimelige Pension befindet sich inmit-

ten eines üppigen Gartens. Sie hat drei wunderhübsche Zimmer, eins mit eigenem Bad, zwei mit Gemeinschaftsbad. Das Frühstück wird vorwiegend aus regionalen Bio-Produkten zubereitet. Auf dem Gelände befindet sich auch eine Sauna. Weitere Zimmer (darunter ein Schlafsaal) befinden sich auf anderen Grundstücken – mehr Infos online.

Traditions Cafe & World Folk Art AMERIKANISCH $
(☑360-705-2819; www.traditionsfairtrade.com; 300 5th Ave SW; Sandwiches 9–10 US$; ⊗Mo–Fr 9–18, Sa 10–18, So 11–17 Uhr; 🖉) ✐ Die Fair-Trade-Hippie-Enklave serviert frische Salate (mit Zitronen-Tahine, Räucherlachs usw.), Sandwiches (mit Fleisch, vegetarisch & vegan), mexikanische und italienische Gerichte, diverse Kaffees, Kräutertees und Eis aus der Region. Zu dem Café gehört ein vielseitiger Folk-Art-Laden. Auf der Website gibt's auch Infos zu Konzerten und Lesungen.

❶ Praktische Informationen

State Capitol Visitor Center (☑360-704-7544; www.visitolympia.com; 103 Sid Snyder Ave SW; ⊗Mo–Fr 10–15, Sa & So 11–15 Uhr) Bietet Infos zum Capitol-Komplex, der Gegend rund um Olympia und dem Bundesstaat Washington, hat aber nur eingeschränkt geöffnet.

Olympic Peninsula

Die abgelegene, an drei Seiten vom Meer umspülte Olympic Peninsula ähnelt eher einer ausgewachsenen Insel als einer Halbinsel. Sie ist so *wild* und *western,* wie Amerika nur sein kann. Einzig die Cowboys fehlen, doch das wird durch eine seltene, vom Aussterben bedrohte Tier- und Pflanzenwelt und dichten Urwald wettgemacht. Etwa die Hälfte der Halbinsel gehört zum bekanntermaßen feuchten Olympic National Park. Die Küstengebiete befinden sich größtenteils in den Händen der Holzindustrie und der amerikanischen Ureinwohner. Hier gibt's ein paar vereinzelte kleine, aber interessante Siedlungen wie Port Townsend zu sehen. Im Westen, dem abgeschiedenen Ende der „Lower 48", treffen der tosende Ozean und der Nebelwald mit seinen uralten Bäumen in feuchter Harmonie aufeinander.

Olympic National Park

1909 wurde der 3600 km² große **Olympic National Park** (www.nps.gov/olym) zum Naturschutzgebiet, 1938 zum Nationalpark erklärt. Er umfasst einen einzigartigen gemäßigten Regenwald und einen fast 92 km langen, erst 1953 eingegliederten Küstenstreifen. Die Möglichkeiten, die Gegend auf eigene Faust zu entdecken, sind nahezu unbegrenzt. Und natürlich steht auch sportliche Betätigung hoch im Kurs: Man kann wandern, angeln, Kajak fahren und Ski laufen.

ÖSTLICHE ZUGÄNGE

Die unbefestigte Dosewallips River Rd folgt ab der US 101 (Abzweigung ca. 1 km nördlich des Dosewallips State Park) über 15 Meilen (24 km) dem Lauf des Flusses bis zur **Dosewallips Ranger Station**, an der die Wanderwege beginnen; Infos über den Straßenzustand gibt's unter ☑ 360-565-3130. Auch wenn man nur eine kurze Tour auf einem der beiden langen Wanderwege plant, lohnt sich ein Ausflug ins Tal, nicht zuletzt wegen der eindrucksvollen Sicht auf die Gletscher des **Mt. Anderson**. Ein weiterer Parkzugang für Wanderer im Osten ist die **Staircase Ranger Station** (☑ 360-877-5569) am Rand des Nationalparks. Von Hoodsport aus sind es 15 Meilen (24 km) auf der US 101 dorthin. Bei Campern sehr beliebt sind die beiden State Parks am Ostrand des Nationalparks: der **Dosewallips State Park** (☑ 888-226-7688; www.parks.wa.gov/499/Dosewallips; 306996 Hwy 101; Zelt 12–35 US$/Wohnmobil 30–45 US$) und der **Lake Cushman State Park** (☑ 888-226-7688; Stellplatz 15–66 US$). Beide bieten fließendes Wasser, Toiletten und ein paar Stromanschlüsse. Reservierung ist möglich.

NÖRDLICHE ZUGÄNGE

Der am leichtesten zu erreichende und folglich beliebteste Eingang findet sich beim **Hurricane Ridge**, 18 Meilen (29 km) südlich von Port Angeles. Am Straßenende steht ein Infozentrum, von dem aus man den Mt. Olympus (2427 m) und Dutzende anderer Berggipfel erspähen kann. In einer Höhe von 1585 m muss man auf schlechtes Wetter und – nomen est omen – starken Wind gefasst sein. Im Sommer bieten sich zahlreiche Trekking- und Wandermöglichkeiten, im Winter locken die Pisten der **Hurricane Ridge Ski & Snowboard Area** (www.hurricaneridge.com; 🐾).

Beliebtes Revier für Boots- und Angelausflüge ist der **Lake Crescent**, an dem auch die älteste **Lodge** (☑ 888-896-3818; www.olympicnationalparks.com; 416 Lake Crescent Rd; Zi. Lodge ab 120 US$, Hütte 260 US$; ⊙ Mai–

Okt.; 🅿 ❄ @) steht. Die Preise sind recht annehmbar. In dem Öko-Restaurant der Lodge werden opulente, köstliche Gerichte serviert. Von der **Storm King Information Station** (☑ 360-928-3380; 343 Barnes Point Rd; ⊙ Mai–Sept.) am Südufer des Sees windet sich ein ca. 1,6 km langer Wanderweg durch uralten Wald zu den Marymere Falls hinauf.

Am Sol Duc River befindet sich das **Sol Duc Hot Springs Resort** (☑ 360-327-3583; www.olypicnationalparks.com; 12076 Sol Duc Hot Springs Rd, Port Angeles; 12,25 US$/Tag, Stellplatz Wohnmobil 43 US$, Hütten ab 196 US$; ⊙ Ende April–Okt.; ❄ ❄)🐾, das Kost und Logis, Massagen und natürlich ein Thermalbad anbietet. Von hier aus kann man wunderschöne Tagesausflüge unternehmen.

WESTLICHE ZUGÄNGE

Die abgelegene, isolierte und weitaus rauere pazifische Seite der Olympic Mountains weist eines der regenreichsten Mikroklimata des Landes auf. Zu den berühmten gemäßigten Regenwäldern und der wilden Küstenlinie gelangt man nur über die US 101. Der **Hoh River Rainforest** am Ende der 19 Meilen (30 km) langen Hoh River Rd ist ein Labyrinth aus tropfenden Farnen und moosbewachsenen Bäumen à la Tolkien. Das **Hoh Visitor Center und Campground** (☑ 360-374-6925; ⊙ 9–17 Uhr, Sept.–Juni bis 16.30 Uhr) erteilt Auskünfte zu Führungen und längeren Wanderungen im Hinterland. Kein Strom, keine Duschen; wer zuerst kommt, mahlt zuerst.

Etwas weiter südlich liegt der **Lake Quinault**, ein schöner Gletschersee, der von bewaldeten Gipfeln umgeben ist. Er ist sehr beliebt zum Angeln, Bootfahren und Schwimmen und wird von einigen der ältesten Bäume des Landes umrahmt. Die **Lake Quinault Lodge** (☑ 360-288-2900; www.olympicnationalparks.com; 345 S Shore Rd; Zi. ab 269 US$; ❄ ❄ ❄), eine luxuriöse Unterkunft aus der Zeit der „Parkitektur" in den 1920er-Jahren, verfügt über einen beheizten Pool, eine Sauna, einen lodernden Kamin und einen unvergesslichen Speisesaal. Wer eine günstigere Unterkunft in der Nähe sucht, sollte das superfreundliche **Quinault River Inn** (☑ 360-288-2237; www.quinaultriverinn.com; 8 River Dr; Zi. ab 139 US$; ❄ ❄) in Amanda Park ausprobieren, das bei Anglern beliebt ist.

Direkt vor der Lake Quinault Lodge beginnen ein paar kurze Wanderwege. Oder man versucht sich am längeren **Enchanted Valley Trail**, einer mittelschweren, 21 km langen Wanderung, die bei der Graves Creek Ranger-Station am Ende der South Shore Rd beginnt und bis zu einer Wiese mit Wildblumen und zu Erlenwäldchen hinaufführt.

ℹ Praktische Informationen

Der Parkeintritt kostet 5/15 US$ pro Person/ Fahrzeug, ist eine Woche gültig und an den Eingängen zu bezahlen. Viele Besucherzentren fungieren auch als Ranger-Stationen des United States Forestry Service (USFS), an denen es Genehmigungen zum Wildcampen gibt (5 US$/ Gruppe, 14 Tage gültig, zzgl. 2 US$ pro Pers. & Nacht).

Forks Visitor Information Center (☑ 360-374-2531; www.forkswa.com; 1411 S Forks Ave; ⊙ Mo–Sa 10–17, So 11–16 Uhr)

Olympic National Park Visitor Center (☑ 360-565-3130; www.nps.gov/olym; 3002 Mt. Angeles Rd, Port Angeles; ⊙ 9–17 Uhr) Das beste Besucherzentrum liegt am Zugang Hurricane Ridge, rund 1,5 km abseits des Hwy 101 in Port Angeles. Die Öffnungszeiten variieren je nach Jahreszeit.

Wilderness Information Center (☑ 360-565-3100; www.nps.gov/olym; 3002 Mt. Angeles Rd, Port Angeles; ⊙ Juli & Aug. 8–18, Sept.–Juni bis 16 Uhr) Genehmigungen fürs Hinterland sowie Infos zu Rucksacktouren.

Port Townsend

Historisch Interessantes ist im Nordwesten kaum zu finden. Umso faszinierender ist daher das Städtchen Port Townsend, in dem die Zeit scheinbar stehen geblieben ist. Der kleine, nostalgische Ort mit der lebendigen Kulturszene ist ein Musterbeispiel der viktorianischen Architektur der 1890er-Jahre, das „New York des Wilden Westens, das es niemals gab". Die einst boomende Stadt war Anfang des 20. Jhs. pleite und wurde erst 70 Jahre später von einer Gruppe Einheimischer mit Weitblick wieder zum Leben erweckt. Heute ist Port Townsend eine dynamische Mischung aus innovativen Restaurants, eleganten historischen Hotels und schrägen Festivals.

◎ Sehenswertes

Jefferson Art & History Museum   MUSEUM (www.jchsmuseum.org; 540 Water St; Erw./Kind 6/1 US$; ⊙ März–Dez. Tgl. 11–16 Uhr, Jan. & Feb. Sa & So) Die hiesige Geschichtsgesellschaft betreibt dieses gut erhaltene Museum, das Modelle eines Gefängnisses aus dem Jahr 1892 sowie maritime Artefakte und eine Kunstausstellung zeigt. Das Museum be-

leuchtet auch die Geschichte der Prostitution im so harmlos wirkenden Port Townsend.

Fort Worden State Park   PARK (☑ 360-344-4431; www.parks.wa.gov/511/ Fort-Worden; 200 Battery Way; ⊙ April–Okt. 6.30 Uhr–Sonnenuntergang, Nov.–März 8 Uhr–Sonnenuntergang) In dem interessanten Park im Stadtgebiet von Port Townsend sind die Überreste einer großen Befestigungsanlage zu sehen, die in den 1890er-Jahren gebaut wurde, um den strategisch wichtigen Puget Sound vor Angriffen zu schützen – die vor allem im Amerikanisch-Spanischen Krieg 1898 drohten. Kinofans mit Kennerblick werden die Anlage aus dem Film *Ein Offizier und Gentleman* wiedererkennen.

Die Commanding Officer's Quarters, ein Wohnhaus mit zwölf Schlafzimmern, kann im Rahmen einer Führung besichtigt werden. In einem Teil eines der ehemaligen Kasernengebäude ist heute das Puget Sound Coast Artillery Museum untergebracht, das die Geschichte der ersten Befestigungsanlagen an der Pazifikküste erläutert.

Wanderungen führen entlang der Landspitze zur **Point Wilson Lighthouse Station** sowie einigen wunderbaren windgepeitschten Stränden. Auf dem Anglerpier des Parks befindet sich das **Port Townsend Marine Science Center** (www.ptmsc.org; 532 Battery Way; Erw./Kind 5/3 US$; ⊙ Juni–Aug. Mi–Mo 11–17 Uhr, Sept.–Mai verkürzte Öffnungszeiten) mit seinen vier Streichelaquarien und täglichen Infoveranstaltungen. Übernachtungs- und Campingmöglichkeiten vorhanden.

🛏 Schlafen & Essen

Waterstreet Hotel   HOTEL $ (☑ 360-385-5467; www.watersthotel.com; 635 Water St; Zi. 60–175 US$; ✳🐾) Das heimelige, freundliche Waterstreet Hotel bietet Zimmer, die ihr Geld wert sind, einige davon mit Gemeinschaftsbädern. Familien oder Gruppen sollten nach Suite Nr. 5 fragen – eher ein Apartment mit Wohnzimmer, Küche und bezaubernder Veranda, von der Gäste auf den Puget Sound blicken. Die Rezeption befindet sich im Geschenkladen neben dem Hotel.

Palace Hotel   HISTORISCHES HOTEL $$ (☑ 360-385-0773; www.palacehotelpt.com; 1004 Water St; Zi. 109–229 US$; 🐾🐾) Das wunderschöne, 1889 erbaute viktorianische Gebäude war einst ein Bordell, das von der berüchtigten Madame Marie betrieben wurde, die ihren Geschäften aus einer Eck-Suite im 2. Stock nachging. Heute beherbergt der Bau ein schönes Hotel mit alten Möbeln, herrlichen Gemeinschaftsräumen und Kochnischen.

Doc's Marina Grill
AMERIKANISCH $$

(☑ 360-344-3627; www.docsgrill.com; 141 Hudson St; Hauptgerichte 13–24 US$; ⊙ 11–23 Uhr) Im Jachthafen von Port Townsend bietet das Doc's etwas für jeden Geschmack: Burger, Sandwiches, Fish 'n' Chips, Salate, Nudeln, Steaks, Meeresfrüchte und einige vegetarische Gerichte. Das Lokal befindet sich in einem Gebäude, das in den 1940er-Jahren als Krankenschwestern-Wohnheim diente.

Waterfront Pizza
PIZZA $$

(☑ 360-379-9110; 951 Water St; große Pizzas 16–28 US$; ⊙ So–Do 11–20, Fr & Sa bis 21 Uhr) Wer Lust auf einen Imbiss hat, kauft sich unten ein Stück Pizza – allerdings sollte man sich in dem winzigen Lokal auf lange Wartezeiten einstellen. Wer sich setzen und in Ruhe essen möchte, geht die Treppe nach oben und probiert die Pasteten (mit Cajun-Würstchen, Feta-Käse, Artischocken-Herzen oder Pesto).

❶ Praktische Informationen

Visitor Center (☑ 360-385-2722; www.ptchamber.org; 2409 Jefferson; ⊙ 9–17 Uhr)

❶ An- & Weiterreise

Washington State Ferries (☑ 206-464-6400; www.wsdot.wa.gov/ferries) Fähren fahren ab/nach Coupeville auf Whidbey Island (35 Min.) Im Voraus buchen.

Port Angeles

Abgesehen vom Namen hat Port Angeles nichts Spanisches oder gar Engelhaftes an sich. Der Ort mit den steil aufragenden Olympic Mountains als Kulisse wurde für die Holzindustrie errichtet. Besucher sind meist nur auf der Durchreise und nehmen gleich die Fähre nach Victoria in British Columbia oder machen einen Ausflug in den nahe gelegenen Olympic National Park.

🚶 Aktivitäten

Der **Olympic Discovery Trail** (www.olympicdiscoverytrail.com) ist eine 48 km lange Wander- und Radstrecke zwischen Port Angeles und Sequim. Sie beginnt am Ende der **Ediz Hook**, der Sandbank rund um die Bucht. Mieträder gibt's bei **Sound Bikes & Kayaks** (www.soundbikekayaks.com; 120 Front St; Leihfahrrad pro Std./Tag 10/45 US$).

🛏 Schlafen & Essen

Toadlily House
HOSTEL $

(☑ 360-797-3797; www.toadlilyhouse.com; 105 E 5th St; B 25–30 US$; 🐾) Das helle und saubere Hostel in einem limettengrünen, denkmalgeschützten Gebäude hat mehrere Schlafsäle und ein seperates Zimmer (40 US$) hinten im Garten. Gäste teilen sich das Bad und die Küche. Die Aufteilung des Hostels eignet sich hervorragend, um Kontakte mit anderen Travellern zu knüpfen. Der Besitzer ist hip und freundlich.

Olympic Lodge
HOTEL $$

(☑ 360-452-2993; www.olympiclodge.com; 140 Del Guzzi Dr; Zi. ab 190 US$; ❄@🐾🏊) Die komfortabelste Unterkunft in Port Angeles hat herrliche Zimmer, Bistro, Schwimmbad mit Whirlpool sowie Gratiskekse und -suppen am Nachmittag. Die Preise variieren stark, je nach Tag und Monat.

Bella Italia
ITALIENISCH $$

(☑ 360-457-5442; www.bellaitaliapa.com; 118 E 1st St; Hauptgerichte 14–24 US$; ⊙ 16 Uhr–open end) Das Bella Italia gibt es schon viel länger als Bella, die Heldin der *Twilight*-Saga. Die Erwähnung des Restaurants als der Ort, an dem Bella und Edward ihr erstes Date hatten, machten das beliebte Lokal jedoch zur Kultadresse. Unbedingt die Muschel-Linguine, das Marsala-Hühnchen oder die geräucherte Entenbrust probieren und einen der hervorragenden Weine kosten (auf der Weinkarte tummeln sich 500 Sorten).

❶ Praktische Informationen

Port Angeles Visitor Center (☑ 360-452-2363; www.portangeles.org; 121 E Railroad Ave; ⊙ Mo–Sa 8–17, So 12–15 Uhr) Neben dem Fähranleger. Im Sommer mitunter länger geöffnet.

❶ An- & Weiterreise

Clallam Transit (☑ 360-452-4511; www.clallamtransit.com) Busse fahren nach Forks und Sequim, wo man in andere Regionalbusse umsteigen kann. So lässt sich die Olympic Peninsula komplett umrunden.

Coho Vehicle Ferry (☑ 888-993-3779; www.cohoferry.com) Ab/nach Victoria, BC (1½ Std.).

Dungeness Line (www.olympicbuslines.com; 123 East Front St, Gateway Transit Center) Fährt zweimal täglich nach Seattle.

Nordwestliche Halbinsel

Verschiedene Reservate der amerikanischen Ureinwohner befinden sich ganz im Nordwesten des Kontinents und heißen Besucher willkommen. Die kleine, sturmerprobte Siedlung **Neah Bay** am Hwy 112 ist die Stätte der Makah Indian Reservation. In deren **Makah Museum** (☎ 360-645-2711; www.makah museum.com; 1880 Bayview Ave; Eintritt 5 US$; ⊙ 10–17 Uhr) Artefakte ausgestellt sind, die aus einem der bedeutendsten archäologischen Funde im 500 Jahre alten Makah-Dorf von Ozette stammen. Ein paar Meilen hinter dem Museum führt ein kurzer Fußweg zum spektakulären **Cape Flattery**, einem 91 m hohen Felssporn, der den nordwestlichsten Punkt der „Lower 48" markiert.

Nicht weit weg vom Hoh River Rainforest und der Küstenlinie liegt **Forks**, ein kleines Holzfällerdorf, das dank des *Twilight*-Hypes Berühmtheit erlangt hat. Der Ort ist ein Startpunkt für Ausflüge in den Olympic National Park. Das **Miller Tree Inn** (☎ 360-374-6806; www.millertreeinn.com; 654 E Division St; Zi. 135–235 US$; 🐾 🍴) ist eine gute Unterkunft.

Nordwest-Washington

Zwischen Seattle, den Cascades und Kanada eingeklemmt, wird der Nordwesten Washingtons von drei Seiten geprägt. Sein Zentrum ist das akademische Bellingham, Magneten für Outdoor-Enthusiasten sind die ländlichen San Juan Islands, ein großer Archipel, der wirkt wie ein sepiafarbener Schnappschuss aus vergangenen Zeiten. Hauptanleger für Fähren zu den Inseln sowie nach Victoria, BC, ist Anacortes.

Whidbey Island

Whidbey Island ist zwar nicht ganz so abgeschieden (eine Brücke verbindet die Insel mit dem angrenzenden Fidalgo Island am nördlichsten Punkt) oder so nonkonformistisch wie die San Juans, doch das Leben hier ist fast genauso gemächlich, ruhig und ländlich. Außerdem kann die Insel sechs State Parks, jede Menge B & Bs, zwei historische Fischerdörfer (Langley und Coupeville), bekanntermaßen gute Muscheln und eine florierende Künstlergemeinde ins Rennen schicken.

Der **Deception Pass State Park** (☎ 360-675-2417; 41229 N State Hwy 20) erstreckt sich beiderseits der gleichnamigen Wasserstraße, die Whidbey und Fidalgo Island voneinander trennt; er umfasst Seen, Inseln, Campingplätze und insgesamt 61 km Wanderwege.

Das **Ebey's Landing National Historical Reserve** (☎ 360-678-6084; www.nps.gov/ ebla; 162 Cementery Rd) umschließt 70 km² Land mit bewirtschafteten Höfen, geschützten Stränden, zwei State Parks und dem Ort **Coupeville**. Diese kleine Siedlung ist eine der ältesten Städte Washingtons mit einer hübschen Uferpromenade, alten Läden und vielen Gasthäusern. Das **Coupeville Inn** (☎ 800-247-6162; www.thecoupevilleinn.com; 200 NW Coveland St; Zi. 110–170 US$, Condos 175–300 US$; 🐾 @ 🛜 🍴) z. B. preist sich selbst als Motel im französischen Stil an (wenn das mal kein Widerspruch in sich ist!); es punktet mit schicken Möbeln und üppigem Frühstück. Die berühmten frischen Muscheln gibt's u. a. bei **Christopher's** (☎ 360-678-5480; www.christophersonwhidbey.com; 103 NW Coveland St; Hauptgerichte 18–23 US$; ⊙ Mo–Fr 11.30–14 & 17 Uhr–Ende).

ℹ Anreise & Unterwegs vor Ort

Die Washington State Ferries (www.wsdot. wa.gov/ferries) verbinden Clinton mit Mukilteo (20 Min., alle 30 Min.) und Coupeville mit Port Townsend (35 Min., alle 45 Min.). Täglich außer sonntags fahren stündlich kostenlose **Island-Transit-Busse** (☎ 360-678-7771; www. islandtransit.org) vom Fähranleger in Clinton über ganz Whidbey.

Bellingham

Willkommen in einer politisch grünen, liberalen und lebenswerten Stadt, in der sich die alles tolerierende Einstellung von Oregons „Stadt der Rosen" (Portland) mit einem ganz besonderen Washingtoner Einschlag verbindet. Die „Stadt der gedämpften Begeisterung", wie sie einer ihrer Bürgermeister einmal nannte, hat nicht nur ein mildes Klima, sondern auch eine milde Erscheinung. Hier lebt eine unglaubliche Mischung aus Espresso trinkenden Studenten, ehrwürdigen Ruhestädtlern, Wind und Wetter trotzenden Triathleten und Transparente schwingenden Friedensaktivisten. Zeitschriften wie das *Outside Magazine* loben Bellingham regelmäßig für das vielfältige Angebot von Outdoor-Aktivitäten.

◉ Sehenswertes & Aktivitäten

Bellingham bietet Outdoor-Spaß in Hülle und Fülle. Der **Whatcom Falls Park** ist eine unverfälschte Wildnis, die die östlichen Vororte von Bellingham in zwei Teile teilt. Den Höhenunterschied markieren vier Wasserfälle, darunter die **Whirlpool Falls**, die im Sommer ein beliebtes Badeziel sind.

Fairhaven Bike & Mountain Sports
RADFAHREN

(☑ 360-733-4433; www.fairhavenbike.com; 1103 11th St; Leihfahrrad für 4 Std. 25–37,50 US$) Bellingham ist eine der fahrradfreundlichsten Städte des Nordwestens. Das gut ausgebaute Fahrradnetz reicht im Süden bis zum Larrabee State Park. In diesem Laden kann man Fahrräder mieten und Karten mit Routen kaufen.

San Juan Cruises
BOOTSTOUR

(☑ 360-738-8099; www.whales.com; 355 Harris Ave; Bootstour 35–99 US$) Bootsausflüge in der Bellingham Bay mit Bier- oder Weinproben sowie Walbeobachtungstouren rund um die San Juan Islands etc.

🛏 Schlafen & Essen

GuestHouse Inn
MOTEL $

(☑ 360-671-9600; www.guesthouseintl.com; 805 Lakeway Dr; Zi. ab 90 US$; ❈@🛜🐾) Das saubere, komfortable und freundliche Motel liegt abseits der I-5 und ist zu Fuß in 20 Minuten vom Zentrum zu erreichen. Die Zimmer sind mit modernen Annehmlichkeiten wie Flachbild-TV, Kühlschränken und Mikrowellen ausgestattet. Das kontinentale Frühstück und die Benutzung des Whirlpools sind im Preis enthalten.

★ Hotel Bellwether
BOUTIQUEHOTEL $$$

(☑ 360-392-3100; www.hotelbellwether.com; 1 Bellwether Way; Zi. ab 250 US$; ❈@🛜🐾) Bellinghams schönstes und charismatischstes Hotel liegt direkt am Ufer und blickt auf die Lummi Island. Die Standard-Zimmer sind mit italienischen Möbeln und ungarischen Bettüberwürfen ausgestattet. Absolutes Highlight ist jedoch die 84 m^2 große Lighthouse Suite (ab 500 US$) in einem ehemaligen dreistöckigen Leuchtturm mit einem herrlichen Rundumblick, den man ganz exklusiv für sich allein hat. Zum Komplex gehören auch ein Spa und ein Restaurant.

Old Town Cafe
CAFÉ $

(☑ 360-671-4431; www.theoldtowncafe.com; 316 W Holly St; Hauptgerichte 7–10 US$; ⊙ Mo–Sa 6.30–15, So 8–14 Uhr) Das unkonventionelle Frühstückscafé wird von seinen Gästen wegen seiner ungezwungenen, künstlerischen Atmosphäre geschätzt. Der Tag beginnt hier z. B. mit Omeletts, Eier-Tortillas und französischen Vollkornbaguettes. Auf der Karte stehen zudem hausgemachtes Müsli, glutenfreie Pfannkuchen, Rühreier aus Bio-Tofu, Salate und zehn verschiedene Sandwiches.

★ Pepper Sisters
MODERN-AMERIKANISCH $$

(☑ 360-671-3414; www.peppersisters.com; 1055 N State St; Hauptgerichte 10–18 US$; ⊙ Di–So 16.30–21 Uhr; 🚫) Das heitere, farbenfrohe Restaurant serviert innovative Gerichte, die sich nur schwere kategorisieren lassen – Mexikanisch mit Nordweststaaten-Touch trifft es vielleicht am besten. Unbedingt die gegrillten Auberginen-Tostada, Chipotle-Paprika-Enchilada oder die Southwest-Pizza probieren. Für Kinder gibt es eine eigene Karte.

❶ Praktische Informationen

Downtown Info Center (☑ 360-671-3990; www.bellingham.org; 1306 Commercial St; ⊙ 9–17 Uhr)

❶ An- & Weiterreise

Fähren von **Alaska Marine Highway** (AMHS; ☑ 800-642-0066; www.dot.state.ak.us/amhs; 355 Harris Ave) fahren nach Juneau (60 Std.) und zu anderen Häfen im Südosten Alaskas (ab 326 US$ ohne Auto). Der Bellair Airporter Shuttle (www.airporter.com) fährt zum Sea-Tac Airport, mit Anschluss unterwegs nach Anacortes und Whidbey Island.

San Juan Islands

Wer mit der Fähre von Anacortes in Richtung Westen fährt, wird sich schnell wie am Ende der Welt fühlen. Gefühlte 1000 Meilen entfernt von der städtischen Hektik am Puget Sound, zaubert die in Nebel gehüllte Inselgruppe der San Juans die Proust'sche Atmosphäre einer längst verlorenen Zeit herbei, die sich so amerikanisch wie – pardon – kanadisch anfühlt (die Inseln werden schließlich an zwei Seiten von Kanada begrenzt).

Der riesige Archipel besteht aus 172 Inselchen. Wer es sich aber nicht leisten kann, eine Jacht oder ein Wasserflugzeug zu chartern, der wird nur in den Genuss der vier großen Inseln – San Juan, Orcas, Shaw und Lopez – kommen, die täglich von den Washington State Ferries angesteuert werden. Die Inseln sind bekannt für ihre Ruhe, die Möglichkeit, Wale zu beobachten oder im Kajak über die Gewässer zu gleiten, sowie für ihren rebellischen Nonkonformismus.

Großartig lassen sich die San Juan Islands mit einem seefähigen Kajak oder einem Fahrrad erkunden. Eine geführte Halbtagestour kostet zwischen 45 und 65 US$. Die flache, ländliche Lopez Island eignet sich ebenso wie San Juan gut für einen Tagesausflug mit dem Rad. Wesentlich anspruchsvoller ist das hügelige Gelände von Orcas Island mit dem 8 km langen, steilen Anstieg zum Gipfel des Mt. Constitution.

❶ Anreise & Unterwegs vor Ort

Die San Juan Islands werden u. a. von **San Juan Airlines** (☑ 800-874-4434; www.sanjuanair-lines.com) und **Kenmore Air** (☑ 866-435-9524; www.kenmoreair.com) angeflogen.

Die Fähren von Washington State Ferries (www.wsdot.wa.gov/ferries) fahren von Anacortes zu den San Juans, einige auch weiter bis nach Sidney in der Nähe von Victoria in British Columbia. Angelegt wird auf Lopez Island (45 Min.), in Orcas Landing (60 Min.) und Friday Harbor auf San Juan (75 Min.). Der Fahrpreis ist saisonal unterschiedlich. Hin- und Rückfahrkarten werden nur auf den Fähren in Richtung Westen verkauft, ausgenommen die Fähren, die von Sidney in British Columbia zurück in die USA schippern. Wer alle Inseln des Archipels besuchen will, startet am besten in Friday Harbor und hüpft dann von Insel zu Insel zurück zum Ausgangspunkt; das ist auch am preiswertesten.

In den Sommermonaten verkehren Shuttle-Busse auf den Inseln Orcas und San Juan.

San Juan Island

San Juan Island ist die inoffizielle Hauptinsel des Archipels. Sie präsentiert sich als harmonischer Mix aus niedrigen bewaldeten Hügeln und kleinen ländlichen Farmen und war im 19. Jh. Schauplatz eines merkwürdigen Konflikts. Die einzige wirkliche Siedlung ist Friday Harbor. Hier befinden sich das **Besucherzentrum** und die **Chamber of Commerce** (www.sanjuanisland.org; 135 Spring St, Friday Harbor; ⊙ 10–17 Uhr) in einer kleinen Einkaufspassage abseits der Hauptstraße.

⊙ Sehenswertes

San Juan Island
National Historical Park   HISTORISCHE STÄTTE
(☑ 360-378-2240; www.nps.gov/sajh; ⊙ Besucherzentrum Juni–Aug. 8.30–17, Sept.–Mai bis 16.30 Uhr) GRATIS Wenngleich die San Juan Islands eher für ihre Landschaft und weniger für ihre Geschichte berühmt sind, waren sie Schauplatz eines der seltsamsten Grenzkonflikte des 19. Jhs., des „Schweinekonflikts" zwischen den USA und Großbritannien (so benannt, weil ein Schwein das einzige Opfer der Auseinandersetzung war). Dieser seltsamen Pattsituation wird in zwei historischen Parks jeweils am Ende der Insel gedacht, wo sich einst die gegnerischen amerikanischen und britischen Militärlager befanden.

Lima Kiln Point State Park   PARK
(☑ 360-902-8844; www.parks.wa.gov/540/Lime-Kiln-Point; 1567 Westside Rd, Friday Harbor; ⊙ 8 Uhr–Sonnenuntergang) ⏚ Der schöne Park an der felsigen Westküste von San Juan Island überblickt die tiefe Haro Strait und ist angeblich einer der besten Orte der Welt, um Wale zu beobachten. Das hat sich allerdings mittlerweile herumgesprochen, weshalb sich hier sich oft erwartungsfrohe Gruppen mit Picknickkörben tummeln. Es gibt ein kleines **Informationszentrum** (☑ 360-378-2044; ⊙ Juni–Aug.) im Park, Wanderwege, einen restaurierten Kalkofen und das historische Lime Kiln Lighthouse (1919).

🛏 Schlafen & Essen

Hotels, B & Bs und Resorts verteilen sich über die ganze Insel, die meisten befinden sich jedoch in Friday Harbor.

Wayfarer's Rest   HOSTEL $
(☑ 360-378-6428; www.hostelssanjuan.com; 35 Malcolm St, Friday Harbor; B 40 US$, Zi. ab 85 US$; ☎) Das hübsche Hostel befindet sich in einem heimeligen Haus, einen kurzen Fußmarsch entfernt vom Fähranleger. Übernachtet wird in bequemen Schlafsälen und günstigen Zimmer. Die Hauptküche bietet einen Ausblick auf einen begrünten Hinterhof. In der Suite haben bis zu sechs Personen (245 US$) Platz. Im Sommer zwei Monate im Voraus buchen.

Juniper Lane Guest House   INN $$
(☑ 360-378-7761; www.juniperlaneguesthouse.com; 1312 Beaverton Valley Rd, Friday Harbor; Zi. 85–135 US$, Hütten 219 US$; ☎) ⏚ Die fünf großartigen Zimmer in diesem gemütlichen, hippen Inn sind mit einem bunten Mix an Möbeln dekoriert, von denen viele restauriert wurden. Im Sommer werden hinten im Garten Hängematten aufgespannt, von denen man einen wunderbaren Ausblick auf die umliegende Landschaft genießen kann. Es gibt außerdem eine Gemeinschaftsküche und eine Hütte mit zwei Schlafzimmern. Das Inn befindet sich 1,3 Meilen (2 km) entfernt vom Fähranleger.

Market Chef   DELI $
(☑ 360-378-4546; 225 A St, Friday Harbor; Sandwiches 9 US$; ⊙ Mo–Fr 10–16 Uhr) ⏚ Das Deli ist beliebt und berühmt für seine köstlichen Sandwiches, z. B. mit Roastbeef und Rucola oder – Spezialität des Hauses – den Curry-Eier-Salat mit gerösteten Erdnüssen und Chutney. Hier gibt es außerdem Salate.

Es werden ausschließlich lokale Erzeugnisse verwendet. Wer im Sommer in der Stadt ist, sollte den Stand auf dem San Juan Island Farmer's Market besuchen (10–13 Uhr).

Backdoor Kitchen FUSION $$$

(☏ 360-378-9540; www.backdoorkitchen.com; 400 A St, Friday Harbor; Hauptgerichte 30–37 US$; ⏱ Mo 11.30–14.30, Mi–So 17–21 Uhr) Eines der besten Restaurants auf der Insel. Hier werden frische lokale Erzeugnisse in kreative multiethnische Gerichte verwandelt. Auf den Tisch kommen z. B. Schwein im spanischen Stil mit Wildgarnelen-Eintopf oder scharfe indische Linsen mit Spinatkuchen. Im Sommer wird im hübschen Garten eingedeckt. Im Voraus reservieren.

Orcas Island

Die unberührte Orcas Island mit ihrer zerklüfteten Steilküste ist das smaragdgrüne Schmuckstück der San Juan Islands. Hier kann man nicht nur herrlich wandern, sondern seit Neuestem auch bestens schlemmen. Der Fähranleger befindet sich in Orcas Landing, 8 Meilen (13 km) südlich der Hauptsiedlung Eastsound.

Auf dem östlichen Zipfel der Insel erstreckt sich der **Moran State Park** (☏ 360-376-6173; 3572 Olga Rd; der Discover Pass wird an einigen Parkplätzen gefordert, 10 US$; ⏱ April–Sept. 6.30 Uhr–Sonnenuntergang, Okt.–März 8 Uhr–Sonnenuntergang). Er wird vom 734 m hohen Mt. Constitution überragt, von dessen Gipfel man einen fantastischen Rundumblick auf die Berge hat. Im Park wartet ein 64 km langes Wegnetz auf Wanderer.

🛏 Schlafen

Doe Bay Village Resort & Retreat HOSTEL $

(☏ 360-376-2291; www.doebay.com; Zeltplätze ab 60 US$, Hütten ab 100 US$, Jurten ab 125 US$; 🛜🐾) Im mit Abstand günstigsten Resort der San Juan Islands herrscht eine Atmosphäre wie in einer Künstler-Hippie-Kommune. Es hat Zeltstellplätze mit Meerblick und mehrere Hütten und Jurten, einige ebenfalls mit Blick aufs Wasser.

Golden Tree Hostel HOSTEL $

(☏ 360-317-8693; www.goldentreehostel.com; 1159 North Beach Rd, Eastsound; B/DZ mit Gemeinschaftsbad 45/115 US$; @🛜) Das hippe Hostel befindet sich in einem denkmalgeschützten Gebäude aus den 1890er-Jahren. Es bietet gemütliche Zimmer, schöne Gemeinschaftsbereiche sowie einen Whirlpool und eine

Sauna im Garten. In einem separaten Gebäude kann man sich mit Billard, Tischfußball, Shuffleboard und Dart die Zeit vertreiben. Freitags ist Pizzaabend. Im Sommer im Voraus buchen.

Outlook Inn HOTEL $$

(☏ 360-376-2200; www.outlookinn.com; 171 Main St, Eastsound; Zi. mit Gemeinschaftsbad/eigenem Bad ab 79/99 US$; @🛜🐾) Das älteste (1888) und auffallendste Gebäude in Eastsound ist eine Institution. Die günstigen Zimmer sind gemütlich und sauber (Zimmer 30 ist super), die luxuriösen, mit Kaminen und Whirlpools ausgestatteten Suiten bieten von ihren Balkonen einen atemberaubenden Ausblick auf das Wasser. Zum Inn gehört ein hervorragendes Café.

🍴 Essen & Trinken

Kitchen ASIATISCH $

(☏ 360-376-6958; www.thekitchenorcas.com; 249 Prune Alley, Eastsound; Hauptgerichte 10–15 US$; ⏱ Mo–Fr 11–20, Sa bis 16 Uhr) 🌱 Das Kitchen verwendet vorwiegend Bio-Erzeugnisse aus nachhaltigem Anbau und zaubert daraus das frischste und leckerste „Fast Food" der Insel. Gäste können wählen zwischen Wraps aus gekeimten Getreide oder einer Schüssel Nudeln oder gebratenen Reis mit ausgefallenen Saucen.

Mijita's MEXIKANISCH $$

(☏ 360-376-6722; 310 A St, Eastsound; Hauptgerichte 14–22 US$; ⏱ Mo–Sa 16–21 Uhr) In diesem kreativen Restaurant mit Innen- und Außenbereich, rustikaler mexikanischer Einrichtung und märchenhaft beleuchtetem Garten kann man mit der Bestellung eigentlich nicht danebenliegen. Die Familienrezepte des mexikanischen Kochs umfassen Köstlichkeiten wie langsam geschmorte Rinderrippchen mit Brombeersauce oder vegetarischen Quinoakuchen mit Pilzen, Ziegenkäse, Mandeln und *pipian* – es gibt aber auch einfache Gerichte wie Fisch-Tacos und Enchiladas. Im Voraus buchen.

Island Hoppin' Brewery BRAUEREI

(www.islandhoppinbrewery.com; 33 Hope Lane, Eastsound; ⏱ Di–So 12–21 Uhr) Die Brauerei an der Mt Baker Road, unweit des Flughafens, ist nicht einfach zu finden (notfalls die Einheimischen fragen), belohnt Pioniere aber mit sieben wechselnden Bieren vom Fass. Happy Hour ist sonntags bis donnerstags von 19 bis 21 Uhr. Wer möchte, liefert sich am Tischtennistisch ein Duell.

Lopez Island

Wer nach Lopez – bzw. „Slow-pez", wie die Einheimischen es gerne nennen – kommt, sollte die Insel mit dem Rad erkunden. Das sanft gewellte Gelände eignet sich wunderbar für Radtouren, unterwegs grüßen einem die Einwohnern gern zu, wobei sie, typisch für die Insel, oft mit drei Fingern winken. Eine gemütliche Spritztour durch die Landschaft kann an einem Tag bewältigt werden. Neben dem Jachthafen bietet das **Lopez Islander Resort** (☎ 360-468-2233; www.lopezfun. com; 2864 Fisherman Bay Rd; Zi. ab 119 US$; 🖥📶) gute Übernachtungsmöglichkeiten mit Restaurant, Fitnessraum, Pool und kostenlosen Parkplätzen in Anacortes (ein weiterer Anreiz, das Auto stehen zu lassen). Wer kein eigenes Rad hat, sollte **Village Cycles** (☎ 360-468-4013; www.villagecycles.net; 214 Lopez Rd; Fahrradverleih pro Std. 7–16 US$) kontaktieren; das Unternehmen bringt Besuchern auf Wunsch ein Fahrrad zum Fähranleger.

North Cascades

Zerklüftete Gipfel, Hunderte Gletscher und zahlreiche Schichtvulkane unterschiedlichster Beschaffenheit prägen die North Cascade Mountains, die sich in geologischer Hinsicht deutlich von der südlichen Kaskadenkette unterscheiden. Da der Gebirgszug praktisch unüberwindbar ist, stellte er bis vor gar nicht so langer Zeit ein ungelöstes Rätsel der Menschheit dar – die erste Straße durch die North Cascades wurde erst 1972 gebaut! So ist diese Region bis heute einer der abgelegensten Außenposten des Nordwestens.

Mt. Baker

Wie ein dämonischer Wächter der Geisterwelt erhebt sich der schneebedeckte Mt. Baker über dem glitzernden Wasser des oberen Puget Sound und zieht seit Jahrhunderten Menschen in seinen Bann. Seit dem letzten Ausbruch in den 1850er-Jahren ruht der 3286 m hohe Vulkan, der von zwölf Gletschern umgeben ist. 1999 fiel hier die Rekordmenge von 29 m Schnee in einem Winter!

Der als Mt. Baker Scenic Byway bekannte, gut ausgebaute Hwy 542 windet sich zum 1550 m hoch gelegenen **Artist Point** hinauf, der 56 Meilen (90 km) entfernt von Bellingham liegt. Ganz in der Nähe befindet sich das **Heather Meadows Visitor Center** (Mt. Baker Hwy, Mile 56; ⏰ Mai–Sept. 8–16.30 Uhr), wo zahlreiche Wanderwege beginnen. So führt der 12 km lange Chain Lakes Loop rund um mehrere eisige Seen, die von Wiesen voller Heidelbeersträucher gesäumt sind.

In der **Mt. Baker Ski Area** (☎ 360-734-6771; www.mtbakerskiarea.com) gibt es Jahr für Jahr mehr Schnee als in jedem anderen Skigebiet in Nordamerika. Es umfasst 38 Pisten und acht Lifte, der Höhenunterschied beträgt 450 m. Das Gebiet hat unter Snowboardern Kultstatus: Seit 1985 kommen sie jeden Januar zum Legendary Baker Banked Slalom hierher.

Auf dem Weg den Berg hinauf sollte man auf einen Happen im **Graham's** (☎ 360-599-9883; 9989 Mt. Baker Hwy; Hauptgerichte 6–14 US$; ⏰ Mo–Fr 12–21, Sa & So 8–11 & 12–19 Uhr) vorbeischauen, einer authentischer Spelunke mit Restaurant. Oder man holt sich bei **Wake & Bakery** (360-599-1658; www.getsconed.com; Bourne St, Glacier; Snacks ab 4 US$; ⏰ 7.30–17 Uhr) etwas für unterwegs. Beide befinden sich im Ort Glacier.

Leavenworth

Das gibt's doch nicht – ein Alpendorf mitten im amerikanischen Nordwesten? Tatsächlich wurde dem ehemaligen Holzfällerort Leavenworth in den 1960er-Jahren ein bayerisches Facelifting verpasst, um den drohenden Ruin nach der Verlegung der transkontinentalen Eisenbahnlinie zu verhindern. Das Holzgeschäft wurde kurzerhand durch den Tourismus ersetzt. Und Leavenworth hat sich sehr erfolgreich in ein typisches Alpendorf verwandelt. Überall gibt's Bier und Schnitzel, die Einwohner, von denen ein Viertel deutschstämmig sind, tragen Lederhosen und Dirndl. Zum Erfolg beigetragen haben natürlich das tolle Bergpanorama und die Tatsache, dass Leavenworth ein günstiges Basislager für Ausflüge in die nahe gelegene Alpine Lakes Wilderness darstellt.

Auskunft über die Outdoor-Angebote in der Gegend erteilt die **Leavenworth Ranger Station** (☎ 509-548-2550; 600 Sherbourne St; ⏰ Mo–Sa 8–16.30 Uhr): Zu den Highlights gehört der beste Klettersteig in ganz Washington, der sich am **Castle Rock** im Tumwater Canyon befindet, etwa 3 Meilen (4,8 km) nordwestlich an der US 2.

Der Devil's Gulch ist ein beliebter Mountainbike-Trail (40 km, 4–6 Std.). Der einheimische Ausstatter **Der Sportsmann** (☎ 509-548-5623; www.dersportsmann.com; 837 Front St; ⏰ 9–18 Uhr) verleiht Bikes.

🛏 Schlafen & Essen

Hotel Pension Anna   HOTEL $$
(☑509-548-6273; www.pensionanna.com; 926
Commercial St; Zi. ab 155 US$) Das „alpenlän-
dischste" Hotel der Stadt ist sauber und un-
fassbar freundlich. Jedes Zimmer ist mit im-
portierter österreichischem Dekor versehen
und das europäische Frühstück (im Preis
inbegriffen) entlockt so manchen einen
glücklichen Jauchzer. Das schönste Zimmer
ist das Doppelzimmer mit handbemalten
Möbeln. Die geräumigen Suiten in der an-
grenzenden St.-Josephs-Kapelle eignen sich
hervorragend für Familien.

Enzian Inn   HOTEL $$
(☑509-548-5269; www.enzianinn.com; 590 Hwy
2; DZ ab 125 US$; 🛜🏊) Mehr Alpenromantik
geht kaum. Der langjährige Besitzer Bob
Johnson beginnt den Tag vor dem Frühstück
mit einem Spiel auf seinem berühmten Alp-
horn. Noch mehr Argumente gefällig? Auf
dem von den hiesigen Ziegen gepflegten
Golfplatz kann man eine Runde Golf spielen, im Innen- und Außenpool plantschen
oder dem Pianisten abends in der bayerischen Lobby seine Musikwünsche zurufen.

München Haus   DEUTSCH $
(☑509-548-1158; www.munchenhaus.com; 709
Front St; Snacks ab 6 US$; ⊙ Mo–Mi 11–21, Do & So
bis 22, Fr & Sa bis 23 Uhr; 🅿) Im Winter wärmen
die heißen deutschen Würstchen und Bre-
zeln, im Sommer erfrischen die bayerischen
Biere. Zur ungezwungen Biergartenatmo-
sphäre gehören Körbe mit leuchtenden Blumen, entspannte Kellner und hervorragende
Beilagen, z. B. Apfelkraut. Die Öffnungszeiten variieren im Sommer.

Lake Chelan

Der lange, schmale Lake Chelan ist der Wasserspielplatz Zentral-Washingtons. In **Chelan** an der Südostspitze des Sees befinden
sich die meisten Unterkünfte und Dienstleistungen. Hier gibt es außerdem eine **US-
FS-Ranger-Station** (☑509-682-4900; 428 W
Woodin Ave).

Der **Lake Chelan State Park** (☑509-687-
3710; 7544 S Lakeshore Rd; Stellplatz Zelt einfach/
Standard ab 12/25 US$) verfügt über 144 Stell-
plätze, von denen einige nur mit dem Boot
zu erreichen sind. Wer lieber in einem richtigen Bett schläft, sollte sich im günstigen
Midtowner Motel (☑800-572-0943; www.
midtowner.com; 721 E Woodin Ave; Zi. 92–129 US$;
❄@🛜🏊) in der Stadt einquartieren.

In der Gegend haben mehrere Weingüter
eröffnet; viele von ihnen verfügen über ausgezeichnete Restaurants. Ein guter Tipp ist
Tsillan Cellars (☑509-682-9463; www.tsillan
cellars.com; 3875 Hwy 97A; ⊙12–17 Uhr).

Busse von **Link Transit** (☑509-662-1155;
www.linktransit.com) verbinden Chelan mit
Wenatchee und Leavenworth (1 US$).

Der hübsche Ort **Stehekin** am Nordende
des Lake Chelan kann nur mit dem **Boot**
(☑509-682-4584; www.ladyofthelake.com), dem
Wasserflugzeug (☑509-682-5555; www.che
lanairways.com) oder auf einer langen Wanderung über den Cascade Pass, 45 km vom
See entfernt, erreicht werden. Unter www.
stehekin.com findet man jede Menge Infos zu
den Themen Wandern, Campingplätze und
Hütten. Die meisten Einrichtungen haben
von Mitte Juni bis Mitte September geöffnet.

Methow Valley

Die Kombination aus Pulverschnee im
Winter und Sonnenschein im Sommer hat
das Methow Valley zu einer der beliebtesten Urlaubsregionen Washingtons gemacht.
Hier kann man im Sommer radeln, wandern
und angeln und im Winter auf Langlauf-
brettern das zweitgrößte Loipennetz der
USA erkunden.

Die insgesamt 200 km langen Loipen
werden von der gemeinnützigen Organisation **Methow Valley Sport Trails Association** (MVSTA; ☑509-996-3287; www.mvsta.
com; 309 Riverside Ave, Winthrop) 🚴 gepflegt,
die im Winter auch das größte zusammen-
hängende Netzwerk von Skirouten von
Hütte zu Hütte (und Hotel zu Hotel) in
ganz Nordamerika bietet. Das Gute daran
ist, dass sich dies anscheinend noch nicht
allzu sehr herumgesprochen hat. Klassische
Unterkünfte und einen guten Startpunkt
für Ski-, Wander- und Mountainbiketouren
bietet die exquisite **Sun Mountain Lodge**
(☑509-996-2211; www.sunmountainlodge.com;
604 Patterson Lake Rd, Winthrop; Zi. ab 300 US$,
Hütten ab 405 US$; ⊙Dez.–Ende Okt.; ❄🛜🏊),
10 Meilen (16 km) westlich von Winthrop.
Die Zimmer sind im gemütlichen Hüttenstil
gehalten (inkl. vieler ausgestopfter Tiere). Es
sind eher die Aussicht und die vielen Wan-
der- und Langlaufstrecken rund ums Resort,
die es so besonders machen.

North Cascades National Park

Sogar die Namen der wenig besuchten spektakulären Berge im **North Cascades Natio-**

nal Park (www.nps.gov/noca) klingen wild und ungezähmt: Desolation Peak, Jagged Ridge, Mt. Despair und Mt. Terror. So überrascht es kaum, dass die Gegend einige der besten Abenteuer außerhalb Alaskas bietet.

Erste Anlaufstelle für Besucher ist das **North Cascades Visitor Center** (206-386-4495; 502 Newhalem St, Newhalem; ⊙ Juni–Sept. 9–18 Uhr, Okt.–Mai verkürzte Öffnungszeiten) in dem kleinen Ort Newhalem am Hwy 20. Die Mitarbeiter sind erfahrene Ranger, die gern ausführlich über die Highlights des Parks informieren.

Übernachten kann man in der außergewöhnlichsten Unterkunft Washingtons, dem **Ross Lake Resort** (☑ 206-386-4437; www.rosslakeresort.com; 503 Diablo St, Rockport; Hütte 175–350 US$; ⊙ Mitte Juni–Ende Okt.) am westlichen Ufer des gleichnamigen Sees. Die auf Stegen im Wasser stehenden Blockhütten wurden in den 1930er-Jahren für die Holzfäller errichtet, die beim Bau des Ross Dam mitarbeiteten, durch den bald darauf das ganze Tal ins Wasser versank. Da zu dem Resort keine Straße führt, müssen Gäste entweder die 3,2 km vom Hwy 20 zu Fuß bewältigen oder das Auto auf dem Parkplatz beim Diablo Dam abstellen und das Shuttleboot des Hotels nutzen.

Nordost-Washington

Spokane

Nach der baumlosen Einöde des östlichen Columbia Plateau ist die zweitgrößte Metropole in Washington eine willkommene Abwechslung – und immer für eine Überraschung gut. Die unaufdringliche, aber selbstbewusste Stadt liegt im Zentrum des sogenannten Inland Empire des Nordwestens. Sie erstreckt sich zu beiden Seiten des Spokane River, an dem britische Pelzhändler 1810 für kurze Zeit einen Handelsposten errichteten. Auch wenn Spokane kaum eine touristische Destination an sich ist, hat es doch einiges zu bieten, so z. B. den alljährlich im Mai stattfindenden Bloomsday Run, die weltweit größte Laufveranstaltung für Breitensportler.

◉ Sehenswertes

Riverfront Park   PARK
(www.spokaneriverfrontpark.com; ⊛) Der Park befindet sich auf dem ehemaligen Gelände der Weltausstellung von 1974. Zu seinen

Highlights gehören ein **Skulpturenpfad** mit 17 Stationen und die **Spokane Falls**, eine spektakuläre Folge malerischer Wasserfälle und schäumender Stromschnellen. Eine kurze **Gondelfahrt** (Erw./Kind unter 12 Jahre 7,50/5 US$; ⊙ Juli & Aug. So–Do 10–20 Uhr, Fr & Sa bis 21 Uhr, Sept.–Juni verkürzte Öffnungszeiten) lässt Besucher über den Wasserfällen schweben. Etwas günstiger – aber nicht minder spektakulär – ist der Gang über die 1911 erbaute **Monroe St Bridge**, eine der größten Betonbögen der USA.

Northwest Museum of Arts & Culture   MUSEUM
(MAC; ☑ 509-456-3931; www.northwestmuseum. org; 2316 W 1st Ave; Erw./Kind 10/5 US$; ⊙ Mi–So 10–17 Uhr) Das Museum in einem beeindruckenden ultramodernen Gebäude im historischen Viertel Browne's Addition beherbergt zweifelsohne eine der schönsten Sammlungen von Artefakten der indigenen Bevölkerung des Nordwestens. Von einem vornehmen Glasfoyer mit Blick auf den Spokane River zweigen vier Galerien ab, die Spokanes Geschichte und diverse Wechselausstellungen zeigen (die alle drei bis vier Monate wechseln). Das Ticket berechtigt auch zum Eintritt in das benachbarte englische **Campbell House** aus der Tudor-Zeit.

🛏 Schlafen & Essen

Hotel Ruby   MOTEL $
(☑ 509-747-1041; www.hotelrubyspokane.com; 901 W 1st Ave; Zi. ab 90 US$; ❈ 🎧 🐾) Das einfache Motel mit seinem hippen, künstlerischen Dekor hat sich sein Seventies-Flair bewahrt. Es liegt gegenüber vom Davenport Hotel, Bars und Restaurants können von hier aus bequem zu Fuß erkundet werden.

★**Davenport Hotel**   HISTORISCHES HOTEL $$
(☑ 509-455-8888; www.thedavenporthotel.com; 10 S Post St; Zi. ab 220 US$; ❈ 🎧 🐾) Das historische Wahrzeichen öffnete 1904 seine Pforten und soll eines der besten Hotels der USA sein. Wer sich kein Zimmer leisten kann oder will, sollte wenigstens mal in der exquisiten Lobby vorbeischauen oder sich einen Drink in der Peacock Lounge genehmigen. Im angrenzenden modernen Davenport Tower gibt es eine Lobby und Bar im Safaristil.

Mizuna   FUSION-KÜCHE $$$
(☑ 509-747-2004; www.mizuna.com; 214 N Howard St; Hauptgerichte mittags 12–14 US$, abends 27–32 US$; ⊙ Mo–Sa 11–22, So 16–22 Uhr; ☑) Das hervorragende Restaurant befindet

DER GRAND COULEE DAM

Während den berühmteren Hoover Dam wohl auch wegen seiner verkehrsgünstigen Lage zwischen Las Vegas und dem Grand Canyon jährlich rund 1,6 Mio. Menschen besuchen, bekommt der viermal größere und wohl bedeutendere **Grand Coulee Dam** – ungünstig abseits von allem gelegen – nicht viel Aufmerksamkeit von Touristen geschenkt. Er ist das größte Betonbauwerk und zugleich der größte Stromlieferant der USA.

Das **Grand Coulee Visitor Arrival Center** (☏ 509-633-9265; www.usbr.gov/pn/grandcoulee/visit; ⏱ Juni–Aug. 8.30–22.30 Uhr, Sept. bis 21.30 Uhr, Okt.–Mai 9–17 Uhr) erzählt die Geschichte des Dammes und der umliegenden Gegend mit Filmen, Fotos und interaktiven Ausstellungen. Von Mai bis September werden zur vollen Stunde zwischen 10 und 17 Uhr kostenlose Führungen durch die Anlage angeboten; im übrigen Jahr finden Führungen seltener statt.

Ähnlich spektakulär ist die abendliche **Lasershow** (www.usbr.gov/pn/grandcoulee/visit; ⏱ Juni & Juli 22 Uhr, Aug. 21.30 Uhr, Sept. 20.30 Uhr) – angeblich die größte der Welt –, die die Geschichte des Columbia River und seiner zahlreichen Dämme vor einer herrlich eindringlichen Kulisse in Szene setzt.

sich in einem alten Backsteingebäude und ist mit einfachen Möbeln ausgestattet. Es ist bekannt für Spezialitäten wie Quinoa-Kroketten und gebratene Schweinelende. Wer einen unvergesslichen Abend erleben möchte, sollte sein Mahl mit einem der erlesenen Weine abrunden.

🍷 Ausgehen & Unterhaltung

Die Studenten der Gonzaga University in Spokane sorgen für eine lebhafte Kneipen- und Nachtclubszene.

NoLi Brewhouse　　　　　　　　BRAUEREI
(☏ 509-242-2739; www.nolibrewhouse.com; 1003 E Trent Ave; ⏱ So & Mo 11–21, Di–Sa bis 22 Uhr) Ein Studententreffpunkt nahe der Gonzaga University. Spokanes beste Mikrobrauerei serviert einige abgedrehte und wunderbare Biere, z. B. ein Kirsch-Ale und ein Stout mit Noten von Kaffeeschokolade und braunem Zucker. Wer Hunger hat, sollte die Fish 'n' Chips probieren – die Panade wird mit dem hellen Ale der Brauerei zubereitet.

Mootsy's　　　　　　　　　　　　BAR
(☏ 509-838-1570; 406 W Sprague Ave) Diese beliebte Bar ist das Zentrum des Nachtlebens und der alternativen Musikszene zwischen der Stevens und der Washington Street. Das günstige Pabst Blue Ribbon (PBR) während der Happy Hour sichert den Erhalt der treuen Gefolgschaft.

Bing Crosby Theater　　　　　　THEATER
(☏ 509-227-7638; www.bingcrosbytheater.com; 901 W Sprague Ave) Yepp, Bing Crosby stammt aus Spokane und war Namensgeber dieses Theaters, in dem heute Konzerte, Thea-

teraufführungen und Festivals in intimer Atmosphäre stattfinden.

ℹ Praktische Informationen

Spokane Area Visitor Information Center (☏ 888-776-5263; www.visitspokane.com; 808 W Main Ave; ⏱ Mo–Sa 8–17, So 11–18 Uhr)

ℹ An- & Weiterreise

Spokane Intermodal Transportation Station (221 W 1st Ave) Hier fahren Busse und Züge ab.

South Cascades

Die South Cascades sind größer und ausgedehnter als ihre nördlichen Pendants. Sie erstrecken sich vom Snoqualmie Pass östlich von Seattle bis hinunter zum mächtigen Columbia River an der Grenze zu Oregon. Höhepunkt im wahrsten Sinne des Wortes ist der 4392 m hohe Mt. Rainier. Auch der Mt. St. Helens (2549 m), der sich noch immer von seinem verheerenden Ausbruch 1980 erholt, hat seinen Reiz – wenn auch aus anderen Gründen. Sobald der kurze, intensive Sommer beginnt, sind die Bergwiesen des weniger bekannten Mt. Adams (3742 m) übersät mit Heidelbeersträuchern und Wildblumen.

Mt. Rainier National Park

Der vierthöchste Berg der USA (außerhalb Alaskas) ist zugleich einer der betörendsten. Der majestätische Mt. Rainier liegt in einem 953 km² großen Nationalpark (bei seiner Eröffnung 1899 der fünfte Nationalpark der

Welt). Hinauf zum schneebedeckten Gipfel und in den bewaldeten Ausläufern des Berges gibt es zahlreiche Wanderwege und riesige blumenbedeckte Wiesen. Und der lockende, kegelförmige Gipfel selbst stellt eine ausgezeichnete Herausforderung für ehrgeizige Kletterer dar.

Der **Mt. Rainier National Park** (www.nps. gov/mora; Eintritt 25 US$/Auto) hat vier Zugänge. Infos zu den Straßenverhältnissen gibt's unter ☑ 800-695-7623. Auf der Website des National Park Service (NPS) können Karten und Beschreibungen von Dutzenden Wegen im Park herunterladen werden. Die bekannteste Strecke ist der knallharte 150 km lange Wonderland Trail, der den Mt. Rainier komplett umrundet und für den Wanderer zehn bis zwölf Tage einplanen sollte.

Die Campingplätze im Park haben fließendes Wasser und Toiletten, aber keine Duschen und Stromanschlüsse. In den Sommermonaten sollte man die **Campingplätze im Park** (☑ 800-365-2267; www.nps.gov/mora; Campingplatz 20 US$) rechtzeitig reservieren; dies ist bis zu zwei Monate im Voraus telefonisch oder online möglich. Wer im Hinterland übernachten möchte, benötigt eine entsprechende Genehmigung. Infos gibt's auf der NPS-Website.

NISQUALLY ENTRANCE

Der Nisqually Entrance ist das beliebteste und praktischste Einfallstor zum Mt. Rainier National Park. Er liegt am Hwy 706 (via Ashford) in der Nähe der südwestlichen Parkecke und ist ganzjährig geöffnet. In **Longmire**, 7 Meilen (11 km) hinter dem Nisqually Entrance, gibt es ein **Museum mit Informationszentrum** (☑ 360-569-6575; ⏱ 9–16.30 Uhr), einige wichtige Ausgangspunkte für Wanderungen und das rustikale **National Park Inn** (☑ 360-569-2275; www.mtrainierguest-services.com; Zi., mit Gemeinschaftsbad/eigenem Bad ab 119/169 US$, Wohneinheit 252 US$; P ❄) mit seinem ausgezeichneten Restaurant. Weitere Wanderwege und Lehrpfade warten beim 12 Meilen (19 km) weiter östlich gelegenen, vornehmeren **Paradise**, das vom informativen **Henry M Jackson Visitor Center** (☑ 360-569-6571; Paradise; ⏱ Juni–Sept. tgl. 10–19, Okt.–Mai Sa & So 10–17 Uhr) betrieben wird. Hier ist auch das traditionelle **Paradise Inn** (☑ 360-569-2275; www.mtrainierguest services.com; Zi. mit Gemeinschaftsbad/eigenem Bad ab 117/174 US$; ⏱ Mai–Okt.) angesiedelt, ein historisches „Parkitektur"-Gasthaus aus dem Jahre 1916. Vom Inn führen Kletterpfade zum Gipfel des Mt. Rainier. Ausge-

zeichnete viertägige Besteigungen werden von **Rainier Mountaineering Inc** (☑ 888-892-5462; www.rmiguides.com; 30027 SR 706 E, Ashford) geleitet.

WEITERE ZUGÄNGE

Die drei anderen Zugänge zum Mt. Rainier National Park sind: **Ohanapecosh** am Hwy 123, zu erreichen über **Packwood**, wo es auch Unterkünfte gibt; **White River** am Hwy 410, zu erreichen über eine Höhenstraße (1950 m), die zu dem wunderschönen Aussichtspunkt bei der **Sunrise Lodge Cafeteria** (Snacks 6–9 US$; ⏱ Juli & Aug. 10–19 Uhr) führt; und der abgelegene **Carbon River** in der nordwestlichen Ecke, über den man zum Regenwald im Parkinneren gelangt.

Mt. St. Helens National Volcanic Monument

Was dem Mt. St. Helens an Höhe fehlt, macht er durch seine dunkle Geschichte wett: 57 Menschen starben, als der Vulkan am 18. Mai 1980 mit der 1600-fachen Wucht der Hiroshima-Atombombe ausbrach! Die Katastrophe begann mit einem Erdbeben der Stärke 5,1 auf der Richterskala, das den größten Erdrutsch in der von Menschen aufgezeichneten Geschichte auslöste und beinahe 600 km^2 Waldfläche unter Millionen Tonnen Vulkangestein und Asche begrub. Heute finden Besucher hier eine faszinierende Landschaft aus sich erholenden Wäldern, neuen Flusstälern, und aschebedecktem Hängen vor. Für die Einrichtungen in der Coldwater Lake Recreation Area und am Johnston Ridge Observatory werden 8 US$ pro Person fällig.

NORDÖSTLICHER ZUGANG

Vom Hauteingang am Hwy 504 im Nordosten ist der erste Stopp das **Silver Lake Visitor Center** (www.parks.wa.gov/245/Mount-St-Helens; 3029 Spirit Lake Hwy; Erw./Kind 5/2,50 US$; ⏱ Mitte Mai–Mitte Sept. 9–17 Uhr, Mitte Sept.–Mitte Mai verkürzte Öffnungszeiten; ♿) ✿, das Filme, Ausstellungen und Infos (u. a. auch Wanderkarten) zum Berg bietet. Einen besseren Eindruck von der zerstörerischen Gewalt der Natur bekommt man im **Johnston Ridge Observatory** (☑ 360-274-2140; 24000 Spirit Lake Hwy; Eintritt 8 US$; ⏱ Mitte Mai–Okt. 10–18 Uhr) am Ende des Hwy 504, von wo aus man direkt in den Krater blicken kann.

In dieser mit nur wenigen Unterkünften gesegneten Gegend ist das **Eco Park Resort**

(☎ 360-274-7007; www.ecoparkresort.com; 14000 Spirit Lake Hwy, Toutle; Stellplatz 22 US$, Jurte 75–150 US$, Hütte 125–130 US$) eine willkommene Anlaufstelle. Es bietet sieben Zimmer in einem großen Haus gegenüber dem Silver Lake Visitor Center.

SÜDÖSTLICHER & ÖSTLICHER ZUGANG

Wer über den Südost-Zugang beim Städtchen Cougar am Hwy 503 kommt, kann sich echten Lavaboden anschauen – u. a. die gut 3 km lange Lavaröhre Ape Cave, die ganzjährig zugänglich ist. Allerdings herrschen hier konstant frostige 5 °C. Jeder Erwachsene sollte zwei Lichtquellen mitbringen oder sich bei Apes' Headquarters (☎ 360-449-7800; ☺ Juni–Sept. 10–17 Uhr) Laternen für je 5 US$ ausleihen.

Der östliche Zugang ist der abgelegenste, jedoch vermittelt der schwer zugängliche Aussichtspunkt Windy Ridge hier einen greifbaren und zugleich unheimlichen Eindruck von der Zerstörung, die der Ausbruch verursacht hat. Er ist oft bis Juni geschlossen. Ein paar Kilometer weiter kann man auf dem 1,5 km langen Harmony Trail (Wanderweg 224) 183 m zum Spirit Lake hinuntersteigen.

Zentral- & Südost-Washington

Die sonnigen, trockenen Gegenden in der Mitte und im Südosten Washingtons erinnern an Kalifornien und verfügen über eine nicht ganz so geheime Geheimwaffe: Wein. Das fruchtbare Land, das an die Flusstäler des Yakima und des Columbia River grenzt (welche wiederum an den Nil erinnern), wird von geschäftstüchtigen neuen Weingütern überflutet, deren hervorragende TRopfen mittlerweile mit denen aus dem Napa und dem Sonoma Valley um nationale Anerkennung konkurrieren. Bisher waren Yakima und das noch attraktivere Ellensburg sehr angesagt, inzwischen aber heißt der echte Star Walla Walla: Talentierte Gastronomen und ein sehr aktiver Gemeinderat machen aus der Stadt ein ausgezeichnetes Ziel für Weinkenner.

Yakima & Ellensburg

Die Stadt Yakima liegt im gleichnamigen Flusstal und ist ein eher trostloses Handelszentrum, das seiner touristischen Bezeichnung „Palm Springs von Washington" nicht wirklich gerecht wird. Der Hauptgrund für einen Zwischenstopp in dem Ort ist der Besuch eines der zahlreichen Weingüter zwischen Yakima und Benton City; Karten gibt's im Yakima Valley Visitors & Convention Bureau (☎ 800-221-0751; www.visityakima.com; 101 N Fair Ave; ☺ Juni–Aug. Mo–Sa 9–17, So 10–16 Uhr; Sept.–Mai verkürzte Öffnungszeiten).

Ein besserer Aufenthaltsort ist Ellensburg, eine winzige Siedlung 36 Meilen (58 km) nordwestlich von Yakima. Hier findet jedes Jahr am Labor Day das größte Rodeo des Bundesstaates statt und im Ortszentrum gibt es (angeblich) mehr Cafés pro Kopf als irgendwo anders auf der Welt. Am besten beim einheimischen Kaffeeröster D&M Coffee (www.dmcoffee.com; 301 N Pine St; ☺ 7–17 Uhr) ✐ einen Latte bestellen und im zentral gelegenen und bezaubernden viktorianischen Guesthouse Ellensburg (☎ 509-962-3706; www.guesthouseellensburg.com; 606 Main St; Zi. 145 US$) übernachten, das auch das ausgezeichnete Yellow Church Cafe (www.yellowchurchcafe.com; 111 S Pearl St; Brunch 8–10 US$, Abendessen 13–23 US$; ☺ Mo–Fr 11–20, Sa & So 8–20 Uhr) betreibt!

Greyhound (www.greyhound.com) lässt Busse von beiden Orten nach Seattle, Spokane und zu Zielen dazwischen fahren.

Walla Walla

In den letzten zehn Jahren hat sich Walla Walla von einem unbedeutenden, landwirtschaftlich geprägten Provinznest, das nur für seine Süßzwiebeln und das größte Gefängnis des Staates bekannt war, in das angesagteste Weinanbaugebiet außerhalb von Kalifornien verwandelt. Das ehrwürdige Marcus Whitman College ist das kulturelle Wahrzeichen der Stadt, in der es neben schicken Weinprobierstuben auch skurrile Cafés, herrliche Gebäude im Queen-Anne-Stil und einen der besten und lebhaftesten Bauernmärkte in Washington gibt.

◉ Sehenswertes & Aktivitäten

Man muss nicht weinselig sein, um das historische und kulturelle Erbe von Walla Walla schätzen zu können. Die geschichtsträchtige Hauptstraße heimst immer wieder Auszeichnungen und Preise ein. Bei den interessanten Stadtführungen, die die Handelskammer (☎ 509-525-0850; www.wallawalla.org; 29 E Sumach St; ☺ Mo–Fr 8.30–17 Uhr) neben Broschüren und Stadtplänen anbietet, wird die Vergangenheit lebendig.

YAKIMA-VALLEY-WEINTOUR

Wer zwischen Ellensburg und Walla Walla unterwegs ist, sollte sich den Gefallen tun, und an einer Weinprobe teilnehmen. Die Yakima Valley AVA (American Viticultural Area) ist die älteste, größte und vielseitigste des Bundesstaates. Die Website www.wineyakima valley.org ist eine nützliche Hilfe bei der Suche nach guten Weingütern.

Bonair Winery (☎509-829-6027; www.bonairwine.com; 500 S Bonair Rd, Zillah; ⊙10–17 Uhr) Das Weingut in den Rattlesnake Hills in der Nähe von Zillah hat wunderhübsche Gärten und ist ein entspanntes Plätzchen, um vollmundige Rotweine zu kosten.

Terra Blanca (☎509-588-6082; www.terrablanca.com; 34715 N DeMoss Rd, Benton City; ⊙April–Okt. 10–18 Uhr, Nov.–März 11–18 Uhr) Eines der edelsten Weingüter liegt majestätisch auf dem Red Mountain mit Ausblick aufs Tal – perfekt für die Verköstigung von süßen Dessertweinen auf der Veranda. Zum Anwesen gehört auch ein Restaurant.

Maison Bleue (☎509-525-9084; www.mbwinery.com; 20 N 2nd Ave, Walla Walla; ⊙April–Dez. Do–So 11–17 Uhr) Das Weingut in Familienbesitz keltert preisgekrönte Weine im Rhone-Stil.

Fort Walla Walla Museum   MUSEUM
(☎509-525-7703; www.fwwm.org; 755 Myra Rd; Erw./Kind 6–12 Jahre 8/3 US$; ⊙März–Okt. 10–17 Uhr, Nov.–Feb. bis 16 Uhr; ⏵) Das eigentliche „Museum" in dem Dorf aus der Pionierzeit, zu dem 17 historische Gebäude gehören, befindet sich in den ehemaligen Stallungen der Kavallerie. Zu sehen sind Sammlungen landwirtschaftlicher Geräte, Utensilien aus der Viehwirtschaft und die größte Plastikreplik eines Maultiergespanns weltweit.

Waterbrook Wine   WEINGUT
(☎509-522-1262; www.waterbrook.com; 10518 W US 12; ⊙So–Do 11–18, Fr & Sa bis 19 Uhr) Auf der Veranda dieses riesigen Weinguts rund 10 Meilen (16 km) westlich der Stadt kann man an warmen Tagen am Ufer des Teiches wunderbar diverse Weine verköstigen. Donnerstags und samstags gibt's auch Essen. Die Öffnungszeiten variieren je nach Jahreszeit.

Amavi Cellars   WEINGUT
(509-525-3541; www.amavicellars.com; Peppers Bridge Rd; ⊙10–16 Uhr) Südlich von Walla Walla kann man inmitten hübscher Weinberge und Apfelgärten einige der bekanntesten Weine des Tals probieren (nicht verpassen sollte man den Syrah und den Cabernet Sauvignon!). Die elegante, aber trotzdem gemütliche Veranda im Freien bietet Blick auf die Blue Mountains.

🛏 Schlafen & Essen

Colonial Motel   MOTEL $
(☎509-529-1220; www.colonial-motel.com; 2279 Isaacs Ave; Zi. 68–129 US$; ✦🐾) Das Colonial ist ein einfaches, radfahrerfreundliches und einladendes Motel in Familienbesitz auf

halber Strecke zum Flughafen. Hier gibt es sichere Abstellmöglichkeiten für Drahtesel und jede Menge Karten von der Umgebung.

Marcus Whitman Hotel   HOTEL $$
(☎509-525-2200; www.marcuswhitmanhotel.com; 6 W Rose St; Zi. ab 144 US$; ✦🐾🛜) Walla Wallas bekanntestes Wahrzeichen ist auch das einzige hohe Gebäude des Ortes – mit seinem Dachturm kann es nicht verfehlt werden. Um das Image der gut erhaltenen Siedlung zu pflegen, wurde dieses wunderschöne Ziegelhaus aus dem Jahre 1928 elegant restauriert und ausgestattet: Die vielen Zimmer sind in Rost- und Brauntönen gehalten und mit italienischen Möbeln und riesigen Betten ausgestattet. Sie punkten mit toller Aussicht auf die nahe gelegenen Blue Mountains.

Graze   CAFÉ $
(☎509-522-9991; 5 S Colville St; Sandwiches ab 8 US$; ⊙Mo–Sa 10–19.30, So bis 15.30 Uhr; ⏵) Die wunderbaren Sandwiches kann man sich entweder für ein Picknick einpacken lassen oder direkt in dem einfachen Café verzehren (falls man einen Tisch ergattern kann). Unser Tipp: das Puten-Birnen-Panino mit Provolone und Schimmelkäse oder die Steak-Torta mit eingelegten Jalapeños, Avocado, Tomate, Koriander und Chipotle-Dressing. Auch Vegetarier können aus einem großen Angebot wählen.

Saffron Mediterranean Kitchen   MEDITERRAN $$$
(☎509-525-2112; www.saffronmediterranean kitchen.com; 125 W Alder St; Hauptgerichte 17–30 US$; ⊙Mai–Okt. Di–Sa 14–22, So bis 21 Uhr,

Nov.–April Di–So 14–21 Uhr) Hier geht's nicht ums Kochen, sondern um Alchemie: Der Koch nimmt saisonale und regionale Zutaten und verwandelt sie in pures Gold. Auf der mediterran inspirierten Karte stehen Gerichte wie Bison-Rib-Eye-Steak, Nessel-Pappardelle mit Entenragout und Fladenbrot mit wilden Burgunderschnecken. Die Weine – und Biere – werden passend zum Gericht serviert. Im Voraus reservieren.

An- & Weiterreise

Greyhound-Busse fahren einmal täglich über Yakima und Ellensburg nach Seattle. Wer nach Spokane und weiter nach Soten will, muss in Pasco umsteigen.

Walla Walla Regional Airport (www.walla wallaairport.com) Alaska Airlines bedient den Walla Walla Regional Airport täglich mit mehreren Flügen nach Seattle.

OREGON

Es ist schwer, Oregons Landschaft und Einwohner mit wenigen Worten zu beschreiben. Die Landschaft reicht von zerklüfteten Küstenstreifen und üppigen, immergrünen Wäldern bis hin zu öden, fossilienübersäten Wüsten, Vulkanen und Gletschern. Und was die Bevölkerung betrifft – auch die ist bunt gemischt, von konservativen Holzfällern zu liberalen Umweltschützern bis hin zu bierbrauenden Hipstern mit Koteletten. Aber etwas haben sie alle gemeinsam: den unabhängigen Geist, die Liebe zur Natur und die leidenschaftliche Begeisterung für ihre Heimat.

Portland

Wie auch immer man es nennen mag – PDX, Stumptown, City of Roses, Bridge City, Beervana oder Portlandia – Portland ist schlichtweg genial. Es ist eine Stadt mit lebhaftem Zentrum, hübschen Wohnvierteln, sehr ökologischer Ausrichtung und verrückten Typen. Hier gibt es mehr liberale Idealisten als konservative Sturköpfe, selbst in edlen Restaurants sind auch Goretex-Jacken erlaubt und alle mögen die zahllosen Kneipen, Cafés, Hausfrauenbunde, lesbischen Dinnerpartys und vielseitigen Buchclubs. Portland ist eine aufstrebende Stadt, die es endlich geschafft hat. Wer im Nordwesten unterwegs ist, sollte dieses attraktive Reiseziel nicht versäumen!

Sehenswertes

☉ Downtown

⭐ **Tom McCall Waterfront Park** PARK

Der beliebte Park, der sich am Westufer des Willamette River erstreckt, wurde 1978 nach einer Bauzeit von vier Jahren fertigstellt. Er ersetzte eine Schnellstraße mit rund 2,5 km) langen gepflasterten Spazierwegen, die jede Menge Grünflächen erschließen und Scharen von Joggern, Inlineskatern, Spaziergängern und Radfahrern anziehen. Im Sommer eignet sich der Park hervorragend für große Events unter freiem Himmel wie das Oregon Brewers Festival. Über die Steel und die Hawthorne Bridge geht es hinüber zur **Eastbank Esplanade**, einen gut 4 km langen Rundweg.

⭐ **Pioneer Courthouse Square** WAHRZEICHEN

(www.thesquarepdx.org) Der mit Ziegelsteinen gepflasterte Platz ist das Herz von Portland, das auch als „Portlands Wohnzimmer" bezeichnet wird. Auf dem meistbesuchten öffentlichen Platz der Stadt tummeln sich nicht nur Hacky-Sack-Spieler, Sonnenanbeter oder Büroangestellte, die ihre Mittagspause genießen, sondern es finden hier auch Feste, Kundgebungen, Bauernmärkte und (im Sommer) freitagabends Kinoaufführungen statt („Flicks on the Bricks").

Portland Building WAHRZEICHEN

(Ecke SW 5th Ave & SW Main St) Dieses kontrovers diskutierte 15-stöckige Gebäude (1982) wurde von Michael Graves entworfen und machte die postmoderne Architektur über Nacht berühmt. Die Menschen, die in dem pastellfarbenen Klotz arbeiten, müssen sich jedoch über winzige Fenster und überfüllte Räume ärgern. Generell ist das Gebäude wenig zweckdienlich konzipiert und hatte bedeutende Entwurfsfehler, deren nachträgliche Behebung sich als sehr kostspielig erwies. Kein guter Anfang für ein Gebäude, das als erster postmoderner Meilenstein der Architekturgeschichte betrachtet wurde. Zumindest wurde das Gebäude im Nachhinein etwas umweltfreundlicher gestaltet: 2006 wurde ein Öko-Dach installiert.

Oregon Historical Society MUSEUM

(☎ 503-222-1741; www.ohs.org; 1200 SW Park Ave; Erw./Kind 11/5 US$; ☉ Mo–Sa 10–17, So 12–17 Uhr) Auf der von Bäumen beschatteten Grünfläche der South Park Blocks liegt das bedeutendste Geschichtsmuseum von Oregon. Die

Ausstellungen widmen sich vor allem der Geschichte Oregons und der Pioniere, die diesen Bundesstaat schufen. In weiteren Abteilungen werden interessante Exponate der amerikanischen Ureinwohner gezeigt und die Strapazen des Oregon Trail veranschaulicht. Im Untergeschoss finden Wechselausstellungen statt. Infos zu eintrittsfreien Tagen gibt es auf der Website.

Portland Art Museum   MUSEUM
(☎503-226-2811; www.portlandartmuseum.org; 1219 SW Park Ave; Erw./Kind 15 US$/kostenlos; ◷Di, Mi, Sa & So 10–17, Do & Fr bis 20 Uhr) Das Kunstmuseum gegenüber des South Park Blocks verfügt über exzellente Exponate: Schnitzereien der amerikanischen Ureinwohner, asiatische und amerikanische Kunst, und englisches Silber. Außerdem beherbergt das Museum mit dem Whitsell Auditorium ein erstklassiges Kino, in dem regelmäßig internationale und seltene Filme gezeigt werden.

Aerial Tram   SEILBAHN
(www.gobytram.com; 3303 SW Bond Ave; hin & zurück 4,50 US$; ◷Okt.–Mitte Mai Mo–Fr 5.30–21.30, Sa 9–17, So 13–17 Uhr, Mitte Mai–Sept. So 13–17 Uhr) Die Seilbahn schwebt von der Straßenbahnhaltestelle im Süden des Waterfront Parks hinauf auf den Marquam Hill. Dabei überwindet sie auf der gut 1 km langen Strecke in vier Minuten einen Höhenunterschied von 150 m. Die 2007 in Betrieb genommene Seilbahn war wesentlich teurer als geplant und in der Öffentlichkeit heftig umstritten.

⊙ Altstadt & Chinatown

Im Zentrum des wilden Portland aus den 1890er-Jahren – der einst berüchtigten Altstadt – trieben sich damals widerliche Typen herum. Heute gibt es hier mehr Disko-Queens als Drogendealer. Nach Einbruch der Dunkelheit ist es einer der lebhafteren Orte in der Stadt, denn dann öffnen die Clubs und Bars ihre Türen und die Hipster kriechen aus ihren Löchern.

Saturday Market   MARKT
(☎503-222-6072; www.portlandsaturdaymarket.com; 2 SW Naito Pkwy; ◷März–Dez. Sa 10–17, So 11–16.30 Uhr) Die beste Zeit für einen Spaziergang am Fluss ist das Wochenende. Dann wird hier dieser berühmte Markt mit Handwerkskunst, Straßenkünstlern und Imbissständen abgehalten.

KURZINFOS OREGON

Spitzname Beaver State

Bevölkerung 4 Mio. Ew.

Fläche 248 633 km2

Hauptstadt Salem (160 000 Ew.)

Weitere Städte Portland (610 000 Ew.), Eugene (160 000 Ew.), Bend (82 000 Ew.)

Verkaufssteuer keine

Geburtsort von Ex-US-Präsident Herbert Hoover (1874–1964), Schauspielerin und Tänzerin Ginger Rogers (1911–1995), Autor und Spaßvogel Ken Kesey (1935–2001), Regisseur Gus Van Sant (*1952), dem Erfinder der *Simpsons* Matt Groening (*1954)

Heimat des Oregon Shakespeare Festival (OSF), von Nike und dem Crater Lake

Politik Demokratische Gouverneure seit 1987

Berühmt für Wälder, Regen, Kaffee und den Death with Dignity Act (Sterbehilfegesetz Oregons)

Staatsgetränk Milch (Milchprodukte sind hier sehr wichtig)

Entfernungen Portland–Eugene 110 Meilen (177 km); Portland–Aoria 96 Meilen (154 km); in Oregon darf man nicht selbst tanken.

Lan Su Chinese Garden   GÄRTEN
(☎503-228-8131; www.lansugarden.org; 239 NW Everett St; Erw./Kind 9,50/7 US$; ◷Mitte April–Mitte Okt. 10–18 Uhr, Mitte Okt.–Mitte April bis 17 Uhr) Der klassische chinesische Garten mit seinen landschaftlich gestalteten Grünflächen und schimmernden Teichen ist eine Oase der Ruhe. Es gibt geführte Touren.

Shanghai Tunnels   HISTORISCHE STÄTTE
(☎503-622-4798; www.shanghaitunnels.info; 120 NW 3rd Ave; Erw./Kind unter 12 Jahren 13/8 US$) Die Keller im Zentrum von Portland waren einst durch Tunnel verbunden, die unter den Straßen bis hinunter zu den Anlegestellen am Fluss führten. Ursprünglich dienten sie der Schifffahrt und der Flutkontrolle; Gerüchten zufolge wurden sie aber auch genutzt, um bewusstlose Männer zu transportieren, die an skrupellose Schiffskapitäne verkauft wurden. Obwohl die Tunnel seit langem versiegelt sind, können Teile im

Portland

Rahmen einer Führung besichtigt werden. Buchen kann man diese unter www.port landwalkingtours.com.

Chinatown Gates   TOR
(Ecke W Burnside St & NW 4th Ave) Besucher sollten im glanzlosen chinesischen Viertel von Portland kein Mini-Shanghai erwarten. Die trügerisch eindrucksvollen, im Pagodenstil erbauten Chinatown Gates, an denen das chinesische Viertel beginnt (und eigentlich auch endet), versprechen weitaus mehr als dieses halten kann.

Portland

⊙ Pearl District & Northwest

Pearl District STADTVIERTEL
(www.explorethepearl.com) Nordwestlich des
Stadtzentrums liegt der Pearl District, ein altes Industrieviertel, dessen schäbige Lager-
hallen in teure Lofts, schicke Boutiquen und
kreative Restaurants verwandelt wurden.
Am ersten Donnerstag im Monat haben die
zahlreichen Kunstgalerien im Viertel länger
geöffnet, das Viertel verwandelt sich dann
in eine schicke Straßenparty. Der **Jamison
Square Fountain** (810 NW 11th Ave) ist einer
der hübscheren Flecken in diesem Teil der
Stadt.

Northwest 23rd Avenue STADTVIERTEL
Das Zentrum des Nob Hill - oder „Snob Hill"
in den Augen der Kritiker - liegt in der NW
23rd Ave, einer trendigen Einkaufsstraße,
die überquillt vor Boutiquen, Einrichtungs-
läden und Cafés. Die Restaurants - darunter einige der besten Portlands - befinden
sich größtenteils entlang der NW 21st Ave.
Das Viertel eignet sich hervorragend zum
Spazierengehen, Schaufenstershoppen, und
Begutachten von Häusern, die die meisten
Besucher sich nie werden leisten können.

⊙ West Hills

Hinter Downtown liegt das Viertel West
Hills, das bekannt ist für exklusive Wohnhäuser, riesige Parks und astreine Aussichten auf bis zu fünf Vulkane der Cascades –
sofern man ein wenig Glück hat.

Forest Park PARK
(☑ 503-223-5449; www.forestparkconservancy.
org) An den gepflegten Washington Park im
Süden (mit dem er über zahlreiche Wege
verbunden ist) grenzt der sehr viel wildere
20,6 km² große Forest Park, ein gemäßigter
Regenwald, der Pflanzen, Tieren und begeis-
terten Wanderern ein Zuhause bietet. Die
Portland Audubon Society (☑ 503-292-
6855; www.audubonportland.org; 5151 NW Cornell
Rd; ⊗ 9–17 Uhr, Naturladen Mo–Sa 10–18 Uhr, So
bis 17 Uhr) betreibt einen Buchladen und ein
Rehabilitationszentrum für Wildtiere und
pflegt 6,5 km Wanderwege innerhalb des
Forest-Park-Naturschutzgebietes.

Washington Park PARK
(www.washingtonparkpdx.org) Der gezähmte
und gepflegte Washington Park beherbergt
auf seinen 1,6 km² großen Grünflächen einige Attraktionen. Der **International Rose
Test Garden** (www.rosegardenstore.org; 400
SW Kingston Ave; ⊗ 7.30–21 Uhr) GRATIS bildet
das Herzstück von Portlands berühmter
Rosenblüte. Hier gibt es über 400 verschiedene Rosenarten zu bewundern, zudem hat
man eine tolle Aussicht auf die Stadt. Weiter
bergauf liegt der **Japanese Garden** (☑ 503-
223-1321; www.japanesegarden.com; 611 SW
Kingston Ave; Erw./Kind 9,50/6,75 US$; ⊗ Mitte

PORTLAND MIT KINDERN

Der Washington Park hat Familien mit kleinen Kindern besonders viel zu bieten. Hier befindet sich der großartige **Oregon Zoo** (☎ 503-226-1561; www.oregonzoo.org; 4001 SW Canyon Rd; Erw./Kind 3–11 Jahre 11,50/8,50 US$; ⊙ Juni–Aug. 9–18 uhr, Sept.–Mai verkürzte Öffnungszeiten; 🚻), eingebettet in einer wunderschönen natürlichen Umgebung, die auch Eltern genießen werden. Nebenan bieten das **Portland Children's Museum** (☎ 503-233-6500; www.portlandcm.org; 4015 SW Canyon Rd; Eintritt 10,75 US$; ⊙ 9–17 Uhr; 🚻) und das **World Forestry Center** (☎ 503-228-1367; www.worldforestry.org; 4033 SW Canyon Rd; Erw./Kind 9/6 US$; ⊙ 10–17 Uhr; 🚻) sehr anregende Aktivitäten und Ausstellungen, bei denen Kindern viel Wissenswertes lernen können.

Auf der anderen Seite des Willamette River befindet sich das **Oregon Museum of Science and Industry** (OMSI; ☎ 503-797-4000; www.omsi.edu; 1945 SE Water Ave; Erw./Kind 3-13 Jahre 13,50/9,75 US$; ⊙ Juni–Aug. 9.30–17 uhr, Sept.–Mai verkürzte Öffnungszeiten; 🚻), ein hervorragendes Ausflugsziel, das ein Theater, Planetarium und U-Boot beherbergt. Schließlich liegt weiter südlich der **Oaks Amusement Park** (☎ 503-233-5777; www.oakspark.com; 7805 SE Oaks Park Way; Tagesticket 13–26 US$, Einzelfahrt 2,75 US$; ⊙ Öffnungszeiten variieren; 🚻), in dem riesige Achterbahnen, ein Minigolfplatz und Jahrmarktsspiele quengelnde Kids besänftigen.

März–Sept. Mo 12–19, Di–So 10–19 Uhr, Okt.–Mitte März Mo 12–16, Di–So 10–16 Uhr), eine weitere Oase der Ruhe. Wer mit Kindern reist, sollte den Oregon Zoo und das Portland Children's Museum besuchen.

⊙ Nordosten & Südosten

Vom Stadtzentrum aus betrachtet jenseits des Willamette River liegt das **Lloyd Center** (www.lloydcenter.com; 2201 Lloyd Center), Oregons größte Shopping-Mall. Hier befindet sich die Eislaufbahn, auf der die berühmte Eiskönigin Tonya Harding ihre ersten Runden drehte. Ein paar Straßen weiter südwestlich stehen die unübersehbaren Glastürme des **Oregon Convention Center** (www.oregoncc.org; 777 NE Martin Luther King Jr Blvd). Ganz in der Nähe befindet sich das **Moda Center** (☎ 503-235-8771; www.center-or.com; 1 N Center Court St), ehemals bekannt als Rose Quarter, wo das Profi-Basketballteam der Trailblazers seine Spiele austrägt.

Ein Stückchen weiter den Willamette River hinauf liegt die **N Mississippi Avenue**, die früher von heruntergekommenen Gebäuden gesäumt war, in der es aber heute jede Menge angesagte Läden und Lokale gibt. Im Nordosten liegt die künstlerisch angehauchte **NE Alberta Street**, ein langer Streifen mit Kunstgalerien, Boutiquen und Cafés (am letzten Donnerstag im Monate steigt hier das Straßenkunst-Event Last Thursday, das man nicht verpassen sollte). Den **SE Hawthorne Boulevard** (nahe der SE 39th Ave) haben Hippies voll im Griff:

mit Souvenirläden, Cafés, Coffee-Shops und zwei Filialen der Buchladenkette Powell's. Eine begrünte Meile weiter südlich hat sich die **SE Division Street** in ein Paradies für Feinschmecker verwandelt. Hier gibt es jede Menge ausgezeichnete Restaurants, Bars und Kneipen, ebenso wie rund um die Ecke **E Burnside/NE 28th Avenue**, nur das hier alles ein bisschen beengter und schicker ist.

🏃 Aktivitäten

Wandern & Trekken

Die besten Wandermöglichkeiten bietet der Forest Park (S. 229) mit seinem Netz aus unglaublichen 129 km Wanderwege. Hier kommt man sich eher vor wie in den Ausläufern des Mt. Hood als wie am Stadtrand von Portland! Der **Wildwood Trail** beginnt am Hoyt Arboretum und schlängelt sich auf 48 km durch grüne Wälder. Die vielen Abzweigungen eignen sich gut für Rundwanderungen. Weitere Ausgangspunkte in den Forest Park liegen jeweils am westlichen Ende der NW Thurman St und der NW Upshur St.

Radfahren

Portland wurde von Medien wie CNN Travel, NBC News und dem *Bicycling Magazine* schon mehrmals zur fahrradfreundlichsten Stadt der USA erkoren. Viele Straßen eignen sich gut zum Radeln und die Autofahrer sind es gewohnt, auf Radler achtzugeben. Wer am Fluss entlang durch Downtown mit dem Drahtesel unterwegs ist, bekommt einen tollen Eindruck von der Stadt.

Der **Springwater Corridor** im Osten des Stadtzentrums beginnt in der Nähe des Oregon Museum of Science & Industry (als Verlängerung der Eastbank Esplanade) und führt den ganzen Weg bis zum 34 km entfernten Vorort Boring. Im Nordwesten befindet sich der **Leif Erikson Dr**, eine alte Holzfällerstraße, die knapp 18 km in den Forest Park hineinführt und ein paar schöne Ausblicke auf die Stadt gewährt.

Malerisches Farmland gibt's auf **Sauvie Island**, 16 km nordwestlich von Downtown. Die Insel ist wie geschaffen für Radler – sie ist flach, hat relativ wenig Verkehr und der Großteil ist Naturschutzgebiet.

Gute Karten für Fahrradtouren gibt es bei der Touristeninformation und in jedem Fahrradladen.

Waterfront Bicycle Rentals   FAHRRADVERLEIH
(☑ 503-227-1719; www.waterfrontbikes.com; 10 SW Ash St; Leihräder ab 9 US$/Std.; ☺ Mo–Fr 10–18, Sa & So bis 16 Uhr) Fahrradverleih in der Nähe der Fahrradwege am Flussufer.

Kajakfahren

Da Portland in der Nähe des Zusammenflusses des Columbia und des Willamette River liegt, verfügt es über viele befahrbare Wasserwege.

Portland Kayak Company   KAJAKFAHREN
(☑ 503-459-4050; www.portlandkayak.com; 6600 SW Macadam Ave; Leihkajaks ab 12 US$/Std.) Verleiht Kajaks (Minimum 2 Std.), erteilt Einführungen und veranstaltet Touren, darunter eine dreistündige Umrundung von Ross Island auf dem Willamette River (45 US$).

Geführte Touren

Pedal Bike Tours   FAHRRADTOUR
(☑ 503-243-2453; www.pedalbiketours.com; 133 SW 2nd Ave; Touren 49–199 US$; ☺ 10–18 Uhr) Radtouren mit verschiedenen Themenschwerpunkten: Geschichte, Essen, Bier. Weitere Touren führen zur Küste oder Schlucht.

Portland Walking Tours   STADTSPAZIERGANG
(☑ 503-774-4522; www.portlandwalkingtours.com; Touren 20–59 US$) Führungen zu Themen wie Essen, Schokolade, Untergrund – selbst eine Geistertour ist im Programm.

Feste & Events

Portland Rose Festival   KULTUR
(www.rosefestival.org; ☺ Ende Mai–Mitte Juni) Rosenbedeckte Flöße, Drachenbootrennen, Feuerwerke, Seemänner und die Krönung einer Rosenkönigin machen dieses Fest zum größten in Portland.

Oregon Brewers Festival   BIER
(www.oregonbrewfest.com) Am letzten Juliwochenende kann man im Waterfront Park Biere von nah und fern probieren – jeder ist glücklich, selbst Abstinenzler haben ihren Spaß. Ein Erfolgsrezept sind sicher die vielen Imbissstände.

Bite of Oregon   ESSEN
(www.biteoforegon.com; ☺ Anfang Aug.) Essen und Bier, so weit die Vorstellung reicht: Vieles kommt aus den ausgezeichneten einheimischen Restaurants, manches auch von den berühmten Food Carts Portlands (S. 234). Überdies befeuchtet gutes Bier aus Mikrobrauereien die Kehlen der Besucher. Das Festival findet zu Gunsten der Special Olympics Oregon statt.

🛏 Schlafen

Im Sommer sind viele Hotels in Portland ausgebucht, dann sollte man unbedingt im Voraus buchen. Die im Folgenden genannten Preise verstehen sich ohne Steuern, die bis zu 14,5 % betragen.

Northwest Portland Hostel   HOSTEL $
(☑ 503-241-2783; www.nwportlandhostel.com; 425 NW 18th Ave; B 29–34 US$; DZ mit Gemeinschaftsbad 63–114 US$; ❋ @ 🛜) Das freundliche, saubere Hostel in perfekter Lage zwischen Pearl District, NW 21st und 23rd Ave besteht aus vier Gebäuden mit vielen Gemeinschaftsbereichen (einschließlich einer kleinen Veranda). Die Schlafsäle sind geräumig, die Privatzimmer fast so hübsch wie Hotelzimmer – obwohl sie alle nur Gemeinschaftsbäder haben. Nicht-HI-Mitglieder zahlen 3 US$ zusätzlich. Fahrradverleih (mit Rabatt).

Hawthorne Portland Hostel   HOSTEL $
(☑ 503-236-3380; www.portlandhostel.org; 3031 SE Hawthorne Blvd; B 29–34 US$, DZ mit Gemeinschaftsbad 80 US$; ❋ @ 🛜) ⬮ Dieses umweltfreundliche Hostel verfügt über eine tolle Lage in Hawthorne. Die beiden Privatzimmer sind ordentlich, die Schlafsäle geräumig. Alle teilen sich Gemeinschaftsbäder. Im grünen Hinterhof werden im Sommer Open-Mic-Abende veranstaltet, Fahrräder können ausgeliehen und in einer kleine Reparaturwerkstatt repariert werden. Das Hostel kompostiert und recycelt, verwendet Regenwasser für die Toiletten und hat ein hübsches Öko-Dach. Rabatte gibt's für Radfahrer.

⭐ **Kennedy School**   HOTEL $$
(☑ 503-249-3983; www.mcmenamins.com/KennedySchool; 5736 NE 33rd Ave; DZ ab 145 US$; 🛜)

Portlands ungewöhnlichstes Quartier ist eine ehemalige Grundschule, die heute ein Hotel beherbergt – geschlafen wird in ehemaligen Klassenzimmern. Zum Hotel gehören ein Restaurant mit einem tollen Garten, mehrere Bars, eine Kleinbrauerei und ein Kino. Gäste können den kleinen Pool kostenlos benutzen. Das Ganze wurde künstlerisch aufwendig mit Mosaiken, Gemälden und historischen Fotos dekoriert – eine unvergleichliche Bleibe, eben typisch Portland.

★ Ace Hotel
BOUTIQUEHOTEL $$
(📞503-228-2277; www.acehotel.com; 1022 SW Stark St; DZ mit Gemeinschaftsbad/eigenem Bad ab 185/285 US$; 🅿🌐@🛜🐕) Eine der angesagtesten Unterkünfte in Portland ist dieses Hipster-Hotel, das Industrie-, Retro- und Minimal-Stile vereint. Vom Passfotoautomaten zur Sofaecke in der Lobby bis hin zu den recycelten Stoffen und Möbeln in den Zimmern – im Ace funktioniert das Lagerhaus-Flair einfach. Ein Stumptown-Coffeeshop und eine Underground-Bar befinden sich auf dem Gelände, das schicke Clyde Common Restaurant ist gleich nebenan. Parken kostet 25 US$.

McMenamins Edgefield
HOTEL $$
(📞503-669-8610; www.mcmenamins.com/54-edgefield-home; 2126 SW Halsey St, Troutdale; B 30 US$, DZ mit Gemeinschaftsbad/eigenem Bad ab 130/165 US$; 🛜) Diese ehemalige Armenfarm wurde von den McMenamin-Brüdern restauriert und ist heute ein einzigartiger, 15 ha großer Hotelkomplex mit einer schwindelerregenden Vielfalt von Dienstleistungen. Hier können Gäste Wein und selbst gebrautes Bier kosten, Golf spielen, Filme schauen, im Souvenirladen einkaufen, Livemusik hören, in den weitläufigen Gärten spazieren gehen, und in einem der Restaurants essen. Die Anlage liegt etwa 20 Minuten mit dem Auto vom Stadtzentrum entfernt.

Jupiter Hotel
BOUTIQUEMOTEL $$
(📞503-230-9200; www.jupiterhotel.com; 800 E Burnside St; DZ ab 179 US$; 🌐🛜🐕) Das umgebaute Motel kann vom Stadtzentrum aus gut zu Fuß erreicht werden. Es befindet sich neben dem Doug Fir, einem klasse Laden für Livemusik. Die Standardzimmer sind winzig, die bessere Wahl sind die Metro-Zimmer. Wer einen leichten Schlaf hat, sollte ein Zimmer weit weg von der Bar-Veranda nehmen. Es können Fahrräder geliehen werden. Wer nach Mitternacht ankommt, erhält einen Rabatt (sofern Zimmer frei sind).

Caravan
BOUTIQUEHOTEL $$
(📞503-288-5225; www.tinyhousehotel.com; 5009 NE 11th Ave; Zi. ab 145 US$; 🌐🛜) Das gibt es nur in Portland: Hier schlafen Gäste in Mini-Häusern, die 8–16 m² „groß" und damit kleiner als die meisten Hotelzimmer, dennoch aber mit Küchen und Bädern ausgestattet sind. Vergleichbares sucht man im ganzen Land vergeblich. Das Caravan befindet sich im künstlerisch angehauchten Alberta-Viertel. Jeden Abend gibt's Lagerfeuer mit Marshmallows (kostenlos), mittwochs zudem von 19 bis 22 Uhr Livemusik. Im Sommer lange im Voraus buchen.

Crystal Hotel
HOTEL $$
(📞503-972-2670; www.mcmenamins.com/Crystal Hotel; 303 SW 12th Ave; Zi. mit Gemeinschaftsbad/eigenem Bad ab 145/175 US$; 🌐🛜🐕) Jedes Zimmer in diesem ausgefallenen McMenamin-Hotel mitten im Stadtzentrum ist einem anderen Künstler, Musiker oder Dichter gewidmet. Auf dem Gelände befinden sich das Zeus Café, ein gutes Restaurant, und das Als Den, eine billige Bar. Der knarzende Aufzug aus Holz (original!) und der Salzwasserpool im Keller vervollständigen das Bild.

Clinton Street Guesthouse
PENSION $$
(📞503-234-8752; www.clintonstreetguesthouse.com; 4220 SE Clinton St; DZ 150 US$; 🌐🛜) Dieses wunderhübsche Arts-&-Crafts-Haus in einem Wohngebiet nahe der angesagten Division Street bietet nur zwei einfache, aber wunderschöne Zimmer. Die Möbel sind elegant, die Bettwäsche luxuriös und die Gastgeber lassen ihre Gästen in Frieden. Das einfache kontinentale Frühstück ist im Preis inbegriffen. Etwas über 1 km entfernt gibt es noch zwei kleine Häuser, die ebenfalls gemietet werden können.

Inn at Northrup Station
BOUTIQUEHOTEL $$$
(📞503-224-0543; www.northrupstation.com; 2025 NW Northrup St; DZ ab 225 US$; 🌐@) Mit den hellen Farben und dem schrillen Dekor ist das superangesagte Hotel fast ein bisschen *too much*. Viele der riesigen, künstlerisch angehauchten Suiten haben eine Terrasse oder einen Balkon, alle eine Küchenzeile oder komplette Küche. Es gibt eine tolle Dachterrasse mit Pflanzen. Im Preis sind Straßenbahntickets enthalten (die Straßenbahn fährt direkt vor der Haustür vorbei).

Heathman Hotel
LUXUSHOTEL $$$
(📞503-241-4100; www.heathmanhotel.com; 1001 SW Broadway; DZ ab 300 US$; 🅿🌐@🛜🐕) Das Heathman ist eine Institution in Portland,

mit erstklassigem Service und einem der besten Restaurants der Stadt. Die Zimmer sind elegant, stilvoll und luxuriös – und zentral gelegen ist das Ganze auch noch. Am Nachmittag wird hier traditioneller englischer Nachmittagstee serviert, mittwochs bis samstags finden abends Jazzkonzerte statt und in der Bibliothek stehen 1700 Bücher, signiert von Autoren, die hier übernachtet haben. Parken kostet 39 US$.

✖ Essen

Portlands schnell wachsende Restaurantszene hat alte Gewohnheiten schon vor Jahren über Bord geworfen und sich in unzählige Genres und Subgenres aufgeteilt. Weit verbreitet sind vegetarisches Essen, Brunchs, asiatische Fusion-Küche und das eher lockere Konzept der Küche des Nordwestens. Dann gibt es noch die berühmten Food Carts, die mitunter ausgefallenes Street Food in allen Varianten anbieten.

Little Big Burger
BURGER $

(☑ 503-274-9008; www.littlebigburger.com; 122 NW 10th Ave; Burger 4 US$; ⊙ 11–22 Uhr) Die einfache Speisekarte enthält nur sechs Gerichte, die Mini-Burger aus erstklassigen Zutaten erheben jedoch Fast Food zur Haute Cuisine. Unbedingt den Beef Burger mit Cheddar, Schweizer Käse, Ziegenkäse oder Schimmelkäse zusammen mit Truffle Fries probieren! Das Ganze spült man am besten mit einem leckeren Wurzelbier hinunter. Es gibt mehrere Filialen; Infos auf der Website!

Paadee
THAILÄNDISCH $$

(☑ 503-360-1453; www.paadeepdx.com; 6 SE 28th Ave; Hauptgerichte 11–17 US$; ⊙ 11.30–15 & 17–22 Uhr) An der als „Restaurantkette" titulierten 28th Ave befindet sich dieses wunderschöne Restaurant, in dem Vogelkäfige als Lampenschirme fungieren. Die frischen Zutaten und Aromen erzeugen in Gerichten wie Steaksalat oder *gra prao muu grob* (knuspriger Schweinebauch mit Basilikum und Chili) Geschmacksexplosionen. Leckere Cocktails gibt es auch. Das viel gepriesene Restaurant **Langbaan** liegt in nächster Nähe, versteckt hinter einer Wand – ist aber Monate im Voraus ausgebucht.

Tasty n Sons
AMERIKANISCH $$

(☑ 503-621-1400; www.tastynsons.com; 3808 N Williams Ave; ⊙ So–Do 9–14.30 & 17.30–22, Fr & Sa bis 23 Uhr) Trendiges Restaurant mit hohen Decken, Industrie-Flair und hervorragenden kleinen Gerichten. Am besten ein paar

der Köstlichkeiten (z. B. in Speck gewickelte Datteln, gegrillte Wachteln mit Couscous oder Lamm-Souflaki) bestellen und gemeinsam genießen. Das Restaurant ist besonders zum Brunchen begehrt – auf Wartezeiten einstellen. In der anderen Filiale **Tasty n Alder** (☑ 503-621-9251; www.tastynalder.com; 580 SW 12th Ave; Hauptgerichte 15–20 US$; ⊙ So–Do 9–14 & 17.30–22 Uhr, Fr & Sa bis 23 Uhr) gibt es eine etwas umfangreichere Speisekarte.

Olympia Provisions
FRANZÖSISCH $$

(☑ 503-894-8136; www.olympiaprovisions.com; 1632 NW Thuman St; Hauptgerichte mittags 9–15 US$, abends 19–28 US$; ⊙ Mo–Fr 11–22, Sa 10–22, So bis 21 Uhr) Das französisch angehauchte Grill-Bistro serviert Aufschnitt- und Käseplatten, Gourmet-Sandwiches, Salate und Feinkost und Hauptgerichte wie Grillhuhn oder Confit-Entenkeule. Zum Brunch gibt's köstliche Eggs Benedict. Eine weitere Filiale befindet sich in der 107 SE Washington St.

Ken's Artisan Pizza
PIZZA $$

(☑ 503-517-9951; www.kensartisan.com; 304 SE 28th Ave; Pizza pro Person 11–13 US$; ⊙ Mo–Sa 17–22, So 16–21 Uhr) Fantastische dünne Holzofenpizzas mit Belägen wie Prosciutto, Fenchelwürstchen oder grünem Knoblauch in supertrendiger Atmosphäre mit riesigen Schiebefenstern zur Straße, die an warmen Abenden geöffnet werden. Reservieren nicht möglich – auf lange Wartezeiten einstellen.

Pambiche
KUBANISCH $$

(☑ 503-233-0511; www.pambiche.com; 2811 NE Glisan St; Hauptgerichte 12–20 US$; ⊙ Mo–Do 11–22 Uhr, Fr bis 24, Sa 9–24 Uhr, So bis 22 Uhr) Portlands bestes kubanisches Restaurant mit trendiger und ungezügelt-bunter Atmosphäre. Alle üblichen Verdächtigen stehen auf der Karte, für den Nachtisch sollte man auf jeden Fall Platz lassen. Mittags gibt es gute Angebote, die Happy Hour ist aber sogar noch besser (Mo–Fr 14–18, Fr & Sa 22–24 Uhr). Abends auf lange Wartezeiten einstellen.

Bollywood Theater
INDISCH $$

(☑ 971-200-4711; www.bollywoodtheaterpdx.com; 2039 NE Alberta St; kleine Gerichte 9–12 US$, Thalis 15–17 US$; ⊙ 11–22 Uhr; ☑) Dieses beliebte indische Restaurant serviert Snacks wie Lamm-Samosas und *katis* (Fleisch und Chutney im Fladenbrot), aber auch kleine Gerichte (Hühnchen-Curry, Schweine-Vindaloo) und Thalis (Platten mit verschiedenen Gerichten) sowie ein großes Angebot an Gemüsegerichten und Beilagen. Am besten

PORTLANDS FOOD CARTS

Eine der vergnüglichsten Arten, Portlands Küche kennenzulernen, bieten die Food Carts. Diese „Küchen auf Rädern" stehen auf Parkplätzen und in Straßen in der ganzen Stadt. Oft verfügen sie über ein paar Gemeinschaftstische und sogar Geldautomaten und Dixi-Klos. Da viele Imbisswagen von Immigranten betrieben werden, die sich teure Restaurants nicht leisten können, bieten sie die Möglichkeit zur kulinarischen Weltreise.

Die Food Carts stehen an mehreren Orten, geballt finden sie sich jedoch an der Ecke SW Alder St/SW 9th Ave. Eine aktuelle Liste und Hintergrundinformationen gibt es unter www.foodcartsportland.com. Die Stars der stark umkämpften Szene sind:

Nong's Khao Man Gai (☎ 971-255-3480; www.khaomangai.com; Ecke SW 10th Ave & SW Alder St; Hauptgerichte 8 US$; ⊙ Mo–Fr 10–16 Uhr) Zart pochiertes Hühnchen mit Reis. Das war's – und das ist genug. Gibt es auch in der 411 SW College St (ein weiterer Food Cart) und in der 609 SE Ankeny St (richtiges Restaurant), jeweils mit größerer Auswahl.

Holy Mole (☎ 503-347-4270; www.facebook.com/holymoleportlandor; 1419 SE 33rd Ave; Hauptgerichte 7–11 US$) Untypischer Taco-Wagen (wenngleich Fernando Otero ein Taco-Gericht auf seiner Speisekarte stehen hat). Unbedingt die *pozole* (eine herzhafte Maissuppe) oder eines seiner legendären mexikanischen Mole-Gerichte probieren. Die Öffnungszeiten wechseln täglich – auf der Website nachschauen.

Viking Soul Food (☎ 971-506-5579; www.vikingsoulfood.com; 4262 SE Belmont St; Hauptgerichte 7–9 US$; ⊙ Di–Do & So 12–20, Fr & Sa bis 21 Uhr) Köstliche norwegische Wraps. Die herzhaften Varianten sind mit Fleischbällchen, Hähnchenwürstchen, selbst geräuchertem Lachs und Pilz-Haselnuss-Pastetchen belegt, die süßen mit Rhabarber-Ziegenkäse, Zitronenquark, und Preiselbeerkonfitüre. Dazu gibt es verschiedene Prickles und Beilagen.

Bing Mi! (www.bingmiportland.com; Ecke SW 9th Ave & SW Alder St; Pfannkuchen 6 US$; ⊙ Mo–Fr 7.30–15, Sa 11–16 Uhr) Herzhafte Pfannkuchen im nordchinesischen Stil, gefüllt mit Rührei, eingelegtem Gemüse, frittierten Krappenchips, schwarzer Bohnenpaste und Chilisoße. Und sonst? Nichts, aber wieso auch?!

spült man alles mit einem Chai oder Joghurt-Lassi hinunter.

Podnah's Pit BARBECUE $$
(☎ 503-281-3700; www.podnahspit.com; 1625 NE Killingsworth St; Hauptgerichte 12–30 US$; ⊙ Mo–Fr 11–22, Sa & So 9–22 Uhr) Das wahrscheinlich beste BBQ-Restaurant in Portland serviert überraschend zarte und köstliche Schweinerippchen, die vier Stunden lang gegart wurden. Außerdem gibt's Sandwiches mit Hühnchen und Schwein und die typischen Beilagen wie Krautsalat, Kartoffelsalat und Kohl.

★ **Andina** PERUANISCH $$$
(☎ 503-228-9535; www.andinarestaurant.com; 1314 NW Glisan St; Hauptgerichte 23–35 US$; ⊙ So–Do 11.30–14.30 & 17–21.30, Fr & Sa bis 22.30 Uhr) Hier wird traditionelles peruanisches Essen mit modernem Einschlag serviert. Zu den leckeren Hauptgerichten gehören langsam gegarte Lammkeulen mit Koriander-Dunkelbier-Soße oder im Wok frittierte Wildpilze mit Knoblauchreis. In der Bar gibt es leichtere Gerichte wie Tapas, großartige Cocktails und lateinamerikanische Livemusik.

★ **Ned Ludd** AMERIKANISCH $$$
(☎ 503-288-6900; www.nedluddpdx.com; 3925 NE Martin Luther King Jr Blvd; kleine Gerichte 9–25 US$; ⊙ Mi–Sa ab 17 Uhr–open end, So 9–14 & 17 Uhr–open end) 🍴 Das Ned Ludd verkörpert Portland: Mit seiner rustikalen Inneneinrichtung und dem omnipräsenten Ziegelofen, in dem alle Gerichte zubereitet werden, verströmt dieses unkonventionelle, gehobene Restaurant Künstlerflair. Die wunderschön angerichteten kleinen Gerichte wechseln täglich. Hier schlägt man sich nicht nur einfach den Magen voll, sondern kommt in den Genuss echter amerikanischer Hausmannskost. Der Brunch ist ebenfalls lecker.

★ **Ox** STEAK $$$
(☎ 503-284-3366; www.oxpdx.com; 2225 Martin Luther King Jr Blvd; Hauptgerichte 23–42 US$; ⊙ Di–Do & So 17–22, Fr & Sa bis 23 Uhr) Dieses gehobene argentinisch anmutende Steakhouse ist eines der beliebtesten Restaurants in Portland. Am besten beginnt man mit einer Suppe mit geräuchertem Muschelfleisch und macht mit einem Rib-Eye-Steak weiter,

das von Rindern stammt, die nur frisches grünes Gras auf dem Speiseplan hatten. Für zwei Personen eignet sich das *asado* (60 US$) mit verschiedenen Fleischsorten. Im Voraus reservieren.

Ataula
SPANISCH $$$
(☑ 503-894-8904; www.ataulapdx.com; 1818 NW 23rd Pl; Tapas 7–12 US$, Paella 32–37 US$; ⊘ Di–Sa 16.30–22 Uhr) Das gefeierte spanische Tapas-Restaurant hat eine hervorragende Küche. Falls sie auf der Karte stehen, sollte man unbedingt die *nuestras bravas* (frittierten Kartoffelscheiben in Milch-Alioli), *croquetas* (Kabeljau-Kroketten), *xupa-xup* („Chorizo-Lollis") oder *ataula montadito* (Lachs mit Mascarpone-Joghurt und Trüffelhonig) kosten. Hervorragend sind auch die Cocktails. Im Voraus reservieren.

Ava Gene's
ITALIENISCH $$$
(☑ 971-229-0571; www.avagenes.com; 3377 SE Division St; Hauptgerichte 20–32 US$; ⊘ 17–23 Uhr) Die bekannte Trattoria gehört Duane Sorenson, dem Gründer von Stumptown Coffee. Auf der Karte stehen rustikale italienische Gerichte, darunter hervorragende Pasta- und Gemüsegerichte. Ausgefallene Zutaten, großartige Weine und Cocktails und ein hervorragender Service runden das Erlebnis ab. Im Voraus reservieren.

🍴 Ausgehen & Nachtleben

Portland ist bekannt für seinen Kaffee und schickt über 70 Brauereien ins Rennen – mehr als jede andere Stadt auf der Welt. Die große Bandbreite an ausgezeichneten Bars – von Spelunken über Hipster-Treffs und Kneipen bis hin zu ultramodernen Lounges – lässt keine Kehle trocken.

★ Barista
KAFFEE
(☑ 503-274-1211; www.baristapdx.com; 539 NW 13th Ave; ⊘ Mo–Fr 6–18, Sa & So 7–18 Uhr) Einer der besten Coffee-Shops Portlands gehört dem preisgekrönten Barista Billy Wilson und ist bekannt für seine Lattes. Die Bohnen kommen aus speziellen Kaffeeröstereien. Drei weitere Filialen in der Stadt.

Breakside Brewery
BRAUEREI
(☑ 503-719-6475; www.breakside.com; 820 NE Dekum St; ⊘ Mo–Do 15–22, Fr & Sa 12–23, So bis 22 Uhr) Hier gibt es über 20 Fassbiere – die vielleicht verrücktesten und leckersten, die man je trinken wird. Sie werden mit Obst, Gemüse und Gewürzen aromatisiert (unbedingt das hopfige Breakside IPA probieren). Zu den neuesten Kreationen gehören ein Meyer-Lemon-Kölsch, ein Mango-India-Pale-Ale und ein Rübenbier mir Ingwer. Und zum Nachtisch gibt's das Stout mit Salzkaramell. Außerdem gibt es hier gutes Essen und schöne Sitzgelegenheiten im Freien.

Departure Lounge
BAR
(☑ 503-802-5370; www.departureportland.com; 525 SW Morrison St; ⊘ So–Do 16–24, Fr & Sa bis 1 Uhr) Dieses Bar-Restaurant auf der Dachterrasse des Nines Hotel (im 15. Stock!) stillt eine tiefe Sehnsucht der Städter. Die coole Bar mit unvergesslicher Aussicht über Portland, modernen Sofas und schicker Beleuchtung hat eindeutig die Atmosphäre eines Raumschiffs. Dienstags bis donnerstags von 16 bis 18 Uhr ist Happy Hour – im Angebot sind Getränke und Appetizers.

Stumptown Coffee Roasters
KAFFEE
(☑ 503-230-7702; www.stumptowncoffee.com; 4525 SE Division St; ⊘ Mo–Fr 6–19, Sa & So 7–19 Uhr) Die erste Kleinrösterei, die Portland zu einer Nummer in der Kaffeeszene werden ließ, und immer noch der bekannteste Coffeeshop der Stadt (obwohl einige bedauern, dass sich das Stumptown mittlerweile in eine Kette verwandelt hat). Auf der Website stehen die Adressen der anderen Filialen in Portland und im Rest der USA.

Coava Coffee
KAFFEE
(☑ 503-894-8134; www.coavacoffee.com; 1300 SE Grand Ave; ⊘ Mo–Fr 6–18, Sa 7–18, So 8–18 Uhr) Die Deko schöpft den neoindustriellen Look bis ins Extreme aus, doch die meisten Leute lieben das – und das Coava erfüllt eben alle Wünsche. In die Tassen kommen u. a. ein handgebrühter Java und ein hervorragender Espresso. Eine weitere Filiale gibt's am 2631 SE Hawthorne Blvd.

Heart
KAFFEE
(☑ 503-206-6602; www.heartroasters.com; 2211 E Burnside St; ⊘ 7–18 Uhr) Ein Café mit künstlerisch-industrieller Atmosphäre in der geschäftigen E Burnside – ein Hingucker ist die riesige, nicht zu übersehende Röstmaschine. Für einige ist der Laden ein bisschen zu hipster, Koffeinjunkies werden sich aber an den guten (und milden) Kaffeeröstungen erfreuen. Eine weitere Filiale gibt's in der 537 SW 12th Ave.

Ecliptic Brewing
BRAUEREI
(☑ 503-265-8002; www.eclipticbrewing.com; 825 N Cook St; ⊘ So–Do 11–22, Fr & Sa bis 23 Uhr) Die Brauerei wurde von John Harris gegründet, der für McMenamins, Deschutes und Full

DER NORDWESTEN PORTLAND

EINE KURZE GESCHICHTE DER MIKROBRAUEREIEN IN DEN NORDWESTSTAATEN

Im ganzen Land sind Bierfans auf den Geschmack des Besonderen gekommen. Der Feldzug für mehr Würze als Gegenpol zur eintönigen, nur auf Gewinnmaximierung ausgerichteten Brauindustrie begann in den 1980er-Jahren im Nordwesten der USA.

Eine der ersten Kleinbrauereien der USA war die kurzlebige Cartwright Brewing Company, die 1980 in Portland gegründet wurde. Als erstes offizielles Brauhaus eröffnete das nicht mehr existierende Grant's 1982 in Yakima in Washington. Mit der Eröffnung der Bridgeport Brewing Company 1984, ebenfalls in Portland, war der Trend endgültig geboren. Ein Jahr später legten zwei Braumeister der alten Schule Beervanas, die Brüder Mike und Brian McMenamin, den Grundstein zu einem einzigartigen Bierimperium, das bis heute die hohe Handwerkskunst des Bierbrauens in dieser Region verkörpert.

Heute gibt es in Washington und Oregon ca. 450 Klein- oder Mikrobrauereien – allein in Portland sind es mehr als 70 –, die aus klassischen natürlichen Zutaten (Hopfen, Malz und Hefe) erstklassiges Bier in kleinen Mengen brauen.

Sail braute, ehe er seine eigene Brauerei mit angeschlossenem Restaurant eröffnete. Das Ecliptic eroberte seine Kundschaft im Sturm mit so pfiffigen Kreationen wie Spica Pilsner (ein ungefiltertes Ale) und Mintaka Stout (ein herbes Bier mit Karamell- und Kaffeenoten).

Migration   BRAUEREI
(☎ 503-206-5221; www.migrationbrewing.com; 2828 NE Glisan St; ☺ Mo–Sa 11–24, So bis 22 Uhr) Eine beliebe Brauereikneipe mit toller, ungezwungener Industrie-Atmosphäre. Die Holztische im Freien eignen sich hervorragend zum Sehen und Gesehenwerden. Als Grundlage eignet sich das großartige Essen – unbedingt die Gringo Bowl und den Salat mit Steakstreifen probieren. Sportfans können drinnen auf Leinwänden Spiele der Blazers oder Timbers verfolgen.

Hair of the Dog Brewing   BRAUEREI
(☎ 503-232-6585; www.hairofthedog.com; 61 SE Yamhill St; ☺ Di–Sa 11.30–22, So bis 20 Uhr) Das HOTD braut ungewöhnliche Bierarten, einige davon mit Flaschengärung. Das Ergebnis sind vielschichtige Aromen und hoher Alkoholgehalt, da das Bier fast schon wie Wein reift. Das angebotene Essen ist eher Begleitung zu den Bieren und nicht umgekehrt.

Rontoms   BAR
(☎ 503-236-4536; 600 E Burnside St; ☺ Mo–Fr 11–14.30, Sa & So 14–2.30 Uhr) Zuerst der Haken an dieser Bar im Industrie-Schick: Das Essen ist lediglich so lala, der Service oft mittelmäßig und wenn man kein Hipster ist, fühlt man sich fehl am Platz. Aber an schönen Tagen ist die große Terrasse auf der Rückseite einfach unschlagbar. Die Bar liegt an der Ecke E Burnside und 6th – und ist zu cool für ein Schild.

☆ Unterhaltung

Der beste Veranstaltungsguide ist die kostenlose *Willamette Week* (www.vweek.com), die jeden Mittwoch erscheint und das urbane Theater-, Musik-, Clubbing-, Kino- und Eventprogramm auflistet. Ebenfalls sehr informativ ist der *Portland Mercury* (www.portlandmercury.com).

Open-Air-Konzerte steigen im Sommer im Oregon Zoo (www.oregonzoo.org) oder im McMenamins Edgefield (S. 232).

Livemusik

Doug Fir Lounge   LIVEMUSIK
(☎ 503-231-9663; www.dougfirlounge.com; 830 E Burnside St) Der ultratrendige Laden verbindet futuristische Elemente mit rustikaler Blockhausästhetik und hat dazu beigetragen, dass sich die schäbige Lower Burnside (LoBu) in ein schickes Trendviertel verwandelt hat. Im Doug Fir spielen angesagte, umschwärmte Talente, die ein bunt gemischtes Publikum anziehen – von tätowierten Twens zu spießigen Yuppies. Das nette Restaurant neben dem bei Rockstars beliebten Jupiter Hotel hat extralange Öffnungszeiten.

Crystal Ballroom   LIVEMUSIK
(☎ 503-225-0047; www.mcmenamins.com; 1332 W Burnside St) In der riesigen historischen Konzerthalle haben schon Größen wie Grateful Dead, James Brown und Jimi Hendrix gespielt. Die bewegliche Tanzfläche macht das Tanzen zu einem Balanceakt. Wer auf die Achtziger steht, sollte freitags herkommen.

Mississippi Studios   LIVEMUSIK
(☎ 503-288-3895; www.mississippistudios.com; 3939 N Mississippi Ave) Hier spielen angehende Singer-Songwriter-Talente und bekannte

Bands. Hervorragendes Sound-System. Nebenan gibt es ein gutes Restaurant mit Bar und Terrasse. Liegt in der trendigen N Mississippi Ave.

Jimmy Mak's   LIVEMUSIK
(☑ 503-295-6542; www.jimmymaks.com; 221 NW 10th Ave) Stumptowns führende Jazz-Kneipe, in deren Speisesaal ausgezeichnete mediterrane Küche serviert wird.

Theater

Portland Center Stage   THEATER
(☑ 503-445-3700; www.pcs.org; 128 NW 11th Ave) Das bedeutendste Ensemble der Stadt spielt in der Portland Armory, einem mittlerweile renovierten Wahrzeichen im Pearl District, das mit der neuesten Bühnentechnik ausgestattet ist.

**Arlene Schnitzer
Concert Hall**   KLASSISCHE MUSIK
(☑ 503-248-4335; www.portland5.com; 1037 SW Broadway) In dieser schönen, wenn auch akustisch nicht überragenden Konzerthalle im Zentrum Portlands ist Oregons Sinfonieorchester zu Hause.

Artists Repertory Theatre   THEATER
(☑ 503-241-1278; www.artistsrep.org; 1515 SW Morrison St) In zwei kleinen Theatersälen werden einige der besten Stücke Portlands aufgeführt, darunter auch regionale Premieren.

Keller Auditorium   THEATER
(☑ 503-248-4335; www.portland5.com; 222 SW Clay St) Hier treten die Portland Opera und das Oregon Ballet Theatre auf. Außerdem werden einige Broadway-Stücke gezeigt.

🛍 Shoppen

Portlands Shoppingzone in Downtown erstreckt sich vom Pioneer Courthouse Sq aus über zwei Blocks und beherbergt die üblichen Verdächtigen. Im Pearl District wimmelt es von teuren Galerien, Boutiquen und Inneneinrichtungsläden. Am Wochenende sollte man dem Saturday Market (S. 227) am Skidmore Fountain einen Besuch abstatten. Eine sehr angenehme und vornehme Einkaufsstraße ist die NW 23rd Ave.

In Eastside gibt es viele angesagte Einkaufsstraßen, in denen auch Restaurants und Cafés ansässig sind. Der SE Hawthorne Blvd ist die größte, die N Mississippi Ave die neueste und die NE Alberta St die künstlerischste und flippigste der Shoppingmeilen. Weiter im Süden ist Sellwood bekannt für seine Antiquitätenläden.

NICHT VERSÄUMEN

POWELL'S CITY OF BOOKS

Kann sich noch jemand an Buchläden erinnern? Nein, sie sind nicht alle ausgestorben. Willkommen in **Powell's City of Books** (☑ 800-878-7323; www.powells.com; 1005 W Burnside St; ☺ 9–23 Uhr), einem Bücherparadies, das auf mehreren Stockwerken einen ganzen Straßenblock einnimmt und das einst der „größte unabhängige Buchladen der Welt" war. Wer in Portland ist, sollte diese lokale Institution und Touristenattraktion auf keinen Fall verpassen. Für einen Besuch kann man gut und gern ein paar Stunden einplanen – die braucht man durchaus für den ganzen Laden. In der Stadt verteilt und am Flughafen gibt es noch weitere Filialen, aber keine ist annähernd so groß wie diese.

ⓘ Praktische Informationen

INTERNETZUGANG
Central Library (☑ 503-988-5123; www.multcolib.org; 801 SW 10th Ave; Mo 10–20, Di & Mi 12–20, Do–Sa 10–18, So bis 17 Uhr) In Downtown; weitere Filialen finden sich auf der Website.

MEDIEN
KBOO 90.7 FM (www.kboo.fm) Progressiver Lokalsender, der von Freiwilligen betrieben wird; alternative Nachrichten und Ansichten.
Portland Mercury (www.portlandmercury.com) Kostenloses Pendant zu Seattles *The Stranger*.
Willamette Week (www.wweek.com) Kostenlose Wochenzeitung mit lokalen Nachrichten und Kultur.

MEDIZINISCHE VERSORGUNG
Legacy Good Samaritan Medical Center (☑ 503-413-7711; www.legacyhealth.org; 1015 NW 22nd Ave) Nahe des Stadtzentrums.

NOTFALL
Polizei (☑ 503-823-0000; www.portland oregon.gov/police; 1111 SW 2nd Ave)

POST
Post (☑ 503-525-5398; www.usps.com; 715 NW Hoyt St; ☺ Mo–Fr 8–18.30, Sa 8.30–17 Uhr)

TOURISTENINFORMATION
Portland Oregon Visitors Association (☑ 503-275-8355; www.travelportland.com; 701 SW 6th Ave; ☺ Mai–Okt. Mo–Fr 8.30–17.30, Sa 10–16, So bis 14, Nov.–April Mo–Fr

8.30–17.30, Sa 10–16 Uhr) Superfreundliche Ehrenamtliche arbeiten in diesem Büro am Pioneer Courthouse Sq. Ein kleines Kino zeigt einen zwölfminütigen Film über die Stadt, ein Ticketschalter verkauft Fahrkarten für den Tri-Met-Bus und die Light Rail.

❶ An- & Weiterreise

BUS

Greyhound (☎ 503-243-2361; www.greyhound.com; 550 NW 6th Ave) Greyhound-Busse verbinden Portland mit den Städten an der I-5 und der I-84. Ziele sind u. a. Chicago, Denver, San Francisco, Seattle und Vancouver, BC.

Bolt Bus (☎ 877-265-8287; www.boltbus.com) Verbindet Portland mit Seattle, Bellingham, Eugene, San Francisco und anderen Städten.

FLUGZEUG

Portland International Airport (PDX; ☎ 503-460-4234; www.flypdx.com; 7000 NE Airport Way; 📶) Vom preisgekrönten Portland International Airport gehen täglich Flüge in die ganzen USA und zu mehreren internationalen Zielen. Der Flughafen liegt östlich der I-5 am Ufer des Columbia River und ist in einer 20-minütigen Fahrt vom Stadtzentrum aus zu erreichen.

ZUG

Amtrak (☎ 800-872-7245; www.amtrak.com; 800 NW 6th Ave) Amtrak-Züge fahren nach Chicago, Oakland, Seattle und Vancouver, BC.

❶ Unterwegs vor Ort

AUTO

Die meisten großen Autovermietungen haben sowohl Büros im Zentrum als auch am Portland International Airport. Viele Unternehmen haben Hybrid-Fahrzeuge in ihre Flotte aufgenommen. **Zipcar** (www.zipcar.com) ist eine von mehreren Car-Sharing-Firmen. Infos zu günstigen Parkplätzen in der Innenstadt gibt es unter www.portlandoregon.gov/transportation/35272.

CHARTER-SERVICE

EcoShuttle (☎ 503-548-4480; www.eco shuttle.net) Für maßgeschneiderte Bus- oder Van-Chartertouren ist EcoShuttle zuständig. Die Fahrzeugflotte wird mit Bio-Diesel betrieben.

FAHRRAD

In Portland, der Stadt, die mehrmals zur fahrradfreundlichsten Stadt der USA gewählt wurde, macht es richtig Spaß, Rad zu fahren.

Fahrräder kann man u. a. bei **Clever Cycles** (☎ 503-334-1560; www.clevercycles.com/rentals; 900 SE Hawthorne Blvd; Verleih pro Tag ab 30 US$; ⊙ Mo–Fr 11–18, Sa & So bis 17 Uhr) und Waterfront Bicycle Rentals (S. 231) ausleihen.

VOM/ZUM FLUGHAFEN

Der Portland International Airport (PDX) liegt etwa zehn Meilen (16 km) nordöstlich des Stadtzentrums am Columbia River. Die Light Rail MAX von Tri-Met braucht ungefähr 40 Minuten von der Innenstadt zum Flughafen. **Blue Star** (☎ 503-249-1837; www.bluestarbus.com) betreibt Shuttlebusse zwischen dem Flughafen und mehreren Haltestellen im Stadtzentrum.

Taxis verlangen für die Fahrt vom Flughafen zum Stadtzentrum rund 40 US$ (plus Trinkgeld).

ÖFFENTLICHE VERKEHRSMITTEL

Portland verfügt über ein gutes öffentliches Nahverkehrsnetz, das aus Stadtbussen, Straßenbahnen und der Stadtbahn (Light Rail) MAX besteht. Alle werden von **TriMet** (☎ 503-238-7433; www.trimet.org; 701 SW 6th Ave; ⊙ Mo–Fr 8.30–17.30 Uhr) betrieben; am Pioneer Courthouse Sq gibt es einen Infoschalter.

Die Fahrkarten sind in allen öffentlichen Verkehrsmitteln für zwei Stunden nach dem Kauf gültig. Bustickets kauft man beim Einsteigen an den Automaten, Straßenbahntickets gibt es entweder an den Haltestellen oder direkt in der Straßenbahn. Tickets für die MAX müssen vor dem Einsteigen an Ticketschaltern der MAX-Stationen gekauft werden – in der Bahn gibt es keinen Fahrer oder Fahrscheinautomaten (aber Kontrolleure!).

Nicht vergessen, dass die Fahrpläne nachts ausdünnen. Nach 1 Uhr verkehren nur noch sehr wenige Busse und Bahnen. Details zu den einzelnen Nachtlinien gibt es auf der Website.

PEDICAB

PDX Pedicab (☎ 503-828-9888; www.pdx pedicab.com) Als umweltfreundliche Alternative gibt es mehrere Fahrradriksha-Anbieter in der Stadt, darunter PDX Pedicab. Die Fahrer strampeln sind in der ganzen Stadt unterwegs.

TAXI

Taxis können telefonisch rund um die Uhr bestellt werden. Im Zentrum kann man sie oft auch an der Straße anhalten.
Broadway Cab (☎ 503-333-3333; www.broadwaycab.com)
Radio Cab (☎ 503-227-1212; www.radiocab.net)

Willamette Valley

Das fruchtbare, 96 km breite Willamette Valley war für die Pioniere, die vor mehr als 170 Jahren auf dem Oregon Trail gen Westen zogen, der Heilige Gral. Für die Menschen von heute ist es der Gemüsegarten, in dem mehr als 100 verschiedene Produkte geerntet werden – u. a. gedeiht hier auch ein Pinot Noir. Salem, die Hauptstadt Oregons, liegt ungefähr eine Autostunde von Portland entfernt am nördlichen Talende. Die meisten anderen Sehenswürdigkeiten sind ebenfalls im Rahmen eines Tagesausflugs zu erreichen. Weiter im Süden liegt Eugene, eine dynamische Universitätsstadt, in der man sich gut und gerne ein, zwei Tage aufhalten kann.

Salem

Oregons Hauptstadt (nicht das Salem mit den Hexen – das liegt in Massachusetts) ist bekannt für ihre Kirschbäume, das Art-déco-Kapitol und die Willamette University.

Im **Hallie Ford Museum of Art** (☑503-370-6855; www.willamette.edu/arts/hfma; 900 State St; Erw./Kind 6 US$/frei; ☺Di–Sa 10–17, So 13–17 Uhr) der Willamette University ist die beste Sammlung von Kunst aus dem Nordwesten zu besichtigen, darunter eine beeindruckende Galerie der amerikanischen Ureinwohner.

Das **Oregon State Capitol** (☑503-986-1388; www.oregonlegislature.gov; 900 Court St NE; ☺Mo–Fr 8–17 Uhr) GRATIS aus dem Jahr 1938 wirkt wie eine Kulisse aus einem opulenten Film von Cecil B. DeMille. Es werden kostenlose Führungen angeboten. Das weitläufige **Bush House** (☑503-363-4714; www.salemart.org; 600 Mission St SE; Erw./Kind 6/3 US$; ☺März–Dez. Mi–So 13–16 Uhr) aus dem 19. Jh. ist ein Herrenhaus im italienischen Stil, das heute ein Museum mit historischen Akzenten wie Originaltapeten und Marmorkaminen beherbergt.

Das **Visitors Information Center** (☑503-581-4325; www.travelsalem.com; 181 High St NE; ☺Mo–Fr 9–17, Sa 10–16 Uhr) ist eine gute Orientierungshilfe.

Salem wird täglich von **Greyhound-Bussen** (☑503-362-2428; www.greyhound.com; 500 13th St SE) und **Amtrak-Zügen** (☑503-588-1551; www.amtrak.com; 500 13th St SE) angesteuert.

Eugene

Das facettenreiche Eugene – auch bekannt als „Tracktown" – sprüht vor jugendlicher Energie und liberaler Politik. Die Stadt ist bekannt für ihre Leichtathletik-Champions

---

ABSTECHER

WEINBAUREGION WILLAMETTE VALLEY

Nur eine einstündige Autofahrt von Portland entfernt liegt das Willamette Valley, wo sich Hunderte Weingüter angesiedelt haben, auf denen die edelsten Tropfen hergestellt werden – vor allem Pinot Noir. In McMinnville, Newberg und Dundee gibt es die meisten Weinadressen der Gegend, darunter einige sehr gute Restaurants, Läden, B & Bs und Verkostungsstuben. Mehr Infos über die hiesigen Weingüter lassen sich unter www.willamettewines.com einholen.

Durch herrlich grüne Hügel auf kurvigen Landstraßen von einem Weingut zum anderen zu fahren, ist eine wunderbare Beschäftigung für einen Urlaubsnachmittag – man sollte vorher nur losen, wer der Fahrer sein darf. Oder man schließt sich einer der Touren von **Grape Escape** (☑503-283-3380; www.grapeescapetours.com) an. Und wer gerne önologische Erkundungen mit einem Radausflug kombiniert, kann bei **Pedal Bike Tours** (S. 231) in Portland fünfstündige Touren buchen (89 US$).

Wer zwischendurch die Hirnaktivität ankurbeln will, besucht das **Evergreen Aviation & Space Museum** (☑503-434-4185; www.evergreenmuseum.org; 500 NE Captain Michael King Smith Way; Erw./Kind 25/23 US$ inkl. 3-D-Film; ☺9–17 Uhr; 👶) von McMinnville. Hier steht Howard Hughes' **Spruce Goose**, das größte Holzflugzeug der Welt. Außerdem gibt es noch eine Nachbildung vom *Flyer* der Gebrüder Wright, ein 3-D-Kino und – seltsamerweise – einen tollen Wasserpark.

Eine interessante Übernachtungsmöglichkeit bietet sich im **McMenamins Hotel Oregon** (☑503-472-8427; www.mcmenamins.com; 310 NE Evans St; DZ 83–138 US$; ❄🛜🐕), einem älteren Gebäude, das in ein charmantes Hotel umgewandelt wurde. Es verfügt über eine wunderbare Dachterrassenbar. Wer auf der Suche nach einem außergewöhnlichen Restaurant ist, der sollte ins **Joel Palmer House** (☑503-864-2995; www.joelpalmerhouse.com; 600 Ferry St, McMinnville; Menü 49–80 US$; ☺Di–Sa 16.30–21.30 Uhr) 🍃 gehen. Die Gerichte sind mit Wildpilzen aufgepeppt, die die Köche persönlich in der Gegend sammeln.

THERMALQUELLEN

In Oregon gibt es jede Menge Thermalquellen, einige davon sind – nach amerikanischen Maßstäben – nicht weit von Salem entfernt:

Bagby Hot Springs (www.bagbyhotsprings.org; Eintritt 5 US$) Ein paar Autostunden östlich der Stadt liegt diese rustikale Thermalquelle mit mehreren Holzzubern in halb privaten Badehäusern. Die Quelle ist über einen hübschen, rund 2,5 km langen Wanderweg zu erreichen.

Terwilliger Hot Springs (Eintritt 6 US$) Etwa 40 Meilen (64 km) östlich von Eugene liegen die Terwilliger Hot Springs (Cougar Hot Springs), eine wunderschöne Ansammlung terrassenartig angeordneter Naturbecken, die von großen Felsen eingerahmt werden. Sie sind rustikal, aber gut gepflegt. Die heißeste Quelle befindet sich ganz oben. Wer möchte, darf hier auch nackt baden – Alkohol darf allerdings nicht konsumiert werden. Das Bad ist nur tagsüber geöffnet. Vom Parkplatz muss man 400 m zu den Quellen laufen. Anfahrt: vom Hwy 126 Richtung Süden auf den Hwy Scenic Byway abbiegen und diesem für etwa 7,5 Meilen (12 km) folgen!

Breitenbush Hot Springs (☎503-854-3320; www.breitenbush.com) Ein heilendes Klima herrscht in den Breitenbush Hot Springs, einem schicken Spa mit Massage- und Yoga-Angeboten. Der Tageseintritt kostet 16 bis 30 US$. Wer möchte, kann in einem Schlafsaal, einer Hütte oder Lodge übernachten.

(immerhin stammt auch das Unternehmen Nike von hier). Die meisten Bewohner sind Arbeiter in der Holz- und Fertigungsindustrie, aber es leben auch einige unkonventionelle Leute hier – Ex-Hippie-Aktivisten, anarchistische Umweltschützer wie auch bessergestellte Unternehmer und Führungskräfte der Hightech-Industrie.

Eugene hat eine großartige Kunstszene, außergewöhnlich gute Restaurants, ausgelassene Festivals, kilometerlange Uferpfade und einige hübsche Parks zu bieten. Es ist eine wunderbare Stadt – sowohl für dynamische Traveller als auch für die Glücklichen, die hier wohnen dürfen.

⊙ Sehenswertes

Alton Baker Park   PARK
(100 Day Island Rd) Der beliebte 1,6 km² große Park am Fluss ist ein Paradies für Radfahrer und Jogger. Er bietet Zugang zum **Ruth Bascom Riverbank Trail System**, einem 19 km langen Radweg, der sich beiderseits des Willamette River erstreckt. Über die DeFazio Bike Bridge gelangt man leicht ins Stadtzentrum.

University of Oregon   UNIVERSITÄT
(☎541-346-1000; www.uoregon.edu; 1585 E 13th Ave) Die Universität von Oregon wurde 1872 gegründet und ist die führende akademische Einrichtung des Bundesstaates. Ihre Schwerpunkte sind Kunst, Wissenschaft und Recht. Der Campus ist voller efeubewachsener alter

Gebäude. Zur Anlage gehört der **Pioneer Cemetry** mit Grabsteinen, die einen eindringlichen Eindruck in das Leben und Sterben in der frühen Siedlung vermitteln. Im Sommer werden Campusführungen angeboten.

🛏 Schlafen

In Eugene gibt es die üblichen Hotel- und Motelketten. Bei wichtigen Football-Spielen und Abschlussfeiern schießen die Preise in die Höhe.

Campus Inn   MOTEL $
(☎541-343-3376; www.campus-inn.com; 390 E Broadway; DZ 70–80 US$; ❀@🛜🐾) Sehr angenehmes Motel in Uninähe mit geräumigen Zimmern im Business-Stil und einfacher, aber eleganter Einrichtung. Für 10 US$ extra gibt's ein größeres Bett und mehr Platz. Außerdem gibt es einen kleinen Fitnessraum, einen Gemeinschafts-Whirlpool und eine Dachterrasse.

Eugene Whiteaker International Hostel   HOSTEL $
(☎541-343-3335; www.eugenehostels.com; 970 W 3rd Ave; B 30–35 US$; Zi. 40–75 US$; ☺@🛜) Ungezwungenes Hostel in einem alten, weitläufigen Gebäude. Gäste genießen das Künstlerflair, die hübschen Veranden auf Vorder- und Rückseite und ein einfaches, kostenloses Frühstück. Auch Stellplätze für Zelte sind vorhanden (25 US$/Pers.). In der Nähe gibt es eine zweite Filiale (Emerald Garden Hostel).

C'est La Vie Inn
B&B **$$**

(☑ 541-302-3014; www.cestlavieinn.com; 1006 Taylor St; DZ $150–170 US$, Suite 260 US$; ✿ @ 🛜) Dieses traumhafte viktorianische Haus, das von einem freundlichen französisch-amerikanischen Pärchen geführt wird, ist das Highlight im Viertel. Wunderschöne Antiquitäten füllen die Wohn- und Speiseräume. Die drei geschmackvoll eingerichteten Zimmer bieten Komfort und Luxus. Auch eine unglaubliche Suite mit Küchenzeile steht bereit.

🍴 Essen & Trinken

Papa's Soul Food Kitchen
SÜDSTAATEN **$**

(☑ 541-342-7500; www.papassoulfoodkitchen.com; 400 Blair Blvd; Hauptgerichte 8–12 US$; ⊙ Di–Fr 12–14 & 17–22, Sa 14–22 Uhr) Dieses beliebte Restaurant serviert Südstaaten-Küche, z. B. ein fantastisches mariniertes Grillhühnchen, Sandwiches mit Pulled Pork, Jambalaya mit Flusskrebsen und frittierte Okraschoten. Das Beste aber sind die Bluesbands, die hier freitag- und samstagabends bis spät in die Nacht auftreten, und die hübsche Terrasse auf der Rückseite.

Sweet Life Patisserie
BÄCKEREI **$**

(☑ 541-683-5676; www.sweetlifedesserts.com; 755 Monroe St; Gebäckstücke 2,50–5 US$; ⊙ Mo–Fr 7–22, Sa & So 8–23 Uhr) 🍴 Im besten Süßwarenladen Eugenes gibt es klebriges Pekannussgebäck, herzhafte Croissants und *pain au chocolat*. Das Gebäck vom Vortag schmeckt immer noch köstlich (und wird zum halben Preis verkauft). Hier gibt's außerdem Bio-Kaffee.

⭐ Beppe & Gianni's Trattoria
ITALIENISCH **$$**

(☑ 541-683-6661; www.beppeandgiannis.net; 1646 E 19th Ave; Hauptgerichte 15–20 US$; ⊙ So–Do 17–21, Fr & Sa bis 22 Uhr) Eines der beliebtesten Restaurants in Eugene und sicherlich das beste italienische. Ein Highlight ist die selbst gemachte Pasta, aber auch die Nachspeisen sind nicht von schlechten Eltern. Wartezeit einplanen, vor allem am Wochenende.

Pizza Research Institute
PIZZA **$$**

(PRI; ☑ 541-343-1307; www.pizzaresearchinstitute. com; 325 Blair Blvd; Pizzas 16–24 US$; ⊙ 16–21.30 Uhr; 🍴) Das in einem niedlichen Bungalow untergebrachte PRI serviert einige der besten (vegetarischen, veganen und glutenfreien) Pizzas in Eugene. Unsere Empfehlungen: die Pizzas mit Birne und veganem Pesto, Apfel und geräuchertem Gouda oder Ziegenkäse und marinierten Auberginen

probieren! Man kann sich auch eine eigene Pizza zusammenstellen oder zusätzliche Beläge auswählen, z. B. Artichockenherzen, Spargel oder gegrillte Zucchini.

Ninkasi Brewing Company
BRAUEREI

(☑ 541-344-2739; www.ninkasibrewing.com; 272 Van Buren St; ⊙ So–Mi 12–21, Do–Sa bis 22 Uhr) In dieser Probierstube kann man einige der besten Craft Beers von Oregon kosten. Es gibt eine hübsche Terrasse mit Snacks und in der Nähe stehen häufig ein oder zwei Food Carts. Wer möchte, kann an Führungen der Brauerei teilnehmen.

❶ Praktische Informationen

Visitor Center (☑ 541-484-5307; www.eugene cascadescoast.org; 754 Olive St; ⊙ Mo–Fr 8–17 Uhr) Am Wochenende hat das Visitor Centre in der 3312 Gateway St in Springfield geöffnet.

❶ Anreise & Unterwegs vor Ort

Von Eugenes **Amtrak-Bahnhof** (☑ 541-687-1383; www.amtrak.com; 433 Willamette St) fahren täglich Züge nach Vancouver in British Columbia, nach Los Angeles und zu allen Orten, die dazwischen auf den *Cascade-* und *Coast Starlight*-Strecken liegen. Busse von **Greyhound** (☑ 541-344-6265; www.greyhound.com; 987 Pearl St) fahren Richtung Norden nach Salem und Portland sowie Richtung Süden nach Grants Pass und Medford. Und täglich ein Bus von **Porter Stage Lines** (www.kokkola-bus.com) kurvt zur Küste; er startet vor dem Bahnhof.

Lane Transit District (☑ 541-687-5555; www. ltd.org) betreibt Stadtbusse. Leihräder gibt's bei **Paul's Bicycle Way of Life** (☑ 541-344-4105; www.bicycleway.com; 566 Charnelton St; Leihfahrrad 24–48 US$/Tag; ⊙ Mo–Fr 9–19, Sa & So 10–17 Uhr).

Columbia River Gorge

Der mächtige Columbia River – gemessen an den Wassermengen ist er der viertgrößte Fluss der USA – bahnt sich seinen 2000 km langen Weg von Alberta in Kanada bis zum Pazifik direkt westlich von Astoria. Auf den letzten 500 km bildet der stark gestaute Wasserweg die Grenze zwischen Washington und Oregon, schneidet sich tief in die Cascade Mountains und erzeugt die spektakuläre Columbia River Gorge. Der Uferstreifen mit seinen vielen Ökosystemen, Wasserfällen und grandiosen Aussichtspunkten ist als National Scenic Area eingestuft. Dieses Gebiet ist ein beliebte Spielwiese für Windsurfer, Radler, Angler und Wanderer.

Nicht weit von Portland entfernt ziehen die **Multnomah Falls** viele Traveller an, zudem gewährt das **Vista House** einen umwerfenden Blick auf die Schlucht. Für alle, die sich die Beine vertreten möchten, ist der **Eagle Creek Trail** der beste Wanderweg der Gegend – sofern man keine Höhenangst hat.

Hood River & Umgebung

Die kleine Stadt Hood River, 63 Meilen (101 km) östlich von Portland an der I-84 gelegen, ist bekannt für ihre Obstplantagen und Weingüter und außerdem ein Mekka für Windsurfer und Kiteboarder. Starke Flussströmungen, die hier vorherrschenden Westwinde und der gewaltige Columbia River sorgen für die perfekten Voraussetzungen für diese Wassersportarten.

🔘 Sehenswertes & Aktivitäten

Mt. Hood Railroad   HISTORISCHE STÄTTE
(☑ 800-872-4661; www.mthoodrr.com; 110 Railroad Ave) Die 1906 erbaute Bahnstrecke wurde für den Transport von Früchten und Hölzern vom oberen Hood River Valley zum Endbahnhof in Hood River gebaut. Heute transportieren die Oldtimer-Züge Touristen am Fuße des schneebedeckten Gipfels des Mt. Hood, vorbei an duftenden Obstplantagen. Auf der Website gibt es Infos zu Fahrplänen und -preisen. Zeitig buchen!

Cathedral Ridge Winery   WEINGUT
(☑ 800-516-8710; www.cathedralridgewinery.com; 4200 Post Canyon Dr) Schönes Weingut mit ausgezeichneten Rotweinen und preisgekröntem Barbera.

Hood River Waterplay   WASSERSPORT
(☑ 541-386-9463; www.hoodriverwaterplay.com; Port of Hood River Marina) Wer sich rund um Hood River auf dem Wasser austoben, also z. B. mit dem Katamaran segeln und windsurfen möchte, wendet sich für Leihequipment und Unterricht an Hood River Waterplay.

Discover Bicycles   RADFAHREN
(☑ 541-386-4820; www.discoverbicycles.com; 210 State St; Leihräder 30–80 US$/Tag; ⊘ Mo–Sa 10–18, So bis 17 Uhr) Verleiht Straßenräder, E-Bikes und Mountainbikes und hat Infomaterial zu Strecken in der Umgebung.

🛏 Schlafen & Essen

Inn of the White Salmon   INN $$
(☑ 509-493-2335; www.innofthewhitesalmon.com; 172 West Jewett Blvd; DZ 129–189 US$; ❋🛜) In

White Salmon, Washington, steht dieses sehr nette und moderne Gasthaus mit 18 gemütlichen Zimmern und einem hübschen Garten mit Terrasse. Außerdem gibt es noch einen schönen Schlafsaal mit vier Betten (Stockbett für 1/2 Pers. 25/40 US$) und eine kleine Gemeinschaftsküche.

Hood River Hotel   HISTORISCHES HOTEL $$
(☑ 541-386-1900; www.hoodriverhotel.com; 102 Oak St; DZ 109–209 US$; ❋🛜🐾) Im Zentrum von Hood River bietet dieses schöne Hotel aus dem Jahr 1913 gemütliche altmodische Zimmer mit Himmelbetten oder französischen Betten und winzigen Bädern. Die Suiten sind am besten ausgestattet und haben die schönste Aussicht. Küchenzeilen gibt es ebenfalls. Auf dem Gelände befinden sich ein Restaurant und eine Sauna.

Double Mountain Brewery   PUB $$
(☑ 541-387-0042; www.doublemountainbrewery.com; 8 4th St; Sandwiches 7,50–10 US$, Pizzas 16–22 US$; ⊘ So–Do 11–23, Fr & Sa bis 24 Uhr) Dieses beliebte Brauereigaststätte in Hood River eignet sich bestens für ein leckeres Sandwich oder eine ausgezeichnete Steinofenpizza. Die Karte ist klein, dafür schmeckt das Essen hervorragend und das Bier noch besser. Am Wochenende gibt's Livemusik.

❶ Praktische Informationen

Die Chamber of Commerce (☑ 541-386-2000; www.hoodriver.org; 720 E Port Marina Dr; ⊘ April–Okt. Mo–Fr 9–17, Sa & So 10–17 Uhr, Nov.–März Mo–Fr 9–17 Uhr)

❶ An- & Weiterreise

Greyhound-Busse (☑ 541-386-1212; www.greyhound.com; 110 Railroad Ave) fahren täglich von Hood River nach Portland. **Amtrak-Züge** verbinden Hood River mit der Washingtoner Flussseite.

Oregon Cascades

Die Oregon Cascades sind von unzähligen Vulkanen geprägt, die schon von fern zu sehen sind. Der Mt. Hood an der Columbia River Gorge ist der höchste Berg Oregons. Hier kann man das ganze Jahr über Ski fahren, auch die Wanderung zum Gipfel stellt kein größeres Problem dar. In Richtung Süden schließen sich der Mt. Jefferson und die Three Sisters an, bevor man den spektakulären Crater Lake erreicht. Der See entstand durch den Ausbruch des Mt. Mazama vor etwa 7000 Jahren, bei dem die gesamte Spitze des Vulkans weggesprengt wurde und der Berg in sich zusammenstürzte.

Mt. Hood

Der höchste Gipfel des Bundesstaates, der Mt. Hood (3426 m), ist an sonnigen Tagen von großen Teilen Nord-Oregons aus zu sehen. Auf Skifahrer, Wanderer und Touristen wirkt er unweigerlich wie ein Magnet. Im Sommer blühen auf den Berghängen Wildblumen und versteckte Teiche schimmern blau – jede Wanderung wird zu einem unvergesslichen Erlebnis. Im Winter haben die Leute hier nur Skifahren und Langlaufen im Sinn.

Der Mt. Hood ist ganzjährig über die US 26 von Portland aus und über den Hwy 35 von Hood River aus zu erreichen. Zusammen mit dem Columbia River Hwy bilden diese Straßen den Mt. Hood Loop, eine beliebte, landschaftlich sehr reizvolle Strecke. Am Pass über den Mt. Hood liegt Government Camp, das Zentrum der Action auf dem Berg.

🏃 Aktivitäten

Skifahren

Der Mt. Hood wird zu Recht wegen seiner Skipisten geliebt. Auf dem Berg gibt es sechs Skigebiete, darunter **Timberline** (☑503-272-3158; www.timberlinelodge.com), das einzige ganzjährig geöffnete Skigebiet der USA. Nicht ganz so weit von Portland entfernt liegt die **Mt. Hood SkiBowl** (☑503-272-3206; www.skibowl.com), die ebenfalls nicht von schlechten Eltern ist und sich „größtes Nacht-Skigebiet des Landes" nennt; sie ist vor allem bei Städtern sehr beliebt, die mit der Metro einem lustigen Abend im Pulverschnee entgegenfahren können. Das größte Skigebiet des Berges heißt **Mt. Hood Meadows** (☑503-337-2222; www.skihood.com). Hier herrschen normalerweise die besten Schneebedingungen.

Wandern & Trekken

Der Mt. Hood National Forest umfasst erstaunliche 1931 km Wanderwege. An den meisten Ausgangspunkten ist der Northwest Forest Pass (5 US$) erforderlich.

Ein beliebter Rundwanderweg führt über 11 km von der Nähe des Dörfchens Zigzag zu den schönen **Ramona Falls**, die moosbedeckten Basalt hinunterstürzen. Ein weiterer Weg führt 2,4 km von der US 26 rauf zum **Mirror Lake**, 800 m rund um den See und nochmal 3,2 km weiter zu einem Bergkamm.

Der 66 km lange **Timberline Trail** umrundet den Mt. Hood und führt durch schöne Wildnis. Mögliche Abstecher sind die Wanderung zum McNeil Point und die kurze Klettertour zum Bald Mountain. Von der Timberline Lodge führt ein 7,2 km langer Rundweg zum Zigzag Canyon Overlook. Zum Zeitpunkt der Recherche waren Teile des Weges allerdings unterspült; ein Termin, zu dem der Weg wieder instand gesetzt sein sollte, konnte nicht genannt werden.

Klettertouren auf den Mt. Hood sind kein Kinderspiel – es ereigneten sich bereits tödliche Unfälle. Nichtsdestotrotz dürfen Hundebesitzer ihre vierbeinigen Freunde mitnehmen. Die Klettertour ist an einem (langen) Tag zu schaffen. **Timberline Mountain Guides** (☑541-312-9242; www.timberlinemtguides.com) bietet geführte Touren an.

🛏 Schlafen & Essen

Im Sommer sollte man **Stellplätze** (☑877-444-6777; www.recreation.gov) reservieren. Die Campingplätze **Tollgate** und **Camp Creek** liegen am Fluss an der US 26. Der große und beliebte Platz **Trillium Lake** bietet einen tollen Ausblick auf den Mt. Hood.

⭐**Timberline Lodge**   LODGE **$$**
(☑800-547-1406; www.timberlinelodge.com; 27500 Timberline Rd; DZ ab 135 US$; 📶🏊) Mehr Kleinod als Hotel – die wunderbare historische Lodge bietet eine Vielzahl Zimmer, von Schlafsälen für zehn Personen bis hin zu luxuriösen Kaminzimmern. Im Innern gibt es eine Menge Holz und mehrere Kamine, der Swimmingpool im Freien ist ganzjährig beheizt und die Skilifte befinden sich ganz in der Nähe. Gäste können tolle Ausblicke auf den Mt. Hood genießen, schnell zu nahe gelegenen Wanderwegen gelangen und es sich in zwei Bars und einem feinen Speisesaal gut gehen lassen. Die Preise variieren – im Voraus erfragen.

Huckleberry Inn   GASTHAUS **$$**
(☑503-272-3325; www.huckleberry-inn.com; 88611 E Government Camp Loop; Zi. 90–160 US$; 📶) Einfache und gemütliche rustikale Zimmer sowie Schlafsäle mit Platz für bis zu 14 Personen. Das Huckleberry Inn liegt wunderbar zentral in Government Camp und bietet ein gemütliches Restaurant (das gleichzeitig als Hotelrezeption fungiert). In den Ferien steigen die Preise um bis zu 20 %.

Mt. Hood Brewing Co.   PUB **$**
(☑503-272-3172; www.mthoodbrewing.com; 87304 E Government Camp Loop, Government

Camp; Hauptgerichte 12–18 US$; ⊘ 11am–10pm) Das einzige Brauereigasthaus in Government Camp bietet eine freundliche, familiäre Atmosphäre und Kneipenessen wie Pizzas, Sandwiches und Rippchen.

Rendezvous Grill & Tap Room
AMERIKANISCH $$
(☏ 503-622-6837; www.rendezvousgrill.net; 67149 E US 26, Welches; Hauptgerichte mittags 10–17 US$, abends 18–23 US$; ⊘ 11.30–21 Uhr) Das ausgezeichnete Restaurant spielt in seiner eigenen Liga. Zu den tollen Gerichten gehören Wildlachs mit karamellisierten Schalotten und Artischockenmus oder Schweinekotelett vom Holzkohlegrill mit Rhabarber-Chutney. Zum Mittagessen werden auf der Terrasse Gourmet-Sandwiches, Burger und Salate serviert.

❶ Praktische Informationen
Wer von Hood River kommt, sollte bei der **Hood River Ranger Station** (☏ 541-352-6002; 6780 Hwy 35, Parkdale; ⊘ Mo–Fr 8–16.30 Uhr) Halt machen. Die **Zigzag Ranger Station** (☏ 503-622-3191; 70220 E Hwy 26; ⊘ Mo–Sa 7.45–16.30 Uhr) liegt an der Strecke von Portland kommend. Das **Mt. Hood Information Center** (☏ 503-272-3301; 88900 E US 26; ⊘ 9–17 Uhr) befindet sich in Government Camp. Das Wetter hier ändert sich schnell – im Winter sollte man Schneeketten dabeihaben!

❶ An- & Weiterreise
Von Portland ist Mt. Hood eine einstündige Autofahrt über den Hwy 26 (56 Meilen bzw. 90 km) entfernt. Alternativ kann man auch die hübschere und längere Anfahrt über den Hwy 84 nach Hood River und dann über den Hwy 35 Richtung Süden wählen (1¾ Std., 95 Meilen bzw. 153 km). Der Shuttle-Bus von **Central Oregon Breeze** (☏ 800-847-0157; www.cobreeze. com) zwischen Bend und Portland hält kurz bei Government Camp, 6 Meilen (9,6 km) von der Timberline Lodge entfernt. Im Winter fahren regelmäßig **Shuttle-Busse** (☏ 503-286-9333; www.seatosummit.net) von Portland in die Skigebiete.

Sisters
Der entzückende Ort Sisters liegt zwischen den Cascades und ödem Hochland, wo Latschenkiefernwälder auf Wüstensalbei und Kriechwacholder trifft. Sisters, einst ein Postkutschenstopp und ein Handelsposten für Holzfäller und Farmer, ist heute ein belebtes Touristenziel. Die Hauptstraße säumen Gebäude mit Western-Fassaden, in denen sich Boutiquen, Kunstgalerien und Lokale niedergelassen haben. Die Besucher kommen wegen der Bergkulisse, der spektakulären Wanderwege, der tollen kulturellen Events und eines Wahnsinnsklimas – es gibt jede Menge Sonne und nur wenig Niederschlag. Und obwohl die Atmosphäre der Stadt ziemlich vornehm ist, sind die Leute freundlich und die Nebenstraßen so verkehrsarm, dass öfters Rehe in den Kleingärten der Nachbarschaft grasen.

Am südlichen Ende von Sisters liegt der Stadtpark mit **Zeltplätzen** (15 US$) ohne Duschen. Wer es komfortabler mag, kann ein Zimmer in der luxuriösen **Five Pine Lodge** (☏ 866-974-5900; www.fivepinelodge. com; 1021 Desperado Trail; DZ 170–293 US$, Hütte 179–329 US$; ❈ @ 🛜 ⊠ 🐾) buchen. Etwas ruhiger und günstiger ist die **Sisters Motor Lodge** (☏ 541-549-2551; www.sistersmotorlodge. com; 511 W Cascade St; Zi. 129–229 US$; ❈ 🛜 🐾) mit elf gemütlichen Zimmern (einige mit Kochnische).

Großartige Feinschmeckergerichte wie Truffle Fries (Trüffel-Pommes) und cremiges Moschus-Kürbis-Risotto gibt es bei **Porch** (☏ 541-549-3287; www.theporch-sisters.com; 243 N Elm St; kleine Teller 8–17 US$, Hauptgerichte 24–29 US$; ⊘ Fr–Di 17–21 Uhr). Wem eher nach selbst gebrautem Bier und Kneipenkost zumute ist, der ist in der **Three Creeks Brewing** (☏ 541-549-1963; www.threecreeks brewing.com; 721 Desperado Ct; ⊘ So–Do 11.30–21, Fr & Sa bis 22 Uhr) genau richtig.

❶ Praktische Informationen
Chamber of Commerce (☏ 541-549-0251; www.sisterscountry.com; 291 Main St; ⊘ Mo–Sa 10–16 Uhr)

❶ An- & Weiterreise
Valley Retriever (☏ 541-265-2253; www.kok-kola-bus.com/VRBSchedule; Ecke Cascade/ Spruce Sts) Busse verbinden Sisters mit Bend, Newport, Corvallis, Salem, McMinnville und Portland.

Bend
Willkommen im ultimativen Naturparadies – jeder echte Outdoor-Freak sollte eigentlich in Bend leben! Vormittags kann man in feinem Pulverschnee Ski fahren, nachmittags eine Kajaktour unternehmen und abends eine Runde Golf spielen. Oder doch lieber mountainbiken, wandern, bergsteigen, stehpaddeln, fliegenfischen oder klettern? Alles

da, alles nah und grandios! Hinzu kommt, dass man die Aktivitäten mit großer Wahrscheinlichkeit bei gutem Wetter genießen kann – über dieser Gegend lacht an fast 300 Tagen im Jahr die Sonne.

Der hübsche Deschutes River, der sich durch das Herz der Stadt schlängelt, macht auch das Zentrum von Bend zu einer belebten und attraktiven Gegend mit Läden, Galerien und edlen Restaurants. Südlich von Downtown wurde der Old Mill District in eine große Einkaufsmeile voller Markengeschäfte, schicker Lokale und moderner Kinos umgewandelt. Außerdem hat sich Bend auch zum Paradies für Bierliebhaber gemausert: Mehr als ein Dutzend Brauereien haben sich hier niedergelassen, pro Kopf mehr als in jeder anderen Stadt Oregons.

◉ Sehenswertes

★ **High Desert Museum** MUSEUM
(☏ 541-382-4754; www.highdesertmuseum.org; 59800 S US 97; Erw./Kind 5–12 Jahre 15/9 US$; ☺ Mai–Okt. 9–17, Nov.–April 10–16 Uhr;) Dieses ausgezeichnete Museum 3 Meilen (etwa 5 km) südlich von Bend an der US 97 sollte man sich auf keinen Fall entgehen lassen. Mithilfe von Nachbildungen eines Ureinwohnerlagers, einer Mine und einer alten Western-Stadt erzählt es bildlich von der Erforschung und der Besiedlung des Westens. Die Naturgeschichte der Gegend wird ebenfalls erläutert: Kinder lieben die Ausstellungen mit lebenden Schlangen, Schildkröten und Forellen. Auch den Raubvögeln und Ottern zuzuschauen, bereitet immer großen Spaß.

🏃 Aktivitäten

Radfahren
Bend ist ein Paradies für Mountainbiker: Hier gibt es Hunderte von Kilometern grandioser Radwege zu erkunden. U. a. bei der Touristeninformation Visit Bend ist die gute Radkarte *Bend, Oregon Adventure Map* (12 US$) erhältlich.

Das Highlight unter den Mountainbikestrecken Bends ist das Wegenetz **Phil's Trail**, das eine Vielzahl ausgezeichneter und rasanter Singletrails im Wald, nur ein paar Minuten von der Stadt entfernt, umfasst. Wer frische Luft schnappen will, sollte den **Whoops Trail** ausprobieren.

Cog Wild (www.cogwild.com; 255 SW Century Dr) hat Leihfahrräder sowie organisierte Touren im Angebot und betreibt Shuttle-Busse zu den besten Ausgangspunkten.

Cog Wild RADTOUR
(☏ 541-385-7002; www.cogwild.com; 255 SW Century Dr, ste 201; Halbtagestouren ab 60 US$) Geführte Touren sowie Shuttle-Busse zu den besten Ausgangspunkten. Unten gibt es einen separaten Fahrradverleih.

Klettern

Smith Rock State Park KLETTERN
(☏ 800-551-6949; www.oregonstateparks.org; 9241 NE Crooked River Dr; Tagesgebühr 5 US$) Ungefähr 25 Meilen (40 km) nordöstlich von Bend liegt der Smith Rock State Park, in dem 240 m hohe Klippen über dem Crooked River atemberaubende Möglichkeiten zum Klettern mit Vorstiegs- und Eigensicherung. Die über 1800 Routen im Park zählen zu den besten der gesamten USA.

Smith Rock Climbing Guides Inc KLETTERN
(☏ 541-788-6225; www.smithrockclimbingguides.com) Bietet verschiedene Kletterkurse (für Anfänger, mit Vorstiegs- und Eigensicherung, Mehrseillängen- und Rettungsklettern, Selbstrettung) sowie geführte Klettertouren zu den berühmten Routen im Smith Rock State Park.

Skifahren

Mount Bachelor Ski Resort SKIFAHREN
(☏ 800-829-2442; www.mtbachelor.com) 22 Meilen (35 km) südwestlich der Stadt liegt das beste Skigebiet Oregons. Das herrliche Mount Bachelor Ski Resort ist berühmt für seinen trockenen Pulverschnee, eine lange Saison und jede Menge Platz (es ist das größte Skigebiet im Nordwesten). Auf dem Berg sind schon seit etlichen Jahren Alpin- und Langlaufskiläufer gemeinsam unterwegs; die präparierten Pisten haben eine Gesamtlänge von 56 km.

🛏 Schlafen & Essen

Mill Inn INN $$
(☏ 541-389-9198; www.millinn.com; 642 NW Colorado Ave; DZ inkl. Frühstück 95–165 US$; 🖂 🛜) Ein Boutiquehotel mit zehn kleinen, eleganten Zimmern, ausgestattet mit Samtvorhängen und Daunendecken. Vier Zimmer teilen sich Gemeinschaftsbäder. Frühstück und Benutzung des Whirlpools sind im Preis inbegriffen. Nette kleine Terrassen laden zum Entspannen ein.

★ **McMenamins Old St Francis School** HOTEL $$
(☏ 541-382-5174; www.mcmenamins.com; 700 NW Bond St; DZ US$135–185, 5-Zimmer-Cottage

ab 350 US$; ❄ ☎) Dieses alte Schulgebäude wurde in ein edles Hotel mit 19 Zimmern umgemodelt und ist eine der besten Unterkünfte der McMenamins-Kette. Zwei Zimmer verfügen über frei stehende Badewannen. Schon allein das fabelhafte gefliese türkische Salzwasserbad ist allein eine Übernachtung wert (Nicht-Gäste können allerdings für 5 US$ ebenfalls ins Schwitzen kommen). Ein Restaurant mit Kneipe, drei Bars, ein Kino und kreative Kunstwerke runden das Bild ab.

★ Oxford Hotel
BOUTIQUEHOTEL **$$$**

(☑ 541-382-8436; www.oxfordhotelbend.com; 10 NW Minnesota Ave; DZ 389–599 US$; ❄ ☎ ⓢ) 🐾 Bends bestes und sehr beliebtes Boutiquehotel. Auch die kleinsten Zimmer sind riesig (44 m^2) und mit umweltfreundlichen Extras ausgestattet, z. B. Sojaschaummatratzen und Korkböden. High-Tech-Fans kommen Dank Schreibtisch mit Smart Panel auf ihre Kosten. Die Suiten verfügen über Küchen und Dampfduschen. Das Restaurant im Untergeschoss ist sehr edel.

★ Chow
AMERIKANISCH **$**

(☑ 541-728-0256; www.chowbend.com; 1110 NW Newport Ave; Hauptgerichte 8–15 US$; ☺ 7–14 Uhr) 🐾 Die Gerichte mit pochierten Eiern sind spektakulär und wunderschön angerichtet. Sie werden mit Beilagen (z. B. Krabbenküchlein, selbst geräuchertem Schinken oder Tomaten in Maismehlkruste) serviert. Unbedingt die selbst gemachten Saucen probieren! Zum Mittagessen gibt es Gourmet-Sandwiches und Salate, einige mit asiatischem Touch. Das Gemüse für die Gerichte wird im eigenen Garten angebaut. Gute Cocktails gibt's obendrein.

Jackson's Corner
AMERIKANISCH **$**

(☑ 541-647-2198; www.jacksonscornerbend.com; 845 NW Delaware Ave; Hauptgerichte 10–16 US$; ☺ 7–21 Uhr; 🖶) Dieses gemütliche Eckrestaurant verströmt markähnliches Flair und ist besonders bei Familien sehr beliebt. Die selbst gemachten Pizzas und Pasta-Gerichte schmecken immer gut, ebenso wie die Bio-Salate (mit Hühnchen, Steak oder Garnelen). Es gibt Kinderteller sowie Sitzgelegenheiten im Freien für sonnige Tage – nur nicht vergessen, vorher an der Theke zu bestellen. Eine weitere Filiale befindet sich am 1500 NE Cushing Dr.

10 Barrel Brewing Co
AMERIKANISCH **$**

(☑ 541-678-5228; www.10barrel.com; 1135 NW Galveston; Hauptgerichte 10–14 US$; ☺ Mo–Do 11–23, Fr–So bis 24 Uhr) Dieses beliebte Brauerei-Restaurant befindet sich in einem charmanten Gebäude und hat eine fantastische Terrasse für laue Sommernächte. Hier werden gut Kneipengerichte serviert, darunter Vorspeisen wie gebratener Rosenkohl oder Steak- und Gorgonzola-Nachos und Hauptgerichte wie Gourmet-Burger oder Fisch-Tacos mit Chipotle-Paprika-Salat. Sportfans sollten die Bar im hinteren Teil des Gebäudes ansteuern.

Zydeco
AMERIKANISCH **$$$**

(☑ 541-312-2899; www.zydecokitchen.com; 919 NW Bond St; Hauptgerichte 16–30 US$; ☺ Mo–Fr 11.30–14.30 & 17–21, Sa & So 17–21 Uhr) Eines der – zu Recht – am meisten gepriesenen Restaurants in Bend. Gäste sollten mit den in Entenfett frittierten Pommes oder dem dreifarbigen Rote-Beete-Salat mit Ziegenkäse beginnen und dann eines der fantastischen Hauptgerichte wählen, z. B. pfannengebratene Stahlkopfforelle, Jambalaya mit Flusskrebsen oder Schweinelendchen mit Wildpilzen. Im Voraus reservieren.

❶ Praktische Informationen

Visit Bend (☑ 800-949-6086; www.visitbend.com; 750 NW Lava Rd; ☺ Mo–Fr 9–17, Sa & So 10–16 Uhr) Sehr hilfreiche Infos, Karten, Freizeitpässe.

❶ Anreise & Unterwegs vor Ort

Central Oregon Breeze (www.cobreeze.com) fährt mindestens zweimal täglich nach Portland. Valley Retriever (www.kokkola-bus.com/VRBSchedule) und Porter Stage Lines (www.pslporterstageline.com) verbinden Bend mit Sisters sowie Orten im Willamette Valley und an der Küste).

Cascades East Transit (☑ 541-385-8680; www.cascadeseasttransit.com) ist das Regionalbusunternehmen in Bend mit Verbindungen nach La Pine, Mt. Bachelor, Sisters, Prineville und Madras. Es betreibt auch Busse innerhalb von Bend.

Busse von **High Desert Point** (☑ 541-923-1732; www.highdesert-point.com) fahren von Bend nach Chemult, wo der nächste Bahnhof liegt (65 Meilen/105 km südlich). Das Unternehmen bietet auch Busverbindungen nach Eugene, Ontario und Burns an.

Newberry National Volcanic Monument

Das Newberry National Volcanic Monument (Tagesgebühr 5 US$) zeigt, was in 400 000 Jahren durch dramatische seismische Aktivitäten so alles passieren kann. Der Besuch beginnt im **Lava Lands Visitor Center** (☑ 541-593-2421; 58201 S Hwy 97; ⊙ Mai–Sept. 9–17, Okt.–Ende Mai verkürzte Öffnungszeiten), 13 Meilen (21 km) südlich von Bend. Zu den nahe gelegenen Attraktionen zählen die **Lava Butte**, ein perfekter 152 m hoher Kegel, und die **Lava River Cave**, die längste Lavaröhre Oregons. 6 km westlich des Besucherzentrums liegen die **Benham Falls**, ein guter Picknickplatz am Deschutes River.

Der **Newberry Crater** war einst der aktivste Vulkan Nordamerikas, nach einer gewaltigen Eruption wurde er zur Caldera. Ganz in der Nähe liegen der **Paulina Lake** und der **East Lake**, tiefe Seen voller Forellen. Über ihnen ragt der 2434 m hohe **Paulina Peak** auf.

Crater Lake National Park

Der Crater Lake ist - ungelogen - so blau, dass einem der Atem stockt. Und wenn man an einem ruhigen Tag hierher kommt, spiegeln sich die umliegenden Klippen in dem tiefen Gewässer - ein atemberaubend schönes Naturschauspiel. Der Crater Lake National Park ist der einzige Nationalpark in Oregon (☑ 541-594-3000; www.nps.gov/crla; 7 Tage Fahrzeugpass 15 US$).

Das Geheimnis liegt in der Reinheit des Wassers. In den See münden keine Flüsse oder Bäche, was bedeutet, das er komplett aus Regenwasser und geschmolzenem Schnee besteht. Noch dazu ist er außergewöhnlich tief - mit 594 m der zweittiefste See der USA. Die klassische Tour ist die 53 km lange Strecke am Ufer entlang (geöffnet ca. Juni–Mitte Okt.), aber es gibt auch ausgezeichnete Wander- und Langlaufrouten. In der Gegend fällt oft der meiste Schnee in ganz Nordamerika, weshalb die Uferstraße sowie der Nordeingang mitunter bis Anfang Juli geschlossen sind.

Von Ende Mai bis Mitte Oktober können Besucher in den **Hütten im Mazama Village** (☑ 888-774-2728; www.craterlakelodges.com; DZ 144 US$; ⊙ Ende Mai– Mitte Okt.) oder in der majestätischen historischen **Crater Lake Lodge** (☑ 888-774-2728; www.craterlakelodges.com; DZ 169–295 US$;⊙ Ende Mai–Mitte Okt.; ☺ ☎) von 1915 übernachten. Camper versuchen es am besten auf dem **Mazama Campground** (☑ 888-774-2728; www.craterlakelodges.com; Stellplatz Zelt/Wohnmobil ab 22/31 US$; ☎ ☺).

Weitere Infos gibt's beim **Steel Visitors Center** (☑ 541-594-3000; ⊙ Mai–Okt. 9–17 Uhr, Nov.–April 10–16 Uhr).

Oregon Coast

Dank der weitsichtigen Regierung der 1910er-Jahre wurde die 584 km lange Pazifikküste von Oregon als Gemeindeland deklariert. Dieser atemberaubende Küstenstreifen liegt an der US 101, einem malerischen Highway, der durch Dörfer, Resorts und staatliche Parks (davon gibt es über 70) und endlose Wildnis führt. Ob Camper oder Feinschmecker – diese außergewöhnliche Region hat für jeden etwas zu bieten. Die Gegend ist besonders im Sommer beliebt, Unterkünfte also rechtzeitig reservieren!

Astoria

Astoria, die erste amerikanische Siedlung westlich von Mississippi, liegt an der 8 km breiten Mündung des Columbia River. Der Ort blickt auf eine lange Seefahrgeschichte zurück. Rund um den alten Hafen, in dem einst arme Künstler und Schriftsteller lebten, sind in den letzten Jahren schicke Hotels und Restaurants entstanden, darunter auch wunderschön restaurierte viktorianische Gebäude – ein paar von ihnen wurden in romantische B & Bs umgewandelt.

◉ Sehenswertes

Zum Stadtbild gehört auch die 6,6 km lange **Astoria-Megler Bridge**, die längste durchgehende Fachwerk-Stahlbrücke Nordamerikas, die den Columbia River bis nach Washington überspannt. Sie ist vom **Astoria Riverwalk** aus zu sehen, der der Straßenbahnstrecke folgt. **Pier 39** ist ein interessanter überdachter Steg mit lockerem Konservenmuseum und netten Esslokalen.

Columbia River
Maritime Museum   MUSEUM
(☑ 503-325-2323; www.crmm.org; 1792 Marine Dr; Erw./Kind 12/5 US$; ⊙ 9.30–17 Uhr) Die Seefahrergeschichte Astorias wird in diesem wellenförmigen Museum sehr gut beschrieben. Blickfang ist das Boot der Küstenwache, das über eine künstliche Welle reitet. Die Exponate widmen sich der Geschichte der Lachsverpackungsindustrie, Leuchttürmen der Region und dem Handel auf dem Fluss. Die Ausstellung Columbia River Bar und das 3-D-Kino sind ebenfalls einen Besuch wert.

Flavel House   HISTORISCHES GEBÄUDE
(☑ 503-325-2203; www.cumtux.org; 441 8th St; Erw./Kind 6/2 US$; ⊙ 10–17 Uhr) Das extravagante Flavel House wurde in den 1880er-Jahren

von Captain George Flavel, einem der wichtigsten damaligen Bürger von Astoria, im Queen-Anne-Stil erbaut. Seine Fassade wurde in den ursprünglichen Farben gestrichen, der Garten in seinen viktorianischen Stil zurückversetzt. Von hier aus hat man eine wundervolle Aussicht auf den Columbia River.

Astoria Column
WAHRZEICHEN

(☎ 503-325-2963; www.astoriacolumn.org; 1 Coxcomb Dr; Parken 2 US$; ⊙ Mo–Fr 9–17.30, Sa & So bis 17 Uhr) Die Astoria Column (1926) hoch oben auf dem Coxcomb Hill ist eine 38 m hohe Säule, bemalt mit Szenen der westwärts strömenden amerikanischen Forscher und Siedler. Von ihrer Spitze hat man eine ausgezeichnete Aussicht über die ganze Gegend, die allemal den Aufstieg über 164 Stufen entlohnen.

Fort Stevens State Park
PARK

(☎ 503-861-3170 ext 21; www.oregonstateparks.org; 100 Peter Iredale Rd, Hammond; Eintritt 5 US$/Tag) Zehn Meilen (16 km) westlich von Astoria schützt dieser Park die historische Militäranlage, von der einst die Mündung des Columbia River überwacht wurde. In der Nähe des **Military Museum** (☎ 503-861-2000; ⊙ Mai–Sept. 10–18, Okt.–April bis 16 Uhr) GRATIS sind Kanonenreihen in die Sanddünen gegraben – interessante Überbleibsel der am stärksten zerstörten Militärgebäude des Forts (Führungen per Truck oder per pedes möglich). Beim kleinen Wrack der *Peter Iredale*, die 1906 aufgelaufen ist, befinden sich ein beliebter Strand, ein Campingplatz, und 19 km befestigte Radwege. Vom Parkplatz C hat man einen guten Blick auf das Meer.

🛏 Schlafen & Essen

Norblad Hotel & Hostel
HOSTEL $

(☎ 503-325-6989; www.norbladhotel.com; 443 14th St; B 29 US$, DZ 59–99 US$; ☎ 🐾) Das zentrale Hostel/Hotel bietet sechs einfache, aber elegante Zimmer, fünf davon mit Gemeinschaftsbad, mehrere Schlafsäle und eine Gemeinschaftsküche. Manche Zimmer verfügen über Flachbildfernseher und Flussblick.

Commodore Hotel
BOUTIQUEHOTEL $$

(☎ 503-325-4747; www.commodoreastoria.com; 258 14th St; DZ mit Gemeinschaftsbad/eigenem Bad ab 89/199 US$; ⊖ ☎) Coole Traveller sollten sich schnurstracks zu diesem trendigen, cleveren Hotel mit seinen kleinen, schicken, minimalistischen Zimmern begeben. Gäste haben die Wahl zwischen Zimmern mit eigenem Bad und solchen mit Waschbecken im Zimmer, aber Bad auf dem Gang. Die Deluxe-Zimmer haben eine bessere Aussicht (die von Nr. 309 ist die beste). Zur großartigen Lobby im Wohnzimmer-Look gehört auch ein Café. .

Blue Scorcher Bakery Café
CAFÉ $

(☎ 503-338-7473; www.bluescorcher.com; 1493 Duane St; Hauptgerichte 7–13 US$; ⊙ 7–16 Uhr; 🖊🕯) 🍴 Künstlerisch angehauchte, umweltbewusste Mischung aus Kaffeehaus und Bäckerei. Hier gibt es leckere Salate, Sandwiches, Pizzas und Eiergerichte (zum Frühstück) ... und WLAN. Vegetarier- und veganerfreundlich; donutfreie Zone.

Fort George Brewery
PUB $

(☎ 503-325-7468; www.fortgeorgebrewery.com; 1483 Duane St; Hauptgerichte 9–14 US$; ⊙ Mo–Di 11–23, Fr & Sa bis 24, So, 12–23 Uhr) Stimmungsvolles Brauerei-Restaurant in einem historischen Gebäude – hier war wohl die Keimzelle der Siedlung Astoria. Es serviert Gourmet-Burger, hausgemachte Würstchen, Bio-Salate und ein paar abwechslungsreiche Gerichte. Am Wochenende werden nachmittags Führungen durch die Brauerei angeboten.

LEWIS & CLARK: DAS ENDE DER REISE

Im November 1805 wankten William Clark und sein Forscherkollege Meriwether Lewis vom Corps of Discovery mit drei Dutzend Männern in eine geschützte Bucht am Columbia River, gut 3 km westlich der heutigen Astoria-Megler Bridge, und beendeten den unbestreitbar längsten Überlandmarsch der amerikanischen Geschichte.

Nach der ersten echten demokratischen Abstimmung in der amerikanischen Geschichte, bei der sowohl eine Frau als auch ein schwarzer Sklave wählen durften, entschied die Gruppe sich dafür, ihr Feldlager 8 km südlich von Astoria beim Fort Clatsop aufzuschlagen. Wo die Truppe 1805/06 einen schrecklichen Winter verbrachte, befindet sich heute der **Lewis and Clark National & Historical Park** (☎ 503-861-2471; www.nps.gov/lewi; 92343 Fort Clatsop Rd; Erw./Kind 3 US$/frei; Mitte Juni–Aug., Sept.–Mitte Juni bis 17 Uhr) mit einem Nachbau des Fort Clatsop und einem Besucherzentrum. Im Sommer werden außerdem die historischen Ereignisse nachgestellt.

SCENIC DRIVE: DIE DREI CAPES

Cape Meares, Cape Lookout und Cape Kiwanda liegen ungefähr auf halbem Weg zwischen Cannon Beach und Newport und gehören zu den schönsten Landzungen der Küste. Sie sind verbunden durch eine nur gemächlich befahrbare, kurvenreiche und manchmal holprige, 40 Meilen (64 km) lange Alternativroute zur US 101. Die Strecke lohnt sich ohne Frage, auch wenn im März 2013 ein Teil der Straße nördlich vom Cape Meares begonnen hat abzusinken und geschlossen wurde. Die Reparaturarbeiten laufen noch – es kann also sein, dass man über Netarts und Oceanside zum Cape Meares fahren und dann den Weg zurücktuckern muss.

Vom 11,5 m hohen Leuchtturm (dem kleinsten Oregons) auf der bewaldeten Landzunge des **Cape Meares** bietet sich eine hervorragende Aussicht. Kurze Wege führen zu Oregons größter Sitka-Fichte und dem „Oktopus-Baum", einer weiteren Sitka-Fichte mit der Form eines Kronleuchters.

Die Panoramaaussicht von den 244 m über dem Pazifik aufragenden Klippen macht den **Cape Lookout State Park** zu einem Highlight. Im Winter drängen sich Walbeobachter auf der Spitze des Kaps, das fast 1,6 km ins Meer ragt. Hier gibt es breite Sandstrände, Wanderwege und einen beliebten Campingplatz in Wassernähe.

Und dann ist da noch das **Cape Kiwanda**, eine Sandsteinklippe, die gleich nördlich vom kleinen Ort Pacific City in den Himmel ragt. Hier kann man auf hohe Dünen steigen oder mit dem Truck am Strand entlangfahren. Es ist das am besten erschlossene der drei Kaps und bietet jede Menge Einrichtungen in der Nähe. Wer Bier mag, sollte sich das **Pelican Pub & Brewpub** (☎ 503-965-7007; www.yourlittlebeachtown.com/pelican; 33180 Cape Kiwanda Dr, Pacific City; Hauptgerichte 12–32 US$; ⊙ So–Do 8–22, Fr & Sa bis 23 Uhr) nicht entgehen lassen. Hier kann man zusehen, wie die Fischer mit ihren Schiffen in See stechen oder nach einem Tag Fischfang so weit oben am Strand wie möglich wieder ankommen.

❶ Praktische Informationen

Visitors Center (☎ 503-325-6311; www.old oregon.com; 111 W Marine Dr; ⊙ Mo–Fr 9–17, Sa 10–16 Uhr) Verkauft Eintrittskarten, z. B. den Oregon Pacific Coast Passport und den State Park Recreation Pass.

❶ An-& Weiterreise

Northwest Point (☎ 503-484-4100; www. northwest-point.com) Täglich fahren Busse nach Seaside, Cannon Beach und Portland. Fahrpläne gibt's auf der Website.
Sunset Empire Transit (☎ 503-861-7433; www.ridethebus.org; 900 Marine Dr) Busse in der näheren Umgebung sowie nach Warrenton, Cannon Beach und Seaside.

Cannon Beach

Der bezaubernde Cannon Beach ist einer der beliebtesten und exklusivsten Strandorte an der Oregon Coast. Die Straßen sind voll mit Boutiquen und Kunstgalerien und gesäumt von bunten Blumen. Der Haken daran: Die Unterkünfte sind teuer und die Straßen verstopft – an einem warmen, sonnigen Tag muss man lange suchen, bis man einen Parkplatz findet.

❷ Sehenswertes & Aktivitäten

Das spektakulärste Wahrzeichen an der Küste von Oregon ist der 90 m hohe **Haystack Rock**. Zu dem steinernen „Heuhaufen" am südlichen Ende von Cannon Beach kann man bei Ebbe zu Fuß hinüberlaufen. An den Klippen des Basaltfelsens nisten Seevögel, an der Basis ist er von einem Ring aus Gezeitentümpeln umgeben.

Im Naturschutzgebiet des **Ecola State Park** (☎ 503-436-2844; www.oregonstateparks. org; Tageskarte 5 US$) im Norden von Cannon Beach präsentiert sich Oregon, wie es traumhafter nicht sein könnte: riesige Felsbrocken im Meer, schäumende Wellen, einsame Strände und ursprüngliche Wälder. Der Naturpark ist 1,5 Meilen (2,4 km) von Cannon Beach entfernt und von unzähligen Wanderwegen durchzogen, darunter auch ein Abschnitt des Oregon Coast Trail, der über Tillamook Head nach Seaside führt.

Vor Cannoch Beach selbst kann man nicht surfen, dafür aber sehr gut in der Umgebung. Zu den besten Surfständen gehören der **Indian Beach** im Ecola State Park 3 Meilen (4,8 km) weiter nördlich und der Küstenabschnitt im Oswald West State Park 10 Meilen (16 km) weiter südlich. Im Ort befindet sich der freundliche **Cleanline Surf Shop** (☑ 503-738-2061; www.cleanlinesurf.com; 171 Sunset Blvd), der Surfbretter und die obligatorischen Nassanzüge verleiht.

🛏 Schlafen & Essen

Cannon Beach Hotel HISTORISCHES HOTEL **$$**
(☑ 503-436-1392; www.cannonbeachhotel.com; 1116 S Hemlock St; DZ ab 139 US$; ☎) Wer nicht viel Platz braucht, sollte sich dieses stilvolle, zentrale gelegene Hotel mit seinen zehn Zimmern anschauen. Die Standardzimmer sind sehr hübsch, aber auch recht winzig. Selbst die normalen Suiten sind nicht sonderlich geräumig. Im Preis inbegriffen ist ein gutes Frühstück im Café der Anlage.

Blue Gull Inn Motel MOTEL **$$**
(☑ 800-507-2714; www.haystacklodgings.com; 487 S Hemlock St; DZ 119–219 US$; ☎🐾) Hier gibt es einige der günstigsten Zimmer der Stadt sowie eine gemütliche Atmosphäre und dezentes Dekor (mit Ausnahme der bunten mexikanischen Kopfenden und Überwürfe der Betten). Im Angebot sind auch Wohneinheiten mit Küchenzeile und Whirlpool. Das Blue Gull wird von Haystack Lodgings betrieben, die noch sechs weitere Unterkünfte in der Stadt verwalten und Apartments vermieten.

Sleepy Monk Coffee CAFÉ **$**
(☑ 503-436-2796; www.sleepymonkcoffee.com; 1235 S Hemlock St; ☺ Mo, Di & Do 8–15, Fr–So bis 16 Uhr) 🌿 Wer Bio-Fair-Trade-Kaffee möchte, sollte in dieses kleine Café in der Hauptstraße gehen. Gäste können in dem Adirondack-Stuhl im winzigen Hof sitzen, die köstlichen Kaffees kosten, die auf dem Anwesen geröstet werden, und sich eines der leckeren Gebäckstücke schmecken lassen.

Newman's at 988 FRANZÖSISCH, ITALIENISCH **$$$**
(☑ 503-436-1151; www.newmansat988.com; 988 Hemlock St; Hauptgerichte 21–35 US$; ☺ Juli–Mitte Okt. tgl. 17.30–21 Uhr, Mitte–Okt.–Juni Mo geschl.) Kleines, aber feines Restaurant in der Hauptstraße. Der preisgekrönte Koch John Newman tischt eine Mischung aus französischer und italienischer Küche auf. Zu den Gerichten zählen Lammkarree und auf dem Holzofen gegrillte Portobello-Champignons mit Spinat und Gorgonzola. Die Nachspeisen sind himmlisch. Im Voraus reservieren.

❶ Praktische Informationen

Chamber of Commerce (☑ 503-436-2623; www.cannonbeach.org; 207 N Spruce St; ☺10–17 Uhr) Gute Infos, darunter Gezeitenpläne.

❶ An- & Weiterreise

Northwest Point (☑ 541-484-4100; www.northwest-point.com) Busse fahren jeden Morgen von Astoria nach Portland und zurück und halten in Cannon Beach. Fahrkarten gibt's beim Beach Store, neben Cannon Beach Surf.

Der **Cannon Beach Shuttle** (☑ 503-861-7433; www.ridethebus.org), kurz „The Bus", fährt die ganze Hemlock St entlang bis zum Ende des Tolovana Beach. Der Fahrplan ändert sich je nach Jahreszeit. Beide Busse fahren auch nach Seaside und Astoria.

Wave (www.tillamookbus.com) Busse fahren mehrmals täglich südwärts nach Manzanita und Lincoln City.

Newport

Newport, der Standort von Oregons größter kommerzieller Fischereiflotte, ist eine lebhafte Touristenstadt mit einigen schönen Stränden und einem Weltklasseaquarium. Seit 2011 hat hier die NOAA, die National Oceanic and Atmospheric Administration (Nationale Ozean- und Atmosphärenverwaltung) ihren Sitz. In dem Küstenort mit langer Geschichte gibt es jede Menge gute Restaurants sowie ein paar kitschige Attraktionen, Souvenirshops und. brüllende Seelöwen. Das unkonventionelle Nye Beach bietet Kunstgalerien und eine freundliche Dorfatmosphäre. Die Gegend wurde in den 1860er-Jahren von Fischern entdeckt, die am oberen Ende der Yaquina Bay Austernbänke gefunden hatten.

⊙ Sehenswertes

Das großartige **Oregon Coast Aquarium** (☑ 541-867-3474; www.aquarium.org; 2820 SE Ferry Slip Rd; Erw./Kind 3–12 Jahre/Kind 13–17 Jahre 19,5/12,95/17,95 US$; ☺Mai–Aug. 9–18 Uhr, Sept.–April bis 17 Uhr; ♿) ist eine Attraktion, die man auf keinen Fall verpassen sollte. Es umfasst u. a. Seeotterbecken, surreale Quallenaquarien und Plexiglastunnel durch ein Haifischbecken. Der nahe gelegene **Hatfield Marine Science Center** (☑ 541-867-0100; www.hmsc.oregonstate.edu; 2030 SE Marine Science Dr; ☺ Juni–Aug. tgl. 10–17 Uhr, Sept.–Mai Do–Mo 10–16 Uhr) GRATIS ist viel kleiner, dennoch aber einen Besuch wert. Tolle Gezeitentümpel und Aussichten bietet die **Yaquina Head Outstanding Area** (☑ 541-574-3100; 750 NW Lighthouse Dr; 7 US$/Fahrzeug; ☺ 8 Uhr–Sonnenuntergang, Bildungszentrum 10–18 Uhr), zu der auch der höchste Leuchtturm der Küste und ein interessantes Bildungszentrum gehören.

🛏 Schlafen & Essen

Camper kommen im großen, beliebten **South Beach State Park** (☑ 541-867-4715; www.oregonstateparks.org; Stellplatz Zelt/Wohnmobil 21/29 US$; Jurte/44 US$; 🐾) unter, zwei Meilen (3,2 km) südlich an der US 101. Leseratten wird das **Sylvia Beach Hotel** (☑ 541-265-5428; www.sylviabeachhotel.com; 267 NW Cliff St; DZ 165–230 US$) gefallen. Die einfachen, aber gemütlichen Zimmer sind alle nach berühmten Autoren benannt. Eine Reservierung ist erforderlich.

Ausgezeichnete Meeresfrüchte gibt's bei **Local Ocean Seafoods** (☑ 541-574-7959; www.localocean.net; 213 SE Bay Blvd; Hauptgerichte 10–28 US$; ⏰11–21 Uhr) 🐾 – besonders empfehlenswert zum Mittagessen, wenn die Glaswände zum Hafen geöffnet sind.

ℹ Praktische Informationen

Visitors Center (☑ 541-265-8801; www.newportchamber.org; 555 SW Coast Hwy; ⏰ Mo–Fr 8.30–17, Sa 10–14 Uhr)

Yachats & Umgebung

Eines der am besten gehüteten Geheimnisse der Küste Oregons ist der hübsche und freundliche kleine Ort Yachats („Ja-hots"). Besucher können in den kleinen, abgelegenen Inns und B & Bs am relativ unerschlossenen Küstenabschnitt gleich südlich des Ortes wunderbar dem Alltag entfliehen.

Das hohe **Cape Perpetua**, 3 Meilen (4,8 km) weiter südlich, wurde erstmals 1778 von James Cook gesichtet. Vulkanische Aktivitäten haben eine wunderschöne, zerklüftete Küstenlinie mit spektakulären Ecken wie dem **Devil's Churn** geschaffen; hier krachen gewaltige Wellen in einen 9 m langen Meeresarm. Wer Lust hat auf eine leichte Wanderung, kann den geteerten **Captain Cook Trail** laufen, einen 1,9 km langen Rundweg hinunter zu den Gezeitentümpeln bei **Cooks Chasm**. Bei Flut spritzt hier ähnlich wie bei einem Geysir das Wasser aus einer Meereshöhle empor. Mehr Infos gibt's im **Cape Perpetua Visitor Center** (☑ 541-547-3289; www.fs.usda.gov/siuslaw; 2400 US 101; 5 US$/Fahrzeug; ⏰ Juni–Aug. 10–17 Uhr, Sept.–Mai verkürzte Öffnungszeiten).

15 Meilen (24 km) weiter südlich an der US 101 liegen die zwar sehr touristischen, aber nicht minder sehenswerten **Sea Lion Caves** (☑ 541-547-3111; www.sealioncaves.com; 91560 US 101; Erw./Kind 5–12 Jahre 14/8 US$; ⏰9–17 Uhr). Die Grotten voller laut brüllen-der Seelöwen sind nur über einen Aufzug zugänglich.

Einen Campingplatz gibt's im **Beachside State Park** (☑ 541-563-3220; www.oregonstateparks.org; Stellplatz Zelt/Wohnmobil 21/29 US$, Jurte/44 US$; 🐾), 5 Meilen (8 km) nördlich von Yachats an der US 101. Das **Ya'Tel Motel** (☑ 541-547-3225; www.yatelmotel.com; Ecke US 101 & 6th St; DZ 64–84 US$; ⊖@🛜🐾) ist eine gute, preiswerte Übernachtungsmöglichkeit, Snacks gibt's im **Green Salmon Coffee House** (☑ 541-547-3077; www.thegreensalmon.com; 220 US 101; Hauptgerichte 7–11 US$; ⏰7.30–14.30 Uhr; 🍴) 🐾.

Oregon Dunes National Recreation Area

Die Oregon Dunes erstrecken sich über 50 Meilen (80 km) zwischen Florence und Coos Bay und sind die größten Küstendünen der USA. Sie sind bis zu 150 m hoch und ragen knapp 5 km ins Landesinnere, wo sie auf Küstenwälder mit sonderbaren Ökosystemen und einer bunten Flora und Fauna stoßen. Hier gibt es Wanderwege, Reitwege und Gelegenheiten zum Bootfahren und Schwimmen. Den Abschnitt südlich von Reedsport sollte man allerdings meiden, da hier viele lärmige Strandbuggys das Erlebnis trüben. Touristeninfos gibt's im **Hauptquartier** (☑ 541-271-6000; www.fs.usda.gov/siuslaw; 855 Highway Ave; ⏰ Juni–Aug. Mo–Sa 8–16.30 Uhr, Sept.–Mai Mo–Fr) der Oregon Dunes National Recreation Area in Reedsport.

Staatliche Parks, in denen man campen kann, sind u. a. der beliebte **Jessie M Honeyman Memorial State Park** (☑ 541-997-3641, 800-452-5687; www.oregonstateparks.org; 84505 US 101 S; Stellplatz Zelt/Wohnmobil 21/28 US$, Jurte 44 US$; 🐾), 3 Meilen (4,8 km) südlich von Florence, und der schöne **Umpqua Lighthouse State Park** (☑ 541-271-4118; www.oregonstateparks.org; 460 Lighthouse Rd; Stellplatz Zelt/Wohnmobil 19/26 US$, Jurte Standard/Deluxe ab 40/80 US$; 🐾), 4 Meilen (6,4 km) südlich von Reedsport. In der Gegend gibt es noch jede Menge andere Campingplätze.

Port Orford

Der hübsche Weiler Port Orford liegt auf einer Landzunge zwischen zwei grandiosen staatlichen Parks an einem der seltenen Naturhafen und bietet spektakuläre Ausblicke. Der **Cape Blanco State Park** (☑ 541-332-2973; www.oregonstateparks.org; US 101) 9 Meilen (14,5 km) nördlich ist der zweitwestlichste Punkt der Lower 48 (USA ohne Alaska und Hawaii). Die Landspitze wird oft von starken Winden mit Geschwindigkeiten von bis zu 160 km/h heimgesucht. Besucher können nicht nur wandern, sondern auch das **Cape Blanco Lighthouse** (☑ 541-332-2207; www.oregonstateparks.org; US 101; Führung 2 US$; ⏰ April–Okt. Mi–Mo 10–15.30 Uhr) besichtigen; der Leuchtturm wurde 1870 erbaut und ist der älteste und höchste funktionsfähige von Oregon.

Im **Humbug Mountain State Park** (☑ 541-332-6774), 6 Meilen (9,7 km) südlich von Port Orford, treffen Berge und Meer in feuchter Disharmonie (samt starker Brandung) aufeinander. Den 533 m hohen Gipfel kann man über einen 5 km langen Wanderweg durch alte Zedernhaine erklimmen.

Eine günstige Unterkunft ist das **Castaway-by-the-Sea Motel** (☑ 541-332-4502; www.castawaybythesea.com; 545 W 5th St; DZ 75–165 US$; @ 🎧 🐾). Wer in dem Fischerdorf essen gehen möchte, muss im schicken **Redfish** (☑ 541-336-2200; www.redfishportorford.com; 517 Jefferson St; Hauptgerichte mittags 12–14 US$, abends 22–25 US$; ⏰ Mo–Fr 11–15 & 17–21, Sa & So 9–15 & 17–21 Uhr) 🍴 unbedingt die besten Meeresfrüchte des Ortes kosten.

Süd-Oregon

Dank des warmen und sonnigen Klimas des nahen Kaliforniens ist Süd-Oregon sozusagen der Bananengürtel des Bundesstaats. Zerklüftete Landschaften, reizvolle Flüsse und ein paar hübsche Orte stehen ganz oben auf der Liste der Highlights.

Ashland

Da Oregon zu Zeiten von William Shakespeare noch ein weißer Fleck auf der Landkarte war, ist es sehr befremdlich, dass sich das hübsche Städtchen Ashland im Süden Oregons als zweite Heimat des englischen Dramatikers anpreist. An diesem Widerspruch hätte auch Shakespeare selbst seine helle Freude gehabt. „Die ganze Welt ist eine Bühne", wie der große Barde einst schrieb … und so strömen die Menschen aus der ganzen Welt zu Ashlands berühmtem Shakespeare Festival, das schon seit den 1930er-Jahren in verschiedenen Formen veranstaltet wird. Dabei ist der Begriff „Festival" etwas irreführend, denn das Programm erstreckt sich über neun Monate im Jahr und zieht bis zu 400 000 Theaterbesucher pro Saison an!

Aber auch ohne die Aufführungen ist Ashland interessant, gibt es hier doch zahlreiche Weingüter, elegante B & Bs und ausgezeichnete Restaurants.

👁 Sehenswertes & Aktivitäten

Lithia Park   PARK
(59 Winburn Way) Neben den drei prächtigen Theatern von Ashland (eines davon unter freiem Himmel) breitet sich einer der schönsten Stadtparks von Oregon aus. Über 38 ha erstrecken sich oberhalb des Stadtzentrums am Ashland Creek. Untypischerweise steht der Park im Nationalregister historischer Orte. Hier gibt es Brunnen, Blumen, Pavillons und eine Eislaufbahn (im Winter).

Schneider Museum of Art   MUSEUM
(☑ 541-552-6245; www.sou.edu/sma; 1250 Siskiyou Blvd; empfohlene Spende 5 US$; ⏰ Mo–Sa 10–16 Uhr) Ashlands Kultur hat mehr zu bieten als „nur" das Oregon Shakespeare Festival (OSF) . Wer zeitgenössische Kunst mag, sollte sich dieses Museum auf dem Campus der Southern Oregon University nicht entgehen lassen. Die Universität inszeniert auch eigene Theateraufführungen sowie klassische Konzerte und Opernaufführungen.

Jackson Wellsprings   SPA
(☑ 541-482-3776; www.jacksonwellsprings.com; 2253 Hwy 99; ⏰ Mitte–April–Mitte Okt. 8–24 Uhr, Mitte–Okt.–Mitte–April 12–24 Uhr) Wer so richtig ins Schwitzen kommen möchte, sollte zu diesem entspannten Plätzchen im New-Age-Stil fahren und das Thermalwasserbecken, die privaten Schwitzbäder, Saunas und Dampfräume testen. Das Spa bietet auch Yoga, Massagen und Kosmetikanwendungen an und im Sommer kann man im Zelt oder Tipi übernachten. Es liegt ca. 1,5 km) nördlich der Stadt. Montags gibt's eine Ladys Night.

Mt. Ashland Ski Resort   SKIFAHREN
(☑ 541-482-2897; www.mtashland.com) In diesem Skiresort, 16 Meilen (26 km) südwestlich der Stadt am Mt. Ashland (2296 m), gibt es erstaunlich viel Pulverschnee.

Siskiyou Cyclery   RADFAHREN
(☑ 541-482-1997; www.siskiyoucyclery.com; 1729 Siskiyou Blvd; Leihfahrrad pro Std. 10–15 US$; ⏰ Mo–Sa 10–18 Uhr) Wer gern in die Pedale tritt, kann sich hier ein Rad ausleihen und die Landschaft am Bear Creek Greenway erkunden, einem 34 km langen Radweg zwischen Ashland und Central Point.

🛏 Schlafen

Im Sommer, wenn Schauspieler in Scharen anreisen, sollte man im Voraus buchen. In der Stadt gibt es viele B & Bs.

Ashland Hostel
HOSTEL **$**

(☎ 541-482-9217; www.theashlandhostel.com; 150 N Main St; B 28 US$, DZ 45–64 US$; 🖳 🛜) Zentrales und etwas vornehmeres Hostel (Schuhe müssen draußen ausgezogen werden!). Die meisten Zimmer teilen sich ein Gemeinschaftsbad, einige sind mit den Schlafsälen verbunden. Platz zum Entspannen bieten der gemütliche Wohnbereich im Untergeschoss und die schattige Vorderveranda. Auf dem Gelände sind Alkohol und Rauchen verboten. Vorher anrufen – die Rezeption ist nur eingeschränkt geöffnet!

Ashland Commons
HOSTEL **$**

(☎ 541-482-6753; www.ashlandcommons.com; 437 Williamson Way; B ab 26 US$, EZ 45–65 US$, DZ 60–80 US$; 🖳 🛜) Die unkonventionellen Schlafsäle und Zimmer sind in drei großen Apartments untergebracht. Jedes Apartment hat eine andere Atmosphäre und verfügt über zwei oder vier Schlafzimmer, eine Küche und Wohnbereiche. Ideal für große Gruppen, da die Apartments komplett gemietet werden können. Das Hostel befindet sich in einem gemischten Industrie-/Wohngebiet unmittelbar außerhalb des Stadtzentrums.

Palm
BOUTIQUEHOTEL **$$**

(☎ 541-482-2636; www.palmcottages.com; 1065 Siskiyou Blvd; DZ 98–239 US$; 🖳 🛜 🌊 ♿) Fabelhafte, kleine Anlage, die über 16 bezaubernde Cottage-Zimmer im Garten und über Suiten (einige mit Küche) verfügt. Sie ist eine grüne Oase mit Rasen und Salzwasserpool an einer belebten Straße. In einem Haus in der Nähe sind drei große Suiten untergebracht (299 US$).

Columbia Hotel
HOTEL **$$**

(☎ 541-482-3726; www.columbiahotel.com; 262 1/2 E Main St; DZ 89–179 US$; 🖳 🛜) Toll gelegenes Hotel in dem sich die Gäste die Gemeinschaftsbäder teilen müssen. Dafür ist das Columbia die günstigste Unterkunft im Zentrum. Es vermietet 24 altmodische Zimmer (ohne Fernseher) und hat überdies eine hübsche Lobby und reichlich historisches Flair. Wer weniger Stufen steigen möchte, sollte hinten parken.

🍴 Essen & Ausgehen

In Ashland wird eine Restaurantsteuer von 5 % erhoben, tolle Lokale gibt es in Hülle und Fülle. In den schickeren Restaurants sollte man im Sommer reservieren, wenn man zum Abendessen herkommen möchte.

Morning Glory
CAFÉ **$**

(☎ 541-488-8636; 1149 Siskiyou Blvd; Hauptgerichte 11–14 US$; ⏰ 8–13.30 Uhr) Dieses farbenfrohe, gemütliche Café ist eines der besten Frühstückslokale Ashlands. Zu den kreativen Gerichten gehören Alaska-Krabben-Omelette, vegetarisches Haschee mit gerösteten Chilis und Shrimpskuchen mit pochierten Eiern. Mittags gibt es leckere Salate und Sandwiches. Am besten sehr zeitig oder eher spät kommen, um lange Wartezeiten zu vermeiden!

NICHT VERSÄUMEN

OREGON SHAKESPEARE FESTIVAL

Eines der Highlights in Süd-Oregon ist das beliebte Oregon Shakespeare Festival (OSF). Obwohl es fest mit den Dramen Shakespeares und der Elisabethanischen Ära verbunden ist, werden im Rahmen des Festivals auch viele Neubearbeitungen und zeitgenössische Stücke aus der ganzen Welt aufgeführt.

Die Inszenierungen werden von Februar bis Oktober in drei Theatern nahe der Main und der Pioneer Street gezeigt: im **Elizabethan Theatre** (⏰ Juni–Okt.) unter freiem Himmel, im **Angus Bowmer Theatre** und im kleinen **Thomas Theatre**. Kinder unter sechs Jahren haben grundsätzlich keinen Zutritt. Montags gibt es keine Aufführungen.

Die Tickets sind schnell vergriffen; man bekommt sie online unter www.osfashland. org. Am **Kartenschalter** (☎ 541-482-4331; 15 S Pioneer St; Tickets 30–96 US$) können auch Last-Minute-Karten erworben werden. **Geführte Touren** durch den Backstage-Bereich sollten weit im Voraus gebucht werden.

Infos zu anderen Veranstaltungen, darunter wissenschaftliche Vorträge, Lesungen von Stücken, Konzerte und Diskussionen, gibt es im **Welcome Center** (76 N Main St; ⏰ Di–So 10–18 Uhr).

54

Agave

MEXIKANISCH **$**

([telefon] 541-488-1770; www.agavetaco.net; 92 N Main St; Tacos 3–4,25 US$; [uhr] So–Do 11–22, Fr & So bis 23 Uhr) In diesem beliebten Restaurant kommen leckere, ausgefallene Tacos auf den Tisch. Hier gibt es traditionelle mexikanische Gerichte, z. B. *carnitas* und Grillhuhn. Wer etwas Ausgefalleneres möchte, sollte sich für das Entengeschnetzeltes oder den gebratenen Hummer (8,25 US$) entscheiden. Des Weiteren sind Salate und Tamales im Angebot.

Standing Stone Brewery

AMERIKANISCH **$**

([telefon] 541-482-2448; www.standingstone.com; 101 Oak St; Hauptgerichte 9–15 US$; [uhr] 11–24 Uhr) Beliebtes, angesagtes Brauerei-Restaurant mit Gourmet-Burgern, Salaten, Sandwiches und Holzofenpizzas sowie einigen Meeresfrüchtegerichten. Am besten spült man das Ganze mit einigen hausgebrauten Bieren oder einem Cocktail hinunter. Tolle Terrasse auf der Rückseite.

Caldera Tap House

BRAUEREI

([telefon] 541-482-4677; www.calderabrewing.com; 590 Clover Lane; [uhr] 11–23 Uhr) Dieses helle, luftige Brauerei-Restaurant an der I-5 hat schöne Sitzgelegenheiten im Freien mit Blick auf die Umgebung. Hier gibt es Pizzas und selbst gemachte Gnocchi, Steak und Mac 'n' Cheese mit weißem Trüffel (Hauptgerichte 10–21 US$). Zum Hinunterspülen eignet sich eines der 40 frisch gezapften Biere. Eine weitere Filiale befindet sich in der 31 Water St im Zentrum, die Atmosphäre dort ist jedoch etwas beengt und düster.

ℹ Praktische Informationen

Ashland Chamber of Commerce ([telefon] 541-482-3486; www.ashlandchamber.com; 110 E Main St; [uhr] Mo–Fr 9–17 Uhr) Im Plaza gibt es einen weiteren Infostand (der nur an Wochenenden im Sommer geöffnet ist).

Jacksonville

Dieser kleine, aber reizende ehemalige Goldgräberort ist die älteste Siedlung in Süd-Oregon und ein National Historic Landmark. Die Hauptstraße ist gesäumt von gut erhaltenen Gebäuden aus den 1880er-Jahren, die heute Boutiquen und Galerien beherbergen. Musikfans sollten auf keinen Fall das **Britt Festival** (www.brittfest.org; [uhr] Juni–Sept.) im September verpassen, ein musikalisches Highlight von Weltklasse mit namhaften Künstlern. Weitere Infos gibt's bei der Han-

delskammer ([telefon] 541-899-8118; www.jacksonvilleoregon.org; 185 N Oregon St; [uhr] Mai–Okt. tgl. 10–15 Uhr, Nov.–April Sa & So).

In Jacksonville gibt es jede Menge schicke B & Bs, Budgetunterkünfte finden sich aber 6 Meilen (9,6 km) weiter östlich in Medford. Das **Jacksonville Inn** ([telefon] 541-899-1900; www.jacksonvilleinn.com; 175 E California St; DZ ab 159 US$; [symbole]), untergebracht in einem kleinen Gebäude aus dem Jahr 1863, ist die schönste Unterkunft. Die Zimmer in dem Downtown-Gasthaus sind mit majestätisch wirkenden Antiquitäten eingerichtet; obendrein gibt es noch ein gutes Restaurant vor Ort.

Wild Rogue Wilderness

Zwischen den Orten Grants Pass an der I-5 und Gold Beach an der Küste von Oregon liegt die passend benannte Wild Rogue Wilderness an den Ufern des tosenden Rogue River, der sich seinen Weg durch einen 64 km langen, ungezähmten und straßenlosen Canyon bahnt. Die Gegend ist bekannt für anspruchsvolle Raftings (Schwierigkeitsgrad III & IV) und lange Wanderungen.

Das bescheidene Örtchen **Grants Pass** ist das Tor zu jeglichen Abenteuern entlang des Rogue River. Weitere Infos gibt's bei der **Chamber of Commerce** ([telefon] 541-450-6180; www.visitgrantspass.org; 1995 NW Vine St; [uhr] Mo–Fr 8–17 Uhr) direkt an der I-5, Ausfahrt 58. Rafting-Genehmigungen und Wandertipps gibt's im **Smullin Visitors Center** ([telefon] 541-479-3735; www.blm.gov/or/resources/recreation/rogue; 14335 Galice Rd, Galice; [uhr] Mitte Mai–Mitte Okt. 7–15 Uhr) des Bureau of Land Management in Galice, 16 Meilen (25 km) nordwestlich von Grants Pass.

Die Raftings auf dem Rogue River sind legendär, aber sicher nichts für Feiglinge. Ein typischer Trip dauert drei Tage und kostet um die 1000 US$ aufwärts. Ein guter Ausstatter ist u. a. **Rogue Wilderness Adventures** ([telefon] 800-336-1647; www.wildrogue.com; 325 Galice Rd, Merlin). Auf dem Fluss Kajak zu fahren, ist ähnlich aufregend. Einweisung und Beratung gibt's bei **Sundance Kayak** ([telefon] 541-708-3601; www.sundancekayak.com; Tagestrips ab 95 US$).

Ein weiteres Highlight der Region ist der 67 km lange **Rogue River Trail**, ein ehemaliger Versorgungsweg von Gold Beach. Die ganze Wanderung dauert vier bis fünf Tage. Tageswanderungen führen u. a. zur Whiskey Creek Cabin (ab dem Trailhead Grave Creek hin & zurück 9,6 km). Entlang des Wanderwegs finden sich viele rustikale Lodges (inkl. Essen 130–165 US$/Pers.; Reservierung erforderlich); eine gute Adresse ist das **Black Bar** (☎ 541-479-6507; www.blackbarlodge.com; Merlin; EZ/DZ ab 230/260 US$). Einfache Campingplätze stehen ebenfalls zur Auswahl.

North Umpqua River

Der „Wild and Scenic River" eignet sich ganz ausgezeichnet zum Fliegenfischen. An seinen Ufern kann man wunderbar wandern und in aller Ruhe campen. Der fast 130 km lange **North Umpqua Trail** beginnt in der Nähe des Idleyld Park (3 Meilen/4,8 km östlich von Glide) und führt durch Steamboat bis zum Pacific Crest Trail. Ein beliebter Abstecher sind die schönen **Umpqua Hot Springs** östlich von Steamboat unweit des Toketee Lake. In der Nähe befinden sich die atemberaubend schönen, zweistufigen **Toketee Falls** (ca. 35 m), die über Basaltfelsen in die Tiefe rauschen. Die **Watson Falls** sind mit 83 m die höchsten Wasserfälle in Oregon. Weitere Infos gibt's in Glide im **Colliding Rivers Information Center** (☎ 541-496-0157; 18782 N Umpqua Hwy; ⏱ Mai–Sept. 9–17 Uhr) und auch nebenan beim **North Umpqua Ranger District** (☎ 541-496-3532; 18782 N Umpqua Hwy, Glide; ⏱ Mo–Fr 8–16.30 Uhr).

Zwischen dem Idleyld Park und dem Diamond Lake finden sich zahlreiche Campingplätze direkt am Flussufer, u. a. am lieblichen **Susan Creek** und am urwüchsigen (ausgetrockneten) **Boulder Flat**. Die Unterkünfte in der Gegend sind im Sommer schnell ausgebucht. Empfehlenswert sind die Zimmer in den Blockhütten des **Dogwood Motels** (☎ 541-496-3403; www.dogwoodmotel.com; 28866 N Umpqua Hwy; DZ 70–75 US$; ❄ ⧂ ⬚).

Oregon Caves National Monument & Preserve

Die sehr beliebte Höhle (es gibt nur eine) liegt 19 Meilen (30 km) östlich vom Ort Cave Junction am Hwy 46. Im Rahmen einer 90-minütigen Höhlentour werden knapp 5 km lange Tunnel erkundet – es geht über 520 Steinstufen und durch tropfende Kammern am River Styx entlang. Warm anziehen, festes Schuhwerk tragen und darauf gefasst sein, nass zu werden!

In Cave Junction, 28 Meilen (45 km) südlich von Grants Pass an der US 199 (Redwood Hwy), gibt es die meisten Einrichtungen der Gegend. Die beste Unterkunft bietet allerdings das **Holiday Motel** (☎ 541-592-3003; www.holidaymotelkerby.com; 24810 Redwood Hwy; DZ 75–85 US$; ❄ ⧂) 2 Meilen (3,2 km) weiter nördlich in Kerby. Eine schicke Unterkunft direkt bei der Höhle ist das beeindruckende **Oregon Caves Chateau** (☎ 541-592-3400; www.oregoncaveschateau.com; 20000 Caves Hwy; Zi. 109–199 US$; ⏱ Mai–Okt.); am altmodischen Getränkeautomat sollte man sich unbedingt einen Milchshake holen. Camper halten sich am besten an den **Cave Creek Campground** (☎ 541-592-4000; Stellplatz 10 US$), 14 Meilen (22,5 km) den Hwy 46 rauf bzw. etwa 4 Meilen (6 km) von der Höhle entfernt.

Ost-Oregon

Östlich der Cascades ähnelt der Bundesstaat – geografisch wie kulturell – nur wenig den feuchteren Landstrichen im Westen Oregons. Die Gegend ist nur dünn besiedelt, die größte Stadt Pendleton hat gerade einmal 20 000 Einwohner. Stattdessen findet man hier wüstenähnliche Hochebenen vor, in allen Farben leuchtende Felsformationen, Natronseen und den tiefsten Canyon der USA.

John Day Fossil Beds National Monument

Inmitten des weichen Gesteins und des bröckligen Erdreichs des John Day Country befindet sich eine der tollsten Fossiliensammlungen der Welt; die Fossilien sind zwischen 6 und 50 Mio. Jahre alt. Damals streiften *Nimravidae* (Katzenartige), winzige Pferde, *Amphicyonidae* (Hundeartige) und andere urzeitliche Säugetiere durch die Wälder.

Das National Monument erstreckt sich auf 57 km² über drei verschiedene Zonen: die Sheep Rock Unit, die Painted Hills Unit und die Clarno Unit. Jede bietet Wanderwege und lehrreiche Ausstellungen. Um alle drei Zonen an einem Tag zu besuchen, muss man schon ein bisschen fahren. Die Fossilienstätten liegen nämlich über 100 Meilen (160 km) voneinander entfernt und die kurvigen Straßen können nur langsam befahren werden. Am besten lässt man es ruhig angehen und übernachtet einmal irgendwo.

Das ausgezeichnete **Thomas Condon Paleontology Center** (☎ 541-987-2333; www.nps.gov/joda; 32651 Hwy 19, Kimberly; ⏱ 10–17 Uhr) liegt 2 Meilen (3,2 km) nördlich der US 26 bei der **Sheep Rock Unit**. Ausgestellt sind u. a. ein Dreizehen-Pferd und versteinerte Mistkäfereier. Hinzu kommen noch viele andere Fossilien und geologisch-geschichtliche Ausstellungen. Wer gerne wandert, kann den kurzen Blue Basin Trail ablaufen.

Die **Painted Hills Unit** in der Nähe von Mitchell besteht aus flachen, bunt gestreiften Hügeln, die sich vor über 30 Mio. Jahren formten. Noch einmal 10 Mio. Jahre älter ist die **Clarno Unit** mit freigelegten Schlammläufen, die über einen Wald aus der Eozän-Ära geschwemmt wurden und markante weiße Klippen mit Steinspitzen und Türmchen geformt haben.

Rafting ist sehr beliebt auf dem John Day River, dem längsten, frei fließenden Fluss des Staates. **Oregon River Experiences** (☎800-827-1358; www.oregonriver.com) veranstaltet Touren von bis zu fünf Tagen. Außerdem bieten sich gute Möglichkeiten zum Angeln von Schwarzbarschen und Regenbogenforellen. Weitere Infos gibt's beim **Oregon Department of Fish & Wildlife** (www.dfw.state.or.us).

In den meisten Städten der Gegend gibt es mindestens ein Hotel, darunter das stimmungsvolle **Historic Oregon Hotel** (☎541-462-3027; www.theoregonhotel.net; 104 E Main St; B 20 US$, DZ 49–69 US$; ☎) in Mitchell und die günstige **Dreamers Lodge** (☎800-654-2849; www.dreamerslodge.com; 144 N Canyon Blvd; DZ ab 70 US$; ✻☎☀) in John Day (wo es die meisten Einrichtungen der Gegend gibt). In der Region liegen auch mehrere öffentliche Campingplätze (Stellplatz 5 US$), z.B. **Lone Pine** und **Big Bend** am Hwy 402.

Wallowa Mountains Area

Die Wallowa Mountains gehören mit ihren gletscherbedeckten Gipfeln und den kristallklaren Seen zu den schönsten Naturgebieten in Oregon. Der einzige Nachteil sind die Unmengen Besucher, die im Sommer hierher kommen, vor allem in die hübsche Gegend um den Wallowa Lake. Aber man kann ihnen auf einer langen Wanderung in die nahe gelegene **Eagle Cap Wilderness** entkommen – z.B. im Rahmen der 9,6 km lange Tour zum **Aneroid Lake** oder dem 12,8 km langen Marsch auf dem **Ice Lake Trail**.

Nördlich der Berge im Wallowa Valley liegt **Enterprise**, ein gemütliches Provinznest mit einigen Motels wie dem **Ponderosa** (☎541-426-3186; 102 E Greenwood St; DZ ab 82 US$; ✻☎☀). Wer auf Bier und gutes Essen steht, darf auf keinen Fall die Kleinbrauerei der Stadt, **Terminal Gravity Brewing** (☎541-426-0158; www.terminalgravitybrewing.com; 803

SE School St; Hauptgerichte 9–12 US$; ⊗ So–Di 11-21, Mi–Sa bis 22 Uhr), verpassen. Nur 6 Meilen (9,6 km) weiter südlich liegt der Nachbarort von Enterprise, das vornehme **Joseph**. Die Hauptstraße ist gesäumt von teuren Bronze-Galerien, künstlerischen Boutiquen und einigen guten Lokalen.

Hells Canyon

Nordamerikas tiefste Schlucht – ja: vom höchsten Punkt aus gemessen sogar tiefer als der Grand Canyon – bietet Besuchern atemberaubende Ausblicke. Der mächtige Snake River hat 13 Mio. Jahre gebraucht, um sich seinen Weg durch die Hochplateaus von Ost-Oregon zu graben und seine heutige Tiefe von 2438 m zu erreichen. Der Canyon selbst ist raue Wildnis ohne Straßen, die den Neugierigen und Mutigen offensteht.

Für eine tolle Aussicht sollte man von Joseph 30 Meilen (48 km) nordostwärts nach Imnaha fahren, wo eine nur langsam zu bewältigende, 24 Meilen (38 km) lange Schotterstraße zum grandiosen Aussichtspunkt **Hat Point** führt. Von hier kann man die Wallowa Mountains, die Idahos Seven Devils, den Imnaha River und die Wildnis des Canyons selbst überblicken. Die Straße ist von Mai bis zum ersten Schneefall geöffnet. Man sollte jeweils zwei Stunden für Hin- und Rückfahrt einplanen.

Wem nach Wildwasser-Action und spektakulärer Landschaft zumute ist, der sollte sich auf den Weg zum **Hells Canyon Dam** machen, 25 Meilen (40 km) nördlich der kleinen Gemeinde Oxbow. Ein paar Kilometer hinter dem Damm endet die Straße am **Hells Canyon Visitor Center** (⊗ Mai–Sept. 8–16 Uhr), wo es nützliche Infos über hiesige Campingplätze und Wanderwege gibt. Dahinter arbeitet sich der Snake River mit wilden Strömungen um fast 400 m in die Tiefe. Der Fluss ist nur per Jetboat oder Rafting-Floß befahrbar. **Hells Canyon Adventures** (☎800-422-3568; www.hellscanyonadventures.com; Jetboat-Touren ab 60 US$; ⊗ Mai–Sept.) ist der Hauptanbieter für Rafting- und Jetboat-Trips (Reservierung erforderlich).

In der Gegend gibt es viele Campingplätze. Direkt außerhalb von Imnaha liegt das wunderschöne **Imnaha River Inn** (☎866-601-9214; www.imnahariverinn.com; 73946 Rimrock Rd; EZ/DZ ab 70/130 US$), ein B&B voller Tiertrophäen wie zu Hemingways Zeiten. In Oxbow befindet sich das preiswerte **Hells Canyon B&B** (☎541-785-3373; www.hcbb.us; 49922 Homestead Rd; EZ/DZ 80/90 US$;

⊖✳☎). Weitere Einrichtungen gibt es in Enterprise, Joseph und Halfway.

Steens Mountain & Alvord Desert

Der höchste Gipfel in Südost-Oregon, der 2979 m hohe Steens Mountain, ist Teil eines massiven, knapp 50 km langen Bruchschollengebirges, das sich vor ungefähr 15 Mio. Jahren gebildet hat. Auf der Westseite des Gebirges haben eiszeitliche Gletscher Gräben geformt, aus denen große, U-förmige Schluchten und Täler entstanden sind. Im Osten fallen die „Steens", wie das Gebirge von Einheimischen genannt wird, in die 1524 m tiefer liegende Alvord Desert ab.

Die in Frenchglen (12 Ew.) beginnende **Steens Mountain Loop Rd**, eine 59 Meilen (95 km) lange Schotterstraße, ist Oregons höchstgelegene Straße. Die fantastischen Aussichtspunkte unterwegs bieten die besten Blicke auf den Gebirgszug. Außerdem führt sie zu Campingplätzen und Wanderwegen. Entlang der Piste wachsen Salbeisträucher, Kriechwacholder und Espenwälder, bis man ganz oben schließlich auf spärliche, steinige Tundra stößt. Der 25 Meilen (40 km) oberhalb von Frenchglen liegende Aussichtspunkt **Kiger Gorge Viewpoint**

ist besonders überwältigend. Wenn man die gesamte Route ohne Zwischenstopp in einem Rutsch abfährt, braucht man etwa drei Stunden. Wer aber auch die Attraktionen gebührend würdigen will, sollte deutlich mehr Zeit einplanen. Die Ostseite der Steens ist auch von der **Fields-Denio Rd** zu sehen, die zwischen dem Hwy 205 und dem Hwy 78 durch die Alvord Desert führt. Unbedingt volltanken, jede Menge Wasser mitnehmen und zu jeder Jahreszeit mit Wetterumschwüngen rechnen!

In Frenchglen steht das bezaubernde **Frenchglen Hotel** (☎541-493-2825; www. frenchglenhotel.com; 39184 Hwy 205; DZ ab 75 US$; ⊙Mitte März–Okt.; ✳☎) mit einem kleinen Speisesaal (abends reservieren!), einem kleinen Laden mit einer saisonal betriebenen Zapfsäule – und das war's dann schon fast. An der Steens Mountain Loop Rd liegen Campingplätze wie der hübsche **Page Springs** von BLM, der ganzjährig geöffnet hat; die sonstigen Alternativen (Stellplatz 6–8 US$) entlang der Straße haben nur im Sommer geöffnet haben. An allen Campingplätzen steht Wasser zur Verfügung. In den Steens ist auch Wildcampen erlaubt. Mehr Infos zu Unterkünften gibt's auf der Website www.steensmountain.net/lodging.htm.

DER NORDWESTEN OST-OREGON

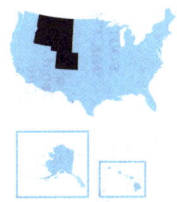

Rocky Mountains

Gut essen

➡ Root Down (S. 268)

➡ Salt (S. 275)

➡ Rickshaw (S. 333)

➡ Sweet Melissa's (S. 304)

➡ Silk Road (S. 324)

Schön übernachten

➡ Curtis (S. 265)

➡ Boise Guest House
(S. 330)

➡ Chautauqua Lodge
(S. 274)

➡ Alpine House (S. 307)

➡ Old Faithful Inn (S. 315)

Auf in die Rocky Mountains!

Das Rückgrat der „Lower 48" bietet Natur pur: Verschneite Gipfel, Schluchten und Flüsse ziehen sich über den ganzen Westen der USA. Angesichts dieser Schönheit und Kraft verwundert es nicht, dass sich vor 100 Jahren Kranke mit letzter Hoffnung auf Genesung in Rockies schleppten.

Die Rocky Mountains haben ihre Heilkraft nicht verloren. Besucher haben die Wahl zwischen Idylle (z. B. in Wyoming, dem bevölkerungsärmsten US-Bundesstaat) und Adrenalinkicks (gemessen in Höhenmetern). Die Einheimischen stehen auf Schnee-, Wasser- oder Schlammabenteuer – und bei jeder Menge Möglichkeiten zum Klettern, Skifahren oder Paddeln fällt das Mitmachen leicht. Danach heißt's unter Sternen in Thermalquellen relaxen und Bier aus der Region schlürfen oder ein Festmahl aus frischen Zutaten genießen.

Auf keinen Fall sollte man die reizvollen Nationalparks Yellowstone, Rocky Mountain, Grand Teton und Glacier auslassen: Dort streifen die „Big Five" der USA – Grizzlys, Elche, Bisons, Berglöwen und Wölfe – bis heute frei durch die Natur!

Reisezeit
Denver

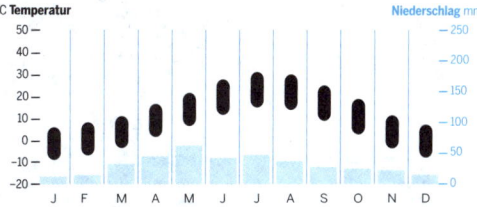

Juni–Aug. Lange Sonnentage – perfekt zum Radfahren, Wandern, für Märkte und Sommerfestivals.

Sept. & Okt. Perfekte Kombination aus Herbstlaub und sagenhaften Übernachtungsangeboten.

Jan. & Feb. Mit Schnee bestäubte Gipfel, Pulverschneeabfahrten und Après-Ski-Partys deluxe.

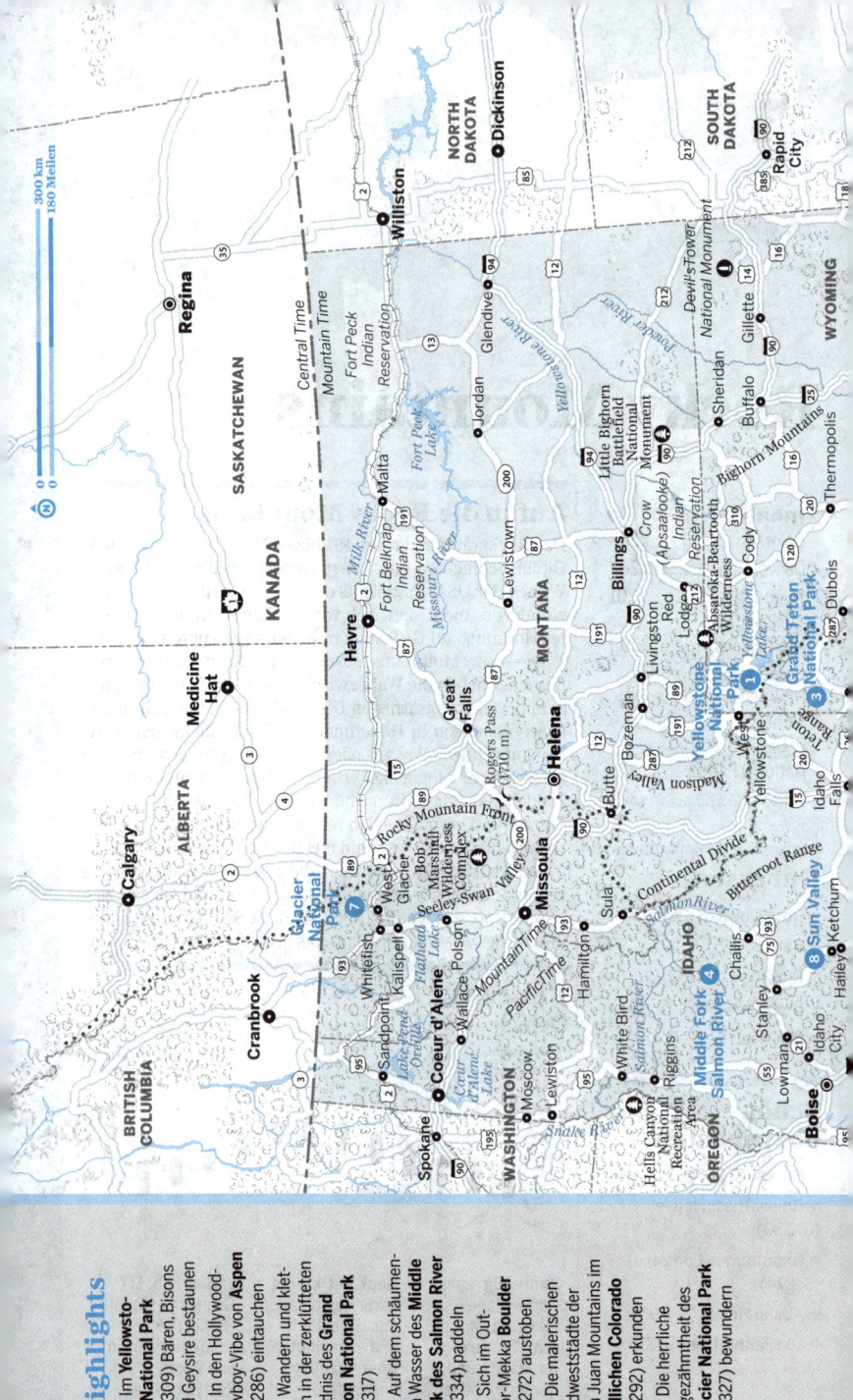

Highlights

1 Im Yellowstone National Park (S. 309) Bären, Bisons und Geysire bestaunen

2 In den Hollywood-Cowboy-Vibe von **Aspen** (S. 286) eintauchen

3 Wandern und klettern in der zerklüfteten Wildnis des **Grand Teton National Park** (S. 317)

4 Auf dem schäumenden Wasser des **Middle Fork des Salmon River** (S. 334) paddeln

5 Sich im Outdoor-Mekka **Boulder** (S. 272) austoben

6 Die malerischen Wildweststädte der San Juan Mountains im **südlichen Colorado** (S. 292) erkunden

7 Die herrliche Ungezähmtheit des **Glacier National Park** (S. 327) bewundern

8 Sun Valley

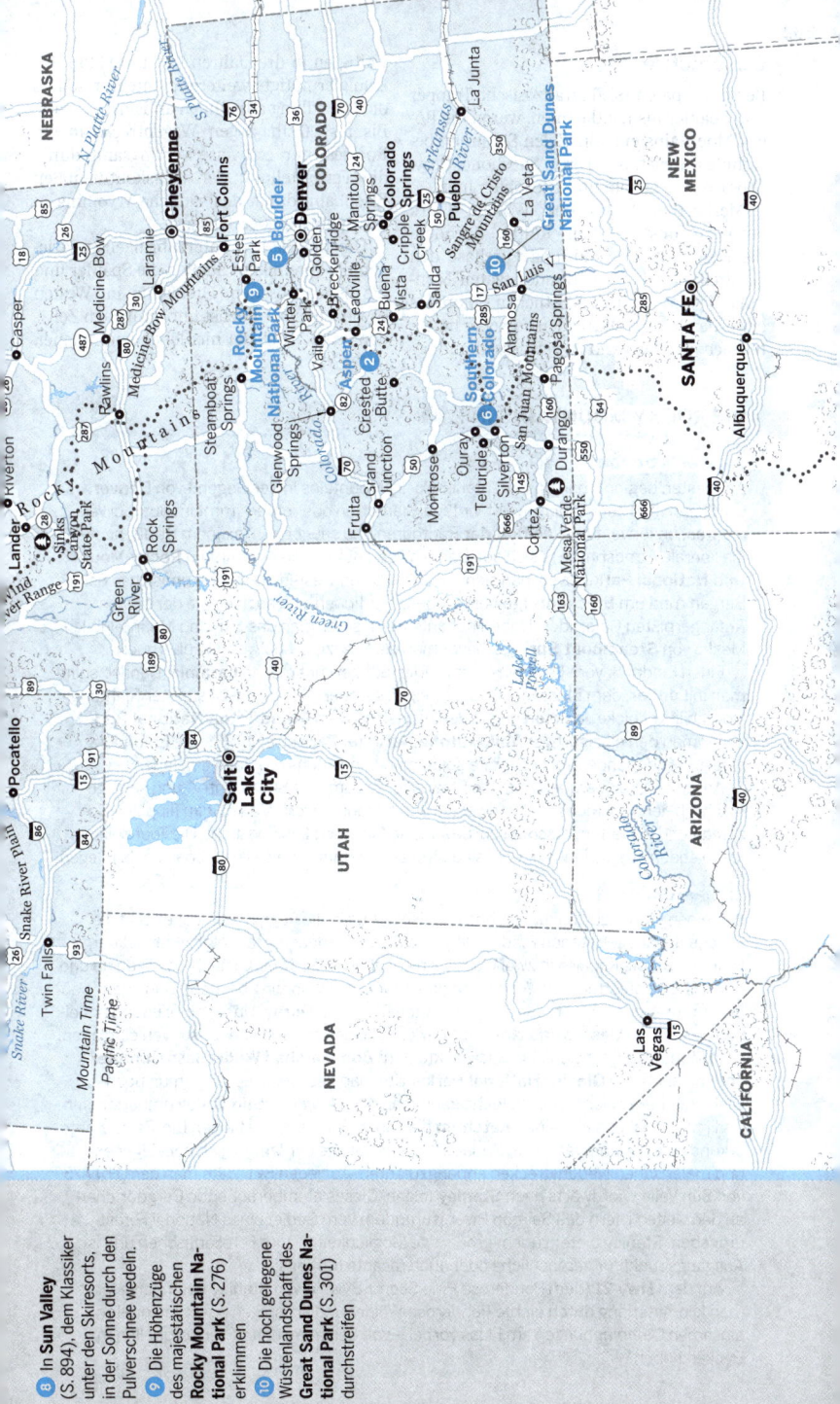

8 In **Sun Valley** (S. 894), dem Klassiker unter den Skiresorts, in der Sonne durch den Pulverschnee wedeln.

9 Die Höhenzüge des majestätischen **Rocky Mountain National Park** (S. 276) erklimmen

10 Die hoch gelegene Wüstenlandschaft des **Great Sand Dunes National Park** (S. 301) durchstreifen

Geschichte

Bevor im späten 18. Jh. französische Trapper und Spanier ins Land kamen, waren die Rocky Mountains ein von vielen Stämmen bewohntes Gebiet. Nez Percé, Shoshone, Crow (Absarokee), Lakota und Ute lebten hier.

Meriwether Lewis und William Clark errangen unsterblichen Ruhm, nachdem die USA 1803 im Louisiana Purchase den Großteil der heutigen Bundesstaaten Montana, Wyoming und des östlichen Colorados erworben hatten. Die beiden Forscher machten sich auf, das Land zu vermessen und bewältigten in drei Jahren fast 15 000 km. Ihr Erfolg ermutigte weitere Abenteurer, sodass die Besiedlung allmählich an Fahrt gewann. Bis ins 20. Jh. zogen Wagentrecks in die Rockies, nur zeitweise verlangsamt durch die Fertigstellung der transkontinentalen Eisenbahn durch das südliche Wyoming in den späten 1860er-Jahren.

Um die Siedler unterzubringen, vertrieben die Vereinigten Staaten die Spanier und die Briten aus dem Grenzland im Westen sowie – in einer höchst unrühmlichen Zeit – den größten Teil der hier lebenden Indianer.

DIE ROCKY MOUNTAINS IN ...

... zwei Wochen

Am besten beginnt man das Abenteuer Rocky Mountains in der Gegend von **Denver**. Dort kann man zum Tubing, kauft Vintage-Klamotten oder unternimmt im outdoorverrückten, unkonventionellen **Boulder** Radtouren und saugt dann in einem Straßencafé die liberale Atmosphäre in sich auf. Danach genießt man die Aussicht im **Rocky Mountain National Park**, bevor man sich auf der I-70 gen Westen aufmacht, um sich in den Bergen rund um **Breckenridge** auszutoben; hier finden sich auch einige der besten Anfängerpisten Colorados. Unbedingt aufsuchen sollte man das Ski- und Mountainbike-Mekka von **Steamboat Springs**, bevor man die Grenze nach Wyoming überquert.

Einen Eindruck vom Leben in einer Präriestadt gewinnt man in **Laramie**. Danach sollte man in **Lander**, dem Eldorado für Bergsteiger, stoppen. Von hier geht's weiter Richtung Norden ins schicke **Jackson** und in den majestätischen **Grand Teton National Park**, bevor man den einzigartigen **Yellowstone National Park** erreicht. Für die Erkundung dieses Wunderlandes voller Geysire sollte man mindestens drei Tage einplanen.

Anschließend überquert man die Staatsgrenze zum „Big Sky Country" und setzt gemächlich den Weg Richtung Nordwesten durch Montana fort. Man hält im flippigen **Bozeman** und lebhaften **Missoula** an, bevor man **Flathead Lake** besucht. Die Tour sollte in Idaho enden, wo die Einwohner des aufstrebenden **Boise** ihre baskischen Wurzeln pflegen.

... einem Monat

Wer einen Monat zur Verfügung hat, kann so richtig in die Region eintauchen und die abseits der ausgetretenen Pfade gelegenen Schätze erleben. Man folgt zunächst dem Fahrplan für die Rockies in zwei Wochen, biegt aber im Südwesten nach Colorado ab und erreicht eine aufstrebende Weinbauregion, bevor man Wyoming besucht. Dann geht's auf die nur für Autos mit Allradanrieb geeigneten Pfade um **Ouray**. Unser Tipp: unbedingt einen Besuch im **Mesa Verde National Park** mit seinen alten Felsbehausungen einplanen!

In Montana bietet sich eine Rucksacktour im **Bob Marshall Wilderness Complex** an. Und auch den **Glacier National Park** sollte man besuchen, so lange man noch Gletscher bewundern kann. In Idaho kann man dann länger in **Sun Valley** umherstreifen und im entzückenden kleinen **Ketchum** die Läden, Pubs und köstlichen Bio-Restaurants erkunden. Ein einmonatiger Trip erlaubt es auch, einige der fantastisch abgelegenen und malerischen Nebenstrecken entlangzufahren. Auf jeden Fall sollte man dem Hwy 75 von Sun Valley nordwärts nach **Stanley** folgen. Dieses atemberaubende Bergdörfchen an den weiten Ufern des Salmon River ist rundum vom Gebiet eines National Forest umgeben. Stanley bietet zudem großartige Möglichkeiten zum Forellenfischen und ist Ausgangspunkt für gemächliche oder auch rasante Raftings.

Auf dem **Hwy 21** (dem Ponderosa Pine Scenic Byway) von Stanley nach Boise fährt man kilometerlang durch dichte Ponderosa-Wälder und an einigen ausgezeichneten, einsamen Campingplätzen am Fluss vorbei – von denen manche Thermalquellen mit Becken haben.

Die US-Regierung unterzeichnete Verträge, um die Einwände der indigenen Völker gegen die Ausweitung der Siedlungen zu entschärfen. Stets brach sie diese und drängte die Indianerstämme in immer kleinere Reservate. Als Goldsucher in das Indianerterritorium von Montana vordrangen und die US-Armee Forts entlang des Bozeman Trail errichtete, löste dies mehrere Kriegen mit den Lakota, Cheyenne, Arapaho und anderen Stämmen aus.

Auf einen Gold- und Silberrausch folgte 1876 die Erhebung Colorados zum US-Bundesstaat, wenig später folgten Montana (1889), Wyoming (1890) und Idaho (1890). Bergleute, weiße Farmer und Rancher waren es, die im späten 19. Jh. die Macht besaßen.

Bergbau, Viehzucht und Holzgewinnung waren die bedeutendsten Faktoren bei der wirtschaftlichen Entwicklung der Region, die das ökonomische und industrielle Wachstum beschleunigten. Da man aber nicht nachhaltig mit den Ressourcen umging, wechselten sich Zyklen des Aufschwungs und des Zusammenbruchs ab.

Mit dem Boom in der Zeit nach dem Zweiten Weltkrieg begannen Urlauber, in die Nationalparks zu strömen. Heute bildet der Tourismus in allen vier Staaten die Haupteinnahmequelle, gefolgt vom Militärwesen – vor allem in Colorado.

Geografie & Klima

Die Rockies erstrecken sich von der Brooks Range Alaskas und dem Yukon Territory Kanadas bis hinunter nach Mexiko in einer Nordwest-Südost-Ausrichtung, von den Steilabbrüchen der Front Range in Colorado westwärts bis zum Great Basin von Nevada. Die gewaltigen Gipfel und Kämme bilden die kontinentale Wasserscheide (Continental Divide) Nordamerikas: Westlich der Rockies fließen die Ströme in den Pazifik, östlich davon zum Atlantik und zum Golf von Mexiko.

Für viele Reisende sind die Rockies ein Urlaubsziel für den Sommer, der hier in der Regel im Juni beginnt. Das warme Wetter hält bis etwa Mitte September an (dennoch ist warme Kleidung zu empfehlen). Der Winter bringt gewaltige Schneemassen und setzt üblicherweise Ende November ein, in den Bergen kann es jedoch schon im September zu Schneestürmen kommen. Der Winter dauert meistens bis in den März oder bis Anfang April. Reisende sollten in den Bergen auf schlagartige Wetterumschwünge eingestellt sein (selbst Schneefälle sind im Sommer nichts Außergewöhnliches). Der Herbst, wenn das Laub der Espen golden leuchtet, und der Frühsommer mit der herrlichen Wildblumenblüte sind wundervolle Jahreszeiten für einen Besuch.

❶ Anreise & Unterwegs vor Ort

Die Anreise braucht ihre Zeit. Die Rockies sind infrastrukturell schlecht erschlossen und die Attraktionen verteilen sich über ein riesiges Gebiet. Verbunden sind sie durch Straßen, die sich durch Berge und Canyons winden. Da es nur wenige öffentliche Verkehrsmittel gibt, ist ein eigenes Fahrzeug ratsam. Und schließlich ist in dieser malerischen Gegend der Weg das Ziel.

In den ländlichen Gebieten gibt es nur sehr wenige Tankstellen – die I-80 durch Wyoming ist hier besonders berüchtigt. Es ist durchaus nicht ungewöhnlich, dass zwischen zwei Tankstellen mehr als 150 km liegen. Wer sich nicht sicher ist, sollte lieber volltanken!

Die Hauptdrehscheibe ist der Denver International Airport (S. 272), wer aber mit einem Inlandflug anreist, kann auf den **Colorado Springs Airport** (☑ 719-550-1900; www.springsgov. com; 7770 Milton E Proby Pkwy; ☎) ausweichen: Die Tickets sind oft günstiger, ist schneller zu erreichen als die DIA und genauso praktisch. Sowohl von Denver als auch von Colorado Springs starten kleinere Maschinen zu Städten und Resorts in der Region, z. B. Jackson, WY, Boise, ID, Bozeman, MT, und Aspen, CO. Auch Salt Lake City, UT, hat Verbindungen zu Zielen in allen vier Staaten.

Greyhound (☑ 800-231-2222; www.grey hound.com) hat feste Routen durch die Rockies und bietet den umfassendsten Service. Zwei Züge der **Amtrak** (☑ gebührenfrei 800-872-7245; www.amtrak.com) bedienen Ziele in dieser Region:

California Zephyr Täglich zwischen Emeryville, CA (in der Bay Area), und Chicago, IL, mit sechs Stopps in Colorado, u. a. in Denver, Fraser-Winter Park, Glenwood Springs und Grand Junction.

Empire Builder Täglich von Seattle, WA, oder Portland, OR, nach Chicago, IL, mit zwölf Stopps in Montana (u. a. Whitefish sowie East und West Glacier) und einem Halt in Idaho (Sandpoint).

COLORADO

Von starken Espressos bis hin zu Extremskipisten mit doppeltem Diamantsymbol – Colorado steht für Vitalität. Zudem ist dies der amerikanische Bundesstaat mit den meisten Gipfeln über 14 000 Fuß (4267 m), die daher auch „14ers" genannt werden.

Doch nicht alles dreht sich nur um Outdoor-Abenteuer: Universitäten und High-

Tech-Zentren verkörpern die emsige Seite Colorados. Allerdings feiern wohl selbst manche Workaholics krank, sobald vor Ort der erste Schnee fällt.

ℹ Praktische Informationen

Colorado Road Conditions (☑ 877-315-7623; www.state.co.us) Auskünfte zu den Highways. **Colorado State Parks** (☑ 303-470-1144; www. parks.state.co.us) Stellplätze fürs Zelt kosten, je nach Ausstattung, pro Nacht 10–20 US$, für Wohnmobile inklusive Stromanschluss 24 US$. Bei bestimmten Campingplätzen sind Reservierungen im Voraus möglich; es wird aber eine Buchungsgebühr von 10 US$ fällig, die nicht zurückerstattet wird. **Colorado Travel & Tourism Authority** (☑ 800-265-6723; www.colorado. com) ist die Touristeninformation, die für den ganzen Bundesstaat zuständig ist.

Denver

Denvers extrem starke Anziehungskraft erfasst alles und jeden in den westlichen Rockies. Hierfür sorgen z.B. glitzernde Wolkenkratzer im Stadtzentrum, bierselige Brauereikneipen, Ausgabestellen für Cannabis und Wanderwege. Zudem prägt nun eine Art internationale Verrücktheit dieses frühere Kuhkaff – dank eines wachsenden Weltbürgertums im Gewand des amerikanischen Westens, das die Hipness der sich entwickelnden Kunst-, Bar- und Restaurantszene nährt.

Während sich der meiste Touristentrubel auf die Bezirke von Downtown und Lower Downtown (LoDo) konzentriert, erkunden Kenner auch weiter außerhalb liegende Viertel wie Highlands, Washington Park, Cherry Creek, Five Points, South Santa Fe und River North (RiNo).

◉ Sehenswertes & Aktivitäten

★ Denver Art Museum   MUSEUM
(DAM; ☑ Ticket-Hotline 720-865-5000; www.denver artmuseum.org; 100 W 14th Ave; Erw./Kind/Student 13/5/10 US$, 1. Sa des Monats Eintritt frei; ⊙ Di–Do, Sa & So 10–17, Fr 10–20 Uhr; P ♿; 🚌 9, 16, 52, 83L RTD) 🚻 Das DAM besitzt eine der größten Sammlungen indianischer Kunst in den USA – die Abteilung Western American Art der ständigen Sammlung ist zu Recht berühmt – und zeigt überdies avantgardistische Multimedia-Sonderausstellungen. Das DAM ist kein angestaubtes Kunstmuseum – am besten widmet man sich den interaktiven Exponaten. Kinder werden es lieben!

Der 110 Mio. US$ teure, markante Frederic C Hamilton Wing des Museums, entworfen von Daniel Libeskind, ist einfach umwerfend. Ob man diesen Neubau nun als wachsende Kristalle, als nebeneinandergestellte Berge oder lediglich als architektonische Schwelgerei interpretiert – er ist ein modernes Meisterwerk. Und wer meint, das Gebäude sehe von außen sonderbar aus, sollte einen Blick ins Innere werfen: Durch die Kombination von Design und speziellen Tageslichteffekten verändern sich die Raumformen mit jedem Perspektivwechsel.

★ Confluence Park   PARK
(2200 15th St; ♿; 🚌 10 RTD) 🚻 Der Zusammenfluss von Cherry Creek River und South Platte River ist der Haupttreffpunkt für Denvers Sonnenanbeter. Es ist der ideale Ort für ein Nachmittagspicknick; Kajaks und Schlauchboote werden in einem kleinen Wildwasserpark zu Wasser gelassen.

Clyfford Still Museum   MUSEUM
(☑ 720-354-4880; www.clyffordstillmuseum.org; 1250 Bannock St; Erw./Kind 10/3 US$; ⊙ So–Do 10–17, Fr 10–20 Uhr) Das faszinierende Museum ist ausschließlich dem Werk und Erbe von Clyfford Still, einem Vertreter des amerikanischen abstrakten Expressionismus, gewidmet. Die Sammlung umfasst über 2400 ausdrucksstarke Werke dieses narzisstischen Meisters des Kühnen. Still hat testamentarisch verfügt, dass sein Werk an einem einzigen Ort auszustellen sei. Also baute Denver ihm ein Museum.

History Colorado Center   MUSEUM
(☑ 303-447-8679; www.historycoloradocenter. org; 1200 Broadway; Erw./Kind/Stud. 10/8/8 US$; ⊙ Mo–Sa 10–17, So 12–17 Uhr; P) Das elegante und charmante Museum beleuchtet neben Colorados Pioniervergangenheit auch die modernen Hightech-Triumphe des Bundesstaats. Unter den vielen interaktiven Exponaten ist auch eine „Zeitmaschine" à la Jules Verne, die einen auf einer Riesenkarte des Centennial State (Hundertjährigen Staats) wegweisende Momente aus dessen Geschichte erleben lässt.

Museum of Contemporary Art   KUNSTGALERIE
(☑ 303-298-7554; www.mcadenver.org; 1485 Delgany St; Erw./Student/Kind/nach 17 Uhr 8/5/1/ 5 US$; ⊙ Di–Do 12–19, Fr 12–20, Sa & So 10–19 Uhr; 🚌 6 RTD) Beim Bau dieses Museums standen Interaktion und Dialog Pate. Denvers Museum für zeitgenössische Kunst kann je nach Ausstellung provokativ, entzückend oder ein

wenig enttäuschend wirken. Der Schwerpunkt liegt auf zeitgenössischer Mixed-Media-Kunst aus den USA und aller Welt.

Denver Museum of
Nature & Science
MUSEUM

(☎ 303-370-6000; www.dmns.org; 2001 Colorado Blvd; Erw./Kind Museum 13/8 US$, Planetarium 5/4 US$, IMAX-Kino 8/10 US$; ⊘ 9–17 Uhr; 🅿 ♿; 🚌 20, 32, 40 RTD) Das klassische Naturwissenschaftsmuseum am Ostrand des City Park punktet mit tollen Wechselausstellungen und coolen Panoramen, die jeder schon als Kind geliebt hat. Besonders unterhaltsam sind das IMAX-Kino und das Gates Planetarium.

✸✷ Feste & Events

Cinco de Mayo
KULTUR

(www.cincodemayodenver.com; ⊘ Mai; ♿) Auf einem der größten Cinco-de-Mayo-Feste des Landes können ausgiebig Salsamusik und Margaritas genossen werden. Es findet an zwei Tagen am ersten Wochenende im Mai im Civic Center Park statt. Drei Bühnen und über 350 Aussteller und Imbissstände sorgen für einen Riesenspaß.

Cherry Creek Arts Festival
KUNST

(www.cherryarts.org; Ecke Clayton St & E 3rd Ave; ⊘ Juli; ♿) Während des weitläufigen Festivals für visueller kulinarische und darstellende Kunst sind die Straßen von Cherry Creek gesperrt. Mehr als 250 000 Besucher schwelgen in einer riesigen Stadtteilparty. Das dreitägige Ereignis findet um den 4. Juli statt.

Great American Beer Festival
BIER

(☎ 303-447-0816; www.greatamericanbeerfestival.com; 700 14th St; Eintritt 75 US$; ⊘ Sept. oder Okt.; ♿; 🚌 101 D-Line, 101 H-Line, 🚊 1, 8, 30, 30L, 31, 48 RTD) 🍺 Colorado hat mehr Mikrobrauereien als jeder andere US-Bundesstaat. Karten für dieses ungemein beliebte Event sind früh ausverkauft. Es sind über 500 Brauereien vertreten, von den „Big Players" bis hin zum leidenschaftlichen Heim-Brauer. Nur das Colorado Convention Center kann diese großartigen Brauer und ihr Gebräu fassen.

🛏 Schlafen

11th Avenue Hotel
HOTEL $

(☎ 303-894-0529; www.11thavenuehotel.com; 1112 Broadway; B 19–22 US$, Zi. mit/ohne Bad 45/39 US$; ⊘ ❄ ♿ 📶) Dieses Budgethotel ist eine gute Adresse für Kunstfreunde im Bezirk Golden Triangle. Die Lobby erinnert vage an einen Jim-Jarmusch-Film. Die Zimmer im Obergeschoss, einige davon mit eigenen

ROCKY MOUNTAINS DENVER

KURZINFOS COLORADO

Spitzname Centennial State

Bevölkerung 5 Mio.

Fläche 269 601 km^2

Hauptstadt Denver (649 495 Ew.)

Weitere Städte Boulder (103 000 Ew.), Colorado Springs (439 800 Ew.)

Verkaufssteuer 2,9 % staatliche Steuer (plus unterschiedliche Steuern je nach Stadt)

Geburtsort von Ute-Stammesführer Chief Ouray (1833–1880), South-Park-Schöpfer Trey Parker (geb. 1969), Schauspielerin Amy Adams (geb. 1974); Bergsteiger Tommy Caldwell (geb. 1978)

Heimat von der Naropa University (wurde durch die Beat-Dichter berühmt), Abfahrten mit Pulverschnee, Craft Beers

Politische Ausrichtung Swing State

Berühmt für Sonnentage (300 im Jahr), die höchstgelegenen Weinberge und längste Skiabfahrt in den „Lower 48"

Kitschigstes Souvenir Flaschenöffner aus Hirschhufen

Entfernungen Denver–Vail 100 Meilen (160 km), Boulder–Rocky Mountain National Park 38 Meilen (61 km)

Bädern, sind spartanisch eingerichtet, aber sauber. Fazit: eine sichere und anständige Bleibe für Budgetreisende.

Denver International
Youth Hostel
HOSTEL $

(☎ 303-832-9996; www.youthhostels.com/denver; 630 E 16th Ave; B 19 US$; 🅿 @ 📶 📶; 🚌 15, 15L, 20 RTD) Wenn ein günstiger Preis wirklich wichtig ist, könnte dieses einfache, leicht chaotische und charmant schäbige Hostel in klasse Zentrumslage die richtige Wahl sein: Alle Schlafsäle haben eigene Bäder. Der Gemeinschaftsbereich im Keller punktet mit Großbild-TV, Bibliothek und Gäste-PCs.

★ Curtis
BOUTIQUEHOTEL $$

(☎ 303-571-0300; www.thecurtis.com; 1405 Curtis St; DZ 159–279 US$; ⊘ ❄ @ 📶; 🚌 15 RTD) Dieser postmoderne Popkultur-Tempel ist vor Ort absolut einzigartig und scheint Gäste in ein verrücktes Wunderland à la Warhol zu versetzen. Ob beim Service oder beim Zimmerdekor: Überall regiert Detailverliebtheit.

Denver

Jedes der insgesamt 13 Stockwerke steht unter einem eigenen Motto, das jeweils ein anderes Genre der US-Popkultur repräsentiert. Die geräumigen und sehr modernen Zimmer sind für eine entspannte Nachtruhe nicht zu abgefahren. Dennoch könnte der erfrischend andere Ansatz des Hotels dem einen oder anderen Gast zu kitschig sein (man kann sich z.B. von Elvis per Telefon wecken lassen). Wer aber eine tolle Alternative zu den üblichen eintönigen internationalen Ketten sucht, findet sie eventuell hier im Herzen Downtowns.

Denver

★**Queen Anne Bed &**
Breakfast Inn   B&B $$
(☏ 303-296-6666; www.queenannebnb.com; 2147 Tremont Pl; Zi. 135–215 US$; P ♿ ❄ 🛜) 🅿 Sanfte Kammermusikklänge rieseln in den Gemeinschaftsbereichen, frische Blumen, gepflegte Gärten und Weinproben am Abend schaffen ein romantisches Ambiente in diesem umweltbewusst geführten B&B, das in zwei viktorianischen Wohnhäusern der späten 1880er-Jahre untergebracht ist. Dank der viktorianischen Antiquitäten, eigenen Whirlpools und exquisiten Wandbildern hat jedes Zimmer seinen individuellen Charakter.

Patterson Historic Inn   HISTORISCHES HOTEL $$
(☏ 303-955-5142; www.pattersoninn.com; 420 E 11th Ave; Zi. ab 169 US$; ❄ @ 🛜) Dieser stattliche Bau von 1891 war einst Wohnsitz eines Senators. Heute beherbergt er eines von Denvers besten historischen B&Bs. Der Garten ist zwar klein, doch der viktorianische Charme, das üppige Frühstück und die neun gepflegten Zimmer dieses Châteaus wissen zu begeistern. Die Zimmer verfügen über Annehmlichkeiten wie Bademäntel aus Seide, Daunendecken und Flachbild-TVs.

Brown Palace Hotel   HISTORISCHES HOTEL $$$
(☏ 303-297-3111; www.brownpalace.com; 321 17th St; Zi. ab 299 US$; P ♿ ❄ @ 🛜) Wer staunend unter dem Buntglasdach des Atriums steht, wird verstehen, warum dieser Palast zur engeren Auswahl der besten historischen Hotels Amerikas zählt. Dekorative Kunst, importierter Marmor, ein Vier-Sterne-Spa und Personal, das diskret durch die Korridore schwebt, tun ihr Übriges

Seit den Tagen Teddy Roosevelts haben die Zimmer diverse Präsidenten beherbergt. Sie verbreiten die einzigartige Eleganz früherer Zeiten, wirken aber nach heutigem Standard etwas beengt.

✖ Essen

Die größte Vielfalt und Raffinesse weisen die Restaurants in Downtown auf. Es lohnt sich allerdings auch, Viertel wie Highlands, Cherry Creek, Uptown, Five Points oder Washington Park anzusteuern: Dort lassen sich kleine Geschäftsmeilen (jeweils ca. fünf Blocks) mit ein paar der besten Lokale Denvers zu Fuß abklappern. Über Neueröffnungen informieren Websites wie www.5280.com oder www.diningout.com/denver.

Snooze   FRÜHSTÜCK $
(☏ 303-297-0700; www.snoozeeatery.com; 2262 Larimer St; Hauptgerichte 6–12 US$; ⏲ Mo–Fr 6.30–14.30, Sa & So 7–14.30 Uhr; ❄ 🚼) 🅿 Das fröhliche Frühstücks- und Brunch-Lokal zählt zu den angesagtesten After-Party-Anlaufstellen der Stadt. Es serviert z. B. spektakuläre Morgen-Burritos und super Eggs Benedict mit Lachs. Dazu gibt's stets guten Kaffee oder alternativ eine frühe Bloody Mary. Am Wochenende kann die Wartezeit bis zu einer Stunde betragen.

ROCKY MOUNTAINS DENVER

City O' City
VEGETARISCH $

(☑ 303-831-6443; www.cityocitydenver.com; 206 E 13th Ave; Hauptgerichte 8–15 US$; ⊙ Mo–Fr 7–14, Sa 8–14, So 8–24 Uhr; ☑ ☑; ☑ 2, 9, 52 RTD) ☑ Das beliebte Restaurant mit vegetarischer bzw. veganer Küche verbindet einen stylishen Dekor mit einem innovativen Ansatz rund um Gemüse, Getreide, Fleischersatz und Müsli. Auf der Speisekarte stehen Tapas-Platten, üppige Salate, einige gelungene internationale Nudelgerichte und die beste vegane Pizza in ganz Denver. Als Beiwerk gibt es Drinks von der Bar. Im gemütlichen Speiseraum hängen wechselnde Werke hiesiger Künstler.

★ Beatrice & Woodsley
TAPAS $$

(☑ 303-777-3505; www.beatriceandwoodsley.com; 38 S Broadway; kleine Teller 9–13 US$; ⊙ Mo–Fr 17–23, Sa & So 10–14 & 17–22 Uhr; ☑ 0 RTD) Das am kunstvollsten eingerichtete Restaurant der Stadt: Kettensägen dienen als Regalstützen der Bar, während eine Amerikanische Espe durch den Raum wächst. Das Ambiente entspricht dem einer Berghütte, die auf elegante Weise von der Natur zurückerobert wird. Das Angebot von verspielten, kleinen Gerichten ist europäisch angehaucht.

★ Steuben's Food Service
AMERIKANISCH $$

(☑ 303-803-1001; www.steubens.com; 523 E 17th Ave; Hauptgerichte 8–21 US$; ⊙ So–Do 11–23, Fr & Sa 11–24 Uhr; ☑) ☑ Das Steuben's ist zwar im Stil eines Drive-in-Diners aus den 1950er-Jahren gestaltet, beweist aber cleveren Sinn fürs Zeitgemäße – zu erkennen an der Solarstromküche und dem raffinierten Umgang mit Hausmannskost (u. a. Mac'n'Cheese, Brathähnchen, Hummerbrötchen). Im Sommer sorgen die geöffneten Fensterfronten für eine luftige Atmosphäre. Ab 22 Uhr gibt's das ultimative Schnäppchen der ganzen Gegend: einen Burger, ein Bier und handgeschnittene Pommes für zusammen 7 US$.

★ Root Down
MODERN-AMERIKANISCH $$$

(☑ 303-993-4200; www.rootdowndenver.com; 1600 W 33rd Ave; kleine Portionen 7–17, Hauptgerichte 18–28 US$; ⊙ So–Do 17–22, Fr & Sa 17–23 Uhr, Sa & So 10–14.30 Uhr; ☑) ☑ In einer umgebauten Tankstelle hat der Küchenchef Justin Cucci einen der ehrgeizigsten kulinarischen Pläne in die Tat umgesetzt. Bio-Produkte direkt vom Bauern werden in dem auch sonst an Nachhaltigkeit orientierten Restaurant zu höchst anspruchsvollen Fusion-Gerichten verarbeitet. Die Speisekarte wechselt je nach Jahreszeit; man kann sich aber auf jeden Fall glücklich schätzen, wenn es gerade Falafel aus Süßkartoffeln oder Hoisin-Ente-Confit-Slider gibt.

★ Rioja
MODERN-AMERIKANISCH $$$

(☑ 303-820-2882; www.riojadenver.com; 1431 Larimer St; Hauptgerichte 18–29 US$; ⊙ Mi–Fr 11.30–14.30, Sa & So 10–14.30, tägl. 17–22 Uhr; ☀ ☑; ☑ 2, 12, 15, 16th St Shuttle) Eines von Denvers innovativsten Restaurant ist wie Colorado: fesch, nobel und geschäftig, zugleich aber entspannt und zwanglos. Die Küche mit traditionell italienischen und spanischen Einflüssen wird durch moderne kulinarische Ansätze verfeinert.

🍷 Ausgehen & Nachtleben

Zu den besten Ecken zum Ausgehen zählen Uptown (Schwulenbars, junge Yuppies), LoDo (lärmige Sportsbars, hier wird getrunken und getanzt), River North (Hipster) oder Lower Highlands (bunter Mix, reizende Sonnenterrassen). Broadway und Colfax stehen jeweils für Oldschool-Möchtegerns.

★ Forest Room 5
BAR

(☑ 303-433-7001; www.forestroom5.com; 2532 15th St; ⊙ 16–2 Uhr) Der durchgeknallte Laden in LoHi (Lower Highlands), der unbestritten zu Denvers besten Bars zählt, hat eine Freilufterrasse mit fünf Feuerstellen (wo geraucht werden darf), mehrere Wasserläufe und einen abgefahrenen Airstream-Wohnwagen. Allabendlich laufen kitschige Filme und im Obergeschoss finden Kunstvernissagen statt. Alles in allem ein seltsamer Mix aus „Grizzly Adams meets Andy Warhol" – aber es funktioniert.

Linger
LOUNGE

(☑ 303-993-3120; www.lingerdenver.com; 2030 W 30th Ave; Hauptgerichte 8–14 US$; ⊙ Di–Sa 11.30–14.30 & 16–2, So 10–14.30 Uhr) Dieser weitläufige LoHi-Komplex befindet sich im früheren Bestattungsinstitut Olinger. Abends wird das „O" aus dem originalen Namensschild ausgeschaltet, sodass nur Linger (engl. für „verweilen") übrig bleibt. Es gibt eine interessante internationale Speisekarte, doch die meisten Gäste kommen wegen der schicken, taghell erleuchteten Dachbar, zu der ein Nachbau des berühmten Wohnmobils aus dem Bill-Murray-Filmhit *Ich glaub, mich knutscht ein Elch* gehört.

Bar Standard
CLUB

(☑ 303-534-0222; www.coclubs.com; 1037 Broadway; ⊙ Fr & Sa 20–2 Uhr; ☑ 0 RTD) Vom schicken

Interieur bis zum Pult des DJs, der nicht die typische, sinnlos hämmernde Musik auflegt, ist die Bar Standard ein unnachahmliches Juwel in Denvers Nachtclubszene. Sie ist supercool, ohne arrogant zu wirken – wenn der richtige DJ das Zepter schwingt, einer der besten Tanzschuppen Denvers.

Tracks   SCHWULENCLUB
(☎ 303-863-7326; www.tracksdenver.com; 3500 Walnut St; ⊗ Fr & Sa 21–2 Uhr, So–Di wechselnde Öffnungszeiten) In Denvers bestem Schwulen-Tanzclub darf man ab 18 Jahren donnerstags tanzen, sich freitags Travestieshows ansehen und den Lesben-Abenden (1-mal pro Monat) beiwohnen. Es gibt einen eindeutigen Fokus auf *pretty boys*, tolle Musik und eine dazu passende Umgebung. Samstagnacht steigt die größte Tanzparty.

Denver Wrangler   SCHWULENBAR
(☎ 303-837-1075; www.denverwrangler.com; 1700 Logan St; ⊗ 11–2 Uhr; 🚌 101 RTD) Das zentral gelegene Wrangler, Denvers führende Bar für bär(t)ige Jungs, zieht nach Feierabend ein sympathisches Publikum aus schwulen Yuppies an. Am Wochenende wird ganz schön geflirtet und abgeschleppt. Toll sind die Sitzmöglichkeiten auf dem Bürgersteig.

Great Divide Brewing Company   BRAUEREI
(www.greatdivide.com; 2201 Arapahoe St; ⊗ Mo & Di 14-20, Mi–Sa bis 22 Uhr) Diese ausgezeichnete Lokalbrauerei tut gut daran, auf die üblichen Burger-Menüs und ausgefallenen Schnickschnacks zu verzichtet. Stattdessen konzentriert sie sich auf das, was sie am besten kann: tolles Bier. Also zur Bar schlendern, die Kupferkessel betrachten und die saisonalen Brauprodukte schlürfen – eine Erfahrung, die die Augen eines Biertrinkers aufleuchten lässt!

Ace   BAR
(☎ 303-800-7705; www.acedenver.com; 501 E 17th Ave; ⊗ Mo–Fr 11–24, Sa & So 14– 24 Uhr) Die beste Tischtennisbar Denvers. Man kommt hierher, um Ulk-Turniere auszutragen, Hipster zu gucken, aber auch wegen des großartigen Essens und der lauten Indoor-Outdoor-Partys, die einen tief in den dumpfen Untergrund hinabzieht – Tischtennis wird nach den Straßenregeln gespielt.

The Church   CLUB
(www.coclubs.com; 1160 Lincoln St; ⊗ Do–So 21–2 Uhr) Es ist ein einmaliges Erlebnis, ein starkes Gebräu im Inneren einer 1865 erbauten Kirche zu bestellen. Jawohl, dieser Club, der eine große, bunte Meute anzieht, ist in einem ehemaligen Gotteshaus untergebracht. Erhellt durch Hunderte von Altarkerzen und blaues Stroboskoplicht, hat The Church drei Tanzflächen, Akrobaten, ein paar Lounges und sogar eine Sushibar!

☆ Unterhaltung

Das Gratismagazin **Westword** (www.westword.com) informiert über aktuelle Veranstaltungen im Bereich der darstellenden Künste (u. a. Musik, Theater).

★ Denver Performing Arts Complex   THEATER
(☎ 720-865-4220; www.artscomplex.com; Ecke 14th & Champa St) Dieser Riesenkomplex ist einer der größten seiner Art. In insgesamt vier Gebäudeblocks beherbergt er mehrere große Theater wie das historische Ellie Caulkins Opera House oder den Seawell Grand Ballroom. Das Colorado Ballet, das Denver Center for the Performing Arts, die Opera Colorado und das Colorado Symphony Orchestra sind ebenfalls hier zu Hause.

★ El Chapultepec   JAZZ
(☎ 303-295-9126; www.thepeclodo.com; 1962 Market St; ⊗ 11–2 Uhr, Musik ab 21 Uhr) Der verrauchte Oldschool-Jazzschuppen mit buntem Publikum wurde 1951 eröffnet. Seitdem sind hier u. a. Frank Sinatra, Tony Bennett, Ella Fitzgerald, Jagger und Richards aufgetreten. Jede Nacht spielen lokale Jazz-Bands auf der kleinen Bühne, doch man weiß nie, wer möglicherweise noch vorbeischaut.

Hi-Dive   LIVEMUSIK
(☎ 303-733-0230; www.hi-dive.com; 7 S Broadway) Lokale Rockgrößen und tourende Indie-Bands treten auf der Bühne des Hi-Dive im Herzen von Denvers Livemusikszene auf. Bei großen Shows wird es ohrenbetäubend laut, es herrscht drangvolle Enge und der Schweiß rinnt in Strömen. Mit anderen Worten – perfekt!

Grizzly Rose   LIVEMUSIK
(☎ 303-295-1330; www.grizzlyrose.com; 5450 N Valley Hwy; ⊗ Di–So ab 18 Uhr; 🚗) Die supertolle Spelunke bietet auf 3700 m² heiße Livemusik, die sogar echte Cowboys aus dem entfernten Cheyenne anzieht. Die Country Music Association kürte sie zur besten Country-Bar Amerikas. Und wer noch nie versucht hat, danach zu tanzen, muss nur in die Boots schlüpfen, einen Stetson aufsetzen und loslegen.

ROCKY MOUNTAINS DENVER

TOP-TAGESWANDERUNGEN

Im Umkreis von einer Stunde von Denver gibt es Hunderte Möglichkeiten für Tageswanderungen. Hier sind einige besonders empfehlenswerte:

Jefferson County Open Space Parks (www.jeffco.us/openspace; 🚹) Zu den Highlights zählen Matthews Winters, Mount Falcon, Elk Meadow und Lair o' the Bear.

Golden Gate Canyon State Park (☑ 303-582-3707; www.parks.state.us/parks; 92 Crawford Gulch Rd, Golden; Eintritt/Camping 7/24 US$; ☺ 5–22 Uhr) Der 48,6 km² große State Park liegt auf halber Strecke zwischen Denver und Nederland. Man erreicht ihn von Denver aus in einer etwa 45-minütigen Autofahrt.

Staunton State Park (☑ 303-816-0912; www.parks.state.co.us/parks) Colorados jüngster State Park liegt 40 Meilen (64,3 km) westlich von Denver auf dem Gelände einer ehemaligen Ranch und ist über den Hwy 285 zwischen Conifer und Bailey zu erreichen.

Waterton Canyon (☑ 303-634-3745; www.denverwater.org/recreation/watertoncanyon; Kassler Center) Südlich der Stadt, gleich westlich vom Chatfield Reservoir, erstreckt sich dieser reizvolle Canyon, in dem ein leicht zu bewältigender, 10,5 km langer Pfad zum Strontia Springs Dam führt. Von hier gelangt man auf dem **Colorado Trail** (CTF; ☑ 303-384-3729; www.coloradotrail.org; PO Box 260876; ☺ Mo–Fr 9–17 Uhr) bis nach Durango!

Ogden Theatre   LIVEMUSIK
(☑ 303-832-1874; www.ogdentheatre.net; 935 E Colfax Ave; 🚹; 🚌 15 RTD) Einer von Denvers besten Livemusik-Clubs. Das Ogden Theatre hat eine wechselvolle Vergangenheit hinter sich: 1917 erbaut, stand es viele Jahre verlassen da und wäre in den frühen Neunzigern fast abgerissen worden. Inzwischen jedoch steht es auf der Liste des National Register of Historic Places. Hier sind schon Acts wie Edward Sharpe & the Magnetic Zeros und Lady Gaga aufgetreten.

Comedy Works   COMEDY
(☑ 303-595-3637; www.comedyworks.com; 1226 15th St; 🚌 6, 9, 10, 15L, 20, 28, 32, 44, 44L RTD) Denvers bester Comedy-Club befindet sich in einem Kellergeschoss am Larimer Sq (hinunter geht's über eine Treppe Ecke Larimer/15th St), wo regelmäßig aufstrebende Comedians aus dem ganzen Land auftreten. Wer klaustrophobisch veranlagt ist, mag sich vielleicht etwas unbehaglich fühlen, doch die Sitze sind bequem und die Aufführungen hervorragend.

Lannie's Clocktower Cabaret   KABARETT
(☑ 303-293-0075; www.lannies.com; 1601 Arapahoe St; Tickets 25–40 US$; ☺ Di 13–17, Mi & Do bis 23, Fr & Sa bis 1.30 Uhr; 🚌 Arapahoe) Schlüpfrig, frech und schräg romantisch – das Lannie's Clocktower Cabaret ist eine wilde Ausnahme unter den ansonsten eher sittenstrengen oder zumindest konventionellen Nightspots von LoDo. Ein Platz an einem Tisch gleich vorn katapultiert einen ins Herz des Geschehens. Und wer das Programm durchgeht,

könnte einen Blick auf die heißesten Dragqueens von Denver erhaschen.

Coors Field   BASEBALL
(☑ 800-388-7625; www.mlb.com/col/ballpark/; 2001 Blake St; 🚹) Denver ist bekannt für seine leidenschaftlichen Fans und hat fünf Profi-Teams. Die Colorado Rockies spielen Baseball auf dem sehr geschätzten Coors Field. Tickets für das Nebenfeld – The Rockpile – kosten 4 US$. Kein schlechtes Geschäft.

**Sports Authority
Field at Mile High**   STADION
(☑ 720-258-3000; www.sportsauthorityfieldatmilehigh.com; 1701 S Bryant St; 🚹) Die gefeierten Teams der Denver Broncos (Football), Super-Bowl-Sieger 2016, und der Denver Outlaws (Lacrosse) spielen 1,5 km westlich der Innenstadt im Mile High Stadium, das Schauplatz unterschiedlichster Events ist; u. a. traten hier auch schon Superstars wie U2 auf. Führungen durch das Stadion werden veranstaltet von der **Colorado Sports Hall of Fame** (☑ 720-258-3888; www.coloradosports.org; 1701 Bryant St; ☺ Sept.–Mai Do–So 10–15 Uhr, Juni–Aug. Di–Sa 10–15 Uhr; 🅿 🚹; 🚌 16, 16L, 28, 30, 30L, 31, 36L RTD) GRATIS.

Pepsi Center   STADION
(☑ 303-405-1111; www.pepsicenter.com; 1000 Chopper Circle) Dieser Gigant beheimatet die Denver Nuggets (Basketball), die Colorado Mammoth (National Lacrosse League) und die Colorado Avalanche (Eishockey). Außerhalb der jeweiligen Saisons ist es eine große Konzerthalle.

🛍 Shoppen

Wer im Zentrum shoppen will, begibt sich nach LoDo oder zur Einkaufsmeile an der 16th St. Cherry Creek, Highlands Square und South Broadway sind weitere Top-Jagdreviere.

⭐Tattered Cover Bookstore BÜCHER
(www.tatteredcover.com; 1628 16th St; ⊙Mo–Fr 6.30–21, Sa 9–21, So 10–18 Uhr) In Denvers beliebter unabhängiger Buchhandlung, die in der Stadt mit zwei Standorten vertreten ist, gibt es viele lauschige Ecken, in denen man in einem Buch schmökern kann. Das Angebot an neuen und gebrauchten Büchern ist riesig; etliche Reiseführer und Sachbücher widmen sich den Bundesstaaten im Westen und der Western-Folklore.

⭐REI OUTDOOR-AUSRÜSTUNG
(Recreational Equipment Incorporated; ☑303-756-3100; www.rei.com; 1416 Platte St; 🚻) Das Flaggschiff unter den Outdoor-Händlern und unverzichtbare Station für all diejenigen, die in die Berge aufbrechen wollen oder einfach durch den Confluence Park schlendern wollen. Der Laden hat das notwendige Equipment und Karten zum Campen, Radfahren, Klettern und Skifahren. Er verleiht auch Ausrüstung. An der Pinnacle, einer 14 m hohen roten Indoor-Kletterwand, kann man sich einklettern.

Wax Trax Records MUSIK
(☑303-831-7246; www.waxtraxrecords.com; 638 E 13th Ave; 🚌2,10,15,15L RTD) Seit über 30 Jahren befindet sich Wax Trax Records an diesem Standort in Denver. Hier gibt's Unmengen an CDs, DVDs, Schallplatten und Musikbedarf. Indie, Alternative Musik, Punk, Gothic, Folk, Rock, Hiphop, Jazz, Reggae – alles, was irgendwie ausgefallen ist, gibt es im Laden oder wird bestellt.

ℹ Praktische Informationen

Visitors & Convention Bureau Information
Center (☑303-892-1112; www.denver.org; 1600 California St; 🕿; 🚌California) Wer in der Stadt ankommt, sollte das größte und am zentralsten gelegene Informationszentrum in der 16th St Mall aufsuchen. Man kann sich mit Broschüren und Informationen über den Nahverkehr eindecken. Einen Info-Schalter gibt's auch im Colorado Convention Center.

ABSEITS DER ÜBLICHEN PFADE

LEBEN IN RED ROCKS!

Das **Red Rocks Amphitheatre** (☑303-640-2637; www.redrocksonline.com; 18300 W Alameda Pkwy; ⊙5–23 Uhr; 🚻), eingerahmt von bis zu 122 m hohen Sandsteinfelsen, liegt rund 15 Meilen (24 km) südwestlich von Denver. Die Akustik ist hier so hervorragend, das schon etliche Künstler ihre Alben hier aufgenommen haben. Die 9000 Personen fassende Arena bietet überwältigende Ausblicke und zieht den ganzen Sommer über berühmte Bands an.

Wenn die untergehende Sonne glutrot aufleuchtet und die umliegenden Felsen in ein kräftiges orangefarbenes Licht taucht und die Künstler auf der Bühne die passenden Klänge anstimmen, ist das Red Rocks Amphitheatre ein magischer Ort, der zu Recht im 19. Jh. „Garten der Engel" genannt wurde. Das natürliche Amphitheater, einst von den Ute-Indianer als Heimstatt genutzt, wurde jahrzehntelang für Aufführungen genutzt, doch erst 1936 erbauten Mitglieder des Civilian Conservation Corps eine richtige Freiluftarena mit Sitzplätzen und Bühne. Nachdem hier ursprünglich klassische Aufführungen stattgefunden und Militärkapellen gespielt haben, debütierte es als stilvolle Rockbühne. Und das wahrlich stilecht mit John, Paul, George und Ringo höchstpersönlich.

Und, schon ein Ticket ergattert? Perfekt. Dann zum praktischen Teil. Vor den Aufführungen etwas essen, denn die Imbissbesitzer verlangen, erwartungsgemäß, stolze Preise. Man darf zur Show eine kleine Kühlbox mitbringen, sofern man kein Besäufnis veranstaltet und diese unter dem Sitz verstaut werden kann. Das Herumklettern auf den Felsformationen ist verboten. Allerdings führen über 250 Stufen hinauf auf die Spitze des Theaters und geben kilometerweit nach Osten hin den Blick frei auf den Park und auf Denver.

Erstaunlicherweise kann der Red Rocks Park fast ebenso unterhaltsam sein, wenn alles mucksmäuschenstill ist. Das Amphitheater ist nur der Bruchteil eines 243 ha großen Areals mit kilometerlangen Wanderwegen und zahllosen Möglichkeiten, den Menschenmassen zu entfliehen und sich den Felsformationen zu widmen. Auf der Website gibt es Informationen zum gesamten Gebiet.

ORIC-Schalter (Outdoor Recreation Information Center; ☑ REI-Zentrale 303-756-3100; www.oriconline.org; 1416 Platte St; ☏) Dieser Info-Schalter im Outdoor-Laden REI ist ein Muss für alle, die raus in die Natur wollen. Hier gibt's Karten sowie fundierte Infos zur Planung von Touren und zur eigenen Sicherheit. Der Schalter wird von Freiwilligen betrieben, daher können die Öffnungszeiten stark variieren. Wer aber am Wochenende nachmittags vorbeischaut, sollte gute Chancen haben, jemanden anzutreffen.

❶ An- & Weiterreise

Der **Denver International Airport** (DIA; ☑ 303-342-2000; www.flydenver.com; 8500 Peña Blvd; ☏) wird von etwa 20 Fluggesellschaften bedient. Es bestehen Verbindungen zu fast allen US-Großstädten. Er liegt 24 Meilen (38,6 km) östlich der Innenstadt und ist über den 12 Meilen (19,3 km) langen Peña Blvd mit der I-70 (Exit 238) verbunden. Touristen- und Flughafeninfos gibt es an einem **Schalter** (☑ 303-342-2000) in der zentralen Halle des Terminals.

Greyhound-Busse halten am **Denver Bus Center** (☑ 303-293-6555; 1055 19th St), wo u. a. Verbindungen nach Boise (19 Std.) und Los Angeles (22 Std.) bestehen.

Der **Colorado Mountain Express** (CME; ☑ 800-525-6363; www.coloradomountain express.com; DIA; ☏) betreibt einen Shuttle zwischen DIA, Stadtzentrum oder Morrison und dem Summit County, inklusive Breckenridge und Keystone (2½ Std.) und Vail (3 Std.).

Amtraks *California Zephyr* verkehrt täglich zwischen Chicago und San Francisco und hält in Denver an der **Union Station** (☑ Amtrak 800-872-7245; www.denverunionstation.org; Ecke 17th St & Wynkoop St; ☐ 31X, 40X, 80X, 86X, 120X RTD).

❶ Unterwegs vor Ort

AUTO & MOTORRAD

An der Straße einen Parkplatz zu finden, kann eine Qual sein. Abhilfe schaffen kostenpflichtige Parkhäuser in Downtown und LoDo. Fast alle wichtigen Autovermieter haben am DIA einen Schalter, einige auch Büros in Downtown.

FAHRRAD

BikeDenver.org (www.bikedenver.org) oder **City of Denver** (www.denvergov.org) haben Radfahrer-Stadtpläne zum Downloaden.

Denver B-Cycle (http://denver.bcycle.com), das erste stadtweite Bikesharing-Programm der USA, unterhält in ganz Denver über 80 Stationen. Schutzhelme sind in der Gebühr nicht enthalten und in Denver auch nicht Pflicht.

VOM/ZUM FLUGHAFEN

Etliche Verkehrsbetriebe haben Schalter in der Nähe der Gepäckausgabe. **Regional Transit Dis**trict (RTD; ☑ 303-299-6000; www.rtd-denver. com) betreibt die SkyRide-Linie, die stündlich von Downtown zum Flughafen (9–13 US$, ca. 1 Std.) und nach Boulder (1½ Std.) fährt. **Super-Shuttle** (☑ 303-370-1300; www.supershuttle. com) bietet Kleinbusse zwischen Denver und dem Flughafen an.

Inzwischen sollte am DIA ein Transitzentrum eröffnet haben, das den Flughafen mit Downtown über einen 35-minütigen Zugpendelverkehr verbindet.

ÖFFENTLICHE VERKEHRSMITTEL

RTD betreibt Nahverkehrsmittel im ganzen Bereich von Denver und Boulder. Kostenlose Shuttle-Busse verkehren auf der 16th St Mall. Die RTD-Light-Rails bedienen gegenwärtig mit sechs Linien insgesamt 46 Stationen. Die Tickets kosten 2,25 US$ für 1–2 Stationen, 4 US$ für 3 Zonen und 5 US$ für alle Zonen.

TAXI

Einen Taxiservice rund um die Uhr bieten: **Metro Taxi** (☑ 303-333-3333; www.metrotaxi denver.com) **Yellow Cab** (☑ 303-777-7777; www.denver yellowcab.com)

Boulder

In reizender Lage schmiegt sich dieses idyllische Städtchen an die schroffen, fast senkrechten Felswände der Flatirons. Sein spürbarer Idealismus wirkt auf Unternehmer, Sportler, Hippies und Hartgesottene wie ein Magnet. Außerdem sind hier die University of Colorado und die von der Beat-Periode inspirierte Naropa University, eine buddhistische Stiftung, zu Hause.

Boulders fanatische Liebe zur Natur wurde 1967 gesetzlich untermauert, als die Stadt als erste in den USA eine spezielle Steuer für den Freiflächenschutz erhob. Dank dieses Weitblicks flitzen heute ganze Rudel von Radlern den Boulder Creek Corridor entlang. Dieser verbindet Boulder mit den Regionalparks, die von Steuergeldern gekauft wurden. Die verkehrsberuhigte, belebte Pearl Street Mall eignet sich perfekt zum Schlendern – vor allem abends, wenn sich dort bis in die Puppen Einheimische tummeln.

Tatsächlich ist für alle Outdoor-Freaks Boulder die regionale Drehscheibe (und nicht etwa Denver). Die Stadt liegt ungefähr gleich weit vom Denver International Airport entfernt. Doch wer in Boulder sein Quartier aufschlägt, ist deutlich näher an den Wanderrouten, dem Rocky Mountain National Park und den Skipisten dran.

◉ Sehenswertes & Aktivitäten

Was das Sehen und Gesehenwerden in Boulder angeht, konzentriert sich die Action vor allem auf zwei Bereiche abseits des Broadways: auf die Pearl Street Mall im Zentrum und auf den Bezirk University Hill neben dem Unigelände. In „The Hill" treibt sich aber kaum jemand über 25 Jahren herum. Im Westen wird die Stadt von den markanten Felsformationen der Flatirons überragt.

★ Chautauqua Park   PARK
(www.chautauqua.com; 900 Baseline Rd; ▯HOP 2) Das historische Wahrzeichen ist das Tor zu Boulders großartigstem Naturraum, den Flatirons. Die weiten, saftigen Parkwiesen locken viele Familien zum Picknicken an. Unter sie mischen sich aber auch viele Sonnenanbeter, Frisby-Spieler und Studenten der nahen CU sowie scharenweise Wanderer, Kletterer und Jogger.

Boulder Creek Bike Path   RADFAHREN
(⊙24 Std.; ☒) Der meistgenutzte städtische Radweg für Pendler ist befestigt, verläuft flach und überwiegend gerade und folgt dem Boulder Creek vom Foothills Parkway die gesamte Strecke bergauf, bis westlich der Innenstadt die Four Mile Canyon Rd vom Boulder Canyon abzweigt. Insgesamt ergibt sich eine einfache Strecke von über 8 km. Vom Pfad hat man auch Zugang zu den Radwegen in die Stadt, die dort überall hinführen.

Eldorado Canyon State Park   OUTDOOR
(☑303-494-3943; ⊙Visitor Center 9–17 Uhr) Der Park ist eines der beliebtesten Kletterreviere des Landes und bietet Touren der Sierra-Grade 5.5 bis 5.12 (ca. 4 bis 9+ nach UIAA). Ein Dutzend für alle Besucher geeigneten Wanderwege führen auch zum Chautauqua Park. Ein öffentlicher (nur im Sommer geöffneter) Pool bietet kühlen Badespaß im berühmten Quellwasser des Canyons.

University Bicycles   RADFAHREN
(www.ubikes.com; 839 Pearl St; 4-Std.-Leihgebühr 15 US$; ⊙Mo–Sa 10–18, So 10–17 Uhr) Es gibt jede Menge Fahrradverleiher, dieser hier hat aber die größte Auswahl an Fahrrädern und ein überaus hilfsbereites Personal. Für 18 US$ bekommt man ein Cityrad für den ganzen Tag.

Boulder Rock Club   FELSKLETTERN
(☑303-447-2804; http://boulderrockclub.com; 2829 Mapleton Ave; Tageskarte Erw./Kind 17/ 10 US$; ⊙Mo 8–20, Di–Do 6–23, Fr 8–23, Sa & So 10–20 Uhr; ☒) Eine unglaublich große Kletterhalle, die bei einheimischen Kletterfans besonders beliebt ist. Die riesige Lagerhalle ist voller künstlicher Felswände mit Vorsprüngen und Routen. Und Selbstsicherungen ermöglichen es auch Solokletterern, Griffe zu üben. Es werden Kurse sowie spezielle Kinderveranstaltungen angeboten. Das Personal ist eine tolle Anlaufstelle für Klettertipps in der Region.

✪ Feste & Events

Boulder Creek Festival   MUSIK, ESSEN
(☑303-449-3137; www.bceproductions.com; Canyon Blvd, Central Park; ⊙Mai; ☒; ▯206, JUMP) GRATIS Angekündigt als Auftakt für die Sommersaison und gekrönt vom Bolder Boulder (s. unten), ist dieses Sommerfest mit über 500 Ständen eine riesige Veranstaltung. Auf den über zehn Eventbühnen treten über 30 Künstler auf. Es gibt Essen und Getränke, Musik und Sonne. Was braucht man mehr?

Bolder Boulder   LEICHTATHLETIK
(☑303-444-7223; www.bolderboulder.com; Erw. ab 59 US$; ⊙Mai; ☒) Mit 54 000 Läufern – darunter auch Profis, die sich unter die teils verkleideten Teilnehmer mischen –, Livemusikbands und Zuschauermassen am Straßenrand dürfte dies Amerikas heiterster 10-km-Lauf sein. Er endet im CU Stadium.

DIE JAHRTAUSENDFLUT

Erst der schlimmste Großflächenbrand in Colorados Geschichte, gefolgt von einer Dürre und dann auch noch dies: Am 12. September 2013 suchte die Bewohner der Front Range die nächste Katastrophe heim, als sie vom Hochwasser in den Canyons aus dem Schlaf gerissen wurden. Die Überflutungen schnitten Berggemeinden von der Außenwelt ab, kosteten acht Menschen das Leben und machten Tausende obdachlos. Eine Katastrophe dieser Größenordnung wird als Jahrtausendflut betrachtet (Eintrittswahrscheinlichkeit von 0,1 %). Mit 432 mm übertraf die Regenmenge den ansonsten im September üblichen Niederschlagsdurchschnitt um das Zehnfache. Der Gesamtschaden wurde auf 2 Mrd. US$ geschätzt, womit die Flut als zweitgrößte Naturkatastrophe der US-Geschichte nach Katrina gilt. Das betroffene Gebiet (etwa so groß wie Connecticut) wird Jahre brauchen, um sich wieder zu erholen.

🛏 Schlafen

In Boulder gibt es zig Übernachtungsoptionen – einfach den Broadway oder den Hwy 36 entlangfahren und die Wahl treffen.

⭐ Chautauqua Lodge   HISTORISCHES HOTEL $$
(☎ 303-442-3282; www.chautauqua.com; 900 Baseline Rd; Zi. ab 73 US$, Cottage 125–183 US$; P ⊕ ❄ 🛜 🐾; 🚌 HOP 2) Die Cottages dieser schattigen Anlage im Chautauqua Park grenzen direkt an die schönen Wanderwege zu den Flatirons und sind daher die erste Wahl. Es gibt zeitgemäße Zimmer und Cottages mit ein bis drei Schlafzimmern, Verandas und Betten mit Patchwork-Quilts. Alles ist bestens geeignet für Familien und Haustiere. Sämtliche Cottages haben voll ausgestattete Küchen, dennoch ist die rundum verlaufende Veranda der Chautauqua Dining Hall zum Frühstücken besonders beliebt.

Hotel Boulderado   BOUTIQUEHOTEL $$$
(☎ 303-442-4344; www.boulderado.com; 2115 13th St; Zi. ab 264 US$; P ❄ 🛜; 🚌 HOP, SKIP) Schon 100 Jahre ist das charmante Boulderado in Betrieb, das sich durch viktorianische Eleganz und herrliche öffentliche Flächen auszeichnet. Das denkmalgeschützte Hotel ist ein wahres Romantikrefugium. Jedes Zimmer ist individuell mit vielen Antiquitäten eingerichtet. Das Atrium mit Buntglasfenstern und ein Springbrunnen mit Gletscherwasser verleihen der Lobby, in der Jazzmusik rieselt, eine besondere Note. Die Zimmer auf der gegenüberliegenden Straßenseite sind etwas größer und preisgünstiger, es fehlt ihnen jedoch die historische Würde.

St. Julien Hotel & Spa   HOTEL $$$
(☎ 720-406-9696, Reservierungen 877-303-0900; www.stjulien.com; 900 Walnut St; Zi. ab 309 US$; P ❄ @ 🛜 🏊) Das schönste Vier-Sterne-Hotel von Boulder liegt im Herzen von Downtown. Es ist modern und edel mit Landschaftsfotografien und Korkwänden ausgestattet, die für ein warmes Ambiente im Zimmer sorgen. Auf der Terrasse nach hinten mit sagenhafter Aussicht auf die Flatirons werden Livekonzerte mit Weltmusik, Jazz oder wilde Salsapartys veranstaltet. Die Zimmer sind vornehm und die Bademäntel ebenfalls.

🍴 Essen

Boulder bietet jede Menge tolle Möglichkeiten für ein Abendessen. Die meisten liegen im Zentrum in der Pearl Street Mall, Schnäppchen findet man dagegen eher in The Hill. Zwischen 15.30 und 18.30 Uhr veranstaltet beinahe jedes Restaurant in Downtown eine Happy Hour mit irgendeinem tollen Angebot zum Essen oder Trinken. Das ist eine super Gelegenheit, gutes Essen zu günstigen Preisen zu probieren – auf den Websites stehen Details.

Spruce Confections   BÄCKEREI $
(☎ 303-449-6773; 767 Pearl St; Backwaren ab 3,25 US$; ⊙ Mo–Fr 6.30–18, Sa & So 7–18 Uhr; 🐾; 🚌 206) Boulders beste Bäckerei, zu deren Favoriten die Ol' B Cookie (Schokolade, Hafer, Zimt und Kokosnuss) und der Black Bottom Cupcake (Schokolade mit Käsekuchenfüllung) zählen. Hierzu passt der Spruce Juice, der vielleicht großartigste geeiste Vanille-Latte. Außerdem gibt's herrliche Scones, gute selbst gemachte Suppen und Salate. Eine zweite Filiale befindet sich in 4684 Broadway.

Dish   SANDWICHES $
(☎ 720-565-5933; www.dishgourmet.com; 1918 Pearl St; Hauptgerichte 10 US$; ⊙ Mo–Fr 9–18, Sa 11–16 Uhr; 🐾; 🚌 204, HOP) Mittags wird dieses Deli von Korbmöbeln flankiert. Die Sandwiches für 10 US$ sind nicht gerade günstig, aber qualitativ hochwertig. Als Belag stehen z. B. gebratene Truthahnstücke, Gänseleberpastete oder Bio-Rindfleisch (u.a. als langsam gegartes Bruststück) zur Auswahl. Hinzu kommen Butter-Baguettes mit erstklassigen Käsesorten. Auch die Beilagensalate sind verlockend.

Zoe Ma Ma   CHINESISCH $
(2010 10th St; Hauptgerichte 5–13 US$; ⊙ So–Do 11–22, Fr & Sa 11–23 Uhr; 🚌 206, SKIP, HOP) 🌿 In Boulders angesagtester Nudelbar kann man frisch zubereitete Snacks an einer langen Freilufttheke finden. Die taiwanische Matriarchin Mama trägt Crocs und plaudert beim Kochen mit ihrer Kundschaft. Die Bio-Nudeln und die zarten Jiaozi (Teigtaschen) mit Knoblauch-Aroma sind komplett hausgemacht.

Sink   KNEIPENESSEN $
(www.thesink.com; 1165 13th St; Hauptgerichte 5–12 US$; ⊙ 11–2, Küche bis 22 Uhr; 🐾; 🚌 203, 204, 225, DASH, SKIP) Die geerdete, mit Graffiti übersäte Kneipe von 1923 ist ein Hill-Klassiker, in dem einst auch Robert Redford während seiner Jahre an der CU gearbeitet hat. Er zog weg, die Einrichtung ist geblieben. Im dessen, von schummrigem Licht erhellten Raum werden noch immer die legendären Sink-Burger produziert und Getränke der lokalen Kleinbrauereien an die jüngste Generation von Studenten ausgeschenkt.

ROCKY MOUNTAINS COLORADO

Alfalfa's
SUPERMARKT **$**

(www.alfalfas.com; 1651 Broadway St; ⊘7.30–22 Uhr; 🚌AB, B, JUMP, SKIP) Kleiner, gemeindeorientierter Bio-Markt mit einer herrlichen Auswahl an Fertiggerichten und einem einladenden Essbereich innen und außen.

Cafe Aion
SPANISCH **$$**

(☑303-993-8131; www.cafeaion.com; 1235 Pennsylvania Ave; Tapas 5–13 US$; ⊘Di–Fr 11–22, Sa & So 9–15 Uhr; 🚌203, 204, 225, DASH, SKIP) Obwohl gepfefferte Preise auf dem Hill seltsam erscheinen, sollte man um dieses Café keinen Bogen machen. Das authentische, bodenständige Café an einer Seitenstraße folgt entspannten spanischen Rhythmen, indem es frische Tapas und leckere, selbst gemachte Sangria serviert. Die Papas Bravas punkten mit ihrer perfekten Knusprigkeit, die gegrillten Lauchzwiebeln und Dolmas sind leicht bekömmlich und würzig. Am ganzen Dienstagabend ist Happy Hour.

Lucile's
CAJUN **$**

(☑303-442-4743; www.luciles.com; 2142 14th St; Hauptgerichte 8–14 US$; ⊘Mo–Fr 7–14, Sa & So ab 8 Uhr; 🚻; 🚌205, 206, HOP) 🌱 Dieses Diner im New-Orleans-Stil serviert perfektes Frühstück. Zu den Highlights zählen Eiergerichte nach kreolischer Art (auf cremigem Spinat und Käse-Grütze oder auf perfekt schwarzgebratener Forelle). Am besten beginnt man mit einer dampfenden Tasse Tee und Zichorienkaffee und bestellt dazu eine Ladung von der Spezialität des Hauses: Beignets in Puderzucker. Rechtzeitig kommen oder bereit sein, sich in der Warteschlange anzustellen.

★ Salt
MODERN-AMERIKANISCH **$$$**

(☑303-444-7258; www.saltboulderbistro.com; 1047 Pearl St; Hauptgerichte 14–28 US$; ⊘Mo–Mi 11–22, Do–Sa bis 23, So 10–22 Uhr; 🚻; 🚌208, HOP, SKIP) Frische Zutaten vom Bauernhof gibt es überall in Boulder, doch dieses Lokal übertrifft alle Erwartungen. Die süßen Erbsen-Ravioli mit Zitronen-Beurre-blanc-Sauce und gehobeltem Rettich sind eine herrliche Köstlichkeit. Im Salt gibt's aber auch Fleisch vom einheimischen, mit Gras gefütterten Freilandrind, dessen Fleisch regelmäßig mit Fett übergossen und langsam bis zur Perfektion geschmort wird. Falls es Fragen gibt, helfen die kompetente Kellner weiter.

Kitchen
MODERN-AMERIKANISCH **$$$**

(☑303-544-5973; http://thekitchen.com; 1039 Pearl St; Hauptgerichte 18–32 US$; ☎; 🚌206, HOP) 🌱 Dieses Restaurant ist ein Vorreiter in Boulder, wenn es um frische Produkte vom Bauernhof geht. Es pflegt klare Linien, bietet jede Menge knuspriges Brot und ein Tagesmenü. Superfrische Zutaten werden zu rustikalen Tapas verarbeitet: Tapas mit geröstetem Wurzelgemüse, dünn geschnittener Prosciutto und in Sahne gedünstete Miesmuscheln. Die Sandwiches mit Pulled Pork sorgen ebenfalls für Aufsehen, man sollte aber noch Kapazitäten freihalten für den klebrigen Karamellpudding. Wer Kontakte knüpfen will, sollte nicht die Community Hour verpassen: Wochentags gibt's zwischen 15 und 17 Uhr an einem großen Tisch was zum Nippen und zum Knabbern.

Im Obergeschoss herrscht eine zwanglosere Atmosphäre und es gibt günstigere Gerichte.

🍸 Ausgehen & Unterhaltung

Der *Playboy* hat die CU nicht umsonst zur besten Party-Schule gewählt – die Blocks rund um die Pearl St Mall und Hill sind Garanten für zügellosen Spaß. Viele Lokale sind gleichzeitig Bars oder verwandeln sich nach 22 Uhr gleich ganz in Tanzclubs.

★ Mountain Sun Pub & Brewery
BRAUEREI

(www.mountainsunpub.com; 1535 Pearl St; ⊘11–1 Uhr; 🚻; 🚌HOP, 205, 206) Boulders beliebteste Brauerei serviert eine ganze Latte feiner Biersorten und ist voller unterschiedlichster Gäste, von Yuppies bis Hippies. Am tollsten ist aber die Stimmung. Die Kneipengrichte, vor allem die Burger und das Chili, sind köstlich. Perfekt für Familien sind die Brettspiele und Kindermenüs. Oft gibt es sonntag- und montagabends Livemusik: Bluegrass, Reggae oder einfach Jam-Sessions.

Bitter Bar
COCKTAILBAR

(☑303-442-3050; www.thebitterbar.com; 835 Walnut St; Cocktails 9–15 US$; ⊘Mo–Do 17–24, Fr & Sa 17–2 Uhr; 🚌HOP) Eine schicke Flüsterkneipe in Boulder, in der Killer-Cocktails wie der tolle Blue Velvet mit Lavendel-Aroma den Abend auf angenehme Weise in Nebel hüllen. Auf der Terrasse kann man sich prima unterhalten; donnerstagabends treten ab 21 Uhr Bands auf.

Boulder Dushanbe Teahouse
TEESALON

(☑303-442-4993; 1770 13th St; Hauptgerichte 8–19 US$; ⊘8–22 Uhr; 🚌203, 204, 205, 206, 208, 225, DASH, JUMP, SKIP) Man findet schwerlich ein angenehmeres Ambiente in Boulder als diesen unglaublichen Teesalon, ein Geschenk von Boulders Partnerstadt Duschanbe in Tadschikistan. Das kunstvolle Schnitzwerk und die Malereien wurden vor einem Jahrzehnt am Rand des Central Park wieder zusammengesetzt. Es ist aber bedauerlich, dass die internationale Küche überraschend einfallslos ist. Für eine Tasse Tee lohnt sich ein Besuch aber garantiert.

Boulder Theater
KINO, MUSIK
(☎ 303-786-7030; www.bouldertheatre.com; 2032 14th St) Dieser historische Laden, der in früheren Zeiten ein Kino war, wartet mit nicht ganz so bekannten Acts wie der Jazzgröße Charlie Hunter, den verrückten Rockern von Gogol Bordello und den frankoafrikanischen Diven Les Nubians auf. Es werden aber auch Filmklassiker wie *The Big Lebowski* gezeigt und Kurzfilm-Festivals veranstaltet. Ein Bier dazu – wunderbar!

🛍 Shoppen

⭐ Pearl Street Mall
MALL
Die Hauptattraktion in der Innenstadt von Boulder ist die Pearl St Mall, eine lebhafte Fußgängerzone voller Kletterfelsen für Kinder. Rund um einen Springbrunnen verteilen sich zudem Bars, Galerien und Restaurants.

Momentum
KUNSTHANDWERK
(www.ourmomentum.com; 1625 Pearl St; ⊘ Di–Sa 10–19, So 11–18 Uhr) 🖋 Das Momentum hat sich einem sozial verantwortungsvollen und umweltfreundlichen Handeln verpflichtet, sodass man hier mit gutem Gewissen einkaufen kann. Man bekommt einzigartige Geschenkartikel aus aller Welt – Drahtkörbe der Zulu, sagenhafte Schals aus Indien, Nepal und Ekuador, alles handgemacht und fair gehandelt. Dadurch trägt jedes gekaufte Stück direkt zum wirtschaftlichen Unterhalt der oft benachteiligten Künstler bei.

Common Threads
BEKLEIDUNG
(www.commonthreadsboulder.com; 2707 Spruce St; ⊘ Mo–Sa 10–18, So 12-17 Uhr) Secondhand-Shopping auf Haute-Couture-Niveau bietet dieser tolle Laden, in dem man sogar Taschen von Choos und Prada findet. Die Preise sind höher als in einem gewöhnlichen Secondhand-Laden, doch Kleidung, Schuhe und Taschen sind in einem Top-Zustand und es wird garantiert, dass es sich um Original-Designerprodukte handelt. Die Angebote ermuntern dazu, die Garderobe mal zu erneuern.

Boulder Bookstore
BÜCHER
(www.boulderbookstore.indiebound.com; 1107 Pearl St; ☎ 🖳) Boulders beliebteste Indie-Buchhandlung hat im Untergeschoss eine riesige Abteilung zum Thema Reiseliteratur sowie aktuelle Sachbücher und Belletristiktitel. Am Eingang findet sich eine Übersicht der anstehenden Autorenlesungen.

❶ Praktische Informationen

Boulder Visitor Center (☎ 303-442-2911; www.bouldercoloradousa.com; 2440 Pearl St; ⊘ Mo–Do 8.30–17, Fr 8.30–16 Uhr) Das Visitor Center ist im Gebäude der Boulder Chamber of Commerce untergebracht und bietet Basisinfos, Karten und Tipps zu den nahe gelegenen Wanderwegen und zu anderen Aktivitäten. Ein leichter zugänglicher Touristeninfo-Stand befindet sich in der Pearl St Mall vor dem Gerichtsgebäude.

❶ Anreise & Unterwegs vor Ort

Boulder hat sagenhaft gute öffentliche Verkehrsmittel mit Verbindungen bis nach Denver und zu dessen Flughafen. Umweltfreundliche Busse werden von **RTD** (☎ 303-299-6000; www.rtd-denver.com; 2–4,50 US$/Fahrt; 🚍) unterhalten. Linienpläne bekommt man z. B. an der **Boulder Station** (Ecke 14th & Walnut Sts). RTD-Busse (Route B) pendeln zwischen Boulder Station und der Market St in Denver (5 US$, 55 Min.). RTDs SkyRide-Bus (Route AB) fährt zum Denver International Airport (13 US$, 1 Std., stündl.). **SuperShuttle** (☎ 303-444-0808; www.supershuttle.com; einfache Strecke etwa 27 US$) bietet Shuttles vom Flughafen zu den Hotels (27 US$) oder von Tür zu Tür (34 US$).

Wer auf zwei Rädern unterwegs sein möchte: **Boulder B-Cycle** (boulder.bcycle.com; 24-Std. Leihgebühr 7 US$) ist das stadtweite Programm mit Fahrrädern an strategisch günstigen Orten. Eine Onlineregistrierung ist obligatorisch!

Northern Mountains

Auf beiden Seiten der kontinentalen Wasserscheide erstrecken sich die Granit-Giganten von Colorados Northern Mountains in alle Richtungen. Sie ermöglichen abgeschiedene Alpin-Abenteuer, entspannte Skifahrten und tolle Wander- oder Radtouren. Außerdem laden viele Flüsse zum Raften, Angeln und Bootfahren ein.

Rocky Mountain National Park

Der Rocky Mountain National Park weist typische Hochgebirgslandschaft mit Wildblumenwiesen und ruhigen Bergseen unterhalb der schneebedeckten Berggipfel auf. Jährlich kommen über 4 Mio. Besucher hierher, aber viele bleiben auf den ausgetretenen Pfaden. Wer ein paar Kilometer weiterwandert, kann dagegen unglaubliche Einsamkeit genießen. Der Rothirsch ist *das* Widltier des Parks – man sieht ihn selbst auf den Wiesen der Hotels äsen. Man sollte aber auch nach Dickhornschafen, Elchen, Murmeltieren und Schwarzbären Ausschau halten.

⊙ Sehenswertes & Aktivitäten

Der Park eignet sich für Wanderer aller Leistungsstufen. Hierfür sorgt ein über 483 km langes Wegenetz, das alle Facetten des vielfältigen Terrains zeigt.

Für Besucher mit Kindern empfehlen sich die leichten Routen, die zu den **Calypso Falls** im Wild Basin oder im Bereich des Lumpy Ridge zu den **Gem Lakes** führen; eine weitere Alternative ist der Marsch zum **Twin Sisters Peak** südlich vom Estes Park. Extrem Ehrgeizige mit starken Beinen und ausreichend Erfahrung werden dagegen den anspruchsvollen Aufstieg zum Gipfel des **Longs Peak** meistern wollen.

Doch egal bei welcher Route: Vor dem Start ist es stets ratsam, zwecks Akklimatisierung mindestens einmal in rund 2100 bis 2400 m Höhe zu übernachten. Bis Anfang Juli können viele Pfade noch verschneit sein und starker (Schmelz-)Wasserablauf kann das Vorankommen erschweren.

Achtung: Im Winter besteht Lawinengefahr!

★ Moraine Park Museum   MUSEUM
(☑970-586-1206; Bear Lake Rd; ⊙Juni–Okt. 9–16.30 Uhr) Das Gebäude wurde 1923 vom Civilian Conservation Corps errichtet und vor ein paar Jahren renoviert. Einst diente es als Besucher-Lodge des Parks. Heute sind darin Ausstellungen zu Geologie, Gletschern, Flora und Fauna zu sehen.

🛏 Schlafen

Die einzigen Übernachtungsmöglichkeiten im Park sind Campingplätze. Restaurants und die Mehrzahl der Motel- und Hotelunterkünfte liegen rund um Estes Park oder Grand Lake auf der anderen Seite des Trail Ridge Road Passes (geöffnet Ende Mai–Okt.).

Wer außerhalb der erschlossenen Campingplätze des Parks zelten möchte, braucht eine Backcountry-Genehmigung. Auf keinem der Campingplätze gibt es Duschen, aber im Sommer Toiletten mit Wasserspülung und im Winter Möglichkeiten im Freien. Zu einem Stellplatz gehören Feuerstellen, Picknicktische und ein Parkplatz.

Olive Ridge Campground   CAMPING $
(☑303-541-2500; State Hwy 7; Stellplatz Zelt 19 US$; ⊙Mitte Mai–Nov.) Dieser gepflegte USFS-Campingplatz bietet Zugang zu den Starrtpunkten von vier Trails: St. Vrain Mountain, Wild Basin, Longs Peak und Twin Sisters. Im Sommer ist er manchmal voll; keine Reservierungen möglich.

Longs Peak Campground   CAMPING $
(☑970-586-1206; Longs Peak Rd, abseits des State Hwy 7; Stellplatz Zelt 20 US$; 🅿) Der Campingplatz ist das bevorzugte Basislager, wenn man frühmorgens zur Besteigung des Longs Peak aufbricht, einem der am leichtesten zugänglichen 14000er von Colorado (gemeint sind 14000 Fuß = 4267 m). Die 26 Stellplätze in eindrucksvoller Landschaft sind nur für Zelte bestimmt. Man sollte jedoch im Sommer nicht mit zu großer Einsamkeit rechnen.

Moraine Park Campground   CAMPING $
(☑877-444-6777; www.recreation.gov; abseits der Bear Lake Rd; Sommer-Stellplatz Zelt & Wohnmobil 20 US$) Abseits der Bear Lake Road, inmitten eines Goldkiefernhains und etwa 2,5 Meilen (4 km) südlich vom Beaver Meadows Visitor Center, liegt der größte Campingplatz des Parks mit 245 Stellplätzen. Die Zeltstellplätze im D Loop sind zu empfehlen, wenn man Ruhe sucht. Reservierung über die Website zu empfehlen.

Reservierungen sind nur von Ende Mai bis Ende September möglich (und dann auch ratsam). Im Sommer finden abends im Amphitheater unter der Leitung der Ranger eine Reihe von Veranstaltungen statt.

Während des Sommers fahren Shuttle-Busse auf der Bear Lake Rd zum Campingplatz.

Aspenglen Campground   CAMPING $
(☑877-444-6777; www.recreation.gov; State Hwy 34; Sommer-Stellplatz Zelt & Wohnmobil 20 US$) Mit nur 54 Stellplätzen der kleinste Campingplatz mit Reservierungsmöglichkeit. Die meisten sind ausschließlich für Zelte gedacht, einige davon nur zu Fuß erreichbar. Die Anzahl der Wohnwägen ist begrenzt. Das ist der ruhigste Platz, obwohl er sein leicht zugänglich ist (5 Meilen, also 8 km westlich vom Estes Park auf dem US 34). Die Reservierung erfolgt über die Website.

Timber Creek Campground   CAMPING $
(Trail Ridge Rd, US Hwy 34; Stellplatz Zelt & Wohnwagen 20 US$) Dieser Campingplatz hat 100 Plätze und ist den ganzen Winter über geöffnet. Reservierungen werden nicht akzeptiert. Es

ist der einzige ausgewiesene Campingplatz auf der Westseite des Parks; er liegt 7 Meilen (11 km) nördlich von Grand Lake.

❶ Praktische Informationen

Der Parkzugang für Privatfahrzeuge kostet 20 US$ und ist sieben Tage gültig. Wer zu Fuß, per Fahrrad, Motorrad oder Bus in den Park einreist, zahlt 10 US$ pro Person. Alle Besucher erhalten eine kostenlose Infobroschüre (auch auf Deutsch) mit guter Übersichtskarte.

Genehmigungen (Backcountry permits: 26 US$ für Gruppen bis max. 12 Pers., 7 Tage gültig) sind nötig, wenn man auf den 260 ausgewiesenen Wildnis-Campingplätzen des Parks übernachten will. Vom 1. November bis 30. April ist das Übernachten kostenlos. Telefonische Reservierung nur vom 1. März bis 15. Mai möglich. Postalische oder persönliche Buchungen können beim **Backcountry Office** (☑ 970-586-1242; www.nps.gov/romo; 1000 H Hwy 36 Estes Park CO 80517) vorgenommen werden.

Wer in der Wildnis übernachtet, braucht einen Bärenkanister für den Proviant (häufig genutzte Stellplätze haben welche). Die Container können auch für ca. 3–5 US$/Tag bei REI (S. 271) oder im **Estes Park Mountain Shop** (☑ 970-586-6548; www.estesparkmountainshop.com; 2050 Big Thompson Ave; 2-Pers.-Zelt 10 US$, Bärenkanister 3 US$/Nacht; ⊙ 8–21 Uhr) ausgeliehen werden.

Alpine Visitor Center (www.nps.gov/romo; Fall River Pass; ⊙ Ende Mai–Mitte Juni 10.30–16.30 Uhr, Ende Juni–Anfang Sept. 9–17 Uhr, Anfang Sept.–Mitte Okt. 10.30–16.30 Uhr; ⊛) Eine herrliche Aussicht genießt man von diesem beliebten Visitor Center mit Souvenirladen, der mitten im Park auf 3595 m liegt. An den Berghängen entlang der Old Fall River Rd kann man Wapitis, Hirsche und gelegentlich auch Elche beim Äsen beobachten.

Ein Großteil der Blechlawine, die den ganzen Sommer über die Trail Ridge Road verstopft, rollt Richtung Alpine Visitor Center, das oft aus allen Nähten platzt. Ranger helfen mit Infos zu den Wanderwegen und Reiseplänen. Man kann auch allerhand Schnickschnack kaufen oder im cafeteriaähnlichen Speisesaal essen.

Beaver Meadows Visitor Center (☑ 970-586-1206; www.nps.gov/romo; US Hwy 36; ⊙ Juni–Ende Aug. 8–21 Uhr, übriges Jahr bis 16.30 oder 17 Uhr; ⊛) Hauptinformation und beste Quelle für Parkauskünfte für alle Besucher, die vom Estes Park aus anreisen. Es wird ein Film über den Park gezeigt. Im kleinen Souvenirshop kann man auch Stellplätze im Hinterland reservieren.

Kawuneeche Visitor Center (☑ 970-627-3471; 16018 US Hwy 34; ⊙ Letzte Maiwoche–Labor Day 8–18 Uhr, Okt.–Mai 8–16.30 Uhr; ⊛) Das Visitor Center befindet sich im Westen des Parks, zeigt einen Film über geführte Wande-

rungen und veranstaltet Gesprächsrunden, bietet aber auch Backcountry Permits und Familienaktivitäten an.

❶ An- & Weiterreise

Die im Winter geschlossene Trail Ridge Rd (US 34) ist die einzige Ost-West-Route durch den Park. Die direkteste Route von Boulder aus folgt der US 36 durch Lyons zu den östlichen Zufahrten.

Auf der Ostseite gibt es zwei Zufahrten: **Fall River** (US 34) und **Beaver Meadows** (US 36). Die **Grand Lake Station** (ebenfalls US 34) ist der einzige Zugang auf der Westseite. Durch das **Kawuneeche Valley** entlang der Oberläufe des Colorado River kommt man das ganze Jahr über zum Timber Creek Campground.

Die wichtigsten Zentren für die Ostseite des Parks sind das Alpine Visitor Center, das hoch an der Trail Ridge Rd und der Bear Lake Rd gelegen ist; diese führen zu den Campingplätzen, Wanderwegen und zum Moraine Park Museum.

Nördlich vom Estes Park führt die Devils Gulch Rd zu mehreren Wanderwegen. Weiter auf der Devils Gulch Rd kommt man durch das Dorf Glen Haven. Von hier erreicht man den Startpunkt der Wanderwege und den Eingang zum Park entlang des North Folk Big Thompson River.

❶ Unterwegs vor Ort

Im Sommer fährt mehrmals täglich ein kostenloser Shuttle-Bus vom Estes Park Visitor Center zu einem Park-and-Ride-Platz, wo Wanderer Anschluss an weitere Shuttles haben. Eine Option verlässt den Glacier-Basin-Parkplatz Richtung Bear Lake zu den tiefer gelegenen Gebieten des Parks. Während des Hauptsaison im Sommer verkehrt ein zweiter Shuttle zwischen dem Moraine Park Campground und dem Glacier-Basin-Parkplatz. Die Shuttles sind von Mitte August bis Ende September nur an den Wochenenden im Einsatz.

Estes Park

Eigentlich schon ziemlich ironisch: Das Tor zu einem der am wenigsten berührten Wildnisgebiete der USA hat sich in eine Hochburg für Naturfreaks und damit in eine Art Outdoor-Disneyland verwandelt. So findet man hier jede Menge T-Shirt-Shops und Alpinkitsch. Der Ort am Fluss ist trotzdem recht hübsch, zumal er auch mit coolen Parks, anständigen Restaurants und einem Spukhotel aufwarten kann.

🏃 Aktivitäten

⭐ **Colorado Mountain School** FELSKLETTERN (☑ 800-836-4008; www.totalclimbing.com; 341 Moraine Ave; geführte Halbtages-Klettertouren ab

125 US$/Pers.) Kurzum: Es gibt keine bessere Anlaufstelle in Colorado für Kletterer – diese Einrichtung ist der größte Anbieter der Region. Die CMS hat die erfahrensten Guides und ist die einzige Organisation, die innerhalb des Rocky Mountain National Park tätig sein darf. Es werden die unterschiedlichsten Kurse unter Anleitung von spitzenmäßigen Lehrern angeboten.

🛏 Schlafen

Die zahlreichen Hotels von Estes Park sind im Sommer schnell ausgebucht. Trotz ein paar annehmbarer Budgetoptionen sind die vielen schönen Campingplätze der Gegend die bessere Wahl. Achtung: Viele Unterkünfte haben im Winter geschlossen!

Bei der Quartiersuche hilft das **Estes Park Visitor Center** (☑970-577-9900; www. estesparkresortcvb.com; 500 Big Thompson Ave; ☉ Juni–Aug. tgl. 9–20 Uhr, Sept.–Mai Mo–Fr 8–17, Sa 9–17, So 10–16 Uhr) gleich östlich der Kreuzung mit der US 36.

Estes Park Hostel HOSTEL $
(☑970-237-0152; www.estesparkhostel.com; 211 Cleave St; B/EZ/DZ 26/38/52 US$; 🛜) Dieses Hostel mit ein paar Schlafsälen und schlichten Privatzimmern wird nicht unbedingt als vornehmstes seiner Art in die Geschichte eingehen. Immerhin sammelt es mit seiner Küche, erschwinglichen Preisen und dem hilfsbereiten Inhaber Terri Pluspunkte.

★YMCA of the Rockies – Estes Park Center RESORT $$
(☑970-586-3341; www.ymcarockies.org; 2515 Tunnel Rd; Zi. ab 109 US$, Hütte ab 129 US$; 🅿🚐♿🛜🐾) Das Estes Park Center ist keine dieser typischen YMCA-Herbergen, sondern ein beliebtes Feriendomizil für Familien. Auf einem riesigen alpinen Gelände bietet es noble Einzel- oder Doppelzimmer im Motelstil und geräumige Hütten, in denen bis zu zehn Personen übernachten können. Die Einrichtung ist einfach und zweckdienlich.

Das sehr kinderfreundliche Resort liegt gleich außerhalb der Stadt in einer friedlichen, unberührten Berglandschaft. Zu den 348 ha großen Areal gehören auch viele weite Waldflächen und Wildblumenwiesen. Nur wenige Minuten außerhalb der Stadt gelegen (aber doch weit entfernt vom Stadtlärm), bietet das Estes Park Center ganzjährig eine Fülle an Aktivitäten für Erwachsene, Kinder oder die ganze Familie. Es werden auch spezielle Themen-Wochenenden sowie längere Feriencamps organisiert, in denen

auf unterhaltsame und spannende Art die Umwelt im Mittelpunkt steht. Dieses YMCA ist unbestritten auf Outdooraktivitäten ausgerichtet und viele Besucher kommen hierher und lassen sich von dem Enthusiasmus anstecken.

Riversong BOUTIQUEHOTEL $$
(☑970 586 4666; www.romanticriversong.com; 1766 Lower Broadview Dr; DZ ab 165 US$; 🅿🚐) Dieses Herrenhaus im Craftsman-Stil steht am Ende einer unbefestigten Sackgasse. Die neun romantischen Zimmer (Mindestaufenthalt 2 Nächte) haben eigene Bäder und bieten Aussicht auf den Big Thompson River. Die Preise variieren je nach Einrichtungsstandard. Anreise: Der Moraine Ave westlich des Orts folgen, in die Mary's Lake Rd einbiegen und dann die erste Abfahrt zur Rechten nehmen!

Stanley Hotel HOTEL $$
(☑970-577-4000; www.stanleyhotel.com; 333 Wonderview Ave; Zi. ab 199 US$; 🅿🛜♿) Das weiße Hotel im Stil des Georgian Colonial Revival steht in herrlichem Kontrast zu den hoch aufragenden Gipfeln der Rocky Mountain National Park am Horizont. Es ist ein beliebtes Luxusrefugium der Einheimischen und inspirierte einst Stephen King zu seinem berühmten Kultroman *Shining*. Die Zimmereinrichtung sorgt für etwas altmodisches Wildwest-Flair, aber ansonsten sind alle modernen Annehmlichkeiten vorhanden.

🍽 Essen

Ed's Cantina & Grill MEXIKANISCH $
(☑970-586-2919; www.edscantina.com; 390 E Elkhorn Ave; Hauptgerichte 9–13 US$; ☉Mo–Fr 11–open end, Sa & So 8–22 Uhr; 🚻) Mit einer Terrasse direkt am Fluss ist das Ed's ein toller Ort, um sich bei einem Margarita zu entspannen. Das Restaurant, das mexikanische und amerikanische Klassiker serviert, setzt mit Ledersitzecken und kräftigen Primärfarben auf Retro-Flair.

Estes Park Brewery PUB-ESSEN $$
(www.epbrewery.com; 470 Prospect Village Dr; ☉Mo–So 11–2 Uhr) Diese Kneipe einer Kleinbrauerei serviert in einem großen, schachtelartigen Raum, der wie eine Mischung aus Klassenzimmer und Landhausküche wirkt, Pizza, Burger und Chicken Wings – und dazu mindestens acht verschiedene Biersorten des Hauses. Billardtische und Plätze im Freien sorgen dafür, dass hier bis spät in die Nacht was los ist.

ℹ️ An- & Weiterreise

Vom Denver International Airport fährt der **Estes Park Shuttle** (☏ 970-586-5151; www.estes parkshuttle.com) viermal täglich nach Estes Park (einfache Strecke/hin & zurück 45/85 US$).

Steamboat Springs

Mit Tree-Skiing in herrlichem Gelände abseits der Pisten, klasse Mountainbike-Trails und einem lässigen Western-Feeling schlägt Steamboat andere Skiorte sowohl hinsichtlich Ambiente als auch beim Angebot. In der coolen Altstadt kann man toll bummeln, während die Thermalquellen einen harten, actionreichen Tag abrunden. Auch die Einheimischen könnten freundlicher nicht sein.

🏃 Aktivitäten

Steamboat Mountain Resort WINTERSPORT
(☏ Ticketschalter 970-871-5252; www.steamboat. com; Skipass Erw./Kind 94/59 US$; ⊙ Ticketschalter 8–17 Uhr) Die blanken Zahlen des Skigebiets Steamboat, eines der besten der USA, lassen erahnen, warum dieser Ort den Beinamen „Ski Town, USA" führt: 165 Pisten, 1118 m Höhenunterschied, Fläche von 12,14 km². Es punktet bei den Winterurlaubern vor allem mit ausgezeichnetem Pulverschnee und Pisten aller Schwierigkeitsgrade. Es gibt hier jede Menge (überteuertes) Essens- und Ausrüstungsverkäufer.

⭐ Strawberry Park Hot Springs THERMALQUELLEN
(☏ 970-870-1517; www.strawberryhotsprings.com; 44200 County Rd; Erw./Kind pro Tag 10/5 US$; ⊙ So–Do 10–22.30, Fr & Sa bis 24 Uhr; 🅿️) Steamboats beliebteste Thermalquellen liegen außerhalb der Stadt; getreu dem Motto „Zurück zu den Wurzeln" kann man hier herrlich entspannen. Zudem besteht die Möglichkeit, sich in sehr einfachen Hütten (60–70 US$) und auf dem Campingplatz (55 US$) einzuquartieren – wenngleich man vielleicht in Steamboat besser untergebracht ist: Es gibt keinen Strom (man kann Gaslaternen bekommen) und muss die eigene Bettwäsche mitbringen. Auf alle Fälle reservieren. Wer hier übers Wochenende übernachten will, muss mindestens zwei Nächte bleiben.

Nach Einbruch der Dunkelheit heißt es in den Thermalquellen „Clothing optional". Die Website informiert über aktuelle Regeln.

Orange Peel Bikes FAHRRADVERLEIH
(☏ 970-879-2957; www.orangepeelbikes.com; 1136 Yampa St; Leihfahrrad 20–65 US$/Tag; ⊙ Mo–Fr 10–18, Sa bis 17 Uhr; 🅿️) In einem tollen alten Gebäude am Ende der Yampa St befindet sich dieser Laden in idealer Lage für einen Fahrradverleih: Von hier aus kann man bestens auf den Wegen radeln, die den Howelsen Hill kreuz und quer durchziehen. Ein Team kompetenter Fahrradexperten und Mechaniker bietet neben Unmengen von Informationen zu den lokalen Radwegen auch Kartenmaterial. Garantiert der coolste Fahrradladen im Ort.

Bucking Rainbow Outfitters RAFTING, FLIEGENFISCHEN
(☏ 970-879-8747; www.buckingrainbow.com; 730 Lincoln Ave; Luftschlauch 17 US$, Rafting 43–100 US$, Angeln 150–340 US$; ⊙ tgl.) Der hervorragende Ausstatter führt Equipment fürs Fliegenfischen, für Raftings und andere Outdoor-Aktivitäten. Wenn es ums Fliegenfischen geht, toppt der Laden alles in der Region, wenngleich er vor allem für seine Rafting-Touren auf dem Yampa River und anderen Flüssen bekannt ist. Halbtägige Ausflüge gibt's ab 71 US$, zweistündige Fliegenfischen-Kurse ab 155 US$ pro Person. Zum Startpunkt der Tubing-Touren fährt ein Shuttle, der am Sunpies Bistro an der Yampa St abfährt.

Old Town Hot Springs THERMALQUELLEN
(☏ 970-879-1828; www.oldtownhotsprings.org; 136 Lincoln Ave; Erw./Kind 16/8 US$, Wasserrutsche 6 US$; ⊙ Mo–Fr 5.30–22, Sa 7–21, So 8–21 Uhr; 🅿️) Hier, mitten im Ortszentrum, ist das Wasser wärmer als in den meisten anderen Thermalquellen der Gegend. Bei den Ute-Indianern waren sie als „Medizin-Quellen" bekannt und dem Mineralwasser wird eine besondere Heilkraft nachgesagt.

🛏️ Schlafen & Essen

Hotel Bristol HOTEL $$
(☏ 970-879-3083; www.steamboathotelbristol.com; 917 Lincoln Ave; DZ 129–149 US$; 🛁🛜) Das elegante Hotel Bristol hat kleine, aber gehobene Western-Zimmer mit dunklem Holz, Messingmöbeln und Pendleton-Wolldecken auf den Betten. Ski-Shuttle, Indoor-Whirlpool und gemütliches Restaurant.

The Boathouse MODERN-AMERIKANISCH $$
(☏ 970-879-4797; 609 Yampa; 12–20 US$; ⊙ Restaurant 11–22, Bar bis 1 Uhr) Die Aussicht von der Flussterrasse aus ist unschlagbar. Kreative Gerichte wie „When Pigs Fly" (pikantes Schweinskotelett mit Wasabi) nehmen die Gäste auf eine Reise um die Welt. Großartig,

um abends den Sternenhimmel betrachten zu können, daher eine sehr zu empfehlende After-Dinner-Kneipe.

Carl's Tavern   AMERIKANISCH **$$**
(☑970-761-2060; www.carlstavern.com; 700 Yampa St; Hauptgerichte 14–31 US$) In diesem Favoriten der Einheimischen gibt's tolles Kneipenessen, eine belebte Veranda, Livemusik, coole Kellner und einen raubeinigen Spirit, der das Herz höherschlagen lässt.

🛈 Praktische Informationen

Steamboat Springs Visitor Center (☑970-879-0880; www.steamboat-chamber.com; 125 Anglers Drive; ⊙Mo–Fr 8–17, Sa 10–15 Uhr) In dem Visitor Center an der Sundance Plaza bekommt man Informationen zur Region en masse. Auch die Website eignet sich bestens für die Reiseplanung.

🛈 An- & Weiterreise

Die Busse von Denver nach Salt Lake City halten am **Greyhound Terminal** (☑800-231-2222; www.greyhound.com; 1505 Lincoln Ave), ca. 800 m westlich der Stadt. **Steamboat Springs Transit** (☑970-879-3717, zum Abholen in der Mountain Area 970-846-1279; http://steamboat springs.net) bietet das ganze Jahr über kostenlose Busse zwischen Altstadt und Skiresort. Steamboat liegt nordwestlich von Denver; über die US 40 sind es 166 Meilen (267 km).

Zentrales Colorado

Colorados zentrale Berge sind für zahlreiche Spitzenskiorte, Höhenwanderrouten und Schmelzwasserflüsse berühmt. Im Südosten prägen Colorado Springs und der Pikes Peak die südliche Front Range.

Winter Park

Der bodenständige Skiort Winter Park liegt weniger als zwei Autostunden von Denver entfernt und ist bei den Front-Range-Einwohnern sehr beliebt. Die kommen jedes Wochenende sogar aus dem fernen Colorado Springs hierher, um auf frisch präparierten Pisten talwärts zu fahren. Anfänger freuen sich dabei über viele Pulverschnee-Kilometer, während Erfahrene ihre Fähigkeiten auf den erstklassigen Buckelpisten von Mary Jane testen. Das **Visitor Center** (☑970-726-4118; www.winterpark-info.com; 78841 Hwy 40; ⊙tgl. 9–17 Uhr) und die meisten anderen Einrichtungen befinden sich an der Hauptstraße (US 40).

Zum **Winter Park Resort** (☑970-726-1564; www.winterparkresort.com; Hwy 40; Liftpass Erw./Kind 104/62 US$; 🚡) südlich der Stadt gehören fünf Berge mit einem Höhenunterschied von rund 800 m. Dieses Gebiet ist bei Skiprofis beliebt, da mehr als 50 % der Pisten ausschließlich auf extrem erfahrene Cracks abzielen. Die Lifte bieten auch Zugang zu einem 72 km langen Netz von **Mountainbike-Trails** (www.trestlebikepark.com; Tagespass Erw./Kind 39/29 US$; ⊙Mitte Juni–Mitte Sept.) und 970 Wanderweg-Kilometern.

Die **Devil's Thumb Ranch** (☑800-933-4339; www.devilsthumbranch.com; 3530 County Rd 83; Zi. in Schlafbaracke 100–180 US$, Zi. in Lodge 240–425 US$, Hütte ab 365 US$; ❄🛜✉🐾) 🌿 ist ein ungemein romantisches Refugium für Aktivurlauber. An einem 105 km langen Wegenetz findet man hier u. a. Hütten und eine Lodge im schicken Wildwest-Stil. Mit Erdwärme, Recyclingholz und emissionsreduzierten Feuerstellen zeigt die Ranch ihr Ökobewusstsein. Zudem eignet sie sich ideal zum **Skilanglaufen** und **Reiten** (☑970-726-5632; Loipenpass Erw./Kind 20/8 US$, Ausritte 95–175 US$; 🚡) in höheren Lagen.

Das beste Preis-Leistungs-Verhältnis vor Ort hat das freundliche **Rocky Mountain Chalet** (☑970-726-8256; www.therockymoun tainchalet.com; 15 County Rd 72; B 30 US$, Zi. Sommer/Winter 89/149 US$; 🅿❄🛜) mit einer funkelnden Küche, Schlafsälen und vornehmen, komfortablen Doppelzimmern.

Für ein tolles Mahl mit Wildbret-Burgern oder Ragout von der Bisonrippe empfiehlt sich die **Tabernash Tavern** (☑970-726-4430; www.tabernashtavern.com; 72287 US Hwy 40; Hauptgerichte 20–34 US$; ⊙Di–Sa 17–21 Uhr) 🌿 nördlich des Ortes. Reservierung ist ratsam!

Breckenridge & Umgebung

Auf 2926 m am Fuß einer Reihe herrlicher baumloser Bergspitzen gelegen, ist „Breck", eine niedliche, noch immer existierende Goldgräberstadt mit wunderschöner Altstadt. Die Stadt mit ihrer bodenständigen Anmut hat familienfreundliche Skipisten zu bieten, die niemanden enttäuschen und immer ein albern aufgelegtes Publikum anziehen. Nicht genug? Keine Stunde entfernt gibt's fünf tolle Skiresorts und ein Outlet.

⊙ Sehenswertes & Aktivitäten

Peak 8 Fun Park   VERGNÜGUNGSPARK
(☑800-789-7669; www.breckenridge.com; Peak 8; Tagespass Kind 3–7 Jahre/über 7 Jahre 34/68 US$;

⊙ Mitte Juni–Mitte Sept. 9.30–17.30; 🚡) Der Park bietet eine ganze Latte an Nervenkitzel, u.a.ein großes Luftkissen-Trampolin, eine Kletterwand, einen Mountainbike-Park und die viel gerühmte SuperSlide, eine Art Rodelbahn, auf der man per Schlitten rasant talwärts saust. Entweder man genießt die einzelnen Aktivitäten mit einem Tagespass (10–18 US$) der Reihe nach oder unternimmt einfach nur eine malerische Bergfahrt mit dem Sessellift (ohne/mit Fahrrad 10/17 US$). Das alles soll sich in den eindrucksvollen Öko-Vergnügungpark Epic Discovery (www.epicdiscovery.com) verwandeln, der aber frühestens 2016 öffnet.

Breckenridge Ski Area — WINTERSPORT
(☎ 800-789-7669; www.breckenridge.com; Skipass Erw./Kind 115/68 US$; ⊙ Nov.–Mitte April 8.30–16 Uhr; 🚡) Das Skigebiet umfasst fünf Berge (Gipfel 6–10) auf einer Fläche von 11,74 km² und hat einige der besten Pisten für Anfänger und fortgeschrittenere Anfänger in ganz Colorado, aber auch jede Menge aufregender hochalpiner Pisten. Fünf Funparks und zwei Halfpipes komplettieren das Angebot.

Arapahoe Basin Ski Area — WINTERSPORT
(☎ 970-468-0718; www.arapahoebasin.com; Hwy 6; Lift Erw./Kind 6–14 Jahre 79/40 US$; ⊙ Mo–Fr 9–16, Sa & So ab 8.30 Uhr) Das Arapahoe Basin, bekannt auch als A-Basin, liegt unweit der kontinentalen Wasserscheide an der Stelle, wo der US 6 den 3655 m hohen Loveland-Pass überquert, 6 Meilen (9,6 km) östlich von Keystone Resort bzw. 90 Meilen (144,7 km) westlich von Denver. Es ist Colorados zweitältestes und Nordameriks höchstes Skigebiet. Bei Einheimischen ist es beliebt, weil es hier keine Unterkunfts- und Verpflegungsmöglichkeiten gibt, die Scharen von Pauschaltouristen anlocken könnten.

🎊 Feste & Events

Ullr Fest — KULTUR
(www.gobreck.com; ⊙ Anfang–Mitte Jan.) Das viertägige Ullr Fest feiert den altnordischen Wintergott mit einem lebhaften Straßenumzug, einer Eislaufparty, einem Freudenfeuer und einer schrägen Version der Kuppelshow „Herzblatt".

International Snow Sculpture Championship — KUNST
(www.gobreck.com; ⊙ Mitte Jan.; 🚡) Die International Snow Sculpture Championship

beginnt Mitte Januar und dauert drei Wochen lang. Den Anfang macht die „Stomping Week", wenn die Schneeblöcke geformt werden. Dann geht es weiter mit der „Sculpting Week", in der die Schnee-Skulpturen entstehen, während in der letzten Woche, der „Viewing Week", die Skulpturen den River Walk säumen und vom Publikum bestaunt und bewertet werden.

🛏 Schlafen

Great Western Lodging
(☎ 888-453-1001; www.gwlodging.com; 322 N Main St; Ferienwohnung Sommer/Winter ab 125/275 US$; P ❄ 🛜) vermittelt Nobelquartiere am Pistenrand. Außerhalb des Ortes gibt's diverse USFS-Campingplätze (☎ 877-444-6777; www.recreation.gov).

Fireside Inn — B&B, HOSTEL $
(☎ 970-453-6456; www.firesideinn.com; 114 N French St; Sommer/Winter B 30/41 US$, DZ 101/140 US$; P ❄ @ 🛜) Dieses gesellige Hostel und B & B ist eine tolle Entdeckung für Budgetreisende im Summit County. Alle Gäste können den chlorfreien Whirlpool in einem Fass, den Kühlschrank und Mikrowellenherd nutzen, die Filmabende mit anderen Skigästen und den verschmusten Haushund herzen. Die sehr reizenden, aus England stammenden Gastgeber bewirten die Übernachtungsgäste – jene aus dem Schlafsaal ausgenommen – morgens mit einem Frühstück. In Skistiefeln braucht man zehn Minuten bis zur Seilbahn.

★ Abbet Placer Inn — B&B $$
(☎ 970-453-6489; www.abbettplacer.com; 205 S French St; Zi. Sommer 99–179 US$, Winter 119–229 US$; P ❄ @ 🛜) Die fünf großen Zimmer des violetten, äußerst bodenständigen Hauses warten mit Holztäfelung, iPod-Anschlüssen und flauschigen Bademänteln auf. Die Dachstube punktet zudem mit einem Balkon mit gigantischem Gipfelblick. Die (gast-)freundlichen Inhaber servieren üppiges amerikanisches Frühstück. Vorhanden sind auch eine Gemeinschaftsküche und eine nette Freiluftterrasse mit Whirlpool. Von 16 bis 19 Uhr kann eingecheckt werden.

🍴 Essen & Ausgehen

Clint's Bakery & Coffee House — CAFÉ $
(131 S Main St; Sandwiches 4,95–7,25 US$; ⊙ 7–20 Uhr; 🛜 🚡) Das coolste Café in der Stadt. Fähige Baristas bereiten alle nur möglichen Latte- und Espresso-Varianten zu. Auf der Tafel stehen, mit Kreide aufgeschrieben, aber auch Dutzende Teesorten. Wer Hunger

DEN ERSTEN VIERTAUSENDER ERKLETTERN

Der **Quandary Peak** (www.14ers.com; County Rd 851) in der Nähe von Breckenridge gilt als einfachster Viertausender Colorados (von 14 000 Fuß = 4267 m). Mit seinen 4348 m nimmt er den 15. Platz in der Liste der größten Berge des Bundesstaats ein. Doch auch wenn man hier jede Menge Hunde und Kinder antrifft, kann „einfachster" irreführend sein: Der Gipfel ist aufreibende 5 km vom Ausgangspunkt des Wanderwegs entfernt.

Der Weg steigt Richtung Westen an. Nach etwa zehn Minuten gemäßigten Anstiegs folgt man der rechten Gabelung bis zu einer Wegkreuzung. Hier geht es nach links, wobei man die Straße meidet; schon nach wenigen Schritten erhascht man den ersten Ausblick auf den Mt. Helen und den Quandary (auch wenn der Gipfel noch verborgen ist).

Unmittelbar unterhalb der Baumgrenze trifft man auf den Pfad von Monte Cristo Gulch. Diese Stelle sollte man sich merken, damit man auf dem Rückweg nach unten nicht die falsche Abzweigung nimmt. Hier beginnt ein steiler Anstieg zum Gipfel.

Die beste Zeit für einen Gipfelsturm sind die Monate Juni bis September. Man sollte früh aufbrechen und bereits gegen Mittag den Abstieg beginnen, da im Sommer nachmittags Gewitter mit Blitz und Donner keine Seltenheit sind. Hin und zurück sind es knapp 10 km Wegstrecke, für die man rund sieben bis acht Stunden braucht. Anfahrt: auf der Colorado 9 Richtung County Rd 850; dann geht es nach rechts und noch einmal nach rechts auf die 851. Hier fährt man 1,1 Meilen (1,8 km) bis zum nicht ausgeschilderten Anfang des Weges. Man kann parallel dazu in der Feuerschneise parken.

hat, findet in der Bagel-Bäckerei im Untergeschoss stattliche Sandwiches, leckere Frühstücks-Bagel mit Ei, Schinken, Räucherlachs, Wurst und Käse sowie gute Backwaren. Die Bäckerei schließt um 15 Uhr.

Hearthstone MODERN-AMERIKANISCH **$$$**
(☏ 970-453-1148; http://hearthstonerestaurant. biz; 130 S Ridge St; Hauptgerichte 26–44 US$; ◷ 16 Uhr–open end; ♪) ✎ Das restaurierte viktorianische Haus von 1886 zählt zu Brecks beliebtesten Lokalen. Auf den Tisch kommt kreative Gebirgskost wie Wapitihirsch mit Brombeeren oder geschmorte Bisonrippe mit Tomatillos, Polenta und gerösteten Chilischoten. Das leckere und frisch zubereitete Essen ist immer einen (teuren) Besuch wert – ebenso die Happy Hour (16–18 Uhr), bei der man kleine Portionen für 5 US$ und dazu einen passenden Wein bekommt.

Downstairs at Eric's BAR
(www.downstairsaterics.com; 111 S Main St; ◷ 11–24 Uhr; 👧) Diese Breckenridge-Institution in einem Untergeschoss erinnert im Aussehen an eine Spielhalle. Viele Einheimische schwelgen hier in Burgern, leckerem Kartoffelpüree und über 100 Biersorten (davon allein 20 vom Fass).

❶ Praktische Informationen

Visitor Center (☏ 877-864-0868; www.go breck.com; 203 S Main St; ◷ 9–21 Uhr; 📞👧) Neben jeder Menge Broschüren und Karten hat dieses Center auch ein fantastisches, am Fluss-

ufer gelegenes Museum, das sich der Vergangenheit Brecks als Goldgräberstadt widmet.

❶ Anreise & Unterwegs vor Ort

Rund 80 Meilen (129 km) hinter Denver liegt Breckenridge, etwa 9 Meilen (14,5 km) südlich der I-70 am Hwy 9.

Colorado Mountain Express (☏ 800-525-6363; www.coloradomountainexpress.com; Erw./Kind 70/36 US$; 📞) bietet einen Shuttle-Service zwischen Breckenridge und dem Denver International Airport an.

Gratisbusse (www.townofbreckenridge.com; 150 Watson Ave; ◷ 8–23.45 Uhr) verkehren auf vier Routen im gesamten Ort.

Busse der **Summit Stage** (☏ 970-668-0999; www.summitstage.com; 150 Watson Ave) pendeln kostenlos zwischen Breckenridge, Keystone und Frisco. Nach Vail geht's mit dem Shuttle-Service von **Fresh Tracks** (☏ 970-453-4052; www.freshtracktransportation.com; einfache Strecke 20 US$).

Vail

Dieser Lieblingsort der Reichen und (Möchtegern-)Berühmten ist wie ein riesiger Vergnügungspark für Erwachsene. Vom Golfrasen bis hin zu den Indoor-Wasserfällen ist hier alles von Menschenhand gemacht. Der kompakte Ort ist gut zu Fuß zu erkunden. Aufgrund seiner Lage an der I-70 lässt sich jedoch die spektakuläre Natur, die sich rund um andere Orte in den Rocky Mountains ausbreitet, vermissen. Dennoch bezweifelt kein ernsthafter Brettsportler Vails Status als Colorados bester Skiort: Auf dem obercoolen Terrain warten u. a. pulverige Back Bowls (Tal- bzw. Tiefschneeschüsseln) und Chutes (Geländerinnen).

⊙ Sehenswertes & Aktivitäten

Colorado Ski Museum   MUSEUM
(www.skimuseum.net; 3. Stock, Parkplatzausgang Vail Village, ⊙ 10–17 Uhr; ⊛) GRATIS Das schlichte, aber informative Museum an der Parkhausausfahrt des Vail Village führt seine Besucher zurück in die Zeit der Anfänge des Skisports und hin zu den Strapazen der 10th Mountain Division. Diese hochdekorierte Gebirgsjägereinheit des Zweiten Weltkriegs trainierte einst in den hiesigen Bergen. Zu sehen gibt's außerdem witzige Vintage-Klamotten und die noch kleine Colorado Ski and Snowboard Hall of Fame.

★ Vail Mountain   WINTERSPORT
(☎ 970-754-8245; www.vail.com; Skipass Erw./Kind 129/89 US$; ⊙ Dez.–Mitte April 9–16 Uhr; ⊛) Vail Mountain ist unser Favorit unter den Skigebieten Colorados. Es hat eine Fläche von 21,4 km², hat 193 Pisten, drei Funparks und die höchsten Liftticketpreise in ganz Nordamerika. Für alle, die zum ersten Mal in Colorado Ski fahren, lohnt sich die Investition jedoch garantiert, vor allem an Tagen mit blauem Himmel und frischem Pulverschnee. Die Mehrtagespässe gelten auch für vier weitere Skigebiete (Beaver Creek, Breck, Keystone und Arapahoe Basin).

Vail to Breckenridge Bike Path   RADFAHREN
(www.fs.usda.gov) Über 14 km erstreckt sich dieser befestigte, autofreie Radweg von East Vail zum höchsten Punkt des Vail Pass (Höhenunterschied 558 m). Von dort aus führt er über 22,5 km hinunter nach Frisco. Nach Breckenridge sind es dann noch einmal 14,5 km. Wer nur bergab rollen möchte, nimmt den Shuttle-Bus von Bike Valet (☎ 970-476-5385; www.bikevalet.net; 520 E Lionshead Cir; Leihfahrrad ab 30 US$/Tag; ⊙ 10–17 Uhr; ⊛) und genießt die Rückfahrt per Rad nach Vail.

🛏 Schlafen

Vail hat die höchsten Preise in Colorado. Die Unterkünfte – meist privat vermietete Ferienwohnungen – sind entweder fantastisch oder zum Vergessen.

Gore Creek Campground   CAMPING $
(☎ 877-444-6777; www.recreation.gov; Bighorn Rd; Stellplatz Zelt 18 US$; ⊙ Mitte Mai–Sept.; ⊛) Dieser Campingplatz am Ende der Bighorn Rd hat 25 Zeltstellplätze mit Picknicktischen und Feuerrosten, die versteckt zwischen Bäumen am Gore Creek liegen. In der Nähe gibt es ausgezeichnete Angelplätze. Es lohnt sich, auf dem Slate Creek Trail oder dem Deluge Lake Trail zu wandern; Letzterer führt zu einem fischreichen See. Der Campingplatz liegt 6 Meilen (9,6 km) östlich des Vail Village und ist über die I-70 (Exit 180, Richtung East Vail) zu erreichen.

★ Minturn Inn   B&B $$
(☎ 970-827-9647; www.minturninn.com; 442 Main St; Zi. Sommer/Winter ab 100/150 US$; P 🐾) Wer nicht unbedingt mitten im Geschehen wohnen muss, ist in diesem rustikalen B & B richtig. Das gemütliche Blockhaus von 1915 steht in Minturn. Mit handgezimmerten Baumstamm-Betten, Geweihdekor und offenen Kaminen aus Flussgestein versprüht es den Charme der Berge. Whirlpoolfans reservieren eines der Zimmer in der neueren River Lodge.

★ The Sebastian   HOTEL $$$
(☎ 800-354-6908; www.thesebastianvail.com; 16 Vail Rd; Zi. Sommer/Winter ab 230/500 US$; P ❄ 🐾 ⊛) Luxuriös und modern, punktet dieses raffinierte Hotel mit geschmackvoller zeitgenössischer Kunst und einer eindrucksvollen Liste von Annehmlichkeiten, darunter einem Skiservice, einem Luxus-Spa und einem „Adventure Concierge". Im Sommer fallen die Zimmerpreise auf normales Niveau – die perfekte Zeit, um in der Tapas-Bar zu verweilen und die spektakuläre Poollandschaft mit Whirlpools zu genießen, die wie Sekt sprudeln und überschäumen.

🍴 Essen & Ausgehen

★ Yellowbelly   SÜDSTAATEN $
(www.yellowbellychicken.com; unit 14, 2161 N Frontage Rd; Teller 10 US$; ⊙ 11–20.30 Uhr; P 🐾 ⊛) Die Suche in West Vail lohnt sich, denn hey, das Backhähnchen ist mal gut. Die Verwendung nicht genmanipulierter, mit Grünzeug gefütterter Freilandhühner sprechen bereits für sich. Aber das eindeutige Highlight ist der glutenfreie Backteig. Die würzigen, zarten Hühnchenstücke gibt es mit Brussels Slaw (Rosenkohlsalat), Zitronen-Quinoa und Cheese'n' Mac und einem Getränk. Alternativ kann man ein ganzes Grillhähnchen für alle bestellen.

★ böl   MODERN-AMERIKANISCH $$
(☎ 970-476-5300; www.bolvail.com; 141 E Meadow Dr; Hauptgerichte 14–28 US$; ⊙ Sommer 17–1 Uhr,

DIE ROCKIES FÜR PULVERSCHNEE-FANS

Crested Butte ist die fünfstündige Autofahrt von Denver allemal wert. Es lockt mit tiefem Pulverschnee und einer großartigen, weiten Landschaft gleich neben einem Bergbauaußenposten, der sich zu einer der coolsten Kleinstädte Colorados gemausert hat. Wer nur wenig Zeit hat, sollte sich direkt zum Summit County aufmachen. Man nutzt das lebhafte **Breckenridge** als Basis und deckt mit einem Kombi-Skipass fünf Regionen ab. Dazu zählen das riesige Resort **Vail**, unser Liebling in puncto Tiefschneeschüsseln, sowie das fast nur von Einheimische frequentierte und überaus lässige Arapahoe Basin Ski Area. Das A-Basin ist bis in den Juni hinein geöffnet. Dann bedeutet Skifahren im Frühling Heckklappenpartys mit Bier und Barbecue zwischen den Abfahrten.

Von Crested Butte kann man ein Stück weiter südlich die Skihänge bei **Telluride** hinunterfahren, von Summit County und Vail ist es nicht weit bis **Aspen**. Beide Orte sind echte alte Goldgräberstädte. Man sollte sich mindestens einige Stunden lang Zeit nehmen, die glitzernden Läden von Aspen und die bodenständigen Bars von Telluride zu erkunden, um ein Gespür für das Flair der historischen Wildwest-Umgebung zu bekommen.

Von Aspen nimmt man einen Regionalflug zum **Jackson Hole Mountain Resort**, wo man in den Grand Tetons supersteile Pulverschneehänge hinunterschießen kann.

Winter 14–1 Uhr; 🛜🅿♿) Vails definitiv abgefahrenster Treffpunkt ist halb hippes Restaurant, halb Space-Age-Bowlinghalle: Im hinteren Bereich kann der Nachwuchs die Kegel umlegen (50 US$/Std.). Hauptmagnet ist jedoch die überraschend vielfältige Karte: Das Angebot reicht vom üppigen Salat mit Hühner-Paillard und Gnocchi bis hin zu Garnelen mit Maisgrütze und Grapefruit. Für Vail ist das Essen relativ erschwinglich. Reservieren!

Matsuhisa JAPANISCH $$$
(📞970-476-6628; www.matsuhisavail.com; 141 E Meadow Dr; Hauptgerichte 29–39 US$, 2 Sushirollen 8–12 US$; ⏰18–22 Uhr) Mit seinem modernen, luftigen Lokal im Herzen des Solaris-Komplexes hat der legendäre Küchenchef Nobu Matsuhisa die Messlatte für den hiesigen kulinarischen Standard nach oben verschoben. Er eröffnete sein erstes Restaurant einst in Peru, was seine Küche bis heute südamerikanisch prägt. Sein modernes Sashimi nach eigenem Rezept wird durch traditionelles Sushi und Tempura ergänzt. Zu den Highlights zählen Kohlenfisch mit Miso und Jakobsmuscheln mit Jalapeño-Salsa. Reservieren!

Los Amigos BAR
(400 Bridge St; ⏰11.30–21 Uhr) Lust auf eine feine Aussicht, ein paar Tequilas und Rock'n'Roll beim Après-Ski? Dann auf ins Los Amigos! Das mexikanische Essen ist allenfalls anständig. Für das kulinarische Defizit entschädigen die Happy-Hour-Preise und die Sitzgelegenheiten am Hang jedoch mehr als genug.

❶ Praktische Informationen

Vail Visitor Center (📞970-479-1385; www.visitvailvalley.com; 241 S Frontage Rd; ⏰Winter 8.30–17.30 Uhr, Sommer bis 20 Uhr; 📶)

❶ Anreise & Unterwegs vor Ort

Am **Eagle County Airport** (📞970-328-2680; www.flyvail.com; 219 Eldon Wilson Dr), rund 35 Meilen (56,3 km) westlich von Vail, besteht Verbindung zu Zielen in den ganzen USA (oft über Denver). Hier sind auch Autovermieter vertreten.

Shuttles von **Colorado Mountain Express** (📞800-525-6363; www.coloradomountainexpress.com; 📶) verbinden Vail mit dem Denver International Airport und dem Eagle County Airport (84–99 US$). Auf dem Weg nach Denver (37 US$, 2½ Std.) oder Grand Junction (33 US$, 3 Std.) halten Greyhound-Busse am **Vail Transportation Center** (📞970-476-5137; 241 S Frontage Rd).

Vails **kostenlose Busse** (www.vailgov.com; ⏰6.30–1.50 Uhr) pendeln zwischen West Vail und dem Lionshead bzw. Vail Village; sie sind meistens mit Skiständern ausgestattet. **Regionalbusse (ECO)** (www.eaglecounty.us; Fahrt 4 US$, nach Leadville 7 US$) fahren auch nach Beaver Creek, Minturn und Leadville. Zu den Ferienorten des Summit County (z. B. nach Breckenridge) empfiehlt sich der Shuttle-Service von Fresh Tracks (S. 283).

Das übersichtliche Vail Village mit vielen teuren Restaurants, Bars und Boutiquen ist komplett autofrei: Das Auto muss nahe den Sesselliften im öffentlichen Parkhaus abgestellt werden (Winter 25 US$/Tag, Sommer gratis). Etwa eine halbe Meile (800 m) weiter westlich liegt mit dem weit ruhigeren Lionshead eine zweite Ausgangsbasis. Auch dort gibt's ein Parkhaus (identische Preise) und direkten Liftzugang.

ROCKY MOUNTAINS ZENTRALES COLORADO

Aspen

Das schamlos piekfeine Aspen ist der glamourÖseste Ferienort Colorados, der ein paar der reichsten Winterurlauber der Welt anlockt. Die hübsche historische Innenstadt aus rotem Backstein ist ebenso attraktiv wie die schimmernden Pisten, übertrumpft wird dies alles aber von Aspens sagenhafter Landschaft. Die atemberaubende Hochgebirgslandschaft – vor allem Ende September und im Oktober, wenn die Bäume von Aspen ein spektakuläres Farbenspiel bieten – ist der Zuckerguss auf dem ohnehin schon süßen Kuchen.

⊙ Sehenswertes & Aktivitäten

⭐ **Aspen Center for Environmental Studies**   NATURSCHUTZGEBIET
(ACES; ☎970-925-5756; www.aspennature.org; 100 Puppy Smith St, Hallam Lake; ⊙Mo–Fr 9–17 Uhr; 🅿️🚻) GRATIS Das Aspen Center for Environmental Studies ist ein 9 ha großes Naturschutzgebiet am Roaring Fork River. Es fördert den Gedanken, dass „die Erde respektiert und genährt werden muss." Die Forscher des Zentrums veranstalten im Sommer geführte Wanderungen, Raubvogelschauen und ein Spezialprogramm für die Jüngsten.

Aspen Art Museum   MUSEUM
(☎970-925-8050; www.aspenartmuseum.org; 637 East Hyman Ave; ⊙Di–So, 10–20 Uhr) GRATIS Hier gibt es keine ständige Sammlung, sondern nur kühn-innovative Wechselausstellungen zeitgenössischer Kunst. Gezeigt werden Gemälde, multimediale Werke, Skulpturen, Video-Installationen und Fotos von Künstlern wie Mamma Andersson, Mark Manders und Susan Phiipsz. Kunstfreunde werden sicher nicht enttäuscht. Wer im August herkommt, erlebt das jährliche artCRUSH mit Kunstauktion und Weindegustation.

⭐ **Aspen Mountain**   WINTERSPORT
(☎800-525-6200; www.aspensnowmass.com; Skipass Erw./Kind 117/82 US$; ⊙Dez.–Mitte April 9–16 Uhr; 🚻) Die Aspen Skiing Company betreibt die vier Skiresorts in der Gegend: Snowmass (bester Allrounder mit dem größten Höhenunterschied in den USA), Aspen (für Fortgeschrittene & Cracks), Highlands (für Cracks) und Buttermilk (Anfänger/Funparks). Diese verteilen sich über das ganze Tal und sind per Gratis-Shuttle miteinander verbunden. Aspen und Snowmass sind auch im Sommer für Wanderer, Mountainbiker

und Familienaktivitäten geöffnet (Skipass Erw./Kind 28/11 US$; Mitte Juni–Sept.).

Maroon Bells   WILDNIS
Wer sich nur einen Tag lang an einem Stück Ursprünglichkeit erfreuen kann oder will, tut dies am besten im Schatten von Colorados kultigsten Gipfeln. Die Wanderungen reichen vom Crater Lake Trail (2,9 km) bis hin zu größeren Herausforderungen wie dem Buckskin Pass (3798 m). Um das Areal zu erreichen, muss man ab Highlands einen **Shuttle** (Aspen Highlands; Erw./Kind 6/4 US$; ⊙15. Juni–Aug. tgl. 9–16.30 Uhr, Sept.–6. Okt. Fr–So) nehmen.

Die Zugangsstraße (Benutzungsgebühr 10 US$) ist nur im Sommer von 17 bis 9 Uhr für Fahrzeuge geöffnet.

🛏️ Schlafen

Aspen ist das ganze Jahr über beliebt – eine rechtzeitige Reservierung ist also goldwert.

Der **Aspen Ranger District** (☎970-925-3445; www.fs.usda.gov/whiteriver; 806 W Hallam St; ⊙Mo–Fr 8–16.30 Uhr) betreibt insgesamt ca. 20 **Campingplätze** (☎877-444-6777; www.recreation.gov; Stellplatz 15–21 US$) in den Wildnisgebieten Maroon Bells, Independence Pass und Hunter-Fryingpan.

St. Moritz Lodge   HOSTEL $
(☎970-925-3220; www.stmoritzlodge.com; 334 W Hyman Ave; B Sommer/Winter 60/66 US$, DZ Sommer 130–269 US$, Winter 155–299 US$; 🅿️❄️@🛜🏊) Aspens beste Budget-Bleibe punktet mit Extras wie einem beheizten Freiluftpool und einem Grillbereich, von dem aus man auf den Aspen Mountain schaut. Hinzu kommt eine Lobby mit Büchern, Gesellschaftsspielen und einem Klavier. Das große Zimmerspektrum der europäisch gestalteten Lodge reicht von ruhigen Schlafsälen bis hin zu Ferienwohnungen mit zwei Schlafzimmern. Die günstigsten Quartiere teilen sich Gemeinschaftsbäder. Im Untergeschoss gibt's eine Gästeküche.

Annabelle Inn   HOTEL $$
(☎877-266-2466; www.annabelleinn.com; 232 W Main St; Zi. Sommer/Winter ab 169/199 US$; 🅿️❄️@🛜) Das reizende wie schräge Annabelle Inn in zentraler Lage ähnelt einer freundlichen, bodenständigen, europäischen Skihütte. Die Zimmer sind gemütlich, aber nicht übertrieben niedlich und verfügen über Flachbild-TVs und warme Daunendecken. Vom Whirlpool auf dem oberen Balkon kann man abends Skivideos anschauen (das Hotel hat noch einen zweiten Whirlpool).

NICHT VERSÄUMEN

RADELN ZU DEN MAROON BELLS

Den Radel-Gurus aus Aspen zufolge führt die kultigste Straßenstrecke Aspens zu den atemberaubenden **Maroon Bells** (S. 286). Der Aufstieg ist 18 lungenquälende Kilometer lang und endet am Fuß einer der malerischsten Wildnisareale in den ganzen Rockies. Wer sich nach schmerzgeplagten Waden sehnt, mietet den Drahtesel bei **Aspen Bike Tours** (☎ 970-925-9169; www.aspenbikerentals.com; 430 S Spring St; halber/ganzer Tag Erw. ab 33/40 US$, Kind 22/29 US$; ⏰ 9–18 Uhr; ♿).

★ **Limelight Hotel**   HOTEL $$$
(☎ 800-433-0832; www.limelighthotel.com; 355 S Monarch St; Zi. Sommer/Winter ab 245/395 US$; P ❄ 🐾 🌐 ♿ 🏊) Elegant und trendy – der Backstein-Glas-Modernismus des Limelight repräsentiert den Vibe von Aspen. Die Zimmer sind geräumig und bestechen durch Extras wie Waschbecken aus Granit, lederne Kopfbretter und Bergblick von den Balkonen und den Dachterrassen. Zusätzlich zum Skiservice und Shuttle-Dienst gibt es an den meisten Winterabenden Livemusik im italienischen Restaurant der Lobby. Preise inklusive Frühstück.

🍴 Essen & Ausgehen

★ **Justice Snow's**   MODERN-AMERIKANISCH $$
(☎ 970-429-8192; www.justicesnows.com; 328 E Hyman Ave; Hauptgerichte 10–22 Uhr; ⏰ 11–2 Uhr; 🌐 ♿) ♿ In dem umgebauten alten Saloon im historischen Wheeler Opera House wurden Vintage-Möbel mit einem raffinierten modernen Touch verwendet. Der Laden ist offiziell eine Bar – die preiswerten Cocktails sind seine Seele. Allerdings kommen einheimische Stammgäste auch wegen des erschwinglichen, aus regionalen Zutaten zubereiteten Essens hierher: 10 US$ für einen leckeren Burger! In Aspen!

★ **Pine Creek Cookhouse**   AMERIKANISCH $$$
(☎ 970-925-1044; www.pinecreekcookhouse.com; 12700 Castle Creek Rd; Hauptgerichte mittags & Sommer abends 13–41 US$, Winter Abendmenü inkl. Skitour/Schlittenfahrt 90/110 US$; ⏰ tgl. 11.30–14.30 Uhr, Juni–Sept. Mi–So 14.30–20.30 Uhr, Reservierungszeiten tgl. 12 & 13.30 Uhr, Dez.–März auch Mi–So 19 Uhr; 🚗 ♿) ♿ Das Blockhütten-Restaurant mit der schönsten Lage

der ganzen Gegend steht rund 30 Minuten außerhalb von Aspen, rund 2,5 km hinter der Geisterstadt Ashcroft. Im Sommer kann man hier wandern, im Winter gleitet man auf Langlaufbrettern oder Pferdeschlitten durch die Landschaft im Schatten der herrlich verschneiten Gipfel. Auf den Tisch kommen alpine Köstlichkeiten wie selbst geräucherte Forelle, Wapitihirsch-Bratwurst oder Tenderloin vom Bison.

Meatball Shack   ITALIENISCH $$$
(☎ 970-925-1349; www.themeatballshack.com; 312 S Mill St; Gerichte mittags 13 US$, abends 21–28; ⏰ 11.30–23.30 Uhr; ♿) ♿ Das vom Florentiner Küchenchef Eddie Baida und dem New Yorker Michael Gurtman geleitete Shack ist – natürlich – spezialisiert auf Fettuccine mit Fleischbällchen (*nonnas* aus Huhn oder Kalb). Abends herrscht Hochbetrieb! Den blendet man aber am besten für einen Moment aus, um sich aufs Essen zu konzentrieren: Die Zutaten aus lokaler Produktion machen eindeutig den Unterschied aus.

★ **Aspen Brewing Co**   BRAUEREI
(www.aspenbrewingcompany.com; 304 E Hopkins Ave; ⏰ 12 Uhr–open end; 🐾) Sechs eigene Biersorten und ein sonniger Balkon mit Bergblick machen den Laden zur besten Entspannungsadresse nach einem langen Tag an der frischen Luft. Die Biere reichen vom aromatischen This Year's Blonde über das starke Independence Pass Ale (IPA) und das lieblichere Conundrum Red Ale bis hin zum schokoladigen Pyramid Peak Porter.

Woody Creek Tavern   KNEIPE
(☎ 970-923-4585; www.woodycreektavern.com; 2 Woody Creek Plaza, 2858 Upper River Rd; ⏰ 11–22 Uhr) Einen 100%igen Agavetequila und einen Margarita mit frischer Limette in dieser Schenke zu genießen, die ein Favorit des großartigen verstorbenen Journalisten Hunter S. Thompson war, lohnt den 8 Meilen (12,8 km) langen Weg von Aspen. Die abgefahrene, rustikale Kneipe besteht seit 1980 und ist schon jahrzehntelang ein beliebter Treffpunkt. Die Wände sind mit Zeitungsausschnitten und (meist Thompson gewidmeten) persönlichen Erinnerungsstücken geschmückt.

ℹ️ Praktische Informationen

Aspen Visitor Center (☎ 970-925-1940; www.aspenchamber.org; 425 Rio Grande Pl; ⏰ Mo–Fr 8.30–17 Uhr) Gegenüber dem Rio Grande Park.

ROCKY MOUNTAINS ZENTRALES COLORADO

❶ Anreise & Unterwegs vor Ort

Der **Aspen-Pitkin County Airport** (☑ 970-920-5380; www.aspenairport.com; 233 E Airport Rd; 🕿) liegt 4 Meilen (6,4 km) nördlich von Aspen am Hwy 82 und bietet Direktverbindung nach Denver, L. A., Dallas oder Chicago. Die Shuttles von **Colorado Mountain Express** (☑ 800-525-6363; www.coloradomountainexpress.com; Erw./Kind bis DIA 118/61 US$; 🕿) pendeln regelmäßig zwischen Aspen und dem Denver International Airport (3 Std.).

Busse der **Roaring Fork Transit Agency** (www.rfta.com) verbinden Aspen gratis mit allen vier Skigebieten und dem Aspen-Pitkin County Airport.

Selbstfahrer parken am besten im Parkhaus (15 US$/Tag) neben dem Aspen Visitor Center am Rio Grande Pl.

Salida

Das charmante Salida weist einen der größten historischen Stadtkerne Colorados auf und lädt zu Erkundungstouren ein. Hinzu kommt die unschlagbare Lage zwischen dem Arkansas River auf der einen Seite und dem Übergang zwischen zwei mächtigen Bergketten auf der anderen. Hier kann man tagsüber raften, radeln oder wandern. Nach der Rückkehr gibt's dann ein stärkendes Abendessen mit gegrillten Bisonrippchen und kaltem India Pale Ale.

🏃 Aktivitäten

Die meisten Raftingveranstalter sind gleich südlich von Buena Vista ansässig (25 Meilen bzw. 40 km nördlich von Salida), unweit der Gablung der Hwys 24 und 285.

Buffalo Joe's Whitewater Rafting   RAFTING
(☑ 866-283-3563; www.buffalojoe.com; 113 N Railroad St; halber/ganzer Tag Erw. 64/98 US$, Kind 54/78 US$; ⏱ Mai–Sept.; 🚸) Einer der besten Rafting-Veranstalter im Umkreis von Buena Vista–Salida. Im Angebot sind die unterschiedlichsten Touren, die jeden Abschnitt des 159 km langen Arkansas River abdecken.

River Runners   RAFTING
(☑ 800-723-8987; www.riverrunnersltd.com; 24070 County Rd 301; halber/ganzer Tag Erw. 60/98 US$, Kind 50/88 US$; ⏱ Mai–Sept.; 🚸) Der empfehlenswerte Rafting-Veranstaltet ist in Buena Vista und in Cañon City vertreten und bietet bereits seit 1972 geführte Touren an. Im Programm sind alle möglichen Aktivitäten, von gemächlichen Floßfahrten bis zu aufregenden Trips durch Stromschnellen der Kategorie V.

Absolute Bikes   BICYCLE RENTAL
(☑ 719-539-9295; www.absolutebikes.com; 330 W Sackett Rd; Fahrradverleih 40–80 US$, geführte Touren ab 90 US$; ⏱ 9–19 Uhr; 🚲) Fahrradfans sind hier richtig, sie erhalten Karten, Ausrüstung, Tipps und Leihfahrräder. Das breite Angebot an geführten Touren reicht von Trips zur Geisterstadt St. Elmo bis auf den Monarch Crest.

🛏 Schlafen

Die Arkansas Headwaters Recreation Area betreibt entlang des Flusses sechs Campingplätze (Trinkwasser selbst mitbringen). Der schönste davon ist **Hecla Junction** (☑ 800-678-2267; http://coloradostateparks.reserveamerica.com; Hwy 285, Mile 135; Stellplatz Zelt/Wohnmobil 16/24 US$; 🚗), nördlich von Salida gelegen. Im Sommer unbedingt reservieren.

★ **Simple Lodge & Hostel**   HOSTEL $
(☑ 719-650-7381; www.simplelodge.com; 224 E 1st St; B/DZ/4BZ 24/55/76 US$; P🕿🚗) Hätte Colorado doch bloß mehr Unterkünfte dieser Art! Das vom superfreundlichen Ehepaar Jon und Julia geführte Hostel ist einfach, aber stilvoll, hat eine voll ausgestattete Küche und einen gemütlichen Gemeinschaftsbereich, in dem man sich wie zu Hause fühlt. Das Hostel ist bei Radfahrern beliebt, die hier auf der Rte 50 von Küste zu Küste unterwegs sind. Sehr gut möglich also, dass man hier sehr interessanten Typen begegnet.

🍴 Essen

★ **Amícas**   PIZZERIA, $
(www.amicassalida.com; 136 E 2nd St; Pizzas & Panini 8–12 US$; ⏱ 11.30–21 Uhr; 🚲🚸) Holzofenpizzas mit dünnem Boden plus sechs selbst gebraute Fassbiersorten gefällig? Der entspannte Treff mit hoher Decke (früher ein Bestattungsinstitut) ist ein echter Volltreffer – perfekt, um die leer gepumpten Akkus wieder aufzufüllen! Am besten genießt man eine Pizza Michelangelo (Pesto, Wurst, Ziegenkäse) oder eine Vesuvio (Artischockenherzen, sonnengetrocknete Tomaten, geröstete Paprika) zu einem kühlen Glas Headwaters India Pale Ale.

Fritz   TAPAS $
(☑ 719-539-0364; http://thefritzdowntown.com; 113 East Sackett St; Tapas 4–8 US$, Hauptgerichte 9–14 US$; ⏱ 11–2 Uhr; 🕿) Die witzige, abgefahrene Schenke am Flussufer serviert clever zubereitete Tapas im American Style. Aufgetischt werden z. B. Mac 'n' Cheese mit drei Käsesorten und Speck, Pommes mit

RAFTING AUF DEM ARKANSAS RIVER

Der Oberlauf des Arkansas mit seiner Vielfalt von extremen Stromschnellen bis hin zu ruhigem Flachwasser bildet Colorados beliebtesten Flussabschnitt für Raftingfans und Kajakfahrer. Obwohl die meisten Rafting-Veranstalter die Strecke von Leadville bis zur Royal Gorge befahren, sind die Trips entlang des **Brown's Canyon** auf einem 35,4 km langen Abschnitt mit Stromschnellen der Kategorie III/IV am beliebtesten. Wer mit Kindern unterwegs ist oder es etwas gemächlicher mag, hat mit dem **Bighorn Sheep Canyon** eine gute Wahl getroffen. Adrenalin-Junkies können sich flussaufwärts zu den **Numbers** oder flussabwärts zur **Royal Gorge** begeben, die beide zur Kategorie IV/V zählen.

Der Wasserstand schwankt saisonal. Wer einen wilderen Ritt bevorzugt, sollte Anfang Juni kommen; bereits im August ist der Pegel recht niedrig. Kinder müssen mindestens sechs Jahre alt und 23 kg schwer sein.

Trüffel-Aioli, Garnelencurry oder sogar Rindermark mit roter Zwiebelkonfitüre. Mittags gibt's Sandwiches und spitzenmäßige Burger mit Fleisch vom Freilandrind. Gute lokale Fassbierauswahl.

ⓘ Praktische Informationen

USFS Ranger Office (☎719-539-3591; www.fs.usda.gov; 5575 Cleora Rd; ⊘Mo–Fr 8–16.30 Uhr) gibt's Infos zu Campingplätzen und Wanderwegen in der Sawatch Range und nördlichen Sangre de Cristo Range.

ⓘ An- & Weiterreise

Westlich von Cañon City bzw. südlich von Leadville kreuzen sich bei Salida die Highways 285 und 50. Für die Anreise wird ein eigener fahrbarer Untersatz benötigt.

Colorado Springs

Als einer der führenden Urlaubsorte der USA liegt Colorado Springs am Fuß des majestätischen Pikes Peak. Die Stadt ist von vier Militärstützpunkten geprägt und hatte kürzlich unter einer Reihe verheerender Waldbrände zu leiden. Mit der seltsamen, weitläufigen Verteilung der Viertel kommen Besucher am besten klar, indem sie das Ganze gedanklich in drei Bereiche splitten: Der Downtown-Bereich ist ein merkwürdiger Mix aus toller Kunst, Olympiaträumen und sozialer Verzweiflung und säumt den in Ost-West-Richtung verlaufenden Hwy 24. Old Colorado City birgt historische Wildwest-Saloons und -Bordelle, die heute Restaurants und Läden beherbergen. Manitou Springs ist esoterisch bzw. hippiemäßig angehaucht und dank seiner Hanglage am besucherfreundlichsten.

⊙ Sehenswertes & Aktivitäten

★ Pikes Peak   BERG

(☎719-385-7325; www.springsgov.com; Maut Erw./Kind 12/5 US$; ⊘Juni–Aug. 7.30–20 Uhr, Sept. 7.30–17 Uhr, Okt.–Mai 9–15 Uhr; ♿) Der Pikes Peak gehört mit seinen 4300 m nur haarscharf zu Colorados 14 000ern, ist aber sicherlich der berühmteste dieser Berge. Die Ute-Indianer nannten ihn „Sonnenberg", eine treffende Bezeichnung für diesen majestätischen Gipfel, der die südliche Front Range überragt. Er erhebt sich fast senkrecht 2255 m aus der Ebene empor und wird jährlich von mehr als 500 000 Besuchern erklommen.

Seine Lage als östlichster der 14 000er-Gipfel hat wesentlich zu seinem Platz in den amerikanischen Mythen beigetragen. Als Erster erwähnte ihn 1806 Zebulon Pike bei seiner Erkundung des Gebiets, das die USA durch den Louisiana Purchase erworben hatten. Er nannte ihn „Grand Peak", schaffte es aber nicht, ihn zu erklimmen. Katherine Bates, 1893 Gastprofessorin am Colorado College, verfasste den ersten Entwurf von *America the Beautiful,* nachdem sie den Gipfel bestiegen hatte.

Heute gibt es drei Möglichkeiten, die zum Gipfel führen: den 1915 von Spencer Penrose angelegten Pikes Peak Hwy (ein etwa fünfstündiger Rundweg), der sich vom Hwy 24 westlich der Stadt über 19 Meilen (30,6 km) bis zum Gipfel emporwindet, die **Zahnradbahn** (☎719-685-5401; www.cograilway.com; 515 Ruxton Ave; hin & zurück Erw./Kind 35/19 US$; ⊘Mai–Okt. 8–17.20 Uhr, Nov.–April kürzere Betriebsszeiten; ♿) und schließlich der Fußmarsch über den Barr Trail.

Garden of the Gods   PARK

(www.gardenofgods.com; 1805 N 30th St; ⊘Mai–Okt. 5–23 Uhr, Nov.–April 5–21 Uhr; ℗♿) **GRATIS** Diese herrliche Ader aus rotem, ca. 290 Mio.

Jahre altem Sandstein tritt auch anderswo entlang von Colorados Front Range zutage. Die hiesige Hintergrundkulisse aus wunderschön schlanken Felsnadeln ist jedoch besonders herrlich. Parkbesucher können auf befestigten oder unbefestigten Wegen wandeln, ein Picknick genießen und Kletterer beobachten, die ihre Fähigkeiten am teilweise bröckeligen Fels testen.

★**Colorado Springs**
Fine Arts Center MUSEUM
(FAC; ☑719-634-5583; www.csfinearitscenter.org; 30 W Dale St; Erw./Student 10/8,50 US$; ⊙Di–So 10–17 Uhr; 🅿) Das ausgedehnte, 2007 komplett renovierte Museum und das Theater mit 400 Sitzplätzen wurden 1936 eingeweiht. Die überraschend anspruchsvolle Sammlung des Museums umfasst erstklassige lateinamerikanische Kunstwerke und Fotografien sowie bedeutende Wechselausstellungen mit Exponaten aus dem 23 000 Objekte umfassenden Museumsbestand.

US Air Force Academy MILITÄRAKADEMIE
(☑719-333-2025; www.usafa.af.mil; I-25 Exit 156B; ⊙Besucherzentrum 9–17 Uhr; 🅿) GRATIS Eine der berühmtesten US-Militärakademien, deren Campus einen begrenzten, aber dennoch faszinierenden Einblick in das Leben einer Elite-Gruppe von Kadetten vermittelt. Das Besucherzentrum hält allgemeine Infos zur Akademie bereit. Danach kann man zur eindrucksvollen Kapelle (1963) laufen oder an einer Autotour über das weitläufige Gelände teilnehmen.

Barr Trail WANDERN
(www.barrcamp.com; Hydro St) Der anstrengende, 20,1 km lange Barr Trail führt über einen stattlichen Höhenunterschied von 2255 m zum Gipfel. Die meisten Wanderer splitten die Tour in zwei Abschnitte und übernachten auf halber Strecke im 3109 m hoch gelegenen Barr Camp. Der Startpunkt befindet sich unweit des Depots der Zahnradbahn in Manitou Springs; Parken kostet 5 US$.

🛏 Schlafen

Barr Camp CAMPING $
(www.barrcamp.com; Zeltplatz 12 US$, Anbau 17 US$, Hütte B 28 US$; 🐾) Auf halbem Weg auf dem Barr Trail, etwa 10,5 km vom Gipfel des Pikes Peak entfernt, kann man ein Zelt aufschlagen, in einem Anbau nächtigen oder sich eine sehr einfache Hütte reservieren. Es gibt Trinkwasser und Duschen; mittwochs bis sonntags kann man Abend-essen bekommen (8 US$). Reservierungen sind unbedingt notwendig und müssen im Voraus online vorgenommen werden. Das Camp ist das ganze Jahr über geöffnet und auch im Winter voll ausgebucht.

Mining Exchange HOTEL $$
(☑719-323-2000; www.wyndham.com; 8 S Nevada Ave; Zi. 135–200 US$; 🅿❄🛜) Das stilvollste Hotel vor Ort (eröffnet 2012) befindet sich in der ehemaligen historischen Bank, in der Cripple-Creek-Goldsucher ihre Funde um die vorletzte Jahrhundertwende herum zu Bargeld machten. Hiervon zeugt bis heute die Tresorraumtür in der Lobby. Rund 3,65 m hohe Decken, freiliegende Backsteinwände und lederbezogenes Mobiliar sorgen für einladendes, modernes Flair. Es ist eher für Geschäftsleute als für Touristen geeignet. Dafür ist das Preis-Leistungs-Verhältnis top.

Two Sisters Inn B&B $$
(☑719-685-9684; www.twosisinn.com; 10 Otoe Pl; Manitou Springs; Zi. ohne Bad 79–94 US$, mit Bad 135–155 US$; 🅿❄🛜) Dieses Haus ist schon lange ein Liebling von Fans. Es hat fünf Zimmer (einschließlich des Honeymoon-Cottage im hinteren Bereich). Das Two Sisters Inn ist ein rosafarbenes viktorianisches Haus, das 1919 von zwei Schwestern gebaut worden war. Ursprünglich war es eine Pension für Lehrer, seit 1990 beherbergt es eine Gästeunterkunft. Die traumhafte Eingangstür ist aus buntem Glas und im Salon steht ein Klavier von 1896; für seine Frühstücksrezepte hat es Preise gewonnen.

Broadmoor RESORT $$$
(☑855-634-7711; www.broadmoor.com; 1 Lake Ave; Zi. ab 280–500 US$; 🅿❄🛜🏊🍽) Das rundum exquisite Broadmoor mit 744 Zimmern zählt zu den führenden Fünf-Sterne-Resorts der USA und erfreut sich einer Bilderbuchlage vor den blau-grünen Hängen des Cheyenne Mountain. Zu dem großen, grünen Gelände gehören ein See, ein schimmernder Pool, ein erstklassiger Golfplatz, ein unglaubliches Spa und zahllose Bars bzw. Restaurants. Das Design der ultrakomfortablen Zimmer wirkt jedoch etwas „großmütterlich".

🍴 Essen & Ausgehen

Shugas CAFE $
(www.shugas.com; 702 S Cascade St; Gerichte 8–9 US$; ⊙11–24 Uhr; 🏠) Wer bisher dachte, dass Colorado Springs nicht hip sein kann, der wird im Shugas eines Besseren belehrt. Das Personal des Cafés im Südstaaten-Stil

DIE KASINOS VON CRIPPLE CREEK

Nur eine Stunde und doch Welten von Colorado Springs entfernt – in Creeple Creek fühlt man sich zurückversetzt in den Wilden Westen. In dieser einst von Glück gesegneten Stadt wurde bis 1952 Gold im unglaublichen Wert von 413 Mio. US$ gefördert.

Auch heute noch wird tüchtig getrunken und mächtig gezockt, die alten Saloons und Bordelle aber sind heute moderne Kasinos. Wer sich mehr für die regionale Geschichte interessiert oder mal nur eine Auszeit von den einarmigen Banditen nehmen will, kann das **Heritage Center** (www.visitcripplecreek.com; 9283 Hwy 67; ☺8–19 Uhr; ♿) besuchen, sich der beliebten **Goldminentour** (www.goldminetours.com; 9388 Hwy 67; Erw./Kind 18/10 US$; ☺Mitte Mai–Okt. 8.45–18 Uhr; ♿) anschließen oder mit der **Schmalspurbahn** (http://cripplecreekrailroad.com; Bennet Ave; Erw./Kind 13/8 US$; ☺Mitte Mai–Mitte Okt. 10–17 Uhr; ♿🚂) zum historischen Victor fahren.

Cripple Creek liegt 50 Meilen (80 km) südwestlich von Colorado Springs am malerischen Hwy 67. Für einen noch eindrucksvolleren Trip empfiehlt es sich, auf der Rückfahrt ab Victor die alte Gold Camp Rd (Hwy 336) zu nehmen. Die Straße ist nicht befestigt und schmal, bietet dafür aber tolle Ausblicke. Bis hinunter nach Colorado Springs dauert die Fahrt etwa 90 Minuten. Alternativ nimmt man den **Ramblin' Express** (☎719-590-8687; www.ramblinexpress.com; Ticket hin & zurück 25 US$; ☺Abfahrt Mi–So 7–24 Uhr), der vom 8th St Depot in Colorado Springs nach Creeple Creek fährt.

hat ein Händchen für leckere Espressogetränke und heiße Cocktails. Das kleine weiße Haus mit Papierkranichen und roten Vinylstühlen ist unglaublich niedlich ausgestattet; man kann auch auf der Terrasse sitzen. Das Essen – BLT-Sandwich (Schinken, Salat, Tomate) mit Brie auf Rosmarintoast oder brasilianische Kokos-Shrimps-Suppe – ist klasse. Auf keinen Fall die Oldie-Filmnacht am Samstag versäumen!

⭐**Marigold** FRANZÖSISCH $$
(☎719-599-4776; www.marigoldcafeandbakery.com; 4605 Centennial Blvd; Gerichte mittags 8,25-11 US$, abends 9–19 US$; ☺Bistro Mo–Sa 11–14.30 & 17–21 Uhr, Bäckerei 8–21 Uhr) Der brummende Mix aus Bäckerei und französischem Bistro liegt weit draußen beim Garden of the Gods. Das leckere Essen schmeichelt gleichermaßen dem Gaumen und dem Geldbeutel. Serviert werden neben super Salaten und Pizzas z. B. auch Marseillaise mit Schnapper oder Knoblauch-Brathähnchen mit Rosmarin. Unbedingt Platz im Magen für die Zitronentörtchen und den Schokoladenkuchen mit Doppel- oder Dreifach-Mousse (!) reservieren!

Adam's Mountain Cafe MODERN-AMERIKANISCH $$
(☎719-685-1430; www.adamsmountain.com; 934 Manitou Ave; Hauptgerichte 9–19 US$; ☺tgl. 8–15, Di–Sa 17–21 Uhr; 🚗🚲♿) Das Slowfood-Café in Manitou Springs empfiehlt sich für einen netten Zwischenstopp. Zum Frühstück gibt's u. a. *huevos rancheros* (Eier und Boh-

nen auf einer Tortilla) oder Arme Ritter mit Mandeln und Orange. Gerichte wie marokkanisches Hühnchen, Pasta Gremolata oder Wassermelonen-Grillsalat machen das Mittag- bzw. Abendessen wunderbar vielfältig. Marmorböden und freiliegende Deckenbalken prägen das luftige, hübsche Innere. Hinzu kommen Innenhoftische und gelegentlich Livemusik.

Jake & Telly's GRIECHISCH $$
(☎719-633-0406; www.greekdining.com; 2616 W Colorado Ave; Gerichte mittags 9–12 US$, abends 16–25 US$; ☺11.30–21 Uhr; 📶♿) Dieses griechische Lokal zählt zu den besten Adressen in Old Colorado City, wenngleich es mit den vielen Wandbildern von griechischen Bauwerken und landestypischer Hintergrundmusik recht touristisch wirkt. Das ist jedoch Essen hervorragend: Serviert werden prima griechisch inspirierte Sandwiches und Klassiker wie Souvlaki, Dolmas oder Spanakopita. All das gibt's im 2. Stock auf einem Balkon oberhalb eines Zauberladens.

⭐**Swirl** WEINBAR
(www.swirlwineemporium.com; 717 Manitou Ave; ☺So–Do 12–22, Fr & Sa 12–24 Uhr) Diese verwinkelte Bar hinter einem stilvollen Spirituosenladen in Manitou Springs wirkt gleichsam cool und intim. Die Gartenveranda zieren baumelnde Lampen und Weinreben, während drinnen Vintage-Sessel und ein offener Kamin warten. Wer Hunger hat, kann Tapas und selbst gemachte Pasta bestellen.

Bristol Brewing Co BRAUEREI
(www.bristolbrewing.com; 1604 S Cascade Ave; 11–22 Uhr;) Diese Brauerei nahm 2013 eine Vorreiterrolle ein, als sie in der ehemaligen Ivywild Elementary School als Erste ein neues Gemeinde-Marktzentrum eröffnete. Sie liegt zwar im südlichen Colorado Springs etwas abseits vom Schuss, ist aber wegen ihres Laughing-Lab-Ales und des Kneipenessens vom Besitzer des Gourmet-Lokals **Blue Star** (719-632-1086; www.thebluestar.net; 1645 S Tejon St; Hauptgerichte 21–35 US$; ab 15 Uhr;) durchaus besuchenswert. Weitere „Schulrückkehrer" sind u. a. eine Bäckerei, ein Feinkostladen, ein Café, eine Kunstgalerie und ein Kino in der ehemaligen Turnhalle.

ⓘ Praktische Informationen

Colorado Springs Convention & Visitors Bureau (719-635-7506; www.visitcos.com; 515 S Cascade Ave; 8.30–17 Uhr;) Hier gibt's die üblichen Broschüren für Touristen.

ⓘ Anreise & Unterwegs vor Ort

Der Colorado Springs Municipal Airport (S. 263) ist eine kleinere und viel leichter erreichbare Alternative zum Flughafen von Denver. Die Taxis des Unternehmens **Yellow Cab** (719-777-7777) vom Flughafen ins Stadtzentrum kosten etwa 30 US$.

Zwischen Cheyenne, WY, und Pueblo, CO, verkehrende Busse halten täglich am Terminal von **Greyhound** (719-635-1505; 120 S Weber St). Die **Mountain Metropolitan Transit** (www.springscom; einfache Strecke 1,75 US$, Tageskarte 4 US$) liefert Online-Infos zu allen lokalen Bussen.

Südliches Colorado

Colorados südliche Hälfte mit seinen imposanten Gebirgsketten San Juan und Sangre de Cristo ist genauso reizvoll wie der nördliche Teil.

Crested Butte

Abgelegen und von drei Wildnisgebieten umgeben, zählt dieses ehemalige Bergbaudorf zu Colorados besten Skiorten (einige sagen sogar, es sei der beste). In der Altstadt finden sich schön erhaltene Häuser aus viktorianischer Zeit, die in heute Läden und Geschäfte gezogen sind. Der gemütliche Zweiradverkehr passt zur lässigen, fröhlichen Atmosphäre.

Fast alles in der Stadt ballt sich entlang der Elk Ave, einschließlich das **Visitor Center** (970-349-6438; www.crestedbuttechamber. com; 601 Elk Ave; 9–17 Uhr).

Zwei Meilen (3,2 km) nördlich der Stadt liegt am Fuß des eindrucksvollen gleichnamigen Berges das **Crested Butte Mountain Resort** (970-349-2222; www.skicb.com; 12 Snowmass Rd; Skipass Erw./Kind 98/54 US$;), eingerahmt von Wäldern, schroffen Berggipfeln und den West Elk, Raggeds und Maroon Bells-Snowmass Wilderness Areas. Die Landschaft ist von atemberaubender Schönheit. Der Skiort ist besonders für fortgeschrittene und erfahrene Skifahrer geeignet.

Das **Crested Butte International Hostel** (970-349-0588, gebührenfrei 888-389-0588; www.crestedbuttehostel.com; 615 Teocalli Ave; B/Gemeinschaftsbad 36/89 US$, Zi. 104–109 US$;) ist eines der nettesten Hostels von Colorado. Die besten Privatzimmer haben ein eigenes Bad. Die Kojen in den Schlafsälen verfügen über Leselampen und verschließbare Schubladen. Der in rustikalem Hüttenstil gestaltete Gemeinschaftsraum hat einen Steinkamin sowie bequeme Sofas. Die Preise schwanken erheblich je nach Jahreszeit, sind aber im Herbst am günstigsten.

Wegen der hervorragenden Küche ist das abgefahren-lockere **Secret Stash** (970-349-6245; www.thesecretstash.com; 303 Elk Ave; Hauptgerichte 8–24 US$; 8–open end;) bei Einheimischen, die auch die originellen Cocktails sehr schätzen, besonders beliebt. Spezialität des Hauses ist Pizza – die Notorious Fig (mit Prosciutto, frischen Feigen und Trüffelöl) gewann die Pizzaweltmeisterschaft!

Crested Buttes Luftverbindung zur Außenwelt erfolgt über den **Gunnison County Airport** (970-641-2304), der 28 Meilen (45 km) südlich der Stadt liegt. Der Shuttle **Alpine Express** (970-641-5074; www.alpineexpresshuttle.com; 34 US$/Pers.) fährt nach Crested Butte; im Sommer sollte man im Voraus reservieren. Der kostenlose **Mountain Express** (970-349-7318; www.mtnexp.org) verbindet im Winter alle 15 Minuten Crested Butte mit dem Mt. Crested Butte, weniger oft in den übrigen Jahreszeiten; die Abfahrtszeiten findet man auf den Fahrplänen an den Bushaltestellen.

Ouray

Selbst für Colorados Maßstäbe ist Ouray ein außergewöhnliches Naturparadies: Herrliche Eiswasserfälle frieren den nach nur einer Seite geöffneten Canyon, während in der Talsenke herrliche Thermalquellen sprudeln. Mit seinem rauen und mitunter atemberaubenden Charme begeistert dieses Top-Ziel für Eiskletterer auch Wanderer und passionierte Geländewagenfahrer. Der eigentliche Ort (Gesamtlänge ungefähr 400 m) ist ein gut erhaltenes Bergbaustädtchen zwischen den imposanten Gipfeln.

Die befestigte US 550 zwischen Silverton und Ouray zählt zu Colorados schönsten Autorouten. Bei Regen oder Schnee wird die Fahrt aber ganz schön gruselig – daher immer Vorsicht walten lassen!

🏃 Aktivitäten

Das Visitor Center im Thermalbad verteilt Broschüren zu seinen hervorragenden Stadtspaziergängen. Im Rahmen dieser besichtigt man zwei Dutzend Häuser und andere Gebäude, die einst zwischen 1880 und 1904 entstanden.

Ouray Ice Park EISKLETTERN
(☑ 970-325-4061; www.ourayicepark.com; Hwy 361; ⊘ Mitte Dez.–März 7–17 Uhr; ♿) GRATIS Fans aus aller Welt kommen zum Eisklettern in den weltweit ersten öffentlichen Eispark, der einen 3 km langen Abschnitt der Uncompahgre Gorge umfasst. Der aufregende (wenn auch frostige) Park bietet Schwierigkeitsgrade für unterschiedlichstes Können. Beratung erhält man bei einem lokalen Guide-Service.

Ouray Hot Springs THERMALQUELLE
(☑ 970-325-7073; www.ourayhotsprings.com; 1200 Main St; Erw./Kind 12/8 US$; ⊘ Juni–Aug. 10–22 Uhr, Sept.–Mai Mo–Fr 12–21 & Sa & So 11–21 Uhr; ♿) Für ein heilendes Bad bieten sich die historischen Ouray Hot Springs an. Das natürliche Quellwasser ist kristallklar und frei vom Schwefelgeruch, die bei anderen Quellen in der Umgebung den Badegenuss trüben. Der riesige Pool bietet vielfältige Badebereiche mit Temperaturen von 36 bis 41 °C. Die Anlage bietet auch ein Fitnesscenter und einen Massageservice.

San Juan Mountain Guides KLETTERN, SKIFAHREN
(☑ 800-642-5389, 970-325-4925; www.ourayclimbing.com; 725 Main St; ♿) Ourays eigener Verband von Profi-Guides und -kletterern hat ein offizielles Zertifikat der International Federation of Mountain Guides Association (IFMGA). Er ist auf Eis- bzw. Felsklettern und Skifahren in der Wildnis spezialisiert.

🎉 Feste & Events

Ouray Ice Festival EISKLETTERN
(☑ 970-325-4288; www.ourayicefestival.com; Abendevents Eintritt gegen Spende; ⊘ Jan.; ♿) Das Ouray Ice Festival bietet vier Tage lang Kletterwettbewerbe, Abendessen, Diavorträge

NICHT VERSÄUMEN

SCENIC DRIVE: PÄSSE IN DEN SAN JUAN MOUNTAIN

Mit ihren zerklüfteten Bergen und tiefen, steilen Canyons ist die Landschaft der San Juan Mountains kaum zu übertrumpfen. Der für Fahrzeuge aller Art geeignete **Million Dollar Highway** (US 550) verdankt seinen Namen dem wertvollen Erz im Straßenbett. Aber auch die Landschaft glitzert golden – die befestigte Straße schmiegt sich an die brüchigen Berge und führt an alten Mineneingängen und grandioser alpiner Szenerie vorbei.

Eine anspruchsvolle, aber fantastische Strecke ist die 65 Meilen (105 km) lange **Alpine Loop Backcountry Byway** (www.alpineloop.com). Er beginnt in **Ouray** und führt östlich nach **Lake City**, einem wunderschönen Bergdorf, das einen Besuch unbedingt lohnt, bevor er in einer Schleife zum Ausgangspunkt zurückführt. Auf dem Weg passiert man zwei rund 3650 m hohe Gebirgspässe und tauscht Straßenasphalt und Menschenmassen gegen Einsamkeit, überwältigende Ausblicke und verlassene Bergbauschlupfwinkel. Man benötigt ein geländefähiges Fahrzeug mit höherer Bodenfreiheit, etwas Fahrererfahrung, um diese Strecke zu meistern, und mindestens sechs Stunden Zeit.

Vor allem im Herbst ist der **Ophir Pass** wegen der herrlichen gelben Espen spektakulär. Er verbindet Ouray über einen früheren Planwagen-Trail. Die moderate Strecke für Allradfahrzeuge führt an ehemaligen Bergwerken vorbei und steigt allmählich bis auf 3593 m an. Um hierher zu gelangen, folgt man dem Hwy 550 von Ouray aus Richtung Süden 18,1 Meilen (29,1 km) bis zur Abzweigung nach rechts zum National Forest Access, Ophir Pass.

Wie bei allen Strecken für Allradfahrzeuge und Gebirgspässen sollte man sich vor der Abfahrt nach Straßensperrungen erkundigen. Die Routen können bei Nässe oder Bodenfrost gefährlich sein, vorsichtiges Fahren ist also angesagt.

und Beratung. Kinder können an einer Kletterwand erste Griffe üben. Das Zuschauen bei den Wettbewerben ist kostenlos, wer aber an den diversen Abendveranstaltungen teilnehmen möchte, muss eine Spende für den Eispark leisten. Wenn man einmal dabei ist, bekommt man Freibier von der beliebten Colorado-Brauerei New Belgium.

🛏 Schlafen & Essen

Amphitheater Forest Service Campground
CAMPING $

(☎877-444-6777; www.recreation.gov; US Hwy 550; Stellplatz 20 US$; ☺Juni–Aug.) Mit seinen tollen Zeltplätzen unter Bäumen ist dieser alpine Campingplatz ein Volltreffer. An den Wochenenden in den Ferien muss man mindestens drei Nächte bleiben. Südlich der Stadt, am Hwy 550, nimmt man einen ausgeschilderten Weg nach links.

★ Wiesbaden
HOTEL $$

(☎970-325-4347; www.wiesbadenhotsprings.com; 625 5th St; Zi. 132–347 US$; ☺🐾🚿) Das schräge, eigenartige New-Age-Hotel Wiesbaden punktet mit einer eigenen natürlichen Dampfgrotte, die einst auch vom Häuptling Ouray benutzt wurde. Die Zimmer mit gesteppten Tagesdecken sind romantisch und gemütlich, das Highlight ist aber die sonnendurchflutete Suite mit einer Natursteinwand. Morgens schlendern die Gäste in dickten Morgenröcken herum, schlürfen den kostenlosen Biokaffee oder -tee, entspannen sich oder warten einfach nur auf die Massagen.

Box Canyon Lodge & Hot Springs
LODGE $$

(☎800-327-5080, 970-325-4981; www.boxcanyon ouray.com; 45 3rd Ave; Zi. 120–218 US$; ☎) 🅿 Nicht jedes Hotel kann mit Geothermalwärme beheizte Zimmer bieten. Diese sind geräumig und frisch und mit Kiefernholzböden ausgestattet. Fassförmige, quellgespeiste Freiluft-Whirlpools ermöglichen ein romantisches Bad unterm Sternenhimmel. Das gastfreundliche Team teilt kostenlos Äpfel und Wasserflaschen aus. Sehr beliebt, daher unbedingt rechtzeitig reservieren.

Buen Tiempo Mexican Restaurant & Cantina
MEXIKANISCH $$

(☎970-325-4544; 515 Main St; Hauptgerichte 7–20 US$; ☺18–22 Uhr; 🅿) Dieses gesellige, auch bei Familien beliebte Lokal platzt aus allen Nähten. Auf der vielfältigen Speisekarte stehen u. a. mit Chili gewürzte Lendensteaks oder Pozole mit warmen Tortillas.

Beginnen sollte man mit einem unverwechselbaren Margarita mit Pommes und hausgemachter würziger Salsa. Zum Schluss folgt eine stattliche Portion Eis. Wer aber herausfinden will, wie die Dollar-Scheine an die Decke kamen, muss dafür selbst Bares lockermachen.

ℹ Praktische Informationen

Ouray Visitors Center (☎800-228-1876, 970-325-4746; www.ouraycolorado.com; 1230 Main St; ☺Mo–Sa 10–17, So 10–15 Uhr; 🛜♿) Dieses von Freiwilligen betriebene Visitor Centre unweit der Ouray-Thermalquelle hält Broschüren und die üblichen Infos bereit.

ℹ An- & Weiterreise

Ouray liegt 24 Meilen (38,6 km) nördlich von Silverton an der US 550 und ist am besten mit dem eigenen Fahrzeug erreichbar.

Telluride

Auf drei Seiten ist das exklusive Telluride von riesigen Berggipfeln umgeben. So fühlt es sich an, als wäre man hier von der Hektik der Außenwelt völlig abgeschnitten – und meistens ist das auch so. Früher war der Ort eine raue Bergbaustadt. Heute findet man hier ein Loser-trifft-Diva-Ambiente, wo sich die wenigen, die sich die Immobilien hier leisten können, mit denen mischen, die gerade so über die Runden kommen. Im Stadtzentrum ist immer noch der Charme der alten Zeiten spürbar. Und die Umgebung ist einfach traumhaft.

In der Colorado Ave, auch als Main St bekannt, befinden sich die meisten Geschäfte. Von der Innenstadt kann man die Skihänge mit zwei Liften oder dem Gondellift erreichen. Letzterer verbindet auch Telluride mit dem Mountain Village, der eigentlichen Basis für die Telluride Ski Area. Mountain Village ist über den Hwy 145 7 Meilen (11 km) von Telluride und damit eine Fahrt von 20 Minuten Richtung Osten entfernt, mit der Gondel allerdings nur zwölf Minuten (für Fußgänger kostenl.).

🏃 Aktivitäten

Telluride Ski Resort
WINTERSPORT

(☎970-728-7533, 888-288-7360; www.telluride skiresort.com; 565 Mountain Village Blvd; Erw./Kind Skipass pro Tag 112/67 US$) Das Telluride Ski Resort umfasst drei eigenständige Gebiete und wird von 16 Liften bedient. Die meisten Pisten eignen sich für fortgeschrittene und erfahrene Skifahrer, aber es gibt auch genug Auswahl für Anfänger.

Feste & Events

★ **Mountainfilm**   FILM
(www.mountainfilm.org; ⊙Mai) Vier Tage lang werden Outdoor-Adventure- und Naturfilme gezeigt.

Telluride Bluegrass Festival   MUSIK
(☎800-624-2422;   www.planetbluegrass.com; 4-Tage-Pass 205 US$; ⊙Ende Juni) Dieses Fest zieht für ein Wochenende mit erstklassigem und frischem Bluegrass Tausende Besucher an. Imbissstände verkaufen verschiedenste Gerichte, während die Produkte der lokalen Kleinbrauereien die Stimmung anheizen. Bis spätabends spielt die Musik. Camping ist während des viertägigen Festivals sehr beliebt. Auf der Website findet man Infos zu Stellplätzen, Shuttles und Kombi-Tickets für Eintritt und Campen – alles ist perfekt organisiert!

Telluride Film Festival   FILM
(☎603-433-9202;   www.telluridefilmfestival.com; ⊙Anfang Sept.) Anfang September werden in der ganzen Stadt nationale und internationale Filme uraufgeführt. Das Event zieht auch die ganz großen Stars an. Infos zum recht komplizierten Preissystem findet am auf der Website des Filmfestivals.

Schlafen

Die Unterkünfte in Telluride können schnell voll sein; die besten Preise bekommt man, wenn man online bucht. Wer nicht zum Campen herkommt, darf keine preiswerten Budgetpreise erwarten.

Telluride Town
Park Campground   CAMPING $
(☎970-728-2173; 500 E Colorado Ave; Stellplatz mit/ohne Fahrzeug 23/17 US$; ⊙Mitte Mai–Mitte Okt.; 🛜🏊) Der Campingplatz liegt direkt im Stadtzentrum und besitzt 20 Stellplätze mit Zugang zu Duschen (1,50 US$/Warmwasserdusche). In der Hauptreisezeit ist er schnell ausgebucht. Im Umkreis von 15 km gibt es etliche weitere Campingplätze; Auskünfte erteilt das Visitor Center (S. 296).

Victorian Inn   LODGE $$
(☎970-728-6601; www.victorianinntelluride.com; 401 W Pacific Ave; Zi. ab 124 US$; ⊙🌀🛜) Der Duft frischer Zimtschnecken begrüßt die Gäste in einer der besseren Unterkünfte von Telluride. Geboten werden komfortable

VON HÜTTE ZU HÜTTE DURCH COLORADO

Eine ausgezeichnete Möglichkeit, im Sommer Hunderte Kilometer von Single Tracks oder im Winter endlose Pulverschneepisten zu genießen, bieten die **San Juan Hut Systems** (☎970-626-3033; www.sanjuanhuts.com; 30 US$/Pers.), die mit fünf abgeschieden liegenden Berghütten in der Wildnis die europäische Tradition fortsetzen, von Hütte zu Hütte zu ziehen. Man muss nur Essen, Taschenlampe und einen Schlafsack mitbringen: Zur Ausstattung gehören gepolsterte Schlafkojen, Propangasherde, Holzöfen zum Heizen und Brennholz.

Die Website enthält hilfreiche Tipps und Informationen zum Ski- und Fahrradverleih sowie (optional) zu Guides, die in Ridgway oder Ouray ansässig sind.

Zimmer (einige davon mit Küchenzeile), ein Whirlpool und eine Trockensauna. Der Hit sind die fantastischen Skipass-Angebote für die Gäste. Kinder bis einschließlich zwölf Jahren wohnen kostenlos. Die Lage in der Innenstadt ist unschlagbar.

Hotel Columbia   HOTEL $$$
(☎970-728-0660, gebührenfrei 800-201-9505; www.columbiatelluride.com; 300 W San Juan Ave; DZ/Suite ab 265/365 US$; P⊝❄🛜📺) Angesichts der hiesigen Übernachtungspreise können Skifahrer gleich gegenüber vom Gondellift übernachten. Das stilvolle und elegante Hotel wird von Einheimischen geführt und betrieben und verwöhnt seine Gäste. Die eigene Skiausrüstung kann man in der Abstellkammer lassen und sich direkt auf sein Zimmer mit Espressomaschine, Kamin und gefliestem und beheiztem Fußboden begeben. Dank Shampoo-Spender und Recycling zeigt es sich auch recht umweltfreundlich.

Essen & Ausgehen

Am günstigsten sind die Food Carts, die entlang der Colorado Ave mediterrane Speisen, Hotdogs, Tacos und Kaffee verkaufen.

The Butcher & The Baker   CAFÉ $
(☎970-728-3334; 217 E Colorado Ave; Hauptgerichte 10 US$; ⊙Mo–Sa 7–19, So 8–14 Uhr; ♿) 🌿 Zwei Veteranen des gehobenen regionalen

TELLURIDES TOLLES OUTDOOR-PROGRAMM

Die Festivals sind sicher toll, aber ein Sommer in Telluride hat viel mehr zu bieten.

Mountainbiken

Man folgt vom Town Park dem River Trail gut 3 km weit bis zum Hwy 145. Westlich der Texaco-Tankstelle nimmt man den **Mill Creek Trail**, der bergauf führt, und folgt der Kontur der Berge, bis er am Jud Wiebe Trail (nur für Wanderer) endet.

Wandern

Auf etwas über 3 km steigt der **Bear Creek Trail** 317 m zu einem schönen Kaskadenwasserfall an. Von hier hat man einen Zugang zum fordernden **Wasatch Trail**, einer 19,3 km langen Schleife, die Richtung Westen über die Berge zu den **Bridal Veil Falls** führt, den eindrucksvollsten Wasserfällen von Telluride. Der Ausgangspunkt des Bear Creek Trail befindet sich am Südende der Pine St, vis-à-vis vom San Miguel River.

Radfahren

Einen 50 km langen Trip (einfache Strecke) mit beeindruckendem Bergpanorama bietet der **Lizard Head Pass**.

Caterings eröffneten dieses herzzerreißend nette Café, dessen Frühstück unschlagbar ist. Herzhafte, mit regionalem Fleisch zubereitete Sandwiches sind der köstlichste Wanderproviant, zudem gibt's jede Menge Gebäck und frische Beilagen.

⭐ **There**　　TAPAS, COCKTAILBAR **$$**
(☎ 970-728-1213; http://therebars.com; 627 W Pacific Ave; Hauptgerichte 6–28 US$; ☺ Mo-Fr 17–24, Sa & So 10–15 Uhr) Ein hippes Lokal für Cocktails und Knabbereien, in dem am Wochenende auch im Brunch serviert wird. Für besonders Hungrige gibt's Hauptgerichte, die man sich zu mehreren teilt, beispielsweise eine ganze Colorado-Forelle. Auf der wie ein Comic gestalteten Speisekarte gibt's Kreationen, die dem Motto „East meets West" folgen: leckere Salat-Wraps, Enten-Ramen, Sashimi-Tostadas und dazu originelle handgemixte Drinks. Besonders angetan waren wir vom Jalapeño Kiss.

La Cocina de Luz　　MEXIKANISCH, BIO **$$**
(www.lacocinatelluride.com; 123 E Colorado Ave; Hauptgerichte 9–19 US$; ☺ 9–21 Uhr; 🅿) 🍴
Da man hier gern zwei Colorado-Favorites (nämlich Bio und mexikanisch) serviert, ist es kein Wunder, dass die Warteschlange in dieser gesundheitsbewussten Taqueria mittags sehr lang ist. Probieren sollte man das mit Achiote zubereitete Pulled Pork – da ist man noch am nächsten Morgen satt. Zu den besonderen Köstlichkeiten zählen außerdem eine Salsa-Chips-Bar, hausgemachte Tortillas und Margaritas mit Biolimetten und Agavennektar. Serviert werden auch vegane und glutenfreie Gerichte.

New Sheridan Bar　　BAR
(☎ 970-728-3911; www.newsheridan.com; 231 W Colorado Ave; ☺ 17–2 Uhr) In der Nebensaison lohnt sich hier ein Besuch wegen des authentischen Flairs und der Kontakte mit Einheimischen. Ansonsten ist die Bar ein beliebter Treffpunkt der Schönen und Reichen. Die Einschusslöcher in der Wand zeugen vom tapferen Überleben der Bar selbst in einer Zeit, als wegen des kränkelnden Bergbaus das Hotel nebenan seine Kronleuchter und Antiquitäten verkaufen musste, um seine Heizungskosten zu begleichen.

☆ Unterhaltung

Fly Me to the Moon Saloon　　LIVEMUSIK
(☎ 970-728-6666; 132 E Colorado Ave; ☺ 15–2 Uhr) Zu den Klängen der Livebands kann man sich in diesem Saloon schon mal gehen lassen und so richtig abtanzen. Es ist der beste Ort in Telluide, um zünftig zu feiern.

Sheridan Opera House　　THEATER
(☎ 970-728-4539; www.sheridanoperahouse.com; 110 N Oak St; 🛈) Dieses historische Theater mit burleskem Charme ist der Fixstern in Tellurides kulturellem Leben. Es beherbergt das Telluride Repertory Theater und bietet häufig spezielle Veranstaltungen für Kinder.

❶ Praktische Informationen

Visitor Center (☎ 888-353-5473, 970-728-3041; www.telluride.com; 398 W Colorado Ave; ☺ 9–17 Uhr)

❶ Anreise & Unterwegs vor Ort

Pendlerflugzeuge bedienen den **Telluride Airport** (☎ 970-778-5051; www.tellurideairport.

com; Last Dollar Rd) auf dem Hochplateau, 5 Meilen (8 km) östlich der Stadt. Wenn das Wetter zu schlecht ist, kann es passieren, dass die Flüge nach Montrose, 65 Meilen (104 km) weiter nördlich, umgeleitet werden. Wer ein Auto mieten möchte, findet am Flughafen Zweigstellen von National und Budget.

Während der Skisaison bietet der Montrose Direktflüge von und nach Denver (mit United), Houston, Phoenix und zu ein paar Städten an der Ostküste.

Gemeinschafts-Shuttles von **Telluride Express** (☑ 970-728-6000; www.tellurideexpress.com) fahren für 15 US$ vom Telluride Airport in die Stadt oder nach Mountain Village. Shuttles vom/zum Montrose Airport und nach Telluride kosten 50 US$.

Silverton

Umgeben von schneebedeckten Gipfeln und mit der rußigen Geschichte einer geschmacklosen Bergbausiedlung ausgestattet, scheint Silverton eher nach Alaska zu passen als in die „Lower 48". Aber es ist nun mal hier. Egal, ob man Motorschlitten fahren, im Pulverschnee skifahren, fliegenfischen, Fassbier trinken oder einfach nur in der Höhensonne liegen möchte, Silverton macht's möglich.

Die Stadt hat zwei Straßen, von denen aber nur eine asphaltiert ist. In der Greene St, der Hauptstraße, finden sich die meisten Geschäfte. Die immer noch unbefestigte, berüchtigte Blair St verläuft parallel zur Greene St und ist ein Relikt der Vergangenheit: Zur Zeit des Silberrauschs gab es hier florierende Bordelle und Zechbuden.

🏃 Aktivitäten

Im Sommer findet man in Silverton einige der besten Geländewagenpisten im ganzen Westen. Mit **San Juan Backcountry** (☑ 970-387-5565, gebührenfrei 800-494-8687; www.sanjuanbackcountry.com; 1119 Greene St; 2-Std.-Tour Erw./Kind 60/40 US$; ☒ Mai–Okt.; ♿) 🅿 reist man in umgebauten Chevy Suburbans ohne Dach; im Angebot sind neben weiteren Touren auch Mietgeländewagen.

🛏 Schlafen & Essen

Red Mountain Motel
& RV Park   MOTEL, CAMPING $$
(☑ 970-382-5512, gebührenfrei 800-970-5512; www.redmtmotelrvpk.com; 664 Greene St; Motel-Zi. ab 80 US$, Hütte ab 70 US$, Stellplatz Wohnmobil/Zelt 38/22 US$; ☒ ganzjährig; 🅿 ⊕ 🛜 ❄) In den winzigen Hütten ist es warm und der

knappe Raum ist bestens genutzt: Es gibt ein Doppelbett, ein Etagenbett, einen kleinen Fernseher und eine voll ausgestattete Küchenzeile. Die Manager sind freundlich und sehr bemüht, ihren Gästen einen angenehmen Aufenthalt zu bereiten. Haustiere willkommen, ganzjährig geöffnet.

Inn of the Rockies at the
Historic Alma House   B&B $$
(☑ 970-387-5336, gebührenfrei 800-267-5336; www.innoftherockies.com; 220 E 10th St; Zi. inkl. Frühstück 109–173 US$; 🅿 ⊕ ❄) Das 1898 von einer Einheimischen namens Alma eröffnete Gasthaus hat neun einzigartige Zimmer, die mit viktorianischen Antiquitäten eingerichtet sind. Man wird überaus warmherzig empfangen und das Frühstück à la New Orleans, serviert in einem Speisesaal mit Kronleuchter, verdient ein Extralob. Die Zimmerpreise sind jedoch niedriger, wenn man es nicht bucht. Es gibt außerdem einen Whirlpool im Garten, der für Entspannung nach einem langen Tag sorgt.

Stellar   ITALIENISCH $$
(☑ 970-387-9940; 1260 Blair St; Hauptgerichte 8–20 US$; ☒ 16–21.30 Uhr; ♿) Dieses freundliche Lokal ist eine gute Wahl für ein Abendessen. Einheimische kommen für eine Stellar-Pizza hierher und schätzen den freundlichen Service und die lockere Atmosphäre. Es gibt eine perfekt ausgestattete Bar, an der auch Fassbier ausgeschenkt wird. Die Lasagne und die frisch zubereiteten Salate schmecken immer gut.

🍷 Ausgehen & Unterhaltung

⭐ **Montanya Distillers**   BAR
(www.montanyadistillers.com; 1309 Greene St; Hauptgerichte 6–14 US$; ☒ 12–22 Uhr) Der in der ganzen Region beliebte Treffpunkt hat ein neues Management und ist nun in einer geräumigen, minimalistisch eingerichteten Bar in der Greene St untergebracht. Im Sommer kann man auf der Dachterrasse entspannen. Die Barkeeper können über alles Mögliche plaudern und mixen exotische Cocktails mit selbst gemachtem Sirup und ihrem preisgekrönten Rum. Allein schon wegen der ausgelassenen Stimmung lohnt sich hier ein Besuch. Achtung: Geänderte Öffnungszeiten in der Nebensaison!

ℹ An- & Weiterreise

Silverton liegt 50 Meilen (80 km) nördlich von Durango und 24 Meilen (38,6 km) südlich von Ouray abseits des US 550.

Mesa Verde National Park

Mesa Verde hüllt sich in Mysterien. Die Erkundung des Nationalparks mit seinen Felsbehausungen und den grünen Talscheiden ist faszinierend, aber auch etwas unheimlich. Gerade hier scheint Pueblo-Kultur um 1300 n. Chr. verschwunden zu sein. Sie hinterließen eine komplexe Zivilisation aus Klippenwohnungen, die zum Teil nur kletternd erreicht werden können. Mesa Verde ist in seinem Bemühen, die kulturellen Relikte zu erhalten, einzigartig. So können sich auch kommende Generationen weiterhin über diese verwirrende Siedlung den Kopf zerbrechen und darüber, warum sie aufgegeben und die Gegend verlassen wurde.

Mesa Verde belohnt alle Traveller, die sich einen oder mehrere Tage Zeit nehmen, um eine von Rangern geführte Tour durch den Cliff Palace und das Balcony House zu machen, die Wetherill Mesa zu erforschen oder an einem der schönen Lagerfeuertouren teilzunehmen. Wer nur für eine kurzen Besuch Zeit hat, sollte sich auf jeden Fall das Chapin Mesa Museum ansehen und durch das Spruce Tree House gehen, wo man eine Holzleiter in die kühle Kammer einer *Kiva* (meist teilweise unterirdischer Zeremonialraum) hinunterklettern kann.

⊙ Sehenswertes & Aktivitäten

Chapin Mesa Museum   MUSEUM
(☑970-529-4475; www.nps.gov/meve; Chapin Mesa Rd; Zugang inkl. Zutritt in den Park; ⊙April–Mitte Okt. 8–18.30, Mitte Okt.–April 8–17 Uhr; P ♿) Das Chapin Mesa Museum zeigt Ausstellungen zum Thema Mesa Verde National Park. Es ist ein guter erster Stopp. Das Museumspersonal hilft am Wochenende mit Infos weiter, wenn die Parkverwaltung geschlossen ist.

Chapin Mesa   ARCHÄOLOGISCHE STÄTTE
Die größte Ansammlung früher Pueblo-Behausungen befindet sich in Chapin Mesa, wo es die dicht gedrängte **Far View Site** und das große **Spruce Tree House** gibt. Sie sind die am besten zugänglichen Stätten und über einen befestigten, 800 m langen Rundweg zu erreichen.

Wer den **Cliff Palace** oder das **Balcony House** sehen möchte, muss sich einer einstündigen Führung eines Rangers anschließen, die im Voraus beim Visitor Center gebucht werden muss (4 US$). Diese Touren sind überaus beliebt; am besten kommt man daher für die Reservierung schon frühmorgens oder am Vortag. Im Balcony House

muss man zwei Leitern – eine 9,75 m, die andere 18,2 m hoch – besteigen.

Wetherill Mesa   ARCHÄOLOGISCHE STÄTTE
Die zweitgrößte Stätte früherer Pueblo-Siedlungen. Besucher können gesicherte Stätten und zwei Klippenbehausungen betreten, darunter das **Long House**, geöffnet von Ende Mai bis Ende August. Südlich der Parkverwaltung verbindet die 9,6 km lange **Mesa Top Road** die auf dem Plateau ausgegrabenen Stätten, zugängliche Klippenbehausungen und Aussichtspunkte miteinander, an denen man vom Rand des Tafelberges aus die unzugänglichen Behausungen sehen kann.

⭐ **Aramark Mesa Verde**   WANDERN
(☑970-529-4421; www.visitmesaverde.com; Erw. 42–48 US$) Der Konzessionsinhaber Aramark Mesa Verde bietet von Mai bis Mitte Oktober täglich geführte Touren zu freigelegten Pit Houses (Grubenhäusern), Klippenbehausungen und dem Spruce Tree House.

🛏 Schlafen & Essen

In den nahe gelegenen Städten Cortez und Mancos findet man jede Menge Mittelklasse-Unterkünfte; im Park gibt's Campingmöglichkeiten und eine Lodge.

Morefield Campground   CAMPING $
(☑970-529-4465; www.visitmesaverde.com; North Rim Rd; Stellplatz Zelt/Wohnmobil 30/40 US$; ⊙Mai–Anfang Okt.; 🐾) ⊘ Der Park-Campingplatz liegt 4 Meilen (6,4 km) entfernt vom Eingangstor und verfügt über 445 reguläre Zeltplätze auf grasigem Boden, die günstig in der Nähe des Morefield Village liegen. Hier gibt's einen Gemischtwarenladen, eine Tankstelle, ein Restaurant, Duschen und eine Wäscherei. Der Betreiber ist Aramark. Wohnmobilstellpläze ohne Strom- und Wasseranschluss kosten genauso viel wie die Zeltplätze.

Far View Lodge   LODGE $$
(☑970-529-4421, gebührenfrei 800-449-2288; www.visitmesaverde.com; North Rim Rd; Zi. 117–177 US$; ⊙Mitte April–Okt.; P 🐾 ❄ 🐶 🐾) Die geschmackvolle Lodge im Pueblo-Stil thront auf einer Hochebene, 15 Meilen (24 km) vom Parkeingang entfernt, und bietet 150 Zimmer im Südwest-Stil, einige davon mit *kiva*-Kamin. Vom eigenen Balkon sieht man den Sonnenuntergang über der Mesa. Die Standardzimmer haben keine Klimaanlage (oder keinen Fernseher) und im Sommer kann es tagsüber heiß werden. Für einen Aufpreis von 10 US$ pro Nacht darf man auch seinen Hund mitbringen.

Far View Terrace Café CAFÉ $

(☏ 970-529-4421, gebührenfrei 800-449-2288; www.visitmesaverde.com; North Rim Rd; Gerichte ab 6 US$; ⊙ Mai–Mitte Okt. 7–10, 11–15 & 17–20 Uhr; ⊘ 🛈) Das SB-Restaurant befindet sich in der Far View Lodge gleich südlich vom Visitor Center und bietet preiswerte Mahlzeiten und eine günstige Espressobar. Unbedingt die Spezialität des Hauses probieren: den Navajo Taco.

Metate Room MODERN-AMERIKANISCH $$$

(☏ 800-449-2288; www.visitmesaverde.com; North Rim Rd; Hauptgerichte 18–29 US$; ⊙ April–Mitte Okt. 7–10 & 17–19.30 Uhr, Mitte Okt.–März 17–19.30 Uhr; ⊘ 🛈) ✎ Das vornehme und preisgekrönte Restaurant in der Far View Lodge bietet innovative, aus heimischen Produkten und Gewürzen inspirierte Speisen. Zu den interessanten Gerichten zählen gefüllte Poblano-Paprika, Schweinefilet mit Zimt und Chili sowie gegrillte Wachteln mit Kaktusfeigen-Konfitüre.

❶ Praktische Informationen

Der Parkeingang liegt abseits der US 160 auf halbem Weg zwischen Cortez und Mancos. Das 2012 eröffnete **Mesa Verde Visitor and Research Center** (☏ 800-305-6053, 970-529-5034; www.nps.gov/meve; North Rim Rd; ⊙ Juni–Anfang Sept. 8–19 Uhr, Anfang Sept.–Mitte Okt. 8–17 Uhr, Mitte Okt.–Mai geschl.; 🛈) in der Nähe liefert Infos und Aktuelles zu Sperrzeiten (viele Parkbereiche sind im Winter geschl.). Zudem verkauft es Tickets für **geführte Touren** (3 US$) zum herrlichen Cliff Palace oder Balcony House.

Durango

Durango ist der Archetyp einer alten Bergbaustadt in Colorado. Sie ist der Liebling der Region und einfach nur wunderbar. Die eleganten Hotels, die Saloons aus der viktorianischen Zeit und die von Bäumen gesäumten Straßen und verschlafenen Bungalows laden dazu ein, umherzuradeln und dieses gute Gefühl aufzusaugen. Es gibt jede Menge draußen zu tun. Stilmäßig ist Durango hin- und hergerissen zwischen seiner Ragtime-Vergangenheit und der coolen, innovativen Zukunft, in der Townie Bikes, Koffein und Bauernmärkte das Bild beherrschen.

Das historische Zentrum der Stadt beherbergt Boutiquen, Bars, Restaurants und Theater. Feinschmecker werden die innovativen Gerichte aus biologisch angebauten Zutaten aus der Region genießen. Sie sind dafür verantwortlich, dass man hier im ganzen Bundesstaat am besten essen kann. Aber auch die interessanten Galerien, die tolle Livemusik und die entspannten und sympathischen Einwohner machen Durango zu einem herrlichen Ort für einen Besuch.

🏃 Aktivitäten

Mountainbiken MOUNTAINBIKEN

Von steilen, schmalen Strecken bis zu malerischen Straßenrouten: Durango ist das Mountainbike-Zentrum des Landes. Der leichte **Old Railroad Grade Trail** verläuft auf einer fast 20 km langen Schleife, die sowohl den US Hwy 160 als auch eine nicht asphaltierte Straße einbezieht, die der Trasse der früheren Eisenbahnstrecke folgt. Von Durango aus nimmt man Hwy 160 durch die Stadt Hesperus hindurch; dann biegt man rechts in die Cherry Creek Picnic Area ab, wo der Radweg beginnt.

Wer etwas mehr gefordert werden will, kann den **Dry Fork Loop** versuchen. Er ist über den Lightner Creek gleich westlich der Stadt zu erreichen. Hier gibt es ein paar tolle Drops und unübersichtliche Kurven sowie hübsche Flora am Wegesrand. Die Fahrradläden in der Main oder Second Ave verleihen Mountainbikes.

★ Durango & Silverton Narrow Gauge Railroad EISENBAHN

(☏ 970-247-2733; www.durangotrain.com; 479 Main Ave; Erw./Kind 4–11 Jahre hin & zurück ab 85/51 US$; ⊙ Mai–Okt.; 🛈) Eine Fahrt mit der Durango & Silverton Narrow Gauge Railroad ist ein Muss für alle, die sich in Durango aufhalten. Die Oldtimer-Dampfloks befahren seit 125 Jahren die malerische 72 km lange Strecke Richtung Norden nach Silverton (einfache Strecke 3½ Std.). Auf der herrlichen Tour hat man die Gelegenheit, zwei Stunden lang Silverton zu erkunden. Dieser Trip ist jedoch nur zwischen Mai und Oktober möglich. Über Möglichkeiten im Winter kann man sich online informieren.

Durango Mountain Resort WINTERSPORT

(☏ 970-247-9000; www.durangomountainresort.com; 1 Skier Pl; Skipass Erw./Kind ab 77/45 US$; ⊙ Mitte Nov.–März; 🛈) Das Durango Mountain Resort liegt 25 Meilen (40 km) nördlich am US 550 und ist Durangos Winter-Highlight. Das auch als Purgatory bekannte Resort bietet ein Skigebiet von 4,64 km^2 mit diversen Schwierigkeitsgraden und verzeichnet jährlich 6,6 m Neuschnee. Zwei Funparks bieten Snowboardern zahlreiche Möglichkeiten, frische Luft zu schnappen.

ROCKY MOUNTAINS SÜDLICHES COLORADO

Bevor man Tickets direkt am Kartenschalter kauft, sollte man sich in den hiesigen Lebensmittelläden und Zeitungen nach Angeboten, Doppelpässen und anderen saisonalen Schnäppchen erkundigen.

🛏 Schlafen

Adobe Inn   MOTEL $
(☑ 970-247-2743; www.durangohotels.com; 2178 Main Ave; DZ 84 US$; 😊❄@📶) Einheimischen zufolge bietet dieses sympathische Motel vor Ort am meisten fürs Geld. Hierfür sorgen freundlicher Service und saubere, anständige Zimmer. Wer spätabends ankommt, kann bisweilen sogar einen ordentlichen Preisnachlass bekommen. Interessant ist auch die Infobroschüre zu Durango.

★ Rochester House   HOTEL $$
(☑ 970-385-1920, gebührenfrei 800-664-1920; www.rochesterhotel.com; 721 E 2nd Ave; DZ 169-229 US$; 😊❄📶📺) Inspiriert von alten Western – in den Gängen hängen Filmposter und Schirmdachlampen – wirkt das Rochester ein wenig wie altes Hollywood im modernen Westen. Die Zimmer sind geräumig und haben hohe Decken. Zwei konventionelle Gemeinschaftsräume, in denen Gebäck serviert wird, sowie ein Frühstücksraum in einem alten Bahnwaggon sind weitere Pluspunkte dieser Unterkunft. Haustiere sind willkommen.

Strater Hotel   HOTEL $$$
(☑ 970-247-4431; www.strater.com; 699 Main Ave; DZ 197-257 US$; 😊❄@📶) Die Vergangenheit lebt weiter in diesem historischen Hotel von Durango mit Antiquitäten aus Walnussholz, mit handgemalten Wandtapeten und Reliken wie einer Stradivari-Geige und einer vergoldeten Winchester-Büchse. Die Zimmer sind romantisch und haben bequeme Betten inmitten von Antiquitäten, Kristall und Spitzen. Das überaus freundliche Personal gibt sich alle Mühe, die Wünsche der Gäste zu erfüllen.

✕ Essen & Ausgehen

Durango Diner   DINER $$
(☑ 970-247-9889; www.durangodiner.com; 957 Main Ave; Hauptgerichte 7-18 US$; ⊙ Mo-Sa 6-14, So 6-13 Uhr; 📶📺) In diesem reizenden, Schnellrestaurant Gary bei der Arbeit am Grill zuzusehen, bedeutet hohe Kochkunst zu erleben. Assistiert von süßen Kellnerinnen, lassen Garys fließende, elegante Bewegungen, die eines Samurai würdig wären, riesige Portionen Eier, gedämpfter Kartof-

feln und tellergroße French Toasts entstehen. Das beste Dinner im ganz Colorado? Zweifelsohne, ja!

Jean Pierre Bakery   FRANZÖSISCH, BÄCKEREI $$
(☑ 970-247-7700; www.jeanpierrebakery.com; 601 Main Ave; Hauptgerichte 9-22 US$; ⊙ 8-21 Uhr; 📶📺) Die reizvolle Patisserie verkauft komplett selbst gemachte Köstlichkeiten. Das Frühstück ist reichhaltig, während es beim Abendessen viel formeller zugeht. Die Preise sind hoch, aber das Mittags-Special aus Suppe und Sandwich mit üppigem französischem Gebäck – wir empfehlen die klebrigen Pekanussbrötchen – ist ein Schnäppchen.

East by Southwest   FUSION, SUSHI $$
(☑ 970-247-5533; http://eastbysouthwest.com; 160 E College Dr; Sushi 4-13 US$, Hauptgerichte 12-24 US$; ⊙ Mo-Sa 11.30-15 & 17-22, So 17-22 Uhr; 📶📺) 🌿 Im schummrigen, aber belebten Lokal drängen sich abends die Einheimischen. Am besten lässt man die Standardgerichte links liegen und wendet sich den supertollen Sashimi mit Jalapeños oder Mango-Röllchen mit Wasabi-Honig zu. Der Fisch ist frisch und gefährdete Arten kommen nicht auf den Tisch. Die Fusion-Platten umfassen thailändische, vietnamesische und indonesische Gerichte, ergänzt durch kreative Martinis oder Sake-Cocktails. Die Happy-Hour-Gerichte (17-18.30 Uhr) entlasten die Reisekasse.

Steamworks Brewing   BRAUEREI
(☑ 970-259-9200; www.steamworksbrewing.com; 801 E 2nd Ave; ⊙ Mo-Do 11-24, Fr-So 11-2 Uhr) Industrial Style und Ski-Lodge treffen in dieser beliebten Kleinbrauerei mit hohen, schrägen Deckenbalken und Metallrohren aufeinander. Es gibt einen großen Barbereich sowie einen abgetrennten Speiseraum, in dem von der Cajun-Küche beeinflusste Gerichte serviert werden. Abends gibt es DJs und Livemusik.

❶ Praktische Informationen

Visitor Center (☑ 800-525-8855; www.durango.org; 111 S Camino del Rio) Südlich der Stadt an der US-550-Ausfahrt Santa Rita.

❶ Anreise & Unterwegs vor Ort

Der **Durango-La Plata County Airport** (DRO; ☑ 970-247-8143; www.flydurango.com; 1000 Airport Rd) liegt 18 Meilen (29 km) südwestlich von Durango (Anfahrt über US 550 & Hwy 172). Vom **Durango Bus Center** (☑ 970 259 2755; 275 E 8th Ave) fährt Greyhound täglich nordwärts nach Grand Junction und südwärts nach Albuquerque (New Mexico).

ÖPNV-Infos gibt's bei **Durango Transit** (☑ 970-259-5438; www.getarounddurango. com; 250 W 8th St). Alle Stadtbusse verfügen über Fahrradständer. Entlang der Main St pendelt der kostenlose rote „T"-Shuttlebus.

Durango liegt an der Kreuzung von US 160 und US 550, 42 Meilen (67,5 km) östlich von Cortez, 49 Meilen (79 km) westlich von Pagosa Springs und 190 Meilen (306 km) nördlich von Albuquerque.

Great Sand Dunes National Park

Im wandernden Sanddünenmeer des **Great Sand Dunes National Park** (☑ 719-378-6399; www.nps.gov/grsa; 11999 Hwy 150; Erw./Kind 3 US$/frei; ☉ Visitor Center Sommer 8.30–18.30 Uhr, übriges Jahr verkürzte Öffnungszeiten) prallen Landschaften aufeinander – man meint, per Raumschiff in einer anderen Welt gelandet zu sein. Der höchste Sandgipfel ragt 213 m über dem Talboden empor. Das 142 km² große Gebiet erstreckt sich zwischen dem trockenen, flachen Buschland des San Luis Valley und zwei schroffen Bergketten mit mehreren 14 000ern (14 000 Fuß = 4267 m): den Sangre de Cristo und den San Juan Mountains.

Der Park bietet ein großartiges Preis-Leistungs-Verhältnis – 3 US$ Eintritt sind spottbillig – und wird am besten bei Vollmond besucht. Da heißt es Vorräte besorgen – ausreichend Trinkwasser nicht vergessen! –, beim Visitor Center gratis eine Genehmigung fürs Wildcampen einholen und dann die surreale Landschaft durchwandern, um mitten im Nirgendwo zu zelten. Enttäuschungen sind so gut wie ausgeschlossen.

Ein der vielen **Wanderrouten** führt beispielsweise zu den **Zapata Falls** (800 m; BLM Road 5415). Da der Weg durch eine schmale Klamm verläuft, sollte man rutschfeste Schuhe tragen – es muss manchmal gewatet werden. Zudem ist stets **Sandboarden** (Snowboarden auf Dünensand) angesagt; hierzu sollte man aber bereits Snowboard-Erfahrung haben.

Im Juni, dem beliebtesten Monat für einen Besuch, führt der Medano Creek Wasser und bereitet hineinwatenden Kindern eine natürliche Erfrischung. Achtung: Unbedingt genügend Trinkwasser mitbringen! Es ist anstrengend, im lockeren Sand zu laufen, und die Temperaturen in den Dünen können im Sommer 54 °C und mehr erreichen.

🛏 Schlafen

Pinyon Flats Campground   CAMPING $
(☑ 888-448-1474; www.recreation.gov; Great Sand Dunes National Park; Stellplatz Zelt/Wohnmobil 20 US$; 🐾) Dieser offizielle Campingplatz des Nationalparks hat eine tolle Lage in der Nähe der Dünen. Es gibt 88 Stellplätze. Hört sich viel an? Nun ja, er ist überaus beliebt und regelmäßig von Ende Mai bis August komplett belegt. Die Hälfte der Stellplätze (ganzjährig geöffnet) werden nach dem Prinzip „First come, first served" vergeben, die übrigen 44 Stellplätze (Mai–Nov. geöffnet) können online reserviert werden.

Zapata Falls Campground   CAMPING $
(www.fs.usda.gov; BLM Rd 5415; Stellplatz Zelt/Wohnmobil 11 US$; ☉ganzjährig; 🐾) Dieser Campingplatz liegt 7 Meilen (11,2 km) südlich vom Nationalpark und bietet dank seiner Lage in der Bergkette Sangre de Cristo in 2743 m Höhe ein tolles Panorama auf das San Luis Valley. Es gibt 23 Stellplätze ohne Reservierung. Bitte beachten: Es gibt hier kein Trinkwasser und die 3,6 Meilen (5,8 km) lange Zufahrtsstraße ist steil und unbefestigt, weshalb man sehr langsam und vorsichtig fahren sollte.

Zapata Ranch   RANCH $$$
(☑ 719-378-2356; www.zranch.org; 5303 Hwy 150; DZ 300 US$) Die exklusive Rinder- und Bison-Ranch inmitten von Schwarzpappel-Hainen ist ideal für alle, die gerne reiten. Eigentümer und Bewirtschafter des Ganzen ist die Nature Conservancy. Als Hauptgebäude dient ein restauriertes Blockhaus (erb. im 19. Jh.) mit Blick auf die fernen Sanddünen.

❶ An- & Weiterreise

Der Nationalpark ist nicht mit öffentlichen Verkehrsmitteln erreichbar. Er liegt ca. 35 Meilen (56 km) nordöstlich von Alamosa und 250 Meilen (402 km) südlich von Denver. Von Denver folgt man der I-25 südwärts bis zum Hwy 160, fährt diesen westwärts entlang und nimmt dann den Hwy 150 gen Norden.

WYOMING

Mit Wind, wogenden Graslandschaften und dem weiten blauen Himmel bietet der am dünnsten besiedelte US-Staat jede Menge Einsamkeit. Die Autorin Annie Proulx hat ihn „Bunchgrass end of the World" („das Grasbüschel am Ende der Welt") genannt. Wyoming mag geborgen im Schoß von Amerika liegen, aber gerade die Leere prägt diesen Staat entscheidend.

Obwohl die Ranch-Kultur hier groß geschrieben wird – man muss sich nur die Ansammlung von Stetsons bei der hiesigen Genossenschaftsbank ansehen –, steht Wyoming bei der Kohleproduktion der USA an Stelle Nummer eins und hat außerdem jede Menge Erdgas, Rohöl und Diamanten. Da man hier extrem konservativ ist, hat die Hinwendung zur Industrie dazu geführt, dass die Umwelt aus dem Blick geriet.

Dabei könnte die Natur Wyomings beste Trumpfkarte sein. In der Nordwestecke des Bundesstaats liegen die sagenhaften Nationalparks Yellowstone und Grand Teton. Das schicke Jackson und das sportliche Lander sind super Ausgangspunkte für lange Wanderungen, Kletter- und Skitouren. Und wer wirklich vom Western-Leben kosten möchte, sollte sich die einfachen Präriestädte Laramie und Cheyenne ansehen.

ℹ Praktische Informationen

Sogar über die Highways sind die Entfernungen sehr groß und die Abstände zwischen den wenigen Tankstellen weit. Zu den Gefahren unterwegs gehören häufig auftretende kräftige Böen und rasante Schneestürme, die alles mitbringen, um sich zum Blizzard zu mausern. Wenn das Wetter zu rau wird, sperrt die Autobahnpolizei die gesamte Autobahn, bis es sich wieder bessert.

Wyoming Road Conditions (☑888-996-7623; www.wyoroad.info) Aktuelle Infos über den Straßenzustand und Straßensperrungen.

Wyoming State Parks & Historic Sites (☑307-777-6323; www.wyo-park.com; Eintritt 6 US$, historische Stätte 4 US$, Stellplatz 17 US$/Pers.) Wyoming hat zwölf State Parks. Reservierungen zum Campen kann man online oder per Telefon vornehmen.

Wyoming Travel & Tourism (☑800-225-5996; www.wyomingtourism.org; 5611 High Plains Rd, Cheyenne) Dieses Infocenter an einer Raststätte unmittelbar südlich von Cheyenne an der I-25 hat tonnenweise Infomaterial sowie kinderfreundliche Präsentationen der hiesigen Natur, der möglichen Aktivitäten und zur Umwelt. Ein Stopp lohnt sich!

Cheyenne

So manche Cowboymelodie wurde schon über die Hauptstadt und größte Stadt Wyomings geschrieben. Cheyenne ähnelt jedoch eher einer Stadt aus einem Hollywood-Western, *bevor* die Schießerei anfängt. Allerdings nur bis zum Frontier Day Festival im Juli. Dann wird der Cowboy-Spaß mit viel Getöse gefeiert. Da Chayenne an der Kreuzung der I-25 und der I-80 liegt, eignet es sich gut als Boxenstopp.

⊙ Sehenswertes

Frontier Days Old West Museum MUSEUM
(☑307-778-7290; www.oldwestmuseum.org; 4610 N Carey Ave; Erw./Kind 10 US$/frei; ⊙Mo–Fr 9–17, Sa & So ab 10 Uhr) Der Besuch dieses lebhaften Museums an der I-25-Ausfahrt 12 bietet einen Einblick in die Pionierzeit. Es hat eine überreiche Rodeo-Sammlung – von Sätteln bis zu Pokalen. Für eine Audio-Tour ☑307-316-0079 wählen

Big Boy Steam Engine PARK
(Holliday Park; ⊙24 Std.) Im netten Holliday Park steht die weltweit größte Dampflok – die inzwischen außer Betrieb genommene Old Number 4004. Ihren Namen verdankt sie der Tatsache, dass sie 3600 t schwere Züge über 1,6 Mio. km über steiles Gebirgsterrain gezogen hat.

★ Feste & Events

★ Cheyenne Frontier Days RODEO
(☑1-800-227-6336; www.cfdrodeo.com; 4501 N Carey Ave; frei–39 US$; ⊙Ende Juli; ◉) Wer noch nie einen Stierringer in Aktion gesehen hat, bekommt bei Wyomings größtem Festival garantiert einen Eindruck von diesem Geschehen. Der zehntägige typische Western-Event wartet mit Rodeos, Konzerten, Tanzveranstaltungen, Flugshows, Chili-Kochwettbewerben, einem Kunstmarkt und einem „Indianerdorf" auf. Gratis sind u. a. das Pancake-Frühstück, die Paraden und die Rodeo-Qualifikationsrunden *(slacks)* am Morgen.

🛏 Schlafen & Essen

Während der Frontier Days ist Reservierung Pflicht: Dann verdoppeln sich die Preise, und im Umkreis von 50 Meilen (80,5 km) ist alles ausgebucht. Freie Unterkünfte findet man unter www.cheyenne.org/availability. Die günstigsten Motels säumen den lauten Lincolnway (Exit 9 der I-25).

Nagle Warren Mansion Bed & Breakfast B&B $$
(☑307-637-3333; www.naglewarrenmansion.com; 222 E 17th St; Zi. ab 163 US$; ❊🐾🖥🐕) Dieses weitläufige Hotel ist eine großartige Entdeckung. Das 1888 erbaute historische Haus ist mit regionalen Antiquitäten des späten

KURZINFOS WYOMING

Spitzname Equality State

Bevölkerung 584 000 Ew.

Fläche 253 336 km^2

Hauptstadt Cheyenne (62 400 Ew.)

Weitere Städte Laramie (31 800 Ew.), Cody (9800 Ew.), Jackson (10 100 Ew.)

Verkaufssteuer 4 %

Geburtsort von Künstler Jackson Pollock (1912–1956)

Heimat des Frauenwahlrechts, Kohlebergbaus, von Geysiren, Wölfen

Politische Ausrichtung Erzkonservativ

Berühmt für Rodeo, Ranches, den früheren Vizepräsidenten Dick Cheney

Kitschigstes Souvenir Fell-Bikini aus einer der Boutiquen in Jackson

Entfernungen Cheyenne–Jackson 432 Meilen (695 km)

19. Jh. eingerichtet. Der geräumige, elegante Bau verfügt über einen Whirlpool, einen Leseraum, der sich in einem Türmchen versteckt, und 1954er-Classic-Cruiser von Schwinn für Radausflüge. Das Hotel hat sechs individuell eingerichtete Zimmer im Hauptgebäude und weitere sechs Gästezimmer im ehemaligen Kutscherhaus, die alle über ein eigenes Bad verfügen.

Tortilla Factory MEXIKANISCH $
(2706 S Greeley Hwy; Hauptgerichte 2–11 US$; ⊗ Mo–Sa 7–20, So 8–17 Uhr) Ein mexikanischer Fast-Food-Laden, der leckere, hausgemachte Tamales für 2 US$ und authentische Klassiker wie *menudo* (eine mexikanische Suppe) und grünes Chili serviert.

Ausgehen & Unterhaltung

Cheyenne Brewing Company BRAUEREI
(Depot Station; ⊗ 11–23 Uhr) Name und Besitzer haben sich zwar geändert, geblieben ist aber das coole Ambiente in dieser Brauereikneipe, die im Eisenbahndepot der Union Pacific aus den 1860er-Jahren untergebracht ist. Es gibt gutes Craft-Bier vom Fass und drei Sitzbereiche – eine Bar, einen Speiseraum für alle Altersklassen und eine Terrasse im Freien.

Cheyenne Gunslingers WILDWEST-SHOW
(⏱ 800-426-5009; www.cheyennegunslingers.com; Ecke Lincolnway & Carey Ave; ⊗ Juni–Juli Sa 12 &

Mo–Fr 18 Uhr;) GRATIS Eine nicht kommerzielle Schauspielertruppe inszeniert eine lebhafte, wenn auch historisch nicht exakte Wildwest-Show auf dem Gunslinger Sq – von Beinahe-Hinrichtungen am Galgen bis zu gewagten Gefängnisausbrüchen. Unter den Stars sind korrupte Richter, lächelnde Helden und natürlich richtig böse Banditen.

ℹ Praktische Informationen

Cheyenne Visitor Center (⏱ 307-778-3133; www.cheyenne.org; 1 Depot Sq; ⊗ Mo–Sa 8–17, So 11–17 Uhr, Winter Sa & So geschl.)

ℹ Anreise & Unterwegs vor Ort

Cheyenne Airport (CYS; ⏱ 307-634-7071; www.cheyenneairport.com; 200 E 8th Ave) Täglich Flüge nach Denver.

Black Hills Stage Lines (⏱ 307-635-1327; www.blackhillsstagelines.com; 5401 Walker Rd) Greyhound-Busse fahren täglich vom Black Hills Stage Lines nach Billings, MT (96 US$, 8½ Std.), Denver, CO (34 US$, 2¾ Std.), und anderen Zielen.

Cheyenne Street Railway Trolley (⏱ 800-426-5009; 121 W 15th St; Erw./Kind 10/5 US$; ⊗ Mai–Sept. 10, 11.30, 13, 14.30 und 16 Uhr) fährt Besucher auf Touren durch die Innenstadt; Abfahrt am Depot Plaza.

Laramie

Der Standort der einzigen Vier-Jahres-Universität des Bundesstaats kann zugleich hip und ungestüm sein – ein Flair, das die meisten Präriestädte Wyomings vermissen lassen. Erkundenswert ist das kleine historische Zentrum: Über fünf belebte Straßenzüge hinweg säumen dort attraktive, zweistöckige Backsteinbauten mit handgemalten Schildern und Wandbildern die Bahngleise.

◉ Sehenswertes

Wyoming Territorial Prison MUSEUM
(www.wyomingterritorialprison.com; 975 Snowy Range Rd; Erw./Kind 5/2,50 US$; ⊗ Mai–Okt. 8–19 Uhr;) Das Wyoming Territorial Prison war das einzige Gefängnis, in dem Butch Cassidy – von 1894 bis 1896 wegen schweren Diebstahls – als Häftling einsaß; später stieg er dann zu einem der berühmtesten Räuber der Geschichte auf. Im Wyoming Territorial Prison, das bis 1903 in Betrieb war, waren etwa 1000 Desperados und Gesetzlose untergebracht, die täglich über 700 Besen produzierten. Das renovierte Gefängnis ist von anderen historischen Gebäuden jener Zeit

umgeben; geführte Touren um 11 und 14 Uhr sind im Eintrittspreis enthalten.

Geological Museum
MUSEUM

(☑ 307-766-2646; www.uwyo.edu/geomuseum; UW, Hwy 287 beim I-80; ⊗ Mo–Sa 10–16 Uhr) GRATIS Dieses Museum der University of Wyoming besitzt eine eindrucksvolle Sammlung an Dinosaurierknochen, darunter auch das 22,8 m lange Skelett eines Apatosaurus.

🛏 Schlafen

Gas Lite Motel
MOTEL $

(☑ 307-742-6616; www.facebook.com/GasLiteMotel; 960 N 3rd St; EZ/DZ 50/55 US$; ✳ 🛜 ♨ 🐾) Das Gas Lite Motel fällt selbst in einer Straße auf, in der sich mit Neonlicht beleuchtete Motels im Retro-Look aneinanderreihen. Ein Plastikpferd und ein Hahn thronen auf dem Dach, während ramponierte Cowboy-Aufsteller aus Sperrholz herumstehen. Der Swimmingpool befindet sich in einem Gewächshaus und ist von künstlichen Hirschen und Grizzlybären umgeben. Die Zimmer sind mit lustigem Wildwest-Kitsch dekoriert. Haustiere willkommen.

Mad Carpenter Inn
B&B $$

(☑ 307-742-0870; www.madcarpenter.com; 353 N 8th St; Zi. 95–125 US$; 🛜) Schön gestaltete Gärten, selbst gemachtes Müsli und zwei behagliche, saubere Zimmer sowie eine Hütte im Garten hinter dem Haus verleihen dem gemütlichen Mad Carpenter Inn Wärme. Ein respektables Spielzimmer hat einen Billardtisch und eine Tischtennisplatte.

🍴 Essen & Ausgehen

★ Sweet Melissa's
VEGETARISCH $

(213 S 1st St; Hauptgerichte 7–11 US$, Cocktails 5–7 US$; ⊗ Mo–Sa 11–21 Uhr; 🖋) Im Sweet Melissa's, das zweifellos das gesündeste Essen im weiten Umkreis serviert, gibt's köstliche vegetarische Gerichte wie Fajitas mit Portobello-Pilzen oder schwarze Bohnen und Süßkartoffel-Sliders. Unser Tipp: einen Platz in der Front Street Tavern ergattern und den vorbeifahrenden Zügen nachschauen – hier ist es meist nicht so voll und die beiden Lokale teilen sich eine Küche.

Coal Creek Coffee Co
CAFÉ $

(110 E Grand Ave; Panini 9–10 US$; ⊗ 6–23 Uhr; 🛜) Das Coal Creek Coffee Co mit seinem grandiosen Kaffee ist modern und stilvoll, wenn auch fast schon – im positiven Sinn – zu hip. Das heißt einfach, man bekommt einen richtig guten Latte, zubereitet

mit Fair-Trade-Kaffee von Menschen, die ihr Handwerk verstehen. Auch die Sandwiches und die Quiches sind lecker.

Old Buckhorn Bar
BAR

(☑ 307-742-3554; 114 Ivinson St; ⊗ So–Mi 9–24, Do–So bis 2 Uhr) Wer Live-Countrymusik und Bier sucht, ist in der Old Buckhorn Bar goldrichtig. Die 1900 gegründete Bar ist Laramies älteste bestehende Bar und ein fantastisches Beispiel dafür, wie ein guter Wildwest-Saloon in diesem Jahrhundert aussehen sollte. Sehenswert sind in der Toilette die Kritzeleien sowie der ein halbes Jahrhundert alte Kondomautomat.

ℹ An- & Weiterreise

Der **Laramie Regional Airport** (LAR; ☑ 307-742-4164; www.laramieairport.com) liegt 4 Meilen (6,4 km) westlich der Stadt, man erreicht ihn über die I-80/Exit 311. Täglich gehen Flüge nach Denver (40 Min).

Lander

Lander ist ein tolles Beispiel der vielen coolen Nester in Wyoming mit nur einer Straße. Das Kletterer- und Bergsteiger-Mekka liegt nur einen Steinwurf von der Wind River Reservation entfernt inmitten der sanften Ausläufer der Rockies.

⦿ Sehenswertes & Aktivitäten

Sinks Canyon State Park
PARK

(☑ 307-332-3077; 3079 Sinks Canyon Rd; Eintritt 6 US$; ⊗ Visitor Center Juni–Sept. 9–18 Uhr) Rund 6 Meilen (9,7 km) südlich von Lander liegt der wunderschöne Sinks Canyon State Park mit einem merkwürdigen unterirdischen Fluss. Der mittlere Arm des Popo Agie River fließt hier durch eine enge Schlucht und verschwindet durch die sogenannten Sinks im porösen Madison-Kalkstein, um 400 m flussabwärts in einem Becken namens The Rise wieder an die Oberfläche zu treten – allerdings mit höherer Temperatur.

National Outdoor Leadership School
ABENTEUERTOUR

(NOLS; www.nols.edu; 284 Lincoln St) Die renommierte NOLS (National Outdoor Leadership School) bietet geführte Trips rund um die Welt, auch in der örtlichen Wind River Range.

Gannett Peak Sports
MOUNTAINBIKEN

(351b Main St; ⊗ Mo–Fr 10–18, Sa 9–17, So 10–14 Uhr) Wer die schmalen Singletrails außerhalb der Stadt ausprobieren möchte, sollte sich an Gannett Peak Sports wenden; hier gibt's Beratung und Verleih von Ausrüstung.

Wild Iris
Mountain Sports   OUTDOOR-AUSRÜSTUNG
(☑ 307-332-4541; 166 Main St; ⏱ Mo–Sa 9.30–18.30, So 10–17 Uhr) Wer zum Wandern, Campen oder Klettern hierher kommt, schaut am besten in diesem Sportgeschäft vorbei, das Beratung anbietet sowie Kletterausrüstung und Schneeschuhe verleiht. Außerdem gibt's hier einen Flyer mit Lokalinfos.

🛏 Schlafen

Sinks Canyon State Park
Campgrounds   CAMPING $
(☑ 877-444-6777; htttp://recreation.gov; Stellplatz 15 US$; ⏱ Mai–Sept.) Der malerische, vom Shoshone National Forest betriebene Campingplatz ist sehr empfehlenswert.

Holiday Lodge   MOTEL $
(☑ 307-332-2511; www.holidaylodgelander.com; 210 McFarlane Dr; Stellplatz Zelt 10 US$/Pers., Wohnmobil 38 US$, EZ/DZ ab 85/90 US$; 🖦🛜) Das tolle Motel hat zwar den Besitzer gewechselt, stellt aber immer noch eine günstige Alternative zu den Standard-Kettenhotels an der Main St dar. Es mag nach 1961 aussehen, ist aber blitzblank, freundlich und bietet eine Reihe von Extras wie Bügeleisen, Make-up-Entferner und Nähsets. Die Campingplätze am Fluss gibt's inklusive Frühstück und Dusche.

🍴 Essen & Ausgehen

Gannett Grill   AMERIKANISCH $
(☑ 307-332-8227; 128 Main St; Hauptgerichte 8–11 US$; ⏱ 11–21 Uhr) Erholung von langen Reisestrecken oder Abenteuern findet man im Hinterhof des Gannett Grill, einer örtlichen Institution, in der es Burger aus regionalem Rindfleisch, knusprige Pommes und Steinofenpizzas gibt. Wer es anspruchsvoller mag, kann das benachbarte **Cowfish** aufsuchen, wo es unter derselben Leitung ein vornehmeres Abendessen (Hauptgerichte 17–33 US$) gibt.

Lander Bar   BAR
(☑ 307-332-8228; 126 Main St; ⏱ 11 Uhr–open end) An den Gannett Grill grenzt dieses große, hölzerne, einer Scheune ähnliche Lokal, der bevorzugte Treffpunkt für alle, die über Klettern und Mountainbiken plaudern wollen. An vielen Abenden gibt's auch Livemusik.

ℹ Praktische Informationen

Lander Visitor Center (☑ 307-332-3892; www.landerchamber.org; 160 N 1st St; ⏱ Mo–Fr 9–17 Uhr)

ℹ An- & Weiterreise

Wind River Transportation Authority (☑ 307-856-7118; www.wrtabuslines.com; Gebühr einfache Strecke 1 US$, Flughafen-Shuttle 30 US$) Die Wind River Transportation Authority unterhält von Montag bis Freitag regelmäßige Verbindungen zwischen Lander, Riverton,

WER NOCH EIN PAAR TAGE ZEIT HAT IN WYOMING

In Wyoming gibt es etliche Orte, in denen man hängenbleiben kann – hier eine Kostprobe.

Mit weiten Wiesen, einem Meer aus Wildblumen und friedlichen Nadelwäldern sind die **Bighorn Mountains** im nördlichen zentralen Wyoming einfach atemberaubend. Hinzu kommen rauschende Wasserfälle und eine reiche Fauna, was unterm Strich einen riesigen natürlichen Abenteuerspielplatz mit Hunderten von Kilometern ausgeschilderter Wanderwege ergibt.

Im Schatten der Bighorn Mountains schmiegt sich die Stadt **Sheridan** mit ihren rund 100 Jahre alten Häusern, die einst die Heimstätten der Rinderbarone von Wyoming waren. Heute ist sie bei Abenteuerfans beliebt, die den Ort ansteuern, um sich in den Bighorns auszutoben.

Unglaubliche 386 m über dem Belle Fourche River ragt der fast senkrechte Monolith des **Devil's Tower National Monument** in die Höhe – ein wahrlich beeindruckender Anblick. Er ist bei einigen der mehr als 20 Indianerstämme, die ihn als Heiligtum verehren, als Bears Lodge bekannt und ein Muss für all jene, die zwischen den Black Hills (an der Grenze zwischen Wyoming und South Dakota) und den Tetons bzw. dem Yellowstone National Park unterwegs sind.

Westlich von Laramie erstreckt sich der hoch gelegene National Forest auf den **Medicine Bow Mountains** und der **Snowy Range** und bildet eine wilde, schroffe Gegend, die sich ideal für mehrtägige Wander- und Campingtouren eignet.

Dubois, Rock Springs und dem Riverton Regional Airport; außerdem verkehrt ein Bus u. a. nach Jackson (160 US$). Fahrplandetails findet man auf der Website.

Jackson

Dies ist tatsächlich Wyoming, auch wenn es schwer zu glauben ist. Mit einem Durchschnittalter der Einwohner von 32 Jahren entwickelte sich diese Western-Stadt in ein Mekka für Bergenthusiasten, Extremkletterer und Skifahrer, was man unschwer an den sonnengebräunten Baristas erkennen kann.

Was dazu antreibt, schick und beliebt zu sein? In Jackson pulsiert das Leben: Es gibt jede Menge Wanderwege und andere Unternehmungen im Freien. Täglich wird frisches Sushi eingeflogen und die Großkopferten, bei denen das Geld locker sitzt, fördern ein reges Kulturleben. Die Souvenirs sollte man vergessen und sich daran erinnern, weshalb man eigentlich nach Jackson gekommen ist: um den überwältigenden Hinterhof des Ortes zu besuchen, den Grand Teton National Park.

⊙ Sehenswertes & Aktivitäten

★ National Museum of Wildlife Art   MUSEUM
(☎ 307-733-5771; www.wildlifeart.org; 2820 Rungius Rd; Erw./Kind 14/6 US$; ⊙ 9–17 Uhr, Frühjahr & Herbst So ab 11 Uhr) Wenn man in dieser Gegend ein Museum besuchen möchte, dann sollte es dieses sein, in dem die Hauptwerke von Bierstadt, Rungius, Remington und Russell zu sehen sind. Ein Besuch lohnt sich schon allein wegen der Skulpturen im Freien und des Gebäudes, das ein wenig an ein verfallenes schottisches Schloss erinnert. In der Discovery Gallery gibt es ein Atelier für Kinder. Diese können hier Zeichnungen und Drucke anfertigen, auf welche die Eltern richtig neidisch sein werden. Auf der Website findet man Infos zu den Filmreihen im Sommer und zu den jeweiligen Kunstkursen.

National Elk Refuge   NATURSCHUTZGEBIET
(☎ 307-733-9212; www.fws.gov/refuge/national_elk_refuge; Hwy 89; ⊙ Sept.–Mai 8–17 Uhr, Juni–Aug. bis 19 Uhr) GRATIS Dieses Refugium schützt Jacksons Herden von mehreren Tausenden Wapitihirschen, denen hier im Winter zwischen November und März ein sicherer Lebensraum geboten wird. Im Sommer kann man sich beim Visitor Center von Jackson nach den besten Plätzen zur Beobachtung

der Wapitis erkunden. Die einstündigen Pferdeschlittenfahrten sind das Highlight im Winter; Karten sind beim Visitor Center erhältlich.

★ Jackson Hole Mountain Resort   WINTERSPORT
(☎ 307-733-2292; www.jacksonhole.com; Tagespass Erw./Kind 121/75 US$; ⊙ Ende Nov.–Anfang April) „The Hole" toppt sie fast alle – mit einem durchgängigen Höhenunterschied von 1262 m wird es nur um 12,5 m vom Skigebiet Big Sky überboten (sicherlich gibt es irgendeinen Pistenbully, der diese Ungerechtigkeit wird beseitigen wollen). Das Skigebiet zählt zu den besten Skigebieten des Planeten und umfasst ein superschnelles Pistenareal von 10,12 km^2, in dem jährlich durchschnittlich fast 10 m Neuschnee fallen.

Die Pisten (10 % für Anfänger, 40 % für Fortgeschrittene und 50 % für Cracks) werden von sechs Liften, einer Aerial Tram (Gondelbahn) zwei superschnellen 2er-Sessellifts und der Bridger Gondola bedient. Je nach Schneeverhältnissen beginnt und endet die Skisaison mal früher, mal später.

★ Feste & Events

Town Square Shoot-out   WILDWEST-SHOW
(Jackson Town Sq; ⊙ Memorial Day–Labor Day Mo–Sa 18.15 Uhr; ⛹) GRATIS Die kitschige Touriattraktion findet im Sommer statt.

🛏 Schlafen

Jackson hat zahlreiche Unterkünfte, die sich sowohl auf die Stadt als auch auf die Umgebung des Skibergs verteilen. Zudem gibt es außerhalb der Stadt vorzügliche Campingmöglichkeiten. Im Sommer wie im Winter sind Reservierungen unbedingt erforderlich.

Hostel   HOSTEL $
(☎ 307-733-3415; www.thehostel.us; 3315 Village Dr, Teton Village; B 34–40 US$; Zi. 79–119 US$; @) Diese alte Skilodge ist die einzige Budgetbleibe in Teton Village. Sie bietet private Doppelzimmer sowie Schlafsäle mit Stockbetten für bis zu vier Personen und renovierten Duschen. Die geräumige Lounge mit offenem Kamin eignet sich ideal zum Filmegucken oder für Scrabble-Turniere, außerdem gibt's ein Spielzimmer für die Kleinsten. Zudem gibt es eine Mikrowelle, einen Freiluftgrill, Münzwaschmaschinen und einen Skiwachsraum. Preisnachlässe gibt es im Herbst und Frühjahr.

Antler Inn
HOTEL $$

(☑ 307-733-2535; www.townsquareinns.com/antler
-inn; 43 W Pearl; EZ/DZ ab 110/115 US$) Die „Ce-
dar Log"-Zimmer in dieser gemütlichen
Herberge im Herzen von Jackson verleihen
der Unterkunft ein ausgeprägtes Western-
Feeling. Die Preise fallen deutlich im Winter.

★ Alpine House
B&B $$$

(☑ 307-739-1570; www.alpinehouse.com; 285 N
Glenwood St; Zi. 240–330, Cottage 330–515 US$;
@) Zwei frühere Olympiateilnehmer im Skifahren haben diesem Heim in der Innenstadt
mit sonnigem skandinavischem Stil und einer persönlichen Note ausgestattet, zu der
auch der tolle Service und eine gemütliche
Bergsteigerbibliothek gehören. Pluspunkte
sammeln die edlen Bademäntel, Daunende-
cken, eine finnische Sauna und ein Whirlpool im Freien. Für das reichhaltige kreative
Frühstück sollte man Hunger mitbringen.
Morgens gibt es u. a. Zitronen-Ricotta-Eier-
kuchen mit Blaubeeren oder pochierte Eier.

✗ Essen

Jackson Whole Grocer
GESUND $

(☑ 307-733-0450; http://jacksonwholegrocer.
com; 1155 S Hwy 89; ⊙ 7–22 Uhr; ⚡🍴) Der
Bio-Lebensmittel- und Feinkostladen ist ein
geeigneter Ort, um Energie zu tanken für
die anstehende Wanderung oder einen langen Tag auf der Piste. Wein oder Bier gibt
es glasweise, sodass man sich während des
Einkaufs auch einen Schluck gönnen kann.

Lotus Cafe
VEGETARISCH $$

(☑ 307-734-0882; http://tetonlotuscafe.com; 145
N Glenwood; Hauptgerichte 7–24 US$; ⊙ 8–22 Uhr;
⚡) In dieser Stadt ist es kein Kunststück,
ein tolles Steak zu kriegen, gute vegetarische
Gerichte sind hingegen recht schwer auf-
zutreiben. Die Rettung ist das Lotus Café.
Serviert werden hier beispielsweise Grün-
kohl-Avocado-Salat, vegetarische Lasagne
und riesige Getreide-Gemüse-Eintöpfe. (Auf
der Speisekarte stehen auch einige Fleisch-
gerichte, alles aus Bio-Erzeugnissen.)

Bubba's Bar-B-Que
BARBECUE $$

(☑ 307-733-2288; 100 Flat Creek Dr; Hauptgerichte 7–23 US$; ⊙ 7–22 Uhr; 🍴) Die größten und
fluffigsten Frühstückscookies im Umkreis
von Meilen bekommt man in diesem freundlichen und lebhaften Lokal. Für später am
Tag gilt „Bring your own bottle" (BYOB),
d. h., man kann alkoholische Getränke selbst
mitbringen und sich genüsslich über gegrillte Rippchen hermachen.

Snake River Grill
MODERN-AMERIKANISCH $$$

(☑ 307-733-0557; 84 E Broadway; Hauptgerichte
23–51 US$; ⊙ ab 17.30 Uhr) Dieses Grillrestau-
rant mit einem bollernden offenen Steinka-
min, einer langen Weinkarte und schicken
weißen Tischtüchern serviert bemerkens-
werte amerikanische Haute Cuisine. Zu
empfehlen ist der koreanische Wildbret-Ein-
topf mit Frühlingsgemüse in würziger Sauce
aus schwarzen Bohnen. Probieren sollte
man auch die im gusseisernen Topf zuberei-
teten Trüffel-Pommes. Die üppigen Desserts
wie die Buttermilch-Pannacotta oder das
selbst gemachte Eis reichen locker für zwei
Personen.

🍷 Ausgehen & Unterhaltung

Stagecoach Bar
BAR

(☑ 307-733-4407; http://stagecoachbar.net; 5800
W Hwy 22, Wilson; ⊙ 11 Uhr–open end) Wyoming
kennt keinen besseren Ort, um mit dem Hin-
tern zu wackeln. Donnerstag ist Diskonacht
und Ladies' Night, jeden Sonntag singt die
langjährige Hausband schmachtend bis
22 Uhr Country-Schnulzen. Da lohnt sich
die nur 6 Meilen (10 km) lange Fahrt nach
Wilson, das gleich jenseits der Abzweigung
nach Teton Village liegt.

The Rose
COCKTAILBAR

(http://therosejh.com; 50 W Broadway; Cocktails
9–14; ⊙ 17.30–2 Uhr) Das Rose, eine schicke,
kleine Lounge im Obergeschoss des Pink
Garter Theater, ist mit seinen Sitzgruppen
aus rotem Leder, dem schummrigen Licht
und den Kronleuchtern der passende Ort in
Jackson für meisterliche Cocktails.

Snake River Brewing Co
KLEINBRAUEREI

(☑ 307-739-2337; www.snakeriverbrewing.com;
265 S Millward St; Pint 4–5 US$, Hauptgerichte
11–14 US$; ⊙ 11.30–24 Uhr) Angesichts eines
Arsenals von 22 hier gebrauten Biersorten
– einige davon preisgekrönt – ist es kein
Wunder, dass die Brauereikneipe ein belieb-
ter Treffpunkt ist. Zum Essen gibt's u. a. Hol-
zofenpizza, Bison-Burger und geschmortes
Wild.

Million Dollar Cowboy Bar
BAR

(☑ 307-733-4790; 25 N Cache Dr; ⊙ ab 11 Uhr)
Touristisch bis zum Gehtnichtmehr, aber
dennoch ein Muss. Besucher können sich
sich mit ihrem Allerwertesten auf Sattel-
hockern bequem machen und einen Wyo-
ming-Whiskey oder ein Pint Bier bestellen,
das den Namen der Bar trägt. An den meis-
ten Abenden dröhnt Western-Tanzmusik

und im Untergeschoss gibt es ein vornehmes Steakhouse (Reservierung empfohlen).

ⓘ Praktische Informationen

Jackson Hole & Greater Yellowstone Visitor Center (☑307-733-3316; www.jacksonholechamber.com; 532 N Cache Dr; ⊙9–17 Uhr) Infos, Bücher, Toiletten, Geldautomat und Telefon für kostenlose Ortsgespräche.

ⓘ Anreise & Unterwegs vor Ort

Jackson Hole Airport (JAC; ☑307-733-7682; www.jacksonholeairport.com) Liegt 7 Meilen (11,3 km) nördlich von Jackson an der US 26/89/189/191 im Grand Teton National Park. Es gibt täglich Flüge nach Denver, Salt Lake City, L. A., San Francisco, Chicago, Dallas und Houston.

START Bus (www.startbus.com; Teton Village einf. Fahrt 3 US$) Dieses Pendelbussystem des Teton County unterhält kostenlose Shuttles innerhalb von Jackson sowie etwa stündlich Fahrten von/nach Teton Village; aktueller Fahrplan online abrufbar.

Alltrans' Jackson Hole Express (☑307-733-3135; www.jacksonholebus.com; ⊙Park-Shuttle Mitte Mai–Okt.) Busse fahren zum Grand Teton National Park (14 US$/Tag) und zum Flughafen (16 US$). Außerdem starten Busse täglich um 6.30 Uhr am Maverik County Store (Ecke Hwy 89 S und S Park Loop Rd) in Richtung Salt Lake City (75 US$, 5½ Std.).

Cody

Das raue Cody pflegt eifrig sein Wildwest-Image – schließlich ist die Stadt nach ihrem Gründer, dem legendären William „Buffalo Bill" Cody, benannt. Der Sommer ist Hauptsaison und Cody veranstaltet eine ordentliche Wildwest-Show für die Besucherscharen, die auf dem Weg zum 52 Meilen (83,6 km) weiter westlich liegenden Yellowstone National Park sind.

Von Cody ist die Fahrt ins Geysirland durch das Wapiti Valley, gelinde gesagt, aufregend. Das **Visitor Center** (☑307-587-2777; www.codychamber.org; 836 Sheridan Ave; ⊙Juni–Aug. 8–19, Spt.–Mai Mo–Fr bis 17 Uhr) ist dafür der logische Ausgangspunkt.

⊙ Sehenswertes

★ **Buffalo Bill Center of the West** MUSEUM (www.centerofthewest.org; 720 Sheridan Ave; Erw./Kind 19/11 US$; ⊙Mai–Mitte Sept. 8–18 Uhr, Mitte Sept.–Okt. 8–17 Uhr, Nov. 10–17 Uhr, März & April 10–17 Uhr, Dez.–Febr. Do–So 10–17 Uhr) Codys touristische Hauptattraktion ist das herrliche Buffalo Bill Historical Center of the West. Der weitläufige Komplex vereint fünf Museen, die alles zeigen, was mit Amerikas wildem Westen zu tun hat: Poster, unscharfe Filme und Artefakte, die irgendeinen Bezug zu Buffalo Bills weltberühmten Wildwest-Shows haben, Kunstwerke aus dem Grenzland und Exponate der Ureinwohner Amerikas. Das **Draper Museum of Natural History** bietet eine ausgezeichnete Einführung in das Ökosystem der Region von Yellowstone. Die Galerien werden regelmäßig aktualisiert, um sie auf dem neuesten Stand zu halten. Täglich um 13 Uhr wird eine **Raubvogelschau** veranstaltet.

Das Eintrittsticket ist für zwei aufeinanderfolgende Tage gültig. Wer online bucht, spart einige Dollar.

🛏 Schlafen

Irma Hotel HISTORISCHES HOTEL $$ (☑800-745-4762; www.irmahotel.com; 1192 Sheridan Ave; Zi. 132–152 US$, Suite 162–197 US$) Das altmodische, 1902 von Buffalo Bill selbst erbaute Hotel, das dieser nach seiner Tochter benannte, hat reizende, noch original eingerichtete Suiten, die die Namen ehemaliger Gäste tragen (Annie Oakley, Calamity Jane), und in einem Anbau etwas weniger stimmungsvolle, moderne Zimmer. Die knarzenden Dielen in den Fluren, der Speisesaal und die Lobby strahlen Atmosphäre aus – die kunstvolle Bar aus Kirschholz war ein Geschenk von Königin Viktoria.

Es lohnt sich durchaus, hier zum Abendessen oder auf einen Drink einzukehren. Von Juni bis September brechen allabendlich um 18 Uhr vor dem Hotel nachgestellte Schießereien aus.

Chamberlin Inn INN $$ (☑307-587-0202; http://chamberlininn.com; 1032 12th St; DZ/Suite ab 175/255 US$) Das 1903 erbaute, historische Boutiquehotel ist ein elegantes Refugium in der Innenstadt, zu dem eine Bibliothek und ein netter Innenhof gehören. Den Hotelunterlagen zufolge soll Hemingway während eines Angeltrips 1932 in Zimmer Nr. 18 (275 US$) übernachtet haben.

🍷 Ausgehen & Unterhaltung

Silver Dollar Bar BAR (1313 Sheridan Ave; Hauptgerichte 9–11 US$; ⊙11 Uhr–open end) Die Silver Dollar Bar ist ein historisches Lokal mit jeder Menge Fernsehern und Livemusik; abends übernehmen auch

DJs das Zepter. Die Liste der Fassbiere ist stattlich, darunter befinden sich etliche tolle Craft-Biere aus der Region; auch die Burger sind schmackhaft (für den Half-Pounder des Hauses werden 15 US$ fällig). Bei gutem Wetter bietet die Open-Air-Bar tolle Ausblicke auf das Straßenleben.

Cody Nite Rodeo ZUSCHAUERSPORT
(www.codystampederodeo.com; 519 W Yellowstone Ave; Erw./Kind 20/10 US$; ☉ Juni–Aug. 20 Uhr) Wer sich fragt, weshalb Cody auch als „Welthauptstadt des Rodeo" bezeichnet wird, sollte an dieser allabendlichen Veranstaltung teilnehmen, bei der künftige (und auch einige bereits etablierte) Rodeo-Stars den ganzen Sommer über auftreten. Bei Regen oder Sonnenschein und mit Feuerwerk in der Abenddämmerung.

❶ An- & Weiterreise

Vom **Yellowstone Regional Airport** (COD; www.flyyra.com), gut 1,5 km östlich von Cody, gehen täglich Flüge nach Salt Lake City und Denver.

Yellowstone National Park

Tiere und Geysire sind in Yellowstone die großen Themen schlechthin. Der Yellowstone National Park ist der älteste Nationalpark Amerikas und die Vorzeigeattraktion von Wyoming. Von zottigen Grizzlys bis zu übergroßen Bisons und prachtvollen Wolfsrudeln kann der Park sich der sagenhaftesten Ansammlung von Wildtieren der gesamten „Lower 48" rühmen. Dazu kommen noch die Hälfte aller Geysire der Welt, der größte Hochgebirgssee des Landes und eine Fülle von blauen Flüssen und Wasserfällen, die alle malerisch auf einem gigantischen Supervulkan gelegen sind. Da merkt man schnell, dass man über eine der märchenhaftesten Schöpfungen von Mutter Natur gestolpert ist!

Als John Colter die Region 1807 als erster weißer Mann besuchte, waren die einzigen Bewohner hier die Tukadikas (alias Schafesser), die zu den Shoshone-Bannock-Stämmen gehörten und hier die Dickhornschafe jagten. Colters Berichte über seine Erforschung von Geysiren und brodelnden Schlammlöchern, anfangs als Lügengeschichten verlacht, zogen schnell weitere Expeditionen an. Das geweckte touristische Interesse wurde durch die Eisenbahn zusätzlich angeheizt. Der Park wurde 1872 als weltweit erster Nationalpark eingerichtet, um die spektakuläre Landschaft von Yellowstone zu erhalten: die geothermischen Phänomene, die versteinerten Wälder und den Yellowstone Lake.

Von den fünf Eingängen zum Park ist nur der North Entrance in der Nähe von Gardiner, MT, das ganze Jahr über geöffnet. Die anderen sind in der Regel von Mitte Mai bis Oktober offen und bieten Zugang von Nordosten (Cooke City, MT), Osten (Cody, WY), Süden (Grand Teton National Park) und Westen (West Yellowstone, MT). Haupt-

ROCKY MOUNTAINS YELLOWSTONE NATIONAL PARK

NATIONALPARKS

In den Rocky Mountains befinden sich einige der größten Nationalparks der USA. Zu den bedeutendsten zählen:

Rocky Mountain National Park (Colorado) Eindrucksvolle Wanderungen durch alpine Wälder und Tundralandschaft.

Great Sand Dunes National Park (Colorado) Saharaähnliches Wunder.

Mesa Verde National Park (Colorado) Ein archäologisches Schutzgebiet mit ausgeklügelten Klippenwohnungen.

Grand Teton National Park (Wyoming) Spektakuläre, schroffe Gipfel.

Yellowstone National Park (Wyoming) Die Nummer eins der USA, ein echtes Wunderland aus vulkanischen Geysiren, heißen Thermalquellen und waldbedeckten Bergen.

Glacier National Park (Montana) Aus Sedimentgestein entstandene Gipfel, Gletscher und eine vielfältige Natur.

Hells Canyon National Recreation Area (Idaho) Der Snake River hat den tiefsten Canyon Nordamerikas gegraben. Der **National Park Service** (NPS; www.nps.gov) verwaltet außerdem über zwei Dutzend weitere historische Stätten, Denkmäler, Naturschutzgebiete und Erholungsgebiete in Idaho.

straße durch den Park ist die 142 Meilen (229 km) lange, malerische Grand Loop Rd.

⊙ Sehenswertes

Einfach nur auf der Terrasse des Old Faithful Inn zu sitzen und mit einem Cocktail in der Hand darauf zu warten, dass der Old-Faithful-Geysir ausbricht, kann man schon als ausfüllende Beschäftigung ansehen. Aber es gibt hier natürlich noch viel anderes zu tun, etwa Wandern und Trekken oder Kajakfahren und Fliegenfischen. Die meisten Wege durch den Park werden nicht präpariert, aber auf den ungeräumten Straßen und Wegen kann man Langlauf betreiben.

Yellowstone ist in fünf unterschiedliche Regionen aufgeteilt – und jede hat einzigartige Attraktionen zu bieten. Wenn man den Nationalpark betritt, erhält man eine einfache Karte und die Zeitung des Parks. Hier findet man Infos über die ausgezeichneten von Rangern gehaltenen Vorträge und geführten Wanderungen (die sich wirklich lohnen). An den Auskunftsschaltern der Visitor Center stehen Parkranger zur Verfügung und helfen Travellern dabei, sich eine Wanderung nach eigenem Geschmack zurechtzuschneiden, z. B. mit tollen Plätzen zum Fotografieren oder Orten, wo man die besten Chancen hat, Bären zu sichten.

⊙ Geyser Country

Das **Upper Geyser Basin** besitzt die größte Dichte an geothermischen Besonderheiten, denn es umfasst 180 der 250 oder mehr Geysire des Parks. Wer eine einfache Tour machen will, informiert sich beim brandneuen Visitor Center nach den voraussichtlichen Eruptionszeiten und folgt dann dem leichten Plankenweg auf dem **Upper Geyser Loop**. Der Firehole River und der Madison River bieten tolle Plätze zum Fliegenfischen und zur Beobachtung der Wildtiere.

Old Faithful   GEYSIR

(Old Faithful Rd, Upper Geyser Basin) `GRATIS` Man kann die sich aufbauende Spannung spüren, während man auf den Ausbruch des Old Faithful wartet. Dieser ist nicht der größte und auch nicht der aktivste, aber sicherlich der berühmteste Geysir des Parks. Alle 90 Minuten speit er 30 000 l Wasser bis zu 55 m hoch in die Luft. Tipp: Nach der Ankunft im Park sollte man als Erstes sich im Visitor Center nach den voraussichtlichen Eruptionszeiten erkundigen und abhängig davon die weitere Erkundung der Umgebung planen.

Old Faithful Visitor Center   VISITOR CENTER

(☏ 307-545-2750; ⊙ Mitte April–Anf. Nov. & Mitte Dez.–Mitte März 8–20 Uhr; 🛗) Das neue, verbesserte und umweltfreundlich gestaltete Center verfügt über eine Buchhandlung, einen Info-Stand und zeigt auch Filme 30 Minuten vor bzw. 15 Minuten nach einer Eruption des Old Faithful. Kids haben ihren Spaß mit den Young Scientist Displays, zu denen ein echter, funktionierender Labor-Geysir und Experimente mit Elch-Kieferknochen gehören. Das Center schließt außer im Sommer um 17 oder 18 Uhr.

Grand Prismatic Spring   QUELLE

(Midway Geyser Basin) Die schönste geothermische Erscheinung des Parks ist die Grand Prismatic Spring.

⊙ Mammoth Country

Mammoth Country ist vor allem berühmt für seine geothermischen Gebiete und Elchherden im historischen **Mammoth** sowie die Thermalquellen im **Norris Geyser Basin**. Mammoth Country ist die unruhigste und älteste bekannte thermische Gegend Nordamerikas, die ununterbrochen aktiv war. Richtung Nordwesten erheben sich die Gipfel der Gallatin Range. Sie überragen die Seen, Creeks und zahlreichen Wanderwege der Region.

Mammoth Hot Springs   THERMALQUELLEN

Die **Lower** und **Upper Terraces**, die imposanten Sinterterrassen der Mammoth Hot Springs, sind das Ergebnis von aufgelöstem unterirdischem Kalkstein (der seinerseits durch Ablagerungen urzeitlicher Meere entstand). Dieser fällt stetig aus, sobald das Quellwasser durch den Kontakt mit der Luft erkaltet. Im Grunde kehrt der Berg sein Innerstes nach außen und lagert hier jährlich über 1 t Travertin ab. Die Einfärbung der ursprünglich weißen Sinterterrassen ist den Bakterien und Algen zu verdanken, die im warmen Quellwasser leben und sich vermehren.

Ein Plankenweg verläuft rund um die Lower Terraces und stellt die Verbindung zum **Upper Terraces Loop** her. Die brunftigen Rocky-Mountain-Elche, die manchmal im Herbst auf dem warmen Sinter der **Opal Terrace** liegen, sind ein beliebtes Fotomotiv.

Die surrealen **Palette Springs** (Zugang über den unteren Parkplatz) und die schwefelgelben **Canary Springs** (Zugang über den oberen Teil des Loop) sind die schönsten Plätze. Da die thermale Aktivität stetigen Veränderungen unterworfen ist, sollte man sich im Visitor Center nach den derzeit spannendsten Ecken erkundigen.

⊙ Roosevelt Country

Versteinerte (fossile) Wälder, das eindrucksvolle **Lamar River Valley** und seine Zuflüsse voller Forellen, die Tower Falls und die zerklüfteten Gipfel der Absaroka Mountains sind die Highlights von Roosevelt Country, der abgelegensten, malerischsten und am wenigsten erschlossenen Region des Parks. In der Nähe der **Tower Junction** beginnen mehrere gute Wanderwege.

Tower Fall   WASSERFALL
4 km südlich der Tower-Roosevelt Junction stürzt der Tower Creek in einem Wasserfall 41 m in die Tiefe, bevor er in den Yellowstone River mündet. Der Wasserfall hat seinen Namen nach dem vulkanischen Trümmergestein, das sich um ihn auftürmt wie eine dämonische Festung, was ihm auch den Beinamen Devil's Den beschert hat. Einheimische Geschichtenerzähler meinen, der markante Minaret Peak habe seinen Namen nach einer gewissen Minnie Rhett, der Freundin eines frühen Parkbesuchers – die Erklärung klingt aber eher wie eine der übertriebenen Geschichten von Jim Bridger. Hier schuf der bekannte Landschaftsmaler Thomas Moran eines seiner berühmtesten Gemälde.

⊙ Canyon Country

Eine Reihe traumhafter Panoramablicke, verbunden durch Wanderwege, sind das Highlight der farbenfrohen Schönheit und Herrlichkeit des Grand Canyon im Yellowstone National Park und seiner beeindruckenden Lower Falls. Der South Rim Dr führt zum spektakulärsten Ausblick des Canyons beim **Artist Point**. **Mud Volcano** ist das bedeutendste geothermische Gebiet im Canyon Country.

★ **Grand Canyon of the Yellowstone**   CANYON
(☑ 307 242 2550; ☉ Canyon Visitor Education Center Ende Mai–Mitte Okt.) Ein echtes Highlight des Parks. Nachdem der Yellowstone River gemächlich nördlich des Yellowstone Lake dahinfließt, stürzt er plötzlich über die **Upper Falls** und kurz darauf über die weitaus größeren **Lower Falls** in die Tiefe, bevor er durch den 300 m tiefen Canyon tost.

🛈 DEN MASSEN ENTGEHEN

Das Wunderland Yellowstone zieht im Juli und August bis zu 30 000 Besucher täglich und im ganzen Jahr über 3 Mio. Eindringlinge an. Wenn man folgende Ratschläge befolgt, kann man dem schlimmsten Massenansturm entgehen:

➡ Am besten im Mai, September oder Oktober kommen, dann ist das Wetter o. k., aber nur wenige Besucher sind da. Man kann auch im Winter kommen.

➡ 95 % der Massen kann man umgehen, indem man auf Nebenwegen unterwegs ist. 99 % verschwinden von der Bildfläche, wenn man im Hinterland campt (Genehmigung erforderlich).

➡ Ratsam ist es, dem Beispiel der Wildtiere zu folgen und am aktivsten in den goldenen Stunden nach der Morgen- und kurz vor der Abenddämmerung zu sein.

➡ Zum Mittagessen etwas Proviant mitnehmen und an einem der vielen malerischen Picknickplätze rasten.

➡ Reservierungen für die Lodges im Park sollte man einige Monate im Voraus vornehmen und die Genehmigungen für die Campingplätze spätestens am Vortag buchen.

⊙ Lake Country

Der **Yellowstone Lake**, einer der größten Gebirgsseen der Welt, bildet den Mittelpunkt des Lake Country. Vulkanische Strände säumen die Gewässer des Gebiets. Am besten erkundet man sie mit dem Boot oder dem Seekajak. Die raue und mit Schnee bedeckte Absaroka Range erhebt sich von den Seen Richtung Osten und Südosten und verbirgt die wildeste Landschaft der „Lower 48". Sie eignet sich perfekt für herrliches Backpacking und Ausritte.

🏃 **Aktivitäten**

Wanderwege
Wanderer können das Hinterland des Yellowstone National Park von mehr als 92 Trailheads aus erforschen. Sie bieten Zugang zu insgesamt 1770 km an Wegen. Um in der Wildnis zu übernachten, braucht man eine kostenlose Backcountry-Permit (Camping-Genehmigung). Man erhält sie in allen

Yellowstone & Grand Teton National Parks

ROCKY MOUNTAINS WYOMING

64
191
Big Sky
Resort
Gallatin Rd.
Gallatin
Valley
Ramshorn
Peak
(3288 m)
Bozeman (40 Meilen)
Paradise
Valley
Gallatin
National
Forest
MONTANA

Helena (155 Meilen)
287
Hebgen
Lake
Kontinentale Wasserscheide
West
Yellowstone
West
Entrance
Station
Madison
Norris
Geyser
Basin
Norris
Gardiner
17
32
Mammoth
Albright
Visitors
Center
5
North
Entrance
Station
Tower
Junction
34
10
Lamar
Valley
Red Lodge (74 Meilen);
Billings (MT) (107 Meilen)
Northeast
Entrance
Station
Cooke
City
Silver
Gate

Canyon
Village
21
15
Mt. Washburn
(3122 m)
16
3
1
Grand Canyon of
the Yellowstone

Macks
Inn
31
Upper
Geyser
Basin
Fairy
Falls
13
4
33
9
8
14
Lone Star
Geyser
Yellowstone
National Park
West
Thumb
Grant
Village
27
26
6
20
30
11
Bridge
Bay
24
Fishing Bridge
Lake Village
Yellowstone
Lake
East
Entrance
Station
Cody
(33 Meilen)
Eagle Peak
(3462 m)

Shoshone
Geyser Basin
Shoshone
Lake
Heart
Lake
Yellowstone River

Idaho Falls (78 Meilen)
Grassy Lake Rd.
South
Entrance
89
191
25

Grand Teton
National
Park
287
Jackson
Lake
23
28
35
29
Jackson Lake Junction
Moran Junction
Signal
Mountain
(2314 m)
Moran Entrance
Station
Teton
National
Forest

IDAHO
Driggs
Mt. Moran
(3892 m)
Leigh Lake
Mt. Owen
(3940 m)
Grand Teton
(4197 m)
12
22
Laurance S. Rockefeller
Preserve Center
Snake River
Craig Thomas Discovery &
Visitor Center
Moose Entrance Station
36
North-South Hwy
287
26
WYOMING

National 2
Museum of
Wildlife Art
0   1 Meile
North-South Hwy
18
40
38
37
43
39
41
19
7
Jackson
Victor
Jackson Hole
Mountain Resort
Wilson
Teton
Pass
(2570 m)
Teton
Village
42
26
89
189
Jackson
Hole Airport
Jackson
s. Detailplan
Bridger-Teton
National
Forest
Hoback
Junction
26
189

Yellowstone & Grand Teton National Parks

Visitor Centers und Ranger-Stationen. Backcountry-Camping ist an 300 ausgewiesenen Stellen erlaubt. Davon kann man 60 % per Mail im Voraus reservieren; alle Buchungen, die mehr als drei Tage im Voraus getätigt werden, kosten eine Gebühr von 25 US$.

Nach intensiven Diskussionen, die haarscharf an Handgreiflichkeiten vorbeischlitterten, konnten wir uns auf die folgenden Top-Five-Liste der schönsten Tageswanderungen im Park einigen:

Lone Star Geyser Trail   WANDERN
Dieser befestigte und von Kiefern gesäumte Wanderweg ist ein leichter Spaziergang entlang einer früheren Zufahrtsstraße zu einem der größten Geysire abseits der Hauptwege des Parks. Er ist bei Tageswanderern und Radfahrern gleichermaßen beliebt, bildet aber einen Kontrast zur chaotischen Umgebung des Old Faithful. Der Lone Star bricht alle drei Stunden für zwei bis 30 Minuten aus und speit das Wasser 9–13,7 m in die Höhe. Es lohnt sich unbedingt, den Besuch im Park

mit einer Geysireruption abzustimmen – über die voraussichtlichen Ausbruchszeiten informiert das Old Faithful Visitor Center.

Die Wanderung startet am Lone Star Trailhead, oberhalb der **Kepler Cascades** (wo der Firehole River durch eine spektakuläre Schlucht rast). Die 7,7 km lange Rundwanderung dauert höchstens zweieinhalb Stunden.

South Rim Trail & Ribbon Lake   WANDERN
Südöstlich vom South Rim des Canyons windet sich ein Netz von Wanderwegen durch Wiesen und Wälder, vorbei an einigen kleinen Seen. Diese Schleife verbindet mehrere Wege miteinander und bildet einen netten Kontrast zum Blick auf den Canyon vom Auto aus. Es ist eine unglaublich abwechslungsreiche Wanderung mit einigen atemberaubenden Ausblicken auf den Grand Canyon des Yellowstone (S. 311) und auf das Hinterland einer thermisch aktiven Gegend.

Man parkt auf dem Parkplatz bei Uncle Tom am South Rim Dr des Canyons und ge-

ROCKY MOUNTAINS YELLOWSTONE NATIONAL PARK

nießt zunächst die Ausblicke auf die Upper und Lower Falls vom Uncle Tom's Trail, bevor es auf dem South Rim Trail ostwärts entlang des Canyonrands bis zum Artist Point geht. Auch hier tun sich einige großartige Ausblicke auf den Canyon auf.

Vom Artist Point nimmt man den Weg Richtung Osten zum Point Sublime, biegt dann hinter dem Lily Pad Lake rechts ab und geht noch etwa 600 m bis zu einer weiteren Kreuzung. Hier hält man sich links und steigt ab hinunter zum Ribbon Lake, der eigentlich aus zwei miteinander verbundenen Weihern besteht; hier stehen die Chancen ganz gut, Elche zu sichten. Man muss vier Stunden einplanen.

Mt. Washburn Trail   WANDERN

Diese recht anstrengende bergauf führende Wanderung beginnt am Startpunkt eines Wanderweges am Dunraven Pass und führt zu einem auf dem Gipfel stehenden Feuerwachturm. Von hier hat man eine herrliche Rundumsicht über den ganzen Park und sehr wahrscheinlich bekommt man auch Dickhornschafe zu Gesicht (10,3 km).

Elephant Back Mountain Trail   WANDERN

Der beliebte Aufstieg ist eine tolle kurze, wenn auch schweißtreibende Picknickroute, die sich für Familien mit Teenagern eignet. Die überwältigenden Ausblicke vom Panoramaaussichtspunkt auf 2621 m reichen bis zum Yellowstone Lake, zur Stevenson Island, zum Pelican Valley und zur Absaroka Range.

Der Startpunkt liegt 1,6 km südlich der Fishing Bridge Junction und 800 m nördlich der Abzweigung von der Grand Loop Rd zum Lake Village. Vom Lake Hotel sind es 400 m einfache Strecke durch die Wälder vorbei an der Section J der Hotelhütten. Für die 3,5 Meilen (5,6 km) lange Schleife sollte man etwa zweieinhalb Stunden einplanen.

Fairy Falls Trail & Twin Buttes   WANDERN

Verborgen in der nordwestlichen Ecke des Midway Geyser Basin, bilden die 60 m hohen Fairy Falls ein beliebtes Wanderziel – zumal sie nur einen kurzen Abstecher von Old Faithful entfernt sind. Jenseits der Fairy Falls setzt sich der kinderleichte Weg zu einer verborgenen, thermisch aktiven Gegend am Fuß der Twin Buttes fort. Diese zwei Berge sind auffallend kahl, nachdem die hiesigen Baumbestände durch Waldbrände 1988 erheblich dezimiert wurden.

Die Geysire sind unerschlossen, und es ist sehr wahrscheinlich, dass man sie ganz für sich hat – im Gegensatz zur Grand Prismatic Spring, die regelmäßig Besucherscharen anlockt.

Der Startpunkt Fairy Falls (Steel Bridge) liegt unmittelbar westlich der Grand Loop Rd, rund 1 Meile (1,6 km) südlich der Abzweigung zum Midway Geyser Basin und 4,5 Meilen (7,2 km) nördlich der Old-Faithful-Überführung.

Radfahren

Radfahrer dürfen die öffentlichen Straßen und ein paar ausgewiesene Zugangsstraßen benutzen, jedoch nicht die Wege im Hinterland. Die beste Zeit für eine Radtour im Yellowstone National Park liegt zwischen April und Oktober; dann sind die Straßen in der Regel schneefrei. Von Mitte März bis Mitte April ist die Strecke zwischen Mammoth und dem West Yellowstone Park für Autos gesperrt, nicht aber für Radfahrer – die Gelegenheit für einen ausgedehnten und stressfreien Ausflug.

Rafting

Yellowstone Raft Company   RAFTING

(☎ 800-858-7781; www.yellowstoneraft.com; halber Tag Erw./Kind 42/32 US$) Auf dem Yellowstone River im Bereich des Yankee Jim Canyon, gleich nördlich der Parkgrenze in Montana, sind die Strömungen zum Raften geeignet. Die Raft Company bietet von Gardiner aus eine Reihe begleiteter Abenteuertouren an. Sie beginnen Ende Mai.

🛏 Schlafen

Im Park gibt es sowohl vom NPS als auch privat betriebene Campingplätze, Hütten, Lodges und Hotels. Im Sommer muss man unbedingt reservieren. So kann man den Konzessionsinhaber **Xanterra** (☎ 866-439-7375, 307-344-7311; www.yellowstonenationalparklodges.com) kontaktieren, um ein Plätzchen auf einem seiner Campingplätze, in einer Hütte oder Lodge zu buchen (darunter auch alle hier erwähnten Unterkünfte).

Jede Menge Unterkünfte finden man auch in Cody, Gardiner und West Yellowstone, den Zufahrtstädten zum Park.

Die günstigsten Möglichkeiten sind die sieben vom National Park Service geführten Campingplätze (Stellplatz ab 15–20 US$) in Mammoth, Tower Falls, Indian Creek, Pebble Creek, Slough Creek, Norris und Lewis Lake. Grundsätzlich kann man sie nicht reservieren. Xanterra unterhält weitere fünf Campingplätze (hier aufgeführt; Reservierungen möglich, 45 US$/Nacht). Sie bieten alle Bäder mit kaltem Wasser, Toiletten mit Wasserspülung sowie Trinkwasser. Stellplätze für Wohnwagen mit entsprechenden Anschlüssen findet man in Fishing Bridge.

Von Xanterra geführte Hütten, Hotels und Lodges verteilen sich über den ganzen Park und sind von Mai oder Juni bis Oktober geöffnet; lediglich das Mammoth Hot Springs Hotel und die Old Faithfull Snow Lodge sind auch von Mitte Dezember bis Ende März offen. Das Rauchen ist in allen diesen Quartieren verboten, und es gibt keine Klimaanlagen oder gar Fernseher. Wo es Internetverbindungen gibt, sind diese kostenpflichtig.

Bridge Bay Campground   CAMPING $
(Stellplatz 22,50 US$; ⊙ Ende Mai–Mitte Sept.) nahe dem Westufer des Yellowstone Lake, bei Bootsfahrer beliebt und mit über 430 Stellplätzen für Zelte und Wohnmobile.

Canyon Campground   CAMPING $
(Stellplatz 27 US$; ⊙ Ende Mai–Anfang Sept.) Zentral gelegen, Münzduschen und -waschmaschinen in der Nähe. 273 Stellplätze für Zelte und Wohnmobile.

Fishing Bridge RV Park   CAMPING $
(Stellplatz Wohnmobile 47,75 US$; ⊙ Anfang Mai–Ende Sept.) Strom- und Wasseranschluss nur für „Hard Shell"-Wohnmobile (37 US$). Münzduschen und -wäschereien. 325 Stellplätze.

Grant Village Campground   CAMPING $
(Stellplatz 27 US$; ⊙ Mitte Juni–Mitte Sept.) Am Südwestufer des Yellowstone Lake, 430 Stellplätze für Zelte und Wohnmobile. Münzduschen und -wäschereien in der Nähe.

Madison Campground   CAMPING $
(☎ 307-344-7311; www.yellowstonenationalparklodges.com; Stellplatz 22.50 US$; ⊙ Anfang Mai–Mitte Okt.) Zum Old Faithful am nächsten gelegener Campingplatz mit 278 Stellplätzen für Zelte und Wohnmobile.

★ Old Faithful Inn   HOTEL $$
(☎ 866-439-7375; www.yellowstonenationalparklodges.com; Altbau-DZ mit Gemeinschaftsbad/eigenem Bad ab 108/162 US$, Standardzi. 199–260 US$; ⊙ Anfang Mai–Anfang Okt.) Dieses großes Inn neben dem namensgebenden Geysir ist die gefragteste Unterkunft im Park. Der denkmalgeschützte Bau prunkt mit einer riesigen Lobby aus Holz mit mächtigen offenen Steinkaminen und überhohen Decken aus Kiefernholz. Zimmer gibt es in allen Preisklassen; viele der interessantesten

historischen Zimmer haben Gemeinschaftsbäder. Die Gemeinschaftsbereiche können sich auch sehen lassen.

Es lohnt sich, hier zwei Nächte zu verbringen, um die Atmosphäre richtig zu genießen.

Old Faithful Lodge Cabins   HÜTTE $$
(Hütten mit/ohne Bad 140/83 US$; ⊙ Mitte Mai–Anfang Okt.) Einfache, rustikale Hütten mit Blick auf den Old Faithful.

Roosevelt Lodge   HÜTTE $$
(☎ 866-439-7375; www.yellowstonenationalparklodges.com; Hütten mit/ohne Bad 135/80 US$; ⊙ Juni–Anfang Sept.; 🐾) Diese Hütten sind für Familien geeignet. Die Anlage mit Cowboy-Flair bietet jeden Abend das „Old West dinner Cookout": Die Gäste begeben sich per Pferd oder Planwagen zu einer rund 5 km entfernten großen Wiese, um ein Buffet im Freien zu genießen (Reservierung erforderlich).

Lake Lodge   HÜTTE $$
(Hütte 83–194 US$) Zum Hauptgebäude gehören eine große Veranda mit See- und Bergblick und ein gemütlicher Raum mit zwei offenen Kaminen. Man kann wählen zwischen rustikalen Holzhütten aus den 1920er-Jahren und moderneren Wohneinheiten im Motelstil.

Old Faithful Snow Lodge   HOTEL $$
(Hütte 109–155 US$, Zi. ab 240–259 US$; ⊙ Mai–Mitte Okt. & Ende Dez.–Febr.; ☎) Ein stilvolles, zeitgemäßes Hotel, das Blockhausstil mit modernen Einrichtungen und Nationalpark-Motiven kombiniert.

Lake Yellowstone Hotel   HOTEL $$
(☎ 866-439-7375; www.yellowstonenationalparklodges.com; Hütte 149 US$, Nebengebäude Zi. 160 US$, Hotel Zi. 363–405 US$; ⊙ Mitte Mai–Anfang Okt.; @☎) Das romantische historische Hotel, das das mondäne Western-Ambiente der 1920er-Jahre verströmt, ist eine tolle Unterkunft. Es besitzt Yellowstones großartigste Lounge, die wie zum Tagträumen gemacht ist. Dazu tragen große Panoramafenster mit Seeblick, viel Tageslicht und, ja wirklich, ein Streichquartett bei, das im Hintergrund spielt. Die Zimmer sind gut ausgestattet, die Hütten etwas rustikaler.

Canyon Lodge   LODGE $$
(Hütte 194 US$, Zi. 122–222 US$; ⊙ Juni–Sept.) Zentral gelegen. Die Gegend um den Canyon hat die größte Anzahl an Unterkünften im ganzen Yellowstone Nationalpark – und es

ROCKY MOUNTAINS YELLOWSTONE NATIONAL PARK

kommen stetig weitere hinzu. Zum Zeitpunkt der Recherchen waren mehrere neue Lodges im Bau.

Mammoth Hot Springs Hotel   HOTEL $$
(Hütte 93–250 US$, Zi. mit/ohne Bad 140/90 US$; ⊙ Mai–Mitte Okt.) Große Vielfalt an Unterkunftsmöglichkeiten, darunter auch Hütten mit Whirlpool. Davor auf dem Rasen grasen oft Wapitis.

Grant Village   HOTEL $$
(Grant Village; Zi. 160–201 US$; ⊙ Ende Mai–Sept.; 🕾) Nahe dem südlichen Parkrand gelegen, verfügt das Grant Village über komfortable, aber einfallslose Zimmer im Motelstil. Von den zwei benachbarten Restaurants genießt man einen tollen Seeblick.

✕ Essen

Snackbars, Delis, Burgertheken und Lebensmittelläden verteilen sich über den ganzen Park. Zusätzlich bieten die meisten Lodges ein Frühstücksbuffet, Salatbars und Mittag- und Abendessen in förmlichen Speisesälen an. Das Essen ist nicht immer herausragend, doch wenn man bedenkt, für wie viele Leute der Küchenchef kocht, recht gut – und in Anbetracht der sagenhaften Aussicht nicht überteuert.

★ Lake Yellowstone
Hotel Dining Room   AMERIKANISCH $$$
(📞 307-344-7311; Hauptgerichte 14–40 US$; ⊙ Mitte Mai–Okt. 6.30–10, 11.30–14.30 & 17–22 Uhr; 🖉) Ein Outfit sollte man knitterfrei halten, um stilvoll im Restaurant des Lake Yellowstone Hotel, dem besten im ganzen Nationalpark, zu speisen. Mittags gibt es z. B. Sliders mit Montana-Lamm, tolle Salate und Bison-Burger. Große Aufmerksamkeit wird den regionalen und nachhaltig angebauten Zutaten sowie glutenfreien Optionen geschenkt. Reservierung fürs Abendessen wird dringend empfohlen.

Old Faithful Inn
Dining Room   AMERIKANISCH $$$
(📞 307-545-4999; Hauptgerichte abends 13–29 US$, Frühstücks-/Mittags-/Abendbuffet 13/16/30 US$; ⊙ Anfang Mai–Okt. 6.30–10.30, 11.30–14.30 & 17–22 Uhr; 🖉) Die Buffets maximieren die Zeit fürs Geysir-Gucken. Die Speisen à la carte sind jedoch innovativer, so gibt es etwa Bison- und Fasanwurst, Lachsforellen-Haschee und das stets beliebte Ossobuco. Es gibt auch glutenfreie Gerichte. Reservierung sehr zu empfehlen.

ABSTECHER

SCENIC DRIVE: DAS DACH DER ROCKIES

Der malerischste Zugang zum Yellowstone-Park ist der **Beartooth Highway** (www.beartoothhighway.com; US 212; ⊙ Juni–Mitte Okt.). Er verbindet Red Lodge und Cooke City mit dem Nordeingang des Yellowstone-Parks über eine unglaubliche, 68 Meilen (109 km) lange Strecke, die an über 3300 m hohen Gipfeln und einer alpinen Tundra voller Wildblumen vorbeiführt. Sie wurde schon als Amerikas schönste Auto- bzw. Motorradroute bezeichnet. Entlang des Highways liegen ein Dutzend USFS-Campingplätze (teilweise Reservierungen möglich unter www.recreation.gov), davon vier höchstens 12 Meilen (19,3 km) von Red Lodge entfernt. Geöffnet ab Ende Mai oder Anfang Juni bis Anfang Oktober.

❶ Praktische Informationen

Eigentlich ist der Park das ganze Jahr über geöffnet, viele Straßen aber sind im Winter gesperrt. Die Eintrittskarten (Fußgänger/Fahrzeug 12/25 US$) gelten für sieben Tage und berechtigen zum Besuch des Yellowstone und des Grand Teton National Park. Die Visitor Center sind nur im Sommer geöffnet und gleichmäßig im Abstand von 20 bis 30 Meilen (32–48 km) an der Grand Loop Rd verteilt.

Albright Visitor Center (📞 307-344-2263; www.nps.gov/yell; ⊙ Juni–Sept. 8–19 Uhr, Okt.–Mai 9–17 Uhr) Das frisch renovierte Center in Mammoth Hot dient als Hauptquartier des Parks. Die Website des Parks ist eine tolle Informationsquelle.

❶ An- & Weiterreise

Die am nächsten gelegenen, ganzjährig betriebenen Flughäfen sind: der Yellowstone Regional Airport (S. 309) in Cody (52 Meilen/84 km), der Jackson Hole Airport (S. 308) in Jackson (56 Meilen/90 km), der Gallatin Field Airport (S. 321) in Bozeman, MT (65 Meilen/105 km) und der Idaho Falls Regional Airport (IDA) in Idaho Falls, ID (107 Meilen/172 km). Der Flughafen (WYS) in West Yellowstone, MT, ist in der Regel von Juni bis September geöffnet. Es kann sich auch lohnen, nach Billings, MT (170 Meilen, 274 km), Salt Lake City, UT (390 Meilen, 628 km) oder Denver, CO (563 Meilen, 906 km), zu fliegen und ein Auto zu mieten. Zum oder innerhalb des Yellowstone National Park gibt's keine öffentlichen Verkehrsmittel.

Grand Teton National Park

Mit seinen gezackten, felsigen Berggipfeln, kühlen Gebirgsseen und duftenden Wäldern zählt der Grand Teton National Park zu den schönsten Landschaften der Vereinigten Staaten. Er liegt direkt südlich vom Yellowstone National Park und besitzt zwölf von Gletschern geformte Berge, die den einzigartigen Grand Teton (4197 m) einrahmen. Für Bergenthusiasten ist das großartige und wahnsinnige Gelände ein Paradies, zumal der Grand Teton National Park weniger überlaufen ist als der Yellowstone National Park und ebenso jede Menge Ruhe und Wildtiere – Bären, Elche, Raufußhühner und Murmeltiere – zu bieten hat.

Es gibt zwei Eingänge zum Park: Moose (im Süden), an der Teton Park Rd westlich von Moose Junction, und Moran (im Osten), an der US 89/191/287 nördlich von Moran Junction. Der Park ist das ganze Jahr über geöffnet, allerdings werden einige Straßen und Zufahrten ab November bis zum 1. Mai geschlossen, darunter auch Teile der Moose-Wilson Rd. Damit ist der Zugang zum Park von Teton Village aus eingeschränkt.

🏃 Aktivitäten

Angesichts eines 322 km langen Netzes von **Wanderwegen** kann man wirklich nichts falsch machen. Beim Visitor Center gibt's Infos, Wanderkarten und die obligatorischen kostenlosen Backcountry Permits fürs Übernachten im Hinterland. Die Tetons sind zudem für tolle kurze **Kletterrouten** wie auch für längere Aufstiege bekannt, die beispielsweise zu den Gipfeln des Grant Teton, des Mt. Moran oder des Mt. Owen führen; Infos gibt's bei der Jenny Lake Ranger Station.

Angeln ist eine weitere Attraktion: In den Flüssen kann man. Seen wachsen und gedeihen z. B. Cutthroat-Forellen, Seeforellen oder -saiblinge und diverse Maränenarten. Genehmigungen bekommt man bei der Signal Mountain Lodge, an der Colter Bay Marina und im Dorfladen des Moose Village.

Skilanglauf und **Schneeschuhwandern** sind die besten Methoden, um den Winter im Park zu genießen. Das Craig Thomas Discovery & Visitor Center in Moose verteilt eine Broschüre mit detaillierten Routeninfos.

Exum Mountain Guides   KLETTERN
(📞 307-733-2297; www.exumguides.com) Kletterkurse und geführte Touren.

🛏 Schlafen

Drei verschiedene Konzessionshalter betreiben die sechs Campingplätze im Park. Von Anfang August bis zum Labor Day ist der Andrang groß. Die meisten Campingplätze sind ab 11 Uhr voll (Jenny Lake sogar deutlich früher, Gros Ventre meist gar nicht). Colter Bay und Jenny Lake haben nur Plätze für Zelte, die für Backpacker und Radfahrer reserviert sind.

Climbers' Ranch   HÜTTEN $
(📞 307-733-7271; www.americanalpineclub.org; Teton Park Rd; B 25 US$; ☉ Juni–Sept.) Diese rustikalen Blockhütten des American Alpine Club dienten ursprünglich als Refugium für ernsthafte Kletterer. Heute stehen sie allen Wanderern offen, die genauso von der spektakulären Lage im Park profitieren. Vorhanden sind ein Sanitärhäuschen mit Duschen und ein geschützter Kochbereich mit abschließbaren Kühlfächern. Schlafsack und Kopfkissen müssen selbst mitgebracht werden (die Stockbetten sind ohne Bettzeug, dafür aber spottbillig).

Flagg Ranch Campground   CAMPING $
(www.flaggranch.com; Stellplatz für 2 Pers. 35 US$, Stellplatz Wohnmobil 69 US$) Der Flagg Ranch Campground hat auch Hütten und wird von Flagg Ranch Resorts betrieben.

Grand Teton Lodge Company   CAMPING, HÜTTEN $
(📞 307-543-2811; www.gtlc.com; Stellplatz 24 US$) Diese Gesellschaft betreibt die meisten privaten Lodges und Hütten sowie die Campingplätze Colter Bay, Jenny Lake und Gros Ventre. Am besten rechtzeitig reservieren – bereits Anfang Juni ist fast alles ausgebucht.

Colter Bay Village   HÜTTEN $$
(📞 307-543-2811; www.gtlc.com; Zelthütte 66 US$, Blockhütte mit Bad 155–290 US$, Blockhütte ohne Bad 85 US$; ☉ Juni–Sept.) 800 m westlich der Colter Bay Junction warten hier zwei Arten von Quartieren: Die spartanischen Zelthütten (Juni–Anfang Sept.) haben Stockbetten ohne Bettzeug und teilen sich Gemeinschaftsbäder in einem separaten Gebäude; angesichts ihres Preises ist man aber als Camper besser dran. Die deutlich komfortableren und z.T. originalen Blockhütten (Ende Mai–Ende Sept.) haben da ein besseres Preis-Leistungs-Verhältnis.

Signal Mountain Lodge   LODGE $$
(📞 307-543-2831; www.signalmtnlodge.com; Zi. 221–326, Hütte 173–233 US$, Suite 350 US$, Stell-

platz Zelt/Wohnmobil/ 22/45 US$; ⊘ Mai–Mitte Okt.) ✎ Die spektakulär gelegene Lodge am Rand des Jackson Lake hat gemütliche, gut ausgestattete Hütten sowie recht vornehme Zimmer mit tollem See- und Bergblick.

Spur Ranch Log Cabins   HÜTTE $$
(☑ 307-733-2522; www.dornans.com; Hütte 195–285 US$; ⊘ ganzjährig) Kieswege, die durch eine große Wildblumenwiese führen, verbinden miteinander die ruhigen Doppelhütten am Snake River in Moose. Das Mobiliar aus Murraykiefernholz, das Daunenbettzeug und das Western-Design schaffen Behaglichkeit. Größter Pluspunkt ist jedoch die tolle Aussicht.

★ Jenny Lake Lodge   LODGE $$$
(☑ 307-733-4647; www.gtlc.com; Jenny Lake; Hütte ab 699 US$; ⊘ Juni–Sept.) Altes Holz, Daunendecken und farbenfrohe Steppdecken verleihen dieser eleganten Option abseits der Teton Park Rd ein gemütliches Ambiente. Der nicht gerade günstige Preis beinhaltet das Frühstück, ein fünfgängiges Abendessen, Leihfahrräder und geführte Ausritte. Regentage kann man mit einem Gesellschaftsspiel oder einem Buch am offenen Kamin des Haupthauses verbringen.

Die Blockhütten haben jeweils eine Terrasse, aber kein TV oder Radio (Telefon auf Anfrage).

Jackson Lake Lodge   LODGE $$$
(☑ 307-543-2811; www.gtlc.com; Zi. & Cottages 289–385 US$; ⊘ Mitte Mai–Sept.; 🛜 🍴 ❄) Nach der Hauptlodge fragen, deren riesige Panoramafenster in der Lobby einen atemberaubenden Blick auf die Berggipfel bieten. Die Cottages sind eher modern als gemütlich. Wer sich entscheidet, hier zu übernachten, sollte nach einem Cottage mit Blick auf den Moose Pond fragen. Es gibt einen beheizten Pool und in einigen ausgewiesenen Cottages sind auch Haustiere erlaubt.

✖ Essen

Colter Bay Village, Jackson Lake Lodge, Signal Mountain und Moose Junction haben mehrere Cafés, die Frühstück und Schnellgerichte zu erschwinglichen Preisen anbieten.

Pioneer Grill   DINER $$
(☑ 307-543-1911; Jackson Lake Lodge; Hauptgerichte 9–25 US$; ⊘ 6–22.30 Uhr; �Ⓟ) Der Pioneer Grill, ein legerer Imbiss-Klassiker mit Kunstlederstühlen, serviert herzhafte Gerichte: Wraps, Burger und Salate. Kinder lieben die Eisbecher mit Fondantkaramell-

sauce. Am Take-away-Fenster erhält man Lunchboxen (am Vortag bestellen) und erschöpfte Wanderer können Pizza aufs Zimmer bestellen (17–21 Uhr).

Mural Room   MODERN-AMERIKANISCH $$$
(☑ 307-543-1911; Jackson Lake Lodge; Hauptgerichte 22–44 US$, Hauptgerichte mittags 12–20 US$; ⊘ 7–21 Uhr) In diesem erstklassigen Restaurant gibt's eine atemberaubende Sicht auf die Tetons und eine Feinschmeckerauswahl an Speisen, darunter Wildgerichte und einfallsreiche Forelle-Kreationen. Das Frühstück ist ausgezeichnet; zum Abendessen muss man reservieren.

Peaks   AMERIKANISCH $$$
(☑ 307-543-2831; Signal Mountain Lodge; Hauptgerichte 18–38 US$; ⊘ 17.30–22 Uhr) Gäste wählen aus einer Auswahl an Käse, Obst, Rindfleisch aus regionaler Züchtung und Bio-Polentakuchen. Kleine Snacks wie Wild-Sliders sind ebenfalls zu haben. Drinnen ist das Ambiente eher eintönig; man sollte aber ohnehin versuchen, einen Platz auf der Terrasse zu ergattern, um dort den Sonnenuntergang über dem Jackson Lake und einen herrlichen Heidelbeer-Margarita zu genießen. Mittags sollte man es lieber nebenan im lässigen Trapper Grill (Hauptgerichte 11–14 US$) oder in der Deadman's Bar versuchen.

Jenny Lake Lodge
Dining Room   MODERN-AMERIKANISCH $$$
(☑ 307-543-3352; Jenny Lake Lodge; Frühstück 26 US$, Hauptgerichte Mittagessen 11–15 US$, Abendessen Festpreis 88 US$; ⊘ 7–21 Uhr) Schon zum Frühstück kann man Rocky-Mountain-Forelle mit Ei bestellen. Ein echtes Schlemmererlebnis aber dürfte es abends werden, das wohl einzige Fünf-Gänge-Wildnismenü im Leben, aber es lohnt sich allemal. Zu der wechselnden Menüfolge gehören z. B. Crêpes mit Wild und Büffel-Carpaccio. Unschlagbar ist auch die heimelige Atmosphäre in den Tetons. Reservierung erforderlich. Abends sollte man sich fein machen.

❶ Praktische Informationen

Die Eintrittskarten in den Park (Wanderer/Fahrzeug 12/25 US$) sind sieben Tage lang gültig und berechtigen zum Besuch des Yellowstone und des Grand Teton National Parks. Es ist also ohne Weiteres möglich, in einem Park zu übernachten und von dort aus am selben Tag den anderen zu besuchen.

Park Headquarters (☑ 307-739-3600; www.nps.gov/grte; ⊘ Juni–Aug. 8–19 Uhr, Sept.–Mai bis 17 Uhr) Befindet sich im selben Gebäude wie das Craig Thomas Discovery & Visitor Center (☑ 307-739-3399, Backcountry-Eintrittskarten 307-739-3309; Teton Park Rd; ⊙ Juni–Aug. 8–19 Uhr, Sept.–Mai bis 17 Uhr; 🛜) in Moose Junction.

Jenny Lake Ranger Station (☑ 307-739-3343; ⊙ Juni–Aug. 8–18 Uhr) Hält Backcountry Permits und Infos für Kletterer bereit.

Laurance S. Rockefeller Preserve Center (☑ 307-739-3654; Moose-Wilson Rd; ⊙ Juni–Aug. 8–18 Uhr, Sept.–Mai 9–17 Uhr) Hier erfährt man mehr über das neue und sehr empfehlenswerte Rockefeller Preserve, ein weniger überlaufenes Wandergebiet. Das Center liegt 4 Meilen (6,4 km) südlich von Moose (Straße im Winter gesperrt).

MONTANA

Vielleicht resultiert Montanas Motto „Leben und leben lassen" aus dem Pioniergeist des Bundesstaats – eigenständig, wild, frei und typisch amerikanisch. Der Himmel erscheint hier höher und blauer, außerdem liegt Kiefernduft in der frischen Luft. Ob sanft gewelltes Weideland unter steilen Berghängen, planschende zottelige Grizzlys an eisblauen Gletscherseen oder Brauereien aus Backstein: Das herrliche Montana lässt einen ganz euphorisch werden. Und es bleibt einem noch lange nach der Abreise im Gedächtnis.

❶ Praktische Informationen

Montana Fish, Wildlife & Parks (☑ 406-444-2535; http://fwp.mt.gov) Über ☑ 1-855-922-6768 oder http://montanastateparks.reserveamerica.com kann man Plätze auf einem der 24 Campingplätze in Montanas State Parks reservieren.

Montana Road Conditions (☑ 800-226-7623, innerhalb Montana 511; www.mdt.mt.gov/travinfo)

Travel Montana (☑ 800-847-4868; www.visitmt.com)

Bozeman

Inmitten von sanften grünen Hügeln, Kiefernwäldern und verschneiten Gipfeln verteidigt Bozeman seinen Titel als Montanas coolste Stadt. Backsteinbauten mit Brauereien und Boutiquen säumen die historische Main St. Hier mischen sich Künstlerstil, Cowboy-Coolness und Triathlon-Leidenschaft. Die großartige Lage zwischen den Bridger und Gallatin Mountains macht

Bozeman außerdem zu einem der besten Outdoor-Reviere im Westen der USA.

◉ Sehenswertes & Aktivitäten

⭐ **Museum of the Rockies**   MUSEUM
(☑ 406-994-2251; www.museumoftherockies.org; 600 W Kagy Blvd; Erw./Kind 14,50/9,50 US$; ⊙ Juni–Aug. 8–20 Uhr, Sept.–Mai Mo–Sa 9–17, So 12–17 Uhr; 🅿 ♿) Das Museum der Montana State University ist eines der spannendsten in Montana und sollte auf keinen Fall ausgelassen werden. Gezeigt werden tolle Dinosaurierknochen und Kunstwerke der frühen Ureinwohner Amerikas; außerdem gibt's Planetarium-Lasershows sowie eine Living-History-Abteilung im Freien (im Winter geschl.). Geführte Touren werden mehr oder minder regelmäßig veranstaltet und sind besonders für Familien mit kleinen Kindern zu empfehlen, denen ein interakti-

ver Umgang mit einigen Exponaten ermöglicht wird.

Bridger Bowl Ski Area   WINTERSPORT

(📞 406-587-2111; www.bridgerbowl.com; 15795 Bridger Canyon Rd; Tages-Liftticket Erw./Kind 54/19 US$; ⊙ Mitte Dez.–April) Nur in Bozeman findet man ein nicht auf Profit ausgerichtetes Skiresort. Die ausgezeichnete Anlage wird von der Gemeinde betrieben und liegt 16 Meilen (25,5 km) nördlich von Bozeman. Sie ist für ihren lockeren, leichten Pulverschnee und die unschlagbaren Preise bekannt – vor allem für Kinder unter zwölf Jahren (Kids unter sechs Jahren fahren kostenlos).

🛏 Schlafen

Die ganze Bandbreite von Kettenmotels konzentriert sich nördlich der Innenstadt in der 7th Ave, nahe der I-90. Weitere Budgetmotels gibt es östlich der Innenstadt an der Main St.

Bear Canyon Campground   CAMPING $

(📞 800-438-1575; www.bearcanyoncampground. com; I-90 Ausfahrt 313; Stellplatz Zelt 20 US$, Stellplatz Wohnmobil 30–40 US$; ⊙ Mai–Mitte Okt.; 🛜🏊) Der Bear Canyon Campground liegt 3 Meilen (4,8 km) östlich von Bozeman auf der Kuppe eines Hügels und bietet großartige Ausblicke auf das Tal ringsum. Es gibt sogar einen Pool.

Lewis & Clark Motel   MOTEL $

(📞 800-332-7666; www.lewisandclarkmotelboze man.com; 824 W Main St; Zi. 94–179 US$; ❄️@🛜) Wer ein Stück Las Vegas in Montana sucht, übernachtet in diesem schrillen Motel, das von einem Einheimischem betrieben wird. Die großen Zimmer haben deckenhohe Fenster, die dudelnde Musik der 1950er-Jahre trägt zur Retro-Rat-Pack-Atmosphäre bei. Mit Whirlpool und Dampfsauna; an den Sommerwochenenden gehen die Preise nach oben.

Howlers Inn   B&B $$

(📞 406-587-5229; www.howlersinn.com; 3185 Jackson Creek Rd; Zi. 145–160 US$, 2-Pers.-Hütte 205 US$; 🛜) Wer sich für Wölfe interessiert, wird dieses 15 Minuten außerhalb von Bozeman gelegene schöne Reservat begeistern. In einem umzäunten, 1,6 ha großen Areal, das aus den Gewinnen des B & B finanziert wird, leben gerettete, in Gefangenschaft geborene Wölfe. Neben dem Haupthaus mit drei geräumigen Zimmern in Western-Stil gibt es noch ein Kutscherhaus mit zwei Schlafzimmern. Mit etwas Glück werden die Gäste von Wolfsgeheul in den Schlaf begleitet. Exit 319 der I-90 nehmen.

🍴 Essen & Ausgehen

Als Collegestadt herrscht in Bozeman kein Mangel an auf Studenten ausgerichteten günstigen Imbissen und ausreichend Kneipen, um den Durst eines Footballteams zu löschen. Die meisten befinden sich in der Main St.

Community Co-Op   SUPERMARKT $

(www.bozo.coop; 908 W Main St; Hauptgerichte 7–12 US$; ⊙ Mo-Sa 7–22, So 8–22 Uhr; 🛜🌿) 🌿 Der beliebte Supermarkt und Feinkostladen ist die beste Adresse, um sich mit Bio-Produkten und sonstigen Lebensmitteln einzudecken. Außerdem gibt's hier warme Gerichte, Salate und Suppen zum Essen vor Ort oder zum Mitnehmen. Weitere Filiale in der 44 E Main St.

⭐ John Bozeman's Bistro   AMERIKANISCH $$

(📞 406-587-4100; www.johnbozemansbistro.com; 125 W Main St; Hauptgerichte 12–28 US$; ⊙ Di-Sa 11.30–14.30, 17–21.30 Uhr) Das beste Restaurant von Bozeman bietet Cowboysteaks mit thailändischem, kreolischem und panasiatischem Touch zum Dinner, außerdem Suppen und Vorspeisen mit internationalen Anleihen und ein wöchentliches „Superfood"-Special (14,95 US$). Der Service ist erstklassig, freundlich und ungekünstelt. Mittags gibt's für 8 US$ ein Menü mit gesunden Salaten und Sandwiches. Aus allen Zapfhähnen fließt nur lokal gebrautes Bier; eine Kostprobe mit fünf Sorten kostet 8,75 US$.

Plonk   BISTRO $$$

(www.plonkwine.com; 29 E Main St; kleine Portionen 5–12 US$, Hauptgerichte 15–30 US$; ⊙ Di-Sa 11.30–24, So & Mo April–Okt. ab 16 Uhr) Wo geht man hin, wenn man ein ausgiebiges Lunch mit einem Schwätzchen und drei Martini genießen möchte? Das Plonk bietet eine umfangreiche Speisekarte von leichten Snacks bis zu vollen Mahlzeiten, die meisten davon aus regionalen Bio-Produkten. Im Sommer wird die gesamte Front geöffnet und eine kühle Brise zieht durch das lang gestreckte Gebäude, das außerdem mit einer Bar und hübscher Zinn-Decke aufwarten.

Zebra Cocktail Lounge   LOUNGE

(📞 406-585-8851; 321 E Main St; ⊙ 21–2 Uhr) Der Nachtclub im Kellergeschoss ist das Epizentrum für Konzerte, vor allem Club Music und Hip-Hop sind stark vertreten.

➊ Praktische Informationen

Visitor Center (☑ 406-586-5421; www.boze mancvb.com; 2000 Commerce Way; ⊙ Mo–Fr 8–17 Uhr)

➊ An- & Weiterreise

Der **Gallatin Field Airport** (BZN; ☑ 406-388-8321; www.bozemanairport.com) liegt 8 Meilen (12,8 km) nordwestlich der Innenstadt.

Die Busse von **Karst Stage** (☑ 406-556-3540; www.karststage.com) fahren von Dezember bis April täglich vom Flughafen nach Big Sky (103 US$, 1 Std.) und West Yellowstone (310 US$, 2 Std.); im Sommer muss man reservieren.

Gallatin Valley & Paradise Valley

Outdoor-Enthusiasten könnten tagelang die weitläufige Schönheit rund um das Gallatin und das Paradise Valleys erkunden. Das **Big Sky Resort** (☑ 800-548-4486; www. bigskyresort.com; Big Sky; Skipasss Erw. 103 US$, Kind über/unter 10 Jahren 83/53 US$), mit seinen zahlreichen Bergen, 10 m Neuschnee jährlich und dem größten Höhenunterschied in ganz Montana (1326 m) ist eine der beliebtesten Ziele bei Skifahrern und Langläufern, vor allem seit es sich mit dem benachbarten Moonlight Basin zusammengetan hat. Die Warteschlangen an den Liften sind hier die kürzesten in den ganzen Rockies. Und für Familien hält Big Sky ein besonderes Angebot parat: Kinder unter zehn Jahren dürfen kostenlos skifahren, wenn man die Unterkunft über das zentrale Reservierungssystem des Resorts bucht. Im Sommer kann man gut mit der Gondelbahn hinauf zum Wandern und Mountainbiken fahren.

Wer eine Backpacking- oder Skitour unternehmen will, sollte das Gebiet rund um die Spanish Peaks in der **Lee Metcalf Wilderness** aufsuchen. Diese erstreckt sich im Gallatin and Beaverhead National Forest auf einer Fläche von 1008 km² westlich der US 191. An der Ostseite der US 191 schmiegen sich zahlreiche malerische USFS-Campingplätze an die Gallatin Range.

20 Meilen (32 km) südlich von Livingston, abseits der US 89 auf dem Weg zum Yellowstone National Park, haben die unprätentiösen **Chico Hot Springs** (☑ 406-333-4933; www.chicohotsprings.com; 1 Old Chico Rd, Pray; 2-Pers.-Hütte 237 US$, Haupt-Lodge Zi. 61–98 US$; ⊙ 7–23 Uhr; 🏊) in den letzten Jahren eine richtige Fangemeinde gewonnen und ziehen sogar Hollywood-Berühmtheiten an.

Einige kommen hierher, um unter freiem Himmel in den Warmwasserbecken von der Größe eines Swimmingpools zu entspannen (wer hier nicht übernachtet, zahlt 8,50 US$ Eintritt); andere schätzen vor allem die lebhafte Bar, in der am Wochenende schmissige Country- und Western-Tanzbands auftreten. Das Restaurant auf dem Gelände (Hauptgerichte 20–32 US$) ist berühmt für seine tollen Steaks und Meeresfrüchte. Man kann hier auch übernachten. Nicht umsonst nennt man diese Gegend Paradise Valley.

Absaroka Beartooth Wilderness

Die fabelhafte Absaroka Beartooth Wilderness mit ihren zahlreichen schönen Ausblicken umfasst mehr als 3817 km² und eignet sich perfekt für ein Abenteuer in der Einsamkeit der Wildnis. Und diese gestaltet sich äußerst abwechslungsreich, dichte Wälder wechseln sich mit zerklüfteten Bergen und sagenhaft einsamen Gebieten mit Gebirgstundra ab. Die Region liegt zwischen dem Paradise Valley im Westen und dem Yellowstone National Park im Süden. Die dicht bewaldete Absaroka Range beherrscht die westliche Hälfte und ist am besten vom Paradise Valley aus oder über den Boulder River Corridor zu erreichen. Die Hochebene der Beartooth Range und die Gebirgsseen erreicht man am leichtesten über den Beartooth Hwy südlich von Red Lodge (geschl. Okt.– Mai). Wegen seiner Nähe zum Yellowstone National Park fließen durch die Beartooth Region zwei Drittel des Verkehrs in diesem Gebiet.

Red Lodge ist eine malerische alte Bergbaustadt mit fröhlichen Bars und Restaurants und einer breiten Auswahl an Unterkünften. Sie bietet großartige Möglichkeiten für Tageswanderungen und Trekkings. Und im Winter kann man gleich in der Nähe der Stadt Ski fahren. Das **Red Lodge Visitor Center** (☑ 406-446-1718; www.redlodge.com; 601 N Broadway Ave; ⊙ Mo–Fr 10–16 Uhr) hat Informationen zu den Übernachtungsmöglichkeiten; Wanderer sollten das **Yodeler** (☑ 406-446-1435; www.yodelermotel.com; 601 S Broadway Ave; Zi. im UG ab 60 US$, im OG ab 90 US$; 🐾) ansteuern, dessen Besitzer ausgezeichnete Kenner der lokalen Wanderwege sind. Wer es ausgefallener mag, übernachtet im **Pollard** (☑ 406-446-0001; www.thepollard. net; 2 N Broadway Ave; Zi. 150–195 US$, Suite 185–265 US$; 🐾).

NICHT VERSÄUMEN

FLIEGENFISCHEN UNTER WEITEM HIMMEL

Seit Robert Redford und Brad Pitt im Filmklassiker *Aus der Mitte entspringt ein Fluss* (1992) so sexy beim Angeln aussahen, ist Montana eng mit der Coolness des Fliegenfischens verbunden. Ob blutiger Anfänger oder bereits Weltklasse-Forellenangler – die weiten, schnell fließenden Flüsse sind stets traumhaft schön und überaus fischreich. Auch wenn der Film – und das Buch, auf dem er basiert – in Missoula und am nahen Blackfoot River spielt, wurde der Film tatsächlich rund um Livingston am Yellowstone und am Gallatin River gedreht.

Für Do-it-yourself-Forellenangler bietet der Gallatin River, 8 Meilen (13 km) südwestlich von Bozeman am Hwy 191 gelegen, die meisten zugänglichen und zuverlässigen Reviere, dicht gefolgt vom schönen Yellowstone River im Paradise Valley, 25 Meilen (40 km) östlich von Bozeman.

Alles Wissenswerte über Regenbogen-, Bach- und Cutthroat-Forellen, über Fliegen, Angelruten und Angellizenzen für Montana erfährt man bei **Bozeman Angler** (☏ 406-587-9111; www.bozemanangler.com; 23 E Main St; 1-Tag-Unterricht Erw./Kind 125/75 US$; ⏱ Mo–Sa 9–17.30, So bis 16 Uhr). Der Laden in der Innenstadt befindet sich seit fast zwei Jahrzehnten im Besitz eines Paares aus der Gegend und veranstaltet zwischen Mai und September am zweiten Samstag im Monat einen tollen Einführungskurs ins Fliegenfischen (125 US$/Pers., Wurftechnik-Kurse 40 US$/Std.).

Billings

Kaum zu glauben: Das ruhige kleine Billings ist Montanas größte Stadt. Das freundliche Öl- und Viehzuchtzentrum zählt nicht gerade zu den Pflichtattraktionen, eignet sich aber gut, wenn man einmal übernachten will oder muss. Die historische Innenstadt hat ihren eigenen rauen Charme.

🛏 Schlafen

Dude Rancher Lodge   MOTEL $
(☏ 800-221-3302; www.duderancherlodge.com; 415 N 29th St; DZ ab 89 US$; ❄ @ 🛜) Müde Traveller werden dieses nette Unterkunft im Zentrum schätzen: Das vornehme und freundliche Motel bietet großartige Eichenholzmöbel aus den 1940er-Jahren, Western-Touch mit Wandverkleidungen aus Rundholzhälften und Rindslederteppichen, Flachbild-TVs und Kaffee auf den Zimmern. Einheimische schätzen das zugehörige Speiselokal wegen seines Frühstücks.

🍴 Essen & Ausgehen

Harper & Madison   CAFÉ $
(☏ 406-281-8550; 3115 10th Ave N; Hauptgerichte 7–9 US$; ⏱ Mo–Fr 7–16, Sa bis 13 Uhr) Dieses nette Café mit einer kräftigen Dosis Martha Stewart ist überaus erfolgreich. Kein Wunder: Es gibt klasse Kaffee, selbst gemachte Quiches sowie Gourmet-Salate und -Sandwiches. Wer's eilig hat, nimmt sich am besten ein paar französische Backwaren mit.

Walkers Grill   MODERN-AMERIKANISCH $$
(www.walkersgrill.com; 2700 1st Ave N; Tapas 5–12 US$, Hauptgerichte 15–36 US$; ⏱ 17–22 Uhr) Das gehobene Walkers bietet in einem eleganten Raum mit großen Fenstern gute Grillgerichte und an der Bar (ab 16 Uhr) tolle Tapas.

Doc Harper's   BAR
(116 N Broadway; Cocktails 7–9 US$; ⏱ Mo–Sa 16–24 Uhr) Die lang gezogene, schmale und nette Bar wird von einem Anwalt betrieben, der in der Lotterie eine – hierzulande schwer zu erwerbende – Ausschanklizenz gewonnen hat. Das Lokal benannte er nach seinem Vater, der als Landarzt in dieser Region Hunderte Mal als Geburtshelfer aktiv war. Von der Empore aus oder an der Bar kann man die Magie des Cocktailmixens verfolgen.

ℹ An- & Weiterreise

Vom **Logan International Airport** (BIL; www. flybillings.com), 3 km nördlich der Innenstadt, gibt es Direktflüge nach Salt Lake City, Denver, Minneapolis, Seattle, Phoenix und zu diversen Zielen innerhalb von Montana.

Ab dem **Busbahnhof** (☏ 406-245-5116; 2502 1st Ave N; ⏱ 24 Std.) verkehren zweimal täglich Busse nach Bozeman (37 US$, 3 Std.) und Missoula (77 US$, 7 Std.).

Helena

Als eine der kleinsten Hauptstädte eines US-Staates ist das winzige Helena (29 500 Ew.) einerseits tief in der Cowboy-Legende verwurzelt – hier wurde Gary Cooper geboren. Andererseits steht es für die hippere, weniger stereotype Idylle des heutigen Montana. Politiker in weißen Hemden erlassen hier Gesetze, während wagemutige Abenteurer in die Ausläufer der Rockies hasten, um Montanas anderer typischer Leidenschaft zu frönen.

Zurück in der Stadt findet man zwischen den Outdoor-Läden mit Gore-Tex-Klamotten etwas Unerwartetes: eine neugotische Kathedrale mit französischen Einflüssen. Eine weitere nette Überraschung ist das komplett verkehrsberuhigte, künstlerisch angehauchte Einkaufsviertel an der Last Chance Gulch.

◉ Sehenswertes & Aktivitäten

State Capitol
AREAL
(Ecke Montana Ave & 6th St; ⊙ Mo–Fr 7–18, Sa & So 9–15 Uhr) GRATIS Das stattliche neoklassizistische Gebäude wurde 1902 vollendet. Markantes Kennzeichen ist die leuchtturmähnliche Kuppel, die innen reich mit goldgerahmten Gemälden verziert ist.

Cathedral of St Helena
KIRCHE
(530 N Ewing St; ⊙ geführte Touren Di–Do 13 Uhr) Wie eine Erscheinung aus dem alten Europa erhebt sich über der Stadt diese 1914 vollendete neugotische Kathedrale. Zu den Highlights gehören das Baptisterium, die Orgel und die kunstvollen Buntglasfenster.

Holter Museum of Art
MUSEUM
(www.holtermuseum.org; 12 E Lawrence St; ⊙ Di–Sa 10–17.30, So 12–16 Uhr) GRATIS Dieses Museum in der Innenstadt von Helena zeigt von Künstlern aus Montana geschaffene zeitgenössische Kunst in verschiedenen Formen.

Mt. Helena City Park
WANDERN, RADFAHREN
Durch den Mt. Helena City Park winden sich neun Wander- und Mountainbikewege, darunter auch einer, der zum 1664 m hohen Gipfel des namensgebenden Berges führt.

🛏 Schlafen & Essen

Östlich der Innenstadt, nahe der I-15, befindet sich die übliche Reihe von Kettenmotels.

Sanders
B&B $$
(☏ 406-442-3309; www.sandersbb.com; 328 N Ewing St; Zi. 130–145 US$; ❈ 🛜) Das historische B&B hat sieben elegante Gästezimmer, ein wunderschönes altes Wohnzimmer und eine luftige Veranda. Jedes Schlafzimmer ist individuell und geschmackvoll eingerichtet. Geführt wird das B&B von einem Verwandten der Familie des Ringling Brothers Circus – daher die entsprechenden Erinnerungsstücke.

ABSTECHER

CUSTERS LETZTES GEFECHT

Der beste Abstecher von Billings aus führt zum **Little Bighorn Battlefield National Monument** (☏ 406-638-3224; www.nps.gov/libi; US 212; 10 US$/Auto; ⊙ 8–21 Uhr), das 65 Meilen (105 km) von der Stadt entfernt in der trockenen Ebene des Crow- (Apsaalooke-)Indianerreservats liegt. Hier befindet sich eines der bekanntesten Schlachtfelder der Indianerkriege, auf dem General George Custer sein berühmtes „letztes Gefecht" austrug.

Custer und 272 Soldaten hatten sich ein Mal zu viel mit den Ureinwohnern angelegt. Angeführt von Crazy Horse schlugen sie Custers Truppe in einem oft auch im Bild dargestellten Massaker. In einem Visitor Center wird diese Geschichte erzählt, es ist aber besser, über **Apsaalooke Tours** (☏ 406-638-3897; Erw./Kind 10/5 US$; ⊙ Memorial Day–Labor Day stündl. zw. 10 & 15 Uhr) an einer der fünf täglich veranstalteten Touren teilzunehmen, die von einem Crow geführt wird. Der Eingang liegt 1,5 km östlich der I-90 an der US 212. Am letzten Juniwochenende kann man beim **Custer's Last Stand Re-enactment** (www.littlebighornreenactment.com; Erw./Kind 20/10 US$) das jährliche Geheule miterleben, das 6 km westlich von Hardin stattfindet.

Fire Tower Coffee House
CAFÉ, FRÜHSTÜCK $
(www.firetowercoffee.com; 422 Last Chance Gulch; Frühstück 4–9 US$; ⊙ Mo–Fr 6–18, Sa 7–15 Uhr; 🛜) Der bunt zusammengewürfelte Laden liegt am unteren Ende des Last Chance Gulch und ist die beste Adresse für Kaffee, leichte Gerichte und Livemusik (Fr abends). Serviert werden Gebäck, Müsli, Frühstück-Burritos und eine Auswahl gesunder Sandwiches.

ℹ Praktische Informationen

Helena Visitor Center (☏ 406-442-4120; www.helenachamber.com; 225 Cruse Ave; ⊙ Mo–Fr 8–17 Uhr)

ℹ An- & Weiterreise

Der **Helena Regional Airport** (HNL; www.helenaairport.com) liegt 2 Meilen (3,2 km) nördlich der Innenstadt und bietet Flüge zu den meisten anderen Flughäfen in Montana sowie nach Salt Lake City, Denver und Minneapolis.

Missoula

Während der ersten 30 Minuten in Missoula fragen sich die meisten Fremden, ob sie wohl falsch abgebogen und vielleicht in Austin, TX, Portland, OR, oder sogar in Kanada gelandet sind. Die Verwirrung ist verständlich: Der Stadt mangelt es an den üblichen Montana-Klischees. Hier gibt's keine Wildwest-Saloons und schon gar keine umherziehenden Cowboys. Stattdessen ist Missoula eine kultivierte Universitätsstadt mit weitläufigen Grünflächen und großem Lokalpatriotismus.

Es überrascht nicht, dass diese Metro-West-mäßige Freigiebigkeit wie ein Magnet wirkt und Missoula zu einer der am schnellsten wachsenden Städte der USA macht. Dank intelligenter Planung wirkt Missoula dennoch ziemlich ruhig. Das kleine, verkehrsberuhigte Zentrum birgt eine interessante Reihe historischer Gebäude und lädt zu einer Erkundung zu Fuß oder mit dem Fahrrad ein.

⊙ Sehenswertes

Missoula ist eine großartige Stadt zum Spazierengehen, vor allem im Frühling und Sommer, wenn so viele Menschen auf die breiten Straßen strömen, dass man sich wie in einer richtigen Großstadt fühlt.

Missoula Art Museum   MUSEUM
(www.missoulaartmuseum.org; 335 North Pattee; ⊙Di-Sa 10–17 Uhr) GRATIS Alle preisen eine Stadt, die frei denkende Künstler fördert und zudem deren Werke kostenlos in einem schicken Gebäude ausstellt, das sich harmonisch als zeitgenössischer Anbau an eine 100 Jahre alte Bibliothek anschließt.

Smokejumper Visitor Center   MUSEUM
(W Broadway; ⊙Juni–Aug 10-16 Uhr) GRATIS 7 Meilen (11 km) westlich der Innenstadt liegt unweit des Flughafens die Basis jener heroischen Frauen und Männer, die mit dem Fallschirm über Wälder abspringen, um dort Brände zu löschen. Das Visitor Center zeigt nachdenklich stimmende Ausstellungen, die auf tolle Weise das Leben eines Feuerwehrmanns im Westen dokumentieren.

🏃 Aktivitäten

Clark Fork River
Trail System   RADFAHREN, WANDERN
Dank seiner Lage am Clark Fork River besitzt Missoula ein attraktives Netz von Wegen, die am Ufer oder durch einen der zahlreichen Parks verlaufen. Der **Caras Park** liegt am zentralsten und ist die lebhafteste Grünanlage, in der jährlich über ein Dutzend Feste und Events stattfinden. Hier gibt es auch ein einzigartiges Karussell mit handgeschnitzten Figuren.

Mount Sentinel   WANDERN & TREKKEN
Der steile Serpentinenpfad hinter dem Footballstadion führt zu einem geweißten „M" aus Beton am Gipfel des 1572 m hohen Mt. Sentinel, das man kilometerweit sehen kann. Am besten nimmt man den Berg an einem warmen Sommerabend in Angriff. Dann hat man nämlich einen traumhaften Blick über diese tolle Stadt und ihre spektakuläre Umgebung.

Adventure Cycling HQ   RADFAHREN
(www.adventurecycling.org; 150 E Pine St; ⊙ganzjährig Mo–Fr 8–17 Uhr, Juni–Aug. auch Sa 9–13 Uhr) 🖉 Die Zentrale von Amerikas führender nicht kommerzieller Organisation für Radreisen ist ein Wallfahrtsort für Biker, die quer über den Kontinent strampeln: Viele davon planen Missoula in ihre Route ein. Das freundliche Personal hat jede Menge Informationen für Radler auf Lager.

🛏 Schlafen & Essen

Alle üblichen Kettenhotels sind hier vertreten, etliche davon entlang des W Broadway, nur eine kurze Strecke zu Fuß vom Stadtzentrum entfernt.

Goldsmith's Bed & Breakfast   B&B $$
(☎406-728-1585; www.missoulabedandbreakfast. com; 809 E Front St; Zi. 129–164 US$; ✳@🤶) Das reizende, am Flussufer gelegene B&B war früher das Haus einer Bruderschaft und davor der Wohnsitz des Universitäspräsidenten. Die umlaufende Terrasse ist ideal geeignet, um mit anderen Gästen zu plaudern oder einem guten Buch zu relaxen. Die gemütlichen Zimmer im viktorianischen Stil sind einfach entzückend. Einige davon haben Privatterrassen, Aussicht auf den Fluss, offenen Kamin und Leseecken.

⭐ Silk Road   INTERNATIONAL $$
(www.silkroadcatering.com; 515 S Higgins; Tapas 6–11 US$; ⊙Mi-Sa 17–22 Uhr) Das Silk Road widmet sich den weniger bekannten Landesküchen und setzt diese zumeist auch authentisch um. So kommen Gerichte von der Elfenbeinküste ebenso wie aus dem Piedmont auf den Tisch. Die Gerichte haben Tapas-Format und erlauben individuelle Kombinatio-

nen. Man wird herzlich in einem Ambiente empfangen, das Kissen und von Kerzenlicht beleuchtete Wandteppiche prägen.

Caffe Dolce
MODERN-AMERIKANISCH $$

(📞406-830-3055; www.caffedolcemissoula.com; 500 Brooks St; Frühstück 6–11 Uhr, Hauptgerichte mittags & abends 7–36 US$; ⊘Mo–Do 7–21, Fr 7–22, Sa 8–21, So 9–14 Uhr) Das schicke, im Ort beliebte Lokal in einem stattlichen Steingebäude verwöhnt gut gekleidete Einheimische mit Eiscreme, Gebäck, Wein und großartigen Salaten. Die Abendgerichte können mitunter teuer sein, die exotischen Pizzas bieten aber eine leichtere und günstigere Alternative. Kaffee wird hier ernst genommen. Das Caffe Dolce ist der beste Ort, um zu frühstücken. Man kann auch auf der Terrasse sitzen.

Das Dolce liegt südlich des Stadtzentrums an der Route 12.

🍷 Ausgehen & Unterhaltung

★ Liquid Planet
KAFFEE

(www.liquidplanet.com; 223 N Higgins; ⊘7.30–21 Uhr) 🍴 Wenn man bedenkt, wie sehr Missoula seine Getränke liebt, so verwundert es nicht, dass das an Nachhaltigkeit orientierte Liquid Planet hier entstanden ist. Es wurde 2003 von einem Universitätsprofessor eröffnet und hat sich als Café, Kaffeeladen und Weinladen etabliert, der sorgfältig komponierte Weine und Craft-Biere, Teeblätter und Kaffeebohnen (mit handschriftlicher Herkunftsbeschreibung), aber auch Sportlergetränke verkauft.

Draught Works
BRAUEREI

(915 Toole Ave; Pints 4 US$; ⊘12–21 Uhr) Diese coole Brauerei ist in einem renovierten Industriegebäude untergebracht und schenkt großartiges Bier aus. Dieses hat so flotte Namen wie „That's What She Said" („Das ist es, was sie gesagt hat"), hinter dem sich ein Cream Ale verbirgt. Dazu gibt es kostenlose Knabbereien. Keine Speisen, an den meisten Tagen kann man aber etwas bei den Imbisskarren auf dem Parkplatz bestellen.

The Old Post
BAR

(103 W Spruce St; Hauptgerichte 8–12 US$; ⊘Mo–Fr 11–2.30, Sa & So ab 9 Uhr) Diese gemütliche, unspektakuläre Western-Bar wirkt heimelig, die Sitzgruppen und Barhocker sind etwas abgenutzt und im hinteren Teil gibt es draußen eine kleine, nette Terrasse. Großartiges Fassbier, freundliche Kellner und anständiges Kneipenessen – warum sollte man so ein Lokal nicht lieben?

ℹ Praktische Informationen

Visitor Center (📞406-532-3250; http://destinationmissoula.org; 101 E Main St; ⊘Mo–Fr 8–17 Uhr) Missoula unterhält eine nützliche Website und eine Infostelle in der Innenstadt.

ℹ Anreise & Unterwegs vor Ort

Missoula International Airport (MSO; www.flymissoula.com; 5225 Hwy 10 W) Der Missoula International Airport liegt 5 Meilen (8 km) westlich von Missoula am US 10 W (der in der Stadt zum W Broadway wird).

Depot (1660 W Broadway) Greyhound-Busse bedienen fast den gesamten Bundesstaat und halten am Depot, 1,5 km) westlich der Stadt.

Flathead Lake

Der größte natürliche Süßwassersee westlich des Mississippi liegt keine Autostunde vom Glacier National Park entfernt und setzt den schon umwerfenden Attraktionen der Natur im Westen Montanas die Krone auf. Das Nordufer des Sees wird von der nichtssagenden Stadt **Kalispell** beherrscht; das Südufer ist sehr viel interessanter. Hier liegt die kleine, blitzblanke Siedlung **Polson**. Sie befindet sich zugleich am Rand der Flathead Indian Reservation.

⊙ Sehenswertes & Aktivitäten

Das Ostufer des Flathead Lake wird von den geheimnisvollen Mission Mountains geküsst und ist mit Obstgärten, Cottages und Obstständen übersät, während sich im Westen Grünflächen, kleine Bauernhöfe und grasgrüne Hügel ausbreiten. Um den besten Rundumblick zu genießen, muss man aufs Wasser. Solisten können mit dem Kajak oder Kanu dem **Flathead Lake Marine Trail** (fwp.mt.gov/recreation/activities/boating) folgen, der mehrere State Parks und Campingplätze rund um den See miteinander verbindet.

Miracle of America Museum
MUSEUM

(www.miracleofamericamuseum.org; 58176 Hwy 93, Polson; Erw./Kind 6/3 US$; ⊘Mo–Sa 8–20, So bis 15 Uhr) Wer eine konzentrierte Ladung Americana sucht, ist in diesem Museum richtig, das 3 km südlich von Polson am Hwy 93 liegt. Auf einem 2 ha großen Gelände verteilen sich – teils verblüffende, teils faszinierende – Überbleibsel der amerikanischen Alltagsgeschichte: Man schlendert vorbei an alten Motorrädern, einem restaurierten Getränkespender, Kettensägen, alten Quilts und unzähligen sonderbaren Artefakten, darunter auch der größte (jetzt ausgestopfte) in Montana nachgewiesene Büffel.

Rundfahrten über den See BOOTSTOUREN

(☎406-883-3636; www.kwataqnuk.com; Polson; Fam./Erw./Kind 40/15 US$/frei, Dinner-Fahrt 30 US$) Bootstouren starten im Kwataqnuk Resort in Polson. Die Abfahrtszeiten schwanken je nach Jahreszeit; die meisten Fahrten dauern anderthalb bis zwei Stunden. Die Dinner-Fahrten starten donnerstags und sonntags um 19 Uhr.

🛏 Schlafen & Essen

Flathead Lake Marine Trail Campsites CAMPING $

(☎855-922-6768, 406-751-4577; http://montanastateparks.reserveamerica.com; Stellplatz Zelt ab 10 US$) Montana Fish & Wildlife unterhält Campingplätze entlang des Flathead Lake Marine Trail. Am nächsten zu Polson liegt der Campingplatz Finley Point, auf dem Wasser nur knapp 9 km entfernt.

Kwataqnuk Resort HOTEL $$

(☎406-883-3636; www.kwataqnuk.com; 49708 US 93, Polson; Zi. ab 115 US$; P❄🐾🛜🏊) Das am Ufer liegende Kwataqnuk Resort wird von den Salish und Kootenai betrieben und hat einen Bootsanleger, ein Hallenbad und eine angenehme Kasino-Lounge. Die geräumigen Zimmer verfügen über Balkon, Keurig-Kaffeemaschine, Mini-Kühlschrank und Mikrowelle. Die Zimmer mit gerader Nummer haben einen tollen Ausblick auf den See.

Betty's Diner DINER $

(49779 US 93, Polson; Hauptgerichte 8–15 US$; ⊙Mo–Sa 7–20, So bis 15 Uhr) Das grell pinkfarbene Lokal serviert bodenständiges amerikanisches Essen – Burger, Steaks und Omeletts – mit dem üblichen Charme Montanas.

❶ Praktische Informationen

Visitor Center (www.polsonchamber.com; 418 Main St; ⊙Mo–Fr 9–17 Uhr) Die Handelskammer unterhält eine Besucherinormation.

Bob Marshall Wilderness Complex

Fernab der Pazifikküste beherbergt der Nordwesten der USA einige der am dünnsten bevölkerten Regionen in den „Lower 48". Der Grund: der Bob Marshall Wilderness Complex, ein erstaunliches 6000 km² großes Gebiet, durch das Wege in einer Gesamtlänge von rund 5150 km verlaufen.

Manche Gegenden sind eine über 60 km lange Strapaze von der nächsten Straße entfernt. Wer hat gleich nochmal behauptet, die US-Amerikaner seien autobesessen und niemand ginge hier zu Fuß?

Das Gebiet erstreckt sich etwa von der Südgrenze des Glacier National Park im Norden bis zum Rogers Pass (am Hwy 200) im Süden. In der Region gibt es drei ausgewiesene Naturareale: Great Bear, Bob Marshall und Scapegoat. State Forests umgeben den Komplex und bieten Campingplätze, Zufahrtswege zu Wanderstrecken und ruhigere Ecken, wenn im Herbst die Jäger „Bob" (wie die Einheimischen und Parkranger das Gebiet nennen) unsicher machen.

Der wichtigste Zufahrtsweg zum Bob von Süden aus führt über den Hwy 200 an der **Monture Guard Station Cabin** (☎406-677-2233; www.recreation.gov; Hütten 60 US$; ⊙Dez.–April) an der Grenze des Gebietes vorbei. Und so kommt man dort hin: Zunächst fährt man 7 Meilen (11 km) von Ovando nach Norden, um dann mit den Schnee- oder Wanderschuhen die letzte Meile zu den privaten Domizilen am Rand der traumhaften Lewis and Clark Range zurücklegen. Für Reservierungen kann man den Forstservice kontaktieren.

Andere Zugangspunkte zum Bob sind das Seeley-Swan Valley im Westen, das Hungry Horse Reservoir im Norden und die Rocky Mountain Front im Osten. Die einfachste (und belebteste) Zugangsroute beginnt am Benchmark Trailhead und dem Gibson Reservoir Trailhead in der Rocky Mountain Front.

Wanderwege sind in der Regel anfangs sehr steil und erreichen nach etwa gut 10 km den Rand der eigentlichen Region. Um wirklich ins Herz von Bob vorzustoßen, muss man noch einmal gut 16 km zurücklegen. Von allen Seiten aus kann man schöne Tageswanderungen unternehmen. Zwei Distrikte des USFS sind für Bob zuständig: **Flathead National Forest Headquarters** (☎406-758-5208; www.fs.fed.us/r1/flathead; 650 Wolfpack Way; ⊙Mo–Fr 8–16.30 Uhr) und **Lewis & Clark National Forest Supervisors** (☎406-791-7700; www.fs.fed.us/r1/lewis-clark; 110115th St N, Great Falls; ⊙Mo–Fr 8–16.30 Uhr).

Whitefish

Gerade einmal rund 2,6 km² groß, zieht das winzige Whitefish (8000 Ew.) mit seinem rustikalen Western-Chic die Besucher schnell in seinen Bann. Einst als Hauptzugangspunkt zum grandiosen Glacier National Park beworben, ist das charismatische und koffeinsüchtige Städtchen schon selbst ein Reiseziel. Abgesehen vom grandiosen (nur eine leichte Tagesetappe per Rad entfernten) Glacier gibt es in Whitefish auch einige schöne Restaurants, einen historischen Bahnhof und ein wenig beachtetes Ski-Resort.

☉ Sehenswertes & Aktivitäten

Stumptown Historical
Society Museum   MUSEUM
(www.stumptownhistoricalsociety.org; 500 Depot St; ☉Mo–Sa 10–16 Uhr; 🔊) GRATIS Whitefishs alter Bahnhof, das elegante, in den 1920er-Jahren im Tudor Revival Style erbaute Great Northern Railway Depot, hat eine Doppelfunktion: Er dient auch als Museum, in dem Exponate aus der Geschichte der Eisenbahn sowie faszinierende Fotos aus der Frühzeit von Whitefish ausgestellt sind.

Whitefish Mountain Resort   WINTERSPORT
(☎406-862-2900; www.bigmtn.com; Erw./Kind 71/37 US$) Das Whitefish Mountain Resort, das bis 2008 noch als Big Mountain bekannt war, umfasst 12 km² unterschiedlicher Skipisten; an den Wochenenden kann auch bei Flutlicht noch gewedelt werden. Im Sommer heißt's Mountainbiken mit Lift-Support und und man kann an Seilrutschen durch die Gegend sausen.

🛏 Schlafen

Whitefish Lake
State Park Campground   CAMPING $
(☎406-862-3991; State Park Rd; Stellplatz 20 US$; ☉Ende Mai–Anfang Okt.) Am südwestlichen Ufer des Whitefish Lake steht in einem schattigen, bewaldeten Grundstück ein Campingplatz mit 25 Stellplätzen, darunter auch einem rollstuhlfreundlichen, die nach dem Prinzip „Wer zuerst kommt, mahlt zuerst" vergeben werden.

Downtowner Inn   MOTEL $$
(☎406-862-2535; www.downtownermotel.cc; 224 Spokane Ave; Zi. ab 130 US$; ✴@🛜) Das fröhliche Downtowner Inn, das ein behaglicheres Ambiente als die anderen Kettenmotels an der US 93 südlich von Whitefish besitzt, bietet geräumige Zimmer, ein freundliches Personal und eine morgendliche Bagel-Bar. (Es gibt keinen Whirlpool und Fitnessraum mehr, auch wenn Schilder diese noch versprechen.)

🍴 Essen & Ausgehen

⭐ Buffalo Café   CAFÉ $
(www.buffalocafewhitefish.com; 514 3rd St E; Frühstückshauptgerichte 8–10 US$; ☉Mo–Sa 7–14 & 17–21, So ab 8 Uhr) Das bei Einheimischen beliebte Buffalo serviert herzhafte Gerichte, die eine Stufe über dem Standard eines Café stehen. Unser Tipp: der Buffalo Pie. Ein Berg pochierter Eier und diverse Beilagen (Käse, Gemüse, Speck) türmen sich auf Kartoffelpuffern – da wird jeder satt!

Great Northern Brewing Co   BRAUEREIKNEIPE
(☎406-863-1000; www.greatnorthernbrewing.com; 2 Central Ave; ☉Führungen Mo–Do 13 & 15 Uhr) Die Brauereikneipe mit hohen Decken und Raum für eine Bierprobe eignet sich super für einen Zwischenstopp. Man kann einen Humpen stemmen, an einer Bierprobe teilnehmen oder eine Führung durch die Brauerei mitmachen.

ℹ Praktische Informationen

Whitefish Visitor Center (www.whitefishvisit. com; 307 Spokane Ave; ☉Mo–Fr 9–17 Uhr) Im Whitefish Visitor Center findet man Infos zu diversen Aktivitäten.

ℹ An- & Weiterreise

Railroad Depot (☎406-862-2268; 500 Depot St; ☉6–13.30, 16.30–24 Uhr) Die Amtrak-Züge halten täglich an Whitefishs Bahnhof auf dem Weg nach West Glacier (7 US$, 30 Min.) und East Glacier (15 US$, 2 Std.).

Glacier National Park

Nur wenige Nationalparks sind so grandios und ursprünglich wie der Glacier. Er wurde 1910 während der ersten Blüte der Naturschutzbewegung in den USA eingerichtet. Wie Yellowstone, Yosemite und Grand Canyon gehört er zu den Klassikern unter den US-Nationalparks und ist für seine „Parkitecture"-Lodges, die spektakuläre Hauptverkehrsstraße (Going-to-the-Sun Road) und das intakte präkolumbische Ökosystem berühmt. Das Areal ist der einzige Ort in den „Lower 48", wo immer noch Grizzlys in großer Zahl unterwegs sind. Dabei hat das clevere Parkmanagement das Gebiet zugänglich und zugleich authentisch wild gestaltet (wie in den Nationalparks Banff oder Jasper auf der kanadischen Seite gibt es keine besiedelten Städte). Neben einer Reihe von Outdoor-Attraktionen wird der Park besonders für seine Möglichkeiten zum

Wandern, Wildlife Watching und glitzernde Seen geschätzt, die sich perfekt zum Bootfahren und Fischen eignen.

Trotz relativ hoher Besucherzahlen im Glacier National Park (2 Mio./Jahr) verlassen nur wenige die Going-to-the-Sun Road. Und die meisten Touristen strömen zwischen Juni und September. Wer hingegen den richtigen Moment wählt, findet sagenhafte Einsamkeit. Der Park ist das ganze Jahr über zugänglich; die meisten Einrichtungen sind allerdings nur von Mitte Mai bis September geöffnet.

Das 4045 km² große Gebiet des Parks sind in fünf Regionen unterteilt, jede mit einer Ranger-Station in ihrem Zentrum: Polebridge (Nordwesten), Lake McDonald (Südwesten) einschließlich West Entrance und Apgar Village, Two Medicine (Südosten), St. Mary (Osten) und Many Glacier (Nordosten). Die 50 Meilen (80 km) lange Going-to-the-Sun Road ist die einzige befestigte Straße, die den Park erschließt.

◉ Sehenswertes & Aktivitäten

Going-to-the-Sun Road OUTDOOR-AKTIVITÄTEN
(⊙Mitte Juni–Ende Sept.) Die denkmalgeschützte Going-to-the-Sun Road (ca. 50 Meilen/80 km) mit ihrem Bergpass ist ein heißer Anwärter auf den Titel als Amerikas spektakulärste Straße. Rechts und links davon verlaufen Wanderwege, während ein Gratis-Shuttle die Straße selbst abklappert.

Am schimmernden Lake McDonald vorbei, vollführt die Going-to-the-Sun Road dann einen scharfen Knick in Richtung **Garden Wall** (Hauptgrenze zwischen westlichem und östlichem Parkabschnitt). Vom Logan Pass aus kann man zum **Hidden Lake Overlook** spazieren (einfache Strecke 2,4 km); sportlichere Wanderer wählen den 12 km langen **Highline Trail**. Am westlichen Straßenrand halten die Shuttle-Busse dort, wo die leichte Wanderung zum **Avalanche Lake** (hin & zurück 6,4 km) beginnt. Viele tröpfelnde Wasserfälle machen diesen herrlichen See in einem Bergkessel noch schöner.

Many Glacier WANDERN
Das malerische Tal auf der Ostseite des Parks hat sein Zentrum bei der historischen Many Glacier Lodge von 1915 und ist genau genommen mit mehr Seen als Gletschern gesprenkelt. Einige sagenhafte Wanderwege, teilweise mit Verbindung zur Going-to-the-Sun Road, durchziehen das Gebiet. Ein Favorit ist der gut 15 km lange **Iceberg Lake Trail** (hin & zurück) ein ruhiger und umso

lohnender Ausflug über Blumenwiesen und durch Kiefernwälder zu einem von Eisschollen bedeckten See.

Glacier Park Boat Co BOOTSFAHRT
(☑406-257-2426; www.glacierparkboats.com; Bootsfahrt auf dem St. Mary Lake Erw./Kind 25,50/ 12,50 US$) Verleih von Kajaks und Kanus und beliebte Bootsfahrten, einige davon einschließlich geführter Wandertouren, die an fünf Stellen im Glacier National Park starten.

🛏 Schlafen

Im Park gibt 13 **NPS-Campingplätze** (☑406-888-7800; www.recreation.gov; Stellplatz Zelt & Wohnmobil 10–23 US$) und sieben historische Lodges aus den frühen 1900er-Jahren, die von Mitte Mai bis Ende September zugänglich sind. Von den Campingplätzen kann man nur Fish Creek und St Mary (bis zu fünf Monate im Voraus) reservieren. Vor allem im Juli und August sind die Campingplätze schon am Vormittag voll.

★ Many Glacier Hotel HISTORISCHES HOTEL $$
(☑855-733-4522; www.glaciernationalparklodges. com; Zi. 165–225 US$, Suite 330 US$; ⊙Mitte Juni–Mitte Sept.; 🐾) Das als nationales historische Wahrzeichen gelistetes Hotel am Swiftcurrent Lake wurde nach dem Vorbild eines Schweizer Chalets gestaltet. Mit 225 Zimmern, viele davon mit Panoramablick, ist es die größte Unterkunft im Park. Abendunterhaltung, eine Lounge und ein gepflegtes Restaurant, das sich auf Fondue spezialisiert hat, tragen zum Reiz des Hotels bei.

Lake McDonald Lodge HISTORISCHES HOTEL $$
(☑855-733-4522; www.glaciernationalparklodges. com; Zi. 85–190 US$, Hütte 140–205 US$, Suite 329 US$; ⊙Mitte Mai–Sept.; 🐾) 🐾 Die alte, 1913 erbaute Jagdlodge ist mit ausgestopften Tiertrophäen geschmückt und wirkt tiefenentspannt. Es gibt insgesamt 100 Zimmer – Lodges, Hütten und Motelzimmer. Abendliche Vorträge der Parkranger und Ausfahrten auf dem See tragen zum ländlichen Ambiente bei. Mit Restaurant und Pizzeria.

Glacier Park Lodge HISTORISCHES HOTEL $$
(☑406-226-5600; www.glacierparkinc.com; Zi. 169–256 US$; ⊙Juni–Sept.; 🐾🐾) 🐾 Die Vorzeige-Lodge des Parks ist ein anmutiger, eleganter Bau mit Galerien im Innern, die von riesigen Douglasienstämmen getragen werden; in der Lobby findet sich ein riesiger Steinkamin – ein ästhetisch ansprechender, historisch verzaubernder und sehr komfortabler Platz zum Übernachten. Zu den wei-

teren Vorzügen zählen ein 9-Loch-Golfplatz und gemütliche Leseecken.

Rising Sun Motor Inn
MOTEL **$$**

(☏ 855-733-4522; www.glaciernationalparklodges. com; Zi. 135 US$, Hütte 140 US$; ☽ Juni–Mitte Sept.; 🕾) Das Rising Sun ist eines von zwei klassischen Motels in Holzhäusern aus den 1940er-Jahren. Es liegt am Nordufer des St. Mary Lake innerhalb eines kleinen Komplexes, zu dem ein Laden, ein Restaurant und ein Bootsanleger gehören. Die rustikalen Zimmer und Hütten haben alles, wovon ein erschöpfter Wanderer nur träumen kann.

 Essen

Im Sommer findet man in Apgar, in der Lake McDonald Lodge und in den Motor Inss Rising Sun und Swiftcurrent Lebensmittelläden vor, die auch etwas Campingbedarf führen. In den meisten Lodges gibt es ein Restaurant. Die Essensauswahl in West Glacier und St. Mary besteht vor allem aus rustikaler Kost für Wanderer.

Polebridge Mercantile
BÄCKEREI, LEBENSMITTELGESCHÄFT **$**

(☏ 406-888-5105; www.polebridgemerc.com; Polebridge Loop Rd, North Fork Valley; Backwaren ab 4 US$; ☽ Mai–Nov. 8-16 Uhr; 🕾) Der seltsame, kleine Lebensmittelladen, der nur über die malerische, unbefestigte Straße zum Bowman Lake erreichbar ist, führt den ganzen Krimskrams, von dem man vergessen hat, dass man ihn braucht. Und die riesigen Zimtschnecken pumpen in müde Wandererbeine Kraft für die nächsten Stunden.

Park Café
AMERIKANISCH **$$**

(☏ 406-732-9979; www.parkcafe.us; US 89; Hauptgerichte 12–25 US$; ☽ Juni–Sept. 7.30–21 Uhr) Herzhaftes Frühstück und selbst gemachte Pies, die mit Schlagsahne oder Eiscreme garniert sind ... schließlich bewegt man sich ja viel!

Ptarmigan Dining Room
INTERNATIONAL **$$$**

(Many Glacier Hotel; Hauptgerichte 15–35 US$; ☽ Mitte Juni–Mitte Sept. 6.30–21.30 Uhr) Mit seinem Seeblick ist es das nobelste unter den Lodge-Restaurants und serviert Wein und Bier von Kleinbrauereien.

🛈 Praktische Informationen

Die Visitor Centers und Rangerstationen im Park verkaufen Führer und stellen Karten zur Verfügung. Die Stationen in Apgar und St. Mary sind von Mai bis Oktober täglich geöffnet; das Visitor Center am Logan Pass richtet seine Öffnungszei-

ten nach der Going-to-the-Sun Road. Die Rangerstationen von Many Glacier, Two Medicine und Polebridge schließen Ende September. Das **Park Headquarters** (☏ 406-888-7800; www.nps. gov/glac; ☽ Mo–Fr 8–16.30 Uhr) in West Glacier zwischen der US 2 und Apgar ist das ganze Jahr über geöffnet.

Die Eintrittskarten für den Park (Fußgänger/ Fahrzeug 12/25 US$) sind sieben Tage gültig. Besucher, die nur eine Tageswanderung unternehmen, benötigen keine Backcountry Permit, Backpacker, die Übernachtungen einplanen (nur Mai–Okt.), dagegen schon. Eine Hälfte des Kontingents wird ohne Reservierung vom **Apgar Backcountry Permit Center** (Apgar Village; Genehmigung pro Pers. & Tag 4 US$; ☽ 1. Mai–31. Okt.), dem St. Mary Visitor Center und den Rangerstationen Many Glacier, Two Medicine und Polebridge ausgegeben. Die zweite Hälfte des Kontingents kann über das Apgar Backcountry Permit Center, in den Visitor Centers St. Mary und Many Glacier sowie bei den Rangerstationen Two Medicine und Polebridge reserviert werden.

🛈 Anreise & Unterwegs vor Ort

Der *Empire Builder* von Amtrak hält täglich auf der Route zwischen Seattle und Chicago in West Glacier (ganzjährig) und in East Glacier Park (April–Okt.). Im **Glacier National Park** (www. nps.gov/glac) verkehren von Juli bis zum Labour Day kostenlose Shuttles auf der Going-to-the-Sun Road von Apgar Village nach St. Mary. Die **Glacier Park, Inc** (www.glacierparkinc.com) unterhält den East Side Shuttle (15–45 US$, je nach Route) auf der Ostseite des Parks mit täglichen Verbindungen nach Waterton (Kanada), Many Glacier, St. Mary, Two Medicine und East Glacier; im Voraus reservieren.

IDAHO

Der 43. US-Bundesstaat ist berühmt dafür, nicht sonderlich berühmt zu sein. Seine unberührte Wildnis im Alaska-Format wird vom Durchgangsverkehr gen Seattle (Westen) oder Montana (Osten) schlichtweg ignoriert. Tatsächlich hat sich diese wenig besuchte Region seit den Tagen von Lewis und Clark kaum verändert – so auch das 15 000 km² große „Loch" in der Mitte, in dem es keinerlei Zivilisationsspuren wie Straßen oder Siedlungen gibt.

Der flachere und trockenere Süden Idahos wird vom Snake River geprägt, der den frühen Siedlern als wichtiger Transportweg entlang des Oregon Trails diente und heute parallel zum verkehrsreichen Hwy 84 verläuft. Abseits dieses schmalen, bevölkerten Streifens ist Idahos Landschaft erfrischend frei von den seelenlosen Shoppingmeilen und Fast-Food-Ketten, die im Rest der USA so allgegenwärtig sind.

Boise

Zurückhaltend, unterbewertet und unterschätzt – Idahos Hauptstadt (und größte Stadt) erhält nur wenig Anerkennung von den Menschen außerhalb des Nordwestens der USA. Das freundliche Zentrum beeindruckt ahnungslose Besucher durch das bescheidene Flair eines Außenseiters. Für Überraschung sorgen auch die baskische Kultur, Idahos grandioses State Capitol und die recht große Anzahl edler Bars und Bistros im Pariser Stil. Und dann wären da noch ein Universitätscampus und viele Grünflächen, die den Ruf von Boise als „Stadt der Bäume" rechtfertigen und nicht bloß als Werbeslogan erscheinen lassen. Boise hinterlässt einen bleibenden Eindruck – vor allem, weil kaum jemand damit rechnet.

◉ Sehenswertes & Aktivitäten

Idaho State Capitol   AREAL
(700 W Jefferson St; ⊗ Mo–Fr 6–22, Sa & So 9–17 Uhr) GRATIS Das Tolle an den Kapitolsgebäuden in den US-Staaten ist, dass Besucher einige der schönsten Bauwerke des Landes kostenlos bewundern können. Das hiesige Exemplar aus hiesigem Sandstein zelebriert den neoklassizistischen Stil, der zum Erbauungszeitpunkt im Jahr 1920 angesagt war. Es wurde 2010 umfassend renoviert und wird heute mit Erdwärme geheizt.

Ridge to Rivers Trail System   WANDERN
(www.ridgetorivers.org) 🚶 Wilder als der Greenbelt von Boise sind die mit Gestrüpp und Gebüschen bedeckten Hügel oberhalb der Stadt, die insgesamt 121 km lange Pfade für malerische, wenn auch manchmal anstrengende Wander- und Mountainbiketouren durchziehen. Der kürzeste Zugang von der Innenstadt aus führt über den Fort Boise Park an der E Fort St, fünf Blocks südöstlich des State Capitol Building.

◉ Basque Block
Wer hätte gedacht, dass in Boise eine der größten baskischen Gemeinden außerhalb Spaniens beheimatet ist? Die ersten europäischen Auswanderer kamen in den 1910er-Jahren nach Idaho, um als Schafhirten zu arbeiten. Bestandteile ihrer charakte-

ristischen Kultur sind entlang der Grove St zwischen 6th St und Capitol Blvd zu sehen.

Basque Museum & Cultural Center   MUSEUM
(www.basquemuseum.com; 611 Grove St; Erw./Kind 5/3 US$; ⊗ Di–Fr 10–16, Sa 11–15 Uhr) Eingerahmt von folkloristischen Kneipen, Restaurants und Bars befindet sich das Basque Museum & Cultural Center, ein Sinnbild der löblichen Bemühungen, die Komplexität der baskischen Kultur und ihren Weg 9600 km westwärts zu dokumentieren. Hier werden auch Kurse in Euskara (Baskisch), einer der ältesten Sprachen Europas, veranstaltet.

Anduiza Fronton Building   AREAL
(619 Grove St) Das 1912 errichtete Gebäude beherbergte ursprünglich eine Pension und ist heute der Austragungsort für den in Boise populären Indoor-Sport *Pelota* (baskisches Rückschlagballspiel). Das Basque Museum informiert über den Spielplan.

◉ Boise River & Greenbelt
Der in den 1960er-Jahren angelegte baumbestandene Uferstreifen am Boise River bietet 48 km autofreie Wege. Er verkörpert Boises Ruf als „Stadt der Bäume" und umfasst Parks, Museen und Wasserspaß.

Boise Art Museum   MUSEUM
(www.boiseartmuseum.org; 670 N Julia Davis Dr; Erw./Kind 6/3 US$; ⊗ Di–Sa 10–17, Sa 12–17 Uhr) Das Kunstmuseum im 36 ha großen Julia Davis Park zeigt Werke zeitgenössischer Kunst aus allen Medien, organisiert aber auch Wanderausstellungen bekannter Künstler (Kara Walker, Nick Cave). Am ersten Donnerstag eines jeden Monats erfolgt der Eintritt gegen eine Spende und das Museum hat bis 20 Uhr geöffnet.

Barber Park   PARK
(barber-park.com; Eckert Rd; Tubing-Schläuche 12 US$) Im Sommer sind Floßfahren und Tubing auf dem Boise River überaus beliebt. Schläuche oder Flöße kann man bei Epley's Adventures im Barber Park ausleihen und sich eine Strecke von 8–10 km flussabwärts treiben lassen. Ein Shuttle-Bus (3 US$) verkehrt von Juni bis August stündlich zwischen 13 und 20 Uhr, freitags bis 21 Uhr, vom Ziel.

🛏 Schlafen

★ Boise Guest House   PENSION $$
(☎ 208-761-6798; http://boiseguesthouse.com; 614 North 5th St; Suite 99–189 US$; 🛜🐾) Die Pensi-

KURZINFOS IDAHO

Spitzname Gem State

Bevölkerung 1,6 Mio. Ew.

Fläche 216 445 km^2

Hauptstadt Boise (210 100 Ew.)

Weitere Städte Idaho Falls (57 600 Ew.)

Verkaufssteuer 6 %

Geburtsort von der Führerin der Lewis und Clark, Sacagawea (1788–1812); Politikerin Sarah Palin (geb. 1964); Dichter Ezra Pound (1885–1972)

Heimat von Sterngranaten (Edelsteinen), Sun Valley (Skiort)

Politische Ausrichtung verlässlich republikanisch mit kleinen demokratischen Enklaven (z. B. Sun Valley)

Berühmt für Kartoffeln, Wildnis, den ersten Sessellift der Welt

Nordamerikas tiefste Flussschlucht Idahos Hells Canyon (2,4 km)

Entfernungen Boise–Idaho Falls 280 Meilen (450 km), Lewiston–Coeur d'Alene 116 Meilen (187 km)

on im Besitz eines Künstlers bietet das wohl schönste Zuhause, wenn man auf Reisen ist. Sie umfasst eine Hand voll stilvoller Suiten mit Küchenzeile und Wohnbereich, stets skurril, aber gut durchdacht. Zur netten Einrichtung gehören ein Regal mit guten Büchern und ansprechende Lokalkunst. Die Cruiser-Bikes zum Ausleihen (10 US$) ermuntern zu weiteren Erkundungen.

Modern Hotel BOUTIQUEMOTEL **$$**
(📞 208-424-8244; www.themodernhotel.com; 1314 W Grove St; DZ ab 120 US$, Brunch-Hauptgerichte 7–12 US$; 🅿 ❋ 🛜) Ein Boutiquemotel? Wie soll das gehen? Das Modern Hotel gibt als Antwort ein Modestatement. Mitten in der Innenstadt gelegen, bietet es retro-trendige minimalistische Zimmer und eine angesagte, hippe Bar. Die Powerduschen sind riesig, der Service entspricht dem eines Fünf-Sterne-Hotels. An den Wochenenden gibt's einen fantasievollen Brunch mit Trüffeleiern, Spargel-Vichyssoise u. v. m.

 Essen

Restaurants und Nachtclubs findet man in der Innenstadt an der von Backsteinhäusern gesäumten und verkehrsfreien Grove-Plaza und im aufgewerteten Stadtviertel zwischen 8th St und Idaho Ave. Man sollte nicht die Gelegenheit auslassen, ein paar baskische Spezialitäten zu kosten.

Goldy's Breakfast Bistro FRÜHSTÜCK **$**
(http://goldysbreakfastbistro.com; 108 S Capitol Blvd; Hauptgerichte 6–12 US$; ◷ Mo–Fr 6.30–14, Sa & So 7.30–14 Uhr) Das gemütliche und sympathische Frühstückslokal ist bei Einheimischen schon lange so beliebt, dass man einen Platz nur bekommt, wenn man gleich nach der Öffnung da ist oder eine Warteschlange in Kauf nimmt. Dafür beginnt der Tag mit gutem Kaffee und einem Menü mit allen erdenklichen Varianten pochierter Eier. Was immer man auch bestellt, auf keinen Fall die Kartoffeln à la Goldy's vergessen.

Vietnam Pho Nouveau VIETNAMESISCH **$$**
(📞 208-367-1111; www.phonouveau.com; 780 W Idaho St; Hauptgerichte 9–16 US$; ◷ Mo–Do 11–21.30, Fr & 11–22.30, So 12–20.30 Uhr) Das nette, kleine Café mit viel coolem Understatement ist Boises Hochburg für asiatisches Wohlfühl-Food. Serviert werden u. a. *bun*, eine große Schüssel Nudeln mit Grillfleisch und viel Gemüse, Lilienblütensalat mit zartem Schweinehack oder Crêpes à la Saigon.

★ Fork MODERN-AMERIKANISCH **$$**
(📞 207-287-1700; www.boisefork.com; 199 North 8th St; Hauptgerichte 14–28 US$; ◷ 11–22 Uhr; ♿) ⚲ Vor 20 Jahren hätten derartige „grüne Sperenzchen" in Idaho noch als Ketzerei gegolten. Doch auch hier geht der Zeitgeist nicht ganz spurlos vorüber. Als Einstieg in die Hausmannskost empfiehlt sich Brathuhn in der Gusseisenpfanne mit Waffeln und Balsamico-Ahorn-Sirup. Es gibt kreative Salate, geschmortes Gemüse, einheimisches und regionales Fleisch und – natürlich – Idaho-Kartoffeln. (Auf keinen Fall die Pommes mit Parmesan und Rosmarin verpassen!)

Bittercreek Ale House & Red Feather Lounge INTERNATIONAL **$$**
(www.justeatlocal.com; 246 N 8th St; Hauptgerichte 10–20 US$; ◷ 11.30 Uhr–open end) ⚲ Die beiden direkt benachbarten und sehr charaktervollen Restaurants haben ein lebhaftes und dennoch intimes Ambiente. Sie servieren gesunde Kost mit Schwerpunkt auf Zutaten aus nachhaltiger (und zumeist einheimischer) Produktion. Auf der modern-amerikanischen Karte steht auch eine gute Auswahl vegetarischer Optionen. Das etwas noblere Red Feather tischt zudem leckere Holzofenpizzas auf. Idealerweise probiert man einen

ROCKY MOUNTAINS BOISE

der Whiskey-Drinks nach Rezepten aus den Jahren vor der Prohibition.

Ausgehen & Unterhaltung

⭐ Bar Gernika · KNEIPE
(www.bargernika.com; 202 S Capitol Blvd; Hauptgerichte 8–11 US$; ⊗ Mo–Do 11–24 Uhr, Fr & Sa bis 1 Uhr) *Ongi etorri* (Willkommen) in der zugänglichsten Kneipe und Schenke des baskischen Viertels. Der Schwerpunkt der Speisekarte liegt auf Klassikern des Mutterlandes: Lammkebab, Chorizo und Rinderzunge (nur Sa.). Dazu passt ein 0,6-l-Guinness oder ein *kalimotxo* (Rotwein mit Cola). Eine Kneipe, wie es sie nur in Boise gibt!

Leku Ona · BAR
(☑ 208-345-6665; www.lekuonaid.com; 117 S 6th St; ⊗ Mo–Sa 11 Uhr–open end; ☎) Ein baskischer Einwanderer betreibt die Restaurantbar im Herzen des zentralen baskischen Blocks in der Innenstadt, in der es immer hoch hergeht. Unbedingt einige der leckeren *pintxos* (baskische Tapas) probieren. Man kann auch in der angrenzenden, etwas abgenutzt wirkenden Pension übernachten (EZ/DZ 65/85 US$).

Bardenay · KNEIPE
(www.bardenay.com; 610 Grove St; Cocktails ab 7 US$; ⊗ 11 Uhr–open end) Das Bardenay war einst die allererste „Destilleriekneipe" der USA und bleibt eine in ihrer Art einmalige Adresse. Ausgeschenkt werden heute selbst gebrannter Wodka, Rum und Gin in lockerem, luftigem Ambiente.

❶ Praktische Informationen

Visitor Center (☑ 208-344-7777; www.boise. org; 250 S 5th St, Ste 300; ⊗ Juni–Aug Mo–Fr 10–17 Uhr, Sept.–Mai Mo–Fr, 9–16 Uhr) Die Website enthält einen nützlichen Veranstaltungskalender.

❶ Anreise & Unterwegs vor Ort

Boise Municipal Airport (BOI; I-84 Exit 53) Tägliche Flüge nach Denver, Las Vegas, Phoenix, Portland, Salt Lake City, Seattle und Spokane.
Busbahnhof (1212 W Bannock St) Greyhound-Busse fahren von hier nach Spokane, Pendleton, Portland, Twin Falls und Salt Lake City.

Ketchum & Sun Valley

In einer von Idahos schönsten Naturlandschaften liegt ein Stück Skigeschichte verborgen: Sun Valley war einst das erste gezielt angelegte Skigebiet der USA. In den 1930er-Jahren wurde es nach intensiver und sorgfältiger Suche von William Averell Harriman, dem Sohn des Union-Pacific-Railroad-Eisenbahnmoguls E. H. Harriman, ausgewählt; Promis wie Ernest Hemingway, Clark Gable und Gary Cooper rührten danach die Werbetrommel. Bei seiner Eröffnung (1936) protzte Sun Valley mit dem weltweit ersten Skilift und seinem Prunkstück: der „Parkitektur"-Lodge, die bis heute das führende Resort vor Ort ist.

Sun Valley hat seine vornehmen Gäste aus Hollywood behalten und sich zudem um den legendären Bald Mountain erweitert. Bis heute wirkt es hübsch und kultiviert – Fast-Food-Ketten oder wuchernde Apartmentblocks gibt's hier nicht. Das Skigebiet wird landesweit sehr geschätzt für seine verlässlich guten Schneeverhältnisse, den großen Höhenunterschied und das fast windstille Wetter. Das Nachbardorf Ketchum (1,5 km entfernt) hat sich seine rustikale Schönheit trotz der „Invasion von Wintersportlern" bewahrt. Hemingways früheres Jagd- und Angelrevier Nummer eins ist heute im Sommer von breiten Reifen geprägt.

🏃 Aktivitäten

Die Main St zwischen der 1st und der 5th St ist Ketchums wichtigste Ladenstraße. Sun Valley liegt 1,5km Richtung Norden und ist leicht zu Fuß zu erreichen. 12 Meilen (19 km) südlich von Ketchum liegt ebenfalls am Hwy 75 **Hailey**, eine weitere herrliche Kleinstadt mit mehreren Bars.

Wood River Trail · · · · · · · · WANDERN, RADFAHREN
Rund um Ketchum und Sun Valley gibt es zahlreiche Wander- und Mountainbikewege und ausgezeichnete Angelstellen. Der Wood River Trail ist die Schlagader, die nicht nur Sun Valley mit Ketchum verbindet, sondern darüber hinaus 32 idyllische Meilen (52 km) südwärts über Hailey bis nach Bellevue führt. Leihfahrräder gibt's bei **Pete Lane's** (☑ 208-622-2276; petelanes@sunvalley.com; 1 Sun Valley Rd; Fahrrad ab 35 US$/Tag; ⊗ 9–18 Uhr).

Sun Valley Resort · · · · · · · · · · · WINTERSPORT
(www.sunvalley.com; Erw./Kind Bald Mountain 115/69 US$, Dollar Mountain 79/56 US$) Zu dem zweigeteilten Skiresort, das für seine Promis und den locker-leichten Pulverschnee berühmt ist, gehört der für Fortgeschrittene geeignete **Bald Mountain** und der harmlosere **Dollar Mountain**, wo es auch ein **Tubing-Hügel** gibt. Im Sommer kann man mit

dem Sessellift zu beiden Gipfeln hinauffahren (Erw./Kind 23/19 US$) und dann hinunterradeln oder -wandern. Die Einrichtungen sind erwartungsgemäß nobel.

🛏 Schlafen

Im Sommer kann man kostenlos auf dem Gelände des Bureau of Land Management (BLM) campen, das sich sehr nahe am Ort befindet. Infos im Visitor Center.

Tamarack Lodge   HOTEL **$$**
(☑ 208-726-3344; www.tamaracksunvalley.com; 500 E Sun Valley Rd; Zi. 129–169 US$; ❋ 🕏 🛜 🛜) Die gut gepflegte Lodge bietet neben geschmackvollen Zimmern mit Balkon, offenem Kamin und vielen Extras auch einen vorzüglichen Service, einen Whirlpool und ein Hallenbad. Preisnachlässe oft unter der Woche und in der Nebensaison möglich.

Sun Valley Lodge   HOTEL **$$$**
(☑ 208-622-2001; www.sunvalley.com; 1 Sun Valley Rd; Zi. ab 289 US$; ❋ @ 🛜 🛜) Die elegante Schönheit aus den 1930er-Jahren – das erste Skiresort der ganzen USA – wurde im Juni 2015 nach einer umfassenden Renovierung wiedereröffnet, in deren Verlauf die Anzahl der Zimmer auf die Hälfte verringert wurde. Während man dabei den Luxus hochschraubte, wurde der altmodische Hüttencharme reduziert: Die Zimmer wirken nun eher wie geräumige und moderne Appartements. Und im neuen Gebäudeflügel ist ein 1858 m² großes Spa untergebracht.

Ferner gibt's einen Pool, ein Pool-Café, einen Whirlpool und im Untergeschoss eine (ebenfalls modernisierte) Bowlingbahn sowie im Winter einen Ski-Shuttle und ein Kinderprogramm.

🍴 Essen & Ausgehen

Despo's   MEXIKANISCH **$**
(☑ 208-726-3068; 211 4th St; Hauptgerichte 6–12 US$; 🕏 Mo-Sa 11.30–22 Uhr) Einheimische schätzen das mexikanische Restaurant. Alles ist frisch und gesund (wenn auch nicht ganz authentisch). Es gibt riesige Salatteller und leckere, selbst gemachte Salsas (warm, würzig und dampfend heiß).

Glow   VEGAN **$**
(380 Washington #105; Hauptgerichte 6–12 US$; 🕏 Mo-Sa 10–17 Uhr; 🍴) Ein Paradies für Rohkostfans und Veganer. Wer Smoothies, Chia-Pudding, Bio-Salate, cremige Suppen und die handgemachte Schokolade (halleluja!) probiert, wird begeistert sein.

★ **Rickshaw**   ASIATISCH **$$**
(www.eat-at-rickshaw.com; 460 N Washington Ave; mittags Hauptgerichte 11–15 US$, abends kleine Gerichte 7–15 US$; 🕏 Di-Sa ab 17.30, Fr mittags 11.30–14 Uhr) Klein und krumm wie eine echte Rikscha, einladend und lebendig wie eine geschäftige Durchgangsstraße – so präsentiert sich dieses Restaurant, das Spitzenversionen von Straßengerichten aus Vietnam, Thailand, Korea und Indonesien auftischt. Die zarten Short Ribs mit Jalapeno-Koriander-Glasur sind einfach umwerfend. Vom grünen Curry bis hin zum Pfannengericht mit Cashewnüssen – Scharf heißt hier die Devise. Ein Muss! Öffnungszeiten schwanken, die Website hilft weiter.

Pioneer Saloon   STEAK **$$$**
(www.pioneersaloon.com; 320 N Main St; Hauptgerichte 15–35 US$; 🕏 17–22, Bar ab 16 Uhr) Dass das Pio einst eine illegale Spielhölle war, dürfte man kaum übersehen. Die Westernbude ist dekoriert mit Hirschköpfen, alten Gewehren (eines davon gehörte Hemingway) und Schaukästen mit Munition. Ach ja, gutes Essen gibt's auch, sofern man Rindfleisch und Forelle mag.

Casino Club   BAR
(220 N Main St) Die Spelunke ist das älteste Relikt aus der guten, alten Zeit. Sie hat schon viel erlebt – Schlägereien am Spieltisch, psychedelische Hippies, den Aufstieg und Niedergang von Ernest Hemingway und tätowierte Kerle, die auf ihren Harleys durch die Eingangstür brausten.

ℹ Praktische Informationen

Sun Valley/Ketchum Visitors Center (☑ 20 8-726-3423; www.visitsunvalley.com; 491 Sun Valley Rd; 🕏 6–19 Uhr) Besetzt nur von 9 bis 18 Uhr, davor und danach kann man sich Karten und Broschüren holen.

ℹ Anreise & Unterwegs vor Ort

Friedman Memorial Airport (SUN; http://iflysun.com) Regionalflughafen, 12 Meilen (19 km) südlich von Ketchum in Hailey.

Sun Valley Express (www.sunvalleyexpress.com) Shuttle, der täglich zwischen Sun Valley und dem Boise Airport hin- und herpendelt (einfache Strecke 69 US$).

Stanley

Vor den schroffen Sawtooths liegt Stanley (100 Ew.) inmitten von National Forests und geschützter Wildnis. Mit seinen Schotterstraßen, Blockhäusern und verrosteten Blechschuppen könnte es das malerischste Dorf der USA sein. Der entlegene Außenposten an einer Biegung des Salmon River ist der Inbegriff des Middle of Nowhere. Im Hochsommer wird es hier erst nach 22 Uhr richtig dunkel, während einen das Rauschen des Flusses sanft in den Schlaf wiegt.

🏃 Aktivitäten

Middle Fork des Salmon River ␣␣␣␣ RAFTING
(☎877-444-6777; http://recreation.gov) Stanley ist der Ausgangspunkt, um auf dem legendären Middle Fork (Mittelarm) des Salmon River zu raften. Gepriesen als „letzter Wildfluss", ist er Teil des längsten Flusssystems ohne Staustufen der USA außerhalb von Alaska. Rafting-Genehmigungen erforderlich; weitere Informationen erhält man telefonisch oder direkt vor Ort beim National Recreation Reservation Service.

Komplette Touren dauern sechs Tage: Über 170 km und durch mehr als 300 Stromschnellen (Kategorie I–IV) gleitet man durch die 9712 km² große Frank Church-River of No Return Wilderness fern jeglicher Zivilisation.

Main Fork of the Salmon River ␣␣␣␣ RAFTING
(☎877-444-6777; http://recreation.gov; ♿) Die Wildwasser-Action per Floß oder Kajak auf dem Hauptarm (Main Fork) des Salmon River ist erschwinglicher, wenn auch nicht so spektakulär wie auf dem Middle Fork. Die 13 km lange, gemächliche Strecke beginnt in Stanley und bietet Ausblicke auf die Sawtooth Mountains, die von der Straße aus nicht möglich sind. Angelausrüstung mitbringen. Für bestimmte Abschnitte sind Genehmigungen erforderlich.

Fliegenfischen ␣␣␣␣ ANGELN
(http://stanleycc.org/do/fishing; ⊙März–Nov.) Der Salmon River und die umliegenden Bergseen bieten von März bis November hervorragende Möglichkeiten zum Forellenangeln. Von Ende Juni bis Anfang Oktober geht das am besten mit Trockenfliegen. Zu den acht heimischen Forellenarten zählen die legendären, bis zu 1 m langen Steelheads (Stahlkopfforellen). Diese Wanderform der Regenbogenforelle zieht am Winterende über 1400 km weit vom Pazifik hierher und erreicht die Gegend von Stanley im März und April.

👉 Geführte Touren

White Otter ␣␣␣␣ RAFTING
(☎208-788-5005; www.whiteotter.com; 100 Yankee Fork Road & Hwy 75, Sunbeam; ganztägiger Floßtrip 300 US$/Pers., halbtägige Raftingtour Erw./Kind 75/55 US$) White Otter, die einzige Raftingfirma unter einheimischer Leitung, empfiehlt sich für witzige Tagestrips auf Stromschnellen der Kategorie III. Veranstaltet werden auch Touren in aufblasbaren Kajaks.

Solitude River Trips ␣␣␣␣ RAFTING
(☎800-396-1776; www.rivertrips.com; 6-tägige Trips 3140 US$/Pers.; ⊙Juni–Aug.) Erstklassige mehrtägige Trips auf dem berühmten Mittelarm des Salmon River. Gecampt wird am Ufer, die hervorragende Verköstigung bereiten die Guides zu.

Silver Creek Outfitters ␣␣␣␣ ANGELN
(☎207-622-5282; www.silver-creek.com; 1 Sun Valley Rd; ganztägiger „Drift Boat Trip" 525 US$) In Sun Valley sitzen Silver Creek Outfitters, die Individualtrips auf dem Salmon River und auf entlegenen Wasserläufen veranstalten, die nur per Drift Boat (Dorys) oder Float Tube erreichbar sind.

🛏️ Schlafen & Essen

In Stanley gibt es ein halbes Dutzend Hotels, die alle in traditionellen Blockhütten im pionierzeitlichen Stil untergebracht sind. Während der kurzen Sommersaison öffnen auch ein paar Restaurants.

Sawtooth Hotel ␣␣␣␣ HOTEL $
(☎208-721-2459; www.sawtoothhotel.com; 755 Ace of Diamonds St; DZ mit/ohne Bad 100/70 US$; ⊙Mitte Mai–Mitte Okt.; ☎) Das Sawtooth ist in einem nostalgischen Blockhaus-Motel von 1931 untergebracht, bringt aber den dürftigen Komfort vergangener Zeiten auf den neuesten Stand; beibehalten wurde allerdings die für Stanley typische überschwängliche Gastfreundlichkeit. Die sechs Zimmer sind im altmodischen Country-Stil eingerichtet, zwei davon haben ein eigenes Bad. Zimmer Nr. 9 ist am besten. TV und Zimmertelefon fehlen zwar, die vorzügliche Hausmannskost macht dies jedoch locker wett.

An den Wochenenden während der Spitzenzeit der Sommersaison muss man für mindestens zwei Nächte buchen.

⭐ Stanley Baking Co. ␣␣␣␣ BÄCKEREI, FRÜHSTÜCK $
(www.stanleybakingco.com; 250 Wall St; Hauptgerichte 9–12 US$; ⊙Mai–Okt. 7–14 Uhr) Die Bäckerei in einer kleinen Blockhütte mitten im Nirgendwo ist zugleich auch Brunch-Lokal, wird vom selben Paar betrieben, das auch das Sawtooth Hotel leitet, und ist ein wahrer Segen. Die Stanley Baking Co. ist tatsächlich

NICHT VERSÄUMEN

SCENIC BYWAYS IN ZENTRALIDAHO

Auf Wiedersehen, ihr Einkaufszentren der Vorstadt, hallo, du makellose Natur! Alle drei Straßen zum abgelegenen Außenposten Stanley in Idaho sind als National Scenic Byways ausgewiesen (ein Unikum in den USA). Bedenkt man, dass es im ganzen Land nur 125 derartige Straßen gibt, so bedeutet dies, dass 2,4 % der schönsten Straßen der Vereinigten Staaten durch das idyllische Stanley verlaufen.

Sawtooth Scenic Byway

Die 60 Meilen (96,5 km) lange Strecke folgt dem Hwy 75 entlang dem Salmon River von Ketchum Richtung Norden bis Stanley. Die traumhafte Straße windet sich durch einen nebligen, dichten Wald aus Ponderosa-Kiefern, in dem die kalte, frische Luft nach Regen und Nüssen duftet. Anschließend erklimmt die Route den 2652 m hohen Galena Summit, von dem man einen herrlichen Ausblick auf die von Gletschern geformten Sawtooth Mountains hat.

Ponderosa Pine Scenic Byway

Der Hwy 21 zwischen Stanley und Boise ist so schön, dass es schwerfällt, das Ziel zu erreichen, so oft möchte man unterwegs anhalten. Ab Stanley werden die Bäume immer dichter, bis man von einem süß duftenden Mantel von Kiefern umhüllt ist – eine Landschaft, die mehr an den pazifischen Nordwesten erinnert als an die klassischen Rockies. Wegen der häufigen Regenschauer kann die Straße gefährlich anmuten und selbst Ende Mai reichen die Schneefelder noch bis zum Highway. Zwei der vielen Highlights auf dem Weg sind: die Kikham Creek Hot Springs (☑ 208-373-4100; Parken 5 US$/Auto; ⊙ 6–22 Uhr), 4 Meilen (6,4 km) östlich von Lowman, wo an einem einfach Campingplatz die natürlichen Thermalquellen direkt aus dem Flüsschen hervorblubbern; und Idaho City, eine alte, restaurierte Stadt aus der Zeit des Goldrausches.

Salmon River Scenic Byway

Nordöstlich von Stanley führt über den Hwy 75 und die US 93 eine weitere malerische, 161 Meilen (259 km) lange Strecke am Salmon River entlang bis zum historischen Lost Trail Pass an der Grenze zu Montana. An diesem Punkt überquerten Lewis und Clark im Jahr 1805 zum ersten Mal die kontinentale Wasserscheide. Die Landschaft in der Umgebung hat sich in den letzten 200 Jahren nur unwesentlich verändert.

die einzige Einrichtung in der Stadt, wo mit einer Warteschlange zu rechnen ist. Der Grund dafür: himmlisch gute, selbst gemachte Backwaren und Hafermehl-Pancakes. Die gibt es aber nur fünf Monate im Jahr.

Idaho Panhandle

Nach einem Gebietsstreit mit Montana in den 1880er-Jahren riss Idaho den langen, schmalen „Pfannenstiel" an sich, der die Grenze zu Kanada berührte. Doch sowohl Erscheinungsbild als auch Gesinnung dieser Region weisen mehr Gemeinsamkeiten mit dem pazifischen Nordwesten auf als mit den Rockies. Spokane, das wenige Kilometer westlich in Washington liegt, ist das Regionalzentrum und im Großteil des Panhandle gilt die Pacific Standard Time (die der im übrigen Idaho geltenden Mountain Time um eine Stunde hinterherhinkt).

Nahe der Grenze zu Washington liegt das schnell wachsende Coeur d'Alene (46 000 Ew.), ein Anhängsel des Großraums Spokane und die größte Stadt des Panhandle. Es besitzt eine kleine Uferpromenade, einen sauber gepflegten Park und ein auffälliges Resort, das eher anonym wirkt, bis es die großartige Abendsonne zum Schimmern bringt. Der See eignet sich ideal für Wassersportarten wie Stand Up Paddling. Die meisten Restaurants und Unterhaltungsangebote konzentrieren sich entlang eines Abschnitts der Sherman Ave, die vom See hügelaufwärts führt.

Sandpoint, am Lake Pend Oreille gelegen, ist das reizvollste Städtchen des Panhandle. Es besitzt einen niedlichen Ortskern, der zum Schlendern einlädt. In den historischen Gebäuden gehen Cafés, Läden und Pilates-Studios ihren Geschäften nach. Die Stadt ist von herrlicher Wildnis umgeben und hat Idahos einzigen brauchbaren Amtrak-Bahnhof.

An dem hübschen Ziegelbau von 1916 hält der *Empire Builder*, der täglich zwischen Seattle/Portland und Chicago verkehrt.

Idahos größten See kann man auch vom **Pend Oreille Scenic Byway** (US 200) aus bewundern, der am Nordufer verläuft.

⊙ Sehenswertes & Aktivitäten

Schweitzer Mountain Resort WINTERSPORT
(www.schweitzer.com; Erw./Kind 72/50 US$) 11 Meilen (18 km) nordwestlich von Sandpoint liegt das Schweitzer Mountain Resort, das wegen seiner Tree-Skiing-Optionen und Mountainrouten sehr geschätzt wird.

🛏 Schlafen & Essen

Country Inn MOTEL $
(☑ 208-263-3333; www.countryinnsandpoint.com; 470700 Hwy 95; EZ/DZ 80/90 US$; ☎🐾) Das beste Schnäppchen im weiten Umkreis ist das saubere, freundliche und familiengeführte Country Inn, 3 Meilen (4,8 km) südlich von Sandpoint.

Flamingo Motel MOTEL $$
(☑ 208-664-2159; www.flamingomotelidaho.com; 718 Sherman Ave, Coeur d'Alene; Zi. 102 US$; ❄☎)

Die Zimmer dieses spaßigen, freundlichen Motels, in dem man sich in die 1950er-Jahre zurückversetzt fühlt, sind detailverliebt eingerichtet und folgen einem jeweiligen Motiv, vom dick aufgetragenen „Flamingo" bis „Irish". An moderne Annehmlichkeiten wie Flachbild-TVs und Mini-Kühlschränke wurde dennoch gedacht. Wer's besonders ausgefallen mag, bucht den Victorian Room.

Java on Sherman CAFÉ $
(819 Sherman Ave, Coeur d'Alene; Hauptgerichte 7–13 US$, Kaffee 2–5 US$; ⊙ 6–19 Uhr) Das bei Einheimischen beliebte Café liegt ein wenig hügelaufwärts und hat neue, größere Räume bezogen. Es serviert neben gutem Kaffee und einem prima Frühstück auch Bier, Wein und bietet die tolle Gelegenheit, Leute zu beobachten.

❶ Praktische Informationen

Coeur d'Alene Visitors Center (☑ 208-665-2350; www.coeurdalene.org; 115 Northwest Blvd, Coeur d'Alene; ⊙ Di–Sa 10–15 Uhr, Juni–Aug. bis 17 Uhr) Das Coeur d'Alene Visitors Center ist eine nützliche Hilfe für Infos zur Region.

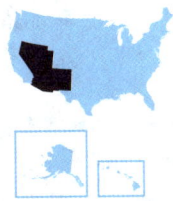

Der Südwesten

Inhalt ➡

Gut essen

➡ Elote Cafe (S. 373)

➡ Hell's Backbone (S. 413)

➡ Love Apple (S. 436)

➡ Cafe Roka (S. 395)

➡ The Curious Kumquat
(S. 441)

Schön übernachten

➡ Ellis Store Country Inn
(S. 444)

➡ El Tovar Hotel (S. 381)

➡ La Posada (S. 388)

➡ Motor Lodge (S. 370)

➡ Los Poblanos (S. 421)

Auf in den Südwesten!

Der Südwesten ist das ungezähmte Hinterland der USA. Hier spielt sich das Leben vor einer atemberaubenden Kulisse mit roten Felsen, hohen Gipfeln, glitzernden Seen und Wüsten mit Riesenkakteen ab. Die Landschaft ist gespickt mit Zeugen des indigenen Erbes und der beschwerlichen Blütezeit des Wilden Westens, von verlassenen Felsbehausungen bis zu zerfallenen spanischen Missionen. Doch auch heute wird Geschichte geschrieben: Astronomen und Raketenbauer erobern den Sternenhimmel, während urbane Zentren und verschrobene Bergorte Künstler und Unternehmer anziehen.

Highlight für Besucher ist das großartige Netz malerischer Straßen, die die schönsten und bedeutendsten Attraktionen verbinden. Dabei sind es nicht nur epische Landschaften, die eine Reise durch den Südwesten unvergesslich machen. Ein genauerer Blick auf einen Saguaro, ein Gespräch mit einem Hopi-Kunsthandwerker oder das Aroma eines Eintopfs mit grünem Chili – es sind vor allem diese authentischen Momente, die in Erinnerung bleiben.

Reisezeit
Las Vegas

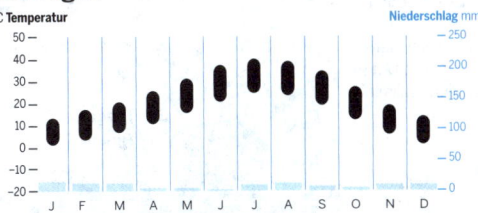

Jan. Skifahren bei Taos und Flagstaff. In Park City locken Pisten und das Sundance Film Festival.

Juni–Aug. Die beste Zeit für einen Besuch der Nationalparks in New Mexico, Utah und Nord-Arizona.

Sept.–Nov. In den Grand Canyon klettern oder die bunten Blätter im Norden von New Mexico bestaunen.

Highlights

1 Den Rim Trail im **Grand Canyon National Park** (S. 377) erkunden

2 Sich im **Monument Valley** (S. 387) im Nordosten Arizonas wie John Wayne fühlen

3 Im staubigen **Tombstone** (S. 394) seine Cowboy-Qualitäten unter Beweis stellen

4 In den eleganten Straßen von **Santa Fe** (S. 424) Galerien und Schmuckläden besuchen

5 Im **White Sands National Monument** (S. 442) eine schimmernde Sanddüne hinunterrodeln

6 Im **Carlsbad Caverns National Park** (S. 444) eine Traumlandschaft aus Stalaktiten bestaunen

7 Auf dem legendären **Strip** (S. 343) von Las Vegas eine Kasinotour unternehmen

8 Im **Arches National Park** (S. 409) zu flamingoroten Sandsteinformationen wandern

9 In **Park City** (S. 402) tolle Skipisten entdecken und das exklusive Nachtleben genießen

10 Im **Zion National Park** (S. 415) einen majestätischen Canyon durchqueren und Angels Landing erklimmen

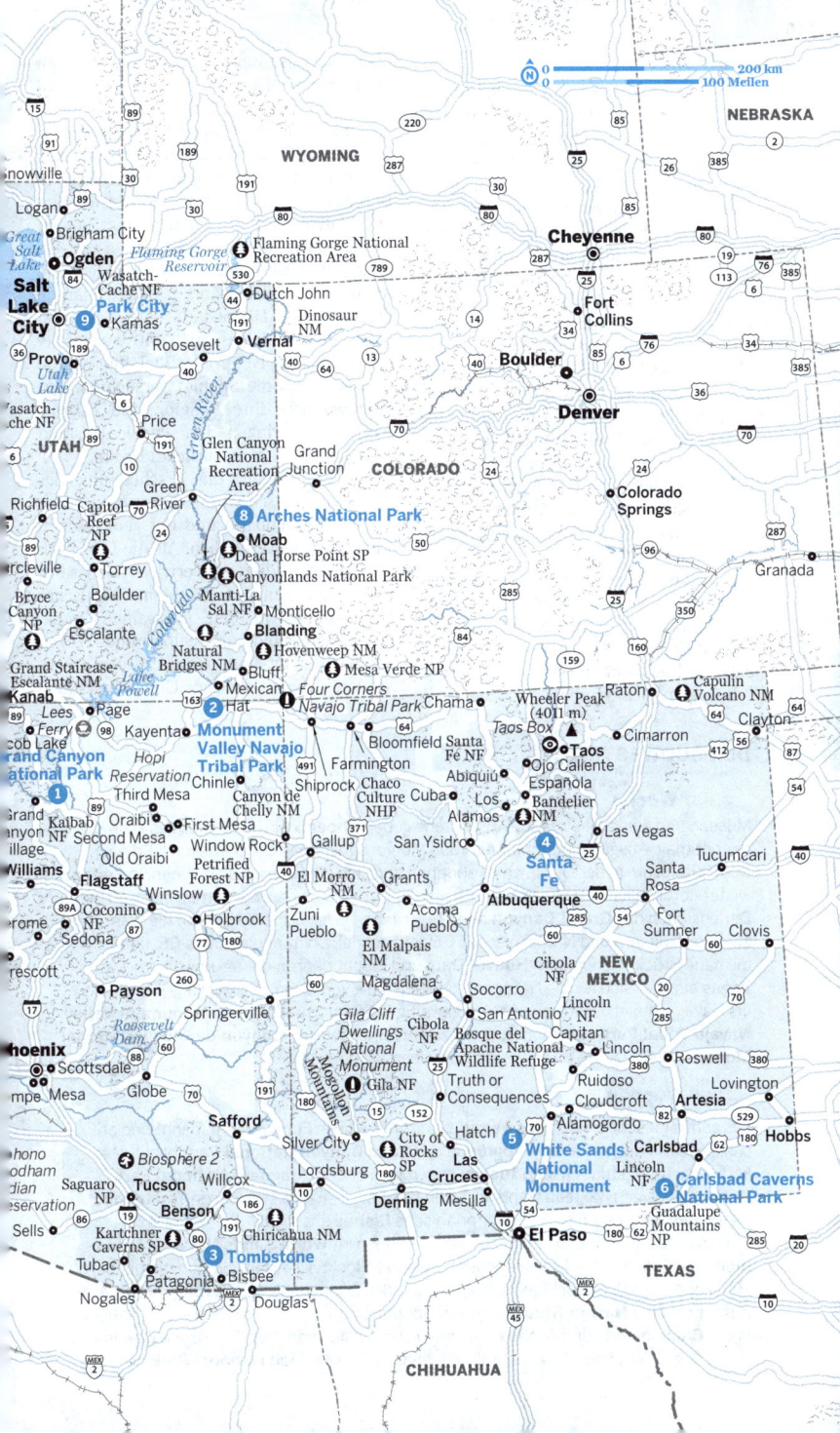

Geschichte

Um 100 n. Chr. hatten sich im Südwesten drei vorherrschende Kulturen herausgebildet: die Hohokam, die Mogollon und die *Ancestral Puebloans* (frühen Pueblo-Indianer), die früher als Anasazi bezeichnet wurden.

Die Hohokam lebten zwischen 300 v. Chr. und 1450 n. Chr. in den Wüsten Arizonas. Sie schufen ein eindrucksvolles System von Bewässerungskanälen, errichteten Erdpyramiden und hinterließen ein reiches Erbe an Töpferwaren. Eine Naturkatastrophe Mitte des 15. Jhs. dezimierte die Hohokam dramatisch. Es ist nicht restlos geklärt, was dann mit ihnen geschah, doch mündliche Überlieferungen legen nahe, dass bestimmte hiesige Stämme ihre direkten Nachfolger sind.

Von 200 v. Chr. bis 1450 n. Chr. lebten die Mogollon in den zentralen Bergen und Tälern des Südwestens. Sie hinterließen die heutigen Gila Cliff Dwellings und wunderschön verzierte Schalen.

Die frühen Pueblo-Indianer hinterließen das reichste Erbe an archäologischen Stätten, etwa jene im Chaco Culture National Historic Park und Canyon de Chelly National Monument. Ihre Nachkommen sind in der Gruppe der heutigen Pueblo-Indianer zu finden, die über ganz New Mexico verstreut leben. Auch die Hopi sind Nachfahren dieser Kultur, und ihr Dorf Old Oraibi gilt als die älteste durchgehend bewohnte Siedlung Nordamerikas.

1540 zog Francisco Vásquez de Coronado mit einer von Spanien finanzierten Expedition aus Mexico City in den Südwesten hinauf. Statt der erhofften Reichtümer fanden sie nur amerikanische Ureinwohner vor, von denen sie viele töteten und verschleppten. Mehr als 50 Jahre später gründete Juan de Oñate die erste Hauptstadt New Mexicos bei San Gabriel. Um das Jahr 1610 wurde diese nach Santa Fe verlegt. Viel Blut wurde vergossen, als die Spanier versuchten, den Ureinwohnern ihre Religion und Lebensweise aufzuzwingen. Der Pueblo-Aufstand 1680 konnte sie kurz zurückdrängen.

Im 19. Jh. ging die Erschließung des Südwestens rasch voran. Das war in erster Linie der Eisenbahn und der geologischen Kartierung zu verdanken. Als die USA nach Westen expandierten, vertrieb die Armee gewaltsam ganze Völker amerikanischer Ureinwohner in den grausamen Indianerkriegen. Gold- und Silberminen zogen Glücksritter an und praktisch über Nacht schossen die gesetzlosen Goldgräberstädte

DER SÜDWESTEN IN…

…einer Woche

Museen und eine aufkeimende Kunstszene geben **Phoenix** ein inspirierendes Flair – der optimale Ausgangspunkt für die Tour. Morgens folgt man der Camelback Rd nach **Scottsdale**, um in der Old Town zu shoppen und sich die Galerien anzusehen. In **Sedona** weiter nördlich kann man seine spirituellen Batterien aufladen, bevor man sich von den Dimensionen des **Grand Canyon** den Atem rauben lässt. Danach hat man die Wahl zwischen Glitzern und Natur: Wer das Glitzern vorzieht, nimmt die **Route 66**, überquert die neue Brücke neben dem **Hoover Dam** und taucht dann in die Traumwelt von **Las Vegas** ein. Wer sich für die Natur entscheidet, fährt vom Grand Canyon aus nach Osten ins Navajo-Gebiet, lässt sich von den gewaltigen Steinformationen im **Monument Valley Navajo Tribal Park** ins Staunen versetzen und tritt dann im *Canyon de Chelly National Monument* eine Reise in die Vergangenheit an.

…zwei Wochen

Los geht's im schillernden **Las Vegas**, bevor man sich in **Flagstaff** entspannt und anschließend in die gähnenden Abgründe im **Grand Canyon National Park** blickt. Man könnte sich das studentische **Tucson** anschauen oder im **Saguaro National Park** zwischen riesigen Kakteen wandeln. Dann heißt es die Revolverhelden in **Tombstone** bestaunen, bevor man sich das viktorianische **Bisbee** anschaut.

Nun bitte die Sonnenbrille aufsetzen: Die Dünen im **White Sands National Monument**, New Mexico, sind strahlend weiß. **Santa Fe** lockt alle Arten von Kunstliebhabern. Man könnte ein Pueblo in **Taos** besuchen und den Sonnenaufgang im traumhaften **Monument Valley Navajo Tribal Park** beobachten. Dann geht's nach Utah, in die Nationalparks **Canyonlands** und **Arches** mit ihren roten Felsformationen. Der **Bryce Canyon** ist die richtige Kulisse für Hoodoo-„Rituale", bevor man den **Zion National Park** besucht.

des Wilden Westens aus dem Boden. Bald brachte die Santa Fe Railroad Scharen von Touristen in den Westen.

Die moderne Besiedlung hängt eng mit der Nutzung des Wassers zusammen. Nach dem Reclamation Act von 1902 finanzierte die Bundesregierung die Errichtung von Staudämmen, um die Flüsse zu regulieren und die Wüste zu bewässern. Erbitterte Streitigkeiten über Wasserrechte dauern bis heute an, gerade angesichts des gewaltigen Booms im Wohnungsbau und der dramatischen Dürre in jüngster Zeit. Das zweite heiß diskutierte Thema der letzten Jahre waren, insbesondere im Süden Arizonas, illegale Einwanderer aus Mexiko.

Einheimische Kultur

Die Bevölkerung des Südwestens setzt sich aus einem reichen Mix aus Indianern, Hispaniern und Angloamerikanern zusammen. All diese Gruppen haben die regionale Küche, die Architektur und die Kunst beeinflusst, und die riesigen Indianerreservate des Südwestens gewähren außergewöhnliche Einblicke in die indigene Kultur und Geschichte. Bildende Kunst spielt ebenfalls eine bedeutende Rolle, sei es in den Kunstkolonien in New Mexico oder in Form des allgegenwärtigen Kitsches am Straßenrand.

❶ Anreise & Unterwegs vor Ort

Der McCarran International Airport in Las Vegas und der Sky Harbor International Airport in Phoenix sind die wichtigsten Flughäfen der Region, gefolgt von den Flughäfen von Salt Lake City und Albuquerque.

Greyhound-Busse halten in den größeren Städten, fahren jedoch kaum in Nationalparks oder entlegenere Orte wie Moab. Die Zugverbindungen von Amtrak sind noch eingeschränkter, allerdings sind viele Städte im Südwesten an das Schienennetz angeschlossen. Andere, darunter Santa Fe und Phoenix, werden von Amtrak-Bussen bedient. Der *California Zephyr* durchquert Utah und Nevada, der *Southwest Chief* hält in Arizona und New Mexico, und der *Sunset Limited* fährt durch Süd-Arizona und New Mexico.

Um entlegene Ortschaften, Ausgangspunkte von Wanderwegen und Badestellen zu erreichen, und um die Region intensiver zu erkunden, ist ein Mietwagen vonnöten.

NEVADA

Nevada steht für eine sorglose Ausgelassenheit, die regelrecht berauschend und

KURZINFOS NEVADA

Spitzname Silver State

Bevölkerung 2,84 Mio.

Fläche 286 351 km^2

Hauptstadt Carson City (54 080 Ew.)

Weitere Städte Las Vegas (606 762 Ew.), Reno (233 300 Ew.)

Verkaufssteuer 6,85 %

Geburtsort von Andre Agassi (geb. 1970), Greg LeMond (geb. 1961)

Heimat des Spielautomaten, Burning-Man-Festivals

Politische Ausrichtung Nevada hat sechs Wahlmänner. Bei den Präsidentschaftswahlen 2012 machte Obama das Rennen. In Washington ist der Bundesstaat aber von beiden Parteien zu gleichen Teilen vertreten

Berühmt für die Comstock Lode von 1859 (das Bergwerk mit den größten Silbervorkommen des Landes), legales Glücksspiel und legale Prostitution (mit Ausnahme einiger Countys) sowie liberale Alkoholgesetze (Bars dürfen rund um die Uhr geöffnet sein)

Bestes Las-Vegas-T-Shirt *I saw nothing at the Mob Museum* („Ich habe im Mob Museum nichts gesehen")

Entfernungen Las Vegas–Reno 452 Meilen (727 km), Great Basin National Park–Las Vegas 313 Meilen (504 km)

manchmal etwas exzentrisch wirkt. Glitzernde Repliken des Eiffelturms, der Freiheitsstatue und einer ägyptischen Pyramide ragen aus der Wüste auf, Cowboys rezitieren Gedichte, Künstler errichten eine provisorische Stadt auf einer windgepeitschten Wüstenebene, ein Stützpunkt der Air Force inspiriert zu Alien-Verschwörungstheorien, und mittendrin steht ein einsamer Baum, der von neckischen Ausflüglern mit Turnschuhen geschmückt wurde.

Auf der Karte präsentiert sich der Bundesstaat als weite überwiegend leere Wüstenfläche, gespickt mit ehemaligen Bergbaustädten, in denen längst Spielautomaten die Spitzhacken abgelöst haben. Hedonistisches Zentrum ist das schrille Las Vegas, in dem noch immer Goldfieber herrscht. Im Westen wissen Abenteuersportveranstalter neue Schätze zu nutzen, dafür sorgen die Berge

DER SÜDWESTEN

NATIONALPARKS & NATIONAL MONUMENTS

Mit über 60 Nationalparks und National Monuments sowie vielen eindrucksvollen State Parks ist der Südwesten landschaftlich und kulturell gesehen eine echte Schatzkiste. Das absolute Highlight ist sicher der Grand Canyon National Park (S. 377) in Arizona. Zu den anderen großartigen Parks des Bundesstaats gehören das Monument Valley (S. 387) mit hoch aufragenden Säulen und Hügeln aus Sandstein und der Canyon de Chelly (S. 386) mit faszinierenden alten Felsbehausungen.

Das Canyon Country mit seinen roten Felsen im südlichen Utah beherbergt fünf Nationalparks: Arches (S. 409), Canyonlands (S. 410), Zion (S. 415), Bryce Canyon (S. 414) und Capitol Reef (S. 412). In New Mexico findet man die Carlsbad Caverns (S. 444) und den rätselhaften Chaco Culture National Historic Park (S. 438), während Nevada den Great Basin National Park (S. 359), eine zerklüftete abgeschiedene Bergoase, bietet.

der Sierra Nevada mit großartigen Landschaften und Outdoor-Aktivitäten.

In Nevada, dem ersten Bundesstaat, der das Glücksspiel legalisierte, klingen die Automaten in Tankstellen, Supermärkten und Hotellobbys. Es gibt keine offizielle Sperrstunde für Bars und in ländlichen Gebieten koexistieren legale Bordelle und winzige Kasinos mit Mormonen und Cowboy-Kultur.

Unser Rat? Nichts hinterfragen, sondern einfach die unbekümmerte Lebensfreude des Bundesstaats genießen!

🛈 Praktische Informationen

Im Clark County (d. h. auch in Las Vegas) und im Washoe County (inkl. Reno) ist Prostitution illegal, in vielen kleineren Countys gibt es allerdings legale Bordelle.

In Nevada gilt die Pacific Standard Time.

Nevada Commission on Tourism (☎ 800-638-2328; www.travelnevada.com) Verschickt kostenlose Bücher, Karten und Infos zu Unterkünften, Campingplätzen und Veranstaltungen.

Nevada Division of State Parks (☎ 775-684-2770; www.parks.nv.gov; 901 S Stewart St, 5. OG, Carson City; ☉ Mo–Fr 8–17 Uhr) Stellplätze in staatlichen Parks (10–15 US$/Nacht) können nicht reserviert werden.

Las Vegas

Las Vegas bleibt das ultimative Vergnügungsparadies. Wo sonst kann man im antiken Rom feiern, um Mitternacht dann den Bund der Ehe eingehen, in Ägypten aufwachen und unter dem Eiffelturm brunchen? Ob man sich mit passionierten Glücksspielern messen möchte, Couture und kitschige Souvenirs erstehen oder in einer Bar aus Eis eine neonfarbene fast 1 m hohe Margarita oder einen Frozen Wodka Martini schlürfen möchte – hier ist fast alles möglich!

Schon mal bemerkt, dass es in Kasinos keine Uhren gibt? Im Vegas der endlosen Buffets, nie versiegenden Drinks und des adrenalingeladenen Glücksspiels ist Zeit bedeutungslos. In der nicht enden wollenden surrealen Wüstenlandschaft der Euphorie und des steilen Falls sammelt sich Staub auf einst bekannten Schildern in einem Neonreklamefriedhof, während auf dem Strip Baustellenlärm widerhallt. Nach der Rezession 2008 kam der Motor ins Stocken, aber nun ist Vegas mit über 40 Mio. Besuchern im Jahr wieder zurück und möchte mit jeder Menge Ideen in Zukunft noch mehr anlocken.

Die größten Kasinos der Stadt, gigantische unergründliche Mischformen aus Themenpark, Spielhölle, Shopping- und Restaurantmeile sowie Hotel- und Theaterdistrikt, säumen den legendären Strip. Nach deren Erkundung lockt das kompakte Zentrum mit Vegas' nostalgischen Wurzeln, Indie-Shops und Cocktailbars, in denen die hiesige Kultur floriert. Jenseits davon beschäftigen sich faszinierende Museen mit der atomaren und der Gangstervergangenheit der Stadt.

Geschichte

Entgegen der landläufigen Meinung war Vegas sehr viel mehr als eine staubige Straßenkreuzung mit Spielhalle und ein paar Steppenläufern, als der Gangster Ben „Bugsy" Siegel in der Stadt eintraf und unter der gleißenden Sonne das glamouröse Flamingo-Kasino im tropischen Stil eröffnete.

Die Fertigstellung einer Eisenbahnverbindung zwischen Salt Lake City und Los Angeles 1902 ebnete den Weg für Las Vegas' Boom in den 1930er-Jahren, der durch staatlich geförderte Bauprojekte hervorgerufen wurde. Die Legalisierung des Glücksspiels 1931 half Vegas durch die Große Depression. Der Zweite Weltkrieg brachte einen riesigen Luftwaffenstützpunkt und Raumfahrtdollars in die Region, zudem wurde ein asphaltierte Highway nach Los Angeles gebaut. Im Kalten Krieg erwies sich die Nevada Test Site als Paradebeispiel für das Motto „Jede Werbung ist gute Werbung": Während die monatlichen Atomtests die Fenster der Kasinos im Zentrum zerspringen ließen, machte Miss Mushroom Cloud offiziell im Namen der Stadt in Tourismuskampagnen Werbung für Nuklearkraft.

Mächtige Baumagnate nahmen das Flamingo zum Vorbild und zogen an jeder Ecke glamouröse Etablissements in die Höhe. Showgrößen wie Frank Sinatra, Liberace und Sammy Davis Jr. eroberten die Bühnen, ebenso wie spärlich bekleidete Revuegirls.

Der medienwirksame Verkauf des Desert Inn 1966 an den exzentrischen Milliardär Howard Hughes befreite die Glücksspielindustrie von ihrem Gangster-Image, und die Eröffnung des MGM Grand 1993 läutete die Ära der Megaresorts ein. Heute gehören fast alle großen Kasinos zwei konkurrierenden Unternehmen, Caesars Entertainment und Mirage Resorts.

☉ Sehenswertes

Der Strip, auch als Las Vegas Blvd South bekannt, ist ca. 4 Meilen (6 km) lang und das Herz von Sin City. Er verläuft rund 1 Meile (1,6 km) südlich der Innenstadt nach Mandalay Bay in Flughafennähe. Ob man zu Fuß unterwegs ist oder fährt, auf dem Strip verliert man leicht das Gespür für Distanzen. Bis zu einem Kasino, das ganz nah zu sein scheint, läuft man oft länger als erwartet.

In Downtown Las Vegas befinden sich die ältesten Hotels und Kasinos der Stadt. Das Viertel versprüht Retro-Flair, Getränke sind billiger und die Mindesteinsätze geringer als anderswo. Seine Hauptstraße ist die vier Blocks lange Vergnügungsmeile Fremont St mit Kasinos und Restaurants mit einem schillernden Dach, auf das jeden Abend eine faszinierende Lichtshow projiziert wird. In den letzten Jahren gab es immer wieder Projekte zur Wiederbelebung der Innenstadt. Das neueste namens Downtown Project unter Leitung des Zappo-Chefs Tony Hsieh hat bisher noch keine bedeutenden Auswirkungen auf die Besucherzahlen gehabt.

Die wichtigen Touristengegenden sind sicher. Der Abschnitt des Las Vegas Blvd zwischen Downtown und dem Strip ist hingegen recht heruntergekommen, und die Fremont St östlich des Zentrums wirkt ebenfalls ziemlich zwielichtig.

☉ The Strip

★ CityCenter   GEBÄUDEKOMPLEX
(www.citycenter.com; 3780 Las Vegas Blvd S) Gemischte Gebäudekomplexe gab es schon zuvor (z. B. Malls mit integrierten Hotels), doch diese futuristisch anmutende Anlage mit einer kleinen Galaxie aus sehr modernen, schicken Hotels rund um das glamouröse Einkaufszentrum Crystals (S. 354) ist ein Novum. Zur exklusiven Auswahl gehören das dezente, stilvolle **Vdara** (☎702-590-2111, 866-745-7767; www.vdara.com; 2600 W Harmon Ave; Suite werktags/Wochenende ab 119/179 US$; P ⊖ ✳ @ 🛜 ♿) 🖉, das mondän-opulente **Mandarin Oriental** (www.mandarinoriental. com; 3752 Las Vegas Blvd S) und das faszinierende architektonische Vorzeigeobjekt **Aria** (☎702-590-7111; www.aria.com; 3730 Las Vegas Blvd S; ☉24 Std.), in dem ein elegantes Kasino als passende Kulisse für viele traumhaft schöne Restaurants dient.

Cosmopolitan   KASINO
(☎702-698-7000; www.cosmopolitanlasvegas.com; 3708 Las Vegas Blvd S; ☉24 Std.) Für Hipster, die bisher zu cool für Vegas waren, gibt es nun endlich einen Ort, an dem sie ganz ohne Ironie die Ästhetik des Strips erleben oder sogar genießen können. Wie das neueste It-Girl Hollywoods sieht das Cosmopolitan-Kasino jederzeit umwerfend aus. Durch die Lobby drängt sich ein unablässiger Strom eingeschüchterter Besuchergruppen und Liebhaber von zeitgenössischer Kunst und Design.

Fountains of Bellagio   WASSERSPIELE
(www.bellagio.com; Bellagio; ☉Shows Mo–Fr 15–19, Sa & So 12–19 Uhr alle 30 Min., tgl. 19–24 Uhr alle 15 Min.; ♿) GRATIS Der künstliche Lake Como und die tanzenden Wasserfontänen vor der Kulisse toskanischer Architektur stehen in krassem Gegensatz zur Mojave Desert, wobei das Resort wiedergewonnenes Wasser nutzt. Die musikalische Begleitung zur Wassershow wechselt – wer Glück hat, hört eine italienische Oper oder Frank Sinatras sonores „Luck Be a Lady" anstelle von näselnden Country-Western-Klängen.

Paris Las Vegas   KASINO
(☎702-946-7000; www.parislasvegas.com; 3655 Las Vegas Blvd S; ☉24 Std.) Willkommen in der Stadt der Lichter nach Vegas-Art! Die Miniaturversion der französischen Hauptstadt mag nicht den wahren Charme von Paris versprühen – tatsächlich wirkt es wie ein Themenbereich in Disney World –, doch

Las Vegas

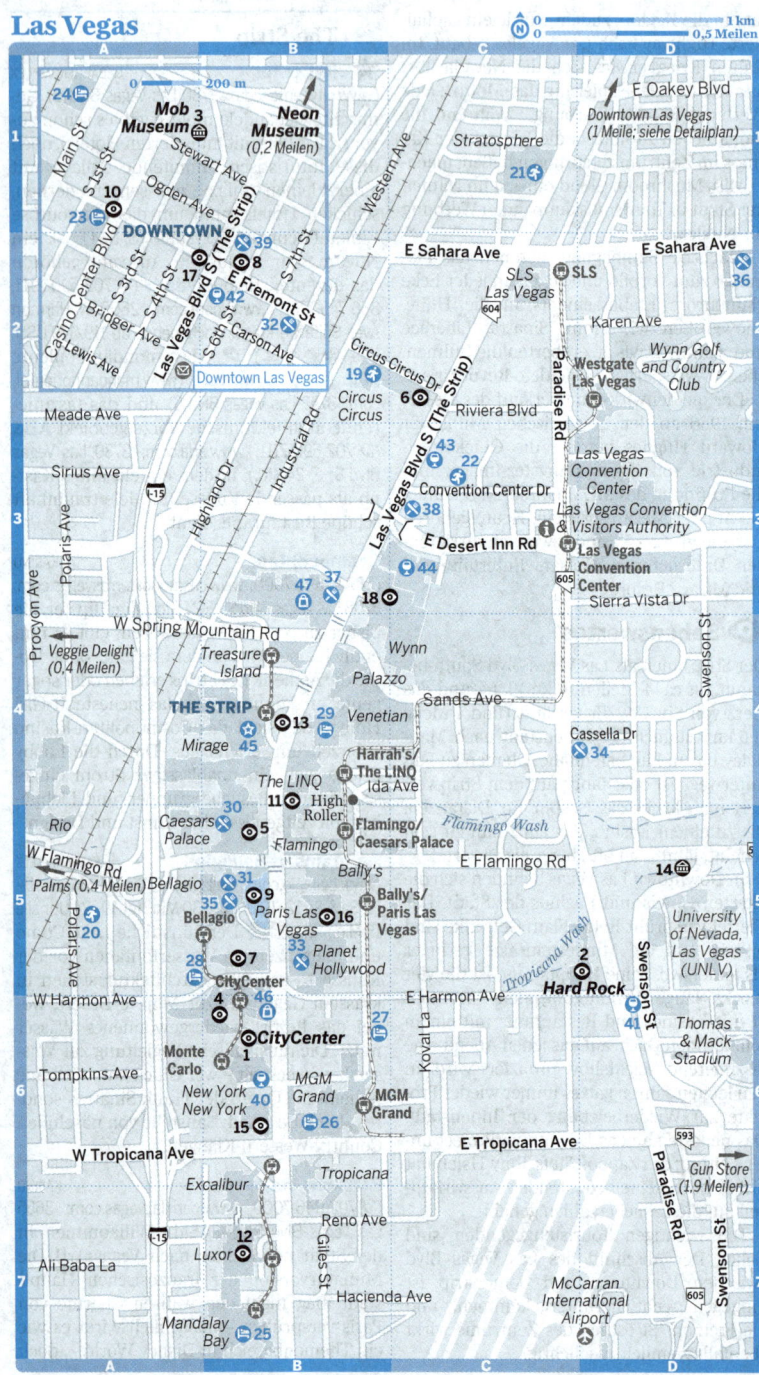

0 / 1 km
0 / 0,5 Meilen

Downtown Las Vegas

0 / 200 m

Main St
Mob Museum 3
Neon Museum (0,2 Meilen)
24
Stewart Ave
S 1st St
Ogden Ave
10
23
DOWNTOWN
Casino Center Blvd
S 3rd St
S 4th St
17
39
8
E Fremont St
S 6th St
42
32
Carson Ave
Bridger Ave
Lewis Ave
Las Vegas Blvd S (The Strip)
S 7th St

E Oakey Blvd
Downtown Las Vegas (1 Meile; siehe Detailplan)
Stratosphere
21
E Sahara Ave
E Sahara Ave
36
SLS Las Vegas
SLS
604
Karen Ave
Paradise Rd
Westgate Las Vegas
Wynn Golf and Country Club
Western Ave
Meade Ave
Sirius Ave
Highland Dr
Industrial Rd
Circus Circus Dr
19
Circus Circus
6
Riviera Blvd
Las Vegas Blvd S (The Strip)
43
22
Convention Center Dr
38
Las Vegas Convention Center
Las Vegas Convention & Visitors Authority
Polaris Ave
I-15
E Desert Inn Rd
Las Vegas Convention Center
605
Sierra Vista Dr
Procyon Ave
47
37
44
18
Swenson St
W Spring Mountain Rd
Veggie Delight (0,4 Meilen)
Treasure Island
Wynn
Palazzo
Sands Ave
THE STRIP
13
29
Venetian
Cassella Dr
34
Mirage
45
Harrah's/ The LINQ
Ida Ave
Rio
The LINQ
11
High Roller
Flamingo/ Caesars Palace
Flamingo Wash
30
Caesars Palace
5
Flamingo
E Flamingo Rd
W Flamingo Rd
Bally's
14
Palms (0,4 Meilen)
31
Bellagio
9
Bally's/ Paris Las Vegas
University of Nevada, Las Vegas (UNLV)
35
Bellagio
Paris Las Vegas
16
Polaris Ave
20
33
Planet Hollywood
Tropicana Wash
Swenson St
28
7
CityCenter
2
Hard Rock
W Harmon Ave
4
46
E Harmon Ave
27
Koval La
41
Thomas & Mack Stadium
Monte Carlo
1
CityCenter
Tompkins Ave
New York New York
40
MGM Grand
MGM Grand
15
26
E Tropicana Ave
W Tropicana Ave
593
Excalibur
Tropicana
Paradise Rd
Gun Store (1,9 Meilen)
I-15
Reno Ave
Giles St
12
Luxor
Hacienda Ave
605
Swenson St
Ali Baba La
McCarran International Airport
Mandalay Bay
25

DER SÜDWESTEN NEVADA

Las Vegas

Nachbildungen ihrer Wahrzeichen, darunter das 34-stöckige Hotel de Ville und die Fassaden des Pariser Opernhauses und des Louvre, bescheren Familien und Frankophilen, die das Original noch nicht kennen, einen recht unterhaltsamen Besuch.

LINQ & High Roller   UNTERHALTUNGSKOMPLEX
(☑ 800-223-7277; www.thelinq.com; 3545 Las Vegas Blvd S; High-Roller-Fahrt vor/nach 17.50 Uhr 25/35 US$; ☺ High Roller tgl. 12–2 Uhr; Monorail Flamingo oder Harrah's/Quad) Das 550 Mio. US$ schwere LINQ-Projekt, ein riesiger Open-Air-Komplex mit Restaurants, Unterhal-

tungsangebot und Shoppingmöglichkeiten, hat dem einst glanzlosen Abschnitt des Strips im Zentrum zwischen den Kasinohotels Flamingo und Quad neues Leben eingehaucht. Läden, geschäftige Bars, trendige Restaurants, Livemusikbühnen und sogar eine Bowlingbahn säumen die Fußgängerpromenade, zudem lockt der High Roller, ein 167 m hohes Riesenrad.

Caesars Palace   KASINO
(☑ 702-731-7110; www.caesarspalace.com; 3570 Las Vegas Blvd S; ☺ 24 Std.) Trotz kürzlicher Modernisierungsarbeiten, die dem einst

kitschigen Palace etwas mehr Stil verliehen, blieben einige der Originalelemente des Resorts aus den Swinging Sixties erhalten. Draußen sprudeln die Fontänen, die durch den Motorradsprung des tollkühnen Evil Knievel am 31. Dezember 1967 bekannt wurden. (Dabei zog er sich eine zertrümmerte Hüfte und einen Schädelbruch zu; über 20 Jahre später wiederholte sein Sohn Robby den Versuch, dieses Mal mit Erfolg.)

Wynn
KASINO

(☑ 702-770-7000; www.wynnlasvegas.com; 3131 Las Vegas Blvd S; ⊙ 24 Std.) Steve Wynns Vorzeigeprojekt (sein Name thront in Schreibschrift und mit einem Punkt versehen auf dem Kasinohotel) befindet sich am Standort des einstigen Desert Inn aus den 1950er-Jahren. Das gebogene, kupferfarbene 50-stöckige Gebäude versprüht eine geheimnisvolle Aura – der Eingang ist wegen eines künstlichen Hügels vom Strip aus nicht zu sehen. Drinnen erwarten Gäste lebendige Farben, florale Mosaikintarsien, große Fenster, viel Grün und Wasserfälle. Das riesige Kasino ist immer gut besucht, insbesondere der halsabschneiderische Pokerraum.

New York–New York
KASINO

(☑ 702-740-6969; www.newyorknewyork.com; 3790 Las Vegas Blvd S; ⊙ 24 Std.) Die Mini-Metropole New York–New York eröffnete 1997 und umfasst verkleinerte Nachbauten der Wahrzeichen des Big Apple, darunter die **Freiheitsstatue** und eine Miniaturversion der **Brooklyn Bridge** vor dem Eingang. Darüber thronen die die Perspektive verzerrenden Repliken des Chrysler Building, des Empire State Building u. a. Die Hauptattraktion führt jedoch rund um die schicke Fassade des Hotels: der **Big Apple Roller Coaster** (1 Fahrt/Tagesticket 14/25 US$; ⊙ So–Do 11–23, Fr & Sa 10.30–24 Uhr; 🚻) mit Wagen, die New Yorker Taxis nachempfunden sind.

Luxor
KASINO

(☑ 702-262-4000; www.luxor.com; 3900 Las Vegas Blvd S; ⊙ 24 Std.) Das auffällige Kasino ist nach der prachtvollen antiken Stadt am Ostufer des Nils in Ägypten benannt und war einst das eindrucksvollste Gebäude am südlichen Strip. Das Thema bietet sich geradezu für ein Kabinett der Geschmacklosigkeiten an, stattdessen präsentiert sich das Luxor jedoch als relativ stilvoller Schrein für ägyptische Kunst, Architektur und Antiquitäten. Übertriebener Kitsch ist mittlerweile teils den Pharaonen in ihre Gräber gefolgt – im Rahmen von Modernisierungsmaßnahmen hat man das Ägyptenthema vor einigen Jahren stark zurückgefahren.

Mirage Volcano
AREAL

(Mirage; ⊙ Shows 20–24 Uhr; 🚻) GRATIS Wenn der künstliche Vulkan des Mirage mit viel Getöse aus einer über 1 ha großen Lagune ausbricht, kommt der Verkehr auf dem Strip zum Erliegen. Rauchschwaden, die aus der Spitze dringen, deuten darauf hin, dass das feurige Inferno nach polynesischer Art bald beginnt. Für die musikalische Untermalung sorgen ein Drummer von Grateful Dead und ein indianischer Tabla-Musiker.

Shark Reef Aquarium
AQUARIUM

(☑ 702-632-4555; www.sharkreef.com; 3950 Las Vegas Blvd S, Mandalay Bay; Erw./Kind 5–12 Jahre 18/12 US$; ⊙ Ende Mai–Anfang Sept. tgl. 10–22 Uhr, Anfang Sept.–Ende Mai So–Do 10–20, Fr & Sa bis 22 Uhr, letzter Einlass 1 Std. vor Schließung; 🚻) Mandalay Bays ungewöhnliches begehbares Aquarium beherbergt 2000 Unterwasserwesen, darunter Quallen, Muränen, Stachelrochen und Haie. Daneben sind auch bedrohte scharfzähnige Reptilien zu bewundern, z. B. einige der weltweit letzten goldenen Krokodile. Während eines Rundgangs können sich Besucher mit den Tauchern, die die Aquarien in Schuss halten, und Naturforschern unterhalten. Wer möchte, kann außerdem selbst tauchen gehen (ab 650 US$).

Madame Tussauds
MUSEUM

(☑ 866-841-3739, 702-862-7800; www.madametussauds.com/lasvegas; 3355 Las Vegas Blvd S, Venetian; Erw./Kind 4–12 Jahre 30/20 US$; ⊙ meist 10–21 Uhr; 🚻) Vor dem Venetian neben der nachgebauten Rialto-Brücke findet man diese interaktive Version des polarisierenden Wachsmuseums. Besucher können mit Elvis posieren, so tun, als ob sie George Clooney heiraten, die Marvel-Superhelden in „4D" bewundern oder sich Playboy-Bunny-Ohren aufsetzen und es sich auf Hugh Hefners Schoß bequem machen; es lohnt sich, ihn zu berühren – Hef wurde passenderweise aus Silikon gefertigt.

◉ Downtown & Abseits des Strips

★ Mob Museum
MUSEUM

(☑ 702-229-2734; www.themobmuseum.org; 300 Stewart Ave; Erw./Kind 11–17 J. 20/14 US$; ⊙ So–Do 10–19, Fr & Sa bis 20 Uhr; 🚌 Deuce) Schwer zu sagen, was eindrucksvoller ist: Das historische föderale Gerichtsgebäude, in dem das Museum untergebracht ist und in dem

LAS VEGAS MIT KINDERN

Die Stadt richtet sich mittlerweile vor allem an erwachsene Besucher („What happens in Vegas stays in Vegas" – Was in Vegas passiert, bleibt auch dort) und ist deswegen keine gute Wahl für Familien. Wer noch keine 21 ist, kann auf dem Weg zu Läden, Shows und Restaurants durch die meisten Kasinos gehen, darf jedoch nicht anhalten. Jüngere Kinder sollten aus Sicherheitsgründen immer von einem Erwachsenen begleitet werden. In manchen Kasinos sind Kinderwagen verboten.

Wer Sin City mit Kindern im Schlepptau besucht, sollte dennoch nicht verzweifeln. Der Hotelkomplex **Circus Circus** (☑702-734-0410; www.circuscircus.com; 2880 Las Vegas Blvd S; ⊙24 Std.; ⓐ) hat sich ganz dem Vergnügen der lieben Kleinen verschrieben, während der 2 ha große überdachte Themenpark **Adventuredome** (www.adventuredome.com; Circus Circus; 5–8 US$/Ride, Tagesticket über/unter 1,20 m 30/17 US$; ⊙10–18 tgl., am Wochenende & Mai–Sept. länger; ⓐ) Kletterwände, Autoscooter und vor allem Achterbahnen bietet. Im **Midway** (Circus Circus; ⊙11–24 Uhr; ⓐ) gibt es Shows mit Tieren, Akrobaten und Zauberern.

1950–1951 Gangster verhört wurden, die Tatsache, dass das Museum von einem früheren Spezialagenten des FBI geleitet wird oder die sorgsam gepflegten Exponate, die die Geschichte des organisierten Verbrechens in den USA erzählen. Neben interaktiver FBI-Ausrüstung und Ausstellungsstücken zur Gangsterwelt zeigt das Museum verschiedene Multimediaelemente mit Interviews mit echten Tony Sopranos.

★ Neon Museum – Neon Boneyard
MUSEUM

(☑702-387-6366; www.neonmuseum.org; 770 Las Vegas Blvd N; 1-stündige Führung Erw./Kind 7–17 J. tagsüber 18/12 US$, nach Einbruch der Dunkelheit 25/22 US$; ⊙Führungen tgl., Zeiten unterschiedlich; ◻113) Das gemeinnützige Museum tut etwas, was sonst fast niemand tut: Es bewahrt die Geschichte der Stadt. Zum Angebot gehört eine faszinierende reservierungspflichtige Führung durch den „Neon-Friedhof", auf dem einzigartige alte Neonreklameschilder – Las Vegas' ureigene Kunstform – ihre letzte Ruhe finden. Eine Erkundungstour beginnt beim Visitor Center in der geretteten Lobby des La Concha Motel, eine Ikone der Moderne aus der Mitte des 20. Jhs. des afroamerikanischen Architekten Paul Revere Williams. Führungen werden bei entsprechendem Wetter und wenn keine Sonderveranstaltungen stattfinden den ganzen Tag über angeboten.

★ Hard Rock
KASINO

(☑702-693-5000; www.hardrockhotel.com; 4455 Paradise Rd; ⊙24 Std.; ◻108) Das urtypische Rock'n'Roll-Kasino beherbergt die wohl eindrucksvollste Sammlung von Rockstar-Exponaten, die jemals unter einem Dach angesammelt wurde. Zu den unschätzbaren Ausstellungsstücken, die von Sicherheitsleuten in Türstehermanier bewacht werden, gehören Konzertoutfits von Elvis, Britney Spears und Prince, ein Schaukasten mit Beatles-Andenken, Jim Morrisons handgeschriebener Text zu einem der großen Doors-Hits sowie Dutzende Lederjacken und Gitarren, die früher Musikgrößen wie den Ramones oder U2 gehörten.

Fremont Street Experience
LICHTERSHOW

(www.vegasexperience.com; Fremont St, zw. Main St & Las Vegas Blvd; ⊙Sonnenuntergang–24 Uhr stündl.; ◻Deuce, SDX) **GRATIS** Die fünf Häuserblocks lange Fußgängerzone zwischen Main St und Las Vegas Blvd, die von einem gewölbten Stahldach mit computergesteuerter Lichtershow überspannt wird, nennt sich Fremont Street Experience und hat frischen Wind nach Downtown gebracht. Jeden Abend verwandelt sich das Dach mittels 550 000 Watt starkem Rundum-Sound und einem riesigen Bildschirm, der von 12,5 Mio. synchronisierten LEDs erleuchtet wird, in eine kitschige sechsminütige Licht-und-Sound-Show. Wer möchte, kann an Ziplines unter dem Dach des Slotzilla (S. 348), einer zwölfstöckigen, einem Spielautomaten nachempfundenen Plattform, durch die Luft sausen.

National Atomic Testing Museum
MUSEUM

(☑702-794-5151; www.nationalatomictestingmuseum.org; 755 E Flamingo Rd, Desert Research Institute; Erw./Kind 7–17 Jahre 14/12 US$; ⊙Mo–Sa 10–17, So 12–17 Uhr; ◻202) Schwerpunkte der faszinierenden Multimedia-Exponate sind Wissenschaft, Technologie und die Geschichte des Atomzeitalters, das im Zweiten

LAS VEGAS FÜR ADRENALINJUNKIES

→ **Autorennen** Bei der **Richard Petty Driving Experience** (☎ 800-237-3889; www.drive petty.com; 6975 Speedway Blvd, Las Vegas Motor Speedway, I-15 Exit 54; als Beifahrer ab 99 US$; als Fahrer ab 449 US$; ⏱ unterschiedlich) kann man sich als Rennfahrer versuchen, während **Fast Lap** (☎ 702-736-8113; www.fastlaplv.com; 4288 S Polaris; 25 US$/Rennen; ⏱ Mo-Sa 10–23, So 10–22 Uhr) mit frisierten Go-Karts lockt.

→ **Indoor-Fallschirmspringen** Keine Zeit für einen Sprung aus einem Flugzeug? Bei **Vegas Indoor Skydiving** (☎ 702-731-4768; www.vegasindoorskydiving.com; 200 Convention Center Dr; Fallschirmsprung 85 US$; ⏱ 9.45–20 Uhr) lässt sich der Adrenalinstoß in einer Halle erleben.

→ **Schießen** Wer schon immer einmal eine Maschinenpistole abfeuern oder eine Glock in seinen verschwitzten kleinen Händen halten wollte, ist im **Gun Store** (☎ 702-454-1110; http://thegunstorelasvegas.com; 2900 E Tropicana Ave; ab 90 US$; ⏱ 9–18.30 Uhr; 🚌 201) samt videogestütztem Schießstand richtig.

→ **Stratosphere** Auf dem 110-stöckigen **Kasino** (☎ 702-380-7777; www.stratospherehotel.com; Stratosphere, 2000 Las Vegas Blvd S; Fahrstuhl erw./ermäßigt 18/15 US$, inkl. 3 Achterbahnfahrten 33 US$, Tagesticket 34 US$, SkyJump ab 110 US$; U-Bahn Sahara) können Adrenalinjunkies Achterbahn fahren, mit dem Big Shot 16 Stockwerke hinunter fallen, sich in luftiger Höhe herumwirbeln lassen oder sich 32 m in die Tiefe stürzen.

→ **Ziplining** Vom zwölfstöckigen **Slotzilla** (☎ 844-947-8342; www.vegasexperience.com; Fremont Street Experience; ab 20 US$; ⏱ So–Do 12–24, Fr & Sa bis 2 Uhr), dem größten Spielautomaten der Welt, saust man über die Fremont St hinweg.

Weltkrieg begann. Ab 1961 wurden Atomtests nur noch unterirdisch durchgeführt, 1992 sprach man dann ein weltweites Verbot aus. Besucher können sich historisches Bildmaterial zu Nukleartests ansehen und lernen etwas über Vergangenheit, Gegenwart und Zukunft des südlichen Nevada, von Lebensweisen der Ureinwohner bis hin zu den ökologischen Auswirkungen der Atomtests. Lohnenswert ist außerdem der tolle Museumsladen in der Nähe des Ticketschalters, ein Nachbau einer Wachstation eines Testgeländes in Nevada.

🏃 Aktivitäten

★ **Desert Adventures**   KAJAKFAHREN
(☎ 702-293-5026; www.kayaklasvegas.com; 1647a Nevada Hwy, Boulder City; ganztägige Kajaktour auf dem Colorado 169 US$; ⏱ April–Okt. 9–18 Uhr, Nov.–März 10–16 Uhr) Der Veranstalter lockt Wasserratten mit geführten Kajakausflügen und Stand-Up-Paddling-Touren (SUP) im Lake Mead und dem Black Canyon des Colorado, die nur eine kurze Autofahrt entfernt liegen. Wer Erfahrung hat, kann sich außerdem Kanus und Kajaks ausleihen und auf eigene Faust losziehen.

Escape Adventures   MOUNTAINBIKEN
(☎ 800-596-2953; www.escapeadventures.com; 10575 Discovery Dr; Touren inkl. Mountainbike ab 129 US$) Die Adresse für geführte Mountainbiketouren im Red Rock Canyon State Park.

Qua Baths & Spa   SPA
(☎ 866-782-0655; 3570 Las Vegas Blvd, Caesars Palace; Tageskarte Fitnesscenter 25 US$, inkl. Spa-Einrichtungen 45 US$; ⏱ 6–20 Uhr) Das Qua versprüht das Flair antiker römischer Badekultur. Beliebt ist das „Bath Liqueur", bei dem eine individuell abgestimmte Mischung aus Kräutern und Ölen das Badeerlebnis in der eigenen Wanne verschönert. Der Frauenbereich umfasst einen Teesalon, einen Kräuterschwitzraum und einen arktischen Eisraum mit künstlichem Schnee, der Männerbereich einen Herrenfriseur und große TVs mit Sportprogramm.

🛏 Schlafen

Die Übernachtungspreise in Las Vegas schwanken sehr stark. Unter der Woche zahlt man in der Regel weniger als am Wochenende. Fast jedes Hotel am Strip verlangt eine zusätzliche „Resortgebühr" von bis zu 25 US$ am Tag.

🛏 The Strip

New York–New York   KASINOHOTEL $
(☎ 702-740-6969, 866-815-4365; www.newyorknewyork.com; 3790 Las Vegas Blvd S; werktags/Wochenende Zi. ab 50/110 US$; P ❄ @ 🛜 🏊) Die

akzeptablen, ziemlich kleinen (also für New York typischen) Quartiere sind bei College-Studenten beliebt.

MGM Grand
KASINOHOTEL $$

(☑ 877-880-0880, 702-891-1111; www.mgmgrand.com; 3799 Las Vegas Blvd S; werktags/Wochenende Zi. ab 70/140 US$; P ✻ @ 🛜 ☎) Vegas' größtes Hotel umfasst das exklusive **Skylofts** (☑ 877-646-5638, 702-891-3832; www.skyloftsmgm grand.com; Suite ab 1000 US$; P ✻ @ 🛜 ☎), das **Signature** (☑ 877-727-0007, 702-797-6000; www.signaturemgmgrand.com; 145 E Harmon Ave; werktags/Wochenende Suite ab 95/170 US$; P ✻ @ 🛜 ☎) mit Suiten im Apartmentstil und die gewaltigste Poolanlage am Strip.

Caesars Palace
KASINOHOTEL $$

(☑ 702-731-7110, 866-227-5938; www.caesarspa lace.com; 3570 Las Vegas Blvd S; werktags/Wochenende Zi. ab 90/125 US$; P ✻ @ 🛜 ☎ 🛃) Hier erwarten Gäste Hoteltürme mit riesigen Zimmern und Marmorbädern, das Boutique-Hotel Nobu und die Poolanlage Garden of the Gods.

Paris Las Vegas
KASINOHOTEL $$

(☑ 702-946-7000, 877-796-2096; www.parislasve gas.com; 3655 Las Vegas Blvd S; werktags/Wochenende Zi. ab 60/135 US$; P ✻ @ 🛜 ☎ 🛃) Die Standardzimmer versprühen leider kein Pariser Flair, dafür erinnern die teureren Red Luxury Rooms, teils mit Lippenstift-förmigen Sofas, ans Moulin Rouge.

Mandalay Bay
KASINOHOTEL $$

(☑ 877-632-7800, 702-632-7777; www.mandalay bay.com; 3950 Las Vegas Blvd S; werktags/Wochenende Zi. ab 105/130 US$; P ✻ @ 🛜 ☎; 🖵 Deuce) Das luxuriöse Kasinohotel Mandalay Bay, das exklusive **Four Seasons** (☑ 702-632-5000; www.fourseasons.com/lasvegas; werktags/Wochenende Zi. ab 229/289 US$; P ✻ @ 🛜 ☎) und das Boutique-Hotel **Delano** (www.delano lasvegas.com; P ✻ @ 🛜 ☎) sorgen im südlichsten Resort des Strips für Abwechslung.

Venetian
KASINOHOTEL $$

(☑ 866-659-9643, 702-414-1000; www.venetian.com; 3355 Las Vegas Blvd S; werktags/Wochenende Suite ab 149/289 US$; P ✻ @ 🛜 ☎) Vegas' Interpretation von Venedig bietet riesige Suiten mit tief liegenden Wohnbereichen und jeglichen Komfort, von großen Badewannen bis hin zu einer Auswahl an verschiedenen Kopfkissen.

Cosmopolitan
KASINOHOTEL $$$

(☑ 855-435-0005, 702-698-7000; www.cosmopoli tanlasvegas.com; 3708 Las Vegas Blvd S; Zi./Suite ab 160/220 US$; P ✻ @ 🛜 ☎ 🛃; 🖵 Deuce) Das coole Cosmo lockt mit seinem künstlerischen Flair und den hippsten Hotelzimmern des Strips ein stilbewusstes Klientel an.

🏨 Downtown & Abseits des Strips

Main Street Station
KASINOHOTEL $

(☑ 702-387-1896, 800-713-8933; www.mainstreet casino.com; 200 N Main St; werktags/Wochenende Zi. ab 35/70 US$; P ✻ @ 🛜) Gefliese Foyers, viktorianische Wandleuchter und Flure aus Marmor erinnern an die Jahrhundertwende. Die hellen, fröhlichen Zimmer haben Holzjalousien.

Golden Nugget
KASINOHOTEL $

(☑ 702-385-7111, 800-634-3454; www.goldennug get.com; 129 E Fremont St; werktags/Wochenende Zi. ab 49/89 US$; P ✻ @ 🛜 ☎) Das schicke Haus in der Fremont St beschwört die glamouröse Blütezeit von Las Vegas in den 1950er-Jahren herauf. Mehr Luxus gibt's im teureren Rush Tower.

Hard Rock
KASINOHOTEL $

(☑ 702-693-5000, 800-473-7625; www.hardrock hotel.com; 4455 Paradise Rd; werktags/Wochenende Zi. ab 45/89 US$; P ✻ @ 🛜 ☎) Der Rock 'n' Roll-Tempel lockt mit attraktiven großen Zimmern und HRH-Suiten partyfreudige Gäste an. Im Preis inbegriffen ist ein Shuttle zum Strip.

🍴 Essen

Sin City verspricht unvergleichliche kulinarische Abenteuer. In schickeren Restaurants ist eine Reservierung erforderlich.

🍴 The Strip

Am Strip selbst gibt es mit Ausnahme von Fast-Food-Läden nur wenige günstige Lokale.

Earl of Sandwich
SANDWICHES $

(www.earlofsandwichusa.com; Planet Hollywood; Gerichte 2–7 US$; ⏱ 24 Std.; 🖈) Sparfüchse lieben das äußerst populäre Deli neben dem Kasino. Neben Sandwiches auf getoastetem Feinkostbrot, gemischten Salaten, Wraps und einem Kindermenü gibt's hier schnellen Service, unschlagbare Öffnungszeiten und mit die günstigsten Preise am Strip.

Stripburger
BURGER $

(☑ 702-737-8747; www.stripburger.com; 3200 Las Vegas Blvd S, Fashion Show; Gerichte 4–14 US$;

⊙ So–Do 11–23, Fr & Sa bis 24 Uhr; 📶) Das schicke silberne runde Open-Air-Diner legt Wert auf wirklich natürliche (z. B. hormonfreie) Zutaten. Zur Wahl stehen Burger mit Rindfleisch, Hühnchen, Thunfisch und Gemüse, tolle Käse-Pommes, cremige Milchshakes, Eimer mit Bier und fruchtige Cocktails. Die erhöhten Terrassentische überblicken den Strip.

Tacos El Gordo
MEXIKANISCH $

(📞 702-641-8228; http://tacoselgordobc.com; 3049 Las Vegas Blvd S; Gerichte 2–10 US$; ⊙ So–Do 21–3, Fr & Sa bis 5 Uhr; 🚍 Deuce, SDX) Der Taco-Laden nach Tijuana-Art aus Südkalifornien ist die richtige Adresse am späten Abend, wenn man fast pleite ist und Gelüste nach Tacos mit *carne asada* (Rindfleisch) oder *adobada* (in Chili eingelegtem Schweinefleisch) in heißen handgemachten Tortillas hat. Für experimentierfreudige Gäste gibt's die typischen *sesos* (Rinderhirn), *cabeza* (gebratenen Rinderkopf) und verschiedene Innereien.

Jean Philippe Patisserie
BÄCKEREI, DESSERTS $

(www.jpchocolates.com; Bellagio; Snacks & Getränke 4–11 US$; ⊙ Mo–Do 7–23, Fr–So bis 24 Uhr; 📶) Die grandiose Feinbäckerei steht im *Guinness-Buch der Rekorde*, dafür sorgt der weltweit größte Schokobrunnen hinter den Fenstern vorne. Bekannt ist sie für ihre fantastische Auswahl an Sorbets, Eis, Gebäck und Pralinen. Kaffee und Espresso übertreffen den niedrigen Standard am Strip.

Social House
ASIATISCH, SUSHI $$$

(📞 702-736-1122; www.angelmg.com; 3720 Las Vegas Blvd S, Crystals, CityCenter; Mittagsmenü 20–25 US$, Gerichte zum Teilen 5–50 US$, Hauptgerichte abends 25–50 US$; ⊙ tgl. 12–17 & 18–22 Uhr) Der attraktivste Laden für Sushi und asiatische Grillgerichte am Strip. Niedrige Sitzbereiche mit Tatami-Kissen, verblasste japanische Holzschnitte und eine Panoramaterrasse in der Crystals Mall sorgen für verführerisch-romantisches Flair. Die Auswahl an importiertem Sake ist eindrucksvoll. Abends ist eine Reservierung empfehlenswert.

Bouchon
FRANZÖSISCH $$$

(📞 702-414-6200; www.bouchonbistro.com; Venezia Tower, 3355 Las Vegas Blvd S, Venetian; Hauptgerichte morgens & mittags 12–26 US$, abends 19–51 US$; ⊙ Mo–Fr 7–10.30 & 17–22, Sa & So 8–14 & 17–22 Uhr) Thomas Keller, das Wunderkind aus dem Napa Valley, betreibt hier ein Bistro nach Lyoner Art mit saisonalen französischen Klassikern. Neben dem Poolbereich locken die Austernbar (tgl. 15–22.30 Uhr) und eine riesige Auswahl an rohem Fisch. Zum Programm gehören außerdem dekadente Frühstück- und Brunchvariationen, importierter Käse, Kaviar, Gänsestopfleber und eine ausgezeichnete Weinkarte mit französischen und kalifornischen Tropfen. Reservierung erforderlich.

Joël Robuchon
FRANZÖSISCH $$$

(📞 702-891-7925; www.joel-robuchon.com/en; 3799 Las Vegas Blvd S, MGM Grand; Probiermenüs 120–425 US$; ⊙ So–Do 17.30–22, Fr & Sa bis 22.30 Uhr) Der umjubelte „Koch des Jahrhunderts" führt die kulinarische Invasion der Franzosen auf dem Strip an. Die edlen Speiseräume mit Leder und Samt in direkter Nachbarschaft zu den Spieltischen versprühen das Flair einer Dinnerparty in einer Pariser Villa in den 1930er-Jahren. Aufwendige Probiermenüs mit saisonalen Zutaten versprechen ein unvergessliches Erlebnis für die Geschmacksknospen – meist zu Recht!

Gordon Ramsay Steak
STEAK $$$

(📞 877-346-4642, 702-946-4663; www.gordonram say.com; 3655 Las Vegas Blvd S, Paris Las Vegas; Hauptgerichte 32–105 US$, Probiermenü ohne/mit Weinbegleitung 145/220 US$; ⊙ tgl. 16.30–22.30 Uhr, Bar Fr & Sa bis 24 Uhr) Fleischliebhaber lassen Paris hinter sich und machen sich durch eine Miniaturausgabe des Eurotunnels auf ins Steakhaus des britischen Chefkochs Gordon Ramsay. Das in Rottönen gehaltene und mit einem frechen Union Jack bekrönte Restaurant gehört zu den besten der Stadt. Fisch, Koteletts und das berühmte Filet Wellington runden die Auswahl aus in Himalaja-Salzräumen abgehangenen Steaks ab. Wer keine Reservierung hat, kann es sich an der Bar gemütlich machen.

DER SÜDWESTEN NEVADA

FÜR GENIESSER: DIE BESTEN BUFFETS

Extravagante All-you-can-eat-Buffets haben in Sin City Tradition. Zu den besten gehören:

Bacchanal Buffet (3570 Las Vegas Blvd S, Caesars Palace; Buffet Erw. 26–54 US$, Kind 4–10 J. 15–27 US$; 🖋📶; 🚍 Deuce)

Wicked Spoon Buffet (3708 Las Vegas Blvd S, Cosmopolitan; 26–40 US$/Pers.; ⊙ Mo–Fr 8–14 & 17–21, Sa & So 8–21 Uhr; 📶)

Buffet at Bellagio (www.bellagio.com; Bellagio; 19–40 US$/Pers.; ⊙ 7–22 Uhr)

Sage
AMERIKANISCH **$$$**

(☎702-590-8690; Aria, CityCenter; Hauptgerichte 35–54 US$, Probiermenüs 59–150 US$; ⊗Mo–Sa 17–23 Uhr) Chefkoch Shawn McClain bringt die frische saisonale Küche des Mittleren Westens auf den Strip. Fast stiehlt dieser das von hinten beleuchtete Wandgemälde über der Bar die Show, doch die kreativen Interpretationen von Klassikern mit Fleisch und Kartoffeln (z. B. Schweineterrine mit Blaumais-Succotash und Salsa Verde), die Meeresfrüchte und die Pasta können ebenfalls überzeugen. Nach dem Essen bietet sich ein Absinth an – kredenzt von einer Bedienung mit Servierwagen. Reservierung erforderlich; kleidungstechnisch ist ein gepflegter Freizeitlook angemessen.

⚔ Downtown & Abseits des Strips

Im Allgemeinen bieten die Restaurants in Downtown ein besseres Preis-Leistungs-Verhältnis als die auf dem Strip.

Container Park
FAST FOOD **$**

(☎702-637-4244; http://downtowncontainerpark. com; 707 E Fremont St; Gerichte 3–9 US$; ⊗So–Do 11–23, Fr & Sa bis 1 Uhr; 🚇Deuce) Die Essensverkäufer im innovativen Container Park bieten Speisekarten im Stil von Food Trucks, Sitzbereiche auf Terrassen unter freiem Himmel, lange Öffnungszeiten und ein kulinarisches Angebot, das für jeden Geschmack etwas bereithält. Bei unserem letzten Besuch gehörten zu der ständig wechselnden Auswahl die mexikanischen Aromen von Pinche's Tacos, die leckeren Schweinereien von Pork & Beans, Barbecue nach Südstaatenart im Big Ern's BBQ, Rohkost und gesunde vegane Küche im Simply Pure und die Weinbar Bin 702. Nach 21 Uhr müssen Besucher mindestens 21 Jahre alt sein.

Veggie Delight
VEGETARISCH **$**

(☎702-310-6565; www.veggiedelight.biz; 3504 Wynn Rd; Gerichte 3–10 US$; ⊗11–21 Uhr; 🍽) Das Restaurant unter buddhistischer Leitung serviert vietnamesisch inspirierte vegetarische und vegane Küche. Zum Angebot gehören chinesische farbige Chakra-Kräutertinkturen, Sandwiches nach *banh mi*-Art, Brühfondues und Nudelsuppen.

Wild
PIZZA, AMERIKANISCH **$$**

(☎702-778-8800; http://eatdrinkwild.com; 150 Las Vegas Blvd N, Ogden; Pizzas 9–26 US$, Brunch-Menü 18 US$; ⊗Mo–Sa 7–19 Uhr; 🍽; 🚇Deuce) 🌱 Die Pizzeria im Erdgeschoss eines riesigen Wohnkomplexes serviert glutenfreie Pizza aus marktfrischen Zutaten aus nachhaltigem Anbau. Für das Wohlbefinden der Gäste sorgen Fruchtsmoothies von der Saftbar oder ein Beilagensalat mit Grünkohl und geräuchertem Tofu. Die experimentierfreudigen Pizzabeläge reichen von weißem Trüffel und Ricotta bis hin zu Hühnchen-Tikka-Masala. Die einzigartige Bier- und Weinauswahl sorgt für geselliges Ambiente.

Firefly
TAPAS **$$**

(☎702-369-3971; www.fireflylv.com; 3824 Paradise Rd; Gerichte zum Teilen 5–12 US$, Hauptgerichte 15–20 US$; ⊗11.30–24 Uhr; 🚇108) Das Firefly zieht eine modebewusste einheimische Klientel an, dafür sorgen gut zubereitete spanische und lateinamerikanische Tapas, z. B. *patatas bravas* (Kartoffeln mit scharfer Tomatensauce), Empanadas mit Chorizo-Füllung und vegetarische Leckereien wie Kichererbsen mit Chili, Limette und Meersalz. Die von hinten beleuchtete Bar schenkt die Spezialität des Hauses – Sangria aus Rotwein, Weißwein oder Sekt – und fruchtige Mojitos aus. Reservierung empfehlenswert.

Lotus of Siam
THAILÄNDISCH **$$**

(☎702-735-3033; www.saipinchutima.com; 953 E Sahara Ave; Hauptgerichte 9–30 US$; ⊗Mo–Fr 11.30–14.30, 17.30–22 Uhr tgl.; 🍽; 🚇SDX) Saipin Chutimas authentische nordthailändische Küche hat fast so viele Preise gewonnen wie ihr erlesener Weinkeller mit Tropfen aus Europa und der Neuen Welt. Der renommierte Gastrokritiker Jonathan Gold bezeichnete das Lotus of Siam einst als „bestes thailändisches Restaurant in Nordamerika". Von außen mag der kleine Laden in einem Einkaufszentrum unscheinbar wirken, dennoch zieht es Feinschmecker in Scharen an. Reservierung erforderlich.

🍸 Ausgehen & Nachtleben

🍹 The Strip

Chandelier Bar
COCKTAILBAR

(3708 Las Vagas Blvd S, Cosmopolitan; ⊗24 Std.; 🚇Deuce) Das hoch oben thronende Herzstück des Cosmopolitan ist eine märchenhaft designte Cocktailbar. Sie verbindet Innovation mit Ästhetik und besteht aus drei Etagen, die durch romantisch geschwungene Treppen miteinander verbunden und in ein glitzerndes Netz aus Glasperlen gehüllt sind. Im zweiten Stock gibt's molekulare Cocktails (wie wär's mit einem Martini mit flüssigem Stickstoff?), während oben blu-

DER SÜDWESTEN LAS VEGAS

EMERGENCY ARTS

Café, Kunstgalerie, Ateliers und eine Art Gemeindezentrum unter einem Dach, und das mitten in Downtown Las Vegas? Das **Emergency Arts** (www.emergencyartslv.com; 520 E Fremont St; 🚇 Deuce) GRATIS mit dem **Beat Coffeehouse** (📞 702-385-2328; www.thebeatlv.com; 🕐 Mo–Fr 7–24, Sa ab 9, So 9–17 Uhr; 📶; 🚇 Deuce) ist eine freundliche Bastion entspannter Coolness. Es gibt starken Kaffee, und auf alten Mischpulten werden Vintage-Vinyl-Platten abgespielt. Wer ein paar findige Einheimische treffen möchte, um ein paar Insidertipps zu bekommen, ist hier genau richtig.

mig-fruchtige Kreationen ausgeschenkt werden.

Double Barrel Roadhouse BAR
(www.sbe.com/doublebarrel; 3770 Las Vegas Blvd S, Monte Carlo; 🕐 11–2 Uhr) Das zweistöckige Grillrestaurant mit Bar und Terrasse samt Blick auf den Strip, liegt an der neuen Fußgängerzone zwischen den Kasinohotels Monte Carlo und New York–New York. Die Mitarbeiter präsentieren robuste hausgemachte Weinkühler in Einmachgläsern, servieren rustikale Südstaatenküche und feuern die Rockbands auf der Bühne an.

Fireside Lounge LOUNGE
(www.peppermilllasvegas.com; 2985 Las Vegas Blvd S, Peppermill; 🕐 24 Std.; 🚇 Deuce) Draußen blendet schrille Neonreklame, drinnen, im winzigen Peppermill-Kasino, lockt hingegen der faszinierendste Retro-Laden am Strip. Verliebte Pärchen schätzen die in den Boden eingelassene Feuerstelle, die künstliche tropische Pflanzenwelt und die riesigen „Scorpion"-Cocktails, die von Kellnern in schicker Abendrobe serviert werden.

🍷 Downtown & Abseits des Strips

Lust auf die Gesellschaft Einheimischer? Zahlreiche neue und interessante Bars und Cafés öffnen an der E Fremont St, der besten Alternative zum Strip.

Downtown Cocktail Room LOUNGE
(📞 702-880-3696; www.thedowntownlv.com; 111 Las Vegas Blvd S; 🕐 Mo–Fr 16–2, Sa 19–2 Uhr; 🚇 Deuce) Die Kneipe mit gedämpfter Beleuchtung und einer ambitionierten Aus-

wahl an klassischen Cocktails und hauseigenen Kreationen versprüht romantisches Flair und ist den altmodischen Kasinos in Downtown Jahrzehnte voraus. Der Eingang ist genial versteckt: Die Tür wirkt wie ein Teil der Wand und erst wenn man einen bestimmten Punkt berührt, öffnet sie sich. Unter der Woche gibt es von 16 bis 20 Uhr eine Happy Hour.

Double Down Saloon BAR
(www.doubledownsaloon.com; 4640 Paradise Rd; 🕐 24 Std.; 🚇 108) Der dunkle psychedelische Gin-Laden ist nur etwas für Hartgesottene. Er ist immer geöffnet, verlangt niemals Eintritt, serviert einen Hausdrink namens „Ass Juice" und bezeichnet sich als Erfinder des Bacon Martini. Wenn nicht gerade Livebands die Gäste terrorisieren, spielt die Jukebox New-Orleans-Jazz, britischen Punk, Chicago-Blues und den Surf- und Gitarrenkönig Dick Dale.

☆ Unterhaltung

In Las Vegas wird immer jede Menge geboten. **Ticketmaster** (www.ticketmaster.com) verkauft Tickets für fast alle Veranstaltungen. **Tix 4 Tonight** (📞 877-849-4868; www.tix4night.com; 3200 Las Vegas Blvd S, Fashion Show; 🕐 10–20 Uhr) bietet Karten zum halben Preis für eine begrenzte Auswahl an Vorstellungen am selben Tag sowie kleine Rabatte auf Shows, die „ständig ausverkauft" sind.

Nachtclubs & Livemusik

2015 waren sieben der zehn bestverdienenden Nachtclubs der USA in Vegas ansässig, wobei zwei jeweils über 100 Mio. US$ einnahmen. Die Eintrittspreise schwanken stark; es kommt immer auf die Laune des Personals am Eingang an, auf das Verhältnis zwischen Frauen und Männern und darauf, wie voll es ist. Wer im Voraus beim VIP Host des jeweiligen Clubs reserviert, erspart sich die Warteschlange. Die meisten größeren Läden beschäftigen am späten Nachmittag und frühen Abend Türpersonal. Oft haben Hotel-Concierges kostenlose Eintrittskarten für die Clubs oder nehmen Reservierungen vor. Beim „Bottle Service" erspart man sich in der Regel Eintrittsgelder und Wartezeiten, allerdings ist dieser sehr teuer.

XS CLUB
(📞 702-770-0097; www.xslasvegas.com; Encore; Eintritt 20–50 US$; 🕐 Fr & Sa 21.30–4, So & Mo ab 22.30 Uhr) XS ist der angesagteste Nachtclub in Vegas – zumindest vorerst. Zum Pro-

gramm gehören extravagantes goldenes Dekor, pompöses Design und eine gut besuchte Cocktailbar, über der die überaus kurvige überlebensgroße weibliche Torsos thronen. Bekannte Elektro-DJs bringen die Tanzfläche zum Beben, während zahlungskräftige Gäste in privaten Hütten am Pool den VIP-Bottle-Service in Anspruch nehmen.

Marquee   CLUB
(☑ 702-333-9000; www.marqueelasvegas.com; 3708 Las Vegas Blvd S, Cosmopolitan; ⊙ Do–Sa & Mo 22–5 Uhr) Der glamouröse Nachtclub des Cosmopolitan punktet mit einem millionenschweren Soundsystem und einer aufregenden Tanzfläche, umringt von riesigen LED-Bildschirmen mit Lichtprojektionen, die die EDM-Tracks bekannter, sorgfältig ausgewählter DJs ergänzen. Von Ende Frühling bis in den Frühherbst zieht der äußerst populäre tagsüber geöffnete Poolclub des Marquee die Gäste nach draußen auf eine lebendige Partyterrasse mit Blick auf den Strip, VIP-Hütten und Bungalows.

Tao   CLUB
(☑ 702-388-8588; www.taolasvegas.com; 3355 Las Vegas Blvd S, Grand Canal Shoppes at the Venetian; Eintritt 20–50 US$; ⊙ Nachtclub Do–Sa 22–5 Uhr, Lounge tgl. 17–1 Uhr) Wie ein totgehörter Radiohit hat sich das Tao mittlerweile überlebt. Unvoreingenommene hingegen bestaunen noch immer die dekadenten Details und das lüsterne Ambiente, für das ein riesiger goldener Buddha und halbnackte Go-Go-Girls, die sich aufreizend in Badewannen voller Rosenblätter rekeln, sorgen. Auf der vollen Tanzfläche schwingen Paris-Hilton-Klone ihre Hüften zum Hip-Hop-Soundtrack.

Shows
Bei Hunderten Shows hat man in Vegas die Qual der Wahl. Die Auftritte des Cirque du Soleil sind aber alle unvergesslich.

Beatles LOVE   THEATER
(☑ 702-792-7777, 800-963-9634; www.cirquedusoleil.com; Mirage; Tickets 79–180 US$; ⊙ Do–Mo 19 & 21.30 Uhr; 🖰) *Beatles LOVE*, ein weiteres Erfolgsprogramm des Cirque du Soleil, war die Idee des verstorbenen George Harrison. Unter Verwendung von Mastertapes des Albums *Abbey Road* mischt die Show auf faszinierende Art das musikalische Erbe der Beatles mit den kraftvollen Tänzern und den typischen Luftakrobatik des Cirque. Wer früh genug kommt, kann ein Foto vom flippigen regenbogenfarbenen Eingang schießen und sich einen Drink in der Abbey Road

Bar gleich neben der Revolution Lounge genehmigen.

Michael Jackson ONE   THEATER
(☑ 800-745-3000, 877-632-7400; www.cirquedusoleil.com; 3950 Las Vegas Blvd S, Mandalay Bay; Tickets ab 69 US$; ⊙ Sa–Mi 19 & 21.30 Uhr) Die musikalische Hommage des Cirque du Soleil an den King of Pop auf der Bühne im M-Bay umfasst umjubelte Tänzer sowie geschmeidige Künstler und Luftakrobaten, die sich zu Michael Jacksons Musik bewegen und sich per Moonwalk zu seinem mit Platin dekorierten Erfolgsalbum *Thriller* zurücktanzen. Kinder unter fünf Jahren sind nicht zugelassen.

Le Rêve The Dream   THEATER
(☑ 888-320-7110, 702-770-9966; http://boxoffice.wynnlasvegas.com; 3131 Las Vegas Blvd S, Wynn; Tickets 105–195 US$; ⊙ Fr–Di 19 & 21.30 Uhr) Unterwasserakrobatik von erfahrenen Tauchern sind das Herzstücke dieses runden Wassertheaters, das aus einem 3 800 000 l Wasser fassenden Becken besteht. Kritiker bezeichnen es als eine wenig inspirierte Version von *O*, der Wassershow des Cirque du Soleil, während begeisterte Fans vom romantischen Unterwassertango, den spektakulären Sprüngen und den visuellen Abenteuern begeistert sind. Die günstigsten Plätze befinden sich in der „Splash Zone".

House of Blues   LIVEMUSIK
(☑ 702-632-7600; www.houseofblues.com; 3950 Las Vegas Blvd S, Mandalay Bay; ⊙ Ticketschalter 9–21 Uhr) In der vom Mississippi-Delta inspirierten Musikbar steht nicht nur Liveblues auf dem Programm. Bekannte Künstler unterhalten das dicht gedrängte Publikum mit Soul, Pop, Rock, Metal, Country, Jazz und sogar Burlesque. Bei einigen Shows kann man sich die langen Warteschlangen ersparen, indem man zuvor im Restaurant zu Abend isst und dann die Quittung vom selben Tag vorzeigt.

🛍 Shoppen

Fashion Show   EINKAUFSZENTRUM
(www.thefashionshow.com; 3200 Las Vegas Blvd S; ⊙ Mo–Sa 10–21, So 11–19 Uhr; 🖰) Nevadas größte Mall sticht ins Auge: Bekrönt von der „Cloud", einem silbernen Multimediadach in Form eines flachen Hutes, beherbergt sie über 250 Kettengeschäfte und Warenhäuser. Zu den angesagten europäischen Ergänzungen des massentauglichen Angebots gehören der britische Modefabrikant Topshop

(bzw. Topman für Herren). Freitags, samstags und sonntags finden zwischen 12 und 17 Uhr jede Stunde Modenschauen statt.

Forum Shops EINKAUFSZENTRUM
(www.simon.com; Caesars Palace; ⊙ So–Do 10–23, Fr & Sa bis 24 Uhr) Caesars' schicke Version antiker römischer Märkte umfasst 160 Designergeschäfte, darunter die Modegrößen Armani, DKNY, Jimmy Choo, John Varvatos und Versace, trendige Schmuck- und Accessoiresläden sowie exklusive Spezialboutiquen wie Agent Provocateur (Dessous), Bettie Page (Pin-Up-Mode), MAC (Kosmetik) und Kiehl's (Bade- und Kosmetikprodukte). Die spiralenförmige Rolltreppe gewährt Divas vom Strip aus einen angemessenen Auftritt.

Crystals EINKAUFSZENTRUM
(www.crystalsatcitycenter.com; 3720 Las Vegas Blvd S; ⊙ So–Do 10–23, Fr & Sa bis 24 Uhr) Das designbewusste Crystals ist das eindrucksvollste Einkaufszentrum am Strip. Wer beim Blackjack Glück hatte, kann sich in den Verkaufsräumen von Christian Dior, Dolce & Gabbana, Prada, Hermès, Harry Winston, Paul Smith und Stella McCartney in diesem zentral gelegenen Schrein der Haute Couture mit Mode eindecken. Sexy Pärchen ohne Kreditkartenlimit können bei Kiki de Montparnasse Dessous und Sexspielzeug erstehen.

Grand Canal Shoppes at the Venetian EINKAUFSZENTRUM
(www.grandcanalshoppes.com; 3355 Las Vegas Blvd S, Venetian; ⊙ So–Do 10–23, Fr & Sa bis 24 Uhr) Hier kann man gemalte Musiker und Gaukler sowie ulkige lebende Statuen auf der Piazza San Marco bewundern, während Gondeln in den Kanälen vorbeigleiten und mezzosoprane Serenaden Besucher beschallen. In der luftigen italienisch inspirierten Mall, geschmückt mit Fresken, führen kopfsteingepflasterte Wege vorbei an Geschäften von Burberry, Godiva, Sephora sowie 85 weiteren Luxusläden.

❶ Praktische Informationen

INTERNETZUGANG & MEDIEN

WLAN ist in jedem Hotelzimmer verfügbar (ca. 10–25 US$/Tag, manchmal in der Resortgebühr inbegriffen). Das Venetian und das Tropicana am Strip sowie die Main Street Station im Zentrum bieten auf dem gesamten Gelände kostenloses WLAN. Zu den nützlichen Websites gehören:

Eater Vegas (www.vegas.eater.com) Aktuelle Infos über die Küchenchefs und neuen

Restaurants der Stadt sowie eine regelmäßig aktualisierte Liste der 38 besten Lokale von Las Vegas.

Las Vegas Review-Journal (www.lvrj.com) Tageszeitung, freitags inklusive des Wochenend-Guides Neon.

Las Vegas Weekly (http://lasvegasweekly.com) Kostenlose Wochenzeitung mit gutem Veranstaltungskalender und Restaurantkritiken.

NOTFALL & MEDIZINISCHE VERSORGUNG

Polizei (☑ 702-828-3111; www.lvmpd.com)

Sunrise Hospital & Medical Center (☑ 702-731-8000; http://sunrisehospital.com; 3186 S Maryland Pkwy; ⊙ 24 Std.) Spezielle Traumaabteilung für Kinder und rund um die Uhr besetzte Notfallaufnahme.

University Medical Center (UMC; ☑ 702-383-2000; www.umcsn.com; 1800 W Charleston Blvd; ⊙ 24 Std.) Süd-Nevadas bestes Traumazentrum; die Notfallaufnahme ist rund um die Uhr besetzt.

POST

Post (www.usps.com; 201 Las Vegas Blvd S; ⊙ Mo–Fr 9–17 Uhr) Downtown.

TOURISTENINFORMATION

Zu den Websites mit Reiseinfos und Buchungsservice gehören www.lasvegas.com und www.vegas.com.

Las Vegas Convention & Visitors Authority (LVCVA; ☑ 702-892-7575, 877-847-4858; www.lasvegas.com; 3150 Paradise Rd; ⊙ Mo–Fr 8–17.30 Uhr; Monorail Las Vegas Convention Center)

❶ Anreise & Unterwegs vor Ort

Der **McCarran International Airport** (LAS; ☑ 702-261-5211; www.mccarran.com; 5757 Wayne Newton Blvd; ☎) liegt unmittelbar südöstlich der großen Kasinos des Strips und ist von der I-15 aus einfach zu erreichen. Hier kommen Direktflüge aus der ganzen Welt an. Die meisten Inlandflüge werden am Terminal 1 abgewickelt, internationale Flüge am Terminal 3. **Bell Trans** (☑ 800-274-7433; www.bell-trans.com) bietet einen Shuttleservice (8–15 US$) zum Strip und nach Downtown. Der Schalter von Bell Trans befindet sich am Ausgang 9 nahe der Gepäckausgabe.

Die meisten Sehenswürdigkeiten in Vegas bieten gebührenfreie Parkplätze oder einen Parkservice (Trinkgeld 2 US$). Die schnelle, unterhaltsame und auch für Rollstuhlfahrer geeignete **Las Vegas Monorail** (☑ 702-699-8299; www.lvmonorail.com; einfache Strecke 5 US$, Ticket für 72 Std. 40 US$; ⊙ Mo 7–24, Di–Do bis 2, Fr–So bis 3 Uhr) verbindet die SLS Station mit dem MGM Grand und hält unterwegs an den wichtigsten Mega-Resorts des Strips. Zum Flughafen und nach Downtown verkehrt sie hingegen nicht. Der **Deuce** (☑ 702-228-7433; www.rtcsnv. com; Ticket für 2/24 Std./3 Tage 6/8/20 US$), ein Doppeldeckerbus, pendelt rund um die Uhr regelmäßig zwischen dem Strip und Downtown.

Rund um Las Vegas

⊙ Sehenswertes

Red Rock Canyon
National Conservation Area   CANYON
(☑ 702-515-5350; www.redrockcanyonlv.org; Auto/Fahrrad 7/3 US$; ⊙ Rundweg April–Sept. 6–20 Uhr, März & Okt. bis 19, Nov.–Feb. bis 17 Uhr; Visitor Center 8–16.30 Uhr; ♿) Die eindrucksvolle Naturlandschaft steht in krassem Kontrast zur grellen Künstlichkeit von Las Vegas. Der Canyon entstand vor rund 65 Mio. Jahren und ähnelt eher einem Tal. An der Westkante ragt eine ca. 900 m hohe Klippe aus rotem Stein auf, ein dramatischer Zeuge der Kollision tektonischer Platten. Eine 13 Meilen (21 km) lange Panoramastraße führt zu einigen der faszinierendsten Bereiche des Canyons. Neben traumhaften Ausblicken bietet sie außerdem Zugang zu Wanderwegen und Kletterrouten.

Lake Mead &
Hoover Dam   SEE, HISTORISCHE STÄTTE
Der Lake Mead und der Hoover Dam sind die meistbesuchten Attraktionen der **Lake Mead National Recreation Area** (☑ Infoschalter 702-293-8906, Visitor Center 702-293-8990; www.nps.gov/lake; Auto 10 US$/7 Tage; ⊙ 24 Std.; Visitor Center Mi–So 9–16.30 Uhr; ♿). Zu dem Erholungsgebiet gehören neben dem 110 Meilen (177 km) langen Lake Mead der 67 Meilen (108 km) lange Lake Mohave sowie die riesigen Wüstengebiete rund um die Seen. Das exzellente **Alan Bible Visitors Center** (☑ 702-293-8990; www.nps.gov/lake; Lakeshore Scenic Dr, beim US Hwy 93; ⊙ 9–16.30 Uhr) am Hwy 93 auf halber Strecke zwischen Boulder City und dem Hoover Dam hat Informationen zu Freizeitaktivitäten und der Wüste. Von hier schlängelt sich die North Shore Rd um den See – eine wirklich malerische Route.

Der in einem weichen Bogen verlaufende, 220 m hohe **Hoover Dam** (☑ 702-494-2517, 866-730-9097; www.usbr.gov/lc/hooverdam; beim Hwy 93; Eintritt & 30-minütige Führung Erw./Kind 4–16 Jahre 15/12 US$; inkl. 1-stündiger Führung 30 US$; ⊙ April–Okt. 9–18 Uhr, Nov.–März bis 17 Uhr; ♿), ein Bauwerk im Art-déco-Stil, überspannt die Grenze zwischen Arizona und Ne-

VALLEY OF FIRE STATE PARK

Der 55 Meilen (88 km) nordöstlich von Las Vegas gelegene **Valley of Fire State Park** (☑ 702-397-2088; www.parks.nv.gov; 10 US$/Fahrzeug; ⊙ Visitor Center 8.30–16.30 Uhr) lockt mit einer traumhaften Wüstenszenerie voller psychedelisch anmutender Sandsteinformationen. Der Hwy 169 führt am Visitor Center vorbei; dort gibt es Infos zu Wanderungen und Campingmöglichkeiten (Stellplatz Zelt/Wohnmobil 20/30 US$) sowie exzellente Ausstellungen zum Lebensraum Wüste.

vada und schafft einen großartigen Kontrast zur kargen Landschaft. Sehr lohnenswert ist ein Abstecher zur neuen **Mike O'Callaghan-Pat Tillman Memorial Bridge** (Hwy 93). Der Fußgängerweg der Brücke gewährt wunderschöne Blicke stromabwärts auf den Hoover Dam, für Menschen mit Höhenangst ist er allerdings ungeeignet. Besucher können sich der 30-minütigen **Führung durchs Kraftwerk** oder der detaillierteren einstündigen Hoover-Dam-Tour anschließen.

Tickets für beide Führungen sind beim Visitor Center erhältlich. Karten für die Kraftwerkführung gibt's auch online.

In der Innenstadt im nahen Boulder City lädt das **Milo's** (☑ 702-293-9540; www.miloswinebar.com; 534 Nevada Hwy, Boulder City; Hauptgerichte 9–14 US$; ⊙ So–Do 11–22, Fr & Sa bis 23 Uhr) zu einem entspannten Mittag- oder Abendessen ein. Die frischen Sandwiches, Salate und Gourmet-Käseplatten werden an Straßentischen vor der Weinbar serviert.

West-Nevada

Der Westen Nevadas ist eine weitläufige, größtenteils unberührte Steppe mit Wüstenbeifuß, durchzogen von Bergketten und ausgedörrten Tälern. Durch die Entdeckung der berühmten Comstock-Silbermine bei Virginia City wurde in dieser Gegend das moderne Nevada geboren. Heute locken die vielen Berge Wanderer, Mountainbiker und Skifahrer an. Die Kontraste sind hier ähnlich extrem wie das Wetter: In einem Moment fährt man durch ein niedliches altes Städtchen voller stattlicher Villen, die von Silberbaronen erbaut wurden, und im nächsten Augenblick beobachtet man, wie Buschgras an einer kleinen gemütlichen Bar vorüberweht, von der man später erfährt, dass es sich um das hiesige (legale) Bordell handelt.

Reno

In Renos Downtown können Besucher morgens in einem der zwei Dutzend Kasinos spielen, dann die Straße hinunterlaufen und die Stromschnellen im Truckee River Whitewater Park in Angriff nehmen. Genau diese Kontraste machen den Reiz der „größten Kleinstadt der Welt" aus, die sowohl ihre Glücksspielwurzeln hochhält als auch als erstklassige Ausgangsbasis für Outdoor-Abenteuer bekannt ist. Die Sierra Nevada Mountains und der Lake Tahoe sind nicht einmal eine Autostunde entfernt, und die Region wartet mit jeder Menge Seen, Wanderwegen und Skigebieten auf. Kasinos sammeln sich im Zentrum in der N Virginia St zwischen der I-80 und dem Truckee River; südlich des Flusses geht die Straße in die S Virginia St über.

⊙ Sehenswertes

National Automobile Museum   MUSEUM
(☑ 775-333-9300; www.automuseum.org; 10 S Lake St; Erw./Kind 6–18 J. 10/4 US$; ⊘ Mo–Sa 9.30–17.30, So 10–16 Uhr; ⛲) In diesem fesselnden Museum illustrieren stilisierte Straßenszenen ein Jahrhundert Automobilgeschichte. Die riesige eindrucksvolle Sammlung umfasst einzigartige Fahrzeuge wie James Deans Mercury von 1949 aus dem Film ...*denn sie wissen nicht, was sie tun*, einen Phantom Corsair aus dem Jahr 1938 und einen DeLorean mit einem Überzug aus 24-karätigem Gold. Zudem zeigen Wechselausstellungen alle möglichen frisierten und wunderbar altmodischen Gefährte.

Nevada Museum of Art   MUSEUM
(☑775-329-3333; www.nevadaart.org; 160 W Liberty St; Erw./Kind 6–12 Jahre 10/1 US$; ⊘Mi & Fr–So 10–17, Do bis 20 Uhr) In einem prachtvollen Gebäude, dessen Design von den Steinformationen der Black Rock Desert nördlich der Stadt inspiriert ist, führt eine freischwebende Treppe zu den Galerien. Diese zeigen Wechselausstellungen und abwechslungsreiche Sammlungen zum Westen der USA, zum Alltag und zu moderner Landschaftsfotografie.

Circus Circus   KASINO
(www.circusreno.com; 500 N Sierra St; ⊘ 24/7; ⛲) Das familienfreundlichste Kasino in der Gegend wartet mit kostenlosen Zirkuseinlagen in einem riesigen, buntgestreiften Zelt für die Kleinen auf. Dort findet man allerdings auch zahlreiche Videospiele, die den Glücksspielautomaten verdächtig ähnlich sind.

Silver Legacy   KASINO
(www.silverlegacyreno.com; 407 N Virginia St; ⊘24/7) Das viktorianisch anmutende Silver Legacy ist anhand der auffälligen weißen Kuppel leicht zu erkennen. Hin und wieder wird der riesige nachgebaute Förderturm zur Bühne für eine bescheidene Sound-and-Light-Show.

Eldorado   KASINO
(www.eldoradoreno.com; 345 N Virginia St; ⊘ 24/7) Angesichts des kitschigen Glücksbrunnens würde sich der große italienische Bildhauer Bernini wahrscheinlich im Grab umdrehen.

Harrah's   KASINO
(www.harrahsreno.com; 219 N Center St; ⊘ 24/7) Nevadas Glücksspiel-Pionier William Harrah gründete dieses Kasino 1946. Es ist nach wie vor eines der größten und beliebtesten der Stadt.

☂ Aktivitäten

Von Reno aus fährt man 30 bis 60 Minuten bis zu den Skigebieten beim Lake Tahoe. In vielen Hotels und Kasinos gibt's Pauschalangebote für Übernachtungen plus Skifahren.

Im städtisch verwalteten **Truckee River Whitewater Park** (www.reno.gov), wenige Schritte von den Kasinos entfernt, sind die Stromschnellen der Kategorien II und III sowohl für Kinder zur Fahrt mit einem Gummischlauch (Tubing) als auch für professionelle Kajakfahrer geeignet. Zwei Parcours führen um Wingfield Park herum, eine kleine Flussinsel, auf der im Sommer kostenlose Konzerte stattfinden. **Tahoe Whitewater Tours** (☑ 775-787-5000; www.truckeewhitewaterrafting.com; 400 Island Ave; Rafting Erw./Kind 68/58 US$) und **Wild Sierra Adventures** (☑ 866-323-8928; www.wildsierra.com; 11 N Sierra St; Tubing 29 US$) bieten Kajakausflüge und -kurse an.

🛏 Schlafen

Die Übernachtungspreise schwanken stark. Am günstigsten kommt man normalerweise sonntags bis donnerstags davon, die Freitage sind teurer, und an Samstagen zahlt man manchmal dreimal so viel wie werktags.

Im Sommer lädt der **Mt. Rose** (☑877-444-6777; www.recreation.gov; Hwy 431; Stellplatz Wohnmobil & Zelt 17–50 US$; ⊘Mitte Juni–Sept.) zum Zelten in luftigen Höhen ein. Traumhaft!

Sands Regency
HOTEL $

(☎ 775-348-2200; www.sandsregency.com; 345 N Arlington Ave; Zi. So–Do ab 39 US$, Fr & Sa ab 85 US$; P ✳ 🛜 🏊 🐾) Die Zimmer gehören zu den größten Standardquartieren der Stadt und sind mit ihren fröhlichen tropischen Blau-, Rot- und Grüntönen eine erfrischende Abwechslung zum üblichen Motel-Dekor. Fitnessbereich und Jacuzzi im 17. Stock bieten traumhafte Panoramablicke über die Berge. Im Sommer können Gäste einen Außenpool nutzen. Am schönsten sind die Zimmer im Empress Tower.

Wildflower Village
MOTEL, B & B $

(☎ 775-747-8848; www.wildflowervillage.com; 4395 W 4th St; B 34 US$, Motel 63 US$, B&B 142 US$; P ✳ @ 🛜) Die Künstlerkolonie am westlichen Stadtrand ist eher Lebenseinstellung als Hotel und wirkt baufällig und kreativ zugleich. Verschiedene Wandbilder zieren das Äußere der einzelnen Zimmer und man kann die Frachtzüge vorbeirumpeln hören. Im hauseigenen Café und Pub werden regelmäßig Livekonzerte und Lesungen veranstaltet, zudem gibt es einen Fahrradverleih.

Peppermill
KASINOHOTEL $$

(☎ 866-821-9996, 775-826-2121; www.peppermill reno.com; 2707 S Virginia St; Zi. So–Do 59–129 US$, Fr & Sa 79–209 US$, Resortgebühr 16 US$; P ✳ @ 🛜 🏊) ⌖ Das sehr beliebte Peppermill versprüht eine Extravaganz, die an Vegas erinnert. Neben Suiten im toskanischen Stil in einem 600 Zimmer fassenden Tower, dem neuesten Bau der Anlage, gehören schicke renovierte Quartiere auf dem übrigen Komplex zum Angebot. Die drei glitzernden Pools (darunter ein Innenbecken) sind traumhaft, zudem gibt's ein komplett ausgestattetes Spa. Geothermische Energie sorgt für Warmwasser und Heizung.

✖ Essen

Renos Restaurantszene geht weit über die typischen Kasinobuffets hinaus.

Peg's Glorified Ham & Eggs
DINER $

(www.eatatpegs.com; 420 S Sierra St; Hauptgerichte 7–14 US$; ⊙ 6.30–14 Uhr; ♿) Einheimischen zufolge bekommt man hier das beste Frühstück der Stadt. Zudem gibt's leckere, nicht zu fettige Grillgerichte.

★ Old Granite Street Eatery
MODERN-AMERIKANISCH $$

(☎ 775-622-3222; www.oldgranitestreeteatery. com; 243 S Sierra St; Hauptgerichte abends 12–26 US$; ⊙ Mo–Do 11–22, Fr bis 23, Sa 10–23, So

bis 15 Uhr) Das charmante, helle Restaurant serviert inmitten zahlreicher Antiquitäten Wohlfühlgerichte aus regionalen Bio-Zutaten, altmodische Cocktails und, je nach Saison, Craft-Biere. Die Gäste lieben die stattliche Holzbar, den Umstand, dass das Wasser in alten Likörflaschen kredenzt wird, und die umfangreiche saisonale Speisekarte. Keine Reservierung? Dann kann man sich die Wandbilder mit Hähnen und Schweinen ansehen und an einem Gemeinschaftstisch, bestehend aus einer umgebauten Stalltür, auf einen Tisch warten.

Silver Peak Restaurant & Brewery
BRAUHAUS $$

(www.silverpeakrestaurant.com; 124 Wonder St; Mittagessen 8,50–11 US$, Abendessen 10–23 US$; ⊙ Restaurant So–Do 11–22, Sa & So bis 23 Uhr, Pub 1. Std. länger geöffnet) Der legere, unprätentiöse Pub ist von den Gesprächen Einheimischer erfüllt, denen der Sinn nach Bier der hauseigenen Mikrobrauerei und leckerem Essen steht – von Pizza mit Grillhähnchen über Garnelencurry bis hin zu Filet Mignon.

🍷 Ausgehen

Jungle
CAFÉ, WEINBAR

(www.thejunglereno.com; 246 W 1st St; ⊙ Kaffee 6–24 Uhr, Wein Mo–Do 15–24, Fr 15–2, Sa 12–2, So 12–24 Uhr; 🛜) Das Café mit angeschlossener Weinbar hat einen hübschen Mosaikboden und eine Terrasse am Fluss. Die Bar bietet wöchentliche Weinproben, während das Café Frühstück-Bagels und Sandwiches zum Mittagessen (6–8 US$) serviert sowie verschiedene Musikshows veranstaltet.

☆ Unterhaltung

Die beste Infoquelle für Veranstaltungen ist das kostenlose Wochenmagazin *Reno News & Review* (www.newsreview.com).

BURNING MAN

Ende August macht das Festival **Burning Man** (www.burningman.com; Eintritt 380 US$) eine Woche lang die sonnenverbrannte Black Rock Desert unsicher. Dann entsteht in Nevada vorübergehend ein drittes großes Ballungsgebiet: Black Rock City. Burning Man ist ein Feuerwerk experimenteller Kunst mit Motto-Camps wie von einem anderen Stern und staubüberzogenen Fahrrädern. Überall finden bizarre Tauschgeschäfte statt, Nacktheit wird mittels Kostümen dürftig kaschiert, und Hemmungen werden bereitwillig über Bord geworfen. Höhepunkt ist die Verbrennung einer überdimensionalen menschlichen Figur – des Burning Man.

Edge   CLUB
(www.edgeofreno.com; 2707 S Virginia St, Peppermill; Eintritt 20 US$; ☺ Do & Sa ab 22, Fr ab 19 Uhr) Das Peppermill lockt Nachtschwärmer mit seinem großen schillernden Nachtclub an. Wenn Go-Go-Tänzer, Nebelmaschinen und Laser für Reizüberflutung sorgen, kann man sich draußen auf der Terrassenlounge vor den gemütlichen Feuerstellen entspannen.

Knitting Factory   LIVEMUSIK
(☎ 775-323-5648; http://re.knittingfactory.com; 211 N Virginia St) In der mittelgroßen Konzertstätte stehen Mainstream und Indie-Klassiker auf dem Programm.

❶ Praktische Informationen

Reno-Sparks Convention & Visitors Authority Visitor Center (☎ 775-682-3800; www.visitrenotahoe.com; 135 N Sierra St; ☺ 9–18 Uhr) Hat einen Infoschalter am Flughafen.

❶ An- & Weiterreise

Der **Reno-Tahoe International Airport** (RNO; www.renoairport.com; ☎), 5 Meilen (8 km) südöstlich von Downtown, wird von den meisten großen Fluglinien angeflogen.

North Lake Tahoe Express (☎ 866-216-5222; www.northlaketahoeexpress.com) betreibt ein Shuttle (einfache Strecke 45 US$, ca. 6–8-mal tgl., 3.30–24 Uhr), das zwischen dem Flughafen und Ortschaften am Nordufer des Lake Tahoe verkehrt, darunter Truckee, Squaw Valley und Incline Village. Im Voraus reservieren!

Greyhound (☎ 775-322-2970; www.greyhound.com; 155 Stevenson St) bietet tägliche Verbindungen nach Truckee, Sacramento und San Francisco (12–45 US$, 5–7 Std.), genauso wie der Zug *California Zephyr* von **Amtrak** (☎ 800-872-7245, 775-329-8638; www.amtrak.com; 280 N Center St); er fährt einmal täglich Richtung Westen. Die Zugfahrt ist landschaftlich reizvoller und bequemer. Ab Emeryville geht ein Bus nach San Francisco (45 US$, 7 Std.)

❶ Unterwegs vor Ort

Zum Service der Kasinohotels für Übernachtungsgäste gehören kostenlose regelmäßige Shuttlefahrten zum Flughafen.

Die Nahverkehrsbusse von **RTC Ride** (☎ 775-348-7433; www.rtcwashoe.com; 2 US$/Fahrt) decken das ganze Stadtgebiet ab. Die meisten Linien steuern die RTC 4th St Station in Downtown an. Praktisch sind z. B. die RTC-Rapid-Linie zur Center St und S Virginia St, die Nr. 11 nach Sparks und die Nr. 19 zum Flughafen. Der kostenlose Sierra-Spirit-Bus mit WLAN fährt von 7 bis 19 Uhr alle 15 Minuten die Attraktionen in Downtown an.

Carson City

Die unterschätzte Stadt ist von Reno oder dem Lake Tahoe aus bequem mit dem Auto zu erreichen und eignet sich bestens für ein Mittagessen und einen Spaziergang durch das ruhige altmodische Zentrum.

Der **Kit Carson Blue Line Trail** führt durch hübsche baumbestandene Straßen mit charmanten historischen Häusern. Karten zu dem Weg gibt's im **Visitor Center** (☎ 800-638-2321, 775-687-7410; www.visitcarsoncity.com; 1900 S Carson St; ☺ 9–16 Uhr), 1 Meile (1,6 km) südlich des Zentrums.

Mitten in der Innenstadt steht das **1870 Nevada State Capitol** (Ecke Musser & Carson; ☺ Mo–Fr 8–17 Uhr) GRATIS, wo man gelegentlich den Gouverneur höchstpersönlich im Gespräch mit ein paar Bürgern antrifft. Eisenbahnliebhaber sind im **Nevada State Railroad Museum** (☎ 775-687-6953; www.museums.nevadaculture.org; 2180 S Carson St; Erw./Kind unter 18 Jahren 6 US$/frei; ☺ Do–Mo 9–17 Uhr) richtig, in dem Waggons und Lokomotiven aus dem 19. bis frühen 20. Jh. ausgestellt sind.

Im einladenden **Comma Coffee** (www.commacoffee.com; 312 S Carson St; Frühstück 6–8 US$, Mittagessen 8–10 US$; ☺ Mo & Mi–Sa 7–20, Di bis 22 Uhr; ☎ 🌐 🚲) kann man sich mittags stärken und den Politikern an den Nachbartischen lauschen. Am Abend lockt dann das **Firkin and Fox** (www.thefirkinandfox.com; 310 S Carson St; Hauptgerichte 10–15 US$; ☺ So–Do 11–24, Fr & Sa bis 2 Uhr), ein Pub im englischen Stil.

Der Highway 395 bzw. die Carson St ist die Hauptstraße. Informationen zu Wanderungen und Campingmöglichkeiten liefert das **Carson Ranger District Office** (☏ 775-882-2766; 1536 S Carson St; ☉ Mo–Fr 8–16.30 Uhr) des United States Forest Service (USFS).

Virginia City

Die Entdeckung der legendären Comstock Lode 1859 löste in den Bergen 25 Meilen (40 km) südlich von Reno ein regelrechtes Silberfieber aus. Während der Zeit des Goldrauschs in den 1860er-Jahren war Virginia City eine florierende Boom-Stadt im Wilden Westen. Zur ihrer Blütezeit verbrachte der Journalist Samuel Clemens alias Mark Twain einige Zeit hier; er beschrieb den Alltag in der Minenstadt in seinem Buch *Durch dick und dünn*.

Die hochgelegene Stadt ist ein National Historic Landmark. Viktorianische Gebäude und ein paar kitschige, aber unterhaltsame Museen säumen die Hauptstraße mit hölzernen Gehwegen. Wer sehen möchte, wie die Minenbesitzer lebten, sollte die **Mackay Mansion** (☏ 775-847-0173; 129 South D St; Erw./Kind 5 US$/frei; ☉ Sommer Di–So 10–17 Uhr, im Winter unterschiedlich) und das **Castle** (B St) besuchen.

Die Einheimischen sind sich einig: Das beste Essen der Stadt gibt's im **Cafe del Rio** (www.cafedelriovc.com; 394 S C St; Hauptgerichte 11–16 US$; ☉ Mi–Sa 11–20, So 10–19 Uhr), das eine gute Mischung aus leckeren kleinen Gerichten aus New Mexiko (auch Frühstück) serviert. Gegen den Durst hilft der alteingesessene Familienbetrieb **Bucket of Blood Saloon** (www.bucketofbloodsaloonvc. com; 1 S C St; ☉ 10–19 Uhr). Neben Bier erwarten Gäste in der alten hölzernen Bar klassische Bar-Weisheiten („Wenn der Barkeeper nicht lacht, bist du nicht lustig.").

Das **Visitor Center** (☏ 800-718-7587, 775-847-7500; www.visitvirginiacitynv.com; 86 S C St; ☉ Mo–Sa 9–17, So 10–16 Uhr) liegt an der Hauptstraße, der C St.

Great Basin, Nevada

Eine Tour durch das Great Basin ist ein tolles Erlebnis, das einen nicht mehr loslassen wird. All jene, die von einem echten „Road Trip" träumen, werden die faszinierenden alten Städte und die ungewöhnlichen Sehenswürdigkeiten an den einsamen Wüsten-Highways lieben.

An der I-80

Der Geist des Amerikanischen Westens wird in **Elko**, fast 300 Meilen (ca. 480 km) nordöstlich von Reno entlang der I-80, hingebungsvoll kultiviert. Möchtegern-Cowboys und -girls sollten das **Western Folklife Center** (www.westernfolklife.org; 501 Railroad St; Erw./Kind 6–18 Jahre 5/1 US$; ☉ Mo–Fr 10–17.30, Sa bis 17 Uhr) besuchen. Das Zentrum beherbergt Kunst- und Geschichtsausstellungen, zudem finden Jamsessions, Tanzabende und im Januar das **Cowboy Poetry Gathering** statt. Elko richtet auch das **National Basque Festival** am 4. Juli mit Spielen, traditionellen Tänzen und dem „Bullenrennen" aus. Wer noch nie baskische Küche gekostet hat, ist im **Star Hotel** (www.elkostarhotel.com; 246 Silver St; Mittagessen 6–12 US$, Abendessen 15–32 US$; ☉ Mo–Fr 11–14 & 17–21, Sa 16.30–21.30 Uhr) gut aufgehoben. Der Restaurant-Club mit familiärer Atmosphäre ist in einer ehemaligen Pension für baskische Schafhirten von 1910 untergebracht.

Am Hwy 50

Der transkontinentale Hwy 50 führt mitten durch Nevada und verbindet Carson City im Westen mit dem Great Basin National Park im Osten. Er ist besser unter seinem Spitznamen „Loneliest Road in America" (Einsamste Straße Amerikas) bekannt, gehörte früher zum Lincoln Hwy und folgt der Route des Overland Stagecoach, des Pony Express und der ersten transkontinentalen Telegrafenlinie. Man trifft nur auf wenige Orte, und die Geräuschkulisse beschränkt sich auf das Brummen des Motors und das Rauschen des Windes.

Etwa 25 Meilen (40 km) südöstlich von Fallon lohnt die **Sand Mountain Recreation Area** (☏ 775-885-6000; www.blm.gov/nv; Eintritt für 7 Tage 40 US$, Di–Mi Eintritt frei; ☉ 24 Std.) mit ihrer über 180 m langen Sanddüne und den Ruinen einer Station des Pony Express einen Besuch. Unmittelbar östlich davon kann man sich in der **Middlegate Station** (42500 Austin Hwy), einer alten Postkutschenstation, mit einem saftigen Burger stärken und dann den kurz danach folgenden neuen **Shoe Tree** an der Nordseite des Hwy 50 (der alte wurde gefällt) mit alten Turnschuhen schmücken.

Wer den Hwy 50 überstanden hat, wird mit dem großartigen, einsamen **Great Basin National Park** belohnt. Er liegt nahe der Grenze zwischen Nevada und Utah und um-

DER CATHEDRAL GORGE STATE PARK

Wer den 100 Meilen (161 km) südlich des Great Basin National Park gelegenen **Cathedral Gorge State Park** (☎ 775-728-4460; http://parks.nv.gov; Hwy 93; Eintritt 7 US$; ⊙ Visitor Center 9–16.30 Uhr) betritt, hat das Gefühl, in einer traumhaften Kathedrale mit vielen Türmen und dem Himmel als Dach zu stehen. Wer möchte, kann hier unter dem Sternenzelt schlafen – inmitten karger Felsklippen gibt es ein paar Stellplätze für Zelte und Wohnmobile (17 US$; keine Reservierung möglich).

fasst den 3982 m hohen Wheeler Peak, der urplötzlich über der Wüstenlandschaft aufragt. Die Wanderwege in Gipfelnähe bieten traumhafte Blicke auf die umgebende Landschaft mit Gletscherseen, alten Borstenkiefern und sogar einem permanenten Eisfeld. Der Eintritt ist frei. Informationen liefert das **Great Basin Visitor Center** (☎ 775-234-7331; www.nps.gov/grba; ⊙ Juni–Aug. 8–16.30 Uhr) direkt nördlich von Baker.

Am Hwy 95

Der Highway 95 verläuft von Norden nach Süden durch den Westen Nevadas. Der malerische südliche Abschnitt führt an der Nevada Test Site vorbei, wo in den 1950er-Jahren über 720 Nuklearwaffen gezündet wurden.

An den Hwys 375 & 93

Der Hwy 375 wird auch der „extraterrestrische Highway" genannt, einerseits wegen der vielen Ufos, die an der Strecke gesichtet wurden, andererseits weil er den Hwy 93 in der Nähe der streng geheimen **Area 51**, eines Teils des Luftwaffenstützpunkts Nellis, kreuzt. Angeblich werden hier erbeutete Ufos versteckt. Manche halten den Hwy 375 für noch nervtötender als die Loneliest Road; auf dem einsamen asphaltierten Straßenabschnitt kommen einem kaum Autos entgegen. In dem winzigen Ort **Rachel** am Hwy 375 heißt das **Little A'Le'Inn** (☎775-729-2515; www.littlealeinn.com; 1 Old Mill Rd, Alamo; Wohnmobilstellplatz mit Strom 15 US$, Zi. 45–150 US$; ⊙Restaurant 8–21 Uhr; ❈🛜🐾) Erdlinge und Aliens gleichermaßen willkommen und verkauft außerirdische Souvenirs; Reisen ins Weltall sind im Preis aber nicht enthalten.

ARIZONA

Der sechstgrößte Bundesstaat der USA wartet mit großartigen Naturattraktionen auf, darunter der Grand Canyon, das Monument Valley, die Chiricahua Mountains und die roten Steine von Sedona. Im Schatten dieser Kultstätten versuchten amerikanische Ureinwohner, Pioniere des Wilden Westens und unerschrockene Entdecker, Arizonas Wildnis zu zähmen. Sie errichteten prähistorische Bewässerungskanäle in trockener Buschlandschaft, kartografierten das Labyrinth aus Canyons und erschlossen unterirdische Schätze. Wunderschöne Nebenstraßen verbinden die Naturdenkmäler und historischen Stätten miteinander und machen Arizona zum idealen Roadtrip-Terrain.

Der von Bergen umgebene Großraum Phoenix ist ein riesiges Ballungsgebiet und bietet genau die Attraktionen, Restaurants und Spas, die man in einem Ort erwartet, der sich Erholung und Erneuerung auf die Fahnen geschrieben hat. Das flippige, künstlerisch geprägte Tucson ist das Tor zum Süden Arizonas. Die Stadt ist nur 60 Meilen (96 km) von der mexikanischen Grenze entfernt und stolz auf ihr grenzübergreifendes Erbe.

Weiter nördlich in den Bergen liegt Flagstaff. In dem kühlen Klima erholen sich Einheimische von der erbarmungslosen Sommerhitze, während sich die nahe gelegenen San Francisco Peaks Besucher das ganze Jahr über vergnügen. Am Nordrand des Bundesstaats wartet Arizonas Hauptattraktion, der Grand Canyon, der über Jahrmillionen vom mächtigen Colorado geformt wurde.

Geschichte

Amerikanische Ureinwohner lebten bereits jahrhundertelang in Arizona, als der spanische Entdecker Francisco Vásquez de Coronado 1540 eine Expedition aus Mexico City in das Gebiet führte. Siedler und Missionare folgten ihm und Mitte des 19. Jhs. kontrollierten die USA Arizona. Die Indianerkriege, in denen das US-Militär gegen die Ureinwohner kämpfte, um Siedler zu schützen und Land für die Regierung zu gewinnen, endeten offiziell 1886 mit der Kapitulation des Apachenhäuptlings Geronimo.

Die Ankunft der Eisenbahn und der expandierende Bergbau lockten noch mehr Siedler in das Gebiet. Nachdem Präsident Theodore Roosevelt Arizona 1903 besucht hatte, förderte er den Bau von Flussdämmen, um das ganze Jahr über Ackerland und

Menschen mit Wasser versorgen zu können. Dies ebnete den Weg für einen weiteren wichtigen Schritt: 1912 wurde Arizona von der Union zum letzten der 48 Kernstaaten der USA ernannt.

Heute lautet das Reizthema in Arizona Einwanderung. Nach Schätzungen überqueren 250 000 illegale Immigranten alljährlich die 250 Meilen (402 km) lange Grenze zwischen dem Bundesstaat und Mexiko. Arizona reagierte mit einem umfangreichen, kontrovers diskutierten Maßnahmenkatalog.

ℹ Praktische Informationen

In Arizona gilt die Mountain Standard Time (MST). Es ist der einzige Staat im Westen ohne Sommerzeit; die Ausnahme von der Ausnahme bildet das Navajo-Reservat.

Im Allgemeinen sind die Unterkunftspreise im Süden von Arizona (inkl. Phoenix, Tucson und Yuma) im Winter und Frühling – der Hauptsaison – sehr viel höher als im übrigen Jahr. In den heißeren Gegenden locken im Sommer tolle Schnäppchen.

Arizona Office of Tourism (☎ 602-364-3700; www.arizonaguide.com) Kostenlose Infos über den Bundesstaat.

Arizona Public Lands Information Center (☎ 602-417-9200; www.publiclands.org) Informiert über den USFS, den NPS, das Bureau of Land Management (BLM) sowie staatliche Gebiete und Parks.

Phoenix

Phoenix hat sehr viel mehr zu bieten, als es auf den ersten Blick scheint. Gerade wenn man das größte und am dichtesten besiedelte urbane Ballungsgebiet des Südwestens als brütend heißes Ödland mit kitschiger Architektur, trostlosen Trabantenstädten, eintönigen Malls und Golfplätzen abgetan hat, wird man von einem goldenen Sonnenuntergang, der die städtischen Gipfel zum Glühen bringt, eines Besseren belehrt. Für solche Glücksmomente kann außerdem eine störrische Wüstenblume sorgen, die der trockenen, struppigen Landschaft widersteht, oder ein geschäftiger familienbetriebener Frühstücksladen, der sich den allgegenwärtigen Ketten entgegenstellt.

Der Großraum Phoenix, auch als Valley of the Sun („Tal der Sonne") bekannt, umfasst neben Phoenix auch die separaten Gemeinden Scottsdale, Tempe und Mesa. Das gesamte Gebiet ist von Bergen umgeben, die zwischen 750 und über 2000 m hoch sind. Die Central Ave führt von Norden nach Süden durch Phoenix und bildet die Grenze zwischen den westlichen und östlichen Adressen. Die Washington St verläuft von West nach Ost und ist der Übergang von den Nord- zu den Süd-Adressen.

Phoenix ist vor allem durch die enorme Hitze geprägt. Im Sommer klettern die Temperaturen auf über 43 °C, dann können sich Budgetreisende über erheblich günstigere Preise in den Resorts freuen. Die beliebteste Zeit für einen Besuch sind jedoch Winter und Frühling, wenn das Klima meist angenehm ist.

◉ Sehenswertes

Greater Phoenix besteht aus mehreren eigenständigen Städten. Phoenix selbst ist die größte davon und kombiniert businesshaftes Auftreten mit erstklassigen Museen, einer blühenden Kulturszene und tollen Sportanlagen. Südöstlich davon schmiegt sich die lebendige Studentenstadt Tempe (tem-pie) an den 2 Meilen (3 km) langen Tempe Town Lake, während das unscheinbare Mesa weiter östlich einige interessante Museen bereithält. Nordöstlich von Pho-

---

KURZINFOS ARIZONA

Spitzname Grand Canyon State

Bevölkerung 6,7 Mio.

Fläche 295 254 km^2

Hauptstadt Phoenix (1,51 Mio. Ew.)

Weitere Städte Tucson (526 100 Ew.), Flagstaff (68 700 Ew.), Sedona (10 100 Ew.)

Verkaufssteuer 7,6%

Geburtsort von Cesar Chavez (1927–1993), Sängerin Linda Ronstadt (geb. 1946)

Heimat von in Kunstkolonien umgewandelten Minenstädten

Politische Ausrichtung mehrheitlich republikanisch

Berühmt für den Grand Canyon, Saguaro-Kakteen, die Schießerei am O.K. Corral

Bestes Souvenir Rosafarbene, wie ein Kaktus geformte Neonlampe, erstanden an einem Straßenstand

Entfernungen Phoenix–Grand Canyon Village 235 Meilen (378 km), Tucson–Sedona 230 Meilen (370 km)

Phoenix

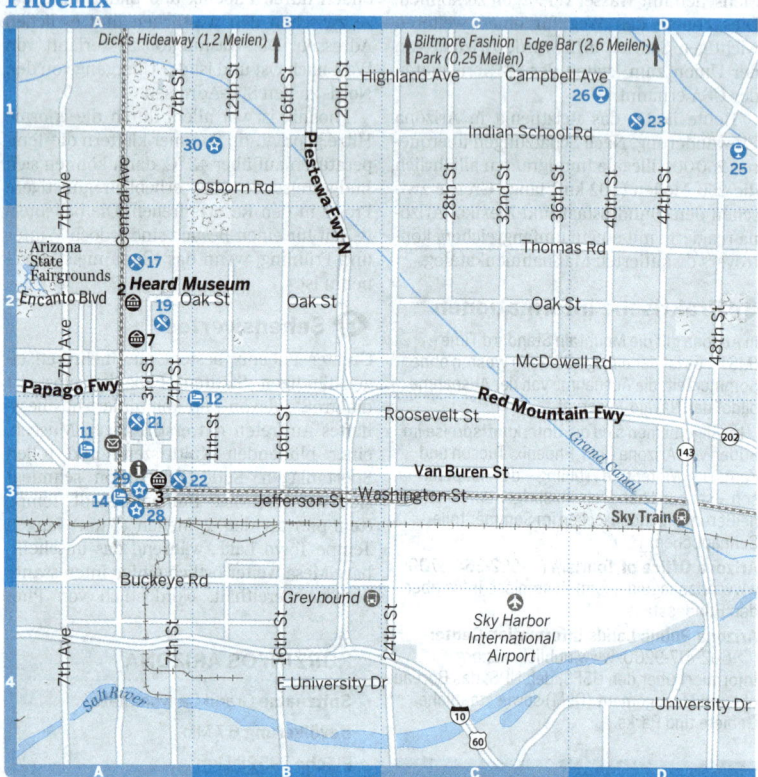

enix erstrecken sich zwei schicke Enklaven: Scottsdale, bekannt für seine kitschig-niedliche Altstadt, Galerien und Luxusresorts, sowie Paradise Valley, das vor allem als Wohngebiet dient.

◉ Phoenix

★ Heard Museum
MUSEUM

(📞602-252-8848; www.heard.org; 2301 N Central Ave; Erw./Kind 6–12 Jahre & Student/Senior 18/7,50/13,50 US$; ⏱Mo–Sa 9.30–17, So 11–17 Uhr; 🚻) Das außergewöhnliche Museum widmet sich Geschichte, Alltag, Kunst und Kultur von Indianerstämmen im Südwesten. Besucher erwarten Kunstgalerien, ethnografische Exponate, eine Ausstellung, die die Fantasie von Kindern anregt, und eine beispiellose Sammlung von Hopi-*kachinas*; viele der Stücke sind Spenden von Barry Goldwater. Das Heard Museum stellt Qualität über Quantität und ist eines der besten Museen seiner Art der USA.

★ Musical Instrument Museum
MUSEUM

(📞480-478-6000; www.themim.org; 4725 E Mayo Blvd; Erw./Kind 13–19 Jahre/unter 13 Jahren 18/14/10 US$; ⏱Mo–Sa 9–17, So 10–17, 1. Fr im Monat bis 21 Uhr) Ob ugandische Daumenklaviere, hawaiianische Ukulelen oder indonesische Gongs: In dem lebendigen Museum, das Musikinstrumente aus der ganzen Welt zeigt, kommt das Gehör voll auf seine Kosten. In den fünf Galerien sind über 200 Länder und Regionen vertreten. Stoppt ein Besucher neben einem der Exponate, werden automatisch Musik- und Videovorführungen gestartet. Wer möchte, kann in der Experiences Gallery trommeln oder in der Artist Gallery Taylor Swift lauschen.

★ Desert Botanical Garden
BOTANISCHER GARTEN

(📞480-941-1225; www.dbg.org; 1201 N Galvin Pkwy; Erw./Kind 3–12 Jahre/Student/Senior 22/10/12/20 US$; ⏱Okt.–April 8–20 Uhr, Mai–Sept. 7–20 Uhr) Glockenblumen und mexikani-

0   2 km
0   1 Meile

Camelback Mountain Echo
Canyon Recreation Area
15 Camelback Rd
31 Arizona Canal
20
76th St
Jokake Rd
Indian School Rd
6
9 16
13 27
Osborn Rd
24
56th St
52nd St
68th St
Scottsdale Rd
Papago
Park &
Golf Course
1 Desert Botanical Garden
Roosevelt St
McKellips Rd
Galvin Pkwy
Mill Ave
Curry Rd
8
10 Tempe Town Lake
3rd St
5th St
TEMPE
52nd St
Priest Dr
Hardy Dr
18
4
5
E 8th St
Apache Blvd

scher Goldmohn sind nur zwei der farben-frohen Attraktionen, die von März bis Mai entlang des Desert Wildflower Loop Trail in diesem sehr gepflegten botanischen Garten blühen. Hier kann man wunderbar in die Natur eintauchen und dabei etwas über die Pflanzenwelt der Wüste lernen. Rundwege führen an einer eindrucksvollen Vielfalt pflanzlicher Wüstenbewohner vorbei, die thematisch angeordnet sind (z.B. der Sonoran-Desert-Naturpfad und ein Wüstengarten mit essbaren Pflanzen).

Phoenix Art Museum MUSEUM
(602-257-1222; www.phxart.org; 1625 N Central Ave; Erw./Kind 6–17 Jahre/Student/Senior 15/6/10/12 US$, Mi 15–21 & 1. Fr im Monat 18–22 Uhr frei; Mi 10–21, Do, Fr & Sa 10–17 Uhr, So 12–17 Uhr;) Arizonas erste Adresse für die Schönen Künste zeigt u.a. Werke von Claude Monet, Diego Rivera und Georgia O'Keeffe. Die eindrucksvollen Landschaftsbilder in der westamerikanischen Galerie bringen Besu-

cher in Abenteuerlaune. Wer mit Kindern unterwegs ist, holt sich bei der Besucherinformation ein Kidpack, erkundet die kunstvoll gefertigten Miniaturmodelle der historischen Thorne Rooms oder besichtigt die PhxArtKids Gallery.

Scottsdale

Scottsdales Hauptattraktion sind die beliebten Einkaufsbezirke, zu denen die Old Town, bekannt für Gebäude aus dem frühen 20. Jh. (und auf alt gemachte Bauten) sowie der Arts District in der Nähe gehören. In beiden Vierteln gibt's Kunstgalerien, Modeläden für das moderne Cowgirl und einige großartige Restaurants und Bars.

Taliesin West ARCHITEKTUR
(480-860-2700; www.franklloydwright.org; 12621 Frank Lloyd Wright Blvd; Insights Tour Erw./Kind 4–12 Jahre 36/17 US$; Führungen 9–16 Uhr, Juni–Aug. Di & Mi geschl.) Frank Lloyd Wright war einer der einflussreichsten US-amerikanischen Architekten des 20. Jhs. Taliesin West, sein Wüstenhaus und Atelier, entstand zwischen 1938 und 1940. Das Gebäude beherbergt eine Architekturschule, kann im Rahmen von Führungen besucht werden und ist mit seinen Elementen und Strukturen, die auch in der umliegenden Natur zu finden sind, ein erstklassiges Beispiel für organische Architektur.

Tempe

Die **Arizona State University** (ASU; www.asu.edu) wurde 1885 gegründet, hat rund 50 000 Studenten und ist das Herz und die Seele von Tempe. Das **Gammage Auditorium** (Kartenverkauf 480-965-3434, Führungen 480-965-6912; www.asugammage.com, 1200 S Forest Ave; Ecke Mill Ave & Apache Blvd; Eintritt kostenlos, Karten ab 20 US$; Okt.–Mai Mo–Fr 13–16 Uhr) war Frank Lloyd Wrights letztes großes Werk.

Tempes wichtigste Straße, die **Mill Avenue**, ist von Downtown Phoenix aus problemlos mit der Straßenbahn zu erreichen. Sie wird von Restaurantketten, Mottobars und Studentenkneipen gesäumt. Wenn man schon einmal da ist, lohnt sich ein Abstecher zum künstlichen **Tempe Town Lake** (www.tempe.gov/lake), auf dem man Boot fahren und wandern kann.

Mesa

Das unauffällige Mesa wurde 1877 von Mormonen gegründet und ist eine der am

Phoenix

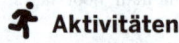

DER SÜDWESTEN ARIZONA

schnellsten wachsenden Städte des Landes. Mit 458000 Einwohnern ist sie zudem die drittgrößte Stadt Arizonas.

★ Arizona Museum of Natural History
MUSEUM

(☑480-644-2230; www.azmnh.org; 53 N MacDonald St; Erw./Kind 3–12 Jahre/Student/Senior 10/6/8/9 US$; ⊙Di–Fr 10–17, Sa 11–17, So 13–17 Uhr; 🖐) Auch wenn man nicht in Mesa übernachtet, lohnt das Museum of Natural History einen Besuch, insbesondere wenn man mit Kindern reist, die Dinosaurier cool finden (tun das nicht alle?). Neben dem mehrstöckigen Dinosaur Mountain gibt es hier viele lebensgroße Gipsfiguren der gigantischen Tiere und den Oberschenkelknochen eines Apatosaurus zu sehen, den man auch anfassen kann. Eine kleine Warnung: Bei unserem Besuch brach ein kleines Kind vor lauter Angst vor den Nachbildungen in Tränen aus. Weitere Ausstellungsstücke sind der interessanten Vergangenheit Arizonas gewidmet, so sind z. B. ein prähistorisches Hohokam-Dorf und ein Gefängnis mit acht Zellen zu sehen.

🏃 Aktivitäten

Camelback Mountain
WANDERN

(☑602-261-8318; www.phoenix.gov; ⊙Sonnenaufgang–Sonnenuntergang) Der 825 m hohe Berg thront im Herzen von Phoenix. Zwei Wanderwege, der Cholla Trail (6131 E Cholla Ln) und der Echo Canyon Trail (4925 E McDonald Dr), führen über rund 370 m Höhenmeter hinauf zum Gipfel. Der kürzlich modernisierte Echo Canyon Trail ist sehr beliebt und die 135 Parkplätze sind schon frühmorgens besetzt.

Piestewa Peak/ Dreamy Draw Recreation Area
WANDERN

(☑602-261-8318; www.phoenix.gov; Squaw Peak Dr, Phoenix; ⊙Wege 5–23 Uhr, letzter Einlass 18.59 Uhr) Der leicht zugängliche Gipfel ist mit Saguaro-Kakteen, Weinkakteen und anderen hiesigen Kakteenarten gespickt, und war früher als Squaw Peak bekannt. Später wurde er nach der einheimischen Soldatin Lori Piestewa, einer Indianerin, benannt, die 2003 im Irak fiel. Die Wanderung auf den 795 m hohen Gipfel ist äußerst beliebt und an Winterwochenenden kann es in dem Park richtig voll werden. Die Parkplätze nordöstlich des Lincoln Dr zwischen 22nd St und 24th St sind schnell belegt. Auf ein paar Wegen im Park sind Hunde erlaubt, auf dem Summit Trail jedoch nicht.

Cactus Adventures
MOUNTAINBIKEN

(☑480-688-4743; www.cactusadventures.com; Halbtagesmiete ab 55 US$; ⊙unterschiedlich) Cactus Adventures verleiht Fahrräder für Touren auf den South Mountain und veranstaltet geführte Wanderungen und Radausflüge zu verschiedenen Parks. Leihräder werden zum Startpunkt der jeweiligen Route gebracht.

Ponderosa Stables   REITEN
(☑ 602-268-1261; www.arizona-horses.com; 10215 S Central Ave, Phoenix; Ausritte 1/2/3 Std. 33/55/75 US$, Mindestanzahl von 2 Pers. für 3-stündige Ausritte; ⊙ April–Aug. 7–18 Uhr, Sept.–März 8–18 Uhr) Veranstaltet Ausritte durch den South Mountain Park. Die meisten Touren müssen vorab reserviert werden.

🎆 Feste & Events

Fiesta Bowl   SPORT
(☑ 480-350-0911; www.fiestabowl.org; 1 Cardinals Dr, Glendale) Die beliebteste Veranstaltung in Phoenix ist das Footballspiel Fiesta Bowl, das Anfang Januar im Stadion der University of Phoenix stattfindet. Zuvor gibt es eine der größten Paraden im Südwesten.

Arizona State Fair   JAHRMARKT
(www.azstatefair.com; 1826 W McDowell Rd; Erw./Kind 5–13 Jahre 10/5 US$) Der Jahrmarkt mit Rodeo, Nutztieren, einem Pasteten-Wettessen und Konzerten lockt in den letzten zwei Oktoberwochen und in der ersten Novemberwoche Besucher auf die Arizona State Fairgrounds.

🛏 Schlafen

Der Großraum Phoenix ist mit Hotels und Resorts gut bestückt, B & Bs und gemütliche Gästehäuser sind hingegen spärlich gesät. Im brütend heißen Sommer fallen die Preise deutlich. Dann stürzen sich die Valley-Bewohner auf ihre Lieblingsresorts.

🛏 Phoenix

HI Phoenix Hostel   HOSTEL $
(☑ 602-254-9803; www.phxhostel.org; 1026 N 9th St; B ab 23 US$, EZ/DZ 35/45 US$; ❄ @ 🖥) In diesem kleinen Hostel mit witzigen Besitzern, die ihr Wissen über Phoenix jederzeit mit den Gästen teilen, ist man gerne wieder Backpacker. Die 22 Betten befinden sich in einem Arbeiterviertel und es gibt gemütliche Plätzchen im Garten. Check-in ist zwischen 8 und 10 sowie zwischen 17 und 22 Uhr. Bezahlen kann man ausschließlich mit Bargeld oder Reiseschecks.

Budget Lodge Downtown   MOTEL $
(☑ 602-254-7247; www.blphx.com; 402 W Van Buren St; Zi. inkl. Frühstück 63–70 US$; P ❄ 🖥) Die Budget Lodge hat keine Zeit für Spielereien oder Charisma, sondern einen Job zu erledigen, nämlich saubere, günstige Betten bereitzustellen, und das macht sie gut. Die Zimmer sind mit Mikrowelle und Kühlschrank ausgestattet.

La Quinta Inn & Suites Phoenix I-10 West   HOTEL $
(☑ 602-595-6451; www.lq.com; 4929 W McDowell Rd; Zi. 79–89 US$, Suite 119–129 US$; P ❄ @ 🖥) Das einladende Hotel ist die richtige Wahl, wenn man auf der Suche nach einer ruhigen, günstigen Bleibe ist, die man vom Flughafen und der I-10 aus gut erreichen kann. Leckeres Essen gibt's nebenan bei El Pollo Loco. Keine Gebühr für Haustiere.

Palomar Phoenix   HOTEL $$$
(☑ 877-488-1908, 602-253-6633; www.hotelpalomar-phoenix.com; 2 E Jefferson St; Zi. 309–429 US$, Studio & Suite 359–369 US$; P ❄ @ 🖥)

PHOENIX MIT KINDERN

Wet 'n' Wild Phoenix (☑ 623-201-2000; www.wetnwildphoenix.com; 4243 W Pinnacle Peak Rd, Glendale; über/unter 1 m 40/30 US$, Senior 30 US$; ⊙ Juni & Juli So–Mi 10–18, Do–Sa 10–22 Uhr, Mai, Aug. & Sept. unterschiedlich; 👶) Der Wasserpark bietet Swimmingpools, Wasserrutschen, Wellenbecken, Wasserfälle und Raftinganlagen. Er liegt in Glendale, 2 Meilen (3 km) westlich der I-17 an der Ausfahrt 217.

Rawhide Western Town & Steakhouse (☑ 480-502-5600; www.rawhide.com; 5700 W N Loop Rd, Chandler; Eintritt frei, 5 US$/Attraktion oder Show, Tagesticket 15 US$; ⊙ Juni & Juli Do–So 17–22 Uhr, restliches Jahr unterschiedlich; 👶) In dieser nachgebauten Grenzstadt aus den 1880er-Jahren, rund 20 Meilen (32 km) südlich von Mesa, gibt's jede Menge kitschigen, aber witzigen Hokuspokus für Kinder. Experimentierfreudige können im Steakhaus Klapperschlange probieren.

Arizona Science Center (☑ 602-716-2000; www.azscience.org; 600 E Washington St; Erw./3–17 Jahre/Senior 17/12/15 US$; ⊙ 10–17 Uhr; 👶) In dem High-Tech-Tempel für Entdecker gibt's über 300 Exponate zum Anfassen und ein Planetarium.

⌨⌨) Zottelige Kissen, Lampen in Geweihform und Porträts blauer Kühe: Uns gefallen die Eigenarten des 242 Zimmer umfassenden Palomar. Die Unterkünfte sind überdurchschnittlich groß, außerdem frisch und modern. Zur Ausstattung gehören Yogamatten, Bademäntel mit Tiermotiven und Pillow-Top-Betten mit italienischer Frette-Wäsche, zudem gibt's jeden Abend einen Weinempfang.

Royal Palms Resort & Spa RESORT $$$
(☎ 602-840-3610; www.royalpalmshotel.com; 5200 E Camelback Rd; Zi./Suite/Casita ab 519/529/559 US$; ⓟ✳@☎⌨⌨) Der Camelback Mountain dient als malerische Kulisse für dieses schicke, anheimelnde Resort, der einstigen Winterresidenz des New Yorker Unternehmers Delos Cook. Heute umfasst die dezente, elegante Anlage Villen im spanischen Kolonialstil, blumengesäumte Wege und aus Ägypten importierte Palmen. Für vierbeinige Gäste gibt's weiche Betten, persönliche Leckerlis und Gassi-Service.

🛏 Scottsdale

Sleep Inn HOTEL $$
(☎ 480-998-9211; www.sleepinnscottsdale.com; 16630 N Scottsdale Rd; Zi. inkl. Frühstück 129–134 US$; ⓟ✳@☎) Das Sleep Inn gehört zwar zu einer landesweiten Hotelkette, punktet aber mit einem opulenten Frühstück, das im Preis inbegriffen ist, Gebäck am Nachmittag, freundlichem Personal und der Nähe zum Taliesin West. Zudem gibt es einen Wäschereiservice und einen kostenlosen Hotel-Shuttle, der rund um die Uhr in einem Umkreis von 5 Meilen (8 km) verkehrt.

★ Hotel Valley Ho BOUTIQUE-HOTEL $$$
(☎ 480-248-2000; www.hotelvalleyho.com; 6850 E Main St; Zi. 249–299 US$, Suite 439–609 US$; ⓟ✳@☎⌨⌨) Am Valley Ho ist rein gar nichts auszusetzen. In dem wunderbaren Hotel, das den Stil aus der Mitte des 20. Jhs. mit topmodernen Elementen mischt, nächtigten einst Bing Crosby, Natalie Wood und Janet Leigh. Heute gehört es zu den Lieblingsadressen von Filmstars, die in Phoenix drehen. Bebop-Musik, gut gelauntes Personal und Eye-Catcher wie ein „Eiskamin" fangen das Flair der Rat-Pack-Ära ein. Die Zimmer mit Balkonen fügen sich gut in das Gesamtkonzept ein.

★ Bespoke Inn, Cafe & Bicycles B&B $$$
(☎ 480-664-0730; www.bespokeinn.com; 3701 N Marshall Way; Zi. inkl. Brunch ab 319 US$;

ⓟ✳☎⌨⌨) Oh là, là, sind wir hier irgendwo in England auf dem Land oder in Downtown Scottsdale? In dem luftigen B&B können sich Gäste im schicken Café Schokokekse schmecken lassen, sich im Infinity Pool räkeln oder mit einem Pashley-Rad das Viertel erkunden. Die eleganten Zimmer bieten ansprechende Details wie handgearbeitete Möbel und Badarmaturen aus Nickel. Im hauseigenen Restaurant Virtu kommt ein Gourmet-Brunch auf den Tisch. Früh buchen!

The Saguaro HOTEL $$$
(☎ 480-308-1100; www.jdvhotels.com; 4000 N Drinkwater Blvd; Zi. 169–229 US$, Suite 249–669 US$; ⓟ✳☎⌨⌨) In dem grellbunten Refugium neben der Altstadt von Scottsdale kann man seine Hipster-Seite ausleben. Verglichen mit etablierteren Häusern in Scottsdale fehlt es etwas an der Liebe zum Detail und an gereiftem Ambiente, dafür gibt es eine tolle Lage, einen palmenbestandenen Pool und günstigere Preise als bei der umliegenden Konkurrenz.

🛏 Tempe

Best Western Inn of Tempe HOTEL $$
(☎ 480-784-2233; www.innoftempe.com; 670 N Scottsdale Rd; Zi. inkl. Frühstück ab 117 US$; ⓟ✳@☎⌨⌨) Das gepflegte Hotel liegt direkt neben dem vielbefahrenen Freeway 202 in Gehweite zum Tempe Town Lake. Die ASU und Mill Ave befinden sich in unmittelbarer Nähe. Gäste können einen kostenlosen Flughafen-Shuttle in Anspruch nehmen. Für Haustiere werden jeweils 10 US$ pro Tag fällig.

Sheraton Wild Horse Pass Resort & Spa RESORT $$$
(☎ 602-225-0100; www.wildhorsepassresort. com; 5594 W Wild Horse Pass Blvd, Chandler; Zi. 259 US$, Suite ab 334 US$; ⓟ✳@☎⌨) Bei Sonnenuntergang lassen sich am einsamen Horizont manchmal die namensgebenden Wildpferde vor der Silhouette der South Mountains blicken. Das 500 Zimmer umfassende Resort gehört der indigenen Gemeinschaft der Gila River, erstreckt sich auf deren weitläufigem Reservat südlich von Tempe und ist eine eindrucksvolle Mischung aus Luxus und indianischen Elementen. Die kuppelförmige Lobby befindet sich in einem mit Wandbildern geschmückten Rundhaus und die Zimmer spiegeln die Traditionen hiesiger Stämme wider.

 Essen

In Phoenix und Scottsdale gibt es die größte Auswahl an Restaurants im Südwesten.

Phoenix

★Matt's Big Breakfast   FRÜHSTÜCK $

(☎602-254-1074; www.mattsbigbreakfast.com; 825 N 1st St, bei der Garfield St; Frühstück 5–10 US$, Mittagessen 7–10 US$; ☺6.30–14.30 Uhr) Gäste seien gewarnt: Auch werktags reicht die Warteschlange oft bis auf den Gehsteig. Eine Reservierung ist nicht möglich, stattdessen hinterlässt man seinen Namen auf dem Notizbrett und stellt sich auf eine 20-minütige Wartezeit ein (Kleingeld für die Parkuhr nicht vergessen!). Belohnt wird man mit einem wirklich grandiosen Frühstück.

★Green New American Vegetarian   VEGAN, VEGETARISCH $

(☎602-258-1870; www.greenvegetarian.com; 2022 N 7th St; Hauptgerichte 6–9 US$; ☑) Wir sind tief beeindruckt und unser Anspruch an vegane Küche ist nach dem Besuch dieses hippen Cafés stark gestiegen! Der vegane Koch Damon Brasch bereitet leckere vegane und vegetarische Gerichte zu. Die Burger, Sandwiches und Eintöpfe nach asiatischer Art sind genauso gut wie ihre fleischhaltigen Pendants, wenn nicht sogar besser. Nachdem man an der Theke seine Bestellung aufgegeben hat, schnappt man sich einem Platz in dem garagenähnlichen Raum.

Tee Pee Mexican Food   MEXIKANISCH $

(☎602-956-0178; www.teepeemexicanfood.com; 4144 E Indian School Rd; Hauptgerichte 5–14 US$; ☺Mo–Sa 11–22, So bis 21 Uhr) Wer hohe Ansprüche hat, was die mexikanische Küche angeht, sollte einen großen Bogen um das Tee Pee machen. Wer jedoch Lust auf eine riesige Portion einer brutzelnd heißen Schweinerei mit viel Käse hat, der macht es sich in einer Sitznische dieses 40 Jahre alten Klassikers bequem. George W. Bush verspeiste hier 2004 zwei Enchiladas, Reis und Bohnen – seither heißt das Gericht Presidential Special. Na dann, guten Appetit!

★Dick's Hideaway   NEW MEXICO $$

(☎602-241-1881; http://richardsonsnm.com; 6008 N 16th St; Frühstück 5–20 US$, Mittagessen 12–16 US$, Abendessen 12–35 US$; ☺So–Mi 7–24, Do–Sa bis 1 Uhr) In diesem kleinen Lokal kommt Küche aus New Mexico auf den Tisch. An kleinen Tischen neben der Bar oder am Gemeinschaftstisch im Nebenraum können sich Gäste herzhafte, leckere, mit Chili verfeinerte Gerichte schmecken lassen, von Enchiladas über Tamales bis hin zu *rellenos*. Unser Favorit ist das „Hideaway" zum Frühstück, zu dem die Bloody Marys mit einem Schuss Bier verfeinert werden.

Pizzeria Bianco   PIZZA $$

(☎602-258-8300; www.pizzeriabianco.com; 623 E Adams St; Pizzas 13–18 US$; ☺Mo 11–21, Di–Sa 11–22 Uhr) Chris Bianco, Gewinner eines James Beard Foundation Award, steht wieder in der Küche dieser berühmten Pizzeria im Zentrum, nachdem er 2010 wegen Allergien eine Auszeit nehmen musste. Doch dank der Medizin und seiner Liebe zur Pizza ist er wieder mit voller Leidenschaft zurück und seine dünnen knusprigen Kreationen sind so populär wie eh und je. Das winzige Restaurant ist eine praktische Anlaufstelle nach Erkundung des angrenzenden Heritage Square.

Durant's   STEAK $$$

(☎602-264-5967; www.durantsaz.com; 2611 N Central Ave; Mittagessen 12–26 US$, Abendessen 22–61 US$; ☺Mo–Fr 11–22, Sa 17–23, So 16.30–22 Uhr) Das dunkle rustikale Restaurant ist ein wunderbares Steakhaus der alten Schule. Auf den Tisch kommen große saftige Steaks mit Kartoffelbeilage. Auch das Ambiente überzeugt: In den gemütlichen Sitzecken mit rotem Samt würde sich das Rat Pack zweifellos wohl fühlen.

Scottsdale

Sugar Bowl   EISCREME $

(☎480-946-0051; www.sugarbowlscottsdale.com; 4005 N Scottsdale Rd; Eiscreme 2,25–9 US$, Hauptgerichte 6–12 US$; ☺So–Do 11–22, Fr & Sa bis 24 Uhr; ☑) Neben Eiscreme verkauft die rosa-weiße Institution im Valley eine große Auswahl an Sandwiches und Salaten.

The Mission   MEXIKANISCH $$

(☎480-636-5005; www.themissionaz.com; 3815 N Brown Ave; Mittagessen 9–23 US$, Abendessen 12–36 US$; ☺So–Do 11–22, Fr & Sa bis 23 Uhr) Ein dunkler Innenraum und leuchtende Kerzen sorgen in dem Lokal im modernen Latino-Stil für einen gewissen Sexappeal, wobei das leckere Essen den anrüchigen Schein fast etwas zerstört. Die Tacos mit in Tecate mariniertem Steak, Limette und Avocado sind ausgezeichnet und bieten sich für ein sättigendes leichtes Mittagessen an. Die Guacamole wird am Tisch zubereitet und bringt Gäste ins Schwärmen. Margaritas und Mojitos runden das Gesamtpaket ab.

Herb Box   AMERIKANISCH **$$**
(☑ 480-289-6160; www.theherbbox.com; 7134 E
Stetson Dr; Mittagessen 10–16 US$, Abendessen
15–28 US$, Brunch 7–16 US$; ☻Mo 11–15, Di–Fr
11–21, Sa 9–22, So 9–15 Uhr) In dem schicken
Bistro im Herzen von Southbridge in der
Old Town geht's nicht nur um den schönen
Schein, vielmehr gehören hier frische regio-
nale Zutaten, toll angerichtete Speisen und
aufmerksamer Service zum Programm. Auf
der Terrasse kann man sich ein leichtes, ge-
sundes und natürlich hippes Mittagessen
(Salat mit Steak, Puten-Avocado-Wrap, Kohl
und Fladenbrot mit *capicola*) schmecken
lassen und sich anschließend mit einem
Brombeer-Mojito zuprosten.

✕ Tempe

Essence   CAFÉ **$**
(☑ 480-966-2745; www.essencebakery.com; 825 W
University Dr; Frühstück 6–9,25 US$, Mittagessen
8–9 US$; ☻Di–Sa 7–15 Uhr; ☑) Zum Frühstück
locken Arme Ritter und Eierspeisen, zum
Mittagessen Salate, Gourmet-Sandwiches
und ein paar mediterrane Spezialitäten. Das
Café legt Wert auf Nachhaltigkeit und verar-
beitet Bio-Zutaten aus lokalem Anbau. Sehr
lecker sind die beliebten Makronen.

★ Kai Restaurant   INDIANISCH **$$$**
(☑ 602-225-0100; www.wildhorsepassresort.com;
5594 W Wild Horse Pass Blvd, Chandler; Hauptgerichte 42–54 US$, Probiermenüs 135–225 US$;
☻Di–Sa 17.30–21 Uhr) Das Kai ist auf veredelte
indianische Küche spezialisiert, bei der traditionelle Kulturpflanzen vom Ufer des Gila
River zum Einsatz kommen. Die Gerichte
sind eine perfekte Mischung aus Experi-
mentierfreude und Vertrautem. Gepflegte
Kleidung ist erwartet (keine kurzen Ho-
sen oder Kappen). Das Restaurant befindet
sich im Sheraton Wild Horse Pass Resort &
Spa in der Gila River Indian Reservation.

♟ Ausgehen

Scottsdale hat die größte Auswahl an angesagten Bars und Clubs zu bieten, während
Tempe vor allem bei Studenten beliebt ist.

★ Postino Winecafé Arcadia   WEINBAR
(http://postinowinecafe.com; 3939 E Campbell Ave,
bei der 40th St, Arcadia; ☻Mo–Do 11–23, Fr 11–24,
Sa 9–24, So 9–22 Uhr) Die gesellige Weinbar
mit Innen- und Außenbereich sorgt für
gute Laune und ist perfekte für ein schönes
Treffen mit Freunden. Doch auch wer allein
kommt, wird sich wohlfühlen, dafür sorgen

u. a. die Terrasse voller Pflanzen, traumhafte
Bruschetta und über 20 Weine, für die man
zwischen 11 und 17 Uhr 5 US$ pro Glas zahlt.

Edge Bar   BAR
(5700 E McDonald Dr, Sanctuary on Camelback
Mountain, Paradise Valley) Die stilvolle Cocktailbar schmiegt sich an den Camelback Mountain und bietet tolle Blicke auf den Sonnenuntergang. Ist hier kein Platz mehr, ist die
ebenso schicke Jade Bar mit Panorama-
fenstern nebenan eine gute Alternative. Beide befinden sich auf dem eleganten Gelände
des Sanctuary on Camelback Mountain. Der
Parkservice ist kostenlos, ein Trinkgeld und
ein Lächeln sind jedoch willkommen.

O.H.S.O. Eatery and nanoBrewery   BRAUEREI
(www.ohsobrewery.com; 4900 E Indian School Rd,
Phoenix) Spezialsorten und Biere aus Arizona
sind das Erfolgsgeheimnis dieser geschäftigen Minibrauerei in Arcadia. Hundeliebha-
ber können mit ihrem vierbeinigen Freund
auf der Terrasse Platz nehmen. Es gibt nur
wenige Parkplätze, wenn viel los ist, kann
man jedoch den kostenlosen Parkservice in
Anspruch nehmen. Die Abkürzung steht übrigens für „Outrageous Homebrewers Social
Outpost" (Unerhörter sozialer Stützpunkt
von Hobbybrauern).

Rusty Spur Saloon   BAR
(☑ 480-425-7787; www.rustyspursaloon.com;
7245 E Main St, Scottsdale; ☻So–Do 10–1, Fr & Sa
bis 2 Uhr) Der witzigen, immer gut gefüllten
Country-Bar ist aufgesetztes Getue fern, vielmehr lockt sie mit preiswerten Getränken
und lauten Bands in die Jahre gekommene
Budweiser-Fans an. Der Saloon ist in einem
alten Bankgebäude untergebracht, das während der Weltwirtschaftskrise schließen
musste. Im Tresorraum wird heute Alkohol
anstelle von Geld gelagert, an die Vergangenheit erinnern jedoch Dollarscheine, die
an der Decke hängen. Cooler Laden!

☆ Unterhaltung

Das **Phoenix Symphony** (☑ Verwaltung 602-
495-1117, Kartenverkauf 602-495-1999; www.phoenix
symphony.org; 75 N 2nd St, Kartenschalter 1 N 1st
St, 75 N 2nd St) tritt in der **Symphony Hall** (75
N 2nd St) und in anderen Konzertstätten der
Gegend auf. Die **Arizona Opera** (☑ 602-266-
7464; www.azopera.com; 75 N 2nd St) ist mittlerweile in ein neues Opernhaus gegenüber
dem Phoenix Art Museum umgezogen.

    Die Arizona Diamondbacks spielen im
klimatisierten Chase Field im Zentrum

Baseball, während das Basketballteam der Männer, die **Phoenix Suns** (☎ 602-379-7867; www.nba.com/suns; 201 E Jefferson St), und die Basketballdamen, die **Phoenix Mercury** (☎ 602-252-9622; www.wnba.com/mercury; 201 E Jefferson St) im US Airways Center, ebenfalls in Downtown, antreten. Das Heimstadion der **Arizona Cardinals** (☎ 602-379-0101; www.azcardinals.com; 1 Cardinals Dr, Glendale) ist das neue University of Phoenix Stadium in Glendale, in dem 2015 der Super Bowl stattfand.

Rhythm Room LIVEMUSIK
(☎ 602-265-4842; www.rhythmroom.com; 1019 E Indian School Rd, Phoenix; meistens ab 19.30 Uhr geöffnet) Einige der besten Livebands aus dem Valley treten in diesem kleinen Schuppen auf. Im Rhythm Room hat man bei jedem Konzert das Gefühl, in der ersten Reihe zu stehen! Wie gesagt, das Ganze ist lokal-regional geprägt – richtig große Namen sind eher ungewöhnlich, aber das ist auch nicht schlecht. Den Kalender für die Uhrzeiten der Shows checken.

Shoppen

Hochpreisige Läden findet man im **Scottsdale Fashion Square** (www.fashionsquare.com; 7014 E Camelback, bei der Scottsdale Rd; ⊙ Mo–Sa 10–21, So 11–18 Uhr), noch exklusiver geht's im **Biltmore Fashion Park** (www.shopbiltmore.com; 2502 E Camelback Rd, bei der N 24th St, Phoenix; ⊙ Mo–Sa 10–20, So 12–18 Uhr) zu. Im Norden von Scottsdale lockt das **Kierland Commons** (www.kierlandcommons.com; 15205 N Kierland Blvd; ⊙ Mo–Sa 10–21, So 12–18 Uhr) unter freiem Himmel jede Menge Kunden an.

Heard MuseumShop & Bookstore KUNSTHANDWERK
(www.heardmuseumshop.com; 2301 N Central Ave; ⊙ Geschäft 9.30–17, So ab 11 Uhr, Buchladen Mo–Sa 9.30–17.30, So bis 17 Uhr) Der Museumsladen verkauft eine erstklassige Auswahl an echtem indigenem Kunsthandwerk. Neben der eindrucksvollen Kachina-Sammlung stehen Schmuck, Keramik, indianische Bücher und jede Menge Kunst zum Verkauf, zudem gibt es viele verschiedene Bücher über den Südwesten.

❶ Praktische Informationen

INFOS IM INTERNET & MEDIEN
Arizona Republic (www.azcentral.com) Die auflagenstärkste Zeitung Arizonas; jeden Donnerstag erscheint der kostenlose Veranstaltungsführer *Calendar*.

KJZZ 91,5 FM (http://kjzz.org) Öffentlich-rechtliches Radio (National Public Radio; NPR).
Phoenix New Times (www.phoenixnewtimes.com) Die größte kostenlose Wochenzeitung mit jeder Menge Infos zu Veranstaltungen und Restaurants.

NOTFALL & MEDIZINISCHE VERSORGUNG
Banner Good Samaritan Medical Center (☎ 602-839-2000; www.bannerhealth.com; 1111 E McDowell Rd, Phoenix)
Polizei (☎ Notfälle 911, Dienststelle 602-262-6151; http://phoenix.gov/police; 620 W Washington St, Phoenix)

POST
Postfiliale Downtown (☎ 602-253-9648; 522 N Central Ave, Phoenix; ⊙ Mo–Fr 9–17 Uhr)

TOURISTENINFORMATION
Downtown Phoenix Visitor Information Center (☎ 877-225-5749; www.visitphoenix.com; 125 N 2nd St; ⊙ Mo–Fr 8–17 Uhr) Die beste Informationsquelle für Reisende im Valley befindet sich gegenüber dem Hyatt Regency.
Mesa Convention & Visitors Bureau (☎ 480-827-4700, 800-283-6372; www.visitmesa.com; 120 N Center St; ⊙ Mo–Fr 8–17 Uhr)
Scottsdale Convention & Visitors Bureau (☎ 800-782-1117, 480-421-1004; www.experiencescottsdale.com; 4343 N Scottsdale Rd, Suite 170; ⊙ Mo–Fr 8–17 Uhr) Im Galleria Corporate Center.
Tempe Convention & Visitors Bureau (☎ 866-914-1052, 480-894-8158; www.tempetourism.com; 51 W 3rd St, Suite 105; ⊙ Mo–Fr 8.30–17 Uhr)

Anreise & Unterwegs vor Ort

Der **Sky Harbor International Airport** (☎ 602-273-3300; http://skyharbor.com; 3400 E Sky Harbor Blvd; ✈) liegt 3 Meilen (5 km) südöstlich von Downtown Phoenix und wird von allen großen Fluglinien angeflogen. Zwischen den drei Terminals (Terminals 2, 3 und 4 – 1 gibt es nicht) und den Parkplätzen fährt rund um die Uhr ein kostenloser Shuttlebus. Der gebührenfreie Phoenix Sky Train verkehrt zwischen dem Parkplatz für die Economy Class, den Terminals 3 und 4 und der METRO-Station an der Ecke 44th St/E Washington St.

Greyhound (☎ 602-389-4200; www.greyhound.com; 2115 E Buckeye Rd) bietet Verbindungen nach Tucson (18 US$, 2 Std., 6-mal tgl.), Flagstaff (25 US$, 3 Std., 5-mal tgl.), Albuquerque (70–87 US$, 9½ Std., 3-mal tgl.) und Los Angeles (46 US$, 7½ Std., 8-mal tgl.). Die Linie 13 von Valley Metro pendelt zwischen dem Flughafen und dem Greyhound-Busbahnhof.

Valley Metro (☎ 602-253-5000; www.valleymetro.org) betreibt tägliche Busverbindungen

SCENIC DRIVES: PANORAMASTRECKEN IN ARIZONA

Oak Creek Canyon Auf dem Hwy 89A zwischen Flagstaff und Sedona geht's an Badelöchern, Felsstürzen und purpurfarbenen Steinwänden vorbei.

Hwy 89/89A Wickenburg–Sedona Der „Alte Westen" trifft den „Neuen" – eine entspannte Tour, vorbei an Viehfarmen, Minenstädten, Kunstgalerien und schicken Weingütern.

Patagonia–Sonoita Scenic Road Die richtige Route für Vogelfans führt durch die Weinregion im südlichen Arizona (Hwy 82 & Hwy 83).

Kayenta–Monument Valley Man fühlt sich wie der Hauptdarsteller in seinem eigenen Western, wenn man an den filmreifen roten Felsen im Navajo-Land gleich neben dem Hwy 163 vorbei fährt.

Vermilion Cliffs Scenic Road Der Hwy 89A ist eine einsame Straße, die „Condor Country", den North Rim des Grand Canyon und Mormonensiedlungen miteinander verbindet.

im gesamten Valley und eine Straßenbahn mit einem 32 km langen Schienennetz zwischen dem Norden und Downtown Phoenix, Tempe/ASU und Downtown Mesa. Die Straßenbahn und der Bus kosten 2 US$ pro Fahrt (ohne Umsteigen), das Tagesticket ist für 4 US$ zu haben. **Flash-Busse** (www.tempe.gov) sind täglich rund um die ASU und in Downtown Tempe unterwegs, während der **Scottsdale Trolley** (www.scottsdaleaz.gov/trolley; ⊗ Fr–Mi 11–18 Uhr, zur Zeit des Artwalk Do bis 21 Uhr) durch Downtown Scottsdale fährt. Beide sind kostenlos.

Zentral-Arizona

Nördlich von Phoenix lockt das waldreiche, bergige und sehr viel kühlere Colorado Plateau mit malerischen Stätten und vielen Sehenswürdigkeiten. Hier können Besucher auf spirituelle Reisen gehen, durch süßlich riechende Canyons wandern, alte indianische Behausungen bewundern und in die Geschichte des Wilden Westens eintauchen. Der wichtigste Ort, Flagstaff, ist eine lebendige, charmante Studentenstadt, über die man zum South Rim des Grand Canyon gelangt. Sommer, Frühling und Herbst sind die beste Zeit für einen Besuch.

Auf der I-17 bewältigt man die 145 Meilen (233 km) von Phoenix nach Flagstaff in etwas mehr als zwei Stunden. Wer sich für den Hwy 89 entscheidet, benötigt mehr Zeit, wird jedoch mit wunderschönen Landschaften und toller Abwechslung belohnt.

Prescott

Ein historisches viktorianisches Zentrum und eine faszinierende Wild-West-Vergangenheit: In Prescott trifft der mittlere Wes-

ten auf das Land der Cowboys. Über 500 Gebäude stehen auf der Liste des National Register of Historic Places, gelten also als schützenswert. Außerdem findet hier das älteste Rodeo der Welt statt. An der Plaza erstreckt sich die Whiskey Row, eine berüchtigte alte Saloon-Meile, wo immer noch jede Menge Alkohol fließt.

Gleich südlich des Zentrums bietet die fröhliche **Motor Lodge** (☎ 928-717-0157; www.themotorlodge.com; 503 S Montezuma St; Zi. 119–139 US$, Suite 149 US$, Apt. 159 US$; ❄ 🐾) ihren Gästen zwölf schicke Bungalows, die die zentrale Auffahrt säumen, und Indie-Flair im besten Sinne.

Gegen den morgendlichen Hunger hilft das freundliche **Lone Spur Café** (☎ 928-445-8202; www.thelonespur.com; 106 W Gurley St; Frühstück 8–18 US$, Mittagessen 8–11 US$, Abendessen 9–24 US$; ⊗ tgl. 8–14, Fr 16.30–20 Uhr), in dem man zum Frühstück auch immer *biscuits and gravy* serviert bekommt. Cajun- und Südwest-Spezialitäten bringen die nötige Würze ins einladende **Iron Springs Cafe** (☎ 928-443-8848; www.ironspringscafe.com; 1501 Iron Springs Rd; Brunch 9–13 US$, Mittagessen 9–12 US$, Abendessen 9–21 US$; ⊗ Mi–Sa 8–20, So 9–14 Uhr). Dieses ist in einem alten Bahnhof, 3 Meilen (5 km) nordwestlich der Innenstadt, untergebracht.

Das **Palace** (☎ 928-541-1996; www.historicpalace.com; 120 S Montezuma St; ⊗ So–Do 11–21, Fr & Sa bis 22 Uhr) gehört zur Whiskey Row und ist ein stimmungsvoller Ort für einen Drink. Hinter der Schwingtür verbirgt sich ein großer Raum mit einer Brunswick-Bar.

Die **Chamber of Commerce** (☎ 800-266-7534, 928-445-2000; www.visit-prescott.com; 117 W Goodwin St; ⊗ Mo–Fr 9–17, Sa & So 10–14 Uhr)

DER SÜDWESTEN ARIZONA

hält Besucherinfos bereit, während **Arizona Shuttle** (☎928-776-7433; www.prescotttransit.com; 820 E Sheldon St) Busverbindungen zum/ab dem Flughafen von Phoenix (einfache Strecke Erw. 32–35 US$, Kind 25 US$, 2¼ Std., bis zu 22-mal tgl.) anbietet.

Jerome

Wenn man die Treppen von Jerome hinauf- und hinuntersteigt, wird man an das Leiterspiel aus Kindertagen erinnert. Die Stadt liegt am Hang des Cleopatra Hill zwischen Prescott und Sedona – das verfallene Sliding Jail zeigt, welche architektonischen Risiken diese Lage birgt. Die wiederbelebte Geisterstadt war während des Bergbau-Booms im späten 19. Jh. als „Wickedest Town in the West" (etwa: gefährlichste Stadt im Westen) bekannt, heute beherbergen die historischen sorgfältig restaurierten Gebäude jedoch Galerien, Restaurants, B & Bs und Weinprobierstuben.

Unerschrockene können auf der Glasplattform im **Audrey Headframe Park** (www.jeromehistoricalsociety.com; 55 Douglas Rd; ◷8–17 Uhr) GRATIS stehend den 580 m tiefen Minenschacht, der das Empire State Building um 198 m übertrifft, bewundern. Direkt dahinter erstreckt sich der großartige **Jerome State Historic Park** (☎928-634-5381; www.azstateparks.com; 100 Douglas Rd; Erw./Kind 7–13 Jahre 5/2 US$; ◷8.30–17 Uhr)

mit der Villa des Bergbaumagnaten Jimmy „Rawhide" Douglas von 1916.

Krankenhausinventar in den Fluren und eine unterhaltsame Geistertour, die Kindern Spaß machen wird, erinnern daran, dass das **Jerome Grand Hotel** (☎928-634-8200; www.jeromegrandhotel.com; 200 Hill St; Zi. 130–190 US$, Suite 275–460 US$; ❄ ✧) zu Bergbauzeiten als Gemeindehospital diente. Das angrenzende **Asylum Restaurant** (☎928-639-3197; www.asylumrestaurant.com; 200 Hill St; Mittagessen 11–18 US$, Abendessen 23–35 US$; ◷11–21 Uhr) mit Blick aufs Tal und die roten Felsen ist die perfekte Kulisse für ein leckeres Essen und ein Glas Wein. Wer eine betriebsame Kneipe im Zentrum sucht, ist in der **Spirit Room Bar** (☎928-634-8809; www.spiritroom.com; 166 Main St; ◷So–Do 11–24, Fr & Sa bis 1 Uhr) richtig.

Das **Flatiron Café** (☎928-634-2733; www.theflatironjerome.com; 416 Main St; Frühstück 3–11 US$, Mittagessen 8–10 US$; ◷Mi–Mo 7–16 Uhr) an der Y-Kreuzung lockt mit herzhaftem Gourmetfrühstück und Mittagessen sowie köstlichen speziellen Kaffeekreationen.

Als Informationsquelle dient die **Chamber of Commerce** (☎928-634-2900; www.jeromechamber.com; Hull Ave, hinter der Kreuzung am Flatiron Café am Hwy 89A; ◷10–15 Uhr).

Sedona

Zwischen majestätischen Felsformationen aus rotem Sandstein am südlichen Ende des

---

DER VERDE VALLEY WINE TRAIL

Am Hwy 89A und an der I-17 gibt es mittlerweile einige Weinberge, Weingüter und Probierstuben. Sie bringen einen Hauch von Raffinesse und frischen Wind nach Cottonwood, Jerome und Cornville.

In Cottonwood kann man die an den Verde River angrenzenden **Alcantara Vineyards** (www.alcantaravineyard.com; 3445 S Grapevine Way; Weinprobe 10–15 US$; ◷tgl. 11–17 Uhr) besuchen und anschließend bei einem Bummel durch die Altstadt in den zwei Probierstuben **Arizona Stronghold** (www.azstronghold.com; 1023 N Main St; Weinprobe 9 US$; ◷So–Do 12–19, Fr & Sa bis 21 Uhr) und **Pillsbury Wine Company** (www.pillsburywine.com; 1012 N Main St; Weinprobe 10 US$; ◷Mo–Do 11–17, Fr–So 11–21 Uhr) vorbeischauen. Sie liegen in der Main St einander gegenüber.

Jerome lockt mit Kunst, Ausblicken und Weinproben in den vielen Probierstuben der Stadt. Nach einem Abstecher zum **Cellar 433** (www.cellar433.com; 240 Hull Ave; Weinprobe 10–12 US$; ◷Do–So 11–18, Mo–Mi 11–17 Uhr) in der Nähe des Visitor Center kann man hinauf zu den **Caduceus Cellars** (www.caduceus.org; 158 Main St; Weinprobe 9–13 US$; ◷So–Do 11–18, So bis 20 Uhr) spazieren.

An einem kurzen Abschnitt der Page Springs Rd östlich von Cornville gibt es drei Weingüter inklusive Probierstuben: die **Page Springs Cellars** (www.pagespringscellars.com; 1500 N Page Springs Rd; Weinprobe 10 US$; ◷Mo–Mi 11–19, Do–So bis 21 Uhr) mit Bistro, die einladenden **Oak Creek Vineyards** (www.oakcreekvineyards.net; 1555 N Page Springs Rd; Weinprobe 10 US$; ◷10–18 Uhr) und den **Javelina Leap Vineyard** (www.javelinaleapwinery.com; 1565 Page Springs Rd; Weinprobe 8 US$; ◷11–17 Uhr) mit sanfter Rockmusik.

Oak Creek Canyon gelegen, zieht Sedona Künstler, Spiritualitäts-Sucher, Wanderer, Radfahrer und Tagesausflügler aus Phoenix, die der drückenden Hitze entfliehen wollen, an. Die Mischung aus traumhafter Szenerie und Mystizismus sorgt ganzjährig für hohe Besucherzahlen. New-Age-Anhänger, getragen von der Überzeugung, dass es in der Gegend zahlreiche Vortexe – Sammelpunkte für elektromagnetische Energie – gibt, bieten ihre Dienste im Zentrum an, zudem gibt es dort Galerien und Feinschmeckerrestaurants. Die umliegenden Canyons warten mit ausgezeichneten Wander- und Mountainbike-Möglichkeiten auf.

Im Stadtzentrum befindet sich das „Y", die auffällige Kreuzung, an der die Hwys 89A und 179 aufeinandertreffen.

⊙ Sehenswertes & Aktivitäten

New-Age-Anhänger sind davon überzeugt, dass die Steine, Felsklippen und Flüsse von Sedona die Glückseligkeit von Mutter Erde bündeln. Die vier bekanntesten Vortexe sind **Bell Rock** in der Nähe des Village of Oak Creek östlich des Hwy 179, **Cathedral Rock** nahe Red Rock Crossing, **Airport Mesa** in der Airport Rd und **Boynton Canyon**. Die Airport Rd ist zudem ein toller Ort, um den traumhaft vielfarbigen Sonnenuntergang zu bewundern.

Red Rock State Park   PARK
(☑928-282-6907; www.azstateparks.com/parks/ rero; 4050 Red Rock Loop Rd; Erw./Kind 7–13 Jahre/bis 6 Jahre 5/3 US$/frei; ◷8–17 Uhr, Visitor Center 9–16.30 Uhr; ♿) Der einfache 115 ha große Park (nicht mit dem Slide Rock State Park verwechseln!) umfasst ein Zentrum zur Umwelterziehung, ein Visitor Center, Picknickplätze und ein 8 km langes Netz an gut ausgeschilderten miteinander verbundenen Wegen in einem Flussbiotop inmitten einer tollen Kulisse. Ranger organisieren Aktivitäten wie Naturspaziergänge und Vogelbeobachtungstouren. Von April bis Oktober

gehören außerdem beliebte reservierungspflichtige Nachtwanderungen zum Angebot (Reservierungsgebühr 5 US$).

Slide Rock State Park   SCHWIMMEN
(☑928-282-3034; www.azstateparks.com/parks/ slro; 6871 N Hwy 89A, Oak Creek Canyon; pro Auto Juni–Sept. 20 US$, Sept.–Mai 10 US$; ◷Juni–Aug. 8–19 Uhr, restliches Jahr kürzer; ♿🐾) In der Hauptattraktion des Oak Creek Canyon können Besucher über große Felsen ins kühle Nass rutschen oder wandern. Zutritt bis eine Stunde vor Schließung.

★ Pink Jeep Tours   JEEPTOUR
(☑928-282-5000; www.pinkjeeptours.com; 204 N Hwy 89A; ♿) Pink Jeep mag viele zunächst nerven: Die Jeeps des 50 Jahre alten Unternehmens scheinen allgegenwärtig und flitzen überall wie rosafarbene Fliegen umher. Hat man jedoch eine Tour gebucht, ist die anfängliche Skepsis angesichts der witzigen holprigen Fahrt oft schnell vergessen. Wie beugen uns deiner Dominanz, Pink Jeep!

Bike & Bean   FAHRRADVERLEIH
(☑928-284-0210; www.bike-bean.com; 75 Bell Rock Plaza; Leihräder 2 Std./1 Tag ab 30/50 US$)

🛏 Schlafen

In Sedona gibt's viele schöne B&Bs, Hütten am Oak Creek, Motels und Resorts mit Rundum-Service.

Im Red Rock Canyon ist wildes Campen untersagt. Der **USFS** (☑877-444-6777; http:// www.fs.usda.gov/coconino; Hwy 89A; Stellplatz 16–20 US$) unterhält Campingplätze ohne Stromanschlüsse in den Wäldern des Oak Creek Canyon, direkt beim Hwy Alt 89. Die Stellplätze kosten 18 US$, und man benötigt keinen Red Rock Pass. Mit Ausnahme des Pine Flat East nehmen sämtliche Campingplätze Reservierungen an. 6 Meilen (10 km) nördlich der Stadt bietet **Manzanita** 19 Stellplätze sowie Duschen; der Platz ist ganzjährig geöffnet. 11,5 Meilen (18 km) weiter nördlich liegt **Cave Springs** mit 82

---

❶ RED ROCK PASS

Wer die Parkplätze im Wald rund um Sedona nutzen möchte, benötigt einen Red Rock Pass. Dieser ist bei Ranger-Stationen, Visitor Centers und Automaten bei den Startpunkten von Wegen und an Picknickplätzen erhältlich. Der Pass kostet 5 US$ pro Tag bzw. 15 US$ pro Woche und muss von außen sichtbar im Auto angebracht werden. Weitere Infos gibt's unter www.redrockcountry.org. Wer nur kurz anhält, um Fotos zu machen oder die Aussicht zu genießen, benötigt ihn nicht, dasselbe gilt für Inhaber des Federal Interagency Pass. Die Pässe gelten nicht für die Bereiche, die nur tagsüber zugänglich sind, wie Crescent Moon, Call of the Canyon (West Fork Trail) und Grasshopper Point.

Stellplätzen und Duschen. **Pine Flat East** und **Pine Flat West**, 12,5 Meilen (20 km) weiter nördlich, haben zusammen 58 Plätze; 18 davon können reserviert werden.

Star Motel
MOTEL **$**

(☑ 928-282-3641; www.starmotelsedona.com; 295 Jordan Rd; Zi. 80–126 US$, Suite 176 US$; ☎) Das Motel aus den 1950er-Jahren mit zehn Zimmern in Uptown gehört zu den preisgünstigsten Optionen Sedonas. Die einfachen Zimmer haben ein paar künstlerische Details, eigentliches Highlight ist jedoch die Gastfreundschaft. Darüber hinaus gibt's saubere Betten, Duschen mit starkem Wasserdruck und Kühlschränke, in denen man Bier für den Sonnenuntergang kalt stellen kann. In direkter Nähe befinden sich Geschäfte, Restaurants und das Visitor Center.

Cozy Cactus
B & B **$$$**

(☑ 928-284-0082; www.cozycactus.com; 80 Canyon Circle Dr; Zi. inkl. Frühstück 190–340 US$; ✱ @ ☎) Das B & B mit fünf Zimmern unter Leitung von Carrie und Mark richtet sich vor allem an abenteuerlustige Naturliebhaber. Das Anwesen im für den Südwesten typischen Stil grenzt direkt an einen National Forest Trail, und der radfahrerfreundliche Bell Rock Pathway liegt direkt um die Ecke. Nach Outdoor-Abenteuern kann man es sich neben der Feuerstelle auf der Terrasse hinterm Haus gemütlich machen, Tiere beobachten und in die Sterne gucken.

🍴 Essen & Ausgehen

Coffee Pot Restaurant
FRÜHSTÜCK **$**

(☑ 928-282-6626; www.coffeepotsedona.com; 2050 W Hwy 89A; Frühstück 5–10 US$, Mittagessen 5–14 US$; ⊙ 6–14 Uhr; 🚻) Seit Jahrzehnten *die* Adresse für Frühstück und Mittagessen. Hier ist immer viel los und der Service ist manchmal langsam, dafür jedoch freundlich. Die Preise sind fair und die Auswahl ist riesig: Es gibt 101 verschiedene Omeletts (z. B. mit Erdnussbutter, Marmelade und Banane), und das ist nur der Anfang!

Sedona Memories
SANDWICHES **$**

(☑ 928-282-0032; 321 Jordan Rd; Sandwiches unter 10 US$; ⊙ Mo–Fr 10–14 Uhr) In dem winzigen Laden kommen riesige Sandwiches aus hausgemachtem Brot auf den Tisch. Es gibt sie auch praktisch verpackt zum Mitnehmen – perfekt für ein Picknick. Wer möchte, kann sie auch auf der ruhigen Veranda genießen. Nach der Bestellung gibt's einen Gratiskeks. Nur Bargeldzahlung.

Oak Creek Brewery & Grill
AMERIKANISCH **$$**

(☑ 928-282-3300; www.oakcreekpub.com; 336 Hwy 179; Hauptgerichte 10–23 US$; ⊙ 11.30–20.30 Uhr; 🚻) Glücklicherweise befriedigt dieses weitläufige Brauhaus im Tlaquepaque Village die Lust auf ein kühles Bier nach einer langen Wanderung, auch wenn es viel zu früh schließt. Gegen den Hunger hilft anspruchsvolle Kneipenkost wie Salat mit gegrillter Goldmakrele und Holzofenpizza. Das Oak Creek betreibt zudem eine kleine **Brauerei** (☑ 928-204-1300; www.oakcreekbrew.com; 2050 Yavapai Dr; ⊙ Mo–Do ab 16, Fr–So ab 12 Uhr) in West Sedona.

⭐ Elote Cafe
MEXIKANISCH **$$$**

(☑ 928-203-0105; www.elotecafe.com; Arabella Hotel, 771 Hwy 179; Hauptgerichte 19–26 US$; ⊙ Di–Sa 17 Uhr–open end) Hier gibt's mit die beste und authentischste mexikanische Küche der Region. Die ungewöhnlichen traditionellen Gerichte findet man sonst nirgendwo, z. B. das namensgebende *elote* (über dem Feuer gerösteter Mais mit würziger Mayo, Limette und *cotija*-Käse) oder zarte geräucherte Schweinebacken.

ℹ Praktische Informationen

Sedona Chamber of Commerce Visitor Center (☑ 928-282-7722, 800-288-7336; www.visitsedona.com; 331 Forest Rd; ⊙ 8.30–17 Uhr) In Uptown Sedona; hat kostenlose Karten und Broschüren und verkauft den Red Rock Pass.

ℹ Anreise & Unterwegs vor Ort

Shuttles von **Ace Xpress** (☑ 800-336-2239, 928-649-2720; www.acexshuttle.com; einfache Strecke/hin & zurück Erw. 68/109 US$, Kind 60/40 US$; ⊙ Büro Mo–Fr 7–20, Sa & So 8–20 Uhr) verkehren zwischen dem Phoenix Sky Harbor International Airport und Sedona. **Barlow Jeep Rentals** (☑ 928-282-8700, 800-928-5337; www.barlows.us; 3009 W Hwy 89A; halber Tag/ganzer Tag/3 Tage 195/295/589 US$; ⊙ 8–18 Uhr) verleiht Jeeps.

Flagstaff

Flagstaffs entspannter Charme basiert auf mehreren Komponenten, z. B. der fußgängerfreundlichen historischen Innenstadt voller Bauwerke im lokaltypischen Stil und alten Neonreklamen sowie Aktivitäten in luftiger Höhe, z. B. Skifahren oder Wandern. Der typische Einwohner von Flagstaff ist glücklich, athletisch und knabbert eher an einem Müsliriegel, als dass er sich mit Cowboys duelliert. Die Northern Arizona University (NAU) sorgt für eine studentische Atmosphäre, und auch die Eisenbahngeschichte spielt unverändert eine wichtige Rolle für die Identität der Stadt. Außerdem schätzt man gutes Bier, frisch geröstete Kaffeebohnen und Spaß. Voilà, Flagstaff ist die Sorte Stadt, in der man länger verweilen und das Leben genießen möchte.

Auch Flagstaff ist eine ideale Ausgangsbasis für Ausflüge zum Grand Canyon. Der Hwy 180 ist die direkteste Route und führt nordwestlich nach Tusayan und zum South Rim (80 Meilen bzw. 129 km). Der Hwy 89 verläuft nordwärts nach Cameron (59 Meilen bzw. 95 km), wo der Hwy 64 Richtung Westen bis zum East Entrance des Canyons verläuft.

◉ Sehenswertes

Museum of Northern Arizona
MUSEUM

(☏ 928-774-5213; www.musnaz.org; 3101 N Fort Valley Rd; Erw./Senior/Kind 10–17 Jahre 10/9/6 US$; ⊙ Mo–Sa 10–17, So 12–17 Uhr; 🖐) Vor einem Ausflug auf dem Colorado Plateau kann man sich in diesem kleinen, aber exzellenten Museum mit der Region vertraut machen. Schwerpunkte sind Archäologie, Geschichte und Kultur der indigenen Bevölkerung, außerdem Geologie, Biologie und Kunst. Bemerkenswert ist außerdem die umfangreiche Sammlung von Hopi-*kachina*-Puppen (auch *katsina*) und die wunderbar vielfältigen indianischen Korbwaren und Keramikarbeiten.

Lowell Observatory
OBSERVATORIUM

(☏ Zentrale 928-774-3358, Infos vom Band 928-233-3211; www.lowell.edu; 1400 W Mars Hill Rd; Erw./Kind 5–17 Jahre 12/6 US$; ⊙ Juni–Aug. 9–22 Uhr, Sept.–Mai kürzer; 🖐) Das National Historic Landmark wurde 1894 von Percival Lowell auf einem Hügel unmittelbar westlich des Zentrums erbaut. 1930 wurde von hier aus Pluto entdeckt. Wenn es das Wetter erlaubt, können Besucher mit Teleskopen, darunter das bekannte Clark Telescope, den Sternenhimmel beobachten. Das Teleskop von 1896 spielte einst eine wichtige Rolle für die mittlerweile akzeptierte Theorie eines sich ausdehnenden Universums.

Walnut Canyon
RUINE

(☏ 928-526-3367; www.nps.gov/waca; I-40 Ausfahrt 204, 8 Meilen bzw. 13 km östlich von Flagstaff; Erw./Kind unter 17 Jahren 5 US$/frei; ⊙ Mai–Okt. 8–17 Uhr, Okt.–Mai ab 9 Uhr; Zugang zu den Wegen bis 1 Std. vor Parkschließung; 🖐) In den beinahe vertikal aufragenden Wänden eines kleinen Kalksteinbergs inmitten eines bewaldeten Canyons befinden sich Sinagua-Felsbehausungen. Der 1,6 km lange Island Trail führt über 56 Höhenmeter (200 Stufen) steil bergab und passiert 25 unter Felswänden liegende Kammern. Der kürzere rollstuhlgerechte Rim Trail bietet vom Canyon aus Blicke auf die Felsbehausungen.

🏃 Aktivitäten

Absolute Bikes
FAHRRADVERLEIH

(☏ 928-779-5969; www.absolutebikes.net; 202 E Route 66; Leihfahrräder ab 39 US$/Tag; ⊙ April–Dez. Mo–Fr 9–19, Sa 9–18, So 10–16 Uhr, Jan.–März kürzer) Die sehr freundliche Fahrradexperten geben gern Insider-Infos zur hiesigen Mountainbikeszene.

Arizona Snowbowl
SKIFAHREN

(☏ 928-779-1951; www.arizonasnowbowl.com; 9300 N Snowbowl Rd, Hwy 180 & Snowbowl Rd; Skipass Erw./Jugendl. 13–18 Jahre/Kind 8–12 Jahre 59/55/35 US$; ⊙ Mitte Dez.–Mitte April 9–16 Uhr) Rund 14 Meilen (22,5 km) nördlich des Zentrums liegt dieses kleine, aber schicke Skigebiet. Vier Lifts bedienen 32 Pisten zwischen 2800 und 3500 m.

🛌 Schlafen

Flagstaff bietet das vielseitigste Unterkunftsangebot, das man in direkter Nähe zum Grand Canyon findet. Anders als im Süden Arizonas ist hier der Sommer die Hauptsaison.

Dubeau Hostel
HOSTEL $

(☏ 928-774-6731; www.grandcanyonhostel.com; 19 W Phoenix Ave; B 27 US$, Zi. 50–130 US$; 🅿 ❄ @ 🛜) Die eigenständige Unterkunft bietet wie das Grand Canyon International Hostel derselben Betreiber freundlichen Service und saubere, gepflegte Unterkünfte, ist jedoch etwas ruhiger. Die einfachen Quartiere mit Kühlschrank und Bad mit Dusche wirken wie einfache Hotelzimmer, kosten jedoch nur die Hälfte. Frühstück ist im Preis inbegriffen.

Grand Canyon International Hostel
HOSTEL $

(☏ 928-779-9421; www.grandcanyonhostel.com; 19½ S San Francisco St; B 25 US$, Zi. mit Gemeinschaftsbad 52–60 US$; ❄ @ 🛜) Das helle, gemütliche Hostel in einem historischen Gebäude mit Hartholzboden und Dekor in südwestlichem Stil bietet Privatzimmer und kleine, aber saubere Schlafräume für

maximal vier Personen. Zudem gibt es eine Küche und Waschmaschinen. Im Grand Canyon International Hostel herrscht mehr Betrieb als im Dubeau Hostel derselben Betreiber. Frühstück ist im Preis inbegriffen.

★ Inn at 410 B & B $$

(☎ 928-774-0088; www.inn410.com; 410 N Leroux St; Zi. 170–220 US$; P ❋ @ ☎) Das elegante, umfassend renovierte Haus aus dem 1894 beherbergt neun geräumige wunderschön eingerichtete und thematisch gestaltete Gästezimmer mit Kühlschrank und Privatbad. Viele bieten Himmelbetten und Ausblicke auf den Garten oder die San Francisco Peaks. Zu dem B & B, einen kurzen Fußweg vom Zentrum entfernt, gehören ein schattiger Garten mit Obstbäumen und ein gemütlicher Speiseraum, in dem das umfangreiche Gourmetfrühstück und Nachmittagssnacks serviert werden.

Hotel Monte Vista HISTORISCHES HOTEL $$

(☎ 928-779-6971; www.hotelmontevista.com; 100 N San Francisco St; Zi. 85–160 US$, Suite 145–180 US$; ❋ ☎) Eine riesige altmodische Leuchtreklame thront über diesem Hotel von 1926, in dem es angeblich spukt. Dazu passen die federbesetzten Lampenschirme, alten Möbel, kräftigen Farben und das bunt gemischte Dekor im Inneren. Die Unterkünfte sind nach den Filmstars benannt, die in ihnen nächtigten, so gibt es z. B. das Humphrey-Bogart-Zimmer mit dramatisch schwarzen Wänden, gelber Decke und goldener Satinbettwäsche. Mehrere Hausgeister sollen Gästen regelmäßig ihre Aufwartung machen.

✖ Essen

Macy's CAFÉ $

(www.macyscoffee.net; 14 S Beaver St; Hauptgerichte unter 8 US$; ⏰ 6–20 Uhr; ☎ ✍) Der köstliche Kaffee aus eigener Röstung bringt Flagstaff schon seit über 30 Jahren zum Schwärmen. Die vegetarische Speiseauswahl umfasst viele vegane Optionen, außerdem traditionelle Café-Snacks wie Gebäck, gedämpfte Eier, Waffeln, Joghurt mit Müsli, Salate und vegetarische Sandwiches.

Diablo Burger BURGER $

(☎ 928-774-3274; www.diabloburger.com; 120 N Leroux St; Hauptgerichte 11–14 US$; ⏰ So–Mi 11–21, Do–Sa bis 22 Uhr) In diesem Gourmetburger-Imbiss sind die Maestros so stolz auf ihre Kreationen aus lokalen Zutaten, dass sie das DB-Logo auf die englischen Muffin-

---

ARIZONAS SKURRILSTE UNTERKÜNFTE

➤ **Wigwam Motel** (S. 376) Beton-Tipis.

➤ **Bisbee Grand Hotel** (S. 395) Übernachten im Planwagen.

➤ **Red Garter Inn** (S. 377) Bordell von 1897.

➤ **Jerome Grand Hotel** (S. 371) Früheres Krankenhaus für Bergarbeiter.

➤ **Shady Dell RV Park** (S. 395) Airstream-Wohnwagen im Retro-Stil.

➤ **Canyon Motel & RV Park** (S. 377) Santa-Fe-Güterzugbegleitwagen.

---

brötchen brennen. Der Blake-Burger mit Cheddar, Hatch-Chili-Mayo und gebratenen grünen Chilis erinnert an New Mexico. Der Laden ist winzig, wenn man also nicht draußen sitzen möchte, sollte man früh kommen. Es werden auch Bier und Wein serviert.

Beaver Street Brewery BRAUHAUS $$

(www.beaverstreetbrewery.com; 11 S Beaver St; Mittagessen 8–23 US$, Abendessen 13–23 US$; ⏰ So–Do 11–23, Fr & Sa bis 24 Uhr; ☗) Familien, Fluss-Guides, Skifahrer oder Geschäftsleute – das Beaver Street lockt eine bunt gemischte Klientel an. Auf den Tisch kommt typische Brauhausküche wie leckere Pizzas, Burger und Salate, zudem werden meist acht hauseigene Sorten vom Fass gezapft, z. B. Railhead Red Ale oder R&R Oatmeal Stout. Daneben gibt's noch ein paar saisonale Biere. Erfahrene Kneipengänger können nebenan im Brews & Cues (Eintritt ab 21 Jahre) eine Runde Billard spielen.

★ Brix Restaurant & Wine Bar MODERN-AMERIKANISCH $$$

(☎ 928-213-1021; www.brixflagstaff.com; 413 N San Francisco St; Hauptgerichte 23–34 US$; ⏰ Di–Sa ab 17 Uhr) Hat man sich erstmal an die Bar gesetzt, lohnt sich ein entspannter Blick in die Runde, denn das Brix ist ein richtig toller Laden. Es bringt eine frische Brise unprätentiöser Raffinesse, gepaart mit entspannter, aber vollendeter Gastlichkeit, in die Restaurantszene Flagstaffs. Zur saisonalen Speiseauswahl gehören Wildpilz-Risotto mit Trüffel und gegrilltes Ribeye-Steak mit Chutney aus roten Zwiebeln. In der Küche kommen frische Bio-Produkte aus der Region zum Einsatz.

SEHENSWÜRDIGKEITEN AN DER ROUTE 66

Route-66-Fans dürfen sich auf 400 Meilen (644 km) Asphalt quer durch Arizona freuen, darunter das längste ununterbrochene Stück, das von der alten Straße noch existiert (zwischen Seligman und Topock). Die sogenannte **Mother Road** (www.azrt66.com) verbindet die Revolverheldenstadt Oatman, die Minenarbeitersiedlungen von Kingman, die Downtown von Williams aus den 1940er-Jahren und das vom Wind verwehte Winslow miteinander. Unterwegs locken jede Menge kitschige Attraktionen; im Folgenden sind sie von Westen nach Osten aufgelistet.

Wild Burros of Oatman Die „wilden Esel von Oatman" betteln mitten auf der Straße um Leckereien.

Grand Canyon Caverns & Inn (☑ 928-422-3223; www.gccaverns.com; Route 66, Mile 115; 45-minütige Führung Erw./Kind 20/13 US$; ☺ Juni–Sept. 9–17 Uhr, Okt.–Mai 10–17 Uhr; ♿) Eine Führung 21 Etagen unter der Erdoberfläche, vorbei an mumifizierten Rotluchsen, Zivilverteidigungsutensilien und einem Motelzimmer für 800 US$.

Burma-Shave-Schilder Die rot-weißen Werbeschilder für die berühmte amerikanische Rasiercreme aus längst vergangenen Tagen findet man zwischen den Grand Canyon Caverns und Seligman.

Seligman's Snow-Cap Drive In Burger- und Eiscremeladen mit einer Prise Selbstironie, in Betrieb seit 1953.

Meteor Crater (☑ 928-289-5898; www.meteorcrater.com; Erw./Kind 6–17 Jahre/Senior 18/9/16 US$; ☺ Juni–Mitte Sept. 7–19 Uhr, Mitte Sept.–Mai 8–17 Uhr) 170 m tiefer Krater mit einem Durchmesser von rund 1,5 km, 38 Meilen (61 km) östlich von Flagstaff.

Wigwam Motel (☑ 928-524-3048; www.galerie-kokopelli.com/wigwam; 811 W Hopi Dr; Zi. 56–62 US$; ❄) Eine berühmte Unterkunft in Holbrook mit Beton-Wigwams, die mit Möbeln aus Hickory-Holzpfählen ausgestattet sind.

🍸 Ausgehen & Unterhaltung

Der 1 Meile (1,6 km) lange Flagstaff Ale Trail (www.flagstaffaletrail.com) führt an Mikrobrauereien und der einen oder anderen Kneipe im Zentrum vorbei.

★ Museum Club   BAR

(☑ 928-526-9434; www.themuseumclub.com; 3404 E Route 66; ☺ 11–2 Uhr) In der rustikalen Raststätte an der Route 66 wird seit 1936 das Tanzbein geschwungen. Mit ihrer großen Tanzfläche aus Holz, Tieren an den Wänden und der gut bestückten Mahagoni-Bar erinnert sie an eine riesige Blockhütte. Der Name geht übrigens darauf zurück, dass hier 1931 ein Tierpräparationsmuseum untergebracht war.

Charly's Pub & Grill   LIVEMUSIK

(☑ 928-779-1919; www.weatherfordhotel.com; 23 N Leroux St; ☺ 8–2 Uhr) In dem Restaurant im Weatherford Hotel wird regelmäßig Livemusik gespielt. Kamin und Backsteinwände sorgen für eine gemütliche Kulisse, perfekt für die Blues-, Jazz- und Folk-Klänge. Die Rundum-Veranda oben vor dem beliebten Zane Grey Ballroom im dritten Stock überblickt das historische Viertel.

❶ Praktische Informationen

Visitor Center (☑ 928-774-9541, 800-842-7293; www.flagstaffarizona.org; 1 E Route 66; ☺ Mo–Sa 8–17, So 9–16 Uhr) In der Besucherinformation bei der Amtrak-Haltestelle gibt's eine tolle Flagstaff-Discovery-Karte und jede Menge Infos zu Aktivitäten.

❶ An- & Weiterreise

Der Flagstaff Pulliam Airport liegt 4 Meilen (6 km) südlich der Stadt bei der I-17. **US Airways** (☑ 800-428-4322; www.usairways.com) fliegt mehrmals täglich zwischen dem Pulliam Airport und dem Phoenix Sky Harbor International Airport. **Greyhound** (☑ 800-231-2222, 928-774-4573; www.greyhound.com; 880 E Butler Ave; ☺ 24–6.30, Mo–So 10–24 Uhr) hält auf seiner Fahrt ab/nach Albuquerque, Las Vegas, Los Angeles und Phoenix in Flagstaff. **Arizona Shuttle** (☑ 928-226-8060, 800-888-2749; www.arizonashuttle.com; ☺ ganzjährig) verkehrt zum Grand Canyon (einfache Strecke 30 US$), nach Sedona (einfache Strecke 39 US$) und zum Phoenix Sky Harbor Airport (einfache Strecke 45 US$).

Der *Southwest Chief* von **Amtrak** (☑ 928-774-8679, 800-872-7245; www.amtrak.com; 1 E Route 66; ☺ 3–22.45 Uhr) hält auf seiner täglichen Fahrt von Chicago nach Los Angeles in Flagstaff.

Williams

Das freundliche Williams liegt 60 Meilen (96 km) südlich von Grand Canyon Village und 35 Meilen (56 km) westlich von Flagstaff und ist eine charmante „Tor-Stadt" zum Canyon. Klassische Motels und Imbissbuden reihen sich entlang der Route 66 aneinander, und das alte Schulgebäude sowie der ehemalige Bahnhof erinnern an rustikalere Zeiten.

Die meisten Besucher lockt eine Fahrt mit der **Grand Canyon Railway** (☏ Reservierung 800-843-8724; www.thetrain.com; Railway Depot, 233 N Grand Canyon Blvd; Rundfahrt Erw./Kind ab 65/25 US$; 🚹) aus der Zeit um 1900 zum South Rim hierher; die Hinfahrt erfolgt um 9.30 Uhr, die Rückfahrt um 17.45 Uhr. Auch wer kein ausgesprochener Eisenbahnfan ist, wird die malerische entspannte Fahrt zum Grand Canyon genießen. Schauspieler in historischen Kostümen geben Einblicke in die regionale Geschichte, dazu wird Folkmusik auf dem Banjo gespielt.

Das **Red Garter Inn** (☏ 928-635-1484; www.redgarter.com; 137 W Railroad Ave; DZ 150–175 US$; ❋🛜) ist in einem Bordell von 1897 untergebracht, in dem die Damen einst potenziellen Kunden vom Fenster aus zuwinkten. Die vier Zimmer des B&B haben hübsche historische Elemente und die Bäckerei im Erdgeschoss serviert guten Kaffee. Das flippige kleine **Grand Canyon Hotel** (☏ 928-635-1419; www.thegrandcanyonhotel.com; 145 W Route 66; Hostel B/Zi. 28/32 US$; Zi. mit Gemeinschaftsbad 70 US$; Zi. mit Privatbad 75–125 US$; ⊙ März–Nov.; ❋@🛜) hat kleine Themenzimmer und einen Schlafsaal mit sechs Betten; TVs gibt es nicht. Im **Canyon Motel & RV Park** (☏ 928-635-9371; www.thecanyonmotel.com; 1900 E Rodeo Rd; Stellplatz Zelt/Wohnmobil 31/43 US$; Zi. 88–94 US$; Bahnwaggon 94–192 US$; ❋🛜🛥❋) unmittelbar östlich des Zentrums nächtigen Gäste in einem Santa-Fe-Güterzugbegleitwagen von 1929 oder in einem Pullman-Waggon.

Grand Canyon National Park

Egal wie viel man über den Grand Canyon gelesen oder wie viele Fotos man gesehen hat, nichts kann einen auf die Realität vorbereiten. Zunächst ziehen den Beobachter die unglaublichen Ausmaße des Canyons in ihren Bann. Gleichermaßen eindrucksvoll sind die dramatischen Felsschichten, die einen genaueren Blick lohnen, sowie die kunstvollen Details in Form von zerklüfteten Plateaus, bröckeligen Steintürmen und weinroten Felsgraten, die das Spiel von Licht und Schatten angemessen in Szene setzt.

Auf dem Grund der gewaltigen Schlucht windet sich der Colorado (genau genommen 446 km des Flusses). Er hat den Canyon in den letzten 6 Mio. Jahren geformt und Steine freigelegt, die bis zu 2 Mrd. Jahre alt sind – halb so alt wie die Erde!

North Rim und South Rim (die Nord- bzw. Südkante der Schlucht) bieten zwei recht unterschiedliche Erfahrungen. Sie sind mit dem Auto mehr als 200 Meilen (über 300 km) voneinander entfernt, und nur wenige Reisende besuchen beide Gebiete im Rahmen von ein und derselben Tour. Die meisten Besucher geben dem South Rim den Vorzug, weil er leicht zu erreichen ist und mit vielen Service-Einrichtungen und herrlichen Aussichten aufwartet. Der ruhigere North Rim wiederum liegt auf 2500 m (300 m höher als der South Rim). In seinem kühleren Klima wachsen Wildblumen auf den Wiesen und hohe, dichte Espen- und Fichtengehölzer.

Der Juni ist der trockenste Monat, im Juli und August regnet es am meisten. Im Januar liegt die durchschnittliche Nachttemperatur bei -11 bis -7 °C und die Tageshöchsttemperatur bei etwa 4 °C. Im Sommer herrschen im Canyon regelmäßig mehr als 38 °C. Der South Rim ist das ganze Jahr über zugänglich, aber die meisten Besucher werden zwischen Ende Mai und Anfang September gezählt. Der North Rim ist von Mitte Mai bis Mitte Oktober erreichbar.

❶ Praktische Informationen

Der Ort mit der besten Infrastruktur im **Grand Canyon National Park** (☏ 928-638-7888; www.nps.gov/grca; Auto/Fahrrad & Fußgänger 25/12 US$) ist Grand Canyon Village, 6 Meilen (10 km) nördlich der South Rim Entrance Station. Der einzige Eingang zum North Rim liegt 30 Meilen (48 km) südlich von Jacob Lake am Hwy 67; der eigentliche North Rim liegt weitere 14 Meilen (23 km) in Richtung Süden. North Rim und South Rim trennen 215 Meilen (346 km) mit dem Wagen, zu Fuß quer durch den Canyon sind es 21 Meilen (34 km), per Luftlinie 10 Meilen (16 km).

Das Parkticket ist sieben Tage lang für North und South Rim gültig.

Wer eine Wanderung mit Übernachtung unternehmen und auf dem Parkgelände campen möchte, braucht eine Genehmigung. Das **Backcountry Information Center** (☏ 928-638-7875;

Grand Canyon National Park

DER SÜDWESTEN ARIZONA

www.nps.gov/grca; Grand Canyon Village; ☺ 8–12 & 13–17 Uhr, Telefon Mo–Fr 13–17 Uhr; 🖳 Village) nimmt Anträge für Wandergenehmigungen (10 US$, zzgl. 5 US$/Pers. & Nacht) nur für den laufenden und die darauf folgenden vier Monate an. Die Chancen stehen recht gut, wenn man sich früh darum kümmert und Alternativrouten angibt. Reservierungen können persönlich, per Post oder Fax, nicht aber per Telefon oder E-Mail, vorgenommen werden. Weitere Infos gibt's unter www.nps.gov/grca/planyourvisit/backcountry-permit.htm.

Wer ohne Genehmigung am South Rim ankommt, muss sich zum Büro neben der Maswik Lodge begeben und auf die Warteliste setzen lassen.

Aus Umweltschutzgründen werden im Park keine Wasserflaschen mehr verkauft. Stattdessen können Besucher mitgebrachte Behältnisse an Wasserstationen entlang des Canyonrands und am Canyon View Marketplace auffüllen.

VISITOR CENTERS DES SOUTH RIM

Grand Canyon Visitor Center (☎ 928-638-7888; www.nps.gov/grca; Visitor Center Plaza, Grand Canyon Village; ☺ März–Nov. 8–17 Uhr, Dez.–Feb. 9–17 Uhr; 🖳 Village, Kaibab/Rim) Rund 300 m hinter dem Mather Point stößt man auf eine große Plaza mit dem Visitor Centre sowie dem Books & More Store. Draußen informieren Schwarze Bretter über Wanderwege, Touren, Rangerprogramme und das Wetter.

National Geographic Visitor Center (☎ 928-638-2468; www.explorethecanyon.com; 450 Hwy 64, Tusayan; Erw./Kind 14/11 US$; ☺ März–Okt. 8–22 Uhr, Nov.–Feb. 10–20 Uhr) Das Visitor Center ist in Tusayan, 7 Meilen (11 km) südlich des Grand Canyon Village. Wer hier das Eintrittsgeld von 25 US$ pro Wagen zahlt, erspart sich die eventuell lange Wartezeit am Parkeingang. Im IMAX-Kino wird der großartige Film *Grand Canyon – The Hidden Secrets* gezeigt.

Neben den oben aufgeführten Visitor Centers liefern auch folgende Anlaufstellen im Park Informationen:

Das **Yavapai Museum of Geology** (www.nps.gov/grca; Grand Canyon Village; ☺ März–Mai & Sept.–Nov. 8–19 Uhr, Dez.–Feb. bis 18 Uhr, Juni–Aug. bis 20 Uhr; ♿; 🖳 Kaibab/Rim), das **Verkamp's Visitor Center** (www.nps.gov/grca; National Historic Landmark District, Grand Canyon Village; ☺ 8–19 Uhr; ♿; 🖳 Village), das **Kolb Studio** (☎ 928-638-2771; www.nps.gov/grca; National Historic Landmark District, Grand Canyon Village; ☺ März–Mai & Sept.–Nov. 8–19 Uhr, Dez.–Feb. bis 18 Uhr, Juni–Aug. bis 20 Uhr; ♿; 🖳 Village), das **Tusayan Ruin & Museum** (www.nps.gov/grca; Desert View Dr; ☺ 9–17 Uhr; ♿) und das **Desert View Information Center** (☎ 928-638-7893; ☺ Juni–Aug. 8–17 Uhr, restliches Jahr ab 9 Uhr).

South Rim

Wer kein Problem mit Menschenmassen hat, wird sich am South Rim wohlfühlen, denn hier gibt's ein komplettes Dorf mit Unterkünften, Restaurants, Buchläden, einem Supermarkt und einem Deli. Museen und historische Steinhäuser erläutern die Geschichte des Parks, während Ranger täglich Programme zu Themen wie Geologie und wiederauflebenden Kondor-Populationen anbieten.

Auch im Sommer, wenn Tagesausflügler in Massen einfallen, findet man ruhige Plätzchen, z. B. bei einer Tageswanderung unterhalb des Rims oder indem man sich ein paar hundert Meter von den malerischen Aussichtspunkten entfernt.

🏃 Aktivitäten

Autofahren & Wandern

Eine malerische Route führt westlich vom Grand Canyon Village auf der Hermit Rd am Rand der Schlucht entlang. Von März bis November darf die 11 km lange Straße nicht von Privatwagen befahren werden; stattdessen nimmt man einfach den kostenlosen Shuttlebus. Die Strecke kann auch gut mit dem Fahrrad bewältigt werden, da relativ wenig Verkehr herrscht. Unterwegs locken traumhafte Aussichten, zudem liefern Schilder Infos zum Canyon.

Der Desert View Drive beginnt östlich vom Grand Canyon Village und folgt der Schluchtkante 26 Meilen (42 km) lang bis zum Desert View, dem Osteingang des Parks. Parkbuchten ermöglichen fantastische Aussichten.

Die Wanderwege entlang des South Rim bieten etwas für jeden Fitnessgrad. Die beliebteste und einfachste Route im Park ist der Rim Trail. Er taucht in die struppigen Kiefernbestände des Kaibab National Forest ein und verbindet auf einer Strecke von 21 km einige Aussichtspunkte und historische Stätten miteinander. Manche Abschnitte sind asphaltiert, und sämtliche Aussichtspunkte können mit einer der drei Shuttlebuslinien erreicht werden. Auf dem Trail of Time, der gleich westlich vom Yavapai Museum of Geology an den Rim Trail grenzt, repräsentiert jeder Meter 1 Mio. Jahre Erdgeschichte.

Wanderungen hinab in den Canyon sind anstrengend, deshalb begnügen sich die meisten Besucher mit kurzen Tagesausflügen. Man muss sich bewusst machen, dass der Rückweg bergauf aus der Schlucht sehr viel härter ist als der Abstieg auf dem Hinweg. Zudem sollte man nicht versuchen, die gesamte Strecke zum Colorado und zurück an einem Tag zu bewältigen. Die beliebteste Route ist der wunderschöne **Bright Angel Trail**. Entlang des malerischen 13 km langen Abstiegs zum Fluss gibt es vier günstige Umkehrpunkte. Im Sommer kann die Hitze mörderisch sein; wer eine Tageswanderung unternimmt, könnte an einem der beiden Rasthäuser umkehren (hin & zurück 5 bzw. 10 km) oder sich bei Sonnenaufgang auf den Weg machen, um die längeren Wanderungen zum Indian Garden oder Plateau Point (hin & zurück 15 bzw. 20 km) zu bewältigen.

Der steilere und sehr viel ungeschütztere **South Kaibab Trail** gehört zu den schönsten Wegen im Park. Er kombiniert eindrucksvolle Landschaft mit unverstellten Rundumblicken. Wanderer, die in der Phantom Ranch übernachten, wählen für den Abstieg meist diesen Weg und für den Rückweg am nächsten Tag den Bright Angel Trail. Im Sommer kann der Aufstieg auf dem South Kaibab Trail gefährlich sein, dann raten die Ranger Tagesausflüglern, am Aussichtspunkt **Cedar Ridge** (ca. 5 km hin & zurück) umzukehren. Dies ist die schönste Kurzstreckenwanderung im Park.

Radfahren

Bright Angel Bicycles & Cafe at Mather Point FAHRRADVERLEIH
(☎928-814-8704, 928-638-3055; www.bikegrand canyon.com; Visitor Center Plaza, Grand Canyon Village; Leihgebühr 24 Std. Erw./Kind bis 16 Jahre 40/30 US$, 5 Std. 30/20 US$; Rollstuhl 10 US$; Kindersportwagen einsitzig/zweisitzig bis zu 8 Std. 18/27 US$; ☺April–Nov.; 🚌Village, 🚌Kaibab/Rim) Der freundliche Anbieter am South Rim verleiht „Komforträder" und stellt sie individuell auf die Nutzer ein. Im Preis inbegriffen ist ein Helm, zudem werden auch Kinderanhänger, Kindersportwagen und Rollstühle vermietet. Rennräder kosten 45 US$ pro Tag. Angeboten werden auch dreistündige geführte Touren auf der Hermit Rd oder der Yaki Rd (Erw./Kind bis 15 J. ab 48/38 US$).

Geführte Touren

Grand Canyon Mule Rides AUSRITTE
(☎888-297-2757, Reservierung für denselben/den nächsten Tag 928-638-3283; www.grandcan yonlodges.com; Bright Angel Lodge; 3-stündiger Muli-Ausritt 120 US$, Muli-Ausritt mit 1/2 Übernachtungen inkl. Verpflegung & Unterkunft 533/758 US$; ☺ganzjährig, unterschiedliche Zeiten; ♿) Wegen

Erosionsgefahr lässt der NPS innerhalb des Canyons nur noch eine begrenzte Zahl von Muli-Touren für diejenigen zu, die bis zur Phantom Ranch wollen. Die dreistündigen Touren führen nun an der Schluchtkante entlang (nicht darunter) – durch Wacholder, Gold- und Pinyon-Kieferwälder zum Aussichtspunkt Abyss. Muli-Ritte mit einer Übernachtung bzw. zwei Übernachtungen folgen dem Bright Angel Trail zum Fluss, dann geht's Richtung Osten auf dem River Trail und über die Kaibab Suspension Bridge zum anderen Ufer. Teilnehmer übernachten auf der Phantom Ranch. Wer im Park ankommt und gleich am folgenden Tag mit dem Muli losreiten möchte, sollte sich am Infoschalter in der Bright Angel Lodge nach freien Plätzen erkundigen.

🛏 Schlafen

Die sechs Lodges am South Rim werden von **Xanterra** (☎888-297-2757, 303-297-2757, 928-638-3283; www.grandcanyonlodges.com) betrieben. Vor allem im Sommer sollte man vorab reservieren, bei der Phantom Ranch neben dem Colorado ruft man am besten direkt an. Wer für denselben Tag reservieren oder einen Gast erreichen möchte, ruft beim South Rim Switchboard (☎928-638-2631) an. Sind keine Unterkünfte im Park mehr frei, sollte man es in Tusayan (am Südeingang), Valle (31 Meilen bzw. 49,5 km südlich), Cameron (53 Meilen bzw. 85 km östlich), Williams (ca. 60 Meilen bzw. 100 km südlich) oder Flagstaff (80 Meilen bzw. 129 km südöstlich) versuchen.

Mit Ausnahme des Desert View sind alle Campingplätze und Lodges ganzjährig geöffnet.

Phantom Ranch HÜTTEN $
(☎888-297-2757, Reservierungen für denselben/den nächsten Tag 928-638-3283; www.grandcanyon lodges.com; Grand Canyon National Park, Grund des Canyons; Hütte mit B/DZ 48/135 US$; ❄) Auf der einem Camp ähnelnden Anlage gibt es gemütliche Privathütten für bis zu vier Personen und nach Geschlechtern getrennte Schlafsäle für bis zu zehn Gäste. Im Preis inbegriffen sind Bettwäsche, Flüssigseife und Handtücher, Mahlzeiten kosten hingegen extra und müssen bei der Buchung reserviert werden. Wer möchte, kann Essen und Kocher selbst mitbringen.

Desert View Campground CAMPING $
(www.nps.gov/grca; Desert View, East Entrance; Stellplätze 12 US$; keine Reservierung möglich;

Mitte

⊙ Mitte April–Mitte Okt.; 🐕) Der Campingplatz mit 50 Stellplätzen (keine Reservierung möglich) in einem Wald mit Pinyon-Kiefern und Wacholder nahe dem East Entrance ist ruhiger als der Mather Campground im Village. Die weitläufige Anlage bietet eine gewisse Privatsphäre. Die größten Chancen auf einen Platz hat man vormittags, wenn andere Camper ihre Zelte abbrechen. Nachmittags ist meist alles belegt. Auf dem Gelände gibt es Toiletten und Trinkwasser, jedoch keine Duschen und Anschlüsse.

Mather Campground — CAMPING $

(☎ 877-444-6777, bei später Ankunft 928-638-7851; www.recreation.gov; Market Plaza, Grand Canyon Village; Stellplätze 18 US$; ⊙ ganzjährig; 🐕; 🚐 Village) Die schattigen Stellplätze liegen recht verstreut und der flache Boden bietet einen gemütlichen Untergrund. Neben Münzduschen gibt es Waschmaschinen, Trinkwasser, Toiletten, Grillstellen und einen kleinen Gemischtwarenladen. Ein Lebensmittelgeschäft mit komplettem Sortiment ist einen kurzen Fußmarsch entfernt. Reservierungen sind nur von März bis November möglich. Es gibt keine Stromanschlüsse.

Trailer Village — CAMPING $

(☎ 877-404-4611, Reservierungen für denselben Tag 928-638-3047; www.visitgrandcanyon.com; Market Plaza, Grand Canyon Village; Stellplatz Wohnmobil 36 US$; ⊙ ganzjährig; 🐕; 🚐 Village) Der Campingplatz unter der Leitung von Xanterra ist im Grunde ein Wohnmobilpark. Die Wohnwagen reihen sich in gepflasterten Pull-Through-Plätzen auf einem recht kargen Gelände aneinander. Am attraktivsten ist das Areal mit Bäumen ganz im Norden. Es gibt Picknicktische, Grillstellen und komplette Anschlüsse, für Duschen müssen Gäste allerdings einen knappen halben Kilometer zum Mather Campground laufen.

Bright Angel Lodge — LODGE $$

(☎ 888-297-2757, Rezeption & Reservierungen innerhalb von 48 Std. 928-638-2631, Durchwahl 6285; www.grandcanyonlodges.com; National Historic Landmark District, Grand Canyon Village; Zi. mit Bad 100 US$, Zi. ohne Bad 77–89 US$, Suite 426 US$, Hütte 128–197 US$; 🅿🛜; 🚐 Village) Das Haus aus Holz und Stein von 1935 an der Schluchtkante bietet jede Menge historischen Charme sowie hübsch eingerichtete Zimmer. Die geschäftigen öffentlichen Bereiche sind hingegen weniger elegant. Bei einem begrenzten Budget bietet sich ein einfaches Doppelzimmer (mit Bett, Schreibtisch und Waschbecken; kein TV) mit Gemein-

schaftsbad am Ende des Flurs an. Die Hütten sind heller, luftiger und geschmackvoller im Western-Stil eingerichtet; die teuersten bitten Ausblicke auf die Schluchtkante.

Maswik Lodge — MOTEL $$

(☎ 888-297-2757, Rezeption & Reservierungen innerhalb von 48 Std. 928-638-2631, Durchwahl 6784; www.grandcanyonlodges.com; Grand Canyon Village; Zi. Süd-/Nordseite 107/205 US$; 🅿❄@🛜; 🚐 Village) Der Komplex umfasst 18 moderne zweistöckige Gebäude im Wald mit Unterkünften im Standard-Motel-Stil. Die Zimmer im Maswik North verfügen über private Terrassen, Klimaanlage, Kabel-TV, hohe Decken und Waldblicke, die im Maswik South sind kleiner und haben weniger Komfort, keine Klimaanlage und keine so schöne Aussicht.

Kachina & Thunderbird Lodges — LODGE $$

(☎ 888-297-2757, Reservierungen innerhalb von 48 Std. 928-638-2631; www.grandcanyonlodges.com; National Historic Landmark District, Grand Canyon Village; Zi. zur Straße & mit Canyonblick 216/232 US$; 🅿❄🛜; 🚐 Village) Die recht nüchtern wirkenden Lodges neben dem Rim Trail zwischen El Tovar und Bright Angel entstanden in den späten 1960er-Jahren und bieten Zimmer im typischen Motel-Stil mit zwei schmalen Doppelzimmern, Bad, Flachbild-TV, Keurig-Kaffeekocher und Kühlschrank. Der Aufpreis für die Zimmer am Rim mit partiellem Canyon-Blick lohnt sich.

Yavapai Lodge — MOTEL $$

(☎ 877-404-4611, Reservierungen innerhalb von 48 Std. 928-638-6421; www.visitgrandcanyon.com; Market Plaza, Grand Canyon Village; Zi. West/East 140/174 US$; ⊙ ganzjährig; 🅿❄@🛜🐕; 🚐 Village) Die Motel-Unterkünfte verteilen sich auf einen idyllischen Pinyon-Kiefer- und Wacholderwald. Die Zimmer im Yavapai East sind in sechs zweistöckigen Häusern mit Klimaanlage untergebracht, die im Yavapai West in zehn einstöckigen Gebäuden mit gewölbten Decken ohne Klimaanlage. Zur Ausstattung der einfachen, sauberen Quartiere gehören Badewannen, Duschen und TVs.

★ El Tovar — LODGE $$$

(☎ 888-297-2757, Rezeption & Reservierungen innerhalb von 48 Std. 928-638-2631, Durchwahl 6380; www.grandcanyonlodges.com; National Historic Landmark District, Grand Canyon Village; Zi. 187–305 US$, Suite 381–465 US$; ⊙ ganzjährig; 🅿❄🛜; 🚐 Village) Ausgestopfte Tiere, robuste Kiefernholzwände und rustikale offene

Kamine: Das El Tovar wirkt wie eine charismatische Mischung aus dem schicksten Hotel am South Rim und einer Jagdhütte im Hinterland. Trotz Renovierungsarbeiten hat die weitläufige Holz-Lodge von 1905 von ihrem vornehmen historischen Flair und Charme nichts eingebüßt.

✗ Essen & Ausgehen

Maswik Food Court   CAFETERIA $
(☎928-638-2631; www.grandcanyonlodges.com; Maswik Lodge, Grand Canyon Village; Hauptgerichte 7–13 US$; ⊙Mai–Aug. 6–22 Uhr, restliches Jahr unterschiedlich; ⊛; ⌂Village) Die kulinarische Auswahl hält keine große Überraschungen bereit, ist jedoch recht abwechslungsreich und nicht zu fett. An den verschiedenen Essensstationen gibt es Burger, Pasta, mexikanische Küche, Chilieintöpfe, warme Putensandwiches, Feinkost und Sandwiches zum Mitnehmen. Das angrenzende Maswik Pizza Pub serviert Bier und zeigt Sportveranstaltungen im Fernsehen.

Yavapai Lodge Restaurant   AMERIKANISCH $
(☎928-638-6421; www.visitgrandcanyon.com; Yavapai Lodge, Market Plaza, Grand Canyon Village; Frühstück 7–12 US$, Mittag- & Abendessen 8–22 US$; ⊙Mai–Aug. 6.30–21 Uhr, restliches Jahr unterschiedlich; ⊛; ⌂Village) Das Café neben der Yavapai Lodge verkauft Burger, Salate, Hotdogs und Pizza. Außer an Feiertagen von November bis Februar geschlossen.

Canyon Village Deli   CAFETERIA $
(☎928-638-2262; Canyon Village Market, Market Plaza, Grand Canyon Village; Hauptgerichte 3–9 US$; ⊙Mai–Aug. 8–18 Uhr, restliches Jahr unterschiedlich; ⊛; ⌂Village) Im Lebensmittelladen gibt's frisch gemachte Sandwiches, Hotdogs und Fertiggerichte.

★El Tovar Dining Room & Lounge   AMERIKANISCH $$$
(☎928-638-2631; www.grandcanyonlodges.com; El Tovar, National Historic Landmark District, Grand Canyon Village; Hauptgerichte 17–35 US$; ⊙Restaurant 6.30–10.45 & 11.15–14 & 16.30–22 Uhr, Lounge 11–23 Uhr; ⊛; ⌂Village) Kulisse und Essen sind gleichermaßen hervorragend. Die Tische aus dunklem Holz sind mit Porzellan und weißen Decken eingedeckt, auffällige Wandbilder zeigen indigene Motive und riesige Fenster überblicken die Schluchtkante und den Canyon. Der Service ist exzellent, die Auswahl kreativ und die Portionen sind groß.

Arizona Room   AMERIKANISCH $$$
(www.grandcanyonlodges.com; Bright Angel Lodge, National Historic Landmark District, Grand Canyon Village; Hauptgerichte 12–29 US$; ⊙Jan.–Okt. 11.30–15 & 16.30–22 Uhr; ⊛; ⌂Village) Geweih-Kronleuchter baumeln von der Decke, und die Panoramafenster überblicken einen

---

RAFTING AUF DEM COLORADO

Eine Bootsfahrt auf dem Colorado ist ein geradezu episches, adrenalingeladenes Abenteuer, bei dem man über mehrere Tage von jeglicher Zivilisation abgeschnitten ist. An einer Stelle stürzen die Lava Falls auf einer Strecke von nur 275 m rekordverdächtige 11 m hinab. Eigentliches Highlight ist jedoch der Blick auf den Grand Canyon von unten und nicht, wie sonst üblich, von oben – außerdem machen Ruinen, Wracks und Felsmalereien Geschichte lebendig. Die organisierten Touren dauern drei Tage bis drei Wochen, wobei verschiedene Boote zum Einsatz kommen. Die Nächte werden in Zelten an Sandstränden verbracht (Ausrüstung wird gestellt). Für die gesamte Strecke, die der Fluss durch den Canyon fließt (279 Meilen bzw. 449 km), braucht man zwei bis drei Wochen. Kürzere Abschnitte von ca. 100 Meilen (161 km) sind in vier bis neun Tagen zu bewältigen. Das Angebot ist begrenzt und die Touren sind beliebt, deswegen sollte man so früh wie möglich buchen.

Arizona Raft Adventures (☎800-786-7238, 928-526-8200; www.azraft.com; 6-tägige Hybrid-/Paddeltour oberer Canyon 2050/2150 US$, 10-tägige motorisierte Tour gesamter Canyon 3000 US$) Der Familienbetrieb unter Leitung von mehreren Generationen bietet Paddel-, Ruder-, Hybrid- (mit und ohne Paddel) und motorisierte Touren. Musikliebhaber können einen Folk- und Bluegrass-Tour buchen, bei denen professionelle Gitarristen und Banjo-Spieler für die musikalische Untermalung sorgen.

Arizona River Runners (☎602-867-4866, 800-477-7238; www.raftarizona.com; 6-tägige Ruderboottour oberer Canyon 1984 US$, 8-tägige motorisierte Tour gesamter Canyon 2745 US$) Ist seit 1970 im Geschäft und veranstaltet Ruderbootfahrten und motorisierte Touren.

DER SÜDWESTEN ARIZONA

kleinen Rasenbereich, den Rim-Weg und den Canyon. Am besten versucht man direkt nach der Öffnung um 16.30 Uhr einen Platz auf der Warteliste zu bekommen, denn bereits um 16.30 Uhr muss man eventuell eine Stunde warten. Eine Reservierung ist nicht möglich. An Hauptgerichten stehen u. a. Steak, Hühnchen und Fisch zur Auswahl, an Vorspeisen kreative Kreationen wie Quesadillas mit Pulled Pork.

ℹ️ Anreise & Unterwegs vor Ort

Die meisten Besucher erkunden den Canyon mit einem Mietwagen oder als Mitglied einer Reisegruppe. Einen Parkplatz im Grand Canyon Village zu finden, ist nicht immer einfach. Innerhalb des Parks bedienen kostenlose Shuttles drei Routen (rund um Grand Canyon Village, Richtung Westen auf der Hermits Rest Route und Richtung Osten auf der Kaibab Trail Route). Die Busse fahren etwa alle 15 Minuten (ab einer Stunde vor Sonnenuntergang bis eine Stunde danach).

Im Sommer fährt an der Bright Angel Lodge der kostenlose Shuttle Hiker's Express ab. Er passiert frühmorgens das Backcountry Information Center und das Grand Canyon Visitor Center, dann geht's zum Startpunkt des South Kaibab Trail.

North-Rim

Der North Rim bietet wohltuende Einsamkeit. Es gibt keine Shuttlebusse oder Bustouren, keine Museen, keine Einkaufszentren, keine Schulen oder Tankstellen. Tatsächlich findet man hier lediglich eine klassische Lodge im Nationalpark am Schluchtrand, einen Campingplatz, ein Motel, einen Gemischtwarenladen und ein weitläufiges Wegenetz, das durch sonnige Wildblumenwiesen, schlanke Espen und hochgewachsene Ponderosa-Kiefern führt.

Der Eingang zum North Rim liegt 24 Meilen (39 km) südlich des Jacob Lake am Hwy 67. Die Grand Canyon Lodge befindet sich weitere 20 Meilen (32 km) dahinter. Aufgrund der Höhe von über 2400 m ist es hier rund 6 °C kälter als am South Rim – auch im Sommer benötigt man abends einen Pullover. Sämtliche Einrichtungen am North Rim sind von Mitte Oktober bis Mitte Mai geschlossen, man kann jedoch in den Park fahren und auf dem Campingplatz übernachten, bis Schnee die Straße ab Jacob Lake unpassierbar macht.

🏃 Aktivitäten

Der kurze, einfach zu bewältigende, befestigte Weg (800 m) zum **Bright Angel Point** ist ein Muss. Er beginnt an der Rückseite der Grand Canyon Lodge und führt zu einem schmalen Felsausläufer, der einen genialen Ausblick gewährt.

Der **North Kaibab Trail** ist der einzige Wanderweg vom North Rim zum Fluss, der regelmäßig gewartet wird. Er ist mit Wegen zum South Rim im Gebiet der Phantom Ranch verbunden. Die ersten 8 km sind am steilsten und es geht über 900 m hinab zu den **Roaring Springs**. Die Tageswanderung erfreut sich großer Beliebtheit. Wer eine kürzere Strecke unterhalb der Schluchtkante bevorzugt, kann ca. 1 km bis zum **Coconino Overlook** oder 3 km bis zum **Supai Tunnel** laufen. So erhält man einen Vorgeschmack auf das steile Terrain im Canyon. Für den 45 km langen Rundweg zum Colorado River benötigt man mehrere Tage.

Eine kurze Wanderung am Schluchtrand, die sich gut für Familien eignet, ist der 6 km lange Rundweg **Cape Final** am Walhalla Plateau östlich der Grand Canyon Lodge, der durch Gelbkieferwälder zu beeindruckenden Aussichtspunkten am östlichen Grand Canyon führt.

Canyon Trail Rides (☑ 435-679-8665; www.canyonrides.com; North Rim; 1-stündiger/halbtägiger Muli-Ausritt 40/80 US$; ☉ Mitte Mai–Mitte Okt., Zeiten unterschiedlich) bietet Muli-Ausritte. Einer der halbtägigen Ausflüge (Mindestalter 10 Jahre) verläuft entlang der Schluchtkante, der andere führt auf dem North Kaibab Trail in den Canyon hinein.

🛏️ Schlafen

Die Übernachtungsmöglichkeiten sind auf eine Lodge und einen Campingplatz beschränkt. Wenn dort kein Platz ist, muss man sein Glück 80 Meilen (128 km) nördlich in Kanab (Utah) oder 84 Meilen (135 km) nordöstlich in Lees Ferry versuchen. Weitere Campingplätze findet man auch im Kaibab National Forest, nördlich des Parks.

North Rim Campground CAMPING **$** (☑ 928-638-7814, 877-444-6777; www.recreation. gov; Stellplatz Zelt 18 US$, Stellplatz Wohnmobil 18–25 US$; ☉ Mitte Mai–Mitte Okt. reservierungspflichtig, 16.–31. Okt. ohne Reservierung; 🐾) Der Campingplatz, 1,5 Meilen (2,4 km) nördlich der Lodge, verfügt über schattige Stellplätze auf ebenem, mit Kiefernnadeln bedecktem Boden. Die Plätze 11, 14, 15, 16 und 18 für 25 US$ überblicken den Transept (einen Neben-Canyon). Es gibt Wasser, einen Laden, eine Snackbar, Münzduschen und Waschmaschinen, jedoch keine Stromanschlüsse.

Reservierungen sind bis zu sechs Monate im Voraus möglich.

Grand Canyon Lodge
HISTORISCHES HOTEL **$$**

(🖂 877-386-4383 bei Vorabreservierungen, 480-337-1320 bei Reservierungen außerhalb der USA, 928-638-2611 bei Reservierungen für denselben Tag; www.grandcanyonlodgenorth.com; Zi. 130 US$, Hütte für 2 Pers. 138–191 US$; ⊗ Mitte Mai–Mitte Okt.) 🖋 Hinter dem Vordereingang der Grand Canyon Lodge warten ein heller Wintergarten und Panoramafenster mit prachtvollen Blicken auf den Canyon. Die Zimmer befinden sich nicht in der Lodge selbst, sondern in rustikalen Hütten für bis zu fünf Personen. Am schönsten sind die hellen und geräumigen im Western-Stil aus Holz inmitten von Bäumen und Gras.

✕ Essen & Ausgehen

In der Lodge gibt es ab 5.30 Uhr Lunchpakete (15 US$) für all jene, die unterwegs picknicken möchten. Interessierte müssen einen Tag im Voraus bestellen. Sandwiches, Pizza und Frühstücks-Burritos verkauft das **Deli in the Pines** (Grand Canyon Lodge; Mittagessen & Abendessen 7–15 US$; ⊗ Mitte Mai–Mitte Okt. 10.30–21 Uhr), das ebenfalls zur Lodge gehört.

★ Grand Canyon Lodge Dining Room
AMERIKANISCH **$$**

(🖂 928-638-2611, in der Nebensaison 928-645-6865; www.grandcanyonlodgenorth.com; Hauptgerichte morgens 6–13 US$, mittags 10–15 US$, abends 13–33 US$; ⊗ Mitte Mai–Mitte Okt. 6.30–10, 11.30–14.30 & 16.45–21.45 Uhr; 🖘) Die Plätze direkt neben den Fenstern sind zwar traumhaft, doch da die Fenster riesig sind, bieten sich von jedem Tisch im Speiseraum tolle Ausblicke. Die solide Speisekarte beinhaltet z. B. Büffelsteak, Regenbogenforelle und verschiedene vegetarische Gerichte. Kulinarische Höhenflüge sollte man sich nicht erwarten, das eigentliche Highlight ist das Panorama. Es ist ratsam, vorab einen Tisch fürs Abendessen zu reservieren; morgens und mittags ist keine Reservierung möglich.

Grand Canyon Cookout Experience
AMERIKANISCH **$$$**

(🖂 928-638-2611; Grand Canyon Lodge; Erw./Kind 6–15 J. 30/15 US$; ⊗ 1. Juni–30. Sept. 17.45 Uhr; 🖘) Hier gehören Grillfleisch, Brathähnchen, Maisbrot aus der Pfanne und Bohnen, Western-Musik und billige Witze zum Programm. Die Gäste werden mit einem niedlichen „Dampfzug" hingebracht.

❶ Praktische Informationen

North Rim Visitor Center (🖂 928-638-7864; www.nps.gov/grca; North Rim; ⊗ 8–18 Uhr) Das Zentrum neben der Grand Canyon Lodge erteilt Informationen zum Park, zudem starten hier Naturwanderungen unter Ranger-Leitung.

❶ Anreise & Unterwegs vor Ort

Das **Transcanyon Shuttle** (🖂 877-638-2820, 928-638-2820; www.trans-canyonshuttle.com; einfache Strecke Rim–Rim 85 US$, einfache Strecke South Rim–Marble Canyon 70 US$; ⊗ Mitte Mai–Mitte Okt.) nimmt täglich von der Grand Canyon Lodge aus Kurs auf den South Rim (5 Std.) – prima für Wanderer, die von einer Seite des Canyon zur anderen laufen möchten. Mindestens ein oder zwei Wochen im Voraus reservieren! Ebenfalls an der Grand Canyon Lodge fährt um 5.45 und 7.10 Uhr ein kostenloses Shuttle für Wanderer zum North Kaibab Trail ab. Interessierte müssen sich 24 Stunden vorab an der Rezeption für die Fahrt anmelden. Steht niemand auf der Liste, fährt das Shuttle am Folgetag nicht.

Rund um den Grand Canyon

Havasu Canyon

In einem versteckten Neben-Canyon locken hier eindrucksvolle, von Quellen gespeiste Wasserfälle und azurblaue Badestellen. Der wunderschöne Ort ist nicht leicht zu erreichen, doch die Wanderung hin und zurück macht das Erlebnis unvergesslich und zu einem großartigen Abenteuer.

Der Havasu Canyon liegt in der Havasupai Indian Reservation, nur 35 Meilen (56 km) Luftlinie westlich des South Rim. Mit dem Auto sind hingegen 195 Meilen (314 km) zu bewältigen. Die vier Wasserfälle befinden sich auf einem 10 Meilen (16 km) langen Abschnitt unterhalb der Schluchtkante. Zugang hat man über einen mittelschweren Wanderweg, der am Hualapai Hilltop beginnt und über eine 62 Meilen (100 km) lange Straße zu erreichen ist, die 7 Meilen (11 km) östlich von Peach Springs von der Route 66 abzweigt.

Auf sämtlichen Wanderrouten ist eine Übernachtung einzuplanen. Diese muss vorab reserviert werden, zudem wird für alle Übernachtungsgäste eine Eintrittsgebühr von 35 US$ erhoben. Im Dorf Supai, 13 km vom Startpunkt des Weges, befindet sich die **Havasupai Lodge** (🖂 928-448-2201, 928-

385

448-2111; www.havasuwaterfalls.net; Supai; Zi. für max. 4 Pers. 145 US$; ✱) mit Motel-ähnlichen Zimmern mit Canyon-Blicken, jedoch ohne Telefone und TVs. Man muss bis 17 Uhr einchecken, dann schließt die Lobby. Im Ort serviert ein Café Gerichte (Kreditkartenzahlung möglich). Der Havasupai Campground, 2 Meilen (3 km) entfernt, bietet einfache Stellplätze an einem Bach. Jeder Camper muss zusätzlich eine Umweltgebühr von 5 US$ zahlen. Tiefer im Havasu Canyon locken Wasserfälle und blaugrüne Badelöcher.

Wer nicht nach Supai laufen möchte, sollte sich in der Lodge oder auf dem Campingplatz ein Muli oder Pferd organisieren (hin & zurück zur Lodge/zum Campingplatz 135/197 US$).

Hualapai Nation

Die abgelegene Stätte unter Verwaltung der Hualapai Nation wird Grand Canyon West genannt und gehört nicht zum Grand Canyon National Park. Sie liegt rund 215 Automeilen (346 km) westlich des South Rim und 70 Meilen (113 km) nordöstlich von Kingman. Die holperige Zugangsstraße ist nur teilweise befestigt und nicht für Wohnmobile geeignet.

Grand Canyon West (West Rim)   AUSSICHTSPUNKTE
(☑888-868-9378, 928-769-2636; www.grandcanyonwest.com; Hualapai Reservation; 44–81 US$/Pers.; ☺April–Sept. 7–19 Uhr, Okt.–März 8–17 Uhr) Mittlerweile sind Ausflüge zum Grand Canyon West, dem Abschnitt des westlichen Schluchtrands, der unter Verwaltung der Hualapai Nation steht, nur im Rahmen von organisierten Touren möglich. Dabei fahren Teilnehmer mit einem Shuttlebus zu Aussichtspunkten entlang des Rims und können sooft aus- und einsteigen, wie sie möchten. Teilweise sind Mittagessen, Cowboy-Aktivitäten in einer nachgebauten Western-Stadt und informelle indigene Vorführungen inbegriffen.

Bis auf die günstigste umfassen alle organisierten Touren die Gebühr für den Grand Canyon Skywalk. Die hufeisenförmige Glasbrücke schwebt mehr als 1200 m über dem Abgrund des Canyons. Sie ragt rund 21 m in den Canyon hinein und bietet Besuchern Blicke durch den Glasboden auf die Schlucht. Guano Point, ein weiterer Stopp, lädt zum Mittagessen, Shoppen und zu einer kleinen Erkundungstour mit fantastischen Canyon- und Flussblicken ein.

Ein Besuch des Skywalk ist nur im Rahmen einer organisierten Tour möglich. Die Aussichtsplattform ist dabei die Hauptattraktion, weshalb das Ganze eine recht kostspielige Angelegenheit ist.

Nordost-Arizona

Zwischen den imposanten Tafelbergen des Monument Valley, dem blauen Wasser des Lake Powell und den versteinerten Bäumen im Petrified Forest National Park erstrecken sich wunderschöne Landschaften mit einer uralten Geschichte. Dieses Gebiet wird schon seit Jahrhunderten von Indianern bewohnt und wird vom Navajo Reservat dominiert, das auch als Navajo Nation bekannt ist; es erstreckt sich bis in die angrenzenden Staaten. Hier befindet sich zudem ein Hopi-Reservat, das komplett vom Land der Navajo umschlossen ist.

Lake Powell

Der Lake Powell, das zweitgrößte künstliche Wasserreservoir des Landes, erstreckt sich nördlich von Arizona bis nach Utah. Umgeben von eindrucksvollen roten Steinformationen, einer scharfkantigen Canyon-Landschaft und einer dramatischen Wüstenszenerie, gehört der See zur **Glen Canyon National Recreation Area** (☑928-608-6200; www.nps.gov/glca; 7-Tages-Pass 15 US$/Auto, 7 US$/Fußgänger oder Radfahrer) und ist ein Mekka für Wassersportler.

Der See entstand durch den Bau des Glen Canyon Dam, 2,5 Meilen (4 km) nördlich von Page, dem heutigen Hauptort der Region. Das Carl Hayden Visitor Center befindet sich neben dem Damm.

Wer den wunderschönen **Antelope Canyon**, einen eindrucksvollen Slot-Canyon aus Sandstein, besuchen möchte, muss sich einer Tour anschließen. Mehrere Veranstalter, darunter **Roger Ekis' Antelope Canyon Tours** (☑928-645-9102; www.antelopecanyon.com; 22 S Lake Powell Blvd; Erw./Kind 5–12 J. ab 37/27 US$), bieten Ausflüge in den **Upper Antelope Canyon**, der besser zugänglich ist. Teilnehmer müssen sich auf eine holperige Fahrt und viele andere Besucher einstellen. Der **Lower Antelope Canyon** ist schwerer zu erkunden, zieht aber auch sehr viel weniger Touristen an.

Die 2,5 km lange Rundwanderung zum **Horseshoe Bend**, wo sich der Colorado hufeisenförmig um einen dramatischen

DER SÜDWESTEN NORDOST-ARIZONA

HOPI INDIAN RESERVATION

Die Hopi sind direkte Nachfahren der frühen Pueblo-Indianer und haben sich in den vergangenen 500 Jahren von allen Indianerstämmen der USA am wenigsten verändert. Ihr Dorf Old Oraibi ist möglicherweise die älteste kontinuierlich bewohnte Siedlung in Nordamerika.

Das Land der Hopi ist vom Reservat der Navajo Nation eingeschlossen. Der Hwy 264 führt an den drei Tafelbergen First, Second und Third Mesa vorbei, die das Kernstück des Reservats bilden. Auf der Second Mesa, 8 Meilen (13 km) westlich der First Mesa, befindet sich das **Hopi Cultural Center Restaurant & Inn** (☎ 928-734-2401; www.hopiculturalcenter.com; Hwy 264; Zi. 95–105 US$, Gerichte 7–16 US$; ⊙ Restaurant Sommer 7–21 Uhr, Winter bis 20 Uhr), die besucherfreundlichste Einrichtung im Hopi-Reservat. Neben Essen und Unterkünften bietet es das kleine **Hopi Museum** (☎ 928-734-6650; Erw./Kind bis 12 Jahre 3/1 US$; ⊙ Mo–Fr 8–17, Sa 9–15 Uhr) mit vielen historischen Fotos und kulturellen Ausstellungen.

Fotos, Zeichnungen und Video-/Audioaufnahmen sind nicht erlaubt.

Felsen windet, ist zu Recht beliebt. Der Ausgangspunkt des Weges befindet sich südlich von Page beim Hwy 89 gegenüber der Meilenmarkierung 541.

Hotelketten säumen die Hauptstraße von Page, den Hwy 89, während man in der 8th Ave ein paar unabhängige Unterkünfte findet. Das renovierte **Lake Powell Motel** (☎ 928-645-3919; www.powellmotel.com; 750 S Navajo Dr; 69–159 US$; ⊙ April–Okt.; ❆ 🕿) diente ursprünglich als Herberge für die Arbeiter, die den Glen Canyon Dam errichteten. Vier der Unterkünfte haben Küchen und sind schnell ausgebucht. Ein fünftes kleineres Zimmer wird meist für überraschend eintreffende Gäste freigehalten.

Lust auf ein Frühstück? Das **Ranch House Grille** (www.ranchhousegrille.com; 819 N Navajo Dr; Hauptgerichte 7–16 US$; ⊙ 6–15 Uhr) in Page punktet mit gutem Essen, riesigen Portionen und schnellem Service. Das **Bonkers** (☎ 928-645-2706; www.bonkerspageaz.com; 810 N Navajo Dr; Hauptgerichte 9–23 US$; ⊙ März–Okt. ab 16 Uhr) serviert inmitten eindrucksvoller Wandmalereien, die lokale Landschaften zeigen, sättigende Steaks, Meeresfrüchte, Pasta sowie ein paar Burger und Sandwiches.

Navajo Nation

Die Landschaften im Navajo-Land Arizonas gehören zu den spektakulärsten Nordamerikas, dafür sorgen u. a. das Monument Valley und der Canyon de Chelly. Die Bewohner sind noch immer stolz auf ihre Kultur und für viele ist Navajo die Muttersprache. Die Navajo sind stark auf den Tourismus angewiesen. Besucher können ihnen bei der Bewahrung ihres Erbes helfen, indem sie innerhalb von Reservaten übernachten oder ihre berühmte Handwerkskunst kaufen. Ein Halt an einem der Verkaufsstände an der Straße ist eine gute Möglichkeit, direkt mit den Kunsthandwerkern in Kontakt zu treten und so sicherzugehen, dass das Geld auch tatsächlich am sie fließt.

Anders als das restliche Arizona hat die Navajo Nation die Sommerzeit, im Sommer ist das Reservat dem Staat Arizona also eine Stunde voraus.

Unter www.navajo-nationparks.org findet man Infos zum Wandern, Campen und über die erforderlichen Genehmigungen.

CAMERON

Cameron, eine historische Siedlung und das Tor zum Osteingang des Grand Canyon South Rim, gehört zu den wenigen lohnenswerten Stopps am Hwy 89 zwischen Flagstaff und Page. Der **Cameron Trading Post** (☎ Souvenirladen 928-679-2231, Motel 800-338-7385; www.camerontradingpost.com; Hwy 89; Zi. 109 US$, Suite 179 US$; ⊙ Sommer 6–21.30 Uhr, Winter 7–21 Uhr; ❆ 🕿) gleich nördlich der Abzweigung zum Grand Canyon am Hwy 64 bietet Verpflegung, Unterkünfte, einen Souvenirladen und eine Postfiliale.

CANYON DE CHELLY NATIONAL MONUMENT

Dieser vielfingerige Canyon (*du-schei* ausgesprochen) umfasst ein paar wunderschöne Stätten der Pueblo-Indianer, u. a. alte Felsbehausungen. Seit Jahrhunderten sind hier Navajo-Bauern ansässig. Sie überwintern am Rand der Schlucht und verbringen den Frühling und Sommer in Hogans auf dem Grund des Canyons. Der Canyon gehört den Navajo und wird vom NPS verwaltet. Hogans dürfen nur mit einem Touristenführer betreten werden, und bevor man Fotos von Menschen macht, bittet man immer erst um Erlaubnis.

Die **Sacred Canyon Lodge** (☑800-679-2473; www.sacredcanyonlodge.com; Zi. 99–109 US$, Suite 169 US$; ✳@🛜🍽), die ehemalige Thunderbird Lodge, ist die einzige Unterkunft im Park und befindet sich direkt vor dem Canyon. Neben gemütlichen Zimmern bietet sie eine preiswerte Cafeteria, die Navajo-Küche und amerikanische Gerichte serviert. Der Campingplatz unter Navajo-Leitung in der Nähe verfügt über rund 90 Stellplätze (10 US$) mit Wasser, jedoch ohne Duschen; eine Reservierung ist nicht möglich.

Das **Visitor Center** (☑928-674-5500; www.nps.gov/cach; ⊙8–17 Uhr) des Canyon de Chelly liegt 3 Meilen (5 km) von der Rte 191 entfernt beim kleinen Dorf Chinle in der Nähe der Mündung des Canyons. Zwei malerische Straßen verlaufen entlang den Rändern des Canyons, dessen Grund man im Rahmen einer geführten Tour erkunden kann. Eine Liste mit Anbietern gibt es beim Visitor Center und auf der Website des Parks. Die einzige Wanderroute im Park, die auch ohne Guide zugänglich ist, ist der kurze, aber sehr spektakuläre Rundweg, der zur faszinierenden **White House Ruin** hinabführt.

FOUR CORNERS NAVAJO TRIBAL PARK

Nur nicht schüchtern sein und für ein Foto an der **Four-Corner-Markierung** (☑928-871-6647; www.navajonationparks.org; Eintritt 3 US$; ⊙Mai–Sept. 8–19 Uhr, Okt.–April 8–17 Uhr), einem Wahrzeichen mitten im Nirgendwo, auf alle Viere gehen. Dies ist der einzige Ort in den USA, an dem man sich gleichzeitig in vier Staaten befinden kann (Arizona, New Mexico, Colorado und Utah). Das Ganze ist ein nettes Fotomotiv, wenn auch nicht ganz korrekt, denn Landvermesser der Regierung sind der Auffassung, dass sich die Markierung ca. 600 m zu weit östlich befindet. Dennoch ist dies hier der gesetzlich anerkannte Grenzpunkt.

MONUMENT VALLEY NAVAJO TRIBAL PARK

Glühend rote Tafelberge und unfassbar schlanke Felssäulen, die sich hoch in den Himmel schrauben, sind die Markenzeichen des Monument Valley abseits des Hwy 163. Es hat schon zahllosen Hollywood-Western als Kulisse gedient und gilt als Traumziel für einen Roadtrip.

Wer sich die Steinformationen genauer ansehen möchte, muss den **Monument Valley Navajo Tribal Park** (☑435-727-5874; www.navajonationparks.org; 20 US$/Fahrzeug für 4 Pers.; ⊙Zufahrt Mai–Sept. 6–20.30 Uhr, Okt.–April 8–16.30 Uhr; Visitor Center Mai–Sept. 6–20 Uhr, Okt.–April 8–17 Uhr) besuchen. Dort wartet ein holperiger, unbefestigter 17 Meilen (27 km) langer Scenic Drive mit traumhaften Blicken ins Tal. Man kann ihn mit einem Mietwagen abfahren oder eine Tour bei einem der Stände am Parkplatz buchen. Tourgruppen gelangen auch in die Bereiche, die für Privatwagen nicht zugänglich sind (1½ Std. 75 US$, 2½ Std. 95 US$).

Auf dem Parkgelände fügt sich das sandsteinfarbene **View Hotel at Monument Valley** (☑435-727-5555; www.monumentvalleyview.com; Hwy 163; Zi./Suite ab 209/299 US$; ✳@🛜) harmonisch in die umliegende Landschaft ein. Ein Großteil der 96 Zimmer hat private Balkone mit Blick auf die Tafelberge. Die Navajo-Spezialitäten im angrenzenden Restaurant (Hauptgerichte 10–30 US$, kein Alkohol) sind mittelmäßig, dafür ist das Panorama aus roten Felsen aber überaus eindrucksvoll. Der modernisierte **Monument Valley Campground** (☑435-727-5802; www.monumentvalley.com/campground; Stellplatz Zelt/Wohnmobil 20/40 US$) befindet sich am anderen Ende des Parkplatzes.

Die historische **Goulding's Lodge** (☑435-727-3231; www.gouldings.com; Zi. 205–242 US$; ✳🛜🍽) kurz hinter der Staatsgrenze in Utah bietet Zimmer, Stellplätze und kleine Hütten. Im Sommer sollte man früh buchen. In Kayenta, 20 Meilen (32 km) weiter südlich, gibt's ein paar recht akzeptable Hotels. Wenn im Monument Valley keine Zimmer mehr frei sind, ist das **Wetherill Inn** (☑928-697-3231; www.wetherill-inn.com; 1000 Main St/Hwy 163; Zi. inkl. Frühstück 140 US$; ✳@🛜🍽) eine Alternative.

Winslow

Standing on a corner in Winslow, Arizona, such a fine sight to see… Diese Textzeile hat man doch schon mal irgendwo gehört? Dem Eagles-Song *Take it Easy* aus den 1970er-Jahren verdankt das unspektakuläre Winslow sein Plätzchen im Pop-Kultur-Himmel. Der kleine **Park** (www.standinonthecorner.com; 2nd St & Kinsley Ave) an der Route 66 (Ecke Kinsley Ave) ist eine Hommage an die berühmte Band.

Gerade mal 50 Meilen (80 km) östlich des Petrified Forest National Park bietet sich

Winslow als Basis für Ausflüge in die Umgebung an. Die Route 66 ist von alten Motels gesäumt und in Downtown findet man zahlreiche Restaurants. Das wahre Prunkstück ist die beeindruckende **La Posada** (☏ 928-289-4366; www.laposada.org; 303 E 2nd St; Zi. 139–169 US$; ❈ 🛜 ❈), eine restaurierte Hacienda (erb. 1929), die von der damaligen Stararchitektin Mary Jane Colter geschaffen wurde. Fein gearbeitete Fliesen, Kronleuchter aus Glas und Zinn, Navajo-Teppiche und andere Dekoelemente unterstreichen die palastartige Western-Eleganz. Das hochgelobte hauseigene Restaurant **Turquoise Room** (www.theturquoiseroom.net; La Posada; Frühstück 8–12 US$, Mittagessen 10–13 US$, Abendessen 19–42 US$; ⏱ 7–16, 17–21 Uhr) bietet die beste Küche (*new Southwestern*) zwischen Flagstaff und Albuquerque.

Petrified Forest National Park

Außergewöhnliche versteinerte Holzstücke, die aus einer Zeit vor jener der Dinosaurier stammen, und die farbenfrohe Sandlandschaft der Painted Desert machen den **Nationalpark** (☏ 928-524-6228; www.nps.gov/pefo; Fahrzeug/Fußgänger, Fahrrad & Motorrad 10/5 US$; ⏱ Scenic Drive Juni & Juli 7–20 Uhr, Aug.–Mai kürzer) zu einem einzigartigen Naturspektakel.

Der Park grenzt an die I-40 (Ausfahrt 311), 25 Meilen (40 km) östlich von Holbrook. Im Visitor Center, nur eine halbe Meile (0,8 km) nördlich der I-40, gibt es Karten und Infos zu geführten Touren. Dahinter bietet eine 28 Meilen (45 km) lange geteerte Parkstraße malerische Ausblicke. Es gibt keine Campingplätze, dafür jedoch mehrere kurze rund 2 bis 3 km lange Wege, die durch Ansammlungen versteinerter Holzfragmente und vorbei an alten Felsbehausungen der Ureinwohner führen. Wer im wilden Hinterland campen will, muss sich dafür am Visitor Center eine kostenlose Genehmigung besorgen.

West-Arizona

In Lake Havasu City tummeln sich Sonnenanbeter an den Ufern des Colorado. Die Route 66 bietet bei Kingman gut erhaltene, klassische Highway-Abschnitte. Viel weiter südlich, hinter der I-10 Richtung Mexiko, erstreckt sich wildes, leeres Land, eines der kärgsten Gebiete im Westen. Wenn man sowieso in der Gegend ist, gibt es ein paar sehenswerte Anlaufpunkte, wirkliche Attraktionen fehlen jedoch – es sei denn,

man ist ein erklärter Route-66- oder Bootsliebhaber.

Kingman & Umgebung

In die Jahre gekommene Motels und Tankstellen en masse säumen die Hauptstraße von Kingman, es sind aber auch ein paar jahrhundertealte Gebäude erhalten. Ein kurzer Bummel lohnt sich für diejenigen, die der Route 66 folgen (hier auch als Andy Devine Ave bekannt) oder nach einer günstigen Unterkunft suchen.

Karten und Broschüren gibt's im historischen **Powerhouse Visitor Center** (☏ 866-427-7866, 928-753-6106; www.gokingman.com; 120 W Andy Devine Ave; ⏱ 8–17 Uhr) mit dem kleinen, aber faszinierenden **Route 66 Museum** (☏ 928-753-9889; www.gokingman.com; 120 W Andy Devine Ave; Erw./Senior/Kind bis 12 Jahre 4/3 US$/frei; ⏱ 9–17 Uhr).

Ein schickes Neonschild lockt Autofahrer ins **Hilltop Motel** (☏ 928-753-2198; www.hilltopmotelaz.com; 1901 E Andy Devine Ave; Zi. ab 44 US$; ❈ @ 🛜 ✉ ❈) an der Route 66. Die Zimmer sind etwas enttäuschend, aber gepflegt, und die Aussicht ist großartig. Für Hunde (keine anderen Haustiere erlaubt) wird eine Gebühr von 5 US$ fällig. Im **Redneck's Southern Pit BBQ** (www.redneckssouthernpitbbq.com; 420 E Beale St; Hauptgerichte 5,25–24 US$; ⏱ Di–Sa 11–20 Uhr; ♿) gibt es leckeres Schweinefleisch im *Southern Style*.

Lake Havasu City

Ende der 1960er-Jahre versteigerte die Stadt London ihre Brücke von 1831. Der Unternehmer Robert McCulloch schlug zu, ließ sie auseinandernehmen und nach Lake Havasu City transportieren, wo sie wieder zusammengesetzt wurde und nun an einem abgedämmten Abschnitt des Colorado steht. In den Frühjahrsferien und an den Wochenenden wimmelt es hier von jungen Leuten, die sich ins Wasser stürzen und auf Party aus sind. Rings um die Brücke erstreckt sich ein „englisches Dorf" mit pseudobritischen Pubs und Souvenirläden. Dort findet man auch das **Visitor Center** (☏ 928-855-5655; www.golakehavasu.com; 422 English Village; ⏱ 9–17 Uhr).

Das hippste Hotel der Stadt ist das **Heat** (☏ 928-854-2833; www.heathotel.com; 1420 N McCulloch Blvd; Zi. 209–299 US$, Suite 249–439 US$; ❈ 🛜). In dem schicken Boutique-Komplex fungiert die Rezeption gleichzeitig als Bar. Die modernen Zimmer verfügen größtenteils über Privatterrassen mit Blick auf die London Bridge. Wer Lust auf ein herzhaftes Frühstück unter freiem Himmel hat, der ist im **Red Onion** (☏ 928-505-0302; www.redonionhavasu.com; 2013 N McCulloch Blvd; Frühstück & Mittagessen 6,25–12 US$, Abendessen 10–15 US$; ⊙ Mo–Do 7–20, Fr & Sa 7–21, So 7–14 Uhr) richtig, das jede Menge Omeletts und kalorienreiche Kost serviert. Bei **Barley Brothers** (☏ 928-505-7837; www.barleybrothers.com; 1425 N McCulloch Blvd; Hauptgerichte 9–24 US$; ⊙ So–Do 11–21, Fr & Sa bis 22 Uhr) erwarten Gäste Bier von Kleinbrauereien, gute Kneipenküche und tolle Ausblicke auf den See.

Tucson

Die zweitgrößte Stadt Arizonas liegt in der Sonora-Wüste, deren Markenzeichen unendliche sandige Hügel und Ansammlungen von Kakteen sind. Im Vergleich zum schillernden, ausgedehnten Phoenix wirkt Tucson gemütlich und etwas marode, aber auf eine coole Art. An der University of Arizona (kurz U of A) sind 40 000 Studenten eingeschrieben. Tucson (das „c" wird nicht gesprochen) war bereits alternativ, als es noch nicht „in" war, alternativ zu sein. Trockener Boden hin oder her, hier schlagen vielseitige Geschäfte und jede Menge ausgefallene Restaurants und Bars Wurzeln. Apropos Wurzeln: Mehr als 35 % der Einwohner von Tucson sind hispanischer Abstammung, und die Bevölkerung ist stolz auf die geografische und kulturelle Nähe zu Mexiko (die Grenze verläuft nur 65 Highway-Meilen bzw. 105 km weiter südlich).

◉ Sehenswertes & Aktivitäten

Downtown Tucson und das historische Viertel liegen östlich von Exit 258 des I-10. Der Campus der U of A erstreckt sich 1 Meile (1,6 km) nordöstlich des Zentrums. Die Hauptstraße, die 4th Ave, säumen zahlreiche Cafés, Bar und interessante Läden.

★ Arizona-Sonora Desert Museum   MUSEUM
(☏ 520-883-2702; www.desertmuseum.org; 2021 N Kinney Rd; Erw./Kind 13–17 Jahre 19,50/15,50 US$; ⊙ Okt.–Feb. 8.30–17 Uhr, März–Sept. 7.30–17 Uhr, Juni–Aug. Sa bis 22 Uhr) Die Mischung aus Zoo, botanischem Garten und Museum ist eine Hommage an die Sonora-Wüste und beherbergt Kakteen, Kojoten und handgroße Kolibris. Erwachsene und Kinder können sich hier leicht einen halben Tag lang vergnügen.

Wüstenbewohner, darunter würdevolle Nasenbären und verspielte Präriehunde, bewohnen der Natur nachempfundene Gehege. Das Gelände ist mit Wüstenpflanzen überwuchert und Fachleute halten Vorträge.

Old Tucson Studios   FILMKULISSE
(☏ 520-883-0100; www.oldtucson.com; 201 S Kinney Rd; Erw./Kind 4–11 J. 18/11 US$; ⊙ Okt.–Ende Mai, unterschiedlich; ♿) Die alte Filmkulisse mit dem Spitznamen „Hollywood in the Desert" (Hollywood in der Wüste) zeigt Tucson in den 1860er-Jahren und wurde 1939 für den Dreh von *Arizona* errichtet. Hunderte Filme folgten und lockten Stars wie Clint Eastwood oder Leonardo DiCaprio hierher. Heute findet man hier einen Western-Themenpark mit Schießereien, Postkutschenfahrten, Stunt-Shows und tanzenden Saloon-Damen.

Pima Air & Space Museum   MUSEUM
(☏ 520-574-0462; www.pimaair.org; 6000 E Valencia Rd; Erw./Kind 7–12 Jahre/Senior & Militärangehöriger Nov.–Mai 16/9/13 US$, Juni–Okt. 14/8/12 US$; ⊙ 9–17 Uhr, Einlass bis 16 Uhr; ♿) Der SR-71-Blackbird-Aufklärer und ein massiver B-52-Bomber gehören zu den Highlights dieses außergewöhnlichen privaten Flugzeugmuseums. Für die Erkundung der Hangars und des Flugplatzes, wo über 300 Maschinen die Geschichte der zivilen und militärischen Luftfahrt erzählen, sollte man mindestens zwei Stunden einplanen. Täglich um 10.30 und 11.30 Uhr sowie von Dezember bis April zusätzlich um 13.30 und 14.30 Uhr werden kostenlose 50-minütige Führungen angeboten.

⚑ Feste & Events

Fiesta de los Vaqueros   RODEO
(Rodeo Week; ☏ 520-741-2233; www.tucsonrodeo.com; ⊙ Feb.) Seit 90 Jahren lockt das Fest in der letzten Februarwoche weltbekannte Cowboys in die Stadt. Zum Programm gehört ein spektakulärer Umzug mit Wild-West-Wagen, Buggys, historischen Pferdekutschen, traditionellem Tanz und Blaskapellen.

🛏 Schlafen

Die Unterkunftspreise schwanken stark, wobei man im Sommer und Herbst am wenigsten zahlt. Wer unterm Sternenhimmel zwischen Kakteen nächtigen möchte, ist im **Gilbert Ray Campground** (☏ 520-883-4200; www.pima.gov; Kinney Rd; Stellplatz Zelt/Wohnmobil 10/20 US$; ♿) nahe dem westlichen Abschnitt des Saguaro National Park richtig.

MINI TIME MACHINE MUSEUM OF MINIATURES

„Leg' dich nicht mit Drachen an, denn du bist knusprig und schmeckst lecker mit Gewürzen" steht auf dem Schild neben den Pocket Dragons, die zu den magischen Kreaturen in der Galerie „Enchanted Realm" (Verzaubertes Reich) des wunderbar unterhaltsamen **Museums** (www.theminitimemachine.org; 4455 E Camp Lowell Dr; Erw./Kind 4–17 Jahre 9/6 US$; ⊙Di–Sa 9–16 Uhr, So 12–16 Uhr; 🚹) gehören. Besucher können durch ein Weihnachtsdorf mit Schneekugel-Flair spazieren, faszinierende Minihäuser aus dem 18. und 19. Jh. bewundern und nach den winzigen Bewohnern eines verzauberten Baums suchen. Ein tolles Museum für Familien und jung gebliebene Erwachsene.

Um vom Zentrum hierher zu gelangen, folgt man dem E Broadway Blvd 3,5 Meilen (5,5 km) Richtung Osten, biegt links in den N Alvernon Way und fährt 3 Meilen (5 km) lang bis zur E Fort Lowell Rd, die zum Camp Lowell führt. Nun biegt man rechts ab und folgt der Straße rund 1 Meile (1,6 km).

Roadrunner Hostel & Inn   HOSTEL $
(☎520-940-7280; www.roadrunnerhostelinn.com; 346 E 12th St; B/Zi. inkl. Frühstück 22/45 US$; ❄@🛜♨🅿) Kulturelle und sprachliche Barrieren schmelzen in diesem kleinen freundlichen Hostel in Gehweite zur 4th Ave wie Schnee in der Wüste dahin. In der Gästeküche und im Fernsehraum geht es gesellig zu, zudem sind Kaffee, Tee und Waffeln zum Frühstück im Preis inbegriffen. Das Adobe-Gebäude von 1900 gehörte früher dem Sheriff, der 1934 an der Festnahme der Dillinger-Gang im Hotel Congress beteiligt war.

Quality Inn Flamingo Downtown   MOTEL $
(☎520-770-1910; www.flamingohoteltucson.com; 1300 N Stone Ave; Zi. inkl. Frühstück 65–80 US$; ❄@🛜♨♨) Das einstige Flamingo Hotel wurde mittlerweile von der Quality-Inn-Kette übernommen, konnte sich jedoch einen Teil seines 1950er-Jahre-Glamours bewahren. Dass hier einst Elvis übernachtet hat, ist sicher keine schlechte Werbung, auch wenn aufgrund einer Neunummerierung der Zimmer niemand mehr sicher weiß, in welchem Zimmer er geschlafen hat. Die Unterkünfte haben schicke gestreifte Bettwäsche, Flachbild-Plasma-TVs, einen großen Schreibtisch und gemütliche Betten.

★Catalina Park Inn   B&B $$
(☎520-792-4541; www.catalinaparkinn.com; 309 E 1st St; Zi. 145–189 US$; ⊙Juli & Aug. geschl.; ❄@🛜♨) Stil, Gastfreundlichkeit und Komfort verschmelzen in diesem einladenden B&B westlich der University of Arizona und der 4th Ave zu einem harmonischen Ganzen. Die Besitzer, Mark Hall und Paul Richard, haben die Villa im mediterranen Stil von 1927 liebevoll restauriert. Das Resultat kann man in den sechs unterschiedlich gestalteten Zimmern bewundern.

Hotel Congress   HISTORISCHES HOTEL $$
(☎520-622-8848; www.hotelcongress.com; 311 E Congress St; Zi. 89–149 US$; 🅿❄@🛜♨) Charmant, selbstbewusst und manchmal etwas nervig: In der bekanntesten Unterkunft der Innenstadt wird's einem garantiert nie langweilig! Das wunderschön restaurierte Hotel von 1919 wirkt sehr modern, dafür sorgen vor allem das beliebte Café, die Bar und der Club. Viele Zimmer sind mit alten Möbeln, Wählscheiben und Holzradios ausgestattet, TVs gibt es jedoch nicht.

Aloft Tucson   HOTEL $$
(☎520-908-6800; www.starwoodhotels.com; 1900 E Speedway Blvd; Zi. 169 US$; ❄🛜) In Tucson gibt es überraschend wenige trendige Boutique-Hotels. Das neue Aloft in der Nähe der Universität ist zwar kein unabhängiges Unternehmen, versprüht jedoch cool-modernes Flair, das technikinteressierte, stilbewusste Gäste anspricht. Das helle, aber reduzierte Dekor der Zimmer und Gemeinschaftsbereiche ist einladend, in der hauseigenen Bar werden Bier und Cocktails serviert und neben der Lobby gibt's rund um die Uhr Fertigessen.

Arizona Inn   RESORT $$$
(☎800-933-1093, 520-325-1541; www.arizonainn.com; 2200 E Elm St; Zi. 199–259 US$, Suite 299–379 US$; ❄@🛜♨) Unser persönliches Highlight ist der abendliche Snack in der Bibliothek, bei dem Scones und kleine Sandwiches gereicht werden. Wer einen Mitspieler findet, kann sich außerdem beim Krocket vergnügen. Historische und aristokratische Elemente wie diese sorgen für ein privilegiertes Ambiente, das ziemlich ansprechend ist. Grüne Gärten und der Glanz des alten Arizona bieten Erholung vom städtischen Leben und vom 21. Jh.

 Essen

Mi Nidito
MEXIKANISCH $

(☑520-622-5081; www.minidito.net; 1813 S 4th Ave; Hauptgerichte 6–13 US$; ☺Mi–So ab 11 Uhr) Die Bestellung, die der frühere Präsident Bill Clinton (noch vor seinem vierfachen Bypass) im „Mein kleines Nest" aufgab, ist heute der Präsidententeller, die Spezialität des Hauses. Er besteht aus einem Berg mexikanischer Klassiker (Tacos, Tostadas, Burritos, Enchiladas und mehr), begraben unter geschmolzenem Käse. Ebenfalls zu empfehlen sind das scharfe Kaktusfeigen-Chili oder die *birria* (würziger Hackfleischeintopf).

Lovin' Spoonfuls
VEGAN $

(☑520-325-7766; 2990 N Campbell Ave; Frühstück 6–9 US$, Mittagessen 5,25–8 US$, Abendessen 7,25–11,25 US$; ☺Mo–Sa 9.30–21, So 10–15 Uhr; ☑) Burger, Brathähnchen und Club-Sandwiches – die Speisekarte liest sich wie die eines typischen Diners, es gibt jedoch einen großen Unterschied: Tierische Produkte kommen in diesem veganen Paradies nicht auf den Tisch. Zur großartigen kreativen Auswahl gehören Cashew-Pilz-Pastete und Adzukibohnen-Burger.

★ Cafe Poca Cosa
SÜDAMERIKANISCH $$

(☑520-622-6400; www.cafepocacosatucson.com; 110 E Pennington St; Mittagessen 12–15 US$, Abendessen 18–26 US$; ☺Di–Do 11–21, Fr & Sa bis 22 Uhr) In dem preisgekrönten neumexikanischen Bistro wird die Speisekarte mit Kreide (in Englisch und Spanisch) auf Tafeln geschrieben, da sich das Angebot zweimal täglich ändert. Alle Gerichte werden frisch zubereitet und sind innovativ und schön angerichtet. Mit dem Plato Poca Cosa kann man nichts falsch machen – dann entscheidet Köchin Suzana Davila, was auf den Teller kommt. Auch die Margaritas können sich sehen lassen.

Cup Cafe
AMERIKANISCH, INTERNATIONAL $$

(☑520-798-1618; www.hotelcongress.com/food; 311 E Congress St; Frühstück 7–12 US$, Mittagessen 10–12 US$, Abendessen 13–25 US$; ☺So–Do 7–22, Fr & Sa bis 23 Uhr; ☑) Kerzenleuchter aus Weinflaschen, mit Münzen gefliester Boden und 1970er-Jahre-Musik – hier lässt es sich aushalten! Morgens gibt's z. B. ein kreolisches Gericht mit Andouille-Wurst, Eiern, Kartoffeln, Buttermilch-Plätzchen und sämiger Bratensauce oder Spiegeleier mit Gruyere in der gusseisernen Pfanne. Der Kaffee ist exzellent und neben einem Mix aus internationalen Speisen gibt's eine anständige Auswahl an vegetarischen Optionen.

Hub Restaurant & Creamery
AMERIKANISCH $$

(☑520-207-8201; www.hubdowntown.com; 266 E Congress Ave; Mittagessen 10–16 US$, Abendessen 10–24 US$; ☺11–2 Uhr; ☑) Freiliegende Backsteinmauern, eine hohe Decke, schicke Sitzecken und ein erhöhter Eisstand neben dem Empfang – hier trifft Industriechick auf Vintage. Kulinarisch gesehen liegt der Fokus auf gehobenem Wohlfühlessen wie Mac & Cheese mit Hummer und gedeckter Hühnchenpastete, zudem gibt's Sandwiches und Salate.

🍸 Ausgehen & Unterhaltung

Die geschäftige 4th Ave in Downtown nahe der 6th St wartet mit der größten Bardichte auf. Die Congress St (ebenfalls im Zentrum) säumen einige Nachtclubs.

Che's Lounge
BAR

(☑520-623-2088; 350 N 4th Ave; ☺12–2 Uhr) Trinkfreudige aller Länder, vereinigt euch! Wäre der allseits beliebte Mädchenschwarm unter den Revolutionären noch unter uns, hätte er auch keinen Eintritt verlangt. In der etwas verlotterten, aber sehr beliebten Kneipe gibt's Bier für 1,50 US$, eine riesige Rundum-Bar, hiesige Kunst an den Wänden und eine vorwiegend studentische Klientel. An den meisten Samstagabenden sowie im Sommer wird sonntagnachmittags (16–19 Uhr) auf der Terrasse Livemusik gespielt.

Thunder Canyon Brewery
MIKROBRAUEREI

(www.thundercanyonbrewery.com; 220 E Broadway Blvd; ☺So–Do 11–23, Fr & Sa bis 2 Uhr) Die verwinkelte Kleinbrauerei in Gehweite zum Hotel Congress zapft über 40 Biere vom

---

DER HOT DOG MIT DEM GEWISSEN ETWAS

Tucsons „Spezialität" ist der Sonoran Hot Dog, ein tolles Beispiel dafür, was passiert, wenn amerikanisches Formfleisch und mexikanische Zutaten erfolgreich gepaart werden. Die Zutaten? Ein in Speck gewickelter Hot Dog mit Tomatillo-Salsa, Pintobohnen, geriebenem Käse, Mayo, Ketchup oder Senf (oder beidem), gehackten Tomaten und Zwiebeln. Uns haben z. B. die Hot Dogs im **El Guero Canelo** (www.elguerocanelo.com; 5201 S 12th Ave; Hauptgerichte 3–8,29 US$; Mo–Do 10–23, Fr & Sa 8–24, So 9–23 Uhr) sehr gut geschmeckt.

Fass und verkauft eigene Erzeugnisse sowie Craft-Bier aus dem ganzen Land.

Chocolate Iguana
CAFÉ

(www.chocolateiguanaon4th.com; 500 N 4th Ave; ⊙Mo–Do 7–20, Fr 7–22, Sa 8–22, So 9–18 Uhr) In dem rosa-grünen Café gibt's Süßes und Gebäck für Naschkatzen, während Kaffeeliebhaber aus verschiedenen Sorten und einer großen Auswahl an Spezialgetränken wählen können. Wer auf seine Linie achten muss, kann sich den leckeren Frozen Explosion, einen fettfreien Mokka, bestellen. Verkauft auch Sandwiches (6–7 US$) und Geschenke.

Club Congress
LIVEMUSIK

(☑ 520-622-8848; www.hotelcongress.com; 311 E Congress St) Röhrenjeans-Träger, verstrubbelte Hipster, in die Jahre gekommene Folk-Liebhaber und aufgebrezelte Ladys – die Klientel in Tucsons angesagtestem Club im in Würde alternden Hotel Congress ist bunt gemischt. Das gilt auch für die Musikauswahl, für die meist die besten lokalen und regionalen Talente sorgen. Lust auf einen Drink in einer unprätentiösen Bar? Dann ist der angrenzende Tap Room, der seit 1919 im Geschäft ist, die richtige Wahl.

Praktische Informationen

MEDIEN
Arizona Daily Star (http://azstarnet.com) Tucsons regionale Tageszeitung.
Tucson Weekly (www.tucsonweekly.com) Kostenlose Wochenzeitung mit Veranstaltungstipps und Restaurantadressen.

NOTFALL & MEDIZINISCHE VERSORGUNG
Polizei (☑ 520-791-4444; www.police.tucson az.gov/police; 270 S Stone Ave)
Tucson Medical Center (☑ 520-327-5461; www.tmcaz.com/TucsonMedicalCenter; 5301 E Grant Rd) Die Notaufnahme ist rund um die Uhr besetzt.

POST
Post (☑ 520-903-1958; 141 S 6th Ave; ⊙ 9–17 Uhr)

TOURISTENINFORMATION
Tucson Convention & Visitors Bureau (☑ 800-638-8350, 520-624-1817; www.visit tucson.org; 100 S Church Ave; ⊙Mo–Fr 9–17, Sa & So bis 16 Uhr) Nach dem kostenlosen Tucson-Besucherguide fragen.

Anreise & Unterwegs vor Ort

Der **Tucson International Airport** (☑ 520-573-8100; www.flytucson.com; 7250 S Tucson Blvd;

W) liegt 15 Meilen (24 km) südlich des Zentrums. **Arizona Stagecoach** (☑ 520-889-1000; www.azstagecoach.com) betreibt Sammeltransporter zwischen Downtown und Flughafen (ca. 25 US$). **Greyhound** (☑ 520-792-3475; www.greyhound.com; 471 W Congress St) bietet u. a. Verbindungen nach Phoenix (21–23 US$, 2 Std., tgl.). Das Greyhound-Terminal befindet sich am westlichen Ende der Congress St, am Westrand von Downtown. **Amtrak** (☑ 800-872-7245, 520-623-4442; www.amtrak.com; 400 E Toole Ave), gegenüber vom Hotel Congress, ist mit Los Angeles durch den Sunset Limited Service (ab 56 US$, 10 Std., 3-mal wöchentl.) verbunden.

Ab dem **Ronstadt Transit Center** (215 E Congress St, Ecke Congress St & 6th Ave), dem größten Verkehrsknotenpunkt im Zentrum, fahren die Busse von **Sun Tran Buses** (www.suntran.com) quer durch Tucson (Tagesticket 3,50 US$).

Rund um Tucson

Alle im Folgenden genannten Ziele sind weniger als eineinhalb Stunden Fahrt von Tucson entfernt und geben hervorragende Tagesausflüge ab.

Saguaro National Park

Saguaro-Kakteen stehen wie keine andere Pflanze für den Südwesten der USA und in dieser zweigeteilten Wüstenspielwiese wird eine ganze Armee der majestätischen stacheligen Wesen geschützt. Der **Saguaro National Park** (☑ Rincon 520-733-5153, Tucson 520-733-5158, Parkinformationen 520-733-5100; www.nps.gov/sagu; 7-Tages-Pass pro Auto/Fahrrad 10/5 US$; ⊙ Sonnenaufgang–Sonnenuntergang) besteht aus zwei Gebieten, die 30 Meilen (48 km) voneinander entfernt im Osten und Westen von Tucson liegen, und Wanderwege und Wüstenflora beherbergen.

Der größere Bereich ist der **Rincon Mountain District**, rund 15 Meilen (24 km) östlich von Downtown. Das **Visitor Center** (☑ 520-733-5153; 3693 S Old Spanish Trail; ⊙ 9–17 Uhr) informiert über Tageswanderungen, Ausritte und Camping im Hinterland. Für Letzteres muss man sich bis 12 Uhr am Tag der Wanderung eine Genehmigung (6 US$/ Stellplatz und Tag) besorgen. Der 8 Meilen (13 km) lange Cactus Forest Scenic Loop Drive schlängelt sich über eine gepflasterte Straße für Autos und Fahrräder zu Picknickplätzen, Startpunkten von Wegen und Aussichtsplattformen. Wer nicht viel Zeit hat, kann sich den 1,6 km langen Rundweg Freeman Homestead Trail vornehmen, der

393

zu einem Hain mit gewaltigen Saguaro-Kakteen führt.

Der **Tucson Mountain District** westlich der Stadt hat ein eigenes **Visitor Center** (☑ 520-733-5158; 2700 N Kinney Rd; ☑ 9–17 Uhr). Der Scenic Bajada Loop Drive, ein nicht asphaltierter, 6 Meilen (10 km) langer Rundweg durch Kakteenwälder beginnt 1,5 Meilen (2,4 km) nördlich des Visitor Center. Zwei schnelle, einfache und lohnenswerte Wanderrouten sind der 1,3 km lange Weg zum Valley View Overlook (traumhaft bei Sonnenuntergang) und der 0,8 km lange Signal Hill Trail, der zu alten Petroglyphen führt.

Wohnwagen mit einer Länge von über 10,5 m und Autos mit einer Breite von über 2,5 m sind auf den engen Panoramastraßen des Parks nicht zugelassen.

Westlich von Tucson

Wer die Einsamkeit sucht, folgt dem Hwy 86 von Tucson aus nach Westen in die Teile der Sonora-Wüste, die am dünnsten besiedelt sind. Man wird jedoch allenthalben den grün-weißen Trucks der Grenzpatrouillen begegnen.

Das **Kitt Peak National Observatory** (☑ 520-318-8726; www.noao.edu/kpno; Hwy 86; Spende erbeten; ☑ 9–16 Uhr) westlich von Sells etwa 75 Minuten von Tucson entfernt beherbergt die größte Sammlung optischer Teleskope der Welt. Die Führungen (Erw./Kind Nov.–Mai 10/3,25 US$, Juni–Okt. 7,75/3,25 US$, um 10, 11.30 & 13.30 Uhr) dauern etwa eine Stunde. Die allabendlichen Demonstrationen lohnen sich; zwei bis vier Wochen im Voraus buchen (Erw./Kind 49/45 US$; kein Programm von Mitte Juli–Aug.) – trockene, klare Nächte ermöglichen einen ehrfurchtgebietenden Blick ins All. Tipps: warm anziehen, in Tucson volltanken (die dem Observatorium am nächsten gelegene Tankstelle ist 30 Meilen, bzw. 48 km, entfernt) und Kinder unter acht Jahren zu Hause lassen (keinen Zutritt bei den abendlichen Führungen). Der Picknickplatz ist nachts ein beliebter Treffpunkt von Hobby-Astronomen.

Wer einfach mal alles hinter sich lassen will, sollte das riesige, exotische **Organ Pipe Cactus National Monument** (☑ 520-387-6849; www.nps.gov/orpi; Hwy 85; 8 US$/Auto; ☑ Visitor Center 8.30–16.30 Uhr) an der mexikanischen Grenze besuchen. Das traumhaft schöne, unwirtliche Terrain bietet einer erstaunlich großen Zahl von Tieren und Pflanzen einen Lebensraum, darunter 28 Kaktusarten. Am wichtigsten ist natürlich der namensgebende Orgelpfeifenkaktus. Der große Säulenkaktus unterscheidet sich durch die von der Basis ausgehenden Zweige von dem häufiger vorkommenden Saguaro. Der 21 Meilen (34 km) lange **Ajo Mountain Drive** führt durch eine spektakuläre Landschaft aus steilen, zerklüfteten Felswänden und feuerroten Steinen. Der **Twin Peaks Campground** (www.nps.gov/orpi; Stellplatz Zelt & Wohnmobil 12 US$) nahe dem Visitor Center hat 208 Stellplätze (Reservierung ist nicht möglich).

Südlich von Tucson

Südlich von Tucson ist die I-19 die Hauptroute nach Nogales und Mexiko. Unterwegs locken einige nette Sehenswürdigkeiten.

Die eindrucksvolle **Mission San Xavier del Bac** (☑ 520-294-2624; www.patronatosanxavier.org; 1950 W San Xavier Rd; Spenden erbeten; ☑ Museum 8.30–17 Uhr, Kirche 7–17 Uhr) im San Xavier Reservat, 9 Meilen (14 km) südlich von Downtown Tucson, ist das älteste Gebäude der hispanischen Ära in Arizona. Die elegante Fassade ist eine Mischung aus maurischer und byzantinischer Architektur sowie Elementen der mexikanischen Spätrenaissance; das Innere der Mission ist überraschend kunstvoll geschmückt.

Am Exit 69, 16 Meilen (26 km) südlich der Mission, wartet das **Titan Missile Museum** (☑ 520-625-7736; www.titanmissilemuseum.org; 1580 W Duval Mine Rd, Sahuarita; Erw./Kind 7–12 Jahre/Senior 9,50/6/8,50 US$; ☑ 8.45–17, letzte Tour 16 Uhr) mit einer unterirdischen Abschussrampe für Interkontinentalraketen aus der Zeit des Kalten Krieges auf. Die informativen Führungen lassen einem Schauer über den Rücken laufen.

Wer sich für Geschichte oder Kunsthandwerk interessiert, wird **Tubac** (www.tubacaz.com) lieben. Das kleine Dorf 48 Meilen (77 km) südlich von Tucson hat über 100 Galerien, Ateliers und Geschäfte.

Patagonia & Mountain Empire

Das wunderschöne Ufergebiet zwischen der Grenze zu Mexiko, den Santa Rita Mountains und den Patagonia Mountains gehört zu den schönsten Landschaften Arizonas. Die idyllische Gegend lockt Vogelbeobachter und Weinfans gleichermaßen an.

Die schönen Pfade des Schutzgebiets **Patagonia-Sonoita Creek Preserve** (☑ 520-

394-2400; www.nature.org/arizona; 150 Blue Heaven Rd; Eintritt 6 US$; ⊙April–Sept. Mi–So 6.30–16 Uhr, Okt.–März Mi–So 7.30–16 Uhr) sind bei Vogel- und Naturliebhabern beliebt. Die zauberhaften Weiden- und Baumwollwälder an Bächen werden von der Naturschutzorganisation Nature Conservancy verwaltet. Die Hauptzugvogelsaison dauert von April bis Mai bzw. Ende August bis September. Wer einen entspannten Nachmittag lang Weine probieren möchte, sollte die Dörfer **Sonoita** und **Elgin** nördlich von Patagonia ansteuern.

Wer bis zum Abendessen bleibt, sollte sich die fantastischen Gourmetpizzas bei **Velvet Elvis** (☑520-394-2102; www.velvetelvispizza.com; 292 Naugle Ave, Patagonia; Hauptgerichte 8–24 US$; ⊙Do–Sa 11.30–20.30, So bis 19.30 Uhr) nicht entgehen lassen. Im **Stage Stop Inn** (☑520-394-2211; www.stagestophotelpatago nia.com; 303 McKeown, Patagonia; EZ 79 US$, DZ 89–109 US$, Suite 139 US$; 🛜🗙🐾) erwarten Gäste der einfache Charme des alten Westens und Zimmer, die um einen zentralen Garten mit Pool angeordnet sind. Einst hielt hier die Postkutsche auf ihrem Weg entlang des Butterfield Trail.

Mariposa Books & More in Patagonia beherbergt ein kleines **Visitor Center** (☑888-794-0060; www.patagoniaaz.com; 307 McKeown Ave, Patagonia; ⊙Mo–Sa 10–16 Uhr) das Informationen bietet.

Südost-Arizona

Im Süden Arizonas gibt es zahlreiche Stätten, die in der Geschichte des Wilden Westens eine wichtige Rolle gespielt haben. Dazu gehören die wunderbar erhaltene Minenstadt Bisbee, der O.K. Corral in Tombstone und das Chiricahua National Monument mit seiner Traumlandschaft aus bizarren Steinsäulen.

Kartchner Caverns State Park

Im **Kartchner Caverns State Park** (☑Informationen 520-586-4100, Reservierungen 520-586-2283; http://azstateparks.com; Hwy 90; Parkgebühr 6/3 US$ pro Auto/Fahrrad, Rotunda Tour Erw./Kind 7–13 23/13 US$, Big Room Tour Mitte Okt.–Mitte April 23/13 US$; ⊙Park 7–18 Uhr, Visitor Center Nov.–Mai 8–16 Uhr, Rest des Jahres kürzere Öffnungszeiten), einer 4 km langen Vision aus nassem Kalkstein, steht der pädagogische Aspekt im Vordergrund. Zwei Führungen konzentrieren

sich auf unterschiedliche Bereiche der Höhlen, die 1974 „entdeckt" wurden. Die Rotunda/Throne Room Tour findet ganzjährig statt, die Big Room Tour wird ab Mitte April fünf Monate lang ausgesetzt; in dieser Zeit wird das Gelände von Fledermäusen in Beschlag genommen. Der Park liegt 9 Meilen (14 km) südlich von Benson und ist über die I-10 zu erreichen (Exit 302). Wer vorab Tickets für eine Führung reserviert hat, muss die 6 US$ Parkgebühr nicht bezahlen.

Tombstone

Zu Tombstones Blütezeit als pulsierende Minenstadt im 19. Jh. floss der Whisky in Strömen, und bei Auseinandersetzungen wurde schnell mal der Revolver gezogen. Besonders berühmt ist die Schießerei im O.K. Corral. Heute ist dieser Ort eine National Historic Landmark und eine Touristenattraktion mit alten Western-Gebäuden, Postkutschenfahrten und nachgestellten Schießereien.

Ohne Zweifel, den **O.K. Corral** (☑520-457-3456; www.ok-corral.com; Allen St, zw. 3rd St & 4th St; Eintritt 10 US$, ohne Duell 6 US$; ⊙9–17 Uhr) muss man einfach gesehen haben: den Platz, an dem am 26. Oktober 1881 die legendäre Schießerei zwischen den Earp-Brüdern und Doc Holliday auf der einen und den McLaury-Brüdern und Billy Clanton auf der anderen Seite ausgetragen wurde. Die McLaury-Brüder und Clanton ruhen jetzt auf dem **The Boot Hill Graveyard** am Hwy 80 nördlich der Stadt. Ebenfalls einen Abstecher wert ist das verstaubte **Bird Cage Theater** (☑520-457-3421; www.tombstonebird cage.com; 517 E Allen St; Erw./Kind 8–18 Jahre/Senior 10/8/9 US$; ⊙8–18 Uhr). Der frühere Saloon, in dem auch getanzt wurde, ist heute mit historischen Gegenständen vollgestopft – und mit einem Nix (genau – dem männlichen Gegenstück zu einer Meerjungfrau).

Das **Visitor & Information Center** (☑520-457-3929, 888-457-3929; www.tombstone chamber.com; 395 E Allen St, Ecke 4th St; ⊙Mo–Do 9–16, Fri–So bis 17 Uhr) hat Wanderkarten parat.

Bisbee

Die frühere Kupferminenstadt Bisbee versprüht altmodisches Flair, das von einem charmanten Mix aus alternden Bohemiens, eleganten Gebäude, tollen Restaurants und hübschen Hotels geprägt ist. Die meisten Geschäfte haben sich im Historic District

(Old Bisbee) in der Subway St und der Main St angesiedelt.

Wer möchte, kann pensionierten Arbeitern, die früher in der Mine tätig waren, bei der **Queen Mine Tour** (☑ 520-432-2071; www. queenminetour.com; 478 Dart Rd, beim Hwy 80; Erw./Kind 4–12 Jahre 13/5,50 US$; 🚶) unter die Erde folgen. Im Queen Mine Tour Building direkt südlich des Zentrums ist auch das hiesige **Visitor Center** (☑ 866-224-7233, 520-432-3554; www.discoverbisbee.com; 478 Dart Rd; ⊙ Mo–Fr 8–17, Sa & So 10–16 Uhr) untergebracht, das sich als Startpunkt für eine Erkundungstour anbietet. Die **Lavender Pit** außerhalb der Stadt ist ein hässliches, aber beeindruckendes Andenken an den Tagebau.

Übernachten kann man im **Shady Dell RV Park** (☑ 520-432-3567; www.theshadydell. com; 1 Douglas Rd; 87–145 US$, Anfang Juli–Mitte Sept. geschl.; 🚭), einem Wohnmobilpark im wunderbaren Retro-Stil par excellence. Die akribisch restaurierten Airstream-Wagen sind von fein säuberlich gezogenen Zäunen umgegen und mit witzigen Möbeln ausgestattet. Für kalte Luft sorgen Verdampfungskühler. Im skurrilen, unterhaltsamen **Bisbee Grand Hotel** (☑ 520-432-5900; www. bisbeegrandhotel.com; 61 Main St; Zi. inkl. Frühstück 79–179 US$; 🚭📶) nächtigen Gäste in einer überdachten Kutsche. Viktorianisches Dekor und ein Cowboy-Saloon erwecken den Wilden Westen wieder zum Leben (wenn er denn je gestorben sein sollte ...).

Leckeres Essen gibt's in den Restaurants auf der Main St. Gute amerikanische Küche serviert das stilvolle **Cafe Roka** (☑ 520-432-5153; www.caferoka.com; 35 Main St; Abendessen 17–24 US$; ⊙ Mi–Sa 17–21 Uhr). Die Vier-Gänge-Menüs beinhalten Salat, Suppe, Sorbet und eine wechselnde Auswahl an klassischen Hauptgerichten. Weiter die Main St hinauf lockt das **Screaming Banshee** (☑ 520-432-1300; www.screamingbansheepizza. net; 200 Tombstone Canyon Rd; Hauptgerichte 7–15 US$; ⊙ Di & Mi 16–21, Do–Sa 11–22, So 11–21 Uhr) mit Holzofenpizza und Punk-Rock-Stil. Bars findet man vor allem im Brewery Gulch am Südende der Main St.

Chiricahua National Monument

Die hoch aufragenden Felssäulen des abgeschiedenen, aber faszinierenden **Chiricahua National Monument** (☑ 520-824-3560; www. nps.gov/chir; Hwy 181; Erw./Kind 5 US$/frei) in den Chiricahua Mountains sind teilweise Hunderte Fuß hoch und sehen oft aus, als wollten sie jeden Moment umkippen. Der 8 Meilen (13 km) lange **Bonita Canyon Scenic Drive** führt zum Massai Point (fast 2100 m). Dort stehen tausende Steinsäulen an den Hängen wie eine versteinerte Armee. Es gibt zahlreiche Wanderwege; wer nur wenig Zeit hat, sollte mindestens eine halbe Meile auf dem **Echo Canyon Trail** bleiben, um sich die Grottoes anzusehen, eine umwerfende „Kathedrale" aus gigantischen Felsbrocken. Dort kann man sich eine Weile still hinlegen und dem sachtem Rauschen des Windes lauschen. Das National Monument befindet sich 36 Meilen (58 km) südöstlich von Willcox, abseits des Hwy 186/181.

UTAH

Pssssst ... nicht weitersagen! Dieser oft übersehene Staat ist tatsächlich eine der traumhaftesten Spielwiesen von Mutter Natur. Utahs raues Terrain ist wie gemacht zum Wandern, Radfahren, Raften, Abseilen, Klettern, Skifahren und Snowboarden, Reiten und Jeepfahren. Reicht das für den Anfang?

Mehr als 65 % der Fläche sind öffentlich zugänglich, dazu gehören die zwölf Nationalparks und National Monuments mit ihrer atemberaubenden Topografie – Besuchern bleibt sprichwörtlich die bis zu Spucke weg! Das Red Rock Country (Land der roten Steine) im Süden Utahs prägen Felsklippen, -türme und -säulen in kräftigen Farbschattierungen und eine schier endlose Wüste voller Sandsteinskulpturen. Den Norden Utahs kennzeichnen derweil die bis zu 3600 m hohen Gipfel der Wasatch Mountains, die von Wäldern und Schnee bedeckt sind.

In ganz Utah stößt man auf gut strukturierte Kleinstädte voller Bauten aus jener Zeit, als die ersten Mormonen sich hier niedergelassen haben; noch immer gehören mehr als die Hälfte der angenehm höflichen Bevölkerung dieser Kirche an. Die Städte auf dem Land sind teilweise ruhig und konservativ, doch die raue Schönheit der Umgebung hat auch viele Outdoor-Fans und Querdenker angelockt. Salt Lake City und Park City haben ein besonders lebendiges Nachtleben und eine tolle Restaurantszene.

Unterwegs kann man das Kaleidoskop unterschiedlichster Landschaften am Autofenster vorbeiziehen sehen, man kann wandern gehen, wo noch nie zuvor jemand einen Fuß hingesetzt hat, oder eines jener feinen Bierchen aus einer der vielen Klein-

KURZINFOS UTAH

Spitzname Beehive State

Bevölkerung 2,94 Mio.

Fläche 212 817 km²

Hauptstadt Salt Lake City (186 440 Ew.), Großraum SLC (1,2 Mio. Ew.)

Weitere Städte St. George (76 917 Ew.)

Verkaufssteuer 6,85 %

Geburtsort von den Entertainern Donny (geb. 1957) und Marie (geb. 1959) Osmond sowie des gefeierten Banditen Butch Cassidy (1866–1908)

Ausrichter der Olympischen Winterspiele 2002

Politische Ausrichtung überwiegend konservativ

Berühmt für Mormonen, rote Fels-Canyons, Polygamie

Bestes Souvenir T-Shirt der Wasatch Brewery mit der Aufschrift: Polygamy Porter – Why Have Just One? (sinngemäß: „Warum nur eines nehmen, wenn man mehrere haben kann?")

brauereien genießen. Auf jeden Fall wollen wir um Diskretion bitten – schließlich soll Utah unser Geheimnis bleiben.

Geschichte

Die frühen Pueblo-Indianer und die Fremont-Indianer waren die ersten Bewohner in der Gegend. Sie haben Spuren in Form von Felsbildern und Ruinen hinterlassen. Als die europäischstämmigen Siedler Utah in großer Zahl erreichten, lebten hier aber bereits moderne Völker: die Ute, Paiute und Navajo. In den späten 1840er-Jahren kamen die ersten Mormonen, religiöse Flüchtlinge, in die Region. Angeführt wurden sie von Brigham Young, dem zweiten Präsidenten der „Kirche Jesu Christi der Heiligen der Letzten Tage". Sie versuchten noch das letzte Fleckchen Erde in ihrem neuen Staat zu besiedeln, wie ungastlich es auch sein mochte, was unweigerlich zu Scharmützeln mit den Ureinwohnern führte – und in mehr als einer Geisterstadt resultierte.

Nachdem die USA das Utah-Territorium von Mexiko hinzubekommen hatten scheiterten fast 50 Jahren lang mehrere Versuche Utahs, als Bundesstaat anerkannt zu werden, weil die Mormonen Polygamie prak-

tizierten (sprich: Männer hatten mehrere Ehefrauen). Die Situation verschärfte sich bis 1890, als der Mormonenanführer Wilford Woodruff eine göttliche Offenbarung hatte, woraufhin die Kirche die „Vielweiberei" offiziell aufgab. 1896 wurde Utah der 45. Staat der USA. Die moderne Mormonenkirche, die Church of Jesus Christ of Latter Day Saints (LDS), hat unverändert großen Einfluss im Staat.

ℹ Praktische Informationen

Utah Office of Tourism (☎ 800-200-1160; www.utah.com) Gibt den kostenlosen *Utah Travel Guide* heraus und betreibt mehrere Visitor Centers in Utah. Die Website ist in sechs Sprachen abrufbar.

Utah State Parks & Recreation Department (☎ 801-538-7220; www.stateparks.utah.gov) Produziert einen umfassenden Guide zu den mehr als 40 State Parks, der online und in Visitor Centers erhältlich ist.

ℹ An- & Weiterreise

In Salt Lake City (SLC) befindet sich der einzige internationale Flughafen im Bundesstaat. Eventuell ist es preiswerter, nach Las Vegas zu fliegen (425 Meilen, d. h. 684 km, südlich); dort mietet man dann einfach einen Wagen.

ℹ Unterwegs vor Ort

Wer sich außerhalb von SLC und Park City bewegen möchte, benötigt einen Mietwagen. Die meisten Städte in Utah sind nach einem schachbrettartigen Gitternetz aufgebaut, wobei die Straßen von Nord nach Süd und von Ost nach West verlaufen. Im Zentrum befindet sich ein „neutraler Punkt" an der Kreuzung zwischen zwei Hauptverkehrsadern (oft heißen sie Main St und Center St). An diesem Punkt orientieren sich die Straßennamen und Hausnummern, wobei jeder Häuserblock einem 100er-Schritt entspricht. D. h., dass sich die Adresse 500 South 400 East fünf Häuserblocks südlich und vier Häuserblocks östlich des neutralen Punktes befindet. Das System klingt kompliziert, ist in der Praxis aber erstaunlich einfach anzuwenden.

Salt Lake City

Salt Lake City liegt zu Füßen der hoch aufragenden Gipfel der Wasatch Mountains. Die recht kleine Stadt hat gerade eben genug Ecken und Kanten, um auch Großstädter glücklich zu machen. Natürlich ist sie in gewisser Hinsicht eine Art Vatikanstaat für Mormonen, Utahs Hauptstadt ist aber dennoch überraschend modern. Das neu gestaltete Zentrum und die hiesige Restaurantszene machen die charmanten Anachronismen wieder wett.

◉ Sehenswertes & Aktivitäten

Die LDS-Attraktionen findet man in der Nähe des „Neutralen Punkts" für Straßen und Adressen in Downtown: Ecke S Temple (Ost-West-Achse) und Main St (Nord-Süd-Achse). Die breiten Straßen (40 m) wurden so konzipiert, dass ein von vier Ochsen gezogener Wagen problemlos auf ihnen wenden konnte. Gerade mal 45 Minuten Fahrtzeit entfernt locken die Wasatch Mountains mit hervorragenden Wander-, Kletter- und Wintersportmöglichkeiten.

◉ Rund um den Temple Square

Temple Square PLATZ
(www.visittemplesquare.com; Ecke S Temple St & N State St; ◎ Gelände 24 Std.; Visitor Centers 9–21 Uhr) GRATIS Dieser 4 ha große, von 4,5 m hohen Mauern umgebene Platz ist die berühmteste Sehenswürdigkeit der Stadt. Guides mormonischen Glaubens bieten den ganzen Tag über kostenlose 30-minütige Führungen an, die an den Visitor Centers bei den zwei Eingängen an der South St und der North Temple St beginnen. Alle paar Meter sind Schwestern, Brüder und Älteste platziert, um Fragen zu beantworten. (Keine Angst: Wenn man kein Interesse zeigt, sehen sie von Bekehrungsversuchen ab.) Neben den eigentlichen Attraktionen gibt es noch Verwaltungsgebäude und zwei Theaterhäuser auf dem Gelände.

Salt Lake Temple RELIGIÖSE STÄTTE
(Temple Sq; ◎ für Besucher geschl.) Über dem Temple Sq wacht der eindrucksvolle 64 m hohe Salt Lake Temple. Auf der höchsten Spitze thront eine Statue des Engels Moroni, der dem Gründer der Mormonenkirche, Joseph Smith, erschien. Bei Renovierungsarbeiten wurden angeblich Einschusslöcher in der vergoldeten Fassade gefunden. Der Tempel ist Privatgelände und die Zeremonien dürfen nur von angesehenen LDS-Mitgliedern besucht werden.

Tabernacle RELIGIÖSE STÄTTE
(www.mormontabernaclechoir.org; Temple Sq; Eintritt frei; ◎ 9–21 Uhr) GRATIS Das Auditorium von 1867 mit Kuppeldach und einer massiven Orgel mit 11 000 Pfeifen hat eine unglaubliche Akustik. Lässt man vorn eine Stecknadel fallen, ist dies ganz hinten, rund

60 m entfernt, zu hören. Montags bis samstags um 12 Uhr sowie sonntags um 14 Uhr finden frei zugängliche Orgelkonzerte statt.

Beehive House HISTORISCHE STÄTTE
(☏ 801-240-2671; www.visittemplesquare.com; 67 E South Temple St; Eintritt frei; ◎ Mo–Sa 9–20.30 Uhr) GRATIS Das Beehive House war der Hauptwohnsitz von Brigham Young und einer seiner Frauen samt Familie während seiner Amtszeit als Gouverneur und Kirchenpräsident in Utah. Der Inhalt der obligatorischen Führungen variiert von Guide zu Guide (alles Kirchenangehörige) – manchmal überwiegen historische Infos, manchmal der religiöse Eifer. Im angrenzenden Lion House von 1855 lebten andere Frauen von Young. Heute ist im Kellergeschoss ein Selbstbedienungsrestaurant (S. 399) untergebracht; während der Essenszeiten können Besucher sich die Speiseräume ansehen.

◉ Rund um Downtown

Utah State Capitol HISTORISCHES GEBÄUDE
(www.utahstatecapitol.utah.gov; 350 N State St; ◎ Mo–Fr 7–20, Sa & So 8–18 Uhr; Visitor Center Mo–Fr 8.30–17 Uhr) GRATIS Das prächtige Capitol von 1916 steht inmitten von 500 Kirschbäumen auf einem Hügel nördlich des Temple Sq. Drinnen zieren bunte Wandbilder der Works Progress Administration (WPA) von Pionieren, Trappern und Missionaren einen Teil der Kuppel. Kostenlose Führungen (Mo–Fr 9–17 Uhr stündl.) starten am Visitor Center im ersten Stock; Ausgangspunkt von Touren in Eigenregie ist ebenfalls das Visitor Center.

City Creek Center EINKAUFSZENTRUM
(www.shopcitycreekcenter.com; Social Hall Ave, zw. Regent St & Richards St) Die von der LDS finanzierte 8 ha große Einkaufspassage eröffnete 2012 und bietet Springbrunnen, Restaurants, einen Bach mit Forellen und eine Ladenmeile mit einziehbarem Dach.

◉ University-Foothill District & Umgebung

★ **Natural History Museum of Utah** MUSEUM
(http://unhmu.utah.edu; 301 Wakara Way; Erw./Kind 11/9 US$; ◎ Do–Di 10–17, Mi bis 21 Uhr) Die atemberaubende Architektur des Rio Tinto Centers zeigt sich insbesondere in einem mehrstöckigen „Canyon" im Inneren, in dem die Exponate ihre ganze Wirkung entfalten kön-

nen. Schicht um Schicht kann man so die geschichtliche Entwicklung der Natur wie auch die der indigenen Völker erkunden. Am eindruckvollsten ist die Ausstellung *The Past Worlds*, die einem unglaubliche – und höchst unterschiedliche! – Perspektiven auf eine riesige Dinosaurier-Fossilien-Sammlung gestattet.

This is the Place Heritage Park
HISTORISCHE STÄTTE

(www.thisistheplace.org; 2601 E Sunnyside Ave; Erw./Kind 11/8 US$; ⊙ Mo–Sa 9–17, So 10–17 Uhr; 📷) Der 182 ha große Heritage Park ist der Ankunft der Mormonen im Jahr 1847 gewidmet. Herzstück ist ein historisches Dorf, in dem kostümierte Schauspieler von Juni bis August das Leben zur Mitte des 19. Jhs. darstellen. Im Eintrittspreis inbegriffen sind eine Fahrt mit der Touristenbahn und verschiedene Aktivitäten. Im restlichen Jahr sind nur Teile der Anlage (zu unterschiedlichen Preisen) zugänglich, von außen kann man die 41 Gebäude jedoch immer besichtigen. Teils handelt es sich um Nachbauten, teils um Originale wie beim Farmhaus von Brigham Young.

Red Butte Garden
GARTEN

(www.redbuttegarden.org; 300 Wakara Way; Erw./Kind 10/6 US$; ⊙9–19.30 Uhr) An den Ausläufern der Wasatch Mountains erstreckt sich das wunderschöne 60 ha große Areal mit wilden und gepflegten Gärten, die durch Wege erschlossen sind. Online kann man nachschauen, wer bei der beliebten Open-Air-Konzertreihe im Sommer dabei ist.

Church Fork Trail
WANDERN

(Mill Creek Canyon Rd, abseits des Wasatch Blvd; Tagesnutzung 3 US$) Auf der Suche nach der am nächsten gelegenen sportlichen Herausforderung mit großartiger Aussicht? Dann bietet sich der Wanderweg zum Gipfel des Grandeur Peak (2530 m) an. Hin und zurück sind es 10 km, und der Hund darf auch mit. Der Mill Creek Canyon liegt 13,5 Meilen (22 km) südwestlich von Downtown Salt Lake.

🛏 Schlafen

Die Preise in Downtown schwanken enorm je nach besonderen Events oder Auslastung. Preiswertere Kettenhotels findet man an der I-80 beim Flughafen und im Süden, im Vorort Midvale. Außerhalb der Skisaison sind die Unterkünfte in den Skiorten in den Wasatch Mountains, 45 Minuten von Downtown entfernt, viel günstiger.

Avenues Hostel
HOSTEL $

(☎ 801-539-8888, 801-359-3855; www.saltlakehostel.com; 107 F St; B 19–23 US$, EZ/DZ mit Gemeinschaftsbad 40/47 US$, mit Privatbad 50/57 US$; ✳@🛜) Das abgewohnte Hostel wirkt mit seinen Langzeitbewohnern fast schon wie ein Wohnhaus. Praktische Lage.

★ Inn on the Hill
INN $$

(☎ 801-328-1466; www.inn-on-the-hill.com; 225 N State St; Zi. inkl. Frühstück 150–189 US$; P@🛜) Kunstvolle Holzarbeiten und Tiffany-Glas mit Maxfield-Parrish-Motiven schmücken diese weitläufige Villa im Neorenaissance-Stil von 1906. Die Gästezimmer sind klassisch und komfortabel, jedoch nicht spießig, und bieten Whirlpoolwannen sowie teilweise Kamine und Balkone. Zu den ansprechenden Aufenthaltsbereichen gehören Terrassen, ein Billardraum, eine Bibliothek und ein Speisesaal, in dem vom Chefkoch zubereitetes Frühstück serviert wird. Das Inn thront hoch über dem Temple Sq, Gäste erwarten also tolle Ausblicke und ein steiler Rückweg aus der Stadt.

Peery Hotel
HOTEL $$

(☎ 801-521-4300, 800-331-0073; www.peeryhotel.com; 110 W 300 South; Zi. 99–130 US$; P✳@🛜) Bademäntel und Bettwäsche aus ägyptischer Baumwolle, dunkle Holzmöbel mit

---

POLYGAMIE HEUTE

Obwohl sich die Mormonenkirche 1890 von der Vielehe distanzierte, gibt es nach wie vor sektenartige Ableger, die Polygamie als göttlich verfügte Praktik betrachten. Ein Großteil der rund 7000 Einwohner in Hilldale-Colorado City an der Grenze zwischen Utah und Arizona sind Anhänger der Fundamentalist Church of Jesus Christ of Latter-Day Saints (FLDS) und leben als solche polygam. Wenn man in Washington oder Hurricane in einem Walmart mehreren Frauen begegnet, die pastellfarbene Kleider im Prärie-Stil tragen und lange Zöpfe bzw. aufwendige Hochsteckfrisuren haben, handelt es sich wahrscheinlich um Ehefrauen von ein und demselben Mann. Im südlichen Teil des Staates gibt es noch weitere Sekten, in denen die Polygamie jedoch weniger auffällig ist.

SALT LAKE CITY MIT KINDERN

Den University-Foothill District lieben Jung und Alt gleichermaßen, es gibt aber auch ein paar Sehenswürdigkeiten ganz speziell für Kinder.

Discovery Gateway (www.childmuseum.org; 444 W 100 South; Eintritt 8,50 US$; ⊘ Mo–Do 10–18, Fr & Sa bis 20, So 12–18 Uhr; 🚻) Begeisterndes Kindermuseum mit Exponaten zum Anfassen. Das nachgebaute Nachrichtenstudio im Medienbereich ist ideal für den Reporternachwuchs.

Hogle Zoo (www.hoglezoo.org; 2600 E Sunnyside Ave; Erw./Kind 15/11 US$; ⊘ 9–17 Uhr; 🚻) Über 800 Tiere leben u. a. in dem Bereich „Asiatisches Hochland" des 17 ha großen Zoos. Im Rahmen von täglichen Programmen können Kinder mit Tieren auf Tuchfühlung gehen und mehr über ihre Lieblingsarten lernen.

Schnitzereien und individuell eingerichtete Zimmer machen den Charme des Hauses von 1910 aus. Die kleinen, aber makellosen Bäder verfügen über Sockelwaschbecken und Aromatherapie-Badeprodukte. Das Retro-Hotel steht mitten im Unterhaltungsviertel auf der Broadway Ave – Restaurants, Bars und Theater sind zu Fuß erreichbar. Parken kostet pro Tag 12 US$.

Crystal Inn & Suites   MOTEL **$$**
(☑ 800-366-4466, 801-328-4466; www.crystalinn saltlake.com; 230 W 500 South; Zi. inkl. Frühstück 94–179 US$; P ❄ @ 🛜 🏊) Restaurants und Temple Sq sind von dieser mehrstöckigen, zentral gelegenen Filiale von Crystal Inns, eine Kette aus Utah, zu Fuß zu erreichen. Das freundliche Personal ist sehr hilfsbereit und für den Preis gibt's viele Extras (z. B. ein großzügiges warmes Frühstück).

Grand America   HOTEL **$$$**
(☑ 800-621-4505; www.grandamerica.com; 555 S Main St; Zi. ab 200 US$; P ❄ @ 🛜 🏊) SLCs einzige wahre Luxusunterkunft. Die Bäder sind mit italienischem Marmor ausgestattet, die Zimmer warten mit englischen Wollteppichen, Damaststoffen mit Quasten und anderen bequemen Extras auf. Außerdem gibt's nachmittags High Tea und einen opulenten Sonntags-Brunch. Parken über Nacht kostet 13 US$.

🍴 Essen

Salt Lake City bietet ein Potpourri aus internationalen und umweltbewussten Kochstilen. Viele Lokale drängen sich in Downtown. Ein paar weitere interessante Möglichkeiten finden sich außerdem an der 9th und 9th: darunter ein Spezialist für Leckeres aus dem Mittleren Osten, ein Nudel-Lokal, gehobene neu-amerikanische Küche, ein Café ...

Lion House
Pantry Restaurant   AMERIKANISCH **$**
(www.templesquarehospitality.com; 63 E South Temple St; Gerichte 8–14 US$; ⊘ Mo–Sa 11–20 Uhr) In dem im Kellergeschoss eines historischen Hauses untergebrachten Selbstbedienungslokal gibt's bodenständige, kohlenhydratreiche Kost, die jede mormonische Großmutter absegnen würde. Einst lebten hier mehrere Ehefrauen von Brigham Young (darunter eine Ur-Ur-Urgroßmutter eines vorhergegangenen Autors dieses Kapitels).

⭐ **Red Iguana**   MEXIKANISCH **$$**
(www.rediguana.com; 736 W North Temple; Hauptgerichte 10–16 US$; ⊘ 11–22 Uhr) Hier präsentiert sich Mexiko von seiner authentischsten, aromatischsten und leckersten Seite – kein Wunder, dass sich vor dem familienbetriebenen Restaurant meist Schlangen bilden. Wer sich nicht zwischen den sieben Mole-Saucen mit Chili und Schokolade entscheiden kann, fragt nach einer Kostprobe. Das unglaublich zarte *cochinita pibil* (geschmortes gezupftes Schweinefleisch) schmeckt, als wäre es tagelang gekocht worden.

Squatters Pub Brewery   AMERIKANISCH **$$**
(www.squatters.com; 147 W Broadway; Gerichte 10–22 US$; ⊘ So–Do 11–24, Fr & Sa bis 1 Uhr) Gegen den Durst hilft Emigration Pale Ale, gegen den Hunger Salat mit gebackenem Buntbarsch. Neben einer tollen Auswahl an Bieren von Mikrobrauereien bietet das Squatters auch jede Menge einfache amerikanische Gerichte. Die lebendige Kneipenatmosphäre sorgt für gute Stimmung.

Wild Grape   MODERN-AMERIKANISCH **$$**
(www.wildgrapebistro.com; 481 E South Temple; Frühstück & Mittagessen 7–15 US$, Abendessen 13–28 US$; ⊘ Mo–Fr 8–22, Sa & So 9–22 Uhr) Das Wild Grape wirbt mit „New-West-Bistroküche" und bietet moderne Versionen länd-

KANN MAN IN UTAH EINEN TRINKEN GEHEN?

Auf jeden Fall ja! In den letzten Jahren sind die Bestimmungen lockerer geworden und auch private Clubmitgliedschaften für Bars gibt es nicht mehr. Folgende Regeln gelten aber weiterhin:

➡ Nur wenige Restaurants haben eine umfassende Ausschanklizenz und meist ist das Angebot auf Bier und Wein beschränkt. Alkohol gibt's nur in Verbindung mit einer Mahlzeit.

➡ Minderjährige sind in Bars nicht zugelassen.

➡ Mixgetränke und Wein gibt's erst nach 12 Uhr. Bier mit einem Alkoholgehalt von 3,2% darf ab 10 Uhr ausgeschenkt werden.

➡ Mischgetränke dürfen maximal 45 ml hochprozentigen Alkohol bzw. 75 ml Gesamtalkohol enthalten – Fans von Long Island Iced Tea oder einem Doppelten haben leider Pech gehabt.

➡ Abgefüllten Alkohol verkaufen ausschließlich Spirituosengeschäfte. Lebensmittel- und Gemischtwarenläden dürfen Bier mit einem Alkoholgehalt von 3,2% und Malzgetränke vertreiben. Der Verkauf ist nur von Montag bis Samstag erlaubt.

licher Klassiker. Uns schmecken die Brunchgerichte am Wochenende am besten.

Mazza
ORIENTALISCH $$

(www.mazzacafe.com; 1515 S 1500 East; Sandwiches 8–10 US$; Abendessen 15–25 US$; ⊙Mo-Sa 11–15 & 17–22 Uhr; ✍) Warme Töne und Kupferelemente sorgen für einladendes Flair und die bekannten Klassiker wie Kebab, Schawarma und Humus sowie großartige regionale Spezialitäten, viele davon aus dem Libanon, erfreuen sich bei Einheimischen großer Beliebtheit. Was man hier aus Lamm und Auberginen macht ist köstlich.

★Copper Onion
INTERNATIONAL $$$

(☏801-355-3282; www.thecopperonion.com; 111 E Broadway Ave; Brunch & kleinere Gerichte 7–15 US$, Hauptgerichte abends 22–29 US$; ⊙11–15 & 17–22 Uhr) Die Einheimischen halten das Copper Onion beim Mittagessen (Specials 10 US$) auf Trab, beim Abendessen, beim Wochenend-Brunch, bei der Happy Hour an der Bar ... eigentlich immer. Und das aus gutem Grund: Kleine Gerichte wie Tartar vom Wagyu-Rind und Pasta Carbonara verlangen geradezu danach, mit Freunden geteilt zu werden. Die design-orientierte, rustikale Einrichtung sorgt für den passenden gastlichen Rahmen.

Ausgehen & Nachtleben

★Beer Bar
KNEIPE

(161 E 200 South; ⊙Mo-Sa 11–2, So 10–2 Uhr) Mit großen Holztischen sowie über 140 Bier- und 13 Wurstsorten holt die Beer Bar ein kleines Stück Bayern nach Salt Lake City. Die Kundschaft ist gemischt und sehr viel informeller als in der angeschlossenen Bar X nebenan. Ein toller Ort, um sich mit Freunden zu treffen und neue Bekanntschaften zu schließen, auch wenn es ziemlich laut ist.

Gracie's
BAR

(326 S West Temple; ⊙11–2 Uhr) Gracie's ist ein trendiges Bar-Restaurant, das sich über zwei Ebenen mit vier Bars erstreckt und trotzdem regelmäßig aus allen Nähten platzt. Die besten Orte zum entspannten Zusammensein sind die zwei riesigen Terrassen. Fast jeden Abend sorgen Livebands oder DJs für Unterhaltung.

Beerhive Pub
KNEIPE

(128 S Main St; ⊙12–1 Uhr) Über 200 Biersorten, darunter viele von Mikrobrauereien aus Utah, schenkt diese Bar in einer Ladenzeile in Downtown aus. Lädt zu einem geselligen Abend ein.

Coffee Garden
CAFÉ

(895 E 900 South; ⊙So-Do 6–23, Fr & Sa bis 24 Uhr; ☎) Substanz gepaart mit Stil, leckere Backwaren, Desserts und ein großzügiger Sitzbereich sorgen für ein perfektes Café-Erlebnis. Mitten im facettenreichen Viertel 9th & 9th.

☆ Unterhaltung
Musik

Unter www.cityweekly.net ist eine komplette Liste mit Musikveranstaltungen vor Ort nachzulesen. Orchester-, Orgel-, Chor- und andere Aufführungen mit LDS-Bezug stehen unter www.mormontabernaclechoir.org.

Mormon Tabernacle Choir LIVEMUSIK
(☑801-570-0080; www.mormontabernaclechoir. org) GRATIS Eine Vorführung des weltbekannten Mormon Tabernacle Choir gehört zum Pflichtprogramm eines Besuchs in Salt Lake City. Jeden Sonntag um 9.30 Uhr wird eine Liveshow gesendet. Von September bis November und von Januar bis Mai kann man zudem im Tabernacle (S. 397) live dabei sein. Die Proben (Do 20–21 Uhr) sind öffentlich zugänglich und kostenlos.

Von Juni bis August und im Dezember, wenn die Besucherzahlen am größten sind, finden die Livesendungen und Proben im 21000 Sitzplätze fassenden LDS Conference Center statt. Die Vorstellungszeiten ändern sich nicht, allerdings findet montags bis samstags um 14 Uhr eine zusätzliche Orgelprobe statt.

Theater
Auf der Website des Salt Lake City Arts Council (www.slcgov.com/city-life/ec) gibt es eine komplette Liste mit kulturellen Events. Zu den Veranstaltungsstätten der Stadt gehören das **Gallivan Center** (www.thegallivancenter.com; 200 South, zw. State St & Main St), das **Depot** (☑801-355-5522; www.smithstix. com; 400 W South Temple) und das **Rose Wagner Performing Arts Center** (www.slccfa. org; 138 W 300 South). Reservierungen nimmt **ArtTix** (☑888-451-2787, 801-355-2787; www.arttix.org) vor.

Sport

Utah Jazz BASKETBALL
(☑801-325-2500; www.nba.com/jazz) Utah Jazz, das Herren-Basketball-Team der Profiliga, spielt in der **Energy Solutions Arena** (☑801-355-7328; www.energysolutionsarena.com; 301 W South Temple St). Hier finden auch Konzerte statt.

Utah Grizzlies EISHOCKEY
(☑801-988-7825; www.utahgrizzlies.com) Die Utah Grizzlies spielen in der International Hockey League. Partien finden im **Maverik Center** (☑Tickets 800-745-3000; www.maverikcenter.com; 3200 S Decker Lake Dr, West Valley City) statt, das auch einen Großteil der Eishockeymatches während der Winterolympiade 2002 ausrichtete.

🔒 Shoppen

City Creek (S. 397), die teilweise überdachte Shopping Mall, ist erste Wahl in Downtown, wenn es um große Markennamen geht. Eine kleine, aber feine Auswahl interessanter Boutiquen, Antiquariate und Cafés säumen die **Broadway Ave** (300 South) zwischen 100 und 300 East. Kunsthandwerk und Galerien findet man im 300er-Block der **W Pierpont Ave**.

ℹ Praktische Informationen

MEDIEN

City Weekly (www.cityweekly.net) Kostenloses, alternatives Wochenblatt mit guten Restaurant- und Unterhaltungstipps. Zweimal im Jahr gibt es den kostenlosen *City Guide* heraus.

Salt Lake Tribune (www.sltrib.com) Utahs Tageszeitung mit der größten Auflage.

NOTFALL & MEDIZINISCHE VERSORGUNG

University Hospital (☑801-581-2121; 50 N Medical Dr) Für Notfälle; rund um die Uhr geöffnet.

TOURISTENINFORMATION

Public Lands Information Center (☑801-466-6411; www.publiclands.org; REI Store, 3285 E 3300 South; ⊙Mo–Fr 10.30–17.30, Sa 9–13 Uhr) Besucherinfos zu öffentlich verwaltetem Gebiet in der Gegend (State Parks, BLM, USFS), darunter der Uinta-Wasatch-Cache National Forest.

Visit Salt Lake (☑801-534-4900; www.visitsaltlake.com; 90 S West Temple, Salt Palace Convention Center; ⊙Mo–Fr 9–18, Sa & So bis 17 Uhr) Veröffentlicht eine kostenlose Infobroschüre für Besucher. Beim Visitor Center gibt's einen Souvenirladen.

THE BOOK OF MORMON, DAS MUSICAL

Singende und tanzende mormonische Missionare? Am Broadway ist alles möglich! Im Frühjahr 2011 feierte das Musical *The Book of Mormon* im Eugene O'Neill Theatre in New York Premiere. Die heitere Satire über Missionare der LDS-Kirche in Uganda sind das Werk der Macher des Musicals *Avenue Q* und der TV-Serie *South Park*. Kein Wunder, dass das humorvolle Stück neun Tony Awards gewann.

Die offizielle Reaktion der Mormonenkirche war recht verhalten. Sie sah von direkter Kritik ab, machte jedoch klar, dass das Musical zwar unterhalten mag, das tatsächliche Buch Mormon jedoch Leben verändern kann. 2015 wurde das Stück sogar im Capitol Theatre in Salt Lake City aufgeführt.

ABSTECHER

DER GREAT SALT LAKE

Der Große Salzsee, einst Teil des prähistorischen Lake Bonneville, hat aktuell eine Fläche von 5180 km² und einen weit höheren Salzgehalt als das Meer – so hoch, dass man an der Oberfläche dahintreiben kann, ohne unterzugehen. Der hübsche, 15 Meilen (24 km) lange **Antelope Island State Park** (☑801-773-2941; http://stateparks.utah.gov; Antelope Dr; Tagesgebühr 10 US$/Fahrzeug; Stellplatz Zelt & Wohnmobil ohne Anschlüsse 15 US$; ⊙ Juli–Sept. 7–22 Uhr, Okt.–Juni bis 19 Uhr) 40 Meilen (64 km) nordwestlich von SLC bietet hübsche Wanderwege und die besten Strände für ein Bad im See (im seichten Wasser riecht es aber manchmal etwas streng!). Hier lebt eine der größten Büffelherden des Landes. Der einfache **Bridger Bay Campground** (☑Reservierungen 800-322-3770; http://utahstateparks.reserveamerica.com; Stellplatz Zelt & Wohnmobil 15 US$) ist ganzjährig geöffnet.

An- & Weiterreise

BUS

Greyhound (☑800-231-2222; www.greyhound.com; 300 S 600 West) verbindet SLC mit Städten im Südwesten wie Las Vegas, NV (62 US$, 8 Std.), und Denver, CO (86 US$, 10 Std.).

FLUGZEUG

5 Meilen (8 km) nordwestlich des Zentrums liegt der **Salt Lake City International Airport** (SLC; www.slcairport.com; 776 N Terminal Dr; ☎). Es gibt vorwiegend Inlandsflüge, jedoch auch Direktverbindungen nach Kanada und Mexiko. Delta (www.delta.com) ist die größte Fluglinie vor Ort.

ZUG

Der *California Zephyr* von **Amtrak** (☑800-872-7245; www.amtrak.com) verkehrt zwischen Chicago und Oakland/Emeryville und hält täglich am **Union Pacific Rail Depot** (340 S 600 West). Teilweise kommt es zu erheblichen Verspätungen und die Abfahrtszeiten sind oft eigentümlich. Es gibt Verbindungen zu Zielen wie Denver (ab 79 US$, 15 Std.) und Reno, NV (ab 70 US$, 10 Std.).

Unterwegs vor Ort

VOM/ZUM FLUGHAFEN

Utah Transit Authority (UTA; www.rideuta.com; einfache Strecke 2,50 US$; ☎) Stadtbahnverbindungen zum internationalen Flughafen und kostenlose Nutzung innerhalb von Downtown SLC. Bus 550 verkehrt vom Parkhaus zwischen Terminal 1 und 2 ins Zentrum.

Express Shuttle (☑800-397-0773; www.xpressshuttleutah.com) Eine Fahrt mit dem Sammeltransporter nach Downtown SLC kostet 17 US$.

Yellow Cab (☑801-521-2100) Privattaxis nach Salt Lake, Park City und Ziele in der Gegend.

ÖFFENTLICHER NAHVERKEHR

UTA (www.rideuta.com) Trax, die Straßenbahn von UTA, verkehrt von der Central Station (600 W 250 South) nach Westen zur University of Utah und südwärts an Sandy vorbei. Im Zentrum von Downtown SLC ist der Transport kostenlos. In der Wintersportsaison fahren UTA-Busse in die lokalen Skigebiete (einfache Strecke 4,50 US$).

Park City & Wasatch Mountains

Utah ist das Paradies für Skifahrer und Snowboarder. Hier findet man mit die besten Pisten Nordamerikas. Jedes Jahr fallen zwischen 0,75 bis 1,30 m lockerer, trockener Schnee, und man hat Tausende Hektar hochalpines Terrain zum Austoben. In den Wasatch Mountains, die hinter SLC aufragen, liegen viele Skiorte, man kann wandern, zelten und mountainbiken. Und dann wäre da natürlich noch das mondäne Park City mit seiner luxuriösen Infrastruktur und dem berühmten Filmfestival.

Skiresorts bei Salt Lake City

40 Minuten von SLC entfernt, in den Canyons Little Cottonwood und Big Cottonwood an der Westseite der Wasatch Mountains, liegen vier tolle Skigebiete, die Unterkünfte und Restaurants bieten.

🏃 Aktivitäten

Solitude   WINTERSPORT
(☑801-534-1400; www.skisolitude.com; 12 000 Big Cottonwood Canyon Rd; Tagespass Skilift Erw./Kind 74/46 US$) Exklusives Dorf im europäischen Stil, umgeben von hervorragenden Pisten. Das Nordic Center bietet Langlaufen im Winter und Naturpfade für die Sommermonate.

Brighton   WINTERSPORT
(☑801-532-4731, 800-873-5512; www.brightonresort.com; Big Cottonwood Canyon Rd; Tagespass

Skilift Erw./Kind 68/35 US$) Brighton ist bei lässigen Herumtreibern und knallharten Snowboardern beliebt, davon sollte man sich jedoch nicht abschrecken lassen. Das kleine Resort, in dem viele Einheimische das Skifahren lernen, ist noch immer eine gute Wahl für Anfänger, insbesondere für Snowboarder. Dichte Kiefernwälder säumen breite präparierte Wege und weite Pisten, zudem bieten sich Traumblicke vom Gipfel.

Snowbird   WINTERSPORT
(☑ 800-232-9542; www.snowbird.com; Hwy 210, Little Cottonwood Canyon; Tagespass Skilift Erw./Kind 95/45 US$) Das größte und betriebsamste Wintersportgebiet bietet tolle Bedingungen, dafür sorgen steile aufregende Pisten. Im Sommer gelangt man mit Liften zu verschiedenen Wanderwegen. Die Pendelbahn fährt das ganze Jahr über.

Alta   WINTERSPORT
(☑ 801-359-1078, 888-782-9258; www.alta.com; Little Cottonwood Canyon; Tagespass Skilift Erw./Kind 79/42 US$) Eingefleischte Skifahrer pilgern nach Alta am höchsten Punkt des Tals. Hier sind keine Snowboarder zugelassen, deswegen halten sich die Schneedecke und präparierte Pisten länger. Die Einheimischen sind mit Alta aufgewachsen und das Resort ist von sympathischer Bodenständigkeit geprägt – zum Sehen-und-Gesehen-Werden kommt man sicherlich nicht hierher. Weite Pulverschneehänge, Schluchten, steile Abfahrten und Lichtungen wie East Greeley, Devil's Castle und High Rustler tragen zur Bekanntheit des Resorts bei. Achtung: Womöglich möchte man nie wieder woanders Ski fahren!

Park City

Auf der I-80 sind es gerade mal 35 Meilen (56 km) von SLC nach Park City (2134 m). Die Stadt wurde 2002 als Austragungsort der olympischen Winterspiele erstmals international bekannt und ist der Veranstaltungsort für das renommierte jährliche Sundance Film Festival. Nach wie vor trainiert die Ski-Nationalmannschaft der USA im beliebtesten Skigebiet des Südwestens. Während der Sommermonate tauschen die 7873 Einwohner die Skier gegen Wanderschuhe bzw. schwingen sich aufs Mountainbike, um das Gelände zwischen den Gipfeln zu erkunden.

Die Stadt selbst war im 19. Jh. eine Silbermine. Die nette Hauptstraße wird von teuren Galerien, Geschäften, Hotels, Restaurants und Bars gesäumt. Mit Ausnahme der Fertighäuser im Tal ist die Szenerie nach wie vor ganz hübsch. Die Hauptsaison ist der Winter.

Sehenswertes

Utah Olympic Park   ABENTEUERSPORT
(☑ 435-658-4200; www.utaholympiclegacy.com; 3419 Olympic Pkwy; Museum Eintritt frei, Führungen Erw./Kind 10/7 US$; ⊙ 10–18 Uhr, Touren 11–16 Uhr) Während der Winterolympiade 2002 fanden hier die Wettbewerbe im Skisprung, Bob, Skeleton, in der nordischen Kombination und im Rodeln statt. Bis heute werden im Olympiapark nationale Wettkämpfe ausgetragen. Es gibt Skisprungschanzen von 10, 20, 40, 64, 90 und 120 m Höhe sowie eine Rodel- und Bobbahn. Das US-amerikanische Skiteam trainiert hier das ganze Jahr über. Im Sommer landen Freestyler in einem blubberndem Pool und die Skispringer auf einem mit Plastik überzogenen Abhang. Die Trainingszeiten erfährt man telefonisch; das Zuschauen ist kostenlos.

Aktivitäten

Abgesehen von den Wintersportmöglichkeiten bieten die Resorts elegante Schlafmöglichkeiten nahe der Pisten, Restaurants und verschiedene Sommeraktivitäten wie Mountainbikeverleih oder Wanderungen (Zugang zu den Wegen mit dem Lift). In den Bergen ringsum verläuft ein fast 500 km langes Netz aus Wander-/Fahrradwegen; Karten gibt's im Visitor Center oder online unter http://mountaintrails.org. Zwei der

---

SCENIC DRIVE: MIRROR LAKE HIGHWAY

Diese Höhenstraße, auch als Hwy 150 bekannt, beginnt ca. 12 Meilen (19 km) östlich von Park City in Kamas und klettert auf der 65 Meilen (105 km) langen Strecke nach Wyoming auf mehr als 3000 m. Unterwegs eröffnen sich atemberaubende Bergpanoramen, man passiert viele Seen, Campingplätze und Startpunkte von Wanderwegen durch den **Uinta-Wasatch-Cache National Forest** (www.fs.usda.gov/uwcnf). Achtung: Wegen starker Schneefälle sind Abschnitte der Straße manchmal bis in die Frühlingsmonate hinein gesperrt; online informieren!

ROBERT REDFORDS SUNDANCE RESORT

Hat man sich auf dem schmalen, Haken schlagenden Hwy 92 bergauf vorgearbeitet, darf man sich auf etwas ganz Besonderes freuen: Robert Redfords **Sundance Resort** (☏ 800-892-1600, 801-225-4107; www.sundanceresort. com; 9521 Alpine Loop Rd, Provo; Zi. 209–500 US$; ☏) ✎. Wer sich die Übernachtung in der elegant-rustikalen, umweltbewussten Wildnisoase nicht leisten kann, könnte sich zumindest ein tolles Essen im Treehouse Restaurant oder Deli gönnen, eine Vorführung im Amphitheater unter freiem Himmel mitverfolgen oder beim Töpfern in der „Kunsthütte" zusehen (die Tonwaren stehen auch zum Verkauf). Weitere Aktivitäten vor Ort: skilaufen, wandern und Wellnessbehandlungen. Auch einfach nur in der Anlage herumzulaufen, ist ein Erlebnis. Das Resort liegt 30 Meilen (38 km) südlich von Park City und 50 Meilen (80 km) südöstlich von SLC.

neueren Strecken, **Armstrong** (6,4 km; Start: Park City Mountain Resort) und **Pinecone Ridge** (6,4 km) lassen sich für einen exzellenten Mountainbike-Ausflug miteinander kombinieren.

Park City Mountain Resort
ABENTEUERSPORT
(☏ 435-649-8111; www.parkcitymountainresort. com; 1310 Lowell Ave; Alpine Pass Erw./Kind 70/35 US$) Wanderungen und Mountainbiketouren mit dem **Town Lift** sind einfach großartig (Tagespass 21–23 US$). Der Preis des Alpine Pass richtet sich nach der Größe; ab 1,37 m wird der Erwachsenentarif fällig, der die Nutzung der Rodelbahn und Lifte sowie Aktivitäten in der Gegend umfasst. Die Attraktionen werden natürlich auch einzeln angeboten: Auf dem 914 m langen **Alpine Slide** (12 US$) fährt man in einem Rodelschlitten auf Rollen eine knapp 170 m lange asphaltierte Röhre hinab, zudem gibt's eine rund 700 m lange und einen Höhenunterschied von 170 m überbrückende **Zipline** (20 US$).

Deer Valley
ABENTEUERSPORT
(☏ 800-424-3337; www.deervalley.com; Deer Valley Dr; Tagespass Panoramasessellift Erw./Kind 23/18 US$) Im Sommer bietet das Deer Valley

ein über 80 km langes Netz an Wander- und Mountainbikewegen. Die drei Lifte sind in Betrieb, bei Bedarf gibt es zudem Ausritte und kostenlose geführte Wanderungen.

Canyons
ABENTEUERSPORT
(☏ 888-226-9667; www.thecanyons.com; 4000 Canyons Resort Dr; Adventure Pass Erw./Kind 69/59 US$) Der Adventure Pass gilt für verschiedene Aktivitäten. Tolle Ausblicke bieten sich bei einer Panoramafahrt mit der **Seilbahn** (hin & zurück Erw./Kind 18/13 US$), zudem locken verschiedene Wanderwege. Mountainbiker sind im **Gravity Bike Park** (Tagesticket Erw./Kind 32/27 US$) mit verschiedenen über den High Meadow Lift zu erreichenden Routen richtig. Zu den weiteren Aktivitäten gehören Discgolf, Minigolf, Tretbootausflüge und Heißluftballonfahrten. Im Sommer und Winter sorgen Livemusikkonzerte im Resort für Stimmung.

🎉 Feste & Events

Sundance Film Festival
FILMFESTIVAL
(☏ 888-285-7790; www.sundance.org/festival) Independent-Streifen, ihre Macher, Filmstars und Fans lassen die Stadt Ende Januar zehn Tage lang aus allen Nähten platzen. Pässe, Festival-Pauschalangebote und die wenigen Einzeltickets sind schon weit im Voraus ausgebucht und ausverkauft. Lange vorher planen!

🛏 Schlafen

Park City wartet mit mehr als 100 Wohnungen, Hotels und Resorts auf. Eine vollständige Übersicht findet man unter www.visit parkcity.com. Hier sind die Winterpreise (Hauptsaison) aufgeführt; manchmal wird ein Mindestaufenthalt verlangt; in der Nebensaison sind die Unterkünfte nur halb so teuer (oder noch billiger!). Kettenhotels in SLC an der Kreuzung der I-40 und dem Hwy 248 bieten besser Deals an.

Chateau Apres Lodge
HOSTEL $
(☏ 800-357-3556, 435-649-9372; www.chateau apres.com; 1299 Norfolk Ave; B 45 US$, Zi. 130 US$; ☏) Die einzige Budgetoption in der Stadt ist diese einfache Lodge von 1963 mit einem Schlafsaal im ersten Stock nahe des Skiliftes. Sie ist bei Gruppen und Senioren sehr beliebt, deshalb ist eine Reservierung erforderlich.

Park City Peaks
HOTEL $$
(☏ 800-333-3333, 435-649-5000; www.parkcity peaks.com; 2121 Park Ave; Zi. 139–189 US$; ✺ @

📞✉) Neben komfortablen, modernen Zimmern gehören ein beheiztes Außenbecken, ein Whirlpool, ein Restaurant und eine Bar zum Programm. In der Nebensaison gibt's tolle Angebote. Von Dezember bis April ist Frühstück im Preis inbegriffen.

★ **Old Town Guest House** B&B $$$
(📞 800-290-6423, 435-649-2642; www.oldtown guesthouse.com; 1011 Empire Ave; Zi. inkl. Frühstück 219–269 US$; ❄️@📶) In dem gemütlichen B&B in der Stadt können es sich die Gäste im Flanellbademantel mit einem Buch in ihrem Kiefernholzbett unter einer Steppdecke gemütlich machen oder sich auf der großen Terrasse entspannen. Die Gastgeberin informiert gern über die tollen Outdoor-Aktivitäten, geführte Skitouren, Mountainbiken und mehr.

★ **Torchlight Inn** B&B $$$
(www.torchlightinn.com; Zi. 225–300 US$;
🅿️❄️📶) Das neue Gästehaus beim Kreisverkehr beherbergt sechs Zimmer mit eleganter, einladender Einrichtung, Gaskaminen und Flachbild-TVs. Zudem gibt es einen Whirlpool auf dem Dach, einen hauseigenen Jeepverleih, zwei freundliche Bulldoggen, die Gästen Gesellschaft leisten, netten, hilfsbereiten Service, Familiensuiten und rollstuhlgerechte Einrichtungen (z. B. einen Aufzug).

 **Essen**

Park City ist für seine außergewöhnliche gehobene Küche bekannt, preiswertere Mahlzeiten sind hingegen schwieriger zu finden. Weitere Infos sind im Restaurantführer des Park City Magazine (www.parkcitymagazine. com) nachzulesen. Von April bis November sind Restaurants kürzer geöffnet und schließen teils über längere Zeiträume. In sämtlichen Luxusrestaurants ($$$) ist eine Reservierung erforderlich.

Uptown Fare CAFÉ $
(227 Main St; Sandwiches 8–11 US$; ⏱️11–15 Uhr) In dem kleinen Café unterhalb des Treasure Mountain Inn erwarten einen leckere gebratene Truthahn-Sandwiches und hausgemachte Suppen.

Good Karma INDISCH, FUSION $$
(www.goodkarmarestaurants.com; 1782 Prospector Ave; Frühstück 7–12 US$, Hauptgerichte 12–22 US$; ⏱️7–22 Uhr,🍴) 🌿 Soweit möglich werden lokale Bio-Zutaten für die indisch-persischen Gerichte mit asiatischem Touch verwendet. Das Good Karma ist anhand der tibetischen Gebetsflaggen, die draußen vor sich hinflattern, leicht auszumachen.

★ **Riverhorse on Main** MODERN-AMERIKANISCH $$$
(📞435-649-3536; www.riverhorseparkcity.com; 540 Main St; Hauptgerichte abends 34–49 US$; ⏱️Mo–Do 17–22, Fr & Sa bis 23, So 11–14.30 & 17–22 Uhr; 🍴) Die feine Küche mischt Bodenständiges mit Exotischem. Zur Auswahl gehören Gurken-Quinoa-Salate, Polenta-Pommes und Rocky-Mountain-Lammkarree, zudem gibt's eine separate Karte für Vegetarier. Panoramafenster und schickes, modernes Design sorgen für stilvolles Ambiente. Das alteingesessene Restaurant ist preisgekrönt, deshalb muss man im Voraus reservieren.

★ **J & G Grill** AMERIKANISCH $$$
(📞435-940-5760; www.jggrilldeercrest.com; 2300 Deer Valley Drive E, Deer Valley Resort; Hauptgerichte morgens & mittags 14–22 US$, Hauptgerichte abends 26–55 US$; ⏱️7–21 Uhr) Einheimische lieben die Zwiebelringe in Tempurateig und die scharf gebratenen Jakobsmuscheln mit süßer Chilisauce, ansonsten stehen Fleisch und Fisch im Fokus des Gemeinschaftsprojekts von Promikoch Jean-Georges Vongerichten. Die Bergkulisse rund um das St. Regis Resort zu dem der J & G Grill gehört, ist spektakulär.

Wahso ASIATISCH $$$
(📞435-615-0300; www.wahso.com; 577 Main St; Hauptgerichte 30–50 US$; ⏱️Mi–So 17.30–22 Uhr, Mitte April–Mitte Juni geschl.) Park Citys Gourmets wissen die moderne panasiatische Küche zu schätzen. Zur gehobenen wechselnden Speiseauswahl gehören z. B. Lamm-Vindalho und malaiischer Snapper. Hier heißt es Sehen und Gesehen werden!

🍸 **Ausgehen & Unterhaltung**

Die Main St ist die Anlaufstelle mit mehr als einem halben Dutzend Bars, Clubs und Pubs. Im Winter geht jeden Abend die Post ab, selbst in den Restaurants gibt's dann Musik, in der Nebensaison ist am ehesten an den Wochenenden etwas los. Einen Veranstaltungskalender findet man unter www. thisweekinparkcity.com.

High West Distillery & Saloon BAR
(703 Park St; ⏱️11–22 Uhr, Führungen 15 & 16 Uhr) In dem Gebäude, das früher einen Pferdestall und eine Garage beherbergte, befindet sich heute die angesagteste Ausgehadresse der Stadt. Skifahrer können sich direkt nach der letzten Abfahrt den hausge-

machten Roggenwhiskey der Mikrodestillerie schmecken lassen – cooler geht's nicht!

No Name Saloon & Grill BAR
(447 Main St; ⊙11–1 Uhr) In der mit Erinnerungsstücken gefüllten Bar hängt ein Motorrad von der Decke, während aus den Boxen Johnny Cashs „Jackson" tönt.

ℹ Praktische Informationen

Visitor Information Center (☑ 435-658-9616, 800-453-1360; www.visitparkcity.com; 1794 Olympic Pkwy; ⊙ 9–18 Uhr; 🛜) Riesiges Visitor Center mit Kaffeebar, Terrasse und Traumblicken auf die Berge beim Olympic Park. Online gibt es Guides für Besucher.

ℹ Anreise & Unterwegs vor Ort

Park City Transportation (☑ 800-637-3803, 435-649-8567; www.parkcitytransportation. com) und **Powder For The People** (☑ 888-482-7547, 435-649-6648) bieten Sammeltransporter (einfache Strecke 44 US$) und private Chartertransporter (1–3 Pers. ab 220 US$) zum/ab dem Salt Lake City Airport. Letzterer betreibt zudem Skishuttles zwischen Park City und den Resorts bei Salt Lake City.

PC-SLC Connect (Bus 902) verkehrt vom Zentrum von Salt Lake zum **Park City Transit Center** (www.parkcity.org; 558 Swede Alley). In Park City braucht man keinen Mietwagen. Das exzellente öffentliche Verkehrssystem deckt die gesamte Stadt ab, also das historische Viertel, Kimball Junction und alle drei Skiresorts. Die kostenlosen Busse fahren von 8 bis 23 Uhr ein- bis sechsmal pro Stunde, im Sommer seltener.

Nordost-Utah

Die meisten Besucher fahren wegen des Dinosaur National Monument in den Nordosten des Staates, diese ländliche, ölreiche Gegend hat aber noch mehr fesselnde Wildnis zu bieten. Sämtliche Städte liegen 1 Meile über dem Meeresspiegel.

Vernal

Als die Stadt, die dem Dinosaur National Monument am nächsten liegt, begrüßt Vernal Besucher standesgemäß mit einem großen rosaroten Dino. Der informative Film, die interaktiven Exponate, die Videos und die riesigen Fossilien im **Utah Field House of Natural History State Park Museum** (☑ 435-789-3799; http://stateparks.utah.gov; 496 E Main St; Erw./Kind 6/3 US$; ⊙ 9–17 Uhr; 🚻) sind eine wunderbare Einführung in die Dinowelt Utahs.

Don Hatch River Expeditions (☑ 435-789-4316, 800-342-8243; www.donhatchrivertrips. com; 221 N 400 East; Tagesausflug Erw./Kind 99/76 US$) veranstaltet Flusstouren über schnelle Stromschnellen und in ruhigerem Gewässer in den nahen Flüssen Green River und Yampa River.

Motels bekannter Ketten sind an der Main St viele zu finden. Da diese allerdings durch die hier arbeitenden Pendler stark nachgefragt werden, sollte man keine Sonderangebote erwarten. **Holiday Inn Express & Suites** (☑ 800-315-2621, 435-789-4654; www.holidayinn.com/vernal; 1515 W Hwy 40; Zi. inkl. Frühstück 199–222 US$; ❀ 🛜 ☀) hat die meisten Annehmlichkeiten, während man in der **Econo Lodge** (☑ 435-789-2000; www. econolodge.com; 311 E Main St; Zi. 79–119 US$) besonders günstig nächtigt.

Backdoor Grille (87 W Main St; Hauptgerichte 5–8 US$; ⊙ Mo–Sa 11–18 Uhr) verkauft Sandwiches und Kekse – ideal für ein Picknick. Im angeschlossenen Buchladen findet man Wanderführer. Wer Lust auf Südstaaten-Klassiker hat, kann im **Porch** (www.facebook.com/theporchvernal; 251 E Main St; Mittagessen 8–12 US$, Hauptgerichte abends 14–23 US$; ⊙ Mo–Fr 11–14 & 17–21, Sa 17–21 Uhr) zu Abend essen.

Dinosaur National Monument

Im **Dinosaur National Monument** (www. nps.gov/dino; beim Hwy 40, Vernal; 7-Tages-Pass 10 US$/Fahrzeug; ⊙ 24 Std.), beiderseits der Grenze zwischen Utah und Colorado gelegen, wurde 1909 eines der größten Felder mit Dinosaurierfossilien in Nordamerika entdeckt. Auch wenn die Abschnitte beider Bundesstaaten wunderschön sind, ist es doch Utah, das mit den Knochen aufwarten kann. Äußerst sehenswert ist das **Quarry Exhibit** (⊙ 9–16 Uhr), ein umzäunter teilweise freigelegter Steinbruch mit über 1600 Knochen.

Im Sommer fahren Shuttles vom **Quarry Visitor Center** (⊙ Mitte Mai–Ende Sept. 8–18 Uhr, Ende Sept.–Mitte Mai 9–17 Uhr) direkt zum Quarry, 15 Meilen (24 km) nordöstlich von Vernal, UT, am Hwy 149. Außerhalb der Saison müssen sich Besucher einem von Rangern geführten Konvoi anschließen. Um ein paar riesige Oberschenkel aus dem Felsen ragen zu sehen, folgt man dem Fossil Discovery Trail (hin & zurück 3,5 km) unterhalb des Parkplatzes. Die informativen Wanderungen, die die Ranger anbieten, sind sehr zu empfehlen.

Die **Canyon Area** in Colorado, 30 Meilen (48 km) weiter östlich außerhalb von Dinosaur, CO, beherbergt das zentrale **Visitor Center** (☑ 970-374-3000; 4545 E Hwy 40; ☺ Juni–Aug. tgl. 8–16.30 Uhr, Dez.–Feb. nur Mo–Fr) des Monuments und bietet einige eindrucksvolle Aussichtspunkte. Wegen der höheren Lage ist dieser Teil jedoch aufgrund von Schnee bis ins späte Frühjahr geschlossen.

In beiden Abschnitten gibt es verschiedene Wanderwege, informative Fahrtouren, Zugang zum Green und Yampa River sowie Campingplätze (8–15 US$/Stellplatz Zelt & Wohnmobil).

Flaming Gorge National Recreation Area

Der wunderschöne Park ist nach den glühend roten Sandsteinformationen benannt. Das Ufer des Wasserreservoirs ist über 600 km lang und Teil des Green-River-Systems. Die **Red Canyon Lodge** (☑ 435-889-3759; www.redcanyonlodge.com; 790 Red Canyon Rd, Dutch John; Hütten 115–155 US$) bietet Aktivitäten wie Fliegenfischen, Rudern, Rafting und Reiten an. Die angenehm rustikalen Hütten haben keinen TV. Das **Flaming Gorge Resort** (☑ 435-889-3773; www.flaming gorgeresort.com; 155 Greendale/Hwy 191, Dutch John; Zi./Suite 125/165 US$, Stellplatz Wohnmobil 35 US$; ⚅ 🛜) hat ähnliche Wasseraktivitäten und vermietet Motelzimmer und Suiten. Beide Unterkünfte besitzen vernünftige Restaurants.

Übers Camping im Park informieren die **USFS Flaming Gorge Headquarters** (☑ 435-784-3445; www.fs.usda.gov/ashley; 25 W Hwy 43, Manila; ☺ Mo–Fr 8–17 Uhr). Die Lage auf 1840 m verspricht angenehme Sommertage.

Moab & Südost-Utah

Die schneebedeckten Gipfel in der Ferne bilden einen starken Kontrast zu den roten Canyons, dem Markenzeichen dieser rauen Ecke des Colorado Plateaus. 65 Mio. Jahre lang haben sich der Colorado und der Green River in gewundenen Serpentinen durch den Stein gefressen und Schluchten mit steil aufragenden Felswänden geschaffen. Diese bilden heute die Grenzen des weitläufigen Canyonlands National Park (S. 410). Im nahen Arches National Park (S. 409) sind durch Erosionsvorgänge Tausende Steinbogen und andere Felsformationen entstanden. Am besten sucht man sich eine Unterkunft zwischen den Parks, etwa in Moab, einem Mekka für alle Arten von Aktivitäten von Mountainbiken über Rafting bis zu Jeeptouren. In den entlegenen Wildnisgebieten und Parks ganz im Südosten des Staates liegen verstreut Stätten der frühen Pueblo-Indianer. Am bekanntesten ist ohne Zweifel das Monument Valley, das sich bis nach Arizona erstreckt.

Green River

Die „Wassermelonenhauptstadt der Welt" ist eine gute Basis für Raftingabenteuer auf dem gleichnamigen Fluss und dem Colorado. Der legendäre einarmige Bürgerkriegsveteran, Geologe und Ethnologe John Wesley Powell nahm die beiden Flüsse 1869 und 1871 als Erster in Augenschein. Im **John Wesley Powell River History Museum** (☑ 435-564-3427; www.jwprhm.com; 885 E Main St; Erw./Kind 6/2 US$; ☺ April–Okt. 8–19 Uhr, Nov.–März bis 16 Uhr) kann man mehr über seine fantastischen Reisen erfahren, zudem beherbergt es das hiesige Visitor Center.

Holiday River Expeditions (☑ 800-624-6323, 435-564-3273; www.holidayexpeditions.com; 10 Holiday River St; Tagestour 165 US$) veranstaltet ganztägige Raftingtouren im Westwater Canyon sowie mehrtägige Ausflüge.

Das **Robbers Roost Motel** (☑ 435-564-3452; www.rrmotel.com; 325 W Main St; Zi. ab 38 US$; ⚅ 🛜), ein sauberer, fröhlicher Familienbetrieb, ist ein hübsches günstiges Motel. Darüber hinaus gibt es dort, wo die W Main St (Business 70) auf die I-70 trifft, zahlreiche Kettenmotels. Einheimische und Touristen lassen sich in **Ray's Tavern** (25 S Broadway; Gerichte 8–27 US$; ☺ 11–21.30 Uhr), der hiesigen Kneipe, Hamburger und frische Pommes Frites schmecken.

Green River liegt 182 Meilen (293 km) südöstlich von Salt Lake City und 52 Meilen (84 km) nordwestlich von Moab. Hier hält der täglich verkehrende *California Zephyr* von **Amtrak** (☑ 800-872-7245; www.amtrak. com; 250 S Broadway) nach Denver, CO (ab 59 US$, 10¾ Std.).

Moab

Die größte Stadt im Südosten von Utah hat 5130 Einwohner und bezeichnet sich selbst als „Freizeithauptstadt"...Junge, Junge, wie sie diesem Titel gerecht wird! Jede Menge Anbieter von Rafting-, Mountainbike-, Reit- und Jeepabenteuern haben sich hier niedergelassen und führen Besucher in die umliegenden Parks. Wer den Ort zu seiner Basisstation macht, kann tagsüber durch den Arches oder den Canyonlands National Park streifen und sich abends auf ein gemütliches Bett, einen Whirlpool und jede Menge erstaunlich guter Restaurants freuen. Man muss sich allerdings im Klaren darüber sein, dass dieser Abenteuerspielplatz unter freiem Himmel längst kein Geheimtipp mehr ist: Die Stadt ist total überlaufen, vor allem anlässlich der Feste im Frühling und Herbst. Immerhin: Wenn einen der Verkehr einmal allzu sehr nerven sollte, kann man sich jederzeit in die weitläufige Wüste ringsum verkrümeln.

🏃 Aktivitäten

Das Informationszentrum von Moab gibt Broschüren zu nahe gelegenen Stätten mit Felszeichnungen, zu Wanderwegen, Autorouten usw. aus. Hier bekommt man auch eine Liste der vielen verschiedenen Anbietern, die halb- bis mehrtägige Ausflüge veranstalten (ab 80 US$ für eine Sonnenuntergangstour mit Jeep bis zu rund 175 US$ für einen Raftingtag). Vorab buchen!

★ Moab Desert Adventures
KLETTERN

(☎804-814-3872; www.moabdesertadventures. com; 415 N Main St; halber/ganzer Tag ab 165/265 US$) Erstklassige Klettertouren zu Felstürmen und Wänden in der Gegend. Besonders spannend ist die 43 m lange Abseilpartie einen Bogen hinunter. Zum Programm gehören auch Canyoning-Touren und kombinierte Aktivitäten.

Sheri Griffith Expeditions
RAFTEN

(☎800-332-2439; www.griffithexp.com; 2231 S Hwy 191) Der Raftingspezialist ist seit 1971 im Geschäft und bietet eine tolle Auswahl an Flussfahrten auf dem Colorado sowie dem Green und dem San Juan River. Die Bandbreite reicht von Familienausflügen bis zu Touren auf den Stromschnellen des Cataract Canyon, entsprechend variiert die Länge (ein paar Stunden bis ein paar Wochen).

Poison Spider Bicycles
MOUNTAINBIKEN

(☎435-259-7882,800-635-1792;www.poisonspider bicycles.com; 497 N Main St; Leihgebühr 45–75 US$/Tag) Das freundliche Personal ist meist damit beschäftigt, Kunden bei der Routenplanung zu helfen. Neben dem Verleih von Rennrädern und komplett gefederten Mountainbikes gehören Touren unter privater Führung in Zusammenarbeit mit Magpie Adventures zum Programm.

Farabee's Outlaw Jeep Tours
JEEPTOUREN

(☎435-259-7494; www.farabeesjeeprentals.com; 35 Grand St) Verleiht verschiedene Jeeps und veranstaltet Gruppentouren im Gelände oder geführte Jeepausflüge.

🛏 Schlafen

Die meisten Unterkünfte haben Abstellgelegenheiten für Fahrräder und einen Whirlpool. Obwohl es Motels wie Sand am Meer gibt, ist die Stadt manchmal komplett ausgebucht. Von März bis Oktober sollte man unbedingt reservieren.

Auf den verschiedenen **BLM-Campingplätzen** (☎435-259-2100; www.blm.gov/utah/ moab; Hwy 128; Stellplatz Zelt 15 US$; ⊙ganzjährig) in der Gegend ist keine Reservierung möglich. In der Hauptsaison kann man im Moab Information Center nachfragen, welche Plätze belegt sind.

Adventure Inn
MOTEL $

(☎435-259-6122; www.adventureinnmoab.com; 512 N Main St; Zi. 69–105 US$; ⊙März–Okt.; ❄🐾) Das tolle kleine Indie-Hotel bietet makellos saubere Zimmer (teils mit Kühlschränken), anständige Bettwäsche und Waschmaschinen. Zur Anlage gehört ein Picknickbereich und die Besitzer sind hilfsbereit.

Lazy Lizard Hostel
HOSTEL $

(☎435-259-6057; www.lazylizardhostel.com; 1213 S Hwy 191; B/EZ/DZ 11/30/34 US$, Hütten 35–41 US$; P❄@🐾) Hippie-Bleibe mit abgewohnten Sofas, abgenutzten Stockbetten und einer kleinen Küche.

★ Cali Cochitta
B&B $$

(☎435-259-4961, 888-429-8112; www.moabdream inn.com; 110 S 200 East; Cottages 140–180 US$; ❄🐾) Die Backstein-Cottages der charmanten Anlage in zentraler Lage beherbergen gemütliche Zimmer mit schickem Dekor. Das Frühstück wird gemeinschaftlich in einladender Atmosphäre an einem langen Holztisch eingenommen, zudem können es sich Gäste auf den Verandastühlen, in der Hängematte oder im Whirlpool im Garten gemütlich machen. Das Ambiente ist herzlich, da die Betreiber jedoch nicht auf dem Gelände wohnen, kann man das Haus ganz für sich genießen.

Sunflower Hill Inn
INN $$

(☎435-259-2974; www.sunflowerhill.com; 185 N 300 East; Zi. 175–250 US$; ❄🐾🏊) Das hochwertige B&B bietet Zimmer in zwei einladenden Gebäuden – einem Bau aus dem frühen 20. Jh. mit Zedernholzfassade und einem 100 Jahre alten Bauernhaus – inmitten gepflegter Gärten und Pappeln. Steppdecken auf den Betten und Antiquitäten sorgen für eleganten ländlichen Stil. Das Personal ist aufmerksam und der Whirlpool verspricht Entspannung pur.

Sorrel River Ranch   LODGE $$$
(☑ 877-317-8244; www.sorrelriver.com; Mile 17, Hwy 128; Zi. 429–779 US$; ✺@✉) Bei Südost-Utahs einzigem komplett ausgestatteten Luxusresort mit Gourmetrestaurant handelt es sich um ein Gehöft von 1803. Die Lodge und Blockhütten befinden sich auf einer 97 ha großen Grünanlage mit Reitwegen und Alfalfa-Feldern entlang dem Colorado. Für rustikale Perfektion sorgen Kamine in den Schlafzimmern, handgefertigte Holzbetten, kupferbezogene Tische und Jacuzzi-Wannen.

✖ Essen

Die kulinarische Auswahl in Moab ist groß und reicht von Backpacker-Cafés bis hin zu gehobenen Restaurants. In den hiesigen Unterkünften liegt der *Moab Menu Guide* (www.moabmenuguide.com) aus.

★ Milt's   BURGER $
(356 Mill Creek Dr; Gerichte 4–9 US$; ⊘ Mo–Sa 11–20 Uhr) Fettig und lecker. Ein Triathletenpärchen kaufte diesen klassischen Burgerladen von 1954 in der Nähe des Slickrock Bike Trail und war clever genug, rein gar nichts zu verändern. Die ehrlichen Burger mit sauren Gurken und frischem Salat samt hausgemachten Pommes und einem cremigen Milchshake sind großartig, erfordern jedoch Geduld: Die Schlange ist oft lang.

★ Pantele's Deli   DELI $
(☑ 435-259-0200; 98 E Center St; Sandwiches 8–10 US$; ⊘ Mo–Sa 11–16 Uhr) Das frische, hübsch angerichtete Essen des Feinkostimbisses erfreut sich großer Beliebtheit. Auf den Tisch kommen hoch aufgetürmte Salate und großzügig belegte Sandwiches mit frischem Truthahnbraten oder hausgemachtem Roastbeef. Die Wartezeit lohnt sich.

Sabaku Sushi   SUSHI $$
(☑ 435-259-4455; www.sabakusushi.com; 90 E Center St; Reisrollen 6–9 US$, Hauptgerichte 13–17 US$; ⊘ Di–So 17–24 Uhr) Das Meer ist tausende Kilometer entfernt, dennoch kommt in diesem kleinen Sushi-Lokal eine kreative Auswahl an frischen Reisrollen, fangfrischem Fisch und ein paar Utah-Klassikern auf den Tisch.

Neben traditionellem Sashimi und *nigiri* gibt's für Experimentierfreudige leckeres Wild-Tataki und Devil's Garden Roll (mit Ananas-Habanero-Sauce).

★ Desert Bistro   SOUTHWEST $$$
(☑ 435-259-0756; www.desertbistro.com; 36 S 100 West; Hauptgerichte 22–42 US$; ⊘ Mi–So 17.30–23 Uhr) Ansprechend angerichtete Kreationen von Wild und frischen eingeflogenen Meeresfrüchten sind die Spezialität dieses einladenden Restaurants mit weißen Tischdecken in einem alten Haus. Wie wär's mit geräuchertem Elch mit Blaubeerenglasur, Jakobsmuscheln mit Pfefferkruste oder Yambohnen-Salat mit knuspriger Birne? Alles ist hausgemacht, vom frisch gebackenen Brot bis zum leckeren Gebäck. Auch die Weinkarte kann sich sehen lassen.

❶ Praktische Informationen

Moab Information Center (www.discover moab.com; Ecke Main St & Center St; ⊘ 8–19 Uhr; ☎) Exzellente Informationsquelle für Parks, Wege, Aktivitäten, Camping und Wetter in der Gegend mit gut sortiertem Buchladen und sachkundigem Personal. Ist nur direkt vor Ort, nicht telefonisch, erreichbar.

❶ Anreise & Unterwegs vor Ort

Delta fliegt regelmäßig vom **Canyonlands Airport** (CNY; www.moabairport.com; beim Hwy 191), 16 Meilen (26 km) nördlich der Stadt über den Hwy 191, nach Salt Lake City.

Moab Luxury Coach (☑ 435-940-4212; www. moabluxurycoach.com) bietet Kleinbusverbindungen nach und ab SLC (einfache Strecke 159 US$, 4¾ Std.) und Grand Junction (einfache Strecke 95 US$, 2 Std.). **Roadrunner Shuttle** (☑ 435-259-9402; www.roadrunnershuttle.com) und **Coyote Shuttle** (☑ 435-260-2097; www. coyoteshuttle.com) bieten auf Abruf Transfer zum Canyonland Airport und zum Fluss sowie Shuttles für Wanderer und Radfahrer.

Moab liegt 235 Meilen (378 km) südöstlich von Salt Lake City und 150 Meilen (241 km) nordöstlich vom Capital Reef National Park.

Arches National Park

Karg, der Natur ausgeliefert und unglaublich spektakulär: Der **Arches National Park** (☑ 435-719-2299; www.nps.gov/arch; Hwy 191; 7-Tages-Pass 10 US$/Fahrzeug; ⊘ 24 Std.; Visitor Center März–Okt. 7.30–18.30 Uhr, Nov.–Feb. 9–16 Uhr) wartet mit der größten Konzentration an Sandsteinbogen weltweit auf. Bei der letzten Zählung waren es über 2000 Stück, die zwischen 1 bis 100 m hoch sind.

Fast 1 Mio. Besucher pilgern jedes Jahr in den Nationalpark, der nur 5 Meilen (8 km) nördlich von Moab liegt. Er ist klein genug, um fast alles an einem Tag zu erkunden. Viele besonders schöne Formationen sind über asphaltierte Straßen und relativ kurze Spazierwege zu erreichen. Wer keine Lust auf Menschenmassen hat, sollte eine Exkursion bei Mondschein in Betracht ziehen; dann ist es zudem kühler und die Felsen verbreiten eine beinahe gespenstische Stimmung.

Zu den Highlights am zentralen Scenic Drive gehören der **Balanced Rock**, der eindrucksvoll neben der Hauptstraße durch den Park aufragt, und für Wanderer der moderate bis anstrengende knapp 5 km lange Rundweg, der über Slickrock-Sandstein hinauf zum inoffiziellen Wahrzeichen des Bundesstaates führt, dem **Delicate Arch** (am späten Nachmittag ist das Licht besonders schön).

Danach passiert die Straße die spektakulär schmalen Canyons und labyrinthartigen Felsformationen des **Fiery Furnace**. Die sicherste Variante, um diese zu erkunden, sind dreistündige, von Rangern geführte Wanderungen, die in der Regel im Voraus gebucht werden müssen. Sie sind alles andere als ein Spaziergang, so müssen die Teilnehmer z. B. über Steinbrocken klettern, auf Felsen hinaufsteigen und sich durch enge Wände quetschen.

Der Scenic Drive endet 19 Meilen (31 km) vom Visitor Center entfernt bei **Devils Garden**. Hier beginnt ein Rundwanderweg (hin & zurück 3,2–12,4 km), der zu mindestens acht Felsbogen führt. Die meisten Besucher laufen jedoch nur die relativ einfache, 2 km lange Strecke bis zum 88 m langen Landscape Arch, der der Schwerkraft zu trotzen scheint. Von März bis Oktober müssen die Stellplätze auf dem **Devils Garden Campground** (☑ 877-444-6777; www.recreation.gov; Stellplatz Zelt & Wohnmobil 20 US$) reserviert werden. Duschen und Stromanschlüsse gibt es nicht.

Wegen Wasserknappheit und der Hitze wagen nur wenige Besucher längere Wanderungen im Park, obwohl die entsprechenden Backpacker-Genehmigungen kostenlos sind (beim Visitor Center erhältlich).

Canyonlands National Park

Lamellen, Brücken, Nadeln, Türmchen, Krater, Tafelberge und kleine Hügel aus rotem Stein – der **Canyonlands National Park** (www.nps.gov/cany; 7-Tages-Pass 10 US$/

Wagen; Stellplatz Zelt & Wohnmobil ohne Anschlüsse 10–15 US$; ⏱ 24 Std.) ist eine verfallende, schwindende Schönheit, eine Vision der alten Mutter Erde. Straßen und Flüsse bahnen sich ihren Weg durch diese größtenteils unberührte Wildnis, eine Hochwüste mit einer Fläche von 1365 km². Besucher können wandern, raften oder Jeeptouren unternehmen. Wichtig ist, dass man ausreichend Benzin, Proviant und Wasser dabei hat.

Die Schluchten des Colorado und des Green River teilen den Park in mehrere separate Bereiche. Das Areal **Island in the Sky** (der Name passt!), rund 30 Meilen (48 km) nordwestlich von Moab, besteht aus einem 1830 m hohen abgeflachten Plateau mit eindrucksvollen Ausblicken in die Ferne. Vom **Visitor Center** (☑ 435-259-4712; www.nps.gov/cany; Hwy 313, 1 Meile bzw. 1,6 km nach dem Parkeingang; ⏱ März–Okt. 8–18 Uhr, Nov.–Feb. 9–16.30 Uhr) führt eine Panoramastraße vorbei an mehreren Aussichtsplattformen und Startpunkten von Wanderwegen. Sie endet nach 12 Meilen (19 km) am **Grand View Point**, wo sich ein 1,6 km langer Weg am Rand des Plateaus entlangschlängelt. Unsere liebste Kurzwanderung ist der 800 m lange Rundweg zum viel fotografierten **Mesa Arch**, einer schlanken Brücke zwischen den Felsen, die den perfekten „Bilderrahmen" für den Washer Woman Arch liefert. 7 Meilen (11 km) vom Visitor Center entfernt befinden sich die zwölf Stellplätze des **Willow Flat Campground** (www.nps.gov/cany/planyourvisit/islandinthesky.htm; Stellplatz Zelt & Wohnmobil 10 US$). Es gibt plumpskloähnliche Toiletten, jedoch kein Wasser und keine Stromanschlüsse. Eine Reservierung ist nicht möglich.

Der wilde, abgeschiedene **Needles District** ist nach den Felsnadeln aus orangefarbenem und weißem Sandstein benannt, die aus dem Wüstenboden herausragen. Er eignet sich ideal für Rucksacktouren und Ausflüge ins Gelände. Zum **Visitor Center** (☑ 435-259-4711; Hwy 211; ⏱ März–Okt. 8–18 Uhr, Nov.–Feb. 9–16.30 Uhr) geht's von Moab aus auf dem Hwy 191 über 40 Meilen (64 km) Richtung Süden und dann über den Hwy 211 nach Westen. Dieses Gebiet lockt mit langen anstrengenden Wanderungen, nicht mit geruhsamen Panoramatouren. Der großartige **Chesler Park/Joint Trail Loop** führt über 18 km durch die struppige Wüste, vorbei an hoch aufragenden, rot-weiß-gestreiften Felstürmen, und durch tiefe, schmale Slot Canyons, die teilweise nur 0,6 m breit sind. Die

Höhenunterschiede sind moderat, die Länge macht den Weg jedoch zu einer Tageswanderung für Fortgeschrittene. Der **Squaw Flat Campground** (www.nps.gov/cany; Stellplatz Zelt & Wohnmobil 15 US$) mit 27 Stellplätzen 3 Meilen (5 km) westlich des Visitor Centers ist von Frühling bis Herbst immer gut gebucht. Es gibt Spülklos und fließendes Wasser, jedoch keine Duschen und Stromanschlüsse. Reservierungen sind nicht möglich.

Neben den normalen Eintrittsgebühren gibt es Genehmigungen (10–30 US$), die man sich vorab fürs Campen im Hinterland, für Jeeptouren und Flussfahrten besorgen muss. Zu den entlegeneren Gebieten westlich der Flüsse, die nur südwestlich der Stadt Green River zugänglich sind, gehören der **Horseshoe Canyon**, in dem ambitionierte Wanderer mit außergewöhnlicher alter Felskunst belohnt werden, und **The Maze**.

Dead Horse Point State Park

Der winzige, aber eindrucksvolle **Dead Horse Point State Park** (www.stateparks.utah.gov; Hwy 313; Parkeintritt Tagespass 10 US$/Fahrzeug; Stellplatz Zelt & Wohnmobil 25 US$; ☺ Park 6–22 Uhr, Visitor Center März–Okt. 8–18 Uhr, Nov.–Feb. 9–16 Uhr) hat schon mehreren Filmen als Kulisse gedient, z. B. beim großen Finale von *Thelma & Louise*. Wanderer kommen hier zu kurz, doch die traumhaften Ausblicke lohnen den kurzen Umweg abseits des Hwy 313 auf dem Weg nach Island in the Sky im Canyonlands National Park. Zu sehen sind rote Felsschluchten, eingefasst von weißen Felsen, der Colorado, Canyonlands und die La Sal Mountains in der Ferne. Der Campingplatz hat 21 Stellplätze. Wasser ist nur begrenzt vorhanden, deswegen bringt man am besten welches mit. Es gibt keine Duschen und keine Stromanschlüsse. Rechtzeitig reservieren!

Bluff

Die kleine Gemeinde (258 Ew.), 100 Meilen (161 km) südlich von Moab, ist eine praktische, entspannte Ausgangsbasis für Ausflüge in die einsamen, wunderschönen Südosten Utahs. Bluff wurde 1880 von Mormonen-Pionieren gegründet und liegt inmitten von roten Felsen und Nationalparks nahe der Kreuzung von Hwy 191 und Hwy 162 am San Juan River. Abgesehen von einem Handelsposten und ein paar Restaurants und Unterkünften gibt es hier nicht viel.

NICHT VERSÄUMEN

NEWSPAPER ROCK RECREATION AREA

Das winzige kostenlose Erholungsgebiet ist nicht viel mehr als ein Parkplatz neben einer einzelnen großen Sandsteinwand mit über 300 **Petroglyphen**, die den Ute und den frühen Pueblo-Indianern zugeschrieben werden und in einem Zeitraum von 2000 Jahren entstanden. Um hierher zu gelangen, folgt man dem Hwy 211 vom Hwy 191 kommend rund 12 Meilen (19 km). Das Areal liegt auf dem Weg zum Needles-Abschnitt im 8 Meilen (13 km) entfernten Canyonlands National Park.

Wer Felskunst und Ruinen im Hinterland erkunden möchte, kann sich einer ein- oder mehrtägigen Wanderung von **Far Out Expeditions** (☎ 435-672-2294; www.faroutexpeditions.com; Tagestouren 195 US$) ins Umland anschließen. Schwerpunkt der Raftingtouren entlang des San Juan River von **Wild Rivers Expeditions** (☎ 800-422-7654; www.riversandruins.com; 101 Main St; Tagestour Erw./Kind 175/133 US$) sind Geschichte und Geologie, so gehören Abstecher zu antiken Stätten zum Programm.

Die gastfreundliche **Recapture Lodge** (☎ 435-672-2281; www.recapturelodge.com; Hwy 191; Zi. inkl. Frühstück 85 US$; ✱❄☎📶) ist eine rustikale, gemütliche Unterkunft. Die Besitzer verkaufen Karten und kennen die Region wie ihre Westentasche. Ebenfalls hübsch sind die holzverkleideten Zimmer im **Desert Rose Inn** (☎ 435-672-2303, 888-475-7673; www.desertroseinn.com; 701 West Main Street; Zi. 140–189 US$, Hütten 179–289 US$; ☺✱@📶).

Das künstlerisch angehauchte **Comb Ridge Coffee** (www.combridgecoffee.com; 680 S Hwy 191; Gerichte 3–10 US$; ☺ Di–Sa 7–21, So bis 17 Uhr, Nov.–Feb. unterschiedlich; 📶✍) serviert in einem Gebäude aus Lehmziegeln und Holz Espresso, Muffins und Sandwiches. Wer Lust auf eine große Portion gegrilltes Steak und Bohnen hat, ist im **Cottonwood Steakhouse** (☎ 435-672-2282; www.cottonwoodsteakhouse.com; Hwy 191, Ecke Main St & 4th East St; Hauptgerichte 18–25 US$; ☺ März–Nov. 17.30–21.30 Uhr) im Western-Stil richtig.

Hovenweep National Monument

Im wunderschönen, kaum besuchten **Hovenweep** (www.nps.gov/hove; Hwy 262; 7-Tage-Pass für den Park 6 US$/Fahrzeug; Stellplatz Zelt & Wohnmobil 10 US$; ☺ Park Sonnenaufgang–Sonnenuntergang, Visitor Center Juni–Sept. 8–18 Uhr, Okt.–Mai 9–17 Uhr), was in der Sprache der Ute „verlassenes Tal" bedeutet, gibt es mehrere aneinander grenzende Stätten der frühen Pueblo-Indianer – hier ragen eindrucksvolle Türme und Kornspeicher über flachen Wüsten-Canyons auf. Die Square Tower Group befindet sich in der Nähe des Visitor Center, zu den übrigen Stätten führen lange Wanderungen. Der Campingplatz verfügt über 31 einfache Stellplätze ohne Duschen und Stromanschlüsse, die nicht reserviert werden können. Der Hauptzugangspunkt befindet sich östlich des Hwy 191 auf dem Hwy 262 (via Hatch Trading Post), über 40 Meilen (64 km) nordöstlich von Bluff.

Monument Valley

25 Meilen (40 km) südwestlich von Bluff, hinter dem Dorf **Mexican Hat** (es ist nach einem leicht auszumachenden Felsen in Form eines Sombreros benannt), führt der Hwy 163 nach Südwesten auf das Gebiet der Navajo-Indianer. 25 Meilen (48 km) weiter südwestlich erheben sich die unglaublichen Tafelberge und Hügel des **Monument Valley**. Der Großteil dieses Gebiets, darunter auch der Tribal Park mit einem 17 Meilen (27 km) langen, unbefestigten Rundweg, gehört zu Arizona (S. 387).

Natural Bridges National Monument

55 Meilen (88 km) nordwestlich von Bluff liegt in völliger Abgeschiedenheit das **Natural Bridges National Monument** (www.nps. gov/nabr; Hwy 275; 7-Tages-Pass 6 US$/Fahrzeug; Stellplatz Zelt & Wohnmobil 10 US$; ☺ 24 Std., Visitor Center Mai–Sept. 8–18 Uhr, Okt.–April 9–17 Uhr) mit seinem Canyon aus weißem Sandstein (jawohl, weiß, nicht rot!), in dem drei imposante und leicht zugängliche natürliche Brücken zu bestaunen sind. Die älteste, die Owachomo Bridge, ist 55 m lang, aber nur 3 m breit. Auf einer ebenen 9 Meilen (14 km) langen Panoramastraße kann man sich einen Überblick verschaffen. Die 13 einfachen Stellplätze auf dem Campingplatz ohne Duschen und Stromanschlüsse können nicht reserviert werden. Es gibt ein wenig Platz für zusätzliche Zelte, die nächsten Dienstleistungen befinden sich jedoch in Blanding, etwa 40 Meilen (64 km) weiter östlich.

Zion & Südwest-Utah

Die Einheimischen sprechen vom „Color Country", dem Land der Farben, doch selbst diese Bezeichnung wird einer Landschaft, die von innen heraus zu strahlen scheint, nicht gerecht. Zu nennen sind die karmesinroten Schluchten des Zion Canyon, die zierlichen rosa- und orangefarbenen Minarette des Bryce Canyon und die gelbweißen Kuppeln von Capitol Reef. Diese umwerfende Region beherbergt drei Nationalparks und das gigantische Grand Staircase-Escalante National Monument (GSENM).

Capitol Reef National Park

Nicht so überlaufen wie die übrigen Nationalparks und dabei nicht minder schön ist der **Capitol Reef National Park** (✆ 435-425-3791, Durchwahl 4111; www.nps.gov/care; Ecke Hwy 24 & Scenic Dr; Eintritt frei, 7-Tage-Pass für Scenic Drive 5 US$/Auto, Stellplatz Zelt- & Wohnmobil 10 US$; ☺ 24 Std., Visitor Center & Scenic Drive April–Okt. 8–18 Uhr, Nov.–März bis 16.30 Uhr). Innerhalb seiner Grenzen verläuft der Großteil des 100 Meilen (161 km) langen Waterpocket Fold, einer Erdfalte, die vor 65 Mio. Jahren entstanden ist. Die freigelegten Gesteinsschichten liefern eine Art Querschnitt durch die Erdgeschichte und sind von einer geradezu künstlerischen Farbintensität.

Der Hwy 24 führt quer durch den Park, allerdings sollte man sich auf keinen Fall den **Scenic Drive** nach Süden entgehen lassen. Die asphaltierte 9 Meilen (14 km) lange Route (kein Rundweg) führt durch Obstgärten, ein Vermächtnis der Mormonensiedler. Je nach Jahreszeit kann man umsonst Kirschen, Pfirsiche und Äpfel pflücken und zudem das historische **Gifford Farmhouse** besichtigen. Auf dem alten Bauernhof werden kleine Obstpasteten verkauft. Unterwegs locken tolle Wanderwege, darunter die Routen **Grand Wash** und **Capitol Gorge**. Sie führen entlang dem ebenen Boden eines separaten schmalen Canyons. Wer Lust auf eine größere Herausforderung hat, kann den **Golden Throne Trail** hinaufsteigen. Der schattige, grüne Campingplatz ohne Duschen und Stromanschlüsse akzeptiert keine Reservierungen und ist von Frühling bis Herbst schnell belegt.

Torrey

Nur 15 Meilen (24 km) westlich von Capital Reef dient die kleine Pionierstadt Torrey den meisten Parkbesuchern als Basis für Entdeckungstouren. Neben ein paar Gebäuden aus der Zeit des Wilden Westens gibt's hier rund ein Dutzend Restaurants und Motels.

Hinter der Fassade im Western-Stil des **Austin's Chuckwagon Motel** (☑ 435-425-3335; www.austinschuckwagonmotel.com; 12 W Main St, Torrey; Zi. 61–91 US$, Hütten 147 US$; ⊙ März–Okt.; ❋ ☎ 🌊 🐾) verbergen sich hübsche, saubere, wenn auch wenig originelle Zimmer. Günstige Unterkünfte gibt es über dem Gemischtwarenladen, der verschiedene Vorräte und Sandwiches verkauft.

Das **Torrey Schoolhouse B&B** (☑ 435-633-4643; www.torreyschoolhouse.com; 150 N Center St, Torrey; Zi. inkl. Frühstück 115–145 US$; ⊙ April–Okt.; ❋ ☎) von 1914 versprüht ländliche Eleganz. Jedes der luftigen Zimmer hat seine eigene Geschichte und angeblich soll Butch Cassidy hier einst einem Tanz beigewohnt haben. Nach dem Gourmetfrühstück kann man sich im Garten oder in der großen Lounge im ersten Stock entspannen.

Dank der großartigen, ästhetisch anspruchsvollen Südwest-Küche gehört das **Cafe Diablo** (☑ 435-425-3070; www.cafediablo. net; 599 W Main St, Torrey; Mittagessen 10–14 US$, Hauptgerichte abends 22–40 US$; ⊙ Mitte April–Okt. 11.30–22 Uhr; ☎) zu den besten Restaurants Süd-Utahs.

Boulder

Der winzige Außenposten **Boulder** (www. boulderutah.com; 227 Ew.) liegt nur 32 Meilen (51 km) südlich von Torrey am Hwy 12, allerdings muss man den Boulder Mountain überqueren, um dorthin zu gelangen. Hier beginnt die hübsche **Burr Trail Rd**, die ostwärts durch den nordöstlichen Teil des Grand Staircase-Escalante National Monument führt, bis sie schließlich zur Schotterpiste wird und sich hinauf zum Capitol Reef oder hinab zur Bullfrog Marina am Lake Powell schlängelt.

Das kleine **Anasazi State Park Museum** (www.stateparks.utah.gov; Main St/Hwy 12; Eintritt 5 US$; ⊙ März–Okt. 8–18 Uhr, Nov.–April 9–17 Uhr) zeigt Artefakte und eine indianische Stätte, die von 1130 bis 1175 bewohnt war.

Die schicken Zimmer der **Boulder Mountain Lodge** (☑ 435-335-7460; www.boulderutah.com; 20 N Hwy 12; Zi. 135–184 US$, Suite 310 US$, Apt. 220 US$; ❋ @ 🌊 🐾) können sich sehen lassen, eigentliches Highlight ist jedoch das 6 ha große Tierschutzgebiet ringsum. Der Whirlpool im Freien mit Blick auf die Berge ist ein gemütlicher Ort, um Vögel zu beobachten. Der zur Lodge gehörende **Hell's Backbone Grill** (☑ 435-335-7464; www.hellsbackbonegrill.com; 20 N Hwy 12, Boulder Mountain Lodge; Frühstück 8–12 US$, Mittagessen 12–18 US$, Abendessen 18–27 US$; ⊙ März–Nov. 7.30–11.30 & 17–21.30 Uhr) serviert liebevoll zubereitete, bodenständige lokaltypische Küche aus regionalen Zutaten; Reservierung erforderlich. Im **Burr Trail Grill & Outpost** (www.burrtrailgrill.com; Ecke Hwy 12 & Burr Trail Rd; Gerichte 8–18 US$; ⊙ März–Okt Grill 11.30–21.30 Uhr, Outpost 8.30–18 Uhr; ☎) in der Nähe kommen Bio-Gemüsekuchen, verschiedene Burger und leckere hausgemachte Desserts auf den Tisch.

Grand Staircase-Escalante National Monument

Das **Grand Staircase-Escalante National Monument** (GSENM; ☑ 435-826-5499; www. ut.blm.gov/monument; Eintritt frei; ⊙ 24 Std.) GRATIS liegt in einer ausgedörrten Region, die so unwirtlich ist, dass sie als letzte auf dem US-amerikanischen Festland kartografiert wurde. Mit 6879 km² ist es so groß wie Delaware und Rhode Island zusammen. Die nächstgelegenen Einrichtungen für Besucher und die GSENM Visitor Centers befinden sich in Boulder und Escalante am Hwy 12 im Norden bzw. Kanab am US 89 im Süden. Davon abgesehen ist die Infrastruktur minimal. Was bleibt, ist ein riesiges unbewohntes Canyon-Land voller Jeep-Pisten, die abenteuerlustige Reisende mit genug Zeit, der richtigen Ausrüstung und der entsprechenden Vorbereitung begeistern werden.

Die am leichtesten zugängliche und am häufigsten genutzte Strecke im Park ist die 10 km lange Rundroute zu dem wunderschönen mehrfarbigen Wasserfall beim **Lower Calf Creek** (Mile 75, Hwy 12; Tagespass 5 US$; ⊙ Tagespass Sonnenaufgang–Sonnenuntergang) zwischen Boulder und Escalante. Die 13 Stellplätze am Bach abseits des Hwy 12 sind schnell belegt und können nicht reserviert werden. Duschen und Stromanschlüsse gibt es nicht.

Escalante

Über die Ortschaft mit 779 Einwohnern gelangen Besucher ins National Monument. Sie ist die größte Siedlung im Umkreis von vielen, vielen Kilometern. Boulder ist eine 30 Meilen (48 km) lange gemächliche verschlungene Autofahrt entfernt, Torrey 65

ℹ DIE HÖHE IST ENTSCHEIDEND

Im Süden Utahs ist es im Allgemeinen wärmer als im Norden. Bevor man allerdings Vermutungen über das Wetter anstellt, sollte man zunächst einen Blick auf die Höhenmeter werfen. Orte, die gerade mal eine Autostunde voneinander entfernt liegen, können einen Höhenunterschied von rund 1000 m und einen Temperaturunterschied von 10 °C aufweisen.

➡ St. George (900 m)

➡ Zion National Park – Springdale Eingang (1200 m)

➡ Cedar Breaks National Monument (3050 m)

➡ Bryce National Park Lodge (2470 m)

➡ Moab (1227 m)

➡ Salt Lake City (1288 m)

➡ Park City (2134 m)

Meilen (105 km). Escalante eignet sich gut als Ausgangsbasis für Ausflüge ins angrenzende GSENM. Das wunderbare **Escalante Interagency Office** (☎435-826-5499; www.ut.blm.gov/monument; 775 W Main St; ⊙April–Sept. tgl. 8–16.30 Uhr, Okt.–März Mo–Fr) ist eine großartige Informationsquelle zu geschützten Gebieten und Wäldern der Gegend.

Das **Escalante Outfitters & Cafe** (☎435-826-4266; www.escalanteoutfitters.com; 310 W Main St; naturgeschichtliche Touren 45 US$; ⊙7–21 Uhr) ist eine Oase für Reisende. Im Buchladen gibt's Karten, Guides, Campingausrüstung und Alkohol, während das einladende Café hausgemachtes Frühstück, Pizza und Salate verkauft. Außerdem kann man winzige rustikale Hütten (45 US$) und Mountainbikes (ab 35 US$/Tag) mieten. Der alteingesessene Veranstalter **Excursions of Escalante** (☎800-839-7567; www.excursionsofescalante.com; 125 E Main St; ganztägige Touren ab 150 US$; ⊙8–18 Uhr) organisiert Canyoning- und Klettertouren sowie Fotowanderungen.

Zu den anständigen Unterkünften vor Ort gehören außerdem das **Canyons Bed & Breakfast** (☎435-826-4747, 866-526-9667; www.canyonsbnb.com; 120 E Main St; DZ inkl. Frühstück 140 US$; ⊙März–Okt.; ❄🗢🞉) mit komfortablen Zimmern im Hüttenstil, die eine schattige Terrasse säumen, und das **Circle D Motel** (☎435-826-4297; www.escalantecircle

dmotel.com; 475 W Main St; Zi. 74–99 US$, Cottage 125 US$; ❄🗢🞉), eine betagtere, aber modernisierte Budgetoption mit nettem Besitzer und einem Restaurant.

Bryce Canyon National Park

Die Grand Staircase, die „große Treppe", ist eine Reihe von stufenähnlich aufgeworfenen Gesteinsschichten, die nördlich des Grand Canyon aufsteigen. Ihren Höhepunkt bilden die Pink Cliffs in diesem verdientermaßen beliebten **Nationalpark** (☎435-834-5322; www.nps.gov/brca; Hwy 63; 7-Tages-Pass 25 US$/Fahrzeug; ⊙24 Std.; Visitor Center Mai–Sept. 8–20 Uhr, Okt.–April bis 16.30 Uhr). Tatsächlich erwartet Besucher hier kein richtiger Canyon, sondern ein Amphitheater aus erodierten Felsen mit wundersamen pastellfarbenen Nadeln und Zinnen, Türmchen, Säulen und an Totempfahle erinnernden Hoodoos. Der Park liegt 50 Meilen (80 km) südwestlich von Escalante; vom Hwy 12 zweigt man auf den Hwy 63 nach Süden ab.

Der **Rim Road Scenic Drive** auf 2400 m ist 18 Meilen (29 km) lang. Er folgt grob der Schluchtkante und passiert das Visitor Center, die Lodge, traumhafte Aussichtspunkte (besonders toll ist der **Inspiration Point**) sowie Startpunkte von Wanderwegen, bevor er am **Rainbow Point** (2800 m) endet. Von Anfang Mai bis Anfang Oktober fährt ein kostenloser Shuttlebus (8–mind. 17.30 Uhr) von einem Sammelpunkt nördlich des Parks bis zum **Bryce Amphitheater** ganz im Süden.

Im Park gibt es zwei Campingplätze. Für beide lässt sich eine begrenzte Anzahl Stellplätze über die Webseite des Parks reservieren. Der Sunset Campground hat etwas mehr Bäume, ist aber nicht das ganze Jahr über geöffnet. Münzwaschautomaten und Münzduschen gibt es beim Gemischtwarenladen in der Nähe des North Campground. Im Sommer sind verbleibende nicht reservierte Stellplätze bereits vor 12 Uhr belegt.

Die **Bryce Canyon Lodge** (☎435-834-8700, 877-386-4383; www.brycecanyonforever.com; Hwy 63, Bryce Canyon National Park; Zi. & Hütte 208–256 US$; ⊙April–Okt.; @🗢) aus den 1920er-Jahren versprüht rustikal-alpines Flair. Zur Wahl stehen Zimmer im schicken Hotelstil mit modernen Möbeln und dünnwandige Doppelhütten mit Gaskaminen und Veranden. TVs gibt es nicht. Das hauseigene **Restaurant** (☎435-834-8700; Frühstück 6–12 US$; Mittagessen & Hauptgerichte abends 18–40 US$; ⊙April–Okt. 7–10, 11.30–15 & 17.30–22 Uhr) ist hervorragend, aber teuer.

Unmittelbar nördlich der Parkgrenze befindet sich das **Ruby's Inn** (☑ 866-866-6616, 435-834-5341; www.rubysinn.com; 1000 S Hwy 63; Zi. 135–180 US$; ❄ @ ☎ ☯ ☏), ein Resortkomplex mit mehreren Motelunterkünften, einem Campingplatz, verschiedenen Restaurants, Western-Kunst und Wäscheservice. Daneben können Gäste Lebensmittel kaufen, tanken und einen Hubschrauberflug unternehmen.

Essen und Unterkünfte gibt es außerdem 11 Meilen (18 km) weiter östlich über den Hwy 12 in dem kleinen Ort **Tropic** (www.bryce canyoncountry.com).

Kanab

Am südlichen Ende des Grand Staircase-Escalante National Monument liegt das abgeschiedene Kanab (4468 Ew.) inmitten einer weiten unwirtlichen Wüste. Von den 1920er- bis in die 1970er-Jahre wurden hier zahlreiche Western gedreht und die Stadt versprüht bis heute ein gewisses Wild-West-Flair.

Zu den illustren Gästen aus Hollywood, die einst in der etwas in die Jahre gekommenen **Parry Lodge** (☑ 888-289-1722, 435-644-2601; www.parrylodge.com; 89 E Center St; Zi. 109–139 US$; ❄ ☎ ☯ ☏) nächtigten, gehören John Wayne und Gregory Peck.

Die renovierte **Canyons Lodge** (☑ 435-644-3069, 800-844-5094; www.canyonslodge.com; 236 N 300 West; Zi. inkl. Frühstück 89–179 US$; ❄ @ ☎ ☯ ☏) 🏊 bietet Arthaus-Western-Ambiente und Motelzimmer mit Originalkunst. Gegen den Hunger hilft das **Rocking V Cafe** (www.rockingvcafe.com; 97 W Center St; Mittagessen 8–18 US$, Abendessen 15–34 US$; ⊙ 11.30–22 Uhr; 🍴) im Zentrum mit Gerichten aus frischen Zutaten wie Büffelfilet und Quinoa-Curry.

Das **Kanab GSENM Visitor Center** (☑ 435-644-1300; www.ut.blm.gov/monument; 745 E Hwy 89; ⊙ 8–16.30 Uhr) bietet Informationen zum National Monument, während das **Kane County Office of Tourism** (☑ 435-644-5033, 800-733-5263; www.visitsouthernutah.com; 78 S 100 East; ⊙ Mo–Fr 8.30–18, Sa bis 16 Uhr) den Schwerpunkt auf die Stadt und Drehorte legt.

Zion National Park

Bereit für eine Überdosis an atemberaubenden Landschaften? Im **Zion National Park** (www.nps.gov/zion; Hwy 9; 7-Tages-Pass 25 US$/Fahrzeug; ⊙ 24 Std.; Visitor Center Juni–Aug.

8–19.30 Uhr, Sept.–Mai kürzer) warten an jeder Ecke großartige Landschaften. Besucher können die rot-weißen Felsen des Zion Canyon bewundern, die hoch über dem Virgin River thronen, nach der Bewältigung von rund 425 Höhenmetern den Blick vom Aussichtspunkt Angels Landing genießen oder flussabwärts durch die berüchtigten Narrows wandern. Darüber hinaus gibt es auch delikatere Schönheiten wie hängende Felsen, winzige Grotten und Hochebenen voller Wildblumenwiesen. Aufgrund der üppigen Vegetation und geringen Höhe wirken die wunderschönen Felsformationen um einiges grüner als in den kargen Parks im Osten.

Ein Großteil der Besucher gelangt über den Boden des Zion Canyon in den Park. Sogar die anstrengendsten Wanderwege sind von Mai bis September, wenn nur Shuttles zugelassen sind, stark frequentiert. Wer nur Zeit für eine einzige Aktivität hat, sollte den 6 Meilen (10 km) langen **Scenic Drive** wählen, der ins Herz des Zion Canyon führt. Von April bis Oktober ist man auf die kostenlosen Shuttles am Visitor Center angewiesen, man kann jedoch nach Belieben an den Aussichtsplattformen und Startpunkten der Wanderwege aus- und wieder zusteigen.

Von den einfachen bis moderaten Wegen ist der befestigte 1,6 km lange **Riverside Walk** am Ende der Straße ein guter Start. Sehr viel anstrengender ist der 9 km lange **Angels Landing Trail**; man überwindet 430 Höhenmeter und zum Schluss geht es über einen schmalen Grat mit senkrecht abfallenden Wänden – nichts für Leute mit Höhenangst! –, aber der Blick auf den Zion Canyon ist phänomenal. Hin und zurück braucht man etwa vier Stunden.

Die bekannteste Backcountry-Route führt durch die unvergesslichen **Narrows**. Auf

SCENIC DRIVE: HIGHWAY 12

Der **Highway 12 Scenic Byway** (www.scenicbyway12.com), die wohl abwechslungsreichste und eindrucksvollste Autostrecke Utahs, windet sich 124 Meilen (200 km) durch das zerklüftete Canyon-Land nordöstlich des Bryce Canyon fast bis zum Capitol Reef National Park. Der Abschnitt zwischen Escalante und Torrey führt durch eine Mondlandschaft aus Slickrock-Sandstein, passiert schmale Grate und klettert den 3350 m hohen Boulder Mountain hoch.

der 26 km langen Strecke geht's durch die schmalen Canyons entlang der Nordgabelung des Virgin River (Juni–Okt.). Man muss sich auf nasse Füße einstellen: Mindestens die Hälfte der 12-stündigen Wanderung führt durch den Fluss. Am besten teilt man die Route auf zwei Tage auf und übernachtet auf einem Campingplatz (vorab reservieren!); alternativ richtet man die Planung nach dem letzten Parkshuttle. Bei dieser Wanderung ist man auf die Shuttles angewiesen, die zu den Startpunkten der Routen fahren.

Östlich des Parkhaupteingangs führt der Hwy 9 über sechs enge Serpentinen hinauf bis zum 1,1 Meilen (1,7 km) langen Zion–Mt. Carmel Tunnel. Das Wunder der Ingenieurskunst wurde Ende der 1920er-Jahre erbaut. Kurz darauf ändert sich die Landschaft komplett: Zerfurchter Slickrock-Sandstein in verschiedenen Farben mit der bergigen **Checkerboard Mesa** als Höhepunkt.

Auf dem von Pappeln bestandenen **Watchman Campground** (✍ Reservierungen 877-444-6777; www.recreation.gov; Hwy 9; Stellplatz Zelt 20 US$, Stellplatz Wohnmobil mit Anschlüssen 30 US$; ⊙ ganzjährig; 🐾) am Canyon sollte man weit im Voraus reservieren und um einen Stellplatz am Fluss bitten. Der angrenzende **South Campground** (✆ 435-772-3256; Hwy 9; Stellplatz Zelt & Wohnmobil 20 US$; ⊙ ganzjährig; 🐾) nimmt keine Reservierungen entgegen.

Direkt am Scenic Drive steht die rustikale **Zion Lodge** (✆ 888-297-2757, 435-772-7700; www.zionlodge.com; Zion Canyon Scenic Dr; Hütte/Zi./Suite 204/210/270 US$; ❄ @ 🛜) mit 81 gut ausgestatteten Motelzimmern und 40 Hütten mit Gaskaminen. TVs gibt's zwar keine, dafür aber Holzveranden mit Traumblicken auf die roten Felsen. Das hauseigene Restaurant, der **Red Rock Grill** (✆ 435-772-7760; Zion Canyon Scenic Dr, Zion Lodge; Frühstück & Sandwiches 5,85–14,75 US$, Abendessen 15,75–29,50 US$; ⊙ März–Okt. 6.30–10, 11.30–14.30 & 17–21 Uhr, Nov.–Feb. unterschiedlich), wartet mit einer ähnlich eindrucksvollen Aussicht auf. Gleich außerhalb des Parks gelegen, bietet die Stadt Springdale sehr viel mehr Infrastruktur.

Achtung: Um auf dem Hwy 9 durch den Park fahren zu dürfen, muss man die Parkgebühr bezahlen – selbst wenn man nur auf der Durchreise ist.

Springdale

In der Nähe des südlichen Haupteingangs zum Zion National Park gelegen, ist Springdale eine perfekte kleine Ausgangsbasis für Erkundungstouren. Eindrucksvolle rote Felsen bilden die Kulisse für verschiedene Cafés, Bio-Restaurants, Kunstgalerien und eigenständige Motels und B&Bs.

Abgesehen von Wanderungen im Nationalpark locken Kletter-, Canyoning-, Mountainbike- und Geländewagentouren (halber Tag ab 140 US$/Pers.) auf dem angrenzenden BLM-Land. **Zion Adventure Company** (✆ 435-772-1001; www.zionadventures.com; 36 Lion Blvd; Canyoning-Tagestour ab 177 US$; ⊙ März–Okt. 8–20 Uhr, Nov.–Feb. 9–12 & 16–19 Uhr) bietet exzellente Ausflüge, Ausrüstung für die Narrows, Shuttles für Wanderer und Radfahrer sowie Flussfahrten.

Die modernisierten Zimmer im **Canyon Ranch Motel** (✆ 435-772-3357, 866-946-6276; www.canyonranchmotel.com; 668 Zion Park Blvd; Zi. 109–169 US$; ❄ 🛜 🏊) säumen einen schattigen Rasen mit Picknicktischen und Schaukeln. Das mit Blumen übersäte 2 ha große Grundstück der **Cliffrose Lodge** (✆ 435-772-3234, 800-243-8824; www.cliffroselodge.com; 281 Zion Park Blvd; Zi. 200–219 US$; Suite ab 269 US$; ❄ 🛜 🏊) wiederum erstreckt sich bis zum Virgin River.

Unter den B&Bs der Gegend ist das **Zion Canyon B&B** (✆ 435-772-9466; www.zioncanyonbandb.com; 101 Kokopelli Circle; Zi. inkl. Frühstück 115–190 US$; ❄ 🛜) das traditionellste; es serviert komplette Mahlzeiten. Die kreativen Sammlungen von Kunst und Kunsthandwerk der Besitzer bringen Leben in den Bungalow aus den 1930er-Jahren des **Under the Eaves Inn** (✆ 435-772-3457; www.undertheeaves.com; 980 Zion Park Blvd; Zi. inkl. Frühstück 95–185 US$; ❄ 🛜). Fürs Frühstück bekommen Gäste einen Gutschein für ein örtliches Restaurant.

Kaffee und ausgezeichnete Crêpes – süß oder salzig – machen das **MeMe's Cafe** (www.memescafezion.com; 975 Zion Park Blvd; Frühstück & Mittagessen 8–13 US$, Abendessen 11–17 US$; ⊙ 7–21 Uhr) zur perfekten morgendlichen Anlaufstelle. Hier gibt's auch Panini und Waffeln sowie in der Saison Livemusik und Barbecues auf der Terrasse. Die beliebtesten Treffpunkte der Einheimischen zum gemütlichen abendlichen Beisammensein mit Essen und Trinken sind **Oscar's Cafe** (www.cafeoscars.com; 948 Zion Park Blvd; Hauptgerichte 12–18 US$, Frühstück 6–12 US$; ⊙ 8–21 Uhr), inklusive Terrasse mit mexikanischen Kacheln und Lichterketten, sowie der rustikale **Bit & Spur Restaurant & Saloon** (www.bitandspur.com; 1212 Zion Park Blvd; Hauptgerichte

13–28 US$; ☺ März–Okt. tgl. 17–23 Uhr, Nov.–Feb. Do–Sa 17–22 Uhr; ☎).

St. George

Das warme Klima und die Lage im Süden haben dem beliebten Rentnerdomizil St. George (76 917 Ew.) den Spitznamen „Utahs Dixie" eingetragen. Die weitläufige, expandierende Mormonenstadt mit einem auffälligen Tempel und Pionierhäusern eignet sich gut für einen Zwischenstopp auf dem Weg von Las Vegas (120 Meilen bzw. 193 km) nach Salt Lake City (304 Meilen bzw. 489 km) oder auf dem Weg in den Zion National Park. Die **Dinosaur Discovery Site** (www.dinosite.org; 2180 E Riverside Dr; Erw./ Kind unter 12 J. 6/3 US$; ☺ Mo–Sa 10–18, So 11–17 Uhr, Okt.–Feb. kürzer) lohnt mit ihrem 1350 m^2 großen Gelände mit Dinosaurierspuren und Exponaten einen Abstecher.

In St. George sind fast alle Motelketten vertreten. Die Preise sind dabei günstiger als im 40 Meilen (64 km) bzw. eine Autostunde weiter östlich gelegenen Springdale. **Best Western Coral Hills** (☎ 435-673-4844, 800-542-7733; www.coralhills.com; 125 E St. George Blvd; Zi. inkl. Frühstück ab 130 US$; ✺ @ ☎ ✉) liegt einen kurzen Spaziergang von den Restaurants und historischen Gebäuden im Zentrum entfernt. Zwei charmante Häuser aus dem späten 19. Jh. beherbergen das **Seven Wives Inn** (☎ 435-628-3737, 800-600-3737; www.sevenwivesinn.com; 217 N 100 West; Zi. inkl. Frühstück 99–199 US$; ✺ @ ✉), ein B & B mit kleinem Pool in der Mitte.

Das **Utah Welcome Center** (☎ 435-673-4542; http://travel.utah.gov; 1835 S Convention Center Dr, Dixie Convention Center; ☺ 8.30–17.30 Uhr) abseits der I-15 bearbeitet Anfragen zum gesamten Bundesstaat.

NEW MEXICO

Der Spitzname *Land Of Enchantment* (Land der Verzauberung) kommt nicht von ungefähr. Das Sonnenlicht malt Muster auf die mit Wacholder bestandenen Hügel, Bergdörfer im spanischen Stil zieren Pferdeweiden und Lehmziegelhäuser, jahrhundertealte Städte wie das seelenvolle Santa Fe und das kunstinteressierte Taos thronen in den nördlichen Plateaus vor der Kulisse der wunderschönen Sangre de Cristos Mountains, und Vulkane, Canyons und weite Wüstenebenen erstrecken sich unter einem scheinbar endlosen Himmel. Der Schönheit der Landschaft kann sich der Betrachter kaum entziehen. Lehmziegelkirchen voll religiöser Kunst, alte indianische Pueblos, gekräuselte Dünen aus leuchtend weißem Sand, echte Cowboys, legendäre Charaktere des Wilden Westen wie Billy the Kid und Geronimo sowie mit Chili verfeinerte Enchiladas – all das macht das mächtige Gefühl der Andersartigkeit aus, das New Mexico oft wie ein ganz anderes Land erscheinen lässt.

Den schwer zu beschreibenden Charme des Bundesstaats konnte wohl niemand so gut einfangen wie Georgia O'Keeffe mit ihren faszinierenden Bildern. Bei ihrem ersten Besuch rief die Künstlerin aus: „Meine Güte, das ist wundervoll! Keiner hat mir gesagt, dass es so sein würde."

Aber mal ernsthaft: Wie auch?

Geschichte

Schon seit mindestens 12 000 Jahren durchstreifen Menschen dieses Gebiet. Als Francisco Vasquez de Coronado im 16. Jh. in die Gegend kam, lebten hier vorwiegend Pueblo-Indianer. Um das Jahr 1610 wurde Santa Fe zur Kolonialhauptstadt der Spanier erklärt. Danach siedelten sich spanische Bauern im nördlichen New Mexico an und Missionare versuchten, die Pueblo-Indianer zum Katholizismus zu bekehren. Auf den Pueblo-Aufstand von 1680 folgte die Besetzung Santa Fes durch die Ureinwohner. 1692 eroberte Don Diego de Vargas die Stadt schließlich zurück.

1851 wurde New Mexico ein Territorium der USA. Die Indianerkriege, die Besiedlung durch Cowboys und Goldgräber und der Handel über den Santa Fe Trail veränderten die Region weiter. Schließlich sorgte der Bau der Eisenbahn in den 1870er-Jahren für einen Wirtschaftsboom.

Maler und Schriftsteller gründeten im frühen 20. Jh. Künstlerkolonien in Santa Fe und Taos. 1943 ließen sich Wissenschaftler in Los Alamos nieder und entwickelten unter größter Geheimhaltung die Atombombe. Manche behaupten, dass vier Jahre später Außerirdische vor den Toren Roswells landeten. Vielleicht gilt New Mexico deshalb heute als Pionier des Weltraumtourismus und kommerzieller Flüge ins All.

ⓘ Praktische Informationen

Informationen zum Abschnitt der Route 66 in New Mexico gibt's unter www.rt66nm.org. **New Mexico State Parks Division** (☎ 888-667-2757; www.emnrd.state.nm.us/SPD)

KURZINFOS NEW MEXICO

Spitzname Land of Enchantment

Bevölkerung 2,1 Mio.

Fläche 314 940 km²

Hauptstadt Santa Fe (69 000 Ew.)

Weitere Städte Albuquerque (550 000 Ew.), Las Cruces (94 000 Ew.)

Verkaufssteuer 5–9 %

Geburtsort von John Denver (1943–1997), Smokey Bear (1950–1976)

Heimat des International UFO Museum & Research Center (Roswell) und von Julia Roberts

Politische Ausrichtung ein „violetter Staat" (auch Swing State) mit eher demokratischem Norden (blau) und eher republikanischem Süden (rot)

Berühmt für alte Pueblos, die erste Atombombe (1945) und Bugs Bunnys Spruch: „ Ich wusste es, ich hätte in Albuquerque links abbiegen sollen."

Typische Frage „Rot oder grün?" (Es geht um Chilisauce)

Höchster/niedrigster Punkt Wheeler Peak (4011 m)/Red Bluff Reservoir (866 m)

Entfernungen Albuquerque–Santa Fe 50 Meilen (80 km), Santa Fe–Taos 71 Meilen (114 km)

Infos zu State Parks und ein Link für Campingplatz-Reservierungen.
Public Lands Information Center (☑877-851-8946; www.publiclands.org) Informiert über Campingplätze und Freizeitangebote.

Albuquerque

Der geschäftige Knotenpunkt in der Wüste hat einen unprätentiösen Charme, den er den Einheimischen und nicht irgendwelchem Großstadtglamour verdankt. Die größte Stadt New Mexicos liegt unmittelbar westlich der Sandia-Berge, wo die Route 66 in ostwestlicher Richtung über den Rio Grande von Norden nach Süden führt. Die Bewohner teilen sehr gerne ihre Geschichte, Attraktionen und hervorragenden Restaurants mit Besuchern.

In der lebhaften Old Town stehen jahrhundertealte Lehmziegelhäuser, und die Geschäfte, Restaurants und Bars im In-Viertel

Nob Hill liegen alle in angenehmer Gehweite voneinander. Direkt vor den Stadttoren führen viele schöne Wanderwege durch immergrüne Wälder zu alten Petroglyphen, während moderne Museen dem Weltall und der Nuklearenergie gewidmet sind. Der Alltag ist von einem dynamischen Mix aus Studenten, Indianern, Hispaniern, Schwulen und Lesben geprägt. Albuquerque ist eine Stadt, in der man Square-Dance- und Yoga-Kurse belegen kann und in der Rancharbeiter und Immobilienmakler in Taco-Bars oder altmodischen Cafés Seite an Seite sitzen.

Albuquerques wichtigste Begrenzungen sind der Paseo del Norte Dr im Norden, die Central Ave im Süden, der Rio Grande Blvd im Westen und der Tramway Blvd im Osten. Die Hauptverkehrsader ist die Central Ave, die alte Route 66. Sie durchquert Old Town, Downtown, das Unigelände und Nob Hill. Die Stadt ist in vier Planquadrate unterteilt (NW, NE, SW & SE). Den Mittelpunkt bildet die Kreuzung der Central Ave mit den Bahngleisen östlich von Downtown.

⊙ Sehenswertes

⊙ Old Town

Die Plaza war von ihrer Fertigstellung 1706 bis zur Ankunft der Eisenbahn 1880 Albuquerques Dreh- und Angelpunkt. Ihr Herzstück ist die kleine **San Felipe de Neri Church** (www.sanfelipedeneri.org; Old Town Plaza; ⊙tgl. 7–17.30 Uhr, Museum Mo–Sa 9.30–17 Uhr) von 1793. Heute ist die Old Town das touristische Zentrum der Stadt.

★ **American International Rattlesnake Museum** MUSEUM (www.rattlesnakes.com; 202 San Felipe St NW; Erw./Kind 5/3 US$; ⊙ Juni–Aug. Mo–Sa 10–18, So 13–17 Uhr; Sept.–Mai Mo–Fr 11.30–17.30, Sa 10–18, So 13–17 Uhr) Wer sich für Schlangen und andere glitschige Wesen interessiert, den wird dieses Museum faszinieren. Wer hingegen unter Ophidiophobie leidet, erlebt angesichts der weltweit größten Sammlung an Klapperschlangen seinen persönlichen Alptraum. Daneben sind Bierflaschen mit Schlangenmotiven und Briefmarken aller US-amerikanischen Städte mit dem Namen „Rattlesnake" ausgestellt.

Albuquerque Museum of Art & History MUSEUM (☑505-242-4600; www.cabq.gov/museum; 2000 Mountain Rd NW; Erw./Kind 4/1 US$; ⊙Di–So

9–17 Uhr, Führungen durch die Old Town März–Mitte Dez. Di–So 11 Uhr) Modernisierte Galerien über die Geschichte der Stadt seit der spanischen Kolonialzeit, eine Dauerausstellung mit internationaler und lokaler Kunst sowie Meisterwerke der Taos-Schule aus dem 20. Jh. machen dieses bedeutende Museum zu einem Pflichtstopp. Am ersten Mittwoch des Monats sowie sonntags bis 13 Uhr ist der Eintritt frei, zudem werden kostenlose Führungen durch die Old Town angeboten.

⊙ Im Stadtgebiet

Die Gegend um die University of New Mexico (UNM) wimmelt von guten Restaurants, lockeren Bars, unkonventionellen Läden und hippen Studententreffpunkten. Die wichtigste Straße ist der Central-Ave-Abschnitt zwischen University Blvd und Carlisle Blvd. Östlich befindet sich das angesagte Nob Hill, ein fußgängerfreundliches Viertel mit Cafés, Boutiquen und von Terrassen eingefassten Restaurants.

★ Indian Pueblo Cultural Center　　　MUSEUM
(IPCC; ☑ 505-843-7270; www.indianpueblo.org; 2401 12th St NW; Erw./Kind 6/3 US$; ⊙ 9–17 Uhr) Das Kulturzentrum wird gemeinschaftlich von den 19 Pueblos in New Mexico betrieben. Auch wenn man nur auf Durchreise ist, sollte man es sich auf keinen Fall entgehen lassen. Das Museum im Erdgeschoss zeigt faszinierende Ausstellungsstücke zur gemeinsamen Geschichte der Pueblos und zu den jeweiligen Kunsthandwerkstraditionen, während in den Galerien im oberen Stock Wechselausstellungen zu sehen sind. Sie sind halbmondförmig um eine Plaza angeordnet, auf der regelmäßig Tanzvorführungen und Kunsthandwerksdemonstrationen stattfinden. Daneben gibt es das empfehlenswerte **Pueblo Harvest Cafe** (☑ 505-724-3510; www.indianpueblo.org; 2401 12th St NW; Mittagessen 9–11 US$, Abendessen 9–28 US$; ⊙ Mo–Sa 8–20.30, So 8–16 Uhr; 🖉 📶), einen großen Souvenirladen und eine Verkaufsgalerie.

National Museum of Nuclear Science & History　　MUSEUM
(☑ 505-245-2137; www.nuclearmuseum.org; 601 Eubank Blvd SE; Erw./Kind & Senior 8/7 US$; ⊙ 9–17 Uhr; 📶) Das lebendige Museum liegt am Rand der riesigen Kirtland Air Force Base im Südosten Albuquerques inmitten eines Heritage Park unter freiem Himmel mit ausrangierten Raketen und Kampfflugzeugen. Es widmet sich der Geschichte der zivil und militärisch genutzten Nuklearenergie, vom Manhattan-Projekt und dem Kalten Krieg bis zur heutigen Zeit. Bei den Guides handelt es sich um pensionierte Militärangehörige.

Petroglyph National Monument　　　ARCHÄOLOGISCHE STÄTTE
(☑ 505-899-0205; www.nps.gov/petr; 6001 Unser Blvd NW; ⊙ Visitor Center 8–17 Uhr) 🏖 Der große Wüstenpark westlich des Rio Grande schützt ein Lavafeld mit mehr als 20 000 alten Felszeichnungen. Zum Visitor Center, 5,5 Meilen (9 km) nordwestlich der Old Town, gelangt man über die Ausfahrt 154 der I-40. Dort entspringen verschiedene Wanderwege. Der zum Boca Negra Canyon ist der am stärksten frequentierte, der zum Rinconada Canyon (hin & zurück 3,5 km) der längste und einsamste. Auf der Route nach Piedras Marcadas bekommt man 300 Felszeichnungen zu sehen. Es gab Berichte zu Autoeinbrüchen hier, deshalb sollte man keine Wertgegenstände im Wagen lassen.

Sandia Peak Tramway　　　SEILBAHN
(☑ 505-856-7325; www.sandiapeak.com; 30 Tramway Rd NE; Parkplatz 1 US$, Erw./Jugendl. 13–20 Jahre/Kind 20/17/12 US$; ⊙ Juni–Aug. 9–21 Uhr, Sept.–Mai Mi–Mo 9–20, Di ab 17 Uhr) Mit 4 km gilt diese Seilbahnstrecke als die weltweit längste ihrer Art. Sie führt vom Wüstenboden im Nordosten der Stadt zum 3163 m hohen Gipfel des Sandia Crest. Die Ausblicke sind zu jeder Tageszeit spektakulär, besonders eindrucksvoll sind jedoch die Sonnenuntergänge. Auf der Bergstation gibt es einen Komplex mit Souvenirläden und Restaurants, Waldwanderwege und ein kleines Skigebiet.

🏃 Aktivitäten

Die allgegenwärtigen Sandia Mountains und die weniger überlaufenen Manzano Mountains locken mit Outdoor-Aktivitäten, darunter Wandern, Skifahren (alpin und Langlauf), Mountainbiken, Klettern und Zelten.

Elena Gallegos Open Space　　　WANDERN
(www.cabq.gov; Simms Park Rd; Parkplatz werktags/Wochenende 1/2 US$; ⊙ April–Okt. 7–21 Uhr, Nov.–März bis 19 Uhr) Der Sandia Crest ist Albuquerques Outdoor-Spielwiese und bei Skifahrern und Wanderern gleichermaßen beliebt. Neben mehreren Picknickberei-

DER SÜDWESTEN ALBUQUERQUE

ALBUQUERQUE MIT KINDERN

¡Explora! (www.explora.us; 1701 Mountain Rd NW; Erw./Kind 8/4 US$; ⊙ Mo–Sa 10–18, So 12–18 Uhr; 🚻) Das ambitionierte Museum wird Kinder stundenlang beschäftigen. Vom Hochseilrad bis zum verblüffenden Bereich „Light, Shadow, Color": Bei den interaktiven Ausstellungen ist für jeden etwas dabei. Unbedingt den Aufzug benutzen!

New Mexico Museum of Natural History & Science (www.nmnaturalhistory.org; 1801 Mountain Rd NW; Erw./Kind 7/4 US$; ⊙ 9–17 Uhr; 🚻) Auf der anderen Straßenseite beherbergt das dinosaurierverrückte Museum jede Menge furchteinflößende Urtiere, darunter den Tyrannosaurus im Hauptatrium. Der Schwerpunkt liegt auf New Mexico, so gibt es faszinierende Exponate zu den geologischen Ursprüngen des Staates und zu den Auswirkungen des Klimawandels. Schon gewusst, dass Microsoft seine Erfolgsgeschichte in Albuquerque startete?

chen gibt es in diesem Park in den Gebirgsausläufern Ausgangspunkte für Wander-, Jogging- und Mountainbikerouten; teils sind sie für Rollstuhlfahrer zugänglich. Am besten kommt man früh, bevor die Sonne zu sehr brennt, oder abends, um die Panoramablicke bei Sonnenuntergang auf die erleuchtete Stadt zu bewundern. Abendliche Spaziergänge erfordern allerdings eine gute Zeitplanung, denn es wird schnell dunkel und das Geheul von Kojoten erfüllt den Park. Sie sind ungefährlich, manch einer fühlt sich dennoch unwohl.

👉 Geführte Touren

Story of New Mexico Program TOUREN
(☎ 505-277-0077; www.dcereg.com) Das UNM Department of Continuing Education veranstaltet ausgezeichnete Vorträge zu allen möglichen New-Mexico-Themen sowie Touren nach Santa Fe, Taos und zu Stätten im gesamten Bundesstaat. Dazu gehören Ausflüge zu Pueblo-Festen und Abstecher zur ansonsten unzugänglichen Lawrence Ranch, der letzten Ruhestätte des Schriftstellers D. H. Lawrence. Interessierte müssen sich vorab anmelden.

✳️ Feste & Events

Gathering of Nations Powwow KULTUR
(www.gatheringofnations.com; ⊙ April) Auf dem Programm stehen Tanzwettbewerbe, Kunst und Kunsthandwerk amerikanischer Ureinwohner und die Wahl zur „Miss Indian World". Findet Ende April statt.

International Balloon Fiesta BALLONFAHREN
(www.balloonfiesta.com; ⊙ Anfang Okt.) Wer jemals den Tiger aus der Kellogg's-Werbung im Riesenformat im Hof seines Hotels hat landen sehen, wird das nicht so schnell vergessen! Genau solche Dinge passieren während des größten Heißluftballon-Festivals der Welt. Ansonsten stehen an jedem der neun Tage um das erste und zweite Oktoberwochenende Massenstarts auf dem Programm.

🛏️ Schlafen

Route 66 Hostel HOSTEL $
(☎ 505-247-1813; www.rt66hostel.com; 1012 Central Ave SW; B 20 US$, Zi. ab 25 US$; 🅿@🛜) Das blassgelbe Hostel in einem früheren Wohnhaus ein paar Blocks westlich des Zentrums beherbergt nach Geschlechtern getrennte Schlafsäle sowie einfache Privatzimmer, die sich zum Teil Bäder teilen. Die Betten sind in die Jahre gekommen, dafür ist die Atmosphäre einladend: zu den Gemeinschaftsbereichen gehören eine Bibliothek und eine Küche mit kostenlosem Frühstück (Selbstbedienung). Der Hausdienst ist freiwillig; zwischen 13.30 und 16.30 Uhr kann man nicht einchecken.

Econo Lodge Old Town MOTEL $
(☎ 505-243-8475; www.econolodge.com; 2321 Central Ave NW; Zi. inkl. Frühstück 69 US$; 🅿❄@🛜🐾) Das helle, saubere Motel, das nur ein fünfminütigen Fußmarsch westlich der Plaza liegt, ist eine gute Option für alle, die Old Town oder den BioPark erkunden möchten. Neben geräumigen, gut ausgestatteten, modernen Zimmern gibt es einen Innenpool und kostenloses warmes Frühstück.

⭐ **Andaluz** BOUTIQUE-HOTEL $$
(☎ 505-242-9090; www.hotelandaluz.com; 125 2nd St NW; Zi. 112–279 US$; 🅿❄@🛜) Albuquerques bestes historisches Hotel wurde 1939 im Herzen von Downtown erbaut und umfassend modernisiert. Originalelemente wurden beibehalten, darunter das eindrucksvolle zentrale Atrium mit gemütlichen Nischen mit Tischen und Sofas. Die

Zimmer haben hypoallergene Bettwäsche und Teppiche, das Restaurant **Más Tapas Y Vino** (☑505-923-9080; www.hotelandaluz.com; 125 2nd St NW; ⊗7–14 & 17–21.30 Uhr) ist exzellent und es gibt eine Bar im Dachgeschoss. Wer 30 Tage im Voraus reserviert, erhält die günstigsten Preise.

Böttger Mansion
B&B $$

(☑505-243-3639; www.bottger.com; 110 San Felipe St NW; Zi. inkl. Frühstück 104–179 US$; P ✳ @ 🛜 🐾) Aufgrund des freundlichen Besitzers hebt sich dieses gut ausgestattete B&B (erb. 1912), das einen einminütigen Fußmarsch von der Plaza entfernt ist, von der Konkurrenz ab. Drei der sieben mit Antiquitäten ausgestatteten Themenzimmer haben Zierwände, eines verfügt außerdem über einen Whirlpool. Das üppige Frühstück wird in einem von Heckenkirschen gesäumten Hof serviert, der Vogelliebhaber begeistern wird. Zu illustren Gästen in der Vergangenheit gehören Elvis, Janis Joplin und Machine Gun Kelly.

★ Los Poblanos
B&B $$$

(☑505-344-9297; www.lospoblanos.com; 4803 Rio Grande Blvd NW; Zi. 180–330 US$; P ✳ @ 🛜) Das großartige B&B mit 20 Zimmern auf einer ländlichen Ranch aus den 1930er-Jahren mit dem Status eines National Historic Place liegt eine fünfminütige Autofahrt nördlich der Old Town. Das 10 ha große Anwesen mit Gärten, Lavendelfeldern, die von Mitte Juni bis Juli blühen, und einer Bio-Farm befindet sich in der Nähe des Rio Grande. Die wunderschönen Zimmer haben Kiva-Kamine und zum Frühstück gibt's Leckereien aus eigenem Anbau.

✖ Essen

★ Frontier
NEW MEXICO $

(☑505-266-0550; www.frontierrestaurant.com; 2400 Central Ave SE; Hauptgerichte 3–12 US$; ⊗5–1 Uhr; 🖉 🚼) Für die riesigen Zimtbrötchen mit viel Butter muss man anstehen, ebenso wie für die besten *huevos rancheros* der Stadt. Großartiges Essen, tolle Blicke auf das bunte Treiben und wunderbare Weststaaten-Kunst.

★ Golden Crown Panaderia
BÄCKEREI $

(☑505-243-2424; www.goldencrown.biz; 1103 Mountain Rd NW; Hauptgerichte 7–20 US$; ⊗Di-Sa 7–20, So 10–20 Uhr) Eine freundliche Bäckerei mit Café und nettem Personal wird wohl von jedem geschätzt. Vor allem, wenn sie frischgebackenes Brot, Pizza, fruchtige Em-

panadas, leckeren Espresso und Gratiskekse in einem gemütlichen alten Lehmziegelhaus serviert. Das Brot mit grünem Chili reserviert man am besten telefonisch und genießt es dann noch ofenwarm draußen auf der Terrasse.

Annapurna's World Vegetarian Cafe
INDISCH $

(☑505-262-2424; www.chaishoppe.com; 2201 Silver Ave SE; Hauptgerichte 7–11 US$; ⊗Mo-Fr 7–21, Sa 8–21, So 10–20 Uhr) Das großartige Café mit vegetarischer bzw. veganer Küche gehört zu einer kleinen einheimischen Kette und liegt einen Block südlich der Route 66. Auf den Tisch kommen frische und leckere indische Gerichte, darunter ayurvedische Köstlichkeiten mit schmackhafter Würze, die sogar überzeugte Fleischliebhaber begeistern. Dazu gibt's Chai nach Originalrezept.

Flying Star Cafe
AMERIKANISCH $$

(☑505-255-6633; www.flyingstarcafe.com; 3416 Central Ave SE; Hauptgerichte 8–13 US$; ⊗6–23, Fr & Sa bis 24 Uhr; 🛜 🖉 🚼) Diese einheimische Cafékette ist verdientermaßen populär. In Albuquerque und Umgebung liegt ihre Nob-Hill-Filiale für Besucher am günstigsten. Ab den frühen Morgenstunden strömen Einheimische hierher, um in farbenfrohem und kreativem Ambiente etwas von der langen Frühstückskarte zu bestellen – oder später am Tag ein einfallsreiches Hauptgericht. Die Bio-Zutaten steigern das kulinarische Erlebnis noch: Sie stammen aus Freilandproduktion und sind frei von Antibiotika.

Artichoke Cafe
MODERN-AMERIKANISCH $$$

(☑505-243-0200; www.artichokecafe.com; 424 Central Ave SE; Hauptgerichte mittags 10–16 US$, Hauptgerichte abends 19–39 US$; ⊗Mo-Fr 11–14.30 & 17–21, Sa 17–22 Uhr) Das beliebte Bistro am Ostrand der Stadt zwischen Busbahnhof und I-40 kombiniert Schlichtheit mit Eleganz. Es serviert einfallsreiche Gourmetküche mit Pep und rangiert auf den Feinschmeckerlisten mit Albuquerques besten Lokalen ganz oben.

⬤ Ausgehen & Unterhaltung

Große nationale Namen treten vor allem in der **Popejoy Hall** (www.popejoypresents.com; Central Ave, bei der Cornell St SE) und im historischen **KiMo Theatre** (☑505-768-3544; www.cabq.gov/kimo; 423 Central Ave NW) auf, zudem finden dort Oper-, Sinfonie- und Theatervorstellungen statt. Über Veranstaltungen

DER SÜDWESTEN ALBUQUERQUE

in der Stadt informiert das kostenlose Wochenmagazin *Alibi* (www.alibi.com). Ein Großteil der angesagten Cafés und Bars von Albuquerque sammelt sich in Nob Hill und rund um die UNM.

Satellite Coffee
CAFÉ

(www.satellitecoffee.com; 2300 Central Ave SE; ☉Mo–Fr 6–23, Sa & So ab 7 Uhr; ☎) Als Albuquerques Antwort auf Starbucks lockt diese hippe Cafékette mit insgesamt neun Filialen viele Stammgäste an, die geschäftig auf ihren Laptops herumtippen. Gründer und Betreiber sind die Genies, die auch hinter der Kette Flying Star stecken.

Anodyne
BAR

(☎505-244-1820; www.theanodyne.com; 409 Central Ave NW; ☉Mo–Sa 16–1.30, So 19–23.30 Uhr) Das riesige Anodyne eignet sich ideal für eine Runde Poolbillard. Ansonsten empfängt es Gäste mit Bücherregalen an den Wänden, Holzdecken, jeder Menge dick gepolsterten Stühlen, über 100 Flaschenbieren und Blicken auf das bunte Treiben auf der Central Ave.

Launch Pad
LIVEMUSIK

(☎505-764-8887; www.launchpadrocks.com; 618 Central Ave SW) Der moderne Laden im Retro-Look ist die angesagteste Livebühne für lokale Bands.

🔒 Shoppen

Interessante Mitbringsel findet man in Nob Hill östlich der Universität. Die einladenden Boutiquen und Spezialgeschäfte laden zu einem Bummel ein.

Palms Trading Post
KUNSTHANDWERK

(www.palmstrading.com; 1504 Lomas Blvd NW; ☉Mo–Fr 9–17.30, Sa 10–17.30 Uhr) Große Galerie mit kompetentem Personal, das Keramik, Schmuck, Decken und Kunsthandwerk der Ureinwohner verkauft.

Silver Sun
SCHMUCK

(☎505-246-9692; www.silversunalbuquerque. com; 116 San Felipe St NW; ☉9–16 Uhr) Ein renommierter Laden in der Old Town, der auf echten amerikanischen Türkis in Form von Edelsteinen und fertigem Schmuck spezialisiert ist.

Mariposa Gallery
KUNSTHANDWERK

(☎505-268-6828; www.mariposa-gallery.com; 3500 Central Ave SE) Wunderschönes und originelles Kunsthandwerk und Schmuck. Das meiste stammt aus der Region.

ⓘ Praktische Informationen

INFOS IM INTERNET

City of Albuquerque (www.cabq.gov) Informiert u. a. über öffentliche Verkehrsmittel und Attraktionen in der Gegend.

NOTFALL & MEDIZINISCHE VERSORGUNG

Polizei (☎505-242-2677; 400 Roma Ave NW)
Presbyterian Hospital (☎505-841-1234; www.phs.org; 1100 Central Ave SE; ☉Notaufnahme 24 Std.)
UNM Hospital (☎505-272-2411; 2211 Lomas Blvd NE; ☉Notaufnahme 24 Std.) Akzeptiert auch Patienten ohne Krankenversicherung.

POST

Post (201 5th St SW; ☉Mo–Fr 9–16.30 Uhr)

TOURISTENINFORMATION

Old Town Information Center (☎505-243-3215; www.itsatrip.org; 303 Romero Ave NW; ☉Okt.–Mai 10–17 Uhr, Juni–Sept. bis 18 Uhr)
Albuquerque Convention & Visitors Bureau (☎505-842-9918; www.itsatrip.org; 20 First Plaza NW, Ecke 2nd St & Copper Ave; ☉Mo–Fr 9–16 Uhr)

ⓘ Anreise & Unterwegs vor Ort

BUS

Das **Alvarado Transportation Center** (100 1st St SW, Ecke Central Ave) ist der Sitz von **ABQ RIDE** (☎505-243-7433; www.cabq.gov/transit; 100 1st St SW; Erw./Kind 1/0,35 US$; Tagesticket 2 US$), dem öffentlichen Busbetrieb. Er deckt montags bis freitags den Großteil von Albuquerque ab und nimmt täglich Kurs auf die wichtigsten Sehenswürdigkeiten. Die meisten Linien fahren bis 18 Uhr. Die ABQ-RIDE-Linie 50 verbindet den Flughafen und Downtown (Mo–Fr letzter Bus um 20 Uhr, Sa eingeschränkter Dienst). Bus Nr. 36 hält nahe der Old Town und dem Indian Pueblo Cultural Center.

Greyhound (☎800-231-2222, 505-243-4435; www.greyhound.com; 320 1st St SW) fährt Ziele in ganz New Mexico an. **Sandia Shuttle** (☎888-775-5696; www.sandiashuttle.com; einfache Strecke/hin & zurück 28/48 US$; ☉8.45–23.45 Uhr) bietet tägliche Shuttleverbindungen zwischen dem Flughafen und vielen Hotels in Santa Fe. **Twin Hearts Express** (☎575-751-1201; www.twinheartsexpresstransportation.com) betreibt einen Shuttleservice vom Flughafen zu Zielen im Norden von New Mexico wie Taos.

FLUGZEUG

Der **Albuquerque International Sunport** (ABQ; ☎505-244-7700; www.cabq.gov/airport; ☎) ist der wichtigste Flughafen von New Mexico und wird von fast allen großen US-amerikanischen Fluggesellschaften angeflogen. Ein Taxi nach

Downtown kostet 20 bis 25 US$; zu den Anbietern gehört **Albuquerque Cab** (☎ 505-883-4888; www.albuquerquecab.com).

ZUG

Täglich hält der Southwest Chief auf dem Weg nach Chicago (ab 140 US$, 26 Std.) im Osten oder über Flagstaff, AZ (91 US$, 5 Std.), im Westen nach Los Angeles, CA (ab 100 US$, 16½ Std.), am **Amtrak-Bahnhof** (☎ 800-872-7245, 505-842-9650; www.amtrak.com; 320 1st St SW; ⊙ 9:45–17 Uhr) von Albuquerque.

Am selben Bahnhof hält auch der **New Mexico Rail Runner Express** (www.nmrailrunner.com), ein Pendlerzug. Werktags geht's achtmal täglich nach Santa Fe, samstags vier- und sonntags dreimal (einfache Strecke/Tagesticket 9/10 US$, 1½ Std.).

An der I-40

Zwar kann man theoretisch in weniger als fünf Stunden von Albuquerque nach Flagstaff, AZ, fahren, doch die National Monuments und die Pueblos an der Strecke sind einen Besuch wert. Wer eine landschaftlich schöne Tour machen möchte, nimmt ab Grants den Hwy 53 nach Südwesten, der zu allen im Folgenden genannten Sehenswürdigkeiten (außer nach Acoma) führt. Der Hwy 602 verläuft gen Norden nach Gallup.

Acoma Pueblo

Die „Himmelsstadt" thront auf einer Mesa 2133 m über dem Meeresspiegel und 112 m über dem umliegenden Plateau. Das Dorf ist eine der ältesten durchgehend bewohnten Siedlungen in Nordamerika. Seit dem 11. Jh. wird hier das Handwerk der Töpferkunst gepflegt. Geführte Touren beginnen am **Visitor Center** (☎ 800-747-0181; www.acomaskycity.org; Erw./Kind/Kamera 23/15/13 US$; ⊙ Touren März–Nov. 9.30–15.30 Uhr) am Fuß der Mesa und dauern zwei Stunden bzw. eine Stunde, wenn man nur die historische Tour bucht. Von der I-40 aus nimmt man Exit 102, etwa 60 Meilen (96 km) westlich von Albuquerque, und fährt dann 12 Meilen (19 km) nach Süden. Man sollte sich aber unbedingt vorab informieren, ob der Ort gerade wegen Zeremonien oder anderen Gründen für Besucher nicht zugänglich ist.

El Morro National Monument

Der 60 m hohe Sandsteinvorsprung am **El Morro National Monument** (☎ 505-783-4226; www.nps.gov/elmo; ⊙ Juni–Aug. 9–18 Uhr, Sept.–Mai bis 17 Uhr) `GRATIS`, auch bekannt als „Felsen der Inschriften", zieht seit Jahrtausenden interessierte Besucher an. Die unzähligen eingeritzten Zeichen, von Petroglyphen im Pueblo an der Spitze (um 1275) bis zu kunstvollen Inschriften spanischer Eroberer und englischer Pioniere, sind ein einzigartiges historisches Zeugnis. El Morro liegt etwa 38 Meilen (61 km) südwestlich von Grants und ist über den Hwy 53 erreichbar.

DIE SCHÖNSTEN SCENIC DRIVES IN NEW MEXICO

Billy the Kid National Scenic Byway (www.billybyway.com) Diese Berg-und-Tal-Strecke im Südosten von New Mexico führt durch Billy the Kids Revier, vorbei an Smokey Bears Grab und durch das von Obstgärten gesäumte Hondo Valley. Von Roswell aus nimmt man den Hwy 380 nach Westen.

High Road nach Taos Auf der Nebenstraße zwischen Santa Fe und Taos fährt man durch eine Wüste mit Sandsteinskulpturen, erfrischende Kiefernwälder und ländliche Dörfer mit alten Kirchen aus Lehmziegeln und Pferdekoppeln. Die 4000 m hohen Truchas Peaks dominieren die Szenerie. Von Santa Fe aus nimmt man den Hwy 84/285 bis zum Hwy 513 und folgt dann der Beschilderung.

NM Highway 96 Auf dieser kleinen Straße zwischen Abiquiu und Cuba lernt man im Schatten des auffälligen Cerro Pedernal das Herz von Georgia O'Keeffes New Mexico kennen. Dann geht's vorbei an marsroten Tafelbergen und Sandsteinfelsen in Purpur-, Gelb- und Elfenbeintönen.

NM Highway 52 Von Truth or Consequences fährt man nach Westen in die spektakulären Ausläufer der Black Range hinein und passiert die alten Bergarbeitersiedlungen Winston und Chloride. Weiter Richtung Norden kommt man an der Monticello Box vorbei, wo Geronimo schlussendlich aufgab, und dann zu den weiten Plains of San Augustin, bevor man das bizarre Very Large Array erreicht.

Zuni Pueblo

Die Zuni sind für ihre feinen Silberintarsien bekannt. Sie verkaufen sie in Geschäften am Hwy 53. Im **Visitor Center** (☎505-782-7238; www.zunitourism.com; 1239 Hwy 53; Führungen 10 US$; ⊙Mo–Fr 8.30–17.30, Sa 10.30–16, So 12–16 Uhr) erhält man Infos und Fotogenehmigungen und kann Touren durch das Pueblo buchen. Vorbei an den Steinhäusern und wie Bienenkörbe geformten Lehmziegelöfen geht's zur **Our Lady of Guadalupe Mission**. Die Kachina-Wandbilder sind beeindruckend. Im **Ashiwi Awan Museum & Heritage Center** (☎505-782-4403; www.ashiwi-museum.org; Ojo Caliente Rd; Eintritt gegen Spende; ⊙Mo–Fr 9–17 Uhr) sind alte Fotos und Stammesartefakte ausgestellt.

Das nette **Inn at Halona** (☎505-782-4547; www.halona.com; 23b Pia Mesa Rd; Zi. ab 75 US$; P✿) zieren Zuni-Kunst und -Handwerk. Es hat acht Zimmer und ist die einzige Unterkunft im Pueblo. Das Frühstück gehört mit zum Besten, was man in New Mexico bekommen kann.

Gallup

Gallup ist eine typische Stadt an der Route 66 und das wichtigste Handelszentrum der Navajo und Zuni. Sie ist ein toller Ort, um qualitativ hochwertiges Kunsthandwerk zu fairen Preisen zu erwerben. Im historischen Viertel gibt es zahlreiche *trading posts*, Pfandleiher, Schmuckgeschäfte und Kunsthandwerksgalerien.

Die hübscheste Unterkunft vor Ort ist **El Rancho** (☎505-863-9311; www.elranchohotel. com; 1000 E Hwy 66; Zi. ab 102 US$; P✱✿✉) Neben einer wunderschönen Lobby im Stil des Südwestens gibt es ein Restaurant, eine Bar und eine bunte Auswahl an einfachen Zimmern, in denen schon viele Hollywood-Größen übernachtet haben. Hotelketten findet man an der Route 66, westlich des Zentrums.

Santa Fe

Willkommen in der etwas anderen Stadt, die ihre eigenen Regeln macht, dabei aber ihre lange bewegte Geschichte nicht vergisst. Bei einem Spaziergang über die geschäftige Plaza, dem Herzstück der Stadt, oder durch die historischen Viertel offenbart sich die zeitlose, bodenständige Seele Santa Fes. Sie wurde um 1610 gegründet und ist damit die zweitälteste Stadt sowie die älteste Landeshauptstadt der USA. Heute stehen neben den faszinierenden Originalhäusern aus Lehmziegeln moderne Nachbauten derselben Machart. Darüber hinaus repräsentiert Santa Fe modernen Schick – dafür sorgen ein blühender Kunstmarkt, Gourmetrestaurants, tolle Museen, luxuriöse Spas und eine erstklassige Oper.

Santa Fe ist auch die höchstgelegene Landeshauptstadt der USA (auf über 2100 m). Sie befindet sich am Fuß der leuchtenden Sangre de Cristo Mountains und ist ein fantastischer Ausgangspunkt für Wanderungen, Mountainbikeausflüge, Rucksacktouren und fürs Skifahren. Die bunt gemischte Bevölkerung setzt sich aus Künstlern, New-Age-Anhängern, alteingesessenen spanischstämmigen Familien, mexikanischen Einwanderern jüngerer Zeit und der einen oder anderen Hollywood-Größe zusammen.

Die Cerrillos Rd (I-25 Ausfahrt 278), eine 6 Meilen (10 km) lange Straße mit Hotels und Fast-Food-Restaurants, führt von Süden her in die Stadt. Der Paseo de Peralta beschreibt einen Kreis durch das Zentrum und im Westen geht die St. Francis Dr (I-25 Ausfahrt 282) in den Hwy 285 über, der nordwärts Richtung Los Alamos und Taos führt.

⊙ Sehenswertes

★**Georgia O'Keeffe Museum**   MUSEUM
(☎505-946-1000; www.okeeffemuseum.org; 217 Johnson St; Erw./Kind 12 US$/frei; ⊙10–17, Fr bis 19 Uhr) Das Museum in einem weitläufigen Lehmziegelbau aus dem 20. Jh. umfasst zehn hübsch beleuchtete Galerien mit der weltweit größten Sammlung von Werken der Malerin Georgia O'Keeffe. Bekannt ist sie vor allem für ihre farbenfrohen Landschaftsdarstellungen New Mexicos, die wechselnden Ausstellungen widmen sich jedoch ihre gesamten Karriere, so auch ihren New Yorker Jahren. Die berühmtesten Werke der Künstlerin gehören großen Museen in aller Welt, weshalb man vertraute Stücke eventuell vermissen wird. Dennoch wirken die dicken Pinselstriche und transzendenten Farben der ausgestellten Werke einfach überwältigend.

Canyon Road   GALERIEN
(www.canyonroadarts.com) Das Epizentrum der Edel-Kunstszene der Stadt. Mehr als 100 Galerien, Ateliers, Geschäfte und Restaurants säumen die schmale historische Straße. Man kann Meisterwerke der Santa Fe School, seltene indianische Antiquitäten und zügellose

MUSEUM OF NEW MEXICO

Das Museum of New Mexico verwaltet vier exzellente Museen in Santa Fe. Zwei liegen an der Plaza, zwei auf dem Museum Hill, 2 Meilen (ca. 3 km) südwestlich. Für Erwachsene gibt es einen Vier-Tages-Pass mit Eintritt zu allen vier für 20 US$; Besucher unter 16 Jahren zahlen nichts.

Palace of the Governors (☑ 505-476-5100; www.palaceofthegovernors.org; 105 W Palace Ave; Erw./Kind 9 US$/frei; ☉ 10–17 Uhr, Okt.–Mai Mo geschl.) Der niedrige Lehmziegelkomplex ist das älteste öffentliche Gebäude der USA. Ab 1610 war es Sitz des ersten spanischen Gouverneurs von New Mexico, 1680 wurde es von den Pueblo-Indianer nach deren Revolte besetzt und 1846 erklärte man es zum Sitz der ersten Gouverneure des US-Territoriums. Heute beherbergt der Bau faszinierende Exponate zu Santa Fes bewegter Vergangenheit und einige großartige hispanische religiöse Kunstwerke, während das moderne angrenzende **New Mexico History Museum** die Geschichte des gesamten Staates erzählt.

New Mexico Museum of Art (☑ 505-476-5072; www.museumofnewmexico.org; 107 W Palace Ave; Erw./Kind 9 US$/frei; ☉ Di–So 10–17 Uhr, Führungen 13.30 Uhr) Das Museumsgebäude wurde 1917 errichtet und ist ein erstklassiges frühes Beispiel für Santa Fes Pueblo-Revival-Architektur. Seit knapp 100 Jahren sammelt und zeigt es Werke regionaler Künstler. Es ist eine wahre Schatztruhe großer Namen, die New Mexico in der Kulturlandschaft etabliert haben – von Georgia O'Keeffe bis zu dem Graphiker Gustave Baumann. Darüber hinaus lädt der hübsche Bau mit kühlem kleinen Garten zu einem Spaziergang ein. Ständig wechselnde Ausstellungen sorgen für aktuelle Relevanz.

Museum of International Folk Art (☑ 505-827-6344; www.internationalfolkart.org; 706 Camino Lejo; Erw./Kind 9 US$/frei; ☉ 10–17 Uhr, Sept.–Mai Mo geschl.) Santa Fes ungewöhnlichstes und unterhaltsamstes Museum legt den Schwerpunkt auf die weltweit größte Sammlung von Volkskunst. Die riesige Hauptgalerie zeigt skurrile und faszinierende Objekte aus über 100 Ländern. Winzige Figuren gehen in komplett nachgebauten Dorf- und Stadtszenerien ihren Geschäften nach, während Puppen, Masken, Spielzeug und Gewänder die Wände schmücken. Die wechselnden Ausstellungen in den anderen Flügeln sind folkloristischer Kunst und Kultur aus der ganzen Welt gewidmet.

Wenn es zeitlich passt, sollte man sich den wunderbaren **International Folk Art Market**, der hier Mitte Juli stattfindet, nicht entgehen lassen.

Museum of Indian Arts & Culture (www.indianartsandculture.org; 710 Camino Lejo; Erw./Kind 9 US$/frei; ☉ 10–17 Uhr, Sept.–Mai Mo geschl) Das erstklassige Museum erläutert Ursprünge und Geschichte der verschiedenen indigenen Stämme im Wüstenland des Südwestens, inklusive ihrer so unterschiedlichen kulturellen Traditionen. Angehörige der Pueblo-Indianer, der Navajo und der Apachen beschreiben ihre heutige Lebensrealität, daneben gibt es eine großartige Sammlung mit moderner und alter Keramik sowie fantasievolle zeitgenössische Ausstellungen.

moderne Kunst betrachten. Bei den Vernissagen am frühen Freitagabend und vor allem an Heiligabend geht es in dem Gebiet besonders lebendig zu.

Wheelwright Museum of the American Indian MUSEUM
(☑ 505-982-4636; www.wheelwright.org; 704 Camino Lejo; ☉ 10–17 Uhr) GRATIS Mary Cabot gründete dieses Museum 1937, um Zeremonialkunst der Navajo zu präsentieren. Bis heute sind die exquisiten Navajo-Textilien, die zum Schutz der natürlichen Farben in abgedunkelten Räumen ausgestellt sind,

die Hauptattraktion. Eine kürzlich erfolgte Erweiterung hat zusätzlichen Platz für moderne indianische Kunst und historische Artefakte geschaffen. Der Souvenirladen Case Trading Post verkauft neben hochwertigen Decken Vintage-Schmuck, Kachinas und Kunsthandwerk.

St. Francis Cathedral KIRCHE
(www.cbsfa.org; 131 Cathedral Pl; ☉ 8.30–16.30 Uhr) Santa Fes Bischof Jean-Baptiste Lamy – Protagonist von Willa Cathers Roman *Der Tod kommt zum Erzbischof* – wurde in Frankreich geboren und gab 1869 den Bau

Santa Fe

[Map of Santa Fe showing the Railyard District, Santa Fe Depot (Rail Runner), Georgia O'Keeffe Museum, Palace of the Governors, Santa Fe River, and streets including Paseo de Peralta, N Guadalupe St, W San Francisco St, Alameda St, St. Francis Dr, Cerrillos Rd, and others, with numbered points of interest 1–18.]

dieser Kathedrale in Auftrag. Die romanische Fassade scheint eher zu Europa als zum Wilden Westen zu passen, das hispanische Altarbild im Inneren weist hingegen ganz deutlich Richtung New Mexico. In einer Seitenkapelle steht eine winzige Madonnenstatue, die nach dem Pueblo-Aufstand von den vertriebenen Spaniern mitgenommen wurde und seit deren triumphaler Rückkehr (1692) als *La Conquistadora* bekannt ist.

Loretto Chapel   HISTORISCHES GEBÄUDE
(☎ 505-982-0092; www.lorettochapel.com; 207 Old Santa Fe Trail; Erw./Kind 3/2,50 US$; ⊙ Mo–Sa 9–17, So 10.30–17 Uhr) Die winzige gotische Kapelle wurde 1878 für die Sisters of Loretto errichtet und ist für die St. Joseph's Miraculous Staircase berühmt. Erbauer der scheinbar freitragenden Wendeltreppe aus Holz war ein geheimnisvoller junger Zimmermann, der verschwand, ohne den erstaunten Nonnen seinen Namen zu nennen. Die Kapelle ist heute nicht mehr geweiht und

kann für Hochzeiten (nicht konfessionsgebunden) gemietet werden.

🏃 Aktivitäten

Die **Pecos Wilderness** und der **Santa Fe National Forest** östlich der Stadt bieten ein über 1600 km langes Netz an Wander- und Radwegen. Manche davon führen auf über 3600 m hohe Gipfel. Karten und Infos gibt's beim Public Lands Information Center, zudem sollte man sich vorab die Wettervorhersage ansehen, da Gewitter im Sommer keine Seltenheit sind. **Mellow Velo** (☎ 505-995-8356; www.mellowvelo.com; 132 E Marcy St; Leihgebühr ab 35 US$/Tag; ⊙ Mo–Sa 10–18 Uhr) verleiht Mountainbikes und erteilt Infos zu den Wegen.

Anbieter wie **New Wave Rafting Co** (☎ 800-984-1444; www.newwaverafting.com) veranstalten Raftingtouren durch die Rio Grande Gorge (halber Tag 55 US$), die wilde Taos Box (ganzer Tag 110 US$) und die Rio Chama Wilderness (3 Tage 400 US$).

DER SÜDWESTEN NEW MEXICO

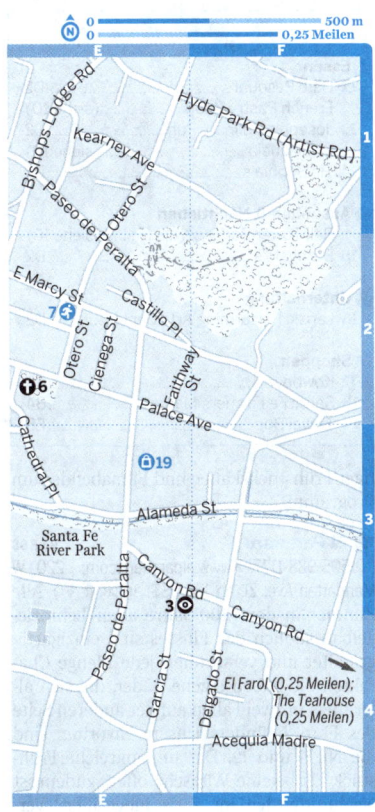

ter hinaufreichen (auf 3680 m). Skicracks können über steile Buckelpisten, lange präparierte Abfahrten oder Waldwiesen mit Tiefschnee Richtung Tal flitzen. Familien kommen gleichermaßen auf ihre Kosten. Länge und Schneebedingungen variieren allerdings von Jahr zu Jahr sehr stark.

🎓 Kurse

Santa Fe School of Cooking   KOCHEN
(☑ 505-983-4511; www.santafeschoolofcooking. com; 125 N Guadalupe St; 2/3-stündiger Kurs 75/98 US$; ⊙ Mo–Sa 9.30–17, So 12–16 Uhr) Wer seine Liebe zur Küche von New Mexico entdeckt hat, sollte einen Kurs bei dieser Kochschule belegen. Der Preis beinhaltet die Zutaten der zubereiteten Southwestern-Mahlzeit.

🎎 Feste & Events

★ Spanish Market   KULTUR
(www.spanishcolonial.org; ⊙ Ende Juli) Ob *retablos*, *bultos* (religiöse Schnitzfiguren aus Holz), handgezimmerte Möbel oder Metallarbeiten: Traditionelles Kunsthandwerk im spanischen Kolonialstil machen diese Verkaufsmesse zum reinsten Kunstfeuerwerk. Wird nur noch vom Indian Market übertroffen.

★ Santa Fe Indian Market   KULTUR
(☑ 505-983-5220; www.swaia.org; ⊙ Aug.) Über 1000 Künstler aus 100 Stämmen und Pueblos präsentieren ihre Arbeiten bei dieser weltberühmten Verkaufsmesse. Am Wochenende nach dem dritten Donnerstag im August strömen bis zu 100 000 Besucher auf die Plaza, um sich offene Ateliers, Galerieausstellungen und das Native Cinema Showcase anzusehen. Freitags und samstags werden die besten Werke von einer Jury prämiert. Wer auf Schnäppchen aus ist, sollte bis zum Sonntag warten.

★ Santa Fe Fiesta   KULTUR
(☑ 505-913-1517; www.santafefiesta.org; ⊙ Anfang Sept.) Das zweiwöchige Fest in der ersten Septemberhälfte feiert den 4. September 1692, an dem die Spanier nach dem Pueblo-Aufstand wieder in Santa Fe einzogen, mit Konzerten, einer Kerzenprozession und einer sehr beliebten Haustierparade. Am Freitagabend beginnt das Ganze mit einem bizarren heidnischen Brauch, der Verbrennung der Zozobra, einer 15 m hohen Figur des „Old Man Gloom", vor einer lärmenden Menschenmenge im Fort Marcy Park.

Dale Ball Trails   MOUNTAINBIKEN
(www.santafenm.gov/trails_1) Die teils befestigten, teils unbefestigten Rad- und Wanderwege (Gesamtlänge 32 km) punkten mit großartigen Wüsten- und Bergblicken. Die anspruchsvollen South Dale Ball Trails beginnen mit einem extrem langen, anstrengenden und felsigen Singletrack-Anstieg, auf den heftige Serpentinen folgen. Der mittelschwere Winsor Trail (Nr. 254) führt durch die atemberaubenden Landschaften des Hyde State Park und des Santa Fe National Forest.

Ski Santa Fe   SKIFAHREN
(☑ 505-982-4429, Schneeinformationen 505-983-9155; www.skisantafe.com; Skipass Erw./Kind 69/49 US$; ⊙ Ende Nov.–Anfang April 9–16 Uhr) Santa Fes Skigebiet steht oft im Schatten der Konkurrenz aus Taos. Und das, obwohl hier derselbe lockere Pulverschnee liegt (wenn auch etwas weniger), der Startpunkt höher liegt (auf 3154 m) und die Sessellifte wei-

Santa Fe

⊙ Highlights

◎ Sehenswertes

✪ Aktivitäten, Kurse & Touren

🛏 Schlafen

✖ Essen

⊙ Ausgehen & Nachtleben

⊙ Unterhaltung

🛍 Shoppen

🛏 Schlafen

Motelketten und unabhängige Unterkünfte säumen die Cerrillos Rd. Sowohl im Santa Fe National Forest als auch im Hyde State Park am Hwy 475, der Straße zum Ski Basin, kann man auf ausgebauten Plätzen campen. Weitere Informationen gibt's beim Public Lands Information Center.

★ Silver Saddle Motel   MOTEL $
(☑505-471-7663; www.santafesilversaddlemo tel.com; 2810 Cerrillos Rd; Zi. ab 62 US$; P❄@🌐🐾) Der altmodische (wenn nicht gar kitschige) Motelkomplex im typischen Look der Route 66, 3 Meilen (ca. 5 km) südwestlich der Plaza, bietet von allen hiesigen Budgetunterkünften das beste Preis-Leistungs-Verhältnis. Die Zimmer haben vor der Tür eine Schatten spendende Überdachung aus Holz und im Innern gemütliches Cowboy-Dekor sowie teilweise hübsche geflieste Küchenzeilen. Die Varianten „Kenny Rogers" und „Wyatt Earp" sind besonders empfehlenswert. Im Preis inbegriffen ist ein kontinentales Frühstück.

Rancheros de Santa Fe Campground   CAMPING $
(☑505-466-3482; www.rancheros.com; 736 Old Las Vegas Hwy; Stellplatz Zelt/Wohnmobil/Hütten 25/42/49 US$; ⊙Mitte März–Okt.; 🌐🐾) 8 Meilen (13 km) südöstlich der Plaza, abseits der Ausfahrt 290 des I-25, bietet der Campingplatz schattige große Stellplätze für Zelte und Wohnmobile sowie einfache Waldhütten, hübsche Ausblicke, einen Gemischtwarenladen und kostenloses WLAN. Zudem gehören Warmwasserduschen, güns-

tiger Frühstückskaffee und Filmabende zum Programm.

★ El Paradero   B&B $$
(☑505-988-1177; www.elparadero.com; 220 W Manhattan Ave; Zi. ab 130 US$; P❄@🌐) Alle Zimmer in dem 200 Jahre alten Lehmziegelbau südlich des Flusses sind einzigartig gestaltet und versprühen jede Menge Charakter. Sie haben eigene Bäder, die sich allerdings in zwei Fällen auf der anderen Seite des Flurs befinden. Unsere Favoriten sind die Nr. 6 und 12. Das umfangreiche Frühstück lässt keine Wünsche offen, zudem ist Nachmittagstee im Preis inbegriffen. Vermietet wird auch eine separate Casita, deren zwei Suiten mit Kochecken zu einer kombinierbar sind (350 US$).

Santa Fe Motel & Inn   HOTEL $$
(☑505-982-1039; www.santafemotel.com; 510 Cerrillos Rd; Zi. ab 149 US$, Casitas ab 169 US$; P❄@🌐🐾) Dieses Innenstadthotel nahe dem Railyard ist in der Nachsaison ein echtes Schnäppchen. Dank bunter Fliesen, strahlender Erdtöne und Zinnspiegel versprühen sogar die Motelzimmer das Flair eines typischen Südweststaaten-B&Bs. Die etwas teureren Casitas im Innenhof verfügen über *kiva*-Öfen und kleine Veranden. Das warme englische Frühstück (im Preis enthalten) wird im Sommer im Freien serviert.

El Rey Inn   HOTEL $$
(☑505-982-1931; www.elreyinnsantafe.com; 1862 Cerrillos Rd; Zi. ab 105 US$; P❄@🌐🐾) Dieses klassische Hotel mit Innenhof ist höchst empfehlenswert, dafür sorgen großartige Zimmer und Suiten im südwestlichen Stil,

die sich über einen 2 ha großen Landschaftsgarten verteilen und teilweise mit Kochnischen ausgestattet sind. Neben dem großen Freiluftpool befindet sich zusätzlich ein Whirlpool.

★ **La Fonda** HISTORISCHES HOTEL **$$$**
(☏ 800-523-5002; www.lafondasantafe.com; 100 E San Francisco St; Zi./Suite ab 219/309 US$; P ✻ @ 🛜 🛏) Das schönste historische Hotel der Stadt ist seit Langem als „Inn am Ende des Santa Fe Trail" bekannt. Der weitläufige alte Lehmziegelbau gleich hinter der Plaza wurde kürzlich renoviert, hat sich aber seine gleichsam vornehme und gemütliche Atmosphäre bewahrt. Hierfür sorgen u. a. wunderschöne folkloristische Fenster und Wandbilder. Auf dem Dach über den tollen Luxussuiten befindet sich die Bell Tower Bar mit Traumblicken auf den Sonnenuntergang.

✗ Essen

★ **San Marcos Cafe** NEW MEXICO **$**
(☏ 505-471-9298; www.sanmarcosfeed.com; 3877 Hwy 14; Hauptgerichte 7–10 US$; ⊙ 8–14 Uhr; 🚗) Die zehnminütige Ausfahrt zu diesem bodenständigen Café, das auf halber Strecke südwärts nach Cerrillos am Hwy 14 liegt, lohnt sich: In ländlichem Ambiente gibt's hier die wohl beste rote Chilisauce, die man jemals gekostet hat. Naschkatzen wiederum können sich Desserts wie Apfelkuchen mit Bourbon-Whiskey schmecken lassen. Draußen vor der Tür stolzieren gackernde Truthähne und Pfauen umher. Selbst das dazugehörige Tierfuttergeschäft sorgt für Südweststaatenflair. Am Wochenende besser reservieren!

French Pastry Shop CRÊPERIE **$**
(☏ 505-983-6697; www.thefrenchpastryshop.com; 100 E San Francisco St; Hauptgerichte 6–10 US$; ⊙ 6.30–17 Uhr) Das charmante Café im La Fonda Hotel serviert leckere französische Bistrokost, darunter Crêpes mit verschiedenen Füllungen (z. B. Schinken und Käse oder Erdbeeren und Schlagsahne). Ansonsten gibt's verschiedene Quiches, Sandwiches, Cappuccino und natürlich Backwaren.

Tia Sophia's NEW MEXICO **$**
(☏ 505-983-9880; 210 W San Francisco St; Hauptgerichte 7–10 US$; ⊙ Mo–Sa 7–14, So 8–13 Uhr; 🚗 🛴) Dieser alteingesessene Santa-Fe-Klassiker ist immer rappelvoll, wobei unter den Besuchern schon fast mehr einheimische Künstler und Promis als Touristen sind. Be-

sonders empfehlenswert ist das Frühstück mit tollen Burritos und anderen Southwestern-Klassikern. Aber auch das Mittagessen schmeckt verdammt lecker; unser Tipp: die perfekt zubereiteten *chile rellenos* (gefüllte Chili-Paprika) oder eines der wechselnden Tagesgerichte. Ein Regal voller Kinderbücher vertreibt kleinen Gästen die Zeit.

★ **Jambo Cafe** AFRIKANISCH **$$**
(☏ 505-473-1269; www.jambocafe.net; 2010 Cerrillos Rd; Hauptgerichte 9–16 US$; ⊙ Mo–Sa 11–21 Uhr) Obwohl das afrikanisch inspirierte Café von Jahr zu Jahr größer wird, ist es vom Highway aus nur schwer zu entdecken. Drinnen angekommen, kann man sich unter die vielen Einheimischen mischen, die die unverwechselbaren Currys mit Linsen, Ziegen- oder Hühnerfleisch, die vegetarischen Sandwiches und das Roti-Fladenbrot lieben. Untermalt wird das Ganze von einem lässigen Reggae-Sound.

★ **Cafe Pasqual's** INTERNATIONAL **$$$**
(☏ 505-983-9340; www.pasquals.com; 121 Don Gaspar Ave; Frühstück & Mittagessen 9–16 US$, Abendessen 24–43 US$; ⊙ So–Do 8–15 & 17.30–21.30, Fr & Sa bis 22 Uhr; 🚗 🛴) Wann auch immer man das ungemein farbenfrohe und bodenständige Lokal besucht: Die Küche mit stark mexikanischem Einschlag ist jeden Cent der hohen Preise wert. Auf der berühmten Frühstückskarte stehen *huevos motuleños* mit sautierten Bananen, Fetakäse und weiteren Zutaten. Später am Tag kommen dann hervorragende Hauptgerichte mit Fleisch oder Fisch auf den Tisch. Reservierungen sind nur fürs Abendessen möglich.

★ **Joseph's Culinary Pub** MEDITERRAN **$$$**
(☏ 505-982-1272; www.josephsofsantafe.com; 428 Agua Fria St; ⊙ So–Do 17.30–22, Fr & Sa bis 23 Uhr) Der romantische alte Lehmziegelbau ist eigentlich mehr Spitzenrestaurant als Kneipe. Serviert wird ausschließlich Abendessen. Obwohl es hier auch eine kürzere und erschwinglichere Barkarte gibt, lohnt sich ein längeres Mahl im mit warmen Farbtönen gestalteten Speiseraum. Dort wird aromatische, moderne Mittelmeerküche kredenzt, z. B. knusprige Ente mit französischen Linsen oder Lasagne mit Kaninchenfleisch und Mascarpone.

★ **La Plazuela** NEW MEXICO **$$$**
(☏ 505-982-5511; www.lafondasantafe.com; 100 E San Francisco St, La Fonda de Santa Fe; Mittagessen

11–18 US$, Abendessen 14–32 US$; ☻ Mo–Fr 7–14 & 17–22, Sa & So 7–15 & 17–22 Uhr) Eines der kulinarischen Highlights von Santa Fe ist eine Mahlzeit mit spannendem Sehen-und-Gesehen-Werden im zentralen Atrium des Fonda: Im geschäftigen Ambiente mit farbenfrohem Dekor kommt hier Spitzenküche auf den Tisch. Klassiker wie Fajitas oder Tamales teilen sich die Karte mit modernen Kreationen.

🍷 Ausgehen & Unterhaltung

⭐The Teahouse
CAFÉ

(☎505-992-0972; www.teahousesantafe.com; 821 Canyon Rd; ☻9–21 Uhr; 🛜) Das weitläufige entspannte Café am östlichen Ende der Canyon Rd mit Tischen im Innen- und Außenbereich eignet sich perfekt für eine Pause beim Galeriebummel. Es serviert 160 Teesorten aus aller Welt (natürlich mit Scones), zudem bietet die Speisekarte (Hauptgerichte 11–16 US$) Brunchspeisen mit Ei, Panini und Salate.

Evangelo's
BAR

(200 W San Francisco St; ☻Mo–Sa 12–1.30, So bis 24 Uhr) Die zwanglose Bar mit uriger Atmosphäre heißt jedermann willkommen. Sie akzeptiert nur Barzahlung und ist seit 1971 im Besitz der Familie Klonis (am besten Barkeeper Nick nach dem ungewöhnlichen Grund für die Berühmtheit seines Vaters fragen). Fassbier und Patsy Cline aus der Jukebox bilden einen wunderbaren Gegenpol zum Plaza-Flair. Im passend benannten Kellerclub Underground spielen Livebands aus den Genres Gothic und Alternative.

Bell Tower Bar
BAR

(100 E San Francisco St; ☻Mai–Okt. Mo–Do 15 Uhr–Sonnenuntergang, Fr–So 14 Uhr–Sonnenuntergang, Nov.–April geschl.) Im Sommer ist die Dachbar des Hotels La Fonda der beste Ort, um New Mexicos herrliche Sonnenuntergänge bei großartigen Margaritas zu genießen. Nach Einbruch der Dunkelheit zieht man in die Fiesta Bar in der Hotellobby weiter, wo man den Klängen der Country- oder Folk-Bands lauschen kann.

⭐El Farol
DINNERSHOW

(☎505-983-9912; www.elfarolsf.com; 808 Canyon Rd; Dinnershows 25 US$; ☻Mo–Sa 11–24, So 11–23 Uhr) Die beliebte Restaurant-Bar bietet neben wöchentlichen Dinnershows mit Flamenco jeden Abend Live-Unterhaltung. Dabei stehen u. a. regelmäßige Latin-Soul-Abende auf dem Programm.

⭐Santa Fe Opera
OPER

(☎505-986-5900; www.santafeopera.org; Hwy 84/285, Tesuque; Karten 32–254 US$; Backstage-Führungen Erw./Kind 5 US$/frei; ☻Juni–Aug., Backstage-Führungen Juni–Aug. Mo–Fr 9 Uhr) Viele Besucher kommen nur wegen der Oper nach Santa Fe: Das wunderschöne Theater begeistert mit Rundumblick auf eine Sandsteinwildnis, die von Sonnenuntergängen und Mondaufgängen gekrönt wird. Auf der Bühne geben die weltbesten Talente großartige Meisterwerke zum Besten. Dennoch ist dies immer noch der Wilde Westen: Zuschauer können problemlos Jeans tragen. Shuttles (Online-Reservierung erforderlich) verbinden das Theater mit Santa Fe und Albuquerque.

Lensic Performing Arts Center
DARSTELLENDE KUNST

(☎505-988-7050; www.lensic.com; 211 W San Francisco St) Dieses Theater in einem wunderschön renovierten Kino von 1930 zeigt tourende Produktionen und Filmklassiker. Zudem treten sieben verschiedene Ensembles aus, darunter das Santa Fe Symphony Orchestra & Chorus.

🛍 Shoppen

Geschnitzte heulende Kojoten, Türkisschmuck und hochwertige Kunstwerke – Santa Fe hat Mitbringsel für jedes Budget zu bieten. Auf dem Bürgersteig vor dem Palace of the Governors kann man indianischen Schmuck direkt von den Künstlern kaufen.

⭐Santa Fe Farmers Market
MARKT

(☎505-983-4098; www.santafefarmersmarket. com; Paseo de Peralta & Guadalupe St, Railyard; ☻Sa 8–13 Uhr, plus Mai–Nov. Di; 🅿) In der großen Marktanlage mit Ständen drinnen und draußen stammen die meisten Produkte von traditionell geführten Bio-Betrieben in der Region. Angeboten werden auch hausgemachte Leckereien, günstige Gerichte, natürliche Körperpflegemittel und Kunsthandwerk.

Pueblo of Tesuque Flea Market
MARKT

(☎505-670-2599; www.pueblooftesuquefleamar ket.com; 15 Flea Market Rd; ☻März–Dez. Fr–So 8–16 Uhr) Rund 7 Meilen (11 km) nördlich der Stadt liegt dieser Freiluftmarkt neben der Santa Fe Opera. Die Händler verkaufen alles Mögliche, von hochwertigen Decken, Türkisringen und Kleidungsstücken bis hin zu den besten gebrauchten –also eingelaufenen – Cowboystiefeln des Bundesstaats. Die meisten Stände sind eher kleine Läden. Vereinzelt wird aber immer noch abgefahrener Nippes angeboten.

Kowboyz KLEIDUNG

(☑ 505-984-1256; www.kowboyz.com; 345 W Manhattan Ave; ☺ 10–17.30 Uhr) Dieser Secondhand-Laden verkauft alles, was man für einen echten Cowboylook braucht. Während die T-Shirts günstig sind (12 US$/Stück), muss man für die tollen Stiefel tief in die Tasche greifen. Zur Kundschaft gehören auch Filmrequisiteure, die nach authentischen Western-Outfits suchen.

Travel Bug BÜCHER

(☑ 505-992-0418; www.mapsofnewmexico.com; 839 Paseo de Peralta; ☺ Mo–Sa 7.30–17.30, So 11–16 Uhr; ☎) Der Laden hat eines der wohl größten Angebote an Reiseführern und Karten. Letztere lassen sich bei Bedarf sogar extra als topografische Varianten auf wasserfestem Papier ausdrucken. Einheimische Globetrotter, Autoren und Fotografen erzählen vor Ort gratis über ihre Abenteuer (Sa 17 Uhr). Zum Geschäft gehört auch eine Kaffeebar mit WLAN.

❶ Praktische Informationen

NOTFALL & MEDIZINISCHE VERSORGUNG

Polizei (☑ 505-428-3710; 2515 Camino Entrada)

St. Vincent's Hospital (☑ 505-983-3361; www.stvin.org; 455 St. Michael's Dr; ☺ Notaufnahme 24 Std.)

POST

Post (120 S Federal Pl; ☺ Mo–Fr 8–17.30, Sa 9–16 Uhr)

TOURISTENINFORMATION

New Mexico Visitor Information Center (☑ 505-827-7336; www.newmexico.org; 491 Old Santa Fe Trail; ☺ Mo–Fr 8–17, Sa & So 8–16 Uhr) Freundliches Büro, das im Lamy Building von 1878 mit nützlichen Tipps und Gratiskaffee aufwartet.

Public Lands Information Center (☑ 505-954-2002; www.publiclands.org; 301 Dinosaur Trail; ☺ Mo–Fr 8.30–16 Uhr) Ungemein hilfreiches Zentrum mit Karten und Infos zu öffentlich verwaltetem Land in ganz New Mexico und zu diversen Wandermöglichkeiten.

❶ Anreise & Unterwegs vor Ort

Ein paar Fluglinien bieten tägliche Verbindungen zwischen **Santa Fe Municipal Airport** (SAF; ☑ 505-955-2900; www.santafenm.gov/airport; 121 Aviation Dr) und Dallas, Denver und Los Angeles. In der Vergangenheit wurden diese Flüge allerdings häufig gestrichen (und dann bald wieder aufgenommen). Von Albuquerque (mit dem Auto 1 Std. südlich von Santa Fe) aus gibt's sehr viel mehr Flugverbindungen.

Sandia Shuttle Express (☑ 888-775-5696; www.sandiashuttle.com) pendelt zwischen Santa Fe und dem Albuquerque Sunport (28 US$). **North Central Regional Transit** (☑ 505-629-4725; www.ncrtd.org) bietet werktags einen kostenlosen Shuttlebus nach Espanola. Dort fahren Shuttles nach Taos, Los Alamos, Ojo Caliente und zu anderen Zielen im Norden. Abfahrt bzw. Ankunft in Downtown Santa Fe ist in der Sheridan St nordwestlich der Plaza.

Der Pendlerzug **Rail Runner** (www.nmrailrunner.com) nimmt mehrfach täglich Kurs auf Albuquerque mit Umsteigemöglichkeiten zum Flughafen. Die Fahrt dauert etwa eineinhalb Stunden. **Amtrak** (☑ 800-872-7245; www.amtrak.com) hält in Lamy; die letzten 17 Meilen (27 km) bis Santa Fe legt man mit dem Bus zurück.

Santa Fe Trails (☑ 505-955-2001; www.santafenm.gov; einfache Strecke Erw./Kind 1 US$/frei, Tagesticket 2 US$) betreibt die Nahverkehrsbusse. Ein hiesiges Taxiunternehmen ist **Capital City Cab** (☑ 505-438-0000; www.capitalcitycab.com).

Wer die Strecke zwischen Santa Fe und Albuquerque zurücklegt, sollte möglichst den Hwy 14 nehmen, den Turquoise Trail. Er führt durch die alte Minenstadt und heutige Künstlerkommune Madrid voller Galerien, 28 Meilen (45 km) südlich von Santa Fe.

Rund um Santa Fe

Pueblos

Nördlich von Santa Fe erstreckt sich das Kernland der Pueblo-Kulturen New Mexicos. Folgt man dem Hwy 502 von Pojoaque aus 8 Meilen (13 km) nach Westen, gelangt man in das alte **San Ildefonso Pueblo** (☑ 505-455-2273; www.sanipueblo.org; 10 US$/Fahrzeug, Genehmigung für Foto/Video/Zeichnungen 10/20/25 US$; ☺ 8–17 Uhr), den Geburtsort von Maria Martinez. Sie erweckte 1919 einen speziellen traditionellen Schwarz-Weiß-Töpferstil wieder zum Leben. Im **Maria Poveka Martinez Museum** (☺ Mo–Fr 8–16 Uhr) GRATIS werden die Arbeiten herausragender Töpfer, darunter auch Nachfahren von Maria, verkauft, die im Pueblo arbeiten.

Gleich nördlich von San Ildefonso, am Hwy 30, liegt **Santa Clara Pueblo** mit den **Puyé-Felsbehausungen** (☑ 888-320-5008; www.puyecliffs.com; 300 Hwy 30; Führungen Erw./Kind 20/18 US$; 2 Führungen 35/33 US$; ☺ Füh-

CHIMAYÓ

Das „amerikanische Lourdes", die außerordentlich hübsche Lehmziegelkapelle **El Santuario de Chimayó** (☎ 505-351-9961; www.elsantuariodechimayo.us; ⏱ Okt.–April 9–17 Uhr, Mai–Sept. bis 18 Uhr) mit zwei Türmen, steht mitten in den Bergen der sogenannten High Road östlich des Hwy 84, 28 Meilen (45 km) nördlich von Santa Fe. Sie wurde 1826 an einer Stelle errichtet, an der die Erde wundersame Heilkräfte besitzen soll. Bis heute kommen Gläubige, um *tierra bendita* (heilige Erde) aus einer kleinen Grube im Gebäudeinneren auf schmerzende Körperstellen zu reiben. Während der Karwoche wandern rund 30 000 Pilger von Santa Fe, Albuquerque und anderen Orten nach Chimayó. Das Ganze ist die größte Pilgerprozession der USA. Das Kunstwerk im *santuario* ist für sich genommen einen Besuch wert. Danach kann man sich im **Rancho de Chimayó** (☎ 505-984-2100; www.ranchodechimayo.com; County Rd 98; Hauptgerichte 8–21 US$; ⏱ 11.30–21 Uhr, Nov.–April Mo geschl.) ein Mittag- oder Abendessen schmecken lassen.

rungen stündl. Mai–Sept. 9–17 Uhr, Okt.–April 10–14 Uhr). Hier können Besucher Pueblo-Ruinen an Klippen und auf Mesas besichtigen.

Las Vegas

Nicht zu verwechseln mit dem schillernden Paradiesvogel und Namensvetter in Nevada ist dieses Vegas eine der niedlichsten Städte New Mexicos und zugleich eine der größten und ältesten östlich der Sangre de Cristo Mountains. Die Innenstadt lädt mit ihrer hübschen Old Town Plaza und rund 900 Gebäuden im Southwestern- und viktorianischen Stil, die im National Register of Historic Places aufgeführt sind, zu einem Spaziergang ein.

Das 1882 erbaute und ein Jahrhundert später liebevoll restaurierte elegante **Plaza Hotel** (☎ 505-425-3591; www.plazahotel-nm. com; 230 Old Town Plaza; Zi. inkl. Frühstück ab 54 US$; P ✱ @ 🛜 ✱) ist die beste Unterkunft der Stadt und taucht in dem Film *No Country For Old Men* auf. Gäste können zwischen Zimmern im viktorianischen Stil voller Antiquitäten im Originalgebäude und hellen, modernen Quartieren im neueren Flügel wählen.

Wer einen Koffeinschub braucht, ist im **World Treasures Traveler's Cafe** (☎ 505-426-8638; 1814 Plaza St; Snacks 3–6 US$; ⏱ Mo–Sa 7–19 Uhr; 🛜) direkt an der Plaza richtig. Gegen den großen Hunger wiederum hilft die mexikanische Küche im **El Rialto** (☎ 505-454-0037; 141 Bridge St; Hauptgerichte 7–11 US$; ⏱ Di–Do 10.30–20.30, Fr & Sa bis 21 Uhr, So & Mo geschl.) in der Nähe.

Los Alamos

Das streng geheime Manhattan-Projekt nahm 1943 in Los Alamos seinen Anfang

und verwandelte das verschlafene Nest auf dem Plateau einer Mesa in ein geschäftiges Labor, in dem Superhirne herumtüftelten. Hier, in der „Stadt, die nicht existierte", wurde die erste Atombombe entwickelt, und das unter absoluter Geheimhaltung. Heute versprüht die Stadt faszinierend dynamisches Flair. Wer Lust auf eine Shoppingtour hat, findet T-Shirts mit aufgedrucktem Atompilz neben „La Bomba"-Wein und Büchern zur Pueblo-Geschichte und zu Wanderungen in der Wildnis.

Das **Los Alamos National Laboratory** ist nicht öffentlich zugänglich, denn dort laufen bis heute bahnbrechende Forschungsprojekte. Dafür kann man das interaktive **Bradbury Science Museum** (☎ 505-667-4444; www.lanl.gov/museum; 1350 Central Ave; ⏱ Di–Sa 10–17, So & Mo 13–17 Uhr) GRATIS besuchen, das die faszinierenden Details der atomaren Geschichte zeigt. Das kleine, aber interessante **Los Alamos Historical Museum** (☎ 505-662-6272; www.losalamoshistory.org; 1050 Bathtub Row; ⏱ Mo–Fr 9.30–16.30, Sa & So 11–16 Uhr) GRATIS befindet sich auf dem nahe gelegenen Grundstück der früheren Los Alamos Ranch School; die reine Jungenschule wurde geschlossen, als die Wissenschaftler auf der Bühne auftauchten.

Die hiesigen Wissenschaftler sättigen ihren Hunger im **Blue Window Bistro** (☎ 505-662-6305; www.labluewindowbistro.com; 813 Central Ave; Mittagessen 10–12 US$, Abendessen 10–27 US$; ⏱ Mo–Fr 11–14.30 & 17–20.30, Sa 17–21 Uhr).

Bandelier National Monument

Frühe Pueblo-Indianer lebten in den Felsen des wunderschönen Frijoles Canyon, der heute als Teil des **Bandelier** (www.nps.gov/

band; 12 US$/Fahrzeug; ☺ Sonnenaufgang–Sonnenuntergang; 🚻) geschützt ist. Abenteuerlustige können über Leitern zu uralten Höhlen und Kivas klettern, die bis Mitte des 16. Jhs. genutzt wurden. Die Wanderwege im Park litten stark unter den Überschwemmungen der letzten Jahre, man kann jedoch noch immer auf dem **Juniper Campground** (☎ 877-444-6777; www.recreation.gov; Stellplätze 12 US$) zwischen den Kiefern in der Nähe des Eingangs zum Monument zelten. Von Ende Mai bis Ende Oktober muss man in der Zeit zwischen 9 und 15 Uhr zum Bandelier National Monument einen Shuttle vom **White Rock Visitor Center** (☺ Mai–Sept. 8–18 Uhr, Okt.–April 10–14 Uhr), 11 Meilen (18 km) nördlich den Hwy 4 entlang, nehmen.

Abiquiu

Das spanisch geprägte Dorf Abiquiu (klingt wie „Barbecue") am Hwy 84 liegt eine rund 45-minütige Autofahrt nordwestlich von Santa Fe. Berühmt ist es für die Künstlerin Georgia O'Keeffe, die von 1949 bis zu ihrem Tod 1986 hier lebte und malte. Die traumhafte Landschaft – der Chama River windet sich an Ackerland und spektakulären Felsformationen vorbei – zieht nach wie vor Künstler an. O'Keeffes Lehmziegelhaus ist eingeschränkt für Besucher zugänglich; mindestens dreimal pro Woche werden einstündige **Führungen** (☎ 505-685-4539; www.okeeffemuseum.org; Führungen 35–65 US$; ☺ Juni–Okt. Di–Sa, Mitte März–Mai & Nov. Di, Do & Fr, sonst nach Vereinbarung) angeboten, allerdings sind diese oft Monate im Voraus ausgebucht.

15 Meilen (24 km) weiter nordwestlich erstreckt sich die in vielen Farben leuchtende **Ghost Ranch** (☎ 505-685-1000; www.ghostranch.org; US Hwy 84; empfohlene Spende 3 US$; Tagesticket Erw./Kind 29/14,50 US$; 🚻) auf einem 84 km² großen Gelände. O'Keeffe verbrachte viel Zeit in diesem Zentrum spirituellen Rückzugs. Neben großartigen Wanderwegen bietet es ein **Dinosauriermuseum** (empfohlene Spende 2 US$; ☺ Mo–Sa 9–17, So 13–17 Uhr), einfache **Unterkünfte** (☎ 505-685-4333; www.ghostranch.org; US Hwy 84; Stellplatz Zelt/Wohnmobil 23/27 US$, B inkl. Verpflegung 53 US$, Zi. mit Gemeinschafts-/Privatbad inkl. Frühstück 118/131 US$; 🅿) und Ausritte (ab 50 US$).

Das charmante **Abiquiú Inn** (☎ 505-685-4378; www.abiquiuinn.com; US Hwy 84; Zi. ab 120 US$, Casitas ab 220 US$; 🅿🛜) verteilt sich auf eine weitläufige Anlage mit schattigen Lehmziegelnachbauten. Die geräumigen Casitas haben Küchenzeilen, zudem serviert das hauseigene Restaurant **Cafe Abiquiú** (☎ 505-685-4378; www.abiquiuinn.com; Abiquiú Inn; Frühstück 11 US$, Mittagessen & Abendessen 12–28 US$; ☺ 7–21 Uhr) viele verschiedene Fischgerichte, z. B. Lachs mit Chipotle-Honig-Glasur und Forellen-Tacos.

Ojo Caliente

Das 140 Jahre alte **Ojo Caliente Mineral Springs Resort & Spa** (☎ 505-583-2233; www.ojospa.com; 50 Los Baños Rd; Zi. 139–169 US$, Cottages 179–209 US$, Suite 229–349 US$; ❄🛜) ist einer der ältesten Kurorte des Landes. Die Pueblo-Indianer nutzen die Quellen bereits seit Jahrhunderten. Das Spa liegt 50 Meilen (80 km) nördlich von Santa Fe am Hwy 285 und bietet zehn Becken mit verschiedenen Mineralien (gemeinschaftlich/privat ab 12/30 US$). Zusätzlich zu den netten, wenn auch wenig originellen historischen Hotelzimmern wartet das Resort mit mehreren schicken Suiten in frechen Farben mit Kiva-Feuerstellen und privaten Wasserbecken auf, zudem gibt es Cottages im New-Mexico-Stil. Das **Artesian Restaurant** (www.ojospa.com; Frühstück 7–10 US$, Mittagessen 9–13 US$, Abendessen 16–29 US$; ☺ 7.30–11, 11.30–14.30 & 17–21 Uhr) setzt lokale Bio-Zutaten angemessen in Szene.

Taos

Selbst im Land der Verzauberung sticht Taos mit seiner magischen Szenerie heraus, dafür sorgt das monumentale Umland: Über 3700 m hohe schneebedeckte Gipfel thronen hinter der Stadt, während sich gen Westen ein mit Salbei gesprenkeltes Plateau erstreckt, bevor es über 250 m steil in die Rio Grande Gorge abfällt.

Taos Pueblo, ein Juwel der Lehmsteinarchitektur, gehört zu den ältesten kontinuierlich besiedelten Gemeinden der USA. Die lange Stadtgeschichte reicht von Konquistadoren bis hin zu Cowboys.

Im 20. Jh. entwickelte sich die kleine Stadt zu einem Anziehungspunkt für Künstler, Schriftsteller und kreative Köpfe, darunter D. H. Lawrence und Dennis Hopper. Taos ist nach wie vor ein entspannter, exzentrischer Ort mit klassischer Lehmziegelarchitektur, großartigen Museen, originellen Cafés und exzellenten Restaurants. Die Bevölkerung (5700 Ew.) setzt sich aus Künstlern, Hippies, Anhängern alternativer

Energien und alteingesessenen hispanischen Familien zusammen.

◉ Sehenswertes

Die Museum Association of Taos verkauft einen Pass für 25 US$, der über ein Jahr Zutritt zu fünf Museen gewährt, dem Millicent Rogers Museum, dem Harwood Foundation Museum, dem Taos Art Museum sowie dem Blumenschein Home und der Martínez Hacienda.

★ Millicent Rogers Museum   MUSEUM
(☎ 575-758-2462; www.millicentrogers.org; 1504 Millicent Rogers Rd; Erw./Kind 10/2 US$; ☺April–Okt. 10.10–17 Uhr, Nov.–März Mo geschl.) Das großartige Museum, 4 Meilen (6,5 km) nordwestlich der Plaza, beherbergt die Privatsammlung der Ölerbin und Modeikone Millicent Rogers, die 1947 nach Taos zog. Es zeigt hispanische Volkskunst, Webereien der Navajo und sogar von Rogers selbst entworfenen modernistischen Schmuck. Der Schwerpunkt liegt jedoch auf indianischen Keramiken, vor allem auf den wunderschönen komplett schwarzen Werken, die Maria Martínez aus San Ildefonso Pueblo im 20. Jh. anfertigte.

Martínez Hacienda   MUSEUM
(☎ 575-758-1000; www.taoshistoricmuseums.org; 708 Hacienda Way, abseits der Lower Ranchitos Rd; Erw./Kind 8/4 US$; ☺April–Okt. Mo–Sa 10–17, So 12–17 Uhr, Nov.–März Mo–Di & Do–Sa 10–16 Uhr) Das befestigte Gehöft aus Lehmziegeln wurde 1804 errichtet und liegt 2 Meilen (3 km) südwestlich der Plaza mitten in den Feldern. Einst diente es als Handelsposten für Kaufleute, die zuerst von Mexiko-Stadt aus dem Camino Real Richtung Norden folgten und später dem Santa Fe Trail nach Westen. Die 21 Zimmer säumen einen Innenhof und sind mit den wenigen Besitztümern eingerichtet, die sich selbst eine wohlhabende Familie in der damaligen Zeit gerade noch leisten konnte. Vor Ort finden regelmäßig Kulturveranstaltungen statt.

Harwood Foundation Museum   MUSEUM
(☎ 575-758-9826; www.harwoodmuseum.org; 238 Ledoux St; Erw./Kind 10 US$/frei; ☺April–Okt. Mo–Sa 10–17, So 12–17 Uhr, Nov.–März Mo geschl.) Ein großartiger weitläufiger Lehmziegelkomplex aus der Mitte des 19. Jhs. beherbergt attraktiv präsentierte historische und zeitgenössische Gemälde, Zeichnungen, Drucke, Skulpturen und Fotografien, die vor allem von Künstlern aus dem Norden New

Mexicos stammen. Harwood wurde 1923 gegründet und ist somit das zweitälteste Museum des Bundesstaats. Schwerpunkte sind hiesige hispanische Traditionen und die Taos-Schule des 20. Jhs.

Taos Art Museum & Fechin Institute   MUSEUM
(☎ 575-758-2690; www.taosartmuseum.org; 227 Paseo del Pueblo Norte; Erw./Kind 8 US$/frei; ☺Mai–Okt. Di–So 10–17 Uhr, Nov.–April bis 16 Uhr) 1926 zog der russische Künstler Nicolai Fechin mit 46 Jahren nach Taos – und zwar in dieses Lehmziegelhaus, dessen Inneres er von 1928 bis 1933 mit seinen markanten Schnitzereien im russischen Stil ausschmückte. Das heutige Museum zeigt Fechins Gemälde und Skizzen, seine Privatsammlung und ausgewählte Werke der Taos Society of Artists. Im Sommer finden hier gelegentlich Konzerte mit Kammermusik statt.

Blumenschein Home & Museum   MUSEUM
(☎ 575-758-0505; www.taoshistoricmuseums.org; 222 Ledoux St; Erw./Kind 8/4 US$; ☺April–Okt. Mo–Sa 10–17, So 12–17 Uhr, Nov.–März Mo–Di & Do–Sa 10–16 Uhr) Das wunderschön erhaltene Wohnhaus aus Lehmziegeln (erb. 1797) gibt einen anschaulichen Einblick in das Leben der hiesigen Künstlergemeinde in den 1920er-Jahren. Ernest L. Blumenschein, Gründungsmitglied der Taos Society of Artists, lebte hier mit seiner Frau Mary und seiner Tochter Helen Greene, die auch Künstlerinnen waren. Die Werke und persönlichen Besitztümer der Familienmitglieder lassen alle Räume bis heute sehr lebendig wirken.

San Francisco de Asís Church   KIRCHE
(☎ 575-751-0518; St. Francis Plaza, Ranchos de Taos; ☺Mo–Fr 9–16 Uhr) 4 Meilen (ca. 6,5 km) südlich der Taos Plaza steht gleich abseits des Hwy 68 in Ranchos de Taos diese markante Kirche von 1815. Der Bau ist für die geschwungenen Kurven und rechteckigen Formen seiner massiven Lehmziegelmauern berühmt. Georgia O'Keeffe und Ansel Adams verewigten ihn jeweils mehrmals als Gemälde oder Fotografie. Die Messe wird hier am ersten Samstag des Monats um 18 Uhr sowie meist jeden Sonntag um 7, 9 und 11.30 Uhr gelesen.

Rio Grande Gorge Bridge   BRÜCKE, SCHLUCHT
Rund 12 Meilen (19 km) nordwestlich von Taos überquert diese 1965 fertiggestellte Stahlbrücke 198 m über der Talsohle die Schlucht des Rio Grande. Das schwindeler-

regende 152 m breite Bauwerk, Teil des Hwy 64, ist die siebthöchste Brücke in den USA. Die absolut atemberaubende Aussicht vom Fußgängerweg schweift westwärts über das kahle Taos Plateau sowie in die Tiefe über die schroffen Wände der Schlucht. Auf der östlichen Seite verkaufen Händler verschiedene Souvenirs wie Schmuck und Räucherbündel aus Salbei.

Earthships
ARCHITEKTUR

(☎ 575-613-4409; www.earthship.com; US Hwy 64; Touren ohne Guide 7 US$; ⊙ April–Okt. 9–18 Uhr; Nov.–März 10–16 Uhr) 🌿 Die moderne Pioniergemeinde ist das geistige Kind der Architekten Michael Reynolds. Die 70 Earthships (Erdschiffe) bestehen aus recycelten Materialien wie gebrauchten Autoreifen oder Dosen. Sie sind auf drei Seiten mit Erde bedeckt und heizen bzw. kühlen sich selbst. Zudem produzieren sie ihren eigenen Strom und sammeln ihr eigenes Wasser, während die Bewohner Lebensmittel selbst anbauen. Das Gelände bietet noch Platz für 60 weitere Earthships. Falls möglich, sollte man sich für eine Nacht einquartieren (S. 436), denn die „Führung" ist doch etwas enttäuschend. Das Visitor Center liegt 1,5 Meilen (ca. 2,5 km) westlich der Rio Grande Gorge Bridge am US Hwy 64.

🏃 Aktivitäten

Im Sommer ist **Rafting** ein beliebter Zeitvertreib in der **Taos Box**, jenen steilen Felswänden, die den Rio Grande einrahmen. Zudem locken zahlreiche exzellente **Wander-** und **Mountainbikewege**.

Taos Ski Valley
SKIFAHREN

(www.skitaos.org; Skipass halb-/ganztägig 64/ 77 US$; ⊙ 9–16 Uhr) Die höchste Erhebung misst über 3600 m, und es gibt einen Abhang mit 800 m Höhenunterschied – kein Zweifel, das Taos Ski Valley bietet ein paar der anspruchsvollsten Pisten des Landes, hat sich aber trotzdem entspanntes Flair bewahrt. Mittlerweile dürfen auch Snowboarder die Pisten benutzen.

Los Rios River Runners
RAFTING

(☎ 575-776-8854; www.losriosriverrunners.com; 1033 Paseo Del Pueblo Sur; Trips in der Taos Box 105–125 US$, auf dem Racecourse Erw./Kind 54/ 44 US$, 3-tägige Touren auf dem Chama Erw./Kind 495/375 US$; ⊙ 8–18 Uhr) Zum Angebot gehören halbtägige Trips auf dem Racecourse, die auch in Einer- oder Zweier-Kajaks möglich sind, Tagestouren in der Box (Mindestalter

---

TAOS PUEBLO

New Mexicos außergewöhnlichste und schönste indianische Stätte, das **Taos Pueblo** (☎ 575-758-1028; www.taospueblo.com; Taos Pueblo Rd; Erw./Kind 16 US$/ frei; ⊙ Mo–Sa 8–16, So 8.30–16 Uhr; Mitte Feb.–Mitte April geschl.), liegt knapp 5 km nordöstlich der Taos Plaza und ist seit fast 1000 Jahren ununterbrochen bewohnt. Herzstück sind zwei fünfstöckige Lehmziegelkomplexe, die wohl um das Jahr 1450 vollendet wurden. Heutige Besucher kommen also in den Genuss desselben spektakulären Anblicks wie New Mexicos früheste spanische Entdecker. Führungen geben Einblicke in die Geschichte des Pueblos, zudem können Teilnehmer hübschen Schmuck, Keramik und anderes Kunsthandwerk erstehen.

Zwischen Februar und April ist das Pueblo für zehn Wochen geschlossen. Auch während Zeremonien und Veranstaltungen im restlichen Jahr ist es nicht für Besucher zugänglich. Über genaue Termine informiert die Website.

12 Jahre) und mehrtägige Ausflüge auf dem malerischen Chama. Beim „Native Cultures Feast and Float" (85 US$) unter Leitung eines indianischen Guides gehört ein hausgemachtes Mittagessen bei einer einheimischen Pueblo-Familie zum Programm. Am Wochenende sind die Preise etwas höher.

🛏 Schlafen

⭐ Doña Luz Inn
B&B $

(☎ 575-758-9000; www.stayintaos.com; 114 Kit Carson Rd; Zi. 94–229 US$; ❄@🐾📶) Das witzig-originelle B&B in zentraler Lage wurde liebevoll vom Besitzer Paul Castillo gestaltet. Die farbenfrohen Themenzimmer sind z. B. im spanischen Kolonialstil oder indianisch gehalten und bieten jede Menge Kunst, Wandmalereien, Artefakte, Lehmziegelkamine, Küchenzeilen und Whirlpools. Das gemütliche La-Luz-Zimmer bietet das beste Preis-Leistungs-Verhältnis der Stadt, zudem gibt es größere Luxussuiten.

Abominable Snowmansion
HOSTEL $

(☎ 575-776-8298; www.snowmansion.com; 476 Hwy 150; Stellplatz Zelt/B/Tipi 22/27/55 US$, Zi. ohne/mit Bad 50/55 US$; 🅿@🐾📶🐾) Das beliebte und preiswerte Hostel im Herzen von

Arroyo Seco im Hochland ist eine gemütliche Alternative zu den teureren Unterkünften in Taos. Ein großer Rundkamin in der zentralen Lodge wärmt Gäste im Winter, zudem gibt es eine Gemeinschaftsküche, saubere, wenn auch etwas abgewohnte Privatzimmer, einfache Schlafsäle, einen wunderbaren Zeltplatz und im Sommer sogar ein Tipi.

★ **Earthship Rentals** BOUTIQUE-HOTEL **$$**
(☎ 575-751-0462; www.earthship.com; US Hwy 64; Earthship 145–350 US$; 🛜🐾) 🌿 Lust auf eine autarke Boutique-Bleibe mit Solarstrom? Die futuristischen Gebilde aus recycelten Autoreifen und Aluminiumdosen – alles unsichtbar verbaut – sind teils Vision à la Gaudí, teils schrille Space-Age-Fantasie. 14 Meilen (22,5 km) nordwestlich der Stadt auf einem wunderschönen Tafelberg gelegen, bieten sie ein einzigartiges Erlebnis, das in Taos seinesgleichen sucht. Auch Gäste ohne Reservierung sind willkommen.

★ **Historic Taos Inn** HISTORISCHES HOTEL **$$**
(☎ 575-758-2233; www.taosinn.com; 125 Paseo del Pueblo Norte; Zi. ab 105 US$; 🅿🞖🛜) Die 45 Zimmer des charmanten, stets gut besuchten alten Gästehauses versprühen jede Menge Flair, dafür sorgt die Einrichtung im Südweststaatenstil mit massiven Holzelementen und Lehmziegelkaminen, die aber teilweise nur Dekozwecken dienen. In der berühmten Adobe Bar im gemütlichen zentralen Atrium wird jeden Abend Livemusik gespielt. Wer etwas ruhiger schlafen möchte, wählt besser ein Zimmer in einem der separaten Flügel. Es gibt ein gutes Restaurant.

✖ Essen

Michael's Kitchen NEW MEXICO **$**
(☎ 575-758-4178; www.michaelskitchen.com; 304c Paseo del Pueblo Norte; Hauptgerichte 7–16 US$; ⏰ Mo–Do 7–14.30, Fr–So bis 20 Uhr; 🌢) Einheimische und Touristen zieht es gleichermaßen in diesen alten Klassiker. Das liegt an der großen Speiseauswahl, dem verlässlich guten Essen, der kinderfreundlichen Atmosphäre und den Leckereien aus der hauseigenen Bäckerei. Zudem ist das Frühstück das beste der Stadt. Morgens trifft man hier eventuell den einen oder anderen Hollywood-Promi, der sich einen Burrito mit Chilisauce genehmigt.

El Gamal NAHÖSTLICH **$**
(☎ 575-613-0311; 12 Doña Luz St; Hauptgerichte 7–12 US$; ⏰ Mo–Mi 9–17, Do–Sa 9–21, So 11–15 Uhr; 🛜🌢🌢) Vegetarier, aufgepasst: Dieses legere nahöstliche Lokal mit Billardtisch und Gratis-WLAN kocht komplett fleischfrei. Die Falafel erfüllen vielleicht nicht ganz das selbst gesteckte Ziel, dem Weltfrieden zu dienen, in dem sie „das Bewusstsein und die Geschmacksknospen erweitern", dennoch sind sie lecker. Im hinteren Bereich gibt es ein Kinderspielzimmer mit jeder Menge Spielzeug.

★ **Love Apple** NEW MEXICO **$$**
(☎ 575-751-0050; www.theloveapple.net; 803 Paseo del Pueblo Norte; Hauptgerichte 14–25 US$; ⏰ Di–So 17–21 Uhr) Von den Räumlichkeiten der umgebauten Placitas Chapel aus dem 19. Jh. bis hin zum leckeren Essen, das größtenteils aus Bio-Zutaten besteht: Das Love Apple ist ein echtes Juwel, das man nur in New Mexico findet. Die gesamte Küche ist von regionalen Aromen geprägt. Dies gilt für die Rindfleischburger mit roter Chilisauce und Blauschimmelkäse ebenso wie für die Tamales mit Mole-Sauce oder das Wildschweinfilet. Das dezente rustikal-sakrale Ambiente verstärkt das kulinarische Erlebnis noch weiter. Reservierung ratsam.

★ **Lambert's** MODERN-AMERIKANISCH **$$$**
(☎ 505-758-1009; www.lambertsoftaos.com; 123 Bent St; Mittagessen 9–19 US$; Abendessen 18–39 US$; ⏰ Mitte Mai–Mitte Sept. 12–14 & 17.30–21 Uhr, Mitte Mai–Mitte Mai Mo–Sa 17.30–21, So 10–14 Uhr; 🌢🌢) Das Lambert's wird immer wieder als bestes Restaurant in Taos gepriesen. Auch nach seinem kürzlichen Umzug in einen charmanten alten Lehmziegelbau nördlich der Plaza ist alles beim Alten geblieben: ein gemütlicher und romantischer Einheimischentreff, dessen Gäste bei opulenter zeitgenössischer Küche entspannen. Die Palette der Hauptgerichte reicht von Miniburgern mit gegrilltem Schweinefleisch zum Mittagessen bis hin zu Enchiladas mit Hühnchen und Mango sowie Colorado-Lammkarree am Abend.

🍷 Ausgehen & Unterhaltung

Adobe Bar BAR
(☎ 575-758-2233; Historic Taos Inn, 125 Paseo del Pueblo Norte; ⏰ 11–23 Uhr; Musik 19–22 Uhr) Die Adobe Bar hat das gewisse Etwas: Jeden Abend scheint hier irgendwann ganz Taos aufzutauchen, um bei Livemusik (Bluegrass, Jazz etc.; keine Coverversionen) und den berühmten „Cowboy Buddha"-Margaritas in der gemütlichen Atmosphäre des überdachten Atriums entspannen. Wer länger bleibt,

kann auch jederzeit Gerichte von der günstigen Barkarte bestellen.

Coffee Spot   CAFÉ

(☑575-758-8556; 900 Paseo del Pueblo Norte; ☺7–17 Uhr) Die große Café-Bäckerei in einem baufälligen Haus ist sehr beliebt und serviert den ganzen Tag über Frühstück (wie wär's mit Taos Eggs Benedict mit Chilisauce?), außerdem Espresso, Säfte, Smoothies, Salate und viele glutenfreie Speisen. Angelockt vom Gratis-WLAN machen es sich die Einheimischen im großen Innenraum und auf der sonnigen Terrasse gemütlich.

KTAO Solar Center   LIVEMUSIK

(☑575-758-5826; www.ktao.com; 9 Ski Valley Rd; ☺Bar So–Do 16–21, Fr & Sa bis 23 Uhr) Am Anfang der Ski Valley Rd teilt sich der beste Livemusik-Laden von Taos ein Gebäude mit dem sehr beliebten Radiosender KTAO 101,9 FM. Einheimische Bands sorgen hier ebenso für Stimmung wie Künstler auf Tour. Wenn gerade keine Konzerte stattfinden, können Besucher die DJs der „leistungsstärksten Solarradiostation der Welt" bei der Arbeit beobachten und dabei die Happy Hour an der Bar genießen.

🔒 Shoppen

Taos ist seit jeher ein Mekka für Künstler, davon zeugt eine große Zahl von Galerien und Ateliers in der und rund um die Stadt. Eigenständige Geschäfte und Galerien säumen die Fußgängerzone John Dunn Shops (www.johndunnshops.com) zwischen der Bent St und der Taos Plaza. Dort findet man auch den gut sortierten Moby Dickens Bookshop (☑575-758-3050; www.mobydickens.com; 124a Bent Street; ☺Mo–Mi 10–17, Do–Sa 10–18, So 12–17 Uhr).

Auf der Suche nach klassischen Western-Memorabilien kann man gleich östlich der Plaza in der El Rincón Trading Post (☑575-758-9188; 114 Kit Carson Rd; ☺10–17 Uhr) vorbeischauen.

ℹ️ Praktische Informationen

Taos Visitor Center (☑575-758-3873; http://taos.org; 1139 Paseo del Pueblo Sur; ☺9–17 Uhr; 📷) Das hervorragende Visitor Center bietet alle möglichen Informationen zum Norden New Mexicos und schenkt Gratiskaffee aus. Das gesamte Material, z. B. der umfangreiche *Taos Vacation Guide*, ist auch online erhältlich.

ℹ️ An- & Weiterreise

Von Santa Fe aus folgt man entweder der malerischen „High Road" (Höhenstraße) – den Hwys 76 und 518 –, die von Galerien, Dörfern und anderen sehenswerten Attraktionen gesäumt ist, oder man nimmt den Hwy 68 durch die hübsche Flusslandschaft des Rio Grande.

North Central Regional Transit (☑866-206-0754; www.ncrtd.org) bietet werktags einen kostenlosen Shuttlebus-Service nach Espanola, wo Anschluss nach Santa Fe und zu anderen Zielen besteht. **Taos Express** (☑575-751-4459; www.taosexpress.com) verkehrt am Wochenende ab Santa Fe (10 US$).

Nordwestliches New Mexico

Der Nordwesten New Mexicos heißt nicht umsonst „Indian Country": Große Teile des Landes gehören den Apachen sowie den Navajo-, Pueblo-, Zuni- und Laguna-Indianern. Neben bemerkenswerten uralten Stätten gibt es hier einsame indigene Siedlungen und farbenfrohes Ödland.

Farmington & Umgebung

Farmington ist die größte Stadt im Nordwesten New Mexicos und eignet sich gut als Basis für Entdeckungstouren ins Four-Corners-Gebiet (Vierländereck). Das Visitors Bureau (☑505-326-7602; www.farmingtonnm.org; 3041 E Main St; ☺Mo–Sa 8–17 Uhr) hat genauere Infos.

Shiprock, ein 518 m hoher Vulkanschlot, ragt düster über die Landschaft im Westen empor. Er diente den angelsächsischen Pionieren als Orientierungspunkt und ist den Navajo heilig.

14 Meilen (23 km) nordöstlich von Farmington wartet das ca. 11 ha große Aztec Ruins National Monument (☑505-334-6174; www.nps.gov/azru; 84 Ruins Rd; Erw./Kind 5 US$/frei; ☺Sept.–Mai 8–17 Uhr, Juni–Aug. bis 18 Uhr) mit der größten nachgebauten Kiva des Landes auf; sie hat einen Innendurchmesser von fast 15 m. Ein paar Schritte entfernt kann man seine Fantasie schweifen lassen, wenn man unter niedrigen Türrahmen hindurchschlüpft und die dunklen Räume der West Ruin durchwandert.

Etwa 35 Meilen (56 km) südlich von Farmington über den Hwy 371 erstreckt sich die ursprüngliche Bisti Badlands & De-Na-Zin Wilderness, eine psychedelische, surreale Landschaft mit eigentümlichen, farbenfrohen Steinformationen, die in den Stunden vor Sonnenuntergang besonders schön anzusehen sind. Wer sich für Wüsten interessiert, sollte sich das nicht entgehen lassen!

Infos erhält man beim **BLM Office** (☑505-564-7600; www.nm.blm.gov; 6251 College Blvd; ⊙Mo–Fr 7.45–16.30 Uhr) in Farmington.

Das hübsche **Silver River Adobe Inn B&B** (☑575-325-8219; www.silveradobe.com; 3151 W Main St; Zi. 115–175 US$; ❉☎) mit drei Zimmern ist eine Oase der Ruhe und liegt zwischen Bäumen entlang des San Juan River.

Dem hippen **Three Rivers Eatery & Brewhouse** (☑505-324-2187; www.threerivers brewery.com; 101 E Main St; Hauptgerichte 9–32 US$; ⊙11–21 Uhr; ♿) gelingt es trendy und kinderfreundlich zugleich zu sein. Neben guten Steaks gibt es Kneipenkost und Bier aus eigener Herstellung. Das mit Abstand beste Restaurant der Stadt!

Chaco Culture National Historic Park

Dieser faszinierende **Park** (www.nps.gov/chcu; 8 US$/Auto; ⊙7 Uhr–Sonnenuntergang) besticht durch riesige Bauten der frühen Pueblo-Indianer in einer isolierten Hochwüstenumgebung und liefert Beweise für eine 5000-jährige Besiedlungsgeschichte. Zu ihrer Blütezeit war die Gemeinde im Chaco Canyon ein bedeutendes Handels- und Zeremonialzentrum, und die Stadt, die die Pueblo-Indianer hier gründeten, war hoch entwickelt, was Grundriss und Design betrifft. Das berühmte, zentral gelegene Pueblo Bonito umfasst vier Ebenen und hatte wohl zwischen 600 und 800 Räume. Die Rundstrecke durch den Park kann man auf eigene Faust abfahren. Außerdem gibt's mehrere **Wanderwege durchs Hinterland**. Wer sich für Sterne interessiert, kann sich die abendlichen astronomischen Präsentationen im Sommer ansehen.

Der Park liegt in einer abgeschiedenen Gegend, rund 80 Meilen (129 km) südlich von Farmington, weitab jeglichen öffentlichen Nahverkehrs (nur über Schotterpisten erreichbar). Der **Gallo Campground** (☑877-444-6777; www.recreation.gov; Stellplätze 15 US$) befindet sich 1 Meile (1,6 km) östlich des Visitor Center. Es gibt keine Anschlüsse für Wohnwagen.

Chama

9 Meilen (14 km) südlich der Grenze zu Colorado stößt man auf die **Cumbres & Toltec Scenic Railway** (☑888-286-2737; www.cumbres toltec.com; Erw./Kind 2–12 Jahre ab 95/49 US$; ⊙Ende Mai–Mitte Okt.) in Chama, die längste

(64 Meilen/103 km) und höchste Eisenbahnstrecke für eine authentische Schmalspur-Dampflokomotive (sie führt über den 3053 m hohen Cumbres Pass) in den USA. Die Fahrt durch die Berge, Canyons und die Hochwüste ist wunderschön, vor allem im September und Oktober, wenn sich das Laub verfärbt. Das Mittagessen ist im Preis enthalten, und viele Ausflüge sind für Kinder kostenlos. Näheres findet man auf der Website.

Nordöstliches New Mexico

Östlich von Santa Fe weichen die Sangre de Cristo Mountains ausgedehnten Ebenen. Staubige Grasflächen erstrecken sich bis zum Horizont und noch weiter, bis nach Texas. Das platte Land wird von Vulkankegeln unterbrochen, und allenthalben stößt man auf Rinder- und Dinosaurierspuren. Die Viehzucht ist eine der wichtigsten Säulen der lokalen Wirtschaft, und auf vielen Straßen sieht man mehr Kühe als Autos.

Der Santa Fe Trail, dem die Pioniere mit ihren Planwagenzügen folgten, verlief von New Mexico nach Missouri. An manchen Stellen abseits der I-25 zwischen Santa Fe und Raton kann man noch die Spurrillen erkennen.

Cimarron

Cimarron gehörte einst zu den gefährlichsten Pflastern im Wilden Westen; der spanische Name bedeutet zu deutsch „wild". Es heißt, dass Mord in den 1870er-Jahren an der Tagesordnung war und es eine Schlagzeile wert war, wenn mal zur Abwechslung nichts geschehen war. Eine Zeitung titelte z.B.: „Alles ruhig in Cimarron. Seit drei Tagen wurde niemand ermordet."

Heute ist die Stadt ruhig und lockt vor allem Naturliebhaber und Outdoor-Fans an. Wer von Taos aus nach Cimarron fährt, passiert den wunderschönen **Cimarron Canyon State Park**, eine Schlucht mit steil aufragenden Wänden und verschiedenen Wanderwegen, tollen Angelmöglichkeiten und einem Campingplatz.

Übernachten kann man aber auch im **St. James** (☑888-376-2664; www.exstjames.com; 617 Collison St; Zi. 85–135 US$; ❉☎). In dem Hotel von 1872 spukt es; ein Zimmer ist so verwunschen, dass es nie vermietet wird! Viele Legenden des Westens gehörten zu den Gästen, z.B. Buffalo Bill, Annie Oakley,

Wyatt Earp sowie Jesse James, und an der Rezeption gibt's eine lange Liste, die darüber informiert, wer wen in der Hotelbar erschossen hat.

Capulin Volcano National Monument

Von den diversen Vulkanen in der Gegend ist der 400 m über der Hochebene aufragende **Capulin** (☎ 575-278-2201; www.nps.gov/cavo; Wagen 5 US$; ☉ Juni–Aug. 8–17, Sept.–Mai bis 16.30 Uhr) der am einfachsten zugängliche. Vom Visitor Center schlängelt sich eine 2 Meilen (3 km) lange Straße bergauf zu einem Parkplatz am Kraterrand (2494 m); Wanderwege führen am Rand entlang und in den Krater hinein. Der Eingang befindet sich 3 Meilen (5 km) nördlich vom Dorf Capulin, das 30 Meilen (48 km) östlich von Raton liegt (den Hwy 87 nehmen!).

Südwestliches New Mexico

Das Rio Grande Valley erstreckt sich von Albuquerque bis zu den blubbernd heißen Thermalquellen von Truth or Consequences und darüber hinaus. Bevor der Fluss die Grenze nach Texas erreicht, versorgt er einen der größten landwirtschaftlichen Schätze New Mexicos mit Wasser: Hatch, die „Chili-Hauptstadt der Welt". Die erste Atomwaffe detonierte an der Trinity Site, in der knochentrockenen Wüste östlich des Rio Grande.

Im Westen erstreckt sich der zerklüftete Gila National Forest, ein wildes Terrain für Rucksackwanderungen und Angelabenteuer. Die südlichen Hänge der Berge laufen in der Chihuahua-Wüste aus. Dort liegt Las Cruces, die zweitgrößte Stadt von New Mexico.

Truth or Consequences & Umgebung

Das unkonventionelle Städtchen verströmt exzentrische Lebensfreude. Es entstand in den 1880er-Jahren bei natürlichen Thermalquellen. Der ursprüngliche (und passende) Name Hot Springs wurde 1950 in Truth or Consequences („T or C") geändert, einer damals beliebten Radioquizshow. Heutzutage sorgen der Vorstandvorsitzende von Virgin Galactic, Richard Branson, und andere Weltraumvisionäre für Schlagzeilen: Sie treiben die Entwicklung des nahe gelegenen **Spaceport America** voran; von dort aus sollen bald wohlhabende Weltraumtouristen ins All fliegen.

Rund 60 Meilen (97 km) nördlich der Stadt überwintern Kanadakraniche und Schneegänse auf den Feldern und Marschen des 233 km² großen **Bosque del Apache National Wildlife Refuge** (www.fws.gov/refuge/bosque_del_apache; 5 US$/Fahrzeug; ☉ Sonnenaufgang–Sonnenuntergang).

🍴 Schlafen & Essen

⭐ **Riverbend Hot Springs**　BOUTIQUE-HOTEL **$**
(☎ 575-894-7625;　www.riverbendhotsprings.com; 100 Austin St; Zi./Suite ab 70/105 US$; ❀ 🅿 🛜) Das charmante Hotel wartet mit einer tollen Lage neben dem Rio Grande auf und ist das einzige vor Ort mit Außenwhirlpools am Fluss; diese sind gefliest, überdacht und einfach traumhaft. Einheimische Künstler haben die Zimmer farbenfroh dekoriert, wobei die Auswahl von motelartigen Quartieren bis zu einer Suite mit drei Schlafzimmern reicht. Gäste können die Gemeinschaftsbecken gratis benutzen, für Privatbecken werden hingegen 10 US$ fällig.

Blackstone Hotsprings　BOUTIQUE-HOTEL **$**
(☎ 575-894-0894;　　www.blackstonehotsprings. com; 410 Austin St; Zi. 75–135 US$; 🅿 ❀ 🛜) Blackstone verbindet die hiesige Mentalität mit einem Hauch von Luxus. Die sieben Themenzimmer sind jeweils einer anderen klassischen Fernsehserie gewidmet, darunter die *Jetsons*, die *Golden Girls* und *I Love Lucy*. Absolutes Highlight: In jedem Zimmer werden eine übergroße Wanne oder ein künstlicher Wasserfall von den Thermalquellen gespeist.

Passion Pie Cafe　CAFÉ **$**
(☎ 575-894-0008;　http://deepwaterfarm.com; 406 Main St; Frühstück & Hauptgerichte mittags 5–10 US$, Pizzas 13–18 US$; ☉ tgl. 7–15 sowie Fr & Sa 16–21.30 Uhr) Durch die Fenster des Espressocafés kann man beobachten, wie T or C in den Morgen startet. Dabei empfehlen sich Frühstückswaffeln wie die Varianten „Elvis" mit Erdnussbutter oder „Fat Elvis" mit Erdnussbutter und Speck. Später kommen dann viele gesunde Salate und Sandwiches auf den Tisch. Freitag- und samstagabends gibt's zusätzlich Pizza.

Latitude 33　FUSION **$$**
(☎ 575-740-7804; 334 S Pershing St; Hauptgerichte 8–16 US$; ☉ Mo–Sa 11–20 Uhr) Zwischen

ABSTECHER

INS ALL LAUSCHEN

Hinter der Stadt Magdalena am Hwy 60, 130 Meilen (ca. 208 km) südwestlich von Albuquerque, befindet sich die eindrucksvolle Radioteleskopanlage **Very Large Array** (VLA; ☑ 505-835-7243; www.nrao.edu; beim Hwy 52; ⊘ 8.30 Uhr–Sonnenuntergang) GRATIS mit 27 riesigen Satellitenschüsseln, die wie gigantische Pilze aus dem Boden der Hochebene sprießen. Nachdem man sich einen kurzen Film im Visitor Center angesehen hat, kann man sich den Komplex zu Fuß in Eigenregie ansehen und dabei auch einen Blick durchs Fenster des Kontrollgebäudes werfen.

den beiden Hauptstraßen in der Innenstadt serviert das entspannte, freundliche Bistro hervorragende preisgünstige Gerichte aus Asien. Würzige Erdnussnudeln kosten mittags 8 US$ und abends 10 US$.

Las Cruces & Umgebung

In der zweitgrößten Stadt New Mexicos befindet sich die New Mexico State University (NMSU), aber es gibt nur überraschend wenig Sehenswertes für Besucher.

⊙ Sehenswertes

Für viele ist der Besuch des benachbarten **Mesilla** (auch als Old Mesilla bekannt) das Highlight eines Aufenthalts in Las Cruces. Wenn man sich ein paar Querstraßen von der Plaza in Old Mesilla entfernt, kann man sich einen Eindruck von der Essenz einer typischen Stadt im Südwesten aus dem 19. Jh. mit hispanischer Tradition verschaffen.

★ **New Mexico Farm & Ranch Heritage Museum**   MUSEUM
(☑ 575-522-4100; www.nmfarmandranchmuseum. org; 4100 Dripping Springs Rd; Erw./Kind 5/2 US$; ⊘ Mo-Sa 9–17, So 12–17 Uhr; ♿) Das großartige Museum zeigt nicht nur interessante Ausstellungen zu New Mexicos Landwirtschaftsgeschichte, sondern auch lebendes Nutzvieh. Auf den Koppeln der bewirtschafteten Farm tummeln sich neben verschiedenen Rinderrassen auch Pferde, Esel, Schafe und Ziegen. Um die Tier kümmern sich wortkarge Cowboys, die Besuchern kaum zusätzliche Infos verraten, aber dem Ganzen Authentizität verleihen. Für 450 US$

kann man sich hier sogar ein Pony kaufen. Einmal täglich gibt es Melkvorführungen, einmal pro Woche werden zudem Schmiedehandwerk, Wollspinnen, Weben und traditionelles Kochen gezeigt.

White Sands Missile Test Center Museum   MUSEUM
(☑ 575-678-8800; www.wsmr-history.org; ⊘ Mo-Fr 8–16, Sa 10–15 Uhr) GRATIS 25 Meilen (40 km; über den Hwy 70) östlich von Las Cruces wird hier New Mexicos militärtechnologische Geschichte beleuchtet. Das Museum liegt inmitten der White Sands Missile Range, die seit 1945 ein bedeutendes Gelände für Raketentests ist. Zu sehen gibt's einen Raketengarten, eine echte V-2 und viele Objekte, die der Landesverteidigung dienen. Besucher müssen vor dem Tor des Test Centers parken und sich vor dem Hineingehen bei der Verwaltung anmelden.

🛏 Schlafen

★ **Best Western Mission Inn**   MOTEL $
(☑ 575-524-8591; www.bwmissioninn.com; 1765 S Main St; Zi. ab 69 US$) Das Kettenmotel am Straßenrand ist wirklich außergewöhnlich: Die geräumigen, komfortablen Zimmer sind wunderschön mit hübschen Fliesen, Steinelementen und bunten Schablonenmustern gestaltet. Zudem stimmen hier auch die Preise.

★ **Lundeen Inn of the Arts**   B&B $$
(☑ 505-526-3326; www.innofthearts.com; 618 S Alameda Blvd, Las Cruces; Zi. inkl. Frühstück 82 US$, Suite ab 99 US$; P ❄ 🤍 🤍 🤍) Der große, einfach reizende Gasthof im mexikanischen Territorialstil ist rund 100 Jahre alt. Die 20 Gästezimmer sind individuell im Stil eines einheimischen Architekten gestaltet und das B&B ist auch nach diesem benannt. Ein Hingucker ist die hohe Zinndecke im Hauptraum. Die Eigentümer Linda und Jerry offerieren eine formvollendete Gastfreundschaft, die heutzutage selten geworden ist.

🍴 Essen

Nellie's Cafe   MEXIKANISCH $
(☑ 575-524-9982; 1226 W Hadley Ave; Hauptgerichte 5–9 US$; ⊘ Di-Sa 8–14 Uhr) Unter dem Motto „Chile with an Attitude" serviert das von Einheimischen geschätzte Nellie's seine selbst gemachten Burritos, *chile rellenos* und Tamales bereits seit Jahrzehnten. Der Laden ist zwar klein und schlicht, kommt dafür aber mit seinen pikanten Köstlichkeiten ganz groß raus.

★ **Double Eagle Restaurant**   STEAK $$$
(☑575-523-6700; www.double-eagle-mesilla.com; 308 Calle de Guadalupe; Hauptgerichte 23–49 US$; ☺Mo–Sa 11–22, So 12–21 Uhr) Dieses Restaurant an der Plaza ist im National Register of Historic Places eingetragen. Als glorreiches Beispiel für Wildwest-Opulenz kombiniert es dunkles Holz und Samtvorhänge mit einer tollen alten Bar. Im Hauptspeiseraum werden leckere europäische und Southwestern-Gerichte serviert (vor allem Steaks). Das zwanglosere Peppers im Innenhof tischt angeblich den weltweit größten Cheeseburger mit grüner Chilisauce (25 US$) auf.

❶ Praktische Informationen

Las Cruces CVB (☑575-541-2444; www.lascrucescvb.org; 211 N Water St) Hilfreiches Büro mit allen möglichen Besucherinfos.

❶ An- & Weiterreise

Busse von **Greyhound** (☑575-524-8518; www.greyhound.com; 800 E Thorpe Rd, Chucky's Convenience Store) verkehren entlang der zwei Interstate-Korridore (I-10 & I-25). Zu den täglichen Verbindungen gehören Albuquerque (14 US$, 3½ Std.), Roswell (38 US$, 4 Std.) und El Paso (10 US$, 1 Std.).

Silver City & Umgebung

In Silver City, 113 Meilen (182 km) nordwestlich von Las Cruces, ist der Geist des Wilden Westens noch lebendig, und es würde einen nicht groß wundern, wenn plötzlich Billy the Kid höchstpersönlich (er wuchs hier auf) vorbeispazieren würde. Die Zeiten haben sich dennoch geändert: Das Cowboy- und Trapper-Flair wird mehr und mehr von Kunstgalerien, Cafés und Eisdielen überlagert.

Silver City ist außerdem die Ausgangsbasis für Outdoor-Aktivitäten im **Gila National Forest**, dessen wildes abgeschiedenes Terrain sich für Skilanglauf, Wandern, Campen und Angeln anbietet. Eine verschlungene 42 Meilen (68 km) lange Straße führt über zwei Autostunden nach Norden zum **Gila Cliff Dwellings National Monument** (www.nps.gov/gicl; Eintritt 3 US$; ☺Rundweg 9–16 Uhr, Visitor Center bis 16.30 Uhr), das im 13. Jh. von den Mogollon bewohnt wurde. Die rätselhaften und relativ abgeschieden gelegenen Felsbehausungen sind über einen 1,5 km langen Rundweg zu erreichen und sehen noch genauso aus wie zur Wende des 1. Jahrtausends. Wer sich für Piktogram-

me interessiert, sollte am Lower Scorpion Campground anhalten und dem kurzen markierten Pfad folgen.

Eigentümlich abgerundete Monolithen machen den **City of Rocks State Park** (☑575-536-2800; www.nmparks.com; Hwy 61; Tagesgebühr 5 US$, Stellplatz Zelt/Wohnmobil 8/14 US$) zu einer faszinierenden Spielwiese. Zwischen den Gesteinsformationen kann man wunderbar zelten; Tische und Feuerstellen sind vorhanden. Besonders tolle Felsen stehen am Stellplatz 43 („The Lynx" – der Luchs). Um hierher zu kommen, folgt man 33 Meilen (53 km) südöstlich von Silver City dem Hwy 180 und dann dem Hwy 61.

Wer einen Einblick in die Architekturgeschichte von Silver City bekommen möchte, sollte in einem der 22 Zimmer des **Palace Hotel** (☑575-388-1811; www.silvercitypalacehotel.com; 106 W Broadway; Zi. ab 51 US$; ❇🕾) übernachten. Es versprüht den unaufdringlichen Charme des frühen 20. Jhs. (keine Klimaanlage, ältere Ausstattung) und ist genau das Richtige, wenn man keine Lust mehr auf langweilige Motelketten hat.

Zu den kulinarischen Optionen in der Innenstadt gehören das gemütlich-legere Café **Javalina** (☑575-388-1350; 201 N Bullard St; Gebäck ab 2 US$; ☺So–Do 6–18, Fr & Sa bis 21 Uhr; 🕾) und das **Curious Kumquat** (☑575-534-0337; http://curiouskumquat.com; 111 E College Ave; Hauptgerichte mittags 7–8 US$, Hauptgerichte abends 17–23 US$; ☺Di–Sa 11–16.30 & 17.30–20.30 Uhr), ein bekanntes Feinschmecker-Restaurant, das vornehmlich lokale Zutaten verwendet. Lokalkolorit gibt's 7 Meilen (11 km) weiter nördlich im **Buckhorn Saloon** (☑575-538-9911; www.buckhornsaloonandoperahouse.com; 32 Main St, Pinos Altos; Hauptgerichte 10–39 US$; ☺Mo–Sa 15–23 Uhr) in Pinos Altos. Spezialität des Hauses ist Steak und an den meisten Abenden wird Livemusik gespielt. Reservierungen per Telefon.

❶ Praktische Informationen

Informationen zur Region haben das **Visitor Center** (☑575-538-5555; www.silvercitytourism.org; 201 N Hudson St; ☺Mo–Sa 9–17, So 10–16 Uhr) und die **Gila National Forest Ranger Station** (☑575-388-8201; www.fs.fed.us/r3/gila; 3005 E Camino Del Bosque; ☺Mo–Fr 8–16.30 Uhr).

Südöstliches New Mexico

Zwei der größten Naturwunder New Mexicos – das faszinierende White Sands Natio-

DER SÜDWESTEN SÜDÖSTLICHES NEW MEXICO

nal Monument und der Carlsbad Caverns National Park – befinden sich in diesem Teil des Staates, einer trockenen Gegend. Sie hat aber noch viel mehr zu bieten: Legenden vom Feinsten nämlich. Zu nennen wären z.B. die Aliens in Roswell, Billy the Kid in Lincoln und Smokey Bear in Capitan. Der Großteil des Tieflands ist von der heißen, rauen Chihuahua-Wüste geprägt. Wer der sengenden Hitze entfliehen will, kann ein paar Höhenmeter überwinden, um das kühlere Klima der von Wald umgebenen Ferienorte wie Cloudcroft und Ruidoso zu genießen.

White Sands National Monument

Hier kann man zwischen fantastischen, hoch aufragenden weißen Sandhügeln umherrutschen, -rollen und -schlittern. 16 Meilen (26 km) südwestlich von Alamogordo (15 Meilen/24 km südwestlich des Hwy 82/70) bedeckt Kalziumsulfat – Gips – ein mehr als 710 km² großes Gebiet und schafft so eine faszinierende, hell leuchtende Mondlandschaft: das **White Sands National Monument** (☑575-479-6124; www.nps.gov/whsa; Erw./unter 16 Jahren 3 US$/frei; ☺Juni–Aug. 7–21 Uhr, Sept.–Mai bis Sonnenuntergang). Die windverwehten Dünen, die auch als Set für den Heimatplanet des von David Bowie verkörperten Außerirdischen aus dem Film *Der Mann, der vom Himmel fiel* dienten, sind eine der Top-Sehenswürdigkeiten in New Mexico. Auf keinen Fall die Sonnenbrille vergessen: Der Sand ist blendend weiß wie Schnee!

Für 15 US$ kann man eine Plastikpfanne im Andenkenladen des Visitor Center kaufen, auf der man dann die Dünenhänge hinunterrutschen kann. Im Hinterland, 1 Meile (1,6 km) vom Scenic Drive entfernt, kann man zelten (kein Wasser, keine Toiletten). Die Genehmigungen (3 US$; wer zuerst kommt, mahlt zuerst) müssen persönlich im Visitor Center gekauft werden, und zwar spätestens eine Stunde vor Sonnenuntergang.

Alamogordo & Umgebung

Alamogordo, ein Außenposten in der Wüste, ist für Weltraum- und Nuklear-Forschungsprogramme bekannt. Das vierstöckige **New Mexico Museum of Space History** (☑575-437-2840; www.nmspacemuseum.org; 3198 Hwy 2001; Erw./Kind 6/4 US$; ☺9–17 Uhr; ♿) beherbergt exzellente Ausstellungen zur Weltraumforschung und zu Flügen ins All. In seinem **Tombaugh IMAX Theater & Pla-**

netarium (Erw./Kind 6/4,50 US$; ♿) zeigt es großartige wissenschaftliche Filme.

Zu den Motels entlang dem White Sands Blvd gehört das **Best Western Desert Aire Hotel** (☑575-437-2110; www.bestwestern.com; 1021 S White Sands Blvd; Zi. ab 79 US$; ❄@🖥🏊) mit Standardzimmern, Suiten (teils mit Küchenzeilen) und einer Sauna. Wer lieber zeltet, ist im **Oliver Lee State Park** (☑575-437-8284; www.nmparks.com; 409 Dog Canyon Rd; Tagesgebühr 5 US$; Stellplatz Zelt/Wohnmobil 8/14 US$), 12 Meilen (19 km) südlich von Alamogordo, richtig. Pizza, Pasta, große Salate und Bier vom Fass gibt's im freundlichen **Pizza Patio & Pub** (☑575-434-9633; 2203 E 1st St; Hauptgerichte 7–16 US$☺Mo–Do & Sa 11–20 Uhr, Fr bis 21 Uhr; ♿).

Cloudcroft

Die kleine unaufgeregte Ortschaft hoch in den Bergen sorgt für erfrischende Abwechslung von der Hitze in tieferen Lagen. Neben über 100 Jahre alten Gebäuden bietet es viele Outdoor-Aktivitäten und ist eine gute Ausgangsbasis für Ausflüge. **High Altitude** (☑575-682-1229; www.highaltitude.org; 310 Burro Ave; Leihgebühr ab 30 US$/Tag; ☺Mo–Do 10–17.30, Fr & Sa bis 18, So bis 17 Uhr) verleiht Mountainbikes und hat Karten mit Mountainbikerouten in der Umgebung.

Das **Lodge Resort & Spa** (☑800-395-6343; www.thelodgeresort.com; 601 Corona Pl; Zi. ab 141 US$; @🖥🏊) ist eines der besten historischen Hotels im Südwesten. Die Zimmer im Haupthotel im bayerischen Stil sind mit historischen und viktorianischen Elementen eingerichtet. Das **Rebecca's** (☑575-682-3131; Lodge Resort, 601 Corona Pl; Hauptgerichte 8–38 US$; ☺7–10, 11.30–14 & 17.30–21 Uhr) ist nach dem Hausgeist benannt und bietet das mit Abstand beste Essen der Stadt.

Ruidoso

Ruidoso (das spanische Wort für „laut") hat das Flair eines Ferienorts und platzt im Sommer förmlich aus allen Nähten. Es ist beliebt bei Pferderenn-Fans und hat dank der Waldlage nahe der Sierra Blanca (ca. 3700 m) ein angenehmes Klima. Der Ort erstreckt sich am Hwy 48 (bekannt als Mechem Dr bzw. Sudderth Dr).

◉ Sehenswertes & Aktivitäten

Wer sich die Beine vertreten möchte, könnte die einfach zugänglichen **Waldwege** an der Cedar Creek Rd westlich der **Smokey Bear**

Ranger Station (☑575-257-4095; www.fs.usda. gov/lincoln; 901 Mechem Dr; ⊙ Mo–Fr 7.30–16.30 Uhr & zusätzlich im Sommer Sa) ablaufen, z. B. den USFS Fitness Trail oder die mäandernden Wege der Cedar Creek Picnic Area. Zu kurz? Für längere Tages- oder mehrtägige Touren bieten sich die zahlreichen Treks in der White Mountain Wilderness nördlich der Stadt an. In dieser Gegend muss man immer auf dem Laufenden sein, was die Bestimmungen zu offenen Feuern betrifft. Wenn es sehr trocken ist, wird der Wald manchmal gesperrt.

Hubbard Museum
of the American West   MUSEUM
(☑575-378-4142; www.hubbardmuseum.org; 26301 Hwy 70; Erw./Kind 7/2 US$; ⊙9–17 Uhr; ⊕) Das kommunale Museum mit Schwerpunkt auf Lokalgeschichte zeigt eine tolle Galerie mit alten Fotos. Zu sehen sind außerdem indianische Kachinas, Warbonnets, Waffen und Keramiken. Verschiedene Exponate haben einen Bezug zu Pferden, schließlich war hier ursprünglich das Museum of the Horse untergebracht. Besucher sollten sich außerdem auf das stille Örtchen begeben, denn dort wird die faszinierende, wenn auch gänzlich belanglose Geschichte der Toilette erläutert.

Ski Apache   SKIFAHREN
(www.skiapache.com; Skipass Erw./Kind 51/33 US$) So unglaublich das auch klingen mag: Dieses Skigebiet, 18 Meilen (29 km) nordwestlich von Ruidoso in den Hängen des Sierra Blanca Peak, gehört tatsächlich den Apachen. Es ist das vielleicht beste seiner Art südlich von Albuquerque. Neben Spaß und erschwinglichen Preisen lockt hier auch New Mexicos einzige Gondelbahn. In den letzten Jahren gab es jedoch nur wenig Schnee, deswegen sollte man sich vorab über die aktuelle Lage informieren.

🛏 Schlafen & Essen

Motels, Hotels und Anlagen mit süßen kleinen Hütten säumen die Straßen. An den Straßen, die durch den Wald zum Skigebiet führen, gibt es viele einfache Campingmöglichkeiten.

Sitzmark Chalet   HOTEL $
(☑575-257-4140; www.sitzmark-chalet.com; 627 Sudderth Dr; Zi. ab 59 US$; ❄☎) Die skihüttenartige Unterkunft bietet 17 einfache, aber nette Zimmer. Pluspunkte gibt's für die Picknicktische, Grillstellen und einen Whirlpool für bis zu acht Personen.

Upper Canyon Inn   LODGE $$
(☑575-257-3005; www.uppercanyoninn.com; 215 Main Rd; Zi./Hütte ab 89/129 US$; ☎) Die Auswahl an Zimmern und Hütten reicht von der einfachen preisgünstigen Variante bis hin zu Luxusquartieren mit rustikalem Schick. Größer heißt hier nicht unbedingt auch teurer, es empfiehlt sich also ein Vergleich vorab. Die kostspieligeren Hütten haben schöne Holzarbeiten im Inneren und Whirlpools.

★**Cornerstone Bakery**   CAFÉ $
(☑575-257-1842; www.cornerstonebakerycafe. com; 359 Sudderth Dr; Hauptgerichte unter 10 US$; ⊙7–14 Uhr; ☑) Das absolut unwiderstehliche Bäckereicafé unter einheimischer Leitung ist extrem beliebt. Ob Brot, Backwaren, Espresso, Omeletts oder belegte Croissants: Hier schmeckt alles einfach lecker. Wer sich lange genug im Cornerstone aufhält, wird schnell süchtig!

☆ Unterhaltung

Ruidoso Downs Racetrack   PFERDERENNEN
(☑575-378-4431; www.raceruidoso.com; Hwy 70; Sitzplatz Tribüne kostenlos; ⊙Ende Mai–Anfang Sept. Fr–Mo) Am Labor Day richtet sich die Aufmerksamkeit der Nation auf den Ruidoso Downs Racetrack, denn dann startet hier das All American Futurity, das Quarter-Horse-Pferderennen mit der weltweit höchsten Wettbörse (rund 2,4 Mio. US$). Zum Komplex gehören auch die Racehorse Hall of Fame und das kleine Billy the Kid Casino.

Flying J Ranch   MUSIK
(☑575-336-4330; www.flyingjranch.com; 1028 Hwy 48; Erw./Kind 27/15 US$; ⊙Ende Mai–Anfang Sept. Mo–Sa ab 17.30 Uhr, Anfang Sept.–Mitte Okt. nur Sa; ⊕) Familien mit Kindern werden dieses „Westerndorf" lieben: 1,5 Meilen (2,4 km) nördlich von Alto finden hier lange Unterhaltungsabende mit Schießereien, Ponyreiten und Westernmusik statt. Das cowboymäßige Essen wird in Planwagen aufgetischt.

❶ Praktische Informationen

Chamber of Commerce (☑575-257-7395; www.ruidosonow.com; 720 Sudderth Dr; ⊙Mo–Fr 8–17, Sa 9–15 Uhr) Besucherinformationen.

Lincoln & Capitan

Westernfans sollten sich das kleine Lincoln nicht entgehen lassen. Hier, 12 Meilen (19 km) östlich von Capitan am Billy the Kid National Scenic Byway (www.billybyway.

CARLSBAD CAVERNS NATIONAL PARK

Zahlreiche wundersame Höhlen verstecken sich unter den Hügeln dieses einzigartigen 190 km² großen **Nationalparks** (☎575-785-2232, Fledermaus-Hotline 505-785-3012; www. nps.gov/cave; Erw./Kind 10 US$/frei; ☺Höhlen Ende Mai–Anfang Sept. 8.30–17 Uhr, Anfang Sept.–Ende Mai bis 15.30 Uhr; ⊞). In den Höhlen verbirgt sich ein Wunderland aus Stalaktiten und fantastischen geologischen Formen. Vom **Visitor Center** (☺8–17 Uhr, Ende Mai–Anfang Sept. bis 19 Uhr) fährt ein Aufzug, der die Höhe des Empire State Building in weniger als einer Minute bewältigen würde, rund 230 m in die Tiefe. Alternativ folgt man einem 3 km langen unterirdischen Weg vom Höhleneingang zum Big Room, einer 550 m langen und 80 m hohen Kammer, die über 240 m unter der Erdoberfläche liegt. Unterwegs mit kleinen Kindern? Oder einfach nur albern drauf? Im Souvenirladen werden Plastikhelme mit Lampen verkauft.

Führungen (☎877-444-6777; www.recreation.gov; Erw. 7–20 US$, Kind 3,50–10 US$) durch weitere Höhlen sollten weit im Voraus gebucht werden. Hier unten ist es kalt, deshalb sind lange Ärmel und geschlossene Schuhe wichtig.

Die Höhlen sind außerdem für eine Kolonie von Mexikanischen Bulldoggfledermäusen mit über 300 000 Tieren bekannt, die hier von Mitte Mai bis Mitte Oktober leben. Bei Sonnenuntergang kann man dabei zusehen, wie sie die Höhle verlassen, um auf nächtlichen Insektenfang zu gehen.

com), fand die Schießerei statt, die als Lincoln County War in die Geschichtsbücher einging und Billy the Kid zur Legende machte. Der gganze Ort ist wunderschön erhalten und hat sich kaum verändert. Das gilt auch für die Hauptstraße, die zur **Lincoln Historic Site** (☎575-653-4372; www.nmmonuments. org/lincoln; Erw./Kind 5 US$/frei; ☺je nach Stätte unterschiedlich) erklärt wurde.

Eintrittskarten für die historischen Gebäude der Stadt gibt's im **Anderson-Freeman Visitors Center**. Zudem sind dort Exponate zu den Buffalo Soldiers, Apachen und zum Lincoln County War ausgestellt. Als letzte Station bietet sich das faszinierende **Courthouse Museum** an. Es ist gut beschildert und der Ort, an dem Billy seine wagemutigste und gewalttätigste Flucht unternahm. Eine Tafel hängt an der Stelle, an der eine seiner Kugeln in die Wand eingeschlagen ist.

Wer über Nacht bleiben möchte, kann eines der drei mit Antiquitäten ausgestatteten Zimmer im Haupthaus des **Ellis Store Country Inn** (☎800-653-6460; www.ellisstore. com; Hwy 380; Zi. inkl. Frühstück 89–129 US$) inklusive Holzofen beziehen. Fünf weitere Räume befinden sich in einer alten Mühle auf dem Gelände. Im hübschen Speisesaal wird ein tolles Sechs-Gänge-Menü (75 US$/ Pers.; außer So) serviert. Ideal für besondere Anlässe; man sollte besser reservieren.

Das gemütliche Capitan liegt wie Lincoln inmitten der wunderschönen Berge des **Lincoln National Forest**. Hauptgrund für einen Besuch ist der **Smokey Bear Historical State Park** (☎575-354-2748; 118 W Smokey Bear Blvd; Erw./Kind 2/1 US$; ☺9–17 Uhr), vor allem natürlich für die Kleinen. Dort wurde Smokey begraben (ja, es gab einen echten Smokey Bear!)

Roswell

Wenn man à la *Akte X* daran glaubt, dass „die Wahrheit irgendwo da draußen ist", hat man unter Garantie schon vom Roswell Incident, dem Roswell-Zwischenfall, gehört. 1947 stürzte ein mysteriöses Objekt bei einer Ranch in der Umgebung ab. Das hätte niemanden groß interessiert, wenn nicht das Militär eine riesige Vertuschungsaktion angeleiert hätte. Für viele war das der Beweis: Die Außerirdischen waren gelandet! Das internationale Interesse (und lokale Erfindungsgabe) haben die Stadt in eine schräge extraterrestrische Zone verwandelt. Weiße Köpfe, geformt wie aufgeblasene Ballons, zieren Straßenlaternen, und Touristen werden busweise herangekarrt, um seltsame Souvenirs zu kaufen.

Suchende, Glaubende und Kitschfans müssen sich unbedingt das **International UFO Museum & Research Center** (☎575-625-9495; www.roswellufomuseum.com; 114 N Main St; Erw./Kind 5/2 US$; ☺9–17 Uhr) ansehen. Dort sind Dokumente ausgestellt, die im Zusammenhang mit der angeblichen Verschleierung stehen, sowie ungewöhnliche Kunstwerke. Das jährliche **Roswell UFO Festival** (www.

roswellufofestival.com) findet Anfang Juli statt und umfasst eine außerirdische Kostümparade, Vorträge, Workshops und Konzerte.

Hotelketten haben sich in der N Main St angesiedelt. Etwa 36 Meilen (58 km) südlich von Roswell bietet das **Heritage Inn** (☑575-748-2552; www.artesiaheritageinn.com; 209 W Main St, Artesia; Zi. inkl. Frühstück ab 119 US$; ✱@☎⊠) in Artesia elf Zimmer im Wild-West-Stil – die netteste Schlafgelegenheit in der Gegend!

Einfache, aber verlässlich gute mexikanische Küche bekommt man in **Martin's Capitol Cafe** (☑575-624-2111; 110 W 4th St; Hauptgerichte 7–15 US$; ⊙Mo–Sa 6–20.30 Uhr); wem der Sinn nach amerikanischen Klassikern steht, der kommt im **Big D's Downtown Dive** (www.bigdsdowntowndive.com; 505 N Main St; Hauptgerichte 7–10 US$; ⊙11–21 Uhr) auf seine Kosten: Hier gibt's die besten Salate, Sandwiches und Burger der Stadt.

Informationen erhält man im **Visitors Bureau** (☑575-624-6860; www.seeroswell.com; 912 N Main St; ⊙Mo–Fr 8.30–17.30, Sa & So 10–15 Uhr; ☎).

Am **Greyhound Bus Depot** (☑575-622-2510; www.greyhound.com; 1100 N Virginia Ave) fahren Busse nach Las Cruces (42 US$, 5 Std.) ab.

Carlsbad

Carlsbad ist die Stadt, die dem Carlsbad Caverns National Park und den Guadalupe Mountains am nächsten liegt. Das **Park Service Office** (☑575-785-2232; 3225 National Parks Hwy; ⊙Mo–Fr 8–16.30 Uhr) am südlichen Ortsrand liefert Informationen zu den beiden Attraktionen.

Am nordwestlichen Stadtrand, abseits des Hwy 285, erstreckt sich der **Living Desert State Park** (☑575-887-5516; www.nmparks.com; 1504 Miehls Dr N, beim Hwy 285; Erw./Kind 5/3 US$; ⊙Juni–Aug. 8–17 Uhr, Sept.–Mai 9–17 Uhr, Einlass in den Zoo bis 15.30 Uhr), ein toller Ort, wenn man mehr über die Wüstenflora und -fauna lernen möchte. Auf einem netten, ca. 2 km langen Pfad werden verschiedene Lebensräume der Chihuahua-Wüste erläutert, mit lebenden Antilopen, Wölfen, Rennkuckucken und mehr.

Wegen der boomenden Ölindustrie kosten selbst die einfachsten Motelzimmer in Carlsbad mittlerweile oft über 200 US$ pro Nacht. Deswegen empfiehlt sich ein (ziemlich langer!) Tagesausflug ab Roswell oder Alamogordo. Die besten Unterkunftspreise bietet – seltsamerweise – das attraktive **Trinity Hotel** (☑575-234-9891; www.thetrinityhotel.com; 201 S Canal St; Zi. ab 189 US$; ✱☎), ein historisches Gebäude, das ursprünglich als Sitz der First National Bank diente. Das Wohnzimmer in einer Suite war früher der Tresorraum und das Restaurant ist das nobelste der Stadt.

Das lebhafte **Blue House Bakery & Cafe** (☑575-628-0555; 609 N Canyon St; Hauptgerichte 4–10 US$; ⊙Mo–Sa 6–12 Uhr) braut den besten Kaffee der Gegend, während das tolle **Red Chimney Pit Barbecue** (☑575-885-8744; 817 N Canal St; Hauptgerichte 7–15 US$; ⊙Mo–Fr 11–14 & 16.30–20.30 Uhr) saftige Fleischgerichte nach Südstaatenart serviert.

Insiderinfos gibt die **Chamber of Commerce** (☑575-887-6516; www.carlsbadchamber.com; 302 S Canal St; ⊙Mo 9–17, Di–Fr 8–17 Uhr).

Greyhound (☑575-628-0768; www.greyhound.com; 3102 National Parks Hwy) verkehrt von der Allsup-Tankstelle ein paar Kilometer südlich der Stadt am Hwy 180 nach El Paso (57 US$, 3 Std.).

DER SÜDWESTEN SÜDÖSTLICHES NEW MEXICO

Den Westen der USA verstehen

Der Westen der USA aktuell

Die wichtigsten Themen im Westen? Die Dürre, die Legalisierung von Marihuana und die gleichgeschlechtliche Ehe. Die anhaltende Dürre beherrschte die Schlagzeilen in Kalifornien, wo sich die Landwirtschaft im Central Valley in einer tiefen Krise befindet. Die Wahlbürger in Colorado und Washington sprachen 2012 für die Legalisierung von Marihuana als Freizeitdroge aus – seither boomt der Umsatz. Und in einer wegweisenden Entscheidung erklärte das Oberste Gericht der USA die Homo-Ehe zu einem Recht von Verfassungsrang.

Beste Bücher

Die Früchte des Zorns (John Steinbeck; 1939) Migranten aus der Dust Bowl auf dem Weg nach Kalifornien im Westen.
Desert Solitaire (Edward Abbey; 1968) Essays über den Südwesten und die Tourismusindustrie aus der Sicht eines radikalen Umweltaktivisten.
Das Bohnenbaumglück (Barbara Kingsolver; 1988) Nachdenklicher Blick auf Mutterschaft und Adoption über kulturelle Grenzen hinweg; der Roman spielt in Tucson.
In die Wildnis (Jon Krakauer; 1996) Alexander Supertramp wandert auf der Suche nach Sinn durch den Westen.
Wild (Chery-l Strayed; 2013) Die Autorin wandert nach dem Tod ihrer Mutter solo auf dem Pacific Crest Trail.

Top-Filme

Ringo (1939)
Boulevard der Dämmerung (1950)
Zwei Banditen (1969)
Chinatown (1974)
Einer flog über das Kuckucksnest (1975)
Shining (1980)
Thelma & Louise (1991)
Boyz n the Hood – Jungs im Viertel (1991)
Sideways (2004)
Hangover (2009)
127 Hours (2010)

Gleichgeschlechtliche Ehe

In Kalifornien war die Einführung der gleichgeschlechtlichen Ehe eines der wichtigsten politischen Themen der letzten Jahre. Das Oberste Gericht des Bundesstaats verwarf zwar 2008 ein in der Verfassung verankertes Verbot der sogenannten Homo-Ehe, doch noch im selben Jahr stimmten die Wähler für den Verfassungszusatz 8, der die Ehe wiederum auf die Verbindung zwischen Frau und Mann einschränkte. Im Jahr 2013 urteilten Bundesgerichte, dass der kalifornische Verfassungszusatz 8 gegen die Verfassung der USA verstoße. Eine Berufung gegen diese Entscheidung wurde vom Obersten Gericht der USA aus formaljuristischen Gründen zurückgewiesen, wodurch gleichgeschlechtliche Ehen in Kalifornien wieder legal wurden. Endgültig entschieden wurde die Frage der gleichgeschlechtlichen Ehe dann 2015: Mit fünf gegen vier Stimmen urteilte das Oberste Gericht der USA, dass ein Verbot der gleichgeschlechtlichen Ehe gegen das Verfassungsgebot der Gleichbehandlung verstößt und damit verfassungswidrig ist. Alle 50 Bundesstaaten sind seitdem verpflichtet, bestehende Verbote abzuschaffen und das Recht gleichgeschlechtlicher Paare auf Eheschließung umzusetzen.

Legalisierung von Marihuana

Im Herbst 2012 stimmten die Bürger von Colorado und Washington für die Legalisierung von Marihuana. In Colorado wurde das Amendment 64 angenommen, nach dem Personen ab 21 Jahren eine begrenzte Menge der Droge besitzen und konsumieren dürfen. Vorschriften für den Anbau und den Verkauf als Freizeitdroge wurden in Colorado im September 2013 erlassen. Eine ähnliche Initiative wurde auch im Bundesstaat Washington angenommen; Ende 2014 gab es dort 160 Marihuana-Unternehmen mit einem Gesamtumsatz von schätzungsweise 1,7 Mio. US$ pro Tag. Wie viele Steuereinnahmen brachte das für den Bundesstaat und die Lokalverwaltungen? Mehr als 70 Mio. US$. Allein im Januar 2015 verbuchte Colorado 2,3 Mio. US$ an Verkaufssteuern, die den Schulen zugutekommen sollen. Derweil hat die Bundesregierung angedeutet, dass sie nicht aktiv gegen derartige Gesetze von Einzelstaaten vorgehen will, obwohl sie eigentlich der Bundesgesetzgebung widersprechen.

Illegale Einwanderung

Illegale Einwanderung bleibt ein heftig umstrittenes Thema, sehr präsent ist es nicht nur im Süden Arizonas, wo die Beamten der Grenzschutzpatrouille in ihren grün-weißen Jeeps ein vertrauter Anblick auf den Landstraßen sind. 2010 verabschiedete Arizona ein striktes Gesetz gegen die Einwanderung; es verpflichtet alle Polizeibeamte dazu, selbst ohne konkreten Verdacht den Aufenthaltsstatus von Personen zu überprüfen. Einzelne Bestimmungen dieses Gesetzes wurden von Gerichten als verfassungswidrig einkassiert, doch dürfen Polizisten immer noch im Zuge der Verfolgung anderer Straftaten die Vorlage eines Ausweises verlangen.

Feuer & Wasser

Nach 14 Dürrejahren sind zwei wichtige Stauseen am Colorado River – der Lake Powell und der Lake Mead – nun mehr auf weniger als die Hälfte ihres Fassungsvermögens abgesunken. Es schrillen die Alarmglocken, liefert doch der Fluss das Trinkwasser für 40 Mio. Menschen. Rund 70 % des Wassers fließt in die Landwirtschaft. Und so sorgten in Kalifornien vier Jahre extremer Dürre für negative Auswirkungen auf die Wirtschaft im Central Valley, einer landwirtschaftlichen Region, aus der rund die Hälfte des in der USA angebauten Obst und Gemüses stammt, darunter etwa 90 % der in den Handel kommenden Broccoliköpfe, Trauben und Mandeln. Farmer mussten mit 40 bis 50 % weniger Wasser als in früheren Jahren auskommen. Für ganz Kalifornien brachte die Dürre 2014 einen Einkommensrückgang von geschätzt 2,2 Mrd. US$. Und zunehmend werden in sozialen Medien Bilder gepostet, mit denen engagierte Bürger Wasserverschwendung anprangern.

Der Westen wird zudem von Waldbränden heimgesucht, wobei die genauen Ursachen – Klimawandel, Verstädterung, falsche behördliche Entscheidungen – unklar sind. Im Juni 2013 wurden 19 Mitglieder der Granite Mountain Hotshots, einer Eliteeinheit der Feuerwehr, bei dem verheerenden Yarnell-Hill-Brand im zentralen Arizona getötet. Das Rim Fire, das im gleichen Jahr 1012 km² verwüstete und auch auf den Yosemite National Park übergriff, war der drittgrößte Flächenband in Kalifornien seit den 1930er-Jahren.

Die weiteren Aussichten

Zwar boomt die Wirtschaft nicht, doch der technologische Fortschritt ist ungebremst. Unzählige Innova-

BEVÖLKERUNG (USA):
318,6 MIO.

FLÄCHE (USA):
9,83 MIO. KM²

BIP (USA):
17,4 BILLIONEN US$

ARBEITSLOSIGKEIT (USA):
5,3 %

Gäbe es nur 100 Leute in den USA, wären …

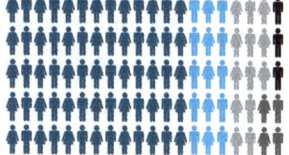

65 weiß
15 hispanischer Abstammung
13 afroamerikanischer Abstammung
4 asiatisch-amerikanischer Abstammung
3 anderer Abstammung

Religionen
(% der Bevölkerung)

51 Protestanten
24 Katholiken
21 Andere
2 Juden
2 Mormonen

Einwohner pro km²

USA   Deutschland   Schweiz

≈ 33 Einwohner

tionen eroberten von Kalifornien aus die Welt: PCs, iPods und Google, um nur einige zu nennen. In Menlo Park wird das stetig wachsende Facebook-Betriebsgelände gerade um ein Gebäude mit über 40 000 m^2 Bürofläche erweitert, das von niemand Geringerem als Frank Gehry entworfen wurde. Dabei ist Nordkalifornien nicht nur auf das Silicon Valley zu reduzieren, ist doch die Region zugleich Sitz einer wachsenden Biotech-Industrie. Und umgekehrt werden IT-Innovationen nicht nur dort großgeschrieben – im Großraum Seattle sitzen die Zentralen von Microsoft, Nintendo und Amazon.

Am Grand Canyon sind Umweltinitiativen angesagt (z. B. ein Park-&-Ride-Shuttle ab Tusayan und ein Fahrrad-Sharing-Programm). In Las Vegas musste Caesars Entertainment Insolvenz anmelden. Der Neubau von Kasinos sendet jedoch wirtschaftlich ermutigende Signale aus, so entsteht derzeit das chinesisch aufgemachte Resorts World Las Vegas, zu dem ein Nachbau der Chinesischen Mauer gehören soll. In Sachen Umweltschutz marschiert Colorado voran. Boulder County hat einen „Zero Waste"-Aktionsplan beschlossen, dessen Ziel es ist, praktisch keinen Müll mehr zu produzieren. Und auf dem Denver International Airport wurden Solarpaneele installiert, die rund 6 % der vom Flughafen benötigten Energie liefern.

Geschichte

Die Geschichte des Westens der USA ist kein Stoff für verstaubte Lehrbücher, man erlebt sie hautnah, wenn man sich auf sie einlässt. Die Stadtplaza in Santa Fe, einst die Endstation des Santa Fe Trail, ist noch heute stets belebt. Der Temple Sq aus der Mitte des 19. Jhs. bleibt eine wichtige Versammlungsstätte der Mormonen in Salt Lake City. Verwitterte Bergwerksstädte künden von den Geheimnissen ihrer Vergangenheit. Und eine ganze Reihe von Entdeckern und Siedlern – indianische Jäger, spanische Konquistadoren, Glücksritter von der Ostküste, Mormonen-Pioniere, asiatische Unternehmer – hinterließen hartnäckige Zeugnisse ihrer Existenz und ihrer Träume.

Vor rund 40 000 bis 20 000 Jahren gelangten die eigentlichen Ureinwohner aus dem Westen über die Beringstraße zwischen Russland und Alaska auf den amerikanischen Kontinent. Die kühnen Immigranten strömten nach Süden und teilten sich in Stämme auf, die sich dem Klima und der Umgebung anpassten. Auf diese Stämme trafen in den 1540er-Jahren die Spanier auf ihrer Suche im Südwesten der heutigen USA nach den Sieben Goldenen Städten. Im 18. Jh. kamen dann Missionare, die ihr Territorium entlang der kalifornischen Küste ausdehnten.

Wie die Spanier suchten auch Briten und Amerikaner schon bald nach der Nordwestpassage, einem Wasserweg von Osten nach Westen. US-Präsident Thomas Jefferson kam der Konkurrenz dann mit dem Louisiana Purchase (Louisianakauf; 1803) zuvor. Als Abgesandte marschierten Meriwether Lewis und William Clark von St. Louis aus gen Westen, um den neuen Grundbesitz zu erkunden. Ihnen folgte eine Welle von Pionieren.

Angelockt von Geschichten über Gold, verheißener Religionsfreiheit und Hoffnungen auf fruchtbares Ackerland zogen zwischen 1840 und 1860 schätzungsweise 400 000 Menschen quer durch Amerika gen Westen. Es folgte die „Wildwestära" mit Ranchern, Cowboys, Bergmännern und Unternehmern, die Claims absteckten und für viel Unruhe sorgten. Erst danach hielten Recht, Ordnung und Zivilisation Einzug – beschleunigt vom Telegrafen, der transkontinentalen Eisenbahn und einem konstanten Strom von Neuankömmlingen, die sich einfach nur in Frieden niederlassen und ihr Stück vom amerikanischen Kuchen genießen wollten.

Das Buch Those Who Came Before (Robert H. und Florence C. Lister; 1993) informiert ausgezeichnet über die Urgeschichte des Südwestens und die archäologischen Stätten in dessen National Parks bzw. Monuments.

ZEITLEISTE	40 000–20 000 v. Chr.	8000 v. Chr.	7000 v. Chr.–100 n. Chr.
	Die ersten Menschen erreichen den amerikanischen Doppelkontinent von Ostasien aus über eine breite Landbrücke, die zwischen Sibirien und Alaska existierte, da der Meeresspiegel damals beträchtlich niedriger war.	Die koordinierte Jagd durch den Menschen und eine Klimaerwärmung führen zum Aussterben der großen Säugetiere der Eiszeit. Die Menschen beginnen, kleineres Wild zu jagen und Pflanzen zu sammeln.	Die Archaische Periode ist von nomadischen „Jäger und Sammler"-Kulturen bestimmt. Am Ende dieses Zeitraums sind feste Siedlungen und der Anbau von Mais, Bohnen und Kürbissen weit verbreitet.

Dieses Ziel war im trockenen Westen schwerer zu erreichen als im Süden, da dort Wassermangel die Expansion einschränkte. Die großen Dammbauprojekte in den frühen 1900er-Jahren milderten das Wasserproblem und ermöglichten den Bau von Großstädten (L.A., Las Vegas, Phoenix) an Orten, an denen Großstädte eigentlich nicht hingehörten.

Während des Zweiten Weltkriegs gewann der Westen an wirtschaftlicher und technologischer Bedeutung. Im wie ein Staatsgeheimnis gehüteten Los Alamos entwickelten Wissenschaftler die Atombombe. Kriegsrelevante Industriezweige wie die Holzwirtschaft, der Schiff- und der Flugzeugbau florierten in Kalifornien und im Nordwesten. Nach dem Krieg entstanden dort neue Industrien. In den 1990er-Jahren zog die „dot.com"-Branche des Silicon Valley talentierte Unternehmer in die Bay Area, während L.A. noch immer eine Bastion der Kinoindustrie ist (wegen steuerlicher Anreize bevorzugen manche Filmemacher aber inzwischen andere Ecken im Westen, vor allem New Mexico).

Heute ist der Westen Amerikas gezwungen, sich mit den Kehrseiten des schnellen Wachstums zu beschäftigen: Einwanderung, Verkehr, längere Trockenperioden, sinkende Wasserstände oder Umweltprobleme prägen die Schlagzeilen und wirken sich auf den Lebensstil der Einheimischen aus. Ob die bisher ungebrochene Faszination für den Westen in Zukunft anhalten wird, hängt davon ab, wie diese Themen angegangen werden.

Die ersten Amerikaner

Bei Ankunft der Europäer lebten nördlich des heutigen Mexikos zwischen 2 und 18 Mio. amerikanische Ureinwohner, die mehr als 300 verschiedene Sprachen sprachen.

Nordwesten

Die frühen Küstenbewohner des Nordwestens jagten Wale oder Seelöwen auf dem offenen Meer, sie lebten vom Lachs-, Kabeljau- und Schalentierfang. Zu Lande stellten die Menschen Hirschen und Elchen nach und sammelten Beeren oder Wurzeln. Nahrungsmittel wurden für die langen Winter eingelagert. In den kalten Monaten blieb auch Zeit für künstlerische, religiöse und kulturelle Tätigkeiten. Der Bau aufwendig geschnitzter Zedernholzkanus führte zu ausgedehnten Handelsnetzen entlang der Küste.

Landeinwärts entwickelte sich unter den Stämmen mit saisonalen nomadischen Perioden eine räumlich begrenzte Kultur. So versammelten sich die Stämme während der Lachswanderungen an Flüssen, um an Stromschnellen und Wasserfällen mit Netzen oder Harpunen Fische zu erbeuten. Die Indianerstämme in der rauen Wüstenlandschaft des südlichen Oregon waren Nomadenvölker, die in den nördlichen Ausläufern der Great Basin Desert Tiere jagten bzw. nach Nahrung suchten.

1300	1492	1598	1600
Die gesamte Zivilisation der frühen Pueblo-Völker, die in Mesa Verde, CO, leben, verlassen die Region, wahrscheinlich wegen einer Dürre. Sie hinterlässt eine komplexe Stadt aus Klippenhäusern.	Der Italiener Christoph Columbus „entdeckt" bei seinen insgesamt drei Karibikreisen Amerika. Er nennt die Ureinwohner „Indianer", da er fälschlicherweise glaubt, Indien erreicht zu haben.	Nahe dem heutigen El Paso, TX, nimmt eine große spanische Forschungsexpedition unter Don Juan de Onate das nördlich liegende Land als Neumexiko für Spanien in Besitz.	Gründung von Santa Fe, der ältesten Hauptstadt eines US-Staates. Der Gouverneurspalast ist heute die einzige erhaltene Bau aus dem 17. Jh.; die restliche Stadt brannte 1914 nieder.

Kalifornien

Um 1500 n.Chr. lebten in dieser Region über 300 000 indigene Amerikaner mit rund 100 verschiedenen Sprachen. Die Fischergemeinden am mittleren Küstenabschnitt bauten unterirdische Rundhäuser und Saunen, wo sie Rituale abhielten, erzählten und zockten. Während die Jäger im Nordwesten Kaliforniens Häuser und Einbaumkanus aus Rotholz konstruierten, entstanden im Südwesten Töpferarbeiten und Bewässerungssysteme, die Landwirtschaft in der Wüste ermöglichten. Die Ureinwohner hatten keine Schrift, hielten sich aber an mündliche Verträge und vereinbarte Grenzen.

Nach der Ankunft spanischer Kolonisten (1769) dezimierten aus Europa eingeschleppte Krankheiten, Zwangsarbeit und Hungersnöte die indigene Bevölkerung innerhalb von nur 100 Jahren auf 20 000 Einwohner.

Südwesten & Südliches Colorado

Archäologen vermuten, dass die ersten Bewohner hier Jäger waren. Doch als die Bevölkerung wuchs und die Wildtiere ausstarben, mussten die Jäger Samen, Wurzeln und Früchte essen. Nach 3000 v.Chr. blühte die Landwirtschaft nach Kontakten zu Bauern im heutigen Zentralmexiko auf.

Dort entstanden um ca. 100 n.Chr. drei Hauptkulturen: die Hohokam in der Wüste, die Mogollon in den zentralen Bergen bzw. Tälern und die Stämme der frühen Pueblo-Indianer (früher als Anasazi bekannt; in den USA werden sie heute Ancestral Puebloans genannt).

Die Hohokam passten sich den Bedingungen in der Wüste Arizonas an, indem sie ein unglaubliches, von Flüssen gespeistes Bewässerungssystem bauten. Zudem entwickelten sie Erdpyramiden und Ballspielplätze mit Erdwänden. Um 1400 waren ihre Dörfer verwaist. Zum Verschwinden des Volks gibt es viele Theorien. Am wahrscheinlichsten ist eine Kombination aus mehreren Faktoren: Dürren, Überjagung, Krankheiten und Stammesfehden.

Zwischen 200 v.Chr. und 1400 n.Chr. siedelten die Mogollon nahe der heutigen mexikanischen Grenze. Die einfachen Grubenhäuser ihrer kleinen Gemeinschaften standen oft auf Mesas (Tafelbergen) oder Bergrücken. Obwohl die Mogollon auch Landwirtschaft betrieben, waren sie vorrangig Jäger und Sammler. Im 13. oder 14. Jh. wurden sie wohl auf friedliche Weise in die frühen Pueblo-Indianerstämme aus dem Norden integriert.

Die frühen Pueblo-Indianer besiedelten das Colorado-Plateau zwischen den „Four Corners", dem Vier-Staaten-Eck zwischen Utah, Colorado, New Mexico und Arizona. Auf sie gehen uralte (teils noch heute bewohnte) Siedlungen und die reichsten Ausgrabungsstätten des Südwestens zurück. Ihre Nachkommen sind die heutigen Pueblo-Indianer-

Felsbehausungen

Mesa Verde National Park, NM

Bandelier National Monument, NM

Gila Cliff Dwellings National Monument, NM

Montezuma Castle National Monument, AZ

Walnut Canyon National Monument, AZ

GESCHICHTE DIE ERSTEN AMERIKANER

Die Bezeichnung „Anasazi", die auf Navajo „alte Feinde" bedeutet, wird von vielen heutigen Pueblo-Indianern abgelehnt und deshalb kaum mehr verwendet.

1607	1769–1823	1787–1791	1803
Die erste englische Kolonie, die Jamestown-Siedlung im heutigen Virginia, wird auf sumpfigen Marschland gegründet. Die ersten Jahre sind hart, viele Kolonisten sterben an Krankheiten oder verhungern.	Die Franziskaner übernehmen ab 1769 die Missionierung und Kultivierung von Alta California und gründen bis hinauf nach San Francisco insgesamt 21 Missionsstationen, die von Militärposten geschützt werden.	In Philadelphia formuliert die verfassungsgebende Versammlung die Verfassung der USA. Die zehn Zusatzartikel der Bill of Rights, die unveräußerlichen Grundrechte, werden später ratifiziert.	Napoleon verkauft das Louisiana Territory für 15 Mio. US$ an die USA. Dies dehnt das Territorium der jungen Nation vom Mississippi bis hin zu den Rocky Mountains aus.

gemeinden in New Mexico. Die ältesten Verbindungen zu den frühen Pueblo-Indianern weist der Hopi-Stamm im Norden Arizonas auf: Das Dorf Old Oraibi auf einem Tafelberg ist seit den 1100er-Jahren bewohnt und damit dieälteste durchgängig genutzte Siedlung Nordamerikas.

Die Ankunft der Europäer

Francisco Vasquez de Coronado führte 1540 die erste große Expedition nach Nordamerika. Dabei waren 300 Soldaten, Hunderte indigener Führer und Nutzviehherden. Diese Expedition markierte auch den ersten gewaltsamen Großkonflikt zwischen spanischen Eroberern und Ureinwohnern.

Ziel waren die sagenhaften, unermesslich reichen Sieben Städte von Cibola. Zwei Jahre lang zogen die Spanier durch das heutige Arizona und New Mexico ostwärts bis nach Kansas. Statt Gold und Edelsteinen fanden sie jedoch nur Pueblos, indianische Siedlungen aus Lehmziegeln, die sie gewaltsam beschlagnahmten. Anschließend versuchten die Eroberer, die Pueblos mit großem Blutvergießen zu unterwerfen. Um 1610 errichteten die Spanier ihre Hauptstadt Santa Fe. Bis heute ist sie die Hauptstadt New Mexicos und die älteste Hauptstadt in den modernen USA.

Als russische und britische Pelzjäger im 18. Jh. mit dem Handel von wertvollen Otterfellen aus Alta California begannen, entwarf Spanien einen Kolonisationsplan. Zum Ruhme Gottes und für Spaniens Staatssäckel wurden Missionsstationen erbaut. Die entwickelten sich innerhalb von zehn Jahren unter Leitung örtlicher Konvertiten zu florierenden Betrieben.

Spaniens Missionierungsplan wurde 1769 genehmigt. Der Franziskanerpater Junípero Serra sicherte sich Unterstützung, um während der 1770er- und 1780er-Jahre neben der Missionsstationen *presidios* (Militärposten) zu errichten. Der Klerus verließ sich auf das Militär, um Zwangsarbeiter für den Missionsbau zu rekrutieren. Als Gegenleistung für ihre Schufterei erhielten die Indianer gnädigerweise eine Mahlzeit pro Tag (falls verfügbar) und einen Platz in Gottes Reich – und letzteren früher als erwartet, da die Spanier auch diverse Krankheiten mitgebracht hatten. Im Südwesten starben über 50 % der Pueblo-Bevölkerung an Pocken, Masern und Typhus.

Lewis & Clark

Nachdem US-Präsident Thomas Jefferson das Louisiana-Territorium 1803 für 15 Mio. US$ von Napoléon erworben hatte (Louisiana Purchase), schickte er seinen Sekretär Meriwether Lewis aus, um den Westen Nordamerikas zu vermessen. Ziel der Expedition war es, einen Wasserweg zum Pazifik zu finden, das Territorium zu erkunden und eine Basis zur Durchsetzung amerikanischer Interessen zu schaffen. Da Lewis nicht für For-

Während des Pueblo-Aufstands schlossen sich die Pueblos des nördlichen New Mexico 1680 zusammen, um die Spanier zu vertreiben. Letztere hatten zuvor einen blutigen Feldzug durchgeführt, um Zeremonienobjekte der Pueblo-Indianer zu zerstören. Die Spanier wurden südlich des Rio Grande gedrängt; die Pueblo-Indianer hielten Santa Fe bis 1682.

1803–1806	1811	1823	1841
Präsident Jefferson schickt Meriwether Lewis und William Clark gen Westen. Geführt von der Shoshonen-Squaw Sacagawea reisen sie von St. Louis, MO, zum Pazifik und zurück.	John Jacob Astor gründet Fort Astoria, die erste dauerhafte US-Siedlung an der Pazifikküste. Der mächtige Chef der Pacific Fur Company wird später der erste Millionär des Landes.	Um die Militäreinsätze der Europäer in Amerika zu beenden, formuliert Präsident Monroe die Monroe-Doktrin. Roosevelt dehnt sie später aus, um Interventionen der USA in Lateinamerika zu rechtfertigen.	Die ersten Planwagentreks fahren auf dem Oregon Trail nach Westen. 1847 ziehen über 6500 Auswanderer in Richtung Oregon, Kalifornien und ins mormonisch geprägte Utah.

schungsreisen ausgebildet war, überredete er seinen guten Freund William Clark, Armeeveteran und erfahrener Grenzbewohner, ihn zu begleiten. 1804 brach das 40 Mann starke Corps of Discovery in St. Louis auf.

Die Expedition verlief relativ gut – teilweise dank der jungen Shoshonen-Squaw Sacagawea, die mit einem frankokanadischen Pelzjäger aus der Begleitgruppe verheiratet war. Denn Sacagawea entpuppte sich als unschätzbar wertvolle Führerin, Dolmetscherin und Botschafterin gegenüber der indigenen Bevölkerung. Auch Clarks afroamerikanischer Diener York milderte Spannungen im Verhältnis zu den Ureinwohnern.

In rund zwei Jahren absolvierte man knapp 12 900 km, sämtliche Beobachtungen hielt man unterwegs in Tagebüchern fest. So wurden rund 120 Tier- und 180 Pflanzenarten akribisch dokumentiert – darunter einige Neuentdeckungen. 1805 erreichte die Gruppe schließlich die Mündung des Columbia River in den Pazifik am Cape Disappointment. In der Nähe richtete sie sich für den Winter ein und gründete zu diesem Zweck Fort Clatsop.

Bei ihrer Rückkehr nach St. Louis (1806) wurde Lewis und Clark ein Heldenempfang zuteil.

Die außergewöhnliche Reise der Lewis-und-Clark-Expedition zum Pazifik und zurück kann man online unter www.pbs.org/lewisandclark nachverfolgen. Die Website umfasst historische Karten, Fotoalben und Tagebuchauszüge.

Auf nach Westen!

Als die junge Nation ins 19. Jh. startete, herrschte überall Optimismus. Auf den 1793 erfundenen automatischen Baumwollentkörner folgten Dresch-, Ernte- und Mähmaschinen, später auch Mähdrescher. So wurde die Landwirtschaft industrialisiert, während der US-Handel kräftig zunahm. Der Louisiana Purchase (1803) verdoppelte das US-Territorium; danach begann die Expansion westlich der Appalachen.

In den 1840er-Jahren wurde die Ausbeutung der Ressourcen des Westens zur patriotischen Pflicht – ein Schlüsselelement von Amerikas Glauben an seine Manifest Destiny, seine „offensichtliche Bestimmung". Während der frühen Expansion gelangten Güter und Menschen noch langsam von Osten nach Westen: Pferde, Maultierkarawanen und Postkutschen waren die modernsten Transportmittel der damaligen Zeit.

Als eine der Hauptrouten durchquerte der Oregon Trail sechs Bundesstaaten – eine harte Probe für die Familien, die sich auf die gefährliche, bis zu acht Monate lange Reise wagten. Die Siedler verstauten ihre Besitztümer in Planwagen, hinter denen das Nutzvieh herlief. Wenn sie schließlich den Osten Oregons erreichten, waren ihre Lebensmittelvorräte fast aufgebraucht. Zu den anderen Hauptrouten zählten der Santa Fe Trail und der Old Spanish Trail, der von Santa Fe aus ins zentrale Utah und durch Nevada nach L. A. in Kalifornien führte. Ab 1849 verkehrten Postkutschenlinien auf dem Santa Fe Trail; der Mormon Trail erreichte Salt Lake City 1847.

Zu den empfohlenen Reisevorräten für den Oregon Trail gehörten Kaffee (6,8 kg/Pers.), Speck (11,3 kg/Pers.), Olivenölseife (0,45 kg), Zitronensäure gegen Skorbut sowie eine Kuh als Milchquelle und Fleischlieferant für den Notfall.

1844	1846–1848	1847	1849
Die erste Telefonlinie wird mit der Frage „Was hat Gott geschaffen?" eingeweiht. 1845 wird die transkontinentale Bahnstrecke genehmigt und 1869 fertiggestellt. Die Wildnis wird erschlossen.	Mit dem Mexikanisch-Amerikanischen Krieg tobt die Schlacht um den Westen. Der Krieg endet mit dem Vertrag von Guadalupe Hidalgo, der den Großteil des heutigen Arizona und New Mexico den USA zuschreibt.	Die ersten Mormonen fliehen vor religiöser Verfolgung in Illinois nach Salt Lake City. In den nächsten 20 Jahren ziehen über 70 000 Mormonen auf dem Mormon Pioneer Trail nach Utah.	Der Goldfund bei Sacramento von 1848 löst landesweit einen sagenhaften Goldrausch aus. 60 000 „Forty-Niner" strömen zu Kaliforniens Hauptader; San Franciscos Bevölkerung steigt auf 25 000 Köpfe.

Die Ankunft von immer mehr Menschen und Ressourcen per Eisenbahn forcierte die Landerkundung, regelmäßig wurden neue Mineralvorkommen entdeckt. Viele Bergbaustädte des Westens wurden in den 1870er- und 1880er-Jahren gegründet. Manche davon sind heute Geisterstädte (z. B. Santa Rita), andere wie Tombstone oder Silver City werden immer noch bewohnt.

Der Goldrausch

Als der Immobilienspekulant, Ex-Mormone und Boulevardverleger Sam Brannan 1848 kalifornisches Sumpfland zum Kauf anbot, hörte er Gerüchte über Goldnuggets, die 193 km von San Francisco entfernt beim Sägewerk Sutter's Mill gefunden worden seien. Da er sich von dieser Nachricht steigende Zeitungsauflagen und Grundstückspreise erhoffte, veröffentlichte Brannan das Gerücht als Tatsache. Anfänglich erregte der Artikel kaum Aufsehen. So brachte Brannan eine zweite Story heraus – bezeugt von mormonischen Angestellten der Sutter's Mill, die ihn zur Geheimhaltung verpflichtet hatten. Brannan aber rannte mit dem Ruf „Gold am American River!" durch San Franciscos Straßen und schwenkte Gold umher, das ihm als Zehnt für die mormonische Kirche anvertraut worden war.

Andere Zeitungen druckten hastig Artikel über „Goldberge" bei San Francisco. Als Kalifornien den USA auf der Überholspur als 31. Bundesstaat beitrat (1850), war seine nicht-indigene Bevölkerung von 15 000 auf 93 000 Köpfe angestiegen. Die meisten Neuankömmlinge waren Peruaner, Australier, Chilenen und Mexikaner. Einige Goldsucher stammten auch aus China, Irland, Hawaii oder Frankreich.

Langer Marsch & Apachenkriege

Jahrzehntelang stieß die US-Armee über den Kontinent nach Westen vor und tötete oder deportierte ganze Indianerstämme, die ihr im Weg waren. Der bekannteste Vorfall dieser Art ist die Zwangsumsiedlung vieler Navajo im Jahre 1864: US-Truppen unter Kit Carson zerstörten Felder, Obstplantagen und Häuser der Navajo. Diese waren gezwungen, sich zu ergeben oder sich in entlegene Teile des Canyon de Chelly zurückzuziehen. Schließlich wurden sie ausgehungert. Die US-Soldaten trieben rund 9000 Navajo zusammen und ließen sie einen 643 km langen Marsch zu einem Lager bei Bosque Redondo nahe Fort Sumner (New Mexico) antreten. Hunderte indigener Amerikaner starben unterwegs an Krankheiten, Hunger oder Schusswunden. Die Navajo nennen dieses Ereignis den „Langen Marsch", der bis heute wichtiger Teil ihrer Stammesgeschichte ist.

Die letzten ernsthaften Auseinandersetzungen fanden zwischen US-Truppen und Apachen statt – auch deshalb, weil Raubzüge für die Apa-

---

Die anrührende Ausstellung „Boarding School Experience" im Heard Museum in Phoenix zeichnet die erzwungene Entwurzelung indianischer Kinder nach, die im 19. und 20. Jh. in von der Bundesregierung betriebene Internate verbracht wurden, um sie dort zu „amerikanisieren".

Am 7. November 1893 führte Colorado als erster US-Bundesstaat und als eine der ersten Regionen weltweit das Frauenwahlrecht ein.

1859	1861–1865	1864	1881
Mit der Comstock Lode entdeckt man die bislang ergiebigste US-Silberader in Virginia City, NV. Die Siedlung wird schnell zur berüchtigtsten Bergbaustadt des Wilden Westens.	US-Bürgerkrieg zwischen den Nord- und den Südstaaten; das Kriegsende am 9. April 1865 wird fünf Tage später von der Ermordung des Präsidenten Lincoln überschattet.	Kit Carson zwingt 9000 Navajo zum „Langen Marsch" (644 km) nach Fort Sumner. Unterwegs sterben Hunderte Indianer an Krankheit, Hunger und Schusswunden.	1881 töten die Brüder Wyatt, Virgil und Morgan Earp mit Doc Holliday die McLaury-Brüder und Billy Clanton bei einer wilden Schießerei.

chen ein unerlässliches Element auf ihrem Weg zur Männlichkeit waren. Als Soldaten und Siedler ins Apachengebiet vordrangen, wurden sie zum Ziel jener Überfälle, die Teil der Lebensart des Stammes waren. So ging es unter Führung der Häuptlinge Mangas Coloradas, Cochise, Victorio und schlussendlich Geronimo weiter. Letzterer kapitulierte 1886, nachdem man ihm versprochen hatte, dass er und die Apachen nach zweijähriger Haft in ihr Heimatgebiet zurückkehren dürften. Doch wie viele Versprechen in jener Zeit wurde auch dieses gebrochen.

Noch nach dem Ende der Kriege wurden Ureinwohner jahrzehntelang wie Bürger zweiter Klasse behandelt. Nicht-indigene Amerikaner nutzten Gesetzeslücken, um sich Reservatsgebiete anzueignen. Bis in die 1930er-Jahre hinein wurden Kinder von Indianern in Internate gesteckt, in denen sie Englisch lernen mussten und für „indianisches Verhalten" oder das Benutzen ihrer Stammessprache bestraft wurden.

Die besten Wildwest-Städte

Bisbee, Arizona

Tombstone, Arizona

Silverton, Colorado

Lincoln, New Mexico

Virginia City, Nevada

Der Wilde Westen

Romantisch verbrämte Geschichten von Revolverhelden, Viehdieben, Gesetzlosen und Zugräubern nähren die Wildwest-Legenden. Gut und Böse waren damals durchaus dehnbare Begriffe: Wer in einem Staat als brutaler Gesetzloser gesucht wurde, konnte anderswo ein beliebter Sheriff werden. Schießereien waren häufiger das Resultat politischer Alltagsquerelen in den noch jungen Städten als das Ergebnis sagenumwobener Blutfehden. Praktisch über Nacht entstanden neue Bergwerksstädte mit rüden Saloons und Bordellen, in denen die Bergarbeiter becherten, zockten und Schlägereien vom Zaun brachen. Reiter und schnelle Pferde bildeten das Rückgrat des kurzlebigen, aber legendären Pony Express (1860/61), mit dem in der erstaunlich kurzen Zeit von zehn Tagen Briefe von Missouri nach Kalifornien zugestellt wurden.

Billy the Kid und Sheriff Pat Garrett waren in den späten 1870er-Jahren aktiv. Die beiden legendären Männer nahmen auch am berühmtberüchtigten Lincoln-County-Rinderkrieg teil. In seiner kurzen Karriere als Revolverheld erschoss Billy the Kid angeblich über 20 Männer. Er selbst starb mit 21 Jahren durch Garretts Kugeln. 1881 kam es am OK Corral in Tombstone zu einer wilden Schießerei. Dabei töteten die Brüder Wyatt, Virgil und Morgan Earp mit Doc Holliday die McLaury-Brüder und Billy Clanton in nicht einmal einer Minute. Zuvor hatten sich beide Parteien des Viehdiebstahls bezichtigt – die Wahrheit wird wohl nie ans Licht kommen.

Hintergrundgeschichten zu Wildwest-Legenden samt ihren Fotos finden sich im Monatsmagazin *True West* (www.truewest-magazine.com); auf der Website erfährt man, wer aktuell im Rampenlicht steht.

Wasser & Entwicklungen im Westen

Die Amerikaner begannen, über die Inbesitznahme des Landes zwischen den Küsten nachzudenken. Die Vorstellung von der Großen Amerikanischen Wüste – ein Mythos, der von frühen Forschungsreisenden verbrei-

1882	1913	1919	1938
Seit 1848 sind über 50 000 Chinesen in Kalifornien eingewandert, das von Rassismus geprägt ist. Folge ist das einzige US-Einwanderungsgesetz, das eine Ethnie gezielt ausgrenzt (Chinese Exclusion Act).	William Mulholland, der Direktor von Los Angeles Water & Power, eröffnet den 375 km langen Owens Valley–Los Angeles Aqueduct.	Der Grand Canyon wird zum 15. Nationalpark der USA; von Kanab wird eine unbefestigte Straße zum North Rim gebaut. Im Jahr 2013 besuchten 4,5 Mio. Personen den Park.	Als erster nationaler Highway erhält die Route 66 eine Asphaltdecke – darunter auch mehr als 1200 km in Arizona und New Mexico. Die Mutter aller Straßen wird 1984 offiziell stillgelegt.

tet worden war – hatte landwirtschaftliche Besiedlung und Stadtent-
wicklung verhindert. Der innere US-Westen war keine Wüste; doch war
Wasser ein begrenztes Gut, als Städte wie Denver an der Front Range
entstanden.

Der Kampf um eine ausreichende Wasserversorgung für die wachsen-
de Wüstenbevölkerung prägte die frühen Tage des 20. Jhs. Dies führte
zu von der Bundesregierung finanzierten Dammbauprojekten wie dem
Hoover Dam (1936) oder dem Glen Canyon Dam bzw. Lake Powell (1963).
Die Wasserversorgung stellt die Region bis heute vor eine elementare
Herausforderung.

Reformen im Wilden Westen

Das San-Francisco-Erdbeben (1906) und der folgende Großbrand zeig-
ten, dass sich Kalifornien im Wandel befand. San Francisco besaß nur
eine einzige intakte Wasserquelle. Die Hauptwasserleitungen der Stadt
wurden durch staatliche Mittel finanziert, was korrupte Bosse zum An-
zapfen der Feuerlöschhydranten animierte. Als sich der Rauch verzog,
war eines klar: Der Wilde Westen war reif für einen Wandel.

Während San Franciscos Wiederaufbau mit 15 Gebäuden pro Tag vor-
anschritt, nahmen Kaliforniens Reformer die städtische, bundesstaatli-
che und nationale Ebene in Angriff. Bürger, denen öffentliche Gesund-
heit und Frauenhandel Sorgen bereiteten, drängten auf Verabschiedung
des Antiprostitutionsgesetzes (Red Light Abatement Act; 1914). Die Mexikanische Revolution (1910–1921) brachte eine neue Einwanderungs-
welle und revolutionäre Ideen wie ethnisches Selbstbewusstsein oder
Arbeitersolidarität mit sich. Als Kaliforniens Häfen wuchsen, organisierten Gewerkschaften an der Westküste einen historischen Streik (83 Tage;
1934), der Zugeständnisse in puncto Arbeitssicherheit und eine gerechte-
re Bezahlung erzwang.

Auf dem Höhepunkt der Weltwirtschaftskrise (1935) verließen rund
200 000 Farmerfamilien die dürregeplagte Dust Bowl (Staubschüssel) in
Texas und Oklahoma und zogen aus Kalifornien. Dort schufteten sie unter erbärmlichen Bedingungen für Landwirtschaftskonzerne. Kaliforniens Künstler machten Amerikas Mittelschicht auf das Elend der Wanderarbeiter aufmerksam. So stellte sich die Nation hinter Dorothea Langes
eindringliche Doku-Fotos von hungernden Familien und hinter John
Steinbecks fiktionalisierte Romandarstellung *Früchte des Zorns* (1939).

Zweiter Weltkrieg & Atomzeitalter

Los Alamos

Was bis 1943 eine Knabenschule auf einem 2255 m hohen Tafelberg war,
wurde zur Geheimzentrale des Manhattan Project, des Forschungspro-
jekts zum Bau der amerikanischen Atombombe. Das 312 ha große Ge-

---

Am 1. Februar 1906 stanzte und prägte die Denver Mint ihre ersten Gold- bzw. Silbermünzen. Bei einem Überfall am 18. Dezember 1922 wurde die heute weltweit größte Münzanstalt am helllichten Tag um 200 000 US$ erleichtert.

Der oscarprä- mierte Film *There Will Be Blood* (2007) nach Upton Sinclairs Romanvorlage *Petroleum* (1927) porträtiert einen kalifornischen Ölmagnaten, basierend auf dem Leben des südkalifornischen Großindustriellen Edward Doheny.

1945	1946	1947	1963
Die erste Atombombe detoniert ironischer- weise im Jornada del Muerto Valley („Tal der Wegstrecken des Toten"; heute Teil des White Sands Missile Range) im Süden New Mexicos.	Die Eröffnung des prächtigen Flamingo- Kasinos in Las Vegas löst einen Bauwahn der Mafia aus. Die sagen- haften 1950er-Jahre markieren „Sin Citys" erste Glanzzeit.	In der Wüste bei Roswell stürzt ein unbekanntes Objekt ab. Die US-Regierung spricht erst von einer havarierten Scheibe, einen Tag darauf von einem Wetterballon. Rätselhafterweise sperrt sie das Gebiet.	Der Lake Powell ver- schluckt, nach Vollen- dung des umstrittenen Glen Canyon Dam, indi- gene Ahnenstätten und herrliche Felsformatio- nen. Dafür entsteht ein Bootsfahrer-Paradies mit 3154 km langer Uferlinie.

lände von Los Alamos (New Mexico) lag inmitten von Wäldern und war über unbefestigte Pisten erreichbar. Weder Öl- noch Gasleitungen und nur einen einzigen Telegrafendraht erreichten den Ort.

Sicherheitsmaßnahmen prägten alle Lebensbereiche auf dem „Hügel": Die Bewohner konnten sich nur begrenzt bewegen, Post wurde zensiert, es gab kein Radio oder Telefon. Und vielleicht noch beunruhigender: Die meisten Bewohner wussten nicht einmal, warum sie in Los Alamos lebten. Ihr Wissen war auf das „Notwendigste" beschränkt – alle wussten nur so viel, wie für ihre jeweilige Arbeit erforderlich war.

Nach knapp zwei Jahren zündeten die Wissenschaftler die erste Atombombe auf dem Trinity-Testgelände (heute White Sands Missile Range). Nach den Atombombenangriffen auf Japan erfuhr die Öffentlichkeit von Los Alamos, aber bis zum Wegfall der Besuchsbeschränkung (1957) umgab die Stadt ein Geheimnis.

Neue Arbeiterschaft & Industriezweige

Im Zweiten Weltkrieg veränderte sich Kaliforniens Arbeiterschaft ständig: Die Kriegsindustrie rekrutierte Frauen und Afroamerikaner, mexikanische Gastarbeiter schlossen Personallücken. Der Kommunikations- und Luftfahrtsektor lockte Elite-Ingenieure aus aller Welt an, die später Kaliforniens Hightech-Industrie gründeten. Innerhalb der ersten zehn Nachkriegsjahre wuchs Kaliforniens Bevölkerung um 40 % auf 13 Mio. an.

Der Zweite Weltkrieg kurbelte auch die Wirtschaft des Nordwestens an: Dieser wurde zum größten US-Holzlieferanten, die Marinewerften von Oregon und Washington brummten, ebenso William Boeings Flugzeugfabrik. Der Boom setzte sich bis zum Ende des 20. Jhs. fort und zog Wellen von qualifizierten Zuwanderern aus dem Osten oder Süden der USA an.

Hollywood & Gegenkultur

Dank beständigen Sonnenscheins und vielfältiger Drehorte galt Kalifornien ab 1908 als Revier für Filmproduktionen. Dennoch beschränkte sich seine Rolle zunächst auf das Imitieren exotischerer Orte und die Bereitstellung von Kulissen für Historienstreifen. Aber mit der Zeit dominierten Kaliforniens wehende Palmen Spielfilme und TV-Kultserien.

Nicht alle Kalifornier identifizierten sich mit *Surf Beach Party* (1965). Matrosen des Zweiten Weltkriegs, die wegen Ungehorsams oder Homosexualität entlassen wurden, fühlten sich in Bebop-Jazzclubs, Künstlercafés und dem City Lights Bookstore zu Hause. San Francisco wurde Heimat der freien Rede und des freien Geists. Doch bald wurden bekannte Gesichter verhaftet, so etwa Beatpoet Lawrence Ferlinghetti wegen Veröffentlichung von Allen Ginsbergs Gedicht *Das Geheul* (1955), Komiker Lenny Bruce wegen Benutzung des F-Worts auf der Bühne oder Carol Doda wegen Herumlaufens mit entblößter Brust. Als Flower Power ver-

In den frühen 1930er-Jahren erkundete der 20-jährige Künstler und Vagabund Everett Ruess die Four-Corners-Region. Im November 1934 verschwand er unter mysteriösen Umständen bei Escalante, Utah. Seine bewegenden Briefe kann man im Buch *Everett Ruess: A Vagabond for Beauty* nachlesen.

1963	1964	1973	1980
Am 22. November wird Präsident John F. Kennedy in aller Öffentlichkeit erschossen, während er in einer Wagenkolonne über die Dealey Plaza in Dallas fährt.	Der Kongress verabschiedet den Civil Rights Act, der eine Diskriminierung aufgrund von Rasse, Hautfarbe, Religion, Geschlecht oder nationaler Herkunft verbietet.	Die Eröffnung des MGM Grand markiert die Geburt des firmeneigenen „Megaresorts" und initiiert am Las Vegas Strip einen Bauboom, der bis heute anhält.	Die Explosion des Gipfels des Mt. St. Helens lässt den Berg von 2949 m auf 2546 m schrumpfen, tötet 57 Menschen und zerstört 250 Häuser. Die Vulkanspitze weicht einem 1,6 km breiten Krater.

KALIFORNIENS BÜRGERRECHTSBEWEGUNG

Als US-Präsident Roosevelt im Jahr 1942 rund 110 000 japanischstämmiger West-küstenbewohner in Internierungslager verfrachten ließ, klagte die in San Francisco ansässige Japanese American Citizen's League dagegen. Diese Prozesse gingen bis zum Supreme Court, dem Obersten Gerichtshof der USA, und begründeten bahnbrechende Präzedenzfälle in Sachen Bürgerrechte. 1992 erhielten ehemals Internierte Entschädigungszahlungen und ein Entschuldigungsschreiben mit der Unterschrift von Präsident George H. W. Bush.

Die Arbeiterführer César Chávez und Dolores Huerta übernahmen von Mahatma Gandhi bzw. Martin Luther King Jr. die Praxis des gewaltlosen Widerstands. 1962 gründeten sie eine Landarbeitergewerkschaft (United Farm Workers), die für die Rechte der Gastarbeiter kämpfte. Während Bürgerrechtsführer auf Washington zumarschierten, zog Chávez mit kalifornischen Traubenpflückern nach Sacramento. So machten sie die USA auf die Themen gerechter Entlohnung und Gesundheitsrisiken durch den Einsatz von Pestiziden aufmerksam. Als Bobby Kennedy Ermittlungen aufnahm, ergriff er für Chávez Partei und machte Hispanics erstmals zum Faktor in der US-Politmaschinerie.

blasste, traten Bay-Area-Rebellionen wie Black Power, Gay Pride oder Marihuanaclubs in Aktion.

Doch während Nordkaliforniens Gegenkultur zwischen den 1940er- und 1960er-Jahren die meiste Aufmerksamkeit erregte, erschütterte der Nonkonformismus im sonnigen Südkalifornien die USA bis ins Mark. 1947 versuchte Senator Joseph McCarthy, vermeintliche Kommunisten aus der Filmindustrie zu entfernen. Zehn Drehbuchautoren und Regisseure weigerten sich, kommunistische Verbindungen zuzugeben oder Namen zu nennen. Sie wurden wegen Missachtung des Kongresses verurteilt und erhielten Arbeitsverbot in Hollywood. Die Berufung der „Hollywood Ten" auf den ersten Zusatzartikel der US-Verfassung fand landesweit Gehör. Große Hollywood-Mogule äußerten kühn ihren Unmut und engagierten Talente von der Schwarzen Liste, bis kalifornische Klagen der McCarthy-Ära 1962 ein gerichtliches Ende setzten.

Sieben Jahre später, am 28. Januar 1969, kippte eine Bohrinsel mehr als 757 000 l Öl in den Santa Barbara Channel und tötete Delfine, Robben sowie ca. 3600 Küstenvögel. Die Strandgemeinschaft organisierte eine höchst effektive Protestaktion, die zur Gründung der Environmental Protection Agency führte.

Computerboom

Als das Silicon Valley den ersten PC vorstellte (1968), mochte kaum jemand glauben, dass derartige Maschinen – der erste Hewlett-Packard-Computer wog 18,1 kg und kostete 4900 US$ (heute ca. 29 000 US$) –

Der Film *Chinatown* (1974) ist ein fiktionalisiertes, aber überraschend präzises Porträt der brutalen Wasserkriege, die wegen der Errichtung von Los Angeles und San Francisco geführt wurden.

1995	2000	2002	2008
Mit Amazon geht in Seattle einer der ersten Online-Großhändler an den Start. Die Firma ist ursprünglich ein reiner Buchversand und wirft bis ins Jahr 2003 keinen Jahresgewinn ab.	Die Bürger von Colorado stimmen für den Zusatzartikel 20. Dieser erlaubt die Abgabe von Cannabis an registrierte Patienten. In der Folge entstehen viele Marihuana-Kliniken.	Salt Lake City wird der bevölkerungsreichste Ort, in dem Olympische Winterspiele stattfanden. Zum ersten Mal messen sich Frauen im Bobfahren.	Kaliforniens Wähler stimmen für den 8. Zusatzartikel, der gleichgeschlechtliche Ehen verbietet, später aber von Bundesgerichten für verfassungswidrig erklärt wird.

einmal die Wohnungen der Durchschnittsamerikaner erobern würden. In der Hoffnung, jedem das Potenzial des Computers zugänglich zu machen, präsentierten Steve Wozniak und der erst 21-jährige Steve Jobs auf der West Coast Computer Faire 1977 den Apple II. Der hatte eine gigantische Speicherkapazität (4 KB RAM) und Mikroprozessor-Geschwindigkeit (1 MHz).

Doch bereits Mitte der 1990er-Jahre ließen neu gegründete Internetfirmen im Silicon Valley eine ganze „dot.com"-Industrie florieren. Plötzlich flatterten Post, Nachrichten, Politisches und, jawohl, Sex online ins eigene Heim. Als aber die „dot.com"-Profite ausblieben, verebbte auch die Risikokapitalfinanzierung. Am 10. März 2000 vernichtete ein extremer Nasdaq-Absturz viele Aktienvermögen im Handumdrehen. Sowohl 26-jährige Firmen-Vizepräsidenten als auch das Dienstleistungspersonal in der Bay Area wurden über Nacht arbeitslos. Doch da User auf Websites weiterhin Infos und Kontakte suchten, trat schon bald ein neuerlicher Boom bei Suchmaschinen und sozialen Netzwerken ein. Zwischen 2011 und 2015 stieg die Zahl der Mitarbeiter beim Mediengiganten Facebook von 2000 auf 6800 an.

Inzwischen ist Kaliforniens Biotech-Industrie auf dem Vormarsch. 1976 klonte das neu gegründete Unternehmen Genentech erstmals menschliches Insulin und führte einen Impfstoff gegen Hepatitis B ein. 2004 stimmten Kaliforniens Wähler einem 3 Mrd. US$ schweren Anleihegeschäft zugunsten der Stammzellenforschung zu. Nur vier Jahre später hatte Kalifornien sich zum größten Finanzierer dieses Forschungssektors und zum Rückgrat des neuen Nasdaq-Biotech-Indexes gemausert.

2014 feierte die Comedy-Serie *Silicon Valley* auf HBO Premiere. Die u. a. von Mike Judge entwickelte Sitcom erzählt vom Auf und Ab eines Internet-Startup-Unternehmens und dessen amüsant-schrulligen Gründern.

GESCHICHTE COMPUTERBOOM

2008	2010	2012	2015
Barack Obama wird als erster Afroamerikaner zum Präsidenten der USA gewählt.	Arizona verabschiedet ein umstrittenes Gesetz: Polizisten müssen auch ohne konkreten Verdacht Personen auf ihren Aufenthaltsstatus hin überprüfen. Aktivisten rufen zum Boykott auf.	New Mexico und Arizona feiern das 100. Jubiläum ihres USA-Beitritts als 47. bzw. 48. Bundesstaat.	In einer Grundsatzentscheidung urteilt das Oberste Gericht der USA mit fünf zu vier Stimmen, dass das Recht auf eine gleichgeschlechtliche Ehe von der Verfassung geschützt ist.

Lebensart

Glaubt man den Schlagzeilen, sind die Leute im Westen der USA komische Käuze: in Arizona bewaffneten sie sich gegen illegale Einwanderer, im Orange County gäbe es Hausfrauen, die sich die Haare raufen, und in Colorado Hasch rauchende Gammler. Schaut man sich die Comedy-Sketche der Fernsehserie *Portlandia* an, dann meint man, ganz Portland sei von radfahrenden, hippen Ökofreaks bevölkert, die jedem Ding einen Vogel verpassen wollen. Doch stimmt das alles? Ja und nein. Die Klischees spiegeln durchaus bestimmte regionale Eigenheiten wider, aber die meisten Leute versuchen einfach nur, so undramatisch wie möglich mit ihrem Alltag klarzukommen.

Websites zu den populärsten Sportarten

....

Baseball
www.mlb.com

....

Basketball
www.nba.com

....

Eishockey
www.nhl.com

....

Football
www.nfl.com

....

FuBball *www. mlssoccer.com*

....

NASCAR *www. nascar.com*

Regionale Identität

Der Cowboy ist seit Langem ein Symbol des Westens und steht für Tapferkeit und Eigenverantwortung – sowie die einsame Suche nach Wahrheit, Gerechtigkeit und einem Schluck Whiskey. Was stimmt daran? Die Menschen, die den Westen besiedelten, waren tatsächlich tapfer und handelten eigenverantwortlich, aber nur, weil es nicht anders ging. In der rauen Umwelt lauerten hinter jeder Chance auch Gefahren. Als die Gefahren schwanden und die Siedler zur Ruhe kamen, wurde der Cowboy dann immer mehr zu einem der Wirklichkeit nicht länger entsprechenden Klischee. So wie die roten Sandstein-Mesas im Verlauf der Jahre zu neuen, vielfältigen Formen verwitterten, entwickelten sich auch die Eigentümlichkeiten der Bevölkerung weiter. Die heutigen typischen Charakterzuweisungen haben sich, ob sie nun zutreffen oder nicht, regional verteilt, und die Einwohner von Portland, San Diego, Santa Fe oder Phoenix nehmen sich wechselseitig als sehr unterschiedlich wahr.

Kalifornien

Hey, Dude, steck' mich nicht in irgendeine Kiste – das ist so uncool! Aber welche Kiste eigentlich? Glaubt man den Klischees, sind die Kalifornier

SPORT

Im Westen der USA liebt man den Sport, gleichgültig ob man selbst eine Sportart aktiv ausübt oder nur seiner Lieblingsmannschaft zujubelt. Hier eine Übersicht der Teams in den wichtigsten Profisportarten im Westen der USA:

National Football League AFC West: Denver Broncos, Oakland Raiders, San Diego Chargers; NFC West: Arizona Cardinals, San Francisco 49ers, Seattle Seahawks

National Basketball Association Western Conference Pacific: Golden State Warriors, Los Angeles Clippers, Los Angeles Lakers, Phoenix Suns, Sacramento Kings; Western Conference Northwest: Denver Nuggets, Portland Trailblazers, Utah Jazz

Women's National Basketball Association Los Angeles Sparks, Phoenix Mercury, Seattle Storm

Major League Baseball American League: Los Angeles Angels, Oakland Athletics, Seattle Mariners; National League: Arizona Diamondbacks, Colorado Rockies, Los Angeles Dodgers, San Diego Padres, San Francisco Giants entspannt, von sich eingenommen, weltoffen und umweltbewusst. Die statistischen Fakten dahinter? Nach den Zahlen der National Oceanic and Atmospheric Administration (NOAA) lebten 2010 mehr als 25,5 Mio. Kalifornier in einem an der Küste gelegenen County – das ergibt den höchsten Prozentsatz unter allen US-Staaten an Atlantik oder Pazifik. Die Strände im Süden sind am sonnigsten und am besten zum Baden geeignet, weshalb Südkalifornien unweigerlich mit Surfen, Sonne und typischen Primetime-Seifenopern wie *Baywatch* oder *O. C. California* assoziiert wird.

Do-It-Yourself, Fitness und Schönheitsoperationen sind seit den 1970er-Jahren wichtige Branchen im gesamten Bundesstaat und dank Ausgleichssport und gesunder Ernährung gehören die Kalifornier durchschnittlich zu den fittesten US-Amerikanern. Politisch haben die Republikaner nicht viel zu bestellen. 2014 waren nur 28 % der registrierten Wähler im Bundesstaat Republikaner, 43 % folgten den Demokraten und 21 % betrachteten sich als neutral. In puncto Umweltschutz marschiert der Golden State landesweit voraus, abgasreduzierte Autos liegen hier voll im Trend. So werden in Kalifornien mehr Autos mit Hybridantrieb verkauft als in irgendeinem anderen Bundesstaat (das Hybridauto Toyota Prius war 2013 das meistverkaufte Auto in Kalifornien).

Der Nordwesten

Und wie steht's mit den Leuten in Washington und Oregon? Sind das tatsächlich Bäume umarmende Hipster mit politisch progressiver Einstellung und einer Vorliebe für Milchkaffee? Im Großen und Ganzen ja. Viele Einwohner sind stolz auf ihre unabhängige Gesinnung, geben sich naturverbunden und trennen ihren Müll. Insgesamt sind die Einwohner freundlich und stammen – trotz ihrer Neigung, über die Kalifornier herzuziehen – vielfach selbst aus dem südlichen Nachbarstaat. Warum zogen sie in den Norden? Beispielsweise wegen der üppigen Landschaft, der hohen Lebensqualität und des Verzichts auf das affektierte Gehabe, das sich in größeren, bekannteren Städten nur zu gern einstellt. Anzugeben und sich in Schale zu werfen, gehört nicht zum alltäglichen Lebensstil im Nordwesten. Wer in Restaurants, bei Konzerten oder gesellschaftlichen Veranstaltungen in Gore-Tex-Klamotten auftaucht, wird hier kaum ein Naserümpfen ernten.

Die Rocky Mountain States

Der typische Cowboy? Man findet ihn vermutlich hier. Die Ranches sind hierzulande ein großer Wirtschaftsfaktor, und der einsame Cowboy – auf den Nummernschildern Wyomings dargestellt auf einem bockenden Wildpferd – ist ein passendes Symbol für die Region. Man muss schon ein abgehärteter Individualist sein, um sich in den einsamen, windigen Ebenen, in denen Großstädter sich leicht verloren vorkommen, seinen Lebensunterhalt zu verdienen.

In politischer Hinsicht sind die Staaten in den nördlichen Rocky Mountains – Wyoming, Montana und Idaho – recht konservativ, auch wenn es in den College- und Resortstädten einige liberale Enklaven gibt. Wyoming führte zwar als erster US-amerikanischer Bundesstaat das Frauenwahlrecht (1869) ein, aber dieser liberale Anflug ist lange her. Heute denkt man bei Wyoming eher an die umstrittenen ehemaligen US-Vizepräsidenten Dick Cheney, der Wyoming sechsmal als gewählter republikanischer Abgeordneter im Kongress vertrat. Der zweite große Gewerbezweig hier ist neben den Ranches die Energiewirtschaft.

Colorado ist der Swing State (Wechselwählerstaat) schlechthin im Westen. Jeder liberalen Hochburg wie Boulder steht eine gleichermaßen entschieden konservative wie Colorado Springs gegenüber.

Die Zahl der erwachsenen Gefängnisinsassen in Kalifornien belief sich 2014 auf nicht weniger als 218 800 Personen. Der Bundesstaat nimmt damit in dieser traurigen Statistik den zweiten Platz hinter Texas mit 221 800 Sträflingen ein.

Colorado hat durchschnittlich 300 Sonnentage im Jahr – wenn man einen Tag mit mindestens einer Stunde Sonnenschein als Sonnentag werten mag. Nach den nüchternen, aber präzisen Angaben des National Weather Service gibt es in der Front Range pro Jahr durchschnittlich 115 Tage mit wolkenlosem Himmel. An 130 Tagen ist es teilweise bewölkt und an 120 Tagen bedeckt.

LEBENSART REGIONALE IDENTITÄT

EHE: GLEICHES RECHT FÜR ALLE

40 000 Kalifornier waren bereits als Lebenspartner registriert, als Gavin Newsom, der damalige Bürgermeister von San Francisco, im Jahr 2004 Heiratslizenzen für gleichgeschlechtliche Paare ausstellte, obwohl dies nach kalifornischem Recht verboten war. 4000 gleichgeschlechtliche Paare ließen sich umgehend trauen. Das Verbot wurde im Juni 2008 von kalifornischen Gerichten für ungültig erklärt, doch bereits im November des gleichen Jahres stimmten die Wähler für den Änderungsantrag 8 zur kalifornischen Verfassung, der die gleichgeschlechtliche Ehe verbot. Eine Änderung, deren Verfassungsmäßigkeit von Bürgerrechtler in Frage gestellt wurde. Und tatsächlich urteilten Gerichte, dass das Gesetz gegen das Gleichbehandlungsgebot und die Rechtsstaatsgarantie der US-Verfassung verstieße. Im Jahr 2013 verwarf das Oberste Gerichte der USA eine Berufung gegen diese Entscheidung, womit gleichgeschlechtliche Ehen im Golden State wieder ermöglicht wurden. Im Juni 2015 klärte der Oberste Gerichtshof der USA die Frage schließlich landesweit. In seinem Urteil entschied er, dass die US-amerikanische Verfassung das Recht auf gleichgeschlechtliche Eheschließungen garantiert. Die US-Staaten wurden aufgefordert, entsprechende Verbote aufzuheben.

Der Südwesten

Der Südwesten hat lange Zeit beherzte Siedler angezogen – Mormonen, Viehbarone, Goldgräber –, die etwas andere Lebenspläne verfolgten als die Durchschnittsamerikaner. Eine neue Generation idealistischer Unternehmer hat die früheren Bergbaustädte in New-Age-Kunst-Enklaven und Wildwest-Touristenattraktionen verwandelt. Wissenschaftler kamen in die menschenleere Region, um Atombomben und Raketen zu entwickeln und zu testen, und Astronomen bauten auf verlassenen Hügeln und Bergen Sternwarten, wo sie den Nachthimmel ungehindert beobachten und den freien Blick optimal nutzen konnten.

In den letzten Jahren haben die Bestrebungen der Regierung, die illegale Einwanderung zu stoppen, der relaxten Atmosphäre einen starken Dämpfer verpasst, vor allem im südlichen Teil Arizonas. Die Anti-Immigrations-Rhetorik wird zwar nicht unbedingt im Alltag praktiziert, führt aber zu zahlreichen Nachrichten voller hasserfüllter Kommentare. Dies und die vielen Grenzpatrouillen werfen einen dunklen Schatten auf die sonst so sonnige Region. In anderen Gebieten im Südwesten hingegen herrscht eine eher integrative Einstellung vor.

Wenn es um Festnahmen und Beschlagnahmungen von Drogen geht, ist der Tucson-Abschnitt einer der größten Brennpunkte der United States Border Patrol. Diese überwacht dort einen 422 km langen Grenzverlauf zwischen Arizona und Mexiko. 4200 auf acht Standorte verteilte Beamte sind im Einsatz.

Bevölkerung & Multikulturalismus

Mit 38,8 Mio. Einwohnern ist Kalifornien der bevölkerungsreichste Bundesstaat der USA. Auch leben in Kalifornien mehr Einwohner asiatischer (6,1 Mio.) und lateinamerikanischer Abstammung (14,7 Mio.) als in irgendeinem anderen Bundesstaat. 2014 rückten die Latinos zur größten ethnischen Gruppe im Bundesstaat auf. Ohnehin ist die lateinamerikanische Kultur eng mit der Kaliforniens verwoben; die meisten Einwohner betrachten ihren Staat als eine gut funktionierende multikulturelle Gesellschaft, die allen die Chance gibt, den amerikanischen Traum zu leben. In Kalifornien hielten sich 2012 geschätzt 2,45 Mio. Einwanderer illegal auf, was rund 6,2 % der Gesamtbevölkerung.

In Colorado, Arizona und New Mexico leben jeweils große Gruppen von Latinos und Amerikanern mit indianischen Wurzeln. Diese sind stolz darauf, ihre kulturellen Identitäten durch Traditionen und die mündliche Weitergabe von Überlieferungen am Leben zu erhalten.

Religion

Die Kalifornier sind weniger fleißige Kirchgänger als die Durchschnittsamerikaner und einer von fünf Kaliforniern gehört keiner Religionsgemeinschaft an. Gleichwohl ist die religiöse Landschaft hier besonders vielfältig. Rund ein Drittel der Kalifornier sind Katholiken, was zum Teil eine Folge des starken lateinamerikanischen Bevölkerungsanteil ist. Ein weiteres Drittel der Einwohner sind Protestanten und rund 1 % Muslime. Los Angeles besitzt die drittgrößte jüdische Gemeinde in den USA nach New York City und dem südlichen Florida. Rund 2 % der Kalifornier bezeichnen sich als Buddhisten und weitere 2 % als Hindus.

Rund ein Drittel der Einwohner in den beiden Nordweststaaten Oregon und Washington sind an keine Religionsgemeinschaft gebunden. Die meisten Menschen, die sich zu einer Religion bekennen, sind Christen oder Juden. Die Menschen asiatischer Abkunft brachten Buddhismus und Hinduismus in diese Region, in der auch New-Age-Esoterik vergleichsweise weit verbreitet ist.

In religiöser Hinsicht der größte Sonderling ist wohl der Südwesten der USA. In Utah gehören 55 % der Einwohner der mormonischen Kirche Jesu Christi der Heiligen der Letzten Tage an. Diese Glaubensgemeinschaft betont traditionelle Familienwerte und verpönt Alkohol, Zigaretten und voreheliche Sex. Auch für die Latinos und amerikanischen Ureinwohner im Südwesten sind Familie und Religion Schlüsselwerte. Beim Volk der Hopi sind Tänze sakrale Veranstaltungen, zu denen Außenstehende in der Regel keinen Zugang haben. Obwohl viele Menschen mit indianischen oder lateinamerikanischen Wurzeln heute in den Städten leben und dort ihren Berufen nachgehen, bilden große Familienzusammenkünfte und traditionelle Bräuche immer noch einen wichtigen Bestandteil ihres Alltags.

Im September 2014 versammelten sich über 65 900 euphorische Menschen in der Wüste Nevadas zum Burning Man, einem jährlichen Spektakel – zugleich Kunstfestival und Tanzorgie –, das zu ungezügelter Extravaganz, Kostümierungen und freier Libido aufruft.

Amerikanische Ureinwohner

Von den Apachen bis zu den Zuñi: die ethnische Landschaft im Westen der USA ist ungeheuer vielfältig. Jedes Volk hat seine eigenen Gesetze, seine eigene Sprache, seine eigene Geschichte und eigene Sitten und Gebräuche. Die Glaubensvorstellungen wurzeln oft in der Landschaft, in der die Völker wohnen. Die einzelnen Angehörigen dieser Völker sind durch ein gemeinsames Erbe verbunden, suchen aber auf jeweils eigene Weise mit dem Erbe ihrer Ahnen und dem der nicht indianischen Kulturen um sie herum umzugehen. Die Indianer des 21. Jhs. lassen sich in kein Klischee pressen, ob sie nun als Weber in einem Reservat oder als Web-Designer in Großstädten wie Phoenix leben.

Laut der Volkszählung im Jahr 2010 leben in den USA rund 5,2 Mio. amerikanische Ureinwohner, die mehr als 566 anerkannten Völkern angehören; das entspricht fast 2 % der US-amerikanischen Gesamtbevölkerung. Die landesweit meisten Menschen indigener Abstammung leben im Bundesstaat Kalifornien, auch Arizona und New Mexico liegen in dieser Statistik noch unter den Top Ten. Die Navajo Nation ist das größte indigene Volk im Westen, landesweit liegt es nach der Cherokee Nation auf dem zweiten Platz.

Heute sehen sich die Völker mit der Frage konfrontiert, wie sie sich im heutigen Amerika behaupten und gleichzeitig ihre Traditionen vor dem Verfall, ihr Land vor weiterer Ausbeutung und ihre Menschen von der Armut bzw. schützen können, ohne dass dabei die eigene kulturelle und religiöse Identität verloren geht.

Eines der Museen, die sich dem Leben und der Kultur amerikanischer Ureinwohner im Südwesten der USA widmen, ist das Heard Museum in Phoenix.

Die Völker

Die meisten der großen Indianervölker im Westen der USA sind in den Südweststaaten angesiedelt. Bekannte Völker mit großen Reservaten in Arizona sind u. a. die Navajo, die Hopi und die Apachen. Ebenfalls in Arizona beheimatet, sind die kleineren Völker der Walapai und der Havasupai, die in Reservaten am Grand Canyon leben. Die Völker in New Mexico verteilen sich auf 19 Pueblos im Norden und Zentrum des Bundesstaats.

Apachen

Die meisten (78 %) der amerikanischen Ureinwohner leben außerhalb der Reservationen. Die größten Gemeinden amerikanischer Ureinwohner gibt es in New York City (111 700) und Los Angeles (54 200).

Im Südwesten gibt es drei große Apachen-Reservate: in New Mexico die Jicarilla Apache Reservation sowie in Arizona die San Carlos Apache Reservation und die Fort Apache Reservation, wo die White Mountain Apache beheimatet sind. All diese Völker sind Nachkommen der Athapasken, die um 1400 aus Kanada in diese Region kamen. Diese waren nomadische Jäger und Sammler. Später wurden sie zu Kriegern, die Raubzüge vor allem gegen die Pueblo-Indianer und gegen europäische Siedlungen durchführten und sich der Vertreibung in Reservate widersetzten.

Berühmteste Apache ist Geronimo, ein Chiricahua-Apache, der gegen die US-amerikanische Annexion des Land der Ureinwohner kämpfte und erst mithilfe von White-Mountain-Apache-Spähern im Dienst der US-Armee besiegt werden konnte.

Havasupai

Die Havasupai Reservation grenzt an den Grand Canyon National Park in Arizona und liegt unterhalb des Südrands des Canyons. Das einzige Dorf der Nation trägt den Namen Supai und ist mit dem Auto nicht zu erreichen. Die Straße endet am Hualapai Hilltop; von dort muss man noch rund 13 km wandern oder auf einem Maulesel reiten. Wer will, kann aber auch mit dem Hubschrauber fliegen.

Havasupai bedeutet „Volk vom blaugrünen Wasser". Das Leben war hier immer geprägt vom Havasu Creek, einem Nebenfluss des Colorado. Der gesicherte Zugang zum Wasser ermöglichte die Bewässerung der Felder, durch den Ackerbau war das Leben im Dorf von den Jahreszeiten bestimmt. Der tiefe Havasu Canyon schützte das friedfertige Volk vor dem Kontakt mit der Außenwelt und bis ins 19. Jh. mied es jegliche Berührungspunkte mit der westlichen Zivilisation. Heute setzen die Havasupai auf Tourismus und die Wasserfälle des Havasu Canyon locken einen steten Strom von Besuchern an. Das Volk ist verwandt mit den Walapai.

Jahrzehntelang haben die traditionellen Navajo und Hopi die Versuche der US-Industrie unterbunden, Bergbau in ihrem heiligen Big Mountain zu betreiben. Nachlesen kann man die Geschichte auf der Website von Black Mesa Indigenous Support (www.blackmesais.org).

AMERIKANISCHE UREINWOHNER DIE VÖLKER

ETIKETTE

Wer ein Reservat besuchen will, sollte sich informieren, ob dort bestimmte Verhaltensregeln zu beachten sind. In fast allen Reservaten sind alkoholische Getränke tabu, manchmal auch Haustiere. Fotografieren ist manchmal nur eingeschränkt erlaubt. Wer campen, angeln oder anderen Aktivitäten nachgehen will, braucht in jedem Fall eine Genehmigung. Die Regeln sind zuweilen am Eingang des Reservats angeschlagen; auf jeden Fall erfährt man sie bei der Stammesverwaltung oder auf der Website des Reservats.

Wer ein Reservat besucht, lernt eine einzigartige Kultur mit vielleicht ungewohnten Bräuchen kennen. Besucher sollten immer höflich, respektvoll und offen sein und nicht erwarten, dass die Einheimischen sie an allen Einzelheiten ihres Lebens teilhaben lassen.

Erst fragen, dann knipsen

In den Gebieten mancher Völker ist das Fotografieren oder Zeichnen gänzlich verboten, in anderen nur gegen eine Gebühr oder nur bei Zeremonien und in bestimmten Bereichen eingeschränkt möglich. *Immer zuerst fragen, ob man ein Foto oder eine Zeichnung machen darf!* Wer eine Person ablichten möchte, sollte zuerst um deren Erlaubnis bitten; ein Trinkgeld gilt als höflich und wird oft auch erwartet.

Pueblos sind keine Museen

Die unglaublichen Lehmziegelbauten sind Wohnhäuser. Öffentliche Gebäude sind beschildert; bei Häusern ohne Beschilderung kann man davon ausgehen, dass sie privat sind. Nicht herumklettern! Kivas sind fast immer tabu.

Zeremonien sind keine Theateraufführungen

Bei Zeremonien sollte man sich wie beim Gottesdienst verhalten: leise und respektvoll zuschauen, nicht reden oder anderweitig lärmen, keine Fotos machen und angemessene Kleidung tragen! Bei den Powwows geht es nicht ganz so formell zu, aber auch hier gilt: Sofern diese Versammlungen nicht extra für Zuschauer inszeniert sind, dienen sie nur dem Indianervolk und nicht den Gästen.

Privatsphäre & Kommunikation

Viele amerikanischen Ureinwohner haben nichts dagegen, die Glaubensüberzeugungen ihres Volkes zu beschreiben. Aber das ist nicht immer und schon gar nicht immer im gleichen Ausmaß der Fall. Einzelheiten über Rituale und Zeremonien sind oft geheim. Wer also über Religion sprechen will, sollte immer erst nachfragen, ob das o. k. ist, und es stets respektieren, wenn Grenzen gezogen werden. Außerdem gilt es bei amerikanischen Ureinwohnern als höflich, seinem Gegenüber kommentarlos zuzuhören. Das wechselseitige stille Zuhören ist ein Zeichen des Respekts.

Der Hopi Arts Trail präsentiert Künstler und Galerien auf den drei Hochebenen im Herzen des Hopi-Reservats. Eine Landkarte sowie Listen der Künstler und Galerien gibt's unter www.hopi artstrail.com.

Eine hilfreiche Einführung in die Kultur der Navajo bietet das Explore Navajo Interactive Museum (www. explorenavajon. com) in Tuba City, das auf dem Weg vom Grand Canyon National Park zum Monument Valley liegt.

Im Pacific Theater sendeten und empfingen im Zweiten Weltkrieg Navajo-„Codesprecher" Militärbotschaften in der Navajosprache Athabasca, die unglaublich komplex und schwierig ist. Japan gelang es nie, den Code zu knacken, und die Codesprecher leisteten einen essenziellen Beitrag zum amerikanischen Sieg.

Hopi

Umgeben von der Navajo Reservation im Nordosten Arizonas erstreckt sich die Hopi Reservation über eine Gesamtfläche von 6070 km². Die meisten Hopi leben in den zwölf Dörfern am Fuß und auf dem Gipfel der drei Mesas, die aus der Haupt-Mesa, der Black Mesa, hervorragen. Old Oraibi, auf der Third Mesa, gilt (neben Acoma Pueblo) als die älteste ununterbrochen bewohnte Siedlung des Kontinents. Wie alle Pueblo-Völker stammen die Hopi von den frühen Pueblo-Indianern ab.

Hopi bedeutet „die Friedlichen" oder „der Friedfertige". Es gibt wohl kein anderes Volk, das für seine bescheidene, traditionelle und zutiefst spirituelle Lebensweise bekannter wäre. Die Hopi verwenden eine ungewöhnliche Technik beim Trockenfeldbau: Sie pflügen ihre Felder nicht, sondern pflanzen die Samen in windgeschützte, wasserspeichernde Böden. Ihre wichtigste Anbaupflanze war schon immer Mais (der auch in ihrer Schöpfungsgeschichte eine zentrale Rolle spielt).

Das zeremonielle Leben der Hopi ist komplex und äußerst privat. Ihr Glauben beeinflusst alle Aspekte des Alltags. Nur wenn sie dem „Weg der Hopi" folgen, wird ihnen Leben spendender Regen geschenkt. Die Hopi sind davon überzeugt, dass dies der ganzen Menschheit zugute kommt. Die Rolle jedes Einzelnen ist vom Clan vorbestimmt; die Zugehörigkeit ergibt sich aus der matrilinearen Erbfolge. Selbst untereinander halten die Hopi die besonderen Traditionen ihres jeweiligen Clans geheim.

Die Hopi sind begnadete Künstler: Berühmt sind ihre Ton-, Korb- und Silberwaren sowie ihre zeremoniellen Kachina-Figuren (spirituelle Holzpuppen).

Hualapai (Walapai)

Die Hualapai Indian Reservation umfasst ein rund 4047 km² großes Gebiet, das sich über eine Länge von 174 km am Südrand des Grand Canyon erstreckt. Hualapai bedeutet „Volk der hohen Kiefern". Aufgrund der geringen Fruchtbarkeit diese Gegend am Grand Canyon, die sich nur bedingt zur Landwirtschaft eignet, lebten die Hualapai ursprünglich halbnomadisch, sammelten Wildpflanzen und jagten Kleinwild.

Heute bilden Forstwirtschaft, Rinderzucht, Landwirtschaft und Tourismus die wichtigsten Einnahmequellen. Der Regierungssitz des Volks befindet sich in Peach Springs, Arizona, das die Vorlage für „Radiator Springs" in dem Animationsfilm *Cars* war. Hauptattraktionen für Touristen sind die Möglichkeiten zum Jagen, Angeln und Raften sowie der atemberaubende Skywalk über dem Grand Canyon.

Navajo

Landesweit gehören ca. 330 000 Menschen den Navajo an, die damit den zweitgrößten Volksstamm nach den Cherokee bilden. Die Navajo Reservation (www.discovernavajo.com) ist das bei Weitem größte und bevölkerungsreichste Reservat in den USA. Es wird auch Navajo Nation oder Navajoland genannt und nimmt ein 70 822 km² großes Areal in Arizona und in Teilen von New Mexico und Utah ein.

Die Navajo waren Nomaden und gefürchtete Krieger, die mit den Pueblo-Völkern Handel trieben, sie aber auch überfielen und gleichermaßen gegen Siedler und die US-Truppen kämpften. Sie haben zudem von anderen Völkern zahlreiche Traditionen übernommen: von den Spaniern die Schaf- und Pferdezucht, von den Pueblo-Völkern das Töpfern und Weben und von den Mexikanern das Silberschmieden. Heute sind die Navajo für Teppiche, Tonwaren und Silberschmuck mit Intarsien bekannt, aber auch für die Sandmalerei, die bei Heilungszeremonien zum Einsatz kommt.

Pueblo-Völker

In New Mexico gibt es 19 Pueblo-Reservate. Vier Reservate liegen westlich von Albuquerque: Isleta, Laguna, Acoma und Zuñi. 15 Pueblos liegen im Rio Grande Valley zwischen Albuquerque und Taos: Sandia, San Felipe, Santa Ana, Zia, Jemez, Santo Domingo, Cochiti, San Ildefonso, Pojoaque, Nambé, Tesuque, Santa Clara, Ohkay Owingeh (oder San Juan), Picuris und Taos.

Diese Völker sind sich ähnlich und auch wieder nicht. Der Begriff „Pueblo" (spanisch für „Dorf") ist einfach nur eine bequeme Bezeichnung für alles, was sie miteinander verbindet: Alle halten sich für Nachkommen der frühen Pueblo-Indianer (Ancestral Puebloans; die frühere, als abwertend aufgefasste Bezeichnung Anasazi wird nicht mehr verwendet) und haben sich ihre Bauweise sowie ihre auf Ackerbau basierende dörfliche Lebensweise – oft oben auf Mesas – erhalten.

Die Pueblos sind einzigartig unter den Ureinwohnern Amerikas. Ihre Lehmziegelbauten können bis zu fünf Stockwerke hoch sein, die mit Leitern miteinander verbunden werden. Beim Bau kommen Lehmziegel, Steine, Holzbalken und Verputz zum Einsatz. Auf der zentralen Plaza eines jeden Pueblos befindet sich eine Kiva, ein kreisrunder, unterirdisch angelegter Zeremonien- und Versammlungsraum, der die Verbindung mit der Geisterwelt schafft. In den Pueblos gibt es oft auch katholische Kirchen – ein Erbe der Missionare. Viele Pueblos verbinden heute christliche und indigene religiöse Bräuche.

Nicht alle Pueblos haben Websites, das Indian Pueblo Cultural Center (www.indianpueblo.org) jedoch bietet weiterführende Links und Infos zu allen Pueblos.

Kunst

Die Kunst der amerikanischen Ureinwohner hat fast immer einen zeremoniellen Zweck und eine religiöse Bedeutung. Die Muster und Symbole sind durchdrungen von spirituellen Bedeutungen und stellen ein Fenster in die Herzen der Menschen dar.

Den zeitgenössischen indianischen Künstlern geht es aber nicht nur um die Bewahrung ihrer Kultur. Vielmehr nutzen sie seit Mitte des 20. Jhs., insbesondere seit der Bürgerrechtsbewegung in den 1960er-Jahren und der kulturellen Renaissance in den 1970er-Jahren, ihre Skulpturen, Bilder, Stoffe, Filme, Literatur und Darbietungen auch zur Kritik an der Moderne. *Native North American Art* von Janet Berlo und Ruth Phillips ist eine tolle Einführung in die vielfältige indigene Kunst Nordamerikas von der präkolumbischen Zeit bis in die Postmoderne.

Indem Reisende Kunstwerke direkt bei den Ureinwohnern kaufen, tragen sie unmittelbar zur Wirtschaft der Gemeinden bei, die teilweise auf die Dollar der Touristen angewiesen sind. Viele Völker betreiben Kunsthandwerksläden und Galerien, meistens in den Hauptstädten ihrer Reservate. Das Indian Arts & Crafts Board (www.iacb.doi.gov) bietet auf seiner Website eine nach Bundesstaaten sortierte Liste mit Galerien und Läden im Besitz indigener Amerikaner – einfach auf „Source Directory of Businesses" klicken!

N. Scott Momadays mit dem Pulitzer-Preis ausgezeichneter Roman *Haus aus Morgendämmerung* (1968) über einen jungen Pueblo-Indianer begründete die Gattung der indigenen nordamerikanischen Literatur.

Töpfer- & Korbwaren

Fast jedes Volk im Südwesten fertigt traditionelle Töpfer- und/oder Korbwaren an. Ursprünglich hatte jede Nation und selbst jede einzelne Familie ihren eigenen unverwechselbaren Stil. Die Töpfer und Korbmacher von heute mischen, übernehmen und reinterpretieren die klassischen Formen und Methoden ihres Handwerks.

Die Pueblo-Töpferwaren die wohl begehrtesten. Der vor Ort gewonnene Ton war ausschlaggebend für die Farbe. Dementsprechend waren die Töpferwaren der Zia rot, die der Acoma weiß, die der Hopi gelb, die der Cochiti schwarz usw. Die Santa Clara sind berühmt für ihre Gravur-Töpferwaren und die San Ildefonso für ihren Schwarz-auf-

Schwarz-Stil, dessen Wiederbelebung der weltberühmten Töpferin Maria Martinez zu verdanken ist. Auch die Töpferwaren der Navajo und der Ute Mountain Ute sind sehr geschätzt.

Die Herstellung von Töpferwaren ist nahezu immer mit dem dörflichen Leben verbunden. Nomadenvölker ziehen eher die Kunst des Korbflechtens vor. Für ihre ausgezeichneten Korbwaren sind beispielsweise die Jicarilla-Apachen (Jicarilla bedeutet „Korbmacher"), die Kaibab-Paiute, die Walapai (Hualapai) und die Tohono O'Odham bekannt. Bemerkenswert sind auch die gewickelten Korbwaren der Hopi mit ihren lebhaften Mustern und Kachina-Figuren.

Webkunst der Navajos

Eine Legende der Navajo besagt, dass die Spinnenfrau den Menschen das Weben beigebracht hätte. Und tatsächlich ist es, als schiene sie heute in den Navajo-Frauen wieder auf, wenn diese geduldig die handgesponnene Wolle netzartig auf Webstühlen hin- und herführen und so die legendären, ursprünglich als Decken verwendeten Navajo-Teppiche herstellen, die so fest geknüpft sind, dass sie kein Wasser durchlassen. Die Wolle wird noch immer per Hand hergestellt, selbst das Färben geschieht manchmal noch manuell. Bis ein Teppich fertig ist, vergehen Monate (wenn nicht sogar Jahre).

Echte Navajo-Teppiche sind teuer – und das zu Recht. Für einen Teppich muss man Hunderte bis Tausend Dollar hinblättern. Dies sind keine einfachen Souvenirs, sondern echte Kunstwerke, an denen man sich ein Leben lang erfreuen kann, ob man sie nun an die Wand hängt oder auf den Boden legt. Man sollte sich die Zeit nehmen und sich zumindest ein wenig schlaumachen – dann wird man verstehen, dass die Qualität den Preis rechtfertigt.

Silber- & Türkisschmuck

Die Verwendung von Steinen und Muscheln als Verzierung für Schmuck war schon immer eine indianische Tradition. Silberschmiede gibt es bei ihnen aber erst seit dem Kontakt mit Angloamerikanern und Mexikanern im 19. Jh. Vor allem die Navajo, Hopi und Zuñi machten sich einen Namen, indem sie diese Materialien mit türkisbesetztem Silberschmuck kombinierten. Außer mit Türkisen sind die Schmuckstücke oft auch mit Lapislazuli, Onyx, Korallen, Karneolen und Muscheln besetzt.

Echter Schmuck ist oft mit einem Stempel oder dem Zeichen des Künstlers versehen. Manchmal beweisen auch Zertifikate des Indian Arts & Crafts Board die Echtheit der Stücke – daher immer danach fragen! Der Preis kann ebenfalls ein Indikator sein: Ein hoher Preis garantiert zwar nicht die Echtheit, wenn der Schmuck jedoch spottbillig ist, sollten gleich die Alarmglocken schrillen. Wer sich für einen Crashkurs interessiert, sollte sich an den Santa Fe Indian Market im August halten.

Ein paar grundlegende Tipps zum Kauf indianischer kunsthandwerklicher Gegenstände finden sich in den einschlägigen Artikeln der staatlichen Touristeninformation von Arizona: www.visitarizona.com/experience-and-share.

Küche des Westens

Die Küche im Westen der USA lässt sich nicht leicht in eine Schublade packen, gibt es doch viel zu viele, oft sehr unterschiedliche regionale Spezialitäten. So garantiert es jede Menge Spaß, Gerichte aus regionalen Zutaten und mit spezifisch kulturellen Hintergrund zu probieren – von Grünen-Chili-Enchiladas in New Mexico über gegrillten Lachs im Pazifischen Nordwesten bis hin zu köstlichen Fischtacos in San Diego oder von der Flamme geküssten Steaks in Arizona.

Klassiker & Spezialitäten

Frühstück

Wie im Rest des Landes fällt das Frühstück auch im Westen üppig aus, die erste Mahlzeit des Tages besteht aus einer Portion herzhaften Biscuits and Gravy in einem Cowboy-Diner, einem schnellen Egg McMuffin beim Drive-in oder einem ausgiebigen Sonntags-Brunch – viele Amerikaner lieben Eier mit Speck, Waffeln, Hash Browns und ein großes Glas Orangensaft. Und vor allem bestehen sie auf ihr scheinbar unveräußerliches Recht auf dampfenden Kaffee – nachgeschenkt, so oft wie nötig.

Mittagessen

Nach der vormittäglichen Kaffeepause reicht es für die meisten amerikanischen Angestellten in der (heute meist nur halbstündigen) Mittagspause gerade mal für ein Sandwich, einen schnellen Burger oder einen herzhaften Salat. Der formelle „Business Lunch" ist in Großstädten wie Los Angeles stärker verbreitet, wobei die Gespräche oft wichtiger sind als das Essen.

Abendessen

Die Amerikaner nehmen – auch werktags – ein reichhaltiges Abendessen zu sich, meist vergleichsweise früh am Abend. Angesichts der Arbeitslast in so vielen Familien, bei denen beide Partner einem Fulltime-Job nachgehen, wird es entweder geliefert (z. B. Pizza oder chinesisches Essen) oder besteht aus Fertiggerichten für die Mikrowelle. Zum Dessert gibt's meist Eiscreme, Pies und Kuchen. Einige Familien kochen immer noch ein traditionelles Dinner am Sonntagabend, wenn Verwandte und Freunde sich zu einem großen Fest treffen, grillen im Freien oder gehen am Wochenende picknicken.

Regionale Speziali-täten

Fischtacos (San Diego, Kalifornien)

Frito-Pie (New Mexico)

Cheeseburger mit grünen Chilis (New Mexico)

Navajo-Tacos (Nordost-Arizona)

Sonoran Dogs (Tucson, Arizona)

Rocky Mountain Oysters (Kalbshoden; Colorado)

FRÜHSTÜCKS-BURRITOS

Es gibt ein mexikanisch inspiriertes Gericht, bei dessen Zubereitung man es im Westen zur Meisterschaft gebracht hat: den Frühstücks-Burrito. Er wird gleichermaßen in Diners und Delis in Colorado, Coffeeshops in Arizona und Strandcafés in Kalifornien serviert. In vielerlei Hinsicht ist er das ideale Frühstück – billig (meist unter 6 US$), proteinreich (Eier, Käse, Bohnen), mit frischem Gemüse (oder zählt Avocado als Obst?), heißer Salsa (ist das Gemüse?) und zusammengerollt in Papier oder Folie zum Mitnehmen bereit. Man schält ihn wie eine Banane und lässt sich vom aufsteigenden herzhaften Duft berauschen.

Auf die Schnelle

Ein Hotdog von einem Imbisskarren oder ein Taco von einem am Straßenrand geparkten Food Truck sind praktische und zunehmend auch schmackhafter werdende Snacks in den Geschäftsvierteln der Innenstädte. Bedenken hinsichtlich mangelnder Hygiene sind unbegründet, werden doch diese Anbieter in der Regel von den Gesundheitsbehörden kontrolliert. Fast-Food-Restaurants mit Drive-In-Schaltern sind überall im Land vertreten; an größeren Highway-Ausfahrten findet man in der Regel mindestens eines. Auf Festen und ländlichen Jahrmärkten bekommt man Zuckerwatte, Corn Dogs, Liebesäpfel, Funnel Cakes (Strauben), gefrorene Bananen mit Schoko-Glasur und viele leckere regionale Spezialitäten. Auf Bauern- und Biomärkten erhält man oft gesünderes, fertig zubereitetes Essen.

Food Trucks mit leckerem Essen sind keine Neuheit mehr. Von Crabcake-Tacos bis zu Red-Velvet-Cupcakes – hier findet sich alles Mögliche, was kreativ, gesund, lecker, dekadent und zuweilen einfach nur bizarr ist. Man findet die Trucks in Los Angeles genauso wie in Portland oder Las Vegas.

Kalifornien

Aufgrund seiner Größe und der verschiedenen Mikroklimata gedeihen in Kalifornien Obst und Gemüse gut, zudem gibt es zahllose Asia-Märkte. Das kulinarische Angebot beeindruckt mit Wildlachs, Taschenkrebsen und Austern aus dem Pazifik, ganzjährig frisch Geerntetem und handgemachten Leckereien wie Käse, Brot, Olivenöl, Wein und Schokolade.

In den 1970er- und 1980er-Jahren prägten Spitzenköche wie Alice Waters und Wolfgang Puck den Begriff der „California Cuisine", indem sie beste regionale Zutaten zu einfachen, aber köstlichen Kreationen verarbeiteten. Der Zustrom asiatischer Einwanderer, insbesondere nach dem Vietnamkrieg, bereicherte die urbane Esskultur durch Chinatowns, Koreatowns und Japantowns. Daneben pflegen riesige Enklaven von aus Mexiko stammenden Amerikanern im ganzen Staat ihre kulinarischen Traditionen. Internationale Fusion-Restaurants sind ein weiteres Merkmal der kalifornischen Gastronomie.

Nordküste & Sierras

In den 1970er-Jahren traten San Franciscos Hippies für einen autarkeren Lebensstil ein. Sie belebten die Tradition der eigenen Brot- und Käseherstellung wieder und bauten ihre Lebensmittel selbst an (gut gemeinter Tipp: Farmer von Mendocino bis Humboldt meinen es ernst mit ihren „No Trespassing"-Schildern!). Diese alternativen Landwirte praktizierten bereits damals pestizidfreien Anbau und schufen eine bodenständige Bio-Küche, die gesund und lecker zugleich ist.

An der Nordküste trifft man auf Einflüsse der naturverbundenen Ohlone- und Miwok-Küche. Die in Nordkalifornien beheimateten Stämme angelten, jagten, stellten Brot aus Eichelmehl her, legten Obstgärten an und widmeten sich entlang der Küste dem nachhaltigen Anbau. Unter solch verantwortungsvollen Verwaltern konnte die Natur ungestört gedeihen und so gibt es hier jede Menge Wildhonig und Brombeeren. An der Küste werden Meeresfrüchte traditionell von Hand gesammelt und gefangen, daneben sind nachhaltige Kaviar- und Austernfarmen ent-

LANGSAM, LOKAL, BIO

Die Slow-Food-Bewegung, die mit einer erneuerten Begeisterung für lokale Bioprodukte einhergeht, ist ein bestimmender Trend in den US-amerikanischen Restaurants. Die Bewegung nahm in den USA 1971 mit dem Chez Panisse der Chefköchin Alice Waters in Berkeley Schwung auf (die Organisation Slow Food selbst wurde 1986 in Italien gegründet). Bauernmärkte sind ein prima Ort, um mit Einheimischen ins Gespräch zu kommen und aus dem amerikanischen Füllhorn alte Obst- und Gemüsesorten oder frische, herzhafte oder süße regionale Delikatessen zu probieren.

standen. Furchtlose Forscher haben jede essbare Pflanze identifiziert, vom Sauerklee der Sierras bis hin zu Seetang aus Mendocino; die besten Plätze zur Pilzsuche hingegen bleiben das Geheimnis der Einheimischen

San Francisco Bay Area

Nach den statistischen Daten von 2010 kommen in San Francisco fast 40 Restaurants auf 10 000 Haushalte – eine größere Dichte als irgendwo sonst in den USA. Im Jahr 2013 gab es rund 230 lizenzierte Food Trucks überall in der Stadt.

Einige kulinarische Neukreationen der Stadt haben sich zu Dauerbrennern entwickelt, darunter der stets beliebte *cioppino* (Taschenkrebseintopf), der von der Familie Ghirardelli erfundene Schokoriegel oder Sauerteigbrot mit Teig, der wie in der Goldgräberzeit zubereitet wird und bis heute die Gaumen erfreut. Dim Sum ist Kantonesisch für die in Mandarin als *xiao che* (kleine Snacks) oder *yum cha* (Tee trinken) bekannten Köstlichkeiten; es gibt Dutzende Lokale in San Francisco, in denen diese als satt machendes Mittagessen serviert werden.

Mexikanisches, französisches und italienisches Essen zählt zu den ganzjährigen Favoriten der Region; daneben gibt's viele neuere ethnische Verrücktheiten: *izakaya* (japanische Bars, die kleine Gerichte servieren), koreanische Tacos, *banh mi* (vietnamesische Sandwiches mit mariniertem Fleisch und eingelegtem Gemüse auf französischen Baguettes) oder *alfajores* (arabisch-argentinische Shortbread-Kekse, gefüllt mit Creme).

Süd-Kalifornien

Los Angeles ist schon seit Langem für seine Starköche und berühmten Restaurantbetreiber bekannt. Nach Robert H. Cobb, Besitzer des Brown Derby Restaurant in Hollywood, ist der Cobb-Salat (Blattsalat, Tomaten, Eier, Hühnchen, Speck und Roquefort) benannt. Wolfgang Puck läutete den Trend zu Promiköchen 1982 mit der Eröffnung des bei Stars beliebten Spago auf dem Sunset Strip ein.

Wer in Los Angeles authentische multikulturelle Küche sucht, findet in Koreatown würzige *kalbi* (marinierte gegrillte Rippchen vom Rind), in East L.A. Tacos *al pastor* (mariniertes, geröstetes Schweinefleisch) und in Little Tokyo täglich frisch zubereitete Ramen-Nudeln.

Weiter südlich locken die Strandorte am Hwy 1 wie Laguna Beach oder La Jolla mit tollen Surfwellen und kleinen, herzhaften Snacks wie Frühstücks-Burritos und Fisch-Tacos. Nicht entgehen lassen sollte man sich zudem einen Shake bei Ruby's Crystal Cove Shake Shack südlich von Newport Beach.

Der Nordwesten

James Beard (1903–1985), ein aus Oregon stammender Koch und Kochbuchautor, propagierte die Meinung, dass Gerichte einfach – also ohne zu viele Zutaten und komplizierte Kochtechniken – zubereitet werden müssen, um ihre natürlichen Aromen zu entfalten. Diese Philosophie prägte die moderne Nordwest-Küche. In Washington und Oregon mag man keine trendige Show-Küche, viel Wert wird aber auf Innovation gelegt, besonders wenn es um nachhaltiges, bewusstes Essen geht.

Ackerland, Naturprodukte & Fisch

Die verschiedenen geografischen und klimatischen Bedingungen – eine milde, dunstige Küstenregion mit sonnigem Sommer sowie dürres Ackerland im Osten – begünstigen den Anbau von Obst und Gemüse, u.a. Melonen, Trauben, Äpfel, Birnen, Erdbeeren, Kirschen und Heidelbeeren. Auch Kartoffeln, Linsen, Mais, Spargel und süße Walla-Walla-Zwiebeln gedeihen bestens und werden für den lokalen Verzehr und den Export gezogen.

Etikette

Bei durchschnittlicher Bedienung sind 15 % der Rechnungssumme als Trinkgeld angebracht; ist man sehr zufrieden gibt man 20 % (oder mehr).

Die Serviette breitet man während des Essens in der Regel auf seinem Schoß aus.

Man stützt sich nicht mit den Ellbogen auf den Tisch.

Erst essen, wenn allen anderen am Tisch ebenfalls das Essen serviert wurde.

Bei formellen Einladungen ist es üblich zu warten, bis die Gastgeber/ die Gastgeberin die Gabel ansetzt.

KÜCHE DES WESTENS DER NORDWESTEN

Manche Chilis werden bei der Ernte an der Pflanze gelassen, bis sie sich leuchtend rot verfärben. Zu *ristras* gebunden, schmücken sie Wände und Hauseingänge im gesamten Südwesten.

Vieles wächst hier auch wild, besonders in feuchten Regionen wie der Coast Range. Naturverbundene Feinschmecker suchen sich die gleichen Nahrungsmittel, die einst ortsansässige Ureinwohner sammelten: das ganze Jahr über Wildpilze sowie im Sommer Früchte und Beeren.

Mit seiner lang gezogenen Küste und einem eindrucksvollen Fluss-system hat der Nordwesten jede Menge frische Fische und Meeres-früchte zu bieten. Zu den saisonalen Spezialitäten zählen Scheiden-muscheln, Miesmuscheln, Garnelen, Weißer Thun, Taschenkrebse und Stör. Lachs – geräuchert oder gegrillt, im Salat, in einer Quiche oder als Sushi – bleibt eines der Lieblingsgerichte der Region.

Der Südwesten

In puncto Essen ist Maßhalten in Arizona, New Mexico, Utah, im Süden von Colorado und in Las Vegas keine Tugend. Diese Schlaraffenländer sind nichts für Zimperliche: Sonora-Hotdogs, Grüne-Chili-Cheeseburger, *huevos rancheros*, saftige Steaks und endlose Büffets – man schießt sein Instagram-Foto und schlägt zu.

Zwei ethnische Gruppen bestimmen die kulinarische Kultur des Süd-westens: die Spanier und die Mexikaner, die bis weit ins 19. Jh. Gebiete von Texas bis Kalifornien beherrschten. Wirklich spanische Gerichte gibt es heute hier kaum, doch brachten die Spanier das Rind nach Mexiko, das die Mexikaner in ihre eigene, auf Mais und Chili beruhende Küche aufnah-men, um Tacos, Tortillas, Enchiladas, Burritos, Chimichangas und andere Gerichte aus Mais- oder Weizenmehlpfannkuchen zu erfinden, die mit al-lem Möglichen von Hackfleisch und Geflügel bis zu Bohnen gefüllt werden. In Arizona und New Mexico kann man überdies in Reservaten und bei Stammesfesten ein paar Gerichte amerikanischer Ureinwohner probieren. Steaks und Gegrilltes sind auf den Speisekarten im Südwesten immer zu finden. Und Bier ist das Getränk der Wahl zum Abendessen und auf Partys.

Kosmopolitisch geht es in der kulinarischen Szene von Las Vegas zu: Spitzenköche aus New York City, Los Angeles und sogar Paris haben hier Ableger ihrer Restaurants eröffnet.

Steak & Kartoffeln

Lust auf ein saftiges Rindersteak mit Salat, Ofenkartoffel und Bohnen? Dann ab in den Südwesten, wo es jede Menge Farmen, familienfreund-liche Steakrestaurants (*chophouses*) und Grillpartys gibt. In Utah be-einflussen die Mormonen den Speiseplan – hier dominiert die gute alte amerikanische Hausmannskost mit Gerichten wie Hühnchen, Steaks, Kartoffeln, hausgemachten Pies und Eis.

Mexikanisch

Die mexikanische Küche ist meist scharf und würzig. Wer diesbezüglich empfindsame Geschmacksknospen hat, sollte daher erst vorsichtig den Schärfegrad der Salsa testen, bevor es ans Essen geht. In Arizona wird die Sonora-Variante zubereitet, beispielsweise *carne seca* (getrocknetes Rind). Die Gerichte werden meist mit Bohnenmus, Reis sowie Weizen- oder Mais-Tortillas serviert, die Chilis sind relativ mild. Die Einwohner von Tucson bezeichnen ihre Stadt gerne als Welthauptstadt der mexika-nischen Küche; trotz der großen Konkurrenz ist da durchaus etwas dran. Auch Restaurants in Colorado servieren mexikanische Gerichte, halten sich bei der Eigenwerbung jedoch eher zurück.

Die Küche New Mexicos unterscheidet sich von der mexikanischen, gleichwohl gibt es Ähnlichkeiten. Pintobohnen werden im Ganzen und nicht als Mus serviert, *posole* (Maiseintopf) ersetzt oft den Reis. Chilis werden nicht nur als Gewürz (wie in Salsas) eingesetzt, sondern sind vielmehr tonangebende Zutat in fast jedem Gericht. Zu den Spezialitäten gehört *carne adobada* (mariniertes Schweinefleisch).

In Los Angeles finden sich die schonungslos ehrlichsten kulinarischen Kritiken unter www.laweekly. com. Aktuelles zum Thema Restaurants gibt's auf www.la.eater. com.

Manche Fischar-ten des Pazifiks wurden durch Überfischung fast ausgerottet – mit schlimmen Auswirkungen auf den marinen Lebensraum. Monterey Bay Aquarium's Seafood Watch (www.monterey bayaquarium.org/ cr/seafoodwatch. aspx) informiert darüber, welche Arten gegessen werden können und von welchen man die Finger lassen sollte.

Finden sich auf einer Speisekarte Gerichte und Saucen mit grünem oder rotem Chili, handelt es sich meist um Speisen nach New-Mexico-Art. Der Bundesstaat ist für seine mit Chili verfeinerten mexikanischen Klassiker bekannt. Besonders berühmt für grüne Chilis ist die Stadt Hatch in New Mexico. Um ein Gericht mit roten und grünen Chilis zu bekommen, muss man es im *Christmas-Style* bestellen.

Indianisches Essen

Die heutige Küche der Ureinwohner hat nur noch wenig Ähnlichkeit mit den Essgewohnheiten der Indianer vor der spanischen Eroberung, unterscheidet sich jedoch von der Küche des Südwestens. Navajo und Indian Tacos – gebratene Brotfladen mit Bohnen, Fleisch, Tomaten, Chili und Salat – sind am weitesten verbreitet. Das zähe *horno*-Brot wird in Lehmöfen in Bienenkorbform unter freiem Himmel gebacken.

Die meisten anderen Gerichte indigenen Ursprungs bestehen aus Wildfleisch, Kürbis und lokalen Zutaten wie Beeren und Pinienkernen. Wenngleich ihr Bekanntheitsgrad steigt, sind sie recht schwer aufzutreiben. Gute Chancen hat man an Imbissständen auf Festen, bei Powwows, Rodeos, an Pueblo-Feiertagen und in Kasino-Restaurants.

Tipps für Vegetarier

Green New American Vegetarian, Phoenix, Arizona

Lovin' Spoonfuls, Tucson, Arizona

Macy's, Flagstaff, Arizona

Greens, San Francisco, Kalifornien

KÜCHE DES WESTENS GETRÄNKE

Getränke

Hart arbeiten, kräftig feiern: Die US-Amerikaner sind wahrlich keine Abstinenzler. Rund 56 % der Einwohner trinken mindestens einmal im Monat Alkohol.

Bier

Bier ist ungefähr so amerikanisch wie Chevrolet, Football und Apfelkuchen. Nach einer Gallup-Umfrage von 2014 trinken rund 41 % der

TREND ZUM LOKALEN BIER

In naturverbundenen Gemeinden im ganzen Westen fungieren nachbarschaftliche Kleinbrauereien als inoffizielle Gemeindezentren. Hier spannt man aus, erzählt sich Geschichten von der letzten Wanderung, trifft sich mit Bekannten und probiert saisonale Bierspezialitäten. Zu unseren Favoriten gehören:

Beaver Street Brewery (www.beaverstreetbrewery.com; 11 S Beaver St; Mittagessen 8–23 US$, Abendessen 13–23 US$; ⊙So–Do 11–23, Fr & Sa bis 24 Uhr; 🚹) Flagstaff, Arizona

O.H.S.O. Eatery and nanoBrewery (www.ohsobrewery.com; 4900 E Indian School Rd) Phoenix, Arizona

Great Divide Brewing Company (www.greatdivide.com; 2201 Arapahoe St; ⊙Mo & Di 14–20, Mi–Sa bis 22 Uhr) Denver, Colorado

Steamworks Brewing (☎970-259-9200; www.steamworksbrewing.com; 801 E 2nd Ave; ⊙Mo–Do 11–24, Fr–So 11–2 Uhr) Durango, Colorado

Squatters Pub Brewery (www.squatters.com; 147 W Broadway; Gerichte 10–22 US$; ⊙So–Do 11–24, Fr & Sa bis 1 Uhr) Salt Lake City, Utah

Snake River Brewing Co (☎307-739-2337; www.snakeriverbrewing.com; 265 S Millward St; Pint 4–5 US$, Hauptgerichte 11–14 US$; ⊙11.30–24 Uhr) Jackson, Wyoming

North Coast Brewing Company (☎707-964-2739; www.northcoastbrewing.com; 455 N Main St, Fort Bragg; Hauptgerichte 16–25 US$; ⊙Restaurant So–Do 16–22, Fr & Sa bis 23 Uhr, Bar tgl. ab 14 Uhr) Fort Bragg, Kalifornien

Breakside Brewery (☎503-719-6475; www.breakside.com; 820 NE Dekum St; ⊙Mo–Do 15–22, Fr & Sa 12–23, So bis 22 Uhr) Portland, Oregon

Pike Pub & Brewery (☎206-622-6044; www.pikebrewing.com; 1415 1st Ave; ⊙11–24 Uhr; 🚇University St) Seattle, Washington

US-Amerikaner, die Alkohol konsumieren, Bier, 31% regelmäßig Wein. Hochprozentiges marschiert hinterdrein: Nur 23% der US-Amerikaner trinken gewohnheitsmäßig harte Spirituosen.

Kleinbrauereibier

2008 gab es 1521 Kleinbrauereien und Brauereikneipen in den USA. Ihre Zahl ist bis 2014 auf mehr als 3200 gestiegen.

Craft Beer und Kleinbrauereien liegen in den USA seit rund zehn Jahren voll im Trend. Handwerklich gebrautes Bier macht heute 14,3% des Umsatzes auf dem heimischen Biermarkt aus. Der Begriff *microbrew* wird jedoch recht unscharf gebraucht und umfasst auch Biere von großen, gut etablierten Brauereien wie Sam Adams oder Sierra Nevada. Laut der Brewers Association darf aber eine *craft brewery* nicht mehr als 6 Mio. Barrels (ca. 715 Mio. l) pro Jahr produzieren. Ferner dürfen die Brauerei keinem Konzern angehören und müssen Bier aus traditionellen Zutaten brauen.

In den letzten Jahren sind Kleinbrauereien wie Pilze aus dem Boden geschossen, praktisch überall im Westen kann man lokal gebraute Biere trinken – ob nun in städtischen Zentren, in Kleinstädten oder auch in Orten, in denen man es nicht für möglich gehalten hätte. Beliebt sind die Klein- und Mikrobrauereien in Gemeinden wie Moab, Flagstaff und Durango, die als Zugang zu angrenzenden Nationalparks fungieren.

Kim Jordan war 1991 Mitgründerin der in Fort Collins ansässigen Brauerei New Belgium. Heute ist sie die Geschäftsführerin des Unternehmens und New Belgium, Produzent der Fat-Tire-Biere, die viertgrößte Kleinbrauerei des Landes. Das Unternehmen wird regelmäßig zu den besten Arbeitgebern in den USA gewählt.

Wein

Über 8300 Weingüter gibt es in den USA, in denen 2010 erstmals mehr Wein konsumiert wurde als in Frankreich. Zum Missfallen der europäischen Winzer, die die kalifornischen Weine lange als zweitklassig betrachteten, gewinnen viele amerikanische Weine heute sogar (schluck!) internationale Preise. Und hinter Italien, Frankreich und Spanien sind die USA heute der viertgrößte Weinproduzent der Welt.

Wein ist in den USA nicht billig, etwa 10 bis 12 US$ wird man in den Spirituosen- und Weingeschäften für einen sehr guten amerikanischen Tropfen schon ausgeben müssen.

Weinregionen

Heute stammen fast 90% der US-Weine aus Kalifornien, aber auch Erzeugnisse aus Oregon und Washington werden international geschätzt.

Das Zentrum des amerikanischen Weintourismus ist zweifellos Nord-Kalifornien mit dem Napa Valley und dem Sonoma Valley unweit der Bay Area. Auch andere Anbaugebiete wie das Willamette Valley in Oregon, Kaliforniens Central Coast und Arizonas Patagonia-Region haben sich zu beliebten Zielen für Traveller auf der Pirsch nach dem besten Pinot Noir entwickelt und eine Fremdenverkehrsindustrie mit B&B-Unterkünften aufgebaut.

Auf dem fruchtbaren amerikanischen Boden gedeihen viele exzellente Weine der Neuen Welt. Die beliebtesten Weißweine sind Chardonnay und Sauvignon Blanc; bei den Rotweinen kommt diese Ehre u. a. dem Cabernet Sauvignon, Merlot, Pinot Noir und Zinfandel zu.

Steve Heimoff, der Westküsten-Redakteur von *Wine Enthusiast* plaudert in seinem Blog steveheimoff.com über die jüngsten Trends in der kalifornischen Weinlandschaft und die neuesten und besten Weine aus dem Bundesstaat.

Vintage-Cocktails

Überall in den USA ist es richtig cool geworden, zu feiern, als lebte man im Jahr 1929 – nämlich mit Cocktails aus den Tagen der Prohibition, als der Konsum von Alkohol gegen das Gesetz verstieß. Während das Alkoholverbot wohl nicht so schnell zurückkehren dürfte, finden sich viele Bars, in denen der Geist der Goldenen Zwanziger Jahre weiterlebt. Die von alten Rezepten inspirierten Cocktails mit Zutaten wie in kleinen Chargen produzierten Likören, geschlagenem Eiweiß, von Hand gehacktem Eis und frischen Früchten werden liebevoll von smart gekleideten Barkeepern komponiert, die ihren Beruf als ein Zwischending aus Kunst und Handwerk ansehen.

Kaffee

Die US-Amerikaner sind wahre Koffeinjunkies. Und ihre Sucht wird immer schlimmer: In den letzten 25 Jahren hat sich der Kaffeekult noch intensiviert, woran Starbucks wohl nicht ganz unschuldig ist. Die weltweit größte Kaffeekette entwickelte sich aus der progressiven Kaffeekultur des Nordwestens; die erste Filiale öffnete 1971 gegenüber dem Pike Place Market in Seattle. Die Idee, Kaffee von verschiedenen gerösteten Bohnen aus der ganzen Welt in einem gemütlichen Café zu servieren, verhalf der amerikanischen Kaffeetasse zu einem raffinierteren, komplexeren (und kostspieligeren) Inhalt, als ihn die allgegenwärtige Marke Folgers und der herkömmliche Filterkaffee bieten konnte. Anfang der 1990er-Jahre entstanden im ganzen Land Coffeeshops, die dem Erfolg von Starbucks nachahmten.

Unabhängige Coffeeshops bieten gemütliche Kaffeehauskultur, beispielsweise mit kostenlosem WLAN und bequemen Sitzbereichen. Dazu noch ein guter Tipp: Wer in einem Café kostenlosen Internetzugang nutzt, sollte jede Stunde etwas bestellen, seinen Laptop nicht unbeaufsichtigt lassen und über Störungen gnädig hinwegsehen!

Margaritas, die beliebtesten Drinks im Südwesten, enthalten Tequila, einen Zitruslikör (Grand Marnier, Triple Sec oder Cointreau) und entweder frisch gepressten Limettensaft oder vorgemixtes Sweet & Sour. Sie werden entweder *frozen*, *on the rocks* oder ohne Eis serviert. Die meisten bestellen sie mit Salz.

KÜCHE DES WESTENS GETRÄNKE

Kunst & Architektur

Kunst aus dem US-amerikanischen Westen ist häufig von einer markanten Mischung aus Individualität, Attitüden und Landschaften geprägt. Beispiele hierfür sind die provokanten Kuhschädel-Bildern von Georgia O'Keeffe, den von viel Schatten geprägten Fotos des Half Dome von Ansel Adams oder der Gonzo-Journalismus von Hunter S. Thompson im ausgedörrten Südwesten. Selbst der Grunge von Nirvana scheint letztlich unlösbar mit dem regnerischen Seattle verknüpft. Die schöne, aber mitleidlose Landschaft tut sich immer kund.

Literatur

Der Abenteurer Jack London wuchs in Nordkalifornien auf und sammelte erste Erfahrungen in Oakland. Er veröffentlichte jede Menge einflussreicher Schriften, darunter Geschichten zum Klondike-Goldrausch Ende des 19. Jhs.

Kalifornien ist der bevölkerungsreichste Bundesstaat in einer Region, die lange Zeit Schriftsteller, Poeten und Geschichtenerzähler inspiriert hat.

Social Realism

Der 1902 in Salinas geborene John Steinbeck ist der wohl bedeutendste Autor Kaliforniens. Sein Meisterwerk des Social Realism *Früchte des Zorns* erzählt von den Problemen der Wanderarbeiter.

Der Dramatiker Eugene O'Neill zog mit dem Preisgeld seines 1936 gewonnenen Nobelpreises in die Nähe von San Francisco, wo er das autobiografische Theaterstück *Eines langen Tages Reise in die Nacht* verfasste.

Bei Upton Sinclairs skandalumwitterten Werk *Öl!*, das Paul Thomas Anderson zu seinem Film *There Will Be Blood* inspirierte, handelt es sich um historische Fiktion mit sozialistischen Untertönen.

Pulp Noir & Krimis

In den 1930er-Jahren entwickelten sich San Francisco und Los Angeles zu Zentren des Kriminalromans. Durch Dashiell Hammett *(Der Malteser Falke)* wurde San Franciscos Nebel zu einem düsteren Nebendarsteller, während der König der hartgesottenen Krimiautoren, Raymond Chandler, seine Heimatstadt Santa Monica oberflächlich als Bay City tarnte.

Seit den 1990er-Jahren erlebt Kaliforniens Kriminalliteratur eine Renaissance durch James Ellroy *(L.A. Confidential)*, Elmore Leonard *(Jackie Brown)* und Walter Mosley *(Teufel in Blau)*, dessen Easy-Rawlins-Detektivromane in den Armenvierteln in South Central L.A. spielen.

Es gibt auch preisgekrönte Krimis, die in Indianer-Reservaten spielen, so von Tony Hillerman *Die Nacht der Skinwalkers, Tod der Maulwürfe, Der Skelett-Mann* und *Dunkle Kanäle*.

Das National Cowboy Poetry Gathering (www.westernfolklife.org), das wichtigste Event der Cowboy-Dichtkunst, findet im Januar in Elko, NV, statt. Seit über 25 Jahren geben Lasso-schwinger hier ihre Lyrik zum Besten.

Kreativ & provokativ

Nach den Schrecken des Zweiten Weltkriegs entwickelte die Beat Generation eine neue provokante Art des Schreibens: kurz, scharfsinnig, spontan und lebendig. Bedeutende Vertreter der in San Francisco ansässigen Bewegung waren Jack Kerouac *(Unterwegs)*, Allen Ginsberg *(Das Geheul)* und Lawrence Ferlinghetti, Unterstützer und Autor der Beat Generation.

In *Stunde der Bestie* setzte sich Joan Didion mit zeitgenössischer kalifornischer Kultur auseinander; die Essay-Sammlung wirft einen sarkastischen Blick auf die Flower-Power-Bewegung der 1960er-Jahre und den Stadtteil Haight-Ashbury. Auch *Unter Strom. Die legendäre Reise von Ken Kesey und den Pranksters* von Tom Wolfe setzt das San Francisco der 1960er-Jahre in Szene.

In den 1970er-Jahren zeichnete Charles Bukowski in dem halb auto-biografischen Roman *Der Mann mit der Ledertasche* ein düsteres Bild von Downtown L. A., während Richard Vásquez in *Chicano* einen dramatischen Blick auf das Latino-Viertel warf.

Hunter S. Thompson, der Anfang 2005 Selbstmord beging, verfasste *Angst und Schrecken in Las Vegas*. Der ultimative Road-Trip-Roman spielt in der Wüstenhochburg der amerikanischen Exzesse.

Umweltaktivismus & Gesellschaftskritik

Edward Abbey, bekannt für seine radikalen Ansichten zu Umwelt und Politik, schrieb die anregenden und einflussreichen Werke *Desert Solitaire* und *The Journey Home: Some Words in Defense of the American West*. Sein Klassiker *Die Monkey-Wrench-Gang* erzählt auf witzige Art die Geschichte einer Gruppe von Menschen, die vor der Flutung des Glen Canyon den Glen Canyon Dam in die Luft sprengen will.

Wallace Stegners Roman *Angle of Repose* spielt vor einer Western-Kulisse und gewann 1972 den Pulitzer-Preis. Seine Essay-Sammlung *Where the Bluebird Sings to the Lemonade Springs* handelt von den schädlichen Folgen der Mythisierung des Westens. Barbara Kingsolver, die früher in Tucson wohnte, veröffentlichte zwei im Südwesten spielende Romane, *Das Bohnenbaumglück* und *Die Pfauen-Schwestern*. In ihrer Essaysammlung *High Tide in Tucson* schreibt sie über das Leben im Südwesten.

Musik

Große Teile der US-Musikbranche sind in L. A. angesiedelt. Die südkalifornische Film- und Fernsehindustrie erwies sich hier als Garant für Talente. So verdanken die heutigen Pop-Prinzessinnen und *American-Idol*-Gewinner ihre Karrieren den musikalischen Revolutionen der vergangenen Jahrzehnte, die von Country Folk bis zu Urban Rap innovative Genres hervorbrachten.

Let's rock

Das erste einheimische Rock 'n' Roll-Talent war Richie Valens in den 1950er-Jahren, der dem mexikanischen Volkslied *La Bamba* eine rockige Note verlieh. Anfang der 1960er-Jahre fanden Joan Baez und Bob Dylan in Nordkalifornien zueinander, wobei Dylan seine E-Gitarre anschloss und Folk Rock spielte. Als Janis Joplin und die Big Brother & the Holding Company ihren ganz eigenen Musikstil in San Francisco entwickelten, spaltete sich der Psychedelic Rock vom Folk Rock ab. Währenddessen rockten The Doors und die Byrds in L. A. den berühmten Sunset Strip. Das Epizentrum der Psychedelic-Rock-Szene war der Stadtteil Laurel Canyon oberhalb vom Sunset Strip und der legendäre Nachtclub Whisky a Go Go.

Rap & Hip-Hop

Seit den 1980er-Jahren ist L. A. die Talentschmiede für Rapper und Hip-Hopper der Westküste. Eazy-E, Ice Cube und Dr. Dre veröffentlichten 1989 das N. W. A. (Niggaz With Attitude)-Album *Straight Outta Compton*. Das von Dr. Dre mitbegründete Label Death Row Records nahm Rap-Talente erster Klasse unter Vertrag, darunter Snoop Dog, der Badboy aus Long Beach, und Tupac Shakur, der seine Karriere in Marin County startete und 1996 in Las Vegas, angeblich wegen einer Fehde zwischen den Raperszenen der Ost- und Westküste, erschossen wurde.

KUNST & ARCHITEKTUR MUSIK

Cheryl Strayeds autobiografischer Bestseller *Der große Trip* handelt von ihrer langen, einsamen Wanderung auf dem Pacific Crest Trail nach dem Tod ihrer Mutter. Reese Witherspoon, deren Produktionsgesellschaft sich die Filmrechte gesichert hatte, wurde für ihre Verkörperung von Strayed 2015 für den Oscar als beste Schauspielerin nominiert.

Eine faszinierende Einführung in die Welt der Musikinstrumente bietet das Musical Instrument Museum in Phoenix, das mehr als 6000 Instrumente aus rund 200 Ländern besitzt (www.mim.org).

In den 1980er- und 1990er-Jahren blieb Kalifornien wichtiges Zentrum einer Hip-Hop-Szene, die von Los Angeles' Straßen und der Black-Power-Bewegung in Oakland geprägt war. Ende der 1990er-Jahre brachte die Bay Area Underground-Künstler wie E-40 und das Hyphy Movement hervor, das sich gegen die zunehmende Kommerzialisierung des Hip-Hop richtete. Michael Franti & Spearhead, ebenfalls aus Oakland, mischten Botschaften für soziale Gerechtigkeit und Frieden in Hip-Hop-, Funk-, Reggae-, Folk-, Jazz- und Rock-Rhythmen, während Korn aus Bakersfield und Linkin Park aus L.A. (zwischen den späten 1990er-Jahren und dem frühen 21. Jhs.) County Hip-Hop, Rap und Metal zum „Nu Metal" vermischten.

Im Experience Music Project Museum des Seattle Center zeichnet die Ausstellung „Nirvana: Taking Punk to the Masses" den Aufstieg der berühmten Grunge-Band und ihres Sängers und Songwriters Kurt Cobain nach.

Grunge & Indie-Rock

Grunge hat seinen Ursprung in der Mitte der 1980er-Jahre und wurde stark von der Kultband Melvins geprägt. Verzerrte Gitarrenklänge, starke Riffs, intensives Schlagzeug und ein düsterer Stil machten den ungeschliffenen Musikstil aus. Seinen Durchbruch hatte er erst, als das Plattenlabel Sub Pop 1991 Nirvanas Album *Nevermind* veröffentlichte, das den „Seattle Sound" zur Mainstream-Musik machte. Puristen kritisierten Nirvana dafür, sich der Kommerzialisierung hingegeben und ebenbürtige Bands wie Soundgarden und Alice in Chains verdrängt zu haben. Die Beliebtheit des Grunge hielt einige Jahre an, bevor dessen ureigene Kultur für den Niedergang des Genres sorgte. Die Bands lebten ein schnelles, intensives Leben, ohne sich wirklich ernst zu nehmen. Viele lösten sich aufgrund von internen Streitigkeiten und Drogenproblemen auf. Der letzte Vorhang fiel schließlich 1994, als Kurt Cobain, Sänger, Gitarrist und Seele Nirvanas, sich das Leben nahm.

Ein paar Städte im Westen sind ganz besonders mit Indie-Musik verbunden. Seattle war der ursprüngliche Tummelplatz von Modest Mouse, Death Cab for Cutie und The Postal Service. Olympia, WA, war ein Nährboden für Indie-Rock und die Riot-Grrrl-Bewegung. Portland, OR, brachte so unterschiedliche Gruppen hervor wie die Folktronic-Hip-Hop-Band Talkdemonic, die Alternative-Band The Decemberists und die genreübergreifenden Pink Martini, nicht zu vergessen The Shins (ursprünglich aus Albuquerque, NM), The Dandy Warhols, Blind Pilot und Elliot Smith. Die aus Olympia, WA, stammende Band Sleater-Kinney mit Carrie Brownstein, Corin Tucker und Janet Weiss ließ 2015 nach fast zehnjähriger Unterbrechung mit ihrem jüngsten Album *No Cities to Love* wieder von sich hören.

Top Film-Festivals

AFI Fest (www.afi.com/afifest)

Outfest (www.outfest.org)

San Francisco International Film Festival (www.sffs.org)

Sundance Film Festival (www.sundance.org/festival)

Telluride Film Festival (www.telluridefilmfestival.com)

Seattle International Film Festival (www.siff.net)

Film

Als der Film – und später das Fernsehen – zu den führenden Unterhaltungsmedien wurden, nahm Kalifornien postwendend die Führungsrolle in der Popkultur ein. 2012 gab es in Kalifornien nicht weniger als 107 400 Jobs bei Fernseh- und Filmproduktionen – etwas mehr als die Hälfte aller derartiger Arbeitsverhältnisse in den gesamten USA.

Die Filmindustrie

Die Filmindustrie entstand in den bescheidenen Obstgärten von Hollywoodland, einem Wohnbezirk von L.A., in dem geschäftstüchtige Filmemacher, viele davon europäische Einwanderer, Anfang des 20. Jhs. Studios gründeten. Der in Deutschland geborene Carl Laemmle baute 1915 die Universal Studios auf und verkaufte neugierigen Besuchern, die sich für die magische Welt der Filmproduktion interessierten, auch gleich noch ein Mittagessen. Der polnische Einwanderer Samuel Goldwyn gründete gemeinsam mit Cecil B. DeMille die Paramount Studios, ein paar Jahre später folgte der aus Kanada eingewanderte, polnischstämmige Jack Warner mit seinen Brüdern ihrem Beispiel.

Im ganzjährig milden Klima von L.A. konnten die meisten Außenaufnahmen problemlos gedreht werden. Die frühen Stummfilmstars wie Charlie Chaplin, Buster Keaton und Harold Lloyd waren beim Publikum äußerst beliebt. 1920 wurde die erste große Hollywood-Ehe zwischen Douglas Fairbanks und Mary Pickford geschlossen – das erste Hollywood-Traumpaar war geboren. 1927 wurden dann mit der Premiere von *Der Jazzsänger*, einem Musical von Warner Bros mit Al Jolson, in Downtown L.A. die Ära des Tonfilms und das glamouröse Golden Age Hollywoods eingeläutet.

Hollywood & Co.

Ab den 1920er-Jahren mauserte sich Hollywood zum gesellschaftlichen und finanziellen Zentrum der Filmindustrie, obwohl sich nur ein großes Studio, Paramount Pictures, tatsächlich dort befand. Die meisten Filme wurden in der Gegend um L.A. gedreht, sei es in Culver City (MGM, heute Sony Pictures), Studio City (Universal Studios) oder in Burbank (Warner Bros. sowie später Disney).

Heute werden Filmset-Scouts aufgrund der hohen Drehkosten auf die Suche nach anderen Locations geschickt. Während seiner zwei Amtszeiten als Gouverneur von New Mexico (2002–2010) lockte Bill Richardson mit einem Steuererlass von 25% Produktionsteams in seinen Staat. So flossen über 3 Mrd. US$ in die Staatskasse. Film- und Fernsehteams drehen außerdem weiter nördlich in Kanada, beispielsweise in Vancouver, Toronto und Montréal.

In Albuquerque können *Breaking-Bad*-Fans eine selbstgeführte Tour zu den Schauplätzen der Serie unternehmen: Eine interaktive Karte und Details zu den Drehorten findet man unter www. visitalbuquerque. org/albuquerque/ film-tourism.

Western

Viele Western wurden zwar in Südkalifornien gedreht, doch einige Orte in Utah und Arizona kamen so oft als Film- und Fernsehkulisse zum Einsatz, dass sie zum Inbegriff des amerikanischen Westens wurden. Neben dem Monument Valley in Utah, das der Regisseur John Ford mit *Ringo* als erster in Szene setzte, gehören dazu Moab (*Thelma & Louise*; 1991), der Dead Horse Point State Park (*Mission Impossible II*; 2000), der Lake Powell (*Planet der Affen*; 1968) und Tombstone (*Tombstone*; 1993). *127 Hours* (2010) erzählt die grauenvollen Stunden nach, in denen Aron Ralston im Blue John Canyon im Canyonlands National Park festsaß; gedreht wurden einzelne Szenen im Canyon und in dessen Umgebung.

Fernsehen

Der erste Fernsehsender wurde 1931 in Los Angeles gegründet. In den folgenden Jahrzehnten wurden in Wohnzimmern in ganz Amerika kultige Bilder von Los Angeles ausgestrahlt, beliebte Formate waren *Polizeibericht* (*Dragnet*; 1950er-Jahre), *The Beverly Hillbillies* (1960er-Jahre), *Drei Mädchen und drei Jungen* (1970er-Jahre), *L.A. Law* (1980er-Jahre), *Baywatch, Melrose Place* und *Der Prinz von Bel-Air* (1990er-Jahre). Auch Teenager-Dramedys wie *Beverly Hills 90210* (1990er-Jahre) und *O.C., California* (2000er-Jahre) waren dabei; letztgenannte Serie spielte in Newport Beach im Orange County. Wer Reality-TV liebt, kann Südkalifornien in Serien wie *Top Chef* oder *Real Housewives of Orange County* kennenlernen.

Südkalifornien bot auch Dramen im Kabelfernsehen eine vielseitige Kulisse; hohe Einschaltquoten erzielten beispielsweise *Weeds – Kleine Deals unter Nachbarn* über eine hanfanbauende Witwe, die Polizeiserie *The Closer* über Mordkommissare in Los Angeles und *The Shield – Gesetz der Gewalt*, das die Polizeikorruption in der Stadt der Engel in einer fiktiven Story thematisiert.

Aber Südkalifornien ist keineswegs die einzige Fernsehkulisse. Der frühere *Akte-X*-Autor Vince Gilligan stellte 2008 einmal mehr seine außergewöhnliche Brillanz unter Beweis, als *Breaking Bad*, das im ausgedörrten Albuquerque gedreht wurde, zum neuen Serienerfolg wurde. Der Prequel *Better Call Saul* kam 2015 ins Fernsehen.

Einige Außenaufnahmen für David Lynchs unheimlich-skurrile Serie *Twin Peaks* wurden in Snoqualmie und North Bend, WA, gedreht. Dank Steueranreize ist aber auch Vancouver (British Columbia, Kanada) seit Langem ein beliebter Drehort für Fernsehproduktionen. Viele der dort gedrehten Serien – von *Akte X* über *Battlestar Galactica* bis zu *Fringe* – spielen dabei eigentlich an einem anderen Ort. Auch die *Akte-X*-Neuauflage wurde 2015 abermals in Vancouver gedreht.

Architektur

California Crazy & Beyond: Roadside Vernacular Architecture von Jim Heimann ist eine Tollerei durch die verrückte, skurrile Welt von Kalifornien, wo Limonadenstände wie riesige Limoflaschen aussehen und Motels wie Tipis.

Den Westen prägen importierte Stilrichtungen, die dem Klima und den verfügbaren Baumaterialien angepasst sind. Die Bandbreite reicht von kühlen, von Adobehäusern inspirierten Gebäuden in Tucson bis zu nebelbeständigen, roten Schindelbauten in Mendocino.

Spanische Missionen & viktorianische Königinnen

Die ersten spanischen Missionen wurden rund um Innenhöfe gebaut. Zum Einsatz kamen Materialien, die Ureinwohner und Kolonisten vor Ort vorfanden: Lehmziegel, Kalkstein und Gras. Viele Missionen verfielen mit dem schwindenden Einfluss der Kirche, doch der für das Klima geeignete Stil blieb erhalten. Frühe kalifornische Siedler entwickelten daraus später Lehmziegelhäuser im Rancho-Stil, die z. B. in El Pueblo de Los Angeles und in der Altstadt San Diegos zu sehen sind.

Während des Goldrauschs Mitte des 19. Jhs. importierten Kaliforniens Neureiche Materialien, um prächtige Villen nach europäischem Vorbild zu bauen, die sich durch üppiges Dekor auszeichneten. Viele Millionäre zogen den königlichen Queen Anne Style vor. Herausragende Beispiele viktorianischer Architektur, darunter die „Painted Ladies"- und „Gingerbread"-Häuser, sind in nordkalifornischen Städten wie San Francisco, Ferndale und Eureka zu finden.

Viele andere Architekten zogen dem glamourösen viktorianischen Stil die klassische spanische Kolonialarchitektur vor. Der zurückhaltende, funktionelle Mission Revival Style ist gekennzeichnet durch bogenförmige Türen und Fenster, lange überdachte Veranden, Springbrunnen, Innenhöfe, solide Wände und rote Ziegeldächer.

Arts & Crafts und Art déco

Der Bestseller *Wo steckst du, Bernadette?* von Maria Semple (2012) macht sich über Seattle-Klischees lustig, während das Verschwinden der Hauptfigur, einer streitlustigen, aber einsiedlerisch lebenden berühmten Architektin nachgegangen wird.

Typisch für den Arts and Crafts Style ist seine Schlichtheit. Von japanischen Elementen und Englands Arts-and-Crafts-Bewegung geprägt, läutete er mit Holzelementen und handgearbeiteten Details eine bewusste Abkehr von der Industriellen Revolution ein. Die südkalifornischen Architekten Charles und Henry Greene sowie Bernard Maybeck in Nordkalifornien verhalfen den vielseitigen einstöckigen Bungalowd um die Jahrhundertwende zu Popularität. Diese zeichnen sich durch ausladende Dachvorsprünge, Terrassen und Schlafterrassen aus, die Außen- und Innenbereiche harmonisch miteinander verbinden, und sind heute in Pasadena und Berkeley zu finden.

In den 1920er-Jahren machte sich der internationale Art-déco-Stil Elemente aus der Antike wie Maya-Glyphen, ägyptische Säulen und babylonische Tempeltürme zu eigen und verarbeitete sie zu modernen Motiven, mit denen besonders in L. A. und Downtown Oakland einfache Fassaden und moderne Wolkenkratzer geschmückt wurden. Die schlichte Moderne reduzierte Deko-Elemente auf ein Minimum und imitierte das aerodynamische Äußere von Ozeandampfern und Flugzeugen; ein gutes Beispiel ist die Union Station in L. A.

Ein paar Jahre später entwarf Meisterarchitekt Frank Lloyd Wright Häuser im Romanza-Stil. Dieser folgte der Maxime, dass jeder Inneneinem Außenbereich entspricht. Das fließende Design ist am besten am Beispiel des Hollyhock House in L. A. zu bewundern, das für die Millionenerbin Aline Barnsdale errichtet wurde. Taliesin West, das Zweithaus und Atelier des Architekten in Scottsdale, AZ, fügt sich wunderbar in die umliegende Wüstenlandschaft ein und setzt diese gekonnt in Szene.

Postmoderne Entwicklungen

Der Architekturstil entfernte sich von der strikten Moderne und neuartige postmoderne Elemente hielten Einzug. Richard Meier machte sich einen Namen mit dem Getty Center, einer Ansammlung weißer Gebäude mit geschwungenen Fassaden auf einem ausgedörrten Berg in West L. A. Der in Kanada geborene Frank Gehry zog nach Santa Monica und entwarf die wogende, einer Skulptur ähnelnde Walt Disney Concert Hall in L. A., die mit den klaren Linien der kalifornischen Streamline-Moderne spielt. Renzo Pianos unverkennbarer Industrial-Stil spiegelt sich in dem Sheddach und den roten Stahlträgern des Broad Contemporary Art Museum wider, des Erweiterungsbaus des Los Angeles County Museum of Art.

In San Francisco ist der postmoderne Stil von Architekten auf dem Vormarsch, die mit dem Pritzker-Preis ausgezeichnet wurden. Dieser nimmt Kaliforniens wunderbare Natur zum Vorbild und ahmt sie nach; ein gutes Beispiel dafür ist der Golden Gate Park. Die Schweizer Architekten Herzog & de Meuron verkleideten das M. H. de Young Memorial Museum mit Kupfer, das sich mit der Zeit grün verfärben und in das Parklandschaft einfügen wird. Ganz in der Nähe ist Renzo Piano für die nachhaltige Architektur der mit dem LEED-Platin-Zertifikat ausgezeichneten California Academy of Sciences verantwortlich, auf deren Dach sich eine riesige Grünfläche befindet.

Bildende Kunst

Obwohl die frühen europäischen Künstler ausgebildete Kartografen waren, die westliche Entdecker begleiteten, zeigen ihre Darstellungen von Kalifornien als Insel mehr Fantasie als wissenschaftliche Genauigkeit. Diese Tendenz zur Mythologisierung setzte sich auch während des Goldrauschs fort, als westliche Künstler abwechselnd Karikaturen der Ausschweifungen des Wilden Westens und schicksalsträchtige Propaganda schufen, die Pioniere dazu anregten, in den Goldenen Westen zu ziehen. Mit der Fertigstellung der transkontinentalen Eisenbahnlinie im Jahre 1869 kamen zahlreiche romantische Maler ins Land, die traumhafte Bilder von der kalifornischen Wildnis zeichneten.

Anfang des 20. Jhs. entstanden Kolonien von kalifornischen Pleinair-Impressionisten, besonders in Laguna Beach und Carmel-by-the-Sea. Im Südwesten malte Georgia O'Keeffe (1887–1986) beeindruckende südwestliche Landschaften, die heute in Museen auf der ganzen Welt ausgestellt werden.

Der Fotograf Pirkle Jones zeigte nach dem Zweiten Weltkrieg mit seiner kalifornischen Landschaftsfotografie großes expressives Potenzial, während die grandiosen Fotografien des in San Francisco geborenen Ansel Adams sogar Yosemite gerecht wurden. Zusammen mit Edward Weston aus Carmel und Imogen Cunningham gründete Adams die Group f/64 in San Francisco. Die in Berkeley lebende Fotografin Dorothea Lange zeigte mit ihrer unerschrockenen Linse das Leid der kalifornischen Migrantenarbeiter in der Weltwirtschaftskrise sowie der japanischstämmigen Amerikaner, die während des Zweiten Weltkriegs zwangsinterniert wurden.

Glasbläserei ist eine Spezialität der Region Puget Sound und wird von Künstlern aus der Pilchuk-Schule angeführt. Der in Washington geborene Künstler Dale Chihuly, der für seine Kreationen aus geblasenem Glas bekannt ist, wird in über 200 Galerien weltweit ausgestellt. Der

---

1915 beauftragte der Zeitungsmagnat William Randolph Hearst Julia Morgan, die als erste Frau in Kalifornien eine Architektenzulassung erhalten hatte, mit der Errichtung seines Hearst Castle. Ein zweifelhafter Segen: Der Auftrag beschäftigte Morgan auf Jahrzehnte und nötigte ihr ein sehr diplomatisches Vorgehen ab, um durch ständige Änderungen und vorsichtige Kompromisse Hearsts Vorliebe für die spanische, gotische und griechische Architektur gerecht zu werden.

KUNST & ARCHITEKTUR BILDENDE KUNST

Kunst an ungewöhnlichen Orten

Bisbee, AZ

Jerome, AZ

Aspen, CO

Park City, UT

Bellingham, WA

KUNST IN NEW MEXICO

Sowohl in Taos als auch in Santa Fe sind große, aktive Künstlergemeinden ansässig, die die Kunst des Südwestens entscheidend prägen. Wer Kunst und indigenes Kunsthandwerk bewundern oder kaufen möchte, ist in Santa Fe, wo der drittgrößte Kunstmarkt der USA beheimatet ist, genau richtig. Rund 100 der über 200 dort ansässigen Galerien säumen die Canyon Rd, Stammesangehörige verkaufen hochwertigen Schmuck und Kunsthandwerk neben der Plaza: freitags finden um 17 Uhr Kunstführungen statt. Kunstliebhaber können zudem eine Atelierführung unternehmen oder die High Rd, eine idyllische Seitenstraße zwischen Santa Fe und Taos, abklappern, die an Galerien, historischen Gebäuden und einem Kunstmarkt vorbeiführt.

Chihuly Garden and Glass Exhibition, eine Ausstellung die neben der Space Needle 2012 eröffnet wurde, zieht eine beachtliche Masse von Besuchern an.

Nach dem Krieg wurde der Westen der USA mit Autobahnen erschlossen, viele Gemeinden entstanden auf dem Reißbrett. Kalifornische Maler widmeten sich den abstrakten Formen der künstlich angelegten Landschaften. In San Francisco wurden Richard Diebenkorn und David Park zu führenden Vertretern der Bay Area Figurative Art, während der Bildhauer Richard Serra urbane Ästhetik mittels massiver, rostender Monolithe darstellte, die Schiffsbugs und industriellen Stonehenges ähneln. Pop-Art-Künstler fingen das Ethos des offenkundigen Materialismus ein, man denke an Wayne Thiebauds Kaugummiautomaten, die Pools in L. A. des britischen Einwanderers David Hockney und an Ed Ruschas Studien über südkalifornische Popkultur. In San Francisco entdeckten Künstler in den 1950er-Jahren ihre Liebe zu provisorischen Beat-Collagen, in den 1960er-Jahren zu psychedelischen Fillmore-Postern, in den 1970er-Jahren zu Funk und buntem Punk und in den 1980er-Jahren zur Graffiti- und Skate-Kultur.

Die heutige Kunstszene vereint all diese Einflüsse in gesellschaftskritischen Wandmalereien, einer leidenschaftlichen Hingabe zum Handwerk und einem von neuen Medien geprägten Milieu, das sich für hochmoderne Technologie begeistert. Das Museum of Contemporary Art in L. A. zeigt Provokatives und Avantgarde-Shows, ebenso das Broad Contemporary Art Museum des LACMA und das Museum of Contemporary Art San Diego, das sich auf die Popkultur nach den 1950er-Jahren und Konzeptkunst spezialisiert hat. Kalifornische Kunst in ihrer experimentellsten Form gibt's in Südkaliforniens Galerien in Downtown L. A. und Culver City zu sehen, in den alternativen Kunstszenen Nordkaliforniens im Mission District von San Francisco und den laborähnlichen Galerien im Yerba Buena Arts District des SOMA.

Wer sich für Fotografie interessiert, sollte in Kalifornien das erstklassige SFMOMA in Nordkalifornien ins Programm aufnehmen. Die erstklassige Sammlung reicht von frühen Daguerreotypien aus dem Westen bis zu experimenteller japanischer Fotografie aus der Nachkriegszeit.

Natur & Umwelt

Kollidierende tektonische Platten, mächtige Fluten, speiende Vulkane, Eisfelder: Viele Millionen Jahre lang war der amerikanische Westen eine ziemlich ungemütliche Region. Aber aus Feuer und Eis entsprang eine kaleidoskopische Vielfalt an faszinierenden Landschaften, die eines gemeinsam haben: Sie ziehen Entdecker, Naturfreunde, Künstler und Outdoor-Abenteurer gleichermaßen an.

Geografie

Wie der aus dem Westen stammende Romancier und Essayist Wallace Stegner in seinem Buch *Where the Bluebird Sings to the Lemonade Springs* bemerkte, besteht der Westen aus rund einem Dutzend unterschiedlicher und einzigartiger Subregionen. Das einzige gemeinsame Merkmal ist seiner Ansicht nach die Trockenheit, die, so Stegner, in den meisten Teilen des Westens die Leuchtkraft des Lichts und die Klarheit der Luft erhöhe. Sie führte und führt bis heute aber auch zu einem Kampf um Wasser und die Rechte an dessen Nutzung.

Marc Reisners Buch *Cadillac Desert: The American West and Its Disappearing Water* stellt ausführlich dar, wie die explosionsartig wachsende Bevölkerung im Westen Nordamerikas praktisch jeden verfügbaren Tropfen Wasser verbraucht.

Kalifornien

Mit 423 970 km² ist Kalifornien nach Alaska und Texas der drittgrößte Bundesstaat der USA.

Geologie & Erdbeben

In geologischer Hinsicht ist Kalifornien eine sehr komplexe Landschaft, die sich aus Gestein und Erdkruste bildete, als im Verlauf Hunderter Millionen Jahre der nordamerikanische Kontinent nach Westen driftete. Die verwitterten Küstengebirge, das tiefe Central Valley und die stetig wachsende Sierra Nevada sind Zeugnisse der gigantischen Kräfte beim Zusammenstoß des Kontinental- und des ozeanischen Platten.

Vor rund 25 Mio. Jahren endete der Aufprall der Nordamerikanischen auf die Pazifische Platte; seither driften sie seitlich aneinander vorbei. So entstand die gewaltige San-Andreas-Verwerfung. Da sich die Platten in dieser Kontaktzone nicht mit gleichmäßiger Geschwindigkeit, sondern unregelmäßig und ruckweise verschieben, bebt in Kalifornien immer wieder die Erde.

Das berühmteste Erdbeben ereignete sich im Jahre 1906. Es erreichte die Stärke 7,8 auf der Richter-Skala und zerstörte San Francisco, wobei mehr als 3000 Menschen starben. Die Bay Area machte auch 1989 wieder Schlagzeilen, als beim Loma-Prieta-Erdbeben (7,1) ein 15 m langer Abschnitt der Bay Bridge zusammenbrach. Das letzte größere Beben in Los Angeles war das Northridge-Erdbeben (6,7), bei dem 1994 Teile des Santa Monica Fwy einstürzten. Mit einem geschätzten Gesamtschaden in Höhe von 44 Mrd. US$ war es das bislang kostspieligste Beben der US-amerikanischen Geschichte.

Viele der im Südwesten weit verbreiteten Blumen beschreibt Damian Fagan in seinem Buch *Canyon Country Wildflowers*.

Von der Küste zum Central Valley

Großen Teilen der kalifornischen Küste sind zerklüftete Küstengebirge vorgelagert, die die feuchten Stürme des Winters abfangen. San Francis-

co teilt die kalifornischen Küstengebirge etwa in der Mitte. Die nebelrei-
che Nordküste ist nach wie vor dünn besiedelt, im milderen Klima der
Küsten Zentral- und Südkaliforniens leben wesentlich mehr Menschen.

In den nördlichsten Regionen der Küstengebirge sorgen nährstoff-
reiche Böden und feuchtes Klima für Wälder, in denen Baumriesen
wachsen. An der Ostflanke gehen die Küstengebirge nach und nach in
sanfte Hügel über, die zu dem 724 km langen Central Valley überleiten,
dem landwirtschaftlichen Zentrum Kaliforniens, in dem mehr als 230
verschiedene Obst-, Gemüse- und Nusssorten angebaut werden. Die
Region produziert rund ein Drittel dessen, was in den USA insgesamt
angebaut wird.

DIE FLORA DES WESTENS

Die vielen großen Gebirgszüge des Westens bieten der heimischen Flora eine bemer-
kenswerte Vielfalt ökologischer Nischen. Die Pflanzenwelt der Region lässt sich anhand
der Höhen- bzw. Vegetationsstufen charakterisieren, denen sich die jeweiligen Pflanzen
perfekt angepasst haben.

In den am tiefsten liegenden Gebieten des Südwestens, d. h. unter 1200 m, schaffen
hohe Temperaturen und Wassermangel eine Wüstenzone, in der ausdauernde Pflanzen
wie Kakteen, Beifußgewächse und Agaven wachsen. Viele dieser Pflanzen haben kleine
Blätter, um den Wasserverlust zu reduzieren, oder können wie Kakteengewächse Wasser
speichern, um lange Dürreperioden zu überstehen.

Auf mittlerer Höhe, zwischen 1200 und 2100 m, ist es etwas kühler und feuchter, sodass hier verholzte Sträucher und kleine Bäume gedeihen. In vielen Teilen von Nevada,
Utah, in Nord-Arizona und New Mexico bedecken Pinyon-Kiefern und Wacholder die
unteren Berghänge und Hügel. Beide Baumarten sind klein und gedrungen.

An vielen Berghängen im Westen finden sich auf 2100 m Höhe fast artenreine Be-
stände der stattlichen, duftenden Gelbkiefern. Dieser Baum bestimmt die Landschaft
wie kein zweiter, viele Tiere sind auf ihn angewiesen. Auch für die Holzindustrie ist er der
profitabelste Baum. Boreale Wälder des Hochgebirges, bestehend aus Fichten, Tannen,
Amerikanischen Zitterpappeln und weiteren Koniferen, finden sich auf den Gipfeln im
Südwesten – ein Terrain kühler, feuchter Wälder und üppiger Wiesen voller Wildblumen.

Unglaublich vielfältige Blumen blühen alljährlich in den Wüsten und auf den Bergen
im Südwesten. Die Blüte der Wüstenblumen beginnt im Februar, die Blumen der Bergwiesen blühen nach der Schneeschmelze bzw. wenn Sommergewitter für feuchte Böden
gesorgt haben. Manche der größten und prächtigsten blühenden Pflanzen gehören zu
den rund 100 Kakteenarten, die im Südwesten gedeihen.

Die Hauptblütezeit in den Wüstenregionen Südkaliforniens ist der März, während
andere, tief liegende Gebiete dieses Bundesstaats erst im April in voller Blüte stehen. Da
der Schnee in den Hochlagen der Sierra Nevada später schmilzt, dauert die Hochsaison
zum Wandern in den Tuolumne Meadows des Yosemite National Park meist von Ende
Juni bis Mitte Juli; in dieser Zeit kann man Wildblumen bewundern und fotografieren.

Im Nordwesten fängt die feuchte, raue Westseite des Kaskadengebirges die meisten
vom Ozean kommenden Regenwolken ab. Die Niederschläge sorgen dort für üppig grüne
Wälder, in denen sich die Pflanzen den Platz gegenseitig streitig machen. Die aride und
wüstenartige Ostseite bekommt hingegen nur wenige Niederschläge ab, überwiegend
wachsen hier Beifuß und andere Savannenpflanzen; vor allem in den Gebirgsausläufern
gibt es aber auch hier Inseln üppigeren Pflanzenwuchses.

In puncto Bäume ist Kalifornien das Land der Superlative: Hier wachsen die höchsten
Bäume der Erde (Küstenmammutbäume mit bis zu 115 m), die dicksten (die Riesenmammutbäume der Sierra Nevada mit einem Stammdurchmesser von mehr als 11 m
an der Basis) und die ältesten (die Langlebigen Kiefern der White Mountains mit fast
5000 Jahren). Der Riesenmammutbaum ist ausschließlich in Kalifornien beheimatet;
er gedeiht in isolierten Hainen an den Westhängen der Sierra Nevada, z. B. in den Nationalparks Yosemite, Sequoia und Kings Canyon.

Hochgebirge

An der Ostseite des Central Valley ragt die berühmte Sierra Nevada auf. Mit einer Länge von 644 km und einer Breite von 80 km ist sie einer der größten Gebirgszüge der Welt; zu ihr gehören 13 Berggipfel mit einer Höhe von mehr als 14 000 Fuß (= 4267 m). Die ausgedehnte Wildnis der High Sierra in einer Höhe von meist über 2700 m besteht aus Gletschern, wie gemeißelt wirkenden Granitgipfeln und einsamen Canyons. Die hoch aufragende Sierra Nevada hält die Niederschlagsfronten auf und lässt diese abregnen, wobei die Niederschläge ab rund 900 m Höhe überwiegend als Schnee fallen. Die Niederschläge speisen ein halbes Dutzend größerer Flusssysteme, die den größten Anteil des in San Francisco und L. A. benötigten Wassers stellen und die Farmen im Central Valley mit kostbarem Nass versorgen.

Die Wüsten

Da der Westhang der Sierra Nevada den Löwenanteil der Niederschläge empfängt, präsentieren sich alle Gebiete östlich des Gebirgskamms der Sierra arid und wüstenartig; die Niederschlagsmenge liegt hier unter 250 mm pro Jahr. Einige Täler am östlichen Fuß der Sierra Nevada sind jedoch durch Bäche gut bewässert und dadurch bestens für Land- und Viehwirtschaft geeignet.

Die Gebiete in der Nordhälfte Kaliforniens und vor allem auf dem hoch gelegenen Modoc-Plateau im Nordosten bilden eine Kältewüste am westlichen Rand des Great Basin, wo robuste Beifußsträucher und kleine Wacholderhaine den unwirtlichen Bedingungen trotzen. Die Temperaturen steigen, je weiter man nach Süden kommt – besonders auffällig ist dies beim Abstieg vom Mono Lake hinunter ins Owens Valley östlich der Sierra Nevada. Zu dieser südlichen Hitzewüste (einem Teil der Mohave-Wüste) gehört auch das Death Valley, einer der heißesten Orte auf dem gesamten Planeten.

Der Südwesten

In der Tiefe des Grand Canyon liegen extrem alte Felsen, die zu den ältesten der Erde zählen. Sie bezeugen, dass das Gebiet vor 2 Mrd. Jahren unter Wasser lag. Jüngere Felsschichten im südlichen Utah verraten zudem, dass die Region einst ständig oder zumindest periodisch unter Wasser stand. Am Ende des Paläozoikums vor rund 286 Mio. Jahren stießen die Kontinente aufeinander und bildeten die Landmasse Pangaea; dabei wurde die Erdkruste verformt und unter dem Druck erhoben sich die sogenannten „Ancestral Rocky Mountains". Obwohl diese frühe Gebirgskette im Osten lag, formte sie Flüsse und Sedimentablagerungen, mit denen der Südwesten seine heutige Gestalt anzunehmen begann.

Der Vorgang endete vor rund 60 Mio. Jahren, als sich Nordamerika von Europa abtrennte, über den als Ostpazifische Platte bekannten Teil der Erdkruste nach Westen glitt und dabei einen immer breiter werdenden Golf hinterließ, der schließlich zum Atlantik wurde. Die Ostpazifische Platte kollidierte dann mit der Nordamerikanischen. Bei diesem Zusammenstoß, der sogenannten Laramischen Orogenese, entstanden die modernen Rocky Mountains; ein altes Becken wurde angehoben und zum heutigen Colorado-Plateau. Fragmente der Ostpazifischen Platte lagerten sich an die Nordamerikanische Platte an, sodass der Südwesten, einst eine Küstenregion, zu einem Binnenland in immer größerer Entfernung zum Ozean wurde.

Während bis zu diesem Zeitpunkt Kompression und Kollisionen die Entwicklung bestimmten, begann sich die Erdkruste vor rund 30 Mio. Jahren in Ost-West-Richtung zu strecken. Die dünnere, gestreckte Kruste in New Mexico und Texas riss in Schwächezonen sogenannte Verwer-

NATUR & UMWELT GEOGRAFIE

Jüngste Untersuchungen des US Geological Survey beziffern die Wahrscheinlichkeit auf 19 %, dass die südliche San-Andreas-Verwerfung in Kalifornien innerhalb der nächsten 30 Jahre Schauplatz eines Erdbebens von mindestens 6,7 auf der Richterskala sein wird.

Ein voll ausgewachsener Saguaro-Kaktus kann mehr als 1 t Wasser speichern. Saguaros wachsen langsam, erst nach 50 Jahren erreichen sie eine Höhe von rund 2 m. In Arizona ist es nicht nur verboten, auf diese Kakteen zu schießen, es ist auch gefährlich. 1982 schoss ein Vandale den Zweig eines 8 m hohen Saguaro-Kaktus ab: Dieser fiel auf den Schützen und erschlug ihn.

fungen auf, und es bildete sich ein Grabenbruch, in dem heute der Rio Grande durch New Mexico fließt. Die gleichen Kräfte schufen die Stufenplateaus im nördlichen Arizona und südlichen Utah.

Während der Eiszeiten im Pleistozän bildeten sich überall im Südwesten große Gewässer. Utahs Great Salt Lake ist das berühmteste Überbleibsel dieser einst mächtigen eiszeitlichen Seen. Vollständig ausgetrocknete ehemalige Seebecken mit Salzkruste fallen besonders zahlreich bei einer Fahrt durch Nevada ins Auge.

In den letzten Jahrmillionen war wohl die Erosion die vorherrschende Kraft. Starke Stürme und Regenfälle zersetzten das weiche Sedimentgestein, während die Auffaltung der Rocky Mountains dafür sorgte, dass die Flüsse, die sich durch den Südwesten wanden, größer und reißender wurden und tiefe Canyons in die Landschaft gruben. Fast alle jüngeren geologischen Merkmale im Südwesten, von den Felsbogen (im Arches National Park gibt es davon mehr als 2000 aus Sandstein) bis hin zu den Hoodoos, sind das Resultat von Verwitterung und Erosion.

Der geographische Aufbau der Region

Das Colorado-Plateau ist ein äußerst eindrucksvolles, fast undurchdringliches, 336 700 km² großes Tafelland in jenem Gebiet, wo Colorado, Utah, Arizona und New Mexico aufeinandertreffen. Das Plateau entstand in einem uralten Becken als eine bemerkenswert kohärente Formation klar erkennbarer Sedimentschichten und blieb vergleichsweise unverändert, auch wenn das Land ringsum von mächtigen Kräften zusammengequetscht, gedehnt und verformt wurde.

Das beste Zeugnis für die lang anhaltende Stabilität des Plateaus sind die deutlich erkennbaren Sedimentschichten der Felsen, die sich über 2 Mrd. Jahre zurückverfolgen lassen. Ihnen ist die Entstehung der Stratigrafie zu verdanken, die Entschlüsselung erdgeschichtlicher Prozesse mithilfe von Felsschichten: Verschiedene Arbeiten studierten die erstaunliche Abfolge von Schichten, die der tief einschneidende Colorado am Grand Canyon freigelegt hatte. Überall im Südwesten, vor allem aber auf dem Colorado-Plateau, künden diese Schichten von einer vielfältigen Vorzeit mit uralten Ozeanen, Küstensümpfen und Sanddünen.

Landschaftliche Merkmale

Der Südwesten hat jede Menge beeindruckender Felsformationen zu bieten. Der Grund hierfür: Viele Sedimentschichten der Region sind so weich, dass Regen und Erosion fantastische Formen aus ihnen heraus-

In Kalifornien liegen sowohl der höchste Punkt der kontinentalen USA außerhalb Alaskas (der Mt. Whitney; 4421 m) als auch die tiefste Senke Nordamerikas (Badwater, Death Valley; 86 m u. d. M.). Beide Stellen sind in Luftlinie gerade einmal 145 km voneinander entfernt.

LANDSCHAFTLICHE BESONDERHEITEN IM SÜDWESTEN

Badlands Zerfallende, mineralhaltige, weiche Felsen in der Painted Desert im Petrified Forest National Park, im Capitol Reef National Park und in den Bisti Badlands.

Hoodoos Skulptural wirkende, zu hohen Pfeilern verwitterte Felsspitzen; zu bewundern im Bryce Canyon National Park und im Arches National Park.

Felsentore Sie entstanden u. a., als sich die Ströme einst ihren Weg durch Sandsteinschichten bahnten; drei eindrucksvolle Felsentore sind im Natural Bridges National Monument zu sehen.

Goosenecks Die „Gänsehälse" entstanden, als Ströme in u-förmigen Kurven durch die Landschaft mäanderten. Betrachten kann man diese Formationen vom Goosenecks Overlook im Capitol Reef National Park.

Mesas Diese massigen Formationen aus Sandstein blieben übrig, nachdem die umliegenden Gebiete abgetragen worden waren; typische Beispiele finden sich im Monument Valley und an der Grenze zwischen Arizona und Utah.

meißeln konnten. Doch nicht jede Art von Regen kann dies bewirken – es muss schon ein harter, sporadischer Regen sein; häufiger Regen hingegen würde die Formationen einfach wegspülen. Zwischen den Regenfällen müssen zudem lange Trockenphasen herrschen, die die erodierenden Formationen intakt halten können. Die große Farbvielfalt stammt von der einzigartigen Mineralzusammenstellung der unterschiedlichen Steinarten.

Geologie des Grand Canyon

Arizonas Grand Canyon ist das bekannteste geologische Merkmal im Südwesten der USA, und das aus gutem Grund: Er ist so riesig, dass die menschliche Vorstellungskraft ihm gegenüber winzig wirkt. Überdies sind in ihm 2 Mrd. Jahre der Erdgeschichte „aufgezeichnet" – eine gewaltige Zeitspanne, wenn man bedenkt, dass das Alter der Erde 4,6 Mrd. Jahre beträgt. Die 446 km lange Schlucht selbst ist demgegenüber jung, nämlich lediglich 5 bis 6 Mio. Jahre alt. Geformt wurde sie vom mächtigen Colorado, als sich das Land hob. Die Wände des Canyons spiegeln die unterschiedliche Härte der mehr als zehn Gesteinsschichten wider, aus denen sie bestehen. Schiefer zerbröselt beispielsweise leicht und bildet Schutthänge, während die robusteren Kalk- und Sandsteine markante Klippen ausbilden.

Die Schichten, die den Großteil der Wände des Canyons bilden, lagerten sich hier während des Paläozoikums an, also rund 542 bis 251 Mio. Jahre vor der heutigen Zeit. Diese Formationen ruhen auf einer Reihe von 1 bis 2 Mrd. Jahre alter Gesteine auf dem Grund der inneren Schlucht des Canyons. Zwischen diesen beiden deutlich erkennbaren Gesteinssorten befindet sich die „Great Unconformity", eine mehrere Hundert Millionen Jahre umfassende Lücke in der geologischen Aufzeichnung, wo die Erosion über 3600 m Gestein abgetragen hat und damit ein großes Rätsel hinterließ.

Der Nordwesten

Zwischen 16 und 13 Mio. Jahre vor unserer Zeit erlebten das heutige östliche Oregon und Washington eine der erdgeschichtlich frühesten Episoden vulkanischer Aktivität. Aufgrund sich verändernder Spannungen innerhalb der Erdkruste begannen große Teile des westlichen nordamerikanischen Binnenlands entlang Tausender Risse aufzubrechen, wobei riesige Mengen von Lava freigesetzt wurden und das Land überfluteten. Oft wurde so viel Lava frei, dass sie den Kanal des Columbia River ausfüllte und in Oregon die Küste erreichte, wo sie dann zu vorspringenden Landzungen wie dem Cape Lookout erstarrte. Heute sind die erstarrten Lavaströme im östlichen Oregon und Washington noch leicht an den spektakulären, nackten Felskanten und abgeflachten Mesas erkennbar.

Außerdem bildete sich in den Eiszeiten der letzten 2 Mio. Jahre immer wieder ein zusammenhängender, massiver Eisschild, der von Washington bis nach British Columbia in Kanada reichte – praktisch jeder Gebirgszug im Rest der Region war von Gletschern bedeckt.

Tiere & Pflanzen

Obwohl die überwältigenden Massen von Tieren, die es bei der Ankunft der ersten europäischen Siedler hier gab, längst der Vergangenheit angehören, kann man im Westen an den richtigen Stellen und zur richtigen Jahreszeit immer noch eine ganze Menge Wildtiere beobachten.

Reptilien & Amphibien

An Frühlingsabenden kann man in den Canyons im Südwesten die lauten Rufe der Schluchtenbaumfrösche oder der Rotpunktkröten vernehmen. Nach dem Sonnenaufgang tummeln sich Eidechsen und Schlangen

Pages of Stone: Geology of the Grand Canyon & Plateau Country National Parks & Monuments von Halka und Lucy Chronic ist eine ausgezeichnete Einführung in die vielfältige Landschaft des US-amerikanischen Südwestens.

NATUR & UMWELT TIERE & PFLANZEN

Am Abend des 5. Juli 2011 wurde Phoenix von einem kilometerhohen Staubsturm mit einem geschätzten Ausmaß von 160 km umhüllt, der eine Geschwindigkeit von über 80 km/h erreichte. Innerhalb der Staubwolke sah man bestenfalls noch 400 m weit, mitunter aber nicht einmal mehr die eigene Hand vor den Augen. Es gab Stromausfälle und der Internationale Flughafen von Phoenix musste vorübergehend geschlossen werden.

vieler verschiedener Arten zwischen den Felsen und Sträuchern. Westliche Zaunleguane sind in den Parks der Region besonders häufig, Besucher können aber immer darauf hoffen, auch seltenere Arten wie die merkwürdige giftige Gila-Krustenechse zu Gesicht zu bekommen. Ebenso faszinierend sind die vielen farbenfrohen Klapperschlangen, die im Südwesten leben. Werden sie aufgestört, können sie zubeißen. Ihr Gift ist auch für Menschen gefährlich, ein Biss auf alle Fälle schmerzhaft – doch sind diese Tiere ruhig und scheu, solange man sie in Frieden lässt.

In den Carlsbad Caverns lebten einst etwa 9 Mio. Bulldoggfledermäuse. Obwohl sie in den letzten Jahren weniger geworden sind, ist ihr Abendflug immer noch eins der faszinierendsten Naturspektakel in Nordamerika.

Vögel
Vogelzüge

Im Südwesten der USA gibt es viele interessante Vögel – insgesamt 400 Arten. Für viele Besucher sind sie gar der Hauptgrund, in diese Region zu reisen. Das Frühjahr ist für Vogelfreunde besonders toll: Singvögel treffen aus ihren Winterquartieren im Süden ein und zwitschern nun überall ihre Melodien. Im Herbst ziehen Kanadakraniche und Schneegänse in langen Reihen das Tal des Rio Grande hinunter, um im Bosque del Apache National Wildlife Refuge zu überwintern. Der Great Salt Lake in Utah ist eine der wichtigsten Stationen für die Zugvögel Nordamerikas; Millionen Enten und Lappentaucher machen hier in jedem Herbst Rast, bevor sie weiter nach Süden ziehen.

Kalifornien liegt an der wichtigsten Wanderroute von mehr als 350 Vogelarten, die hier entweder durchziehen oder in dem Bundesstaat den Winter verbringen. Dementsprechend ist Kalifornien eines der wichtigsten Gebiete für Vogelbeobachter in Nordamerika. Jeden November kann man beispielsweise erleben, wie sich 1 Mio. Enten, Gänse und Schwäne im Klamath Basin National Wildlife Refuge Complex versammeln. Im Winter fliegen diese Wasservögel nach Süden in die Reservate im Central Valley – eine weitere Gegend, in der man große Scharen von Zug- und Standvögeln beobachten kann.

Kalifornien-Kondore & Weißkopfseeadler

1990 wurde der nördliche Fleckenkauz zu einer bedrohten Art erklärt, weshalb die Holzindustrie bestimmte Wälder nicht mehr roden durfte. Der Streit darüber entfachte eine hitzige Debatte im gesamten Nordwesten, die Holzfäller und Umweltschützer gegeneinander aufbrachte.

Mit seiner 2,75 m langen Flügelspanne erinnert der Kalifornien-Kondor eher an einen prähistorischen Flugsaurier als an einen Vogel. Diese ungewöhnlichen Tiere – die sich in prähistorischer Zeit von den Kadavern von Mastodonten und Säbelzahnkatzen ernährten – wurden an den Rand des Aussterbens gebracht, erleben aber heute am Grand Canyon ein kleines Comeback. Nach mehreren Jahrzehnten, in denen es keine wildlebenden Kondore gab, nisten jetzt wieder einige Paare am Canyonrand. Am ehesten sieht man sie an den Vermilion Cliffs in Arizona. In Kalifornien sollte man bei der Fahrt entlang der Big-Sur-Küste oder beim Pinnacles National Monument nach ihnen Ausschau halten.

Der Nordwesten ist eine Hochburg für Weißkopfseeadler, die sich von den jährlichen Lachswanderungen ernähren und in den Wäldern nisten. Die beeindruckenden Vögel mit einer Flügelspannweite von 2,2 m versammeln sich in großen Populationen an Orten wie der Upper Skagit Bald Eagle Area in Washington und den nationalen Tierschutzreservaten in der Klamath-Basin-Region in Nordkalifornien und Südoregon. In Kalifornien haben die Weißkopfseeadler wieder Fuß auf den Channel Islands gefasst; und manchmal verbringen sie den Winter am Big Bear Lake unweit von L. A. Zu ihren schlechten Zeiten nisteten nur zwei oder drei Brutpaare in Colorado, aber diese Zahl ist jährlich um acht oder neun Paare gestiegen; 2014 gab es über 115 sich vermehrende Paare. Etwa 400 bis 1000 Weißkopfseeadler verbringen den Winter im Nordwesten.

Säugetiere

Viele der eindrucksvollsten Säugetierarten des Westens – Grizzlys, Bisons, Präriehunde – wurden bis um 1900 fast ausgerottet. Glücklicherweise tummeln sich aber noch viele andere Säugetiere in den Wäldern und Wüsten im Westen der USA. Wer Augen und Ohren offen hält, entdeckt mit Sicherheit zumindest ein paar Maultierhirsche und Kojoten.

Bären

Der Schwarzbär ist das vielleicht bekannteste Säugetier in den Rocky Mountains. Erwachsene Männchen erreichen ein Gewicht von 125 bis 200 kg, Weibchen von 80 bis 115 kg. Auf allen Vieren sind sie bis zu 91 cm groß, auf die Hinterbeine aufgerichtet aber mehr als 1,50 m.

Schwarzbären leben auch im Nordwesten, im Südwesten sowie in Kalifornien. Sie ernähren sich von Beeren, Nüssen, Wurzeln, Insekten, Eiern, kleinen Säugetieren und Fischen. Rund um Campingplätze und Berghütten können sie lästig werden, wenn dort Nahrungsmittel unachtsam gelagert worden sind.

Der Grizzlybär, Wappentier auf der Flagge Kaliforniens, war einst zahlreich an den kalifornischen Küsten und auf Wiesen zu finden und fraß einfach alles – von Walkadavern bis hin zu Eicheln. Besonders viele Grizzlys lebten im Central Valley. Doch nach gnadenloser Jagd wurde der Grizzlybär Anfang des 20. Jhs. dort ausgerottet. In Colorado gelten Grizzlys als gefährdete Spezies, sind aber de facto nahezu sicher aus dem Staat verschwunden; der letzte dokumentierte Grizzly in Colorado wurde 1979 getötet. Im Jahr 2014 schätzten Wissenschaftler, dass mehr als 700 Grizzlys im Yellowstone National Park leben. Eine aktuelle Studie legt nahe, dass die Einführung von Wölfen in Yellowstone der Grizzly-Population helfen könne – Wölfe fressen Rothirsche, wodurch mehr Beeren für die Grizzlys übrig bleiben könnten.

Wapitis

Mehr als 3000 Wapitis ziehen im Rocky Mountain National Park umher, der eine Winterherde von etwa 600 bis 800 Tieren beheimatete. Ausgewachsene Wapiti-Bullen können bis zu 550 kg, Hirschkühe bis zu 300 kg schwer werden. Männliche wie weibliche Tiere haben dunkle Hälse und helle Körper. Wie Dickhornschafe wurden auch Wapitis bis zum Jahr 1890 rund um Estes Park durch extensive Jagd praktisch ausgerottet. 1913/14 brachten Tierschützer aus Estes Park 49 Wapitis vom Yellowstone in den ein Jahr später gegründeten Rocky Mountain National Park. Die dort seitdem anwachsende Wapiti-Population ist einer der größten Erfolge des National Park Service.

Zu den typischen Tieren des Nordwestens gehört der Olympic-Wapiti, dessen unheimliche Brunftschreie im September und Oktober überall in den Waldgebieten der Region zu hören sind. Ausgewachsene Bullen werden bis zu 500 kg schwer und tragen ein 1,5 m breites, ausladendes Geweih. Im Winter sammeln sich große Gruppen der Hirsche in den Tälern des Tieflands und am Spirit Lake Memorial Highway im Mt. St. Helens National Volcanic Monument, wo man sie beobachten kann. Im Olympic National Park gibt es die größte frei lebende Herde von Olympic-Wapitis im Nordwesten.

Dickhornschafe

Der Rocky Mountain National Park ist schon ein besonderer Ort: Das Verkehrszeichen „Dickhornschaf-Wildwechsel" wird man wohl nirgendwo sonst zu Gesicht bekommen. Vom Ende des Frühlings bis Ende des Sommers wechseln Gruppen von bis zu 60 Schafen – in der Regel nur Mutterschafe mit ihren Lämmern – vom Moränenkamm nördlich des Highways über die Straße zu den Sheep Lakes im Horseshoe Park. Während geschlechtsreife Widder große, eingerollte Hörner tragen, haben die Weibchen säbelförmig nach hinten gerichtete Hörner, die nur etwa

In den Gebirgswäldern Kaliforniens leben etwa 25 000 bis 35 000 Schwarzbären, deren Fell aber nicht unbedingt schwarz sein muss, sondern auch ins Dunkelbraune, Zimtfarbene oder sogar Hellbraune spielen kann.

Die Anstrengungen zum Schutz des Lachses gelten den Beständen an der gesamten Pazifikküste vom russischen Fernen Osten bis hinunter zum nördlichen Kalifornien. Weitere Infos gibt's unter www.wildsalmon center.org.

NATUR & UMWELT TIERE & PFLANZEN

25 cm lang werden. Die Sheep Lakes sind Verdunstungsbecken, an deren Rändern sich Salz ablagert, das die Mutterschafe anlockt, nachdem sie im Mai oder Juni geworfen haben; am Morgen und am frühen Nachmittag können sie an den Becken beobachtet werden. Im August schließen sie sich dann wieder den Widdern in der Mummy Range an.

Gabelböcke

Die offenen Ebenen im östlichen Oregon und in Washington sind der Tummelplatz der Gabelböcke: seltsam anmutender, hirschähnlicher Kreaturen, die anstelle eines Geweihs zwei einzelne schwarze, oben gegabelte Hörner tragen. Sie sind die einzigen rezenten Vertreter der Familie der Gabelhornträger in der Unterordnung der Wiederkäuer (und trotz ihres englischen Namens *pronghorn antelope* mit Antilopen nicht näher verwandt). Man findet sie nur im amerikanischen Westen. Selbst längere Strecken können sie mit einer Geschwindigkeit von knapp 100 km/h zurücklegen – damit sind sie das zweitschnellste Landtier auf Erden und gemessen auf eine Distanz von 5 km wahrscheinlich das schnellste.

Umweltfragen

Der Wachstum im Westen hat seinen Preis. Im Nordwesten haben die Erzeugung günstiger Wasserkraft sowie massive Bewässerungsprojekte entlang des Columbia River zu einer eventuell unwiderruflichen Zerstörung des Fluss-Ökosystems geführt. Zahlreiche Dämme haben den meisten Wanderrouten der einheimischen Lachse einen Riegel vorgeschoben und behindern zudem das Leben der verbliebenen amerikanischen Ureinwohner, die vom Fluss abhängig sind. Die Rodung der Altholzwälder hat hässliche Narben hinterlassen. Die Region am Puget Sound in Washington und die riesigen Vororte Portlands ächzen unter dem Gewicht einer rapide wachsenden Bevölkerung.

Anhaltende Kontroversen im Südwesten sind etwa die Lage von Atomkraftwerken sowie der Transport und die Lagerung nuklearer Abfälle – besonders am Yucca Mountain, der nur 145 km von Las Vegas entfernt liegt.

Auch die Wasserverteilung und -verfügbarkeit geben Anlass zur Sorge. In einer trockenen Gegend wie dem Südwesten drehen sich viele der bedeutenden Umweltfragen um Wasser. Dürreperioden haben die Region so stark in Mitleidenschaft gezogen, dass Forscher bereits warnten, der 177 km lange Lake Mead könne mit einer Wahrscheinlichkeit von 50 % bis zum Jahr 2021 völlig austrocknen. 12 bis 36 Mio. Menschen in Städten wie Las Vegas, Los Angeles oder San Diego wären von heute auf morgen unmittelbar mit Wasserknappheit konfrontiert.

Der Bau von Dämmen und vom Menschen geschaffene Wasserläufe im gesamten Südwesten haben ein heikles Gleichgewicht zerstört, das zahllose Jahrtausende lang für Leben sorgte. Dämme beispielsweise stauen Fluten mit warmem Wasser auf und halten Leben spendende Nährstoffe zurück – Sedimente, die einst für die Regeneration von Überschwemmungsebenen sorgten, unzählige Nahrungsketten von Wasser- und Uferbewohnern anreicherten und Voraussetzung für das Fortbestehen uralter endemischer Fischarten waren, die heute vom Aussterben bedroht sind. Statt der ergiebigen jährlichen Hochwasser geben die Dämme heute unentwegt kaltes Wasser frei, das vor allem die eingeschleusten Fische und Unkrautpflanzen nährt, die in den Flüssen des Westens inzwischen überhandnehmen.

Im Juli 2014 suchten mehr als 20 große Wald- und Flächenbrände die US-Staaten Kalifornien, Idaho, Oregon und Washington heim. Bis Mitte September mussten die Feuerwehren allein in Kalifornien zu 4974 Flächenbränden unterschiedlicher Ausprägung ausrücken. All dies deutet darauf hin, dass die Zahl und die Stärke derartiger Brände im Westen der USA in jüngster Zeit deutlich zugenommen haben. Als Ursachen haben Wissenschaftler drei Faktoren ausgemacht. Nummer eins ist die weltweite Klimaerwärmung, die die ausgedehnten Dürreperioden im Westen begünstigt haben dürften. Die Dürre wiederum wird durch geringere Schneefälle noch verschärft. In der ausgetrockneten Vegetation aber breiten sich die Flächenbrände deutlich schneller aus. Ein zweiter Faktor mag die zunehmende Zersiedlung sein, durch die mehr Menschen – und damit potenzielle Brandverursacher – in die Wälder gelangen. Und schließlich verkannte man in der Vergangenheit den Nutzen räumlich begrenzter Waldbrände und löschte diese oft voreilig; so konnte sich vermehrt Unterholz ausbreiten, das nun wiederum Waldbrände speist und deren Risikopotenzial erhöht.

Praktische Informationen

Allgemeine Informationen

Botschaften & Konsulate

Ausländische Reisende, die in den USA die Botschaft ihres Heimatlandes kontaktieren möchten, finden unter www.embassy.org alle Infos zu den Botschaften in Washington, D.C. Die meisten Länder haben aber auch eine UN-Botschaft in New York City, manche auch Konsulate in anderen Großstädten. Für weitere Informationen in den gelben Seiten unter „Consulates" nachschlagen oder die lokale Telefonauskunft anrufen. Zuerst empfiehlt es sich jedoch, einen Blick auf die Website des eigenen Außenministeriums zu werfen.

Ermäßigungen

Menschen über 65 Jahren (mancherorts sind auch 55, 60 oder 62 Jahre die Grenze) erhalten oft Rabatte in gleicher Höhe wie Studenten – die Vorlage eines Identitätsnachweises mit Geburtsdatum sollte genügen.

America the Beautiful Interagency Annual Pass (www.nps.gov/findapark/passes. htm; store.usgs.gov/pass) Die Jahreskarte (80 US$) berechtigt ein Jahr lang den Fahrer und alle Mitfahrer in einem Privatauto bzw. vier Erwachsene ab 16 Jahren und alle Kinder unter 16 Jahren zum freien Eintritt in alle Nationalparks und Erholungsgebiete, die von Bundeseinrichtun-

gen wie den United States Forest Service oder das Bureau of Land Manangement verwaltet werden. Die Karte kann online oder an den Eingangsstationen aller Nationalparks gekauft werden.

American Automobile Association (AAA; ☎877-428-2277, Pannenhilfe ☎800-222-4357; www.aaa.com; Jahresmitgliedschaft ab 52 US$) Mitglieder der AAA und ihrer ausländischen Partnerorganisationen erhalten kleine Ermäßigungen auf Amtrak-Zugtickets, bei Autovermietungen sowie in Motels und Hotels (in der Regel 5–15 %), bei Restaurantketten, bestimmten Läden, Touren und Themenparks. Eine Rabattkarte gibt es online z. B. beim ADAC (www.adac.de).

International Student Identity Card (www.isic.de, www.isic.at, www.isic.ch; 25 US$) Mit dem Internationalen Studentenausweis erhalten Vollzeitstudierende Ermäßigungen bei Fluglinien, Reiseversicherern und diversen Attraktionen. Ähnliche

Vorteile gibt es für Nichtstudierende unter 31 Jahren mit der International Youth Travel Card (25 US$). Die Ausweise werden von Studentenvereinigungen, Hostel-Verbänden und studentischen Reisebüros ausgestellt.

Student Advantage Card (www.studentadvantage.com) US-amerikanische und ausländische Studenten sparen mit dieser Karte 10 % bei der Amtrak und 20 % bei Greyhound. Überdies gibt es Ermäßigungen bei einigen Ladenketten und Autovermietern.

Essen

Details zur Küche im Westen der USA stehen auf S. 471.

Feiertage & Ferien

An folgenden öffentlichen Feiertagen sind landesweit alle Banken, Schulen und Behörden (auch die Post)

PREISKATEGORIEN ESSEN

Die folgenden Preiskategorien beziehen sich auf ein durchschnittliches Hauptgericht beim Abendessen. Getränke, Vor- und Nachspeisen, Steuern und Trinkgelder sind in diesem Preis nicht enthalten. Die gleichen Hauptgerichte kosten mittags wesentlich weniger – mitunter gar nur die Hälfte.

**$** unter 15 US$

**$$** 15–25 US$

**$$$** über 25 US$

geschlossen; bei Verkehrsmitteln, Museen und anderen Einrichtungen gelten die Sonntagspläne. Feiertage, die aufs Wochenende fallen, werden meist am folgenden Montag nachgeholt.

Neujahr 1. Januar

Martin Luther King Jr. Day Dritter Montag im Januar

Presidents' Day Dritter Montag im Februar

Memorial Day letzter Montag im Mai

Independence Day 4. Juli

Labor Day Erster Montag im September

Columbus Day Zweiter Montag im Oktober

Veterans Day 11. November

Thanksgiving Vierter Donnerstag im November

Weihnachten 25. Dezember

Während des Spring Break (März & April) haben High-School- und College-Schüler eine Woche frei. Sommerferien sind von Juni bis August.

Fotografie & Video

➡ Filme gibt's in speziellen Fotogeschäften. Speicherkarten für Digitalkameras sind häufig erhältlich bei Kaufhausketten wie Best Buy und Target.

➡ In einigen Stammesgebieten der amerikanischen Ureinwohner ist das Fotografieren und Filmen streng verboten; und wenn es erlaubt ist, muss man eventuell eine Genehmigung

erwerben. Man sollte vorher immer um Erlaubnis fragen, wenn man jemanden aus der Nähe fotografieren will; wer sein Einverständnis erklärt, könnte vielleicht ein kleines Trinkgeld erwarten.

➡ Für weitere Infos zum Fotografieren empfiehlt sich der Lonely Planet Band *Guide to Travel Photography*

Frauen unterwegs

➡ Frauen – egal, ob sie allein reisen oder in Gruppen unterwegs sind – dürften in den USA eigentlich keine Probleme haben. In puncto Sicherheit sollten alleinreisende Frauen natürlich die üblichen Vorsichtsmaßnahmen berücksichtigen.

➡ Wenn man jemanden gerade erst kennengelernt hat, sollte man ihm nicht gleich sagen, wo man wohnt, und schon gar nicht, dass man alleine unterwegs ist. Amerikaner helfen Alleinreisenden manchmal bereitwillig oder nehmen sie sogar auf. Aber man sollte nicht jedes Angebot für bare Münze nehmen. Wenn man bei jemandem eingeladen ist, der einem vertrauenswürdig erscheint, sollte man trotzdem jemand anderem (z. B. dem Hostel- oder Hotelmanager) über seine Pläne Bescheid geben und sagen, wohin man geht.

➡ Gleiches gilt auch, wenn man sich allein zu einer Wanderung aufmacht. Nur so kann man sicher sein, dass es nicht unbemerkt bleibt, wenn man zur angekündigten Zeit nicht zurückgekehrt sein sollte, und ggf. die Suche aufgenommen wird.

➡ Einige Frauen haben stets eine Trillerpfeife, Reizgas oder Pfefferspray zur Selbstverteidigung dabei. Wer Pfefferspray kaufen will, sollte sich bei der örtlichen Polizei nach den entsprechenden Bestimmungen erkundigen. Die Gesetze sind diesbezüglich von Bundesstaat zu Bundesstaat verschieden. Allerdings verbieten die US-

TIPPS FÜR VIELKNIPSER

➡ Wer mit einer Digitalkamera unterwegs ist, sollte Ersatzakkus/-batterien und ein Ladegerät dabeihaben.

➡ Wer noch mit einer analogen Kamera fotografiert, wird bei den meisten Außenaufnahmen mit einem Film mit einer Lichtempfindlichkeit von ISO 200/24° auskommen.

➡ Sehr nützlich ist ein Zoomobjektiv mit variabler Brennweite. Längere Brennweiten erlauben Nahaufnahmen von Details, kürzere Panoramaaufnahmen. Und noch ein Tipp: Viele machen den Fehler, zu viel Landschaft rund um eine Person oder einen Gegenstand aufzunehmen anstatt sich auf ein Objekt zu konzentrieren.

➡ Morgens und abends ist die beste Zeit zum Fotografieren. Ein- und derselbe Sandsteinfelsen kann im Laufe des Tages in vier oder fünf Farbtönen schimmern – die wärmsten Töne erwischt man jedoch bei Sonnenuntergang. Rottöne kommen oft besser zur Geltung, wenn das Foto leicht unterbelichtet wird.

➡ Rottöne können mit speziellen Rotfiltern, die direkt aufs Objektiv gesetzt werden, verstärkt werden. Dies reduziert Blautöne an bewölkten oder dunkleren Tagen. Digitalkameras bieten analog dazu meist die Möglichkeit, die Farbtemperatur zu reduzieren (der Weißabgleich muss je nach Modell auf „wolkig" o. Ä. gestellt werden).

➡ Der Ratschlag, niemals im Gegenlicht (also Richtung Sonne) zu fotografieren, trifft oft, aber nicht immer zu. Bei Nahaufnahmen und Porträts kann ggf. ein Gegenlichtblitz zum Einsatz kommen. Doch Vorsicht: Zu viel direktes Sonnenlicht kann die Sensoren günstiger Handy- und Digitalkameras im Extremfall beschädigen.

PRAKTISCHE INFORMATIONEN

Zeitungen & Zeitschriften

➡ Nationale Zeitungen: *New York Times, Wall Street Journal, USA Today*

➡ Zeitungen im Westen: *Arizona Republic, Denver Post, Seattle Times, Los Angeles Times, San Francisco Chronicle*

➡ Landesweite Nachrichtenmagazine mit breiter Leserschaft: *Time, US News & World Report*

Radio & TV

➡ Radio-Nachrichten: National Public Radio (NPR), unteres Ende der UKW/FM-Frequenz

➡ TV-Sender: ABC, CBS, NBC, FOX, PBS (öffentlich-rechtliches Fernsehen)

➡ Wichtige Fernsehsender: CNN (Nachrichten), ESPN (Sport), HBO (Filme & Serien), Wetterkanal

Maße & Gewichte

➡ Gewichte: Unze (*ounce*, Abk. oz, 28,35 gr), Pfund (*pound*, Abk. lb, 453 gr), Tonne (*ton*, Abk. t, 907,18 kg)

➡ Volumen: Unze (*ounce*, Abk. oz, 30 ml), US-Pint (*pint*, 473 ml), US-Quart (*quart*, 0,95 l), US-Gallone (*gallon*, Abk. gal, 3,79 l)

➡ Längenmaße: Fuß (*foot*, Abk. ft, 30,48 cm), Yard (Abk. yd, 91,44 cm), Meile (*mile*, Abk. mi, 1,609 km)

Video & DVD

➡ DVD-Regionencode 1 (nur USA und Kanada)

Bundesgesetze deren Mitnahme in Flugzeugen.

➡ Opfer sexueller Übergriffe wenden sich am besten zuerst an die Hotline für Vergewaltigungsopfer und rufen danach die Polizei an. Wenn man in unmittelbarer Gefahr schwebt, sollte man aber die 911 anrufen. Achtung: Nicht alle Polizeibeamten besitzen genug Sensibilität oder Erfahrung im Umgang mit Opfern sexueller Gewalt. Die Angestellten der Krisenzentren hingegen setzen sich unermüdlich für solche Opfer ein und fungieren als Vermittler bei Einrichtungen wie Krankenhäusern und Polizei. In Telefonbüchern sind Anlaufstellen für Vergewaltigungsopfer aufgeführt. Zudem stehen die **National Sexual Assault Hotline** (☎800-656-4673) und die Notaufnahmen von Krankenhäusern rund um die Uhr zur Verfügung.

Geld

Bargeld

Die meisten Leute haben nicht viel Bargeld dabei, sondern verlassen sich auf Geldautomaten, Kredit- und Bankkarten. In manchen Geschäften werden keine Scheine über 20 US$ akzeptiert.

Geldautomaten

➡ Geldautomaten gibt es in den meisten Banken, Einkaufszentren, Flughäfen und größeren Supermärkten.

➡ Pro Transaktion wird eine Gebühr von mindestens 2 bis 3 US$ fällig; hinzu kommen die Gebühren der eigenen Bank. An Geldautomaten in Las Vegas werden mitunter 5 US$ fürs Geldabheben fällig.

➡ Die meisten Geldautomaten sind an internationale Debitkartensysteme angeschlossen und haben ordentliche Wechselkurse.

➡ Wer mit der Kreditkarte Geld vom Automaten abhebt, muss mit heftigen Gebühren und Zinssätzen rechnen. Achtung: Es wird die PIN benötigt!

Geldwechsel

➡ Geld wechseln kann man an den großen Flughäfen, in einigen Banken und in Wechselstuben wie **American Express** (☎516-300-1622; www.americanexpress.com) oder **Travelex** (☎877-414-63589; www.travelex.com). Immer zuerst nach den Wechselkursen und Gebühren fragen.

➡ Außerhalb der Großstädte könnte es schwierig werden, Geld umzutauschen. Deshalb sollte man immer eine Kreditkarte und ausreichend Bargeld mit sich führen.

Kreditkarten

Bekannte Kreditkarten (Visa, MasterCard und American Express) werden fast überall akzeptiert. Tatsächlich ist es fast unmöglich, ohne eine Kreditkarte ein Auto zu mieten, ein Zimmer zu buchen oder telefonisch Tickets zu kaufen. Im Notfall können sie sogar die Rettung sein.

Reiseschecks

➡ Reiseschecks werden nur noch selten genutzt.

➡ Größere Restaurants, Hotels und Kaufhäuser nehmen sie oft noch an (nur in US-Dollar), kleinere Geschäfte, Märkte und Fastfoodketten lehnen sie sehr wahrscheinlich ab.

Steuern

➡ Die Verkaufssteuer variiert je nach Bundesstaat und County; sie variiert zwischen

0 % in Montana und 7,5 % in Kalifornien.

→ Die Hotelsteuern fallen je nach Stadt unterschiedlich aus.

Trinkgeld

Trinkgelder sind in den USA mehr oder weniger als obligatorisch anzusehen. Nur wenn der Service wirklich extrem schlecht ist, sollte man gar nichts geben.

Barkeeper 10–15 %/Runde, mind. 1 US$/Getränk

Concierge Für einfache Infos nichts, doch bis zu 20 US$ beispielsweise für schwierige Restaurantreservierungen, Karten für ausverkaufte Shows etc.

Gepäckträger am Flughafen und Hotelpagen 2 US$/Gepäckstück, mind. 5 US$/Gepäckwagen

Parkservice Mind. 2 US$ bei Rückgabe des Autoschlüssels

Restaurantkellner und Zimmerservice 15–20 % (sofern nicht bereits in der Rechnung enthalten)

Taxifahrer 10–15 % des Fahrpreises (auf den nächsten vollen Dollarbetrag aufrunden)

Zimmermädchen 2–4 US$/Tag, die man unter der Karte ablegt; mehr, wenn man große Unordnung hinterlässt

Gesundheit

Gesundheitsfürsorge & Versicherung

→ Die medizinische Versorgung in den USA ist von bester Qualität, aber auch immens teuer. Viele Mediziner bestehen auf sofortiger Bezahlung, besonders bei der Behandlung von ausländischen Travellern und Leuten, die fremd in der Stadt sind.

→ Bei medizinischen Notfallen die ☎911 anrufen oder zum nächsten Krankenhaus mit rund um die Uhr geöffneter Notaufnahme gehen. Ansonsten telefonisch einen Arzt suchen, der die Versicherung akzeptiert.

→ Alle Rezepte und Dokumente gut aufbewahren; diese müssen als Nachweis für Erstattungsansprüche bei der jeweiligen Versicherung eingereicht werden.

→ Bei manchen Auslandskrankenversicherungen muss ein Callcenter kontaktiert werden, bevor man sich in medizinische Behandlung begibt.

→ Alle benötigten Medikamente sollten in deutlich beschrifteten Originalverpackungen transportiert werden. Ggf. sollte man auch ein ärztliches Bulletin auf die Reise mitnehmen, das detailliert Aufschluss über den Gesundheitszustand und alle verordneten Medikamente (inkl. internationaler Freinamen/Arzneimittelwirkstoffe) gibt.

Gesundheitsrisiken

DEHYDRATION, HITZEERSCHÖPFUNG & HITZSCHLAG

→ Man sollte es langsam angehen lassen, während man sich akklimatisiert – besonders an heißen Sommertagen und in den Wüsten Südkaliforniens.

→ Viel Wasser trinken. Bei körperlicher Anstrengung im Freien werden täglich 3,5 l pro Person empfohlen.

→ Dehydration (Wassermangel) und Salzmangel können zur Hitzeerschöpfung führen, was sich oft durch starkes Schwitzen, Blässe, Müdigkeit, Kopfschmerzen, Übelkeit, Erbrechen, Schwindel, Muskelkrämpfe und Kurzatmigkeit zeigt.

→ Wer sich über längere Zeit ununterbrochen hohen Temperaturen aussetzt, könnte einen schlimmstenfalls tödlichen Hitzschlag erleiden. Warnzeichen sind Bewusstseinstrübung, Hyperventilation sowie stark gerötete, heiße und trockene Haut (durch das Ausbleiben der Schweißabsonderung).

→ Der Weg ins Krankenhaus ist unerlässlich. Sofortmaß-

nahmen: Aus der Sonne gehen, wärmespeichernde Kleidung ablegen (Baumwolle ist o. k.) und den überhitzten Körper kontinuierlich mit Wasser und/oder Luftzufuhr abkühlen. Hilfreich sind Eispackungen im Nacken, unter den Achseln und in der Leistengegend.

HÖHENKRANKHEIT

→ Besucher aus tiefer gelegenen Gebieten erleben mitunter starke physiologische Veränderungen, wenn sich der Körper an die Höhe anpasst.

→ Zu den Symptomen, die am ersten Tag auftreten, zählen Kopfschmerzen, Müdigkeit, Appetitlosigkeit, Übelkeit, Schlaflosigkeit, verstärkter Harndrang und Hyperventilation aufgrund von Überanstrengung.

→ Die Symptome klingen normalerweise innerhalb von 24 bis 48 Stunden ab.

→ Eine Faustregel laut: Vor Abklingen der Symptome sollte man niemals noch weiter hinaufsteigen.

→ In schweren Fällen können auch extreme Desorientierung, Ataxie (Störungen der Bewegungskoordination und des Gleichgewichts), Atemprobleme (vor allem hartnäckiger Husten) und Erbrechen auftreten. In so einem Fall sofort absteigen und ein Krankenhaus aufsuchen.

→ Um die Beschwerden der oben genannten leichteren Symptome abzumildern, sollte man viel Wasser trinken und es langsam angehen lassen – in Santa Fe auf 2100 m Höhe setzt einem ein kleiner Spaziergang stärker zu als ein steiler Anstieg in tiefen Gefilden.

HYPOTHERMIE (UNTERKÜHLUNG)

→ Skifahrer und Wanderer werden feststellen, dass die Temperaturen in den Bergen und Wüsten sehr schnell unter den Gefrierpunkt fallen können, besonders im Winter. Selbst ein plötzlicher

500

Frühlingsregen oder starke Winde können bedrohlich schnell eine Absenkung der Körpertemperatur verursachen.

→ Statt Baumwollsachen sollte man Kleidung aus Synthetik oder Wolle anziehen, da diese auch bei Feuchtigkeit Wärme speichern. Auf jeden Fall auch wasserdichte Kleidung (z. B. Gore-Tex-Jacken, Regencapes und Regenhosen) und energiespendende, leicht verdauliche Snacks wie Schokolade, Nüsse und Dörrobst dabeihaben.

→ Anzeichen einer Unterkühlung sind u. a. Erschöpfung, Benommenheit, Schüttelfrost, unsicherer Gang, Lallen, Schwindel, Muskelkrämpfe und Beeinträchtigung des Urteilsvermögens bis hin zur Gewalttätigkeit.

→ Zur Behandlung von Hypothermie umgehend ins Warme und Trockene begeben und frische, warme Kleidung anziehen. Heiße Getränke (allerdings ohne Koffein und/oder Alkohol) und kalorienreiche Nahrung zu sich nehmen!

→ Patienten in fortgeschrittenen Stadien der Hypothermie vorsichtig in einen warmen Schlafsack in einem wind- und wassergeschützten Bereich packen! Keinesfalls sollte man deren Körper warm reiben – die Betroffenen müssen behutsam behandelt werden.

Internetzugang

In diesem Führer bezeichnet das Internetsymbol (@) das Vorhandensein öffentlich zugänglicher Computer mit Internetzugang, das Symbol (🛜) steht für WLAN (kostenlos oder gebührenpflichtig).

→ In den meisten Hotels und einigen Motels gibt es entweder öffentlich zugängliche Computer oder WLAN (teils kostenlos, teils gegen einen Aufpreis von 10 US$ pro Tag oder mehr).

→ (Kostenlose oder gebührenpflichtige) WLAN-Hotspots gibt es in größeren Flughäfen, vielen Hotels, Motels und Kaffeeketten (z. B. Starbucks) sowie in einigen Visitor Centers, Wohnmobilparks (z. B. KOA), Museen, Bars, Restaurants (darunter auch Ketten wie McDonald's oder Panera Bread) und Geschäften (z. B. Apple).

→ Kostenloses öffentliches WLAN ist immer häufiger vorzufinden, auch in einigen State Parks.

→ Öffentliche Bibliotheken haben Computer mit Internetzugang, doch kann hier die Online-Zeit begrenzt und eine Voranmeldung erforderlich sein und/oder eine Gebühr von bibliotheksfremden Benutzern erhoben werden. Bibliotheken bieten außerdem zunehmend kostenlosen WLAN-Zugang an.

→ Laptops benötigen ggf. einen separaten Spannungswandler und einen passenden Adapter für US-amerikanische Steckdosen (auf Herstellerangaben achten). Beides erhält man vor Ort in größeren Elektroläden wie Best Buy (www.bestbuy.com).

Öffnungszeiten

Banken	Mo–Do 8.30–16.30, Fr bis 17.30 Uhr (und teilweise Sa 9–12 Uhr)
Bars	So–Do 17–24, Fr & Sa bis 2 Uhr
Nachtclubs	Do–Sa 22–2 Uhr
Postämter	Mo–Fr 9–17 Uhr
Restaurants	11–14.30 & 17–21 Uhr; viele Restaurants in Utah haben So geschl.
Einkaufszentren	9–21 Uhr
Geschäfte	Mo–Sa 10–18, So 12–17 Uhr
Supermärkte	8–20 Uhr, manche haben 24 Std. geöffnet

Post

→ Die US-amerikanische Post arbeitet zuverlässig und ist günstig. Alle Informationen, z. B. Adressen und Öffnungszeiten von Postämtern, bekommt man rund um die Uhr telefonisch oder auf der Website des **US Postal Service** (USPS; ☎800-275-8777; www.usps.com).

→ Für Eilsendungen, wichtige Briefe oder Pakete lohnen sich Kurierdienste wie **Federal Express** (☎800-463-3339; www.fedex.com) und **United Parcel Service** (UPS; ☎800-742-5877; www.ups.com), die zwar teurer sind, die Sendung aber im In- und Ausland direkt und schnell zustellen.

Versandpreise

1st Class Mail innerhalb der USA kostet bis zu einem Gewicht von 28 g (1 oz) 0,49 US$ (jede weitere Unze 0,22 US$), Postkarten kosten 0,35 US$. 2013 führte die US-amerikanische Post die Global-Forever-Briefmarke mit einem Wert von 1,20 US$ für internationale Brief mit bis zu 28 g Gewicht ein.

Versenden

Korrekt frankierte Briefsendungen unter 13 Unzen (368 g) kann man in jeden blauen Briefkasten werfen. Sendungen und Pakete über 13 Unzen müssen in einer Postfiliale am Schalter aufgegeben werden.

Rechtsfragen

Bußgelder für alltägliche Ordnungswidrigkeiten (z. B. im Straßenverkehr) sind von ertappten Sündern keineswegs an Ort und Stelle zu bezahlen: Wer Bußgelder direkt beim Polizisten begleichen möchte, wird bestenfalls schief angeguckt und schlimmstenfalls wegen Bestechungsversuch angeklagt. Bei Verkehrsverstößen erklärt der jeweilige Ordnungshüter die Optionen für die Zahlung. Normalerweise muss man die Strafe innerhalb von 30 Tagen bezahlen. Die meisten rechtlichen Angelegenheiten lassen sich postalisch regeln.

Wer festgenommen wird, hat das Recht zu schweigen und einen Anwalt zu verlangen. Es gibt also rechtlich gesehen keinen Grund, mit einem Polizisten zu sprechen, wenn man das nicht möchte. Aber man sollte sich nie ohne ausdrückliche Erlaubnis von ihm entfernen.

Allen Verhafteten ist grundsätzlich ein Telefonat gestattet. Wer sich keinen Anwalt leisten kann, dem wird kostenlos ein Pflichtverteidiger gestellt. Ausländer ohne anwaltliche, familiäre oder anderweitige Unterstützung sollten ihre Botschaft kontaktieren; die Nummer erhält man bei Bedarf von der Polizei.

Prinzipiell gilt im US-amerikanischen Rechtssystem das Prinzip der Unschuldsvermutung. Alle Bundesstaaten haben eigene Zivil- und Strafgesetze – was im einen Staat erlaubt ist, kann im anderen illegal sein.

Autofahren

Überall ist Autofahren unter Alkohol- oder Drogeneinfluss strengstens verboten und wird mit Geldbußen oder sogar Haftstrafen geahndet. Der Grenzwert der erlaubten Blutalkoholkonzentration liegt in den meisten Bundesstaaten bei 0,8 ‰.

Drogen

Partydrogen sind laut Bundes- und vieler US-staatlicher Gesetze verboten. Die Wähler in Washington und Colorado haben jedoch dafür gestimmt, den medizinischen Gebrauch von Marihuana zu erlauben. Es ist in jedem US-Staat verboten, in der Öffentlichkeit Marihuana zu konsumieren. Einige Staaten, wie Kalifornien behandeln den Besitz von kleinen Mengen Marihuana nur als Vergehen, obwohl dies noch immer mit Bußgeldern und/oder Haftstrafen geahndet werden kann. Die Bundesregierung hat inzwischen signalisiert, dass sie Gesetze der US-Staaten, die Marihuana legalisieren, nicht anfechten wird; gleichwohl gilt der Konsum von Marihuana laut Bundessuchtmittelgesetz immer noch als illegal.

Der Besitz von illegalen Drogen wie Kokain, Ecstasy, LSD, Heroin, Haschisch oder mehr als eine Unze (28,35 g) Marihuana gilt als Straftat, die mit langen Haftstrafen geahndet werden kann. Eines Drogendelikts überführte werden ausgewiesen.

Reisen mit Behinderung

→ Für Reisende mit körperlichen Handicap sind die USA ein verhältnismäßig gut zu bereisendes Ziel. Dank des Americans with Disabilities Act (ADA) müssen alle öffentlichen Gebäude, alle nach 1993 entstandenen Privatimmobilien (auch Hotels, Restaurants, Theater und Museen) sowie öffentliche Verkehrsmittel barrierefrei zugänglich sein. Sicherheitshalber sollte man sich telefonisch nach den Einrichtungen erkundigen. Einige Visitor Centers veröffentlichen Führer, in denen die barrierefreien Einrichtungen detailliert aufgeführt sind.

→ US-Telefongesellschaften offerieren über Fernschreibernummern (TTY) einen speziellen Service für Gehörlose. Die Geldautomaten der meisten Banken bieten Bedienungshinweise in Blindenschrift und Kopfhöreranschlüsse für hörgeschädigte Nutzer. Alle großen Fluglinien, Greyhound-Busse und Amtrak-Züge sind auf Passagiere mit Handicap eingestellt: Mindestens 48 Stunden im Voraus reservieren und seine Bedürfnisse anmelden, damit alles Nötige veranlasst wird! Auch Blindenhunde dürfen gegen offiziellen Nachweis mit an Bord.

→ Manche Autovermieter wie Avis und Hertz bieten handgesteuerte Fahrzeuge und Vans mit Rollstuhllift ohne Aufpreis an. Diese müssen aber lange im Voraus reserviert werden. **Wheelchair Getaways** (☎ 800-642-2042; www.wheelchairgetaways.com) vermietet landesweit behindertengerechte Vans. Manche Städte und Ortschaften betreiben barrierefreie bzw. absenkbare Nahverkehrsbusse – einfach dem Fahrer mitteilen, dass der Lift oder die Rampe benötigt wird.

→ Viele National Parks, aber auch einige State Parks und Erholungszentren haben verschiedene rollstuhlfreundliche asphaltierte Straßen, unbefestigte Schotterstraßen oder Bohlenwege. Auf der Webseite von **Rails-to-Trails Conservancy** (www.traillink.com) findet man eine nach US-Staaten geordnete Auflistung aller barrierefreier Wanderwege.

Infos im Internet

Einige nützliche Netz-Adressen für Traveller mit Behinderungen:

Access-Able Travel Source (www.access-able.com) Allgemeine Reise-Website mit nützlichen Tipps und Links.

Access Northern California (www.accessnca.com) Umfangreiche Links zu Websites für Reisende mit Behinderungen zu Barrierefreiheit, Publikationen, Touren, Verkehrsmitteln und Outdoor-Aktivitäten. Bietet darüber hinaus eine Datenbank für Unterkünfte und einen Veranstaltungskalender.

Arizona Raft Adventures (www.azraft.com) Vermittelt

Reisenden mit Handicap Rafting-Touren durch den Grand Canyon.

Disabled Sports USA (☎301-217-0960; www.disabledsportsusa.org) Sport-, Abenteuer- und Freizeitaktivitäten für Menschen mit Behinderungen. Veröffentlicht außerdem das Monatsmagazin *Challenge*.

Mobility International USA (☎541-343-1284; www.miusa.org) Berät Traveller mit Behinderungen in Mobilitätsfragen, veranstaltet in erster Linie aber Austauschprogramme zur Weiterbildung.

Splore (☎801-484-4128; www.splore.org) Veranstaltet behindertengerechte Outdoor-Abenteuertrips in Utah.

Schwule & Lesben

Schwule, Lesben, Bi- und Transsexuelle finden eine Menge Orte, an denen sie ganz sie selbst sein können. Strände und Großstädte sind in der Regel die schwulenfreundlichsten Ziele.

Hotspots

Sicher hat man schon von San Francisco gehört, der glücklichsten Schwulenstadt Amerikas. Aber auch in Los Angeles und Las Vegas können Schwule und Lesben ein unbeschwertes Leben führen. Wem es dort zu viel wird, kann immer noch in die Wüstenresorts von Palm Springs entfliehen.

Akzeptanz

Die meisten größeren US-Städte haben eine wahrnehmbare und offene schwul-lesbische Gemeinde.

Die Akzeptanz schwul-lesbischer Partnerschaften unterscheidet sich im Westen der USA von Region zu Region. Mancherorts ist Toleranz ein absolutes Fremdwort, anderswo werden Schwule, Lesben, Bi- oder Transsexuelle geduldet, solange sie ihre sexuellen Neigungen nicht öffentlich zur Schau stellen. In ländlichen und extrem konservativen Gegenden ist davon abzuraten, sich offen zu

outen, da hier Homosexuelle gelegentlich Beschimpfungen über sich ergehen lassen müssen oder gar körperlichen Übergriffen ausgesetzt sind. Im Zweifel sollte man davon ausgehen, dass die Leute einen nicht fragen, aber auch nicht mitgeteilt bekommen wollen, welche sexuelle Ausrichtung man hat.

Nach der 2015 gefällten Grundsatzentscheidung des Obersten Gerichtshofs der USA müssen alle US-Staaten eventuell bestehende Verbote gleichgeschlechtlicher Ehen aufheben.

Infos im Internet

Advocate (www.advocate.com) Schwulenorientierte Website mit Neuigkeiten aus Business, Politik, Kunst, Unterhaltung und Tourismus.

Gay Travel (www.gaytravel.com) Online-Reiseführer für die kompletten USA.

GLBT National Help Center (☎888-843-4564; www.glbtnationalhelpcenter.org; ☎Mo–Fr 13–21, Sa 9–14 Uhr nach Westküstenzeit) Landesweite Hotline für Beratung, Informationen und Tipps.

National Gay and Lesbian Task Force (www.thetaskforce.org) Website der landesweiten Aktivistengruppe

mit News und Infos zu Politik und Aktuellem.

OutTraveler (www.outtraveler.com) Nützliche Online-Stadtführer sowie verschiedene Artikel zu diversen Zielen im In- und Ausland.

Purple Roofs (www.purpleroofs.com) Eine Liste mit schwulenfreundlichen und von Schwulen betriebenen B&Bs und Hotels im ganzen Land.

Strom

120 V/60 Hz

Telefon

Handys

➜ Wer innerhalb der USA telefonieren will, benötigt ein Triband- oder Quadband-Mobiltelefon. Eine aufladbare Prepaid-SIM-Karte ist meist billiger, als per Roaming über den eigenen Anbieter zu telefonieren.

➜ SIM-Karten werden in Telefonshops und Elektroläden verkauft. Diese Geschäfte bieten auch günstige Prepaid-Handys inklusive ein paar Freiminuten an.

➜ Wer kein kompatibles Handy hat, kann ein preisgünstiges (Prepaid-)Telefon ohne Vertrag kaufen, das eine US-amerikanische Telefonnummer hat. Das Gesprächsguthaben kann jederzeit neu aufgeladen werden können. Elektrogeschäfte wie Radio Shack und Best Buy sind gute Anlaufstellen.

Münz- & Kartentelefone

➜ Dort, wo es noch Telefonzellen gibt, handelt es sich in der Regel um Münztelefone. Vereinzelt findet man auch noch Kartentelefone vor (z. B. in den Nationalparks).

➜ Ortsgespräche kosten normalerweise zwischen 0,35 und 0,50 US$.

➜ Wer ein Ferngespräch führen möchte, sollte sich besser eine Prepaid-Telefonkarte kaufen, die in Supermärkten, Elektronikläden und an Zeitungsständen erhältlich sind.

Vorwahlen

➜ In den USA bestehen die Telefonnummern aus einer dreistelligen Ortsvorwahl, gefolgt von einer stets siebenstelligen lokalen Telefonnummer.

➜ Bei einem Ortsgespräch wählt man in der Regel die siebenstellige Nummer; mancherorts muss auch bei Ortsgesprächen die gesamte zehnstellige Nummer gewählt werden.

➜ Für ein Ferngespräch muss man die ☎1 wählen, gefolgt von der Ortsvorwahl und der Telefonnummer.

➜ Gebührenfreie Nummern beginnen mit ☎800, 866, 877 oder 888, denen immer eine ☎1 vorangestellt wird.

➜ Wer ein Auslandsgespräch führen will, wählt zuerst die ☎011, dann die Ländervorwahl, darauf die Ortsvorwahl (dabei fällt die „0" normalerweise weg) und dann Nummer des gewünschten Anschlusses.

➜ Die Vermittlung internationaler Gespräche erreicht man unter ☎00.

➜ Die internationale Vorwahl der USA ist ☎1 (die Vorwahl für Ferngespräche in die USA und nach Kanada ist identisch; dennoch handelt es sich zwischen beiden Ländern um Auslandsgespräche).

Touristen-information

➜ Die meisten Touristeninformationen haben eine Website, auf der man sich kostenlos e-Guides herunterladen kann. Sie geben auch telefonisch Auskunft. Manche aktualisieren täglich ihr Verzeichnis mit freien Hotelzimmern, aber nur wenige nehmen auch Reservierungen vor. Alle haben Auslagen mit kostenlosen Broschüren und Rabattgutscheinen; einige verkaufen auch Karten und Bücher.

➜ Die Welcome Center der Bundesstaaten befinden sich meistens an den Autobahnen. Sie bieten Infomaterial zu größeren Gebieten und

haben in der Regel auch länger geöffnet – auch an Wochenenden und Feiertagen.

➜ Viele Städte unterhalten offizielle Convention & Visitor Bureaus (CVB), die zum Teil auch als Touristeninformation fungieren. Da ihr Hauptinteresse aber vor allem Geschäftsreisenden gilt, sind sie für Individualreisende möglicherweise weniger interessant.

➜ In kleineren Städten wird die Touristeninformation häufig von der örtlichen Handelskammer betrieben. In aller Regel führen sie in ihren Hotel-, Restaurant- und Dienstleistungsverzeichnissen nur Mitglieder der Kammer auf und unterschlagen vielleicht günstigere Alternativen.

➜ Auch versteckt sich in beliebten Touristenorten hinter einem privaten Touristenbüro manchmal eine Agentur, die gegen Provision Hotelzimmer und Touren bucht. Service und Angebote sind mitunter exzellent, doch bekommt man eben nur das, was sie verkaufen und nichts darüber hinaus.

Unterkunft

Preise

➜ Generell sind die Preise werktags niedriger, sofern die Hotels nicht auf Geschäftsreisende ausgerichtet sind. Diese wiederum locken Urlauber mit Wochenendangeboten.

➜ Die hier genannten Preise beziehen sich auf die Hauptsaison (generell Juni–Aug.; in den Wüsten & in Skigebieten Dez.–April).

PREISKATEGORIEN SCHLAFEN

In den Preiskategorien sind, sofern nicht anders angegeben, die Steuern (durchschnittlich 10 %) nicht enthalten.

**$** unter 100 US$

**$$** 100–250 US$

**$$$** über 250 US$

UNTERKÜNFTE ONLINE BUCHEN

Mehr Bewertungen von Unterkünften durch Lonely Planet Autoren finden sich unter http://lonelyplanet.com/usa/hotels/. Dort gibt es objektive Bewertungen und Empfehlungen der besten Unterkünfte. Man kann die Unterkunft gleich auf der Seite buchen.

➜ Rund um Feiertage und Festivals ziehen Nachfrage und Preise nochmals an; einige Unterkünfte nehmen dann nur Gäste auf, die mehrere Nächte bleiben.

Rabatte

➜ Rabattkarten und Mitgliedschaften in Autoclubs gewähren manchmal 10 % Rabatt von den Standardpreisen in teilnehmenden Hotels und Motels.

➜ Man sollte in Tankstellen, Touristenzentren, Highway-Raststätten und Touristeninformationen nach kostenlosen Werbemagazinen Ausschau halten. Sie enthalten unzählige Rabattcoupons für Hotels und Motels.

➜ Gäste ohne Reservierung können manchmal auch um den Preis handeln, vor allem außerhalb der Saison.

B&Bs

➜ In den USA sind viele B&Bs erstklassige, romantische Refugien in restaurierten historischen Häusern, die von sympathischen Gastgebern geführt werden und ein Frühstück vom Feinsten bieten. Diese B&Bs sind oft thematisch gestaltet (z. B. viktorianisch, rustikal oder im Stil der Cape-Cod-Häuser an der Ostküste), die Einrichtung reicht von komfortabel bis opulent. Die Zimmerpreise beginnen in der Regel bei 100 US$, die besten kosten 200 bis 300 US$. Manche B&Bs schreiben einen Mindestaufenthalt vor, andere nehmen keine Kleinkinder auf und in vielen sind Haustiere verboten.

➜ Es gibt aber auch noch B&Bs im Stil europäischer Frühstückspensionen: Das sind meistens private Wohnhäuser, die schlicht möblierte Zimmer mit einfachem Frühstück und Gemeinschaftsbad zu günstigeren Preisen anbieten – oft eine ideale Option für Familien.

➜ Manche B&Bs sind außerhalb der Saison geschlossen. Reservierungen sind vor allem im Luxussegment ein Muss. Um unangenehme Überraschungen zu vermeiden, sollte man die Badezimmerfrage (privates oder Gemeinschaftsbad) vorab klären. In den Regionenkapiteln dieses Reiseführers sind lokale B&B-Vermittlungsagenturen aufgeführt. Ansonsten kann man sich auch online schlau machen:

Bed & Breakfast Inns Online (www.bbonline.com)

BedandBreakfast.com

BnB Finder (www.bnbfinder.com)

Camping

FEDERAL & STATE PARKS

Campingmöglichkeiten gibt es in den meisten von Bundesbehörden verwalteten Gebieten und State Parks.

➜ Die einfachsten Campingplätze (kostenlos–10 US$/pro Nacht) bieten keine Einrichtungen und können nicht reserviert werden.

➜ Campingplätze mit Basisausstattung (5–15 US$/Nacht) haben in der Regel Toiletten (WCs oder Plumpsklos), Trinkwasser, Feuerstellen und Picknicktische; bei manchen muss vorab reserviert werden.

➜ Gut ausgebaute, moderne Campingplätze (12–45 US$/Nacht), normalerweise in Nationalparks oder State Parks, sind mit besseren Einrichtungen und Annehmlichkeiten ausgestattet: Duschen, Grillstellen, Stellplätze mit Stromanschluss usw. Viele kann man vorab reservieren.

Über **Recreation.gov** (☎877-444-6777, international 518-885-3639; www.recreation.gov) lassen sich Stellplätze in den meisten vom Bund verwalteten Gebieten reservieren. Dazu gehören Nationalparks, National Forests, vom Bureau of Land Management (BLM) verwaltete Gebiete usw. Campingaufenthalte sind in der Regel auf 14 Tage beschränkt und können bis zu sechs Monate im Voraus gebucht werden. Auch über **ReserveAmerica** (☎877-444-6777; www.reserveamerica.com) können Campingplätze in manchen State Parks reserviert werden. Beide Websites ermöglichen eine gezielte Suche nach Kriterien wie Lage und Ausstattung. Freie Stellplätze können online auch gleich reserviert werden; zudem enthalten die Seiten Karten und Wegbeschreibungen.

PRIVATE CAMPGROUNDS

➜ Private Campingplätze zielen meist auf Familien und Urlauber mit Wohnmobilen (Stellplätze für Zelte sind eher selten und wenig ansprechend).

➜ Ihr Angebot umfasst z. B. Spielplätze, Supermärkte, WLAN-Zugang, Swimmingpools und weitere Einrichtungen und Aktivitäten.

➜ Manchmal werden auch Campinghütten vermietet – von einfachen Konstruktionen mit Holzplattformen und Zeltwänden bis hin zu beheizten Blockhütten mit richtigen Betten und eigenem Bad.

➜ **Kampgrounds of America** (www.koa.com) ist ein landesweites Netz privater Campingplätze mit Rundumservice. Auf der Website kann man den alljährlich erscheinenden, kostenlosen

KOA-Führer bestellen (Porto zahlt der Empfänger), das umfangreiche Verzeichnis der Campingplätze durchforsten und Online-Buchungen vornehmen.

Touristenranches

➡ Die meisten Gäste von Touristenranches sind Städter, die ein wenig Abstand von der schnelllebigen Hightech-Welt suchen. Dementsprechend reicht das Angebot von ganz normalen Arbeitsranches, in denen man um 5 Uhr morgens aufstehen und auch geruchsintensive Arbeiten erledigen muss, bis hin zum Western Club Med.

➡ Der typische einwöchige Aufenthalt gibt es ab 100 US$ pro Person und Tag inklusive Kost und Logis, Aktivitäten und Ausrüstung.

➡ Bei einem Urlaub auf einer Touristenranch dreht sich natürlich erst einmal alles ums Reiten. Viele Ranches haben aber auch einen Swimmingpool und ein umfangreiches Freizeitprogramm mit Fliegenfischen, Wandern, Mountainbiken, Tennis, Golf, Tontaubenschießen oder Skilanglauf.

➡ Die Unterkünfte reichen von rustikalen Blockhütten bis hin zu gemütlichen Suiten mit Whirlpool und Kabel-TV. Das Essen reicht von Spaghetti bis hin zum viergängigen Gourmetschmaus.

Arizona Dude Ranch Association (www.azdra.com)

Colorado Dude & Guest Ranch Association (☎866-942-3472; www.coloradoranch.com)

Dude Ranchers' Association (☎ 307-587-2339, 866-399-2339; www.duderanch.org)

Hostels

➡ Im Westen der USA findet man Hostels überwiegend in städtischen Gebieten im Nordwesten, in Kalifornien und im Südwesten.

➡ **Hostelling International USA** (☎240-650-2100; www.hiusa.org) betreibt mehr als 50 Hostels in den USA, 18 davon in Kalifornien. Die meisten bieten nach Geschlechtern getrennte Schlafsäle, ein paar private Zimmer, Gemeinschaftsbäder und eine Gemeinschaftsküche. Ein Bett im Schlafsaal kostet 29 bis 55 US$ pro Nacht, Mitglieder von HI-USA und Partnerverbänden erhalten eine kleine Ermäßigung. Reservierungen sind möglich (man kann online buchen) und in der Hauptsaison ratsam, in der man oft mindestens drei Nächte bleiben muss.

In den USA gibt es auch viele private, nicht an HI-USA angeschlossene Hostels, vor allem im Südwesten. Online-Infos gibt's unter:

➡ Hostels.com

➡ Hostelworld.com

➡ Hostelz.com

Hotels

➡ Hotels aller Preisklassen bieten in aller Regel Zimmer mit Telefon, Kabel-TV, Wecker, Bad und einfachem kontinentalen Frühstück.

➡ In vielen Mittelklasseunterkünften gibt es Mikrowellen, Mini-Kühlschränke, Föne, Internetzugang, Klimaanlagen und/oder Heizung, Swimmingpools und Schreibtische.

➡ In Spitzenklassehotels gibt's zusätzlich noch Conciergedienste, Fitness- und Wellnesscenter, Geschäftsräume, Restaurants, Bars und schicke Möbel.

➡ Auch wenn manche Hotels damit werben, dass Kinder „kostenlos" übernachten, können Extrakosten für Klapp- oder Beistellbetten anfallen.

➡ Man sollte sich auf jeden Fall vorab nach den Telefongebühren erkundigen, stellen doch alle Hotels exorbitante Summen für Fern- und Auslandsgespräche in Rechnung; manche verlangen gar Gebühren für Ortsgespräche und gebührenfreie Anrufe.

Lodges

Die meist innerhalb von Nationalparks gelegenen Lodges wirken von außen oft recht rustikal, sind aber für gewöhnlich innen ziemlich komfortabel. Standardzimmer gibt es ab 100 US$, in der Hauptsaison können sie aber auch gut und gern das Doppelte kosten. Sofern man

DAS BUREAU OF LAND MANAGEMENT (BLM)

Das **Bureau of Land Management** (www.blm.gov) ist eine Behörde des Energieministeriums, das öffentliches Land von einer Gesamtfläche von fast 991 500 km² verwaltet; ein großer Teil dieser Ländereien liegt im Westen der USA. Sie dienen diversen Zwecken – zur Energieerzeugung, als Viehweiden oder als Erholungsgebiete.

Traveller finden hier Outdoor-Spaß, gut ausgebaute Campingplätze und Möglichkeiten zum Campen in freier Natur. Prinzipiell kann man überall auf BLM-Land campen, sofern man einen Mindestabstand zu Wasserstellen einhält, die von wilden Tieren oder Nutzvieh aufgesucht werden (der Mindestabstand ist regional unterschiedlich und liegt zwischen 90 und 270 m). An einem Ort darf man maximal 14 Tage zelten. Beim Aufbruch alles wieder mitnehmen und Lagerfeuer nie unbeaufsichtigt lassen! In manchen Regionen gelten Sonderregelungen: Man sollte also auf der BLM-Website die Campingbestimmungen des Bundesstaats nachlesen und die Details telefonisch im zuständigen Distriktsbüro erfragen.

nicht campen will, sind die Lodges die einzigen Unterkünfte in Parks und daher oft schon lange im Voraus ausgebucht. Wer ein Zimmer noch am gleichen Tag braucht, sollte trotzdem anrufen – mit etwas Glück wurde eines der reservierten Zimmer storniert. Zu den Lodges gehören Restaurants und oft auch Tourveranstalter.

Motels

➜ Motels unterscheiden sich von Hotels vor allem darin, dass die aneinandergereihten Zimmer direkt an einem Parkplatz liegen. Man findet sie in der Regel an Highwayausfahrten und den Hauptzubringern zur Stadt.

➜ Einige sind bis heute relativ kleine, günstige Familienbetriebe. Mitunter ist im Zimmerpreis auch ein kleines kontinentales Frühstück enthalten. Die Extras beschränken sich oft auf Telefon und Fernseher (manchmal mit Kabel-TV). Viele Motels haben auch ein paar Zimmer mit einfachen Kochnischen.

➜ Zwar sind viele Motels eher durchschnittlich, lohnen sich aber trotzdem als preisgünstige Unterkunft oder wenn alle anderen Optionen wegfallen.

➜ Wer ein Schnäppchen abstauben will, sollte sich Rabattcoupons besorgen, die kostenlos in Besucherzentren, Raststätten und Reisebüros ausliegen.

➜ Wenn der Parkplatz nicht voll ist und man auch weiterfahren könnte, kann man in unabhängigen Motels versuchen, den Preis herunterzuhandeln.

➜ Bei der Auswahl des Motels sollte man nicht nur vom äußeren Erscheinungsbild ausgehen. Manchmal verstecken sich hinter verblassten, alten Fassaden blitzblanke Zimmer. Auch das Gegenteil kann natürlich der Fall sein. Daher sollte man sich die Zimmer anschauen, ehe man sich einquartiert.

Resorts

In Luxusresorts sollte man mehrere Tage verweilen, um sie wirklich würdigen zu können. Oft sind sie an sich schon ein Reiseziel: Da beginnt der Tag mit einem üppigen Frühstück, gefolgt von einer Runde Golf oder Tennis, bevor man sich den Luxus einer Massage gönnt, eine Runde schwimmt oder beim Sonnenbaden an einem Drink nippt. Viele Resorts sind inzwischen auch kinderfreundlich und bieten ein umfangreiches Programm für Kinder an.

Versicherung

Bei einer Reise in die USA ist es ratsam, eine Reiseversicherung abzuschließen, die Diebstähle und medizinische Notfälle abdeckt.

➜ Manche Auslandskrankenversicherungen schließen risikobehaftete Aktivitäten wie Tauchen, Motorradfahren und Skifahren aus – daher auch das Kleingedruckte lesen. Auf jeden Fall sollte die Police zumindest Krankenhausaufenthalte und einen Rücktransport nach Hause abdecken.

➜ Zahlt man mit Kreditkarte ein Flugticket oder einen Mietwagen, erhält man möglicherweise eine Basis-Unfallversicherung.

➜ Auch eine Reiserücktrittsversicherung kann sich lohnen.

➜ Weltweit geltende Reiseversicherungen gibt es unter www.www.lonelyplanet.de/travel-insurance. Hier kann man jederzeit online eine Versicherung abschließen, verlängern oder Ansprüche geltend machen – auch wenn man bereits unterwegs ist.

Visa

Die Einreise in die USA kann sich kompliziert gestalten, zumal sich die Bestimmungen immer wieder ändern.

Vorab planen! Aktuelle Infos zu den Visa- und Einreisebestimmungen gibt's beim **US-Außenministerium** (☎Hauptvermittlung 202-647-4000; www.travel.state.gov). Infos zu Reisepässen stehen auf S. 507.

Visumantrag

➜ Sofern sie nicht die Staatsbürgerschaft Kanadas oder eines am Visa Waiver Program (VWP) teilnehmenden Landes besitzen, brauchen alle Ausländer für den Besuch der USA ein Visum. Einzelheiten zu den Visabestimmungen erfährt man unter www.travel.state.gov/content/visas/english.html.

➜ Antragsteller müssen meist einen persönlichen Termin vereinbaren, zu dem alle Dokumente und Quittungen für die bezahlten Gebühren mitzubringen sind. Die Wartezeiten für einen solchen Termin sind unterschiedlich, anschließend dauert die Ausstellung des Visums im Normalfall ein paar Tage bis einige Wochen.

➜ Man benötigt ein aktuelles Passbild (5,1 × 5,1 cm) und muss eine nicht erstattbare Bearbeitungsgebühr von 160 US$ bezahlen, in einigen wenigen Fällen noch eine Empfangsgebühr für das eigentliche Visum. Außerdem muss man noch online das Antragsformular DS-160 für Nicht-Immigranten ausfüllen.

➜ Je nach Typ des beantragten Visums müssen Antragsteller meist den Zweck ihrer Reise belegen und nachweisen, dass sie die USA nach der Reise wieder verlassen werden und die Fähigkeit besitzen, alle mit der Reise verbundenen Kosten abzudecken. Weitere Einzelheiten erfährt man unter www.travel.state.gov/content/visas/english/visit/visitor.html.

Visa Waiver Program

➜ Dank des Visa Waiver Program brauchen Traveller aus derzeit 38 Staaten (darunter auch Deutschland, Österreich und die Schweiz) für eine Urlaubsreise oder einen kürzeren Besuch kein Visum zur Einreise in die USA.

➡ Nach den VWP-Bestimmungen können Bürger der teilnehmenden Länder für einen USA-Aufenthalt von bis zu 90 Tagen ohne Visum einreisen. Die Liste der Länder, für die das VWP gilt, ändert sich öfters; eine aktuelle Liste der Staaten sowie eine Zusammenfassung der geltenden VWP-Bestimmungen findet sich unter www.travel. state.gov/content/visas/ english/visit.html.

➡ Damit man als Urlauber das VWP nutzen kann, muss der Reisepass den aktuellen US-Bestimmungen entsprechen und vorab im Electronic System for Travel Authorization (ESTA) eine Einreiseerlaubnis eingeholt werden. Die Registrierung muss mindestens 72 Stunden vor der geplanten Einreise beim Ministerium für Heimatschutz (Department of Homeland Security) unter http://esta. cbp.dhs.gov vorgenommen werden. Die Gebühr beträgt derzeit 14 US$.

➡ Die Einreise muss mit einer lizenzierten Flug- oder Schifffahrtslinie erfolgen. Traveller müssen nachweisen, dass der Aufenthalt nicht länger als 90 Tage dauern wird und den Besitz eines Anschluss- oder Rückreisetickets nachweisen können.

➡ Der Reisepass muss noch sechs Monate über den geplanten Aufenthalt in den USA hinaus gültig sein; vorläufige Reisepässe sind für das VWP nicht zugelassen. Außerdem müssen die Pässe seit April 2016 mit einem integrierten elektronischen Chip versehen sein, auf dem biometrische Daten gespeichert sind ("elektronischer Reisepass").

➡ Weitere Auskünfte erteilt der Visa Wizard auf der Website des **US State Department** (http://travel.state.gov/ content/visas/english/general/ visa-wizard.html).

Kurzfristige Aus- & Wiedereinreise

➡ Ein kurzer Trip über die Grenze nach Kanada oder Mexiko ist verlockend einfach. Bei der Wiedereinreise in die USA werden Nicht-Amerikaner jedoch erneut der vollen Einreiseprozedur unterzogen.

➡ Deshalb beim Überqueren der Grenze unbedingt immer den Reisepass dabeihaben.

➡ Wenn die Einreisebescheinigung noch lange gültig ist, ist eine Wiedereinreise unproblematisch. Andernfalls aber werden die Grenzbeamten die gleichen Dokumente sehen wollen wie bei der ersten Einreise (Rück- oder Anschlussflugticket, Finanzierungsnachweis usw.).

➡ Bürger der meisten westlichen Länder benötigen kein Visum für Kanada.

➡ Wer per Bus aus Kanada in die USA einreist, könnte eingehend überprüft werden. Eine Rückfahrkarte dürfte die US-Beamten weniger misstrauisch machen.

➡ Mexiko hat eine visumsfreie Zone entlang seiner Grenze zu den USA, die auch die Baja Peninsula und die meisten mexikanischen Grenzstädte wie Tijuana und Ciudad Juárez mit einschließt. Wer über diese Zone hinaus nach Mexiko reisen will, benötigt ein mexikanisches Visum oder eine Touristenkarte.

Zeit

➡ Die größten Teile von Colorado, Wyoming, Montana, Idaho, Utah, New Mexico und Arizona folgen der Mountain Standard Time (MEZ –8 Std.), Kalifornien, Nevada, Oregon und Washington im Allgemeinen der Pacific Standard Time (MEZ –9 Std.). Es gibt innerhalb der Staaten regionale Abweichungen.

➡ Die Sommerzeit (+ 1 Std.) gilt vom zweiten Sonntag im März bis zum ersten Sonntag im November.

➡ Arizona wendet die Sommerzeit nicht an. Davon ausgenommen ist das Territorium der Navajo Nation, das in Arizona, New Mexico und Utah liegt. In der Hopi Reservation in Arizona wiederum, die gänzlich vom Territorium der Navajo Nation umschlossen ist, werden wie auch sonst in Arizona die Uhren nicht umgestellt.

➡ Die US-amerikanische Datumsschreibweise ist Monat/Tag/Jahr. Aus dem 8. Juni 2008 wird also 6/8/08.

Zoll

Eine vollständige und aktuelle Liste der US-amerikanischen Zollbestimmungen enthält das offizielle Portal der Zoll- und Grenzschutzbehörde **US Customs and Border Protection** (www. cbp.gov).

Folgende Waren darf man in der Regel zollfrei einführen (Angaben pro Person):

➡ 1 l Spirituosen (Mindestalter 21 Jahre)

➡ 100 Zigarren und 200 Zigaretten (Mindestalter 18 Jahre)

➡ Geschenke und Einkäufe im Wert von 200 US$

➡ Geldbeträge ab 10 000 US$ (auch in Fremdwährungen) müssen bei der Einreise beim Zoll angeben werden.

Die Einfuhr verbotener Drogen wird streng geahndet und bestraft. Weitere verbotene Waren sind Drogenzubehör, Schusswaffen, Lotterietickets, gefälschte Markenartikel und die meisten Produkte, die in Kuba, im Iran, Myanmar (Birma) und in Teilen des Sudan hergestellt wurden. Obst, Gemüse und weitere Speisen oder pflanzliche Materialien müssen beim Zoll angegeben werden (wo man eine zeitaufwendige Durchsuchung in Kauf nehmen muss) oder in den Abfalleimern der Ankunftshalle entsorgt werden.

Verkehrsmittel & -wege

AN- & WEITER-REISE

Flüge und geführte Touren können online unter www.lonelyplanet.com/bookings gebucht werden.

Einreise in die USA

Erfolgt die Einreise in die USA per Flugzeug, muss man am ersten Flughafen, auf dem man landet, die Einreise- und Zollformalitäten erledigt werden – auch wenn man anschließend zu einem anderen Ziel weiterfliegt. Bei der Einreise werden Fingerabdrücke abgenommen und die biometrischen Daten geprüft. Mehr Infos zu Visa stehen auf S. 506.

Reisepass

➡ Touristen dürfen grundsätzlich nur mit maschinenlesbarem Reisepass (*machine-readable passport*; MRP) in die USA einreisen, egal ob auf dem Luft-, Land- oder Seeweg.

➡ Ausländische Reisepässe haben grundsätzlich allen aktuellen US-amerikanischen Bestimmungen zu entsprechen und müssen nach dem geplanten Ausreisedatum noch mindestens sechs Monate lang gültig sein.

➡ Alle ab dem 26. Oktober 2006 ausgestellten oder erneuerten Reisepässe müssen maschinenlesbare, elektronische Varianten (e-Passports) mit Digitalfoto, Chip und biometrischen Daten sein. Wenn er vor dem 26. Oktober 2005 ausgestellt wurde, hat der Pass nur maschinenlesbar zu sein (zweizeiliger Zahlen- und Buchstabencode plus <<< am unteren Dokumentrand). Maschinenlesbarkeit und Digitalfoto sind Pflicht, wenn der Pass zwischen dem 26. Oktober 2005 und dem

REISEN & KLIMAWANDEL

Der Klimawandel stellt eine ernste Bedrohung für unsere Ökosysteme dar. Zu diesem Problem tragen Flugreisen immer stärker bei. Lonely Planet sieht im Reisen grundsätzlich einen Gewinn, ist sich aber der Tatsache bewusst, dass jeder seinen Teil dazu beitragen muss, die globale Erwärmung zu verringern.

Fast jede Art der motorisierten Fortbewegung erzeugt CO_2 (die Hauptursache für die globale Erwärmung), doch Flugzeuge sind mit Abstand die schlimmsten Klimakiller – nicht nur wegen der großen Entfernungen und der entsprechend großen CO_2-Mengen, sondern auch, weil sie diese Treibhausgase direkt in hohen Schichten der Atmosphäre freisetzen. Die Zahlen sind erschreckend: Zwei Personen, die von Europa in die USA und wieder zurück fliegen, erhöhen den Treibhauseffekt in demselben Maße wie ein durchschnittlicher Haushalt in einem ganzen Jahr.

Die englische Website www.climatecare.org und die deutsche Internetseite www.atmosfair.de bieten sogenannte CO_2-Rechner. Damit kann jeder ermitteln, wie viele Treibhausgase seine Reise produziert. Das Programm errechnet den zum Ausgleich erforderlichen Betrag, mit dem der Reisende nachhaltige Projekte zur Reduzierung der globalen Erwärmung unterstützen kann, beispielsweise Projekte in Indien, Honduras, Kasachstan und Uganda.

Lonely Planet unterstützt gemeinsam mit Rough Guides und anderen Partnern aus der Reisebranche das CO_2-Ausgleichs-Programm von climatecare.org. Alle Reisen von Mitarbeitern und Autoren von Lonely Planet werden ausgeglichen. Weitere Informationen gibt's auf www.lonelyplanet.com.

25. Oktober 2006 ausgege-
ben wurde.

➔ Weitere Details hierzu
gibt's unter www.cbp.gov/
travel.

Flugzeug
Flughäfen

Die wichtigsten internationalen Flughäfen im Westen der
USA sind:

**Los Angeles International
Airport** (www.lawa.org/lax; 1
World Way) Kaliforniens größter
und geschäftigster Flughafen
liegt 20 Meilen (32 km) südwestlich von Downtown L. A. nahe
der Küste.

**San Francisco Internatio-
nal Airport** (www.flysfo.com;
S McDonnell Rd) Nordkaliforniens größtes Drehkreuz befindet
sich 14 Meilen (22,5 km) südlich
vom Zentrum an der San Francisco Bay.

**Seattle-Tacoma Internati-
onal** (☎206-787-5388; www.
portseattle.org/Sea-Tac; 17801
International Blvd; ☎) Vor Ort
als „Sea-Tac" bekannt.

Größere Regionalflughäfen
mit einigen Auslandsverbin-
dungen (die meisten haben
auch WLAN – auf der Website prüfen):

**Albuquerque Internati-
onal Sunport** (☎505-244-
7700; www.cabq.gov/airport;
☎) Für Reisen nach Albuquerque
und New Mexico.

**Denver International
Airport** (☎303-342-2000;
www.flydenver.com; ☎) Bedient
den Süden Colorados; mit einem
Mietwagen erreicht man den
Nordosten von New Mexico in
rund vier Stunden.

**LA/Ontario International
Airport** (☎909-937-2700;
www.lawa.org/ont; 2500 E Airport Dr; ☎) Im Riverside County
östlich von Los Angeles.

**McCarran International
Airport** (☎702-261-5211;
www.mccarran.com; 5757
Wayne Newton Blvd; ☎)
Bedient Las Vegas, NV, und den
Süden Utahs. Las Vegas ist 290
Meilen (467 km) vom South

Rim des Grand Canyon und 277
Meilen (446 km) vom North Rim
entfernt.

**Mineta San José Interna-
tional Airport** (www.flysan
jose.com; 1701 Airport Blvd, San
Jose) In San Franciscos South-
Bay-Region.

**Oakland International
Airport** (www.oaklandairport.
com; 1 Airport Dr; ☎) In San
Franciscos East-Bay-Region.

**Palm Springs Internati-
onal Airport** (☎760-318-
3800; www.palmspringsairport.
com; 3400 E Tahquitz Canyon
Way) In der Wüste östlich von
Los Angeles.

**Portland International
Airport** (☎503-460-4234;
www.flypdx.com; 7000 NE
Airport Way; ☎) Rund 12 Meilen
(19,3 km) außerhalb der Downtown von Portland, Oregon.

**Salt Lake City Internatio-
nal Airport** (www.slcairport.
com; 776 N Terminal Dr; ☎)
Bedient Salt Lake City und den
Norden Utahs; prima für den
North Rim und den Arizona
Strip.

**San Diego International
Airport** (www.san.org; 3325
N Harbor Dr; ☎) Befindet sich
4 Meilen (6,5 km) nordwestlich
von Downtown San Diego.

**Sky Harbor International
Airport** (☎602-273-3300;
http://skyharbor.com; 3400
E Sky Harbor Blvd; ☎) Der Flughafen bedient Phoenix und den
Grand Canyon und liegt landesweit auf Platz 10 der meistfre-
quentierten Flughäfen. Phoenix
ist 220 Meilen (354 km) vom
South Rim des Grand Canyon
und 335 Meilen (539 km) vom
North Rim entfernt.

**Tucson International Air-
port** (☎520-573-8100; www.
flytucson.com; 7250 S Tucson
Blvd; ☎) Für Reisen nach Tucson
und ins südliche Arizona.

**Vancouver International
Airport** (☎604-207-7077;
www.yvr.ca; ☎) Der Flughafen
liegt 6 Meilen (10 km) südlich
vom kanadischen Vancouver auf
Sea Island zwischen Vancouver
und der ebenfalls kanadischen
Gemeinde Richmond.

Sicherheits-
bestimmungen

➔ Um die Sicherheits-
kontrollen am Flughafen
passieren zu können, sind
eine Bordkarte und ein Lichtbildausweis erforderlich; die
durchschnittliche Wartezeit
beträgt 30 Minuten.

➔ Eventuell kommt es zu
einer zweiten Kontrolle, bei
der man u. a. abgetastet wird
und sein Handgepäck durchsuchen lassen muss.

➔ Die Bestimmungen zur
Flughafensicherheit verbieten derzeit das Mitführen
vieler Alltagsgegenstände
(z. B. Taschenmesser) in
Flugzeugen. Der aktuelle
Stand sollte rechtzeitig über
die Website der **Transportation Security Adminis-
tration** (TSA; www.tsa.gov)
ermittelt werden.

➔ Gemäß der aktuellen TSA-
Vorschriften müssen alle
Flüssigkeiten und gelartigen
Substanzen in Behältern von
maximal 3,4 Unzen (85 ml)
abgefüllt sein, die wiederum
in einen durchsichtigen,
vollständig verschließbaren
Kunststoffbeutel (max. 1
Quart bzw. 950 ml) zu pa-
cken sind. Die wenigen Ausnahmen (z. B. Medikamente)
haben Reisende grundsätz-
lich unaufgefordert bei den
Kontrolleuren anzugeben.

➔ Das ganze Bordgepäck
wird auf Sprengstoffe unter-
sucht. Die TSA unterzieht
den Kofferinhalt eventuell einer Sichtprüfung und bricht
nötigenfalls die Schlösser
auf. Entweder schließt man
sein Gepäck gar nicht erst
ab oder man verwendet
Schlösser mit offizieller TSA-
Zulassung, die z. B. von **Travel Sentry** (www.travelsentry.
org) hergestellt werden.

Auf dem Landweg
Auto & Motorrad

➔ Kraftfahrer, die von Kanada oder Mexiko aus in die
USA einreisen möchten,
brauchen neben sämtlichen

Zulassungs- und Versicherungspapiere auch einen gültigen nationalen Führerschein. Eine Internationale Fahrerlaubnis (International Driving Permit; IDP) ist eine sinnvolle Ergänzung, aber nicht offiziell vorgeschrieben.

→ Nutzer von Mietwagen bzw. -motorrädern sollten unbedingt vorab ermitteln, ob die jeweilige Verleihfirma Trips nach Mexiko oder Kanada erlaubt – höchstwahrscheinlich tut sie's nicht!

NACH/AB KANADA

→ Kanadische Autoversicherungen gelten normalerweise in den USA und umgekehrt.

→ Mit allen erforderlichen Papieren lässt sich die amerikanisch-kanadische Grenze in der Regel recht zügig und problemlos überqueren.

→ Vor allem im Sommer kann der starke Grenzverkehr an Wochenenden und Feiertagen lange Wartezeiten mit sich bringen.

→ Gelegentlich durchsuchen die Beamten auf beiden Seiten manche Fahrzeuge richtig gründlich. Dann unbedingt ruhig und höflich bleiben!

NACH/AB MEXIKO

→ Nur sehr wenige US-Autovermieter gestatten Mexikotrips mit ihren Fahrzeugen.

→ Sofern kein längerer Aufenthalt in Tijuana geplant ist, bringt die Ausfuhr eines Fahrzeugs nach Mexiko mehr Ärger als Nutzen. Stattdessen lässt man das Auto besser auf US-Boden stehen und überquert die Grenze per pedes oder Shuttleservice ab San Diego.

→ Amerikanische Kfz-Versicherungen besitzen in Mexiko keine Gültigkeit. Selbst kurze Ausflüge ins mexikanische Grenzgebiet erfordern daher eine mexikanische Police, die an den meisten Grenzübergängen oder bei der **American Automobile Association** (AAA; ☑877-428-2277; Notfalltelefon

GRENZÜBERGANG VON/NACH MEXIKO

In den letzten Jahren sorgte die Gewaltkriminalität in Mexiko weltweit immer wieder für Schlagzeilen. Nogales in Arizona ist Traveller ein sicherer Ort, das gleiche gilt aber keinesfalls für Nogales in Mexiko, das vielmehr ein Schwerpunkt des Drogenhandels und der damit verbundenen Gewalt ist. Für Traveller ist extreme Vorsicht auch in Tijuana angebracht. Solange sich die Sicherheitslage nicht ändert, wird ausdrücklich von einem längeren Aufenthalt in Nordmexiko abgeraten. Tagesausflüge gehen in Ordnung, alles andere aber könnte gefährlich werden.

Das **US-Außenministerium** (www.travel.state.gov/travel/cis_pa_tw/cis/cis_970.html) empfiehlt Travellern, sich vor einem Abstecher nach Mexiko auf seiner Website zu informieren. Hier erhält man aktuelle Infos und Warnhinweise sowie Details zu den aktuellen Bestimmungen der Ein- bzw. Ausreise.

Deutsche, Österreicher und Schweizer benötigen einen Reisepass und gegebenenfalls ein Visum für die Einreise nach Mexiko und die Wiedereinreise in die USA. Die Bestimmungen ändern sich laufend, den aktuellen Stand erfährt man unter www.cbp.gov.

800-222-4357; www.aaa.com, Jahresmitgliedschaft 52 US$) für ca. 25 US$ pro Tag erhältlich ist.

→ Für längere Autofahrten durch Mexiko, die über das Grenzgebiet oder die Baja California hinausführen, ist zudem ein mexikanischer *permiso de importación temporal de vehículos* (Genehmigung zur zeitweiligen Kfz-Einfuhr) vonnöten.

→ Wegen verschärfter Sicherheitsmaßnahmen sind die Wartezeiten seit ein paar Jahren ziemlich lang.

→ Weitere Details liefern der Lonely Planet Band *Mexiko* oder Mexikos **Touristen-Infohotline** (☑800-446-3942) in den USA.

Bus

→ Busse können eine preisgünstige Alternative sein, um zwischen Städten und größeren Ortschaften zu reisen. Sie erreichen aber viele Nationalparks und kleinere Orte nicht.

→ Die Busbahnhöfe liegen häufig in weniger sicheren Stadtvierteln. Das US-amerikanische Unternehmen

Greyhound (☑800-231-2222, internationaler Kundenservice ☑214-849-8100; www.greyhound.com) betreibt das größte Busnetz der USA. In zwielichtigeren Busbahnhöfen sollte man wachsam sein und Wertgegenstände nicht unbeaufsichtigt lassen.

→ Greyhound unterhält auch Direktverbindungen zwischen Kanada und den nördlichen USA; eventuell muss man an der Grenze den Bus wechseln. Tickets können auch über Greyhound Canada (www.greyhound.ca) gebucht werden.

→ Busse, die aus Mexiko gen Norden fahren, werden an der US-amerikanischen Grenze mitunter längere Zeit aufgehalten. Die US-amerikanische Einwanderungsbehörde besteht in der Regel darauf, alle Insassen gründlich zu überprüfen.

Grenzübergänge

→ Von den USA aus kommt man relativ einfach nach Kanada oder Mexiko. In Gegenrichtung gibt's schon eher Probleme, wenn erforderliche Papiere fehlen.

Wer also Ausflüge über die Grenze plant, sollte unbedingt rechtzeitig die sich ständig verändernden Bestimmungen für Reisepass und Visum auf der Website des **US-Außenministeriums** (US State Department; www. travel.state.gov) überprüfen. Die **amerikanische Zoll- & Grenzschutzbehörde** (US Customs & Border Protection; www.cbp.gov) informiert online über die momentanen Wartezeiten an allen Grenzübergängen nach Mexiko.

➜ Die Grenzübergänge in die USA sind nur selten rund um die Uhr offen.

➜ Bei jedem Grenzübertritt sollte man alle Papiere bereithalten und immer höflich zu den Beamten sein. Wichtig: Vor allem US-Grenzer mögen Witze, Smalltalk oder Ähnliches nicht!

➜ Achtung: Zum Recherchezeitpunkt war die ganze amerikanisch-mexikanische Grenzregion von starker Gewaltkriminalität betroffen.

Zug

➜ **Amtrak** (☎800-872-7245; www.amtrak.com) betreibt den täglich verkehrenden *Cascades* mit Direktbusservice zwischen Vancouver, British Columbia, in Kanada und Seattle, Washington.

➜ **VIA Rail** (☎888-842-7245; www.viarail.ca) bedient ebenfalls Vancouver mit Routen, die nach Norden und Osten quer durch Kanada verlaufen.

➜ Die Zoll- und Einreiseformalitäten werden an der Grenze abgewickelt, nicht beim Einstieg.

➜ Derzeit verkehren keine Züge von Arizona oder Kalifornien nach Mexiko.

UNTERWEGS VOR ORT

Auto & Motorrad

Ein eigener fahrbarer Untersatz bietet die größtmögliche Flexibilität und Bequemlichkeit, besonders wenn man die Weiten des ländlichen Amerika erkunden möchte.

Automobilclubs

Bei folgenden Organisationen bekommen Mitglieder Pannenhilfe rund um die Uhr, kostenlose Straßenkarten und Ermäßigungen u. a. bei Unterkünften, Sehenswürdigkeiten, Unterhaltungsangeboten und Autovermietungen:

American Automobile Association (AAA; ☎877-428-2277, Pannenhilfe ☎800-222-4357; www.aaa.com) Partnerclub des ADAC.

Better World Club (☎866-238-1137; www.betterworldclub.com)

Führerschein

➜ Ausländische Besucher können mit ihrem nationalen Führerschein in den USA legal Auto fahren. Bei Verkehrskontrollen kann es jedoch vorteilhaft sein, wenn man einen internationalen Führerschein (IDP) vorzeigen kann. Detaillierte Angaben findet man unter www.usa. gov/visitors-driving.

➜ Ausgestellt wird der jeweils ein Jahr gültige IDP gegen eine geringe Gebühr von den Straßenverkehrsämtern (Führerscheinstelle), in Österreich auch vom ÖAMTC aus. Achtung: Der IDP gilt immer nur in Verbindung mit dem nationalen Führerschein!

➜ Biker benötigen in den USA einen gültigen Motorradführerschein. Auch in diesem Fall genügt grundsätzlich die nationale Fahrerlaubnis.

Autos mieten

➜ Mietwagenkunden müssen bei den meisten Autovermietern mindestens 25 Jahre alt sein, einen gültigen Führerschein und die Kreditkarte eines größeren Anbieters besitzen (eine Bankkarte genügt nicht). Einige wenige Unternehmen vermieten gegen Aufpreis (ca. 27–30 US$/Tag) Autos auch an Fahrer, die zwischen 21 und 25 Jahre alt sind. Gelegentlich ist es auch möglich, statt einer Kreditkarte eine größere Bargeldsumme als Kaution zu hinterlegen.

➜ Bei rechtzeitiger Reservierung erhält man einen Mittelklassewagen mit unbegrenzten Fahrtkilometern oft ab etwa 30 US$ pro Tag (zzgl. Versicherung, Steuern und Gebühren). An Flughäfen sind die Tarife vielleicht günstiger, dafür gibt es hier dann höhere Gebühren. Bei Pauschalangeboten mit Flug und Mietwagen sind mitunter lokale Steuern bei der Abholung des Autos extra zu entrichten. Filialen im Stadtzentrum bieten mitunter eine kostenlose Auslieferung und Abholung des Mietwagens an.

➜ Im Allgemeinen beinhaltet der Mietpreis unbegrenzte Fahrtkilometer (trotzdem auf Obergrenzen achten!). Wenn mehrere Leute Auto fahren wollen oder das Auto an einem anderen Ort zurückgegeben werden soll, kostet das meist extra. Manche Verleiher lassen Kunden vorab die letzte Tankfüllung bezahlen, das rechnet sich aber selten.

➜ Über Reise-Websites wie Priceline (www.priceline. com) oder Hotwire (www. hotwire.com) oder über Online-Reisebüros wie Expedia (www.expedia.de), Orbitz (www.orbitz.com) oder Travelocity (www.travelocity. com) gibt's Mietwagen eventuell günstiger. Auf Kayak (www.kayak.com) kann man Preisvergleiche zwischen verschiedenen Reise-Websites anstellen.

➜ Ein paar größere Autovermieter (z. B. Avis, Budget, Enterprise und Hertz) haben auch begrenzt Hybrid-, Diesel- oder Elektroautos im Angebot. Weit im Voraus reservieren! Ebenfalls einen Blick wert sind **Simply RAC** (☎323-653-0022; www.simplyrac.com) ✆ in Los Angeles, ein Unternehmen, das die kostenlose Lieferung und Abholung von einigen Punkten anbietet. Der Carsharing-Anbieter **Zipcar** (☑866-494-7227; www.zipcar.com) ist in Kalifornien (Los Angeles, San Diego & San Francisco Bay Area) sowie Denver, Portland und Seattle vertreten; er erhebt Nutzungsgebühren (pro Std. oder Tag), in denen das Benzin, die Versicherung (mit Selbstbeteiligung von bis zu 1000 US$) und begrenzte Fahrtkilometer enthalten sind. Die Anmeldung erfolgt online, die Anmeldungsgebühr beträgt 25 US$; für die Monatsmitgliedschaft werden zwischen 7 und 50 US$ fällig. Für die Anmeldung werden Reisepass, Führerschein und eine Bescheinigung benötigt, ob man bislang Unfälle verursacht hat.

➔ Über Car Rental Express (www.carrentalexpress.com) lassen sich unabhängige Autovermieter finden und vergleichen. Besonders hilfreich ist die Website auf der Suche nach einem günstigen Langzeit-Mietwagen.

➔ Zu den unabhängigen Anbietern, die Autos eventuell auch an Fahrer unter 25 Jahre vermieten, zählen **Rent-a-Wreck** (☑877-877-0700; www.rentawreck.com); allerdings variieren das Mindestalter und der Aufpreis je nach Standort. Super Cheap Car Rental (www.supercheapcar.com) erhebt bei Fahrern ab 21 Jahren keinen Aufpreis; Fahrer zwischen 18 und 21 Jahren müssen eine Extragebühr pro Tag entrichten.

GROSSE INTERNATIONALE AUTOVERMIETER

Alamo (☑877-222-9075; www.alamo.com)

Avis (☑800-633-3469; www.avis.com)

Budget (☑800-218-7992; www.budget.com)

Dollar (☑800-800-3665; www.dollar.com)

Enterprise (☑800-261-7331; www.enterprise.com)

Hertz (☑800-654-3131; www.hertz.com)

National (☑877-222-9058; www.nationalcar.com)

Thrifty (☑800-847-4389; www.thrifty.com)

Vermieter von Motorrädern & Wohnmobilen

Wer davon träumt, auf einer Harley durch die USA zu cruisen, kann sich an **Eagle-Rider** (☑310-321-3180; www.eaglerider.com) wenden. Das Unternehmen hat landesweit in den größeren Städten Filialen und vermietet auch andere Bikes. Allerdings sind Miete und Versicherung kein billiger Spaß.

Spezialisten für Wohnmobile und Campervans zum Mieten:

Adventures on Wheels (www.wheels9.com)

Cruise America (☑800-671-8042; www.cruiseamerica.com)

Happy Travel Campers (☑800-370-1262; www.camperusa.com)

Jucy Rentals (☑800-650-4180; www.jucyrentals.com)

Straßenzustand & Gefahren

➔ Zu den Gefahren auf der Straße zählen Schlaglöcher, starker Pendlerverkehr in den Metropolen, Wildwechsel und abgelenkte oder unbeherrschte Fahrer.

➔ Wo Schnee fällt, haben viele Autos mit Spikes besetzte Winterreifen. In Bergregionen werden mitunter Schneeketten benötigt. Fahren auf unbefestigten

ENTFERNUNGEN (MEILEN)

	Denver	Grand Canyon National Park (South Rim)	Las Vegas	Los Angeles	Phoenix	Portland	San Francisco	Santa Fe	Seattle
Grand Canyon National Park (South Rim)	68								
Las Vegas	750	270							
Los Angeles	1020	485	270						
Phoenix	825	215	285	375					
Portland	1260	1330	1020	965	1335				
San Francisco	1270	790	570	380	750	635			
Santa Fe	395	455	635	850	530	1450	1145		
Seattle	1330	1365	1165	1135	1500	175	810	1545	
Yellowstone National Park	530	810	670	950	920	795	1000	820	875

Pisten oder im Gelände wird von vielen Autovermietern untersagt; bei feuchter Witterung kann dies zudem sehr gefährlich sein!

➡ In Wüsten- und Weidengebieten grast das Vieh manchmal uneingezäunt direkt am Straßenrand. Meist weisen Schilder mit der Aufschrift „Open Range" oder einem Rindersymbol auf diese Gefahr hin. An Strecken mit regelmäßigem Wildwechsel ist stattdessen die Silhouette eines springenden Hirschs abgebildet. Vor allem nachts sind solche Warnhinweise sehr ernst zu nehmen!

Landesweite Verkehrs- und Straßeninfos (inkl. Streckensperrungen) gibt's unter www.fhwa.dot.gov/trafficinfo.

Im gerade bereisten Bundesstaat erfährt man unter 📞511 den aktuellen Straßenzustand. Von außerhalb bekommt man die Infos unter folgenden Telefonnummern und Webadressen:

Arizona (📞888-411-7623; www.az511.com)

Colorado (📞303-639-1111; www.cotrip.org)

Idaho (📞888-432-7623; 511.idaho.gov)

Kalifornien (📞800-427-7623; www.dot.ca.gov)

Montana (📞800-226-7623; www.mdt.mt.gov/travinfo/)

Nevada (📞877-687-6237; www.safetravelusa.com/nv)

New Mexico (📞800-432-4269; m.nmroads.com)

Oregon (📞503-588-2941; www.tripcheck.com)

Utah (📞866-511-8824; www.commuterlink.utah.gov)

Washington (📞800-695-7623; www.wsdot.wa.gov/traffic)

Wyoming (📞888-996-7623; www.wyoroad.info)

Tanken

Viele Tankstellen im Westen der USA haben Zapfsäulen, an denen mit Kreditkarte gezahlt wird; dabei muss meist die Postleitzahl eingegeben

werden. Daher müssen ausländische Traveller vor dem Tanken drinnen zahlen. Hierzu nennt man dem Angestellten den gewünschten Betrag. Bleibt nach dem Tanken ein Rest übrig, lässt man sich diesen auf die Karte zurückerstatten.

In Oregon darf man derzeit nicht eigenhändig tanken; es wird aber erwogen, dies per Gesetz zumindest auf dem Land zu erlauben.

Verkehrsregeln

➡ In den ganzen USA herrschen Rechtsverkehr, Kindersitz- und Gurtpflicht.

➡ Kindersitze können bei den meisten Autovermietern ausgeliehen werden (ca. 13 US$/Tag), müssen aber beim Buchen extra reserviert werden.

➡ In manchen US-Bundesstaaten gilt Helmpflicht für Motorradfahrer, so u. a. auch in Kalifornien.

➡ Auf einigen Interstate-Highways ist eine Geschwindigkeit von 75 mph (121 km/h) erlaubt. Sofern nicht anderweitig durch Schilder angezeigt, beträgt das allgemeine Tempolimit jedoch 55 oder 65 mph (88 oder 105 km/h) auf Highways und 25 bis 35 mph (40–56 km/h) innerhalb geschlossener Ortschaften. Achtung: In der Nähe von Schulen sind teilweise nur 15 mph (24 km/h) erlaubt – während der Unterrichtszeit wird dies streng kontrolliert! Zudem ist es grundsätzlich verboten, Schulbusse (auch in die Gegenrichtung) mit blinkenden Warnlichtern zu passieren oder zu überholen.

➡ Wenn sich Notfall- oder Einsatzfahrzeuge (Polizei, Feuerwehr, Rettungsdienst) nähern, ist in Fahrt- und Gegenrichtung schnellstens, aber vorsichtig eine ausreichende Gasse zu bilden. Immer mehr US-Bundesstaaten verbieten Handygespräche am Steuer. Darum benutzt man am besten eine Freisprecheinrichtung oder

stoppt bei Anrufen verkehrsgerecht am Straßenrand – wie in Deutschland auch.

➡ Fahren unter Alkohol- und/oder Drogeneinfluss (*driving under the Influence*; DUI) wird streng bestraft. Die Polizei kann Kraftfahrer jederzeit einer Alkohol- und Drogenkontrolle unterziehen. Bei Verdacht auf Drogenkonsum bzw. zu viel Alkohol im Blut (Grenze 0,8‰) hat man zur Feststellung des Wertes einen Atem-, Urin- oder Bluttest zu absolvieren. Wird dieser verweigert, gilt er automatisch als nicht bestanden.

➡ In einigen US-Bundesstaaten dürfen geöffnete Behälter mit alkoholischen Getränken (*open containers*) nicht im Fahrzeuginnenraum mitgeführt werden – selbst wenn sie bereits leer sein sollten!

Versicherung

➡ Eine Haftpflichtversicherung (*liability insurance*) deckt Schäden an Menschen und Sachen ab, die man selber verursacht hat.

➡ Die Collision Damage Waiver (CDW) deckt Schäden am eigenen Mietwagen ab und kostet rund 30 US$ pro Tag. Bevor man ein Auto mietet, sollte man prüfen, ob die Versicherungspolice ausreichend Schutz bietet. Diese enthält wahrscheinlich zumindest einen Haftpflichtschutz, doch sollte man dies unbedingt kontrollieren.

➡ Einige Kreditkarten erstatten die Selbstbeteiligung bei einem Unfall, sofern man die Kreditkarte zum Bezahlen des Mietautos benutzt hat. Ausnahmen sind möglich, wenn das Auto länger als 15 Tage gemietet wurde oder es sich dabei um ein „exotisches" Fahrzeug (Jeep, Van oder Geländewagen) handelt. Manche Autovermietungen bestehen auf die sofortige Bezahlung des Schadens bei Unfällen und das Kreditkartenunternehmen erstattet den Betrag erst später zurück. Vor dem Mieten eines Autos daher die Konditionen des Kreditkartenunternehmens genau prüfen!

→ Viele Autovermieter nehmen Schäden am Auto, die bei der Fahrt auf einer unbefestigten Straße entstanden sind, von der Versicherung aus. Auch dies sollte man prüfen, bevor man den Mietvertrag unterschreibt.

Bus

→ Als größte US-Fernbusfirma deckt **Greyhound** (☎800-231-2222; www.greyhound.com) ganz Amerika und Kanada ab. Seit Kurzem steuert das Unternehmen viele Kleinstädte nicht mehr an. Allgemein folgen die Busse den wichtigsten Highways und halten in größeren Ballungszentren. Um ländliche Städte über Nebenstrecken zu erreichen, muss man daher manchmal in Regional- oder Lokalbusse umsteigen. Greyhound hält normalerweise entsprechende Kontaktinfos bereit.

→ Das meiste Gepäck ist aufzugeben; eine deutlich erkennbare Beschriftung verringert das Verlustrisiko. Größere Gegenstände wie Ski, Surfbretter oder Fahrräder werden ebenfalls mitgenommen – allerdings eventuell nur gegen Zuschlag (vorher anrufen).

→ Greyhound hat tolle Online-Preise – beim Online-Kauf kann man einen beträchtlichen Preisnachlass gegenüber dem Kauf am Ticketschalter erhalten.

→ Die Häufigkeit der Verbindungen variiert gewaltig. Obwohl viele kleine Ziele vom Fahrplan gestrichen wurden, halten normale Greyhound-Busse immer noch alle 80 bis 160 km. Auf Fernstrecken gibt's Pausen zum Essen und zum Fahrerwechsel.

→ Greyhound-Busse sind im Allgemeinen sauber, komfortabel und zuverlässig. Am besten wählt man einen der vorderen Sitze in ausreichendem Abstand zur Bordtoilette. Eine Klimaanlage (manchmal zu kalt eingestellt – Pulli mitbringen!) und ein wenig verstellbare Sitze sorgen für etwas Komfort. Vereinzelt sind auch Bordsteckdosen und WLAN vorhanden. In allen Bussen herrscht grundsätzlich Rauchverbot.

→ US-Busbahnhöfe sind oft sicher und sauber, liegen aber teilweise in zwielichtigen Ecken.

Preise

→ Die Preise sind niedriger, wenn man die Tickets sieben bis 14 Tage im Voraus kauft. Der Preis variiert abhängig vom Wochentag, an dem man reist.

→ Rabatte (nur auf normale Fahrpreise) gibt's für Studenten mit einer Student Advantage Card (20%); außerdem erhalten zwei Mitfahrer bis zu 50% Rabatt, sofern ein weiterer Familienteil den vollen Fahrpreis bezahlt.

→ Auf der Website von Greyhound gibt's oft spezielle Promotion-Ermäßigungen, die aber mitunter Einschränkungen unterliegen oder nur zu bestimmten Zeiten gültig sind. Der Discovery Pass, mit dem man uneingeschränkt reisen konnte, wurde abgeschafft.

Reservierungen

→ Bustickets für Greyhound können telefonisch oder online gekauft werden. Man kann die Fahrkarten zu Hause ausdrucken oder am Terminal abholen, indem man den *Will Call*-Service nutzt (hierzu wird ein Lichtbildausweis benötigt!).

→ Es gibt keine Sitzplatzverteilung – wer zuerst kommt, mahlt zuerst. Greyhound empfiehlt, eine Stunde vor der Abfahrt vor Ort zu sein, um den gewünschten Sitzplatz zu bekommen.

→ Reisende mit Behinderung, die spezielle Hilfe benötigen, sollten mindestens 48 Stunden vor der Abreise ☎800-752-4841 (TDD/TTY ☎800-345-3109) anrufen; Rollstühle werden als Gepäck akzeptiert, es gibt aber nur beschränkten Platz. Blindenhunde sind an Bord erlaubt.

Fahrrad

Fahrradtouren durch einzelne Regionen sind sehr beliebt. Man radelt auf kurvigen Nebenstraßen (Schnellstraßen sind meist motorisierten Fahrzeugen vorbehalten) – doch ohne ist der Weg das Ziel und nicht die Geschwindigkeit. Radfahrer müssen dieselben Regeln beachten wie Autofahrer, viele Radler missachten allerdings die Vorfahrtsregeln. Für Radler unter 18 Jahren besteht in Kalifornien und vielen Städten im Westen Helmpflicht.

NÜTZLICHE BUSVERBINDUNGEN

STRECKE	PREIS (US$)	DAUER (STD.)
Denver–Salt Lake City	89–93	10½–12¼
Las Vegas–Los Angeles	57–66	5¼–7
Los Angeles–San Francisco	59–65	8–11½
Phoenix–Tucson	18–20	2
Seattle–Portland	29–33	4

REISEN NACH ALASKA & HAWAII

Alaska

An der Nordwestspitze Nordamerikas liegt Alaska, der 49. Bundesstaat der USA. Der flächenmäßig bei Weitem größte Bundesstaat des Landes bietet gewaltige Berge wie den Mt. McKinley, den höchsten Gipfel Nordamerikas, riesige Gletscher und eine wunderbare Tierwelt, in der sich z. B. viele Buckelwale und Weißkopfseeadler tummeln. Ausführliche Infos finden sich im Lonely Planet *Alaska*.

Die meisten Alaska-Touristen gelangen über den **Ted Stevens Anchorage International Airport** (www.dot.state.ak.us/anc; 🐾) in den Bundesstaat. **Alaska Airlines** (📞800-252-7522; www.alaskaair.com) unterhält Direktflüge von Seattle, Portland, Chicago und Los Angeles nach Anchorage und bietet auch Flugverbindungen zwischen vielen größeren Ortschaften innerhalb Alaskas an. **Delta** (📞800-221-1212; www.delta.com) fliegt direkt ab Minneapolis, **US Airways** (📞800-428-4322; www.usairways.com) nonstop ab Phoenix und **United** (📞800-864-8331; www.united.com) nonstop ab Denver. In den wärmeren Monaten haben außerdem diverse Fluglinien Direktverbindungen zwischen Anchorage und Städten im US-Kernland im Angebot.

Die Fährpassage auf dem **Alaska Marine Highway** (AMHS; 📞800-642-0066; www.dot. state.ak.us/amhs) verbindet Bellingham im Bundesstaat Washington mit mehr als zwölf Orten im südöstlichen Alaska. Für die komplette Strecke (Bellingham–Skagway; einfache Strecke 380 US$, 2½–3 Tage) benötigt man fast eine Woche, inklusive Zwischenstopps in den Häfen unterwegs. Überfahrten sollte man rechtzeitig reservieren. Die Fähren des Alaska Marine Highway befördern auch Autos (einfache Strecke ab 500 US$), der Platz muss aber Monate im Voraus gebucht werden.

Der 1387 Meilen (2232 km) lange Alaska–Canada Military Hwy, heute Alcan (Alaska Hwy) genannt, beginnt in Dawson Creek in British Columbia und endet an der Delta Junction nordöstlich von Anchorage. Die Straße windet sich durch die weite Wildnis im Nordwesten Kanadas und durch Alaska. Die Distanz zwischen Seattle und Anchorage beträgt rund 2250 Meilen(3620 km).

Hawaii

Über 4000 km von der kalifornischen Küste entfernt erfreut sich der Archipel fernab des US-amerikanischen Festlands selbstbewusst seiner Einzigartigkeit. Besucher können über uralte Lavaströme wandern, Surfen oder Stand Up Paddling lernen, mit Suppenschildkröten schnorcheln und zu ihrer eigenen einsamen Insel paddeln. Die Hauptinseln heißen Oahu, Hawaii (Big Island), Maui, Lanai, Molokai und Kauai. Gleichgültig, was für ein Abenteuer man sucht und welche Insel man ansteuert, die Begegnungen mit der Natur sind immer von den hawaiianischen Werten *aloha ʻaina* und *malama ʻaina* – der Liebe und Fürsorge für das Land – geprägt. Ausführliche Infos finden sich im Lonely Planet Guide *Hawaii*.

Rund 99 % aller Hawaii-Besucher reisen per Flugzeug an. Die meisten Inlands- und Auslandsflüge landen auf dem **Honolulu International Airport** (📞808-836-6411; http:// hawaii.gov/hnl; 300 Rodgers Blvd, Honolulu; 🐾) auf Oahu. Der **Kahului Airport** (📞808-872-3830; http://hawaii.gov/ogg; 1 Kahului Airport Rd, Kahului) auf Maui ist rund 25 Minuten von Kihei und 45 Minuten von Lahaina entfernt.

Die meisten Hawaii-Kreuzfahrten umfassen Zwischenstopps in Honolulu und auf Maui, Kauai und Big Island. Die Kreuzfahrten dauern in der Regel zwei Wochen und kosten ca. 100 US$ aufwärts pro Person und Tag. Beliebte Anbieter sind u. a. **Holland America** (📞877-932-4259; www.hollandamerica.com), **Princess** (📞800-774-6237; www.princess.com) und **Royal Caribbean** (📞866-562-7625; www.royalcaribbean.com).

Einige hilfreiche Informationsquellen für Radfahrer sind:
Adventure Cycling Association (www.adven-turecycling.org) Exzellente Online-Quelle für den Erwerb von für Radler geeigneten Landkarten und Reiseführern für Langstreckenrouten.

Better World Club (📞866-238-1137; www.betterworldclub. com) Wer eine Jahresmitgliedschaft (40 US$ zzgl. 12 US$ Aufnahmegebühr) abschließt, kann sich in Notfällen zweimal auf der Straße aufgabeln lassen. Dieser Service gilt rund um die Uhr; man wird zum nächsten Fahrradshop innerhalb eines Radius von 48 km gebracht.

Fahrradtransport

➡ Manche Lokalbusse und -züge sind mit speziellen Fahrradständern ausgerüstet.

➡ Greyhound transportiert Fahrräder als Gepäck (Aufpreis 30–40 US$). Die Räder müssen in Holzkisten, Segeltuch oder einen größeren Behälter verpackt und angemessen gesichert werden.

➡ Die meisten *Cascades-, Pacific-Surfliner-, Capital-Corridor-* und *San-Joaquin-*Züge der Amtrak verfügen an Bord über Radständer, an denen man sein Rad unverpackt anschließen kann; diese Option sollte man gleich mit der Fahrkarte zusammen reservieren (Aufpreis bis zu 10 US$).

➡ Auf Amtrak-Zügen ohne Radständer sind Fahrräder in Boxen zu verpacken (15 US$) und als Gepäck aufzugeben (Gebühr 10 US$). Allerdings haben nicht alle Bahnhöfe oder Züge eine Gepäckaufgabe.

➡ Vor einem Flug muss man sein Fahrrad auseinandermontieren und es in einer Box als Gepäck aufgeben; alle Einzelteile, auch über den fälligen Aufpreis (ca. 150–200 US$), erfragt man direkt bei der Airline. Kleinere Räder (unter 22,5 kg und 1,57 m) werden mitunter auch kostenlos.

Leihen & Kaufen

➡ In den meisten Großstädten und Regionalzentren kann man Fahrräder gegen stunden-, tages- oder wochenweise ausleihen.

➡ Leihfahrräder gibt es ab 20 US$ pro Tag (für einen Beach Cruiser), für einfache Mountainbikes zahlt man 39 US$ aufwärts; wer werktags ein Fahrrad mieten oder mehrere Tage unterwegs

sein will, sollte nach Rabatten fragen.

➡ Die meisten Fahrradverleiher verlangen von den Mietern eine Kreditkarten-Kaution von mehreren Hundert Dollar.

➡ Neue Fahrradmodelle verkaufen Spezialgeschäfte, Sportgeschäfte und Kaufhausketten. Gebrauchte Räder werden oft an den Schwarzen Brettern der Hostels, Cafés und Universitäten inseriert.

➡ Um gebrauchte Fahrräder zu kaufen oder zu verkaufen, geht man auf Schwarze Bretter im Internet, z.B. **Craigslist** (www.craigslist.com).

Flugzeug

Das amerikanische Inlandsflugnetz ist dicht geknüpft und zuverlässig. Etliche konkurrierende Airlines bedienen Hunderte von Flughäfen und bieten tagtäglich Tausende von Flugverbindungen an. Fliegen ist meist teurer als Bus-, Zug- oder Autoreisen, dafür aber die schnellste Option.

Inlandsfluglinien im Westen

Allgemein sind Inlandsflüge sehr sicher und weitaus weniger gefährlich als Fahrten auf amerikanischen Highways; www.airsafe.com liefert umfassende Sicherheitsbulletins zu einzelnen Gesellschaften.

Die größten Inlandsfluglinien im Westen der USA sind:

Alaska Airlines (☎800-252-7522; www.alaskaair.com) Bedient Alaska, Hawaii, die Ostküste und den Westen der USA.

American Airlines (☎800-433-7300; www.aa.com) Landesweites Streckennetz.

Delta (☎800-221-1212; www.delta.com) Landesweites Streckennetz.

Frontier Airlines (☎801-401-9000; www.frontierairlines.com) Drehscheibe Denver;

Landesweites Streckennetz ohne Alaska und Hawaii.

Hawaiian Airlines (☎800-367-5320; www.hawaiianair.com) Bedient neben Hawaii die Westküste, Las Vegas und Phoenix.

JetBlue Airways (☎800-538-2583; www.jetblue.com) Sorgt für Direktverbindungen zwischen einigen Städten im Westen und Osten der USA; auch Flüge nach Florida, New Orleans und Texas.

Southwest Airlines (☎800-435-9792; www.southwest.com) Landesweites Streckennetz ohne Alaska und Hawaii.

Spirit Airlines (☎801-401-2200; www.spiritair.com) Drehscheibe Florida; steuert viele große US-Verkehrsknotenpunkte an.

United Airlines (☎800-864-8331; www.united.com) Landesweites Streckennetz.

US Airways (☎800-428-4322; www.usairways.com) Landesweites Streckennetz.

Virgin America (☎877-359-8474; www.virginamerica.com) Flüge zwischen Ost- und Westküste; auch Las Vegas, Austin und Dallas werden bedient.

Nahverkehr

Außer in Großstädten kommt man mit öffentlichen Verkehrsmitteln allgemein nur sehr zäh voran: Der Nahverkehr bedient abgelegene Kleinstädte und Vororte oft nur spärlich. Dennoch sind öffentliche Verkehrsmittel in den USA normalerweise günstig, relativ sicher und verlässlich.

Bus

Die meisten größeren Städte haben zuverlässige örtliche Busnetze, die allerdings oft auf Pendler zugeschnitten sind und abends sowie an den Wochenenden nur begrenzt bedient werden. Ein Fahrschein kostet rund 2 US$ pro Fahrt. Einige Strecken in Touristengebieten sind kostenlos.

Fahrrad

Manche Großstädte sind radlerfreundlicher als andere. Meist gibt's aber zumindest ein paar ausgewiesene Fahrradspuren und -wege. Öffentliche Verkehrsmittel nehmen Drahtesel normalerweise problemlos mit.

Flughafenshuttles

In den meisten Großstädten stehen Reisenden günstige und praktische Shuttle-Services zwischen Innenstadt und Flughafen (ca. 15–22 US$/ Pers.) zur Verfügung. Meist handelt es sich dabei um zwölfsitzige Vans, die teilweise feste Routen und Ziele (u. a. die größten Hotels) bedienen. Innerhalb ihres jeweiligen Zuständigkeitsbereichs bringen manche Shuttle-Busse ihre Passagiere auch direkt vom Flughafen zur Unterkunft bzw. holen sie dort ab (*Door to Door*-Service).

Taxi

➡ Taxifahrer benutzen Gebührenzähler (durchschnittlicher Grundpreis 2,50–3,50 US$, zzgl. 2–3 US$/Meile). In einigen

Taxis werden Kreditkarten akzeptiert.

➡ Gepäcktransport und/ oder eine Abholung am Flughafen kosten meist unter extra.

➡ Die Fahrer erwarten ein Trinkgeld von 10 bis 15 % des Fahrpreises, aufgerundet auf den einen vollen Dollarbetrag.

➡ Taxis lassen sich in den geschäftigsten Großstadtbezirken auch mal auf der Straße anhalten, müssen aber anderswo oft telefonisch bestellt werden.

U-Bahn & Zug

L. A. und die San Francisco Bay Area haben die größten Regionalzugnetze. Anderswo existieren teilweise kleinere Varianten mit ein bis zwei Linien, die vor allem das jeweilige Stadtzentrum abdecken.

Schiff/Fähre

Im Westen der USA gibt's keinen öffentlichen Schiffsverkehr auf Flüssen oder Kanälen. Nichtsdestotrotz existieren viele kleinere, oft staatlich betriebene Küsten-

fähren. Die größeren davon befördern meist auch Privatautos, -motorräder und -fahrräder. Die entsprechenden Regionenkapitel informieren über Details.

Fähren schippern z. B. zu den malerischen San Juan Islands vor der Küste Washingtons. Mehrere der kalifornischen Channel Islands und Catalina Island vor Los Angeles sind ebenfalls mit Booten erreichbar. Ab San Francisco geht's per Schiff regelmäßig über die gleichnamige Bucht nach Sausalito, Larkspur, Tiburon, Angel Island, Oakland, Alameda und Vallejo.

Zug

Die **Amtrak** (☏800-872-7245; www.amtrak.com) betreibt landesweit ein ziemlich umfangreiches Streckennetz. Die Preise variieren je nach Zugtyp und -klasse (z. B. Großraumwagen, Businessoder Schlafwagenklasse, mit oder ohne Reservierung usw.). Auf Fernstrecken sind die komfortablen, wenn auch etwas lahmen Züge mit

---

PANORAMASTRECKEN

Oldtimer-Lokomotiven schnaufen über Gebirgsketten und durch andere malerische Landschaften im Westen der USA. Die meisten Züge verkehren nur in den wärmeren Monaten. Da die Fahrten sehr beliebt sind, sollte man besser vorab reservieren.

Cumbres & Toltec Scenic Railroad (☏888-286-2737; www.cumbrestoltec.com; Erw./Kind 2–12 Jahre ab 95/49 US$; ⊙Ende Mai–Mitte Okt.) Die Museumsbahn fährt von Chama, NM, in die Rocky Mountains in Colorado.

Durango & Silverton Narrow Gauge Railroad (☏970-247-2733; www.durangotrain.com; 479 Main Ave; hin & zurück Erw./Kind 4–11 Jahre ab 85/51 US$; ⊙Mai–Okt.) Endet in der historischen Bergbausiedlung Silverton in den Rocky Mountains in Colorado.

Mount Hood Railroad (www.mthoodrr.com) Rollt von der Columbia River Gorge südwärts zum Mount Hood.

Skunk Train (☏707-964-6371; www.skunktrain.com; unteres Ende der Laurel St; Erw./Kind 2–12 Jahre 60/34 US$) Fährt vom Küstenort Fort Bragg in Kalifornien durch Mammutbaumwälder nach Willits im Hinterland.

Grand Canyon Railway (☏Reservierung 800-843-8724; www.thetrain.com; Railway Depot, 233 N Grand Canyon Blvd; hin & zurück Erw./Kind ab 65/25 US$) Historische Dampf- und Dieselzüge mit familienfreundlichem Unterhaltungsprogramm zwischen Williams, AZ, und dem Grand Canyon National Park.

Pikes Peak Cog Railway (www.cograilway.com) Die 14,3 km lange Strecke führt außerhalb von Colorado Springs aus einer Schlucht heraus aufwärts bis über die Baumgrenze.

Lounge- und Speisewagen ausgestattet.

Amtrak-Routen im Westen der USA:

California Zephyr Tägliche Verbindung zwischen Chicago und Emeryville bei San Francisco (ab 255 US$, 52 Std.); über Denver, Salt Lake City, Reno, Sacramento.

Coast Starlight Folgt der Westküste jeden Tag von Seattle über Portland, Sacramento, Oakland und Santa Barbara nach L.A. (ab 115 US$, 35½ Std.); manche Züge haben WLAN.

Southwest Chief Fährt täglich von Chicago über Kansas City, Albuquerque, Flagstaff und Barstow nach L.A. (ab 169 US$, 43¼ Std.).

Sunset Limited Pendelt zwischen New Orleans und L.A. (ab 256 US$, 46½ Std., 3-mal wöchentl.); über Houston, San Antonio, El Paso, Tucson, Palm Springs.

Preise

➜ Zugtickets lassen sich an den Bahnhöfen, telefonisch oder online kaufen. Der Preis hängt u. a. vom Reisetag, der Strecke und der Zugklasse ab. In Spitzenzeiten, z. B. im Sommer, können die Preise etwas höher ausfallen.

➜ In der Regel erhalten Senioren über 61 Jahren eine

NÜTZLICHE ZUGVERBINDUGNEN

STRECKE	PREIS (US$)	DAUER (STD.)
Los Angeles–Flagstaff	88	10½
Los Angeles–Oakland/San Francisco	61	11¼
San Francisco/Emeryville–Salt Lake City	97	17
Seattle–Oakland/San Francisco	104	23

Ermäßigung von 15 %, Studenten mit internationalem Studentenausweis (ISIC) oder Student Advantage Card sowie Mitglieder der AAA eine Ermäßigung von 10 %. Bis zu zwei Kinder im Alter von 2 bis 12 Jahren erhalten in Begleitung eines Erwachsenen einen Rabatt von 50 %. Außerdem kann es jederzeit auch Sonderangebote geben, über die man sich auf der Website oder durch Nachfragen informieren kann.

Reservierungen

Reservierungen sind ab elf Monaten vor der Reise möglich. Die Sitzplätze der meisten Züge sind limitiert; bestimmte Züge können ausgebucht sein, besonders im Sommer und in der Urlaubszeit – daher so weit im Voraus buchen wie möglich!

Zugpässe

➜ Der USA Rail Pass (www. amtrak.com) der Amtrak

gilt für Fahrten in Großraumwagen an 15/30/45 aufeinanderfolgenden Tagen (459/689/899 US$); Kinder zwischen 2 und 12 Jahren zahlen die Hälfte. Die konkrete Reisestrecke beschränkt sich dabei auf 8/12/18 „Segmente" in einer Richtung (ein Segment ist nicht das gleiche wie eine einfache Strecke – wenn zum Erreichen des Reiseziels ein Umsteigen erforderlich ist, verbraucht das jeweils ein weiteres Segment).

➜ Die Zugpässe können über die Website der Amtrak bezogen werden. Jedes einzelne Segment sollte man außerdem rechtzeitig reservieren.

➜ Für Reisen innerhalb Kaliforniens kann sich der sieben Reisetage umfassende California Rail Pass (Erw./Kind 159/79,50 US$) rechnen, der ab der ersten Fahrt 21 Tage gültig ist.

Sprache

Briten, Amerikaner, Australier und Neu-seeländer, deutsche Geschäftsleute und norwegische Wissenschaftler, der indische Verwaltungsbeamte und die Hausfrau in Kapstadt – fast jeder scheint Englisch zu sprechen. Und wirklich: Englisch ist die am weitesten verbreitete Sprache der Welt (wenn's auch nur den zweiten Platz für die am meisten gesprochene Muttersprache gibt – Chinesisch ist die Nr. 1).

Und selbst die, die nie Englisch gelernt haben, kennen durch englische Musik oder Anglizismen in Technik und Werbung immer ein paar Wörter. Ein paar Brocken mehr zu lernen, um beim Smalltalk zu glänzen, ist nicht schwer. Hier sind die wichtigsten Wörter und Wendungen für die fast perfekte Konversation in fast allen Lebenslagen auf-gelistet.

Konversation & Nützliches

Hallo.	*Hello.*
Guten ...	*Good ...*
Tag	*day*
Tag (nachmittags)	*afternoon*
Morgen	*morning*
Abend	*evening*
Auf Wiedersehen.	*Goodbye.*
Bis später.	*See you later.*
Tschüss.	*Bye.*

Wie geht es Ihnen/dir?	*How are you?*
Danke, gut.	*Fine. And you?*
Und Ihnen/dir?	*... and you?*
Wie ist Ihr Name?/ Wie heißt du?	*What's your name?*
Mein Name ist ...	*My name is ...*
Wo kommen Sie her?/ Wo kommst du her?	*Where do you come from?*
Ich komme aus ...	*I'm from ...*
Wie lange bleiben Sie/ bleibst du hier?	*How long do you stay here?*

Ja.	*Yes.*
Nein.	*No.*
Bitte.	*Please.*
Danke/Vielen Dank.	*Thank you (very much).*
Bitte (sehr).	*You're welcome.*
Entschuldigen Sie, ...	*Excuse me, ...*
Entschuldigung.	*Sorry.*
Es tut mir leid.	*I'm sorry.*

Verstehen Sie (mich)?	*Do you understand (me)?*
Ich verstehe (nicht).	*I (don't) understand.*
Könnten Sie ...?	*Could you please ...?*
bitte langsamer sprechen	*speak more slowly*
das bitte wieder-holen	*repeat that*
es bitte aufschreiben	*write it down*

Fragewörter

Wer?	*Who?*
Was?	*What?*
Wo?	*Where?*
Wann?	*When?*

Wie?	How?
Warum?	Why?
Welcher?	Which?
Wie viel/viele?	How much/many?

Gesundheit

Wo ist der/die/das nächste ...?
Where's the nearest ...?

Apotheke	chemist
Zahnarzt	dentist
Arzt	doctor
Krankenhaus	hospital

Ich brauche einen Arzt.
I need a doctor.

Gibt es in der Nähe eine (Nacht-)Apotheke?
Is there a (night) chemist nearby?

Ich bin krank.	I'm sick.
Es tut hier weh.	It hurts here.
Ich habe mich übergeben.	I've been vomiting.
Ich habe ...	I have ...
Durchfall	diarrhoea
Fieber	fever
Kopfschmerzen	headache
(Ich glaube,)	(I think)
Ich bin schwanger.	I'm pregnant.
Ich bin allergisch ...	I'm allergic ...
gegen Antibiotika	to antibiotics
gegen Aspirin	to aspirin
gegen Penizillin	to penicillin

Mit Kindern reisen

Ich brauche ...	I need a/an ...
Gibt es ...?	Is there a/an ...?
einen Wickelraum	baby change room
einen Babysitter	babysitter
einen Kindersitz	booster seat
eine Kinderkarte	children's menu
einen Kinderstuhl	highchair
(Einweg-)Windeln	(disposable) nappies
ein Töpfchen	potty
einen Kinderwagen	stroller

Stört es Sie, wenn ich mein Baby hier stille?
Do you mind if I breastfeed here?

NOTFALL

Hilfe!
Help!

Es ist ein Notfall!
It's an emergency!

Rufen Sie die Polizei!
Call the police!

Rufen Sie einen Arzt!
Call a doctor!

Rufen Sie einen Krankenwagen!
Call an ambulance!

Lassen Sie mich in Ruhe!
Leave me alone!

Gehen Sie weg!
Go away!

Sind Kinder zugelassen?
Are children allowed?

Papierkram

Name	name
Staatsangehörigkeit	nationality
Geburtsdatum	date of birth
Geburtsort	place of birth
Geschlecht	sex/gender
(Reise-)Pass	passport
Visum	visa

Shoppen & Service

Ich suche ...
I'm looking for ...

Wo ist der/die/das (nächste) ...?
Where's the (nearest) ...?

Wo kann ich ... kaufen?
Where can I buy ...?

Ich möchte ... kaufen.
I'd like to buy ...

Wie viel (kostet das)?
How much (is this)?

Das ist zu viel/zu teuer.
That's too much/too expensive.

Können Sie mit dem Preis heruntergehen?
Can you lower the price?

Ich schaue mich nur um.
I'm just looking.

Haben Sie noch andere?
Do you have any others?

Können Sie ihn/sie/es mir zeigen?
Can I look at it?

mehr	*more*
weniger	*less*
kleiner	*smaller*
größer	*bigger*

Nehmen Sie ...?	*Do you accept ...?*
Kreditkarten	*credit cards*
Reiseschecks	*traveller's cheques*
Ich möchte ...	*I'd like to ...*
Geld umtauschen	*change money*
einen Scheck einlösen	*cash a cheque*
Reiseschecks einlösen	*change traveller's cheques*

Ich suche ...	*I'm looking for ...*
einen Arzt	*a doctor*
eine Bank	*a bank*
die ... Botschaft	*the ... embassy*
einen Geldautomaten	*an ATM*
das Krankenhaus	*the hospital*
den Markt	*the market*
ein öffentliches Telefon	*a public phone*
eine öffentliche Toilette	*a public toilet*
die Polizei	*the police*
das Postamt	*the post office*
die Touristen-information	*the tourist information*
eine Wechselstube	*an exchange office*

Wann macht er/sie/es auf/zu?
What time does it open/close?

Ich möchte eine Telefonkarte kaufen.
I want to buy a phone card.

Wo ist hier ein Internetcafé?
Where's the local Internet cafe?

Ich möchte ...	*I'd like to ...*
ins Internet	*get Internet access*
meine E-Mails checken	*check my email*

Uhrzeit & Datum

Wie spät ist es?	*What time is it?*
Es ist (ein) Uhr.	*It's (one) o'clock.*
Zwanzig nach eins	*Twenty past one*
Halb zwei	*Half past one*
Viertel vor eins	*Quarter to one*

morgens/vormittags	*am*
nachmittags/abends	*pm*

jetzt	*now*
heute	*today*
heute Abend	*tonight*
morgen	*tomorrow*
gestern	*yesterday*
Morgen	*morning*
Nachmittag	*afternoon*
Abend	*evening*

Montag	*Monday*
Dienstag	*Tuesday*
Mittwoch	*Wednesday*
Donnerstag	*Thursday*
Freitag	*Friday*
Samstag	*Saturday*
Sonntag	*Sunday*

Januar	*January*
Februar	*February*
März	*March*
April	*April*
Mai	*May*
Juni	*June*
Juli	*July*
August	*August*
September	*September*
Oktober	*October*
November	*November*
Dezember	*December*

Unterkunft

Wo ist ...?	*Where's a ...?*
eine Pension	*bed and breakfast guesthouse*
ein Campingplatz	*camping ground*
ein Hotel/Gasthof	*hotel*
ein Privatzimmer	*room in a private home*
eine Jugend-herberge	*youth hostel*

Wie ist die Adresse?
What's the address?

Ich möchte bitte ein Zimmer reservieren.
I'd like to book a room, please.

Für (drei) Nächte/Wochen.
For (three) nights/weeks.

EIN ZIMMER RESERVIEREN

(per Brief, Fax oder E-Mail)

An...	*To...*
Vom...	*From...*
Datum	*Date*

Ich möchte reservieren ...
I'd like to book ...

auf den Namen...	*in the name of ...*
vom...bis zum...	*from... to...*

(Bett-/Zimmeroptionen s. Liste Unterkunft)

Kreditkarte	*credit card*
Nummer	*number*
gültig bis	*expiry date*

Bitte bestätigen Sie Verfügbarkeit und Preis.
Please confirm availability and price.

Haben Sie ein...?	*Do you have a ... room?*
Einzelzimmer	*single*
Doppelzimmer	*double*
Zweibettzimmer	*twin*

Wieviel kostet es pro Nacht/Person?
How much is it per night/person?

Kann ich es sehen?
May I see it?

Kann ich ein anderes Zimmer bekommen?
Can I get another room?

Es ist gut, ich nehme es.
It's fine. I'll take it.

Ich reise jetzt ab.
I'm leaving now.

Verkehrsmittel & -Wege

Öffentliche Verkehrsmittel

Wann fährt ... ab?
What time does the ... leave?

das Boot/Schiff	*boat/ship*
die Fähre	*ferry*
der Bus	*bus*
der Zug	*train*

Wann fährt der ... Bus?
What time's the ... bus?

erste	*first*
letzte	*last*
nächste	*next*

Wo ist der nächste U-Bahnhof?
Where's the nearest metro station?

Welcher Bus fährt nach ...?
Which bus goes to...?

U-Bahn	*metro*
(U-)Bahnhof	*(metro) station*
Straßenbahn	*tram*
Straßenbahnhaltestelle	*tram stop*
S-Bahn	*suburban (train) line*

Eine ... nach (Sydney).
A... to (Sydney).

einfache Fahrkarte	*one-way ticket*
Rückfahrkarte	*return ticket*
Fahrkarte 1. Klasse	*1st-class ticket*
Fahrkarte 2. Klasse	*2nd-class ticket*

Der Zug wurde gestrichen.
The train is cancelled.

Der Zug hat Verspätung.
The train is delayed.

Ist dieser Platz frei?
Is this seat free?

Muss ich umsteigen?
Do I need to change trains?

Sind Sie frei?
Are you free?

Was kostet es bis ...?
How much is it to ...?

Bitte bringen Sie mich zu (dieser Adresse).
Please take me to (this address).

Private Transportmittel

Wo kann ich ein ... mieten?
Where can I hire a/an ...?

Ich möchte ein ... mieten.
I'd like to hire a/an ...

Allradfahrzeug	*4WD*
Auto	*car*
Fahrrad	*bicycle*
Fahrzeug mit Automatik	*automatic*
Fahrzeug mit Schaltung	*manual*
Motorrad	*motorbike*

VERKEHRSSCHILDER

Danger	Gefahr
No Entry	Einfahrt verboten
One-way	Einbahnstraße
Entrance	Einfahrt
Exit	Ausfahrt
Keep Clear	Ausfahrt freihalten
No Parking	Parkverbot
No Stopping	Halteverbot
Toll	Mautstelle
Cycle Path	Radweg
Detour	Umleitung
No Overtaking	Überholverbot

Wieviel kostet es pro Tag/Woche?
How much is it per day/week?

Wo ist eine Tankstelle?
Where's a petrol station?

Benzin	petrol
Diesel	diesel
Bleifreies Benzin	unleaded

Führt diese Straße nach ...?
Does this road go to ...?

Wo muss ich bezahlen?
Where do I pay?

Ich brauche einen Mechaniker.
I need a mechanic.

Das Auto hat eine Panne.
The car has broken down.

Ich habe einen Platten.
I have a flat tyre.

Das Auto/Motorrad springt nicht an.
The car/motorbike won't start.

Ich habe kein Benzin mehr.
I've run out of petrol.

Wegweiser

Können Sie mir bitte helfen?
Could you help me, please?

Ich habe mich verirrt.
I'm lost.

Wo ist (eine Bank)?
Where's (a bank)?

In welcher Richtung ist (eine öffentliche Toilette)?
Which way's (a public toilet)?

Wie kann ich da hinkommen?
How can I get there?

Wie weit ist es?
How far is it?

Können Sie es mir (auf der Karte) zeigen?
Can you show me (on the map)?

links	left
rechts	right
nahe	near
weit weg	far away
hier	here
dort	there
an der Ecke	on the corner
geradeaus	straight ahead
gegenüber ...	opposite ...
neben ...	next to ...
hinter ...	behind ...
vor ...	in front of ...

Norden	north
Süden	south
Osten	east
Westen	west

Biegen Sie ... ab.	Turn ...
links/rechts	left/right
an der nächsten Ecke	at the next corner
bei der Ampel	at the traffic lights

Zahlen

0	zero
1	one
2	two

SCHILDER

Police	Polizei
Police Station	Polizeiwache
Entrance	Eingang
Exit	Ausgang
Open	Offen
Closed	Geschlossen
No Entry	Kein Zutritt
No Smoking	Rauchen verboten
Prohibited	Verboten
Toilets	Toiletten
Men	Herren
Women	Damen

3	three	20	twenty
4	four	21	twentyone
5	five	22	twentytwo
6	six	23	twentythree
7	seven	24	twentyfour
8	eight	25	twentyfive
9	nine	30	thirty
10	ten	40	fourty
11	eleven	50	fifty
12	twelve	60	sixty
13	thirteen	70	seventy
14	fourteen	80	eigthy
15	fifteen	90	ninety
16	sixteen	100	hundred
17	seventeen	1000	thousand
18	eighteen	2000	two thousand
19	nineteen	100 000	hundred thousand

Hinter den Kulissen

WIR FREUEN UNS ÜBER EIN FEEDBACK

Post von Travellern zu bekommen, ist für uns ungemein hilfreich – Kritik und Anregungen halten uns auf dem Laufenden und helfen, unsere Bücher zu verbessern. Unser reiseerfahrenes Team liest alle Zuschriften ganz genau, um zu erfahren, was an unseren Reiseführern gut und was schlecht ist. Wir können solche Post zwar nicht individuell beantworten, aber jedes Feedback wird garantiert schnurstracks an die jeweiligen Autoren weitergeleitet, rechtzeitig vor der nächsten Nachauflage.

Wer Ideen, Erfahrungen und Korrekturhinweise zum Reiseführer mitteilen möchte, hat die Möglichkeit dazu auf **www.lonelyplanet.com/contact/guidebook_feedback/new**. Anmerkungen speziell zur deutschen Ausgabe erreichen uns über **www.lonelyplanet.de/kontakt**.

Hinweis: Da wir Beiträge möglicherweise in Lonely Planet Produkten (Reiseführer, Websites, digitale Medien) veröffentlichen, ggf. auch in gekürzter Form, bitten wir um Mitteilung, falls ein Kommentar nicht veröffentlicht oder ein Name nicht genannt werden soll. Wer Näheres über unsere Datenschutzpolitik wissen will, erfährt das unter www.lonelyplanet.com/privacy.

DANK VON LONELY PLANET

Vielen Dank den Reisenden, die uns hilfreiche Hinweise, nützliche Ratschläge und interessante Anekdoten schickten:

Brian Penny, Frederique Bergniard, Katrin Brugger, Nicolas Jeanvoine

DANK DER AUTOREN

Amy C. Balfour

Mein Dank gilt meinen begabten Mitautoren und -autorinnen, die auf der Suche nach den besten Abenteuern kreuz und quer durch den Westen gezogen sind. Ein weiterer Dank gilt Alex Howard und dem Lonely Planet Team, die diesen umfangreichen Führer produziert haben.

Sandra Bao

Ein herzlicher Dank gilt allen denen, die mein Leben bei den Recherchen in den Nordweststaaten noch freudvoller gestaltet haben: Carolyn Hubbard und Mike Hainsworth in Seattle, Adrienne Robineau in Port Townsend und Celeste Brash in Portland. Ein ganz besonderer Dank gilt meinem Ehemann Ben Greensfelder, der meine Reisen – ob er nun daran teilnahm oder nicht – all die Jahre unterstützt hat, sowie meinen Eltern und meinem Bruder, die in mir meinem umtriebigen Leben allezeit zur Seite stehen.

Becky Ohlsen

Ich danke Ryan McCluskey, Joëlle Jones, Mike Russell, Leila del Duca, Michael Byrne und der Admiral 589 sowie Joel, Christina, Karl und Natalie Ohlsen für all ihre Hilfe!

Greg Ward

Mein Dank geht an das gesamte Team von Lonely Planet, insbesondere an Alex Howard und meine Mitautorinnen. Darüber hinaus danke ich denen, die mich unterwegs unterstützten, darunter Steve Lewis und Steve Horak. Und ganz besonders danke ich Sam, meiner Frau.

QUELLENNACHWEIS

Die Daten der Klimakarten stammen von Peel MC, Finlayson BL & McMahon TA (2007) *Updated World Map of the Koppen-Geiger Climate Classification*, erschienen in der Zeitschrift *Hydrology and Earth System Sciences*, Ausgabe 11, 1633–44.

Abbildungen S. 138/139 von Michael Weldon.

Titelfoto: Cowboystiefel an der Wand einer Scheune in Oregon; Danita Delimoont/AWL

ÜBER DIESES BUCH

Dies ist die 4. deutschsprachige Auflage von *USA Westen*, basierend auf der 3. englischsprachigen Auflage von *Western USA*, die von Amy C. Balfour koordiniert wurde. Der Inhalt wurde recherchiert und geschrieben von Amy gemeinsam mit Sandra Bao, Sara Benson, Becky Ohlsen und Greg Ward. An der vorherigen Ausgabe beteiligt waren Amy C. Balfour, Sandra Bao, Michael Benanav, Greg Benchwick, Sara Benson, Alison Bing, Celeste Brash, Lisa Dunford, Carolyn McCarthy, Christopher Pitts und Brendan Sainsbury. Dieser Reiseführer wurde von folgenden Mitarbeitern betreut:

Verantwortlicher Redakteur Alexander Howard

Leitende Redakteure Alison Ridgway, Luna Soo

Leitende Kartografin Alison Lyall

Buchdesigner Wibowo Rusli

Redaktionsassistenz Pete Cruttenden, Victoria Harrison, Monique Perrin

Umschlagrecherche Naomi Parker

Dank an Jenna Myers, Kirsten Rawlings, Ellie Simpson, Angela Tinson, Lauren Wellicome, Maureen Wheeler

Register

No

Kartenlegende

Sehenswertes

- Strand
- Vogelschutzgebiet
- buddhistisch
- Schloss/Palast
- christlich
- konfuzianisch
- hinduistisch
- islamisch
- jainistisch
- jüdisch
- Denkmal
- Museum/Galerie/historisches Gebäude
- Ruine
- Sento-Bad/Onsen
- schintoistisch
- sikhistisch
- taoistisch
- Weingut/Weinberg
- Zoo/Tierschutzgebiet
- andere Sehenswürdigkeit

Aktivitäten, Kurse & Touren

- bodysurfen
- tauchen
- Kanu/Kajak fahren
- Kurs/Tour
- Ski fahren
- schnorcheln
- surfen
- Schwimmbecken
- wandern
- windsurfen
- andere Aktivität

Schlafen

- Unterkunft
- Camping

Essen

- Lokal

Ausgehen & Nachtleben

- Bar/Kneipe
- Café

Unterhaltung

- Unterhaltung

Shoppen

- Shoppen

Praktisches

- Bank
- Botschaft/Konsulat
- Krankenhaus/Arzt
- Internetzugang
- Polizei
- Post
- Telefon
- Toilette
- Touristeninformation
- andere Einrichtung

Geografisches

- Strand
- Hütte/Unterstand
- Leuchtturm
- Aussichtspunkt
- Berg/Vulkan
- Oase
- Park
- Pass
- Picknickplatz
- Wasserfall

Städte

- Hauptstadt (Staat)
- Hauptstadt (Bundesland/Provinz)
- Großstadt
- Kleinstadt/Ort

Verkehrsmittel

- Flughafen
- BART-Station
- Grenzübergang
- T-Station (Boston)
- Bus
- Seilbahn/Gondelbahn
- Fahrrad
- Fähre
- Metro/Muni-Station
- Einschienenbahn
- Parkplatz
- Tankstelle
- U-Bahn/SkyTrain-Station
- Taxi
- Bahnhof/Zug
- Straßenbahn
- U-Bahnhof
- anderes Verkehrsmittel

Achtung: Nicht alle der abgebildeten Symbole werden auf den Karten im Buch verwendet

Verkehrswege

- Mautstraße
- Autobahn
- Hauptstraße
- Landstraße
- Verbindungsstraße
- sonstige Straße
- unbefestigte Straße
- Straße im Bau
- Platz/Promenade
- Treppe
- Tunnel
- Fußgänger-Überführung
- Stadtspaziergang
- Abstecher (Stadtspaziergang)
- Pfad/Wanderweg

Grenzen

- Internationale Grenze
- Bundesstaat/Provinz
- umstrittene Grenze
- Region/Vorort
- Meerespark
- Klippen
- Mauer

Gewässer

- Fluss/Bach
- periodischer Fluss
- Kanal
- Wasser
- Trocken-/Salz-/periodischer See
- Riff

Gebietsformen

- Flughafen/Startbahn
- Strand/Wüste
- Friedhof (christlich)
- Friedhof
- Gletscher
- Watt
- Park/Wald
- Sehenswürdigkeit (Gebäude)
- Sportgelände
- Sumpf/Mangrove

DIE AUTOREN

Amy C. Balfour
Koordinierende Autorin, Reiseplanung, Verstehen, Praktische Informationen
Amy ist durch Kalifornien und den Südwesten gewandert, geradelt und gepaddelt. Sie war Autorin oder Mitautorin von 28 Lonely Planet Guides und schrieb bereits Beiträge für *Backpacker, Redbook, Southern Living, Women's Health,* die *Los Angeles Times* und die *Washington Post.*

Mehr über Amy gibt's hier:
http://auth.lonelyplanet.com/profiles/amycbalfour

Sandra Bao
Nordwesten Sandra lebte in Buenos Aires, New York und Kalifornien, bevor sie letztlich im wunderbaren Nordwesten landete. In dieser Region zu recherchieren, war ein Höhepunkt in den 15 Jahren, die Sandra schon für Lonely Planet arbeitet. Eine Zeit, die sie für Dutzende Bände auf vier Kontinenten verbrachte. Sie hat die erstaunliche Schönheit ihrer neuen Heimat schätzen gelernt, wie viel sie zu bieten hat und wie freundlich die Menschen in winzigen Städtchen mitten im Nirgendwo sein können.

Mehr über Sandra gibt's hier:
http://auth.lonelyplanet.com/profiles/sandrabao

Sara Benson
Kalifornien Nach ihrem Collegeabschluss in Chicago setzte sich Sara ins Flugzeug nach Kalifornien – mit nur einem Koffer und 100 US$ in der Tasche. Nachdem sie im Auto Zehntausende von Meilen durch jede Ecke des US-Staates gefahren war, ließ sie sich auf der sonnigen Seite der San Francisco Bay in Oakland nieder und schrieb mehr als 65 Reise- und Sachbücher. Online sind ihre Abenteuer unter www.indietraveler.blogspot.com, www.indietraveler.net, @indie_traveler auf Twitter und unter indietraveler auf Instagram nachzulesen.

Mehr über Sara gibt's hier:
http://auth.lonelyplanet.com/profiles/sara_benson

Becky Ohlsen
Rocky Mountains Becky Ohlsen wuchs in den Rocky Mountains auf und nahm jede noch so kleine Chancen wahr, diese Region zu erkunden. Ihr Herz gehört den Tetons, sie glaubt, dass es die Jackalopes (ein amerikanisches Fabelwesen) wirklich gibt, und sie sieht gerne dabei zu, wie sich über den Weiten des Horizonts ein Sturm nähert.

Mehr über Becky gibt's hier:
http://auth.lonelyplanet.com/profiles/beckyohlsen

Greg Ward
Südwesten Greg Ward erkundet schon seit mehr als 20 Jahren die Wüsten des Südwestens und hat mehreren Reiseführer über die Region geschrieben. Darüber hinaus schreibt er ausführlich über Geschichte, Musik und europäische Ziele. Er lebt in London, seine Website ist gregward.info.

Mehr über Greg gibt's hier:
http://auth.lonelyplanet.com/profiles/gregward

DIE LONELY PLANET STORY

Ein ziemlich mitgenommenes, altes Auto, ein paar Dollar in der Tasche und eine Vorliebe für Abenteuer – 1972 war das alles, was Tony und Maureen Wheeler für die Reise ihres Lebens brauchten, die sie durch Europa und Asien bis nach Australien führte. Die Tour dauerte einige Monate, und am Ende saßen die beiden – pleite, aber voller Inspiration – an ihrem Küchentisch und schrieben ihren ersten Reiseführer *Across Asia on the Cheap*. Innerhalb einer Woche hatten sie 1500 Exemplare verkauft. Lonely Planet war geboren.

Heute hat der Verlag Büros in Melbourne, London und Oakland und mehr als 600 Mitarbeiter und Autoren. Und alle teilen Tonys Überzeugung: „Ein guter Reiseführer sollte drei Dinge tun: informieren, bilden und unterhalten."

Lonely Planet Publications,
Locked Bag 1, Footscray,
Melbourne, Victoria 3011,
Australia

Verlag der deutschen Ausgabe:
MAIRDUMONT, Marco-Polo-Str. 1, 73760 Ostfildern,
www.lonelyplanet.de, www.mairdumont.com
info@lonelyplanet.de

Chefredakteurin deutsche Ausgabe: Birgit Borowski

Übersetzung: Julie Bacher, Stefanie Gross, Marion Matthäus, Dr. Christian Rochow, Erwin Tivig

An früheren Auflagen haben außerdem mitgewirkt: Dorothee Büttgen, Berna Ercan, Karen Gerwig, Joachim Henn, Jürgen Kucklinski, Dr. Alwin Letzkus, Dr. Frauke Sonnabend

Redaktion: Annegret Gellweiler, Frank Müller, Olaf Rappold, Julia Wilhelm (red.sign, Stuttgart)

Redaktionsassistenz: Adriana Popescu, Sylvia Scheider-Schopf

Satz: Frank Müller, Sylvia Scheider-Schopf (red.sign, Stuttgart)

USA Westen

4. deutsche Auflage August 2016, übersetzt von *Western USA, 3rd edition*, April 2016,
Lonely Planet Global Limited

Deutsche Ausgabe © Lonely Planet Global Limited, August 2016

Fotos © wie angegeben 2016

Printed in Poland

MIX
Papier aus verantwortungsvollen Quellen
FSC® C018236
www.fsc.org